Jakob Lenz, 1751 in Livland geboren, verließ im Sommer 1768 seine Heimat. Er ging zunächst nach Königsberg, dann – über Danzig, Köslin, Kolberg, Berlin, Leipzig, Frankfurt am Main – nach Straßburg. ›Hier wird er frei, produktiv, schöpferisch. Schafft in den wenigen Jahren seines Hierseins – ... vom Mai 1771 bis Mitte März 1776 – ein großes Werk: Tragikomödien, Komödien, Nachdichtungen, Übersetzungen, mehrere Dramenentwürfe und Fragment gebliebene Stücke, lyrische und erzählerische Prosa, Verse von großer Zartheit und Gefühlsintensität, ästhetische und gesellschaftspolitische Schriften.‹ Er ist befreundet mit Lavater, mit Herder, hat mit Sophie La Roche einen intensiven Briefwechsel. Fritz Jacobi nennt ihn einen 'herrlichen Geist', Boie spricht von ihm als dem 'zweiten Zauberer' neben Goethe. Er wird mit Johann Heinrich Merck bekannt, mit den Brüdern Stolberg; Wagner und Klinger nehmen seinen 'Hofmeister' als Muster für eigene Stücke. ›Am Abend des 2. April [1776] muß Lenz Weimar erreicht haben ... Goethe, der Freund, nimmt Lenz freundlich auf, hilft ihm, sorgt für ihn, führt ihn bei Hofe ein ... Am 26. November das Zerwürfnis mit Goethe. 'Lenzens Eselei' – das ist die einzige Überlieferung von Goethes Seite... Lenz hat ihn beleidigt... Goethe veranlaßt ... die Ausweisung des Freundes. Binnen weniger Tage muß Jakob Lenz Weimar und das Territorium des Fürstentums verlassen ... Lenz wird es niemals verwinden, niemals begreifen. Seine ersten Schwermutsanfälle, der Krankheitsausbruch ein Jahr darauf hängen nicht zuletzt damit zusammen ... In den Leerraum schießen Legenden, Halbwahrheiten, Anekdoten, Klatsch.‹ (Sigrid Damm)

insel taschenbuch 3159
Jakob Michael Reinhold Lenz
Werke und Briefe 3

JAKOB MICHAEL REINHOLD
LENZ

WERKE UND BRIEFE IN DREI BÄNDEN

Herausgegeben von Sigrid Damm
Dritter Band

JAKOB MICHAEL REINHOLD
LENZ

GEDICHTE · BRIEFE

Insel Verlag

Mit einem Essay von Sigrid Damm
Textredaktion: Ralph F. H. Böttcher
Anmerkungen: Sigrid Damm und Ralph F.H. Böttcher
Register: Ralph F. H. Böttcher

insel taschenbuch 3159
Erste Auflage 2005
Insel Verlag Frankfurt am Main und Leipzig
© 1987 Insel-Verlag Anton Kippenberg, Leipzig
Alle Rechte vorbehalten, insbesondere das der Übersetzung,
des öffentlichen Vortrags sowie der Übertragung
durch Rundfunk und Fernsehen, auch einzelner Teile.
Kein Teil des Werkes darf in irgendeiner Form
(durch Fotografie, Mikrofilm oder andere Verfahren)
ohne schriftliche Genehmigung des Verlages reproduziert
oder unter Verwendung elektronischer Systeme
verarbeitet, vervielfältigt oder verbreitet werden.
Hinweise zu dieser Ausgabe am Schluß des Bandes
Vertrieb durch den Suhrkamp Taschenbuch Verlag
Umschlag nach Entwürfen von Willy Fleckhaus
Druck: Nomos Verlagsgesellschaft, Baden-Baden
Printed in Germany
ISBN 3-458-34859-X

1 2 3 4 5 6 – 10 09 08 07 06 05

GEDICHTE

NEUJAHRS WUNSCH
AN MEINE HOCHZUEHRENDE ELTERN

von dero gehorsamsten Sohn
Jakob Michael Reinhold Lenz

Vater, uns hat deine Güte, noch bis hieher durchgebracht,
Und dein helles Vorsichtsauge in verwichnen Jahr bewacht,
Manches Elend, Angst und Not hast du von uns abgekehret,
Und wie oftmals hast du nicht Teufel, Sünd und Tod gewehret
Daß sie uns nicht überwältigt. O wie hat uns deine Huld
Bei unglaublich vielen Fehlern doch getragen mit Geduld.
Viel zu klein, ach viel zu klein sind wir aller deiner Treue
Die du uns erwiesen hast, und noch alle Morgen neue
Über uns, Herr! werden lässest. Könnten wir recht dankbar sein,
Und doch dir recht viele Psalmen, viele Lobeslieder weihn!
Nun so nimm das Opfer an das dir unsre Lippen bringen,
Laß dich Schöpfer, laß dich doch von verfluchtem Staub
     besingen.
Höre uns, obschon dein Wohltun unsern unvollkommnen Dank
Unaussprechlich überwieget. Ist gleich jener Lobgesang
Den der Engelchor dir zollt, herrlicher als unser Lallen,
Wird dir doch auch unser Lob in Genaden wohlgefallen.
Aber, hör auch unser Flehen, sieh auf unsrer Tränen Fluß,
Zürn auch nicht wenn unser Herze dich um etwas bitten muß:
Fahre, Vater, ferner fort uns mit Gnade zu beschütten,
Ströme Segen, Glück und Heil aus auf uns und unsre Hütten.
Trage uns bei unsern Fehlern, schütze uns in aller Not,
Sei und bleibe unser Helfer, unser trostesvoller Gott.
Segne meiner Eltern Paar. Segne Vater, meinen Vater,
In der künftgen Jahreszeit. Sei sein Licht und sein Berater,
Flöße immer seiner Seele deine heilge Triebe ein,
Laß den Herzen seinen Vortrag lauter Spieß und Nägel sein.
Und du Jesu Gottes Sohn! laß ihn Elieser werden
Der dir viele Bräute wirbt. Laß zum Troste seiner Herden
Ihn noch viele Jahr durchleben in Gesundheit, Fried und Freud,
Stärke ihn an Leib und Seele, wende von ihm alles Leid –

Legst du auch ein Kreuz ihm auf, stürmen auf ihn
    Unglückswetter,
Also trage es auch selbst, sei sein Schild und sein Erretter.
Wenn denn endlich seiner Seele diese Welt ein Ekel wird,
So hilf ihm zu jener Weide, wo du selber Brunn und Hirt.
Da laß ihn als einen Stern von der ersten Größe glänzen,
Da wollst du ihn ewiglich mit gewünschter Freude kränzen.
Hilf auch, Jesu! meiner Mutter, segne sie in diesem Jahr,
Wende von ihr Not und Schmerzen, hilf ihr doch auch
    in Gefahr.
Reich ihr deiner Hülfe Hand, will das Glaubens-Schifflein
    sinken,
Laß sie, wenn ihr Herze dürr, sich recht satt an Gnade
    trinken,
Laß bis zu den spätsten Zeiten sie doch deine Huld erhöhn,
Und dann nach vollbrachter Wallfahrt, dir verklärt
    zur Rechten stehn.

DER VERSÖHNUNGSTOD JESU CHRISTI

Zeit, sei mir heilig, den Sohn im Leiden des Todes zu singen,
Tränen fließt in die Lieder, die ich dem Blutigen weihe.
Triebe, die David den Sänger nach Gottes Herzen beseelten,
Wenn er einsame Nächte mit heiligen Lobliedern fei'rte:
Die den erleuchteten Geist der Gottes-Propheten entzückten,
Sahn sie den Mann unsers Heils in dämmernder Zukunft
    am Kreuze:
Triebe, die durchs klopfende Herz Maria erbebten,
Da sie den sterbenden Sohn mit einer Gebärerin Schmerz sah:
Seid mir Begleiter wenn ich zum Hügel des Bundes hineile,
Den Unsterblichen tot, den Schöpfer gekreuzigt zu sehen.

Blutiger Ölberg, mit Nebeln und donnernden Wolken bedecket,
Altar, auf dem der Messias den eifernden Richter versöhnet:
Bald wird strömendes Blut der sterbenden Unschuld
    dich färben,

Und die traurende Erde, die Gott einst donnernd verfluchte,
Segnen, versöhnen und sie zum Tempel des Ewigen weihen.

Dort krümmt Jesus als Sünder sich vor dem Richter im Staube.
Anbetungswürdige Demut! Er trägt, ein göttlicher Bürge,
Auch im Staube noch groß, die Strafen der Kinder vom Adam,
Die sie von Pole zu Pol seit der Schöpfung Morgen
    verschuld'ten.
Jeder Seufzer, den Lasten des Fluches dem Busen erpressen,
Jede Zähr' um Erbarmung, vom Aug' des Erbarmers geweinet,
Jeder Tropfen vom Schweiß, der blutig die Wangen herabrollt,
Jede gramvolle Miene des leidenden Schöpfers der Freuden:
Sagt's den erlösten Sündern: Der Mittler ist Gott,
    und die Liebe!
Meine Gedanken entfliehn, und staunend stammelt die Zunge!
Jesus, die Unschuld, fühlt Strafen, die nie ein Endlicher dachte.
Blutiger Angstschweiß rollt vom blassen Gesichte herunter,
Fliegende Pulse klopfen ihm Ahndungen großer Gerichte.
Bang erhebt er die Arme zum donnernden Richter zu beten,
Aber empfindungsleer sinken die Hände zurück auf sein Antlitz,
Wie, wenn die bebende Erde sich auf einen Elenden wälzet,
Ihm ein Grab wird, und er die letzten Kräfte der Menschheit
Mit Verzweiflung und Furcht des Todes waffnet, um von sich
Die auf ihn sich krachend stürzenden Hügel zu wälzen,
Dann die Kräfte entfliehn: so rafft er noch einmal sie mächtig
Alle zusammen und ringt und stirbt in seiner Bemühung:
So belastet mit Todesangst, unter den Schlägen des Richters
Jesu schauert, erhebt sich, und läßt seine Todesangst beten:
»Vater und strafender Richter, wenn gleich die Donner
    dein Antlitz
Meinem schmachtenden Auge, dein Ohr meinem Flehen
    verhüllen,
Nenn ich dich doch mit jenem süßen Namen des Vaters,
Den mir, da ich noch bei dir war, feiernd die Himmel
    nachsangen.
Jetzt ein Wurm und kein Mensch, beschwör ich dich bei dem
    Namen,

Wende den Kelch deines Zorns und der unerträglichen Qualen.
Vater, soll ich dein Sohn verzehrendes Feuer austrinken?
Doch, nicht mein, sondern dein, o Vater, dein Wille geschehe!
Ja, Gott, donnere Tode in meine morschen Gebeine,
Laß mein innerstes Mark vor deinen Gerichten vertrocknen,
Leg nie empfundene Strafen auf meine büßende Schultern:
Nur des Blutes der Menschen, Vater, Erbarmer, verschone!
Unterstütze mich Arm des Unendlichen, wenn meine
    Menschheit,
Meine endliche Kraft in endlosen Qualen erlieget:
Laß mich's, laß mich's vollenden, das Werk der großen Erlösung,
Daß ich von Myriaden erretteter Menschen begleitet,
Einst in mein Reich zieh und ewig ihr Halleluja empfange!«

So fleht Jesus, und sieht um Erhörung schmachtend
    zum Himmel.
Aber schwärzere Wolken verhüllen das Antlitz des Vaters.
Donner brüllen ihm zu: Verflucht seist du Sündervertreter!
Noch erhebt sich der niedergedonnerte göttliche Beter,
Noch zweimal wagt er es Vater! Vater! zu winseln,
Opfert sich Gott mit starkem Geschrei und angstvollen
    Tränen,
Ringt mit dem Tode, fühlt seinen Stachel und lebet und sieget.

Wie wenn brausende Stimmen der Wellen sich nach und nach
    legen,
Und in den Wirbeln des Weltmeers die Sonne von neuem sich
    spiegelt;
So entfernte der Vater allmählich die marternden Leiden,
Und den entkräfteten Sohn überströmte jetzt lindernde Ruhe.
Einer der Helden des Ew'gen sprach unaussprechliche Worte,
Eine geheime Stärkung für Jesu trostlose Seele.
Und er stand auf, sah freudig zum Himmel, dankte dem Vater,
Eilte göttlich gestärkt in neue wartende Martern.

Folgt ihm gläubige Seelen auf dem Wege der Leiden!
Seht mit heiligem Zittern die Hände, die Sünder umfingen,

Die oft jammernden Kranken und Sterbenden Leben erteilten,
Die die Säuglinge herzten, mit drückenden Fesseln umwunden!
Seht den Göttlichen ruhig der Mörder Urteil erwarten!
Seht ihn blutig, entkleid't, geschlagen, verspottet und
    elend!
Seht das glänzende Antlitz mit Speichel und Tränen bedeckt!
Seht die heilige Scheitel mit spitzigen Dornen zerstochen!
Und den Rücken auf welchen Gott unsere Sünden gewälzt hat
Wunde bei Wunde, zerfleischt, ein schmähliches Kreuz auf
    der Schulter!
Und, welch ein Anblick! Sünder, die mit dem allmächtigen
    Hauche
Jesus vernichtete, wären sie nur nicht Würmer des Staubes,
Wär' er nicht Sohn der Liebe, und Sohn des Vaters der Liebe,
Kreuzigen ihn, die Fülle des Segens, als Fluch als Verbrecher,
Und durchbohren die nach uns ausgereckt schmachtenden
    Arme
Und die Füße mit Nägeln: Segen fließt mit dem Blute.
Segen auf die Mörder, wenn sie einst wehmütig fühlen
Des Verbrechens Abscheulichkeit und Gnade erwinseln.
Hört ihr Sünder alle, alle von Adam her, Sünder
Hört wie der Gottmensch betet, da sündhafte Brüder ihn
    töten!
Fleht er um Rache und Blut, fleht er den eifernden Vater
Um Seraphim und Engel, tausend bei tausend zu schlagen?
Nein, er bittet: »Vater, vergib den Mördern des Sohnes!
Unter der Finsternis Macht verkennen sie mich den Messias.
Viele von diesen Mördern, viele der sündigen Menschen
Deren Sünden mich töten, wird mein heiliger Donner
Mein lebendiges Wort erschüttern, zerschmelzen und beugen.
Wenn sie dann mit Wehmut und Scham, mit Seufzern und
    Tränen
Am Kreuz deines Sohnes hinknieen, winseln und jammern;
Dann höre sie o Vater, vergib ihnen, Vater! Erbarmer!
Dann werd' ich vom Kreuze mit sanftem holdseligen Lächeln
Ihnen die blutigen Hände reichen, ins Leben sie ziehen.«

Sünder fallt nieder und betet ihn an den Abgrund der Liebe!
Sonst wenn er wiederkommt wird dies barmherzig tränende
 Auge
Richterlich funkeln, die Miene des Mitleids Tode verkünd'gen.
Dann reckt er die blutige Hand über schnöde Geschöpfe,
Klagt euch an als Verbrecher und schwört bei des Ewigen
 Namen:
Ihr seid ewig verflucht, verflucht zum ewigen Tode!

Fern von Jesu Kreuz steht ein verachteter Haufe
Weniger Edlen, welche voll Schmerzen Seufzer nur lispeln.
Ein ehrwürdiger Schimmer zwar vom Verzagen verdunkelt,
Aber doch heilig, fließt um die Stirn der besten der Mütter.
Welche Feder ist fähig, ihre Empfindung zu schildern!
Keine Minute verliert ihn ihr Blick, und schneidende
 Schwerter
Fahren bei jedem Gedanken durch ihr offenes Herz hin.
Jede blutende Wunde des Sohnes blutet ihr doppelt!
Alles ist ihrem Geiste jetzt ein entsetzliches Chaos.
Matter spielen die Strahlen um jene goldgelbe Scheitel
Des unschuldigen Jüngers, des Herolds der Liebe, Johannes.
Wehmütig zittern Tränen auf seiner sorgenden Wange.
»Da der Busen«, so lispelt er, »welcher mir Gottesgedanken
Als mein Haupt daran ruhte, durch jeden Pulsschlag ins Herz
 gab,
Merklich erstarrt er, röchelt und schwillt und die Farbe
 des Todes
Todesblässe bedeckt ihn – Segnet mich heilige Ströme
Aus seinen offenen Wunden! segne mich brechendes Auge!
Rede Herr, dein Mund öffnet sich, ich höre dich folgsam!«

Erst zum Vater ein Blick, dann spricht er zur sterblichen Mutter:
»Dort ist Geliebte, dein Sohn, ein Mensch zwar, aber ein
 Liebling
Deines sterbenden Sohnes, der jetzt zum Himmel zurückeilt.
Du, Johannes, mein Bruder, dem noch mein zärtliches Herz
 wallt,

Die mich mit Schmerzen gebar, übergeb ich dir sterbend
    zur Mutter.«

Aber in welcher Gesellschaft hängt mein Jesus am Kreuze?
Jesus in der Mitte zweier ruchlosen Mörder!
Und, erstaune Hügel des Todes, Ölberg erbebe!
Ein verurteilter Sklave, der vor sich heulende Nächte
Einer Ewigkeit sieht, die mit namlosen Qualen ihm drohet,
Wagt's der Unendlichkeit Vater, den Schöpfer der Hölle zu
    lästern?
Jesus sieht ihm erhaben in seine knechtische Augen,
Wie verächtlich der Mensch auf den Wurm der sich sträubet,
    herabsieht.
Aber ein brennendes Feuer lodert im Busen des andern
Mitgekreuzigten Sünders und schmelzt ihn in ernstliche Reue.
Er fühlt, er fühlt sie die Gottheit des von der Welt so
    Verschmähten.
Alle geübte Verbrechen fühlt er in ihrer Größe,
Und der Gedanke, daß er vor dem Antlitz des sterbenden
    Gottes
Seine verdienten Strafen empfange, beuget ihn doppelt.
Noch voll heimlicher banger Bemühung dem Forscher der,
    Nieren
Diese schamrote Wange, dies furchtsame Aug' zu verstecken:
Hört er die Schmähungen, welche sein Mitverurteilter
    ausspeit,
Und in heiligem Eifer spricht er für den schweigenden Jesum:
»Billig leiden wir Strafen. Verdiente Nächte des Todes
Rauschen über die Häupter, die Gott und Gesetze verkannten,
Die die Stimme des Bluts der Unschuld nicht heilsam
    erschreckte.
Aber, der göttliche Mann, wenn hat er sich sträflich vergangen,
Hat ihn Judäa nicht selbst für einen Propheten gehalten?«

Hingerissen von Wehmut wagt dann der blöde Verführte,
Seine tränenden Augen zum Throne der Gnaden zu richten,
Und sein innres Gefühl dem Gottmenschen selber zu beichten.

Mit schamglühender Wange, zur Erde gehefteten Augen,
Und leiser bebender Stimme red'te der Schächer zu Jesu:
»Herr gedenke barmherzig an mich wenn du in dein Reich
    kommst!«
Mit jenem mächtigen Blicke, der oft Verzagende stärkte
Sah Jesus dem Schächer am Kreuz ins erbleichende Antlitz:
»Wahrlich, heute noch wirst du im Paradiese mit mir sein!«

Noch rollen Donner am finstern Olymp, noch triefen die
    Qualen
Von der geschwungenen Geißel, welche den leidenden Sohn
    schlug.
Und jetzt winkte Jehova, die Erde stand still, und die Sonne
Hüllte ihr Antlitz in Nebel. Finsternis deckte die Flächen,
Nächte die Täler und blasse Dämmrung die Spitzen der Berge,
Daß nicht die Leiden des Mittlers ein Auge des Spötters
    erblickte.
Kannst du entsetzlicher quälen finstre grundlose Hölle,
Wo in tausend unendliche Wirbel der Qual und Verzweiflung,
Das Geheul des Sturmwinds Gottesvergessene schleudert,
Als in dem Meere von Nächten immer bänger und bänger
Der Erlöser gequält wird, sich windet und blutet und jammert?
Seufzer, gebrochene Worte, Stimmen der Angst und
    Verzweiflung
Schallen lange drei Stunden vom Kreuz in die rauschende
    Nacht hin.
Brüllende Donner mischen bisweilen sich unter die Klagen,
Unter zerschmetternden Blitzen krachet die furchtbare Sonne.
Einsam heulen Orkane: nun schweigt das Getümmel der Städte,
Und das Rauschen der Flüsse die sich nach Golgatha drängten.

Wie wenn der blühende Knabe voll Unschuld, auf seinem Lager
An der Seite des besten Vaters von Träumen geschreckt wird.
Und auf dem stürmenden Meere von brausenden Wellen
    geschleudert,
Seinen Retter und Vater, der ihm die Hand reicht, verlieret:
Oder, wenn er im Traume, vom Gipfel des höchsten Gebirges:

Mit dem rollenden Sande schnell weggerissen, herabstürzt,
Und vergeblich den Vater, der ihn nicht helfen kann,
    anschreit,
Dann plötzlich erwacht, und zitternd den Vater erblicket,
Dann mit zärtlichen Tränen ihn kindlich umhalset und küsset,
Und halb Wehmut halb Freude: Wo warst du, Vater? ihn
    anred't
So erwachte jetzt Jesus aus den betäubenden Qualen,
Rang seine Klagen zum Vater, die Täler hallten sie wider:
»Gott, mein Gott, warum hattest du mich in der Hölle
    verlassen!«

Aber der Strahl seiner Gottheit, der ihn zu verlassen schien,
    kam jetzt
In die verschmachtende Menschheit zurück und mit ihm
    Entzücken.
Wie in den äußersten Ländern Europens unter dem Nordpol,
Wo ein ewiges Eis die steinerne Erde bedecket,
Wo die matten Strahlen der weitentlegenen Sonne,
Wenn sie im Eise sich spiegeln, schon Freuden des Sommers
    erwecken:
Wenn da die schwerbelasteten Flügel halbjähriger Nächte
Langsam, der mächtigern Sonne die ferne herannaht,
    entfliehen,
An ihre Stelle Dämmrung tritt: die Mutter des kommenden
    Tages:
Wie dann die Einwohner wenn sie das Antlitz der Sonne
    erblicken,
Mit lauten Jubeln sie segnen, da freudiges Lächeln
Wie eine Sonne sich auf den vergnügten Gesichtern verbreitet:
So verscheuchten die wiederkehrenden Strahlen der Gottheit
In der Seele des Mittlers die schwarzen Todesgedanken,
Und die Bilder der Hölle, die Schrecken die ihn umringten.
Nun sah er mit lachendem Auge die Erde versöhnt;
Und das göttliche Werk der andern Schöpfung vollendet.
Fern entzückten sein Ohr die Halleluja der Himmel
Und der lispelnde Dank der heiligen Seelen der Väter.

Jetzt rief er der Schöpfung die Botschaft des Friedens
    entgegen:
Es ist vollbracht! und die Täler, das Echo schallte sie wider.

Aber wer naht sich dem Kreuz in furchtbares Dunkel gehüllet,
Welche magre Gestalt mit mördrisch funkelnden Augen?
Sie tritt beim Siegestor Jesu zurück und staunt und erbebet
Hört der Hölle Geheul, wie ein Überwundener heulet,
Sieht den Teufel im Meere des Todes verzagen und wüten,
Wend't sich zu fliehn, kehret wieder, flieht wieder,
    steht tiefsinnig stille,
Sieht im Antlitz des Mittlers Züge der Freuden des Sieges:
Brennet vor höllischer Wut, winkt den verzagenden Teufeln,
Hebt den knöchernen Arm, läßt ihn sinken, doch wagt sie es
    wieder,
Und will den tödlichen Streich zum Haupte des Gottmenschen
    führen,
Doch keine Macht des Todes raubt Jesu Christo das Leben,
Er übergibt es freiwillig zum Opfer dem himmlischen Vater.

»Vater«, zittert darauf des Mittlers sterbende Stimme:
»Ich befehl meinen Geist in deine barmherzige Hände!«
Langsam verlöschet das Feuer in seinen freundlichen Augen,
Blässer werden die Lippen, blässer die lieblichen Wangen,
Matter sinket das Haupt auf die blutigen Schultern herunter:
Eis wird sein Blut, nicht mehr klopfet das göttliche Herz und
    der Pulsschlag,
Und – meine Seele weigert sich, den Gedanken zu denken:
Gott, der Unsterbliche stirbt: er neiget sein Haupt und
    verscheidet.

Und die Erde steht still, der Jubelton himmlischer Sänger
Schweiget, die Sonne wird Nacht. In untersten Tiefen der Hölle
Brüllt der Donner furchtbar: der Gottmensch stirbt!
    und sie heulet.
Selbst der Tod erbebt vor seinem begangenen Morde.
Orkane zersprengen die Festen der Erde, sie wartet

Wenn ihr der Richter befiehlet die Mörder des Sohns
    zu verschlingen.
Traurig, doch voll heil'ger Verehrung der Winke des Ew'gen,
Stehen die Cherubim fertig mit flammenden hauenden
    Schwertern,
Die rebellischen Menschen tausend bei tausend zu töten:
Doch der Tod des göttlichen Mittlers versöhnet den Vater!
Seht der Vorhang des Tempels zerreißt und öffnet euch
    Sündern
Ganz das Heilige, welches die Priester mit Zittern betrachten:
Mit ihm zerreißet die Handschrift unserer Sünden, die Ketten
Des Gesetzes und Todes, es bricht der Stab Mosis des Treibers!

Welches ein frohes Getümmel entsteht in den Hügeln
    des Ölbergs!
Wie! verschlossene Gräber eröffnen sich, Tote erwachen,
Heilig glänzen die Scheiteln, himmlisch wie Seraphen glänzen;
Lächelnd winken sie ihren jetzo noch irdischen Brüdern
Ihre Seligkeit zu, und die Versöhnung des Vaters
Und das Entzücken der Himmel über der Menschheit Erlösung.
»Heil euch, heilige Lehrer! kommt in die Hütten der Sünder,
Lehret uns göttliche Dinge, warum verweilet ihr draußen?«
Aber sie lächeln, und sehen zum Himmel und glänzend
    entfliehn sie,
Zeigen sich andern, verschwinden und lassen Strahlen zurücke.

Noch hängt Jesus am Kreuz in mitternächtigen Dunkel,
Hängt verlassen von seinen Freunden und Brüdern und
    Jüngern.
Doch es stehen erstaunt noch einige fühlbare Herzen,
Jammern und weinen um ihn, sie schlagen zerknirscht und
    wehmütig
An ihre schwellende Brust. Hier ruft der Hauptmann, ein
    Heide:
Wahrlich dieser ist Gottes Sohn! und andre stammeln
Weinend und klagend ihm nach: Wahrhaftig er war ein Sohn
    Gottes!

Weinet nicht, edele Seelen! sehet, es hat überwunden
Vom Stamme Juda der Löwe, und die Versöhnung vollendet.
Zwar der göttliche Leib sinkt unter die mordernden Toten,
Sinkt in den Schoß der Erde, die ihren Schöpfer verhüllet.
So starb die glühende Rose, als sie ein heulender Nordwind
In den Staub herabwarf, und ihre geruchreichen Blätter
Mit den Blättern stachlichter Disteln und niedriger Kletten
Traurig vermischte und ihnen Saft und Farbe verwehte.
Zwar seht ihr den göttlichen Mann nicht mehr wohltätig
    herumziehn
Sondern, er ist ein Entschlafner, ein Bürger des Reiches
    der Schatten.
Aber Jehova wird seine Seele nicht in der Hölle,
Seinen Leib der Verwesung, dem Wurm zur Beute nicht lassen.
Ein hellglänzender Leib mit himmlischer Klarheit verkläret
Wird aus dem dumpfen Grabe umgeschaffen hervorgehn.
Und nach vierzig Tagen wird der verklärte Messias
Auf dem blutigen Berge, wo er zur schrecklichsten Tiefe
Schmählicher, bitterer Leiden, zum Grabe des Todes
    herabsank,
Zu der höchsten unabsehbaren Majestät Gottes
Vom versöhnten Vater herrlich erhöhet erscheinen.
Eine blitzende Wolke wird mit ihm vor euren Augen
Wegrauschen; tiefes Erstaunen wird dann eure Tränen um
    Jesum
Halb noch im Auge vertrocknen, und eure Seufzer ersticken.

Aber, welch ein göttliches Licht verbreitet sich um mich?
Meinem staunenden Blicke dämmert mit mächtigem Schauer
Eine heilige Zukunft; laßt uns mit Ehrfurcht hinabsehn!
Welche festliche Stille herrscht auf dem wartenden Erdkreis!
Stiller lag nicht das Chaos, eh es vom Schöpfer gebild't war.
Schauervolle Dämmrung lagert sich auf den Flächen,
Schwarze, schwangere Wolken wölben den fliehenden Himmel.
Ein entsetzliches Murmeln braust vom rebellischen Weltmeer
In das Ohr des schüchternen Wandrers der still steht und betet,
Und sich platt auf die Erde, die ihm zu zittern scheint, hinwirft.

Sollte der festliche Tag des Weltgerichts etwa herannahn?
Sollte das Ende der Welt uns mit dem Anzuge drohen?
Ja mich dünkt, ich höre die fernen rollenden Donner,
Und den durchdringenden Schall der Posaune.
O wie zerschneid't sie das innerste Mark der Kinder von Adam
Die den göttlichen Sohn am Stamm des Kreuzes verkannten!
Mit wildströmendem Auge sehn sie den offenen Himmel.
Jesus fähret herab mit majestätischer Hoheit,
Cherubim um ihn. Neben ihm jauchzende Seelen der Väter.
Vor ihm zersprengte Gräber und auferstehende Toten.
Hinter ihm folgen die Todes-Engel in furchtbarem Zuge,
Die mit blitzenden Schwertern den heulenden Gottlosen
    dräuen.
Unter seinen Füßen krümmen sich Gottesverächter.
Elemente zerschmelzen und grenzlose Welten verbrennen.
Ein durchdringender Ton der Jubel reißet mein Ohr hin,
Es sind gläubige Fromme, die hier um den Weltsöhner weinten,
Die wie geläutertes Gold aus großen Trübsalen kamen,
Die im Blute des Lammes ihre Kleider gewaschen.
Jetzo fliehn sie auf den Flügeln der tragenden Engel
In die Arme des Richters, der sie mit Lächeln empfänget.
Namenloses Entzücken durchströmt ihre offene Herzen,
Denn er wischt ihre Tränen von ihren Wangen zu Perlen.
Jeder Seufzer, der noch auf der beklommenen Brust saß,
Als der Richter des Fleisches auf einer Wolke sich zeigte,
Wird jetzt zum Halleluja: sie sitzen auf goldenen Thronen,
Halten mit Jesu Gericht und eilen mit Jesu zum Himmel,
Wo sich ewige Freuden ineinander verlieren,
Wo bald diese bald jene unendliche selige Aussicht
Unsere Augen hinreißt, und unser Halleluja reizet.
Weinet nicht edele Seelen! der für euch am Kreuz starb,
    lebt ewig,
Herrscht ewig zur Wonne aller begnadigten Sünder!

DAS VERTRAUEN AUF GOTT

Ich weiß nichts von Angst und Sorgen,
Denn, erwach' ich jeden Morgen,
Seh' ich, daß mein Gott noch lebt,
Der die ganze Welt belebt.

Dem hab' ich mich übergeben,
Er mag auf mich Achtung geben,
Er ist Vater, ich das Kind,
Meinem Vater folg' ich blind.

Ich bins so gewohnt von langem,
Unverrückt an ihm zu hangen.
Wo ich bin, da ist auch er,
Wenn es auch bei'm Teufel wär'.

Toben Stürme, Unglücks-Wellen,
Wenn die Feinde noch so bellen,
Bin ich ruhig, denn mein Gott
Half mir noch aus aller Not.

Und wenn auch die Not am größten,
Eben recht, so dient's am besten:
Wenn die Wege wunderlich,
Gehn sie immer seliglich.

Wenn du willst an Ihm verzagen,
Dich mit eitlen Sorgen plagen,
Ei so sag' nicht, daß du bist
Gotteskind, ein wahrer Christ.

Der aus Nichts die Welten machte,
Unser Gott im Himmel sagte:
Ruf' mich an, so führ' ich dich,
Helf' dir, und errette dich.

Gott hat Jesum uns gegeben,
Daß wir möchten durch Ihn leben:
Jesum, Seinen lieben Sohn,
Sandte Er vom Himmelsthron.

Er ist unser Fürst geworden,
Er soll helfen aller Orten,
Denen, die sich Seiner freu'n,
Und ihr Herz der Liebe weih'n.

Wird denn Der dich lassen sterben,
Der dich hat gesetzt zum Erben?
Der für dich geschmeckt den Tod?
Gott bleibt immer Gott, dein Gott!

Hoffe nun, steh' fest im Glauben,
Laß dir nichts die Hoffnung rauben;
Ließe dich dein Fürst in Not,
Würd' Er selbst der Feinde Spott.

FRAGMENT EINES GEDICHTS ÜBER DAS BEGRÄBNIS CHRISTI

Untergehend küßte die niedrige Sonne die Klippen
Des westlichen Gestades traurig. Ihr rauschten die Wellen
Furchtsam entgegen, und, da sie mit matterem Strahle
Ihnen zuwinkt': er starb! da flohen sie schäumend vom Ufer
Tief in den Schoß des Meeres hinab und rauscheten hohler. –
Ehrerbietige Dämmrung umgab den großen Entseelten,
Dessen holdselige Wangen Todesbläss' entstellte.
Doch, wie die scheidende Sonne noch erquickende Röte
An dem Abendhimmel zurückließ, so war auf dem Antlitz
Jesu, die göttlicherbarmende menschenfreundliche Miene
Noch nicht gestorben. –

Plötzlich wandte Maria ihr weitoffenes Auge
Von dem Kreuze hinweg, schlug in die bebenden Hände,

Konnte Seufzer dem vollen Busen nicht mehr entpressen,
Tränen nicht mehr dem Auge. Nun eilte sie, unwissend, wo sie
Ihre ohnmächtigen Füße hintragen würden: ihr dunkler
Blick sah den Himmel nicht mehr, sah nicht mehr die Erde;
    hoch über
Dem starr vor sich schauenden Haupt die Arme gerungen,
Eilte sie fort. –

Indem war sie zu einem einsamen Tale gekommen,
Das ein Hügel des Golgatha bild't. Eine schlängelnde Quelle
Tränkte die lieblichen Blumen, die hier den Boden
    durchkreuzten;
Deren melancholisches Rieseln klang harmonisch in ihr
Abgebrochenes Stöhnen. Außer sich sank sie am bunten
Ufer nieder. Zirkelnd empfing das trübe Gewässer
Ihre einzelnen Tränen. Und sieh! die frommen Schafe,
Die hier weideten, nahten furchtsam zu ihr; blickten
Starr mitleidig sie an, und blökten und weidten nicht ferner. –
»Sohn! – o göttlicher Sohn! – du bist mir entrissen –
    entrissen!«
Dann blieb sie lange sprachlos, schlug an die Brust, dann
    sprach sie:
»Er ist dahin! – Mein Stolz dahin! – Nun bin ich nicht Mutter
Des Allerheiligsten mehr, ein sündiges Weib bin ich jetzt nur.«
Nun fiel sie auf ihr Antlitz: »Du, der du starbst, o erhabner
Göttlicher Mann, nicht Sohn mehr – klaget ihr Mütter,
    die ihr mich
Selig prieset, nicht Sohn mehr, darf die elende Maria
Die du nicht würdig mehr hieltest von dir den seligen Namen,
Den herzerhöhenden Namen der Mutter länger zu hören,
Darf sie hinaufflehn zu dir? Zuletzt noch, bittre Erinnrung!
Nannte dein blasser Mund mich mit diesem göttlichen Namen:
Ach! nun hör' ich ihn ewig nicht mehr. – O Sohn, o Geliebter!
Der du hoch über dem Staube zu dem ich verstoßen bin, über
Dieser Dämmrung in der ich weine, umringet von Engeln
Sitzest und leuchtest und zählst meine Tränen,
    sie alle versammelst,

Sende Trost in diesen geöffneten blutenden Busen,
Dem der Sohn entrissen ist, unter dem du einst geschlafen. –
Göttliche Stunden, ihr seid entflohn, ihr besucht mich nicht
    wieder,
Da ich ihn trug den Großen, Erhabenen, Größten der Söhne. –
Tröste mich Sohn! Jehova! tröste du selbst mich! –
Ich kann deinen der Gottheit beraubten, leblosen Leichnam,
Diese Hülle, die ich gebar, die allein mir zurückbleibt,
Jene blutrünstigen Locken, jene noch freundlichen Lippen,
Jene strömenden Hände, ich konnte sie länger nicht ansehn. –
Meines trostlosen Mutterherzens, ich kann sie nicht sprechen,
Kann seine Martern nicht aussprechen. Tröste, tröste,
Du mich Sohn! Jehova!«

Hier ward ihr Sprechen ein Schluchzen;
Ihre Seele ganz Schmerz vermocht nicht Gedanken zu denken.
Aber bald dämmerte ihr eine Morgenröte von Hoffnung,
Die Verzweiflung milderte sich, und stiller Kummer
Breitete wermuttriefende Schwingen über sie. Seufzend
Hub sie sich auf vom tränenbenetzten Boden; da hörte
Sie in der Stille der Dämmrung wie eines Sterbenden Stöhnen.
Und sie näherte sich der dumpfen angstvollen Stimme,
Und sah – Petrum schlafend. An eine ächzende Eiche
Hatt' er sein Haupt gelehnt, die Händ' auf dem Busen gefaltet,
Und der Todesangst Tropfen blitzten auf seiner feuchten
Traurig gerunzelten Stirne; sein Herz schlug sichtbar:
    sie sah ihn
Mitleidig an: »Welch schrecklicher Traum verkündigt
    dem Treusten
Seiner Jünger sein Schicksal?« –

Aber furchtbare Bilder täuschten die Sinne des blöden
Reuerfüllten Verleugners. Am Ufer des tobenden Weltmeers
Stand, so träumt' er, ein hoher abhängiger Felsen mit dünnem
Dürren Gesträuche bekleidet: er teilte mit eisgrauer Scheitel
Das Gewölk. An diesem Felsen klimmte der bange
Petrus, schon war er hoch hinangeklimmt – da verließen

Ihn die Kräfte auf einmal, die Reiser flatterten plötzlich
Aus seinen blutig gestreiften Händen, er haschte vergeblich
Nach ihnen, sich an sie zu halten, und stürzte den schroffen
Felsen hinunter, den Tod in der Brust – da ergriff aus der Wolke
Über dem Felsen eine glänzende Hand ihn, und hob ihn
Auf den Felsen empor, und eine Stimm' aus der Wolke
Nannt' ihn Bruder, und herrlich breitete himmlische Freude
In seiner Seele sich aus. – Doch plötzlich veränderte sich die
Szene. Am Fuß des Felsen stand er und sah – (er bebte,
Seine Empfindung war grenzlose Furcht, hinreißendes Staunen)
Sah in ihrer ganzen Größe blutrot die Sonne,
In ihrer ganzen Größe, umwälzend, die Feuerwelt vor sich:
Tausend wütende Meerstrudel hätten (so brauste sie) mehr
    nicht
Als das Schwirren der Mücke bei diesem Getöse die Ohren
Fernher berührt. Und nun, o himmelerschütterndes Wunder!
Sank sie langsam verlöschend in die versiegenden Wogen
Des Ozeans. Sein schlammiger Grund ward sichtbar. Ein
    Rauchdampf
Wie von zahllos kämpfenden Meteoren bedeckte
Den mit sträubendem Haar hinfallenden Jünger: es stürzte
In ihm von Ader zu Ader das kochende Blut. Wie vom Tode
Ein Besessner erwacht, um sich den erschlagenen Vater
Und der Mutter rauschend Geblüte von mördrischen Fäusten
Rinnen sieht: so erschrocken, so ganz außer sich, schlug jetzt
Petrus ein wildes Aug' auf, schaute – sprang auf – sank zu
    Boden,
Röchelte Seufzer: – spät erst erblickt' er Maria, da füllte
Blut sein Angesicht, Tränen sein Aug', er wandte sich plötzlich.
»Warum fliehest du Jünger? Hör' erst die schreckliche
    Botschaft,
Die mein Haupt wie ein Wetter belastet, höre sie! flieh dann!
Jesus verschied.« – Er hört's, stand starr, schlug laut
    in die Hände,
Stöhnete laut, floh schneller, verlor sich dem Auge und suchte
    Wüsten. –

Auch Maria ward jetzt von neuen Ängsten ergriffen:
Unwissend wohin sie eilte, nahete sie durch das dunkle
Taubefeuchtete Gras an einen duftenden Hügel
Von dessen moosiger Stirn' ein Hain ehrwürdiger Tannen
Sich ins Tal hinabzog. Nie empfundener Schauer
Drang ihr durch die Gebeine und verschlang ihre Tränen.
»Gott, wie heilig muß dieser Ort sein! Hier ist des Himmels
Haus, des Allerhöchsten Wohnung. Vielleicht ward ein Weiser,
Ein Prophet, ein Gerechter, dem Göttlichen gleich,
   hier begraben,
Daß die Tannen so heilig rauschen, und süßer Schauer
So die beschatteten Gänge dieses Hügels durchlispelt.«
Aber plötzlich durchdrang ihr Ohr ein hohles Gemurmel
Menschlicher Stimmen: – ihr Herz schlug heftiger.
  Ahndungsvoll eilte
Sie um den Hügel herum, und sah auf der östlichen Seite
Ein Gedränge von Menschen. Mit beflügelten Schritten
Lief sie hinzu und schaut' und fragte die rauschende Menge.
Alles stand betrachtend. Wie auf aufschwellendem Meere
Sich des beängstigten Fischers Ruder vergeblich bemühet:
So erhub sie umsonst beschwörende Fragen. Jetzt teilte
Sich eine Wolke von Pöbel: sie drängte sich näher und sah ein
Hohes Grab in den Felsen gehauen, sah Joseph den Ratsherrn,
Und Nikodemus den Pharisäer. Nun ward eine Leiche
Niedergesenkt. Sie richtete hoch sich über die Häupter
Der Umstehenden auf, und sah – (ihr Auge ward dunkel,
Schnelle Tränen entflohn ihm): es war Jesus. Da reckte
Sie die zitternden Arme hoch empor: »Es ist Jesus!
Es ist Jesus mein Sohn: wehrt nicht der Träne der Mutter
Ihn zu betröpfeln, wehrt nicht den brennenden Lippen den
   letzten
Teuren Kuß ihm zu geben.« Sie sprach es: aber die Hüter
Schlossen schnell einen Kreis ums Grab; sie sah ihn nicht
   ferner.
Wie die ratlose Henne, der ein grausamer Knabe
Die unschuldig schreienden Kinder entreißt, mit schneller
Kriegerischer verzweiflungsvoller Wut auf ihn losstürzt:

So drang stürmisch Maria durch alle aufhaltende Haufen
Und die barbarische Wache der Kriegsknechte, die ihrer Stärke
Voll Verwundrung und Ehrfurcht auswichen. Inbrunstvoll
    warf sie
Dann vor der Leiche sich hin, und weinte über der Leiche. –

SCHREIBEN TANKREDS AN REINALD,

den Rittern, die ihn ins Lager vor Jerusalem
herabholeten, mitgegeben

Weine, kriegrischer Held! wofern deine männlichen Wangen
Je ein warmes Mitleid und Liebe mit Tränen gefeuchtet.
Meinem Munde sind Klagen versagt, denn Krieger stehn um
    mich:
Aber die Hand darf bereun und tiefe Schmerzen erklären,
Denn durch sie ist das Licht des schönsten Lebens verloschen.
Ach wo ist sie, wo ist sie, die Seele des trostlosen Tankreds,
Meine Clorinde? – Hier sinket der Kiel, hier hebt sich
    der Busen,
Hier entfliehn die Gedanken und werden zu zahllosen Tränen.

Freund! – Doch nein, ich belüge dich, nein, ich empfand
    keine Triebe
Als für sie, ich werde für keinen jemals empfinden
Als für sie. Nun hab' ich kein Herz: sie hatt' es geraubt,
Hatt' es der ganzen Welt geraubt: ihre kalte, schöne
Gar zu schöne Hand hält's mit erstarreten Fingern,
Hat's in ihr Grab mitgenommen, nun hab' ich für Freunde
    kein Herz mehr;
Doch ihr habt Herzen für mich, o fühlt, o werdet mitleidig,
Werdet weinende Kinder wie ich, ihr stählernen Helden! –
Oder verachtet mich, haßt mich, tötet mich! – Grausames
    Schicksal!
Warum zwingst du den Mörder zu leben? Asträa, so bist du
Denn von der Erde geflohn? Wie, oder – oder erblaßtest

Du mit meiner Clorinde? Warum verweilet die Rache,
Einen höllischen Wütrich zur Hölle nieder zu schlagen?

Ach du weißest, Clorinde war standhaft und edel und tapfer,
All' ihre Triebe waren zu großen Taten gespannet.
Wie ein höheres Wesen sah sie verächtlich hernieder
Auf den kriechenden Geiz und auf den blähenden Hochmut
Der mit Wind sich aufbläht, auf die verschmachtende Liebe,
Auf die zärtlichsten Tränen um sie; sie wählte das Rauschen
Strenger Waffen für ächzende Küsse, sie wählte den Harnisch
Für den jungfräulichen Schleier, verschmähte den Sieg
    ihrer Reize
Für den Sieg mit dem Schwert, verschmähte den elenden
    Tankred.
Zwar ihr Schwert war furchtbar, doch furchtbarer weit,
    ihre Blicke,
Ihre allmächtigen Blicke, die meine verhärtete Seele
Wie die Sonnenstrahlen durchdrangen, belebeten, wärmten.
Weißest du nicht, daß ich sie geliebt? Hast du sie gesehen,
Hast du das Feuer des Auges, die Seraphsmiene voll Hoheit,
Hast du die Stirne gesehn, auf der die Tapferkeit thronte?
Mußt' ich die Kriegrin nicht lieben? – Einst focht ich –
    Wie? Focht ich? Ich legte
Wie ein gezähmter Löwe mich ihr zu Füßen: sie sah mich
Wie ich da lag und die Seele verseufzt' und die schönsten Arme
Um einen tödlichen Streich bat: sie sah mich mitleidig und
    lächelnd,
Und entfloh, wie ein Blitz entfleucht, stolzlächelnd wie
    Blitze.
Nachmals focht ich nie mit ihr mehr; ich flehte zum Himmel:
Laß mich sie finden, laß mich von ihren Händen erblassen!
Aber ich fand sie nicht, ich lebt' – ich sollte sie töten.

Schreckliche Nacht! wer hieß dich die grausen Flügel verbreiten
Und meinen Augen das Licht entziehn, meinen trostlosen
    Augen
Ihren Reiz verbergen? O leiht mir Flügel, ihr Blitze!

Ich will ihr nachziehn, der höllischen Nacht, ich will sie
    bei ihren
Schwarzen Fittigen haschen, ich will sie mit eisernen Händen
Würgen, ich will sie zur Hölle hinab, zur Höll' hinabschicken:
Denn sie führte Clorinden hinaus, sie führte die Heldin
In unser Lager, sie hieß sie den Turm der Christen entzünden,
Sie verschloß ihr Jerusalems Tor. Die zum Tode bestimmte
Arme, verlaßne Clorinde irrt' ohne Leitung am Bollwerk
Wie eine schüchterne Taube umher, die die Zuflucht versperrt
    sieht.
Warum fiel nicht ein Stern vom Himmel und zeigte die schöne
Seele, wie sie da irrte, mir an? Ich hätte mit treuem
Arm sie umfaßt, ich hätte sie in mein Lager geführt;
Tausend Lampen hätten schnell in die Lüfte aufsteigen
Und ihr Feuer keine der Mienen des Engels auf Erden
Mir verhehlen sollen. Allein ich verirreter Tankred
Ritt voll Wut auf sie zu; ich sprach zu ihr: Kämpfe!
    sie kämpfte.
Ach, noch trag' ich die Zeichen des Kampfs, die werten
    Wunden,
Die sie mir schlug. Ich küss' euch, Wunden! ich seh euch,
    mit Wonne,
Einzige Andenken, die sie mir ließ. Warum wart ihr nicht
    tödlich?
Und warum mußte ich siegen? Mein Reinald, mit brechendem
    Herzen
Muß ich dir sagen: ich siegte. Sie lag vor mir da;
    mein Schwert war
In ihren Busen gedrungen, und meine Hand fühlte Blut,
Meine verfluchte Hand ihr Blut. Mit leiser Stimme
Rief sie: Taufe mich, Sieger! Da stieß ihre Rede mir auch ein
Schwert in die Brust; ich fühlt' eine Angst, eine Ahndung
    im Herzen
Die mich erschreckt', ich schöpfte den Helm am Jordan voll
    Wasser,
Löst' ihr den Helm vom Haupt und sah – wie ein trüber
    Himmel

Lag ihr Angesicht da – ich sah Clorinden – und Schwindel,
Graun und Tod benahm mir Empfindung und Sinne. Mit
   starren
Händen taufte ich sie, und taumelte nieder und bebte
Stumm. Die Zunge, die ihr Gebete vorstammeln sollte,
Stammelte nur ihren Namen. Ach Reinald! ach himmlische
   Wonne!

Ach! indem ich nun sank und auf sie hinstarb, da fühlt' ich
Daß sie die mördrische Faust mir drückte; sie sprach:
   Ich verzeih dir.
O sie sprach noch viel. Bedaure mich redlicher Reinald!
Ach sie seufzte noch viel, doch alle Seufzer zum Himmel,
Keinen für mich, kein Wort mehr für mich – doch was red' ich,
   ich Lästrer?
Ich Verruchter! Sollt' ein sterbender Engel mein denken,
Eines Unmenschen denken? Zu viel ist mir Gnade geschehen.
Hätt' ihr blasser Mund mir geflucht, oder schrecklicher als der
Strengste Fluch! hätt' er: ich liebe dich nicht, mit der letzten
Stimm' in mein Ohr gedonnert: dann wäre mir Recht
   widerfahren.
Höre noch mehr! Sie erschien mir – die folgende Nacht war
   ein Himmel –
Schön wie ein heiliger Engel erschien sie. O Schlaf,
   o verwünschter,
Vermaledeiter Schlaf! Im Schlaf erschien sie, nicht wachend.
Hätt' ich gewacht, ich hätte das bloße Schwert auf die Brust
   mir
Drohend gesetzt, ich hätte mit einer verzweifelten Stimme
Sie gefraget: Liebst du mich? oder ich hätte mit starken
Armen an mein Herz sie gedrückt, ich hätte den teuren
Schatten nicht los gelassen, bis er in der heißen Umarmung
Vor mir zerflossen wäre; dann wär' ich mit ihm zerflossen.

Aber nun erscheint er nicht mehr. – Erhabene Seele!
Lächerlich Sehnen, daß ich dich in die Welt zurück wünsche,
Die du wie einen Punkt, wie einen Ameisenhaufen

Unter dir siehst. Der Himmel wird seine Schätze nicht missen,
Noch geläutertes Gold in vorige Schlacken versenken.
Wie! Ich wag's dich zu lieben, die du von höherem Wesen,
Höherem Stoffe nun bist und sterblich Lieben verachtest?
Seraphim' müssen dich jetzt mit himmlischer Freundschaft umschweben
Und des törichten Sterblichen lachen, der zu dir hinaufwünscht.

Ach der unsinnigen Hand die dich der Erde geraubet,
Dich so früh der auf dich bewundrungsvoll hoffenden Erde
Mördrisch geraubt. Unsinnige Hand, empfandst du nicht in dir,
Daß du wider dich selber strittest? Du warst nicht die meine.
Ich will von meinem Leibe dich reißen: du warst nicht die meine,
Du warst die Hand eines Satans, der wider die Himmlischen wütet.

Weine Reinald! Du, den jetzt die Helden zum Kampf herabholen,
(Denn meine Stärke ist hin, ich bin ein ächzender Knabe)
Weine männliche Tränen um deinen gefallenen Helden,
Oder wenn mehr Erbarmen noch deinen Busen durchglühet,
Bete um meinen Tod!

GEMÄLDE EINES ERSCHLAGENEN

Blutige Locken fallen von eingesunkenen Wangen;
Furchtbar, zwischen Hülfe rufend geöffneten, schwarzen
Lippen laufen zwei Reihen scheußlicher Zähne: so ragen
Dürre Beine aus Gräbern hervor; die gefalteten Hände
Decket Blässe, die unter zersplitterten Nägeln zum Blau wird:
Denn im einsamen schreckenden Walde hat er sich ängstlich
Mit verlarvten Mördern gerungen; es hallten die Wipfel
Von seinem bangen Rufen und dem mördrischen Murmeln
Seiner Gegner; bald erlagen die Kräfte des Kämpfers,
Schlaffe Arme streckt' er vergeblich, die tötenden Äxte

Von seinem Haupt abzuhalten; sie, die sonst schüchterne Vögel
Aus den gefällten Bäumen verscheuchten, spalteten itzo
Grausam die gehirnsprützende Scheitel des sterbenden Mannes,
Dessen Seele ungern vom röchelnden Busen emporstieg. –
Streifende Jäger fanden den zerzerreten Körper
In dem See von eigenem Blut, aus welchem die Gräschen
Ihre befleckten Spitzen scheu erhoben: sie brachten
Ihn der untröstbaren Witwe, die sein dunkeles Auge
Noch zu bedauern schien: noch sichtbar war auf der Wange
Der sonst freundliche Zug, auf der verunstalteten Stirne
Die kennbare Runzel, die oft ein ahnender Kummer
In melancholischen Stunden drauf pflanzte. –

DIE LANDPLAGEN

Ode
an Ihro Majestät Catharina die Zweite,
Kaiserin von Rußland

Die Du weis' und gerecht stets in demselben Glanz
Herrschst, Anbetung verschmähst, anbetenswürdig sein
Ohne Lorbeer voll Bluts, törichte Helden lehrst,
Hin, hinauf zu Dir fleugt mein Lied.

Furchtsam weihet es Dir dieses betränte Bild
Durch der Mitternacht Graun schlängelnder Blitze, Bluts,
Das durch Blumen und Gras rinnt, wie die Quelle rinnt,
Und des Sterbtages der Natur.

Mit des Frühlinges Pracht, mit seinem ersten Schmuck
Kränzt' ihr glückliches Haupt, schmückte die stolze Brust
Meine Muse, wenn Dir, wenn auf dies Bild, wenn Dir
Eine göttliche Trän' entfiel.

Denn Du hassest den Krieg, hassest den prächtgen Mord,
Winkst dem Hunger zu fliehn, betest zu Gott fürs Land
Und Dein Flehen verscheucht Abbadon, daß das Schwert
Aus der bebenden Hand ihm sinkt.

Kann er hart genug einst, Dich uns zu rauben, sein?
Solch ein Lächeln wie Deins sehen und töten? Traurt,
Bebt sein Innerstes nicht, wenn er ein Bild von Gott,
Catharinen entseelen soll?

Lebe, Mutter der Welt! siehe, der Völker Wohl
Fleht, es fleht ihr Gebet, still in die Nacht geschluchzt:
Lebe! die Du an Huld gleichest der Gottheit, sei
An Unsterblichkeit auch ihr gleich.

Denn ich seh es im Geist, um Deine schwarze Gruft
Drängt ein sprachloser Kreis; Schluchzen und Seufzen trennt

Die Landplagen

Die nachhallende Luft, Schluchzen und Heulen tönt
Von dem Belt bis zum Schwarzen Meer.

Trostlos rauft der Greis das ihm gebliebne Haar,
Wirft sein heiliges Haar ausgerauft auf Dein Grab:
Dreimal küßt er den Staub der Deine Leiche deckt,
Dreimal weinet er laut und ruft:

»Warum zeugtest du mich, du, der du mich gezeugt?
Warum zeugete ich, du, den ich zeugte, dich?
Daß mein Auge soll sehn, Sohn, daß dein Auge soll
Catharinen erblasset sehn?«

Der Landplagen erstes Buch

Der Krieg

Junge traurige Muse! besinge die schrecklichen Plagen,
Die unerbittlich der Todesengel aus Schalen des Zornes
Über die Länder ausschüttet, wenn frech gehäufete Schulden
Wider ein ganzes Volk vom Richter Gerechtigkeit heischen.

Wechselnde Szenen voll Grauen, stellt euch den furchtsamen
    Sinnen
In eurer ganzen Abscheulichkeit dar. Entkleidete Felder!
Rauchende Mauren und Türme! Boshaftig schleichende Lüfte!
Menschliche Schatten, nicht Menschen mehr, mit todblassen
    Gesichtern,
Mit bluttränenden Augen! Aufwinselnde Kinder und Frauen!
Streitende, gegen einander erhitzte Festen des Weltbaus,
Erd' und Feuer und Dampf und Wasserfluten und Stürme!
Gebt mir den furchtbaren Stoff zu meinem ernsten Gesange.

Und ihr, denen ich singe, mein Preis ist, fühlet und weinet!
Weinet edle Menschlichkeit auf meine klagenden Saiten,
Weinet Tränen des Danks zu dem, der göttlich erbarmend

Noch die Gewitter der Rache (sie brausten, wüteten, eilten
Über euch gräßlich hinauf) von euren Häuptern zurück hielt.

Du zuerst, der Landplagen Vater, mit Donner und Feuer
Über die Erde stürmend, durch Menschenopfer und Blut nicht,
Nicht durch Verödung und Wimmern der ganzen Natur
    zu versöhnen,
Krieg! oder nenn' ich dich lieber den ehrlich gemacheten
    Totschlag?
Pflanze mir Schwerter vors Auge, färbe mit Blut meine Laute,
Daß meiner Brust voll Schrecken kein zärtlicher Seufzer
    entfliehe,
Oder ein sanfter Ton von meinen Saiten nicht irre.

Was für ein dumpfes Prasseln erwacht aus jener Entfernung,
Welches von schwatzenden Bergen der Widerhall dumpfer
    zurück tönt?
Ach ihr seid es, Boten des Kriegs, Herolde des Todes,
Ihr lautkrachenden Trommeln, von Mordgesängen begleitet.
O wie flieget das Herz des erblassendlauschenden Landmanns!
Schnell entfällt den starren Händen die Sichel: er eilet
Mit oft sinkenden Knien zum Dorf und verkündigt den
    Nachbarn:
»Fliehet! der Feind ist da.« Sie hören's, erblassen und rennen
Männer und Weiber unsinnig mit fliegendem Haar durch-
    einander:
»Ach, was sollen wir tun?« und keiner ratet dem andern:
»Wohin sollen wir fliehn?« und keiner flieht für Bestürzung.

Zögert nur! Seht ihr, wie nicht vom Himmel genährete Blitze
Jene Nebel zertrennen und hört ihr den Donner der Stücke? –
Seht ihr den Berg mit Wolken weissagenden Staubes bedeckt?
Jetzo senkt sich der Staub ins Tal. Helleuchtende Waffen
Decken wie Ähren die Hügel. Mit stampfenden Fußtritten eilet
An ihrer Neige der Krieger hinab. So stürzen die Ströme
Im schneeschmelzenden Lenz von steilen Felsen und machen
Ruhige Fluren zum wilden See. Schon seufzet der Acker

Die Landplagen

Unter gewaffneten Schnittern, oder die nährenden Halmen
Werden von frechen Füßen im schlechten Sande begraben.

Plötzlich erhebt sich ein banges Geschrei. Vor brennenden
    Hütten
Heulet der nackte Landmann. Mit Händeringen und Seufzen
Sieht, in Lumpen gehüllt, die trostlose Gattin der Glut zu,
An der scheue Kinder sich hängen. Im dunkeln verlaßnen
Furchtbaren Walde opfert ein blödes unschuldiges Mädchen
Winselnd der Brunst des Verführers die zu ohnmächtige
    Tugend.
O wie wird der Vater mit tränenbetröpfelten Schritten
Seines Alters Trost verzweifelnd suchen und finden
In eines Wüterichs Arm. Mit seinem erschrockenen Enkel
Eilet der schwache Greis hinweg; in den Runzeln der Wange
Schleichen bekümmerte Tränen: Da, ach! eine schnelle Faust
    reißt
Aus den Armen des Vaters den weinend sich sträubenden
    Knaben,
Ewig zum Sklaven: o hätte sie ihn dem Leben entrissen!

Jetzo rückt die lebendige Mauer der Krieger zur sichern
Nahgelegenen Stadt und schicket sich, sie zu belagern.
Alles wird Furcht in der Stadt: die hohen offenen Tore
Werden krachend verschlossen und Trommeln rasen wie
    Donner.
»GOTT! wie wird es uns gehen?« rufen die bleichen Bewohner,
Die wie gescheuchte Schafe in dummer Verwirrung umher
    fliehn.
Bald verirrt ihr kläglicher Blick auf die Weiber, die Kinder:
Zitternd ergreifen sie sie und stürzen nieder mit ihnen
In die dumpfigsten Höhlen, wo ewige Dämmerung schleichet.
So ergreift mit ängstiger Hand den Beutel, in dem sein
Herz ruht, wenn über ihm sein Dach in Funken davonfliegt,
Der halb tote Wucherer. Schon hört man das trotzige
    Schmettern
Auffodernder Trompeten. Mit nicht zu erschütterndem Mute

Spottet der Festung Beschützer der tönenden Drohung. Der
  Bürger
Hört's, wankt mit gezwungenem Schritte zur Wohnung und
  hänget
Schaudernd die rostigen Waffen um sich. Beklemmet
  umhalst er
Dann die ohnmächtige Gattin und die erbleichende Tochter,
Kann nicht sprechen und weint. Dort rüstet den Jüngling
  die Braut aus:
Mit unzähligen Küssen heften die schönen und blassen
Lippen sich auf sein brennend Gesicht, voll wallender Tränen.
Schluchzend tröstet der Trostlose sie: »Verzag nicht, Geliebte!
GOTT wird mich schützen: verzag nicht!« aber sein ängstliches
  Trösten
Ritzet die tödliche Wund' in ihrem Busen nur tiefer.
Plötzlich entreißt er sich ihren an ihm klebenden Armen:
Stumm und leblos, als wär' ihr Herz dem Busen entrissen,
Steht sie, ihr kristallenes Aug' auf ihn gekehrt und
Da er nun unsichtbar wird, und da sie statt seiner sein Bildnis
Nur noch zu sehen glaubt, und da er ihr Ach voll Verzweiflung
Nicht mehr hören kann, sinkt sie, atemlos, ohne Sinnen
In verbergende Küssen und schluchzt, bis auf die siegreichen
Augenlider voll Tränen der Schlummer mitleidig hinabsinkt.

Und nun sind schon die Wälle mit Vätern und Gatten und
  Söhnen,
Die für Mütter und Weiber und Kinder kämpfen, besetzet.
Brennende Kugeln stürzen aus zornig brüllender Stücke
Ehernem Rachen umsonst auf die langsam sich nähernden
  Feinde.
Alle Gassen sind öd' und nur aus hohlen Gewölben
Tönet die wechselnde Stimme der Angst, das dumpfe
  Gemurmel,
Und das Ächzen der Kranken und der Säuglinge Schreien.
Plötzlich fliegen in zischenden Bogen funkelnde Bomben
Über die Stadt dahin, in itzt noch stehende Türme –
Itzt gesunken; würgen in bange Versammlungen oder

Die Landplagen

Töten ein munteres Kind, um welches erschrockne Geschwister
Zitternd betrachtend stehn. Auf hartem Strohbette wälzt sich
Ein Todkranker und weint, so oft er den schütternden Knall
    hört.
Itzt entbrennet ein Haus. Vergeblich schlupfen mit schnellen
Schritten die hurtigen Greise aus ihren Gewölben zum Löschen:
Der wahrnehmende Feind schießt in das lodernde Feuer,
Dort herum sinken die Retter von springenden Bomben
    zerschmettert,
Und die Flamme wird Glut. Die zagende blasse Besatzung
Kömmt in Verwirrung, beängstigt vom Heulen der Weiber und
    Kinder,
Die mit zerstreuten Haaren die rauchenden Gassen durchirren
Und vom Brande gejagt auf Wäll' und Türme sich retten.
Schnell bedient der Belagerer sich des erhascheten Vorteils,
Stürmt mit wildem Geschrei, besteigt die Mauren und öffnet
Die gesperreten Tore durch die er blutdürstig hereinzieht.

Wie die Wolke, die lang an der Stirne des blauen Olympus
Schwarz und schwefelgelb droht, von uneinigen Winden
    gehindert:
Endlich platzet sie los, verschüttet Donner und Feuer
Und den peitschenden Hagel in hülflose Haufen der Ähren,
Die er, nicht achtend des stetigen Bückens, grausam zerknicket:
Also würget der Feind in wehrlose Scharen der Bürger,
Die mit gebogenem Knie nicht können die Wohltat erflehen,
Länger das Licht des Tages, das Würmern gegönnt wird, zu
    trinken.
Blut besprenget das Pflaster: verworrene kreischende Stimmen
Tötender und Getöteter steigen zum zürnenden Himmel.
Von dem Schrecken ergriffen gebären schwangere Frauen:
Unbändig stürzen die Krieger in ihre Kammern und reißen
Den bekümmerten Ehmann hinweg von der Seite der Liebsten
Und vor ihren Augen ermorden sie ihn. Ach! vergeblich
Strebt der Gebärerin matte Hand, zum Himmel zu ringen,
Ihr Mund stammelt und stöhnt vergeblich: sie sieht ihn
    durchstochen

Und eine tiefe Ohnmacht verlöscht ihr glimmendes Leben.
Bräute bitten und schluchzen für die bedrohten Geliebten:
Mörder sind taub dem Girren der Liebe. Geschändete
    Jungfraun
Opfern dem schröcklichen Stahl ihr schönes Leben, nachdem
    sie
Viehischen Lüsten die Tugend geopfert. Es rauchet des
    Säuglings
Eingedrücketer Schädel; in seinen goldgelben Locken
Klebt Gehirn. Wie zersprang das Herz der verzweifelnden
    Mutter,
Als ein Wütrich ihr sie umhalsendes furchtsames Kind mit
Plumper Faust ihr entriß! Sie fiel vor ihm nieder; die Rechte
Griff ins gezückete Schwert, die Linke versuchte den Märt'rer
Zu entreißen: sie jammerte, bat, beschwur ihn, versprach ihm
In der sie ängstenden Todesangst Geld, ihr Haus – ihre
    Tugend.
Aber er lacht' ihrer Wut: so lachen nächtliche Blitze,
So lachen Flammen der Hölle durchs sie umwölbende Dunkel.
Zischend stieß er den Stahl durch den unschuldigsten Busen,
Da fiel das zarte Kind mit Zappeln zur Erde; die Wange
Ward mit zunehmender Blässe und purpurnem Blute gefärbet.
»Mutter! Mutter!« erscholl noch von den bebenden Lippen
Als ihm das Leben entwich: es streckte die Hände, die Füße
Von sich und blieb, ohne Rettung tot, zu den Füßen der Mutter.
Ganz bleich, mit verwildertem Auge, zerrungenen Händen,
Die sich ausgeraufte Locken fülleten, flog sie
Wie eine kindberaubte Löwin, auf den Barbaren,
Raubt' ihm das Schwert und tötete ihn und sich mit dem
    Schwerte.

Wie aus dem toderfüllten Eden die Satane zogen,
So, auf Verwüstung stolz, ziehn aus ausspeienden Toren
Über mit Schutt und Leichen gefüllte Gräben die Barbarn.
Schwarz von Rauch, voll wartender Blitze, schauet der Himmel
Auf die Verruchten hinab und winkt dem feindlichen Heere
Wider sie anzuziehn und Henker den Henkern zu werden.

Schnell pflanzt auf dem weiten, zertretenen, stäubenden Acker
Sich ein blitzender Zaun von Schwertern, es toben die
    Trommeln
Und die Fahnen flattern bedeutend, wie Abbadons Flügel,
Über die Haufen dahin, die stumm zum Tode sich ordnen.
Brust gegen Brust gekehrt stehn die geweiheten Mörder,
Frech, gedankenlos, doch heimlich voll Sorgens und traurig.
Wie ein Wandrer erschrickt, wenn er unvermutet den Rachen
Des zerreißenden Löwen vor ihm aufgesperrt siehet
Und nicht fliehen mehr kann: so beben sie, da die Geschütze
Gegen sie angeführt, mit offenem Schlund' ihnen drohen.
Jetzt ertönt die Trompete: sie sendet Schrecken auf Schrecken
In die Gebeine des Kriegers hinab. Jetzt rufet die Stimme
Der Hauptleute zum Streit. Man streckt die blanken Gewehre –
Blitz auf Blitz und Knall auf Knall verwunden und töten.
Menschen sinken wie Mücken, die ein gewaltiger Schlag stürzt,
Taumeln betäubt darnieder, betäubt, bis eisernes Krachen
Sich eröffnender Tore der Ewigkeit sie aus dem Traum weckt.
Mit verdrehten Augen entstürzt der verwundete Frevler
Dem unter ihm wegstreichenden Roß. In umspannender
    dunkler
Todesangst suchet die starrende Hand die andre, sie noch zum
Richter zu falten: umsonst! zu kurz ist die Zeit seiner Buße,
Da er die längere frech, mit leichtsinniger Bosheit versäumet.
Ihr, die eure Pflicht aufruft, den winkenden Fahnen
In tausendfache Gefahren zu folgen, erbebt vor dem Tode,
Eh er noch auf der drohenden Spitze des feindlichen Schwertes
Vor eurem Busen steht: schaut ihm ins furchtbare Antlitz,
Werdet vertraut mit ihm, gewöhnt euch zu seinen Schrecken,
Eh sein abscheulich Geripp' euch unvermutet umhalset.

Zagen und Schauder verbreitendes Bild! Aufdampfende Ströme
Menschenbluts rinnen auf dem unterm ehernen Fußtritt des
    Heeres
Donnernden Acker, der itzt zum harten Wege getreten,
Sie nicht bergen mehr kann. Entstellte Leichen, Waffen,
Kleider, unkenntliche Fahnen, Äser geschlachteter Rosse,

Liegen unter den Füßen der Streiter zerstampft und verwirret.
Rauch und Staub verdunkelt die Gegend. Kugeln und
    Flammen
Fahren schröcklich umher: das Schwert wird wütend
    geschwungen
Durch die seufzende Luft, und Blut trieft herab von der
    Schneide.
Knallen, Schreien, Wiehern und Winseln ertönen vermischt
Und die kläglichen Stimmen Verwundter und Sterbender
    werden
Fürchterlich unterbrochen von jauchzenden Siegesposaunen.
So viele Völker hier kämpften, so viele Zungen und Sprachen
Flehn von verschiedenen Gottheiten oder von Märt'rern
    Erbarmen.
Hier eröffnet den Mund ein weicherzogener Jüngling;
Aber der Schall seiner Stimme verschwindet im wirbelnden
    Lärmen.
Dort streckt flehend ein Gatte die Hand aus, der sich der Gattin
Und der unmündigen Kinder erinnert und gern dem Getümmel
Noch entränne, noch lebte: aber die schnaubenden Rosse
Stürmen über ihm weg und ersticken den Funken des Lebens.
Damon, ein Vater und Held, der an der Seite des ersten
Des geliebtesten Sohnes voll Staub und Blut lag, erblickt' ihn:
Als er ihn sah, da schob er sich näher zu ihm, umarmt' ihn:
»O dich segn' ich, Geliebter! daß deine ehrende Wunde
Blut fürs Vaterland strömt. Sei getrost! die Kämpfe des Todes
Endet unsterblicher Lohn: laß uns mit Freuden sie kämpfen!
Freue dich, Sohn, und stirb!« der sprachlose Jüngling
Zärtlicher, furchtsamer von Empfindung, hörte den Helden
Nicht. Sein trübes Auge tröpfelt' unzählige Tränen
In das Blut seiner Wunde und sein Herz brach seufzend.

Indes endt sich die Schlacht. Ein Teil der Siegenden eilet
Denen Entfliehenden nach, von welchen ein plötzlicher Regen
Abgeworfener Kleider und Waffen den Boden bedecket.
Fliegend wiehern die Rosse. Wolken von Staub verhüllen
Laufende Fußgänger ihren Verfolgern. Feigere Sieger

Plündern die Leichen in ihrem Blut. Abscheulicher Anblick!
Menschlicher sind die, die mütterlich Erdreich den Toten
     eröffnen
Und unter schönen Blumen Helden zu ruhen vergönnen
Die der Großsprecher Glück durch stumme Wunden erkauften.

Flecken der Menschheit, vom wildsten der höllischen Geister
     ersonnen,
Krieg, Zerstörer der Freuden, Verderber friedseliger Staaten!
So erschrecklich du bist, sind schrecklicher oft deine Folgen,
Die Jahrhunderte durch dein Andenken wieder erneuern.
Schallet nach langem Kriegesgeschrei die tröstliche Stimme
Der Posaune des Friedens an fröhlich nachhallenden Ufern:
Ach dann nahet der Landmann mit stillen unschuldigen
     Tränen,
Sucht sein verlassenes Dorf und findet glimmende Asche,
Sucht sein wallendes Feld, die Auen voll hüpfender Schafe
Und die Berge voll Reben: und findet unkenntliche Wüsten.
So fand Noah die vormals lächelnde Erde verschlemmet
Als er aus dem schwimmenden Sarge neugierig heraustrat.
Tiefer gebeugt betrachtet die ihm itzt drohenden Mauren
Seiner einst zierlichen Wohnung der Bürger. So stumm und
     erschrocken
Sah der mäonische Held die vorigen Freunde, mit jeder
Tugend des Lebens geschmückt, auf Circens bezauberter Insel
Ihn als zottige Bären mit wildem Schnauben bedräuen.
Ganze Geschlechter ziehn hülflos umher. Dort kriechet ein
     Alter
An dem dürren Stecken: ihm folgen mit langsamen Schritten
Seine entstellten Kinder nebst ihrer wehmütigen Mutter:
Alle in Lumpen, alle vom Gipfel des Glücks und des Reichtums
Zu der tiefsten Tiefe der Dürftigkeit niedergesunken.
Stolz geht der niedrige Reiche, der sie geplündert, vorüber,
Hört, umwickelt mit Tressen, bekannt mit Seufzern und
     Flüchen,
Nicht das stete Gewinsel der nackten hungrigen Knaben,
Noch das Stöhnen des Greises, der sie zu trösten versuchet.

Schändliche Sieger! die wehrlose friedengewöhnte Geschlechte
In ihren Häusern bestürmen und aus den Wällen voll Reben
Mit bepanzerten Händen verscheuchen: die köstliche Weine
Nicht aus Helmen entwaffneter Helden, aus gottlosem Raube
Und dem Heiligtum sonst geweihten Gefäßen verschlucken.
Ist's Verdienst ein Räuber zu sein, ist's Lorbeeren würdig?
Oder lispelt sie nicht in eurem Busen, die Stimme
Die allmächtige Stimme der Menschlichkeit und des
    Erbarmens?
Oder erschrecket euch nie der fluchende Seufzer des Bettlers,
Einst ein glücklicher Bürger? Weigert die Hand sich nicht, bebt
    nicht,
Zu berühren ein Gut das fremdes Mühen verdiente?
Eure Kinder und Weiber (ich sehe die rächende Zukunft)
Irren verlassen umher von einem Wucherer gedrücket:
Tränen bahnen sich Wege auf ihre trostlose Wangen
Und ihr Busen gewöhnt sich zu bittern und heimlichen
    Seufzern.

Gräßlicher sind der Muse die Tigerseelen, die Morden
Und Unschuldiger rinnendes Blut zum Labsale wählen,
Lachen zu Flammen der Dörfer und jauchzen ins Schreien der
    Märt'rer.
Einst wenn der sein Opfer aufsparende Tod euch hinwirft,
Sollen tränende Augen, tränlose Augen, weit offen,
Um euer Lager blinken, ein stetes Winseln und Heulen
In eure Ohren schallen und aller der Elenden Flüche
Wie ein hoher Berg auf eurem ringenden Busen,
Der unter fruchtloser Müh' sie von sich zu wälzen, hinstirbt,
Ruhen. Höret und bebt: Es ist für Teufel ein GOtt da.

Alles ist jetzt öd' und Handlung, Gewerbe und Handwerk
Unterbrochen. Einsam zerstreuet seufzen die Menschen
Nach den besseren Zeiten, doch seufzen sie lange vergeblich.
Selten tritt nicht der magere Hunger, gefräßige Seuchen
Und weiterntende Pest in die Fußtapfen des Krieges.
Oft erobern Tyrannen die schon verheereten Länder

Und ihre Herrschaft ist ewiger Krieg: sie pressen beraubten
Und erst schwach emporstrebenden Bürgern armselige Güter,
Schiffbrüchigen den Schiffbruch ab und nennen sich Väter.
Oft müssen die Überwundnen den scheuen Nacken hinbeugen
Dem unerträglichen Joch der Gefangenschaft. Grausame
    Ketten
Klingen an ihren unschuldigen Händen; umschränkende
    Blöcke
Muß ihr müder Fuß, als wären sie Räuber, fortschleppen.

Noch einen Blick, empfindliche Muse! vergönne mir, die du
Schon der Tränen satt bist, die in dein Saitenspiel fallen.
Laß unsre Augen mit den gebrochenen Strahlen des Tages
Dämmernde Höhlen, die Gräber lebendig modernder Sklaven,
Durchirren, laß uns die dunkeln Tränen auf ihren blassen
Gelben Wangen zählen (so krümmt zwischen Ufern von
    Schwefel
Sich der schwarze Styx), laß uns des tunischen Räubers,
Oder des grausamen Türken, des vieherniedrigten Tartarn
Wilde Äcker durchwandern, wo lärmende Ketten harmonisch
Tiefe Seufzer gleich Rindern pflügender Christen begleiten.

Dort im furchtbaren schwarzen Hain, vom Strahle der Sonne
Selten nur angelacht (wie tröstet dies Lächeln die Seele!),
Arbeitet Silvius einsam. Er war ein blühender Jüngling,
Als er die trostlose Braut, mit nicht zu stillenden Tränen
Ahndungsvoll verließ, für seine Brüder zu kämpfen.
Aber wie hat der Gram itzt in seine Wangen voll Rosen
Tiefe Furchen gezogen! Wie fließen vom Kinn, den die Schöne
Oft mit sanfter Hand gestreichelt, die eisgrauen Haare!
Ach! und hätt' er kein Herz, das nur für Liebe geschaffen,
Nur für sanfte Triebe gestimmet wäre, wie glücklich
Wär' er! Aber bei jedem Stoß der klingenden Schaufel
In den felsharten Boden, hart wie seine Bewohner,
Fällt eine Träne mit nieder. »O GOtt!« ruft er oft und hält die
Braunen Arme lange verzagend zum Himmel gebreitet.
Auch der scheinet ihm unbarmherzig: dann wirft er sich nieder,

Stecket sein Haupt in den Staub, bedecket mit Tränen die
   Gräschen,
Betet und ächzet und schreit. Verborgen lauschende Barbarn
Eilen herzu und färben mit Blut die betenden Arme.
Keine Wiesen reizen sein Aug': er ist wie ein Toter:
Stumm schleicht er aufs Feld, stumm eilet er weg zu der Höhle,
Die ihn schrecklich erwartet; doch segnet er sie, denn das
   Dunkel
Das nie Phöbus noch Luna besucht, verbirgt seine Tränen
Und die bemoosten Gewölbe hallen des nächtlichen Flehens
Flüstern tröstlich zurück, gleich einer Antwort der Gottheit.
Selten verschließt ein kurzer verrätrischer Schlaf ihm die
   Augen,
Müde zu weinen: dann schaun die furchtbartürmenden Mauren
Wie mitleidig nieder auf ihn, so siehet ein Kirchturm
Auf die umher Begrabnen herab. Und wenn kaum der erwachte
Morgen noch auf den Hügeln umherglänzt und Täler durch-
   schleichet,
So entschließet sein Blick sich dem traurigen Lichte schon
   wieder,
Irrt verwildert umher, erkennt das alte Behältnis
Und der erneuerte Tag erneuert das Maß seines Kummers.
Unterdes gehen der Braut die jahregedünkten Tage,
Jeder von Tränen durchweint vorüber. Im ängstenden Traume
Sieht sie oft den Geliebten von Ungeheuern umgeben,
Oder umarmt ihn in düstern Höhlen, an welchen das Heulen
Wütender Wasserfälle herauftönt. – Bis an dem Himmel
Der sie erhört, ein glücklicher Tag zur Erde hinab lacht,
Da den geliebten Sklaven sein Freund, sein Damon, erlöset.
Atemlos rennt er zu ihm: der staunet ihn an und spricht nicht.
Ihre zitternden Arme umschlingen sich, ehe die Brust kann
Worte herausarbeiten, umschlingen sich, gleich als wären
Beide ein Körper. Wie rollen die freudigen redenden Tränen
Des Unglücklichen Wangen hinab, wie drückt er den Liebling
Ans laut schluchzende Herz! So hoch empfindet kein Seraph.
»Folge mir, spricht er, du bist befreit.« So rühret kein Donner,
Schrecket kein plötzlicher Blitz, wie dieses Wort die versunkne

Mutlose Seele aufschüttelt. Noch ist sie nur ganz Staunen,
Und verzweiflungsvolle Hoffnung: doch bald wird die volle
Freude des Herzens Wunden heilen, die tiefgegrabnen
Runzeln des Antlitzes eben machen und Blüte drauf pflanzen.
Und nun folgt er mit ungewissen Tritten, die magre
Hand in die Hand des Freundes geheftet, die Stirne, aus der die
Ganze Seele leuchtet, auf seine Achsel gelehnt, dem
Edlen Retter und weint und kann ihm nicht danken: »Damon!«
Lispelt er manchmal (die Stimm' ist ersäuft in Tränen) und
    drückt ihn
Fester an seine Brust und letzt ihm die Wange mit Küssen.
Unsichtbar stehn ihre Schutzgeister, lächeln sich ihre
    Entzückung
Und umarmen sich zärtlicher bei dem Anblick der Freundschaft
Ihrer Beschützten. – Und jetzt versuche die Muse, Wonne
Die nur fühlen sich läßt, zu schildern. Er eilet, er flieget
Zu seinem andern Leben. Sie sitzt, die welken Arme
Unter das Haupt gestützt: ihre bleichen reizenden Wangen
Schmücken küssenswürdige Tränen, wie Tautropfen Lilien.
Also in Gram versunken sitzt sie: sieh! da eröffnet
Schnell sich die Türe des Zimmers. Ein Mann (noch rauh sind
    die Züge
Des einst männlich schönen Gesichts in dem seinen verstecket)
In ungewöhnlicher Kleidung, mit wild herabfallendem Barte
Und entzündeten Augen umarmt lautweinend die Schöne.
Gleich als hätt' ein mitternächtlicher Schatten mit kaltem
Schröcklichen Arm sie umschlungen, bleibt sie, vom Gefühle
    verlassen.
Doch bald öffnen ihr seine unzähligen Küsse das blaue
Himmlische Aug', es strömt von Zeugen ihrer Empfindung
Eh sie noch deutlich empfindet. Er spricht ihren Namen mit
    Stammeln
Tausendmal aus, drückt ihre kraftlose Hand an die Lippen,
Wäscht sie in seinen Tränen. »Geliebteste, teuerste, beste,
Teuerste Doris!« Sie zittert, betrachtet ihn und erkennt ihn:
»Silvius! – Bist du es, Silvius? Bist du es teurer Geliebter?
Ist es ein täuschender Traum, der dich mir schenket? Wie oder

Seh' ich vielleicht im Todestale dich wieder? – Du bist es,
Ja, du bist es!« – Jauchzen erfüllt die Gegend und Freude
Ist der Liebenden Seele, die sie belebet und fortreißt
Daß die Handlungen üben, die Einfalt und Kindheit sich
    nähern
Und der gelehrte Vater am staubichten Pulte belachet.

Dann wenn die rauschende Freude vorbeigerauschet ist,
    kann sie
An dem werten Geliebten nicht satt sich sehen, dann kann er
An der teuren Geliebten nicht satt sich küssen: dann trennt sie
Nimmer sich von ihm. Er muß tief in dem einsamen Haine,
Der ihm wieder Ruhe zulispelt, am gleitenden Bache,
Des unablässiges Murmeln ihm nicht mehr Schwermut
    erwecket,
Seine Geschicht' ihr erzählen. Sie trocknet dann zärtlich die
    Tränen
Die die Erzählung begleiten, und muß auch ihm ihren
    Kummer,
Ihre Geschicht' erzählen, dann küßt er die reizenden Tränen
Von ihren Wangen weg, die ihre Erzählung begleiten.

Der Landplagen zweites Buch

Die Hungersnot

Dich will ich singen, du bleicher Hunger, mit allen den
    Schrecken
Die dich begleiten, dich will ich den satten Sterblichen singen
Die die brütende Sonne und träufelnden Segen aus Wolken
Und der Erde Bereitwilligkeit und den göttlichen Geber
Schmähen durch Wollust und Ekel und Murren, wie die
    Wüsten.

Senkrecht strömet die Sonne Feuer auf Fluren und Heiden,
Daß auf Sümpfen Staub liegt, Ströme zu Sümpfen vertrocknen.

Laub und Zweig ermatten: ein tödlich Blaß überzieht sie;
Eingeschrumpft und verdorret stürzen beim Wehen des kleinsten
Zephirs, des sie sonst spotteten, sie nun rauschend zu Boden.
Himmel, wo sind deine Wolken, und Nacht deine fließenden Taue?
Schickt nicht das Meer seinen Dampf empor und die Flur ihre Dünste?
O vergilt ihre willige Gab', unerbittlicher Himmel,
Laß dich zu ihr in Tropfen hernieder, erfreue die Ähren
Die ihre schwarzen erstorbenen Häupter zu dir erheben,
Da sie sonst fröhlich beschwert dem Landmann entgegen sich bückten.
Ach die Natur ist vergiftet. Die farbenspielenden Wiesen
Liegen itzt falb ausgebreitet, und pharaonische magre
Kühe suchen dort Nahrung und füllen die Mäuler mit Staub an.
Auch scheint die Erde nicht mehr dem Landmann gehorchen zu wollen
Der verzweiflungsvoll hinter den Pflug tritt. Was säest du, Sämann?
Eh ihn der Acker empfängt ist schon dein Samen ersticket.
In hartnäckiger Ohnmacht liegt die Natur: ein Bild des
Todes der Welt, des letzten Verderbens wenn in das Chaos
Dieser Ball, von unsinnigen Würmern bewohnet, hinabstürzt.

Dort ist ein einsames Haus, ganz einsam, mit müßigem Schorstein:
Die umliegenden Ställe sind alle stumm von den Herden
Die sonst mutig dort brüllten: nicht Enten wackeln und schnattern
Mehr durch die Pfützen: kein Huhn lockt goldgefiederte Jungen
Unter die warmen Flügel: noch springen dummblökende Schafe
Im anlachenden Klee. Ein Schwarm von gierigen Raben
(Einzige Freunde der Teurung!) fällt auf die in dem Hofe
Häufigen Äser und krächzt die Todesgesänge der Schöpfung.
Jetzo schlüpft ein dürrer Mann am leitenden Stecken
Aus der knarrenden Tür: eine Schar von unmündigen Kindern

Eilt mit Geschrei ihm nach und kann nicht den Vater erreichen
Der die Hand vors Gesicht hält und fliehet: »Kann ich der Kinder
Winseln nach Brot noch länger hören, noch länger sie ansehn
Wie sie täglich verwelken, sehn die einsinkenden Wangen?«
So spricht er und wanket und hinket zum nackenden Walde
Und am nächsten Baume hängt er sein lebend Geripp' auf,
Daß der Versucher Hohn lachet und die Raben drob jauchzen.

Auf den Landwegen seufzet kein schwerer Wagen voll Korn mehr
Und in den lärmenden Wäldern erhebt sich ein Brüllen und Kreischen
Streitender Bestien, die, da Ställe und Weiden entblößt stehn,
Untereinander sich würgen. Es schießt der Jägerhund keichend
Über Fluren und durch den Forst: dann steht er und winselt,
Daß er kein lauschendes Wild mehr aufspürt. Lange schon waren
Die Harmonien des Waldes verstummt. Mit schlaffem Gefieder
Liegt über ihre Jungen erstarrt Philomele gebreitet.
Mit weitausgespreiteten Flügeln, die selten nur in der
Luft sich bewegen, das Gleichgewicht haltend (wie Ruder, wenn mit dem
Strom ein Boot schwimmt), gleitet der tückische Habicht. Einzeln
Abgebrochen ertönt sein Feldgeschrei: aber vergebens
Strömt sein räubrischer Blick in Höhlen der Bäume, vergebens
Sucht er unter dem Hausdach in stillen Nestern den Raub auf:
Ihm ist der Hunger zuvorgekommen und wird ihn bald selber
Fressen. Käfer und Mücken schwirren nicht mehr in den Lüften
Und an erstorbenen Waldrosen hängt die vertrocknete Biene:
Schönes Grab! So stirbt am Busen der Liebsten ein Jüngling.
In den versiegten Teichen wühlen mit forschendem Schnabel
Hungrige Störche vergebens und ziehn statt Fröschen und Fischen
Schlamm und Moos aus der Tiefe hervor. Nur im Bauche des Hirsches

Den itzt leichte Beine und Waffen des Haupts von dem Tode
Retten nicht konnten, wimmeln gesättigt die frohen Gewürme.
Wie, wenn ein Sohn des Goldes von Schmeichlern und
    Schuldnern gestürzt wird,
Dann die neidischen Nachbarn in seinen Ruinen sich teilen.

Dort liegt Zadig ein Greis am Weidenbaum, der mit entlaubten
Zweigen vergeblich strebt ihm gewohnten Schatten zu reichen.
Auf seinem müden Knie sitzt der ihn anlallende Enkel,
Sieht oft nach ihm hinauf und weint nach Nahrung und
    Labsal.
Ach wie zerschneidet dies Weinen das Herz des zärtlichen
    Greises!
Hundert mal hebt er sich auf, zu fliehn, und hundert mal
    sinkt er.
Über ihm schwebet in Wolken höllischer schwarzer Verzweiflung
Satan, und strömet ihm Sünde ins offene Herz und versucht
    ihn
Wie den in der Wüste, der nie von Sünde was wußte.
»Ich, so schwärmen Gedanken in seiner Seele, muß langsam
Sterben! den langsamen Tod des Knaben sehen! Er winselt:
Und ich kann ihm nicht helfen! Ich, der ich sonst ihm mit
    offnen
Armen väterlich zärtlich zueilte, der ich entzückt
An meine alte Brust ihn drückte, ich kann ihm nicht helfen –
Und muß sterben! Greisen selbst schreckliches Wort! – Wie oft
    hat
Seine unschuldige Hand mit meinen silbernen Locken
Schmeichelnd gespielt? – Wie soll ich ihm helfen, wie soll ich
    die lange
Pein von ihm wenden, die ihn wie fressend Feuer verzehret?
Tod, komm schnell über ihn: dann segn' ich dich. Stürzet ihr
    Hügel!
Und begrabt ihn, daß ich sein letztes Girren nicht höre. –
Aber ich selbst muß mich seiner erbarmen: der Himmel ist
    eisern,
Und die Erde ist eisern: ich selbst muß mich seiner erbarmen! –

Ich will ihn schlachten, eh Hunger ihn tötet. Wie Abraham seinen
Isaak schlachtete, will ich ihn schlachten. Vielleicht daß in jenen
Hecken sich dann mir ein Bock entdecket, wie jenem: dann wollt' ich
Froh ihn nehmen, den Bock, ihn würgen und meinem Enkel
Niedliche Bissen bereiten und mit seinem Blute ihn tränken;
Denn der Fluß ist vertrocknet und Seen und Teiche sind Sümpfe.«
Und nun sitzt er und sinnet. – Nun hebt er den dürren, entnervten
Arm und durchbohret das Herz des Enkels – doch schleunig von innrer
Heftiger Reu' ergriffen, zieht er mit bebenden Händen
Bleich, den Dolch aus der Brust des Kindes und wirft ihn weit von sich.
»O verfluchtes Eisen!« ruft er und rauft sich die weißen
Haare aus dem Haupt und heulet mit furchtbarer Stimme.
Aber der Knabe sinkt hin, fällt von seinem Schoß auf die Erde,
Zappelt im Blut und schreit nicht, nein ersticket im Schreien.
Grausamer Stoß du bist geschehn. Umsonst stürzt der Alte
Auf das durchstochene Herz des Ermordten und hält mit blassen
Lippen das gewaltsam aussprudelnde Blut auf. Noch einmal
Schreiet das Kind, noch einmal zuckt es den Mund und wirft die
Schon erstarrende Hand mit Angst der röchelnden Brust zu,
Da entflieht seine Seele, und bald wird Hunger und Ohnmacht,
Reu' und Wut und Verzweiflung auch seinen Mörder entseelen.

Nahe dich Muse! der Stadt, dem Sammelplatz schändlicher Taten,
Dieser Geburten der harten und menschenfeindlichen Herzen,
Wenn die Not sie beklemmt. Von unabsehbaren Heeren
Schrecklich umzingelt liegt sie: in ihren Mauren verbreitet
Hunger und um sie von außen der Feind ein anhaltendes Sterben.
Göttin Aurora, so sahst du, so oft du dein Zelt an dem Himmel

Aufschlugst, Jerusalem ehmals von außen mit Spießen
 umpflanzet,
Und inwendig voll schwarzer entstelleter Leichen. –
Schaut! wie hier Nebukadnezare, gierig entbrannt sind die
 Blicke,
Auf den Äsern liegen und selbst halb Aas sie verzehren.
Über sie flattern neidische Krähen und scheltende Raben
Stehlen sich oft hinzu und teilen mit ihnen die Beute.
Jünglinge nagen die Zähne stumpf an Sätteln, und Greise
Füllen mit stinkendem Mist den ekellosschmachtenden Schlund
 an.
Aus jenem dumpfen Gewölb' erwacht eine klägliche Stimme,
Und ich gucke durchs äußere Gitter. – Entsetzliches
 Schauspiel!
Würdig die Hölle zu zieren! Vom schröcklichsten Dunkel be-
 schattet,
Schlachtet ein wütendes Weib ihr Kind. Umsonst fällt es nieder,
Dreimal nieder aufs Antlitz und flehet mit heißen Tränen
Mit erblaßtem Gesicht und lautem Zittern und Schluchsen
Um sein jugendlich Leben, vergeblich schlingt es die Ärmchen
Um die stampfenden Füße der Mutter. Oft zwar empöret
Sich das Muttergefühl, es schwillt der abscheuliche Busen
Der das unschuldige Opfer genährt, von erschütterndem
 Schmerze,
Und der ausgestreckete Arm weicht kraftlos zurücke:
Aber ihn lenket die Macht der Höll', er vollführt, er vollführt,
Er vollführt den schröcklichsten Streich. Sie schreit, sie mordet
 und knirschet,
Rauft ihr Haar mit der Linken und tötet ihr Kind mit der
 Rechten.

Bebst du, Muse? Verlaß sie, verlaß die verfluchteste Szene!
Laß die Höll' ihre Tat mit gräßlichem Heulen besingen!
Stimme die silbernen Saiten die solch ein Thema erniedrigt!
Sieh, dort ruft eine edlere Mutter die hungrigen Kinder
Traurig zusammen: sie hat vom kleinen Reste des Mehlkorbs
Und des Ölkrugs das letzte notdürftige Mahl zubereitet:

»Kinder, die ich mit Schmerzen gebar, mit größerem Schmerze
Seh' ich euch sterben. Kommt! erquicket die schmachtende
    Zunge!
Dann, mit brechendem Herzen will ich euch segnen, ihr Satten
Und will sterben.« Nun pflanzt sich das magre Geschlecht um
    die Schüssel –
Schnell ist sie leer. Mit Wangen auf welchen die Tränen für
    Hitze
Stehn blieben, schlang die Jugend eilfertig die sparsame Kost
    ein:
Und nun sitzet sie sprachlos; noch tobt der müßige Magen
Und der Gaumen vertrocknet, wie heißes Eisen, auf welches
Wenige Tropfen fallen; die Tränen rollen von neuem.
Aber die Mutter, sie hat für ihre Kinder gefastet,
Hebt die Augen zum Himmel, ihr mütterlich Herz ist in
    Aufruhr:
Balde sinkt sie, zu heftig von Schmerz und Liebe bekämpfet,
Von ihrem Sitz zu Boden. Erschrocken stürzen die Kinder
Auf sie: »Mutter, stirb nicht! stirb nicht geliebteste Mutter!«
Aber ihr Geist verläßt sie. Der letzte Blick ihrer Augen
Ist noch mitleidig zärtlich auf ihre Kinder geheftet.
Zwar sie kann nicht Worte stammeln, nicht Seufzer erpressen,
Denn die Zung' ist gebunden, ihr sterben die Seufzer im
    Busen:
Aber inwendig rufet ihr starkes Geschrei zu dem Höchsten,
Zu dem Höchsten, der Raben ernährt und krümmenden
    Würmern
Auf ihrer langsamen Reise die Speis' entgegenführt. Und der
Herr, der Erbarmer hört's und spricht – es feiern die
    Himmel –:

»Ich will aufhören, sie zu plagen. Sie sind meine Kinder.
Ihr Geschrei ist vor mir gekommen. Ich hörte dich röcheln!
Stimmen des Todes, ich hört' euch. – Flieh, verderbender
    Hunger!«

Wie ein räubrischer Adler, wenn hetzende Stimmen der Jäger

Die Landplagen

Und das schmetternde Hüfthorn weit durch die lauten
  Gesträuche
Tönen: er lauschet und regt die schwarzen Fittige, hebt sich
Und beschattet die Wipfel der Linden, dann fliegt er zur
  nächsten
Eiche, schwingt sich empor, durchschiffet die seufzenden Lüfte,
Wird dicht unter den Wolken zur Lerche – und verschwindt
  dann:
So schreckt den gierigen Hunger der Ruf des allmächtigen
  Vaters;
Ungern verläßt er die Erde. Da regnet der eiserne Himmel:
Dankbar richten die Blumen sich auf: die schwimmenden
  Wiesen
Und die Hügel und Haine beginnen zu lächeln; die Teiche
Schwellen empor und die stillen Flüsse murmeln von neuem:
Wie dem Ohnmächtigen, wenn ihn ein Balsam erfrischet, das
  Auge
Wieder entwölkt wird, die Glieder sich regen und langsam zum
  Herzen
Durch die schlaffen Adern sich das belebete Blut drängt.
O wie sammlen die Menschen den nassen Regen des Himmels
In Gefäßen auf und löschen die brennenden Schlünde!
So drangen einst die Hebräer mit offenen Mäulern und Krügen
Zu dem strömenden Felsen, wie hier die lechzende Menge
Unter geöffneten Wolken harrend stehet und Wasser
Einerntet, dann ihre Beute liebkosend und jauchzend ins Haus
  trägt,
Wo sie sich labt, erquickter als Funchals Fürst bei Pokalen.

Bald winken die Früchte von wieder umkleideten Bäumen,
Und in den leeren Vorratskammern der Hülsen der Ähren
Keimt der Segen des Landes. Doch kennt die heiße Begierde
Keine Geduld, noch läßt sie der wohltätigen Erde
Und dem Tau des Himmels und den nun fruchtbaren Strahlen
Zeit die Körner und Früchte zu reifen. Heimlich unmutig
Über den Lauf der Natur entreißen zahmlose Hände
Die vom angestammten Gift nicht befreite, unzeitge

Nahrung den sträubenden Halmen: und sieh! die verderbende
....Seuche
Schwebt, ein weitausgebreitetes Ungeheur, über die satten
Städte und droht mit scheußlichlächelndem Antlitz den
....Schlemmern,
Die von neuem an Tafeln, beladen mit Mißbrauch und Wollust,
Den verkennen, der Tau an Spitzen der Gräschen und Tropfen
An die Kronen der Ähren hängt und die Erde befruchtet.

Der Landplagen drittes Buch

Die Pest

Stärke dich, schüchterne Muse! gebückt schau tiefer hinunter
In die dunkle Tiefe der Zeiten, wenn Rache des Schöpfers
Durch die ganze Schöpfung allmächtiges Grausen verbreitet.
Kommt ihr Diener des Todes, furchtbarer als euer Beherrscher,
Fräßige Seuchen und Schmerzen und tückische Krankheiten,
....zeiget,
Alle zeigt mir die knirschenden Zähne, die würgenden Klauen,
Den blutschäumenden Schlund: umhüpft in scheußlichen
....Tänzen
Das erschrockene Auge der Phantasie, die sich sträubet,
Weiter auf den Gefilden erfüllt mit Jammern und Abscheu,
Fortzugehn und zu sehn die Natur verunstaltet durch Plagen:
Dennoch will ich mit heiterer Stirn und gesetzten Blicken
Eure Verheerungen singen; denn, wer die Ruhe im Busen
Hegt, verhöhnet die Unruh' auf sturmbedeckten Gebürgen,
Horcht auf die brüllenden Wolken und lächelt der eiligen
....Blitze.

Aus einer Mitternachtwolke ließ auf die schlummernden Hügel
Jüngst ein Todesengel sich nieder. Da floß durch die Schatten
Der blauflammende Strahl seines Schwerts. Gleich nächtlichen
....Blitzen,
Füllt' er das brennende Tal, durchdrang widerstehende Wälder,

Machte Paläste und Strohhütten fürchterlich hell. Auf einmal
Breitete sich eine fremde Luft ums Antlitz der Erde.
Menschen die schnarchend in ihr den Lebensbalsam geatmet
Atmen itzt Gift ein: Tod ist ihr Element.
Mancher dehnt sich noch im mördrischen Schlaf und stößet
Dumpfes Röcheln hervor, oder winselt von grausen Phantomen
Warnend umgeben, erwacht dann, blickt starr umher, kann
    nicht sprechen,
Sinket abermal hin und schläft sich ums ringende Leben.
So leicht mähet der Tod die nichts befahrenden Halmen.
Blüht und prahlet ihr Blumen, ihr seid beim Morgenlicht
    Asche:
Oder du stärkere Staude! und hättest du eiserne Wurzeln,
Dennoch seufzest du bald, ein zweigloses Holz, in den Flammen.
Hirnlose Narren! die ruhig und ohne Sterbegedanken
Täglich sich in den Vorhof des Todes, ins Schlafgemach wagen.
Diese stumme Stille, voll schwarzen heiligen Grauens,
Dieser horchende Himmel aufs Flehn einsamer Gerechten,
Dieser gegenwärtige GOtt, mit dem sie allein sind,
Wecket sie nicht. Wie Besessene auf dem Abhange des Felsen,
Der über wartende Wogen sich bückt, ganz sicher entschlafen;
Eine Bewegung stürzt sie herab: so entschlafen sie täglich.
Glaubt ihr, ewiger Stoff umschließ' eure felsene Knochen,
Oder euch werde aus Furcht, aus Güte der Mörder nicht
    morden?
Lebt dann, Würmer eines Tages! und unter dem Hügel
Der euch der Welt auf ewig entzieht, umwimmelt von Maden,
Lernt den zu späten Gedanken an Tod und Ewigkeit denken.

Itzt steigt Phöbus hinter Gebürgen empor. Mit Entsetzen
Sieht er durch schwerfällige Nebel die nächtlichen Lager
Mit unzähligen Leichen bedeckt. Es schlüpfet sein scheuer
Strahl durch des Lustschlosses Fenster: und sieh! der Herrscher
    des Landes
Liegt, ein bloßer Körper, auf seidnen Küssen: noch hält ihn
Mit dem erdrosselnden Arm der Tod hohnlachend um-
    schlungen.

Um ihn liegen die Wächter, itzt Äser. Furchtlispelnde Stille
Schwebt weit über dem öden Palaste.

Dort liegt eine volkreiche Stadt; ein dumpfes Gemurmel
Schallet von außen, hinter den sie versteckenden Wällen
Wo die Spitzen der Türme hinübergucken. Die Märkte
Und die Tore und Gassen wimmeln wie Ameisenhaufen.
Ehe man sieht, hört man schon Geräusch, das Schallen der Hämmer
In den Schmieden, das Wiehern der Rosse, das Krachen der Kutschen
Und die wilden Stimmen des hungrigen Pöbels am Fischmarkt.
In der dämmernden Kammer sitzt früh der Bürger, von Sorgen
Dunkler wie von der weichenden Nacht umhüllet und sinnet
Auf unermeßlichen Vorrat, als hätt' er ewig zu leben.
Aber schon sperrt seine Gruft im nahen Kirchhof den Mund auf,
Und in den Schatten des Winkels steht mit erhabener Hippe,
Ihn zu mähen, der Tod bereit. Schnell warnet vom Kirchturm
Ihn die klagende Sterbeglocke. Er höret sie, seufzet,
Frägt nach dem Toten und kehrt zurück zum Wucher. Doch plötzlich
Ruft die warnende Freundin zum andernmal das Entsetzen
In seinen Busen hinab. Zwar noch scheint dies Sterben ein Zufall:
Aber bald schallet ununterbrochen das ängstliche Rufen
Dieser ehernen Predigerin. Nun fühlen sich sterblich,
Die sich Unsterbliche dünkten. Die Gassen werden entvölkert.
In den verschlossenen Häusern herrscht zunehmende Stille –
Todesstille herrscht nunmehr. Die einsamen Glocken
Heulen allein durch die giftigen Lüfte. Mit Schaufeln bewaffnet
Wandeln die Totengräber stumm einher, wie Gespenster,
Machen das Pflaster zum Kirchhof, verscharren bei Haufen und sinken
Oft statt der Decke des Grabes auf ihre Begrabnen hinunter.

Die Landplagen

Vor ihm sieht ein vergnügter Vater die spielenden Kinder
Ohne Leben hinfallen. Vergeblich schreit er nach Hülfe,
Nach dem gewohnten Arzt: er hört ihn nicht mehr. Da erblickt er
Unvermutet die eigene Beule, das Zeichen des Todes,
Fühlet die Angst sein Herz umklemmen, wird ohnmächtig, sinket
Auf die Leichen der Kinder. Zwar um ihn blitzet das Silber,
Das er ängstlich gesammelt, die langen Spiegel, die seidnen
Malerischen Tapeten, die marmornen Säulen stehn um ihn,
Aber sie helfen ihm nichts: sie sind untätig. Er schmachtet
In dem Reichtum begraben umsonst nach dem Kruge des Landmanns
Mit der reinen Quelle gefüllt, seine Hitze zu lindern.
Lange schallt seine sterbende Stimme durchs einsame Zimmer
Und gibt in dem gewölbten Saal ein schreckliches Echo:
Bis der grausambarmherzige Tod, allein zu errufen,
Zwischen ihm und der leeren Welt den Vorhang schnell zuzieht.

Ein verreiseter Sohn kehrt um zu den wartenden Eltern,
Schmeckt den süßen Kuß des frohen Vaters zum voraus
Und der weinenden Mutter. Indem er der Wohnung sich nahet,
Schwebt die Ahndung ihm nach: sie wendet die giftige Urne
Über sein Haupt um, beströmt ihn mit Angst und leitet vom Antlitz
Das wie Rosen geglühet, das Blut hinunter zum Herzen.
Schnell behüpft er die Treppe, öffnet die Türe mit Zittern,
Guckt ins Vorzimmer, schlüpft in den Saal: findt alles öde.
Kindliche Tränen stehen bereit im blitzenden Auge:
»Wie ist alles hier öd'!« Er steht, sieht um sich und rufet
Mit erbebender Stimme: »Mein Vater! Wo bist du, mein Vater?
Mutter! Geschwister, wo seid ihr?« Indem siehet vom Hofe
Eine magre Gestalt von außen durchs Fenster. Er flieget,
Stürzet hinzu und erkennt in kläglicher Stellung den Vater.
Schnell will er hin, seine dürren Füße gerührt zu umschlingen:
Aber der winkt mit der Hand und rufet hohl und gebrochen:
»Flieh, Geliebtester! flieh! Mein Hauch wird dich töten: entweiche!

Sieh, dort liegt deine Mutter! Dort wo ich den Sand
 aufgetürmet,
Liegen in einer Grube all deine Geschwister und itzo
Werd' auch ich hinsinken zu meinen Begrabnen. O wohl mir
Daß mein brechendes Auge noch dich gesehen! Verlaß mich!
Flieh! O wohl mir, o wohl mir!« Hier sinkt er stolpernd aufs
 Antlitz.
Ohne Besinnung stehet der Sohn da. Bald wird er die Leiche
Mit seinen Tränen salben und mit wiederfoderndem Ächzen,
Daß es die Einöde hört, und ihm die Wälder nachwinseln,
Mit zerrissenem Herzen und kraftlosen Händen begraben.

O der furchtbaren Plage! der ganze Mensch empört sich
Bei ihrer Vorstellung. Muse! auch du fühlst Schaudern: so
 schaudert
Ein mitleidiger Herold wenn er dem bangen Gefangnen
Der mit tränenschwellendem Auge sein Urteil erwartet
Seltne Martern verkündigt. Doch laß die Hand noch nicht
 sinken,
Noch an der Harfe hinunter nicht sinken, bis alles vollführt ist,
Wozu du Feuer und Mut in meinen Busen gesenket.

Wenn das starre Auge, das im Begriff ist zu brechen,
Freunde unkenntlich bemerkt, die um mich bekümmert herum-
 stehn,
Die mir die kalte letzte Träne, den Todesschweiß sanfte
Von meinen Wangen wischen, und mein halbtaubes
Ohr hört weit in dem Zimmer zärtliches Lispeln und
 Schluchsen:
Ach dann fühlt das stehende Herz im Tode noch Labsal,
Und mein dunkler Blick ist dankbar auf die geheftet
Die mir ihr Mitleiden gönnen. Doch wenn ich, ach! wenn ich
 auf hartem
Lager nun liege und meine Zunge vertrocknet, mein banges
Auge irret nach Helfern umher, die kalte verdorrte
Hand streckt flehend sich aus: und alles um mich ist öde;
Keiner steht um mein Lager, versteht mein Ächzen und mildert

Durch des Arztes bittere Stärkung die Wut meiner Schmerzen:
Tod wie fürchterlich wirst du dann! dann würd' es selbst Weisen
Schwer, zu sterben.

Hier ist ein liebliches Feld mit grünem Teppich bezogen,
Daß der Säemann sich der reichen Ernte schon freute:
Aber nun ist sie gemein; ihn hat das Grab eingeerntet.
Hier will ich wandeln und lauschen, ob ich Lebendige finde. –
Ach schon wandert mein Fuß den Morgen, den Mittag, den
    Abend,
Wandert in Wüsten. Die Täler die sonst so fröhlich erschollen
Von dem wilden Jauchzen der Hirtenflöten, den Stimmen
Weidender Herden, dem Plaudern des geselligen Landmanns
Hinter dem furchenden Pfluge, stehn verlassen. Aus jenem
Dichten Gebüsche heulet der Wasserfall nur und das Wehen
Furchtbarer Zephire, gleich dem Wehn herzueilender Flügel
Eines Todesengels. Die Rosen unter dem Schatten
Hängen, von keinem bewundert, verwelkt von giftigen Lüften
Die sich entwickelnden Knospen verblichen zu Boden. Auch
    schweigen
Die Bewohner der Zweige: sie flohn in dunkelen Scharen
Bessern Gegenden zu. Auf silberwallenden Teichen
Dampft undurchsehbarer Nebel: die Bürger der Fluten
    versenken
Aus ihrem Elemente verjagt sich tief in dem Schlamme.
Alles trauret. Wohin soll ich fliehn? Ein Grausen befällt mich,
Da ich allein und verlassen die öden Fluren durchstreiche.
Dort der treue Bekannte, der inniggeliebte Verwandte
Ist nicht mehr. Schwarzer Gedanke! – doch welch ein
    plötzliches Murmeln
Schallet von jener Hütte, die hinter dem buschvollen Hügel
Scheu ihr moosiges Haupt erhebet. Heil mir! ich höre
Menschliche Stimmen. O eilet, zitternden Füße, ihr werdet dort
Menschen finden. O hindert mich nicht, ihr Steine des Ackers,
Und du wallendes Korn! Allein was seh' ich? nicht Menschen:
Nein es sind wilde Tiere in menschliche Glieder gehüllet.
Ach sie schleppen schändliche Beute aus traurenden Toren;

Selbst der heiligen Leichen hat ihre Faust nicht geschonet.
Tod wird dir folgen, abscheulicher Geiz! der noch dem Gewinne
Fröhnt, wenn alles um ihn schon Buße predigt, der noch an
Tand und gestohlnem Puppenspiel klebt, wenn die ernste
    Stimme
Des Allmächtigen schon die Todesengel herabsendt
Um die Erde zu säubern und Sünder zum Richtstuhl zu rufen.
Und wozu scharrest du, Unsinn! und häufest dir Lasten, die
    tiefer
Nur ins Grab, in die Hölle dich niederdrücken? Sind Vögel,
Denen das Messer die Kehle berührt, auf Würmer noch gierig?

Aber laß uns, o Muse, die stille Hütte besuchen!
Schon eröffnet sich uns die furchtsam knarrende Türe.
Welch ein Anblick! Gestreckt, mit halb gebrochenen Augen
Liegt ein Ehrwürdiger. Die einzelnen eisgrauen Haare
Stehn in wilder Verwirrung emporgesträubt und die Mienen
Seines blassen Gesichts verraten Kummer und Hoheit.
Neben ihm mit zerstörter Schönheit ein unschuldig Mädchen!
Blaue geöffnete Lippen zeigen die marmornen Zähne:
Itzt ein schrecklich schöner Anblick! ein Schleier dunkeler
    Locken
Deckt die in Todesblässe noch reizenden Wangen: die zarten
Hände ruhn auf dem Busen, gefaltet, als wären sie, noch zum
Letzten Gebet erhaben, schlaff herunter gesunken.
So durch den plumpen Nord vom zersplitterten Stocke gerissen
Liegt eine aufgeblühte Rose: so reizt ihre Schönheit
Selbst wenn die hochroten Blätter unter den spottenden Disteln
Einsamzerstreuet glimmen und zusehens verblassen.
Also sind sie nun hin, die Bewohner des ländlichen Hauses
Und die Freunde der Tugend, der sanften unschuldigen
    Freuden.
Siehe die Wohnung selbst scheint den Verlust zu betrauren
Und die Linden umher, sie stürzen ihr Laub von den Wipfeln
Und stehn nackend, vermissend die wartende Hand ihres
    Pflegers.

Ach wo bin ich? Wie klopfet mein Herz! Ich fühle die Wange
Naß von strömenden Tränen, ich fühle die Lippen erzittern.
Flieht, flieht, schreckliche Bilder! von meinem verirreten Auge:
Flieh, entsetzlicher Traum! aus der geängsteten Seele.
Vater der schwachen Sterblichen, der du aus Ton sie gebildet
Und sie dir ähnlich gemacht, der du zum Ton sie zurück-
    hauchst,
Noch, noch wank' ich nicht einsam um die giftdampfenden
    Gräber
Hingesunkener Brüder, noch segn' ich das liebliche Murmeln
In denen Straßen, das frohe Gedränge der Märkte. O wohl mir!
In den schallenden Hain will ich gehn und die traurige Harfe
An einen Buchbaum hängen, ich will die sanftere Flöte
Von dem freundlichen Schäfer leihen und mit den Bergen
Und mit dem Widerhall scherzen und Doris' Namen ihn lehren:
Denn noch wank' ich nicht einsam um die giftdampfenden
    Gräber
Meiner Brüder, der Menschen, die mir zum Trost eine Erde
Mit mir bewohnen, die mit mir der Sturm trifft der donnernd
    daherbraust,
Mit mir der Veilchen schmeichelnder Duft im Sonnenschein
    labet.

Der Landplagen viertes Buch

Die Feuersnot

Schon verbreitet die Mitternacht das schwarze Gefieder
Über den stillen Erdkreis. Nun herrscht, von dienstbaren
    Scharen
Gaukelnder Träume umflattert, der Schlaf auf den reizenden
    Bogen
Die das Auge sanftschmachtend ruhender Schönen umwölben:
Oder er fesselt auf hartem Lager den schnarchenden Landmann
Der im verwirreten Traume dem langsamen Pflugochsen
    fluchet.

Schwärzre Stille wohnet im Tal. Von rauchen Klippen
Kochen Wasserfälle hinab, beständig eintönig,
Und aus dem schau'rvollen Wald ist der Vögel Stimme
    verschwunden.

Doch welch blutiger Glanz steigt plötzlich am finsteren Himmel
Wechselnd empor, wird größer, verliert sich, wächset von
    neuem:
Jetzo wallet er hoch auf. Mit gräßlichen Fittigen fliegen
Rauchwolken bei ihm vorüber. Ein Sturmwind erhebet sich
    ostwärts
Und sprüht feindliche Funken auf die umliegenden Dächer.
Zitternd eilet mein Fuß dem wilden Schauspiele näher. –
Ach ein wütendes Feuer in der entschlafenen Stadt frißt
Wie ein entfesseltes Untier, was ihm begegnet. Die Häuser
Stehn und können nicht fliehn und bücken ihr Haupt aus den
    Wolken
Nieder in Asche. Wie brauset der Nacht entweihete Stille!
Über die Flamme bläht sich der Dampf: die bleicheren Sterne
Schwinden: den gläsernen Himmel wölkt ein irdisch
    Gewitter. –
Plötzlich erschallt die dumpfe Stimme der rasselnden
    Trommeln
Durch die traurig erleuchteten Gassen. Sie scheuchet
    urplötzlich
Den so sichern Traum vom Lager des Hausvaters. Ängstlich
Fährt er empor und wecket die zitternde Gattin: auch färbet
Blässe die Wange des zärtlichen Mädchens, des weinenden
    Knaben.
Von dem falben, fürchterlich widerscheinenden Kirchturm
Brüllet die Feuerglocke hinunter: und alles wird rege.
Menschen, in der Dämmrung unkenntlich, stehen von ferne,
Ringen die Hände und rufen laut: Da ist keine Hülfe!
Die entlegensten, schwärzesten Gassen durchmurmelt ein hohles
Und verwirretes Sprechen: man klaget die Elenden, deren
Häuser das flammende Monstrum verschlingt und fürchtet den
    Rachen.

Die Landplagen

In den nähern Gassen zerstreut, verwirret, zerbrochen
Liegt ausgeworfener Hausrat. Es wacht beim kleinen Vermögen
Die tiefseufzende Hausfrau und sieht mit sehnlichem Blicke
Ihrem Manne nach, der mitten ins Feuer sich waget
Seiner Nachbarn Habe zu retten: die Kinder stehn um sie,
Zittern vom nächtlichen Frost und blicken kläglich zum
 Himmel.
Unterdes schwitzet und arbeitet ängstlich ihr größerer Bruder
Auf dem zischenden Dach es fürs Entbrennen zu schützen.
Schnell steigt wildes Geschrei zum Himmel, da ein Gebäude
Krachend einstürzt. Es heult die kaum gerettete Gattin
Um den vermißten Gemahl und frägt mit ausschweifendem
 Schmerze
Jeden, den sie erblickt: »Hast du ihn gesehen?«
Aller Trost verstummt. Mit aufgelöseten Haaren
Eilt sie die dunkle Gasse hinauf: – da sieht sie ihn stehen,
Bloß, im Kleide der Nacht, ihr Kind an der bebenden Rechte,
Ohne Empfindung steht er, an eine Mauer gesunken.
Schnell, mit lautem Schrein, ganz außer sich fällt sie ihm um den
Hals: »Bist du es, Geliebter, o lebst du, o bist du's?«
Ohnmächtig sinken sie beide im Finstern dahin, bis ihr Freund sie
In sein Haus nimmt und erquickt, daß sie weinend sich freuen.

Aus der brennenden Hütte wird auf dürftigem Lager
Ein Todkranker getragen. Er sieht mit dämmerndem Auge
Furchtsam nach dem blutroten Himmel. Die einzelne Träne
Starrt, mit kaltem Schweiße vermischt, auf dem bleichen
 Gesichte.
Unvermögend zu sprechen, dankt er mit sehnlichen, starren
Blicken seinen Errettern und wimmernde Seufzer entfliehen
Dem schon röchelnden Busen für seine leidenden Brüder.
Ach wie zittern die magern, verwelkten, knöchernen Glieder
In der Kälte der Nacht, da sie kaum Lumpen bedecken.
Jetzt setzt man ihn draußen nieder. Dem brechenden Auge
Schimmert die Flamme noch: er erhebet noch einmal
Die gefaltene Hand und stirbt.

Eine Gebärerin liegt noch kaum von der Bürd' entlastet
Die sie trug, betäubt und kraftlos. Alles verläßt sie
Und vergißt die hülflose Kranke der Glut zu entreißen.
Ach sie hört das hohle Brausen des Feuers: schon dringt es
Durch die platzenden Fenster ins einsame Zimmer. Dreimal
Hebt sie die sinkenden Arme empor: »Erbarmt euch! erbarmt
    euch!«
Aber die eilende Flamme naht. Gestärkt durch des Todes
Ihr nicht fremde Angst, rafft sie die unwilligen Glieder
Auf und eilt bis zur Türe des Zimmers: hier weichen die letzten
Kräfte, sie sinkt und ächzet und stirbt, eh Flammen sie töten.

Ach nun hat sich das Feuer schrecklich verbreitet. Die hohen
Paläste stehen entdeckt, gefüllet mit Glut: die dem Himmel
Nachäffen wollten, sind Höllen geworden. Durch prächtige
    Fenster
Schlagen wilde Flammen hinaus: die güldenen Leuchter
Und die langen Spiegel tröpfeln von brennenden Wänden,
Japans Schätze zerspringen. Geweihete Häuser und Tempel
Schonet das wütende Element nicht. Hoch in den Lüften
Steigt es die Spitzen der Türme hinan: der erschrockene
    Wandrer
Zittert von fern bei dem Anblick. An Pfeilern kriecht es hinunter
Und die Chöre fallen zu Boden. In gräßlichen Tänzen
Hüpfen auf traurendem Altar Flammen umher und vom Lehr-
    stuhl
Predigt die Feuersäule in der sich der HERR offenbaret.

Auch vermehrt sich die Stimme der Angst, die Stimme des
    Weinens
Um den Sohn, um Vater und Mutter, die rauhere Stimme
Sich zurufender Retter. Arme vernunftlose Scharen
Menschlicher Bestien rasen umher und jauchzen: sie hat das
Feuer dem Haus' entrissen, das die lebendgen Ruinen
Unsers stolzen Geschlechts an warnenden Ketten bewahret.
Schon kehrt auf ätherischer Bahn die treue Sonne
Zur in Todesschatten verlassenen Erde zurücke

Die Landplagen

Und entdeckt sich zuerst dem Gipfel des frohen Gebirges:
Da erblickt sie die schreckliche Morgenröte; die Gegend
Dampft von Schwefeldünsten und gräßliche Rauchwolken wollen
Bei dem Einzug des Morgens der Finsternis Herrschaft behaupten.
Und nun verbirgt sie ihr tröstliches Licht: der blaue Himmel
Trauret, weit umher trauret die Flur. Schwarzströmende Flüsse
Rauschen gewaltig und bieten ihr zu entferntes Gewässer
Laut den ratlosen Rettern dar. Auch flüchten die Vögel
Ohne Morgenlied, schüchtern in die verborgensten Büsche.

Aber laß uns, o Muse! die unglückseligen Mauren
Die die Glut veröedet, noch nicht verlassen; denn bängre
Jammervollere Szenen müssen sich dort noch eröffnen.
Damon, ein zärtlicher Gatte fährt, vom Schauder ergriffen,
Plötzlich im Arm seiner Lesbia auf und lauschet und höret
Das Geprassel der Flammen. Er rennt entkleidet, halb
    träumend
Sprenget die Tür und sieht sich schon mitten im Feuer. Schnell
    stürzt er
Die verbrannten Stiegen der steilen Treppe hinunter.
Aber ein grauser Gedanke fliegt wie ein Blitz in die Seele.
»Lesbia!« – und nun will er zurück den Trost seines Lebens
Seine treuste Geliebte zu retten. Zu langsamer Retter!
Schon ist die Decke des Zimmers in welchem sie ruht,
    eingesunken.
Tötendes Unglück! er steht erstarrt, versteinert, noch zweifelnd
Ob kein scheußlicher Traum ihn schrecke: ach! da entdeckt sich
Ihm die sterbende Stimme seiner gemarterten Gattin
Und ihn dünkt seinen Namen zu hören: jetzt rufet sie matter
Bis sie nicht rufen mehr kann. »O Lesbia!« brüllt er, die Hände
Und das verwilderte Auge gen Himmel, aus dem eine kalte
Langsame Träne herabirrt; »Lesbia! Lesbia!« Plötzlich
Stürzt er ihr nach in die grausame Glut.

Dort ergreift die erschrockene Mutter, umklemmet von
    Flammen
Ihr geliebtes Kind und wirft es mit zitternden Händen

Von dem hohen Stockwerk hinab. O GOtt! daß ihr Auge
Es hinstürzen sehen muß, ihr schimmerndes Auge
Daß es sehn muß das zarte Haupt zerschmettert am Eckstein
Und das rinnende Blut in seinen goldgelben Locken!
Stumm, verzweiflungsvoll, sinnlos und stumm, mit verbreiteten
  Armen
Bleibt sie stehen und läßt sich gern von den Bränden begraben.

O erbarme dich, Himmel! Weinet mitleidige Wolken,
Weint in die wütende Glut die wie das Feuer zu Sodom
Schon viel Tage durch raset. Schaut, der Menschen Bemühung
Ist ermattet und der Löschenden Arme gesunken. –
Ja dort eilt er vorüber, der Bote des Friedens, das schwangre
Schwarze Gewölk, der Retter, den GOtt vom Himmel uns
  sendet.
Jauchzt! er schüttet die Urne voll von kräftigen Wassern
In die türmenden Flammen. Vergeblich flattern sie scheußlich
Oft noch empor. Auch ergießt sich der irdische Regen von
  neuem
Und unterdrücket den feurigen Strom. Bald liegt er gedämpft
Wie ein übermannter Bär. Die lodernden Brände
Sprühen die letzten Funken. Ein dampfender Feuerherd scheinet
Itzt die verwüstete Stadt. Die nackenden Schorsteine drohen
Und elysäische Paläste sind zerrüttete Mauren.
So liegen fleischleere Beine des schönsten Körpers, unkenntlich
Bei durchlöcherten Schädeln, in denen vormals die braunen
Siegenden Augen brannten, itzt hohl und ein Abbild des Todes.
Wie der Hölle entrunnen irren die Dürftiggewordnen
Nur mit Lumpen bedecket um das Grab ihrer Häuser,
Suchen zerschmolzenes Silber, erzählen mitleidigen Fremden,
Oder flehen sie an. Dort, schröcklich Geschäfte! dort suchet
Die Gebeine des Weibes ein trostloser Mann: sie hatte
In die verschonende Flamme sich wieder verwegen gewaget.
Grausamer Hang zu untreuen Gütern, der Leben und Freude
Für ein Linsengericht hinopfert, du machst deinen Sklaven
Selbst den Hunger nicht schwer und selbst die Flamme nicht
  schröcklich.

Die Landplagen

Dir flucht auch des Ehemanns Seufzer. Er kann ihn nicht seufzen,
Kann nicht mehr weinen: dem Auge schimmern die Gegenstände.
»Teurer Märt'rer, so denkt die Wehmut in ihm, was hilft mir
Dein gerettetes Gold, da du der beste der Schätze
Nicht mehr bist, da ich dein blasses holdseliges Antlitz
Und dein gebrochenes Auge sogar nicht sehn darf, der Freude
Auch der bittern Freude mich nicht erfreuen kann, deine
Kalten verschlossenen Lippen an die meinen zu drücken?«
Oft am schlechten Kittel zupft ein neugieriger Reicher
Ihn und forscht was ihm fehle. Er suchet fort, dann blickt er
Gleichgültig auf und sieht ihm lang ins Gesicht: mit erzwungner
Schluchsender Stimme bricht er dann aus: »Sie starb! ach sie such' ich,
Ach ich suche mein Weib.« Nun fährt er fort in der Asche
Und im Schutte zu graben und findet (o traurige Freude!),
Findt die schwarzen Gebeine, und indem Ströme von Tränen
Aus seinen Augen stürzen, liebkoset und drückt er sie an das
Blutende Herz: »O GOtt!« da verstummt er, bis sein Vertrauter
Mitleidig zu ihm eilt, mit ihm den Überrest sammlet
Und ihn mit tröstenden Freundschaftszähren dem Sarge vertrauet.

Lange herrschet die Armut, auf dem dürftigen Throne
Von Ruinen erbauet, über die schüchternen Bürger.
Steter Fleiß erhöht sie kaum zum vorigen Glücke
Und wenn seltene Edle ihnen die Güter nicht liehen
Die ihnen Gott erhalten, so würden sie nimmer dem Staube
Sich entschwingen. Wie beben sie itzt den flammenden Richter,
Der Elemente Vater zum strengen Eifer zu reizen,
Aber bald vergißt ihre Schwachheit der strafenden Allmacht
Und mit emporgesträubtem Haupt (o Greuel der Menschheit!)
Spottet der krümmende Wurm der Ferse die ihn zerquetschte.

Der Landplagen fünftes Buch

Die Wassersnot

Liebliche Weide, bestreut mit bunten balsamischen Blumen,
Wo sich kleine Hügel, gekränzt mit höherem Grase,
Über die blaßgrüne Fläche erheben, wo schüchterne Veilchen
Unter den purpurnen Blättern der wilden Rosen versteckt stehn:
Wo der mutwillige West in den gelben einfachen Blättern
Saftiger Wiesblumen schwärmet und wie Wellen sie forttreibt,
Daß der nächtliche Tau, noch drauf zitternd, blitzend herab-
    fällt:
Wo allenthalben simple Natur und kunstlose Schönheit
Mir entgegenlächelt und seichte wollüstige Tränen
Aus dem Auge lockt, indem schauervoll der entfernte
Strom mit dunklem Gewässer in mäandrischen Krümmen
Seitwärts vorbei durch Blumen und Laub rauscht: seid mir
    gegrüßet,
Seid mir paradiesische Szenen gegrüßet. Auf weichem
Rasen will ich hier sitzen und alle Gerüche des Frühlings
Einziehn, hier soll mein forschendes Auge von Gegend zu
    Gegend
Irren und lernen: hier will ich den angenehmblökenden
    Lämmern
Und den einfältigen Tönen von groben Händen geschnitzter
Flöten aus Rinden zulauschen. Ganz in die Sinne versenket
Ganz Gefühl entschlummere hier meine Seele, entlastet
Von der tiefen Betrachtung oder der drückenden Sorge.
Alles ist Wonne um mich. Die Sinne ermüden zu trinken.
O wie hauchet der Abend Düfte und Ruh! wie schläfrig
Murmelt und rauscht das Gewässer. Die Blumengöttin selbst
    drückt
Mit in Balsam getauchter Hand das geblendete Auge
Mir sanftlächelnd zu. Ich schlafe, wie Adam geschlafen
Als vom Liliengewölk zuerst die schmeichelnde Binde
Auf sein müdes Augenlid sank.

Die Landplagen

Aber welch schröcklich Geräusch, gleich schweflichten
    Donnern, entzündet
Tödliche Angst in meinen wach gerüttelten Gliedern!
Welch ein Anblick! Ich sehe die aufrührischen Wasser
Über die niedergebückten Häupter der Blumen hinwegfliehn
Und die Gesträuche verschlingen, die sie sonst friedlich getränket.
Trauriger Frühling, ist dies dein Werk? Empörest du also
Ruhige Flüsse, die Phöbus mit seinem Bildnisse zierte?
Daß sie wie gezähmte wilde Tiere uns schmeicheln:
Aber die Wildheit kehret zurück; mit plötzlichem Schnauben
Fallen sie über uns her und spotten des Eifers zu fliehen. –
Ach wohin rette ich mich! – von jenem hüglichten Berge
Winkt mir der sichere Nachbar. Von seiner luftigen Spitze
Will ich die Schrecken ansehn, die die Überschwemmung
    verbreitet.

Junges Grün, wo bliebst du und ihr abwechselnden Farben?
Alles ist eine dunkel spiegelnde Fläche geworden.
Weidende Stiere werden empor gehoben und rauschen
Ängstig über das Wasser dahin – und finden kein Ufer.
Furchtsame Lämmer arbeiten mutig. So wert ist dies Leben
Selbst dem vernunftlosen Vieh: es kennt die rasende Kühnheit
Elender Weisen noch nicht, die mit widerstrebendem Herzen
Dieses Himmelsgeschenk aus schwarzem Leichtsinn verderben
Und mit dem eigenen Wesen die bebenden Fäuste beflecken.
Aber stündlich wächset die Flut: der Vater des Stromes
Der weit ausgestreckete See entschwillet von Klumpen
Eises, die sich zerstoßen, und sucht den gewöhnlichen Ausweg,
Daß der Fluß und die ganze Gegend See wird. Auf Böten und
    Flößen
Fliegen die Menschen umher, oft ohne Ruder, dem wilden
Schuß des Stroms anvertraut, und scheitern an Felsen und
    Wipfeln
Halb ersäufeter Eichen, die sie erhaschen, und warten
Bis ein mitleidiger Wind das Ufer wieder emporruft
Und die unbändigen Wogen in ihre Höhlen zurück jagt.

Siehe, dort reiset ein Haus. Die unvermutet entführten
Einwohner strecken vergeblich die Arme und schreien nach
    Hülfe:
Indem stürzt eine Wand von kämpfenden Wellen verschoben
Und zerquetschet die Kinder des jämmerlich brüllenden Vaters.
Dort trägt die Flut eine Wiege. Des erschrockenen Säuglings
Blasse Wangen sind voll von Tränen. Mit fliegenden losen
Haaren schwimmet die Mutter ihm nach: aus dem nackenden
    Busen
Stöhnen gebrochene Töne herauf: »Mein Kind! – o mein einzig,
Mein geliebtestes Kind!« – Itzt greift sie mit zitternden Armen
Nach dem schwimmenden Moses. Unglückselige Rettrin!
Ach er entfällt ihrer Hand. Wie wütet der Schrecken in ihren
Wild verzogenen Mienen! Kein Wort! Keine Träne! Mit lautem
Schreien sinkt sie ihm nach in die weitzirkelnden Fluten.

Aber welch ein anhaltendes Seufzen durchdringet die Lüfte! –
Trauriger Anblick! Die schönste der Bräute mit ihrem Geliebten
Auf einem wankenden Brette. Bei jedem Anfall des Sturmes,
Jeder schleudernden Woge heften sie tränende Blicke
Auf einander: die Worte fliehn die beklemmte Zunge:
»Thirsis!« – »Selinde!« so lispeln sie manchmal bei ruhigerm
    Wasser.
Und itzt reißt eine fliegende Welle, gejagt vom Orkane,
Ihr mastloses Schiff mit sich fort. Mit lautem Geschreie,
Hocherhabenen Händen sieht die erstarrte Geliebte
Ihren Geliebtesten von dem schwankenden Brett herabtaumeln.
»Rette dich! Stirbst du? Rette dich!« zittert die holde Stimme.
Er arbeitet verzweifelnd; starr, wie der zagende Krieger
In der Schlacht nach dem Feldherrn blickt, so blicket sein
    Aug' im
Mißlichen Kampf mit dem nahen Tod' auf seine Selinde.
Schwarzes graunvolles Schrecken das mit den Wellen
    daherströmt
Färbt seine aufgeblasenen Wangen mit wechselnder Blässe.
Wie haucht er so gewaltig die auf ihn eindringenden Ströme
Von sich! Wie zappeln die Füße, wie ringen die nervigten Arme!

Die Landplagen

O ihr Felsen zeigt ihm eure moosigten Spitzen,
Daß er da anländen kann! Ihr Bäume dort, schwimmet ihm
　　näher
Daß er euch zitternd ergreife. Ach schon ermatten die Kräfte!
Ach, er sinkt! – Selinde, er sinkt! Sie schreiet, sie stammelt,
Umsonst suchet sie Worte; sie fliegt ihm nach und umschlingt
　　ihn: –
Lange nachher wird ein irrender Weiser auf einsamem Gange
An dem schlammigten Ufer sie finden. Er öffnet der Erde
Den mitleidigen Schoß, begräbt die treuen Geliebten,
Pflanzet Rosen aufs Grab und singt mit ewigem Liede
Von orpheischen Saiten die betrübte Geschichte.

Dieser altvät'rische Berg ragt noch mit dem kahlen Rücken
Über die Fluten empor. Wie von bewachsenen Felsen
Weidende Ziegen ängstig auf hinanklimmende Wölfe
Niedersehen, so blicken hier Menschen mit klopfendem Herzen
Auf das Gewässer hinab, das stündlich höher empor steigt.
Dort auf türmenden Eichen, deren vermoderte Wurzel
Schon in der schlammigten Erde wanket, drohend den Umsturz,
Lauschen andere. Indem sinkt eine trügende Stütze,
Mit ihrer Last. Weit umher ertönt ein verzweifelndes Schreien
Und der brausende Grund verbirgt den Elenden auf ewig.

Aber noch sind nicht die Schrecken erschöpft, womit sich die
　　schwarzen,
Ehernen Wellen bewaffnen, wenn sie den wehenden Himmel,
Der nur ein Wind zu sein scheinet, wie Titanen bestürmen.
Komm, getreue Muse, eh du voll Schrecken hinweg fliehst,
An den nackten Seestrand, von salzigen Fluten bespület,
Die mit majestätischem Rauschen, gehäufet wie Klöße
Die der Pflug treibt, sich überwälzen und in dem Sande
Schäumend zerfließen. Schau! ein plötzlicher Wind erbaut hier
Türm' und Städte aus Wasser, die er im Augenblick einreißt.
Wie ein gezerreter Löwe sein eisern Behältnis erschüttert
Und durch sein gräßliches Brüllen das Blut in den Adern
　　empöret:

Also hüpfen und klatschen und toben die rasenden Wogen,
Scheuchen die Sonn' unter Wolken und fordern Orkane zum
    Krieg' auf.
Wehe dann dem hülflosen Schiff, der Höh' anvertrauet,
Über welche sich siebenfältige Dunkelheit breitet!
Wehe dann deinen Kindern! du, der du, verdrüßlich zu leben,
Dich zuerst auf Brettern in einen Tartarus wagtest
Und dem Tod in den Rachen sprangst, du, den nicht die
    fremden
Warnenden Wind' erschreckten, noch die ausscheltende Tiefe.
Komm herauf, du, des ersten Schiffers verwegener Schatten!
Rette dein zagend Geschlecht, von allem Lebendgen getrennet
Und in dem Maule des scherzenden Todes, der seine Lust hat
An ihrem Winseln und sie vielleicht noch aus Mutwillen
    losläßt.
Höre hier rasche Wellen, die Donner unter den Wellen
Und die Stimmen der Sterbenden unter den krachenden
    Donnern.
Laut erseufzet der Mastbaum, der kaum die Stirn noch empor
    hält,
Von allen Winden des Himmels bekämpft. Itzt sinkt er, itzt
    streckt er
Die gewaltige Last in die gepeitscheten Fluten.
Was für blasse Gesichter zeigt der erleuchtende Blitz uns,
Wenn er über die Szene dahin fährt. Gesichter voll Tränen!
Bebende Hände gen Himmel erhaben! zerstreuete Haare,
Die vom Meerwasser triefen! – Laß uns, erweichte Muse!
Laß uns sie hören, die Klagen, die von dem zerrissenen Schiffe
In die dunkle ungeheure Einsamkeit tönen. –
Doch die brausenden Wogen lassen des Jammers Stimme
Unser Ohr nicht berühren. Wolken und Elemente
Stehen im schröcklichen Bündnis wider ein schwaches Leben
Das auf löchrichten Brettern umherschwimmt. So tobte das
    Chaos,
Eh mit besänftgendem Fittig der Atem des HERRN drüber
    schwebte:
Wie sich das Meer bald empört, um die zerstreuten Elenden

Näher zu bringen dem Donner, der aus den Wolken herab-
    brüllt;
Bald sich wieder eröffnet, sie in die einsamsten Höhlen
In der Seefische schlammigte Wohnungen niederzustürzen.

Ein Kind schlingt die verwundernd ausgebreiteten Händchen
Um die halb tote Mutter: sie sinkt; da klimmet es furchtsam
An sie. Dereinst wird die Flut an fernen Ufern sie ausspein
Um ein herztötendes Schauspiel dem sichern Vater zu zeigen.
Unerschrocken, gelassen, wie unter nächtlichen Stürmen
Der stillwandelnde Mond, liegt dort ein Greis auf den Knieen:
»Zwar du hast uns dein Antlitz, Vater! mit Wolken verhüllet;
Aber doch flehen wir zu dir hinauf: dein göttliches Ohr weiß
Mitten unter den lauten Wettern die Stimme des Menschen
Zu unterscheiden: Vater! nimm unsre Seelen, ach nimm sie
In deine Hände, wenn Fluten den Leib zum Eigentum fodern.«
Schröcklicher ist das Ende des Wucherers, der Dürftige aussog
Und die Trän' unterm Trauerflore nie trocknete. Dunkles
Haar steht aufgesträubt um seine knechtische Stirne:
»Hätt' ich, stöhnet die Todesfurcht aus ihm, ach hätt' ich,
    verfluchte
Schätze! nie euch gesammelt! Wär' ich auf sicherem Hofe,
Den die streifigten lächelnden Fluren umringten, geblieben!
Ich verdiente dein Lächeln nicht, buntfarbigter Frühling,
Drohende Wogen weit um mich her, die hab' ich verdienet.
Und nun seid mir verflucht, verrät'rische Schätze: ich sucht'
    euch
Säete Tränen und Blut aus, um Gold zu ernten; jetzt werdet
Ihr zur Hölle mich niederdrücken: jetzt fluch' ich euch, fluch'
    euch! –
GOTT erbarme dich meiner!« Da reißen die Wellen den
    Wucherer
Schnell erbarmungslos fort, und knallende Donner beläuten
Ihn zur Tiefe hinab, die ihn mit Brüllen empfänget.

Der Landplagen sechstes Buch

Das Erdbeben

Itzo schickt sich die Muse, die ernsten tiefen Gesänge
Mit den furchtbarsten Tönen zu schließen. Itzt flüchtet, ihr Freuden,
Und ihr gefälligen Scherze, flüchtet weit weg, wo das
Bild der entsetzlichsten Szenen nie von zärtlichen Augen
Mit der Träne der Menschheit benetzt wird. Flieh auch du, Ruhe!
In deinem weißen unschuldgen Gewande die strahlende Stirne
Tief verhüllt. Erhebet die scheußlichen Flügel, ihr Schrecken!
Wilde Phantomen! naht euch aus euren Klüften, umringt mich,
Zeigt mir die knirschenden Zähne, daß ich beängstigt und traurig,
Würdig der Plagen letzte besinge. Schleiche mit langsam
Drohenden Schritte mir nach, du blasser ächzender Tiefsinn,
Daß ich die Szenen voll Graun und Verzweiflung würdig besinge.

Ein Orkan reißt plötzlich vom sturmgepeitschten Weltmeer
Wütend sich los und treibt verderbenschwangre Gewölke
Über das Antlitz der Erde zusammen. Die Göttin des Tages
Blicket aus dem Gewitter nur selten mit zitterndem Strahle
Nieder. Anhaltend raset der Wirbel. Holdselige Blüten
Stürzen von Zweigen hülflos hinab und färben den Boden:
Und die Luft füllt schwimmender Staub, der untreu der Erde
In die Wolken vergeblich sich zu schwingen versuchet.
Auch in den tiefsten Höhlen rotten verschworner Winde
Fesselentlaßne Heere sich zusammen, sich Wege
Durch die Erde zu öffnen. Ein unterirdisches Donnern
Kündigt entsetzliche Schauspiele an. Stummdräuende Klippen,
Graue, ehrwürdige Felsen schütteln die Häupter und schelten
Mit erschröcklicher Stimme die Gegend umher. Schon entstürzen
Hüpfende Türme den wankenden Tempeln. In sprachlos-erschrocknen

Die Landplagen

Scharen eilen die Menschen die Mutter, die Erde zu fliehen
Die sie nicht tragen mehr will. Der schwarze Himmel sieht
    zornig,
Wie der rebellische Boden sein Eingeweid' gegen ihn ausspeit,
Seine breite Stirne runzelt: unwillige Wolken
Krachen unter den Sturmwind, der aus dem Maule der Erde
Wild heraufheult und flatternde Flammen weit um sich her bläst.
Auch der Ozean tobt, es drängt sich Welle auf Welle
An das erschütterte Ufer, die gräßliche Szene zu sehen.
Die untergehende Sonne beschleunigt den Abzug. Des Mondes
Bleiches Antlitz gucket scheu in die tönenden Täler
Und den aufrührischen Wald. Aus niedergestürzeten Eichen
Schießt der nistende Adler schröcklich empor und erfüllet
Weit die Lüfte umher mit Schrein um verlorene Kinder.
Wurzellos rauschen die seltsam umhertanzenden Linden,
Deren Laub, wie Fluten im Meer, sich wälzet: und über
Sich erhebende Hügel flüchten die brüllenden Tiere
In ihr Grab. Meilenhohe Berge wanken: langsam
Sinkt ihr himmlisches Haupt dem tiefen Tal zu: die Lüfte
Weit umher werden Staub, und selbst des Himmels Gewölke
Weicht erschrocken seitwärts und vergisset zu donnern.

Dort erhob eine zierliche Stadt die winkenden Türme
Hoch in die Lüfte. Kleinere Sonnen spiegelt' ihr glänzend
Dach, wenn senkrecht der Strahl des Mittags sie traf, in die
    Fluren.
Prächtig liefen hier Reihen von Häusern: Säulen aus Marmor
Stützten die Tempel und Paläste, die der eiserne Kriegsgott
Nie noch hatte mit Händen voll Bluts und Feuers bekämpfet.
Drei Augenblicke! – Nun ist sie nicht mehr. Der Rachen der
    Erde
Schlang sie hinab. Zehntausend Stimmen des Todes drangen
Auf einmal durch die vom Schutt verfinsterte Sphäre.
In den bewegten Gassen hob sich empörendes Pflaster
Menschen und Tier empor; dann sank es unter: des nahen
Stromes Quellen von drückenden Bergen befreit, entstürzten
Ihrem zerstörten Gefängnis mit plötzlicher Wut und fielen

Über die Untergesunknen her: So, wenn er die mürbe
Kette zerrissen, stürzet ein hungriger Bär auf das zarte
Tändelnde Kind im Grase. Selbst aus den Brunnen empor
    schoß
Ihr sonst ruhig Gewässer und netzte mit irdischem Regen
Wolken. Die berstende Erde füllt' ihre Wunden mit Menschen
Die oft halb begraben umsonst die flehenden Arme
Hoch zum Himmel rangen. Oft auch (unglaubliche Mächte!)
Spie der verschlingende Boden an fernen Orten die Toten
Wieder von sich, verbrannt, mit Erd' umhüllet, kaum kenntbar.
Schiffe wurden vom schwellenden Meer ans Ufer geschleudert
Und warfen Anker auf sandigter Flur. Wo Berge gestanden,
Glänzten itzt blaue Seen und manch entrunnener Landmann
Fand seinen blumreichen Garten vor sich, der mit ihm verrückt
    ward.

Siehe, da liegt nun das Wunder der Zeit, das Erstaunen der
    Enkel!
Ewige Pracht in Schutt versenkt! unzerstörbare Schlösser
Über einander gewälzt! und kleine Götter begraben!
Wie ist das Antlitz der Erde zerzerrt! die traubenbedeckten
Höhen lieblicher Berge umgekehrt! und die erhabnen
Stämme des dunkeln Waldes weit auf dem Boden verbreitet!
Auf Arbelens Gefilden lagen so Leichen der Perser
Deren emporgerichtete Spieße die Lüfte sonst schwärzten.
Dunkelwallendes Rot deckt den noch nicht ruhigen Himmel,
Gleich einem glühenden Ofen. Auch ward manch erschüttertes
    Ufer,
Tief in den Schoß des Meeres hinabgerissen, zur Insel:
Ein halbtotes Geschlecht eröffnet itzo die Augen
Und sieht auf ungebaueter Arche sich aus dem Rachen
Der Verwüstung gerissen: denn GOtt, dessen wankender Finger
Unserer Erde Umsturz ist, noch ist seine Rechte
Nicht verkürzt und täglich tut er unerkannt Wunder.

Jener marmorne Palast, der umgekehrt da liegt, von Eulen
Und gesättigten Raben bewohnt, erklang noch vom wilden

Rauschen entweiheter Saiten und vom nächtlichen Lärmen
Schwärmender Larven: indem erbebte der glänzende Boden
Unter den tanzenden Füßen; die Spiegel schmetterten nieder
Und die korinthischen Pfeiler sanken. Mächtiger Schrecken
Schlug auf den dünstenden Stirnen und blassen bebenden
    Lippen
Buhlender Tänzer den kalten Thron auf: sie stürzten die Stiegen
Stumm hinunter; mit losgerissenen Haaren durchströmten
Blühende Jungfraun die beweglichen Gassen: auch eilten
Hinkende Greise an hülfreichen Stecken, weit hinter geblieben.
Lamon, ein edler Jüngling, sah die grausame Erde
Ihre Kinder verschlingen, die sie lang mütterlich nährte,
Und gedachte zu fliehen: doch ein einstürzend Gebäude
Überdeckt' ihn; die Trümmer, vom sorgsamen Schutzgeist geleitet,
Formten sich ihm zur Höhle. Da lag er von Menschen und
    Geistern
Gleich enfernt. Vergebens durchdrang seine heisere Stimme
Die aufgetürmten Lasten. Noch hört' er das Schelten der Tiefe
Und die Donner des Himmels und die Stimmen der Menschen,
Die ein barbarischer' Haus erdrückt' und pries mit Gedanken
Seinen Erretter: ihm war's verwehrt die Hände zu falten,
Denn auf zertrümmerter Rechte lag ein spitziger Felsen
Und die erstorbene Linke deckt' ein Ruinengebirge.
Kaum konnt' er Augen voll Tränen öffnen, kaum durft' er
    bisweilen
Die gepresste Luft in sich atmen: bei jeder Bewegung
Seines unsanft ruhenden Hauptes, oder der seufzend
Sich erhebenden Brust, bebt' er, die untreue Wölbung
Werd' ihn mit schnellem Gewicht zerquetschen. Sein Schreien
    und Winseln
Hörte hoch über ihm das Ohr der Gottheit: sie sandte
Von dem stürmenden Himmel auf einer unsichtbaren Wolke
Stärkenden Schlaf von liebkosenden Träumen begleitet,
    hernieder,
Daß sie den bangen Sterblichen tröstlich erquickten: da sah er,
Leise schnarchend (so schnarcht im Arme der Mutter ein
    Säugling),

Seinen Schutzgeist vor sich. Mit ausgebreiteten Armen
Schwebt' er über ihm, stützte die ihn bedrohende Decke
Und flößt' in sein verzagendes Herz einen Himmel von Ruhe.
Plötzlich erhob er lächelnd die undurchsehbare Wölbung,
Warf die Steinhaufen ab und zog mit mächtigen Händen
Ihn aus der Grube hervor. Von Freud' und Dank hingerissen,
Stürzt' aus den schlafenden Augen ein Strom von Tränen: er stammelt'
Im Erwachen: »O GOtt! o heiliger Engel!« und sah sich
(Unbeschreibliche Wonne!) in den umschlingenden Armen
Seines Vaters. Der hatt' ein tiefes sterbendes Wimmern
Als er den Sohn zu suchen die schröcklichen Szenen durchirrte,
Leises Wimmern hatt' er vernommen. Atemlos rennt' er
Hin zu dem jüngern Bekannten und bat ihn, mit gütigen
    Händen
Jene Berge von Schutt abzuwälzen: »denn tief unter ihnen,
Sprach er, girrt eine schauererweckende Stimme: mein klopfend
Herz schlug höher empor, als ich sie hörte. Wo nicht dies
Ahndende Herz zerspringen soll, wo nicht dieses heiße
Wallende Blut vor deinem Antlitz sich durch die gedrungnen
Augen den Weg bahnen soll und rote Ström' auf die Wangen
Gießen, so komm und hilf mir! Bei GOtt, der mit mächtiger
    Liebe
Liebt, beim schröcklichen Schicksal unglücklicher zärtlicher
    Väter
Die auf die Leichen der Kinder ihr Herz in Tränen ausgießen:
Bei deinem künftigen Tode und bei dem winselnden Röcheln
Deiner die Seele aushauchenden Brust, beschwör' ich dich, hilf
    mir!«
Und er half ihm. Ein abgehobener Felsen entdeckt' ihm
Eine zersplitterte Hand; da wandt' er das starre Auge
Zum erhörenden Himmel und sank ohnmächtig; doch balde
Weckt' ihn das Freudengeschrei des Freundes: die zitternden
    Arme
Schlangen sich um den Sohn, noch eh er ihn zu erkennen
Fähig war. »Mein Sohn!« – die Freude wehrt' ihm die Sprache:
Und mit frohem lauten Weinen wurden sie beide

Die Landplagen

Unter ihr Dach getragen. – Täglich wölkete nachher
Sich vom beglückten Geschlecht ein rauchendes Opfer zum
    Himmel,
Ein Dankopfer von Seufzern und Jauchzen und Tränen der
    Freude.

Doch welch fernes Zischen durchdringet das Ohr, zischet stärker,
Und wird schröckend Geräusch. Der Himmel verfinstert sich
    plötzlich.
Schaut! ein glühend Gewölke wälzt sich in rauchenden Lüften:
Aus seinem Schoße regnet flimmernde Asche hernieder.
Jetzo brüllet ein Berg und speit seine Felsen weit um sich,
Tausend Elenden traurige Grabsteine. Langsam ergießen
Sich aus dem Rachen der Hügel dampfende Ströme von
    Schwefel:
Kochend wälzen sie sich durch die hinsterbenden Wiesen,
Und um sie her stürzen Linden und Eichen mit lodernder
    Wurzel.
Aber die Tiere flüchten mit schmerzhaftem Heulen; die Vögel
Scheuchet die Glut weit weg: an den entferntesten Ufern
Werden schwatzende Dohlen und Störche die Wunder
    erzählen.

Jetzo laß uns, o Muse! über jenes Gewässer,
Das nie grünende Küsten, von Eisgebürgen umschanzet,
Mit den kalten und schwarzen Wogen netzet, den Blick hin
Werfen aufs rauhe fruchtleere Land. Zwar herrscht hier all-
    mächtig,
Und wie in seiner Heimat der Nord mit beißendem Wehen:
Aber dennoch bisweilen schüttelt die steinharte Erde
Die unzerbrechlichen Bande (so schütteln verzweifelnde Mörder
Auf dem Gerichtsplatz das schwere Eisen). Die schnee-
    behäuften,
Mit dem neblichten Himmel vermischeten Gipfel der Berge,
Werfen die Lasten von ganzen Jahrhunderten ab und öffnen
Schlünde voll blauer Flammen. Dann fliegt auf spiegelndem
    Eise

Zitternd der Wilde hinweg: so floh Gebula und Zama
(Beide hatt' Amor mit seinem schärfsten Pfeile getroffen)
In ihre Felle gehüllt, mit pochendem Herzen, als Güsse
Funken senkrecht sie trafen. Vergebens spähte ihr Auge
Nach dem löschenden Schnee: die rauchen Hüllen entglommen:
Brennend umschlang Gebula die Gattin: »Zama! ich sterbe:
Schau, die Hölle speit marternde Flocken! So hab' ich noch
  niemals
Schmerzen empfunden.« Er sprach's und sank auf den zischen-
  den Boden.
Zwar mit hohlen Händen bracht' aus dem nähesten Tale
Seine Geliebte Schnee und deckte den jammernden Liebling:
Aber indem durchschnitt ein Felsstück rasselnd die Lüfte
Und zerquetschte die treue Zama. Mit weiblichem Schreien
Blies sie den Geist im Augenblick aus, den lang erst gequälet,
Mehr durch brennenden Schmerz als brennende Funken ver-
  zehret,
Auch nachher Gebula aufgab.

Die ihr sicher in Sünden dem Zorn des Ewigen trotzet,
Zittert, hartnäckige Toren! Er spricht, dann wandeln die Plagen
Über das Antlitz der Erde: er winkt, dann fliehn Elemente
Aus ihren Grenzen, zerstören und töten. Vergebens, vergebens
Ringen dann freche Hände zum Himmel, vergebens erschallet
Heuchlerisch Seufzen aus gottlosem Busen: das Auge, das
  niemals
Unter ruhenden Stürmen Tränen gekannt, erhebet
Sich umsonst zu ihm, es blendt's sein göttliches Blitzen;
Eures Gebetes Geplärr' antwortet ein stärkerer Donner.
Zwar der Mensch verlacht die Gefahr der Zukunft, glaubt, ewig
Werde die Sonn' ihm scheinen, der friedsame Frühling ihm
  lächeln:
Aber er spotte des nahen Gewölks, der erhobenen Rechte
Des anziehenden Richters; Beelzebub höhnte die Allmacht
Des Allmächtigen also, rottete Geister zusammen
Und empörte sich: plötzlich fühlte sein Nacken die Donner

Die Landplagen

Und sein sinkendes Haupt die Ferse des ewigen Sohnes.
Wie die unlöschbare Glut, wenn eine Wolke zerberstet
Und in sie hinströmt, dampfend noch einmal empor schwillt,
    dann plötzlich
Sinkt und mit gräßlichem Heulen am Boden kriechet, so stürzte
JESUS (beugt euch, Frevler! wie Rohr vor reißenden Winden,
Vor dem Namen des Richters!), so stürzt' er die Fürsten
    des Abgrunds.

Und ist das Ungewitter der Plagen zu wenig, die Felsen
Zu erschüttern, die hoch emporschwellenden Herzen zu
    dämpfen,
So erschrecke du sie, sich jährlich nähernde Zukunft
Des, in dessen verwundeter Hand der Gerechtigkeit Waage
Tönt und Taten wäget, mit Ewigkeiten sie aufwägt.

Schaut! ein schwarzes Gewölke belastet die seufzenden Lüfte
Und die Finsternis decket das Land. Es tönen die Stimmen
Des Entsetzens, des Zagens, des lauten Erbebens erschröcklich
Durch die Nacht. Doch schnell wird das zehnfältige Dunkel
Von einem schröcklichern Tag' erleuchtet. Zehntausend Blitze!
Ihnen folgen zehntausend, und zehnmal zehntausend erfüllen
Die sie schleudernden Hände der Todesengel. Unzählbar
Steigen entzündete Flammen empor: ein gräßliches Krachen
Stürzender Städt' und Schlösser und des hohlen Donners,
Der, nur ein Schlag, von einem Ende des Himmels zum andern
Ununterbrochen umher kriecht, erschüttert den Boden. Von
    fern her
Schallt die geweissagt gefürchtete Stimme der hohen Posaune:
Siehe, er kommt!
Und die plötzlich zerspringenden rasselnden Gräber antworten:
Siehe, er kommt!
Und der Pole Achse drehet sich nicht mehr: die Klüfte
Stürzen zusammen: die Pforten der Hölle fallen aus ihren
Angeln. Es sinken die Geister des Pfuhls mit schnellem
    Entsetzen
Jeder unzählige Klafter tiefer in die Tiefe;

Plötzlich werden sie wirbelnd empor gehoben, ein Donner
Schlug sie empor. In furchtbare Reihen ordnen die Engel
Itzt die verworfenen Geister und verzweifelnde Menschen:
Ihnen entgegen jauchzet die heilige Schar und siehet
Mit emporgerecktem Haupt den Vater, den Richter
In unnachahmbarem Glanz auf lichten zerfließenden Wolken,
Mit dem ganzen feirenden Heer des Himmels daher ziehn.
So (wenn der unedle Vergleich zu wagen ist) ziehet
Unter mystischem Sternentanz der Nächte Beherrscher
Still majestätisch daher. Jetzt werden die Bücher des Rechtens
Losgewälzt und gerichtet. Zwar wagt es die Rotte der Linken
Ihren Mund aufzutun zur Verteidigung: aber ein grauser
Donnerschlag stößet antwortend sie alle hinab, mit Entsetzen
Und mit lautem Jammern hinab in den offenen Rachen
Des feurstürmenden Pfuhls. Da nun in grundlose Gründe
Jeder vergeblich arbeitend hinab sinkt, schließen sich donnernd
Die unbarmherzigen Pforten der Höll' auf ewig, auf ewig –
Sagt es mir nach, ihr Donner des Himmels, damit es den
    Sündern
Tief in den Busen sich äte, sagt's, unersteigliche Klippen!
Im erschröcklichen Nachhall: auf ewig! auf daß der Verworfnen
Einer nicht etwa sich ferner erkühne, zu besseren Welten
Rachsüchtig aufzusteigen und ihre ätherischen Lüfte
Mit dem höllischen Hauch zu vergiften. Indessen erheben
Perlenwolken die Edlen, die Freunde des lächelnden Richters,
Mit seinem Kleide bekleidt: sie singen in wirbelnden Lüften
Niegehörete Jubel. O Wonn'! o lautes Entzücken! –

– – – – – – – – – – – – –

Schweigt, gefiederte Bürger des Waldes! du steigende Lerche!
Und du, emsige Schwalbe! die höher aufsteigende Seele
Wird durch euch wieder zur Erde hinabgerissen. – Doch
    schweigt nicht!
Auch ihr singt Loblieder dem HERRN, der mit fröhlichen
    Donnern,
Prächtig lachenden Blitzen sein Volk heimholen wird, schweigt
    nicht,
Auch ihr singt Loblieder dem HERRN.

Als Sr. Hochedelgebornen der

HERR PROFESSOR KANT

den 21sten August 1770
für die Professor-Würde disputierte

Mit echterm Ruhm, als unbesiegte Sieger
Nur groß an Glück, am Herzen wild als Tiger,
Durch Härt und Wut und unerhörtes Schlachten
    Zu haschen trachten;

Mit echterm Ruhm, als mancher Filz bezahlet,
Der mit des Reimers feiler Demut prahlet,
Dem Strohmann gleich, den man mit Lappen decket
    Und Kinder schrecket;

Mit echterm Ruhme wird der Mann belohnet,
In welchem Tugend bei der Weisheit wohnet,
Der Menschheit Lehrer, der, was er sie lehret,
    Selbst übt und ehret,

Des richtig Auge nie ein Schimmer blendte,
Der nie die Torheit kriechend Weisheit nennte,
Der oft die Maske, die wir scheuen müssen,
    Ihr abgerissen.

Da lag der Orden und des Hofes Ware,
Und Kriegeszeichen, Turban und Tiare,
Der Priestermantel, Schleier, Kutten, Decken,
    Die sie verstecken,

Und sie stand nackend. Abscheu und Gelächter
Ward ihr zu Teile. Aber die Verächter
Des schlechten Kittels und berauchter Hütten
    Samt ihren Sitten

Sahn staunend dort, sie, die den Glanz der Thronen
Verschmähet, dort die hohe Weisheit wohnen,
Die, an Verstand und Herzen ungekränket,
    Dort lebt und denket.

Schon vielen Augen hat er Licht gegeben,
Einfalt im Denken und Natur im Leben
Der Weisheit Schülern, die er unterwiesen,
    Mit Ernst gepriesen:

Mit reiner Lust ihr Leben angefüllet,
Weil sie den Durst nach Weisheit, den er stillet,
Doch nimmer löschet, glücklicher als Fürsten,
    Zeitlebens dürsten:

Den Tod mit Rosen und Jesmin gezieret,
Voll neuer Reize ihnen zugeführet,
Daß sie den Retter aus des Lebens Schlingen,
    Vertraut umfingen.

Stets wollen wir durch Weisheit Ihn erheben,
Ihn unsern Lehrer, wie er lehrte, leben
Und andre lehren: unsre Kinder sollen
    Auch also wollen.

Ihr Söhne Frankreichs! schmäht denn unser Norden,
Fragt ob Genies je hier erzeuget worden:
Wenn Kant noch lebet, werdt ihr diese Fragen
    Nicht wieder wagen.

Ach meine Freundin tot? – den Zähren
Um sie darf keine Weisheit wehren,
Empfindung ehrt die größte Brust:
Doch lasset uns den Tod betrachten;
So werden wir sie glücklich achten,
Und unser blinder Schmerz wird Lust.

O Tod! der Pöbel nur mag zittern,
Du werdest ihm sein Glück verbittern,
Da doch das Glück stets mit dir zieht:
Mit schöner Streng, um uns zu retten,
Zerreißest du die tausend Ketten
Die uns ans Elend angeschmiedt.

Mit jedem Tage lernt man klärer,
Daß nur der Tod der große Lehrer
Der Tugend und des Glückes sei.
Um glücklich in der Welt zu leben,
Dazu gehöret viel Bestreben
Der Bosheit und der Heuchelei.

Ein Eigennutz der nichts verschonet
Und Redlichkeit mit Tücke lohnet,
Die Bosheit, die als Tugend gleißt,
Und Wege findt zu den Gemütern:
Das sind die Mittel zu den Gütern
Durch die der Tor hier glücklich heißt.

Hier werden unverfälschte Frommen
Aufs höchste nicht in Acht genommen,
Wo nicht verlästert und gedrückt.
Hier müssen oft die schönsten Seelen
Sich unbemerkt im Elend quälen
Und Torheit ist mit Glanz geschmückt.

Mein Damon! wünsche nicht ins Leben
Die Gattin, die mit Glanz umgeben

Dir zärtlich aus dem Himmel winkt.
Wer, kaum der wilden Flut entschwommen,
An schönen Ufern angekommen,
Willt du daß der zurücke springt?

Laß ab, laß ab um sie zu weinen.
Der Tod wird euch gewiß vereinen:
Das Leben ist ein Augenblick,
Ein trüber Traum, ein Mittagsschlummer,
Ein unbeträchtlich kleiner Kummer, –
Und Tod ist unaussprechlich Glück.

Ja süßer Tod! auch mit den Meinen
Wirst du mich einst gewiß vereinen,
Denn du gebietest jedermann.
Du willst die Schwester mir entziehen –
O warte, bis ich mit ihr fliehen
Zu bessern Welten fliehen kann.

Was schön ist, muß zuletzt verderben.
Was liebenswürdig ist, (das) muß sterben.
Die Welt behält kein seltnes Gut.
Da wir hier nichts besitzen können,
So laßt uns nach dem Himmel brennen –
Vielleicht verzehrt uns diese Glut.

DIE AUFERSTEHUNG

Eine Cantate

Recitativ

Als Christus in die Hölle niederstieg,
Die Geister sich in tausend Schröckgestalten
Vor seinem stillen Antlitz ballten
Und um ihn keiften, knirschten, schalten,
Daß Berg und Tal des Abgrunds von dem Krieg

Der Dissonanzen widerhallten,
Und er zu allem – göttlich schwieg:
Da schlug ein Donnerschlag auf einmal in die Tiefen.

Arioso

Es ist geschehn – GOtt du bist frei,
Und aller Himmel Himmel riefen:
Die letzte Prüfung ist vorbei,
Der GOtt ist frei, der GOtt ist frei!

Recitativ

Und er stieg auf, den Himmel in dem Auge,
Das itzt das erstemal von einer Träne rann,
Von einer Wollust-Träne – Sah mit diesem Auge
Die starrenden Gefilde wieder an,
Die seiner Augen Blut getrunken,
Die mit ihm in den Tod gesunken.
Itzt blühen sie wieder auf von ihm erschaffen, lachen,
Und jauchzen Himmel an, und mutig mischen sie
Ihr Lustgeschrei, vollkommen sie zu machen,
Zur großen Sphären-Harmonie.

Chor der Sphären

Aria

Komm herauf, du Sohn der Erde,
Komm aus ihrem Schoß ans Licht,
Daß sie durch dein Angesicht
Ein beglückter Himmel werde.

    Die durch deinen Tod erschüttert,
    Der Zernichtung zugezittert;
    Aber itzt durch dich belebt
    Ewgem Glück entgegen bebt.
                       Da Capo

Recitativ

Wie Mütter, die, was sie mit Schmerz geboren,
Und mühsam groß gepflegt, in einem Augenblick verloren,
Ins Grab hinunter sehn, wo das, was sie vergnügt,
Wo ihres Lebens ganze Hoffnung liegt:
So, und bedauernswerter noch,
Für ein gedoppelt Leben, GOtt! getäuscht
Und ihren GOtt in ihren Armen, stehn die Jünger;
Mit mehr als Mutterjammer sehn sie
Starr auf den Boden; staunen sie
Gedankenlos mit unterbrochenen Herzensschlägen,
Ach! ihrem Untergang entgegen –
Als plötzlich eine Ahndung – GOtt er lebt –
Du lebst mein GOtt – sich wie ein Blitz erhebt
In ihrer aller Herzen, und sie alle
Ihn wie er lebt vor sich stehn
Zu sehen wähnen – und dann sehn. –

Aria

Ja ich bin's; ich bin's – und Friede
Ewger Friede sei mit euch!
Kommt, des langen Harrens müde,
Kommt, nehmt Teil an meinem Reich.
Ja ich bin's, ich bin es; Friede,
Ewger Friede sei mit euch!

DIE DEMUT

Ich wuchs empor wie Weidenbäume
Von manchem Nord geschlenkt
Ihr niedrig Haupt in lichte Wolken heben,
Wenn nun der Frühling lacht.

Ich kroch empor wie das geschmeide Epheu
Durch Schutt und Mauern Wege findt
An dürren Stäben hält und höher

Als sie, zum Schutt an ihren Füßen
Hinunter sieht.

Ich flog empor wie die Rakete,
Verschlossen und vermacht, die Bande
Zerreißt und schnell, sobald der Funken
Sie angerührt, gen Himmel steigt.

Ich kletterte wie junge Gemsen
Die nun zuerst die Federkraft
In Sehn' und Muskeln fühlen, wenn sie
Die steile Höh' erblicken, empor.

Hier häng' ich itzt aus Dunst und Wolken
Nach dir furchtbare Tiefe nieder –
Gibt's Engel hier? O komm' ein Engel
Und rette mich!

O wenn ich diesen Felsengang stürzte
Wo wär', ihr Engel Gottes! mein Ende?
Wo wär' ein Ende meiner Tränen
Um dich, um dich verlorne Demut?

Dich der Christen und nur der Christen
Einziger allerhöchster Segen
Heiliger Balsam! der die Wunden
Des Schwingen versengenden Stolzes heilt.

Einzige Lindrung edler Gemüter
Wenn in der trostlosen, heißen, öden,
Heißen, öden, verzehrenden Wüste
Eitler Ehre sie sich verirrt.

Wann sie schmachteten und nicht fanden
Wo sie den Durst der Hölle stillten
Der ihr Gebein verzehrte.

Wann sie, verzweifelnd um Schatten, wählten
Wege nach Morgen, nach Mittag, nach Abend
Und nicht fanden, nicht fanden, nicht fanden
Wo ein Schatten sie kühlete.

Wenn sie auf unmitleidigen Sand hin-
Ab sich stürzten und streckten und weinten
Ach die Tränen rolleten auf und nieder
So heiß war der Sand.

Komm der Christen Erretter und Vater
Komm du Gott in verachteter Bildung!
Komm und zeige der Demut geheime
Pfade mir an.

Führe mich weit und nieder hinunter
In ihre dunkele Schattentale
Voll lebendiger springender Brunnen,
Wo die Einsamkeit oder die Freude
Also lispelt:

Komm gerösteter Laurentius
Unglückseliger Sterblicher
Ruh von deinem Streben nach Unglück,
Ruhe hier aus.

Oder wenn von glücklicherm Streben
Du zu ruhen, Beruf in dir fühlest,
Wenn deine Flügel sinken,
Wenn deine Federkraft sich zurücksehnt,
Du die Gebeine nur fühlst, der Geister
All entledigt – Gerippe –
Ruhe hier aus!

Horch! hier singen die Nachtigallen
Auch Geschöpfe wie du, und besser,
Denn ein Gott hat sie singen gelehrt

Und sie dachten doch nie daran, ob sie
Besser sängen als andre.

Hier, hier Sterblicher! sieh hier rauschen
Quellen in lieblichen Melodien
Jede den ihr bezeichneten Weg hin
Ohne Gefahr.

Sieh hier blühen die Blumen wie Mädchen
In ihrer ersten Jugend-Unschuld
Unverdorbene Lilien-Mädchen;
Ja sie blühen und lächeln und buhlen
Ungesehen und unbewundert
Mit den Winden der lauen Luft!

Lerne von ihnen, für wen blühn sie?
Für den Gott, der sie blühen machte
All in ihrer unnachahmlichen
Blumen Naivetät.

Sieh den Weg an! irrte hier jemals
Ein animalischer Fuß?
Blühn doch, blühen dem guten Schöpfer
Der sie gemacht.

Hier, hier Sterblicher! hier wo Jesus,
Als er ein Knabe war,
Hier wo Jesus, dein Jesus geschlummert
Bis ins dreißigste Jahr.

Hier wo Er aus dem Getümmel der tollen
Plumpen Bewundrer sich hergestohlen
Hier seinen reinen Atem dem Vater,
Seufzend über die Torheit und Mühe
Menschlicher Grillen, zurückgeschickt hat;

Hier, hier Sterblicher! hier wo Jesus
Von seinen Gottestaten geruht
Hier, hier ruhe von den Spielen
Deiner dir anvertrauten Kindskraft.

AUSFLUSS DES HERZENS

Eine esoterische Ode

Oft fühl ichs um Mitternacht
Dann stehn mir die Tränen im Auge,
Und ich fall im Dunkel vor dir aufs Knie –
Du prüfst mir dann's Herz und ich fühl' es noch wärmer.

Heilig ist es – von Gott –
Was im Herzen glüht. Laut ruft es in mir,
Gott! – Laut rufts dir entgegen. Es dringt
Durch die Gebein – und auch die Gebeine fühlens.

Wo ists, dies Bild? – daß ichs umfasse –
Das Bild Gottes, das meine Seele liebt.
Ich wollt es durch schauen – mein Arm sollt' an es verwachsen
Und tief prägt ichs ins Herz.

Ach ein Bild! – Gott du hießt es
Den Genius mir vor Augen halten.
Wach' ich früh am Morgen, so steht es vor mir –
Leg' ich mich nieder, so schwebt es vor meiner Stirne

Bet ich zu dir – wenn Himmel und Erden
Um mich vergehn – wenn du nur und ich in dir
Noch bin – dann lächelt dies Bild in voller Klarheit
Mir entgegen, daß das Herz mir hinweg schmilzt.

Weg! – daß der Strom – er kocht mir im Herzen –
Sich hier vor den Herrn ergieße –!

Herr! ich will – ach! ich will es noch mehr –! –!
Herr! dies Verlangen – der himmlische Zug – –!

Ach vor dir! – ja vor dir – O führe mich hin! –
Es ist eine Seele gleich gestimmt mit mir –
Ich bin nicht ganz ohne sie – Mit ihr
Eins soll ich die Ewigkeiten genießen.

Herr ich sahe ein Mädchen – So wie dies
Muß es ein Mädchen sein –
Die edle Gottes-Seele flammt im Auge –
Lieb', Unschuld, Größe, Wärme, Adel! –

Ach Gott! Mich deucht', ich sähe das Bild
Das vor meiner Seele schwebt'.
Die ganze Seele fing an sich zu heben –
Noch nie gefühlte heilige Erschütterung

Durchschauert' jede Nerve mir
Der Geist wuchs – Ich liebte dich reiner –
Ich fühlte mir Kraft, Tugend zu üben
Wie ich zuvor nie sie gefühlt.

EDUARD ALLWILLS
ERSTES GEISTLICHES LIED

Wie die Lebensflamme brennt!
Gott du hast sie angezündet
Ach und deine Liebe gönnt
Mir das Glück das sie empfindet.

Aber brenn' ich ewig nur
Gott du siehst den Wunsch der Seele
Brenn' ich ewig ewig nur
Daß ich andre wärm', mich quäle?

Ach wo brennt sie himmlischschön
Die mir wird in meinem Leben
Was das Glück sei zu verstehn
Was du seist zu kosten geben.

Bis dahin ist all mein Tun
Ein Geweb von Peinigungen
All mein Glück ein taubes Ruhn
All mein Dank an dich erzwungen.

Du erkennst mein Innerstes
Dieses Herzens heftig Schlagen
Ich ersticke seine Klagen
Aber Gott, du kennest es.

Es ist wahr ich schmeckte schon
Augenblicke voll Entzücken,
Aber Gott in Augenblicken
Steht denn da dein ganzer Lohn?

Funken waren das von Freuden
Vögel, die verkündten Land
Wenn die Seele ihrer Leiden
Höh' und Tief' nicht mehr verstand.

Aber gäb' es keine Flamme
Und betrög' uns denn dein Wort
Sucht' uns wie das Kind die Amme
Einzuschläfern fort und fort?

Nein ich schreie – Vater! Retter!
Dieses Herz will ausgefüllt
Will gesättigt sein, zerschmetter
Lieber sonst dein Ebenbild.

Soll ich ewig harren streben
Hoffen und vertraun in Wind.

Nein ich lass' dich nicht mein Leben
Du beseligst denn dein Kind.

BEBE, beb' ihr auf zu Füßen
Frühlingserde, und ein Flor
Junger Veilchen sie zu grüßen
Keim' aus deinem Schoß hervor.

Sagt ihr Veilchen eure Wonne,
Daß ihr sie zu sehn gekriegt,
Sagt ihr daß in eurer Sonne,
Fern von ihr, ein Bruder liegt.

TÖTENDES Leben
Gaukele hin,
Kannst du dem Sinn
Träume nur geben,
Freuden und Schmerzen,
Glücke das quält,
Das sich dem Herzen
Nimmer vermählt!

Wo bist du itzt, mein unvergeßlich Mädchen,
Wo singst du itzt?
Wo lacht die Flur? wo triumphiert das Städtchen
Das dich besitzt?

Seit du entfernt, will keine Sonne scheinen
Und es vereint

Der Himmel sich, dir zärtlich nachzuweinen
Mit deinem Freund

All unsre Lust ist fort mit dir gezogen
Still überall
Ist Stadt und Feld – Dir nach ist sie geflogen
Die Nachtigall

O komm zurück! Schon rufen Hirt und Herden
Dich bang herbei.
Komm bald zurück! sonst wird es Winter werden
Im Monat Mai.

Ach bist du fort? Aus welchen güldnen Träumen
Erwach' ich itzt zu meiner Qual?
Kein Bitten hielt dich auf, du wolltest dich nicht säumen
Du flogst davon – zum zweitenmal

Zum zweiten Mal sah ich dich Abschied nehmen
Dein göttlich Aug' in Tränen stehn,
Für deine Freundinnen – des Jünglings stummes Grämen
Blieb unbemerkt, ward nicht gesehn

O warum wandtest du die holden Blicke
Beim Abschied immer von ihm ab
O warum ließest du ihm nichts, ihm nichts zurücke
Als die Verzweiflung und das Grab?

Wie ist die Munterkeit von ihm gewichen.
Die Sonne scheint ihm schwarz, der Boden leer,
Die Bäume blühn ihm schwarz, die Blätter sind verblichen
Und alles welket um ihn her

Er läuft in Gegenden, wo er mit dir gegangen
Im krummen Tal, im Wald, am Bach –

Und findet dich nicht mehr, und weinet voll Verlangen
Und voll Verzweiflung dort dir nach

Dann in die Stadt zurück, doch die erweckt ihm Grauen.
Er findet dich nicht mehr, Vollkommenheit!
Ein andrer mag nach jenen Puppen schauen
Ihm sind die Närrinnen verleidt

O laß dich doch, o laß dich doch erflehen
Und schreib ihm einmal nur – ob du ihn liebst –
Ach oder laß ihn nie dich wieder sehen
Wenn du ihm diesen Trost nicht gibst.

Wie? nie dich wiedersehn? – entsetzlicher Gedanke!
Ström alle deine Qual auf mich
Ich fühl' ich fühl' ihn ganz – es ist zuviel – ich wanke –
Ich sterbe Grausame – für dich –

DIE LIEBE AUF DEM LANDE

Ein wohlgenährter Kandidat
Der nie noch einen Fehltritt tat,
Und den verbotnen Liebestrieb
In lauter Predigten verschrieb,
Kehrt einst bei einem Pfarrer ein,
Den Sonntag sein Gehülf zu sein.
Der hatt' ein Kind, zwar still und bleich
Von Kummer krank, doch Engeln gleich
Sie hielt im halberloschnen Blick
Noch Flammen ohne Maß zurück,
All itzt in Andacht eingehüllt,
Schön wie ein marmorn Heiligenbild.
War nicht umsonst so still und schwach,
Verlaßne Liebe trug sie nach.
In ihrer kleinen Kammer hoch
Sie stets an der Erinnrung sog

An ihrem Brotschrank an der Wand
Er immer, immer vor ihr stand,
Und wenn ein Schlaf sie übernahm
Im Traum er immer wieder kam.
Für ihn sie noch ihr Härlein stutzt,
Sich, wenn sie ganz allein ist, putzt,
All ihre Schürzen anprobiert
Und ihre schönen Lätzchen schnürt,
Und von dem Spiegel nur allein
Verlangt er soll ein Schmeichler sein.
Kam aber etwas Fremds ins Haus
So zog sie gleich den Schnürleib aus,
Tat sich so schlecht und häuslich an,
Es übersah sie jedermann.
Zum Unglück unserm Pfaffen allein
Der Lilie Nachtglanz leuchtet ein,
Obschon sie matt am Stengel hing.
Früh eh er in die Kirche ging
Er sehr eräschert zu ihr trat
Und sie – um ein Glas Wasser bat –
Denn laut er auf der Kanzel schreit
Man hört ihn auf dem Kirchhof weit
Und macht solch einen derben Schluß
Daß Alt und Jung noch weinen muß,
Und der Gemeinde Sympathie
Ergriff zu allerletzt auch sie –
's ging jeder wie gegeißelt fort –
Der Kandidat ward Pfarr am Ort.

Obs nun die Dankbarkeit ihm tat,
Ein's Tags er in ihr Zimmer trat,
Sehr holde Jungfrau, sagt er ihr,
Ihr schickt Euch übel nicht zu mir.
Ihr seid voll Tugend und Verstand,
Ihr habt mein Herz, da nehmt die Hand –
Sie sehr erschrocken auf den Tod
Ward endlich einmal wieder rot,

»Ach lieber Herr – – mein Vater – ich –
Ihr findet Bessere als mich
Ich bin zu jung – ich bin zu alt –«
Der Vater kroch hinzu und schalt,
Und kündigt Stund und Tag und Mann
Ihr mit gefaltnen Händen an.
Wer malet diesen Kalchas mir
Und dieses Opfers Blumenzier,
Wie's vorm Altar am Hochzeittag
In seiner Mutter Brautkleid lag,
Wie's unters Vaters Segenshand
Mehr litt als es sich selbst gestand;
Wie's dumpf, nur ahndend seine Pflicht
Entzog den Qualen sein Gesicht,
Und tausend Nattern in der Brust
Zum Dienste ging verhaßter Lust.

Ach Männer, Männer seid nicht stolz
Als wärt nur ihr das grüne Holz,
Der Weiber Güt' und Duldsamkeit
Ist grenzenlos wie Ewigkeit.
Sie fand an ihrem Manne nun
All seinem Reden, seinem Tun
An seiner plumpen Narrheit gar
Noch was das liebenswürdig war
Sie dreht' und rieb so lang dran ab,
Bis sie ihm doch ein Ansehn gab,
Und wenn's ihr unerträglich kam
Nahm sie's als Zucht – für ihren Gram.

Ihr einzig Gut auf dieser Welt
Der Engel noch für Sünde hält.
Dem Mann gelind, sich selber scharf
Sie – Gott – nicht einmal weinen darf,
Sie kommt und bringt ihr Auge klar
Als sein geraubtes Gut ihm dar,
Und wenn er schilt und brummt und knirrt

Ihr leichter um das Herze wird,
Doch wenn er freundlich herzt und küßt
Für Unruh sie des Todes ist.

Denn immer, immer, immer doch
Schwebt ihr das Bild an Wänden noch,
Von einem Menschen, welcher kam
Und ihr als Kind das Herze nahm.
Fast ausgelöscht ist sein Gesicht,
Doch seiner Worte Kraft noch nicht
Und jener Stunden Seligkeit
Ach jener Träume Würklichkeit
Die, angeboren jedermann,
Kein Mensch sich würklich machen kann.

FREUNDIN AUS DER WOLKE

Wo, du Reuter,
Meinst du hin?
Kannst du wähnen
Wer ich bin?
Leis' umfaß ich
Dich als Geist,
Den dein Trauren
Von sich weist.
Sei zufrieden
Göthe mein!
Wisse, ietzt erst
Bin ich dein;
Dein auf ewig
Hier und dort –
Also wein mich
Nicht mehr fort.

Dir, Himmel, wächst er kühn entgegen.
Sieh du ihn an, so steht er fest.
Nichts gleichet dem Vermögen,
Das sich auf dich verläßt.

PIRAMUS UND THISBE

Der junge Piramus in Babel
Hatt' in der Wand
Sich nach und nach mit einer heißen Gabel
Ein Loch gebrannt.

Hart an der Wand da schlief sein Liebchen,
Die Thisbe hieß
Und ihr Papa auf ihrem Stübchen
Verderben ließ.

Die Liebe geht so wie Gespenster
Durch Holz und Stein.
Sie machten sich ein kleines Fenster
Für ihre Pein.

Da hieß es: liebst du mich? da schallte:
Wie lieb' ich dich!
Sie küßten stundenlang die Spalte
Und meinten sich.

Geraumer ward sie jede Stunde
Und manchen Kuß
Erreichte schon von Thisbens Munde
Herr Piramus.

In einer Nacht, da Mond und Sterne
Vom Himmel sahn,
Da hätten sie die Wand so gerne
Beiseits getan.

Ach Thisbe! weint er, sie zurücke:
Ach Piramus!
Besteht denn unser ganzes Glücke
In einem Kuß?

Sie sprach, ich will mit einer Gabe,
Als wär' ich fromm,
Hinaus bei Nacht zu Nini Grabe,
Alsdann so komm!

Dies darf mir der Papa nicht wehren,
Dann spude dich.
Du wirst mich eifrig beten hören,
Und tröste mich.

Ein Mann ein Wort! Auf einem Beine
Sprang er für Lust:
Auf morgen nacht da küß' ich deine
Geliebte Brust.

Sie, Opferkuchen bei sich habend,
Trippt durch den Hain,
Schneeweiß gekleidt, den andern Abend
Im Mondenschein.

Da fährt ein Löwe aus den Hecken,
Ganz ungewohnt,
Er brüllt so laut: sie wird vor Schrecken
Bleich wie der Mond.

Ha, zitternd warf sie mit dem Schleier
Den Korb ins Gras
Und lief, indem das Ungeheuer
Die Kuchen aß.

Kaum war es fort, so mißt ein Knabe
Mit leichtem Schritt

Denselben Weg zu Nini Grabe –
Der rückwärts tritt,

Als hätt' ein Donner ihn erschossen.
Den Löwen weit –
Und weiß im Grase hingegossen
Der Thisbe Kleid. –

Plump fällt er hin im Mondenlichte:
So fällt vom Sturm
Mit unbeholfenem Gewichte
Ein alter Turm.

O Thisbe, so bewegen leise
Die Lippen sich,
O Thisbe, zu des Löwen Speise
Da schick' ich mich.

Zu hören meine treuen Schwüre
Warst du gewohnt;
Sei Zeuge wie ich sie vollführe,
Du falscher Mond!

Die kalte Hand fuhr nach dem Degen
Und dann durchs Herz.
Der Mond fing an sich zu bewegen
Für Leid und Schmerz.

Ihn suchte Zephir zu erfrischen,
Umsonst bemüht.
Die Vögel sangen aus den Büschen
Sein Totenlied.

Schnell lauschte Thisbe durch die Blätter
Und sah das Gras,
Wie unter einem Donnerwetter,
Von Purpur naß.

O Gott, wie pochte da so heftig
Ihr kleines Herz!
Das braune Haupthaar ward geschäftig,
Stieg himmelwärts.

Sie flog – hier zieht, ihr blassen Musen,
Den Vorhang zu!
Dahinter ruht sie, Stahl im Busen:
O herbe Ruh!

Der Mond vergaß sie zu bescheinen,
Von Schrecken blind.
Der Himmel selbst fing an zu weinen
Als wie ein Kind.

Man sagt vom Löwen, sein Gewissen
Hab' ihn erschröckt,
Er habe sich zu ihren Füßen
Lang hingestreckt.

O nehmt, was euch ein Beispiel lehret,
Ihr Alten, wahr!
Nehmt euch in Acht, ihr Alten! störet
Kein liebend Paar.

IN EINEM GÄRTCHEN AM CONTADE

als der Dichter gebadet hatte
mit Bleifeder auf eine Karte geschmiert

Erlaube mir du freundlichster der Wirte
Du Bild der Gottheit, daß ich diese Myrte
Verflecht' in dein verzoddelt Haar.
In deinem Gärtchen das du selbst erzogen
Sing ich für dich was Hunderte gelogen
Beatus ille – und was keiner war.

Für meine funfzehn Sols nehm' ich die Stelle
Von dir auf eine Stunde ein. –
Denn sieh, ich komm' aus Aganippens Quelle
Und bin von jeder Sorge rein
Von jeder Leidenschaft. In diesem Augenblicke
Schickt mich die Gottheit her dir zuzusehn
Ganz Herz und Ader für dein Glücke
Und find' es unaussprechlich schön.

Das muß gesungen sein. Da alles singet
In unsern Tagen, schwieg ich lang.
Die Freude dacht ich welche klinget
Verliert sich schneller als ihr Klang.
Doch deine stille Lust die niemand neidet
Die niemand fühlt als du allein und ich
Wird die mit einem Lied umkleidet,
Erhöht vielleicht – verbessert sich.

Was hält mich ab, mein Liedel dir zu zeigen?
Ach du verstehst es nicht – doch zeig ich's hier
Den Bäumen die wie du ihr Glück verschweigen.
Heut abend sitz hieher, dann rauschen sie es dir.

AN DAS HERZ

Kleines Ding, um uns zu quälen,
Hier in diese Brust gelegt!
Ach wer's vorsäh', was er trägt,
Würde wünschen, tätst ihm fehlen!

Deine Schläge, wie so selten
Mischt sich Lust in sie hinein!
Und wie augenblicks vergelten
Sie ihm jede Lust mit Pein!

Ach! und weder Lust noch Qualen
Sind ihm schrecklicher als das:

Kalt und fühllos! O ihr Strahlen,
Schmelzt es lieber mir zu Glas!

Lieben, hassen, fürchten, zittern,
Hoffen, zagen bis ins Mark,
Kann das Leben zwar verbittern;
Aber ohne sie wär's Quark!

AN –

Was dich umgibt, belebest du
Dein Auge gießt wie Saft der Reben
In tote Adern Geist und Leben
Und führt dem Herzen Feuer zu.

Dem Kranken läuft das Blut geschwinder
Der alte Mann, die kleinen Kinder
Warm von dem ungewohnten Glück
Umhüpfen deinen frohen Blick.

O Phyllis, diesen Blick umgibt
All alles was man wünscht und liebt.
Ich möchte sonst kein Glück erwerben
Als voll von diesem Blick zu sterben.

Drum flieg ich, Räubrin meiner Ruh!
Daß mir dein Aug' den Tod soll geben
Dir täglich voller Sehnsucht zu
Und täglich – schenkt es mir das Leben.

DIE ERSTE FRÜHLINGSPROMENADE

Der Baum, der mir den Schatten zittert,
Der Quell, der mir sein Mitleid rauscht,
Der Vogel, der im Baume zwittert,

Und, ob ich ihn auch höre, lauscht;
Die ganze freundliche Natur
Nimmt mich umsonst in ihre Kur.

Die Weisheit, strengen Angesichtes
Und guten Herzens, aber kalt,
Lacht meines glühenden Gedichtes
Von Liebe – und doch glaubt sie's bald;
Will mich entzaubern, trösten mich,
Bezaubert und verirret sich.

Die Schöne, die auf jungen Rosen
Des liebesbangen Maien liegt,
Von der, dem Kummer liebzukosen,
Mir Blick und Wunsch entgegen fliegt,
Die schraubt mein mir entrücktes Herz
Nur höher auf zu wilderm Schmerz.

Ach Phyllis! um gleich jenen Knaben
In Sturmhaub' und Perück' und Stern,
So froh die Fluren zu durchtraben,
Müßt' ich von diesen weisen Herrn
Die Kälte und die Blindheit haben;
Müßt' ich, in meinem Selbst vergraben,
Dich, Gottheit, nie gesehen haben;
So hold, so nah mir – und so fern – –

AUF EIN PAPILLOTE

welches sie mir im Konzert zuwarf

Meinstu mit Zucker willst du meine Qual versüßen
Mitleidig göttlich Herz! wie wenig kennstu sie?
Wenn sich nach Mitternacht die nassen Augen schließen
Schläft doch mein Herz nicht ein, es wütet spat und früh
Vor Tage lieg ich schon und sinn auf mein Verderben

Und strafe mich oft selbst und nehm mir Tugend vor
Und kämpf und ring mit mir und sterb und kann nicht sterben
Weil mich mein Unstern nur zum Leiden auserkor
Ich soll dich sehn und fliehn? Dein Lächeln sehn und meiden?
Und du verstehst es wohl wo mirs am wehsten tut
Du hassest meine Ruh, es scheint dich freut mein Leiden
Du wünschst es größer noch, es scheint du willst mein Blut
So nimm es Göttliche! ein kleines Federmesser
Eröffnet mir die Brust, wie sanft würd es mir tun?
Ach tu's, durchbohr mein Herz, gewiß dann wird mir besser
In deinen Armen will ich dann vom Leben ruhn
Ach welche Süßigkeit! von Lieb und Wollust trunken
Schläft dann mein mattes Haupt von seiner Unruh' ein
Auf deinen süßen Schoß verliebt herabgesunken
Und küsset sterbend noch die Ursach' seiner Pein
Ja tu's! von deiner Hand wie kann der Tod mich schröcken
Es ist das größte Glück das ich erhalten kann
Ein Stoß so ists geschehn: wie süß wird er mir schmecken
Ein kleiner Stoß und denn geht erst mein Leben an
Dann will ich zärtlich dir als Geist zur Seite schweben
Dann wehrt es niemand mir, du selber wehrst es nicht
Denn darf ich ungescheut dem Munde Küsse geben
Der so verführisch lacht und so bezaubernd spricht
Denn darf so lang ich will mein Auge nach dir sehnen
Denn hasch' ich deinen Blick und schließ' ihn in mein Herz
Denn wein' ich wenn ich will und niemand schilt die Tränen
Denn seufz ich wenn ich will und niemand schilt den Schmerz
Dann will ich dir im Traum zu deinen Füßen liegen
Und wachend horch' ich auf wie dir's im Busen schlägt
Bistu vergnügt, o Glück! so teil ich dein Vergnügen
Wo nicht, so teil' ich auch was dir Verdruß erregt
Dann mein unschätzbar Gut! dann straft mich das Gewissen
Für meine Liebe nicht, nur dann, dann steht mir's frei
Dann fühl ich keinen mehr von den verhaßten Bissen
Als ob ich Frevler schuld an deiner Unruh sei
Dann bistu meiner los, nicht wahr du bist es müde
Von mir gekränkt zu sein, dann weißtu es nicht mehr

Was mich schmerzt oder nicht, denn hast du ewig Friede
Denn nach dem Tode rührt mein Schmerz dich nicht so sehr
Selbst ach! dein Glück verlangt's, ich fühl' es, ach! mit Zittern
Daß ich im Wege bin – so tu es beste Hand!
Ich muß mir täglich nur das Leben mehr verbittern
Und tust dus nicht – denn Gott! erhalt mir den Verstand! –

AN * *

In der Nacht im kalten Winter
Wird's so schwarz und graulich nicht,
Als in meinem armen Herzen
Fern von deinem Angesicht.

Aber wenn es wieder lächelt
In die Seele mir hinein,
Werd' ich jung und neu geboren,
Wie das Feld im Sonnenschein.

Du allein gibst Trost und Freude,
Wärst du nicht in dieser Welt,
Stracks fiel' alle Lust zusammen,
Wie ein Feuerwerk zerfällt.

Wenn die schöne Flamm' erlöschet,
Die das all gezaubert hat,
Bleiben Rauch und Brände stehen
Von der königlichen Stadt.

IMPROMPTÜ AUF DEM PARTERRE

Dies Erschröcken, dies Verlangen
Das mich als du kamst, umfangen
Dies Gefühl – wer zauberts nach?
Gott! wie schlug das Herz so schwach –

Als mein Glas ihn überraschte
Jenen Blick nach dem ich haschte
Jenen Blick – o Huldgöttin!
Welch ein Himmel war darin!
Sieh mein Herz, das nach dir bebte
Kannt' ich gleich die Ursach nicht
Zog, obschon ich widerstrebte
Stets mein Aug auf dein Gesicht
Bis ich, ohne daß ich wußte
Wer du wärest, weinen mußte.

Von dir entfernt, dir immer nah,
O du mein Leben, Seraphine,
Ist das ein Traum, was mir geschah?
Mich tröstet, daß ichs nicht verdiene.
Nein, selbst dein Zorn verschönert dich
Und ist das höchste Gut für mich.
In dieser Einsamkeit, des kurzen Lebens müde,
Das ich doch nicht verlieren kann,
Da schenkst nur du, mein Glück! dem bangen Herzen Friede,
Das dich auf ewig liebgewann.
Wie, wer verbietet mirs? wer kann es mir verbieten?
Ist das ein Laster, Götterbild!
Von dir gerührt zu sein? wer kann sein Herz behüten,
Wenn selbst der Himmel nicht solch eine Neigung schilt.
Nein Göttliche! solch eine Lieb ist Pflicht,
Für die will ich mein Blut verströmen,
Man kann mir zwar das Leben nehmen,
Doch meine Liebe ewig nicht.
Ich kenne dich nicht erst von heute,
Ich kenne dich von jeder schönen Seite.
Ich bete, denk ich noch daran,
Dank, Sehnsucht, Tränen in den Blicken,
Den, der dich schuf, mit heiligem Entzücken

Und dich, sein schön Geschöpfe, an.
Ach wieviel Glück ist selbst in diesen Tränen,
Nach wem kann sich mein Herz sonst sehnen
Als nur nach dir und stets nach dir
Und dies – nur dies – verbeut man mir?
Dies reine Feuer macht ein Bube, sich zu rächen,
Mir zu dem schwärzesten Verbrechen?
Und du mit ihm? Du die Gerechtigkeit,
Die Güte selbst? War es Verwegenheit
Dich anzusehn? Gott! ist es eine Sünde,
Wenn ich in dir den Himmel finde,
Mit aller seiner Seligkeit?
Schiltst du ein Kind, das dir die Hände küßt,
Dafür, daß du ihm freundlich bist?
Hast du mich je in den beglückten Stunden,
Da ich noch nicht verstoßen war,
Wohl anders als ein Kind gefunden,
Und worin lag denn die Gefahr?
Ach Seraphine, Seraphine,
Es tötet mich, daß ich das nicht verdiene.

       GEDULD und unerschrockner Mut
       Beseelen mein getreues Blut
       Und fürcht mich nicht zu sterben
       Der Himmel kostet Leiden hier
       Ich leide froh, kann ich von dir
       Mir einen Blick erwerben

       Nur du verdienst beglückt zu sein
       Drum will ich gerne Gram u. Pein
       In meine Brust verschließen
       Den Tränen will ich wiederstehn
       Du Engel sollst sie nimmer sehn
       Auf meine Wangen fließen

Ach traue deutscher Redlichkeit
Die sich zu deinem Dienste weiht
Und willtu sie belohnen
So müsse Tag u. Nacht der Schmerz
Dir fremde sein und Lust und Scherz
Dein schönes Herz bewohnen

Alsdenn mein Kind ist alles gut
Alsdenn so mag mein junges Blut
Für dich die Erde färben
Es ist mir sonst nichts fürchterlich
Als dich betrübt zu sehen, dich!
Viel sanfter tuts zu sterben.

Drum fleh ich heitre dein Gesicht
Ich scheue Höll u. Himmel nicht
Bleibt mir dein Auge offen
Wenn du vergnügt und glücklich bist
Und stünd ich auf dem Richtgerüst
Dann ist mein Ziel getroffen.

Und wär ich in der Sklaverei
Und hätte nur den Trost dabei
Für dich für dich zu leiden
Und wär ich jenseits überm Meer
Und wüßt daß Clephchen glücklich wär
Doch wär ich zu beneiden.

Nur sie nur sie muß glücklich sein
Nur sie nur sie verdients allein
Und ging die Welt zu Grunde
Ich selber mit − o wie so schön
Würd ich alsdenn zu Grunde gehn
Schlag bald du schöne Stunde!

Ich komme nicht dir vorzuklagen,
Ich bin zu glücklich durch dein Wohl
Als daß dir's Seufzer kosten soll;
Ich komme dir Valet zu sagen.
Ein fremder Himmel wartet mein
Und du wirst immer glücklich sein.

Ich komme vor dir hinzuknieen,
Zu meiner neuen Lebensbahn
Von dir den Segen zu empfahn,
Dann sanft dich gegen mich zu ziehen,
Zu träumen einen Augenblick,
Als wärst du noch mein ganzes Glück –

Und dann zu fliehen und zu fliehen,
Wohin mein Fuß mich tragen wird,
Wohin kein Menschenfuß geirrt,
Bis Gott mir diese Schuld verziehen,
Daß ich noch einmal dich geküßt,
Die eines andern Eheweib bist.

Aufopfern dich, du himmlischer Gewinn,
Dich Engel! einer Buhlerin? –
Nein nimmer, nimmer! möge mit Erröten
Mein Schutzgeist auf mich niedersehn,
Und mich verderben sehn in meinen Nöten,
Fänd ich dich jemals minder schön.
Und will mein Herz für andern Reiz entbrennen,
Und seine Liebe Freundschaft nennen,
So stürm die Leidenschaft wie heut die Larv' ihr ab
Und stoß mich einen Schritt voraus ins Grab.

LIEBE! sollte deine Pein
Wert der Lust der Freundschaft sein?
Wenn ich deinen Dornen blute
Wird mir bei ihr wohl zu Mute
Und wie rächts! wenn ich, Tyrann
Deiner mit ihr lachen kann.

FÜHL alle Lust fühl alle Pein
Zu lieben und geliebt zu sein
So kannst du hier auf Erden
Schon ewig selig werden.

GIBST mir ein, ich soll dich bitten
wie der König Salomo.
Herr, ach, Herr, was soll ich bitten,
Seh hinauf zu deinem Himmel,
bitt' um dieses Stückgen Himmel!
u: ein wenig Sonnenschein!
aber laß mir Bruder Goethe,
den du mir gegeben hast.
Dessen Herz so laut zu dir schlägt.
o für ihn bitt' ich mit Tränen
halt ihm nur den Rücken frei
Platz wird er sich selber machen
nur beschirm mit deinem Schilde
Ihn vor Feinden, mehr vor Freunden
die an seinen Arm sich henken
u: den Arm ihm sinken machen.
ach! bewahr ihn nur vor Freunden
die ihn nicht verstehn, u: gerne

Ihn zu ihrem Bilde machten.
oder kanns nicht sein, so mache
mich nur nicht zu seinem Freunde!

ÜBER DIE DEUTSCHE DICHTKUNST

Hasch ihn, Muse, den erhabnen Gedanken –
Es sind ihrer nicht mehr,
Ihre Schwestern haben die Griechen und Römer
Und die Hetrurier weggehascht,
Und die meisten ergriffen die kühnen Briten,
Und Shakespear an ihrer Spitze,
Und trugen sie alle fort wie der Sabiner sein Mädchen.
Mancher brauchte sie zum andernmal,
Aber sie waren nicht mehr Jungfraun.

O traure, traure Deutschland,
Unglücklich Land! zu lange brach gelegen!
Deine Nachbarinnen blühen um dich her voll Früchte
Wie goldbeladne Hügel um einen Morast,
Wie junge kinderreiche Weiber
Um ihre älteste Schwester,
Die alte Jungfer blieb.

O Homer, o Ossian, o Shakespear,
O Dante, o Ariosto, o Petrarca,
O Sophokles, o Milton, o ihr untern Geister –
O ihr Pope, ihr Horaz, ihr Polizian, ihr Prior, ihr Waller,
Gebt mir tausend Zungen für die tausend Namen,
Und jeder Name ist ein kühner Gedanke –
Ein Gedanke – tausend Gedanken
Unsrer heutigen Dichter wert.

Deutschland, armes Deutschland,
Die Kunst trieb kranke Stengel aus deinem Boden,
Höchstens matte Blüten,

Die an den Ähren hingen vom Winde zerstreut,
Und in der Hülse, wenn's hoch kam,
Zwei Körner Genie
Wenn ich dichte und – –

O ich schmeichelte mir viel,
Als nur dunkles Morgenrot
Von dem braunen Himmel um mich lachte;
Junge Blume, so dacht' ich,
O was fühlst du für Säfte emporsteigen,
Welche Blume wirst du blühen am Tage,
Deutschlands Freude und Lieflands Stolz.

Als es aber Tag um mich ward,
Kroch meine Blüte voll Scham zurück,
Denn ich sah neben mir auf meinen Beeten Schwestern
Mit wohlriechenden Busen düften,
Mit bescheidener Röte lächeln.

Aber als der Mittag nieder auf mich sah,
Und ich auf benachbarten Beeten
Fremder Blumen himmlische Zier
Mit englischem Aushauch verbunden erblickte
Wunder den Augen der Nase den Sinnen
Süßes Wunder selbst dem stolzen kalten Verstande.

O da fühlt' ich, auf einem Sandkorn
Stehe meine Wurzel, ein Regentropfe
Sein alle meine Säfte, ein Schmetterlings Flügelstäubchen
Aller meiner Schönheit Zier –

– Nehmt sie an meine Zither
Eichen von Deutschland und laßt von Petrarchen
Einen Ton ihre schnarrenden Saiten berühren
Daß er mir ein Grablied singe –

Unberühmt will ich sterben
Will in ödester Wüste im schwarzen Tale mein Haupt hin

Legen in Nacht – kein Chor der Jünglinge soll um das
    Grab des Jünglings
Tanzen, keine Mädchen Blumen drauf gießen
Kein Mensch drauf weinen Tränen voll Nachruhm
Weil ich so verwegen – so tollkühn gewesen
Weil auch ich es gewagt zu dichten

Und du mein Genius wenn Gott mich würdig hielt
Einen mir zum Geleit zu geben
Schütze treuer Gefährte des Lebens
Schütze mein einsames Grab
Daß kein Blick aus dem Reiche der Seligen
Von Shakespears brennendem Auge
Oder dem düsterleuchtenden Auge Ossians
Oder dem rotblitzenden Auge Homers
Sich auf dasselbe verirre
Damit sich meine Asche im Grabe nicht empöre
Für Scham, daß auch ich einst wagte zu dichten.

HOCHZEITSCARMEN

für einen abtrünnigen Musensohn

Welch ein Geräusch, das sich verbreitet!
O welch ein dumpfer hohler Ton!
Auf dem Parnaß wird Sturm geläutet:
Ein Knecht Apolls, ein Musensohn
Ist, wie erschrockne Musen sangen,
Zu Amors Lager übergangen.

Apoll! o laß die Not dir klagen!
Bestraf den kleinen Amor doch!
So manche, die dein Joch getragen,
Nahm er und warf sie in sein Joch.
Die Frechheit ist nicht auszustehen:
Wie wird's zuletzt dem Pindus gehen!

Die Weisen werden jetzt Verkehrte,
Algebräisten, süße Herrn:
Der sonst die Sternekunde lehrte
Macht seine Braut zum Morgenstern,
Und die lateinischen Gebärden
Sieht man recht hold französisch werden.

Hör nur, wie Überläufer sprechen
Die unter Amors Flügel fliehn,
Hör es, entbrenn die Schmach zu rächen!
Sonst wird der kleine Gott zu kühn.
Statt daß sie sonst in triftgen Schlüssen
Wenn sie die Nymphe sehn, sie grüßen

Und sprechen: »Heil sei dir! die Stunde
Ist plus sechsachtel bald halb zehn:
In gleich und ähnlicher Sekunde
Wie kommt es, daß wir hier uns sehn!
In sympathetischem Verlangen
Ist unsre Basis hergegangen.«

So kommen sie verliebt geflogen
Und sagen: »Deiner Reize Macht
Hat Schönste! mich hieher gezogen.«
Das Füßchen scharrt, das Mündchen lacht,
Die Runzeln von der Stirn entfliehen
Und die gelehrten Augen glühen.

Den neuen Flüchtling zu bestrafen,
Apoll! so laß ihm seine Lust!
Laß ihn in Amors Armen schlafen!
Nimm deinen Ernst aus seiner Brust!
Laß ihn, wie schwärmerische Mücken
In Rosenbüschen sich erquicken.

Und keine Runzel, die die ehret,
Die dir getreu, den Amor schmähen,

Müss' man, da er der Liebe schwöret,
Auf seiner heitern Stirne sehn.
Nie sitz er mehr mit deinen Knechten
Beim Buch in heilgen Mitternächten!

Er soll in keinen Stern mehr sehen,
Kein Zirkel komm in seine Hand!
Nie schmeck' er die gelehrten Wehen
Womit ein dicker Foliant
Zur Welt gebracht wird: noch den Segen
Sein Buch von neuem aufzulegen.

Nein! Lust und Heiterkeit und Freude –
(Kaum, daß ich reden kann für Wut)
Umstrahle die verliebten Beide
Und kröne lang die reinste Glut!
Ihr ganzes Leben sei voll Wonne
Sei heiter wie die Frühlingssonne!

NACHTSCHWÄRMEREI

Ach rausche rausche heiliger Wasserfall
Rausche die Zeiten der Kindheit zurück in mein Gedächtnis
Da ich noch nicht entwöhnt von deinen Brüsten
Mutter Natur mit dankbar gefühliger Seele
Dir im Schoß lag dich ganz empfand
Schämst du dich Wange von jenen Flammen zu brennen
Schämst du dich Auge, von jenen geheimen Zähren
Jenen süßen süßesten alle meiner Zähren
Wieder still befeuchtet zu werden?
Nein so hab ich, so hab ich die Menschheit
Noch in der wilden Schule der Menschen
Nein so hab ich sie noch nicht verlernt.
Kann gleich mein Geist mit mächtigeren Schwunge
Unter die Sterne sich mischen die damals
Nur als freundliche Funken mich ganz glücklich

Ganz zum Engel lächelten.
Aber itzt steh ich, nicht lallendes Kind mehr
Itzt steh ich dar ein brennender Jüngling
Blöße mein Haupt vor dem Unendlichen
Der über meiner Scheitel euch dreht
Denk ihn, opfr ihm in seinem Tempel
All meine Wünsche mein ganzes Herz.
Fühle sie ganz die große Bestimmung
All diese Sterne durchzuwandern
Zeuge dort seiner Macht zu sein.
O wenn wird er, wenn wird er der glücklichste der Tage
Unter allen glücklichen meines Lebens
Wenn bricht er an, da ich froher erwache
Als ich itzt träume – o welch ein Gedanke
Gott! – noch froher als itzt! ists möglich
Hast du soviel dem Menschen bereitet
Immer froher – tausendmal tausend
Einen nach dem andern durchwandern und – immer froher
O da verstumm ich – und sink in Nichts
Schaffe mir Adern du Allmächtiger dann! und Pulse
Die dir erhitzter entgegen fliegen
Und einen Geist der dich stärker umfaßt.
Herr! meine Hoffnung! wenn die letzte der Freuden
Aus deiner Schale ich hier gekostet
Ach dann – wenn nun die Wiedererinnrung
Aller genossenen Erdenfreuden
Unvermischt mit bitterer Sünde
Wenn sie mich einmal noch ganz überströmt
Und dann, plautz der Donner mir zu Füßen
Diese zu enge Atmosphäre
Mir zerbricht, mir Bahn öffnet, weiter –
In deinen Schoß Unendlicher
Ach wie will ich, wie will ich alsdenn dich
Mit meinen Glaubensarmen umfassen
Drücken an mein menschliches Herz
Laß nur ach laß gnädig diesen Anteil von Erde
Diese Seele von Erde mich unzerrüttet

Ganz gesammlet dir darbringen zum Opfer
Und dein Feuer verzehre sie. –
Ach dann seht ihr mich nicht mehr teure Freunde
Lieber Göthe! der Freunde erster
Ach dann siehst du mich nicht mehr.
Aber ich sehe dich, mein Blick dringt
Mit dem Strahl des Sterns zu dem ich eile
Noch zum letztenmal an dein Herz
An dein edles Herz. – Albertine
Du auch, die meiner Liebe Saite
Nie laut schallen hörtest, auch dich
Auch dich seh ich, segne dich – wär ich
Dann ein Halbgott dich glücklich zu machen
Die du durch all mein verzweiflungsvoll Bemühen
Es nicht werden konntest – die du vielleicht es wardst
Durch dich selbst – ach die du in Nacht mir
Lange lange drei furchtbare Jahre
Nun versunken bist – die ich nur ahnde –
Euch mein Vater und Mutter – Geschwister
Freunde Gespielen – fort zu vielfache Bande
Reißt meine steigende Seele nicht wieder
Nach der zu freundlichen Erde hinab. –
Aber ich sehe dich dort meine Doris
Oder bist du vielleicht – trüber Gedanke!
Nein du bist nicht zurückgekehrt
Nein ich sehe dich dort ich will in himmlischer Freundschaft
Mit dir an andern Quellen und Büschen
Sternenkind! ach wie wollen wir Kinder
Hand in Hand dort spazieren gehn! –
Aber Göthe – und Albertine –
Nein ihr reißt mich zur Erde hinunter
Grausame Liebe! ihr reißt mich hinunter.
Reißt denn Geliebte! reißt denn ich folge
Reißt – und macht mir die Erde zum Himmel.

DER WASSERZOLL

Denkmal der Freundschaft

Ihr stummen Bäume, meine Zeugen,
Ach käm' er ungefähr
Hier wo wir saßen wieder her:
Könnt' ihr von meinen Tränen schweigen?

Wie freundlich trägst du mich auf deinem grünen Rücken
Uralter Rhein
Wie suchst du mein Aug' empfindlich zu erquicken
Durch Ufer voller Wein
Und hab ich doch die tausend Lustgestalten
Tief im Gedächtnis zu behalten
Nun weder Dinte noch Papier
Nur dieses Herz das dich empfindet, hier
Es scheint fast du liebest Allzugroßer
Nicht mehr der Maler Prunk der Dichter Klang,
Es scheint, du willst wie Schlosser
Nur stummen Dank

Ich suche sie umsonst die heilige Stelle
Häng hier umsonst am Sturz des Berges hinüber
Schau über Bäumen zur Wiese hinab
Finde sie nicht
Hier wars, hier wars wo die Bäume sich küssen
Sich still und heilig auf ewig umarmen
Hier wars wo die unermüdete Quelle
Sanft nach ihr weint – nimm meine Tränen mit
Hier wars, hier wo der grausame Himmel

Hinter dem freundlichern Laube verschwindt
Und mein schont. Empfange mich Erde
Daß du mein Grab wärst – ich soll euch verlassen
Sie verlassen, von ihr vergessen
Wie ein vorübergewehter Windhauch
Ach ich beschwör' euch ihr schöner zu grünen
Wenn der Frühling sie wieder hieher lockt
Wenn sie unter Gelächter und Freunden
Und ihrer Kinder Jubelgetümmel
Zu euch kehret, euch blühender macht
Unglückliche! ihr könnt nicht zu ihr
Euer Wehen eure Seufzer
Eure Klagen höret sie nicht.
Aber sie wird wenn sie euch vorbeigeht
Süßere Schauer empfinden, sie wird euch
Mit ihren Blicken segnen, ihr werdet
Glücklicher sein als ich.

PETRARCH

Ein Gedicht aus seinen Liedern gezogen

Vorbericht

Man wird hoffentlich nicht verlangen, daß ein Dichter den ängstlichgetreuen Geschichtschreiber machen und den Faden der Geschichte nicht verlassen soll. Sollte sich auch für diese Kleinigkeit ein Zoilus finden, so will ich, um ihm die Mühe zu erleichtern, meinen Lesern ins Ohr sagen, daß Colonna, der Freund des Dichters, Bischof und sein Bruder Kardinal war, daß wir aus dem Leben Petrarchs, welches seinen Werken vorgesetzt ist, nicht haben erfahren können, ob Laura jemals sei verheuratet worden, daß er sie aber überlebt und noch ein ganzes Buch Lieder nach ihrem Tode geschrieben, unter denen die erste Canzonetta auf ihren Tod ohnstreitig sein Meisterstück ist. Wir wollen sie, wenn wir unsern Leserinnen einen Gefallen damit tun können, im Anhange beifügen.

Noch ist um dererwillen, die unsern Dichter nicht kennen, zu erinnern, daß er von einem sehr guten Hause in Florenz aber von der Partei der Bianchi war, die von der Partei der Neri aus dem Vaterlande vertrieben wurden. Laura war eine geborne von Cabrieres, in der Nachbarschaft von Vaucluse, wo Petrarchens Vater ein Landgut hatte. Er sah sie zuerst am Karfreitage, als sie mit einer Freundin nach Lilla ging, um dorten die Messe zu hören.

Erster Gesang

Glückseliger Petrarch! den itzt der Tod
Getraut mit Lauren hat; im Abendrot
O du mein bester Freund! komm, steig hernieder
Und hauche deinen Geist in meine Lieder.
Du Sänger aller Zeiten, jedes Herz
Fühlt, wenn es glücklich ist, von deinem Schmerz.

Auch meines fühlt ihn ganz – mehr zu beklagen,
Fühlt tiefer ihn und darf ihn nicht so sagen.

In diesem Tal, das deinem Tale gleicht
Wo jede Leidenschaft der Brust entweicht,
Denn rund umher seh ich zufriedne Schnitter
Unschädlich flammt das ferne Ungewitter
Vor ihnen hin, des Mondes Liljenschein
Ladt mit dem West zum Ruhgenuß sie ein,
Wo alles Liebe atmet, von der Linde
Die bis im Wipfel zittert, zu dem Kinde
Eins ihrer Blätter, zu der Raupe, die
Als Mücke sie umschwebt voll Sympathie:
In diesem Tal will ich der deutschen Flöte
Vertraun was du gelitten, mein Poete!
Du einziger, der fühlte was er sang
Und sich dadurch den Märterkranz errang.

Ein junges offnes Herz, ganz dem Vergnügen
Gestimmt und dieses Herz in allen Zügen
So seh ich ihn gefällig vor mir stehn,
Des Lebens sich erfreun, sich keiner Not versehn.
Ganz unbewaffnet vor der Liebe Pfeilen
Die Munterkeit im Blick, selbst in den Locken, die sich teilen.
Auf seinen schönen Schultern – welch ein Schlag
Stürzt ihn dahin am großen Leidenstag!
Stürzt ihn dahin, den jungen Baum voll Blüten;
Ein Blick, ein Blitz: und ewig wird es wüten
Das unglückselge Feur, sein ganzes Sein
Ward nun Verlängerung der höchsten Pein.

Sie ging um Gottes Leiden anzubeten
Und ahndte nicht, sie sei bestimmt zu töten,
Zu peinigen, ach, ein ihr ähnlich Herz,
Sie aller Menschen Lust, sein ewger Schmerz.

Sie ging, es war nichts Sterbliches, ihr Gehen,
Man konnt' es nicht mit trocknen Augen sehen,

Sie flog, flammt' über Blumen, die ihr Tritt
Erschaffen hatte, Engel flammten mit,
Unzählige in ihren goldnen Haaren,
Die wie die Sonne unanschaulich waren,
Unzählige in ihres Schleiers Nacht
Um die darin verheiligtumte Pracht
Unzählige bis in des Kleides Falten,
Die nach des Himmels Wink sie umgestalten.

Sie dacht itzt den Geliebten, den sie sich
Von dem erbitten wollte, dem sie glich.
Er sollte sein, wie sich – Petrarcha zeigte
Als sie zum erstenmal sich gegen ihn verneigte,
Schön wie Apoll, doch so verzückt im Schaun
Als wärs sein Bild von Phidias gehaun.
Er sollte **fühlen** können wer sie wäre,
Denn Cypris selbst stieg dazu aus dem Meere.

Er stand errötend und erblassend da,
Sprach immerfort mit ihr und hört' und sah
Sie sprechen, ohne daß doch sein Gefährte
Ein einig Wort aus beider Munde hörte.
Stumm sahen sie sich an.

      Wo eilt Ihr hin,
Mein Ritter? fragte die Begleiterin
Den Freund Petrarchens, der galant versetzte
Nach der Kapelle Lilla.
      Als sie schnell die letzte
Verschleierung allgütig sinken ließ,
Und nun ihr Antlitz ganz dem Liebestoten wies.

Itzt hub er an, derweil die innre Träne
Sich in die Brust gebrannt, gebrochne halbe Töne
Zu stammeln, die sie besser als der Mund
Aus dem die Todesangst sie ausgepreßt, verstund.

»Vollkommnes Fräulein! darf der Allerkühnste –«
Hier nahm sie seinen Arm. »Zu diesem Liebesdienste
Versah ich mich von Ihnen.« Ach wie ward der Scherz
Der Blick, der Ton ihm mehr als Folternschmerz.
Er wäre vor sich hingestürzt, hätt' ihre Miene
Ihm nicht versichert, daß er mehr verdiene.
Sie sprachen wenig, desto reichlicher
Befrachteten die Luft die beiden Plauderer.
Vom Türkenblut, vom letzterfochtnen Siege
Und mancher Ursach mißgelungner Züge
Und von Jerusalem und jeder Schlacht
In der, der Ritter sich berühmt gemacht.

Wie war die Andacht rein in Lillas Mauren!
Wie betete Petrarch zu seiner Lauren
Und Laura zu Petrarch. Der Gott der sie
Erschaffen und erlöst, sahs ohne Neid, verzieh.
Was konnt' er Würdger's sehn auf diesem Schattenrisse
Von Welt, den er illuminiert, als Küsse
Zwei sich verwandter Seelen, die sein Bild
In ihren Augen wiesen, die sein Geist erfüllt.
Wenn so viel Herrlichkeit demütig kniete
Vor seinem Leidenspfahl, wenn so viel Güte
Auf ihrem Antlitz lag vor seiner Pein,
Wie konnt' er da ihr mißgewogen sein?
Entzog sie gleich ihm heut von Männerherzen
Das edelste. Schon fühlt' er seine Schmerzen
Schon sah er ihn auf seinem Angesicht
Vor Lauren hingestreckt – und ging nicht ins Gericht.

Als auf dem Rückweg sie nun hocherrötet
Petrarchens Arm ergriff, der zitterte: »Gebetet?«
Fragt sie und sieht ihn an. »O nur gedankt.« – Und dies? –
»Dem Stern der Sie geboren werden ließ.«
Nun hüllte sie sich tief in ihren Schleier:
Sehn Sie den grünen Wald im dunklen Feuer?
Wie schön die Sonne untergeht! »Für mich

Unglücklichen verschleierte sie sich.« –
Ich bitte, sein Sie ruhig. »Auf der Erden
Kann nie dies Herz mehr still, dies Auge trocken werden.
Sie werden mich noch sehn mit anderm Haar
Und stets mit den Gedanken.« Laura war
Von der Gesellschaft hier zurückgeblieben
Geflügelt sprach sie: Freund! Sie dürfen lieben
Nur nie ein Wort mehr. – Den Befehl im Blick. –
Und totenbleich kam er mit ihr zurück.

Ach dacht er bei sich selbst, vielleicht nach tausend Jahren
Beweint ein Auge mich, das gleichen Schmerz erfahren.
Sonst find ich nirgends Mitleid. Sporne dann
Zu ihrem Ruhm Petrarch! die letzten Kräfte an.

Zweiter Gesang

Colonna war der Freund und der Beschützer
Von unserm Helden und dabei Besitzer
Von Titeln, Rang und Gütern. Und sein Freund
Arm wie der Mond, der nur von fremder Güte scheint.
Aus seinem Vaterland vertrieben – fein erzogen –
Und so schiffbrüchig nun – im Herzen Wogen
Der höchsten Leidenschaft, von außen keinen Stern
Und keinen Rat, als seinen Freund und Herrn.

Colonna liebte Lauren. Und vertraute
Dem Dichter seine Glut, der auf den Boden schaute.

Er schaute auf den Boden und stand da
Wie einer, der den Blitz hart vor sich treffen sah.

Dann lief er an den Felsen hin und wieder
Die an Vaucluse grenzten, auf und nieder.

»Ein Mann von vierzig Jahren ihr die Hand!
Und insgeheim, weil ihm sein Ritterstand
Die Ehe untersagt? Um reich zu erben
Soll Laura elend leben, elend sterben?
O tauber Himmel dies für Lauren! – und Petrarch
Nähm' den Gedanken mit sich in den Sarg?
Colonna hat Geschmack – wär' das für sie nicht wenig?
Nein, er verdient sie nicht, wär' er ein König.
Er, der der Schönheit und des Lebens satt
Nun ausgeliebt und ausgelebet hat.
Er Lauren! – Gott, der du die Demut ehrest
Gott, ist er ihrer würdig? Du empörest
Dies arme Herz selbst gegen meinen Freund,
Mein Unmut ist gerecht, so strafbar er auch scheint.
Darf aber ein Vertriebner, ein Verbannter,
Hier nur geduldet, darf ein Unbekannter –
Ach zehnmal mehr vertrieben, mehr verbannt,
In keiner Brust hat das für sie gebrannt.
Ein Schatz kann nie in schlimmre Hände fallen
Als in des Reichen. Gott du weißt, von allen
Die jemals liebten, härmte niemand sich
Mit tiefrer innrer Sehnsucht ab als ich –
Was schwärmst du Unbescheidner! was erhöhest
Du die Begierden so? bedenke wo du stehest,
Bist du nicht Ixion, der Jupitern
Um seine Göttin neidte, steh von fern
Und fühl' es wer du seist. – Ach kann ich ringen
Mit meiner Leidenschaft! die seidnen Locken bringen
Mich um den freien Willen. Was kann ich dafür,
Daß diese Nerven ihr nur zittern? War es mir
Beim ersten Anblick doch, als ob für meine Mängel
Und Leiden der Ersatz nur möglich wäre. – Engel!
Wenn sich dein Licht auf mich herunterwälzt
Wird all mein Unglück Schnee, der an der Sonne schmelzt. –
Zwar ist das Leben kurz und kühn das Unternehmen,
Das kühnste – doch sie selbst spornt mich hinan.
    O Grämen

Laß ab! daß ich den Weg, den nie ein Fuß betrat
Empor an Felsen aufwärts hüpfe. – Hat
Er, der die Sterne lenkt, umsonst geschaffen?
Er weiset mir den Weg, gibt mir die Waffen,
Dies Herz, das er in diese Brust gelegt,
Ist auch sein Werk, wie die, für die es schlägt.
Mit ihrer Reize unermeßnen Schätzen
Soll mein Gesang die Welt in Tränen setzen,
Bis die von Lieb' und Wollust trunkne Welt
Zum allgemeinen Glück auch mich gesellt.«

Derweil Petrarca so mit Furcht und Hoffnung kämpfte,
Stand, fiel und wieder auf stand, lag der abgedämpfte
Colonna schon in Laurens Zauberschloß
Beim ersten Schritt dem Glück im Blumenschoß.

So bald er das erfuhr, sah unser Dichter
An allen die ihm nahten, Furiengesichter,
Von jedem Menschenblick gepeinigt, schoß der Strom
Ins Meer zurück, er flog ins Vaterland, nach Rom.

Dritter Gesang

Hier bei dem Bruder seines Nebenbuhlers
Saß der Untröstliche, empfing des Nebenbuhlers
Entzückte Briefe, nur von seinem Wohl
Und spottend unverschämter Freundschaft voll.
Ach! gegen wen sich nun beklagen, gegen
Wen dieses Herz erleichtern? Bäume zögen
Die Seufzer aus den Wurzeln, die er tat,
Wenn auf den Knieen er den Tod vom Himmel bat.
Am Ende, als der Schmerz sich in sich selbst verzehrte,
Und wie ein sterbend Feur nur noch von Asche nährte,
Schrieb er dem Räuber – ach, dem Mann
Von seiner Laura – fleht' ihn an:

›Ich bin zu weinen müd' Colonna! Deckte
Mich doch der schöne kühle Marmor schon
Der euch mit mir verew'gen soll. Erschreckte
Mein hageres Gesicht die Welt nicht mehr! – Entflohn
Ist doch so manche Stunde mir, so manche Reihe
Von Jahren, warum zögert denn der ungetreue
Der längsterwünschte Tod, jetzt da mein Schmerz bepfeilt
Mit jeder Sonne ihm entgegeneilt.
Ich muß es dir gestehn, Colonna! – welchen Schaden
Kann es dir tun mein Herz dir zu entladen?
Es gönnet dir dein Glück, treib deinen Scherz
Mit ihm, verbiet' ihm nur nicht seinen Schmerz.
Ich bin zu sehr verwöhnt an – Laurens Blicke,
Ach! ohne die, die Sonne kalt ist, bin
Verwöhnt an ihre Stimme, jetzt dein Glücke,
Die einzigste der Welt im strengsten Sinn.
Gebannt an jedes Wort aus ihrem Munde
An jeden Morgengruß und gute Nacht
Die ehmals mich erquickten, mir die Arbeit, mir die
     Stunde,
Der Prüfung selbst zur Seligkeit gemacht.
Ich kann nicht leben ohne sie. Der Arm, die Hände,
Der schöne stolze Gang, der angenehme Zorn,
Voll Stolz und Demut – – ach, es ist zum Ende,
Mit mir – der Himmel, dem mein Glück ein Dorn
Im Auge war, hat mich hieher verdammet
Wo jetzt sein Zorn auf mich ganz ohne Retter flammet,
Von ihrem Auge weg, das alle Mitternacht
In meiner Seele hell wie den Mittag gemacht,
Wohin ich geh, und steh, und flieh, muß ich es missen,
Und fluchen Berg und Tal, die mirs entrissen.‹

Das arme Herz! sprach als ers las der Mann
Und sah gelassen auf, und seinen Himmel an.
Das arme Herz, sprach sie ihm nach, doch mit Akzenten,
Die Engel selbst zum Weinen bringen könnten.

Noch tiefer grub in ihr geheimes Herz
Ein Brief vom Kardinal Petrarchens Schmerz,
In dem er schrieb vom guten kranken Toren
Er habe Sprache und Vernunft verloren.

Indes erholt' er sich, wie an die Not gewohnt
Ein Türkensklav und dann mit neuen Kräften front.
Ein Brief, in dem sie selbst ihn zu sich bat zu kommen,
Sein Wunsch, sein einig Flehn, geneste ihn vollkommen.

Er reiste spät im Herbst, des Himmels Antlitz war
Trübwolkigt wie sein Herz, und Sturm zerriß sein Haar,
Er reiste Tag und Nacht durchs pfeifende Gesträuche,
Voll Graun und Finsternis, fühllos wie eine Leiche.
Bald überwältigte des Äthers Gleichgewicht
Der schweren Wolken Zug, die auf sein blaß Gesicht,
Dem die Verzweiflung längst der Tränen Trost verschlossen,
Auf sein versengt Gesicht des Himmels Tränen gossen.

»Darf ich sie sehn, sprach er zu sich, die Göttliche?
Ich fürchte zu vergehn, wenn ich sie seh.
Je glücklicher er ist, je mehr ers weiß zu schätzen,
Je mehr er sie verdiente – o Entsetzen!
Muß meine Seele denn so innig allem feind
Was Mißgunst ähnlich sieht, beneiden – meinen Freund –
Verachten was ihn ehrt, oh hassen was ihn adelt
Und jauchzend segnen, was man an ihm tadelt?
Unglücklicher! wo ist die Tugend hin,
Die dir das Leben reizend machte – ja ich bin
Voraus bestimmt zum Laster, mein Geschicke
Zwingt mich dazu – im letzten Augenblicke! –
Im Grabe noch, im Grabe Wüterich!
Colonna, falscher Freund! beneid' und haß' ich dich!
Noch übers Grab hinaus – mit kranker Seele
Kehr ich als Geist zu dir zurück, daß ich dich quäle,
Denn du hast mich um Leben, Lieb' und Macht
Um alles – um die Tugend selbst gebracht.

Verdammt hast du mich. Menschheitsloser Richter!
Warum traf deine Wut den reizbarn Dichter?
Warum nicht einen Wucherer, einen kalten Mann,
Wie du, den der Verlust nicht schmerzen kann?«

So quälte sich der Arme, und so bald er fassen
Sich konnte, mußt' er dann sich selber hassen.
Des Himmels Innerstes bewegte dieser Krieg,
Und als er nun betäubt herunter stieg
Vorm Schlosse selbst, vom unmitleidgen Wagen,
Der das zerschlagne Haupt noch mehr zerschlagen,
Und Lauren mit Geschrei vom Ritter sich
Losreißen sah und auf ihn zu – – da wich
Der Boden unter ihm, und beide sanken nieder
Mit einem leisen: Gott seh ich sie wieder?
Da lag das Opfer nun – und Laurens Blick
Schlug feucht bis an die Wolken. – Hättest du dein Glück
Noch eh du starbst gesehn, Petrarca, was die Scharen
Der Geister um dich her zu sehn geschäftig waren,
Die Träne, die die schwarze Glut umzog,
Die aus dem schönsten Aug' erzürnt gen Himmel flog,
Ihn anzuklagen – die für Reue zittern
Ihn machte – laut in klagenden Gewittern
Bezeugt' er seinen Anteil, blitzend Weh
Erschreckte weit die Erde und ein ganzer See
Wälzt' ihm sich nach und schien das Mißgeschick der Seinen
Unaufhaltbar, untröstlich zu beweinen. –

Ein Fragment

Anhang

eines Versuchs über die neunte Canzonetta Petrarchs in dem ersten Teil seiner gesammleten Gedichte. In reimfreien Versen.

Ich wünschte diese Probe machte mir Nacheiferer, die ganze Liedersammlung dieses für die moralischen Bedürfnisse mehr als klassischen Dichters so getreu als möglich zu übersetzen. Es müßte aber auch das ganze Abgebrochene, Stoßweise Seufzende, Notgedrungene, wahrhaftig Leidenschaftliche des Originals in die Übersetzung hinübergetragen werden können.

I.

Herrliche Donna mein! ich sehe
In eurer Augen Bewegung süßen Lichtschein,
Der mir geradeswegs zum Himmel leuchtet,
Weil durch die lange Gewohnheit
In diesen Sonnenstrahlen der Liebe
Eure Seele sich sichtbar weist.
Dies ist das Auge, das mich zum Guten verführet
Und meinem rühmlichen Zweck entgegen geiselt.
Keine menschliche Zunge beschreibt es
Was diese Lichter des Himmels fühlen mich machen
Wenn der Winter Flocken ausstreut
Oder wenn das Jahr sich verjüngt
Die heilige Zeit meiner ersten Wunde.

Oft denk ich wenn droben
Von da der ewige Beweger der Sterne
Von seiner Kunst dies uns zu zeigen gewürdigt,
Wenn droben der Meisterstück' mehr sind
Warum nicht den Kerker eröffnen, der mich einschließt,
Und Weg mir machen hinauf zum ewigen Leben?
Geht dann der innere Streit mit mir an
Und ich segne die Natur und den Tag, und die Stunde,
Die zu so hohem Glück mich aufgespart hat,
Wo sie dies Herz mit der Hoffnung empor hub
Das sonst unbehelfsam, mir selbst beschwerlich war.
Nur von dem Tag' an gefiel ich mir selber
Füllt ein großer schöner Gedanke meine Seele
Zu der ihr Auge den Schlüssel hat

Niemals beschied Liebe oder Glück
Zwei Freunden solche Wonne, die ich nicht hingäb gegen eine

Bewegung ihrer Augen, von denen meine Ruhe
Wie ein Baum, aus der Wurzel kommt.
Heilige selige glückliche Funken,
Die ihr mein Leben entzündt und alle mein Vergnügen,
Die ihr entzückend mich auflöst und langsam tötet:
Wie jedes andere Licht verbleicht, wo ihr blitzet,
So weicht aus meinem Herzen,
Wenn diese Süßigkeit sich drein herabströmt,
Jeder andere notwendige Gedanke,
Und ihr allein bleibt darin mit der Liebe
u. s. f.

II.

Was fang ich an? was rätst du Liebe mir?
Zu sterben wär es Zeit. Was zaudr' ich hier?
Madonna tot, mein Herz hinweg genommen,
Und muß ich Mörder sein, zu ihr zu kommen?
Ja, ja, ich muß, weil ich sie nie
Mehr hoffen kann zu sehn, ach! ohne sie
Was ist das Leben? Tötendlangsam Sehnen
Nach der Erlösung, was die Freude? – Tränen.

Du weißt es Liebe, kennest das Gewicht
Der grauenvollen Schmerzen alle.
Gescheitert unser Schiff, dahin das Licht,
Das uns geleitet. Diesem Trauerfalle
Vergleicht sich nichts. O Erde! wie entstellt,
Ach wie verwaiset, undankbare Welt!
Dein Reiz ist hin, elende Welt voll Toren,
Ach, wüßtest du was du an ihr verloren.
Du traurtest ewig. Nur durch sie noch schön:
Und sahsts nicht ein, du warsts nicht wert zu sehn,
Nicht wert, daß ihre Füße dich berührten,
Die heilgen Füße, die gen Himmel führten.
Der Himmel neidisch auf dein Glück
Nahm sein geliehnes Pfand zurück.
Und ich Verlaßner! der ich ohne

Sie weder Welt noch mich ertragen kann,
Ich sitze hier und weine. Rufe
Vergeblich sie zurück. Trost, daß ich weinen kann.
Weh mir! ihr Antlitz Erde! ihre Mienen,
Auf denen Hoffnungen des Himmels schienen
Die uns allein ihn glauben machten. Nein,
Die göttliche Gestalt kann nicht verweset sein.
Den Schleier hat sie abgelegt, der ihre Blüte
Hier eingeschattet, ganz voll Lieb und Güte
Schwebt sie im Paradiese – oder hier
O göttlich süßer Schaur! – unsichtbar neben mir – u. s. f.

[LENZ AN L.

bei d. Lesung d. Physiognk.]

Dank Lavater Freude und Dank
Meine Erwartungen übertroffen
Welch eine Gottes Aussicht offen!
O das Herz, das nicht versank
Bei dem Hohnlachen, Dräuen Schmähn
Wie wirds nun getröstet sich sehn
Ganze Geschlechter Völker Alter
Mischen dich schon in ihre Psalter
Oder knirschen dem Gericht
Dem rächenden unwillkommnen Licht.
Dank Lavater Freude und Dank
Tränen schwärmen in meinen Gesang
Denn ich sehe vom Ost zum Belt
Schon die neue selige Welt!

[AN DIE SONNE]

Seele der Welt unermüdete Sonne
Mutter der Liebe, der Freuden, des Weins
Ach ohne dich erstarret die Erde
Und die Geschöpfe in Traurigkeit.
Und wie kann ich von deinem Einfluß
Hier allein beseelt und beseligt
Ach wie kann ich den Rücken dir wenden.

Wärme Milde! mein Vaterland
Mit deinem süßesten Strahl, nur laß mich
Ach ich flehe, hier dir näher,
Nah wie ein Adler dir bleiben

URANIA

Du kennst mich nicht
Wirst nie mich kennen
Wirst nie mich nennen
Mit Flammen im Gesicht.

Ich kenne dich
Und kann dich missen –
Ach mein Gewissen
Was peinigest du mich?

Dich missen? Nein
Für mich geboren –
Für mich verloren?
Bei Gott es kann nicht sein.

Sei hoch dein Freund
Und groß und teuer –
Doch, ist er treuer
Als dieser der hier weint?

Und dir mißfällt – –
O Nachtgedanken!!
Kenn ihn, den Kranken
Sein Herz ist eine Welt.

DER VERLORNE AUGENBLICK
DIE VERLORNE SELIGKEIT

Eine Predigt über den Text: Die Mahlzeit war bereitet, aber die Gäste waren ihrer nicht wert

A.

Von nun an die Sonne in Trauer
Von nun an finster der Tag
Des Himmels Tore verschlossen
Wer tut sie wieder zu öffnen
Wer tut mir den göttlichen Schlag
Hier ausgesperret verloren
Sitzt der Verworfne und weint
Und kennt im Himmel, auf Erden
Gehässiger nichts als sich selber
Und ist im Himmel, auf Erden
Sein unversöhnlichster Feind.

Aufgingen die Tore
Ich sah die Erscheinung
Wie fremd ward mir
Ich sah sie die Tochter des Himmels
Gekleidet in weißes Gewölke
In Rosen eingeschattet
Düftete sie hinüber zu mir
In Liebe hingesunken
Mit schröcklichen Reizen geschmückt
O hätt' ich so sie trunken
An meine Brust gedrückt
Mein Herz lag ihr zu Füßen
Mein Mund schwebt' über sie
Ach diese Lippen zu küssen
Und dann mit ewiger Müh'
Den süßen Frevel zu büßen!

In dem einzigen Augenblick
Große Götter was hielt mich zurück
Was preßte mich nieder
Wieder wieder
Kommt er nicht mehr der Augenblick
Und der Tod mein einziges Glück.

O daß er kehrte
O daß er käme
Mit aller seiner Bangigkeit
Mit aller seiner Seligkeit
Drohte der Himmel
Die Kühnheit zu rächen
Und schiene die Erde
Mit mir zu brechen
Heilige! Einzige
Ach an dies Herz
Dies trostlose Herz
Preß ich dich Himmel
Und springe mit Freuden
In endlosen Schmerz.

B.

Von nun an die Sonne in Trauer
Von nun an finster der Tag
Des Himmels Tore verschlossen
Wer ist der wiedereröffnen
Mir wieder entschließen sie mag.
Hier ausgesperret verloren
Sitzt der Verworfne und weint
Und kennt in seliger Schöpfung
Gehässig nichts als sich selber
Ach außer sich selbst keinen Feind.

Aufgingen die Tore.
Ich sah die Erscheinung

Und war's kein Traum.
Und war's so fremd mir
Die Tochter die Freude
Der Segen des Himmels
Im weißen Gewölken
Mit Rosen umschattet
Düftend hinüber zu mir
In Liebe hingesunken
Wie schröcklich in Reizen geschmückt
Schon hatt' ich so selig so trunken
Fest an mein Herz sie gedrückt
Ich lag im Geist ihr zu Füßen
Mein Mund schwebt' über ihr
Ach diese Lippen zu küssen
Und dann mit ewiger Müh'
Den süßen Frevel zu büßen –

In dem einzigen Augenblick
Große Götter was hielt mich zurück
Kommt er nicht wieder?
Er kehrt nicht wieder
Ach er ist hin der Augenblick
Und der Tod mein einziges Glück

Daß er käme
Mit bebender Seele
Wollt' ich ihn fassen
Wollte mit Angst ihn
Und mit Entzücken
Halten ihn halten
Und ihn nicht lassen
Und drohte die Erde mir
Unter mir zu brechen
Und drohte der Himmel mir
Die Kühnheit zu rächen
Ich hielte ich faßte dich
Heilige Einzige

Mit all deiner Wonne
Mit all deinem Schmerz
Preßt' an den Busen dich
Sättigte einmal mich
Wähnte du wärst für mich
Und in dem Wonnerausch
In den Entzückungen
Bräche mein Herz.

MATZ HÖCKER

Schulmeister in B... im St...l

An die Damen,
An die Kunstrichter,
Und ans ganze menschliche Geschlecht

Eine Chrie, von dem Verfasser selbst, unter beständigen Gestikulationen der linken Hand, in einer zahlreichen Gesellschaft verlesen.*

Ein Schulmeister bin, Matz Höcker genannt,
Bin fleißig gewesen, ist Gott bekannt,
Drum darf, Gottlob! mich jetzund nicht entblöden,
Mit meiner gnädigen Herrschaft zu reden.

Herr K... hat solches angestellt,
Zu Nutz und Frommen der teutschen Welt,
Und weil mei'm Nebenmenschen allzeit gern diene,
Warum nit auch hierin, Herr K... Ihne?

Also denn, gnädige Frauen verzeihn,
(Die Herren schließe hier mit ein,
Wie es die Mode tut mit sich führen,)
Wenn mich verfehle im Deklinieren,
Und anbei noch was schüchtern tu,
Wegen meiner zerrißnen Schuh,
Und nit viel Kapriolen darf schneiden,
Weil meine Finanzen es nit wohl leiden,
Wie der Philosophus Socrates tat,
Als er getanzt beim Kallias hat.

---

* So eben erhalten wir die Nachricht, daß dieser redliche, einfache, und wegen seiner geraden Art zu denken und außerordentlichen Lebhaftigkeit im Umgange überall hochgeschätzte und beliebte Mann, die sonderbare ihm aber ganz ähnliche Idee gefaßt, seinen kleinen Schuldienst zu verlassen, und nach Philadelphia als Prediger zu gehen.

Ich weiß zwar wohl viele Junggesellen,
Die heut zu Tag sich als Schulmeister stellen,
Weil's meinen, in dem schwarzen Habit
Kein Menschenkind ihre Pferdsfüß sieht.
Und dürften sagen unbescholten,
Vom Lehr-Nehr-Wehrstand was sie wollten.*
'Ενπαροδω so denk ich nicht,
Kommt alles doch zuletzt ans Licht,
Und werden am End doch müssen büßen,
Alle die Herren mit den Pferdefüßen.

Bin auch in s' manchen Städten gewesen,
Hab alt und junge Bücher gelesen,
Hab alles g'sehen und alles gehört,
Bin jezo verständig und gelehrt.
Will also gnädigen Frauen es wagen,
Meine Betrachtungen vorzutragen,
Mit treuem Herzen und frohem Mut,
Daß es der Welt nützen tut.

D' Bücher nu 'nd die Gesellschaften heuer,
Sind oder gar schlecht oder gar teuer,
Bin hie und da doch rumgekommen,
Habs aller Orten so vernommen,
Der Nachdruck und die Buhlerei'n,
Sagt man, sie sollen Schuld dran sein;
Und weilen die Bücher doch 's Oel sollen geben,
Zur Gesellschaft und bürgerlichem Leben,
Meint ich, die hohe Obrigkeit
Steurte der Landplag zu rechter Zeit,
Sonst die Gelehrten, die recht studieren,
Alle müssen Hungers krepieren.

Hab auch Bücher ohn' Ende gesehn,
Alle gedruckt und gestochen schön,

---

* Siehe die Schrift: Die Schleuder eines Hirten-Knaben. Von H. D. J. Höcker

Süßer Wörter und Strich' die Menge,
Brachten mir allen Verstand ins Gedränge,
Daß ich am Ende, wie 'ne W–laus
Gar nit wüßte ein oder aus.
Habe des Specks so viel gefressen,
Verlor allen App'tit zum Essen,
Dankte Gott und meinem Bart,
Daß ich im Dorf Schulmeister ward.
Hab auch an ei'm gewissen Ort konditschoniert,*
'n fürnehmen Häusern konversiert,
Fund die Konversationen doch
Schlimmer als die Bücher noch.
All im dämmernden Wirrwarr schweben,
Und im Zweifel über Tod und Leben;
Trauten unserm Herrngott gar
Nicht mehr zu ein einig gut Haar.
Ließen in einer halben Sekunde
Vierzigtausend Widersprüch' aus ihrem Munde,
Hatten weder Freund noch Feind,
Weil's nimmer wissen, woran sie seind.
Schauten an ihre Nebenchristen,
Wie die Akturen die Statisten,
Denkt keiner an den andern nicht,
Denkt nur immer an das, was er spricht,
Sucht den andern durch Lächeln und Lügen
Wieder um Lügen und Lächeln zu betrügen.
Meint jeder, er sei der Mann allein,
Des andern Hirn sei von Holz oder Stein,
Und seine Faulheit mehr Nutzen brächte,
Als des andern sein schlaflose Nächte.

Nun denk ich wohl oft, wie wohl ist mir,
Doch jetzt in meinem Dorf dafür.

---

* In Paris, einer Stadt, die nun freilich mit den Gesinnungen und ganzen Gedenkart unsers treuherzigen Schulmeisters einen grausamen Kontrast machen mußte.

Kämen nur nit manch faule Mähren
Mir meine Bäuerlein auch 'fzuklären,
Und einzublattern ihren Wind,
Daß gleich mit allem fertig sind,
Und Gott und Menschen lernen verachten,
Drüber mit Leib und Seele verschmachten.
Ach, gnädige Herren, groß und klein,
Bitte, wöllet uns lassen allein,
Uns verspotten nach Herzens Begehren,
Nur unsre Leutlein nit spötteln lehren.
Raumt aus bei euch so viel ihr wollt,
All euern Mist und all euer Gold.
Treu, Redlichkeit und Aberglauben,
Wollen euch gern die Vernunft erlauben,
Euch respektieren hoch und sehr,
Gnädige Herren, was wollt ihr mehr?

Dürft ich euch aber, um vergnügter zu leben,
In aller Untertänigkeit einen Rat doch geben,
Bindt euch mit mehr Menschen an,
Jeder vom andern lernen kann.
Gott allein die Bekehrung g'höret,
Ein Mensch den andern zum Teufel bekehret.
Gott woll' mir verzeihen die Sünd,
Konnte kein ander Wort finden geschwind.
Hätt' ich viel Geld zusammen geschrieben,
Ging ich aufs Dorf, ein Maidel zu lieben,
Weil man eure grünen Augen in der Stadt,
Und Walnußgesichter doch nicht gern hat.
Und wär ich ein altes Maidel geblieben,
Ging ich aufs Dorf, einen Schulbuben lieben,
Kauft ihm Kleider und Näscherei'n,
Würde gewiß erkanntlich sein.
Ließe die Gecken darüber lachen,
Die sonst nix G'scheiders wissen zu machen,
Und sich kultivieren krumm und blind,
Bis sie selbst zum Gelächter sind.

Hier die Romanen, und all Gottesgaben
Ihren wahren Grund doch haben;
Und ihr rezensiert doch stets wie'n Huhn,
Wenn selbst nit wöllet erfahren tun.
Hier d' Metaphysik und die Dogmatik,
Und die Moral, die Ästhetik und Statik,
Aller Theorie Betrug
Finden muß aufzubeißen genug.
Hier würd' euch der Kützel vergehen,
Daß ihr beständig was Neues wollt sehen,
Immer wie Wickelkindelein
Überrumpelt und eingelüllt sein,
Immer an Licht und Schimmer euch weiden,
Gar keinen Schatten dazwischen mehr leiden,
Allzeit leben im süßen Traum,
Keinem Gefühl lassen Zeit und Raum.
Ach, so machtens nit unsre Vorfahren,
Die schwer zu kützeln und glücklicher waren,
Aber auch nicht im höchsten Glück
Nahmen ihr butterweich Herze zurück.
Ließen alles seine Zeit dauren,
Wußten zu lachen, und wußten zu trauren,
Liebten ewig, haßten schwer,
Hatten das Herz nie dürftig und leer.

Hier findt ihr auch noch Wörter regieren,
Die ihr längst tätet verbannisieren,
Und euern Umgang gemacht so arm,
Wie eine Dorfgeig' mit einem Darm.
Hier nimmt der Leib und seine Glieder
Sein' alten freiherrlichen Rechte wieder.
Hier ist unserer Dirnen Brust
Noch der Augen und Ohren Lust.
Hier steht man ohne Respekt auf den Füßen,
Darf Nahrung und Kleid nit verbrämen, versüßen,
Rücket den Strohhut über das Ohr,
Als ein Biedermann herzhaft hervor,

Denkt nit an die verwandten Ideen,
Darf dem Schelm auf d' Perücke sehen.
Hier ists nit wie in euern Gassen,
Wo nichts wird getan, noch gelassen,
Ohne daß gleich Rezensenten schön
Rund umher auffangende stehn.
Wers nit versteht, nit nach mag grübeln,
Schweigt lieber still, wird ihm niemand verübeln,
Weg zur Kunst ist verborgen und tief,
Besser redt spat, als urteilt schief.

Bei euch wird die Liebe so geistlich getrieben,
Plato selbst wird konfus bei eu'erm Lieben,
Ihr pfeift stets feiner und höher hinaus,
Und pfeift sie am Ende zum Schornstein 'raus.
Ist das ein ewiges Reimen und Singen,
Ein ewiges lächerliches Feilschen und Dingen,
Jeder des andern im Herzen lacht,
Wenn er ihn treuherzig gemacht.
Die Herrn wollen nur ihren Stil exerzieren,
Die Dames wollen für schön passieren,
Und käm' man bis auf den Herzens-Grund,
Sie liebten sich beide wie Katz und Hund.
Gott schütz und bewahr vor der Art zu lieben,
Solchen Roman hat der Böse geschrieben,
Der kalte Wohlstand drüber heckt,
Wie'n Schorsteinfeger mit Ruß bedeckt,
Den er weiß sorgsam abzuschaben,
Und überlässet das Feuer den Knaben.
Bei uns ein Handdruck, ein Stoß mit'm Knie
Ist unsre ganze Poesie.
Dafür ist uns auch das Leben nit teuer,
Und springen für 'nander durchs Feuer.
Wir fragen nit erst warum, wozu,
Du Bub, du Maidel, liebest du?
Das heißt in Engel des Lichts sich stellen,
Das nennet sich Lieb, und führet zur Höllen.

Die Absicht reiner Lieb ist klar,
Daß da nur Lieb', nit Absicht war.

Wenn also den Herren Magnaten,
Ich darf in Untertänigkeit helfen und raten,
Schlagt euer galantes Wörterbuch zu,
Wer liebt, der schwätze nit viel, der tu.
Erlaubt euch dafür, mit dreisteren Wörtern,
Natürlich unschuldige Ding zu erörtern,
Und schreiet nit gleich, wie die Venus schrie,
Als der General Diomed blessierte sie.
Wenn manchmal Wörter voll Feuer und Leben
Sich mitten unter euch wie Raketen begeben,
Und brennen auf die Leidenschaften los;
Der Pulvergestank ist drum nit so groß.
Die Damen selbst sich zu allem gewöhnen,
Und dürfen alsdenn so viel doch nit gähnen,
Denn heurig' Poeten fliegen doch nicht,
(Die Luft ist so dünn,) oder kriegen die Gicht,
So lang sich die Kränz'gens die Sprache so lähmen,
Ihr all ihre Wörter und Schulkraft nehmen.
Nehmt einem Maler die Farben weg,
Und laßt ihn was malen aus Wasser und Dreck.
Hätten die alten Nationen
Sich so lassen die Öhrlein schonen!
Kaiser Alexanders Kopfküssen Homer
Sein Sprach ging gewiß durch kein Nadelöhr.

Überhaupt wollet ihr immer nur scherzen,
Was von Herzen kömmt, das gehet zu Herzen.
Nun aber treibt ihr des nur Scherz,
Denkt weder Poet noch Leser ans Herz.
Poet will nur was in Beutel schreiben,
Leser will nur seine Zeit vertreiben.
Seid gleich gut Freund mit jedermann,
Seid gleich aus 'nander, seht euch nit mehr an.
Soll der Poet denn sich winden und richten,

Nach euern schalen Alltagsgeschichten?
Das übrig', und mögt' die Welt untergahn,
Hat gar nichts zu sagen, geht euch nit an,
Drum kann's nit fehlen, Kopfweh und Schlummer
Ist eure einzige Freud, euer einziger Kummer.

Nun aber, gnädige Frauen, nun
Will wieder zu ihnen mich wenden tun;
Hat mir jener Ort am Herzen gelegen,
Um dort den Saurteig auszufegen.
Wollen verzeihen die Paranthesis,
Welche so groß war, wie Herr ** seine gewiß.
Haben auch Sie in Flecken und Städten
Gar viel Schulmeister und Poeten.
Welche alle, jung und alt,
Ich in hohen Ehren halt.
Hab' auch im Homerus gelesen,
Daß ein gewisser Bettler gewesen,*
Welcher nach vieler Gefährlichkeit
Unter Freund und Feinden, in Lumpen gekleidt,
Durch den Ozeanus ist geschwommen,
Und ist zu seiner Frau Liebste gekommen,
Hat da eine Menge Buhler g'sehn,
Täten all seinem Weibe schön,
Auf sein' Rechnung pokulierten,
Und ein' Studentenhaushaltung führten,
Dacht der arme Mann bei sich,
Blieb' ihr Herz nur g'treu für mich,
Könnt ihnen meinthalb meine Reben
Roh und gekeltert zu saufen geben,
Liegt an Haus und Meubeln mir nichts.
Und wie er dachte, sieh so geschichts.
Immer und immer dem armen Weibe

---

* Es scheint, er habe hier den Verfasser der Kreuzzüge, eines Philologen sein Lieblingsbuch, im Sinne gehabt, und andere um Deutschland verdiente Schriftsteller.

Der Herausgeber

Trauerte das Herz im Leibe;
Sah ihr Gesicht gleich aus so froh,
Wie ein Berlinisches Allegro.

MENALK UND MOPSUS

Eine Ekloge nach der fünften Ekloge Virgils

> Πολλοὶ γὰρ δὴ τλῆμεν ὀλύμπια δώματ' ἔχοντες
> Ἐξ ἀνδρῶν χαλέπ' ἄλγε' ἐπ' ἀλλήλοισι τιθέντες.
> HOMER

Ein Maler ohne Falsch Menalk genannt,
Der Grenze seiner Kunst auf Dosen fand,
Vorzüglich gern geheime Deckel malte,
Die hier ein Priester, dort ein Weib bezahlte,
Sein Lieblingsstück, der Fall vom ersten Paar,
Nahm ihm die Augen. Heva nackend war
Ihm was Pygmalion Elise. Wie vollendet
Der Busen! alle Kunst war an der Scham verschwendet.
Welch göttliches Genie verriet die Katze nicht,
Die bei ihr lag als Merkmal! Was geschicht?
Mit dem Verbessern an der Scham, dem Feilen,
(Wie's allen geht, die sich dabei verweilen)
Kam er um Aug' – und Ohren hätt' ich bald
Gesagt – kurz er ward blind und alt.
Gerächt war Adam; denn schon damals hatten
Der Albertiner all in ihm den Sitz.* Im Schatten
Zerstörter Trieb' und Kräfte saß Menalk
Wie Milton itzt – allein ein ärgrer Schalk.
Mit Reimlein sucht' er nun das zu erreichen,
Was seinem Pinsel unerreichbar blieb. Das Zeichen
Von einer großen Seele, die durch nichts
Aus ihrem Gleis gerückt, des Tageslichts
Mit Freudigkeit entbehrt, kann sie von Idealen
Die Genitalien nur malen.
Sein Nebenbuhler Mopsus hatte nie

---

* So pflegte Herr Goethe scherzweise alle kalte und doch dabei eifersüchtige Ehemänner zu nennen. Und nach der Orthodoxie steckte in Adam das ganze menschliche Geschlecht.

MENALK UND MOPSUS   153

Erfahren in dem Stück als mit der Phantasie.
Doch hatt' er von den frühsten Knabenjahren
Gelesen und studiert, was andere erfahren.
Vom Naso zur Pücelle alles exzerpiert
Was nur verboten hieß, dann schön filtriert
Zum Ofen denn lauwarm hineingeschoben
Gibt einen Crem den Alt' und Junge loben.
Von allen Orten her verschrieb man sich
Aus seiner Küche: Herrn und Grafen schlich
Das Ding so süß vom Mund in die Culotte,
Sie machten ihn zum Koch, das Volk zum Gotte.
Zu diesem hatt' in einer Sommernacht
Der lustige Menalk im Traum sich aufgemacht
Gelockt durch seinen Ruhm. Nun Leser stehe,
Daß dein geweihtes Aug' den Aufzug sehe.
Agrippa sagt,* es geb' ein Medium,
Wodurch die Geister sich im Traum mitteilen: Krumm
Von Mutterleib, die Hände vorwärts hangen;
Kurz, Rousseaus Quadrupes mit glatten Wangen.
Doch nicht so glatt, ein käsefarbner Bart
Hielt die Trenscheen drauf sehr wohl verwahrt.
Sein Schlafrock zugeschnallt, sein Bund gleich dem von Mosen
Und unaufhörlich zog er sich die Hosen.
Derweil lag Mopsus da, wie der Kanonikus,
Den Despréaux beschreibt, den ich zitieren muß.**
Der seidne Vorhang rauscht, er sieht Menalken stehen,
Glaubt fest den Anti-Seladon zu sehen
Und bebt. Sei ohne Furcht, ich bin dein Freund,
Umarmet ihn Menalk, der fast für Freude weint.
Ich bin von deinem Handwerk; laß uns eilen
In jene Grotte, wo Dryaden heulen,
Und singen Wettgesang von Amors Macht.

---

* *De philosophia occulta.*
** Im Lütrin. Dieses unschätzbare Gedicht verdient von all unsern Lesern und Leserinnen gelesen zu werden. Wir empfehlen es dahero jedermann.

Der Mond scheint hell und dunkel ist die Nacht.
Uns ruft die Nachtigall.
                              Abt Mopsus eilte,
Weil ihm das Medium den Stoß erteilte,
Unwillig in die Grotte, wo sein Gegenmann
Voll Selbstgefühls, trotz ihm, begann.

MENALK:
Ich sing' den Wald, die Jagd, die Schmelz' und Schmiede.*
Komm, Muse! leite mich, und werde nur nicht müde.

Hier hielt sich Mopsus schon die Ohren zu,
Und gähnte noch einmal um die gestörte Ruh'.
Ist das ein Anruf? sprach er.

                              Wenn's belieben,
Versetzt Menalk, der Anruf kommt erst drüben.
Dryaden, Faunen, Pan! steht meiner Schwachheit bei,
Und helfet, daß mein Lied vom Wald vernehmlich sei.

Verdammte Rauhigkeit, sprach Mopsus gähnend:
Zur Probe hört einmal (sich lange dehnend,
Derweil Menalk, die Ohren aufgespitzt,
Wie eine Katz' im Donnerwetter sitzt):

Ihr Grazien! wenn mein Dienst euch je gefällig war,**
So laßt bei diesem Gesang mich euren Einfluß empfinden;

---

* Siehe Gallimatisches Allerley, oder Stadt- Land- und Waldgedicht, bei Macklot in Carlsruh herausgekommen 1774. Wir können in der Tat unsern Lesern dieses Gedicht um so viel eher empfehlen, da der Verfasser gewiß mit einer in unserm Jahrhundert seltenen Bescheidenheit sich unter keinem andern Titel dem Publikum aufzudringen sucht, als den ihm jedermann zugestehen muß. Mit ein wenig mehr Geschmack würde er sein Buch ›Goldenen Gallimathias‹ genannt haben.
** Siehe den neuen Amadis, das in seiner Art einzige Buch unsers Jahrhunderts, aus welchem diese Stelle wohl scheint mehr als nachgeahmt zu sein; wohin wir denn unsre Leser verweisen.

Wie könnt' ich sonder euch der Gefahr,
Die uns bevorsteht, mich und meinen Helden entwinden.
Die Wahrheit, so schön die Weisen sie unbekleidet finden,
Wird allzuoft dadurch den Schwachen ärgerlich.
Erlaubt ihr, *Sokratische Grazien!* sich
Vor cynischen Faunen und kritischen Zwergen
In euren Schleier zu verbergen,
Und ist noch Raum – so deckt auch mich.

MENALK:
Das ist ja schön. Hum! das ist besser drum
Beinah als meines.
MOPSUS:
          Ein Palladium,
Mich gegen die Kritik zu decken.
MENALK:
Drauf hab' ich auch gedacht, die Kritiker zu schröcken.
Was mir zu Handen kommt, bring' ich in mein Gedicht,*
Und darum kehr' ich mich an keine Regel nicht:
Könnt' ich das Wahre gleich vom Falschen unterscheiden,
Tät' ich doch solches nicht –
MOPSUS:
                Halt ein, beim Jupiter!
Was ist das für Gewäsch?
MENALK:
              Hört nur den Anruf, Herr!
's ist an den Liebesgott:
         »Begeistre meine Sinnen,
Entzünde meinen Trieb und laß mir nichts entrinnen!«
MOPSUS:
Was Teufel schwatzt Ihr da?
MENALK:·
             Ich sing' die Hochzeitsnacht
Von meinem Gönner – gebt nur acht!

---

* Siehe oben.

Auf ein Vermählungsfest soll ich ein Loblied singen;*
Jedoch bin ich im Stand, es würdig zu vollbringen?
Wie fang' ich solches an? Stoff hab' ich zwar genug;
Allein, die Kunst fehlt mir. Ich bin mir selbst nicht klug:
Drum helfet mir dazu, ihr kleinen Liebesgötter!**
Auch Hymen höre mich! sei heute mein Erretter;
Begeistre meinen Sinn; flöß Feuer in mein Blut;
Entzünde meinen Trieb –

MOPSUS:

                Halt ein – es ist schon gut.
Hört, wenn ihr hören wollt, wie man von solchen Sachen
Sokratisch reden muß – und lieber Noten machen,
Wenn man uns nicht versteht.

                        Menalk hört ehrfurchtsvoll.

MOPSUS *nachdem er sich geräuspert:*
Und endlich kommt die Nacht herangeschlichen,***
In der das große Werk vollendet werden soll
Schon steht mit fliegendem Haar um ihren weißen Nacken
Die Tochter Bambos hoffnungsvoll
Im magischen Kreise, schon blasen aus vollen Backen
Die Sonnengeister in die Glut,****
Hier mach' ich eine Note

MENALK:

                Das ist besser drum
Beinah als meins.
MOPSUS:
                So steht doch nicht so krumm,

---

* Siehe die zweite Auflage des Gallimatischen Allerley im siebenten oder neunten Gesange, die gegenwärtig unter der Presse ist.
** Hier können wir nicht umhin, die Leser auf den Anfang des Tristram Shandy und seine Theorie von den *homunculis* zu verweisen, welches Buch wir auch bestens empfehlen.
*** Siehe oben.
**** Siehe die vorhergehende Note.

Menalk und Mopsus

Ihr macht mich fast mein Lied vergessen
Für Lachen, hört doch grad:
                      Das Fräulein mag indessen
Im Schutz der Solarischen Geister und ihrer Unschuld
    stehen
Wir werden zu rechter Zeit schon wieder nach ihr sehen.
MENALK:
Was sind mit Verlaub das für Geister?
MOPSUS:
                          Hört den Zusammenhang –
Kaum trat der Neger in den grünen Gang,
Der an die Terrasse führte, wo Amadis kürzlich gestanden,
So sah er die fremde Dame und unsern Helden, so lang
Sie waren, ihn auf die Nase, sie rückwärts niedersinken
Etcetera
MENALK:
        He, he, was machten sie denn da?
MOPSUS:
Dies alles, zu rechnen vom Fall der keuschen Schatouillöse,
Der unsers Helden Fall nicht ohne mancherlei böse
Vermutungen nach sich zog, begab aufs längste sich
In zwanzig Sekunden
MENALK:
                So? daurt das so lang?
MOPSUS:
Ich weiß nicht. Hört doch nur auf den Zusammenhang
– – Doch plötzlich aufzustehen,
Läßt nach der Sache Gestalt der Wohlstand nicht geschehen
Und unter uns es war nicht falsche Scham,
Er hatte von zwanzig Sekunden zum mindsten sechzehn
    vonnöten
Dem kleinen Zufall, worin der Neger ihn betreten,
Abhelfliche Maß zu geben.
MENALK:
               He he he, ha ha ha!
Das heißt sokratisch scherzen. Nun das ist beinah
Doch besser drum als meins. Fast meine Ode

Vom Tode gäb' ich drum.* Welch eine Periode!
Wie man voll Ungeduld sich drin verirrt,
Und doch am Ende nichts gereichet wird.
Wie wißt Ihr doch das Ding so zierlich zu verstecken,
Und witzig den Priap bald auf- bald zuzudecken.
MOPSUS:

Das ist nun mein Talent. Und schußfrei doch zu sein,
So kleid' ich all das in Moralen ein.**
Der Weiber Unbestand, das ist die güldne Lehre,
Die aus der Fabel fließt.
MENALK:

     Das macht euch Ehre;
Sankt Augustinus schon stellt so die Weiber vor,
Chrysostomus nennt sie des Teufels Tor,
Tertullian den Teufel selber.
MOPSUS:

     Freilich.
Doch unter uns: der Leichtsinn ist verzeihlich.
Ich säh' sie nicht gern anders. Ginge dann
Für unser einer nicht die lange Weile an? –
Doch die Moral ist das, was Schwefel bei den Weinen:
Verdirbt sie zwar, doch macht sie besser scheinen
Und blendt dem Volk die Augen.
MENALK:

     Grade das
Gedacht' ich einst, als ich bei Even saß.
Gefällt's manch einem nicht, die Nacktheit durchzugehen,
Dacht' ich, der kann derweil nach ihrer Katze sehen.
Nur Möpschen seid Ihr doch ein wenig zu versteckt.
MOPSUS:

Das ist das Heiligtum der Kunst. Nur das erweckt
Begierden in dem Bauch, die meine Leser brauchen,

---

* Siehe die neue Auflage vom G. A.
** Siehe des Herrn Schmidt, Professors der Moral, Entdeckungen über die komischen Erzählungen, in den kritischen Nachrichten vom deutschen Parnaß.

Soll all mein Witz für sie, wie Riechsalz, nicht verrauchen.
Da, da steckt das Geheimnis. Nur gewinkt –
Wie kützelt's ihren Stolz, Einbildungskraft, Instinkt,
Sich Sachen, die mein Pinsel nie kann malen,
Selbst zu erschaffen, mir dann zu bezahlen.
Ha ha ha ha.
MENALK:
     Ihr habt gut Lachen drum;
Doch meint nur nicht, ich sei auch gar zu dumm.
Mein Hochzeitlied ist drum nicht zu verwerfen;
Zwar braucht man nicht den Witz erst lang zu schärfen,
Es zu verstehn: doch ist's natürlicher.
Hört einmal zu!
MOPSUS:
     Macht bald, beim Jupiter!
MENALK *zieht sich die Hosen:*
Nun hört nur zu: Ich schenk' Euch auch die Hosen
Für Euer Lied. Sie sind von einem Virtuosen,
Mit dem ich um die Wett' ein Dosenstück gemalt,
Das mir ein Pfarr mit zwölf Car'lin bezahlt.
Es war ein Sündenfall.
MOPSUS:
     Ich schenk' euch diese Rute.
Sonst war den Kritikern vor ihr nicht wohl zu Mute.*
Bedient Euch deren nur; ich brauche sie nicht mehr,
Weil ich selbst einer bin.
MENALK *gibt ihm schalkhaft einen Schlag*:
     So setzet Euch zur Wehr.
He he he he. Nun hört! sonst – Ich bin eben
Daran, vorm Brautgemach den Vorhang aufzuheben.
Was jedes hier verspürt, malt ein Poet zu matt;**
Nur der begreift es recht, der es empfunden hat:
Denn es ist die Natur nicht immer leicht zu fassen.

---

* Siehe die Vorrede zum Diogenes von Sinope.
** Siehe die zweite Auflage des Gall. Allerley, die nächstens die Presse verlassen wird.

Was unbeschreiblich ist, kann sich nur fühlen lassen:
Drum laß ich mich nicht ein, wo mir Erfahrung fehlt.
Ich überlaß es dem, der sich so wohl vermählt,
mit Feuer
Der Hymens Zauberlust der ersten Nacht empfunden,
Der den verwahrten Schatz der Cypria gefunden,
In Paphos' dunklem Hain die Götterkost geschmeckt,
mit dem höchsten Pathos
Des Jasons güldnes Vließ bekämpfet und entdeckt;
Der in das Heiligtum Cytherens eingedrungen
Und mit dem Szepter sich auf ihren
      Thron geschwungen.

Hier schwieg er – weil die Sonn' ihr schönes Antlitz wies
Und über Bergen sie nach Hause gehen hieß.
Die Nachwelt wird sie spät in gleichen Ehren halten
Und über ihre Gruft noch Priaps Gottheit walten.
                                          X. Y. Z.

ÜBER DIE STELLE EINER VORREDE:

Sed vicit latini sermonis virtus,
ac dubitationem omnem sustulit honestatis ratio

Ein Mädchen, wie die Lilien
An jeder Anmut reich,
Las komische Erzählungen
Und Jean Astruc zugleich.

Fragt nicht ob sie Latein verstand?
Welch Mädchen das nicht weiß
Gibt unser schreibend Vaterland
Gewiß dem Tode preis.

Hier geht's, wie nach des Welschen Wahn
Der Schweden Polizei:
Wir schmieden unsre Steine an,
Die Hunde läßt man frei.

ÉLOGE DE FEU MONSIEUR * * ND

Écrivain très célèbre en poésie et en prose
Dédié au beau sexe de l'Allemagne

DAS GUTE MÄDCHEN:
Wie schwingt mein Herz für Freude sich?
Ihr Götter was ergreifet mich?
Ist dieser Mann mit plumpen Schwert,
Wär' dieser Wilde liebenswert?
Auf seinem Munde sitzt der Mut,
Aus seinem Auge blitzt die Wut,
Sein blondes ungekämmtes Haar
Sträubt sich entgegen der Gefahr,
Sein Blick ist Tod – doch häng' ich dran
Und fühl' es, daß er lieben kann.

DER WILDE:
Mit diesem Arm, der ihn zerschlug
Den leimern' Götzen, drückt' ich dich
(Ach Engel liebst du mich!)
An dieses Herzens Adlerflug.
Der nervenlose Kerl ist dein nicht wert
Drum tötet' ihn mein Schwert.

I

Der neue Amadis

Welch eine schöne Kunst, Zerstörungen zu malen
Und das, wie Herostrat, von Idealen!
Welch ein Triumph, dem Toten, welcher ringt
Ein edler Mensch zu sein, zu weisen – wie er stinkt
Wie er vom Berg an den er Steine wälzet
Herab kopfüber purzelt und zu Staub zerschmelzet.
Ein heldenhaft Bemühn! o Lorbeer wert
So lang ein Armer noch die Zahl vermehrt,

Zur Ewigkeit der Ewigkeit hinüber.
Wer sähe nicht die **nackte Wahrheit** lieber
Als tausend schöne Lügen, die der Geist
Allein geheckt und auch allein geneußt?
Die ihm so oft die Wirklichkeit geraubet,
Die nur erfreun, so lang er an sie glaubet,
Von denen er, wenn er befangen wird,
So oft hinab zur Sinnlichkeit verirrt,
Kurzum die nichts sind. Wollt ihr euch bekehren
Kommt nur zu mir ich will euch Wahrheit lehren,
Im sinnlichen Genuß ganz aufgelöst –
Da fühlt ihr sie, da seht ihr sie entblößt;
Das andre all ist nichts, ist Dunst, sind Träume
Und steht nur dazu da, daß es sich reime.
O Wahnwitz der die Dichterwelt regiert
Und manches schöne Kind durch sie verführt!
O Raserei! die ihr Gehirn verstimmet,
Daß oft ihr blitzend Aug' in süßen Träumen schwimmet,
Daß halbgeöffnet ihr entzückter Mund
Dem unsichtbaren Liebsten laut ihr Herz gestund,
Daß ihre Wangen glühn, die schönen Wangen
An denen Amors halb verzweifelt hangen
Und ihre Hände ringen, daß sie nun
In Tränen baden, nicht mehr närrisch tun.
O Schönen hört mir zu, laßt euch entfärben
Ihr seid betrogen, Liebe ist Verderben
Sie tötet eure Freuden, sie ist Dunst.
Willfahret jedem, gönnet eure Gunst
Dem ersten besten Haushahn auf zwei Beinen –
So seid ihr glücklich, braucht nicht mehr zu weinen,
Fühlt nimmer Herzweh, werdt des Lebens froh
Brennt unaufhörlich wie ein Bündel Stroh,
Bis ihr zerflattert, bis **der Wahrheit** müde
Ihr sanft entschlummert: dann verwest im Friede.

                                                W – nd.

II

Die Grazien

Wie? unsern Gürtel hat er aufgelöst
Wie? unsre süße Schüchternheit entblößt
Mit ungeweihten kühnen Bärenpfoten
Zerrissen unsre feinen Liebesknoten,
Womit oft Jahre lang die jüngferliche Hand
Ein unverrauchtes gutes Herz umwand?
Und das erhebt man? uns die wir erschrocken
Versteinert standen, unsre seidne Locken,
Den drin verwahrten Veilchenkranz zerzaust
Und wie mit Gassenmenschern 'rumgehaust
Ihr Götter Rache, Rache! ganz verachtet
Stehn wir anitzt, von jedem Gauch betrachtet
Gehöhnt, gestoßen, ausgelacht
Als wären wir für ihn gemacht.
Kein edler Mann darf ohne sich zu schämen
Jetzt mehr vor uns den Hut herunter nehmen
Kein Jüngling mehr, in dem noch Flammen wehn
Bleibt ohn' Erröten bei uns stehn.
Ach unsre Macht ist aus, wir sind entehret.
Ein jeder schale Kopf, verraucht, zerstöret,
Rühmt sich anjetzt mehr als vertraut, gemein
Initiiert in unserm Dienst zu sein.
O Rache Rache Götter! in der Larve
Der Weisheit stand er da wie Mendelssohn und Garve.
Voll Demut schlich er, mit mehr Ängstlichkeit,
Als ehmals Ritter sich Prinzessinnen geweiht
Er kniete, ach er schmeichelte,
Wir halfen ihm aus Mitleid in die Höh',
Wir lächelten ihm Mut ein – wie ein Tiger
Fiel er über uns her und spannte wie römische Sieger
Uns vor seinen Wagen und lachte und jubelte drob
Und ewiger Hohn ward uns sein Lob.
Komm mache dich auf Apoll, komm dein Gefolge zu rächen!

Sonst werden Furien selbst am Ende Hohn uns sprechen,
Und scheußliche Larven auf unserm Ruin
Olinden sich nennen und Bastarde ziehn.

III

Palinodie

Was schreibst du armer Persiflant, was lärmst du doch
Es gilt ja nichts, geh schweig und lerne noch!
Herunter mit dem Herzen! mitgeschworen
Zur bunten Fahn' der klassischen Autoren,
Geh lern gemeinen Sinn,* geh lern Geschmack,
Betäub dein reges Hirn mit Rauchtoback,
Die linke Hand beständig in den Hosen –
Nur so gelingt es dir, den Ohren liebzukosen.
Beim dritten Wort Schäsmin, beim vierten Grazien
Macht Herz und Augen zu Ergießungen,
Mit Noten ohne Zahl von Sylph und Faunen
Machst du die Journalisten staunen.
Ach sei ein großer Mann und lecke wer dich leckt,
Assoziiere dich, sonst wirst du nie geschmeckt.
Das deutsche Publikum weiß nimmer aufzuhören,
Rennt's einmal einen Weg, so ist's nicht umzukehren,
Wer's einmal an sich zog, der schwatz' und stelle sich
Meinthalben auf den Kopf, er zieht es ewiglich,
Sobald es ihm gefällt das Mäulchen krumm zu machen
So lacht's und lacht's ein unauslöschlich Lachen**
Und wenn er's wieder dann zusammen zieht,
Sind's alle Nioben die weinen in sein Lied.
Es steht ja nur bei dir dich mit ihm einzudrängen
Häng dich an ihn mein Sohn, sonst bleibst du hängen.
Wer grad vor sich aus beiden Augen sieht,

---

* *Sens commun.*
** Ein Ausdruck Homers.

Hat Schlangen um den Kopf, die jeder flieht,
Ein überspanntes Hirn nur darf sich trauen,
Die scheußliche Meduse anzuschauen,
Und wollte gar ein Kerl behaupten, sie sei schön*
So wär' er ein Genie, wie wir das Wort verstehn:
Ein Ungeheuer mit funkelnd hohlem Munde
Mit mehr als einem bösen Feind im Bunde,
Ein wilder Gems der immer Hopsa springt
Und Gaßner** selbst nicht mehr in Ordnung bringt.
Schneid immer hübsch die Federn, eh du schreibest,
Schlag die Exzerpten auf, putz dir die Nägel, bleibest
Du eine Stund' am Pult, so müßt' es schändlich sein,
Stieg' nicht mit Haus und Hof Apoll in dich hinein –
Mit Grazien und Amoretten. Deine Lieder
Wie werfen sie den Drachen Python nieder,
In dessen rauhem Ohr die holde Melodie
Unendlich sich verliert in tiefe Apathie.
Er frißt dich nicht, du hast ihn überwunden
Er spielt mit dir in Dauungsstunden.
    Nur eines noch. Seit kurzer Zeit
Treibt man das Ding mit mehr Verschlagenheit
Man nennt sein Tage nichts bei Namen
Man hustet, winkt, aus Achtung für die Damen,
Die uns denn schon, sind ihre Seelen schön,
Aufs Zehnteil eines Worts verstehn.
Das gibt denn ein Gelächel, ein Geflüster
Als wären's Herrenhuts-Geschwister,
Und ginge gleich mit Kreuzluftvögelein
Ins blaue Cabinet hinein.
Gottlob und Dank es sind der schönen Seelen
Soviele schon, daß uns die Sänger fehlen
Und wie den Sand am Meer schafft Frau Mama Natur
Die Abonnenten zum Merkur.

---

* Winkelmann will, die Alten hätten sogar ihre Medusenköpfe schön gebildet.
** Wundertäter zu Ellwangen.

Sing ihnen nach und lecke deine Reime
Wie Bären ihre Brut. An diesem Vogelleime
Klebt jegliches Insekt, vertieft mit Wollust sich
Und stirbt den süßen Tod und segnet dich
Noch schnappend, stammelnd, mit gebrochnen Augen
Und glaubt Ambrosia zu saugen.
    Welch ein Triumph! in deinem Bernstein findt
Die Nachwelt einst wie manches schöne Kind,
Das deiner Influenz sich willig überlassen,
Froh am Altar der Venus zu erblassen.

AUF EINE QUELLE

worin F.W. sich gewöhnlich baden soll

Heilige Quelle
Wie so schön helle!
Ach wärst du nicht so rein
Ich legte mich hinein
Zwar wär es Sünd' auf lebenslang.
Doch macht mir nicht die Hölle bang.
Hab ich sie doch im Busen hier
So lange W— fehlet mir.
Heilige Quelle
Wie so schön helle
Ach trocknetest du nicht für Glut
Als sie sich legt in deine Flut
Ach hast du nicht mit geistigem Verlangen
Den schönen Leib umfangen.
Warf nicht der Baum sein blühend Haar
All hin auf ihrer Augen Paar
Und deckte daß sie es verstund
Mit Liljen den Rubinenmund
Mit Lilien sie um und um
Und klagte so sein Leiden stumm
Heilige Quelle
Wie so schön helle
Du weißt es wohl, daß sie dich kennt
Dir gerne deine Freude gönnt
Ach aber ich – mich kennt sie nicht
Und gönnt mir nicht ihr Angesicht.

ICH will, ich will den nagenden Beschwerden
Ein Ende machen, will zur Quelle werden.
Tief unterm Herzen diese Qual
Ach Gott, verweint' ich sie einmal!
Vielleicht, vielleicht, versäh' sie sich,
O selger Quell! und nähme mich für dich!

WIE mach' ich es? wo heb ich Berge aus
Mich ihr zu nähern? wer kommt mir zu Hülfe
O wär ich leicht wie Zephir, wie ein Sylphe
Ach oder dürft ich in ihr Haus
Unmerkbar leise wie die Maus
O wär' ein Zaubrer da, mich zu zerschneiden, spalten
Mich tausendartig zu gestalten
Gönnt' er mir nur das Glück ihr Angesicht zu sehn
In tausend Tode wollt ich gehn.
Die schwarzen Augen, deren süßes Feuer
Zu Boden wirft was ihnen naht, der Schleier
Des unbezwungnen Geistes der von jedermann
Anbetung sich erzwingt, auch wer ihn hassen kann.
Das holde Mündchen das so fein empfindet
So zärtlich liebet, das schalkhafte Kinn
Gebildt von einer Huldgöttin.

AN ihrem Blicke nur zu hangen
Verlang ich, weiter nichts,
Und von dem Reichtum ihres Lichts
Ein Fünkchen in mein Herz zu fangen.

AN W–

Ach eh ich dich mein höchstes Ziel
Eh ich dich fand, welch mutlos Streben
Welch regelloses Fibernspiel
Bald der bald der mein junges Leben
Mit allen Freuden Preis zu geben
Nachdem es ihrem Stolz gefiel.
Und keine sah es was ich litte
Und keine hörte meine Bitte
Verstand mein Sehnen, meine Pein
Mir liebenswert, mir was du bist, zu sein.
Jetzt hab ich dich – und soll dich lassen
Eh möge mich die Hölle fassen.

Aus ihren Augen lacht die Freude,
Auf ihren Lippen blüht die Lust,
Und unterm Amazonenkleide
Hebt Mut und Stolz und Drang die Brust:
Doch unter Locken, welche fliegen
Um ihrer Schultern Elfenbein,
Verrät ein Seitenblick beim Siegen
Den schönen Wunsch besiegt zu sein.

Die Todeswunde tief in meiner Brust
Um Euch nicht zu betrüben
Ihr Freunde die mich lieben
Steh ich und lache Lust.

Stille Freuden meiner Jugend
Ach wo seid ihr hin,
Seit ich nicht mehr in die Tugend
Nein, in mehr verzaubert bin.

DIE ERWACHENDE VERNUNFT

Du nicht glücklich? stolzes Herz,
Was für Recht hast du zum Schmerz?
Ists nicht Glück genug für dich
Daß sie da ist, da für sich?

Süsse Schmerzen meiner Seele,
Angenehme Pein,
Und doch muß bei dem Gequäle,
Die Seele heiter sein.
Muß geliebt von allem was auf Erden,
Liebenswert und heilig ist
Seiner Sehnsucht Opfer werden,
Wie mein Bruder! du es bist.

[YARROWS UFER. SCHOTTISCHE BALLADE]

Mein Bruder Douglaß laß ihn stolzieren stolzieren,
Mit harten Worten mich bedräuen!
Mein's Liebeleins Blut ist an deinem Speer,
Wie kannst du gottloser Mensch nach mir freien?

Ja rüstet rüstet nur das Hochzeitsbett,
Ja deckt nur feine Leintücher drüber,
Ja macht nur auf die Tür dem Bräutigam
Und laßt ihn herein ins Schlafgemach kommen!

Aber wer ist wer ist der Bräutigam?
Sind seine Hände nicht naß, von Blut naß?
Und wer kommt hinter ihm, heiliger Gott!
Bleich ein Gespenst ganz blutig blutig?

So bleich er ist, ach legt ihn her zu mir,
Sein kaltes Haupt auf meinen Kissen!
Nehmt ab nehmt ab die Hochzeitslumpen mir
Und bindt mir Rosmarin um die Schläfe!

So bleich du bist, ach doch mir lieb lieb lieb!
Ach könnt ich Wärm und Othem dir geben!
Lieg lieg die ganze Nacht lang an meiner Brust,
Wo noch vor dir kein Bube gelegen.

Bleich bleich in Wahrheit, liebe Liebe du!
Vergieb vergieb dem gottlosen Mörder
Und bleib mir liegen an dieser meiner Brust!
Dort soll kein Bube mehr nach mir liegen.

O komm komm wieder trauriges Bräutlein
Vergiß vergiß dein mächtiges Herzleid!
Dein Liebster hört deinen Seufzer ja nit,
Liegt ja tot am Ufer vom Yarro.

AUS EINEM NEUJAHRSWUNSCH
AUS DEM STEGEREIF.
AUFS JAHR 1776

In einer Gesellschaft guter Freunde vorgelesen

Die Welt war immer gern betrogen,
Und niemand hat so schön gelogen
Als wer den Bart in Munde nahm,
Und in der Wahrheit Mantel kam;
Nur bitt ich, halte man Poeten

Nicht für Apostel und Propheten,
Und sagen sie, sie wären es,
So peitscht den falschen Sokrates.

Sie wollen reizen und gefallen,
Sie suchen euer Herz vor allen,
Sie sagen was ihr gerne habt,
Ihr könnt es prüfen, tadeln, höhnen,
Nur, wollt ihr sie mit Dornen krönen,
Bedenkt, daß ihr den Zunder gabt.

Als euch, der Lust geheim zu dienen,
Verbotne Freuden süßer schienen,
Da machte noch ein Meisterstück
Der Schlüpfrigkeit bei euch sein Glück.
Jetzt, da man andre Wollust kennet,
Sich teurgekaufte Freuden gönnet,
Ist für ein höher brausend Blut
Nur der Entzückung Taumel gut.

Und ist die Schwärmerei zu tadeln?
Ist sie's nicht, die die Seele adeln,
Und zu der Götter Nektarkuß
Mit Orpheustönen weihen muß;
Dem kalte Felsen selbst sich lüpften,
Dem Ströme horchten, Wälder hüpften,
Zu dessen Füßen kriechendzahm
Der blutge Tiger leckend kam?

Der Liebe Traum, der Ehre Schattenbilder,
Sagt, machen sie die Seele wilder
Als tierischer Genuß? und dürfen Phantasein
Nicht ihnen auch Gewänder leihn?
Sagt, sind sie nichts? sind sie gefährlich?
Ach, oder sind sie nur beschwerlich?
Und ruft nicht die Natur euch immer heimlich zu:
Mensch, Mensch, du bist nicht für die Ruh!

Stürzt ein Betrogner von den Höhen,
Die er sich aufgetürmt, laßt uns ihn fallen sehen,
Und forschen nach, warum hart unter seinem Ziel
Der Märtyrer, vielleicht uns zum Exempel, fiel,
Den Busen voll von seinen Leiden,
Laßt uns den Trauerpfad vermeiden,
Auf den er sich verstieg, und suchen nebenan
Ob nicht ein beßrer uns zum Ziele führen kann!

Was sind wir denn, wenn zwischen Tod und Leben
Wir ohne Mut und Kraft gekrümmt am Boden kleben,
Was sind wir denn, wir Götter, wir,
Auf diesem Würmerneste hier?
Die sich durch Muskelnwitz, ha oft mit Mißvergnügen,
Um ihre Existenz betrügen,
Sich ein- und ausziehn, wie ein Wurm,
Und sterben dann beim ersten Sturm.

Wir sterben – pocht mit euren Fäusten,
Ihr Freunde! auf die Brust, und schreit: Wir sterben? Nie!
Mit dieser Flamm' im Herzen, dieser Harmonie,
Darf sich der Tod uns je zu nahn erdreisten?
Gehn wir ihm nicht entgegen? Flieht er nicht,
Sehn wir ihm nur getrost ins Fratzenangesicht?
Verachtet ihn, und wie vorm Alexander
Fällt seine Plunderrüstung auseinander.
Die Sense mäht den Feigen nur,
Und seiner Drahtpupphand entreißen wir die Uhr.

Wir sterben? Götter sterben? – Nimmer –
Der Schöpfung Meisterstück und Ziel?
Wer will uns töten, zwingen? Trümmer
Sind nur für Menschenarbeit, nimmer
Für einer Gottheit hohes Spiel.
Es kann ein Obeliskus stürzen,
Um einem höhern Geist die Zeit zu kürzen;

Doch eh mag ein System von Sonnen stille stehn
Als dieser Götterhauch in unsrer Brust vergehn.
Wir, Weltbeherrscher, wir, die Erben
Von dem was da ist, sterben, sterben?
Und schmeichelte und lachte dann
Die Sonne uns vergeblich an,
Die das Gefühl von Wärm' und Leben,
Das unser Herz ihr schlagen macht,
Wahrhaftig nicht hineingebracht,
Der wir, was sie uns gab, gevierfacht wiedergeben.
Und traurte nicht verödet die Natur,
Wenn wir, um die sie buhlt, wenn wir sie nicht genössen?
Wenn wir sie nicht vergötterten, vergessen,
Ach nicht gepriesen, nicht geliebt, gefressen
Von ihren eignen Kindern, wie Saturn,
So läge sie abscheulich. Babels Turn(!),
Der in die Wolken reicht, dicht unterm Ziel verfehlet,
Und seines Meisters Schmach enthehlet.

Nein, leben, ewig leben wollen wir,
Und müssen wir, der Welt zur Ehre,
Bis Welt und Zeit und Atmosphäre
An unsern Sohlen hängt, und glühende Begier
Den ungebändigt stolzen Geist,
Von Welt zu Welt, von Sphär zu Sphäre reißt,
Ha immer unersättlich – leben,
Ja leben wollen wir, und beben
Soll unter unserm Tritt der Boden der uns scheut
Die Luft sich auseinander pressen, Streit
Die Elemente führen, die uns dämpfen
Uns Götter dämpfen wollen, und wie Mäuse kämpfen.*
Wir lachen ihrer toten Macht,
Wie einer Maus der Löwe lacht,
Und dringen brüllend fort, zur Unausfüllbarkeit
Der grenzenlosen Ewigkeit.

---

* Batrachomyomachiae.

Das war ein Neujahrswunsch zu Pferde,
ἱππόρωμον wie es der Grieche nennt.
Doch wem mein Flügelroß zu hastig rennt,
Der steige mit mir auf die Erde,
Da wünsch ich ihm, frei von Gefahr,
Ein fröhlich stilles neues Jahr!

SCHAUERVOLLE UND SÜSS TÖNENDE ABSCHIEDSODE

bestehend aus
einem Allegro, einer Andante und einem Presto
von einem devtschen Dichter

Paulo maiora canamus.
VIRG.

Ein parenthyrsisch Lied möcht ich itzt singen
Ein mächtig, ein allmächtig Lied
Das Sonn und Mond vom Himmel zieht
Und dem die Stern' entgegen springen.
Hoch zum Olymp möcht' ich mit federlosen Schwingen
Ein deutscher Ikar dringen:
Allein das Wetter ist zu rauh
Und meine Muse, eine Frau
Erfröre drüber braun und blau.

Barock soll meine Leier klingen
Flugs reimen will ich, das heißt singen
Flugs reimen so wie der und der
Das hebt bis an den großen Bär
Einst unsern Ruhm – und ist nicht schwer.
Ich der von allen guten Dingen
In meinem Leben dreimal schied
Dem ehmals leichter als Ovid
Die Klagen von der Leber gingen
Mir wird doch ein gereimtes Lied
So gut als dem und dem gelingen.

Fortuna! Göttin! großer Name!
Leichtfertige, vertrackte Dame
Die oft die liebsten Buhler hörnt
Von der durch dick und dünn zu schwimmen
Die Saiten hoch und tief zu stimmen
So mancher Dichter schon gelernt
O glaube nicht, vom Guten oder Schlimmen
Wovon mich auch dein Arm entfernt
Ich werde mich darunter krümmen.
Nein lachen, das hab ich gelernt
Gelernt dir lachend ins Gesicht
Zu rufen: *Ma Princess'!* Ich bin Ihr Sklave nicht.

Nur eine kleine Sorge zieht
Wie Mittagswölkchen im Gemüt.
Ich würde mich auch am Cocyth
Denk' ich, mit Vater Orpheus fassen
Ich würde selber in den Gassen
Der Residenz des Pluto nicht
Mit traurigen hogarthischen Grimassen
Bei seiner Fackeln dunklem Licht
Versteinert stehn, und wie ein Weib erblassen:
Nein Pluto ließ ich Pluto sein
Und leierte wie Orpheus fein
Mich in den Tartarus hinein –
Doch – Freunde, Freunde zu verlassen
Dazu war stets mein Mut zu klein.

Der Menschenfeind, die Last der Erde
Aus Hochmut, oder auch aus Groll
Zu weise – oder auch zu toll
Der werd ein Eremit – er werde!
Ich lobe mir mit seinen Mängeln
Das Mittelding von Vieh und Engeln
Herrn Plato ungefiedert Tier
Das sieht mir gleich, das lob' ich mir.
Ein andrer suche sich zu engeln

Er werd ein Eremit, er zieh
Sich hin und her mit bloßem Knie
Auf Erbsen oder Nesselstengeln.
O wisset er verliert doch nie
Mit Plato federlosem Vieh
Die angeborne Sympathie
In Stille läßt er seinem Magen
Geschenkte Speisen wohl behagen
Und seinem Schlund geschenkten Wein.
Laßt mit Agnesen ihn allein:
Was wird sein – ja wie geb ichs fein?
Was wird sein alter Adam sagen?
Ihr dürft nur den Fontaine fragen.

    Nein Menschen, Menschen, spat und früh
    Von meiner Farbe, meinen Mienen
    Von meiner Physiognomie
    Die will ich um mich haben, ihnen
    Mit allen meinen Kräften dienen
    Sie dulden mich, ich dulde sie.

Ihr, die ihr ohne mich zu kennen
Mich würdigt euren Freund zu nennen,
Ist eure Wahl auch lobesan?
Gut ist mein Herz, schwach meine Kenntnis
Ich tu euch ehrlich ein Geständnis
Das nie ein Deutscher noch getan.

Ihr habt und werdet dulden müssen
Die Freundschaft ist Gutherzigkeit
Sie wirft dem Nackenden ein Kleid,
Gefällt er ihr, auch allenfalls
Ein Dutzend Kleider an den Hals:
Sie trügt sich gern in ihren Schlüssen
Nennt unser eingeschränktes Wissen
Zu vorschnell oft, Gelehrsamkeit,

Und unser ehrliches Gewissen
Das nennet sie Bescheidenheit.

Ich fühle mich und bitte schüchtern
Auch noch entfernt um eure Gunst.
Ich las euch etwas von der Kunst
Und vom Genie und von den Dichtern.
Ich folgte nicht den Mode-Richtern
Mit Wohlgelahrten Angesichtern
Von Dunst berauscht, von Wahrheit nüchtern,
Sie lieben ihren blauen Dunst.*

Doch uns, die frei zu fühlen wagen
Und was sie fühlen, auch frei sagen
Gefällt die Frau Mama Natur
In ihrer schönen Nacktheit nur.
Es blüht und glänzt auf ihrer Spur
Von Blumen eine ganze Flur
Und tausend holde Stimmen klagen
Und scherzen auf einmal, wenn sie den Göttermund
Eröffnet: unser Herz wird wund,
Und unser Puls fängt anders an zu schlagen.

Schrieb ich vielleicht mir nicht zum Ruhme,
So denkt sein Schicksal traf ihn hart.
Er blühte noch, als seine Blume
Von einem Blitz getroffen ward.
Sie senkte tief die blassen Wangen
Und Himmelstropfen haben sich
Seither den Blättern angehangen,
Das denkt – und dann bedauret mich.

Ich kann aufs höchste doch nur lächeln
Mit trüben Augen nur mich freun.

---

* Ein gewisser Kunstrichter vergleicht die Schönheiten eines gewissen Dichters sehr poetisch mit dem blauen Hauch der Pflaumen, der, wenn man sie anfaßt, verschwindet.

Mein Atem klagt, mein letztes Röcheln
Wird auch noch eine Klage sein.
Wem unter Jünglingen und Schönen
Ich ohne meine Schuld mißfiel
Der denk': Er spielt die letzten Szenen
Von einem frühen Trauerspiel.

Doch warum klag ich? sind die Rollen
Die andre spielen, neidenswert?
Das Glücke das wir suchen sollen
Wird auf dem Schauplatz nicht gewährt.
Und selber auf dem Schauplatz weinen
Ist edler, als wie Arlekin
Im bunten Wämschen zu erscheinen
Er lacht – und man belachet ihn.

Ich merk' ich werde zu geschwätzig
Auch dieses werdt ihr mir verzeihn.
Mein großes Lied wird untersätzig
Es wird zu breit und bleibt doch klein
Das ist mein Los. Den Wuchs vom Manne
Versagte mir bisher das Glück
Und nahm ich zu um eine Spanne
So blieb ich klein – und wurde dick.

Obschon aus Leichtsinn und aus Wehmut
Mama Natur mein Wesen schmolz
So hab ich doch bei aller Demut
Ich muß es euch gestehn, noch einen seltnen Stolz.
Nun ratet – mag's Ödipus raten.
Ich bin nicht stolz auf Heldentaten
Und auf Gelehrsamkeit – das wär ein feiner Scherz!
Von einer Nation die an dem vielen Wissen
Wenns lange währt, wird bersten müssen,
Was meint ihr wohl, wie viel ein stolzer Mann
Da wissen muß, bevor er bersten kann?
Stolz bin ich auch nicht auf mein Herz

Zufrieden bin ich wohl, allein sein tiefer Schmerz
Macht mich zuweilen stumm und sauer
Und unumgänglich wie den Bauer
Stolz bin ich – auf den zehnten März.

Mit diesem Tag ihr lieben Christen
Darf ich mich doch wohl weidlich brüsten.
Er ist, daß ich so sagen mag,
(Vergebt es mir!) mein Namenstag.
Schon bei der Fibel und beim Donat
Ergötzt' ich mich an diesem Monat
In dem in unsre liebe Welt
Der rosenrote Frühling fällt.

Der März ist kühl, doch ist er freundlich
Von Winden rauh, doch niemals feindlich,
Sie fahren wenn ich recht davon berichtet bin
Am Himmel reinigend, am Boden schmeichelnd hin.
Die jungen Knospen zu erquicken
Läßt sich bisweilen auch die Sonn entwölket blicken
Mit einem schönen Eigensinn.

Was dieses Gleichnis hier bedeute
Das ratet auf – das ratet auf.
Kurz unter uns, ihr lieben Leute
So wie der März, so bis auf heute
War auch mein kleiner Lebenslauf.

Ein Fragment

AUFSCHRIFT EINES PALASTES

Ihr stillen Zeugen meiner Mühe
Ihr stummen Redner meiner Pein
Wenn ich am Schluß der Laufbahn glühe
Wer wird mein Sachverwalter sein?

Ach unter Statuen zu wandeln
Ist ein sehr eingeschränkter Trost
Für diese Statuen zu handeln
Ward einem Menschen zugelost.

Doch wenn er feiner sie beglückte
Als Wahn und Leidenschaft erträumt
Die jeden zarten Keim erstickte
Des Danks, der für die Tugend keimt

Dann wardt ihr Steine die hier beben
Bewegt von einer höhern Macht
Die soviel Neider uns gegeben
Als sie uns Großmut zugedacht.

TROST

Nur der bleibende Himmel kennt
Was er den schwachen Sterblichen gönnt
All ihr Glück erstohlen von Qualen
Hinter Wolken zitternde Strahlen;
Was ihr Herz sich gesteht und verhehlt,
Alles hat er ihnen zugezählt
Unerbittlich – all ihre Triebe
Alle Gestalten und Grad ihrer Liebe
Alle Fehler des Augenblicks,
Oft die Räuber ewigen Glücks,
Allen Unverstand, Delikatessen,
Wo sie nicht not waren, Plumpheit, Vergessen
Seiner selbst, oder dessen was nie
Gut gemacht wird, der Harmonie
Die aller Wesen Wohlstand erhält,
Dieses Himmels auf der Welt –
All das läßt er mit kindischem Schrein
Uns in der Wiege schon prophezein:
Reizt nicht oft schon des Säuglings Stimme

Seinen Zorn zum künftigen Grimme
Und seiner stillen Tränen Geduld
Seine Gnade zur künftigen Huld?
Ach womit muß ichs versehen haben,
Daß meine erste Liebe begraben?
Daß meines Herzens Unbestand
Nachher nirgends Ruhe fand?
Daß deine köstlichsten Schätze auf Erden
Mir nur im Fluge gewiesen werden;
Und in dem schwimmenden Augenblick
Des seligen Genusses – beb ich zurück
Fort in den furchtbaren Strudel des Geschickes;
Fort fort ohne Hoffnung des vorigen Glückes,
Ohne Wiedererinnerung fort,
Wo mein Leben in Wüsten verdorrt,
Wo niemand Teil nimmt, niemand mich kennet,
Niemand mir Teil zu nehmen gönnet,
Und die Natur selbst kälter scheint,
Weil sich niemand mit ihr befreundt?
O gute Götter! wie glückliche Stunden
Wie schröcklich leere sind mir verschwunden!
Ihr zählet sie alle. Bewilligt mir
Nur eine Bitte: solltet ihr
Noch der glücklichen übrig haben,
Ach geht sparsam mit euren Gaben;
Hieltet ihr aber doch nicht Haus,
Mir zur Strafe vielleicht, so halt ich
Wenigstens zu der Sterbestunde
Mir ein Stündgen mit – aus.

ARETIN AM PFAHL GEBUNDEN
MIT ZERFLEISCHTEM RÜCKEN

Ihr hochwohlweisen Herrn Philanthropins
Auf Knien bitt' ich, hört die Tränen Aretins
Die Proben eurer Lieb' auf meinem Rücken
Verzeiht, sie können nicht mein Naturell ersticken
Ich bitte um ein Wort und sag' ich mehr
So lächelt eine Welt von Prügeln auf mich her
Bei dem was ihr versprachst aus unserm Volk zu machen
Fing mir das Herz im Leibe an zu lachen
Der Othem stund mir still, das Wasser lief
Mir aus dem Munde ellentief
Doch als ich so dem Ding ein wenig nachgedacht
Da ward, verzeih mir's Gott, das Herz mir schwer gemacht
Das werden Köpfe nur ihr lieben Herrn! auf Erden
Ach lauter Drahtmaschinen werden
Das reitet ficht und tanzt nach euren Winken
Darf weder essen weder trinken
Noch schlafen noch verdaun als zur gesetzten Zeit
Und kackt sogar mit Sittsamkeit
Ihr Heilande der Welt habts nie erfahren
Daß große Tugenden nie ohne Lastern waren
Daß äußerlich Gepräg nur schöngeschminkter Mist
Daß Schlaffigkeit das größte Laster ist.
Daß unser innrer Trieb das Beste aus uns machet
Und eurer siechen Kunst der Gott im Menschen lachet.
Das gäbe Püppchen nur nach eurem Bild geschnitzt
Mit schönfrisiertem Haar wo nichts darunter sitzt
Mit nimmer ruhigen, verwünschten Plappermühlen
Die noch für Gott, noch Welt, noch für sich selber fühlen
Lehrt ihnen was dafür und dann schickt sie nach Haus
So werde was da will nur nicht ein Affe draus.

AN MEINEN VATER

Von einem Reisenden

In wärmern Gegenden näher der Sonne
Am Ufer des vielentscheidenden Rheins,
Umschwärmt von aller Torheit und Wonne
Leichterer Sitten, und feurigen Weins,
Denk' ich in die beschneiten Gefilde
Ach! der Einfalt und der Ruh'
Mich zurück – da winkest du
Sehnsuchtsvoll mir, Vater! zu.
Ich seh's und wein' und knie vor dem Bilde –
Aber ach der schweifende Wilde
Fliehet neuen Torheiten zu.
Als aller Schicksals-Ahndungen voll
Dein Flügel sorgsam über mir schwebte
Ich unter deinen Fittigen strebte
Nach unbekannten Weh und Wohl:
Erinnerst du dich da – wohl mir! wenn diese Szene
Mein Lied dir ins Gedächtnis bringt –
Erinnerst du dich noch des Glücklichsten der Söhne
Als du von Kindern und Freunden umringt
Ihm, schon geweiht zur langen Reise
In T–sts Hainen ein Blümchen brachst
Und feierlich mit Propheten-Weise
Die unvergeßlichen Worte sprachst:
Mein Sohn, komm' ich dir aus dem Gesicht,
Auch in der Ferne – vergiß mein nicht!
Laß mich das erstemal in meinem Leben
Dir dein Geschenk itzt wiedergeben.

Mit schönen Steinen ausgeschmückt
Von frohen Lichtern angeblickt
Da sitzest du vielleicht anitzt
Wo doch dein Auge heller blitzt

Und denkest nicht daß hier in Nacht
Ein ausgeweintes Auge wacht
Das überall wohin es flieht
Kein Mittel mich zu retten sieht

Dies Reißen in der Stirn und Brust
Der Todesbote meine Lust
Auch er, auch er läßt mich allein
Ach der Betäubung dumpfer Pein

Wo war ich doch, wer war ich doch
Gefühl voll Angst ich lebe noch
Ich dachte schon ich läg in Ruh
Und Freundeshand die deckte zu

Ach aber Freundeshand bringt mir
Den Kelch des Todes und von dir
Von dir von dir mehr als den Tod
Was überm Grabe schlimmer droht.

Fern und verachtet und mißkannt
Wo niemand weiß wer mich verbannt
Ach wie so glücklich ist der Mann
Der dir zu Füßen sterben kann

Ach wärs auch nur vor deiner Tür
Vorm Tor der Stadt – nicht aber hier
Wo ihn der Himmel selbst nicht kennt
Und kaum die Erd ein Grabmal gönnt

PLACET

Ein Kranich lahm, zugleich Poet
Auf einem Bein Erlaubnis fleht
Sein Häuptlein dem der Witz geronnen
An Eurer Durchlaucht aufzusonnen.
Es kämen doch von Erd' und Meer
Itzt überall Zugvögel her
Auch woll' er keiner Seele schaden
Und bäte sich nur aus zu Gnaden
Ihn nicht in das Geschütz zu laden.

AUF EINEN EINSAMEN SPAZIERGANG
DER DURCHLAUCHTIGSTEN HERZOGIN LOUISE
UNTER BÄUMEN

nach dem tödlichen Hintritt der Großfürstin von Rußland

Darf eine fremde Hand gedämpfte Saiten schlagen
Hier wo Dein hoher Schmerz die Gegend schweigen macht –
Prinzessin! oft hat toter Bäume Klagen
In wunde Herzen Trost gebracht.

Darf ich es nennen, was in seufzenden Alleen
Heut ahndungsvoll vielleicht durch Deine Seele rann
Daß selber Blüt' und Laub und was wir Göttlichs sehen
In der Natur, durch nichts als innern Schmerz entstehen
Und nicht einmal es sagen kann.

AUF DIE MUSIK ZU ERWIN UND ELMIRE,

von Ihrer Durchlaucht, der verwittibten Herzogin
zu Weimar und Eisenach gesetzt

Wenn Sterblichen vergönnet wäre
Zu sein wozu der Dichter sie
Mit gotterhitzter Phantasie
Erschafft der Welt und sich zur Ehre;
Und in des Waldgebirges Tal
Versenkte sich in schwarzvertrauten Schatten,
Um seiner Qualen Wut durch Duldung abzumatten,
Ein heutiger Erwin zum zweitenmal,
Und hofft' umsonst im dichtrischen Reviere
Den Tag, die Nacht, den andern Tag,
Den dritten Tag, und Tag um Tag,
Auf seine würkliche Elmire: —
Dem Armen, welchen Rat könnt ihm ein Menschenfreund,
Könnt' ihm der Dichter selbst mit nassen Augen geben?
Vertraur', Unglücklicher! dein hassenswürdig Leben,
Und trägst du's länger nicht, so töte deinen Feind!

Ich, aber wüßte was ich riete,
Ich dem der Halbgott Äskulap,
Trotz Antiochus' Arzt,* geheime Mittel gab,
Und die ich auch nicht jedem Kranken biete:
Ich setzte meinem lieben Schwärmer
Ein klein Spinettchen in sein Tal,
Und spielt' ihm auf dem kleinen Lärmer
Der Herzogin Musik einmal;
Und wenn dann mein Erwin aus seinen letzten Zügen
Nicht aufspräng' als ein junges Reh,
Und sie allebend kommen säh

---

* Antiochus, Sohn des König Seleukus in Syrien, verliebte sich in seine Stiefmutter, und ward krank darüber. Der Arzt brachte endlich das Geheimnis von ihm durch Musik heraus, womit er ihn auch heilte.

Vom Berg herab, ihm in die Arme fliegen,
Und schwüre nicht, daß sie alliebend vor ihm steh
Und er für Wohl an ihrer Brust vergeh;
So wollt' ich unter seinem Weh
Mit ihm ersinken und erliegen!

Ja ja, Durchlauchtigste, Du zauberst uns Elmiren
In jede wilde Wüstenei;
Und kann der Dichter uns in selger Raserei
Bis an des Todes Schwelle führen:
So führst Du uns von da noch seliger und lieber
Bis nach Elysium hinüber.

Als jüngst Amalie zu ihrem Prinzen reiste
Und Vater Zeus vernahm daß sie die Nacht dort speiste
Gab er dem Sonnengott und dieser seinem Sohn
Die Ordre zur Illumination
Zwar wie man denken kann Apoll nach langem Plagen
Doch er war einmal nicht gemacht was abzuschlagen
Und Junker Phaëthon versprach auf Ehre nun
Zur Rettung seines Ruhms sein Äußerstes zu tun

Der klettert denn herum packt Wolken aufeinander
Daß einem bang wird, krängelt wie Mäander
Die Wurst zu seinem Blitz voll Colofonium
Um seine Donnerfässer rum

Dann strich er sich das Kinn und lehnte
Auf eine Wolke sich voll Selbstgenuß und dehnte
Sich übern ganzen Himmelssaal
Stolz wie Apollo selbst auf Zeuxis Piedestal
In beiden Händen Donnerlunten
Guckt sorglos das Original

Nach der Prinzessin Wagen drunten
Der Läufer klatscht ihm das Signal

Sie kommt – er sieht – sie kommt – nur wieder aufzustehen
Vergißt er als er sie gesehen
Er hält die Lunten hinterrücks
An einem Blitz und augenblicks
Geht – ha mit einem erbaulichen Stoß
Raketen Feuerräder und Töpfe
Und Pulverwürste und Katzenköpfe
Der ganze Plunder miteinemmal los
Und schröckte Schöpfer und Geschöpfe.

Nun stelle man Vater Zeus sich vor
Dem dies zum zweitenmal arrivierte
Daß solch ein Geck ihn kompromittierte
Und doch nicht die Geduld verlor
Was war zu tun? die tollen Flammen
Er regnete sie all zusammen
Befahl dem Junker aufzustehn
Auf tausend Jahr in Arrest zu gehn
Und gab die Consigne den himmlischen Wachen
Inskünftige wenn die Herzogin her
Von Tibur führe wolle Er
Allzeit das Feuerwerk selber machen

    HERR Schnuppen ein sauböser Gast
    Der jedermänniglich zur Last,
    Und doch dabei impertinent
    Wie auf dem Wirtshaus ein Student,
    Den Mann bei dem er sich logiert
    Als wie ein Hackbrett tribuliert,
    Und hält er dann die Mittagsruh'
    Ihm stopfet Nas' und Ohren zu:

Der kehrte sonst bei Mägdelein
Und Jungferndienern höchstens ein,
Wo er im Köpfchen den Verstand
Gemeinhin delogieret fand,
Doch ward ihm in der Leere bang,
Und öfters Zeit und Weile lang.
Drum schnell er sich einst resolviert
Weil einen Teufelsgelüst er spürt
Zu sein in ein vergöttert Haupt
Auf vierzehn Tage eingeschraubt,
Zu sehn wie's ihm zu Mute sei
Dort in der großen Weltgeisterei.
Für einen Tag, wiewohl's nicht fein,
Der Spaß ihm hin möcht' gangen sein,
Doch vierzehn Tag' ist gar zu frech
Für einen dummen Herrn von Pech
Zu sitzen und zu halten Schmaus,
Als wär' er hier der Herr vom Haus.

LIED ZUM TEUTSCHEN TANZ

O Angst! tausendfach Leben
O Mut! den Busen geschwellt
Zu taumeln zu wirbeln zu schweben
Als ging's so fort aus der Welt
Kürzer die Brust
Atmet die Lust
Alles verschwunden
Was uns gebunden
Frei wie der Wind
Götter wir sind.

Ach Du um die die Blumen sich
Verliebt aus ihren Knospen drängen
Und mit der frohen Luft um dich
Entzückt auch ihren Weihrauch mengen
Um die jetzt Flur und Garten lacht
Weil sie dein Auge blühen macht.

Ach könnt' ich jetzt ein Vogel sein
Und im verschwiegnen Busch es wagen
Dir meines Herzens hohe Pein
Die ohne Beispiel ist zu klagen.
Empfändest du die Möglichkeit
Von dieser Qualen Trunkenheit

Vielleicht daß jener Busen sich
Zu einem milden Seufzer hübe
Der mich bezahlte daß ich dich
Noch sterbend über alles liebe.

Von Gram und Taumel fortgerissen,
Verzweiflungsvoll dein Bild zu küssen,
Ach, alles, was mir übrig ist.
Dies Bild will ich am Munde halten
Wenn alles an mir wird erkalten
Und du mir selbst nicht denkbar bist.

VERZEIH den Kranz, den eines Wilden Hand
Um dein geheiligt Bildnis wand,
Hier, wo er unbekannt der Welt,
In dunkeln Wäldern, die ihn schützen,
Im Tempel der Natur es heimlich aufgestellt,
Und wenn er davor niederfällt
Die Götter selbst auf ihren Flammensitzen
Für eifersüchtig hält.

DA steck ich endlich nun, halb welsch h[alb Waregar]
So wie ich mir's gewünscht in meinem Boudoir
Wo auf der hölzern Bank die Musen zu mir sitzen
Und als Hausgötter Du und Goethe mich beschützen
Und tauschte meine Bank mein hämisch froh Gesicht
Um keinen Hof der Welt, um Petri Nachtstuhl nicht.
Hier schlaf ich schwer und fest obschon die Patriarchen
Die angenehme Ruh' mir durch vier Zimmer schnarchen
Der Wächter geistlich singt bis in die Mitternacht
Und Hahn und Kühhorn mir vor Tag ein Duo macht
Dazu ich doch nicht darf vergnügt ins Händchen schlagen
Bewundern nicht Herr Horn, Frau Hahn [und] Bravo [sagen]
Hier träum' ich deutlicher als . . . .
. . . .
. . . . [ha]stig auf mit ungewaschnen Händen
. . . . heut kühner zu vollenden
Zum Fenster laß ich erst den milden Sonnenschein
Mit seiner reinen Luft andächtiglich herein
Damit mir sollt' ich ja wie Ikar überwälzen
Die Flügel wenigstens an keinem Mondlicht schmelzen.
Ist denn der Tag vorbei geschwinder als die Nacht
So wird ein Faulenzgang um Dorf und Fluß gemacht
Ich kriech' den Berg hinan um an der Toilette
Frau Luna halb erwacht zu sehn, oft gar im Bette
Wie sie so jüngferlich aus ihren Kissen guckt

Und dann den Zauberstab auf Wald und Täler zuckt
Wie die dann still und bang sich in die Ohren zischen
Und sich den Carnaval des Tags vom Antlitz wischen
Wie alles farbenlos um Ihre Majestät
[Un]d sie allein geschminkt am bleichen Himmel steht

. . . .

EPISTEL EINES EINSIEDLERS
AN WIELAND

Wenn Dir, der Du mein Vaterland
An Rosenseilen des Geschmackes leitest,
Dem zauberreichen Gängelband,
Dem jeder folgen muß, obschon ihm unbekannt,
Wohin Dein höherer Verstand
Ihn führen wird (froh, daß Du ihn begleitest
Verläßt er sich auf Deine Hand!),
Wenn Dir, aus meiner glücklichen Höhle,
Dem schönen Hafen dichtrischer Ruh,
Ein Ton aus allen Saiten der Seele
Gefallen kann, so höre mir zu!

Zu lange, falschen Heiligen gleich,
Die, weil sie selbst sich plagen, verlangen,
Es dürfe glücklich zu sein kein Sterblicher sich erfangen,
Und, nur für andre witzig und reich,
Zu keinem Genuß des Daseins gelangen,
Zu lange wärmt' ich mich, mit hämischem Gesicht,
An Deinem mir zu blendenden Licht,
Das, wie des Himmels Gestirn, sanftschmeichelnd über uns
    gleitet,
In finstre Wälder Klarheit verbreitet,
Und, unbekümmert ob wir's sehen,
Klippen und Täler, Sümpf' und Seen,
Äcker, Wiesen und weinvolle Höhen,

Die ganze Außenseite der Welt,
So wie sie ist, uns vor Augen stellt.
Was sag' ich, wie sie ist? Die magische Binde,
Durch die Du sie weisest, stimmt uns gelinde
Sie mit Entzücken zu sehn, und geschwinde
Kleidt sich alles in Äther ein,
Und wir glauben unsterblich zu sein.
O, für den Augenblick, was geben,
Freudenwecker! wie danken wir dir!
Nur in solchem Moment' ist das Leben
Wert der Mühe darnach zu streben;
Nur in solchem Moment' ist das Herz
Höherer Wesen Lustspiel und Scherz!
Denn es umfaßt mit Lieb' und Freude,
So wie sie, ein Weltgebäude
Mit allem, was es von Glück umschließt,
Fühlt sich Gott gleich und genießt.

Laß den Müßiggänger wähnen,
Auch ihm werde die frohe Angst
Bei all den Schätzen, mit denen Du prangst,
Der feine Spott, die wollustreichen Tränen,
Die Du aus unserm Auge sangst,
Im Sofa kommen, wenn er, um besser zu gähnen,
Mit Nerven von Laster und Trägheit erschlafft,
Aus Deinem Witze sich Opium schafft,
Gleich einem Sultan ohne Sehnen,
Erbarmungswert im Arm paradiesischer Schönen;
Oder laß die andere Art
Gleich unheilbarer Müßiggänger,
Aufgeblähter Schmetterlingsfänger,
Kunstrichter mit und ohne Bart,
Bald in Dir Moralen suchen,
Bald Dir wie Bube Simri fluchen.
Ihr taubes Ohr hört nur Geschrei;
In ihrer knechtischen Phantasei
Wird jedes reizende Bild Verbrechen.

Thalia, Dich an ihnen zu rächen,
Geht ungesehn bei ihnen vorbei.

Thalia, die Dir die seltene Gabe,
Mit unwiderstehlicher Melodie
Das Laster hinwegzuscherzen, verlieh,
Wies sich, mit Deiner Sympathie
Fürs Schön' und Große, der Erde noch nie,
Schlug nie, mit diesem Zauberstabe,
Im kühlsten Herzen Gefühle hervor,
Die's selbst im Glücke nicht verlor,
Bewaffnete nie das wildeste Ohr,
Selbst im bacchantischen Augenblick,
Mit diesem Nerven für anderer Glück,
Mit diesem Sinn für die Schöne der Tugend
Gekleidet in ewige Schimmer der Jugend,
Wie sie der trägsten Seele gefällt,
Gekleidet wie Venus, die Freude der Welt.

Wer kennt, wie Du, die feinen Übergänge
Vom Licht zum Schatten, von Wahrheit zum Scherz,
Und wer versteht das Farbengemenge,
Wie Du, bei Sachen für das Herz?
Durch Labyrinthe blühender Gänge,
Gaukelnder Liebesgötter Gedränge
Geht's unvermutet zu einsamen Plätzen,
Wo wir uns hin zu weinen setzen.
Uns überfällt ein seliger Schmerz,
Der ganze Himmel sinkt in das Herz.
So wälzet die Welt die brausenden Fluten
Des scheinbaren Bösen immer zum Guten,
Wo sie ein Götteraug übersieht;
So weiß auch Dein unsterbliches Lied
Der Torheit kühlsten Mummereien
Absichten, die sie nicht kennt, zu leihen,
Und führt sie tanzend, mit tränendem Blick,
Auf Rosen zu ihrem Herzen zurück.

O komm, mein Wieland! werde mein Lehrer,
Nicht im Gesang – wer sänge nach Dir?
In jener Kunst, dem Freudenstörer,
Dem unberufnen Heidenbekehrer
So böhmisches Dorf! – der Tugend Panier
Mitten im Meere der Welt zu pflanzen,
Und Faunen zu zwingen umherzutanzen,
Bacchantinnen, ergriffen von ihr,
Zum Wunsch' ihrer Kindheit zurückezubringen,
Thrazierinnen fühlbar zu singen,
Zu singen, sag' ich, mit Deinem Gesang,
Und auf dem dornigen Lebensgang,
(So lang man nicht träumen will, dornig und rank!)
Noch immer Blumen genug zu finden,
Um draus elysische Kränze zu winden;
Komm, schließe dich mit Göthen an,
Melpomenens Liebling, mich zu bilden,
Und macht, aus einem Waregischen Wilden,
Der keinen Vorzug kennt, als daß er fühlen Euch kann,
Einen Eurer nicht unwerten Mann.

TANTALUS

Ein Dramolet, auf dem Olymp

Apoll und Merkur kommen heraus.

MERKUR:
War das nicht eine herrliche Jagd,
Apoll, das mußt du doch gestehen,
Der Sterbliche hat uns Spaß gemacht!
APOLL:
Er schnitt doch der Juno gegenüber,
Eine Figur, als hätt ers Fieber.
Zeus, den kützelt' es innerlich –
Aber sag mir, entzaubere mich.
Wo führt' ihn das böse Wetter
Zu uns herauf an die Tafel der Götter?
MERKUR:
Still, der Einfall kommt von mir.
Wollten Juno ein wenig pikieren,
Und Vater Jupitern desennuyieren,
War ja alles so traurig hier.
APOLL:
Ha ha ha! wie er da saß beklommen
Ganz in Nektar und Lieb verschwommen.
In ihrer Blicke Widerschein
Meint' er Jupiter selber zu sein.
MERKUR:
Nein, aber darüber ging doch nichts,
Der Meisterstreich, den er ausgehen ließ,
Du hast es ja gesehn – der Schnitt des Gesichts,
Als er mit Zeus die Gesundheit stieß.
APOLL:
Die Gesundheit mit Zeus – wie ist das zu verstehn?
MERKUR:
Ei so hast du ja nichts gesehn!
Vater Zeus, Vulkanen zu scheren,
Stieß mit Mars die Gesundheit an:

Der schönsten Frau vom frömmsten Mann!
Meister Tantalus stieß mit an.
Der Donnerer durfte sein Glas nicht leeren,
Der ganze Olymp schien bestürzt voll Verdruß,
Nur nicht Meister Tantalus.
APOLL:
Was sagte Juno?
MERKUR:
Was sollte sie sagen?
O das ist noch nicht genug.
Hast du denn nichts gehört, man schlug
Beim Nachtisch einen Spaziergang vor,
Mein Tantalus über und über Ohr
Als Juno sagte, sie wollte im Garten
Die andern Göttinnen um zehne erwarten,
Sie setzte spöttisch hinzu: es ist warm,
Herr Tantalus gibt euch vielleicht den Arm.
Mein Tantalus nahm's in Ernst und bückte
Bis unter den Tisch sich, rückte und rückte
Den Stuhl – daß alles für Lachen erstickte.
Bis ihn Juno zurechte wies,
Es sei ihr Ernst nicht – und er's ließ.
APOLL:
O still, nun weiß ich, warum mit dem Alten
Cupido vorhin Kriegsrat gehalten.
Sie wollten eine Wolke staffieren,
Ihn, wenn er heimging', zu intrigieren.
Still, da kommt er selber ja wohl,
Wenn ich nicht irre –
MERKUR:
    Er ists Apoll!
TANTALUS *tritt auf*:
    Merkur und Apoll halten sich seitwärts ihm zuzuhorchen.
In dieser freundlichen Sommernacht
Wo außer Feuerwürmchen und Heimchen
Kein Geschöpf mehr neben mir wacht,
Niemand mich hört, als Myrtenbäumchen

Und die stillen Schauer der Nacht:
Hier wird es doch erlaubt sein, das endlose Grauen
Die entzückende Beklemmung meines Herzens
Den ganzen Himmel meines Schmerzens
Nur mit einem Blick zu überschauen,
Und dir Allmutter Natur, zu vertrauen.
Ich liebe – darf ich mir selber es sagen?
Wohin die verirrteste Phantasei,
Wohin der Titanen Waghälserei
Nie kühn genug war, sich hinzuwagen,
Wagt mein verräterisch Herz sich hin,
Ich liebe der Götter Königin.
Es ist gesagt, ihr hörtet es Götter!
Auf denn, führt die rächenden Wetter
Über mein schuldiges sterbliches Haupt,
Euch ist die grausame Lust erlaubt.
Ihr selbst fachtet sie an diese Flammen,
Ihr die ihr darin Trost suchen müßt,
Das an andern zu verdammen,
Was euer Lieblingsverbrechen ist.
Da spart euren Witz in Erfindung der Strafen.
Was euch unerträglich deucht,
Ist gegen die Qualen, die hier noch schlafen,
Die ihr nicht ahnden könnt, federleicht.
Empfandt ihr je verzweifelnde Triebe
Reicht eure Phantasei dahin?
Ich bin ein Sterblicher und ich liebe
Liebe der Götter Königin.

Indem er sich umwendet, wird er eine Wolke gewahr,
in Junos Bildung.

Sie ists – sie ist es selbst – o Himmel und Erde!
Sie hat es gehört das verwegne Geständnis,
Ihr Blick wird mich töten, sie hat es gehört.
Sie sieht mich nicht. Im hohen Selbstgenusse
Lustwandelnd unterm Schleier der Nacht
Froh wie es scheint, daß unter ihrem Fuße
Die Erde schläft und kein Geschöpf mehr wacht,

Das sich zu ihrem Dienst bemühte.
Hier wacht noch eins, unendliche Güte
In seliger Qualentrunkenheit –
Sie wendet sich – O hat Mnemosyne
Endymions Schicksal nicht geweiht?
O alle Strafen die ich verdiene
Gegen eine mitleidige Miene
Gegen einen Blick, der mir verzeiht –
Sie nähert sich – Kam sie wohl, weil die Nacht
Alle Verhältnisse ähnlicher macht?
     Er will sich ihr zu Füßen werfen.
Himmlische Güte! verzeihe, verzeihe,
Jetzt oder nie, der Bewunderung
Des Entzückens verwegenstem Schwung.
     Das Bild verschwindet.
Ha du fliehst mich – Ungetreue!
Götter was sprach ich? – Lästerung!
Meine Freundin – die schlafende Erde
Ha ich fühls, bebt auf unter mir,
Macht sich geflügelt auf, ich werde
Bald auf ewig verschlungen von ihr.
Ach auf ewig entfernt von dir
In des Orkus Abgründe sinken,
Zur Vollendung meiner Pein
Lethens kalte Fluten trinken,
Und ohne Mitleid elend sein. –
Wars nur ein Bild meiner Phantasei?
Es ist verschwunden. Nimmer, nimmer!
Meine Tränen, mein Geschrei
Meine Verzweiflung zieht sie herbei.
  Das Bild erscheint wieder. Er zieht eine Tafel heraus
    und fängt an, es abzuzeichnen.
Leitet meine Züge, leitet,
Ihr von uns gefeierten Spötter
Unsrer Leiden, die ihr bereitet,
Meine Züge, selige Götter!
Laßt durch keine Künstelein

Eure Zierde mich entweihn.
          Indem er zeichnet, verschwindet das Bild.
O muß ich elend denn vor soviel Reizen stehn,
Und, hasch' ich nach, sie spottend fliehen sehn?
Ists möglich, elend in dem Grade!
Im Angesicht so vieler Seligkeit
Erzürnte Götter! Gnade, Gnade!
Nur einen Augenblick, bis ich sie konterfeit!
          Das Bild erscheint wieder; er zeichnet es nach.
Lasset euren Zorn erweichen,
Große Götter, hört mein Flehn,
Laßt mich dieses Bild erreichen
Wenn ich wert war, es zu sehn.
Ach ich solls euch wiedergeben
All mein Glück wird mir entwandt.
Strenge Götter! nehmt mein Leben,
Oder führet mir die Hand.
Nein, ihr hört mich nicht, Tyrannen
Ihr beneidet dies Bildnis mir
Weil es milder ist als ihr,
Weil ihm meine Tränen rannen,
Weil es meinen Geist erhebt,
Daß er euch zu nahe schwebt.
Lasset euren Zorn erweichen,
Große Götter, hört mein Flehn,
Laßt mich dieses Bild erreichen,
Wenn ich wert war, es zu sehn.
          Das Bild verschwindet abermals.
          Er ist außer sich.
Götter – *sich an die Stirne schlagend.*
AMOR *erscheint*:
Ei, wie so fleißig Herr Tantalus?
Weisen Sie doch her, was gibts da wieder?
Ich hörte, Sie riefen um Hülfe, drum stieg ich
Aus meiner Mutter Schoß hernieder,
Ich dachte, was Ihnen begegnet sein muß!
Fehlt Ihnen was?

TANTALUS:
                    Ich bin verloren
Ich bin zum Unglück bestimmt, geboren –
AMOR:
Haben Sie was –
TANTALUS:
                    zu Qual und Leid –
AMOR:
Haben Sie was abkonterfeit?
TANTALUS:
Bin ich geboren, bin ich erkoren
AMOR:
Haben Sie etwa was verloren?
Vielleicht im Monde? – Ich helf' Ihnen suchen.
Hören Sie, weil Sie so artig fluchen –
Mein Vater ist ganz bezaubert davon,
Sie wissen, Zeus ist ein Mann vom Ton –
Läßt er Sie ganz ergebenst ersuchen,
Sie möchten ihm künftig die Ehre erweisen,
Alle Tage mit ihm zu speisen,
Mit ihm und Juno –
TANTALUS:
                    Unsterblicher Retter!
Ewig sei dir, schönster der Götter,
Meiner Entzückungen Dank gebracht.
AMOR:
Aber nehmen Sie ja sich in Acht,
Nichts anzurühren, was Ihr nicht gehöret,
Nichts anzusehn, was Ihre Ruhe störet,
Sonst lieber Schatz! verschwindet es sogleich.
Ei warum macht Sie denn das so bleich?
TANTALUS:
Nichts hören noch sehen? –
AMOR:
                    Nichts hören noch sehen,
Wiewohl das Hören zuzugestehen
Jupiter kein Bedenken sich macht,

Doch nur dann, wenn man Ihrer lacht.
Sie sollen überdem alle Nacht
Mit Junos Schatten spazieren gehen,
Aber sobald Sie auch nur nach ihm sehen –
TANTALUS:
Was soll ich denn? Nicht sehen, nicht hören,
Nicht essen, nicht trinken –
AMOR:
      Wer sagt denn vom Hören?
Und ein echter Liebhaber muß
Eigentlich nichts tun, Herr Tantalus,
Als den Göttern zur Farce dienen.
Leben Sie wohl; ich empfehl mich Ihnen.

Ach soll soviele Trefflichkeit
So wenig Erde decken
In diesem dürren Moosekleid
Mit kümmerlichen Hecken?
Ist dieses schlechte Kissen wert
Daß hier dein Haupt der Ruh begehrt?

So soll ich dich verlassen, liebes Zimmer
Wo in mein Herz der Himmel niedersank
Den ich aus ihrem Blick, wie selig, aus dem Schimmer
Der Gottheit auf der Wange trank
Wenn sich ihr Herz nach ihm nach ihm empörte
Und ihr entzücktes Ohr der Sphären Wohllaut hörte.
Wenn sie mit Shakespeare der ihren Geist umfing,
Ha zitternd oft für Furcht und Freude
Der Engel Lust im süßen Unschuldskleide
In die Mysterien des hohen Schicksals ging
Auch ich sah ihren Pfad, auch mir
War es vergönnt, ein Röschen drauf zu streuen
Zur Priesterin des Gottes sie zu weihen
Und hinzuknieen vor ihm und ihr

Ach wär ich nur so rein gewesen
Als die Erscheinung dieses Glücks
Vorausgesetzt. Ihr höhern Wesen
Verzeiht dem Strauchelnden, euch waren sie erlesen
Doch Ewigkeiten Lust sind Kranken, die genesen,
Nur Freuden eines Augenblicks

Ja es erwarten dich du Himmelskind! der Freuden
Unzählige, durch selbstgemachte Leiden
Dir unbegreiflich, längst erkauft,
Mit Tränen ingeheim getauft.
Ja es erwartet dich, was du nicht lösen könntest,

Der Rätsel Allentwickelung,
Und höherer Gefühle Schwung
Wovor dir schwindelte, die du dir selbst nicht gönntest.

Indessen wird die weiße Hand
Des Jünglings Ungestüm beschränken
Und wem die Seele schon auf blassen Lippen stand
Die Lust zum Leben wiederschenken
Ich aber werde dunkel sein
Und gehe meinen Weg allein

SHAKESPEARS GEIST

ein Monologe

Der Schauplatz das Theater zu London. Die Kulissen mit einer Reihe Bogen bemalt, aus der eine unzähliche Menge Köpfe hervorguckt. Im Grunde die spielenden Personen der Gespensterszene in Hamlet. Garrick spielt. Shakespear tritt herein.

Wie? welche Menge? welche Stille?
Als wärens Geister. Welche Grille
Bezaubert diese tausend Köpfe?
                        Ich?
Mein Hamlet? Mein Stück!
Welch ein unerwartetes Glück!
Hamlet vor mir!
              Gott! – Schafft dein Schicksal
Menschen nach? Realisiert
Was ich in unvergeßlichen Stunden
Durchgezittert, durchempfunden
In meiner Seele aufgeführt?
O welch Herablassen! deinem Affen
Würdigst du Vater! nachzuerschaffen. –

Meine Shakespears! Ihr schenkt mich mir wiederum,
Liebes, liebes Publikum.

Guckt nur! bis ihr seht was ich sah
Als die Offenbarung mir geschah.
Bis euer Puls so fliegt, euer Leben erhitzt
So das Augenlid schwingt, bis euer Auge blitzt
Voll unaussprechlicher Verlangen
Die sich Luft machen auf den Wangen.
O ihr alle Shakespears an diesem Abend, alle
Meine Kinder! meine Widerhalle!
Bleibt nur den Abend so – darnach laß ich euch los,
Darnach werdt ihr wieder gewaltig und groß,
Seht hinaus über mich, könnt wider mich schreien
Könnt mir ins Angesicht speien
Kritik, Galle, Zorn,
Könnt, mich zu höhnen
Mich krönen
Mit Dorn,
Könnt ihr armen Ehrgeizigen
Meinethalben mich kreuzigen:
Hatte mein Gott, dessen Erdenkloß
Ich nur bin doch kein besser Los,
Hat euch doch ewig selig gemacht
Da ich euch nur um zwei Stunden gebracht.

Bleibt die zwei Stunden nur so – liebe Ichs
Liebe Shakespears! – Gott! wie beseligt mich's
Dies D e i n Gefühl, Urquell aller Gaben!
Menschen mich mitgeteilt zu haben.

Diese zwei Stunden nur – genug! –
Nun zu Gott zurück mein Flug!
Verschwindt.

LEOPOLD WAGNER

Verfasser des Schauspiels von neun Monaten

IM WALFISCHBAUCH

Eine Matinee

Der Schauplatz stellt den Bauch eines Walfischs vor mit allen dazu gehörigen Ingredienzen. Leopold Wagner stürzt herein über Hals und Kopf.

Potz Millius! was eine Hast und Tumult –
    Sich umsehend.
Ganz anders als an meinem Pult:
's pflegt doch sonst von Felsen und Höhen
Berg hinab immer sachte zu gehen
Hier stürzt man oberst zu unterst hinein
's muß ein rechter Saumagen sein.
  Es kommt ein großer Schwall Wasser den der Walfisch einschluckt.
Läßt das Vieh noch die Hintertür offen
Wäre bald an seinem Schnaps ersoffen.
         Schüttelt sich.
Ist mir so frostig und so weh
Hätt' ich doch hier nur eine Tass' Tee.
Oder Stahl mir Feu'r anzuschlagen
Hab' nie noch geraucht im Walfischmagen
Vielleicht den Tobacksrauch er scheut
Und wieder ans Land hinaus mich [speit.]
      Schlingt die Hände ineinander.
O wie schlimm haben's doch die Frommen
Weiß nicht wie hier hereingekommen.
Mit Gunst zu melden der Gott Apoll
War glaub' ich betrunken oder gar toll
Mich hier in einen Fischbauch zu zwingen
Um mein neu Drama zu Ende zu bringen
Ist doch weder Wein noch Bier
Zur tragischen Begeisterung hier

Soll mein Exilium solang dauren
Kann wohl hier zehn Jahre lauren
Eh hier ein Gedanke reift
Man am Wasser zum Fisch sich säuft.
Will doch einmal mit List probieren
Ob mich nicht kann hinausproduzieren
Will ihm kützeln die Galle sehr
Daß er frißt keinen Wagner mehr ff.

So kurz das Leben ist so sehr mein Herz erschrickt
Vor seinem kühnen Unterfangen
Und still steht vorm Gedanken daß die bangen
Akzente seines Grams bis zu ihr selbst gelangen
Des Grams den ich so gern verschwieg
Der nie zur Sprache sich verstieg
Doch jetzt, ach jetzt wer kann ihm widerstehen
Dem Wunsch sich wenigstens von ihr bedaurt zu sehen
Von euch ihr himmelvollen Augen, deren Licht
Mir Witz und Sprache leiht, die meinem Schmerz gefehlet
Und jeden Mund der von euch spricht
Mit göttlicher Beredsamkeit beseelet

DIE GESCHICHTE AUF DER AAR

Was machst du hier, lieb Mägdelein,
Am Wasser tief und schnelle
Und sitzest da am Bach allein
Mit nassen roten Bäckelein
Und guckst auf eine Stelle?
Hat dich die Mutter was bedroht?
Bekamst du heut kein Morgenbrot?
Hat Bruder dich geschlagen?
Du kannst mir alles sagen.

Das Mägdlein schaut ihm ins Gesicht.
Sieht, kehrt sich weg und redet nicht.
Sag, wo bist du zu Hause?
Herr! dort in jener Klause.

Er kriecht zur kleinen Tür herein
Und findt ein hagres Mütterlein
Auf schlechten Binsen liegen.
Sagt, liebe Frau, was fehlt dem Kind,
Es sitzt da draußen in dem Wind
Und ist nicht still zu kriegen.

Ach, lieber Herr, das Mütterlein
Mit schwerem Husten saget,
Es geht den ganzen Tag allein
Und leidt nicht, daß man's fraget,
Es hat von seiner Kindheit an
Nichts als beständig weinen 'tan.

So wahr ein Gott im Himmel ist
Euch muß was heimlich quälen,
Ihr sagt nicht alles, was Ihr wißt;
Ihr sollt mir nichts verhehlen.

Nun lieber Herr – und faßt den Mann
Mit beiden welken Händen an:
Geht an den Strom, fallt auf die Knie
Und dann kommt wieder, morgen früh,
Wird sich mein Husten kehren,
So sollt Ihr alles hören.

Der Blick, der Ton, der Händedruck
Dem Fremden an die Seele schlug,
Er geht zum Bach, fällt auf die Knie
Kommt zu dem Weiblein morgens früh,
Findt sie in bittren Zähren.
Ach, Herr! was uns verloren ging

Kann dieses Blatt und dieser Ring
Euch baß denn ich erklären.

Mit diesem Wort zieht sie ein Tuch
Aus ihrer Brust, darin ein Buch
Und in dem Buch ein Blättlein war
Bemalt mit plumpen Farben zwar,
Und an dem Farben-Blättlein hing
Als Siegel ihr Verlöbnis-Ring.

Auf diesem Blättlein schwamm ein Weib
Im höchsten Strom mit halbem Leib,
Ihr Kahn war umgeschlagen,
Und an des Weibes Zipfel faßt
Ihr Ehmann sich, doch diese Last
Schien's Wasser nicht zu tragen.

Je mehr der Fremd' aufs Blättlein sieht,
Je mehr ihm Aug' und Stirne glüht
Und darf sie nichts mehr fragen,
Bis sie die Brust tät' schlagen,
Und weint' und heulte außer sich:
Seht, lieber Herr, das Weib bin ich!

Um mich mußt' er ertrinken!
Ich in dem Schrecken rief ihm: Mann!
Ach warum faßt du mich denn an?
Und gleich sah ich ihn sinken.
Er rief – bei dieser Stelle quoll
Ihr starrend Auge minder –
Er rief im Sinken: Weib! Leb wohl!
Und sorg für unsre Kinder.

PYGMALION

An diesen Lippen, diesen Augen
Die Welt vergessend, hinzuhangen
Und aus den rosenroten Wangen
Des Lebens Überfluß zu saugen
An dieses Busens reiner Fülle
Die Schmerzen meiner Brust zu wiegen
Und auf des Schoßes Fried und Stille
Mit tränenmüdem Haupt zu liegen

Das war mein Wunsch – das ist mein Grämen –
Und soll mir doch kein Schicksal nehmen.

[SCHINZNACHER IMPROMPTÜS]

I

Woher, Herr Seelen-Archiater,
Der Geistlich-Armen Procurater,
Der Verse wahre Pia-Mater,
Der Versemacher Prior-Pater,
Von guten Schädeln stets der Frater,
Von allen Schwachen stets der Vater,
Von allen Starken der Calfater –
Kurzum, mein lieber Herr Lavater,
Des Herr Gotts Nuntius a Later! –
Sag Er, wo nehm ich einen Stater?

II

Herr Pfeffel, glaube mir, dein Name
Ward einst verfälscht von einer Dame
Qui grecaijoit comme on dit à Paris.
Aus deinen Versen sieht man klar,
Zehn Fehler gegen einen Treffer
Verwett' ich, daß dein Name war
Nicht Pfeffel, sondern Hofrat – Pfeffer.

WILLKOMMEN kleine Bürgerin
Im bunten Tal der Lügen!
Du gehst dahin, du Lächlerin!
Dich ewig zu betrügen

Was weinest du? die Welt ist rund
Und nichts darauf beständig.
Das Weinen nur ist ungesund
Und der Verlust notwendig.

Einst wirst du, kleine Lächlerin!
Mit süßerm Schmerze weinen
Wenn alle deinen treuen Sinn
Gott! zu verkennen scheinen.

Dann wirst du stehn auf deinem Wert
Und blicken, wie die Sonne
Von der ein jeder weg sich kehrt
Zu blind für ihre Wonne.

Bis daß der Adler kommen wird
Aus fürchterlichen Büschen,
Der Welten ohne Trost durchirrt –
Wie wirst du ihn erfrischen!

ACH, ihr Wünsche junger Jahre
Seid zu gut für diese Welt!
Eure schönste Blüte fällt;
Unser bestes Teil gesellt
Lange vor uns sich zur Bahre.

ERWACH ich zum Gefühl, stößt die beklemmte Brust
Die Seufzer aus, die sie erstickt sich unbewußt,
Ist's recht auch, daß zu deinem Grab die Tränen fließen,
Die zur Erleichterung sich aus trübem Aug' ergießen?
Ists Pflicht, sich sinnenlos um eingestandne Pein,
Verstummend, unerklärt im Herzen zu verzeihn?
Verdunkelt sind nunmehr die Freuden meiner Tage
Dein traurig Schicksal bleibt der Vorwurf meiner Klage,
Und laß die Welt mich schmähn, Albert wird mir verzeihn,
Dich liebt ich als den Freund höchst zärtlich, engelrein
Ein allzuzärtlich Herz verlangte Albert nicht,
Gern hätt es eingestimmt zu der geliebtern Pflicht,
Dem unglückselgen Freund keinen Hoffnungsblick gegeben
Um ihm die stille Glut im Busen zu beleben
Ja ich, ich wars die ihn aus seiner Brust fortriß,
Durch mich beweint in hoffnungsloser Kümmernis
Die Mutter den geraubten Sohn
Und Wilhelm seinen Freund, den er dort fern vom Thron,
Dem Abadona gleich vielleicht von weiten sieht;
Und heiliger verklärt von ihm, nun traurig fleht.
Dort wo du einsam ruhst, dort irrt die Phantasie
In schwermutsvolle Lust, und bricht in Melodie
Der Trauertöne aus, häuft Vorwurf auf den Schmerz,
Der langsam tötend auch zerreißt mein leidend Herz.
Ach! wär' es mein Geschick, dich einst zu überleben,
Für was für einen Preis hätt ich mich dir ergeben. –
Das rührende Geschenk das deine Hand mir gab,
Erinnert mich ans Grab,
Ich schaudre, fühle Frost durch meine Adern gehen,
Versteinert bleibt mein Herz als Monument hier stehen.

HYMNE

O du mit keinem Wort zu nennen,
Den alle haben und verkennen,
Den, selbst wer ihn mit Zwang verehrt,
Auch vor ihm fliehend, noch begehrt.
Selbst der, den du im sanften Bilde
Des Weibs entzückst, wie jener Wilde,
Der gegen Todeswälle steigt,
Und dir, ja dir entgegen schweigt!
O du, wie anders als Schimäre
Des Heuchlerdursts nach Pöbel-Ehre,
Dich, nein: nur sich der blöden Welt
In deinem Kleide dargestellt,
Und dennoch selbst in diesem Bilde
Ihn nicht verlierst, den Strahl von Milde,
Der im verzerrtsten Angesicht
Noch Reste deiner Gottheit spricht.
Alldulder! – dieser Ahndung Glück –
Sonst alles – nimm es nie zurück!
Laß mich es hegen, wie zuvor
Als höchsten Reiz, den ich erkor,
An dem ich mich im stillen sonnte,
Eh ich es wagen, sprechen konnte,
Und dadurch mein Gefühl verlor.
O du, dem alles, was wir geben
Und geben können, Dank nur ist,
Und doch der Ohnmacht im Bestreben
Schon gleich mit Wohltun nahe bist!
Wer dankt dir, Gottheit – wenn wir brennen
Daß wir dich Vater nennen können,
Und der umfangne, der dich singt,
Nicht bang in Scheiterhaufen springt.
Wer hält uns, solchen Wert zu fühlen,
Wer zieht der Nerven Saiten nur
So hoch, als zitternd die Natur
Sie ausgesponnen, dich zu spielen! –

Wer dankt dir, daß du Schwachheit trägest,
Und Stärke bei der Ohnmacht liegt,
Daß du durch Menschen Stürme legest,
Mit denen unsre Seele fliegt,
Wenn Eigendünkel sie betriegt! –
Und doch dies Herz, wenn du es schlägest,
Ein Zug von Stolz im Schmerz vergnügt,
Mit dem es sich zu dir erhebt,
Bis alle die Verwirrung fliehet,
Und von der Höh', auf der er bebt,
Er eine Welt voll Segen siehet,
Wo Demut den Genuß belebt.

O du, was ist, erschwäng, erhübe
Sie gleich bis an den Himmel sich,
Was ist des frömmsten Menschen Liebe
Allsiegend Feuer! gegen dich?
Gibts eine, die so wenig drückt
So unabsichtlich groß entzückt,
So vorbereitend vorbereitet,
Nach jeder Fähigkeit beglückt
Und, wie die Sonne ausgebreitet,
Zu höherm Glückwunsch jede leitet?

Auch auf dem Hügel, wo ich stehe,
Standst du, und Gott auf welcher Höhe
Littst du, für das, was ich von Dir
Erhielt – littst du den Tod dafür,
Den Tod und welchen! – welch ein Leben
Dahinzuschleudern – welch ein Leben,
Das Plan zu diesem Tode war,
Ein langsam überlegtes Streben
Nach unerbittlicher Gefahr!
Bewußtsein – halte Gott! den Schwachen
Nun Schritt vor Schritt den Weg zu machen,
Von dem kein Wesen wiederkam.
Ach, wo dich aus dem Todesnachen

Verzweiflung in die Arme nahm.
Sie tat sich auf, sie eine Hölle,
O liebenswürdger unter dir!
Und Engel bebten an der Schwelle,
Ach Engel bebten zu vergehen,
Dich auf dem Weg dahin zu sehen,
Und du, ein Mensch, du gingst ihn ab –
Es schloß sich zu das geistge Grab;
Und – Gott! mein Gott! nun über dir
Und – Herr mein Gott – an meiner Stelle –
Wer bin ich, der, befreit vom Bann,
Das denken und noch leben kann!

DIE ERSCHAFFUNG DER WELT

Ein Traum in den Schweizergebirgen

Auf ihr Geister, zur Arbeit, es ist noch
Viel des Geschäftes bevor!
Schaut, dort liegt die Erde vor euch,
Ein dunkler Klumpen, aber der Herrlichkeit,
Die ihm mein Rat beschloß, soll es kein Ende sein.
Daß wir aber nicht schaffen in der Luft,
Sondern am Abend des Tagwerks uns freuen,
Setz' ich auch Götter daher wie wir,
In einen Leib, der aller Kreatur
Inbegriff und Abbild ist. Mehr und weniger.
Horcht! und denkt diesem Gedanken
Nach in die Unendlichkeit.

Welche Verschiedenheit, welche Einheit!
Feuer und Wasser die großen Räder,
Die alles drehen. Ewigen Feuers
Kraft! wie viel Feindschaft bei dir!
Und ohne sie das Ganze doch tot;
Feuer leuchtend, Wasser dunkel

Und verschlingend die himmlischen Strahlen,
Feuer treibend, Wasser ersinkend,
Feuer auflösend, Wasser verdichtend,
Und ihre Festigkeit Erde genannt,
Und die ewige himmlische Freundschaft
Jauchzt der Siege, die daraus entstehen!

Schaut eine Ebene voll Kräuter und Lilien,
Die des Feuers Anblick gemalt,
Schaut die Gebirge, die sie umschließen,
Und die Felsen, aus Wasser gekocht.
Schaut das Rauchwerk der Naturdünste,
Die sich der Sonne zu heben,
Dann in tausend Farben zurück
Über die Welt als Wolken schweben.
An den Felsen herab hangt ein Mensch,
Dessen Aug wie die Erde gebildet,
Alles, was darauf ist, verkleinert empfindet,
Daß er für Staunen und Lust nicht vergeh.
In dem Wasser seines Auges
Stecken Geheimnisse, nie zu ergründen,
Hängt die Gemeinschaft Himmels und der Erde
Und ihre Geister, all euer Glück.
In dem Feuer seines Auges
Stecken Geheimnisse, nie zu ergründen,
Und du Erde, die ich gebildet,
Deine Verherrlichung und dein Glück,
Damit sucht er, damit liebt er,
Damit bildet er, setzt zusammen,
Was er gesucht, geliebet, gebildet
Und erschafft – o Spiegel von mir,
Wenn du den Kreis deiner Kräfte kennest.

In dem Wasser seines Auges
Tauchen sich alle Feuertriebe
Einer Schöpfung selig und ruhen
Selige Geister, da ruhet ihr

Und beglücket ihn und werdet beglückt.
O du ewige himmlische Freundschaft!
O der Wunder Unendlichkeit!

Weh uns, weh, so riefen die Geister!
O das Mittel die ewig verschiednen,
All die Götter zu herbergen.

Furcht und Begier, die großen Mittel,
Feuer und Wasser, die ganze Natur.
Wähnen, sie wärens, fühlen sich Götter,
Fühlen sich toter als Staub und Nichts.
Zagt nicht, Geister, sie sollen beisammen,
Alle beisammen in einer Welt
Ewig sich lieben, ewig sich hassen,
Und nicht wissen, wie sehr sie sich lieben,
Wie sie sich hassen, wie sehr sie sich wohltun
Und wie alles in mir schwindet.

Schaut die Liebe ist ihre Seele,
Liebe ihr Wirken, was es auch sei.
Schaut die ewigen Funken des Himmels,
Schaut die Wunder, die er erschafft.
Aber die Furcht, die Ruhe der Schöpfung,
Furcht das große Grab der Natur,
Wo alles erstarrt, doch haben sie keine
Größere, keine ungemeßnere,
Als die ewige Furcht vor einander,
Weil sie ihr Glück von einander erwarten.
Schaut, das hält sie, zaget nicht.

Jeder glaubt dem andern das, was er ist, und mehr.
Und unendlich weniger, wenn er mich fühlt.
Schaut das hält sie, zaget nicht.

Schaut die ewigen Wunder der Furcht.
Jeder weist dem andern die schlechteste

Seite von sich selbst – die beste zu mir.
Und das hält sie, sie würden erbittert
Einer des andern Absicht durchkreuzen,
Und ein Chaos würde die Welt;
Daß die kleinen Außenseiten
Platz bei einander im Ganzen finden,
Haben sie sich ein Mittel erfunden,
Ihre Begierden auszutauschen,
Und das Mittel nennen sie Geld.

Aber die große Begierde von mir
Tauschen sie nie. –
Entweder sie schlummern im Eise der Furcht,
Oder sie wirken im Feuer der Liebe
Ewige Gottesverschiedenheit.
Tausend wissen nicht, was sie wirken,
Und noch minder warum –

Jeder scheut des andern Auge,
Scheute gern meins und leugnete mich –
Leugnet mich – und beweist mich durch Taten.

Nur das Genie, das, seiner Schöpfungskraft
Sich bewußt, mich trunken fühlt
In jeder Natur und Gestalt der Schöpfung,
Nur das Genie erzittert nicht.
Schau, es enthüllt sich ewig den andern
Ohne Furcht und fühlet in andern
Den sich neu offenbarenden Gott;
Fühlt er höhere Wirkungskreise,
Wirkt auch er auf seine Weise
Und setzt alles ins Gleichgewicht.
Nur das Genie mißtrauet sich nicht.
Wie zwo Berge bei einander,
Ohne sich zu berühren, stehn,
Und doch immer ihre eigne,
Immer des andern Größe sehn.

Zwar auch sie in Grenzen zu setzen,
Unter Menschen Menschen zu sein,
Fühlen die Furcht in ihrer Schwäche,
Wenn sie müd von der Arbeit ruhn,
Wenn die Sonne den Himmel verläßt,
Alle Gestalten zusammenschwimmen,
Die dem Geist nach sich widerstimmen,
Mit von ihrer Kälte gepreßt.
Ach da türmen sich Schreckbilder auf,
Wie kein Mittelgeschöpf sie empfunden.
Und ein zürnender Gott scheint ihm sein Bruder,
Der ihm den Fuß auf den Nacken setzt;
Jeder Mensch ihm größer und besser,
Jedes Geschöpf ihm lebendiger als er,
Bis in die innerste Wurzel der Seele
Sich die Urstimme wieder erhebt.
Hier ist Berg – und Götter und Menschen
Werden auf dir ihres Daseins froh.

Schaut, so schaff ich, und so bestehn
Alle Geschöpfe neben sich,
Stärke und Schwäche so innig verbunden,
Ewig verschieden, ewig einander ähnlich und mir.
Schaut die Wunder meiner Schöpfungs-Demut
    so nahe der Größe.

In ihren Augen finden sie Ruhe,
Denn von da aus sprech ich sie an,
Und nur wo sie in ihnen mich finden,
Wie sie denn überall,
Wo das Paradies nur sich ahnden läßt,
Auch wider Willen suchen mich müssen –
Freuen sie sich.
Ich der Urstoff ihrer Begierden und Frechheit,
Ihre Sättigung ewig Ich.

Schaut am glatten Felsen hinunter
Rinnt der Quell im Sonnenschein.
Nicht umsonst so silbern und rein.
Da keucht einer den Felsen hinan,
Dem die Sonne das Leben genommen;
Zehnfach wird ers wieder bekommen,
Himmlische Kühlung, du wartest auf ihn.
Seitab im Tale die ruhige Hütte.
In ihrem Eingang mit glänzendem Kinn
Harrt unterm Strohhut ein Engel auf ihn.
Arme und Busen strebt ihm entgegen,
Um der Unsterblichen Neid zu erregen.
Schaut, er klimmet zur Quelle hinauf.
Gute Stoa, sich selbst zu bezwingen,
Magst du Starken, als Weisheit singen.
Ströme hier Gift, ich schlürfte die Pein
Zuckend zu sterben, mit Wollust ein.
Und seine hohle Hand gewährt ihm einen Himmel –
Er kniet und dankt für einen Tropfen, in dem ich war.

Ach an diesem Busen zu ruhen,
Himmel und Hölle in diesem Arm,
Eine schnelle Entzückung lang.
Macht dann auf ewig mit mir, was ihr wollt.

Und er kommt und sieht ihr ins Auge,
Und vergißt, was er von ihr verlangt.

Niemals ist er frömmer gewesen,
Als in diesem Augenblick,
In sein ganz entzücktes Wesen
Fließt der ganzen Gottheit Glück.

Nun, nun darf er sie umarmen
Wie er den Fuß einer Heiligen umarmet,
Darf ihre heilige Lippe berühren,
Wie ein Sünder die Hostie küßt.

Erdegebückt geht ein anderer vorüber,
Dem der Most die Begier geschwellt,
Der die Gottheit des Auges nicht fühlt,
Dem das Geschlecht allein gefällt,
Und er bleibt versteinert da sitzen,
Sieht auf jenen mit Mitleid herab,
Weil die Natur sich so zu erhitzen,
Zu viel Furcht und Hochmut ihm gab.
Meint, er habe sich selbst überwunden,
Dünkt sich weiser und bleibt ein Tor,
Bis er die Furcht in tierschen Stunden
Mit einem Tier, das ihm gleicht, verlor.

Schaut, so halt ich sie alle beisammen,
Wie den Berg und das strupfigte Tal,
All' in unterschiedlichen Flammen,
Unterschiedlicher Lust und Qual.
Fürchtet nicht, ihr höhern Seelen,
Euren Genuß vom Neide der Niedern
Jemals getrübt zu sehen.
Ihr genießt mitten unter ihnen.
Sie begreifen's und ahnden's nicht.

Schaut da steht er, der göttliche Maler,
Hängt an Felsenwand herab
Über der Aussicht, die seinem Pinsel
Die Natur zur Eroberung gab.
An dem Fuße des Felsen kauert
Sich der Landmann über den Pflug.
Schaut wohl empor und lachet des Gottes,
Der ihn zu der Unsterblichkeit trug.
Aber sein Schweiß düngt jenem die Erde,
Der seinen Geistern mit Fröhlichkeit naht,
Dort durch Leiden, hier durch Beschwerden
Wird ein Heiland des andern wert.

Schaut die Augen, wie ewig verschieden,
Hier der sonnigte Feuerblick,
Dort die Bläue, das Bild des Friedens,
Wo sie dunkler, das Zeichen der Duldung
Und in jedem des andern Glück.

Wie die Sonne in dunkle Fluten
Gern all ihren Glanz versenkt,
Bohrt das brennende Aug' im Guten,
Bis es all seine Pein dort ertränkt.

Lieb ist allen das Wirken und Streben.
Selbst der zweifelnde Lästerschrei,
Denn die Foltern, die ihn umgeben,
Wirken allein auf sein Geschrei,
Wenn er alles, was lebet, fürchtet,
Fürchtet er sich nur vor sich selbst,
Und der ärmste der ganzen Schöpfung
Lebt im Goldgebirg – und er – –

Ha mein Donner hat sie gezeichnet,
Sie zersplittern wie Felsen,
Da liegen sie und missen auf ewig,
Ach! der Wollust der Ähnlichkeit!
Auf sie treten meine Gesalbten
Mit der ganzen Natur befreundet.
Auf sie treten sie hin wie auf Felsen,
Die mit keinem Geschöpf sich verzweiten.

Doch auch sie sind fest wie Felsen,
Aber nicht trocken und hart wie die,
Grünend, blühend von Sympathie,
Scheint in ihnen erschaffen durch sie
Eine ganze lebendige Welt sich zu wälzen,
Schaut, das Feuer sprengt ihre Seele,
Mit der Liebenden Ungeduld,
Schaut, das Wasser erhält ihre Seele
Mit allhoffender Geduld.

Schaut, die Erde macht ihren Vorsatz
Unerschütterlich ewig, wie sie.
Ihr könnt Welten aus Angeln heben,
Aber nicht ein liebendes Herz, – nie!

    Zur Hochzeit zweier Täubgen
    Von jeher Mann und Weibgen
    Die nicht sich auserkoren
    Die nur sich nicht verloren
    Soll Euer Liebden Gnaden
    In aller Ehrfurcht laden
    In ihrem Namen zwar
    Der Hochzeitsbitter Paar
    Wer Herz hat froh zu sein
    Wo treue Liebe thronet
    In vollem Sonnenschein
    Wens stärket, wens belohnet
    Der trete froh herein
    Versuch es mit zu schwärmen
    Und fühlt er eignen Schmerz
    An ihrem Glück zu wärmen
    Sein schweizerliches Herz
    Exempel nur genommen
    Es wird an ihn auch kommen
    Die Welt ist rund und weit
    Hat jeder seine Zeit.
    Es kann durch langes Trauren
    Leicht unser Herz versauren
    Und wenn wir uns zerstreun
    Ist doch die Lust nicht rein
    O der ist proskribieret
    Wen fremdes Glück nicht rühret
    Der kann es selbst nie sein
    Kein Tier freut sich allein.

Es müßt denn sein von Tieren –
Doch wo komm ich hinein
Mit meinem Pourparlieren
Wollt Euch nur demonstrieren
Daß wenn sich zwei genieren
Und jeden invitieren
Vor ihnen zu scharmieren
Ihr nicht dürft sagen: Nein.

AN DEN GEIST

O Geist Geist der du in mir tobst
Woher kamst du, daß du so eilst?
O verzeuch noch himmlischer Gast
Deine Hütte vermags nicht
All ihre Bande zittern
Kann nicht weiter empor.

Sei nur getrost, bald bist du frei
Bald wird dirs gelungen sein, grausamer
Teurer grausamer Gast!
Bald hast du dein steinern nordisch
Treues Haus übern Kopf dir zertrümmert
Ach da stehst du wie Simson und wirfst
Wirfst – strebst – wirfsts übern Haufen
Weh uns allen, schone noch, schone
Dieser treuen Hütte Trümmer
Möchten dich sonst unter sich begraben.

Sieh noch hält sie mit schmeichlenden Banden
Dich zurück, verspricht dir reine
Tausend reine Lebensfreuden
Zur Belohnung für deine Müh.
Schone noch Grausamer, Undankbarer
Kehre zurück, heft' ihre Gelenke
Wieder mit zarter Selbstlieb zusammen

Denn Gott selber baute sie dir,
Klein und gebrechlich wie sie da ist.

Wenn sie ausgedauret dann breche sie
Erst wenn der Baum gesaftet geblüht
Früchte mehrjährig getragen, verdorr' er,
Gehe sein Keim ins ewige Leben
Aber jetzt, heilige himmlische Flamme
Jetzt – Erbarmen! – verzehr ihn noch nicht.

EMPFINDUNGEN EINES JUNGEN RUSSEN

der in der Fremde erzogen seine allerhöchste Landesherrschaft
wieder erblickte

So ward ich denn noch dazu aufgehoben
Das Angesicht zu sehn, das unter Still und Nacht
Und Sturm und Sonnenschein wie eine Gottheit oben
So manches Tagewerk ausbildend schon vollbracht
Und Völker, welche sie in hundert Sprachen loben,
Zu einer Nation gemacht.
Da stehn sie um sie her, mit Flammen in den Blicken
Die Glücklichen, den Segen auszudrücken,
Der ihr seit der Vereinigung
Von einer halben Welt gelung. –
Da steht der große Geist: der, Muster von Regenten,
Doch keine Mutter sah wie Die;
Den Friedriche belohnen könnten
Doch glücklich machen nicht, wie sie.
Sie, die das Ganze zu umfassen
Selbst ihrem Scharfsinn wehrt, sobald er Wesen drückt,
Die zu Maschinen sich einmal nicht brauchen lassen
Und schienen sie noch so beglückt.
Sie die so menschlich herrscht, daß jeglichem Talente
Die Fessel von den Händen sinkt,
Sie die selbst da, wo Titus zwingen könnte

Nie anders als durch Freiheit zwingt. –
Da steht der schwache Kopf, für den, in dem sie denket
Erstaunt, daß sies ergänzt, an seiner Statt vollendt,
Worauf er hoffnungslos die letzte Kraft verschwendt,
Woran er sich zersann, daß sie den Schwindel lenket
Und selbst den Phaëton sanft auf den Boden senket,
Damit er keine Welt verbrennt.

So ist denn das die Frau, die über jedes Lob,
Das Schwachheit oder Furcht diktierte,
Durch Taten, die kein Lob berührte,
Und durch Bescheidenheit unsterblich sich erhob? –

Die selbst die Schmeichelei durch unbesungne Schritte,
Womit sie nach der Wahrheit rang,
Oft durch das Gegenteil, oft durch die weisre Mitte
Zu heilsamer Beschämung zwang.
Die jede Politik studierte,
Zu lernen nie verschmäht', auch wenn kein Lob es riet;
Selbst das erschuf, was sie kopierte,
Der Fehler feinsten Anfang mied
Und standhaft, wenn um sie die Staatskunst kabalierte
Selbst da, wo oft ein Pitt nur Zweifel kalkulierte,
Den feinen Schlangenpfad, der zur Vollendung führte
Allzeit mit Sicherheit entschied. –
Die still und sanft ihr Reich auf einen Felsen baute,
Auf zweier Welten Schlangen trat
Und dann – mit Petern um sich schaute
Auf einen ewigfesten Staat.
Die Frau! die selbst in ihren Kriegen
Noch Muster ist und Herzen nur besiegt,
Der die Bezwungnen selbst mit Dank zu Füßen liegen,
Weil sie ihr Unglück nur bekriegt.

Wie aber? – jener Blick voll Kraft und doch voll Güte
Der Weise selbst zur Ehrfurcht zwingt,
Mit wundervoller Jugendblüte

Die Mentors um sich her verjüngt:
Ist das der junge Fürst, der schon so lang sie heget
Gefühle jener Art, wie Peters Brust bewegt,
Und sie verschließt – weil er die Kräfte wäget,
Mit denen er die Welt einst trägt?
O teurer Fürst! der Kenner wird sie finden,
Des Weisen schärfster Blick sie gründen
In deinem feinsten Zug, wenn er dein Bild vergleicht,
Den Ahnherrn sieht, erblaßt – und schweigt.
Geliebte Größe! die durch sanft verschwiegne Tugend,
Die durch zurückgehaltne Kraft
Schon jetzt sich eine Welt erschafft,
In der sie Vorbild ist: sieh unsre beßre Jugend,
Bekannt mit jedem Reiz der Tugend,
Die still und froh in Deinem Beispiel liest,
Der es, indem es sie zur Lust, zum Kampf begleitet,
Das Saitenspiel, so wie den Bogen leitet,
In jeder Klasse Vorbild ist.
Kurz, der, Du Mensch Apollo bist.
Für diese ists, daß Du die Triebe zwingest,
Die Dich so menschlich sanft zum Schutzgestirn erhöhn,
Und dann im Geist hoch über Wolken dringest
Zahllose Herzen glühn zu sehn.
Für diese ists, daß sich in Unschuldstänzen
Der süße Pfeil in jeden Busen pflanzt
Und Beifall, womit nur die freisten Seelen kränzen
Dein Herz, ganz Güte, sich ertanzt.*
Für diese ists, daß eitle Lorbeerreiser
Dies Herz verschmäht und Alexanders Ruhm,
Für einen Blick, der redlicher und weiser
Dir sagt: Du wirst der Herzen Kaiser –
Auch meines ist Dein Eigentum.

---

* Daß das Tanzen, bei dem Zwange, in dem unsere Fürsten leben, die einzige Gelegenheit ist, sich dem Volk vorteilhaft zu weisen und ihre Liebe zu gewinnen, kann man nur beurteilen, wenn man lang an Höfen gelebt hat.

Ja Prinz! die Frau, die Dich der Welt geschenket
Ward dadurch Mutter auch für mich.
Daß sie der Welten Zügel lenket
Ist groß, doch größer nicht, als das: Sie schenkt' uns Dich.
Sie gab die Fürstin uns, die Paulen glücklich machet
Und durch ihn eine Welt, die, wenn er glücklich ist,
Mariens Schatten segnend küßt
Die den in ihr verehrt, durch den die Erde lachet
Der keines Staubs darauf vergißt.

AUF DES GRAFEN
PETER BORISSOWITSCH SCHEREMETJEFF
VORGESCHLAGENE MONUMENT

So dringt ein Sonnenstrahl durch Wald und Tal und Grüfte,
Verklärt das Meer im Sturm und dort den sichern Quell,
Vergoldet hier ein Blatt, dort starre Felsenklüfte,
Macht hier des Löwen Zorn und dort ein Würmchen hell.

So sehn wir an dem Tag', als Catharinens Leben
Das Wohl der Welt erhöht, das Vorurteil der Zeit
Wie einen Vorhang fliehn, den Tempel sich erheben
Der mit den Sternen währt von Rußlands Herrlichkeit.

Nicht für die Ehre nur besorgt, entfernt zu glänzen,
Zieht wesentliches Glück auf dampfend Eis am Bär,
Zum Süd, wo Steppen glühn, winkt Sie mit Himmels-Kränzen
Verdienst Talent Geschmack aus Rosenhainen her.

So tritt kein Sterblicher, kein Strauchler auf die Bühne,
Ein großes Herz allein schätzt was ihm ähnlich ist.
Durch Peters Monument verheißet Catharine
Und teilt die Losung aus nach welchem Maß sie mißt.

Bald wird, wo der Koloß nach seinen Flotten schaute
Die Er, wie eine Welt der Schöpfer, werden sah,

Europens Retter ziehn, bald steht ihr Argonaute
Auf viel Jahrhunderte zum Schutz der Handlung da.

Bald wird sie Gallizins, Rumanzoff, Panins finden,
Des Sultans ganze Macht Vergünstigung nur sein.
Denn weiß die Göttliche wie Rom zu überwinden,
So wußte Rom wie sie nicht Nachbarn zu verzeihn.

Hier ist mehr als Trajan. Von Hermen rings umgeben,
Wie Ingiald* zaubrisch einst durch Runen Völker lenkt',
Sehn wir auch sie Gesetz den wildsten Schwärmen geben
Die, so beschützt, aus Dank sich selber eingeschränkt.

O rührendes Gesicht! Vom End der Erde strömen
Die Völker um den Thron, den sie sich selbst erwählt,
Und sind, da sie ihr Band aus Mutterhänden nehmen,
Sich selbst nur untertan, wiewohl von Ihr beseelt.

O Wollust! einen Geist in Millionen hauchen –
Und welchen Geist! – O Glück, das der nur schmecken kann
Der jeden Augenblick bereit, es nicht zu brauchen
Es aufzugeben ist, spräch ihn ihr Wohl drum an.

AUF DEN TOD S. ERL.
DES OBERKAMMERHERRN SENATEUR UND GRAFEN BORIS PETROWITSCH SCHEREMETJEFF

Er tritt vom Schauplatz weg. Ihr Schmeichler! hier kein Lied!
Ja Scheremetjeff ist Gesichten gleich verschwunden
Und hat die Kunst die keine Größe sieht
Als wo Belohnung rauscht – großmütig überwunden.

---

* Ingiald Illräd war der erste König in Schweden, der die dem Andenken berühmter Leute errichteten Runen einführte, Gesetze darauf zu schreiben, daher man ihnen eine zauberische Kraft beimaß, weil soviel ungebundene Nationen sich dadurch zum Gehorsam fesseln ließen. – Trajans Säule war nur mit seinen eigenen Taten bezeichnet.

Soll Dankbarkeit, gleich jener Nachtigall
Die in verhehlten Büschen klaget
Indem der Himmel ob ihr taget –
Auch schweigen über solchen Fall?

Mag der Pedant nach Wappen suchen,
In mürben Chroniken erfragen, welches Blut
Durch diese Adern rann. Den Göttern mag er fluchen!
Ihm gilt ein Marmorklotz in einem Grafenhut
Soviel als die Person, die ach! uns unverweslich
Dem Herzen nach nur unvergeßlich
Hier überschwemmt von tausend Tränen ruht.

Durch Beispiel stellt' er sich an unsers Adels Spitze
Der ihn im Herzen fühlt, noch von ihm angeweht
Ward der verborgnen Tugend Stütze
Und das Organ der Majestät.

Ihr Könige! was ist der Wert
Von einem falschen Lorbeerkranze?
Von Schild und Trommel, Fahn und Lanze
Womit man euer Grab beehrt?
Ihr unterschriebt, was andre taten
Und glaubtet dem Betrug, der auf die Unterschrift
Oft Gott Natur und Pflicht verraten.
Ach ihre Schmeichelei, ihr Lob ist oft ein Gift
Das mehr als ein Jahrhundert trifft.

Ein Kranz von Zähren der Gedrückten,
So ihr befreit, glänzt in der Sternenwelt
Und späte Seufzer der Beglückten,
Auch wo kein Beifall lockt, bestätigen den Held
Und machen, was der Mensch und nicht die Rolle war
Der bessern Nachwelt offenbar.

Wie wenig fand ich der Monarchen
Piasten gleich, Dir Numa! gleich,

Die aus der Einsamkeit gezogen, Aristarchen
Gewannen, um sich her ein unabsehbar Reich
Nicht zu bezwingen, zu beglücken;
In keiner Nische sich mit Gottesfurcht zu schmücken
Und an dem Weihrauch zu erquicken
Der Gott allein gehört. Wo leuchtet das Gesicht
Das menschlich weint, wenn auf den vieren
Die Einfalt zu kapriolieren
Sich für verbunden hält, um nicht
Nach stumpfer Priester Wahn, den Himmel zu verlieren.

Ihr Cäsare der bessern Zeit!
Das Vorurteil des Volks verwandeln
Ist nicht so leicht, als um zehntausend Opfer handeln,
Die durch ihr Blut versiegeln daß Bojaren
Vor mehr als ein halb tausend Jahren
In Moskau wie in Rom geritten und gefahren.

Ihr winkt – und eine beßre Welt
Steht, Schöpfer! um euch her statt dieses Schwalls von Tieren
Die immer nur nach euch visieren
Und ihre Leidenschaft in eure Rechnung führen.
Ach ein Apostel wird der Held
Der edel zürnet, wenn im Zelt
Ein Babylonier vor ihm aufs Antlitz fällt.
In seinen Adern fließet Blut
Von dir verklärter Graf! an seinem Herzensherzen
Erinnert es und pochts, den Ruhm nicht zu verscherzen:
Ein Mensch steht unter Deinem Hut.

Er winkt mit edlem Überdrusse
Dem Schwulst genährt von Dichterwut,
Der Kunst die niemand nützt, dem tauben Löwenmut
Der Eiferer um nichts – zu jenem trüben Flusse,
Wo die Vergessenheit für Muttersorgen blind
Sich durch verbrannte Pfützen windet.

WAS IST SATIRE?

An Herrn Kaufmann,
Gelehrten und Geistlichen zu Moskau

Auf einen Menschenrumpf den Kopf des Pferdes passen
Ist wie Horaz uns lehrt dem Dichter nicht vergönnt.
Doch hat Homer, den man dafür erkennt
Durch Circen seine Freund' in Bären wandeln lassen.
Hat er dabei gedacht? Hat er die edlen Rollen
Der Helden am Ilyß dadurch verspotten wollen?
Das ist undenkbar. Peinigen
Der Sänger aus Mäonien
Personen die er schätzt? – Nein, und was wollt' er denn? –
Der Frösch und Mäusekrieg ist ähnliche Satire.
Auf wen? auf seine Freund'? Auf seine Feinde? Nein!
Mich deucht, es kann ein Fall, wo keines statt hat, sein
Sonst wär er selbst das größeste der Tiere.

Man hat geschliffne Gläser die
Uns selbst das Schönste so verzogen
Verzerret weisen, daß wir nie
Dran denken, dieses Bild ist vorsätzlich gelogen
Um uns nach Kummer, Tränen, Wachen
Durch ein recht herzlich biedres Lachen
Die Galle und die Milz ein wenig leicht zu machen.
Ein solcher Spiegel ist die Poesie
Von einem launigten Genie
Und hat man wohl auf dieser Erden
Was Drollichers gesehn, als böse drauf zu werden?
Ja auf den Hetzer der uns reizt
Und sagt der Spiegel sei nicht konisch
Er sei getreu, kurz, der auf gut lacedämonisch
Mit Gassenbubenschnörkeln beizt.

Anwenden was ins große Blaue
Hineingeschrieben ward, seis Lust- und Trauerspiel

Sein Laster vorgestellt, sei Torheit, Schwachheit, Ziel
Der Übertreibungen, ist, daß ichs dir vertraue
Bescheidner Philosoph, des Ungeheurs am Nil
Das schreiet wie ein Kind und Menschen frisset,
    Sache.
Ists denn des Messers Schuld wenn ichs zum Mordschwert
    mache?

Wozu die Messer überhaupt
Ruft Orgon, kann man nicht mit bloßen Händen essen?
Das steht den Herren frei. Doch uns erlaubt
Wirds gleichfalls sein, mit Tartarn nicht zu fressen
Die gar gerittnes Fleisch originell und kühn
Mit Zähnen von den Knochen ziehn.

So gehts, daß ich die Klinge nicht verliere,
Fast buchstäblich mit der Satire.
Es gibt Gelegenheiten [gnug,]
Wo sich der M[enschenwitz verwirrte,]
Und weil noch nie [ein Mensch erkannt hat, daß er irrte,]
Den Edlen oft in [schwere Fesseln schlug.]
Bei den gehäuften Widersprüchen
Von Stellungen und Reibungen
Gibts immer Übertreibungen
Und tausend Stoff zum Lächerlichen.
Wär da für die Geißel nicht mit der ein Götterarm
Der Hauptstadt Tempel selbst gereinigt:
Wohin die Rasenden gelaufen
Um zu verkaufen und zu kaufen,
Die edelste Natur, gepeinigt
Erläge dem verwünschten Schwarm
Von Leiden und dem ewgen Harm
Womit uns Eigensinn und Wut der Torheit steinigt.

Wo ist ein Haus, wo eine Zunft,
Wo eine Innung ausgenommen?
Wo sieht man Leute mit Vernunft

Und Schonung so zusammenkommen
Daß niemand sich die Freiheit nimmt
Und unsern Geist zum Kot hin unterstimmt? –

Dergleichen Stimmungen zum voraus zu verhüten
Bleibt allemal auch Pflicht, denn wer kann sich gebieten
Daß, wenn man Hand und Fuß ihm in die Folter schränkt
Er wie gewöhnlich spricht und denkt.
Verbrechen selbst kann diese Pflicht, die kränkt
Doch nur zu kränken scheint, um Kränkung vorzubeugen
Abwenden und dem Tor zur Weisheit Pfade zeigen.

Was ist beglückender als wahre Gottesfurcht
Was tröstlicher im Sterben wie im Leben?
Was kann der Stirn die blöde Sorge furcht
Das Siegel Götterhauchs und Abkunft wiedergeben?
Doch gibts Erbärmlichers wohl was in der Natur
Als einen Menschen zu dem Affen
Von unsrer Neigungen Gewohnheit, umzuschaffen?
Und die Bekehrungswut hat um die Welt zu strafen
Doch Länder, Welten schon mit Menschenblut beschwemmt
Weil sie der kalte Ernst der Weisheit niemals dämmt
Und seit der ersten Sonnenuhr
Ein Mensch der Gott zu sein vom andern stets begehrte
Und allen seinen Zorn stets auf den Bruder leerte,
Wenn ihm was Unrechts wo entfuhr.

Horaz nennt jedes Nachbild Vieh
Mit gleichem Unrecht, scheints. Die Not, die Sympathie
Zwingt hundert Selbstgenies auf Erden
Nachbilder fremden Werts zu werden.
Wer einen gleichen Weg bei gleicher Tagszeit macht
Ein ähnliches Geschäft zu treiben hat, und Freunde
So wie der andre findt, der hat auf keine Feinde
Die ihn den Affen nennen, Acht.
Doch seine Neigungen nach fremden Modeln umzuwandeln,
[Heißt, meiner Meinung nach,] zu eignem Schaden handeln

[Denn man verliert dadurch das was uns] unterscheidt
[All' unsern Menschenwert und unsre Freudi]gkeit.
[Der Eifrer aber will uns in Copei] verwandeln
[Oft bei Verlust der Seligkeit.]
Er nimmt uns dann das Bild so Gott uns anerschaffen
Und stempelts um – zum Bilde eines Affen:
Das heiß ich Afterfrömmigkeit!

Die Mäurer und die Moralisten
Und wieviel selbstgenannte Christen
Schrein wider Leidenschaft. Ihr Schrein
Soll einer Jugend die noch außer kleinen Ränken
Verräterein und Knabenschwänken
Nicht weiß was für ein Ding die Leidenschaft doch ist
Erziehung, Bildung, Schöpfung sein.
Der Tisch, die Speise selbst, die doch der echte Christ
Nie unrein halten soll, wird nach den Träumerein
     Sophisterei
Der hochgelehrten Herrn, zu einem Probestein
Verborgner Neigungen der Seele
Als ob es uns an andern Proben fehle

O stilles Lied der Philomele
Schmilz doch die Augenblenderein
Einmal zu Wahrheit um. Allein die Herrn sind Stein
Und wenn man ihnen sagt, ihr großen Raphaele
Habt die Natur noch nie belauscht, ihr saht vorbei
Durch Nebel eurer Träumerei
Durch Bücher die nur eine Seite
Des Herzens höchstens aufgedeckt
Und hundert Seiten Dunst gekleckt
Ihr nanntet Eitelkeit, was Wohltun, Göttertugend –
Gefühl hervorgebracht, ihr nanntet toller Jugend
Vergehungen mit Namen aus Athen
[Und Menschen, wert belohnt zu werden, Sünder,
So hat Torheit gespielt, und Männer werden Kinder.]

Ein Edler stirbt. Man tanzt und lacht.
Ein Glas zerbricht; es wird ein Kriegsverhör gehalten –
Und alle Stirnen stehn in Falten,
Als wäre dies des Erdballs letzte Nacht.
Der Knabe soll im Takt und nach der Trommel lernen
Und tanzen und verdaun. Die Mentore entfernen
Was mit dem Leben ihn bekannt zu machen schien.
Er sieht nur Kutschen Komplimenten
Hört das Geschrei schulmäßiger Studenten
Der über Aktiv und Passiv
Oft räsonnieren krumm und schief
Und doch die Politik der ganzen Schule wenden
Denn Krieg und Frieden sind allein in ihren Händen
Und dieses Drehewerk, der Mischmasch von Genien
Und Gassenhauerwitz, der Unsinn heißt – erziehn? –
So schlage Merkur doch darein den Wust zu enden.

Theater – O behüte Gott!
Ein großer Rousseau [– zwar gelesen hab' ichs nie]
Allein er [schrieb dagegen, mein' ich,]
Kurz [die Gelehrten all sind einig]
Theater [ist Pedanterie.]

Ich bitte denn doch mir zu sagen
Ob die Moral so vorgetragen
Wie Shakespear sie sinnlich macht,
Ob Väter die durch ihre frommen
Herzlieben Söhnchen in der Nacht
Des Alters und der Not, zuletzt um alles kommen
Ob Ehrgeiz der mit Menschengeblut geschmiert
Von einer Klippe zu der andern
Und endlich aufs Schafott durch Zaubereien führt
Mit welchen wir erziehn – ob Regeln ohne Zahl
Auf Pult und Kanzeln hergeschrien
Ein junges Herz zu feinerer Moral
Und bessern Entschlüssen erziehen:
Als auf der hohen See von wirklichem Geschick
Nicht bloßer Träumerei, von Shakespear ein Stück?

Man lernt den Krieg, man lernet sich
Die Halsband und den Degenkuppel schnallen.
Man greift an das Gewehr und ohne Not laß ich
Auf einen Burschen ders weit besser führt, um mich
Vor Kutschen sehn zu lassen, Hiebe fallen
Fünfhundert wenger eins mit meinem modschen Stock
Und schließ ihn obenein in Block.
Das alles macht – mein feinrer Rock.

Allein ihr Herrn seid nie gelegen
Nackt und blessiert wie Vater Kleist
Ein feindlicher Soldat hat nie den großen Geist
Ins Zelt gebracht und stürbet ihr, so reißt
Kein Hauptmann von den Feinden sich den Degen
Von seiner Seit' und fleht um euren Geist.

Der Krieg ist keine Uhr und dennoch ist er eine
Bewegungen so wir von Jugend auf gelernt
Die werden uns Natur und fallen oft ins Kleine
Doch ohne Seele ist man weit davon entfernt
Aus einem Automat ein Führer ganzer Herden
Durch Rache der Gefahr zu werden.
Wie mit dem Kriege so gehts mit jeder Kunst
Die Staatskunst selbst nicht ausgenommen
Das Grübeln Witzeln machet Dunst
. . . .
. . . .

BRIEFE

1. Lenz an Gadebusch

Von Hause, d. 2 Jenner, 1765

Hoch Edelgeborner Hochgelahrter Herr Secretair Verehrungswürdigster Gönner! Ew. HochEdelgeb. haben mich durch die neue Probe von Dero schätzbaren Gewogenheit außerorndtlich beschämt. Meine Feder ist zu schwach, Denenselben die regen Empfindungen meines Herzens darüber zu schildern. Ich weiß Ew. HochEdelgeb. meine Dankbegierde auf keine andere Art an den Tag zu legen, als daß ich meine gestrigen Wünsche für Dero Wohlsein wiederhole, und die gütige Vorsicht um die Erhörung derselben anflehe. Der Herr überschütte Dieselben und Dero wertes Haus in künftigen Jahr mit tausend Segen und Heil. Er erhalte Ew. Hoch Edelgeb. bis zu den spätesten Zeiten im ersprießlichsten Wohlergehen. Er bewahre Ew. HochEdelgeb. für alle widrige Zufälle in den künftigen Jahren, und lasse mich noch lange das Glück genießen, Dieselben in dem blühendsten Wohlstande zu sehen, und mich mit dem erkenntlichsten Herzen nennen zu dürfen

Hoch Edelgeborner Hochgelahrter Herr Secretair
Verehrungswürdigster Gönner, Ew. Hoch Edelgeb.
gehorsamsten Diener Jakob Michael Reinhold Lenz.

2. Lenz an seinen Bruder Friedrich David

Dorpat den 11-ten Oktober 1767

Bester Bruder! Wie kann ich einen Augenblick anstehen, Dir bei der freudigsten Begebenheit Deines Lebens ein Bruderherz auszuschütten, das von Seufzern und Tränen wallet! Ich preise die Vorsicht mit Dir, die Dir die liebenswürdigste Gattin zuführt und unsere Familie in einem Jahre mit sovielem Glück überhäuft, daß wir für gar zu großer Freude wie betäubt sind und nichts als jauchzen und stammeln können. So sind denn nun Deine Wünsche erfüllt: so schmeckest Du nun zum erstenmal alles Süße, alles Entzückende einer Liebe, die keine Angst, kein Kummer, keine Träne verbittert. So belohnt denn die echte, die reine, die wahre Zärtlichkeit endlich einmal ein Herz, das nur für sie geschaffen war und das schon von Jugend auf sich heimlich nach einem Gegenstande hat sehnen müssen, dem es sich ganz überlassen könnte. O gütige Vorsicht! so erhöre denn alle unsere Wünsche, alle unsere Tränen, für dies Paar, das du selbst durch wunderbare Wege geknüpft hast. Lebe, liebster Bruder! lebe lange, lebe glücklich in den Armen Deiner Cristinchen: seid ein Muster der schönsten Ehe, ein Trost Eurer für Freude weinenden Eltern, eine Freude Eurer Geschwister: jeder Eurer Tage müsse mit neuem Entzücken für Euch geschmückt sein, jedes Eurer Jahre müsse so heiter hinfließen, wie ein Bach, der durch Rosen fließt. Nie müsse ein Gram Eure Seele umwölken, nie müsse ein Elend Euch niederschlagen, da es Euch nicht mehr allein, sondern verbunden, von der Hand Gottes verbunden, trifft, da Eure Zärtlichkeit und Eure Küsse Euch trösten und selbst im Unglück beglücken werden. Eure Liebe sei so feurig, so rein, aber auch so unauslöschlich, wie das Feuer der Vesta: sei so dauerhaft, als ein Felsen, auf den das Meer vergeblich losstürmt: Eure Liebe lebe mit Euch, sie leide mit Euch: Ihr werdet zwar sterben, aber Eure Liebe wird so wie Eure abgeschiedenen Seelen ewig währen, sie wird um Euer Grab wachsen, und so wie Eure Seelen dereinst wieder mit Euren Körpern vereinigt werden; alsdann kann kein Tod sie mehr aufhalten, alsdann dauert sie bis in undenkbare Äonen.

Ich seh euch schon im Geist, ihr liebenswerten Beide,
Ihr wandelt Hand in Hand durch Tarwasts frohe Flur.
Aus euren Mienen lacht nur Freude,
Und reine Lust und Lieb und Unschuld nur.
Euch wird der Lenz sich jetzo schöner schmücken,
Ihr findt ihn auf der Flur, findt ihn in euren Blicken.
Euch wird der Bach jetzt mit mehr Anmut rauschen,
Mit frohem Ohr werdt ihr aufs Lied der Wälder lauschen,
Und mit entzückterm Blick, werdet ihr von goldnen Höhn,
Die Morgensonn zur Erde lächeln sehn.
Und weht der stürmsche Herbst und tobt der kalte Winter
So wird nur euer Herz und eure Lieb entzündter;
Im ländlich stillen Sitz werdt ihr, auch ganz allein,

Auch unter Schnee und Sturm, euch durch euch selbst
    erfreun:
Und wird denn in der Stadt der Tag zu trübe sein,
Dringt ihm die Nacht zu früh herein,
Wird er des Abends Länge scheun:
Dann werdet ihr bei sanftem Lampenschein
Euch selbst Gesellschaft, Lust und Scherz und Frühling sein.
Wird euch ins künftige ein neues Glücke lachen,
So werdet ihr vereint, es euch noch süßer machen:
Und naht ein Unglückssturm euch zärtlichen Erschrocknen,
So wird des einen Trän des andern Tränen trocknen.
Und einst wenn Jahre euch, wie Tage hingeflossen,
Und ein unschuldig Kind hält eure Knie umschlossen
Und stammelt seinen Segen euch:
Dann ist nicht Ehr und Gold, dann ist nicht Thron und
    Reich,
Dann ist kein Glück dem euren gleich.
Dann soll sich eur Geschlecht dem unsrigen begegnen
Und unsre grauen Eltern segnen:
Dann wollen wir uns freun, wie sich ein Engel freut,
Voll Wehmut und voll Zärtlichkeit,
Voll Wonne und voll Dankbarkeit. –
Und werden einst ... Gedank voll Bitterkeit!
Und werden einst sich eure Augen schließen,
(Doch dann erst, Gott! wenn sie das Alter halb schon
    schließt)
Dann drückt mit traurigen und doch noch traurig süßen,
Und euch im Tod noch angenehmen Küssen
Euch eure Augen zu. – O Bild voll Schmerz! Dann fließt!
Ihr Tränen meiner Wang, fließt um sie! Dann begießt
Ihr mir geliebtes Grab, aus seiner Erde schießt
Dann eine Ros herfür, die traurig reizend blühet,
In der mein Aug das Bild von ihrer Ehe siehet.
Dann sag ich – – – doch mein Lied, zu traurig Lied!
    halt ein!
Sonst muß ich dieses Blatt mit Tränen überstreun.

Ich umarme Dich und küsse Dich 1000mal als Dein allergetreuester Bruder

       Jakob Michael Reinhold Lenz.

    3. Lenz an seine Eltern

      Tarvast den 9-ten November 1767
Verehrungswürdigste Eltern! Nach einer langsamen und ziemlich beschwerlichen Reise sind wir endlich am verwichenen Mittwochen nachmittags um zwei Uhr glücklich und gesund zu Tarvast angekommen. Der Weg ist fast inpassabel, und die ersten Tage hatten wir ungemein starke Stürme und Regen. Wir wurden von der Witwe recht artig aufgenommen und speiseten den ersten Abend mit dem Lieutenant Krüdner von Arrohoff u. seiner Gemahlin, die sich Ihnen empfehlen ließen und mit dem Rittmeister Pietsch u. der Fräulein Krüdner. Wir werden auch noch immer zum vor und nachmittäglichen Kaffee und zur Mahlzeit herein gebeten, weil der älteste Bruder mit seiner Wirtschaft noch nicht völlig im Stande ist und wir erst mit dem Anfange der künftigen Woche unsre eigne Menage anfangen wollen. Die Witwe ist eine simple Frau mit der der Umgang ziemlich langweilig wird: aber die Kinder sind rechte Unholde, und ich habe sie noch in meinem Leben so ungezogen nicht gesehen. Die jüngere Tochter strich ohne uns zu grüßen mir wie ein Wirbelwind vorbei und nahm ihren Weg gerade nach dem Tisch zu, auf den sie mit einem Satz sich heraufschwung und die Älteste machte es eben so, nur mit dem Unterschied daß sie bei jedem Schritt eine Art von Knicks machte, wie ihn ihr die Natur gelehrt hatte. Bei Tisch schreit alles so untereinander, daß wir stumm sein müssen, weil wir unser Wort nicht hören können. Der Bruder läßt sich recht sehr entschuldigen, daß er nicht mitgeschrieben: er ist von Morgen bis Abend zu mit Arbeiten und Bräutigammen und Lehrlingen überhäuft, überdem auch mit seiner Wirtschaft beschäftigt, mit der es noch nicht in den Gang kommen will, weil die alte Jungfer noch immer Rasttage hält und überhaupt ein bisgen unlustig ist, weil sie, wie sie sagt u. sich einbildt, unter lauter Feinden hier leben muß. Er befin-

det sich aber sonst nach der Reise, so wie auch ich und die Jungfer, Gottlob recht gesund und läßt Sie, das junge Paar und alle Geschwister aufs ehrerbietigste und zärtlichste grüßen. Ich bitte gleichfalls den Neuverbundnen und allen Geschwistern meinen zärtlichsten Gruß zu vermelden und küsse Ihnen die Hand als

    Meiner verehrungswürdigsten Eltern gehorsamster Sohn
               Jakob Michael Reinhold Lenz.

[Auf der 3. Seite am Rande:]
Der Frau Obristin und ihrem würdigsten Hause, wie auch dem Herrn Pastor Oldekopp bitte unser beider gehorsamste Empfehlung zu machen und letzterem zu seinem Namenstage zu gratulieren. Ich werde meine Kur erst mit der künftigen Woche anfangen und mache mir deswegen in der jetzigen bisweilen eine Motion, mit Reiten und Spazierengehen. Auf den Sonntag wird der Bruder teutsch predigen.
[Auf der letzten Seite steht die Adresse:]
A Monsieur
Lenz Prevot ecclésiastique et Ministre du St. Evangile à l'eglise de St. Jean à Dorpat.

        4. LENZ AN SEINEN VATER
    Tarwasts Pastorat den 24-ten November 1767
Verehrungswürdigster Herr Papa! Ich weiß nicht, ob der Bruder bei seinen Amtsgeschäften, Katechisieren etc. Zeit haben wird, an Sie zu schreiben: ich nehme mir also die Freiheit, Ihnen abermals von dem was uns angeht, gehorsamst Nachricht zu geben. Der Bruder ist wie gesagt, sehr beschäftigt, befindet sich aber bei seinen Arbeiten noch immer Gottlob! recht gesund und vergnügt. Auch mir bekommt meine Kur recht gut und außer der kleinen Unbequemlichkeit, die mir der Diät, das Warmhalten, das Laxieren u. dgl. machen, bin ich hier so vergnügt, wie man es in der Einsamkeit sein kann. Ich lese, oder schreibe, oder studiere, oder tapeziere – oder purgiere, nachdem es die Not erfodert. Übrigens hoffen und wünschen wir beide von gan-

zem Herzen, daß dieser Brief sowohl Sie, als meine hochzuehrende Frau Mama recht gesund, vergnügt und zufrieden antreffen möge.

Doch! eine Bitte, gütigster Herr Papa! zu der mich die Not und Dero väterliche Gewogenheit berechtigen. Ich habe bei der neulichen Herreise empfunden, wie wenig ein bloßer *Roquelor* bei Reisen in kühler und windiger Witterung vorschlage. Ich kann mir also leicht vorstellen, wie es anziehen muß, wenn man im Winter im bloßen Mantelrock reiset. Ich weiß wirklich nicht, wie ich einmal nach Derpt zurückkommen oder falls des Bruders Hochzeit im Janauar [!] sein sollte, zu der er mit seiner Equipage mich mitnehmen will, wie ich die Reise dorthin werde tun können. Überdem ist mir ein Pelz allezeit nötig: ich nehme mir also die Freiheit, Sie ganz gehorsamst zu bitten, ob sie mir nicht könnten für 3 Rubel das Futter dazu, nämlich einen Sack schwarzen Schmaßchen aus den Russischen Buden ausnehmen lassen. Das Oberzeug darf nur *Etemin* sein: und da Sie in dieser Zeit sich ohnedem ausgegeben haben, so daß ich mich billig gescheut haben würde, mir von Denenselben was gehorsamst auszubitten, wenn mich nicht die Not zwänge: so könnte es ja solange in Peukers Bude auf Conto gesetzt werden, bis es Ihnen weniger beschwerlich fiele, das Geld dafür zu bezahlen. Ich überlasse dies übrigens ganz Ihrer eigenen gütigen Disposition und werde mich auch alsdenn zufrieden geben, wenn die Umstände es für diesmal nicht erlauben sollten.

Übrigens küsse ich Ihnen und meiner besten Mama ganz gehorsamst die Hand und bin nach 1000 Grüßen an allen meine Geschwister und nach gehorsamen Empfehl an die Frau Obristin Albedille nebst Ihrem ganzen würdigsten Hause, an den Herrn Pastor Oldekopp und alle übrige Gönner und Freunde
Meines verehrungswürdigsten Herrn Papas gehorsamster Sohn
                Jakob Michael Reinhold Lenz.

P. S. Der Bruder läßt sich nochmals gehorsamst entschuldigen, daß er diesmal nicht mitgeschrieben. Er hat gestern den ganzen Tag mit Brautsleuten und Lehrlingen zu tun gehabt, gestern abend um 12 Uhr in aller möglichen Eile noch nach Reval geschrieben, welchen Brief er gehorsamst zu bestellen bittet und ist heut früh schon bei dem scharfen Frost den wir seit einiger Zeit gehabt haben und bei dem Schnee und Sturm der verwichenen Nacht, katechisieren mit Schlitten gefahren. Er läßt unterdessen Ihnen und seiner würdigsten Frau Mama seinen kindlichen Handkuß und allen seinen Geschwistern besonders dem jungen Paar, wie auch allen guten Freunden seinen zärtlichsten Gruß versichern.

[Es folgt ein Postskriptum von der Hand Friedrich David Lenzens.]

5. Lenz an seinen Bruder Friedrich David

[Dorpat, Januar/Februar 1768]

Mein liebstes junges Paar! Wie sind Sie angekommen? Wieviel Glieder und Sinne haben Sie noch übrig? (denn Ihren Leuten wird wohl Verstand und alle Sinne erfroren sein). Wie haben Sies zu Wasser und zu Lande gehabt? Sind Sie auch geirret? Und wie haben Sie alles zu Hause gefunden? Wie lassen sich die Schwedischen Reichsräte an? Und wie gefällt Ihnen, meine liebe junge Frau, das einsame Tarwast? Zum andern befinden wir uns alle so, wie Sie uns gelassen haben. Papa ist Papa, und Mama ist Mama, und Moritz und seine Frau und alle übrige sind gesund und vergnügt, und ich, ich sei Jakob.

Zum dritten, vierten und zehnten habe ich auch die Ehre zum Geburstag [!] zu gratulieren und zu wünschen mmmmmmm und wieder der Herr mmmmm und wieder der Heiland mmmmm und wieder dito. Oder besser: ich wünsche auch, daß Sie möchten zu einer glücklichen Stunde geboren sein ... und nicht nur dieses sondern viele folgende zu erleben und mit Gesundheit zu verzehren.

Oder dito feiner: Wünsche auch, daß der barmherziger Gott verleihen wolle einen kräftigen Geist des Danielis und wenn es sollte dermaleinst zum Jahre des Nestors kommen, dieselben; Sie gehen nimmer aus meinem Gemüte weg. Anbei wünsche auch daß in künftiger Zeit benebenst guter Gesundheit dermaleinst mancher kleiner Herr Söhnlein um die Eltern wimmeln mag, benebst den Ölpflänzlein um dero Tisch, sie grünen und blühen. Abkürze hier meine Gratulation, dieweile der drange Raum mich verweigert, hierüber weiter herauszulassen.

Ernsthaft zu reden so ist es Schade, daß wir an diesem Tage nicht hier zusammen vergnügt sein konnten. Doch ich bin jetzt im Geist auf Tarwast und schwatze Ihnen was vor, dann werde ich ganz ernsthaft und wünsche Ihnen beiden so viele und so angenehme Geburtstage, als Sie sich selbst wünschen, und soviel Vergnügen, als Ihnen die ersten Umarmungen in Reval gaben, an dem heutigen Tage.

Es sei Euch dieser Tag an tausend Zärtlichkeiten
An tausend sanften Freuden reich.
Mit Küssen grüßet ihn: spielt ihm auf sanften Saiten
Ein zärtlich Lied und unter Zärtlichkeiten
Verfließ er Euch!
Dies ist der Tag, müß jetzt Ihr Fritzchen sagen,
Der Dich mir gab, mein Leben, meine Lust.
Für mich hat unter ihrer Brust
Die beste Mutter Dich getragen.
Für mich hat Deinen ersten Tagen
Gott jene teure Pflegerin geschenkt
Die zärtlicher, als hundert Mütter denkt
Und deren Abschied noch Dich kränkt.
Für mich wuchs Deine holde Jugend
Wie Frühlingsrosen auf: und Zärtlichkeit und Tugend
Keimt' damals schon für mich in Deiner Brust empor.

Dann müß auch sie mit sanften Küssen sagen:
Geliebter, ja, ich bin nur da für Dich.
Für Dich fing dies Herz an zu schlagen
Und ewig schlägt es nur für Dich.

So sei Euch dieser Tag an unschuldsvollen Freuden,
So sei er Euch an Liebe reich.
Wie mancher Hagstolz muß Euch Eure Lust beneiden,
Wie manches Ehepaar wünscht heimlich Eure Freuden!
Werd ich einst auch ein Mann, will ich Euch nicht beneiden:
Allein zum Muster nehm ich Euch.

Neuigkeiten! Madem. Smoljan und die Majorin Graß sind weggereist. Die Oldekoppin ist recht böse auf Dich, lieber Bruder, und auf Deine junge Frau, daß Ihr nicht bei ihr gewesen seid.

Papa und Mama, die sich Gottlob! noch erträglich befinden, Moritz und seine Frau, die vielleicht selbst auch schreiben werden, Lieschen, Christian und die kleinen Geschwister, alle Freunde besonders die Frau Obristin und die Fräuleins grüßen und küssen 1000mal Fräu- und Männlein. Auch wird die alte Jungfer begrüßt. Leben Sie gesund und vergnügt mein liebstes Paar; und behalten Sie immer lieb

Ihren zärtlichsten Bruder
Jakob Michael Reinhold Lenz.
Am Geburtstage 1768

P.S. Wenn Du, liebster Bruder! einige Exemplare von den hochzeitlichen Gedichten hast, so schicke sie mir doch, ich habe kein einziges. Onkel Kellner vergaß auch uns welche mitzugeben. Die Capit. Sege und die Lieutnantin Brandt von Fetenhof und die Majorin Toll von Wissus haben junge Söhne. Die alte Oldenkoppin ist ziemlich krank. Heut hat H. Rektor für Reichenberg gepredigt. Adieu! Dieses am Sonntage.
[Auf der ersten Seite am Rande:]
Mama bittet den Sack zurück in welchem Dein Junge Salz mitgenommen hat. Sie grüßet Sohn und Tochter aufs zärtlichste und bittet sehr um angeführten Sack.

6. Lenz an seinen Vater

[Königsberg, 14. Oktober 1769]

Gütigster Herr Papa. Um den Brief nicht überflüssig groß und dick zu machen, muß ich mich begnügen, nur gegenwärtigen kleinen Zettel in denselben an Sie einzuschließen. Christian wird vermutlich in seinem Schreiben weitläuftiger sein und ich habe also nur noch einige kleine Supplemente zu meinem vorigen Briefe zu geben. So sehr ich Ihnen für die gütige Besorgung eines Teils meines jährlichen *Fixi* verbunden bin, so sehr sehe ich mich genötigt, Sie nochmals gehorsamst um die so viel möglich baldige Beförderung dessen, was Ihre Gütigkeit zu unserer Kleidung bestimmt hat, zu bitten. *Praenumeration* ist notwendig, wenn ein Student gut wirtschaften will und also ist ihm im Anfange des Jahrs immer Geld unentbehrlich. Noch einige Ausgaben habe Ihnen schon vorhin *specificiren* wollen, für die ich gleichfalls von Ihrer Gewogenheit einigen Ersatz hoffe, wenn es Ihre Umstände zulassen. Der Band einiger *Exemplare* meiner Landplagen, insonderheit der letzte, der nach Petersb. bestimmt und den ich schon dem Herrn v. Schulmann an Sie mitgegeben: kostet mir wenigstens bis 2 Dukaten. Hernach haben alle Landsleute zum Begräbnis des sel. Herrn Langhammers was beitragen müssen: weil seine Mutter eine Witwe ist, die sich selbst nicht ernähren kann, und derjenige, der ihn studieren lassen, nicht einmal so viel, als zu den Ausgaben, an *Doctor etc.* in seiner Krankheit erfordert worden, überschickt hat. Dieser Beitrag war bis über 4 Tlr. Wenn Sie von dem Obristen Bok was gehört haben, so sein Sie so gütig, es mir bei Gelegenheit zu melden. – Neulich haben wir einen gewissen Bar. Cloth, Ihren gewesenen Eingepfarrten, 2 Bar. v. Baranow und den jungen H. D. Stegemann, der vielleicht schon jetzt in Dorpat [wird] angekommen sein, allhier gesprochen. – Der *Catalogus lectionum* ist zwar jetzt heraus, allein ich fürchte er würde den Brief zu sehr anschwellen, wenn ich ihn hier beilegte. Ich werde dieses halbe Jahr, außer den philosophischen und andern *Collegiis* von *theologicis* das *Theticum* bei *D.* Lilienthal und ein *Exegeticum* über die Ep. Pauli an die Römer bei *D.* Reccard hören. Die andern theologischen *Collegia* bedeuten in diesem halben Jahr nicht viel. Überhaupt wenn man nebst einigen wenigen Professoren die Magister von Königsberg nähme, würde die Akademie wenig oder gar nichts wert sein. Nächstens werde ich weitläuftiger sein. Vergeben Sie unser öfteres unverschämtes Geilen nach Geld: die Not lehrt hier beten und betteln. Gegen den Winter kommen viel neue Ausgaben. Holz: ein neuer Schlafrock, Tisch – – – Grüßen Sie doch alle Verwandte u. Freunde, besond. aber meine teureste Frau Mama 100 000mal von

Ihrem gehorsamsten Sohn
J. M. R. Lenz

P. S. Wenn Sie an den Tarwastschen Bruder schreiben, so sagen Sie ihm doch, daß ich recht sehr begierig bin, einmal einen Brief von ihm zu sehen.

7. Lenz an Johann Daniel Salzmann

Fort Louis, d. 3ten Jun. 1772

S. T. Mein teurester Freund. So nenn' ich Sie, die Sprache des Herzens will ich mit Ihnen reden, nicht des Zeremoniells. Kurz aber wird mein Brief werden, denn sie ist lakonisch, lakonischer als Sallustius, lakonischer als der schnellste Gedanke eines Geistes ohne Körper. Darum hasse ich die Briefe. Die Empfindungen einer so geläuterten Freundschaft als Sie mich kennen gelehrt, gleichen dem geistigen Spiritus, der wenn er an die Luft kömmt, verraucht. Ich liebe Sie – mehr verbietet mir mein Herz zu sagen, der plauderhafte Witz ist nie sein Dolmetscher gewesen. Ich bin wieder in Fort-Louis, nach einigen kleinen Diversionen, die meine kleine Existenz hier, auf dem Lande herum, gemacht hat. Ob ich mein Herz auch spazieren geführt – – –

Ich habe die guten Mädchen von Ihnen gegrüßt: sie lassen Ihnen ihre ganze Hochachtung und Ergebenheit versichern. Es war ein Mädchen, das sich vorzüglich freute, daß ich so glücklich wäre, Ihre Freundschaft zu haben. Mündlich mehr. Ich komme in der Fronleichnamswoche zuverlässig nach Straßburg. – Schon wieder eine Visite – und schon wieder eine – Ich bin mit einigen Offiziers bekannt und diese Bekanntschaft wird mir schon, in ihrer Entstehung lästig. Ich liebe die Einsamkeit jetzt mehr, als jemals – und wenn ich Sie nicht in Straßburg zu finden hoffte, so würde ich mein Schicksal hassen, das mich schon wieder zwingt, in eine lärmende Stadt zurückzukehren.

Was werden Sie von mir denken, mein teuerster Freund? Was für Mutmaßungen – Aber bedenken Sie, daß dieses die Jahre der Leidenschaften und Torheiten sind. Ich schiffe unter tausend Klippen – auf dem Negropont, wo man mir mit Horaz zurufen sollte

Interfusa nitentes
Vites aequora Cycladas.

Wenn ich auf einer dieser Inseln scheitre – wäre es ein so großes Wunder? Und sollte mein Salzmann so strenge sein, mich auf denselben, als einen zweiten Robinson Crusoe, ohne Hilfe zu lassen? Ich will es Ihnen gestehen (denn was sollte ich Ihnen nicht gestehen?), ich fürchte mich vor Ihrem Anblick. Sie werden mir bis auf den Grund meines Herzens sehen – und ich werde wie ein armer Sünder vor Ihnen stehen und seufzen, anstatt mich zu rechtfertigen. Was ist der Mensch? Ich erinnere mich noch wohl, daß ich zu gewissen Zeiten stolz einen gewissen G. tadelte und mich mit meiner sittsamen Weisheit innerlich brüstete, wie ein welscher Hahn, als Sie mir etwas von seinen Torheiten erzählten. Der Himmel und mein Gewissen strafen mich jetzt dafür. Nun hab ich Ihnen schon zu viel gesagt, als daß ich Ihnen nicht noch mehr sagen sollte. Doch nein, ich will es bis auf unsere Zusammenkunft versparen. Ich befürchte, die Buchstaben möchten erröten und das Papier anfangen zu reden. Verbergen Sie doch ja diesen Brief vor der ganzen Welt, vor sich selber und vor mir. Ich wünschte, daß ich Ihnen von allem Nachricht geben könnte, ohne daß ich nötig hätte zu reden. Ich bin boshaft auf mich selber, ich bin melancholisch über mein Schicksal – ich wünschte von ganzem Herzen zu sterben.

Den Sonntag waren wir in Ses. den Montag frühe ging ich wieder hin und machte in Gesellschaft des guten Landpriesters und seiner Tochter eine Reise nach Lichtenau. Wir kamen den Abend um 10 Uhr nach S. zurück u: dieser und den folgenden Tag blieb ich dort. Nun haben Sie genug. Es ist mir als ob ich auf einer bezauberten Insel gewesen wäre, ich war dort ein anderer Mensch, als ich hier bin, alles was ich geredt und getan, hab ich im Traum getan.

Heute reiset Mad. Brion mit ihren beiden Töchtern nach Sarbrücken, zu ihrem Bruder auf 14 Tage, und wird vielleicht ein **Mädchen** da lassen, das ich wünschte nie gesehen zu haben. Sie hat mir aber bei allen Mächten der L – geschworen, nicht da zu bleiben. Ich bin unglücklich, bester bester Freund! und doch bin ich auch der glücklichste unter allen Menschen. An demselben Tage vielleicht, da sie von Saarbrück zurückkommt, muß ich mit H. v. Kleist nach Straßburg reisen. Also einen Monat getrennt, vielleicht mehr, vielleicht auf immer – Und doch haben wir uns geschworen uns nie zu trennen. Verbrennen Sie diesen Brief – es reut mich, daß ich dies einem treulosen Papier anvertrauen muß. Entziehen Sie mir Ihre Freundschaft nicht: es wäre grausam mir sie jetzt zu entziehen, da ich mir selbst am wenigsten genug bin, da ich mich selbst nicht leiden kann, da ich mich umbringen möchte, wenn das nichts Böses wäre. Ich bin nicht schuld an allen diesen Begebenheiten: ich bin kein Verführer, aber auch kein Verführter, ich habe mich leidend verhalten, der Himmel ist schuld daran, der mag sie auch zum Ende bringen. Ich schließe mich in Ihre Arme als

Ihr melancholischer
Lenz.

[Am Rande:]
Haben Sie die Gütigkeit, der ganzen Tischgesellschaft meine Ergebenheit zu versichern.

Ums Himmels, um meines Mädchens und um meinetwillen, lassen Sie doch alles dies ein Geheimnis bleiben. Von mir erfährt es niemand als mein zweites Ich.

8. LENZ AN JOHANN DANIEL SALZMANN
Fort Louis d. 10ten Junius 1772

Guter Sokrates! Schmerzhaft genug war der erste Verband den Sie auf meine Wunde legten. Mich auszulachen – ich muß mitlachen, und doch fängt meine Wunde dabei nur heftiger anzubluten. Nur fürchte ich – soll ich Ihnen auch diese Furcht gestehen? Ja da Sie mein Herz einmal offen gesehen haben, so soll kein Winkel Ihnen verborgen bleiben. Ich fürchte, es ist zu spät an eine Heilung zu denken. Es ist mir wie Pygmalion gegangen. Ich hatte mir zu einer gewissen Absicht in meiner Phantasie ein Mädchen geschaffen – ich sah mich um und die gütige Natur hatte mir mein Ideal lebendig an die Seite gestellt. Es ging uns beiden wie Cäsarn: *veni, vidi, vici*. Durch unmerkliche Grade wuchs unsere Vertraulichkeit – und jetzt ist sie beschworen und unauflöslich. Aber sie sind fort, wir sind getrennt: und eben da ich diesen Verlust am heftigsten fühle, kommen Briefe aus

Strasburg und – Vergeben Sie mir meinen tollen Brief! Mein Verstand hat sich noch nicht wieder eingefunden. Wollte der Himmel ich hätte nicht nötig, ihn mit Vetter Orlando im Monde suchen zu lassen. Ich bin um mich zu zerstreuen, die Feiertage über bei einem reichen und sehr gutmütigen Amtsschulz in Lichtenau zu Gast gewesen. Ich habe mich an meinem Kummer durch eine ausschweifende Lustigkeit gerächt: aber er kehrt jetzt nur desto heftiger zurück, wie die Dunkelheit der Nacht hinter einem Blitz – Ich werde nach Strasburg kommen und mich in Ihre Kur begeben. Eins muß ich mir von Ihnen ausbitten: schonen Sie mich nicht, aber – lassen Sie meine Freundin unangetastet. Der Tag nach meinem letzten Briefe an Sie, ging ich zu ihr: wir haben den Abend allein in der Laube zugebracht; die bescheidne und englisch gütige Schwester unterbrach uns nur selten und das allezeit mit einer so liebenswürdigen Schalkheit – Unser Gespräch waren Sie – ja Sie, und die freundschaftlichen Mädchen haben fast geweint für Verlangen Sie kennen zu lernen. Und Sie wollten mit gewaffneter Hand auf sie losgehen, wie Herkules auf seine Ungeheuer – Nein Sie müssen sie kennen lernen und ihre Blicke allein werden Sie entwaffnen. Ich habe meiner Friedrike gesagt, ich könnte für Sie nichts geheim halten. Sie zitterte, Sie würden zu wenig Freundschaft für eine Unbekannte haben. Machen Sie diese Furcht nicht wahr, mein guter Sokrates! Übrigens tun Sie was Ihnen die Weisheit rät. Ich will mich geduldig unterwerfen. Es ist gut, daß Sie meinen freundschaftlichen *Ott* nicht mit meiner Torheit umständlich bekannt machen. Ich verbürge mich gern vor mir selbst nur nicht vor Ihnen. Leben Sie wohl,

Ihr unaufhörlich ergebenster Freund
J M R Lenz.

Gestern ist der Herr Landpriester bei mir zu Gast gewesen. Er ist ein Fieldingscher Charakter. Jeder andere würde in seiner Gesellschaft Langweile gefunden haben; ich habe aber mich recht sehr darin amusiert, denn ein Auge, womit ich ihn ansah, war poetisch das andere verliebt. – Er läßt sein Leben für mich und ich für seine Tochter.

9. LENZ AN SEINEN VATER

Fort Louis, den 15ten *Junius* n. St. [1772]

Mein teurester Vater! Abermal muß ich eine Gelegenheit kahl aus meinen Händen lassen, mit der ich in Ihre Arme zu fliehen hoffte. Wenigstens soll mein Brief mitgehen, wenn ich mein Herz in denselben einschließen könnte, ich tät es mit Freuden. Ich schreibe jetzt unter den grausamsten Kopfschmerzen an Sie, die die hier jetzt unausstehliche Hitze und zugleich die Weindiät verursachen, und von denen ich sonst, wie von andern Krankheiten, Gott sei Dank! nichts weiß: obschon äußere Umstände, Sorgen, Kummer und Geschäfte mir sie oft genug hätten zuziehen können. Noch immer bete ich die Vorsehung an, und noch immer muß ich Sie aufmuntern, sie mit mir anzubeten und alle Ihre zärtlichen Sorgen auch in Ansehung meines Schicksals auf sie zu werfen. Bedenken Sie daß wir in einer Welt sind, wo wir durch tausend in einander gekettete Mühseligkeiten zum Ziel gelangen und niemals eine vollkommene Befriedigung auch unserer unschuldigsten und gerechtesten Wünsche erwarten können. Wenn ich so eitel sein darf, zu glauben, daß meine Abwesenheit eine kleine Wunde in Ihrer Seele macht: welch eine Wunde muß denn die Ihrige in der meinigen machen? Die Abwesenheit meiner teuresten Mutter und Geschwister, meiner zärtlichsten Freunde – die allezeit Arme und Herz für mich offen hielten, da ich sie jetzt als Fremdling allenthalben für mich verschlossen sehe. Umstände dazu, die ich Ihnen weder schildern will noch kann – – dennoch, dennoch halte ich meine Augen zum Vater im Himmel emporgerichtet, der mir an jedem Ort nachfolgt, und wenn ich entfernt von Himmel und Erde wäre und Leib und Seele mir verschmachtete.

 Im Herzen rein hinauf gen Himmel schau ich
 Und sage Gott, dir Gott allein vertrau ich
 Welch Glück, welch Glück kann größer sein.

Nur daß keiner meiner Briefe zu Ihnen gelangt, daß Sie durch dieses Stillschweigen nicht allein an meinen Schicksalen, sondern auch an meinem Charakter irre werden; das kränket mich. Ich habe seit Ihrem letzten Briefe schon zweimal an Sie geschrieben, und dennoch krieg ich einen Vorwurf über den andern wegen meines Stillschweigens. Und können Sie glauben, daß mein sonst doch weiches Herz sich auf einmal in einen Stein verwandelt – Gott, du weißt. Ich schätze kein zeitliches Glück so hoch als dasjenige, Sie noch einmal zu sehen. – Was soll ich Ihnen sonst noch von meinen äußern Umständen sagen. – Die Vorsehung Gottes hat mir einen liebenswürdigen Zirkel von Freunden geschenkt, mir Ihren Verlust zu ersetzen: sie sind aber das was die Wachslichter gegen das Tageslicht sind. Einen Namen muß ich Ihnen hersetzen, damit Sie seiner in Ihren Seufzern für mich erwähnen: er ist mir zu teuer. Salzman – o wenn ich einen so erfahrenen liebenswürdigen Mentor nicht hier zur Seite gehabt, auf welcher Klippe würde ich jetzt nicht schon schiffbrüchig sitzen? Wenn Ehre ein wahres Gut ist, so bin ich glücklich, denn die wiederfährt mir hier genug, ohne daß ich sie verdienet habe. Sie ist aber vielmehr ein Joch, als ein Gut, und sie allein würde mich nie abhalten, in den stillen Schoß meines Vaterlandes unbemerkt wieder zurückzukehren. So aber sind mir jetzt noch Hände und Füße dazu gebunden, ich möchte lieber sagen, abgehauen. Ich bringe meinen Sommer in Fort Louis, einer Festung sieben Stunden von Strasburg zu, auf den Winter werde ich wieder dahin zurückkehren. Jetzt bin ich also in einer fast gänzlichen Einsamkeit. Auf den künftigen Frühjahr hoffe ich mit Nachdruck und Sukzeß an meine Heimreise zu denken. Bis dahin, teuresten Eltern, geben Sie sich noch zufrieden. Ich wünsche Ihnen den großen Gott, auf den ich bisher noch nie zu meinem Schaden gerechnet, und, ich glaube es unverändert, auch niemals ins künftige rechnen werde. Wenn ich meine Lebens Geschichte aufsetzte, würde sie vielen unglaublich scheinen. Ich setze dies aufs Alter aus – vorher aber auf unsere mündliche Unterredung. Freuen Sie sich in dieser Zeit Ihrer wohlgeratenen anwesenden Kinder, teurester Vater, schließen Sie einen abwesenden Flüchtling in Ihr Herz und Gebet, aber schließen Sie ihn aus Ihrer Sorge, und übergeben ihn dem großen Gott, der am besten weiß, was für ein Gefäß er aus ihm machen will. – Ich falle Ihnen und meiner teuresten Mama mit den zärtlichsten Tränen in die Arme, als Ihr bis ins Grab gehorsamster und getreuester Sohn Jak. Mich. Reinh. Lenz.

10. Lenz an Johann Daniel Salzmann

Fort-Louis, den 28. Juni [1772]

Gütigster Herr Aktuarius! Ich habe einen empfindlichen Verlust gehabt, Herr Kleist hat mir Ihren und meines guten Otts Briefe recht sorgsam aufheben wollen und hat sie so verwahrt, daß er sie selbst nicht mehr wieder finden kann. Ich bin noch zu sehr von der Reise ermüdet, als daß ich Ihnen jetzt viel Vernünftiges schreiben könnte. Denn ich habe noch fast keine Minute gehabt, in der ich zu mir selbst hätte sagen können: nun ruhe ich. Eigene und fremde, vernünftige und leidenschaftliche, philosophische und poetische Sorgen und Geschäfte zerteilen mich. Mein Schlaf selber ist so kurz und unruhig, daß ich fast sagen möchte, ich wache des Nachts mit schlafenden Augen, so wie ich des Tages mit wachendem Auge schlafe. In Sesenheim bin ich gewesen. Ist es Trägheit oder Gewissensangst, die mir die Hand zu Blei macht, wenn ich Ihnen die kleinen Szenen abschildern will, in denen ich und eine andere Person, die einzigen Akteurs sind. Soviel versichere ich Ihnen, daß Ihre weisen Lehren bei mir gefruchtet haben und daß meinen Leidenschaft dieses Mal sich so ziemlich vernünftig aufgeführt. Doch ist und bleibt es noch immer Leidenschaft – nur das nenne ich an ihr vernünftig, wenn sie mich zu Hause geruhig meinen gewöhnlichen zentrischen und exzentrischen Geschäften nachhängen läßt, und das tut sie, das tut sie. Die beiden guten Landnymphen lassen Sie mit einem tiefen Knicks grüßen. – – Mein Trauerspiel (ich muß den gebräuchlichen Namen nennen) nähert sich mit jedem Tage der Zeitigung. Ich habe von einem Schriftsteller aus Deutschland eine Nachricht erhalten, die ich nicht mit vielem Golde bezahlen wollte. Er schreibt mir, mein Verleger, von dem ich, durch ihn, ein unreifes Manuskript zurück verlangte, habe ihm gesagt, es wäre schon an mich abgeschickt. Noch sehe ich nichts. Lieber aber ist mir dies, als ob mir einer einen Wechsel von 1000 Talern zurückschenkte. Lesen Sie dies andere Blatt in einer leeren Stunde. Unsere letzte Unterredung und die darauf folgende schlaflose Nacht, hat diese Gedanken veranlaßt. Schreiben Sie Ihr Urteil darüber

Ihrem ergebensten Lenz.

11. LENZ AN SEINEN BRUDER JOHANN CHRISTIAN

Fort Louis, d. 15ten Jul. 1772

Liebster Bruder! Deine Vorwürfe würden mir so empfindlich nicht sein, wenn ich sie verdient hätte: aber sie nicht verdient zu haben und doch kein Mittel wissen, die üble Meinung abzulehnen die alle meine vorige Bekannte meines Stillschweigens halber von meinem Herzen zu fassen anfangen das ist in der Tat niederschlagend. So mürbe ich aber auch von den Streichen des Schicksals bin, so soll doch kein einziger, das hoffe ich zu Gott, mir meinen Mut rauben. Ich habe öfter an Dich geschrieben als Du an mich – wen soll ich anklagen, daß meine Briefe nicht zu Euch kommen? Ich freue mich über Dein morgenrötendes Glück – das meinige liegt noch in der Dämmerung. Es mag ewig darinne liegen bleiben – Dir nähere Nachrichten von meinen Umständen und Begebenheiten zu geben, ist mir unmöglich. Sie geben das anmutigste Gemälde von Licht und Schatten, wiewohl der letzte bisweilen ein wenig tief ist. Aber im Briefe kann ich Euch nichts davon mitteilen: und ich halte es für besser Euch lieber zu schreiben daß ich noch gesund bin und lebe, sonst nichts, als Euch mangelhafte und unvollkommene Nachrichten zu geben, aus denen Ihr Mutmaßungen und Schlüsse ziehen könntet, die Eurer und meiner Ruhe schaden würden. Ich habe mit Deinem Briefe einen sehr lamentablen von unserm guten Frohlandt aus Königsberg bekommen, worin er mir meldet, daß fast die ganze Landsmannschaft davon gelaufen. In der Tat, ich werde bald anfangen zu erröten, mich aus unserm Vaterlande zu bekennen, wenn unsere Landsleute sich Deutschland in einer solchen Gestalt zeigen. Baumann, Hesse, Zimmermann, Hugenberger, Kühn, Meyer – ich habe meinen Augen nicht trauen wollen. Und der Arme Frohlandt ist in der Tat fast aufs äußerste gebracht – Hipprich und Marschewsky sind gleichfalls aus Berlin mit Schulden davon gelaufen, der letzte hat dieses schon in Leipzig und Jena getan. Das sind denn die würdigen Subjekte, mit denen in unserm Vaterlande Ehren- und Gewissens-Ämter besetzt werden. Ich wünschte meine Verwandten und Freunde heraus, in der Tat, ich wende keinen Blick mehr hin. Doch will ich Deinen Vorschlag mit der Kondition überlegen und Dir in dem nächsten Briefe von meinem völligen Entschluß Nachricht geben, bloß um nur noch einmal, einmal das Glück zu haben meine Eltern und Euch alle wiederzusehen. Vor künftigen Frühjahr, also jetzt über 10 Monate kann ich mich auf keine Weise allem Anscheine nach von Kleists los machen. Ins künftige wenn Du schreibst, so laß sie doch grüßen, liebster Bruder! es ist in der Tat zu spröde, daß Du tust, als habst Du sie nie gekannt. Ich dependiere einmal in gewisser Absicht von ihnen. – Kurz in meinem nächsten Briefe werde ich Dir von meinem Entschluß positivere Nachricht geben. Reisegeld aber würde der Herr Etatsrat mir wohl schicken müssen, denn die Reise – legt meiner Zurückkunft die größte Schwierigkeit in den Weg. Du weißt die Ökonomie der jungen Herrchen und wie viel sie bar liegen haben. – Von Henisch kriege ich noch beständig Briefe, von Miller aber keine, auch von Pegau nicht, wenn Du an einen von ihnen schreibst, so grüße doch beide von mir 1000mal und sage ihnen, daß ich gegen alle meine Freunde unter allen meinen Umständen der alte Lenz bleibe. Vielleicht tu ich mit dem ältesten Herrn v. Kleist auf den Herbst eine Reise auf einen Monat nach Nancy und mit dem jüngsten auf den Winter eine auf ein paar Monate nach Mannheim. Warum hast Du die Bedienung in Dorpat nicht angenommen? Eine gute Einschränkung erwirbt oft mehr als ein hohes Gehalt und wenn zu dem ersten die Gesellschaft der zärtlichsten Freunde kommt und bei dem andern jede Freude des Lebens darbt, so sollte billig der erste Zustand der vorzügliche sein. – Jetzt kann ich unmöglich weiter schreiben – die Gelegenheit geht – o Himmel wie viel muß ich unterdrükken! Das sei aber versichert, mein teurer Bruder, daß ich Dich vorzüglich liebe und unter allen Umständen meines Lebens lieben werde. Die Gelegenheit mit der ich Dir diesen Brief schicke ist der Baron von Grothusen, welcher morgen nach Curland zurückreiset und mit dem ich anfangs mitzugehen mir schmeichelte, diese Hoffnung ist aber durch allerlei *Contretems* zu Wasser geworden. Die vorigen Briefe habe ich Dir teils auf der Post, teils durch Pegau (wo mir recht ist) teils durch einen Landsmann der auch nach Hause reiste teils durch Herrn v. Sievers zugeschickt. Daß keiner angekommen, weiß ich auf keine Art zu begreifen. Schreibe mir durch Frohlandt oder H. v. Sievers, fast möchte ich itzt die erste Gelegenheit für besser – oder nimm doch die andere – Mache wie Du es für gut findst. Meine *Adresse* ist abzugeben beim Herrn Aktuarius Salzmann, nahe bei der Pfalz. *Actuarius* ist hier eine der ersten Magistratsbedingungen, nicht wie in Liefland – Ich muß schließen. Ich hoffe gewiß, daß wenigstens dieser Brief Dich antreffen wird. Melde mir doch wie die Bedingungen Deiner *Condition* lauten. Bitte Papa um ein paar Zeilen von seiner Hand, dies ist die einzige Wohltat die ich mir von ihm ausbitte. Küsse ihm und Mama 1000mal die Hand allen meinen teuren Geschwistern Freunden und Freundinnen 1000 000mal den Mund von

Deinem zärtlichsten Bruder Lenz.

[Am Rande:]
Kleists lesen alle meine Briefe. Wir sind aber Freunde und Du darfst alles frei schreiben, nur nichts von ihnen.

12. Lenz an Johann Daniel Salzmann

Fort Louis, [Anfang] August 1772

Sie bekommen heut einen sehr elenden Brief von mir, darum wollt ich anfangs lieber gar nicht schreiben. Aber *non omnia posumus omnes* dacht ich, mit Herrn Rebhuhn und geantwortet muß doch sein. Ich komme eben aus der Gesellschaft dreier lieben Mädchen und einer schönen, schönen Frau und in allen solchen Gesellschaften wird das Fleisch willig und der Geist schwach. Wie dieser Brief in Ihre Hände kommt weiß ich noch nicht. Es soll ein Hauptmann nach Straßburg gehen, der dorthin allerlei mitnehmen wird, unter anderm Ihren *Hobbes civem Malmesburgiensem*, den ich mich nicht überwinden kann zu Ende zu bringen. Es geht mir wie einem Kinde, das über ein neues Spielzeug eines alten vergißt, das es doch so fest mit seiner kleinen Patsche umklammert hatte, als ob es ihm erst der Tod herausreißen sollte. Der Zustand meines Gemütes ist wie er ist; den Haß kann man wohl auswurzeln, aber die Liebe nie, oder es müßte ein Unkraut sein, das nur die äußere Gestalt der Liebe hätte. Wenn mir einer Mittel vorschlagen wollte, Sie nicht mehr zu lieben, glauben Sie, daß diese Mittel bei mir kräftig sein würden? Vergeben Sie mir mein böses Maul, ich wünschte es allemal böser als mein Herz. Ich habe einen vortrefflichen Fund von alten Liedern gemacht, die ich Ihnen, sobald ich nach Straßburg komme, mitteilen werde. Wollen Sie meine letzte Übersetzung aus dem Plautus lesen, so fodern Sie sie unserm guten Ott ab, denn ich glaube schwerlich, daß sie so bald in der Gesellschaft wird vorgelesen werden. Sie haben mir keine Nachricht gegeben, wie sie mit der letztern gegenwärtig zufrieden sind. Vernachlässigen Sie diese Pflanzschule Ihrer Vaterstadt nicht, teurer Freund, vielleicht könnten wohltätige Bäume draus gezogen werden, auf welche Kindeskinder, die sich unter ihrem Schatten freuten, dankbar schnitten: Auch dich hat Er pflanzen helfen. Es sieht noch ziemlich wild und traurig in Ihrer Region aus – aber der erste Mensch ward in den Garten Eden gesetzt um ihn zu bauen. Wollten Sie wohl einst so gütig sein, mir, zum *aequivalent* für *Hobbes*, noch eine glühende Kohle aufs Haupt zu sammeln und etwa Puffendorfs *historiam juris* zu schicken. Oder ein anderes juristisches Buch, denn Jurist muß ich doch werden, wenn mir anders die Theologie nicht verspricht mich zum Papst von Rom zu machen. Ich halte viel auf die Extreme und Niklaus Klimms *aut* Schulmeister *aut* Kaiser ist eine Satire auf Ihren

Ihnen stets ergebenen

Lenz.

Herr von Kleist befindet sich wohl und empfiehlt sich Ihnen bestens.

13. LENZ AN JOHANN DANIEL SALZMANN

[Fort Louis, Mitte August 1772]

Mein teurer Sokrates! Ich umarme Sie mit hüpfendem Herzen und heiterer Stirne, um Ihnen eine Art von Lebewohl zu sagen, das in der Tat nicht viel zu bedeuten hat. Einige Stunden näher oder ferner machen, für den Liebhaber erschrecklich, für den Freund aber nichts. Der erste ist zu sinnlich eine körperliche

Trennung zu verschmerzen, der andere aber behält, was er hat, die geistige Gegenwart seines Freundes, und achtet die zwei Berge oder Flüsse mehr oder weniger nicht, die zwischen ihm und seinem Gegenstande stehen. Nur das tut mir wehe, daß ich nicht so oft werde nach Straßburg kommen können, indessen soll es dafür jedesmal auf desto längere Zeit geschehen. Ich denke, Sie werden mich nicht vergessen, meinerseits sind die Bande der Freundschaft so stark, daß sie noch hundert Stunden weiter gedehnt werden können, ohne zu reißen. Bis in mein Vaterland hinein – bis ins Capo de Finisterre, wenn Sie wollen. – In Ihrem letzten Briefe haben Sie mir Unrecht getan. Wie, mein liebenswürdiger Führer, ich sollte wie ein ungezähmtes Roß allen Zaum und Zügel abstreifen, den man mir überwirft? Wofür halten Sie mich? Ach jetzt bekomm ich einen ganz andern Zuchtmeister. Entfernung, Einsamkeit, Not und Kummer, werden mir Moralen geben, die weit bitterer an Geschmack sein werden, als die Ihrigen, mein sanfter freundlicher Arzt. Wenn ich mit Ihnen zusammenkomme, werde ich Ihnen viel, sehr viel zu erzählen haben, das ich jetzt nicht mehr der Feder anvertrauen kann. Auftritte zu schildern, die weit rührender sind, als alles, was ich jemals im Stande wäre zu erdichten, Auftritte, die, wenn Sie Ihnen zugesehen haben würden, Sie selbst noch (meinen Sokrates) zu weinen würden gemacht haben. Noch ist meine Seele krank davon. Sie sind mein bester Freund auf dem Erdboden, Ihnen, aber auch nur Ihnen, will ich alles erzählen, sobald ich Sie spreche. Zeigen Sie diese Stelle meines Briefes, nicht meinem guten Ott – wenn er nicht noch Jüngling wäre, wenn er die Stufe der Weisheit erstiegen hätte, würde ich über diesen Punkt nicht gegen ihn zurückhaltend sein.

Heute komme ich von Lichtenau, aus einer sehr vergnügten Gesellschaft, in welcher ich vielleicht allein die Larve war. Ich will meinen Brief an Sie bis zum Ende bringen, ich erwarte heute abend noch einen Gnadenstoß. O lassen Sie mich, mein beschwertes Herz an Ihrem Busen entladen. Es ist mir Wollust zu denken, daß Sie nicht ungerührt bei meinem Leiden sind, obschon es Ihnen noch unbekannt ist. Denn Trennung ist nicht die einzige Ursache meines Schmerzens. – Wir wollen von andern Sachen reden.

Ich werde noch, vor meiner Abreise, einmal aus Fort-Louis an Sie schreiben und alsdann aus Landau, sogleich nach meiner Ankunft. Mein Studieren steht jetzt stille. Der Sturm der Leidenschaft ist zu heftig. Ich wünsche mich schon fort von hier, alsdann, hoffe ich, wird er sich wieder kümmerlich legen. In Landau will ich, so viel es mein zur andern Natur gewordenes Lieblingsstudium erlaubt, das *Jus* eifrig fortsetzen. Auf den Winter denk ich mit Herrn von Kleist, der sich Ihnen gehorsamst empfehlen läßt, einige Monate in Mannheim, einige in Straßburg zuzubringen. Wo zuerst weiß ich nicht. Seien Sie so gütig und sagen es der Jungfer Lauthen noch nicht, daß ich von Fort-Louis weggehe, ich will es ihr, wenn ich noch einen Posttag abgewartet, selber schreiben. Das weibliche Herz ist ein trotzig und verzagt Ding. Leben Sie wohl bis auf meinen nächsten Brief. Ich bin von ganzem Herzen

Ihr
Sie ewig liebender Alcibiades
J. M. R. L.

14. Lenz an Johann Daniel Salzmann

[Fort Louis, 31. August 1772]

Mein teuerster Freund! Auf einem Fuß, wie ein reisefertiger Kranich, steh ich jetzt und schmiere Ihnen mit dem anderen mein Adieu aufs Papier. Ich glaube zum wenigsten, daß dies mein letzter Brief von Fort-Louis sein wird. Ich gehe jetzt nach Sesenheim hinaus, um den letzten Tag recht vergnügt dort zuzubringen. Recht vergnügt – Nicht wahr, Sie lächeln über meine stolze platonische Sprache, mittlerweile mein Herz mit dem Ritter Amadis (oder was weiß ich, wie der Liebhaber der Banise hieß) von nichts als Flammen, Dolchen, Pfeilen und Wunden deklamiert. Was soll ich sagen? Ich schäme mich meiner Empfindungen nicht, wenn sie gleich nicht allezeit mit festem Schritt hinter der Vernunft hergehen. O! und Salzmann bedauert mich – sehen Sie die Schürze von Feigenblättern, die meine gefällige Vernunft mir allezeit vor die Blöße meines Herzens bindet. Ich habe in Sesenheim gepredigt, sollten Sie das glauben? Den Sonnabend nachmittags karessiert; nach Fort-Louis gegangen; das Tor zu gefunden; zurückgegangen; den Pfarrer am Nachtessen unruhig gefunden, daß er so viel zu tun habe; mich angeboten; bis vier Uhr in der Laube gesessen; mich von meinen Fatiguen erholt; eingeschlafen; den Morgen eine Bibel und eine Concordanz zur Hand genommen und um 9 Uhr vor einer zahlreichen Gemeine, vor vier artigen Mädchen, einem Baron und einem Pfarrer gepredigt. Seh'n Sie, daß der Liebesgott auch Kandidaten der Theologie macht, daß er bald in Alexanders Harnisch wie eine Maus kriecht, bald in die Soutane eines Pfarrers von Wackefield, wie ein der Liebesgelahrtheit Beflissener. Mein Text war das Gleichnis vom Pharisäer und Zöllner und mein Thema die schädlichen Folgen des Hochmuts. Die ganze Predigt war ein Impromptu, das gut genug ausfiel. – Himmel die Uhr schlägt sechs und ich sollte schon vor einer Stunde in S. sein. Diesmal sollen Sie mich dort entschuldigen. Ihren *Heineccius* nehme ich mit. Ohne Erlaubnis – ach, mein Freund, *dura necessitas* läßt mich nicht erst lange fragen, ich greife zu – aber ich gebe auch wieder. Allein was werden Sie sagen, wenn ich Ihnen Ihren *Tom Jones* noch nicht zurückschicke? Ich bin schuld daran, daß ihn mein faules Mädchen noch etwas länger behält, er soll sie für meinen Verlust entschädigen, denn wenn man gute Gesellschaft hat, sagte sie, so kann man nicht viel lesen. Ich habe so brav auf Ihre Güte getan, daß ich ihr mein Wort drauf gegeben, Sie würden es verzeihen, wenn sie Ihnen denselben erst durch Mamsell Schell zuschickte; ja Sie würden sogar so gütig sein und ihr noch die zween letzten Teile alsdann dazu leihen, wenn sie die ersten wieder gegeben. Das heißt gewagt, mein bester Sokrates, aber Jugend ist allezeit ein Waghals, und bricht doch nur selten den Hals; ich denke, Sie werden meine tollkühne Freundschaft noch nicht fallen lassen: wenn sie älter wird, soll sie weiser und vorsichtiger werden. Für Ihre Adressen in Landau danke ich Ihnen unendlich, wer weiß, wozu sie gut sind. Ich hoffe eher nach Straßburg zu kommen, als nach Mannheim. Ich kann nicht mehr, teuerster, bester, würdigster Freund! ich bin schon ein Jahr über meine bestimmte Stunde ausgeblieben. Leben Sie recht sehr glücklich; mein Großfürst heiratet eine darmstädtische Prinzessin; leben Sie allezeit gleich heiter und vergnügt; ich möchte gerne den Namen des Russischen *Envoyé* an diesem Hofe wissen; erinnern Sie sich meiner zuweilen; der Friede soll auch schon geschlossen sein; grüßen Sie die Lauthsche Gesellschaft und die Mademoiselles tausendmal; doch was berichte ich Ihnen Neuigkeiten, die bei Ihnen schon in der Hitze werden sauer geworden sein – und bleiben Sie gewogen

Ihrem verschwindenden Alcibiades
J. M. R. L.

15. Lenz an seinen Vater

Weissenburg im Elsaß d. 2ten Septbr. 1772

Mein Vater! Ich schreibe Ihnen diesen Brief auf dem Marsch von Fort Louis nach Landau, wohin das Regiment Anhalt, bei dem sich der H. v. Kleist, (der jüngere) befindet, den letzten des vorigen Monats aufgebrochen. Weil der letztere, dessen zärtliche Freundschaft für mich täglich zunimmt, mich immer um sich haben will, so tue ich mit ihm und zugleich mit dem Regiment, zu Pferde eine zwar sehr langsame aber auch nicht minder angenehme Reise.

Ich bin Ihnen noch einige Striche von meinem Lebenslauf in Fort Louis schuldig, denn meinen letzten Brief schrieb ich Ihnen, als ich eben dahin abging. Ob ich gleich nicht weiß, ob jemals einer von meinen Briefen in Ihre Hände gekommen ist, oder kommen wird, so will ich doch meiner Seits nichts ermangeln lassen. Vielleicht trägt ein gutherziger Wind doch eine Nachricht von mir wie ein Blumenstäubchen fort, läßt sie noch bei Ihnen niederfallen, und zu einer kleinen Blume der Freude aufgehn. Ich spähe hier vergebens jeden Winkel nach Nachrichten von Ihnen aus, fast keinen Fremden, der aus Norden kömmt, laß ich entwischen, allein von Dorpat habe ich doch seit einem halben Jahr nicht das mindeste erfahren können.

Es ist mir in Fort Louis recht sehr wohl gegangen: eine Wirkung Ihres väterlichen Gebets und der Verheißung Gottes, frommen Eltern auch an ihren Kindern noch wohlzutun. Denn was meine Person betrifft, so bin ich viel zu gering alles dessen was die Barmherzigkeit des Herrn an mir getan hat. Je länger ich mit d. Hrn. von Kleist umgehe, desto mehr spüre ich, daß seine Freundschaft zu mir wächst, anstatt wie es sonst bei jugendlichen Neigungen gewöhnlich ist, durch Gewohnheit und Sättigung zu erkalten. Ich habe mit seinen Nebenoffiziers, die fast alle Deutsche sind, einen recht sehr artigen Umgang, ob schon ich mich soviel möglich allezeit in mich selbst zurückziehe. Nahe bei Fort Louis war ein Dörfchen, das ein Prediger mit drei liebenswürdigen Töchtern bewohnte, wohin sich die Unschuld aus dem Paradiese schien geflüchtet zu haben. Hier habe ich den Sommer über ein so süßes und zufriedenes Schäferleben geführt, daß mir alles Geräusch der großen Städte fast unerträglich geworden ist. Nicht ohne Tränen kann ich an diese glückliche Zeit zurück denken! O wie oft hab ich dort Ihrer und Ihres Zirkels erwähnt! O wie gern wollte ich in den schönen Kranz Ihrer Freunde eine Rose binden, die hier in dem stillen Tale nur für den Himmel, unerkannt blühet. Ich darf Ihnen diese Allegorie noch nicht näher erklären, vielleicht geschieht es ins künftige. – Mündlich dereinst hoffe ich, Ihnen das ganze Gemälde von meinem Lebenslauf aufzustellen, das in einem Briefe Ihnen viel zu seltsam und romanhaft vorkommen würde. Glauben Sie mir aber, daß die menschliche Einbildungskraft lange nicht so viel erdichten kann, als das menschliche Leben oft erfahren muß.

Ich habe an diesem Orte kurz vor meiner Abreise eine Predigt, fast aus dem Stegreif gehalten. Sie fiel für den ersten Versuch und für ein Impromptu gut aus, allein ich entdeckte einen wesentlichen Fehler fürs Predigtamt an mir, die Stimme. Ich ward heiser und fast krank, und jedermann beschuldigte mich doch, zu leise geredet zu haben, da überdem die Kirche eine der kleinsten war. Was für eine Stelle mir also dereinst der Hausvater im Weinberge anweisen wird, weiß ich nicht, sorge auch nicht dafür. Noch arbeite ich immer nur für mich und lerne von den Vögeln frei und unbekümmert auf den Armen der Bäume den Schöpfer zu loben, gewiß versichert, das Körnchen das sie heute gesättigt, werde sich morgen schon wieder finden. Nach Straßburg schicke ich von Zeit zu Zeit kleine Abhandlungen an eine Gesellschaft der schönen Wissenschaften, die mich zu ihrem Ehrenmitgliede erwählt hat, und die davon mehr Aufhebens macht, als mir lieb ist. Ob sich auch in Landau für mich ein Feld eröffnen wird, in dem ich ein wenig graben kann, weiß ich nicht. Ich werde keinen Wink der Vorsehung aus der Acht lassen, aber auch nicht murren, wenn ich dort noch eine Weile unerkannt und ungedungen am Markt stehen bleibe. Meine Freundschaften und Verbindungen in Strasburg werden durch diese Reise, die mich Ihnen einige Stunden näher bringt, nicht zerrissen, sondern nur noch enger zusammengezogen, da auch bei Freunden und Gönnern immer das Sprichwort wahr bleibt *Major ex longinquo reverentia*. Doch seit einiger Zeit, (ich rede von Herzen mit Ihnen) bin ich ziemlich gelassen auch bei den empfindlichsten Trennungen und Verlusten. Ich habe ihrer schon so viel erfahren. Einige menschliche Tränen, und alsdenn fröhlich wieder das ganze Herz dem übergeben, der uns für den Verlust einer Welt entschädigen kann. Die große Moral, die ich aus meinen bisherigen Schicksalen mir abgezogen, soll immer mein Hauptstudium bleiben: Wenn ich nur Dich habe, so frage ich nichts nach Himmel und Erden. Jetzt will ich hier abbrechen und den Beschluß auf einige Tage weiter sparen, da ich Ihnen auch etwas von Landau melden kann.

Landau den 2ten Oktober
Viele Vorfälle, die mich ganz foderten, haben mir nicht soviel Zeit gelassen, meinen Brief an Sie zu endigen. Hier muß ich ihn eben stehenden Fußes zum Ende bringen, da sich eine gute Gelegenheit findet, ihn fortzuschaffen. Ich habe in Landau noch sehr wenig Bekanntschaft gemacht. Der Senior Herr Mühlberge, ein Schwager meines geliebten Freundes, des Herrn Licentiats Salzmann in Straßburg, scheint ein wackerer Mann zu sein. Ich bin bei ihm gewesen, habe ihn aber nicht angetroffen. Sein Sie doch so gütig, und lassen einliegenden Brief nach Reval kommen, er ist von einem Feldwebel aus unserm Regiment,

der mein Landsmann ist, und als solcher mich gar zu inständigst gebeten, doch einmal einen Brief von ihm an die Seinigen zu schaffen. Er ist itzt schon 30 Jahr von Hause, verschiedene Landsleute haben seinen Brief angenommen, keiner aber bestellt. O dacht ich, so werden deine saubern Landsleute es mit deinen Briefen auch gemacht haben – wenigstens will ich so leichtsinnig nicht sein. Sie werden mir vergeben, daß ich Ihnen dadurch Kosten mache. Der Mann heißt *Hönn*, ist eines Predigers Sohn, und hat unter die Soldaten gehen müssen, weil seine unmenschliche Stiefmutter, sogleich nach dem Tode seines Vaters, ihm da er kaum 1 Jahr auf der Akademie gewesen, weder Geld noch Brief noch Anweisung mehr geschickt. Er macht noch Ansprüche auf das Vermögen seines Vaters, wenn anders welches da ist, indem sie sich verheiratet haben soll und zwar an einen gewissen Past. Oldekop: ich kann nicht begreifen, ob dieser Past. Oldekop ein weitläuftiger Verwandte von unserm liebenswürdigen Freunde sein sollte. Übrigens führt dieser Mensch sich ganz ordentlich.

Jetzt muß ich abbrechen, wenn Sie anders diesen Brief noch erhalten sollen. Es heißt, das Regiment soll auf den Winter nach Straßburg. Wenn ich nach Liefland komme, weiß Gott, indessen sorgen Sie nie für mich, überlassen Sie dieses ihm. In dessen Vorsorge ich auch Sie empfehle. Tausend Grüße an alle gute Freunde, tausend Küsse an alle meine Geschwister. Meine beste Mama! o könnte mein Gebet Sie gesund machen. Ich küsse ihr und Ihnen aufs zärtlichste die Hände als

> Dero
> gehorsamster Sohn
> J. M. R. Lenz.

16. Lenz an Johann Daniel Salzmann

Landau, den 7. September [1772]

So wenig Zeit mir auch übrig ist, so muß ich Ihnen doch sagen, daß ich Sie in Landau noch eben so hoch schätze, ebenso liebe, als in Fort-Louis. Unser Marsch war angenehm genug: vor Tage zu Pferde, und vom Mittag, bis in die Nacht gerastet. Ich möchte so durch die Welt reisen. Weißenburg hat mir gefallen, die dortige Schweizergarnison glich den Priestern der Cybele, so erfreute sie die Ankunft eines deutschen Regiments. Landau kann in der Tat das Schlüsselloch von Frankreich heißen, da es nur zween Tore hat, eins nach vorne, das andere nach hinten. Unsern Ausgang segne Gott, unsern Eingang – – Ich wohne bei einem Herrn Schuch, der ein naher Verwandter vom Herrn Türkheim sein will. Seine Frau und er spielen mir alle Abende Komödie, wobei mein Herz mehr lacht, als bei allen Farcen des Herrn Montval und Ribou. Er ist ein gutwilliger Schwätzer, gegen seine Frau, ein rechter Adventsesel und auch gegen die Füllen bei ihr. Sie trägt Hosen und Zepter, eine Teintüre von Andacht und kokerter Prüderie – in der Tat, meinen kleinen Plautus hinterdrein gelesen und ich brauche kein Theater. Melden Sie mir doch, was das Ihrige in Straßburg macht und ob dort kein deutsches zu erwarten sei. Beim Herrn Senior, der fast die alleinige Materie des Gesprächs meiner Wirtsleute ist (ausgenommen den gestrigen vortrefflichen Abend, wo wir lauter Haupt- und Staatsaktionen ausmachten) bin ich noch nicht gewesen. Der Bürgermeister Schademann soll schon seit geraumer Zeit tot sein. Vielleicht erlange ich die Bekanntschaft seines Sohnes, der sehr reich sein soll. Ein Rektor bei der hiesigen Schule, der im Kloster einen Sohn hat, der schon Magister ist (wo mir recht ist, hab ich ihn dort gesehen) soll eine gute Bibliothek haben: da muß ich suchen unterzukommen. Seien Sie doch so gütig und schreiben mir in Ihrem nächsten Briefe den Namen des Kurfürsten von der Pfalz; wie auch den Charakter und die Adresse des Herrn Lamey, ein Name, den ich in Straßburg oft gehört. Sie lachen – wozu das? Nun, nun, es hat nichts zu bedeuten, ein guter Freund hat mich um beide in einem Briefe ersucht. Einen Nachmittagsprediger habe ich hier gehört, der keine Pfeife Tobak wert vorgebracht. Ich ging nach Hause und las Spalding, vom Wert der Gefühle im Christentum. Welch ein Kontrast! Dieses Buch müssen Sie auch lesen, mein Sokrates! es macht wenigstens Vergnügen zu finden, daß andere mit uns nach demselben Punkt visieren. Ich freue mich, daß man in einem Tage von hier nach Straßburg kommen kann, wer weiß wenn ich Sie überrasche. Fahren Sie fort mit Ihrer Gewohnheit für mich. –

Lenz

17. Lenz an Johann Daniel Salzmann
[Landau, Mitte September 1772?]

Teurester Freund! Sie werden mir ein kleines Stillschweigen zu gut halten, das auf eine Abreise ohne Abschied seltsam genug aussieht. Die gegenwärtige Lage meiner Seele wird mich entschuldigen. Sie kriecht zusammen, wie ein Insekt, das von einem plötzlichen kalten Winde berührt worden. Vielleicht sammelt sie neue Kräfte, oder vielleicht ist dieser Zustand gar Melancholei. Sei es was es wolle, ich befinde mich eben nicht unglücklich dabei, es ist kein Schmerz den ich fühle, sondern bloß Ernst und obschon dieser den Jüngling nicht so sehr ziemet als den Mann, so denk ich, ist er auch für jenen unter gewissen Umständen vorteilhaft. Geben Sie mir doch Nachricht von Ihrem Befinden, ändern Sie Ihr sonst so gütiges Zutrauen gegen mich nicht. Meine Umstände können meine Oberfläche zwar ändern, aber der Grund meines Herzens bleibt. – Ich beschäftige mich gegenwärtig vorzüglich mit Winkelmanns Geschichte der Kunst, und finde bei ihm Genugtuung. O daß dieser Mann noch lebte! Schaffen Sie sich sein Werk an, wenn Sie einmal auf Verschönerung Ihrer Bibliothek denken. Wenn seine Sphäre nur nicht von der Art wäre, daß er sich durch einen großen Nebel von Gelehrsamkeit in derselben herumdrehen muß, der den gesetzten und edlen Flug seines Geistes merklich niederschlägt. In der Jurisprudenz habe ich nur noch eine kleine Saite in meiner Seele aufgezogen, und die gibt einen verhenkert leisen Ton. Der waltende Himmel mag wissen, in was für eine Form er mich zuletzt noch gießt und was für Münze er auf mich prägt. Der Mensch ist mit freien Händen und Füßen dennoch nur ein tändelndes Kind, wenn er von dem großen Werkmeister, der die Welturh in seiner Hand hat, nicht auf ein Plätzchen eingestellt wird, wo er ein paar Räder neben sich in Bewegung setzen kann.

– Ist Ihre Abhandlung schon vorgelesen? Und wie haben sich *Ott* und *Haffner* das letztemal gehalten; ich zähle auf Ihr Urteil davon.

Ihre weisen Ratschläge über einen gewissen Artikel meines Herzens, fang ich an mit Ernst in Ausübung zu setzen: allein eine Wunde heilt allemal langsamer, als sie geschlagen wird. Und wenn ich die Leidenschaft überwände, wird doch der stille Wunsch ewig nicht aus meinem Herzen gereutet werden, mein Glück, wenn ich irgend eines auf dieser kleinen Kugel erwarten kann, mit einer Person zu teilen, die es mir allein wird reizend und wünschenswert machen können. Ich habe heut einen dummen Kopf, aber ein gutes und geruhiges Herz: aus der Fülle dieses Herzens will ich Ihnen sagen, daß ich bin

Ihr
unaufhörlich ergebenster Freund
J. M. R. Lenz.

[Am Rande:]
Von Herrn von Kleist ein ganz ergebenstes Kompliment. Wollen Sie so gütig sein, mich Ihrer Tischgesellschaft zu empfehlen, vorzüglich Herrn *Leibhold* und *Hepp*.

[Nachschrift:]
Ich sehe daß mein guter Ott mich nicht versteht und durchaus glaubt, wenn ich nicht lustig bin, müsse ich unglücklich sein. Benehmen Sie ihm doch dieses schlechte Zutraun zu mir, welches mich in der Tat schamrot machen muß. Der Himmel ist noch nie so strenge gegen mich gewesen, mir größeren Kummer aufzulegen, als wozu er mir Schultern gegeben, und wenn ich jetzt die feige Memme machte, der Ungeduld und Torheit über die Backen liefen, so verdient ich in Essig eingemacht zu werden, damit ich nicht in *putredinem* überginge. Ich fürchte, weil ich an ihn jetzt nicht mehr mit lachendem Munde schreiben kann, sein gar zu gutes und empfindliches Herz wird glauben, ich sei niedergeschlagen und ich bin es doch niemals weniger gewesen als itzt.

Neulich als ich einige Stunden einsam unter einem Baum gelesen, sah ich unvermutet eine erschreckliche Schlange ganz geruhig zwei Zoll weit neben mir liegen. Ich flog schneller als ein

Blitz davon, und dachte es muß doch noch nicht Zeit für dich sein – Diese Anekdote schreibe ich meinen Freunden nur darum, damit sie sich in Acht nehmen, unter einem Baum auszuruhen – denn sonst denk ich interessiert sie niemanden als mich.

Ich schick Ihnen zur Ausfüllung einer vegetierenden Stunde nach dem Essen, eine kleine Romanze, die ich in einer eben so leeren Stunde gemacht habe.

18. Lenz an Johann Daniel Salzmann

Landau, den 18ten [September 1772]

Guter Sokrates! ›Ohne mich nicht ganz glücklich‹ – Fürchten Sie sich der Sünde nicht, einen jungen Menschen stolz zu machen, dessen Herz noch allen Passionen offen steht und durch Zeit und Erfahrung nur noch sehr wenig verbollwerkt ist? Da ich so tief in Ihr System geguckt, da ich weiß, daß Ihre Religion die Glückseligkeit ist – so konnte mir kein größeres Kompliment gemacht werden, als, daß ich im Stande sei, mit etwas dazu beizutragen, wenn's auch nur so viel ist, als ein Mäuschen zum Rhein. – Spaß bei Seite, die Glückseligkeit ist ein sonderbares Ding, ich glaube immer noch, daß wir schon hier in der Welt so glücklich seien, als wir es nach der Einrichtung unseres Geistes und Körpers werden können. Die Tugend ist das einzige Mittel diese Glückseligkeit in ihrer höchsten Höhe zu erhalten und die Religion versichert uns, sie werde auch nach dem Tode währen und dient also dieser Tugend mehr zur Aufmunterung, als zur Richtschnur. Da kommt nun aber die verzweifelte Krankheit, von der Sie schreiben und wirft mir mein ganzes Kartenhaus über den Haufen. Allein sie muß doch auch wozu heilsam sein, vielleicht, wie Sie sagen, ist sie das Fegfeuer unserer Tugend, wenigstens macht sie uns die Gesundheit desto angenehmer und trägt, durch den Kontrast, also zu dem Ganzen unserer Glückseligkeit auch mit das Ihre bei. Wiewohl, ich habe gut philosophieren, da ich sie, dem Himmel sei Dank, schon seit so langer Zeit, bloß vom Hörensagen kenne. Ich bin jetzt auch von lauter Kranken eingeschlossen und denke dabei beständig an Sie. Wiewohl ich aus dem Schluß Ihres letzten Briefes zu meiner Beruhigung schließe, daß Sie jetzt wieder völlig hergestellt seien. Sie werden von Herrn Ott hören, wie ich mich amusiere. Wenig genug und doch sehr viel. Wenn man Käse und Brot hat, schmeckt uns die Mahlzeit eben so gut, als wenn das Regiment *de Picardie* traktiert, vorausgesetzt, daß wir in einem Fall, wie im andern, recht derben Hunger haben. Um also glücklich zu sein, sehe ich wohl, werde ich künftig nur immer an meinem Magen arbeiten, nicht an der Mahlzeit, die ich ihm vorsetze. Die Umstände, in denen wir uns befinden, müssen sich schon nach uns richten, wenn wir selbst nur fähig sind, glücklich zu sein. – Bin ich doch ganz Philosoph geworden, werden Sie nur über mein Geschwätz nicht von neuem krank! Den Herrn Senior habe ich nur in seiner Kirche besucht und noch nicht recht das Herz, ihn näher kennen zu lernen. Den Rektor der hiesigen Schule hab ich in seinem Hause besucht und möchte wohl schwerlich wieder hingehen. Ich fragt' ihn nach den hiesigen Gelehrten: er lachte. Das war vortrefflich geantwortet, nur hätte der gute Mann die betrübte Ahndung, die dieses Lachen bei mir erregte, nicht bestätigen sollen. Er beklagt sich über den Schulstaub und die häuslichen Sorgen – da, da, mein teuerster Freund, fühlte ich eine Beklemmung über die Brust, wie sie Daniel nicht stärker hat fühlen können, als er in den Löwengraben hinabsank. In seiner Jugend, sagt' er, hätte er noch *fait* vom Studieren gemacht, jetzt – o mein Freund, ich kann Ihnen das Gemälde nicht auszeichnen, es empört meine zartesten Empfindungen. Den heiligen Laurentius auf dem Rost hätt' ich nicht mit dem Mitleiden angesehen, als diesen Märtyrer des Schulstandes, eines Standes, der an einem Ort wie Landau, mir in der Tat ein Fegfeuer scheint, aus dem man alle guten Seelen wegbeten sollte. Er hatte seine Bibliothek nicht aufgestellt, es waren bestäubte, verweste Bände, die er vermutlich nur in seiner Jugend gebraucht – ausgenommen die allgemeine Welthistorie figurierte, in Franzband eingebunden, besonders. – Vielleicht daß ich da mich einmal bei ihm zu Gast bitte. Er scheint übrigens der beste Mann von der Welt – o Gott, eh so viel Gras über meine Seele wachsen soll, so wollt ich lieber, daß nie eine Pflugschar drüber gefahren wäre. Jetzt bin ich ganz traurig, ganz niedergeschlagen, bloß durch die Erinnerung an diesen Besuch. Nein, ich darf nicht wieder hingehen. Wie glücklich sind Sie, mein Sokrates, wenigstens glänzt eine angenehme Morgenröte des Geschmacks in Straßburg um Sie herum, da ich hier in der ödesten Mitternacht tappend einen Fußsteig suchen muß. Keine Bücher! ha Natur, wenn du mir auch dein großes Buch vor der Nase zuschlägst (in der Tat regnet es hier seit einigen Tagen anhaltend), was werd ich anfangen? Dann noch über die Glückseligkeit philosophieren, wenn ich von ihr nichts als das Nachsehen habe? Doch vielleicht kriegt mich ein guter Engel beim Schopf und führt mich nach Straßburg. – – Meine Lektüre schränkt sich jetzt auf drei Bücher ein: Eine große Nürnbergerbibel mit der Auslegung, die ich überschlage, ein dicker Plautus, mit Anmerkungen, die mir die Galle etwas aus dem Magen führen und mein getreuster Homer. Ich habe schon wieder ein Stück aus dem Plautus übersetzt und werd es ehestens nach Straßburg schicken. Es ist nach meinem Urteil das beste, das er gemacht hat (doch ich kenne noch nicht alle). Noch an eins möcht ich mich machen: es ist eine Art von Dank, den ich dem Alten sage, für das herzliche Vergnügen, das er mir macht. Ist es nicht reizend, nach so vielen Jahrhunderten, noch ein Wohltäter des menschlichen Geschlechts zu sein?

Heut möcht ich Ihnen einen Bogen voll schreiben, aber ich besinne mich, daß das, was mir ein Präservativ für eine Krankheit ist, Ihnen leicht ein Recidiv geben kann. Ich bin ganz der Ihrige

Lenz.

19. Der Bruder Johann Christian an Lenz
Arensburg in der Insel Oesel
d. 24. Septbr. a. St. 1772

Mein zärtlich geliebter Bruder! Um die Freude auszudrücken, die Dein Brief mir verursacht, müßte ich mehr Muße und einen größern Raum haben. Der Anblick einer Hand, die ich zwei lange Jahre zu sehn entwöhnt bin, war das für mich, was Robinson auf einer wüsten Insel der erste Anblick einer Menschen-Gestalt nur immer sein konnte. – Ich weiß jetzt daß Du lebst, daß Du wo nicht glücklich doch auch nicht ganz unglücklich bist, und dies ist alles. – Aber die Schicksale, die Du verschweigst, mir verschweigst, in dessen Busen Deine Geheimnisse, wenn Du welche hast, so gut verwahrt wären, wie in der [!] Deinigen, gewiß diese machen mich unruhig. Gott weiß, daß ich Dein Glück wünsche, und so sehr wünsche, als es vielleicht keiner außer mir tut. Könnte ich zu Deiner Zufriedenheit was beitragen, wie sehr würde meine eigne vergrößert werden. Sei offenherzig gegen mich, wenn Du von meiner Zärtlichkeit überzeugt bist. Und der Himmel verzeihe es Dir, wenn Du es nicht bist. Sollte vielleicht Deine Rückreise durch kleine Verwickelungen aufgehalten werden, so entdecke Dich mir, vielleicht kann ich Mittel erfinden, Dir zu helfen? Denn was würde ich nicht dran wenden, Dich noch einmal zu sehen, einmal alle meine bisherigen Schicksale in Deinen Busen auszuschütten, und aus Deinem Munde die Deinigen zu hören, die mich wo nicht mehr doch eben so sehr interessieren wie meine eignen. – Unser guter alter Vater, ich weiß, daß er Dich sehr liebt, es würde ihn tief beugen, wenn Du Hülfe nötig hättest, und er Dir nicht helfen könnte. Verschone ihn also, wenn Du in Verlegenheit bist, eben so wie unsere Geschwister, die selbst in Schulden, eben so wie er begraben sind. Wende Dich an mich, mich wird die Last nicht niederdrücken, die ich für meinen Bruder trage, den meine ganze Seele liebt. Ich bin auch jünger wie sie, und habe keine Frau und Kinder, die mir Vorwürfe machen können. Was für ein Verdienst, Dich unserm Vaterlande, unsern frommen Eltern, unsern frohen Geschwistern und Freunden wiederzugeben, wie weit überwiegt es alle Ungemächlichkeiten! – Und dies erwarte ich von Deiner Liebe, wenn es wahr ist, daß Du mich liebst. – Laß mich immer bei meiner Einbildung, daß unter den vielen Ursachen, die Dich bewegen müssen, zurückzukommen, ich auch eine kleine sein könnte.

Ich zweifle nicht, daß Du ebenso ungeduldig bist, meine Geschichte zu hören, wie ich die Deinige. Ich mache Dir keinen

Vorwurf. Aber – genung es ist traurig für mich, so wenig von Dir zu wissen.

Du weißt, daß ich in meiner vorigen *Condition* einen Antrag zum *Fiscalat* in *Dörpt* bekam, den ich aus vielen kleinen Ursachen ausschlug, die die Vorsehung vielleicht mir zu meinem Glück in den Weg legte. Einige Wochen drauf kam ich in Vorschlag zum Stadts-*Secretariat* in *Arensburg*. Wunderbar hat unser große u. gute Vater mich bisher geführt. Alle Hindernisse mußten gehoben werden, und seit dem Anfange des vorigen Monats bin ich würklich ein 20jähriger *Secretaire*. Einige Ausarbeitungen, die ich *loco* eines *examinis* machen mußte, gerieten gut, weil ich mühsam in der Condition das nachgeholt hatte, was ich auf der Akademie versäumt. *Turzelmann*, Ratsherr, u. ein Mutterbruder von unsrer Tarwastschen Schwiegerin ist das Werkzeug meiner Beförderung, bei dem ich wohne und speise, und der mich in allem, was mir noch am Schlenderjan fehlt, unterstützt und leitet. Meine Bedienung trägt 300 Rbl. auch wohl bei guten Jahren gegen 400 Rbl. ein, ernährt also, wenn eine gute Advokatur dazu kömmt, ihren Mann. Aber gegen 500 Rbl. die ich schuldig bin, und die ich ehrlich bezahlen will, und die schlechten, armseligen Zeiten werden mich lange noch nicht in den Stand setzen, meine eigene Hütte, zu verstehen mit einer zärtlichen Freundin, die die Mühseligkeiten dieses Lebens mit tragen hilft, zu bewohnen. Es sei drum. So groß mein Begriff von einer solchen Glückseligkeit ist, so ist doch die Erfüllung unsrer Pflichten, und das nicht Bewußtsein einer bösen Handlung eine nicht viel kleinere. – Der Charakter dieser Nation, die Beschaffenheit der Stadt und des Landes, und die kleineren Umstände meiner Geschichte, verspare ich bis zu unserer – Gott gebe baldigen Umarmung. Ich wiederhole noch einmal, was ich wegen der Hindernisse die Dich abhalten könnten, so bald als möglich in unsre Arme zurückzufliegen, gesagt habe. Eile mein Bruder. Du bist Dich Deinem Vaterlande schuldig – mir – und o wie vielen anderen. Der Himmel wird Dir hier schon Brot geben, und vielleicht, gleich sobald Du ankömmst. Ich erwarte bald Nachricht von Dir. Wenn sie aber so wäre, daß sie unsern Vater kränken könnte, so adressiere den Brief nicht an ihn, weil er ihn aufbrechen würde, sondern schicke ihn durch den jungen Sievers in Strasburg, wenn Du sicher bist, daß er ihn gut bestellt. Ich unterhalte mit einigen aus dem Hause eine *Correspondence*, und bekomme ihn also gewiß, wenn er nur von dort abgeht. Sein Vater ist Land-Rat und auf *Euseküll*. Wenn Du ihn nicht kennst, so mache eine Gelegenheit zur Bekanntschaft. Ich habe viel Gutes von ihm gehört. – Die Condition, von der ich Dir schrieb, und die ich gehabt habe, ist nun besetzt. –

Meine Geschäfte, deren eine ungeheure Menge ist, lassen mir nicht Zeit, mehr zu schreiben. Ich wünsche, daß dieser Brief zu Dir komme. Doch aus Deinen Briefen sehe ich, daß meine Briefe immer angekommen sind. Aber die Deinigen – ein feindseliger Dämon läßt sie nicht zu mir. Dies war der erste, wer weiß wie lange ich wieder werde schmachten müssen. Ein froher Tag wird es sein, wann wieder ein Brief von Dich kömmt. Unser leichtsinniger Freund Begau hat alle Einlagen an Papa und an mich. ich weiß nicht wo gelassen. Er ist in Kurland in Condition und hat seinen Vater verloren. – Genung für diesmal. Lebe wohl. Der Himmel erfülle die Wünsche, die die wärmste, feurigste Zärtlichkeit eines Bruders für Dich tut. Es ist um desto schmerzhafter, daß die besten Herzen nicht die glücklichsten sind, weil ihrer so wenige sind. Ich umarme Dich. Wie kalt ist diese Umarmung! O Gott! wenn wird sie würklich werden. Wie dunkel ist die Zukunft unsrer Schicksale! Eine Anlage die ich immer zur Melancholie gehabt, macht mich traurig, und beklemmt, wenn ich an eine so große Entfernung denke, u. an alle Möglichkeiten, alle die *Fantomes* die sich scharenweise einer aufgebrachten Einbildung vordrängen. Wenn wird dieser frohe Tag kommen? – Oder wird er jemals kommen? – Wozu der Vorwitz? Die Wege der Vorsehung führen uns am besten. Und noch ein Lebewohl, ein Abschieds-Kuß, eine wollüstige kleine Träne mit der Versicherung meiner innigsten Zärtlichkeit, u. daß die Deinige eine der größten Glückseligkeiten meines Lebens ist.

Johann Christian Lenz

Tausend Grüße an die Herrn *v. Kleist*. Ich wünsche sehr, u. mit dem aufrichtigsten Herzen, daß sie meine Freunde sind, u. sich

meiner noch erinnern. – Sei glücklich! mein Bruder. – Von der Seite der Freunde bist Du es mehr als ich. Traurig genung, daß ich keinen einzigen Busenfreund habe. Und was ist ein Leben ohne Freundschaft? Du hast es nie empfunden, ich liebe Dich auch zu sehr, um es zu wünschen. Laß mich bald in Dir meinen ersten und fast meinen einzigen Freund wiederbekommen.
[Adresse:]
Monsieur J. M. R. Lenz, Candidat der Theologie, *presentement à Fort Louis. P. Cond.*

20. LENZ AN JOHANN DANIEL SALZMANN

[Landau, Oktober 1772]

Hier haben Sie wieder ein Blättgen mit einer Hypothese. Untersuchen Sie sie, halten Sie sie an den Probierstein der Wahrheit – Der menschliche Verstand muß von der höchsten Wahrscheinlichkeit zur Wahrheit übergehen; ich habe zu dieser schärfern Untersuchung keine Zeit – auch keine Fähigkeit, ich überlasse sie Ihnen. Sie sagten in Ihrem letzten Briefe, Gott tue alles zu unserer Besserung mittelbar und könne dazu nicht unmittelbar in uns wirken. Ich bin Ihrer Meinung, doch nur in einer gewissen Einschränkung. Sie sollen sie sogleich hören.

Leibnitz, da er den Ursprung des Bösen mit der höchsten Güte Gottes reimen will, hält viel auf diese unmittelbare Einwirkung, oder Einfluß der Gottheit, welchen er eine immerfortwährende Schöpfung nennt. Er vergleicht ihn einem Strom, der seinen Lauf hält, die Freiheit des Menschen aber einem Boot auf diesem Strom, das, je nachdem es schwerer oder leichter beladen, langsamer oder geschwinder auf demselben fortgeht. Da die Sünde eigentlich in einer Privation des Guten besteht und also die Quelle derselben nichts als Trägheit ist, die von unsern Fähigkeiten nicht den gehörigen Gebrauch machen will, so gleicht diese Trägheit der Last oder Schwere des Boots und kann die Schuld warum letzteres nicht so geschwinde fortgeht, nicht dem Strom, sondern dem Boot zugeschrieben werden. Man kann ihm aber, und mich deucht mit Recht, einwenden, warum der Strom nicht mit einer solchen Geschwindigkeit und

Kraft fortfließe, daß er die kleine Schwere des Boots überwinde und aufhebe? und da bleibt bei Zulassung des Bösen von Seiten Gottes immer dieselbe Schwürigkeit. Ich glaube weit sicherer zu gehen, wenn ich mich bei der einmal angenommenen Lehre von der Erhaltung Gottes (welche allerdings wahr ist), an dem Wort Erhaltung halte, und also keine fortwährende Schöpfung unter derselben verstehe. Fortwährend ist freilich ein Begriff, der der Gottheit angemessen ist, allein eine solche Schöpfung nicht. Wenigstens kann sich unser Verstand keine Schöpfung denken, die in Ewigkeit fortgeht, denn Schöpfung ist nach der einmal angenommenen Bedeutung des Wortes, eine Hervorbringung aus Nichts, die nur einen Augenblick währen könnte, nämlich den, da Gott sprach: Es werde! Bildung dieses Etwas, die kann fortgehen in Ewigkeit, aber nicht die unmittelbare Schöpfung. – Nun hat Gott uns gewollt, das heißt er hat uns geschaffen, als freiwillige und selbstständige Wesen, versehen mit gewissen Kräften und Fähigkeiten, von denen wir einen Gebrauch machen können, welchen wir wollen, und wenn wir einen Einfluß Gottes in uns annehmen wollen (welches uns Vernunft und Offenbarung heißet, weil wir abhängige, geschaffene Wesen sind), so ist dieses kein anderer, als der allgemeine, den Gott in die ganze Natur hat, vermöge dessen er nach den ewigen Gesetzen der Natur, die in ihr gelegten Kräfte und Fähigkeiten unterstützt, erhält, daß sie nicht ins vorige Nichts zurückfallen. Wenn wir diese Handlung auch eine Schöpfung nennen wollen, so mag es hingehen, nur muß man alsdann die fortgehende Wirksamkeit Gottes von diesem Begriff absondern. Diese Einwirkung Gottes ist die allgemeine und wird schon in der Bibel, durch den mystischen Ausdruck angezeigt: der Geist Gottes schwebte auf den Wassern. Ich kann diese Stelle nicht anders erklären als: die allerhöchste Kraft Gottes unterstützte die in die Natur gelegten Kräfte, daß sie ihre ihnen beschiedenen Wirkungen hervorbringen konnten. Bei dieser Erklärung bleibt also Gott in Ansehung des Ursprungs des Bösen vollkommen gerechtfertigt. Wir konnten unsere Kräfte gebrauchen oder nicht, in der von ihm gesetzten oder in einer entgegen gesetzten Ordnung gebrauchen; er konnte nicht anders tun, als da er nach seiner Allwissenheit unsern Fall voraussah, ihm durch äußere Mittel zu Hülfe kommen. Hier ist das Geheimnis unsrer Erlösung, das in der Tat immer ein Geheimnis bleibt und wir ganz zu entziffern uns nicht unterziehen dürfen. So viel ist aber klar dabei, daß durch die Offenbarung seiner Gnade in Christo Jesu, er nichts anders abzwecken will, als unsere Wiederherstellung in den Stand der Unschuld, welches gleichsam die weiße Tafel ist, welche hernach beschrieben werden soll, und aus diesem in den Stand der Glückseligkeit, der Ähnlichkeit mit ihm, der höchsten Liebe zu ihm, und der höchsten Freude, die aus der zunehmenden Erkenntnis seiner Vollkommenheiten und der immer näheren Annäherung zu ihm fließt. Christus redt aber auch von einem Geist Gottes den Er uns senden will, der uns alles vollkommen lehren und unsere Freude vollkommen machen soll, den auch wirklich die Apostel in hohem Maß empfingen. Dieses kann nicht anders erklärt werden, als durch eine unmittelbare Einwirkung der Gottheit, die unseren natürlichen Fähigkeiten – wenn wir sie unermüdet recht anwenden – zu Hülfe kommt, doch allezeit in dem Grade, als es der höchsten Weisheit Gottes und der Übereinstimmung der von ihm angerichteten Schöpfung angemessen ist. Die Wirkungen dieses Geistes sind vorzüglich: Der unerschütterliche Glaube an Gott, als die höchste Liebe (es mögen alle äußerlichen Anscheine auch dem zuwider sein), an Christum, als den Vermittler dieser Liebe, der sie uns nicht allein kennen gelehrt, sondern auch in gewissen Sinn erworben; hernach eine aus diesem Glauben fließende Liebe zu Gott, denn wer sollte den nicht lieben, von dem er glaubt, daß er ihn unendlich glücklich machen will und eine geschwinde Fertigkeit, dem von ihm erkannten Willen nach zu leben. Diese Wirkungen des Geistes Gottes müssen wir aber nicht mit Augen sehen wollen, oder darauf warten; sie sind Trost und Belohnung unserer guten Aufführung, auch Aufmunterung (dies scheint vorzüglich ihre Absicht), weil die menschliche Natur so viel Trägheit hat, daß sie in den allerbesten erlangten Fertigkeiten doch wieder müde wird, sie sind das *complementum moralitatis* und können uns in diesem ganzen Leben dunkel und unerkannt bleiben und uns dennoch ohne unser Wissen, forthelfen und glücklich machen, wie ein unbekannter Wohltäter, der einem Bettler Speise und Trank reichen läßt, ohne daß er weiß, wo es herkommt; genug er befindet sich wohl dabei und überläßt es der Zukunft ihm seinen Wohltäter zu zeigen, damit er ihm alsdann den Dank ins Gesicht sagen kann, den er jetzt für ihn in seinem Herzen behält.

Ich gebe diese Hypothese, die noch dazu so roh und undeutlich ausgedrückt worden, als sie in meinem Verstande ausgeheckt ward, Ihnen hin, sie zu bearbeiten, alles zu prüfen und das Beste zu behalten. Wenigstens müssen wir doch suchen in die Ausdrücke der Bibel einen Sinn zu legen, der mit unserm Verstande übereinkommt; Geheimnisse bleiben immer Geheimnisse, doch müssen die Linien unserer Vernunft hineinlaufen und sich hernach drin verlieren, nicht aber eine Meile weit seitwärts vorbeigeführt, hernach mit Gewalt hineingebogen werden, welches eine krumme Linie geben würde.

Um über eine so wichtige Materie mit der höchsten Aufrichtigkeit zu schreiben, muß ich Ihnen nur schreiben, daß ich bei meiner einmal angenommenen Erklärung der Lehre vom Verdienst Christi bleibe, und daß ich mir keine andere denken kann, die mit dem was die Schrift davon sagt und mit dem was unsere Vernunft von Gott und seinen Eigenschaften erkennt, übereinkommt. Lassen Sie uns sie nur deutlicher machen und Sie werden mir recht geben.

Was ist das Gute anders, als der gehörige und rechtmäßige Gebrauch, den wir von unsren Fähigkeiten machen? Und das Böse, als der unrechtmäßige übelübereinstimmende Gebrauch dieser Fähigkeiten, der, wie ein verdorbenes Uhrwerk, immer weiter im verkehrten Wege davon fortgeht; so wie der gute Gebrauch immer weiter in dem graden und richtigen Wege. Wir sind selbstständig – Gott unterstützt die in uns gelegten Kräfte, wie in der ganzen Natur, ohne sie zu lenken – Wir (sei es nun die Schuld einer uns angebornen Trägheit, die die Theologen Erbsünde nennen, oder des bösen Beispiels, welche ich fast eher dafür halten möchte), wir brauchen die Fähigkeiten verkehrt. Gott kommt durch eine ganze Folgenreihe äußerer

Mittel (welche ich Gnade nenne und wohin in der Jugend besonders die Taufe und das Wort Gottes zu rechnen), wozu besonders auch die zeitlichen Umstände gehören, in die er uns versetzt.

Wir hören nun, daß ein vollkommener Mensch gelebt hat, durch den sich Gott uns ehemals sichtbar geoffenbart und angekündigt hat; daß, wenn wir den rechten Gebrauch von unsern Fähigkeiten machen wollen, wir schon hier – und in Ewigkeit glücklich oder selig sein sollen –; wir hören, daß, nach dem Ausdruck der Bibel, alle bisher begangenen Sünden der Menschen auf ihn gelegt werden, daß er sie trägt (was kann dies anderes heißen, als daß alle üblen Folgen der Sünde auf ihn gelenkt worden? Darin bestand sein Leiden) – Wir sollen nur glauben, daß Gott uns um seinetwillen gnädig sei; dies soll uns also nicht mehr beunruhigen, nicht mehr zurückhalten an unserer Besserung mit allen Kräften unserer Seele zu arbeiten, weil das Alte alles vorbei und wir gleichsam jetzt neue Glieder an einem großen Ganzen sind, wovon der allervollkommenste Jesus das Haupt war (hieher geht eine gewisse geistliche Vereinigung vor, die mir im Abendmahl scheint zum Grunde zu liegen, denn wer wollte alle Geheimnisse der Religion ergründen?)

Also, *voilà tout*. Wenn wir diese Hülfsmittel alle, die uns die Gnade darbeut, annehmen, *bon ça*, es soll nicht dabei bleiben; wir sollen einmal einer unmittelbaren göttlichen Einwirkung fähig werden, die in der Bibel die Sendung des h. Geistes heißt, die uns Gott immer mehr erkennen und lieben lehren wird, die uns, wenn wir dazu reif, zum Anschauen Gottes bringen wird – aber dazu gehört freilich Zeit!

Lenz

21. Lenz an Johann Daniel Salzmann

Landau, den – Oktober 1772

Es scheint, daß Sie dazu gemacht sind, mir meine kleinen Systeme alle zu zerstören und zu schleifen. Kaum habe ich eine recht artige bunte Seifenblase vor dem Munde, so fahren Sie unbarmherzig drüber her und lachen mich aus, wenn ich stehe und den Kopf kratze. Ich muß Ihnen aber auch sagen, daß ich meine Kartenhäuser gern niederreißen lasse, weil in einer Stunde wieder ein neues da ist. An mir ist von Kindesbeinen an ein Philosoph verdorben, ich hasche immer nach der ersten besten Wahrscheinlichkeit, die mir in die Augen flimmert, und die liebe, bescheiden nackte Wahrheit kommt dann ganz leise von hinten und hält mir die Augen zu. Eine lange Kette von Ideen, wo eine die andere gibt, bis man, wenn man eine Weile gereist hat, die letzte find't und sich seines Zieles freuen kann, ist für meine Seele eine wahre Sklavenkette – wie glücklich bin ich, wieder an Ihrer Hand zu gehen, wenn ich lange genug auf blumigten Wiesen herumgesprungen. –

Welch ein Wust von Allegorien! kann ich doch nicht davor, daß meine Seele jetzt so gestimmt ist. Mein Hauptsystem bleibt dennoch unverrückt, und das ist freilich einfach genug, aber darum für meine Seele zuträglicher, weil sie Pein empfindet, wenn sie sich lange bei Wahrheiten aufhalten soll. Und das ist dies: es geht mir gut in der Welt und wird mir in Ewigkeit gut gehen, so lang ich selbst gut bin, denn ich habe dort oben einen sehr guten Vater, der alles was er gemacht hat, sehr gut gemacht hat – und wenn sich dies letztere mir nicht allezeit so darstellt, so liegt die Schuld an meinem dummen Verstande. Eine gewisse Offenbarung bestätigt dies mein Gefühl – *tant mieux!* sie sagt mir, das anscheinend und wirklich Böse, in der Welt, fang jetzt schon an und solle dereinst ganz aufgehoben werden, und das hab ich dem Sohne Gottes zu danken, ob nun seiner Lehre allein, oder auch wirklich seinem Verdienste (wenn anders, um von Gott nicht menschlich zu reden, bei Gott ein Verdienst statt finden kann, denn bei ihm ist alles Gnade), *tant mieux!* sage ich, das ist eine schöne frohe Botschaft (Evangelium); ich glaube sie herzlich gern und freue mich darüber und dies, denk ich, ist der Glaube, der mich selig machen soll und schon hier glückselig oder selig macht, denn diese beiden Wörter, denk ich, sind auch eins. So werden wir, denk ich, in dem Extrakt unserer Religion ziemlich nahe bei einander stehen. Freilich haben Sie in vielen Punkten, die ich mir unterstrichen habe, mich so unter sich gekriegt, daß ich mich kaum noch rühren kann, in andern bin ich noch *in suspenso*, als daß Gott gar nichts in uns wirken kann u. a. m., wovon ich mündlich mehr mit Ihnen zu reden hoffe.

Das eine bitt ich mir aus, nicht so verächtlich von dieser Welt zu sprechen. Sie ist gut, mein Gönner, mit allen ihren eingeschlossenen Übeln, das Reich Gottes, wovon Christus immer red't, ist nicht allein in jenem Leben zu hoffen, denn er selbst hat uns im Vaterunser beten gelehrt ›dein Wille geschehe im Himmel, wie auf Erden‹. Wenn's Glück gut ist, bin ich noch immer ein heimlicher Anhänger vom tausendjährigen Reiche, wenigstens glaub ich gewiß, daß der Zustand unserer Welt nicht immer derselbe bleiben wird. Und christlich-physisches Übel muß immer mehr drin abnehmen, wenn das Moralische darin abnimmt, und das wollt ich beinahe beweisen, wenn anders eine Seele, die immer *entrechats* macht, wie eine Närrin, in ihrem Leben jemals etwas wird beweisen können.

– – Eine Lieblingsidee haben Sie, mein Teurer, und das freut mich, weil ich auch eine habe. So bin ich Ihnen doch in einem Stück ähnlich, denn, wenn es auf eine Aussicht in eine aneinanderhangende Reihe von Wahrheiten ankömmt, da kann ich mich mit Ihnen nicht messen. Wissen Sie worin unsere Lieblingsideen bestehn? Die Ihrige ist – die Liebe – und die meinige, die Schönheit. Vielleicht stehn diese, beide, nahe bei einander, oder fließen gar zusammen – – wenn nur meine Brille schärfer wäre! So viel ist gewiß, daß die letztere die einzige Idee ist, auf die ich alle andern zu reduzieren suche. Aber es muß die echte Schönheit sein, die auf Wahrheit und Güte gegründet ist, und in der höchsten und faßlichsten Übereinstimmung – der Henker mag sie definieren; ich fühle sie und jag ihr nach; freilich tritt sie mir noch oft hinter eine Wolke, aber ich werde sie einmal finden – diese allein kann mein Herz mit Liebe gegen Gott (die Schönheit *in abstracto*) und gegen alles was geschaffen (die Schönheit *in concreto*) füllen. Freilich so nach Graden, so wie die Schönheit selber Grade hat. Da haben Sie meine Brille – Ihre ist vortrefflich, aber ich kann noch nicht dadurch sehen, darum sind wir Individua. Genug, wir passen in das Ganze das Gott geschaffen hat und das ihm gefällt, so verschieden wie es ist, denn in der Natur sind keine vollkommene

Ähnlichkeiten, sagen die Philosophen. Genug, ich fühle eine Affinität zu Ihnen, die ganz erschrecklich ist und obgleich ich die Lichtstrahlen, die Sie mir zuschicken, nicht mit den meinigen vereinigen kann, so mag ich sie doch gern damit verschwägern.

Nun ist's Zeit, daß ich vom Pegasus herabsteige, sonst wirft er mich ins Meer. Kaum hab ich so viel Atem Ihnen zu sagen, daß ich, zu der höchsten Übereinstimmung der Welt das Zutrauen habe, daß sie mich nach Straßburg in Ihre Arme führen wird.

Lenz

22. Lenz an Johann Daniel Salzmann

[Landau, Oktober 1772]

Herr Simon kommt zurück eh ich ihn haben will: ich kann Ihnen also das Versprochene nicht zuschicken. Es war mein Trauerspiel, welches ich jetzt eben für Sie abschreibe. Ich werde schon eine andre Gelegenheit finden es Ihnen zukommen zu lassen. Nicht einmal einen langen Brief erlaubt mir seine beschleunigte Abreise. Gut, daß ich dann und wann, bei Lesung des Leibnitz ein hingeworfenes Blatt für Sie beschrieben habe. Vergeben Sie mir, daß ich es nicht abschreibe und meine Gedanken in Ordnung bringe. Ihnen, als einem unverwöhnten Auge, darf ich sie auch im Schlafrock zeigen; wenn sie wahr sind, werden sie Ihnen auch alsdann besser gefallen, als falsche in einem Galakleide. – Wie ich Ihnen gesagt habe, meine philosophischen Betrachtungen dürfen nicht über zwo, drei Minuten währen, sonst tut mir der Kopf weh. Aber wenn ich einen Gegenstand fünf-, zehnmal so flüchtig angesehen habe, und finde, daß er noch immer da bleibt und mir immer besser gefällt, so halt ich ihn für wahr und meine Empfindung führt mich darin richtiger als meine Schlüsse. Nro. II. ist eine Apologie meines allerersten Briefes über die Erlösung. Nachdem ich aber Ihre Antwort wieder durchgelesen, finde ich, daß wir fast einerlei gedacht und dasselbe mit andern Worten ausgedrückt haben. Sie haben mich unrecht verstanden, wenn Sie glaubten, ich ließe Gott die übeln Folgen der Sünde auf den Mittler lenken, bloß um seine strafende Gerechtigkeit zu befriedigen. Leibnitz glaubt dieses; er sagt, es ist eine Konvenienz, die ihn zwingt Gutes zu belohnen und Böses zu bestrafen. Ich denke aber, es geschieht bloß um unsertwillen, weil, auf das moralische Übel kein physisches Übel, als eine Strafe folgt; wir lieber Böses als Gutes tun würden, da das Böse leichter zu tun ist. Und warum Gott das Gute für unsere Natur schwerer gemacht hat, davon ist die Ursache klar, damit wir nicht müßig gehen; unsere Seele ist nicht zum Stillsitzen, sondern zum Gehen, Arbeiten, Handeln geschaffen.

Doch *seriosa in crastinum.* – Ich werde hoffentlich noch mit Ihnen diesen Winter zusammenkommen; wiewohl das Regiment jetzt die letzte Ordre erhalten hat, hier zu bleiben. Wenn ich Sie sehe – Jetzt fühle ich, daß die ideale Gegenwart eines Freundes die persönliche nicht ersetzen kann, so werde ich Ihnen viel zu sagen haben. Meine Seele hat sich hier zu einem Entschlusse ausgewickelt, dem alle Ihre Vorstellungen – dem die Vorstellungen der ganzen Welt vielleicht, keine andere Falte werden geben können. Wenn ich anders ihn einem Menschen auf der Welt mitteile, ehe er ausgeführt ist. – Mein guter Sokrates, entziehen Sie mir um dessentwillen Ihre Freundschaft nicht; bedenken Sie, daß die Welt ein Ganzes ist, in welches allerlei Individua passen; die der Schöpfer jedes mit verschiedenen Kräften und Neigungen ausgerüstet hat, die ihre Bestimmung in sich selbst erforschen und hernach dieselbe erfüllen müssen; sie seie welche sie wolle. Das Ganze gibt doch hernach die schönste Harmonie die zu denken ist und macht daß der Werkmeister mit gnädigen Augen darauf hinabsieht und gut findet was er geschaffen hat.

Nicht wahr, ich rede mystisch, Ihnen fehlten die Prämissen, um meine Folgesätze zu verstehen. Sie werden sie verstehen, nur Geduld. – In der Erwartung will ich Ihnen nur mit der größten logischen Deutlichkeit sagen, daß ich von ganzem Herzen bin und bleibe

Ihr drollichter Alcibiades.

Sagen Sie doch dem Ott, daß er den Lenz nicht über dem Herbst vergesse.

23. Lenz an Johann Daniel Salzmann

[Landau, Oktober 1772]

Würdiger Mann! Ich sehe in Ihrem Raritätenkasten – alles, was uns die Herrn Modephilosophen und Moralisten, mit einer marktschreierischen Wortkrämerei, in großen Folianten hererzählen, in zwei Worten zusammengefaßt und so glücklich zusammengefaßt, daß sich dazu weder zusetzen noch davon abnehmen läßt. Das ist vortrefflich – also das Ziel ist gesteckt, nun Ihre Hand her, mein Sokrates, wir wollen darauf zugehen, wie auf ein stilles und friedelächelndes Zoar und die hinterlassenen Vorurteile immer in Feuer und Schwefel aufgehen lassen, ohne uns darnach umzusehen. Mögen furchtsame Weiber sich darnach umsehen und drüber zu Salzsäulen werden.

Um noch eine Stelle Ihres ohnendletzten Briefes zu berühren, wo Sie mir zu bedenken aufgaben, ob Gott wohl uns das Gute könne schwerer machen, als das Böse, oder (um mit Ihren Worten mich auszudrücken) ob er wohl die *vim inertiae* in uns stärker könne gemacht haben, als die *vim activam*, so antworte ich, daß ich keine *vim inertiae* glaube. Bedenken Sie doch, mit welchem Fug, wir wohl für die Untätigkeit eine Kraft annehmen können? Vereinigung einer Kraft ist sie, Vernachlässigung der *vis activa*, welche in Wirksamkeit und Tätigkeit zu setzen, allemal in unserm Belieben steht oder nicht. Es ist aber die Natur einer jeden Kraft, daß sie nur durch Übung erhalten und vermehrt, durch Vernachlässigung aber, so zu sagen eingeschläfert und verringert wird. Und daß die Übung dieser Kraft schwerer, als ihre Vernachlässigung sei, liegt in der Natur der Sache und konnte von Gott nicht verändert werden. *Positio* ist allemal schwerer als *negatio*, wirken schwerer als ruhen, tun schwerer als nicht tun.

Was die Einwirkung Gottes in die Menschen betrifft, so kann ich mir nur vier Arten davon denken. Er unterstützt und erhält die in uns gelegten Kräfte und Fähigkeiten – diese ist natürlich, das heißt, unsere Vernunft kann sie auch ohne Offenbarung erkennen; und unmittelbar – hernach, er leitet die äußern Umstände und Begebenheiten in der Welt so, daß eine oder die andere Fähigkeit in uns entwickelt oder vergrößert werde, je nachdem es sein Ratschluß für gut befindet, diese ist gleichfalls natürlich aber mittelbar. Zum dritten wirkt er durch die in uns geoffenbarten Wahrheiten – diese ist also, ihrem ersten Ursprung nach, übernatürlich, aber zugleich mittelbar und den Gesetzen der Natur gemäß. Zum vierten wirkt er übernatürlich und unmittelbar, wie in den Propheten und Aposteln; diese Einwirkung ist über die Gesetze der Natur erhaben, läßt sich also nicht mehr erklären (wiewohl wir auch nicht das Recht haben, sie noch jetzt aus der gegenwärtigen Welt auszuschließen, im Fall die Gottheit gewisse außerordentliche Endzwecke dadurch befördern wollte, welchen Fall aber, meiner Meinung nach, unsere Vernunft nie determinieren kann, sondern vielmehr jedes Phänomen für verdächtig halten muß, welches nicht die dazu erforderlichen Kennzeichen bei sich hat).

Jetzt möge meine philosophische Muse ruhen, sich still zu Ihren Füßen setzen und von Ihnen lernen. Spekulation ist Spekulation, bläset auf und bleibt leer, schmeichelt und macht doch nicht glücklich. Zusammen mögen sich die Fittige des Geistes halten, und im Tal ruhen, ehe sie, wenn sie der Sonne zu nahe kommen, in zerlassenem Wachs heruntertröpfeln und den armen Geist, welcher auf dem Lande so sicher und lustig hätte einer gehen können, aus der Luft in das Meer herab wirft.

– – Hier ist mein Trauerspiel mit dem Wunsch: möchte dieser Raritätenkasten des Ihrigen wert sein. Das beste ist, daß wir beim Tausch nicht verlieren, denn unter sympathisierenden Seelen ist *communio bonorum*.

Es ist wahr, meine Seele hat bei aller anscheinenden Lustigkeit, jetzt mehr als jemals, eine tragische Stimmung. Die Lage meiner äußern Umstände trägt wohl das meiste dazu bei, aber – sie soll sie, sie mag sie nun höher oder tiefer stimmen, doch nie verstimmen. Eine sanfte Melancholei verträgt sich sehr wohl mit unserer Glückseligkeit und ich hoffe – nein ich bin gewiß, daß sie sich noch einst in reine und dauerhafte Freude auflösen wird, wie ein dunkler Sommermorgen, in einen wolkenlosen Mittag. Auch fehlen mir jetzt öftere Sonnenblicke nicht, nur kann freilich ein Herz, dem die süßen Ergötzungen der Freundschaft und – der Liebe – sogar einer vernünftigen Gesellschaft genommen sind, bisweilen einen Seufzer nicht unterdrücken. An den Brüsten der Natur hange ich jetzt mit verdoppelter Inbrunst, sie mag ihre Stirne mit Sonnenstrahlen oder kalten Nebeln umbinden, ihr mütterliches Antlitz lächelt mir immer und oft werd ich versucht, mit dem alten Junius Brutus, mich auf den Boden niederzuwerfen und ihr mit einem stummen Kuß für ihre Freundlichkeit zu danken.

In der Tat, ich finde in der Flur, um Landau, täglich neue Schönheiten und der kälteste Nordwind kann mich nicht von ihr zurückschrecken. Hätt ich doch eines göttlichen Malers Pinsel, ich wollte Ihnen gleich einige Seiten von diesem vortrefflichen Amphitheater der Natur hinmalen, so lebhaft hat's sich in meiner Phantasei abgedrückt. Berge, die den Himmel tragen, Täler voll Dörfnern zu ihren Füßen, die dort zu schlafen scheinen, wie Jakob am Fuß seiner Himmelsleiter. –

Doch ich würde nur schwärmen, wenn ich fortführe und dafür muß ich meinen Geist in Acht nehmen. Ich hatte vor einigen Tagen einen Brief an Sie fertig, aber ich verbrannte ihn, denn ich hatte darin geschwärmt. Ich habe schon viel Papier hier verbrannt – ein guter Genius hat über dies Trauerspiel gewacht, sonst – und vielleicht hätten Sie nichts dabei verloren. So viel muß ich Ihnen sagen, daß ich es bei diesem ersten Versuch nicht werde bewenden lassen, denn ich fühle mich dazu – Ich muß abbrechen und Ihnen gute Nacht sagen. Möchten Sie doch aus Ihren Träumen lachend erwachen, wie ich heute morgen aus den meinigen.

Lenz

24. Lenz an Johann Daniel Salzmann

[Landau, Oktober 1772]

Ich will Sie auch drücken, mein Sokrates, aber erst, wenn ich Sie ganz kennen gelernt und von ferne bewundert habe. – Recht so – wir stehen ganz beisammen; allen Ihren übrigen

Meinungen unterschreibe ich. Wir müssen das Ordentliche von dem Außerordentlichen, das Natürliche vom Übernatürlichen unterscheiden, nur müssen wir das Übernatürliche nicht für unnatürlich halten, oder aus einer Welt verbannen, in der Gott nach einem höhern Plane arbeitet, als unser kurzsichtiger schielender Verstand übersehen kann. Ich bin sehr für das Ordentliche, für das Natürliche – nur eine aufmerksame Lesung der Briefe Pauli (der wirklich ein großer – ein übernatürlicher Mann war) zwingt mich eine übernatürliche Einwirkung nicht allein für möglich, sondern auch in gewissen Fällen (wie das z. E. da die Religion erst im Keimen war) für notwendig zu halten. – –

Um auf dem hohen Berge nicht stehen zu bleiben, sondern auch im Tale herumzuhüpfen – muß ich Ihnen sagen, daß Friedericke aus Straßburg an mich geschrieben und mir gesagt hat, sie habe dort eine besondere Freude gehabt, die ich vielleicht boshaft genug sein würde, zu erraten. Und das war die, Sie am Fenster gesehen zu haben. Sie schreibt ferner, sie wäre durch Ihren bloßen Anblick so dreist geworden, nach dem andern Teile des *Tom Jones* zu schicken und bittet mich sie desfalls zu entschuldigen. – Ist das nicht ein gutes Mädchen? –

Und doch muß ich meinen Entschluß vor Ihnen verbergen. – Was ist das für ein Zusammenhang? – Ein trauriger –

Ich bin dazu bestimmt, mir selbst das Leben traurig zu machen – – aber ich weiß, daß, so sehr ich mir jetzt die Finger am Dorne zerritze, daß ich doch einmal eine Rose brechen werde –

Zu allem diesem werde ich Ihnen die Schlüssel in Straßburg geben –

Der älteste Hr. von Kleist hat mir geschrieben, daß Briefe von meinem Vater da wären; er schickt sie mir aber nicht, ich soll sie selbst abholen.

Nun aber stößt sich meine Hinreise noch an vielen Dingen.

Ich muß schließen, ich sehe, ich kann dies Blättchen nicht mehr zusiegeln, aber wenn es auch nicht unser Freund Ott wäre, durch dessen Hände es ginge, so sind unsere Briefe von der Art, als die spartanischen Ephori an ihre Feldherrn schickten, die an einen gemeinschaftlichen Stab mußten gewickelt werden, wenn man sie lesen wollte.

Ich bin bis ins Grab

Ihr
Lenz

25. Lenz an Johann Daniel Salzmann

Landau, im Oktober 1772

Mein – – Doch ich will, von jetzt an, immer ohne Titel an Sie schreiben. Wenn Geister zu einander treten und sich miteinander besprechen, so können sie, mein' ich den Scharrfuß wohl weglassen. Ich schreibe an Sie, um Ihnen eine Veränderung zu melden, die mit mir vorgegangen. Ich bin ein Christ geworden – glauben Sie mir wohl, daß ich es vorher nicht gewesen? Ich habe an allem gezweifelt und bin jetzt, ich schreib es mit von dankbarer Empfindung durchdrungenem Herzen, zu einer Überzeugung gekommen, wie sie mir nötig war, zu einer philosophischen, nicht bloß moralischen. Der theologische Glaube ist das *complementum* unserer Vernunft, das dasjenige ersetzt, was dieser zur gottgefälligen Richtung unsers Willens fehlt. Ich halte ihn also bloß für eine Wirkung der Gnade, zu der wir nichts beitragen, als daß unser Herz in der rechten Verfassung sei, sie anzunehmen; diese Verfassung aber besteht in einer vollkommen ernstlichen Liebe zur Tugend, zum Wahren, Guten und Schönen. Dieser Glaube ist eine notwendige Gabe Gottes, weil bei den meisten Menschen die Vernunft noch erst im Anfange ihrer Entwicklung ist, bei vielen aber niemals entwickelt wird. Je mehr sich aber unsere Vernunft entwickelt (das geht bis ins Unendliche), desto mehr nimmt dieser moralische Glaube, der in der Tat mehr in den Empfindungen als in der Erkenntnis gegründet ist, ab und verwandelt sich in das Schauen, in eine Überzeugung der Vernunft. Überhaupt bedürfen wir nicht mehr und nicht weniger moralisch zu glauben, als zur Seligkeit notwendig ist, das übrige haben wir immer noch die Freiheit *in suspenso* zu lassen. Aber auch dieses müssen wir viel mehr suchen in Erkenntnis und Anschauen zu verwandeln, weil, nach der

Ordnung Gottes, unser Wille sich nach unserer Erkenntnis richtet.

Dieses sind die Prämissen, die ich Ihnen voranschicke, um Ihnen eine vollständige Idee von meiner Überzeugung von unsrer Religion zu geben. Ich habe bisher die Erlösung unsers Heilands für nichts, als ein in die Augen fallendes Beispiel der Folgen der Sünde gehalten, das uns an der Person des vollkommensten Menschen, zur heilsamen Warnung aufgestellt worden. Denn, hab ich gedacht, die Idee eines Verdienstes, und wär es auch des vollkommensten, widerspricht der allervollkommensten Barmherzigkeit Gottes, als welche nicht braucht erst durch ein Verdienst sich die Vergebung unserer Sünden gleichsam abfodern und abzwingen zu lassen. Aber ich habe gefunden, daß ich sehr irrte. Gott ist die Liebe – allein die übeln Folgen der Sünde aufzuheben (denn das heißt Sünde vergeben) ohne die Sünde durch eben diese übeln Folgen zu strafen, hieße die Natur dessen, was gut und böse ist, verändern und uns eben so viel Aufmunterung zum Bösen, als zum Guten, geben. Aber diese übeln Folgen der Sünden einer ganzen Welt, auf einen dritten Gegenstand lenken, das konnte Gott, das wird der Vernunft nicht schwer zu begreifen, das war das einzige Mittel, Sünde zu vergeben, ohne sie zu strafen. Und eben dies läßt seine Barmherzigkeit in dem nämlichen Glanze. Freilich könnt es scheinen, daß sie, gegen diesen dritten Gegenstand, welchen wir so lange unsern Heiland nennen wollen, nicht ausgeübt worden, allein eben dieses ist der Gegenstand unsers Glaubens, hier kann die Vernunft nicht weiter. Die Offenbarung sagt uns, dieser Heiland sei ein ganz reiner vollkommener Mensch, vielleicht das Ideal der menschlichen Natur gewesen, dem sich die Gottheit selbst, auf eine, uns unbegreifliche, Weise offenbart und mitgeteilet (das Wort vereinigt find ich nicht in der Bibel und ist schon ein Schritt zu weit von unsern Theologen), den die Gottheit selbst, zu diesem großen Geschäft unterstützt; den die Gottheit selbst, nach Vollendung desselben belohnt und ihm einen Namen gegeben, der über alle Namen ist. Dieser Heiland aber, hat uns, außer seiner Lehre und Beispiel, auch sein Verdienst gelassen, dessen er uns durch die Sakramente teilhaftig macht. Indem er sich besonders durch das Sakrament des Abendmahls auf eine, zwar unbegreifliche, aber doch der Vernunft nicht widersprechende, Art, mit uns geistig verbindet, so daß wir jetzt gleichsam alle an seiner vollkommnen menschlichen Natur Anteil nehmen. Die Pflichten des Christentums aber, laufen alle dahin zusammen, diese Wahrheiten, die Christus uns verkündigt, zu glauben, gegen ihn voll Liebe und Dankbarkeit sein Leben immer besser zu studieren, damit wir ihn immermehr lieben und nachahmen, von ihm aber (welches die Hauptsache ist) zu Gott, als dem höchsten Gut, hinauf zu steigen, ihn immer besser erkennen zu lernen, ja, alle Erkenntnisse, die wir hier erwerben, zu ihm, als dem letzten Ziel zu lenken, um ihn als die Quelle alles Wahren, Guten und Schönen mit allen Kräften unserer Seele zu lieben und (das ist die natürliche Folge davon) seinen Willen auszuüben, d.h. ihn von ferne, im Schatten, nachzuahmen, wie er ganz Liebe und Wohltätigkeit gegen das menschliche Geschlecht, so kein größeres Glück kennen, als andere glücklich zu machen.

Sehen Sie hier den Extrakt meiner Religion, das Fazit einer aufmerksamen Lesung der Evangelisten, deren göttliche oder menschliche Begeisterung ich unausgemacht lasse, und sie bloß als aufrichtige Erzähler ansehe. Denn dieses ist gut zu wissen, aber nicht verderblich nicht zu wissen.

Ich habe es für nötig gehalten, Ihnen den Zustand meiner Seele zu schildern, damit wir uns ganz kennen lernen. Ich bin also jetzt ein guter evangelischer Christ, obgleich ich kein orthodoxer bin. Kann ich in meiner Überzeugung weiter kommen, so will ich dem Gott dafür danken, der es weiß, daß dieses das Lieblingsstudium meiner Seele ist und ewig bleiben wird.

Doch hoffe ich, niemals Prediger zu werden. Die Ursachen – da müßt ich Ihnen Bogen voll schreiben. Ich fühle mich nicht dazu. Dies ist aber kein dunkles, sinnliches – sondern das Gefühl meines ganzen Wesens, das mir so gut als Überzeugung gilt. – Aber ich fühle mich als Ihren Freund

Lenz

26. Lenz an seinen Vater

Landau d. 10ten Dez. 1772

– Der Ausdruck in einem Briefe an meinen Bruder, mein Glück mag ewig in Dämmerung liegen bleiben, ist mir leid: doch hab ich nur damals an das zeitliche Glück gedacht und dieses braucht freilich nicht zu glänzen und kann dennoch solid sein.

Daß ich mir auch selber wohl viele Leiden zugezogen, gestehe ich gerne, und wer sollte wohl so weislich handeln, daß er nie erst durch Erfahrung nötig hätte klug zu werden. Die Liebe eines in der Tat liebenswürdigen Frauenzimmers kann ich aber keine Klippe nennen, an der meine Tugend Gefahr gelaufen. Soviel ist richtig, daß die Klugheit will, daß ein Reisender sein Herz auch vor der reinsten Leidenschaft verwahre, und das war der Rat meines Mentors, meines weisen Salzmanns, für den ich keine Bewegung meiner Seele geheim hielt. Schade, daß er diese zu spät erfuhr, denn das kann ich nicht leugnen, daß sie bei aller ihrer Süßigkeit, ihre Bitterkeiten hat. Unglücklich aber macht sie mich nicht und soll auch in dem Plan, den die göttliche Schickung mir zu durchlaufen vorgezeichnet hat, nichts verändern, sollte gleich die Wunde, die sie in meiner Seele zurückgelassen, unheilbar sein.

Wie traurig ist es für mich, daß ich Ihren Vorschlag, ungesäumt ins Land zu kommen, nicht so schnell vollziehen kann, als es Ihr Vaterherz zu wünschen scheint. Aber – Sie schreiben mir, Sie wünschten mich vor Ihrem Ende noch zu sehen und zu segnen – haben Sie denn nur einen Segen, mein Vater? Ich hoffe zu Gott, daß er Ihr und meiner besten Mutter Leben noch eine Weile fristen wird. – Meine Verbindungen mit den Herrn von Kleist sind von der Art, daß ich den eigentlichen Zeitpunkt meiner Zurückkunft nicht bestimmen kann. Der älteste besonders will nichts davon hören, daß ich ohne ihn heimreise. Sie werden mir vergeben, daß ich über diesen Punkt ein Stillschweigen beobachte das ich – für meine Pflicht halte. Noch einmal aber bitte ich Sie, sich über mein Schicksal und meine gegenwärtigen und zukünftigen Umstände, keine vergebliche Unruhe zu machen.

Dem guten Herrn Pastor Müthel danke ich für das schmeichelhafte Zutrauen, das er in mich zu setzen beliebt. Er könnte sich aber auch vielleicht irren, wenn er zu viel Gutes von mir erwartete. Wenn ich im Lande wäre, sollte mich nichts abhalten, so freundschaftliche und vorteilhafte Anträge anzunehmen. So lange das aber nicht ist, wird er die Bildung seines Sohnes dem überlassen, der ihn erschaffen und auch die unscheinbarsten Mittel zu seinen ewig notwendigen Zwecken anzuwenden weiß. – – – Versichern Sie diesen mir so werten Mann übrigens von meiner ganzen Hochachtung, und sagen ihm, daß ich nicht ohne Widerspruch meines Herzens, welches in schöner Übereinstimmung mit dem seinigen, gern für seinen Sohn voll süßer, kleiner Sorgen klopfen möchte, seinen Vorschlag ablehne. Andere Sorgen fordern dieses Herz, die sich freilich nicht so durch sich selbst belohnen, wie jene wohl tun würden. – Kann ich aber in der Folge der Zeit irgend etwas beitragen seine Wünsche zu befördern, so will ich es mit Freuden tun.

27. Lenz an Johann Kaspar Lavater
[Straßburg, Ende März 1774]

Hören Sie liebster Papa! ich habe eine Schrift von Ihnen gelesen die den Titel führt ... Keine Versöhnung geschieht ohne Blutvergießen ... ich sag Ihnen nichts von den schönen Sachen die ich drin gefunden – selbst die Hauptidee die vielleicht manchen kalten Grübler erwärmen ... aber mir gefällt es nicht, daß Sie unsern Gott wollen sterben lassen, weil es so sein muß und in dem ganzen Naturreich alles Leben durch Tod eines andern erhalten werden muß

Wie wär es, wenn wir den Tod Christi vielmehr als ein Symbol und Vorbild von den Erfolgen unsrer Mor... oder Immoralität ansähen? Die Idee ist apostolisch, das weiß ich, zweiten Thessalonicher lesen Sie nur. Christus war Gesetzgeber mehr durch sein Leben und Taten als durch seine Worte. Er heilte Kranke mit seinem Atem, mit seinem Anrühren (hier kommen Sie mir zu Hülfe) alles symbolisch, ich bin der Herr dein Arzt nennt er sich im 2 Buch Mose und ιησους in den Evangelisten. Heißt: folgt ihr meinen Gesetzen voll Liebe, so verlieren sich, verschwinden alle Krankheiten Körpers und Geistes (merken Sie wohl die unsaubern Geister) jenachdem ihr meinem Körper **homogener** werdt (siehe Lavater)

Das ist gelallt. Übersetzen Sie es in Männersprache.

Ich küsse Ihnen die Hand für den Februar und bitte um weiters. Adieu Adieu

JMR Lenz

28. Lenz an Johann Kaspar Lavater

[Straßburg, Anfang Juni 1774]

Wir haben Deinen Brief vom 29ten [Mai] zwei Tage später erhalten als den vom 4ten Junii – Mein ganz Konzept ist verruckt durch Deine beschleunigte Kunft. Neue Geduldübung für Dich – ich sehe Du kennst weder mich noch Röderer der Situation – nur dem Herzen nach. Und wir haben beide oft die Augen größer als den Bauch. Ich bin Gesellschafter eines Kurländischen Kavaliers der im Begriff steht nach Hause zurückzugehen, mich hierzulassen. Ich zählte drauf wenn Du laut Deiner vorigen Briefe in drei vier Wochen abreisetest, er würde gegen diese Zeit verreist und ich frei – sein. Also würden wir Dir förmlich entgegen reisen, dich herholen können etc. So aber muß grad itzt das Schicksal seinen jüngern Bruder der bei einen andern Regiment steht mit seinem Regiment gegen den Tag Deiner Abreise hieherführen (den 11ten haben sie *Ordre* erhalten auszumarschieren) der Bruder erwartet ihn um ihn noch das letzte Mal vor seiner Heimreise zu sprechen und ich in die allergeringsten ihrer beiden Geschäfte verwickelt darf mich nicht von ihnen trennen – besonders da diese Reise in dem ganzen Lebenslauf des ältesten Epoque macht. Jetzt mein lieber teurer Lavater – wirst Du noch zürnen daß ich nicht Wort halten kann? Die Deutschen faßten ihre Entschlüsse im Rausch und überlegten sie nüchtern. Aber hör etwas. Wir wollen uns – so Gott es will – mit Röderer aufmachen und nach Colmar gehn, wo Du Donnerstags (falls Du mit der *Diligence*) zu Mittag eintreffen mußt. Da essen wir zusammen und reisen bequemlich nach Strasburg wo Du nichts desto weniger (wenn nicht in meinem Hause, in dem anstoßenden, das schon gerüstet dazu und noch bequemer weil Du keine Treppen zu steigen und bessere Aussicht hast) absteigst, damit wir allein – sein, frei ununterbrochen. Siehst Du da feiren wir den ganzen ersten Abend und drauf folgenden Morgen in süßer stiller Einsamkeit, hernach wird freilich das Geräusch Deiner Bekanntschaften angehn, das Du nicht ganz vermeiden kannst. Das Begleiten ins Schwalbacher Bad ist nun ganz unmöglich, mein Herz und alle meine Wünsche sollen Dich begleiten, aber – ich bin nicht frei – ich bin vieles nicht. Nimm vorlieb wie ich bin, Du der Du vom Apostel Paulus auch Verträglichkeit mußt gelernt haben, meine Freiheitsstunde (das hoff ich zu Gott) wird auch schon einmal schlagen und dann will ich anders sein. Das Gesicht von Deinem verklärten Vater hab ich alleweile vor mir und kann mich nicht satt dran sehen. [Am Rande:] ich wünscht ich könnte den Kopf in mein innerstes Herz hineinzeichnen damit er mir zu allen Stunden und Augenblicken gegenwärtig wäre. – Solche Köpfe können nur in einer Republik gebildet werden, das sind Züge die in keinem monarchischen Staat gesehen noch gehört noch empfunden werden können. Ach daß er lebte! Hat er uns doch seinen Sohn gelassen und ein Brutusherz in ihm. Lebe wohl!

JMR Lenz

Sollte das Schicksal meinen Willen bis auf den Grad zwingen – daß ich auch nicht bis Colmar entgegen [könnte], wie denn grad die Tage kritisch sind und überhaupt ich nicht gern mehr versprechen als halten mag – so kommt doch Röderer gewiß, der kein Diener des göttlichen Worts noch; – doch seine Verhältnisse wird er Dir selbst detaillieren.

29. Lenz an Johann Kaspar Lavater
Straßburg d. 18. Junius [17]74

In Röderers Brief hin – – wie, was von Dank? Ich Dir – ja ich Dir – tausend Dank – für tausend tröstliche Gedanken, die Du mir in meiner Einsamkeit nachgelassen – alle auf die Zukunft –

verfolge Deinen Weg – am Ziel hängt der Kranz, am Ziel und wenn Du fortstürmst, wird Dich niemand überholen.

Hier gehst Du durch gute u. böse Gerüchte, wie es allen Wahrheitsausbreitern [geht], wo Licht hinfällt tritt die rückweichende Nacht desto dichter zusammen. Die Kopfhänger ärgern sich daß Du grade gehst, weissagen Dir Hochmut und Fall – falsche Propheten. Der bessere Teil Menschen bewundert Dich, liebt Dich – viel fragen nach Dir, die Dich nie gekannt – heut ist ein Franzos bei mir gewesen sich Deine Schrift wider den Landvogt Grewel auszubitten. Die Geistlichen sind zwar noch über Dich geteilt doch hast Du bei den meisten durch Deine Gegenwart Dich unaussprechlich legitimiert

Lies Röderers Gedanken und schreib ihm zurück drüber. Meine Hausleute wollten ihren Augen nicht trauen daß Du sie grüßtest und danken mit Tränen u. Enthusiasmus. Mit Tränen haben manche Deine Klage wider den Landvogt schon angehört und Dich gesegnet.

Fleuch fort fleuch auf Deinem Wagen Lavater! und laß Dich von niemand überholen. Lenz.

Willstu mir eine süße Stunde machen so schick Kleisten einen Gruß. – Aber bring bring Göthen von mir – – was? Dich. Ich möcht ihm meine Seele schicken denn ich habe Hoffnungen zu ihm, die wie die Sonne vor Tage nur noch den Antipoden sichtbar. Ach ich leide – aber Bruder Eure Hoffnungen schimmern mir in meiner Nacht, daß ich den zögernden Tag nicht anklage.

30. PFENNINGER AN LENZ

Zürich, Mittw. den 31. Augstm. 1774

An Deinen Brief vom 12. Aug. den ich so gern weitläufig beantwortete. Meine Umstände wollen's nicht und ich muß mit Ernst nach einer lakonischen Kürze ringen, sonst muß ich mir manche dergleichen Freuden, wie z. B. Briefe an Dich, versagen.

Von meinen Vorlesungen nichts mehr; sie sind gewiß nützlich: aber ich sollte mehr wissen, vor mich und das Publikum, denn *mundus vult decipi*. O hätt ich Gelehrsamkeit genug, um mit mehr Ansehen zu zeigen, daß man ohne Gelehrsamkeit – Philosoph – Christ – Kenner des Geistes der Göttl. Offenbarungen – glückselig sein kann *etc. etc.*

Räsonier mir, mein Liebster, über den Menschen so viel Du willst; nur vergiß künftig nie: daß, wenn der Mensch, das Menschengeschlecht – allenfalls in einem Zustande des Verfalls, der Krankheit ist, und aus diesem Gesichtspunkte angesehen werden muß, – daß dies alsdann – in manches Urteil vom Menschen gewaltigen Einfluß hat. So, wenn der Mensch krank ist, so darf man ihm Diätregeln vorschreiben, über die er sich nicht als eine grausame Einschränkung seiner Freiheit zu beschweren hat. Nimm, Lieber! den Begriff der menschlichen Freiheit aus dem Reich der Idealen herunter ins Reich unserer schlecht und rechten Wirklichkeiten! so wirst finden: Ohne Befehle und Verbote kannst kein Kind auferziehen; also Einschränkung der Freiheit. Es werde nur Liebe und Zutrauen zum Vater zum Grundtrieb gemacht. Wär nun Analogie zwischen Vater und Kind, und Gott und Menschen (und ich glaube es ist größre als man denkt) so muß geboten und verboten sein; nur liege auch da Liebe und Zutrauen zum Grund, sonst ist's Sklaverei (und doch auch so wäre nur noch die wenigste, erträglichste unumgänglichste Sklaverei wovon die Schuld nur einseitig ist).

Aber freilich hat Gott nicht so eingeschränkt, als der Eremit und die Nonne es wähnen; darüber, Liebster, sind wir ganz einig.

Weinen möcht ich mit Dir, wie die Mönchstugend tausend gute Samen in der Menschennatur erstickt. Ich irrte ehedem hierin auch sehr. Gott zog zurück. – ›Christus hat nichts ausrotten wollen, was Kraft und Anlage im Menschen ist‹? Goldene – bestäubte verkannte Wahrheit!

Aber, Liebster! wie manch's Skrüpelchen, das Dir vielleicht doch mehr als recht ist, im Wege steht, müßt wegfallen, wenn wir uns nur einige Zeit sähen. Von d. Apokalypse izt nichts. Aber ›draußen sind die Hunde *etc.*‹ das ärgert dich? – Gibts einst eine Sammlung der Guten die sich einen Himmel machen, willst Du denn die Hunde wieder drinnen haben, und die Ehebrecher? u. die Bösewichter? – In den Spital mit ihnen, und sie kuriert mit scharfen Mitteln, wenns so sein muß. pppp.

Donnerstag morgen um 7 Uhr
So eben empfang ich Deinen Brief an mich und *Paß.* und *Clavigo.*

Bin ich nicht ein gerechter Mensch, daß ich Clavigo liegen lasse und erst gehe den Brief an Dich zu vollenden?

Noch eins auf den vorletzten. Man hat's in unseren Tagen besonders sehr schwierig machen, wie Jesus – und daß er nicht buchstäblich zu verstehen sei pp. und ist die Sache so simpel! – so schlecht und recht, so buchstäblich wie möglich, nur ohne Eulenspiegel-Schikane, alles in der Bahn des gemeinen *bon sens* – wie Kinder einen Vater verstehen. (Ausgenommen was seiner Natur nach rätselhaft sein mußte, Prophetisches und was er geniert war herauszusagen.)

Z.B., wenn ich Dir sagte, ›ich hab Deinen Hofmeister neulich gelesen – ich rate Dir, schreib nichts mehr!‹ (was ich aber weder in der gegenwärtigen, noch zukünftigen Welt nie zu Dir sagen werde). Nun sieh, wie simpel buchstäblich das zu verstehen wär. Wie gefiel uns nun folgendes Raisonnement (der neumodischen Theologen) darüber: ›das könne unmöglich im eigentlichsten Wortverstande genommen werden, daß Du keine Feder mehr anrühren, keinen Brief u.s.w. schreiben dörfest u.s.w. also, weil's nicht buchstäblich zu verstehen sei, so werde es sagen wollen, Du sollest eben keine Folianten mehr in Druck geben, bisweilen ein Drama habe just nichts zu sagen, es sei ja nicht buchstäblich zu verstehen – das nichts‹ *etc.*

Lav. ist höchst vergnügt von seiner Reise zurückgekommen, hatte herrliche Seelen angetroffen – Engelseelen in weiblicher und männlicher Gestalt – die Dich, Bruder, mit der Welt aussöhnen würden. pp. Aber des Wiedersehens Wonne, o mein Lenz! – hättst Du auch einen Lavater, von dem Du Dich 10 Wochen trennen könntest, und ihn wiedersehen! – Sonst hast Du Lavatern, so sehr Du ihn haben kannst. Er spricht mit Enthusiasmus von Lenzen. Und wir werden uns alle noch recht nahe kommen.

Studierst Theologie? predigest? bist ordiniert? *etc.* Sag mir was hievon. Schick mir auch Deine und Röderers *Silhouettes*. Grüß mir ihn brüderlichst. *Paß.* wird selbst schreiben.

Wie verstehst das ›Was Gott an Goethe getan –‹? Doch versteh ich's vielleicht, wenn ich *Clavigo* gelesen habe.

Verzeih mein Sudeln. Mein Kopf und Herz und Hand sudeln bisweilen.

Siehst meine offenen Arme? Komm ich drücke Deine Brust an meine, und küsse Dich! Kannst beten, so bitt auch für mich.

Conr. Pfenninger

Deine Schriften erwart ich mit Verlangen. Es ist kein Zürcher so verliebt darein, wie ich.

[Adresse:]
Herrn *Lenz* durch Herrn *Candid. Röderer*,
neben der Neu Kirch in Straßburg

31. Lenz an seinen Bruder Johann Christian

Straßb. d. 7. Novbr. 1774

Konnt ich mein edler Bruder! einen bessern Gebrauch von Deinem Briefe (den ich erst im August erhielt) machen, als daß ich ihn einem zweiten Du, durch die Bande der Freundschaft näher mit mir verbunden als durch die Bande des Bluts, meinem Bruder Goethe* in Frankfurt zuschickte und Dein Glück mit ihm teilte. Wie ich denn nichts Geheimes für den haben kann. Dafür ward aber auch Deine Verbindung von zwei gleich warm teilnehmenden Seelen hier doppelt gefeiert. Was soll ich Dir viel drüber sagen? Glückwünsche zeigen von einer armen Seele, deren Leerheit der Witz und strafbare Gefälligkeit zu bepappen sucht, aber das wahre Gefühl bindet die Zunge, kehrt die Augen gen Himmel und läßt Tränen reden. Verstehst Du diese Sprache mein Brüderchen! Einziger aus meiner Familie der mich versteht. Der Himmel belohnt Dich dafür. Er gab Dir ein Weib und ich beneide Dich nicht. Ich segne ihn, daß er Dich vorzüglichen Glücks würdigt da Du es vorzüglich verdienst. Kein wildes Zielen nach einem ungewissen Zweck, edles starkes Bestreben einen kleinen glücklichen Zirkel um dich her zu machen und von ihm wiederbeglückt zu werden. Dein vorjähriger Brief mit diesem zusammengehalten welch ein Gemälde von Deinem Herzen stellt es mir auf! Dein letzter Wunsch, ›eine eigene Hütte mit einer Freundin die die Mühseligkeiten dieses Lebens‹ p. er ist erfüllt, Du bist belohnt, edler Freund! kleiner – großer Mann in Deiner Genügsamkeit. Du wirst nach Deinem Herzen gewählt haben, also glücklich – täglich neue Vorzüge werdt Ihr aneinander entdecken, täglich neuer Beruf zu lieben und geliebt zu werden. Und so unsterblich, noch übers Grab hinaus – o ich muß mich wegwenden von Eurem Glück, wem zu essen versagt ist steht mit Verzweiflung vor dem Gemäld eines Banquets.

Du willst mein Schicksal wissen. Liebe Seele! was ist Dirs gedient damit. Daß ich Dich liebe weißt du, darum hätt ich immer noch länger schweigen können.

Ich bin jetzt frei, atme das erstemal dreist aus. Der älteste Kleist ist nach Kurland gereist, um wiederzukommen, woran ich doch schon itzt zu zweifeln anfange. Sein jüngster Bruder aus Frankfurt Oder kam grad an als der andre abging und ich mußte ein viertel Jahr bei ihm bleiben. Jetzt bewohn ich ein klein Zimmer allein, speise täglich an einem Tisch wo einige meiner Freunde mitessen (die einzigen die in Straßb. Liebhaber der echten Wissenschaften zu sein sich nicht schämen) und unterhalte mich ein wenig mühselig von Lektionen die ich meinen Landsleuten in der deutschen Sprache und in der Geschichte ihres Vaterlands ich meine Polen Kurland Rußland gebe, da hier sehr teuer zu leben ist.

Mein Herz geht nicht müßig. Ich hab einige vorzügliche Freunde und Freundinnen und denk auch oft an Euch. Wiewohl mir Papa und der Tarwaster das zum Verbrechen machen wollen.

Grüße Papa! Sag ihm nur daß es mir ein wenig fremd vorkam, da ich nichts von ihm foderte – nichts von ihm erwartete, als Erwiderung meiner wahrhaftig zärtlichen Gesinnungen für ihn und meine Blutsfreunde, mich dafür von ihm und Fritzen mit Ruten abpeitschen zu sehen.

Ich will Dir hier ein klein Verzeichnis meiner Schriften anhenken, damit Du sie Dir anschaffest und mich und meinen Lebenslauf daraus beurteilest. Auf Kosten der Sozietät wurden gedruckt: Lustspiele nach dem Plautus. Auf Kosten der Weygandschen Buchhandlung: Der Hofmeister, oder Vorteile der Privaterziehung, eine Komödie. Darnach, der neue Menoza oder Geschichte des Cumbanischen Prinzen Tandi, eine Komödie. Darnach Anmerkungen über Theater, nebst angehängtem Shakespearischem Stück. Diese drei könntest Du Dir zusammen binden lassen. Ostern kommt mein letztes Stück heraus: der Poet, Weg zum Ehemann, das meinem Herzen am nächsten ist.

Auch werden herauskommen Meinungen eines Laien zum Besten der Geistlichen: und Stimmen eines Laien auf dem letzten theologischen Reichstage. Die Du Dir anschaffen sollst. wovon aber der Verfasser unbekannt bleiben will.

Laß Dir die drei Komödien zusammen binden, den Hofmeister, den Menoza und den Poeten und schenk sie Deiner lieben Frauen auf den Nachtisch als ob sie von mir kämen. Schreib ihr hinein von meinetwegen

    Fühl alle Lust, fühl alle Pein
    Zu lieben und geliebt zu sein
    So kannst du hier auf Erden
    Schon ewig selig werden.

Und nun lebt wohl lieben Kinder! und laßt mich Euch um den Hals fallen und mein Gesicht zwischen Euren verbergen. Laßt mich Eure Küsse Euch zubringen und indem ich so Euch beide zwischen meine Arme an mein Herz drucke und Gott um Unsterblichkeit bitte für Euch – so schickt Eure warmen brüderlichen Seufzer auch für mich empor, daß auch mir es so gut werde – oder wenn ich dies Glück nicht verdiene daß ich müd von des Tages Hitze einst am Abend meines Lebens in Euren Armen ausruhe und sterbe. Ich behalte mir den Platz aus mein Bruder! willigen Sie drin meine Schwester? So segne sie Gott für den guten Willen Amen.

       Jakob Michael Reinhold Lenz

32. LENZ AN GOETHE

[Straßburg, Februar 1775]

Hier mein Bruder ein Brief den ich Dir schicken muß, warm wie er aus dem Herzen kommt. Dich wird das Porto nicht dauern lieber obschon kein Geschäft darinnen ist außer eine Kommission von Hafner der mich lange gebeten hat. Ist doch uns kein höher Glück auf der Erde gegönnt als uns zu unterreden – mir ists das höchste. Denn alle meine Wirksamkeit ist für andre – aber mein Gefühl für Dich und einige Liebe ist für mich. Warum gibst Du uns denn nicht Neuigkeiten von Dir. Haben genug in unsern Briefen itzt von meinen Schmieralien gesprochen – nun laß mich wieder ausgehen von dem kleinen Dreckhaufen Ich und Dich – finden.

Lenz

Ich habe viel in der Sozietät zu überwinden, auf einer Seite ists Unglauben, Zerrüttetheit, vages Geschnarch von Belliteratur wo nichts dahinter ist als Nesselblüten: auf der andern steife leise Schneckenmoralphilosophie die ihren großmütterlichen Gang fortkriecht, daß ich oft drüber die Geduld verlieren möchte. Da konnte Götz nicht durch dringen, der beiden gleich abspricht. Daher fing ich an *ut vates* den Leuten Standpunkt ihrer Religion einzustecken, daß itzt unter viel Schwürigkeiten vollendet ist, die Erfolge wird die Zeit lehren. Und nun stürm ich mit Ossians Helden hinein das alte Erdengefühl in ihnen aufzuwecken, das ganz in französische *Liqueurs evaporirt* war. Daß wirs ausführen können was ich mit ganzer Seele strebe, auf Heid und Hügel Deine Helden wieder naturalisieren.

Addio

33. LENZ AN JOHANN KASPAR LAVATER

[Straßburg] d. 8ten April 1775

Hier mein teurer Eiferer für unser Haus einige Versgen die ich dies Jahr in Kalender setzen lasse.

Über die kritischen Nachrichten vom Zustand des deutschen Parnasses (der Verfasser ist Gotter der bei Dir war).

Gotter. Es wimmelt heut zu Tag von Sekten
            Auf dem Parnaß
Lenz   Und von Insekten.
Über die Dunkelheiten im Klopstock und andern

            Der Schmecker
        Ich bitte gebt mir Licht
        Herr ich versteh Euch nicht
            Antwort
        Sobald Ihr mich versteht
        Herr, bin ich ein schlechter Poet.

        Klopstocks Gelehrten Republik
        Ein götterhaft Gerüst
        Der Menschen Tun zu adeln
        Wer darf, wer mag da tadeln?
            Antwort:
        Wems unersteiglich ist.

Nichtsdestoweniger aber wünscht ich, daß Deine herzhafte Prügelsuppe den Leuten ganz warm über die Schultern regnete und will deshalb eine Abschrift dieser Rezension Gottern grad zuschicken sie in den deutschen Merkur zu rücken – Wielanden vielmehr, mögen die es verdauen so gut sie können und zu ihrer Besserung anwenden denn es ist unerträglicher Leichtsinn daß ein solcher Schmecker sich untersteht von solchen Sachen auch nur einmal zu reden, geschweige so abzuweisen. [Am Rande:] ich schick es Gottern nicht eher als bis Du mir die Erlaubnis gegeben hast. Sonst wollt ich schon für ein *vehiculum* sorgen ihm die Medizin beizubringen.

Hier noch was von Goethe über diese Abgeschmacktheiten in seiner neusten Satire, die ich zugleich die glücklichste nennen möchte: ›Prometheus Deukalion und seine Rezensenten‹ bei Gelegenheit der Deraisonnements in Deutschland über seinen Werther

        Plötzlich erscheint Herr Merkurius pp
        Wirst hier kritische Nachrichten hören
        Kannst dich wahrhaftig des Lachens nicht wehren

> Sehn aus als wärens im hitzigen Fieber gemacht
> Haben hübsch alles in Klassen gebracht –
> Aufgeschaut und nit gelacht.
>> Merkur
> Sieh da ihr Diener Herr Prometheus
> Seit Ihrer letzten M – Reis
> Sind wir ja Freunde so viel ich weiß
> Ist mirs vergönnt den Sporn zu küssen
>> Prometheus (Verf. des Werthers)
> Werd euch zur Zeit damit zu dienen wissen
> Wie stehts um d' Fenster die ich eingeschmissen
>> Merk.
> Mein Herr wird sie halt machen lassen müssen
> Waren ja über das nur von Papier *etc.*

Segen Gottes über Dein Amt! Wer bin ich, daß ich Dir Glück wünsche? Dich, Deinen Standpunkt, Deinen Wirkungskreis nach Würden erkenne und ausmesse. Wirkt miteinander Du und Dein Pfenninger und betet für einen betrübten Verlassenen. [Am Rande:] Warum hast Du mir denn nicht die Vollendung Deines Mskpts. für Freunde zugeschickt? Doch Dank dafür! Und für alle die reichhaltigen Gedanken in diesem Mkspt. [!] ewigen Dank.

Ich bin bei Zimmermann gewesen und freue mich über seine Freude über Dir. Er hat einen wackern Stubengesellen, den Sohn des Meckels der seinen Vater kuriert hat. Es hat mich in der Seele gerührt so den Geist der Liebe der Väter auf den Kindern ruhen zu sehen. Sie fühlen beide dies schöne Verhältnis, wie mich deucht, die edlen Jungens. Wieviel haben wir auch von Dir und Deiner ersten Erkennung mit Zimmermann in Schinznacht gesprochen!

Der Herzog von Weimar kommt (wie ich nun leider gewisse Nachrichten eingezogen) in 4 Wochen zurück, aber nicht über *Lyon* und durch die Schweiz, weil er sehr kränkelt und daher nach Hause eilt. Hast Du ihm was zu sagen, meld mirs, wenn ich Knebeln hier spreche, solls sicher bestellt werden.

Wie sehr wünscht ich nur einen Tag bei Dir zu sein, wenn Du

Physiognomik arbeitest. Ich freute mich schon im Geist Dich vielleicht mit einem Exemplar hier zu sehen, doch werd ich das Buch wohl zu sehen bekommen, nur des Verf. Erläuterungen fehlen. Klopstock ist auch wieder nach Hause gekehrt zu seinen alten Freunden, ich hatt ihn so nahe und sah ihn nicht. So waltet ein uns unbekanntes Schicksal über unsre liebsten heiligsten Wünsche und Neigungen und leitet sie nach seinen Absichten. Goethe schweigt auch gegen mich, vermutlich weil ihn Geschäfte überwältigen. Nächstens sollst Du eine Künstlerromanze von ihm lesen, die ich seiner Schwester zugeschickt.

Melde mir doch aufs eheste ob der Herzog von Weimar mit unter den Subskribenten auf Deine Physiognomik ist. Und für wieviel Exemplare? – Und denn ob ich die Wielandias dem Gotter schicken darf, dem ich eine Antwort schuldig bin.

Grüße den edlen Passavant und dank ihm mit der heißesten Umarmung für all seine Freundschaft für mich. Die Lieder von denen er mir schrieb sind meistens nicht von mir, sondern von einem jungen Schweighäuser einem Jüngling von vollem Herzen. Dank ihm noch mehr für seine schönen Mühwaltungen für meine Kosakin, die ihm selbst auf einem Zettel ihren Dank stammeln wollte, aber jetzt krank zu Bette liegt. Sie hat von dem bewußten Freunde nun auch schon selbst seine *Adresse* in *London* erhalten, indessen bittet sie Passavanten doch gütigst fortzufahren, und sobald er Neuigkeiten erfährt, sie ihr mitzuteilen.

Grüß den teuren Pfenninger und sag ihm, ich arbeite gegenwärtig an einer neuen Auflage meines M e n o z a mit sehr wesentlichen Verbesserungen, der liebe Kritiker soll ihn zuerst haben. Überhaupt bitte ich meine Freunde mir ungeheuchelt und strenge ihre Meinung, ihr wahres uneingenommenes Gefühl über alle Stücke die ich künftig dem Publikum vorlegen werde zu schreiben. Es ist der größte, der einzige Liebesdienst, den sie einem Künstler erweisen können. Und wißt Ihr lieben Brüder, daß der Tadel des Publikums auch auf Euch zurückfällt? ›Hat er denn nicht Freunde?‹

Und nun, Lavater, laß mich Dich an mein Herz drücken, solang ich noch nahe bei Dir bin und Dir ein Wörtgen über die Schweizerlieder zurufen, von denen ich neulich wieder gesprochen. Mit dem Büchlein in der Tasche komm ich einmal in Eure Gebirge. Tausend Grüße Deiner verehrungswürdigen Gehülfin. Daß doch das Blatt schon zu Ende ist.

Lenz

[Am Rande:]
Der gute Röderer Nathanael empfiehlt sich Euch allen aufs zärtlichste. Adieu! Adieu!

34. Johann Kaspar Lavater an Lenz
Den 20 April 1775
Zürich, Donnerstags abends nach 3 Uhr
An den Verfasser der Meinungen eines Laien

schleunigst – abzugeben

Eine und viele der seligsten Stunden meines Daseins hab ich Ihnen, sein Sie wer Sie wollen, zu danken. In einer Lage, wie's wenige gibt – am Sterbebette einer nahen, eben nicht warm doch redlich geliebten Schwägerin – fing ich an, Ihre wohlerhaltnen Meinungen eines Laien, zu lesen, mit inniger Freud in der Stille der Mitternacht – – Meine Schwägerin entschlummerte sanft – Ich ging schnell nach Hause; an einem hellen doch kühlen Frühlingsmorgen – fuhr sogleich, morgens vor 5 Uhr fort zu lesen; vor Freude zu zittern, vor Freude zu weinen, bald eine Zeile draus an meinen Bruder Pfenninger, der aufm Lande ist, zu schreiben!

Sturm von Seite der Kabale, die das Sendschreiben eines Zürcherschen Geistlichen geboren hat – stürmte dazwischen! aber Ihre prophetische Geisteskraft trug mich. – Nun hab ichs vollendet; – nun liest's neben mir Passavant – u: den Abend noch – (warum ich nicht an seiner Seite –) Pfenninger? – Ich kann nichts, nichts sagen, als – Sie sind mein Freund, ich bin der Ihrige. Nicht bitt ich Sie um Ihre Freundschaft; nicht trag ich Ihnen die meinige an – wir sind schon Freunde. Lichtstrahl darf nicht Lichtstrahl bitten: ›Fließe mit mir zusammen.‹ Das geschieht, in dem sie einander begegnen –

aber das ist ein Ziel meiner Bitte, daß Sie mir bäldest eine Zeile schreiben und zu mir sagen: ›Lavater! hier und dort hast du geirrt; das Ziel nicht erreicht, vorbei geflogen – bist angeprellt. Vor dem hüte dich! da ist Quell deines Irrtums! da Fallstrick für deine Imagination, deinen Verstand, dein Herz –‹ Dann will ich auch sagen, welche Zeilen Ihrer Schrift unter die Gottesgeistigkeit herabsinken, hinausgleiten, nach meinem Sinn.

Lavater

35. Lenz an Johann Kaspar Lavater
[Straßburg, Ende April 1775]

Dein kostbares Briefgen habe erhalten ist mir ein teures teures Zeugnis der Güte und innern standhaften Größe Deines Herzens die keiner falschen Bescheidenheit braucht um damit Kabale zu machen. Lache doch Lavater der Wolken die Freunde und Feinde an Dir vorbeiziehen lassen, Du wirst immer durchscheinen. Durchscheinen durchscheinen mein lieber Getreuer bis auf lange Nachwelt hinunter. Mich freut der Eifer Deiner jungen Freunde. Fürchte nichts von mir, ich konnte und kann Dich nie kompromittieren, mein Blut ist kalt, aber mein Herz fühlt warm.

Alles das was Du mir schreibst hat mein Herz grade so geahndet, das war mir ein Siegel, daß auch ich Dein oder Deines Gottes bin. Ich konnte aber – und werde nun keinen üblen Gebrauch davon machen, dessen sei sicher.

Laß Deine Freunde machen was sie wollen und für gut und nötig finden, ich mische mich nicht darunter, gewiß nicht aus Menschenfurcht, denn was können mir Deine Menschen helfen oder schaden.

Aber was ich in einer Entfernung für Dich hinaus tun kann, das tu ich – und nichts kann mich abhalten. Ich kenne Deine Sphäre nicht, aber ich kenne die Fassungsart und Gesinnungen der meinigen, in die ich freilich sehr langsamen und halb imperzeptiblen Einfluß habe. Also hast Du nichts von mir zu hoffen noch zu fürchten gegenwärtig.

Deine Physiognomik – lieber der Wunsch mir ein Exemplar geben zu können, was geb ich Dir dafür? Mein ganzes Herz – mehr hat mir der Himmel nicht gelassen. Ich glaube aber dennoch, ich glaube, ich werde sobald es heraus ist, hier eines zu Gesicht bekommen und das ist ja alles was ich wünsche.

Lebe wohl mein lieber Leidender! Meine Freunde werden mir denn erst recht teuer, wenn sie ein wenig dulden und schweigen müssen und das ist das Gefühl aller honetten Leute. Also nutzen Dir Deine Feinde bei der honetten Welt – und bei der erleuchteten können sie Dir auch nicht schaden. Was bleibt ihnen denn übrig, als ein halbgelehrter schaler feindseliger Anhang, den ich Dir nicht wünschen möchte.

Leb wohl hier ist ein physiognomischer Gedanke der mir durch den Kopf gezogen ist und über den ich Deine Meinung zu hören wünschte. Es ist manchmal gut allerlei anzuhören, wenn man über gewisse Sachen nachdenkt – also wirst Du mir mein Gelall und Gestammel nicht übel nehmen.

Grüße Passavant (dessen Enthusiasmus für Dich mich entzückt), Pfenninger, das Kind Gottes in Blumen spielend und Kaysern. Ich erwarte von den beiden ersten die nächsten Briefe mit vieler Sehnsucht.

Lenz

In unsern Tagen ist eine gewisse Faulheit und Niedergeschlagenheit besonders in monarchischen Ländern so häufig anzutreffen, daß die Gesichtszüge daher fast alle auf eins hinauslaufen und von keiner Bedeutung sind. Die zu geläuterten Religionsbegriffe, die übermäßige Verfeinerung in den Künsten und Zweifel und Ungewißheit in den Wissenschaften geben ganz andere Gesichter und ganz andern Ausdruck der Empfindungen als ehemals. Das Feuer sitzt bei uns nur in den Augen, bei den Alten aber in allen Mienen und der Stellung derselben. Überhaupt scheinen mir alle heutige bedeutende Gesichter nur aufgeschürzt, das heißt die heruntergesunkenen Lineamenten mit Mühe wieder emporgearbeitet – da die Alten das zu wilde Emporsteigen der Mienen vielmehr zu hemmen und zu mäßigen suchen mußten. Das waren gesammlete Gesichter, bei uns sind es angestrengte. Derselbe Unterschied, der zwischen einem berittenen wilden Hengst und einem mit Sporn und Kurierpeitsche in Galopp gebrachten Karrengaul ist.

36. Lenz an Sophie von La Roche
d. 1sten Mai 1775

Gnädige Frau! Ich halte mich für eben so berechtigt Ihnen zu schreiben, als ein freier Geist über alle Unterscheidungszeichen und Verhältnisse in der Welt herausgehoben, Ihnen seinen Beifall zulispeln würde, wenn er Sie irgend eine edle große Handlung ausüben sähe. Ich habe von Ihnen weder zu hoffen noch zu fürchten, und um Ihnen die Wahrheit dessen und die Ungezwungenheit und Freiwilligkeit meines Urteils zu beweisen sollen Sie meinen Namen nicht erfahren, aber erlauben Sie mir auch jetzt mit aller der Hochachtung zu Ihnen zu treten, die das Anschauen Ihrer wundernswürdigen Eigenschaften in mir rege macht. Ich habe hie und da Nachrichten von Ihnen eingezogen die alle dunkel und unzuverlässig waren, besser wußt ich mich nicht zu wenden als an Goethe der mir einmal einen Brief in Koblenz aus Ihrem Dintenfaß geschrieben hat. Und wie entzückt ich darüber sein muß die Züge Ihrer Hand in meinen Händen zu sehen, dieser Hand die die Sternheim schrieb, und von dieser soviel Gütiges für mich! ›Das Gleichgestimmte meines Charakters‹ – wissen Sie auch was das auf sich hat gnädige Frau? Die göttliche Güte hat mich, da ich eben durch andere Vorfälle meines Lebens und Verirrungen meines Kopfs und Herzens bis zu Boden gedrückt war, auf einmal wieder erhöhen wollen, ich fühle ein neues Leben in mir, neue Aussichten, neue Hoffnungen und ach Gott! wie selten kommt mir das, etwas von Ihrer Selbstzufriedenheit. – Erschrecken Sie über dies Wort nicht, Sie allein können es ohne Gefahr brauchen. Solange konnten Sie zusehn daß Ihre Sternheim unter fremdem Namen möchte ich beinahe sagen vor der Welt aufgeführt wurde und mit halb sovielem Glück, als wenn jedermann gewußt, aus wessen Händen dieses herrliche Geschöpf entschlüpfte. O wahrhaftig starke Seele, müssen doch Männer vor

Ihnen erröten und zittern. Lassen Sie mich aufrichtig reden, der Name des Verfassers komischer Erzählungen war keine gute Empfehlung für einen Engel des Himmels der auf Rosengewölken herabsank das menschliche Geschlecht verliebt in die Tugend zu machen, dieser Name warf einen Nebel auf die ganze Erscheinung und ich danke Ihnen eben so eifrig, daß Sie ihn mir von den Augen genommen als ich Ihnen das erstemal für Ihre Schöpfung gedankt haben würde. Und wie es mir in die Seele hinein Vergnügen macht, daß ich mich in der Ahndung auch um kein Haar verschnappt, W. habe nur die Noten und die Vorrede gemacht, denn sie sind so ganz sein würdig. Ich verkenne diesen Mann nicht, aber er hätte mit mehrerer Ehrfurcht dem Publikum ein Werk darstellen sollen, dessen Verfasserin zu groß war selber auf dem Schauplatz zu erscheinen und dies soll geahndet werden.

Gnädige Frau! nennen Sie Ihr Mädgen nicht phantastisch, ich hoffe es werden Zeiten erwachen die itzt unter dem Obdach göttlicher Vorsehung schlummern, in denen Leserinnen von Ihnen Ihr Buch das sie jetzt noch als Ideal ansehen, zur getreuen Copei machen werden. Wenn Sie doch für jedes weibliche Alter dergleichen Ideale schüfen! Sie würden alle einen Ton haben, weil sie aus Ihrem Herzen kämen, das sich in dergleichen Gemälden nur selbst abdruckt. Liebe gnädige Frau! der Himmel belohne Sie. – Wär es auch nur für all die wollüstigen Tränen die Sie mir haben aus den Augen schwärmen machen und in denen die ganze Welt um mich her verschwand

Wenn ich bedenke, daß und womit ich Ihnen Freude gemacht habe, so werde ich stolz auf mich selber und danke dem Himmel für die Stunde in der er mich hat geboren werden lassen, für die Leiden, den schönen krummen Pfad durch den er mich bis zu Ihnen hinaufführte, daß ich wenigstens Ihr Angesicht sehen kann. Ich habe nur den ersten Brief in der Iris gelesen und Sie gleich wieder darin gefunden. Lebt solch eine Freundin wirklich die mit den geheimsten Bewegungen Ihrer großen Seele vertraut ist, so sei sie dem Himmel gesegnet, mit Ihnen die Zierde unsers Säkulums. Was sollen wir schmeicheln liebe gnädige Frau, mich deuchte der erste Brief mit mehr Feuer

geschrieben als die nachfolgenden. Binden Sie doch Goethen ja recht ein, mir wenns möglich die nächstfolgenden im Mskpt mitzuteilen, ich werde mit diesem Heiligtum gewissenhafter umgehen als W. Nicht ein Wort in diesem ganzen Briefe habe ich gesagt, das nicht mit der vollen Empfindung meines Herzens ausgesprochen, das ich nicht vielleicht weit stärker gebraucht haben würde wenn ich in einer andern Himmelsgegend und Zeitraum von Ihnen gesprochen hätte.
[Am Rande:]
Alles alles schicken Sie mir was Sie gemacht haben, auch das französische. Ich muß Sie ganz kennen lernen und das grad in dieser Lage meines Herzens. Hier ist meine Adresse. Was kann's mir auch schaden Ihnen meinen Namen zu sagen. Es ist so der kürzeste Weg. Und ich habe viele Namensvetter, die auch Goethen kennen.

37. Lenz an Johann Kaspar Lavater
[Straßburg, Anfang Mai 1775]

Ich höre, Du willst nach Strasburg kommen Lavater! Kupfer zu Deiner Physiognomik hier stechen zu lassen. Ich segne diesen Vorsatz und wünschte ihn in die Zeit hinaus da Goethe gleichfalls sich vorgenommen hie durch zu seiner Schwester zu reisen, wohin ich ihn begleiten könnte. Das Haus in welchem Du ehemals hier geherbergt, wartet daß ich so sagen mag mit offenen Armen auf Dich, in der Tat darfst Du in Strasburg nirgend anders hin wohnen. Du würdest die Leutgen seufzen machen. Ich wohne zwar selbst nicht mehr da indessen steh ich doch noch immer in Zusammenhang mit ihnen und sie sind es die mir den Auftrag getan, Dir zum voraus ein Liebesseil an den Hals zu werfen, damit Du unsern Hoffnungen nicht entgehen könnest. Ich habe unter der Zeit manches erfahren und mich auch ein kleinwenig mit der Welt aussöhnen lernen, vielleicht weil mein Schicksal besser worden. So sind wir Helden, die ein Lüftgen dreht – Du aber bleibest wie Du bist. – Meine größten Leiden verursacht mir itzt mein eigen Herz und der unerträglichste Zustand ist mir mit alledem doch, wenn ich gar nichts leide. Vielleicht ist alle Glückseligkeit hier nur immer Augenblick und Ruhepunkt den man nimmt um sich in neue Leiden zu vertiefen.

Lieber Lavater! ich muß hier abbrechen, Geschäfte bestürmen mich, denn ich führe mein Schiff itzt selber. Leb wohl.

Lenz

Ich imaginiere mir Deine physiognomischen Beschäftigungen in der Stille so reizend daß ich daran nicht denken kann ohne in Feuer zu geraten. Du wirst bald den Herzog von Weimar sprechen, in dessen Gefolg ein Mann ist, der außerordentlich von dieser Gesichtsschwärmerei auch angesteckt ist – und dessen Bekanntschaft überhpt Dich freuen muß.

Hier ein paar meiner Gesichtsanmerkungen wieder, über die wie über die vorigen Du mir Deine Meinung mündlich sagen magst.

›Alle Linien die heraufgehen zeigen Vergnügen, alle die heruntergehen Verdruß und Traurigkeit an. Es scheint der Himmel hat den Menschen auf die Gesichter zeichnen wollen, wo der Sitz der Freuden zu suchen wäre.

Je kleiner der Mund, desto unschuldiger das Herz; je größer, desto erfahrener. p‹

[Adresse:] An Lavatern
in Zürich

38. Lenz an Gotter

Strasb. den 10ten Mai 1775

Es ist wohl wunderbar daß ich einen Brief vom Jenner erst im Mai beantworte: aber ich muß Ihnen gestehen Gotter, daß ich Sie im Verdacht hielt, Sie hätten die kritischen Nachrichten im Merkur gemacht und die gefallen mir nicht. Darum schwieg ich. Meine Autorschaft läßt mir gute Ruh und kann mich einen Freund nicht vergessen machen. Das ist kein Vorwurf für Sie mein Lieber, denn Sie hatten mich darum nicht vergessen, obschon Sie mir nicht schrieben und auf die Versprechungen der Freundschaft halte ich so streng nicht, weil ich mich selbst auf den Punkt nichts zuverlässiger kenne. Wir sind in gewissen Augenblicken so selig, so trunken vom Gefühl unsers Daseins daß wir die ganze Welt mit einem Blick übersehen mit einem Schritt überschreiten da fühlen wir uns eine gewisse Größe unmögliche Dinge in einem ganz leichten Roman zu kombinieren wie meine Reise nach Gotha war.* Nehmen Sie das Projekt für ein Zeichen meines Vergnügens in Ihrer Gesellschaft an wie ich Ihr Versprechen mir aufs geschwindeste zu schreiben dessen Erfüllung und die Nachrichten von Ihrer fürtrefflichen Schwester mir nun ein unvermutetes Geschenk sind wofür ich sehr danke obwohl etwas spät. Was aber langsam kommt kommt gut und mein Dank ist aufrichtig. Ich habe alle Ihre Aufträge ausgerichtet und von alle den Herrn viel Gegenkomplimente zu versichern. Gerhardi ist Rat worden bei den Prinzen von Hessen die er itzt hofmeistert. Ich hab ihn seit unsrer guten letzten Zusammenkunft nur einmal gesehen und von beiden Seiten sehr zerstreut. Ich gehe so meinen Gang fort über Stock und Stein und bekümmere mich eigentlich nur um die Leute deren Herz und Geschmack sich mit meinem berühren kann. So waren Sie mir recht was Sie mir auch übern Menoza schreiben können, den ich selber eine übereilte Komödie zu nennen pflege. Mein Theater ist wie ich Ihnen sage unter freiem Himmel vor der ganzen deutschen Nation, in der mir die untern Stände mit den obern gleich gelten die *pedites* wie die *equites* ehrenwürdig sind. Findt sich niemand in meinen Stücken wieder so bedaure ich Öl und Mühe – ob sie übrigens spielbar sind bekümmert mich nicht, so hoch ich ein spielbares Stück schätze wenn es gut geraten ist. Sich nächst an die Natur hält und doch Herz und Auge fesselt. Neugier auf einen Grad der Leidenschaft zu treiben weiß und doch durch Befriedigung derselben mich nicht unlustig macht, weil ich sie möglich und wahr finde. Das letzte könnte Thema zu einer Kritik meines Menoza geben und ich danke Hn. Wieland für einige Winke in der seinigen. Wiewohl er hoffe ich bei der nächsten Auflage das zu harte: ›Mischspiel‹ zurücknehmen wird. Ich hatte bloß versäumt einige Erzählungen deutlicher zu machen die das Ganze in ein besseres Licht stellen –

Warum haben Sie mir denn nichts von Ihnen zukommen lassen? Das Versprechen hätten Sie doch halten sollen. Sie wissen wie es uns armen Poeten geht, die die Bücher lesen wie Vögel unter dem Himmel ein Korn finden. Ich habe noch keins von Ihren Stücken in die Hände bekommen Von der Seilerschen Gesellschaft versäh ich mir sehr viel Gutes Gott weiß wenn ich *exul* wieder einmal deutsches Schauspiel zu sehn bekomme
Das Folgende am Rande:]
Grüßen Sie mir Ihre verehrungswürdige Schwester und den lieben Doktor. Wenn Sie aber nach Lyon schreiben, o der Himmel führe Ihre Hand alsdenn, meiner im besten zu gedenken. Kann ich nicht erfahren wenn sie zurückkommen. Lieber Freund! wären doch alle Örter in der Welt so nah bei einander als in Shakespears Stücken! Lion, Strasburg, Gotha – ich denk, ich erwarte Sie alle.

Was sagen Sie zu all dem Gelärms übern Werther? Ist das erhört einen Roman wie eine Predigt zu beurteilen. O Deutschland mit deinem Geschmack!

39. Lenz an Sophie von La Roche
Straßburg, d. 20. Mai, 1775

Sie sind vielleicht schon jezt auf der Reise, deren Sie in dem Briefe an Göthe Erwähnung taten. Nehmen Sie dahin meinen Dank mit, (wenn anders der Dank eines Menschen wie ich, Sie erwärmen kann,) für den braven Mylord Allen; ein Portrait, das ich in meiner Galerie hoch anstelle. Er hat Erdbeben in meinen Empfindungen gemacht. Lassen Sie sich das neue linke Wort nicht verdrießen; ich rede einmal so, wenn ich mich nicht zwingen mag. Und gegen Sie zwinge ich mich nicht eher, als bis Sie mir dazu winken. Darf man mit Personen, die außer unserm Stande sind, nicht reden, wie's einem ums Herz ist, sage ich immer. Wie traurig wäre ihr Los dann?

Wenn Göthe bei Ihnen ist, so möcht ich eine Viertelstunde zuhorchen. Warum lassen Sie ihn denn so viel Operetten machen? Freilich kann mein kaltes Vaterland großen Anteil daran haben, daß ich mehr für das Bildende als Tönende der Dichtkunst bin. Doch kann ich auch weinen bei gewissen Arien die mir ans Herz greifen, und verloren bin ich, (wenigstens in jeder Gesellschaft von gutem Ton,) wenn sie gerad die Stimmung meiner Situation treffen. Wenn Sie denn doch seine Muse sein wollen, so verführen Sie ihn in ein großes Opernhaus, wo er wenigstens Platz für seine Talente finden könnte, wenn man es erst von Metastasios Spinneweben rein ausgefegt hätte. Nur weiß ich nicht, wie Göthe übers Herz bringen sollte, Helden anders als im Rezitativ singen zu lassen; oder die Arien müßten von einer Art sein, wie ich sie mir nicht zu denken im Stande bin. Ich schreibe Ihnen das, weil er mir ganz stille schweigt.

Was mir wieder einmal eine Zeile von Ihrer Hand sein würde – das darf ich Ihnen doch nicht erst sagen. Aber nur, wenn es Niemand, Niemand Eintrag tut. Ich will gern hinten an stehen.

40. Lenz an Sophie von La Roche

[Juni 1775]

– – So führen Sie mich denn! Und da es einmal so weit gekommen ist, so muß ich Sie bitten, Sie mögen an mir Beobachtungen und Entdeckungen machen, welche Sie wollen; entziehen Sie mir Ihre Freundschaft nicht! Ich nehme das Wort in der strengsten, eigentlichsten Bedeutung; nichts mehr, aber auch nichts weniger ist mein Herz stolz genug von Ihnen zu verlangen.

Ein gewisser Leichtsinn, der oft nah an Unbesonnenheit grenzt, ist eine Gabe, die die Natur für gut befunden hat mir besonders aufzuheben. Welchen Wert die hat, kann ich noch nicht bestimmen, aber mir ist sie bisher oft unentbehrliche Wohltat gewesen. Ich lege mich immer zu Bett, als ob ich den andern Morgen nicht aufstehen würde, und jedes Schicksal ist mir gleich. Sagen Sie mir, könnten Sie die Freundin eines solchen Menschen sein? So viel muß ich Ihnen dabei sagen, daß mir andre Menschen, deren Wert ich erkannt habe, heilig sind. Mag auch das Leben noch so barocke Szenen mir vorbehalten, und überhaupt das Schicksal über mich ergehen lassen, was es wolle, diese angenehme Sensationen, und die Erinnerung derselben, kann es mir doch nicht nehmen, und das ist meine Genügsamkeit.

Ich muß mich doch auch ein wenig ausstreichen; was meinen Sie? Damit Sie wissen, was Sie von meinen Urteilen zu halten haben. So muß ich Ihnen denn sagen, daß ich nicht der einzige bin, der Erkundigungen nach Ihnen macht; vielleicht nicht alle aus dem Motiv; indessen wer kann Motive beurteilen. Die Erscheinung einer Dame von Ihrem Range auf dem Parnaß, (die so viele andre Sachen zu tun hat,) mußte jedermann aufmerksam machen. Mich ärgerte nichts mehr, als – Gott weiß, daß ich die Wahrheit sage, – als die dummen Noten, die mich allemal bei den seligsten Stellen in meinem Gefühle unterbrachen, gerad als wenn einem kalt Wasser aufgeschüttet wird. Gleich fühlte ich, daß in den Noten die Verfasserin nicht war; einige dunkle Klätschereien sausten mir um die Ohren, Sie hätten dem Umgange mit Wieland vieles zu danken; ich muß Ihnen aber zur Beruhigung sagen, daß alle diese Nachrichten von Frauenzimmern kamen, bei denen ich die Quelle leicht entdeckte. Verzeihen Sie mir! Auf den Punkt ist ein kleiner Neid auch manchmal bei edlen Personen Ihres Geschlechts sehr natürlich, und mir also gar nicht einmal auffallend; nur ärgerte mich's, daß ich niemand von meinem Geschlecht hörte, der gesunden Menschenverstand oder Edelmut genug gehabt hätte, im Gegenteil zu behaupten: Wieland müsse Ihrem Umgange alles – alles vielleicht zu danken haben, was ihn schätzbar macht. Ich sagte noch neulich, (und das rechne ich mir nicht zum Verdienst an) einer Frau von Stande, die auch mit dem zweideutigen Tone von Ihrer Sternheim sprach: ›Wieland könnte wohl viel Anteil daran haben‹ sehr trocken, (ohne damals die geringste Nachricht zu haben,) ich hielte W. nimmermehr für fähig, in seinem ganzen Leben so feine moralische Schattierungen zu malen. In der Tat muß es jedem nur halb gesunden Auge auffallen, daß sein Pinsel viel zu grob dazu ist. Noch habe ich in einem Frauenzimmer-Briefe, (wo mit außerordentlichen Lobe von Ihrem äußern Betragen gesprochen wird) die seltsame Bemerkung gelesen, Wieland könne Sie wohl bei seiner Musarion in Gedanken gehabt haben. Das wußt ich wohl, daß er Ihnen unter dem Namen Danae, die Grazien dediziert hatte. Mit allen dem hätten Sie von einem ganz andern Pinsel gemalt werden sollen, wenn er Reize der Seele zu malen verstanden hätte. Ein Rousseau – O geben Sie mir doch Schlüssel zum Verborgenen! Wie hat Wieland Sie kennen gelernt? Und war seine Empfindsamkeit für Sie mehr Prahlerei, als innere Rührung? Ich habe bisweilen wunderliche Ideen im Kopf, und bin nicht umsonst so aufdringend, so neugierig. Bedenken Sie, daß auch ich älter werden kann, und daß der Wunsch jeder gut meinenden Seele Erhörung verdient, in den Standpunkt gesetzt zu werden, hochgeschätzte Personen in ihrem wahren Lichte zu sehen.

Auf meine Verschwiegenheit können Sie zählen; wenigstens die Tugend hat mich meine Situation gelehrt, da ich als Vertrauter junger Herren gereiset, und vier Jahre mich bloß dadurch bei ihnen erhalten habe. Ich habe keine Maitresse, und keine Ergießungen des Herzens als vor Gott. Bisweilen auch an dem Busen meines Göthe, der nun freilich viel von mir weiß. Was könnt ich nicht in dem Fall! Rosalia! – Erlauben Sie mir diesen Namen! – Sein Sie so gütig, und fahren fort. Ach welchen Tag, welche Sonne Sie in diesem Herzen ausbreiten. – Rosalia!

41. Lenz an Goethe

[Juni/Juli 1775]

vous pouvez vous fier a ma parole d'honneur que ladite feuille ne sera jamais publiée avec ma bonne volonté. Aussi n'etoit elle ecrite qu'après le point de vue d'une grande partie de vos lecteurs, dont les caquets au sujet de vous et de vos ecrits ne parviennent jamais jusqu'a vous. Je n'aurois pas crû que cela pourroit te faire quelque peine, je ne te l'ai communiqué que pour sonder tes façons d'envisager ces choses là, pour pouvoir a l'avenir dire quelque chose de plus raisonnable la dessús. Voila mes intentions, j'ai tout employé de supprimer cela et je te puis assurer d'avance qu'il ne verra jamais le jour. Nous en parlerons davantage. Le.
[Am Rande:] *Remerciemens pour la peine que vous vous etes donnée avec les Lindaviana.*

42. Luise König und Lenz an Karoline Herder

Straß. d. 13t *julii* 75

[Luise König:]

Eben komme ich von Buchsweiler zurück. deswegen eine so späte Antwort auf Ihr liebes herrliches Briefchen – ja wohl Briefchen! – aber liegt nicht Dein ganzes, liebendes Herz darinne dies ersetzt mir alles – meine ganze Seele umfaßt Dich dafür, u. segnet laut – Amen Amen! – ich habe Freunde in Buchs. verlassen – den würdigen Rathsemhausen verlassen, ländliche Freuden – u doch ist mir wohl daß ich hier bin – ich bin in, meinem Eigentum. dies geht mir über alles – Raths. will ich soll ihn in Ihr Andenken zurückrufen, es ist ihm kostbar, er verehrt Sie, dann er kennt Ihren ganzen Wert – er hat es mir oft wiederholt ihn nicht bei Ihnen zu vergessen – dieser liebe Mann! warum kann ich nicht immer um ihn leben! so einen Mann – u ich heurate noch – unsre Rehfeldin ist noch immer das muntre schwindliche Weib, aber dabei redlich u gut – ich habe ihr die Stelle aus Ihrem Brief für sie gelesen u es hat ihr wohl getan – sie wollte mir einen Brief für Sie mitgeben, aber unter den Freuden u Herrlichkeiten des Lebens, vergaß sie ihn. unsre beiden jüngern Prinzen waren da, die haben alles froh gemacht – hat Ihnen unsre Hessin die Stelle aus Lenzens Brief an mich, ausgeschrieben? hier ist noch einmal ›Ich bitte Ihnen, sagen Sie doch der teuren Herderin viel Gutes von mir, u welche Aufmunterung u Erquickung mir ihr Beifall ist. ich wünschte ich kennete ihren Geschmack u könnte für sie allein ein Stück schreiben, sie sollte mir so viel wert sein als das ganze Publikum. sagen Sie ihr ich habe eine Lukretia geschrieben, vielleicht daß Götte sie drucken läßt, sie möge alsdann auf die Szenen acht haben in welchen Flavia vorkommt, u mir ihre Meinung drüber wissen lassen. ihr Gefühl allein soll mir der Probierstein all der weiblichen Charaktere sein die ich mir vorzüglich geglückt glaube‹ – u denken Sie diesen neuen lieben Freund verliere ich vielleicht bald – u auf lange – hier fühle ich mich wieder in der Welt, ob ich schon in Augenblicken von oben herunter auf sie blicke – ich soll eine Fürbitte bei Ihnen für ihn einlegen – Eurer beiden Schattenriß soll ihm Stärkung Trost u

Freude auf seiner langen Reise sein – wären sie auch nur halb
gut – er will das übrige hinzusetzen u glücklich dabei sein –
doch hier kommt er selbst, zu bitten – zu flehen – ich will ihm
noch einmal die Konditionen weisen unter welchen er sie haben
soll – aber dafür will ich davon frei sein – selbst mein Gesicht
das Sie kennen, sagt Ihnen warum – u dazu – habe ich es
unsrer Friedericke abgeschlagen, sie hat die Ursachen gebilligt,
sie mag sie Ihnen sagen – kriechet immer mit Eurem Buben auf
Teppichen herum – da wo Agesilaus unter seinen Kindern auf
einem Steckenpferde herum reitet, ist er mir am größten

Luise

Das Geld ist ganz recht, noch rechter daß Sie mit mir zufrieden sind.

[Lenzens Nachschrift:]
Ich bin itzt ganz glücklich da ich das beste Paar unter der alles
anschauenden Sonne auch das glücklichste weiß. Die Freude die
aus Ihrem ganzen Briefe atmet würdigste Sterbliche! und die
selbst mehr Tugend als Genuß ist, hat auch mein Herz das ihr
nun lange schon verschlossen schien, wieder erfüllt und erwärmet. Gönnen Sie mir Ihr und Ihres Mannes – und Ihres Kindes
Gesichter. Wenn kein unsichtbarer Zug dem Maler die Hand
führen sollte, so schicken Sie mir sie auch halb ähnlich, ich
hoffe noch so viel Imagination übrig zu haben, aus dem was ich
von Ihnen gelesen und gesehen mir das übrige zu ergänzen. Sagen Sie Ihrem Mann, er soll mich wenn ich weit bin, unter seine
Kinder aufnehmen und manchmal einen freundlichen Wunsch
für mich tun. Ich kann nicht mehr schreiben, Goethe ist bei mir
und wartet mein schon eine halbe Stunde auf dem hohen Münsterturm.

Lenz

43. Lenz an Sophie von La Roche

[Straßburg, Juli 1775]

— — Ich sage immer: die größte Unvollkommenheit auf unsrer Welt ist, daß Liebe und Liebe sich so oft verfehlt, und nach unsrer physischen, moralischen und politischen Einrichtung, sich fast immer verfehlen muß. Dahin sollten alle vereinigte Kräfte streben, die Hindernisse wegzuriegeln; aber leider ist's unmöglich. Wer nur eines jeden Menschen Gesichtspunkt finden könnte; seinen moralischen Thermometer; sein Eigenes; sein Nachgemachtes; sein Herz. Wer den Augenblick haschen könnte, wo sich seine Seele mit der andern zu vereinigen strebt. Wer seine ganze Relation von seinem Charakter absondern, und unterscheiden könnte, was er zu sein gezwungen ist, und was er ist. Stille, Stille gehört dazu; stille, heitre, ruhige, göttlichertragende Beobachtung. Rosalia! In jeder Gesellschaft zieht nichts mein Aug auf sich, als Sie, wenn Sie einem andern zuhören, und etwas aus ihm heraus zu schweigen suchen. Fahren Sie so fort, meine liebe Gnädige; es wird Ihnen immer wohler dabei werden. Aufzumuntern – ist eine göttliche Eigenschaft, und was muntert mehr auf, als Aufmerksamkeit hochachtungswürdiger Personen.

Ihre deutsche Diktion bewundre ich. Personen aus Ihrer Sphäre, (das will noch ganz etwas anders sagen, als: von Ihrem Stand) sollten doch unsrer treuen Muttersprache die Hand bieten. Wär es auch nur, um einen gewissen Ton in unsre Gesellschaft zu bringen, wo deutsch-französisch Geplauder mit rätselhaften Kränzchen-Witz abwechseln, und so mancher ehrliche Fremde auf der Folter liegt, welches einen am Ende ganz und gar mißtrauisch in seinen eigenen Verstand machen kann. Ich höre eine Deutsche mit Vergnügen fremde Sprachen wie ihre eigene reden und schreiben; aber Schriftstellerin darin zu werden, ist doch zu viel Herablassung.

Werden Sie nicht glauben, ich höre mich gern, daß ich so viel rede? Ach freilich, so ist es! Mit gewissen Personen fühlt man sich so offen, besonders wenn es selten kömmt. Wenigstens lernen Sie nun auch mich ertragen, der freilich es selbst wohl fühlt, wie sehr er nicht mit Wieland allein, (denn das würde mir

Ehre machen,) sondern mit hundert Tausend bessern Personen absticht. Bei allem dem bin ich mir keiner Absichten bewußt, und das erhält mich.

Ihr Ausdruck: neuer Freund, soll mich lange, lange durch heiße Sandwüsten begleiten und erfrischen, denn ich sehe deren vor mir. Ich will niemals fodern; aber ich bitte Sie, ach! gnädige Frau, sagen Sie mir Ihre ganze Meinung; aber ich werde mich niemals ändern. Modifizieren kann sich der nur, der nicht von Jugend auf, wie ich, mit dem Kopf gegen die Wand gerennt ist. Aber sagen Sie mir alles; ich beschwöre Sie. Ewig

Ihr Freund und Verehrer
M. R. Lenz

44. Lenz an Sophie von La Roche

[Straßburg, Juli 1775]

Respectable pauvreté! J'apprendrai par mon experience a ne jamais blesser vos cœurs par des idees et des termes insultants.

Da wollt ich Sie haben, gnädige Frau! Hier leg ich Ihr Buch zu, und umarme Sie im Geist. – Sehen Sie da den ganzen Plan meines Lebens, meines Daseins, meines Komödienschreibens, vielleicht einst meines Todes.

Ach, fürtreffliche Frau! So ist denn dieser Nerve des Gefühls bei Ihnen auch angeschlagen. Könnten aber Personen von Ihrem Stande, Ihren Einsichten, Ihrem Herzen, sich jemals ganz in den Gesichtskreis dieser Armen herabniedrigen, anschauend wie Gott erkennen, was ihnen Kummer, was ihnen Freude scheint, und folglich ist, und ihren Kummer, der oft mit einer Handwendung eines erleuchteten Wesens, wie der Stein von dem Grabe Christi weggewälzt werden könnte, auf die ihnen eigentümliche Art behandeln. Ach! das große Geheimnis, sich in viele Gesichtspunkte zu stellen, und jeden Menschen mit seinen eigenen Augen ansehen zu können! Sie wären die erste Frau von Stande, die das gefühlt hätte. Ich bitte Sie, lassen Sie mich Sie umarmen.

Sie sollen einmal ein Stück von mir lesen: die Soldaten. Überhaupt wird meine Bemühung dahin gehen, die Stände darzustellen, wie sie sind; nicht, wie sie Personen aus einer höheren Sphäre sich vorstellen, und den mitleidigen, gefühlvollen, wohltätigen Gottesherzen unter diesen, neue Aussichten und Laufbahnen für ihre Göttlichkeit zu eröffnen. Dazu gehört aber Zeit, und viel Experimente. Menoza ist ein übereiltes Stück, an dem nichts als die Idee schätzbar ist. Das hier beigelegte ist gleichfalls nur ein Gemälde aus meinem Leben heraus gehoben. Sie könnten mir keinen höhern Beweis Ihrer Freundschaft geben, als wenn Sie mir Ihr strengstes Urteil darüber zuschickten.

Sie haben recht; Ihre Anmerkung über meine Stücke habe ich mir zuweilen selbst gemacht, und in meinen künftigen sollen auch keine solche Schandtaten mehr vorkommen. Doch bitte ich Sie sehr, zu bedenken, gnädige Frau! daß mein Publikum das ganze Volk ist; daß ich den Pöbel so wenig ausschließen kann, als Personen von Geschmack und Erziehung, und daß der gemeine Mann mit der Häßlichkeit feiner Regungen des Lasters, nicht so bekannt ist, sondern ihm anschaulich gemacht werden muß, wo sie hinausführen. Auch sind dergleichen Sachen wirklich in der Natur; leider können sie nur in der Vorstellung nicht gefallen, und sollen's auch nicht. Ich will aber nichts, als dem Verderbnis der Sitten entgegen arbeiten, das von den glänzenden zu den niedrigen Ständen hinab schleicht, und wogegen diese die Hülfsmittel nicht haben können, als jene.

Sie sehen, warum ich Wieland als Menschen lieben, als komischen Dichter bewundern kann, aber als Philosophen hasse, und ewig hassen muß. Er glaubt, den Menschen einen Dienst zu erweisen, wenn er ihnen begreiflich macht, ihre Kräfte sein keiner Erhöhung fähig. Und wer läßt sich das nicht gern einbilden, und beharrt gern auf dem Sinnlichen, zu dem er die meiste Gravitation fühlt. Daß W. Sie lieben, und doch so philosophieren konnte, bleibt mir, wie viele andre Dinge in seinem Charakter, noch immer ein unauflösliches Rätsel, wenn ich nicht den Aufschluß in dem großen Motiv aller im Schwang gehenden Autoren fände, daß er seine Rechnung dabei findet. Ich verdamme ihn deswegen nicht, ich zittre nur vor der Gefahr, einst in dieselbe Schlinge zu fallen.

Er liebte Sie in seinem siebenzehnten Jahre; – O Wieland! daß du diese Eindrücke heilig gehalten hättest, daß sie sich nie aus deinem Herzen und Imagination verwischt hätten. Freundschaft ist nicht genug; er hätte Sie sein ganzes Leben durch lieben sollen, und er hätte die Tugend geliebt. Sie hätten allen seinen Gemälden die hohe himmlische Grazie gegeben, die man izt an so vielen vermißt. Sagen Sie mir, welche Bewandnis hat es mit seinem Agathon, und spielen Sie auch eine Rolle darin? Durch welche wunderbare Mechanik in dem Kopfe des Dichters, ward Psyche so in den Schatten gestellt? Und ist Danae dieselbe, der die Grazien gewidmet wurden? Er malt sie so vorteilhaft als möglich, und doch schlägt jedes Herz für Psychen, so gern auch die Phantasei bei der Hauptfigur verweilet. – Wie war seine erste Liebe, und wo lernte er Sie kennen?

Verzeihen Sie meine Effronterie. Doch mein Herz straft mich, so bald ich mich darüber entschuldige. Das aber verzeihen Sie mir, daß ich Ihnen durch manche Ausdrücke meines letzten Briefes Ihr Publikum wider meinen Willen verleumdet habe. Wölkchen hangen immer noch vor Ihnen, (wie es denn auch so sein muß, von Moses Zeiten an, dessen Angesicht das Volk nicht ertragen konnte); aber ganz verkannt sind Sie doch auch nicht, besonders von denen, die Sie gesehen und gehört haben, wie denn das sich auch leicht begreifen läßt. Überhaupt red' ich auch nur einseitig, und der Zirkel meiner Bekanntschaften ist immer eingeschränkt gewesen.

Ihre Erzählung: die Gouvernante, ist ganz vortrefflich, und gerad das Seltsame des Einfalls veranlaßt die rührendsten Situationen. Ich liebe alle seltsame Einfälle; sie sind das Zeichen nicht gemeiner Herzen. Wer in dem gebahnten Wege forttrabt, mit dem halte ich's keine Viertelstunde aus. Nur, meine liebe gnädige Frau, wie kommen doch alle Ihre Heldinnen dazu, die heilige Sternheim ausgenommen, sich immer nur auf Hörensagen zu verlieben. Es freut mich; aber sollte das wirklich ein Zug in dem Charakter aller empfindsamen Damen sein? Ich kann mir's freilich wohl denken: Ihre Phantasei erschafft sich den Gegenstand sogleich in der glücklichsten, gefälligsten Gestalt. Aber sollte das allemal der beste Weg sein, und könnte er nicht manchmal sehr fehl führen? Wie wär's, wenn Sie einmal ein Exempel von der Gegengattung dichteten, liebenswürdige Schwärmerin! (O Gott! ich kenne keine höhere Klasse erschaffener Wesen!) auf allen Fall auch zu warnen, wenigstens vorsichtig zu machen. Denken Sie, wenn ein Geschöpf wie Ihre Gouvernante, in die Klauen eines gewöhnlichen Offiziers gefallen wäre – doch weg mit diesem Gedanken! Er zieht mich von der Sonne ins Meer hinab.

45. Lenz an Johann Kaspar Lavater

[Straßburg, Juli 1775]

Lavater! ich habe Dir einen Vorschlag. Du hast einen Buchhändler dem Du aufhelfen möchtest. Ich habe ein Gedicht das mir am Herzen liegt, hier ist eine Probe davon. Ich möchte Deinem Buchhändler das Gedicht schenken, wenn er mir sauberen Druck, sauberes Papier und allenfalls ein paar gutgestochene Vignetten, die zum Text paßten und bei denen Du ihm mit Deinem Geschmack zu Rate gingest verspräche. Es wäre mir sehr viel dran gelegen das Gedicht noch vor meiner Abreise in fremde Länder fertig zu sehen, um es jemanden überreichen lassen zu können, der sehr viel Anteil daran nehmen wird.

Antworte mir bald mein würdiger Bruder! Ich hoffe und wünsche mein Brief werde Dich an keinem Geschäft unterbrechen. In die Iris ist nun der Anfang gemacht worden meine Übersetzung von Ossianen einzurücken.

Ich habe nach Liefland geschrieben, Dir Subskribenten zur Physiognomik anzuwerben. Ich hoffe es geht. Mit Gott. Sollte ich einst fort sein, erkundige Dich nur bei Röderern

L–

[Am Rande links:]
Laß das Blatt Gedicht nicht aus Deinen Händen kommen. Wie schmeckt Dir die Ruh auf den Lorbeern!

46. Lenz an Herder

[Straßburg] den 23. Julius 1775

Hier, Hierophant! in Deinen heiligen Händen das Stück, das mein halbes Dasein mitnimmt. Es ist wahr und wird bleiben, mögen auch Jahrhunderte über meinen armen Schädel verachtungsvoll fortschreiten. Amen.

47. Lenz an Johann Kaspar Lavater

[Straßburg,] d. 29sten Julius [1775]

Schreibe Lavater! Fridrich Stollbergen, daß ich mich freue ihn von Angesicht kennen gelernt zu haben und mir wohl seine Silhouette wünschte. Nenn ihn deutschen Alcäus in meinem Namen, biet ihm Deine Hand. Sag ihm daß eine deutsche Seele ihn empfunden hat, die zwar im Verlöschen ist, aber doch in sich fühlt daß auch sie Glanz und Wärme hatte.

Ich ein Schweizerlied – und ist dies nicht genug an diesem Teurer! Und wenn Du diese Foderung tun wolltest, sie an mir? einem verunglückten Komödienschreiber. Laß den bittern Spott weg!

Ich dank danke Dir für die Silhouette, sie hätte mir nicht gelegner kommen können. Schicke mir Dich und Deine Frau noch einmal.

Vielleicht verreise ich gegen den Winter.

[Am Rande:]

Danke auch Kaysern für seine Freundschaft. Ich habe nichts von seinen Musikalien gesehen.

Weil Du's so haben willst, so heft ich einige meiner Phys. Beobachtungen an. Weise aber ich bitte Dich diesen Brief niemanden. Es würde sonst über den Lacher allenfalls gelacht werden, und dazu ist es ihm zu weh ums Herz.

Behalt mich in Deiner Liebe oder Freundschaft oder Mitleiden wie Dus nennen willst. – Noch einmal, es ist Rede eines Sterbenden: Deine Physiognomik ist das Werk Deiner Werke und, der Zweck, auf den Du losgehst der, den nur die erhabenste Seele sich vorsetzen konnte. Du weißt es vielleicht selbst so nicht.

Auch das kann ich Gottlob noch fühlen. Nochmalen Dank für Goethens Silhouette Und nun leb wohl.

Lenz

48. Lenz an Sophie von La Roche

Straßburg, d. 31. Juli 1775

– – Wenn ich mich recht erforscht habe, so ist der höchste Wunsch unseres Geschlechts bei dem Ihrigen auf eine schmeichelhafte Art geliebt zu sein; vielleicht ist der höchste Wunsch des Ihrigen bei unserm, auf eine vorzüglich edle Art geschätzt zu werden

Ganz inwendige Tränen muß ich Ihnen über Ihren 37sten Brief schreiben, der die andern alle verschlingt. Das Höchste und Beste, was eine weibliche Hand jemals nieder geschrieben hat. Ja, meine Mutter! – Die Männer wollen nicht geliebt, nur geschmeichelt sein. Die größesten sind für die Besten Ihres Geschlechts verloren, und das kömmt, weil sie das schöne Gebiet des moralischen Kreises zu durchwandern verachten.

So wollustvoll mir der 27ste, so unterrichtend war mir der 25ste, der mit dem 26sten das Kleeblatt ausmacht, das ich aus diesem Blumenstrauße vorzüglich an mein Herz drücke. Welch ein Licht wirft er auf Ihr Bild, erhabene Seele! Ja! sollten Sie mich hassen, so würde mir Ihr Haß werter sein, als die Liebe einer andern Frau.

Mit welcher Simplizität da eine Wahrheit in die Welt hineingewälzt ist, die so lange dauren wird, als die Welt steht. In dem ganzen Briefe ist mehr Weisheit und tiefe Weltkenntnis, als in hundert Alphabeten, die ein Wieland geschrieben hat, und schreiben könnte.

Der hat eine vortreffliche Advokatin an Ihnen und ich wünschte, ich könnte mich nun wieder mit ihm aussöhnen, obschon von seiner Seite dazu nun wohl keine Wahrscheinlichkeit mehr sein möchte, nachdem ich öffentlich sehr polternd mit ihm gebrochen. Wie gesagt; er soll uns nicht Philosoph und Lehrer des menschlichen Geschlechts sein wollen, und seine Sachen für das geben, was sie sind. Die Ursache, die Sie angeben, von dem Wege, den er genommen, macht mir ihn auf dieser Seite von neuem liebenswürdig, und vom Himmel herab kann nichts anders zu seiner Verteidigung gesagt werden.

Warum gehen Sie denn so freundlich mit mir um, da ich in Ihrem Briefe, mit der gefaßtesten Seele, nichts als den strengsten mütterlichen Tadel über mein Stück erwartete? Wie? Sie Ihren Einsichten nicht trauen? – Oder wollten Sie vielleicht, so auf eine höchst feine Art, das wieder zurück nehmen, was Sie mir zur Aufmunterung sagten, und das in der Tat mir für mein ganzes Leben neuen Schwung gegeben hat. O! Sie, im allereigensten Verstande, meine Mutter! Lassen Sie mich nun auch Ihre mütterliche Züchtigung erfahren! Ich kenne den Zirkel der feinern Welt noch nicht so genau, oder vielmehr, ich habe meine Achtsamkeit noch nicht so anhaltend auf denselben gewendet. Ihrem zarten und feinem Gefühl muß manches in meinen Stücken hart, unanständig und ungezogen auffallen. Das war es, was ich von Ihnen zu meiner künftigen Besserung zu erfahren wünschte; denn an meinen einmal geschriebenen Stükken feile ich nie. Ich habe es einmal tun wollen, es hätte mich aber fast das Leben gekostet, und Göthe ist auch da mein Retter gewesen.

Dürfte ich Sie um Ihre Gouvernante Deutsch bitten, da Ihr deutscher Stil so unzählige Grazien hat – was auch der mir darum so verhaßte Wieland in seinen Vorreden darüber deräsoniert. Sie können das Feine und doch dabei so Simple, (das eigentlich das wahre Erhabene macht,) in Ihrem deutschen Stil so wenig selber sehen, als Ihr Gesicht.

Ich habe mit Göthen Göttertage genossen, von denen sich nichts erzählen läßt. Sie werden ihn, meine ich, nun bald sprechen.

Um Wielands willen bitte ich Sie auf meinen Knieen, sagen Sie mir alles, was zwischen ihm und Ihnen jemals vorgefallen ist. Ich möchte dem Mann nicht Unrecht tun, und wenn ich ihn zu hart gestoßen habe, und er eher Mitleiden verdient, ihm gern wieder Genugtuung geben.

N. S. Ich habe Ihren Brief erhalten, gnädige Frau. Ja! ich gehe nach Italien. Diesen Winter werde ich wohl in Genf zubringen, um mich zu dem großen Fluge anzuschicken. Wenn ich in der Schweiz die Berge, in Italien die Statuen, in Holland die Festungen, in Frankreich Rousseau, in Engelland das Theater werde gesehen haben, so komm ich zurück zu Ihren Füßen; Sie, meine Muse, sollen mich auf neue Bahnen leiten. O die Ruhe dann! – Götteraussichten, wie kräftig durchströmen, erfrischen Sie [!] mich. Wie? Sie wünschen mir eine Geliebte? Welche Güte der Seele ließ Sie gerade den Wunsch tun. O daß die – Ihr Bild trüge – obschon ich Sie beide nicht kenne. Nach Ihrer beider Briefen zu urteilen, muß eine wunderbare Übereinstimmung in Ihrer ganzen Art zu denken, zu leben, und die Sachen anzusehen sein. Eine Gnade! Fragen Sie nie nach ihrem Namen; auch Göthen nicht.

Ihr Bild, gnädige Frau! Hintergangene Hoffnung ist das größte Unglück. Und wer kann wissen, ob ich lebendig wieder komme.

49. Lenz an Herder

[Straßburg,] den 28. August [1775]

Herder – und es ward das Wort des Herrn zu mir es ist Herder – Kein Mensch hat mir, Vater! etwas Deiner Geschichte erzählt gehabt – itzt sieh in die Wolken – aber Dich Dich ich schwörs bei dem der oben herrscht, hab ich immer im Busen gehabt dabei – wenn Herder lieben sollte, freien sollte – müßts ihm so sein. Und wie heilig wäre mir die Szene mit dem Baum wenn die Wünschelrute des Dichters historische Wahrheit entblößt haben sollte.

Nimm hier meinen Dank. Am meisten für die Belehrungen. Ach ich bin in einer fürchterlichen grausen Einöde lange gewesen. Kein Laut überall edler Empfindung die aus dem Herzen kommt, die nicht Widerhall ist. Und mit den Guten, die ich immer die Großen nenne, durft ich mich noch nicht anbinden. Kann auch, wenn das Gefühl meines Unwerts mich nun verließe, nach meinem Beruf nicht. Das wirst Du wohl einsehn großer göttlicher der Männer. Ich webe und wühle unter den elenden Hunden um was aus ihnen zu machen. Daß Aristophanes Seele nicht vergeblich in mich gefahren sei, der ein Schwein und doch bieder war. Du sollst auch die erste Abschrift meiner Wolken bekommen, über welche sich wohl das Blatt umkehren und ich von Sokrates vergiftet werden könnte.

Du hast meine Soldaten, ein Wörtlein Deines Gefühls darüber, zur Stärkung auf der langen dreijährigen einsamen Reise, die ich mit einem Juden machen werde – Das ist nach dem strengsten Verstande wahrer Geschichte in den innersten Tiefen meiner Seele aufempfunden und geweissagt. Aber so hoffe ich maskiert, daß das Urbild selber, (das nun kein Herder ist) sich nimmer wieder darin erkennen wird

Was für Sümpfe habe ich noch zu durchwaten. Wenn wird Wenn wird die Zeit kommen da ich Dich von Angesicht sehen werde Herr der Herrlichkeit – in Deinen Erwählten. Ach so lange ausgeschlossen unstet, einsam und unruhvoll. Den ausgestreckten Armen grauer Eltern – all meinen lieben Geschwistern entrissen. Meinen edelsten Freunden ein Rätsel – mir selbst ein Exempel der Gerichte Gottes, der nie unrecht richtet und selbst wenn er züchtigt, mir einen Heraufblick zu ihm erlaubt. Das hatte ich um Sokrates verdient. – Bedaure mich Herder und liebe mich –

Wie kann ich Dich loslassen? Du der mir zum Trost in diese Einsamkeit herabgesandt worden, mir ein paar Tropfen himmlischer Stärkung zu geben. Schick mir Dein Gesicht, Deiner Frauen Gesicht. – Ach wie ich meinen ›Menoza‹ aus dem Innersten meines Schranks wieder hervorlangte und Gott dankte – denn ich war mutlos daß ich ihn geschrieben und er nicht erkannt worden war. Auch Fromme wenden ihr Antlitz von mir dacht ich –

Ich verabscheue die Szene nach der Hochzeitsnacht. Wie konnte ich Schwein sie auch malen. Ich der stinkende Atem des Volks, der sich nie in eine Sphäre der Herrlichkeit zu erheben wagen darf. – Doch soll mirs ein Wink sein. – O ja auch ich werde mein Haupt aufheben. Daß Du im Coriolan eben die

Szene aufnimmst, die ich gestern der Königin übersetzt, über die ich seit drei Tagen brüte.

Es ist als ob Coriolan bei jedem Wort das er widers Volk sagte, auf mich schimpfte – und doch kann ich ihn ganz fühlen und all seinen Grundsätzen entgegen handeln.

Worthy voices – das Wort des Herrn – das höchste Ziel alles meines Strebens – ach *worthy voices* und es waren doch Philister, aber der Gott hatte sie gezwungen. Sieh das, das – mein Herder –

Laßt mich an euren Busen sinken, erste der Menschen, laßt mich von eurem Ambrosia schlürfen – ach sehn sehn eine Szene der Liebe – wie sie mein Geist nicht ahnden konnte – denn er hatte noch kein Vorbild gesehn.

Jetzt ahnd ich sie besser aber schweige – schweige bis zur großen ehrenvollen Zeit da ich reden werde zum Volk von den Edlen die unter ihm wandeln, die sein totes Auge nicht sehen kann. Da ich in ein himmlisches Band sie ziehn und ihm darstellen – stille.

Niemanden was davon. Ich muß Dich und Dein Weib einmal sehn. O ich hab all ihre Briefe an ihre Freundin aufgehascht. Welche Jagd – Gott mache mich der Offenbarungen würdig.

Ich werde nicht sterben, sondern leben und des Herrn Werk verkündigen.
J. M. R. Lenz

Ich befehle Dir, den ich anbete, daß Du mir Dein und Deiner Frau und Deines Sohns Gesicht schickest – denn ich brauche sie.

50. Lenz an Johann Kaspar Lavater

[Straßburg,] d. 3 September 1775

Lavater! Du hast mir jüngst etwas von Herrscher geschrieben. Hier etwas das unserer ganzen Literatur wohl andern Schwung geben möchte. Und somit ihrem Einfluß auf die Gemüter. Tut darnach was Ihr wollt. Nur setzt mir ein Denkmal von Rasen und ein weißes Steinchen drauf: Da liegt dessen Laune bei all seinem harten Schicksal die Riesen von dem Schauplatz lachte.

Daß die Edlen drauf wurzeln und grünen hoch über das Gesträuch hinaus.

Nesseln vorweg zu hauen ist von Jugend auf mein höchstes Vergnügen gewesen. Kann ich das, sterb ich selig.

Der Buchhändler wirds an Papier und Druck hauptsächlich aber an Korrektur nicht ermangeln lassen. Und mir zehn Dukaten Honorarium zahlen, damit's doch heißt, es ist verkauft worden und er den Umsatz des Dinges eifriger betreibt. Darauf kommt alles an.

Lenz

Zwölf bis funfzehn Exemplare bekomme ich. Bin ihm aber Bürge dafür, daß die nicht nachgedruckt werden sollen.

Die Hauptsache ist die Korrektur. Und sollt er mir nichts geben, ich bins auch zufrieden, besorgt er mir die Korrektur nur mit der größten Genauigkeit, bei einem sehr verständigen Korrektor und der meine Hand kennt. Ein Buchstabe fließt mir oft dicker und größer in die Feder als der andere und wenn das Auge der Figur nicht nachgeht wie sie ursprünglich gewesen ist, kann sie leicht für eine andere genommen werden.

Wenn Passavant den Liebesdienst übernehmen wollte, er verbände mich ihm auf ewig. Nur muß es niemand bei ihm zu sehen bekommen, bevor es gedruckt ist.

Oder laß Dir den Korrektor erst offenherzig schreiben, ob er das Ganze gelesen und jedes Wort drin verstanden. Was er nicht verstanden schreibt mir nur, zugleich Akt und Szene – und wie er es verstanden.

51. Lenz an Johann Kaspar Lavater

[Straßburg, September 1775]

Hast Du Masuren gelesen, Lavater! die elendeste Satire die je auf Goethen, Dich, Klopstock und andere ist geschmiedet worden? Hast Du die Zeitungen gelesen in denen Herder auf die niederträchtigste Art gemißhandelt wird? Fühlst Du ganz welch eine Wirkung der über Frömmigkeit hohnlachende Verfasser des Nothankers aufs Publikum haben muß. Ernst ist kein Waffen dagegen, je ernsthafter man sich gebärdet, desto lauter lachen sie. Es muß wieder gelacht werden, und lauter als sie – oder Ihr müßt beschämt vom Schauplatz wo Euch niemand hören mag. Euch niemand hören – und wen denn? – Wehe über mein Vaterland, wenn die Wolken nicht gedruckt werden. Laß Dich durch nichts irre machen Frommer! was drin vorkommt; kühne Striche sind notwendig oder das ganze Bild wird ein Schild am Wirtshause. Und sind wir nicht frei? Und soll Gewissenhaftigkeit uns binden, gerecht zu sein? Gewissenhaftigkeit uns zu Sklaven machen? Daß doch das nicht der Fall bei den meisten Christen wäre.

Es bleibt also und wird ewig meine große Bitte an Dich bleiben, die Wolken drucken zu lassen. Alle Folgen nehme ich auf mich. Und aufs geschwindeste und ohne Entgeld, mag sich Steiner Vorteile davon machen, wie er am besten kann. Wenn es nur balde in Deutschland herumkommt. Noch diese Messe und notwendig diese Messe, schick mir ein Giftpulver lieber als daß Du mir diese Bitte abschlägst. Werd ich gewürdigt für dies Stück zu leiden, wer ist glücklicher als ich?

Und gerad itzt muß es ins Publikum, oder alle Gemälde verlieren ihre Anzüglichkeit Stärke und Wahrheit. Du darfst Dich nicht damit bemengen. Verbiete dem Buchhändler zu sagen, daß Dus ihm gegeben hast, nenn ihm meinen Namen, weis ihm diesen Brief. Bitte Passavant daß er die Korrektur übernimmt, er muß aber eidlich versichern es niemand zu weisen, auch Kaysern nicht, ders nicht zurechtlegen kann. Wenns gedruckt ist, dann teilts alle den guten Seelen aus –

[Am Rande links:]

Auch Goethen sag nichts davon, diesmal laß uns was alleine tun. Desto mehr Freude hat er dran wenn er überrascht wird. Ich hab ihm geschrieben ich arbeitete – aber nicht was?

[Am unteren Rande:]

παντα δε δοναμενα δια την πιστιν

Es ist Gegengift Lavater! das mir lang auf dem Herzen gelegen und wo ich nur auf Gelegenheit gepaßt es anzubringen. Diese Gelegenheit ist meine persönliche Schriftsteller Rache – aber (es bleibt bei uns): diese Gelegenheit hab ich mir selbst gemacht. Geradezu läßt das Publikum seiner Sinnesart, seinem Geschmack nicht gern widersprechen, man muß einen Vorwand, eine Leidenschaft brauchen, sonst nimmt es nimmer Anteil. Und meine Kunst, meine Religion, mein Herz und meine Freunde alles fodert mich jetzt dazu auf – jetzt ausgelassen, auf ewig ausgelassen. Wer ersetzt mir den Schaden? Wer ersetzt ihn Euch.

So genug, Du der Du Landvögte in ihrem Frevel antastetest, für Dich. Es muß einmal ein Ende haben oder wir arbeiten alle vergeblich und die Toren rufen laut, es ist kein Gott. Ich kenne die Lässigkeit des Publikums und daß wer am lautesten ruft immer recht bei ihm behält. Und sollten wir uns scheuen zu rufen? Wir uns irre machen lassen – Lavater, wenn sie nicht gedruckt werden, so hab ich kein Teil an Dir. In eine Wüstenei will ich gehn zweifelhaft über wen ich seufzen soll.

Gute Nacht! Wie süß werde ich träumen! wie leicht morgen an meinen Frondienst gehn

Donnerstags. 1775   J. M. R. Lenz

[Adresse:]
Herrn Herrn Johann Caspar Lavater, Pfarrer am Waisenhause in Zürich

52. Lenz an Sophie von La Roche

[Straßburg, September 1775]

– – Indessen deucht mich, ist doch die Natur der meisten Leidenschaften gewöhnlicher Seelen, nur ein vermischtes Gewebe von Eitelkeit und Gefühl des Werts im Gegenstande. Und ich kann doch antworten, dieser Mensch liebt – aber eigennützig. Ich unterscheide ihn von dem hartherzigen M[enschen], der bloß aus Eitelkeit, geliebt zu werden wünschte. Dieser wünscht bloß zu erfahren, ob und wie das Herz empfinde, um es lieben zu können. Freilich bleibt's unredlich. –

Ach! gnädige Frau! Wie oft liebte ich ohne Hoffnung! Wie oft mit der Hoffnung, und immer unglücklich! Meine gefährlichsten Bekanntschaften sind allezeit mit den liebenswürdigsten Personen Ihres Geschlechts gewesen. Jede neue Freundin kostet mich einen Teil meines Lebens. Doch kenn ich keinen glücklichern Tod. Kenne sonst kein Glück auf dieser Alltagswelt.

Was aber meines Herzens Geheimnis betrifft, so wird es mit mir begraben werden. Verzeihen Sie meine Offenherzigkeit und meine Diskretion. Oder vielmehr, lassen Sie diesen schwachen Augenblick niemanden bekannt von mir werden.

Ich habe von Herrn Huber verschiedene kleine Umstände erfahren, die mir Ihr Bild viel vollkommener auszeichneten. Wenn es keine unverzeihbare Dreustigkeit ist, einige Züge Ihrer ersten Jugendjahre in dem Hause des Grafen – sodann Ihrer ersten und zweiten Liebe, mir aus zu bitten – Gnädige Frau! diese Gewogenheit wäre unschätzbar! Ich schwöre Ihnen ewige Verschwiegenheit, wenn Sie sie fodern, doch weiß ich, Sie verlangen keinen Eid von einem, dem Sie Gefühl zutrauen.

Das Band womit Sie mich binden – *care laccie, amate pene* – mein Vaterland! Was werde ich in dir verlassen müssen?

Sie haben Familie. Dürfte ich mir ein kleines Portrait davon ausbitten? Warum erlaubt mir mein Schicksal doch nicht, Sie in dieser liebenswürdigen Gruppe zu sehen? Das Portrait Ihres Gemahls habe ich in der Sternheim gefunden; eine Freundin gab mir den Schlüssel. Auch hat er das Bild seines Geistes in den Briefen über das Mönchswesen, für mich von einer Seite abgedruckt, die mich ihn ewig wird verehren machen.

Meine Eltern sind – ob böse auf mich, oder bloß kaltsinnig – genug seit mehr als sechs Monaten schweigen sie mir. Meiner Mutter hab ich alle mein Phlegma – mein ganzes Glück – meinem Vater alle mein Feuer – mein ganzes Unglück – zu danken. Beide verehre ich als in ihrer Sphäre die würdigsten Menschen, die je gelebt haben. Beide hab ich Armer beleidiget – muß sie beleidigen.

Ich schreibe an einer Schulmeisterchrie in Knittelversen, in einer neuen Monatsschrift, die unter der Aufsicht des Hrn. Boje in Göttingen, herauskömmt. Meine Soldaten liegen in Herders Händen. Es kömmt eine Gräfin La Roche drin vor, der ich etwas von Ihrem Charakter zu geben versucht habe, wie ich ihn aus Ihren Schriften und Briefen kenne.

53. Die Mutter an Lenz

[Dorpat, September 1775]

Mein allerliebster Jakob Wie vergeblig habe ich nun so viele Jahre auf Deine zu Hause Kunft gewartet, wie oft habe ich nicht umsonst aus dem Fenster gesehn, wenn nur ein Fragtwagen ankam, ob ich Dich nicht erblickte, allein vergebens. Wie manche Tränen und Seufzer, habe ich nicht zu Gott geschickt, daß er Dich führen und leiten mögte, Ach wenn ich Dich auch noch einmal sehen könnte, vor meinem Ende, und Dich segnen, ehedenn ich sterbe, so wollte ich zufrieden sein. Wie lange wiltu so herum irren, und Dich in solche nichtswürdige Dinge vertiefen, ach nimm es doch zu Herzen was Dein Vater Dir schreibt, es ist ja die Wahrheit, nimm es nur zu Herzen, und denke nach, was will aus Dir werden? ich billige alles was Papa geschrieben hat. Melde mir auch, ob Du jetzo ganz gesund bist mit Deinen Halse und Zähnen; ich bin Deinentwegen sehr besorgt gewesen. Pastor Oldecop und seine Frau lassen Dich herzlig grüßen; sie wohnen jetzt im Garten Hause, weil sie ganz abgebrannt sind und alles verloren haben, die Häuser auf dem Markt sind alle abgebrannt, wie auch das Rathaus, und Löwensterns Haus, die Russische Buden und straffhalter, nebst der großen Brücke sind alle abgebrannt; es ist alles wüste. Die Frau Oberst Albedill ist noch in Kurland, sie hat ihre älste Freilen Tochter als Hoff Freilein bei der alten Herzogin hingebracht, wir warten sie täglich zurück. Übrigens grüße und küsse ich Dich zärtlich mein liebes Kind. Gott segne Dich und leite Dich auf seinen Wegen. Verbleibe Deine zärtliche Mutter

Dorothea Lenz

54. Lenz an Herder

[Straßburg,] den 29. September [1775]

Herder! Ich will und muß ein Recepisse haben, ob Du die Soldaten, eine Komödie – erhalten hast, ich habe sie Dir schon seit acht Wochen unterm Couvert der Jungfer König über Darmstadt zugeschickt, wie das Pandaemonium: es ist mein einzig Manuskript und wenn es verloren ist, so ist mein Leben mit verloren. Reiß mich aus diesem quälenden Zweifel durch eine kleine Erkundigung bei Herrn Geh. Rat Hesse und durch die geschwindeste Antwort, nur in zwei Zeilen.

Lenz

Ich darf in dieser Gemütslage keinen Menschen grüßen lassen. Ich rase nicht. In guter Prosa: die Soldaten eine Komödie habe ich Dir über Darmstadt zugeschickt und will wissen, wo sie ist. Meine Reise ist auch wahr. Vor einem Jahr wenigstens darf sie aus tausend Ursachen nicht gedruckt werden. Mehr als ein Leben verlier ich damit –

55. Lenz an Johann Kaspar Lavater

[Straßburg,] d. 29sten 7br [1775]

Hier ein Briefchen von Herdern Lavater! Er ist gebeugt, tief gebeugt. Gott zögert hinter der Wolke. Wenn wird er wieder mild umfließen die Seinen! Daß Du Welt kennetest, Lavater!

Ich habe aus dem Zettelchen geahndet Du habst was wider Fränkeln, dessen Umstände, da er am Ende seiner Laufbahn ist, Empfehlung brauchen. Seine Führung kenne ich freilich ganz und gar nicht, da ich den ganzen Tag wie ein Postpferd herumlaufe und Lektionen gebe.

Ich sehe segnend entgegen Euren Entwürfen. Wünschte freilich bisweilen unsichtbar hinter Dir zu stehn und Dir über die Achsel ins Ohr zu flüstern, wenn Dich Dein gutes Herz – nicht alle treffliche Jungen scheinen trefflich.

Leb wohl und erfreue mich bald durchs Anschauen Deines 2ten Teils Physiognomik. Ich warte sehnlichst auf Nachrichten aus Liefland

Lenz.

56. Lenz an Johann Kaspar Lavater

[Straßburg, Ende September 1775]

Ihr wollt die Wolken Wiel. zuschicken. Lieben Freunde, wo ist Euer Verstand, wo ist Euere Freundschaft für mich? Was hab ich mit W. zu schaffen! Kennt Ihr die süßlächelnde Schlange mit all ihren Krümmungen noch nicht. [Am Rande bis ›allein‹:] Und W. der Euch allen im Herzen Hohn spricht, die Achseln über Euch zuckt u lächelt – mit dem wollt Ihr Vertraulichkeit machen, sobald es wider ihn geht. Liebe, liebe Freunde – überlaßt mich wenigstens mir allein.

Unsere Feindschaft ist so ewig als die Feindschaft des Wassers und Feuers, des Tods und des Lebens, des Himmels und der Hölle. Und ihn zu bekehren – wäre Lästerung. Ihn durch dies Stück bekehren wollen – Freunde, ich fahre aus der Haut. Alle seine Absichten befördern, sagt, und mich zerhauen, im Mörser zusammen stoßen. Schreib ich denn das Stück für mich? Oder hab ich hier mit W. dem Menschen, nicht mit Wiel. dem Schriftsteller zu tun? Tu ich mir nicht den größten Schaden damit? Und jetzt W. in die Hände geben, damit er frohlocken kann über mich? Und das meine eignen Freunde.

Jeder Autor hat ein Recht auf das was er geschrieben. Ich bitte Euch also mirs zurückzuschicken und mich meinem Schicksal zu überlassen.

Ich schreibe dies mit dem kältsten Blut und der gelassensten Überlegtheit von der Welt.

Lenz

Wieland der Mensch wird einst mein Freund werden – aber Wieland der Schriftsteller, das heißt der Philosoph der Sokrates – nie. –

Schickst Dus aber ihm so ist es sein und Euer aller Verderben.

Lavater erster aller Knechte Gottes, wenn Du noch Freundschaft für mich hast, so schweig schweig ewiges tiefes Stillschweigen von den Wolken und leg dies auch Passavanten auf. Er ist ein guter Junge, unser aller Freundschaft leidet hiedurch kein Haar, gewinnt – aber ich kann, will und werde die Wolken drucken lassen [Am Rande:] Wenn ist mir selbst noch unbekannt/ und begehre sie hiemit zurück. nicht aus meiner Autorität, sondern aus einer höhern [Am Rande:] Mit einer Welt Dukaten kannst Du mir dies Stück nicht abkaufen.

Was Du von den Individuen sagst, ist vortrefflich, aber paßt nimmer und in Ewigkeit auf Wieland, nimmer und in Ewigkeit auf diesen Fall. Ich hab hier eben grad mit keinem einzigen Individuum auf der ganzen Welt zu tun, sondern mit dem Ganzen, das mir am Herzen liegt.

[Die beiden folgenden Absätze am Rande:] Daß ich Dein *admonitorium* einst Gottern zuschicken wollte, war nicht, um ihn zu bekehren, sondern, um ihm zu weisen, wie sehr ich ihn mit samt seinen Lobeserhebungen und Autoreinfluß und Macht verachte. – Er sollte widerrufen – das kann aber W. nicht.

Bruder, laß uns doch nicht alle unsere Köpfe [!] über einen Leisten schlagen wollen. Gott hätte sonst nur einen Menschen auf dem ganzen Erdboden schaffen müssen Ich segne Euer Projekt und bin voll Erwartungen.

[Adresse:]
Herrn Herrn J. C. Lavater, Pfarrer am Waisenhause zu Zürich.

57. Lenz an Herder

[Straßburg, den 30. September 1775]

Warum ich schweige Herder? Weil die Freude keine Sprache hat. Weil die Liebe keine hat. Schweige mir gleichfalls.

Den 30. Sept. Es ist mein Namenstag Und heute heute erhielt ich Deinen zweiten Brief. Herr nun lässest du deinen Diener in Frieden fahren. Vor dem Hafen lag mein Schiff – ein Sturm erhub sich – auf immer schiffbrüchig – und nun lauf ich ein –

Ach, wenn du meine Soldaten hast, wenn Deine Frau ihn Dir vorliest – genug. Und auch Dich ehren die Könige? – Alles. – Aber quaken sollen sie doch, die Dich antasteten wenn ich meinen Fuß ihnen auf den Nacken setze.

Es war mein Bruder der Dich in Königsberg kannte. Und mein halber Feind. Doch hoff ich, auch er wird Freund werden. Ach ich darf nicht mehr schreiben, mein Herz schilt mich schon itzt. Aber gib Deiner Frau einen Kuß wenn sie Dir die Soldaten gelesen hat. Unsere Seelen sind wahre Schwesterseelen. Und ich zittre vor Euer beider erstem Anblick. Dann wird kein Wort gesprochen, keine Lippe muß das entheiligen.

J. M. R. Lenz

Es will und darf kein Mensch meine Wolken drucken lassen Sobald ich aber zu Gelde komme laß ichs auf meine Kosten drucken in Kehl, wo ich Götter, Helden und Wieland drucken ließ. Dann sollst Du's haben. Bis dahin – ich beschwöre Dich – schweig davon.

58. Lenz an Boie

Kehl, 2. Okt. 1775

Ich schreibe dies auf deutschem Grund und Boden. Sie sind ein Deutscher und ein Mann. Ich danke Ihnen für Ihr Zutrauen. Ich habe keine kritischen Aufsätze, habe aber in Strasburg eine Gesellschaft junger gelehrter Freunde die ich durch Ihren Brief aufgemuntert habe, etwas fürs Vaterland zu arbeiten. Aus dem was sie bei unsern Zusammenkünften schon vorgelesen, läßt sich viel viel hoffen und welche Wonne würde ich haben, mit dieser Baumschule dereinst Ehre einzulegen. Ihrem Urteil wird es anheim gestellt sein, anzunehmen oder zu verwerfen, was Ihnen zugeschickt wird. – – Nun noch ein Wort unter uns beiden. Sie haben Buchhändlerverbindungen, ich will kann und werde nie welche haben. Vielmehr suche ich Journalisten und Buchhändler zu turlupinieren so viel ich kann, bis sie gescheiter werden, und denen Leuten, von denen sie Leben und Odem haben, mit mehr Ehrfurcht begegnen lernen. – Können Sie mir, deutscher Mann, – einen Jungen in die Welt bringen helfen, der rasch und wild und frei ist wie sein Vaterland? Sie sollen einst spät seinen Dank dafür haben. Alles was Sie für ihn einnehmen, ist Ihre oder der Leute, denen Sie es gönnen wollen. Mir ist nur darum zu tun, daß er in die Welt kommt wirkt und lebt, sollt er seinem Vater auch selber durch seinen Mutwillen den Hals brechen. Er heißt die Wolken, aus dem Griechischen des Aristophanes. Lärm macht er das ist gewiß denn ich habe kein Feuer an ihm gespart – und der Ausgang wird gut sein. –

Sie haben alle Ansprüche auf die Erkenntlichkeit eines zärtlichen und besorgten Vaters. Können Sie ihn nur die schröckliche Küste der Zensur vorbeiführen. Denn Anomalien sind genug darin. Wäre das nicht, so würd ich ihn nicht für meinen Sohn erkennen. – Ich erwarte aufs geschwindeste eine kategorische Antwort damit ich meine Maßregeln nehmen kann! Denn hier ist *periculum in mora*. Sollte denn in Deutschland keine Presse sein, wo etwas unzensiert könnte gedruckt werden. Auch in Lemgo nicht z. E. oder in irgend einer Reichsstadt? Wie gesagt, ich nehme keinen Heller, nur daß mein Name vor der Hand verschwiegen werde.

Jakob Michael Reinhold Lenz

Ich bitte um baldmöglichste Antwort.

59. Johann Kaspar Lavater an Lenz

den 5. Okt. 1775

Lenz! Du bist 'n braver Junge! Lieb' Dich noch 'n mal mehr seit den Wolken; kann's aber doch nicht finden, daß Du durch Un gerechtigkeit gerecht handelst!.. und dann denken wir von Wieland verschieden. Ich hab ihn noch nicht gesehn; also behalt ich mir Urteil vor. Hätt ich ihn gesehn, spräch ich ab. Hast Du ihn gesehn, gelte Dein Urteil. Ich hab ihn wohl gesehn vor 20. Jahren; aber das war nichts. Ich halt ihn für das reizbarste, wankelmütigste – Geschöpfe, aber für keinen Heuchler; keine Schlange. wär er's – hol ihn der Schlangenzüchter! Bitte, lieber Lenz – kämpfe, aber kämpfe mit Wahrheit, und unterdrücke das Gute nicht! Hierauf hast Du mir nicht geantwortet. Sei so strenge Du sein willst; nur sei nicht ungerecht. Kann ich lieber, weniger sagen?

Ich habe Paßavanten noch nicht gesehen. Aber ich weiß zum voraus, daß er noch gerechter ist, als ich. Er wird die Wolken nicht zum Druck befördern. Das weiß ich. Tut er's, mag er! Ich bin rein.

Kannst's leugnen, Bruder, daß W. unendlich viel um den deutschen Geschmack verdient hat. Und ist Geschmack nicht Glückseligkeit? – Sollst ihn nicht bessern, wenn Du ihn unverbesserlich glaubst; aber sollst ihn auch nicht mit Füßen treten, der doch, hab er geschadet, so viel er will, so viel genützt hat, und so viel hat nützen wollen. Wielanden fürcht ich nicht. Würd er's in meinem Sinne verdienen, und ich hielt ihn für unverbesserlich; ich ließ die Wolken drucken. Ich will Wielanden nicht schonen; aber ich will nicht ungerecht sein. Du hast Macht über Dein *Mspt.* – Du sollst Deine eigne Wege haben. Habe sie, und handle nicht nach den unsrigen! Aber handle gerecht! Du sollst nicht denken, wie ich – aber Du sollst Dich, wenn Du strafest, zehnmal fragen: ›Straf ich nicht ungerecht?‹ – Handle; Ich bin Dein Richter nicht. Ich will Dich nicht verdammen. Aber freundschaftlich will ich Dir weissagen: ›Du bereust's, wenn die Wolken gedruckt werden!‹

Wielanden send ich sie nicht, ohne Deine Erlaubnis; obgleich tausend gegen eins wette, daß Wieland, der Schriftsteller dadurch gebessert, und Wieland der Mensch nicht verschlimmert würde.

Dank für Herders Brief und die Nachricht.

Schreibst Du auf Erfurt, so laß Dir den Abraham senden. Nun kommts bald an den II. Teil der Physiognomik.

Stollberg hat mir die Schweizerlieder vollenden geholfen. Nun noch geistliche Lieder. – dann noch eine kleine Reise auf Marschlins. Dann – verschlossen in die Physiognomik. Inzwischen —SO S L ⌂O9✝.

D✝. ✝. YLSO O CYCYL— CŠ ⊦ Y ? CYL Würkungen. O ? L✝S ☉ hab ich angeworben.

✝. Y. DOIY✝. C✝. werd ich SLC Y✝. LYL. Dein Brief an Kayser trefflich!

RÖ✝Y✝. Y⊦. ⊦. Schuld LY⊦. bin ? ⊦Ce noch Y44Y⊦.

Adieu. J.C.L.

60. Lenz an Pfeffel

Straßburg, den 13 8ber 1775

Wie begierig ergreife ich gegenwärtige Gelegenheit, Ihnen, mein liebens- und verehrungswürdiger Freund, das Vergnügen auszudrücken, das mir Ihre letztere gütige Zuschrift gemacht. Ihre kleine Kapelle sollte mir in der Tat die erwünschteste Zuflucht für meine Weihnachtsandacht sein, wenn sich meine äußerlichen Umstände nur im Geringsten darnach fügen wollten. So aber kann ich nur noch aus der Entfernung Ihnen zur völligen Wiederherstellung Ihrer Kräfte den herabströmenden Himmel anwünschen. So viel Nachrichten von Ihrer Person, von Ihren Schicksalen, von Ihrer Verbindung haben schon seit langer Zeit den Wunsch in mir rege gemacht, eine Wallfahrt zu Ihnen anzustellen und Sie in der Sphäre, die Sie anfüllen, zu sehen; ich behalte mir diese Freude auf bessere Zeiten vor.

Dürft ich Ihnen einen Antrag tun? Es verbindet sich hier eine Gesellschaft schätzbarer Gelehrter, unter denen auch Offiziere und hier angesessene Personen sind, zur Verbesserung der hiesigen deutschen Mundart sowohl als zur möglichsten Bereicherung unsers in Schriften gebräuchlichen Hochdeutsch. Wollten Sie, würdiger Mann, mit von unserer Anzahl sein? Herr Lizentiat Ott wird Ihnen mündlich eine ausführlichere Beschreibung von diesem Institut machen können. Wir erbitten uns von Ihnen nichts als von Zeit zu Zeit, sobald es Ihre Geschäfte verstatten, einige Zeilen als Beitrag zu einem Idiotikon vom Elsaß, Vorschläge etwan wie ein und anderes kräftiges Wort, der guten Sprache unbeschadet, in dieselbe aufgenommen und vor dem ewigen Verdammungsurteil Provinzialwort gerettet werden könnte. Ich muß Ihnen gestehen, daß bei dem ersten Vorschlag einer deutschen Gesellschaft im Elsaß mir der Beistand eines seiner ersten Schriftsteller unentbehrlich scheint und also dieser Antrag ganz und gar eigennützig ist. Herr Hofrat Schlosser wird Ihnen die erste Schrift mitteilen, die ich bei der Eröffnung dieser Gesellschaft in dem Hause des Herrn Aktuarius Salzmann abgelesen. Sie sind so gütig, mir sie wieder, nebst einer geneigten Antwort auf unsern Antrag, zukommen zu lassen, weil sie in unser Archiv eingetragen werden soll und ich noch keine Abschrift davon genommen.

Herr Lerse ist nach Zweibrücken abgegangen, und ich habe leider bei meinen häufigen Zerstreuungen seines Umgangs nicht so häufig genießen können als ich wohl gewünscht hätte.

Empfehlen Sie mich unbekannter Weise Ihrer würdigen Gemahlin und Familie. Ich bin mit der ungeschminktesten Hochachtung

Dero ganz ergebener Diener und Verehrer
J M R Lenz.

61. Lenz an Maler Müller

[Straßburg, Oktober 1775]
Dem jungen kühnen Maler in Mannheim.

Lieber Müller, ich kann mich nicht halten, ich muß in dem Augenblick da ich Ihren Satyr Mopsus lesen [!], in dem Augenblick der Leidenschaft Ihnen schreiben. Ich umarme Sie. Sie haben eine so mutige so feuervolle Sprache, daß mirs kalt und warm wird. Und brünstig wär ich den Maler zu sehen – der so schreiben kann. Daß Ihnen doch weder Lob noch Tadel der Kritiker noch Wind noch Sonnenhitze schadeten und der Nachkomm' unter Ihrem Schatten fröhlich raste.

Lenz

Dank für das Lied in der Schafschur vom Garten der Liebe – ewigen Dank!

62. Lenz an Gotter

Strasb. d. 23ten 8br 1775
Ich danke Ihnen für Ihre Freundschaft und Ihr Andenken. Mein Schicksal ist jetzt ein wenig hart. Ich gebe vom Morgen bis in die Nacht Informationen und habe Schulden. Alles was ich mit Schweiß erwerbe fällt in einen Brunnen, der fast keinen Boden mehr zu haben scheint. Mein Glück in meinem Vaterlande ist verdorben, weil es bekannt ist, daß ich Komödien geschrieben.

Sehen Sie dies offenherzige Gemälde meines Zustandes als einen Beweis meiner Freundschaft an und gehn behutsam damit an [!]. Sie haben kein Herz, das eines unglücklichen Freundes Vertrauen zu mißbrauchen, achzehnjährhundrigt genug sein könnte. Ich habe in der Tat ein kleines Stück in meinem Schrank liegen das allenfalls auch spielbar sein würde. Fragen Sie Herrn Seiler, ob er mir sechs sieben Dukaten dafür geben möchte, ich bin nie gewohnt gewesen, meine Sachen zu verkaufen, die höchste Not zwingt mich dazu.

Doch hoff ich Herrn Seiler wird der Kauf nicht reuen. Es ist eine Nachahmung der *captivei* im Plautus. Noch einmal Gotter – Verschwiegenheit. So umarmet Sie

Lenz

[Am Rande:]
Sie machen, höre ich, eine Sammlung von Ihren Gedichten. Das wird mich freuen. Auf Subskribenten könnten Sie hier zählen. Geben Sie mir allenfalls Nachricht davon.
[Adresse:] Herrn Herrn Gotter Archivarius

in Gotha

63. Kayser an Lenz

Ulm den 13 9br [17]75

Hier aus dem Zimmer des liebenden Millers muß ich Dir lieber was schreiben.

Ich kenne Deine Wolken. Ich weiß daß Du sie gedruckt wolltest haben p. p. Ich bin sehr dafür portiert und liegt mir viel dran. –

Hier hab ich nun durch Millern der mein wahrer Freund ist, schon Gelegenheit gehabt, für mich und auch andern etwas geheim drucken zu lassen – und dies wär hier auf die Art zu machen.

Sage nun mein Freund Deine Meinung und Sinn. Millern kann man alles ohne den Freundschaftseid anvertrauen. Er liebt Dich sehr sehr! Trug mir längst auf, Dir's heftig zu versichern. – Närrchen sei gut! Obwohl er Dichter ist, so ist er doch herrlich, und man kann immer die Liebe eines Kerls mitnehmen.

Stolbergs die edle große Seelen haben mich gezwungen sie nach Schaffhausen zu begleiten, und da zwang mich Miller mit nach Ulm. So kam ich hieher! Ist mir sehr wohl. Finde in Schwaben viel Simplizität, Religion und Tugend. Mädchens sind Gotteskinder. –

50 fr wie Du sie fordertest will ich Dir für die Wolken schaffen.

Schreib mir gleich nach Zürch wie Du meinst. Am Donnerstag geh ich hier ab, und treff dann gewiß Antwort von Dir in meinem Nest.

Stolbergs sind Deiner Liebe gewiß wert. Du hast kein Wort – nicht gedankt für den Freiheitsgesang. Männchen Du bist ein eigen Geschöpf! Um Lavatern wirds mir Tag täglich wohler. Doch – ein ander mal in Zürch Antwort auf Deinen letzten Brief. Kuß und Gruß an Röderer. Ade!

Kaiser

Hab Ordre von Klingern Dir ein Drama zu senden. Kommt nächstens.
Lebe wohl Lieber!

64. LENZ AN SEINEN VATER
Den 18ten November [17]75

Mein Vater! Unaussprechl. glücklich haben Sie mich durch Ihren Brief gemacht und durch die Zeilen meiner Mutter. Fahren Sie fort, ich bitte Sie auf den Knien, mir ein zärtlicher Vater zu bleiben, Sie mögen sehen und hören von mir was Sie wollen. Weisen Sie mich aufs strengste zurecht, Sie, meine Mutter, meine lieben Geschwister; alles dient, alles frommt, und von Ihrer Hand mein Vater, die ich mit Tränen benetze, alles doppelt und vierfach. Fodern Sie aber nicht, daß ich auf alles antworte, es müßte mich zu weit führen. Umstände verändern die Sache, ich kann nicht mehr sagen, aber alles, was Sie mir schreiben, was mir meine Mutter schreibt, sind güldene Äpfel in silbernen Schalen. Lange lange hab ich die Züge dieser Mutterhand mit stummer Inbrunst an meine Lippen gehalten – und in Gedanken war ich bei Ihnen und fühlte Ihre segnenden Küsse an meinen Wangen. Ach wie viel haben Sie mir in diesem Augenblick geschenkt. Sie sind also wieder mein, Sie lieben mich noch.

Und sind nicht abgebrannt – und sind so gesund daß Sie mir schreiben können – und sind so gerecht, daß Sie mich außer Landes nicht durch Gewaltsamkeiten nach Hause ziehen wollen, so lang ich den innern Beruf dazu nicht habe. Das ist mein höchster Wunsch gewesen. Wir sind in allen Stücken **einerlei Meinung**, beste Eltern, die Zeit wirds lehren.

Wenn man zu einem Ziel schwimmen soll und Wasser liegt vor einem, muß man das Wasser nicht durcharbeiten? Trockenes Fußes konnten nur die Israeliten durchs Rote Meer gehen, als Gott der Herr noch Wunder tat.

Sie tun Herdern unrecht, er ist **kein Socinianischer Christ**. Lesen Sie doch ich bitte Sie seine **Urkunde** über das erste Kapitel I B. M. und seine Erläuterungen des Neuen Testaments. Er kommt als Professor der Theologie nach Göttingen. Haben Sie ein klein Büchelgen gelesen: Meinungen eines Laien zum Besten Geistlichen. Der Verfasser ist nicht bekannt.

Ihr Rat in Ansehung Strasburgs ist noch zur Zeit unausführbar; doch schwöre ich für die Zukunft nicht. Wenigstens schmeichelt mir die Freundschaft einer ganzen Stadt (die im Grunde mich allein ernährt) so sehr, daß ich sehr vorteilhafte Anträge von andern Orten wie mich dünkt mit Recht ausgeschlagen habe. *Patria ubi bene.* Doch hat es mich freilich Sorgen und Nachtwachen gekostet, es dahin zu bringen und noch jetzt, ich schwör es Ihnen, sind die Wissenschaften und das Theater – nur meine Erholung.

Vielleicht tue ich auf den Frühjahr eine Reise nach Italien und Engelland in Gesellschaft eines reichen jungen Berliners (unter uns des Sohns des Münzjuden Ephraim) doch kränkt michs, daß ich den Hang dieses sonst so vortrefflich-charakterisierten Menschen zu einer unüberlegten Verschwendung so stark sehe. Wer kann etwas vollkommen unter dem Monde wünschen. Und Gott der mich – ich muß es dennoch wiederholen – durch so viel geführt hat, bleibt meine Zuversicht.

Herr v. Kleist ist wieder bei seinem Vater (durch meine Intriguen) um haushalten zu lernen. Daß ich von seinen hiesigen Verschwendungen keinen gar keinen Vorteil gehabt, daß er mich vielmehr bishero nur noch mit Versprechungen für alle mit ihm übernommene Müh u. Leiden belohnt hat, weiß der droben ist – bitte ich aber, beschwöre ich Sie dennoch, für sich zu behalten. – Was uns hier entzogen wird, kommt uns an einem andern Orte wieder. – Ans Heiraten kommt mir noch kein Gedanke, es war Sturm der Leidenschaft der mich Ihnen die Briefe schreiben machte, die itzt in Freundschaft sehr ernsthafte Freundschaft verwandelt worden, aber nie wieder Liebe werden kann. Ich hatte damals nichts auf der ganzen Welt, an das ich mein Herz hängen konnte, meine Freundin war im näml. Fall, unsere Herzen verschwisterten sich, ihren harten Stand einander erträglicher zu machen. Entfernung u. Umstände haben auf beiden Seiten vieles verändert, meine Dankbarkeit u. Freundschaft aber bleibt ihr ewig.

Meinen lieben lieben kritischen Moritz u. sein dickes drolligtes rundes Weib küssen u. segnen Sie doch von mir. Sagen Sie ihm, Goethe könnte u. müßte in Absicht seiner Sprache nur von seinen nächsten Landesleuten beurteilt werden, u. so lang Deutschland noch keine allgemeine Sprache hat, müsse er entfernten Provinzen noch solitär scheinen. Ich bitte mir aber dereinst sein Urteil über meine Soldaten aus, die jetzt in Herders Händen liegen u. noch wohl ein Jahr liegen dürfte, weil ich nicht eben gut finde damit ins Publikum zu eilen. Und meine liebe Märtyrin Lieschen? War das der ominöse traurige Abschied den sie mir gab. Sagen Sie ihr, daß ›Leiden das große Geheimnis unserer Religion sei. Und daß ich für sie –‹ grüßen Sie den Tarwaster u. sein liebes Weibgen. Goethe hält besonders viel auf ihn. Vor allen Dingen aber vergessen Sie nicht meinen lieben Bruder Christian. Daß er doch mir näher käme – Ich werde Sie alle noch einmal sehen – hier, hier, wünsche, glaube, vertraue ich. Sie mein Vater, Sie meine Mutter – ich werde Gott schauen.

JMRLenz

[Am Rande der 4. Seite:]
Klopstocks Republik ist eine verborgene Geschichte u. Gesetzbuch der deutschen Dichter u. der deutschen Kritik. Alle diese Dunkelheiten waren notwendig, nur niemand öffentl. zu beleidigen.

[Am Rande der 3. Seite:]
Was sagen Sie zu Lavaters Physiognomik? Haben Sie meinen Brief durch H. v. Medem nicht erhalten? Und können L. etwan bei Edelleuten um Dörpt herum Subskribenten verschaffen. Es ist freil. teuer, doch haben hier in Str. ganze Gesellschaften zusammen das Werk gekauft.

[Am Rande der 2. Seite:]
Wenn Sie können, lassen Sie sich die Iris eine periodische Schrift fürs Frauenzimmer kommen. Die Frau geheime Staatsrätin la Roche, eine der ersten Frauen des Jahrhunderts, schreibt die freundschaftl. Briefe darin, die Oper Erwin und Elmire ist von Goethen, die Übersetzung des Ossians von mir.

[Am Rande der 1. Seite:]
Durch zwei Freunde die diesen Brief bis Leipzig bringen. – Millionen Neujahrswünsche! – Grüße an alle gute Freunde, alle. Wie kann sie der Brief auch fassen. – –

65. LENZ AN HERDER

Straßburg, den 18. November 1775

Gib mir den gemißbrauchten Namen Gottes zurück, Herder! mein böser Genius ließ mich das schreiben

Die Soldaten können noch nicht gedruckt werden. Erröten muß ich freilich über den Unverstand meines letzten Briefes. Gott wo war ich, als ich ihn schrieb.

Mache Dir keine Gedanken über die Ebbe und Flut meines Entschlusses. Es sind lauter Lokalverhältnisse die mich so peinigen. Die aber aufhören werden. Ein Poet ist das unglücklichste Wesen unter der Sonnen.

Grüße Deine Frau. Sollte ich von hier reisen oder sollte es einst Zeit sein das große Trauerspiel aufzudecken, so werd' ich Dir vorher schreiben. Bis dahin muß ich noch stumm die Zähne zusammenbeißen und die Leiden meines Volks in meinem verborgensten Herzen wüten lassen.

Lenz

Solltest Du es einst künftig drucken lassen, so muß auch alsdann mein Name im Anfange verschwiegen bleiben. Ich sag es Dir hier voraus, falls ich es etwa alsdann zu erinnern vergessen sollte.

66. Lenz an Herder
[Straßburg, den 20. November 1775]

Ich freue mich himmlische Freude, daß Du mein Stück gerade von der Seite empfindest auf der ichs empfunden wünschte, von der politischen. Doch es konnte nicht fehlen, überall auf Deine Meinungen und Grundsätze gepfropft

Was die letzte Szene betrifft, so viel ich mich auf sie zurückerinnere, deucht mich könnte allen verdrießlichen Folgen durch Weglassung oder Veränderung einiger Ausdrücke des Obristen begegnet werden. Z. E. das mit den Konkubinen, medischen Weibern, könnte ganz wegfallen und der Obriste dafür lieber von Soldatenweibern sprechen, die wie die Landmiliz durchs Los in den Dörfern gezogen würden und sodann wie die römischen Weiber die nicht *confarreatae* waren, auf gewisse Jahre sich verheurateten. Die Kinder erzöge der König. Sie gingen auch wohl wieder in ihr Dorf zurück und blieben ehrlich, es war *sors*.

Ordentliche Soldatenehen wollen mir nicht in den Kopf. Soldaten können und sollen nicht mild sein, dafür sind sie Soldaten. Hektor im Homer hat immer recht gehabt, wären der Griechen Weiber mit ihnen gewesen, sie hätten Troja nimmer erobert. Ich hab einige Jahre mit den Leuten gewirtschaftet in Garnisonen gelegen gelebt hantiert

Wenn Du anstehst Teurer, so schick mir die letzte Szene abgeschrieben zu, daß ich sie ändere. Doch könntest Dus so leicht tun, nur in den einen Dialog des Obristen einschieben pp Laß mich die Fürsten erst fragen, ich will Ihnen mein Projekt schon deutlicher machen.

Was ich verlange? Nichts verlange ich, einen Dukaten zwei Dukaten was der Kerl geben will. Wär ich meiner kleinen Schulden erst frei, nähm ich durchaus auch gar kein Buchhändlerhonorarium, das mit jedem Schriftsteller äußerst schimpflich scheint.

Mein Reisegefährt ist ein guter wachsweicher Mensch, der sich itzt so an Strasb. angeklebt hat, daß ich nicht weiß ob er je loskommen wird. Es ist der Sohn des Münzjuden Ephraim, der sich aber nicht dafür ausgibt, sondern Flies nennt. Sein voriger Reisegefährt hat ihn beim Mitleiden angepackt, da zappelt er nun. Ich sage kein Wort wie Du Dir leicht vorstellst – wer weiß ob ich gar reise.

[Am Rande von Seite 2:] Abgötterei treib ich mit Euren Silhouetten. Sage Deiner Frau, daß ich jeden Buchstaben von ihr küsse. Sie und die Schlossern (von der ich eben komme) sind die Frauen meiner Freunde, an deren Liebenswürdigkeit ich mich auf keine andere Art zu rächen weiß als daß ich sie einmal wie Aristoph. aufs Theater ziehe. ἕλκειν – aber erschrick nicht. Auf meine Art.

[Am Rande von Seite 1:] Doch darf und kann vor einem Jahr von diesem 20sten Novbr. an das Stück nicht gedruckt werden. Und auch dann wenn ich noch hier bin, frage mich. – Verzeih Großer! meine närrische Ordre. Welch Wort!

67. Lenz an Boie

[Straßburg, November 1775]

Sehen Sie wie mein armer Bube durch die Moralisten ist zugerichtet worden. Desto besser. Lassen Sie ihn ohne Namen in die Welt laufen, jedermanns Hand seie wider ihn und seine Hand wider jedermann. Der Nachkomm dankts uns.

Hier haben Sie auch was von Schlossern und einen Schulmeisterbrief in Knitteln. Schlossers Namen bitte nicht zu nennen.

Lenz

Bitte mir die Bedingungen für Schlossern zu schreiben, damit sie ihm melden kann, weil ichs ihm abgeschwatzt habe. Er will, wie Ihr erster Brief es versprach, nur einen Louis'dor für den Bogen.

ich habe ein Mittel alles das bei Wiel. und seinem Publiko wieder gut zu machen, das ich aber *in petto* behalte. Ableugnen werd es gewiß nicht, so sehr ich vor der Hand meinen Namen verschwiegen wünschte.

[Am Rande:] Daß doch der Abdruck des Possenspiels recht korrekt wird. ich kann und darf sie hier weder abschreiben noch abschreiben lassen.

68. Lenz an Gotter

[Straßburg, Ende November 1775]

Sie sehen lieber Gotter! hier ein Stück wo alle Charaktere gleichsam nur angedeutet sind, dem Schauspieler nur Winke geben was er zu tun habe und ihm auf keine Weise zuvorzugreifen. Ich habe alles wohl überdacht, es läßt sich nicht anders für ein heutiges Theater einrichten, es würde sonst zu lang, zu groß, zu unbändig. Wollten Sie den Herren vorschlagen einen Versuch damit zu machen, das Sujet ist wenigstens ganz neu und wie mich deucht geschickt genug die Talente eines Schauspielers zu üben. Die beiden Freunde handeln unendlich mehr als sie reden und ihr ganzes Spiel setzt langes Studium voraus. Zwei Leute, die determiniert sind in allen Fährlichkeiten einander mit ihrem Leben beizuspringen, müssen in jeder Bewegung in jeder Miene Enthusiasmus für einander weisen, sonst wird das ganze Spiel frostig und kalt. Auf diese kommt nun alles an, was das Stück heben oder fallen machen kann. Eben so enthusiastisch für seinen Sohn muß der Vater sein, oder er wird abscheulich. Die Freude bei der Hoffnung seinen Sohn wieder zu bekommen so ausschweifend als die Wut bei Fehlschlagung dieser Hoffnung. Und das alles keine Grimasse unsers gleichgültigen Jahrhunderts, sondern wahres, inniges Gefühl sein. Unter diesen Voraussetzungen allein kann das Stück gefallen.

Verzeihn Sie mir meine lange Paranäse, ich weiß wohl, daß

der Dichter viel vom Schauspieler lernen muß, aber wiederum kann er doch dem Schauspieler am besten in den Standpunkt stellen aus dem er gearbeitet. Findt Herr Seiler es unspielbar, so lassen Sie es etwa drucken, es möchte doch wohl auch im Lesen hie und da gefallen.

Lenz

Sechs Exemplare bitt ich mir aus.

69. Lenz an Gotter

[Straßburg, Dezember 1775]

In der größten Eilfertigkeit kann ich Ihnen nur bester Gotter sagen, daß ich Ihr edles liebes Schreiben erhalten, für Ihre Teilnehmung danke und Sie bitte mir das Schicksal und die Aufnahme meiner *Captivei* in zwei Worten zu berichten.

Vor allen Dingen sagen Sie aber Goethen kein Wort von alledem, wenn Ihnen meine Freundschaft noch wert ist. Ich erwarte die Missive mit der fahrenden. Oder das Mskpt. wieder.

Warum geben Sie mir denn keine Nachricht von Ihrer Fräulein Schwester. Werden wir nicht das Versprechen erfüllt sehen, daß Sie sich taten, Strasb. zu dem Mittelpunkt ihrer Zusammenkunft zu machen. Und warum haben Sie an das nicht gedacht, woran mein Brief wenigstens Erinnerung sein sollte? Ich sage Ihnen Sie erweisen Vaterlande und Freunden einen Dienst damit. Von Ihren theatralischen Sachen hör ich soviel reden u. kann sie kann sie nicht zur Ansicht bekommen. Leben Sie wohl Bester und antworten balde

Ihrem äußerst zerstreuten
aber stets redlichen JMRLenz.

[Am Rande:]
im Begriff zu Pferde zu steigen – Wenn Sie Stolbergs sprechen, tausend Empfehlungen von mir, die ihnen Lavater auszurichten vergessen hat.
[Auf der Rückseite des Bogens:] Ihr Urteil!
Es ist hier in großer Gesellschaft vorgelesen worden und hat Glück gemacht. – Doch ists das einzige Mskpt. das ich habe.

70. Lenz an Kayser

[Straßburg, Dezember 1775]

Ich schreibe Dir dieses unter dem Gestürm der Feuerglocken und Feuertrommeln in der Nacht um 4 Uhr. Kayser wenn Du Stollberg schreibst, so sag ihm, ich hätte Lavatern einen Dank für die mir überschickte Freiheitshymne geschrieben, den er ihm noch auszurichten hat. Doch mögt er bedenken daß ein guter Wein keines Kranzes bedarf, am wenigsten von meiner Thespishand.

Es wird bald ein tüchtiges Geschimpf und Geschmäh über mich in Deutschland losgehn. Kaiser! Willst Du auch von der Partei sein? Nein lieber Junge Du hast mich zu lieb, Du hast Dich zu lieb! Wenns überstanden ist, so lachen wir doch.

Millern hab ich geschrieben, ich lieb ihn wie meinen Augapfel, er ist zum Poeten geboren. Schick mir Klingers Schauspiel, aber mit Gelegenheit. Ich bin durch meine Korrespondenz hier in tiefe Schulden geraten, die mir auch wacker zusetzen. Das sollte mich freuen, wenn Du was von Deinen Musikalien hättest drucken lassen, und das wär ich zu sehen, am meisten begierig.

In Bojens Monatsschrift kommt eine Schulmeisterchrie in Versen von mir die Dich auch freuen wird. Bester wenn Du doch bei Gelegenheit Dich erkundigen könntest, was aus meinem Petrarch geworden ist. Es wäre der beste wundstillende Balsam in diesem für mich kritischen Zeitpunkt um des Publikums Wut gegen mich ein klein klein wenig zu besänftigen.

Grüße Lavatern.   Lenz

Auch kommt bei Gottern ein neues Lustspiel nach dem Plautus von mir zum Vorschein, worin ich dem Faß vollends den Boden ausschlage. Es muß diesmal bauen oder brechen auf immer. Ich bin zu allem gefaßt. Unser aller Freiheit hängt vom Petrarch ab.

Wie schön man eben vom Münster ein Danklied abbläst. Das Feuer war grad der Kirche gegen über und ist Gottlob! glücklich gelöscht. Herr Gott dich loben wir.

Frage doch Lavatern ob er mein letztes Briefgen erhalten hat, in dem von der Physiognomik die Rede war. Ich gab ihn jemanden bis Basel mit, dessen mir bekannte Nachlässigkeit mir itzt Sorgen macht.

71. Lenz an Boie

[Straßburg, Dezember 1775]

Ich habe noch etwas für Sie Boje! daß ich aber unter zehn Dukaten bare Bezahlung nicht herausgeben kann. Es ist eine Erzählung in Marmontels Manier, aber wie ich hoffe nicht mit seinem Pinsel. Sie können (wie zu allem was ich Ihnen schicke), dreist meinen Namen nennen, wenn Ihnen das ratsamer deucht. Auch hat es in der Tat fünf Bogen, sehr kompreß geschrieben.

Verzeihn Sie mir meinen Ungestüm, ich sitze jetzt recht mitten in der Not drin. Meine Schulden sind nach meiner Proportion beträchtlich und wenn ich nicht geschwinde Rat schaffe, muß ich befürchten an einem Ort wo meine Reputation mir bisher meinen ganzen Unterhalt verschafft hat, für immer und unwiederbringlich prostituiert zu werden.

Leben Sie wohl Lieber! und antworten mir sobald es sein kann. Sobald ich Ihre Meinung mit dem Vorschuß erhalte, sollen Sie meinen Zerbin unfehlbar ehe Sie sich umsehen, in die Arme schließen, der Ihnen mehr Freude machen wird als alles was Sie noch bisher von mir gesehen.

Ihr Freund Lenz

72. Lenz an Boie

[Straßburg, Ende Dezember 1775]

Hier lieber Freund, Zerbin, den ich aber unverzüglich zurück haben muß, wenn Sie ihn nicht brauchen können, wollen, was weiß ich. Ich habe mehr als einen, der mir zehn Dukaten dafür gibt und was ich tue, tu ich um Ihrentwillen. Mit den Knitteln, dacht ichs doch daß es nicht gehen würde 'neinzuwerfen, Sie schicken mir aber, ich bitte, sie wieder, es wartet hier jemand mit Ungeduld auf sie. Meine größeren Sachen können eine Weile ruhen, unterdessen bitte Hellwiegen einen warmen Gruß von mir zu sagen. Meinen letzten Brief an Sie und meine Umstände bitte verschwiegen zu halten.

Herr Blessig den Sie noch aus Göttingen kennen werden arbeitet an etwas das wir Ihnen auch zugedacht haben und von dem er den ersten Bogen in einer unserer Versammlungen mit allgemeinem Beifall vorgelesen. Sein Sujet ist die Bildung der griechischen Sprache durch die Poeten und Philosophen und er sammelt noch fleißig Materialien zu künftiger Bearbeitung. Sie kennen vielleicht schon die ganze Feinheit und Stärke seiner Diktion.

Unsere deutsche Gesellschaft vergrößert sich von Tage zu Tage, Schlosser ist auch davon und in Kolmar Freiburg und andern benachbarten Örtern bekommen wir Zuwachs. In Erwartung baldiger Antwort und Nachricht von Zerbins Schicksal, das ich ganz ohne Umstände mir als ein Biedermann zu bestimmen bitte, bin mit wahrer Freundschaft

Ihr ehrlicher Fr. u. Diener Lenz.

[Boie: ›Empfangen den 2ten Jan. 1776.‹]

73. Lenz an Herder

[Straßburg, Dezember 1775]

Ists möglich Herder, daß ich Dir, ich mit gesamter Vaterlandsstimme noch nicht für Deine Ursachen des gesunkenen Geschmacks gedankt habe. Aber so gehts mir mit alle Deinen Sachen, ich genieße so freudig so feurig daß ich allemal den großen Dank darüber vergesse. Vergesse? Verhüte der Himmel das abscheuliche Wort, den Dank meines Herzens mußt Du gefühlt haben, nur gehts mir wie einem blöden Liebhaber im Angesicht seiner Vollkommenen dem die Zunge mit Bleigewichten gebunden ist der zu reden zittert. Nein ich kann nicht reden. Kann nur immer mit tränendem Aug in die Wolken sehn fröhlich glücklich selig, daß Du da bist, daß Dein Weib, das süßere Weibliche Du Dir zur Seite schwebt – also immer Wert – und Belohnung mit Blumenketten aneinander gebunden geht. Herr Herr Gott barmherzig und gnädig, von großer Liebe und Treue.

Ich hatte über die Geschichtsphilosophie ein Gestammel in Versen an Dich aufgesetzt, das ich aber als ein kindisch Lallen unterdrückte. Liebe Posaune des Erzengels, schmettere schmettere Tod und Gericht in tausend unbereitete Busen, mir bist Du Gesang ewigen ewigen Lebens. Daß ich einmal ein Mann würde und Ordnung um mich her sähe und mir die Schriften meiner Lieblinge alle nach ihrem individuellen Wert um mich her stellen könnte, wie groß und stark würde ich denn sein. So aber genieß ich immer im Fluge, doch selig –

Darf ich Dir zu dem Hügel Glück wünschen auf dem Du itzt Batterien anlegen wirst, großer Freund des Herrn? – Mein Herz wallt und schwingt sich für Freude über alle die Aussichten, ich aber ich mein Bruder – ach eine Träne aus Deinem Männerauge – ich werde untergehen und verlöschen in Rauch und Dampf. Doch will ich die Liebe mitnehmen. Sie allein wird mich zur Hölle hinabbegleiten u. noch da tröstend zur Seite stehn. – Meine Reise nach Italien könnte sich wohl noch machen, aber sobald nicht. Der Stein des Anstoßes ist fort, nur hängt mein Mann noch zu stark an Strasburg. – Diese Reise ist mir eine wahre Höllenfahrt. Von allem mich loszureißen – und doch muß es gerissen sein. Herder laß Deine Seele, Deine Vaterwünsche mir folgen, mich nie verlassen. Und Deiner Frauen – ach wenn sie mir wohl will, so kann ich Gott nicht unangenehm sein.
Lenz

74. Lenz an Sophie von La Roche

Strasbg 28sten 10br 1775

Ich kann mich nicht enthalten gnädige Frau, Ihnen den ganzen ganzen Brief der Gräfin Waldner über den Beschluß Ihrer Henriette zuzuschicken. Sie werden in jedem Zuge das Unaussprechliche sehen, das ich nicht als Mannsperson, das ich nach der kältesten Erkenntnis drin finde. Haben Sie die Gnade ihn mir wiederzuzuschicken, weil ich der Person der er gehört, ihn nur unter dem Vorwand abgeschwatzt habe um die Stelle die Ihre Henriette angeht, für mich auszuschreiben, nichtweniger die über Hn. von Bismark Denkmal auf seine verstorbene Frau, das ich bei dieser Gelegenheit Ihnen nicht genug empfehlen kann.

il trouve bien toutes ses pensées toutes ses actions – il semble – denken Sie, *il semble* (wie wenig sie mit dieser Empfindung prahlen will) *il semble qu'on voudroit avoir eté cette femme et etre morte* pp.

Kurz um gnädige Frau, ich werfe mich Ihnen zu Füßen, daß Sie mir dieses Heiligtum von Abdruck einer schönen Seele (wie wenig vermutet sie, ihren Brief in andern Händen zu sehen) wieder zukommen lassen, damit ich bei seiner Besitzerin kein Kirchenräuber werde.

Sie schreibt alle ihre Briefe auf der Hand, grad wie sie ihr aus dem Herzen kommen, nun zählen Sie auf die Wahrheit der Ausdrücke *il est impossible de rendre* und des *j'y ai pleuré de bien bon cœur*.

Ich darf Ihnen nicht mehr Zeit wegnehmen gnädige Frau nur eines bitten will ich noch, bitten und betteln, Nachrichten von Ihrer Familie – und die Wölkgen die vor Ihrem Angesicht hängen werden balde zerteilt sein.

Von mir darf ich nichts sagen, meine Reise nach Italien könnte durch die magnetischen Kräfte die meinen Reisegefährten an Strasburg heften, noch auf ein Jahr hinausgeschoben werden. Mittlerweile werden sich erschröckliche Nebelwolken vor meine Stirne lagern und ich Freunden und Feinden ein Ungeheuer scheinen bis Gott andere Zeiten schafft.

Entziehen Sie mir, ich mag Ihnen erscheinen wie ich wolle, wenigstens nachdem was ich gewesen bin, oder Ihnen anfangs schien, entziehen Sie mir, gnädige Frau den kleinen Funken gütiger Achtung, Nachsicht nicht, den mein guter Genius in Ihrem Herzen für mich erhalten wolle, der immer immer mein ganzes Glück ausmachen wird. Bedenken Sie, ich flehe, daß ich große lange Büßungen im Fegefeuer vor mir habe – vielleicht mehr   Lenz

Haben Sie die Gütigkeit Ihre mir unschätzbare Zuschriften künftighin immer unter folgender Adresse an mich kommen zu lassen
A Messieurs Meville et Perrin Marchands très renommés
pour rendre à Mr. Lenz
a Kehl.

75. GOTTER AN LENZ

G. den 2. Jenner [17]76

Mein erster Brief in diesem Jahre ist an Sie, liebster Lenz. Ich habe keinen Posttag versäumen wollen, Ihnen die Ankunft Ihrer Algierer zu melden und die versprochenen *4. Louisd'or* zu schikken. Zwar hab ich noch keine Antwort von Seyler, aber ich bin gewiß, daß er mir für den Händel Dank wissen wird. Was ich sonst noch mit dem Stücke bei dem hiesigen oder Hamburger Theater erwuchern kann, sollen Sie ohne Verzug haben; alles mit dem gehörigen Anstand und Dekorum. Deshalb können Sie außer Sorge sein. Übrigens seh ich aber nicht recht ein, warum wir Schriftsteller, da wir von dem Publikum überhaupt so wenig Belohnung zu hoffen haben, mit den Theaterdirektoren Komplimente machen oder vielmehr uns eines Händels schämen sollen, der in der ganzen Welt eingeführt ist. Doch wer hierunter Delikatesse hat, muß geschonet werden. Goethe war vorige Woche hier; aber wie kurz! Er kam nach Mitternacht auf der Redoute an, brachte den folgenden Tag bei Hofe zu und reiste sodann mit der Weimarischen Herrschaft wieder zurück. Ich hab ihn in allem kaum eine Viertelstunde gesprochen. Er weiß noch nicht, wie lang er in Weimar bleiben wird, wo er den Günstling in bester Form und Ordnung spielt und den ihm eignen vertraulichen, nachlässigen, hingeworfnen Ton überall eingeführt hat. Ich muß ehestens hinüber, um mich selbst von dem Fuß zu überzeugen, auf welchem er mit Wiel. steht. Was man davon hier erzählt, ist nicht zum Vorteil des letztern.

Mein Urteil über die Algierer? Noch kann ich nichts, als sie loben. Zum Urteilen muß ich erst ein wenig kälter werden. Wenn dieses Stück keine Würkung tut, so geb ich mich nie wieder mit theatralischer Nativitätstellung ab. Solch ein warmes, ungeteiltes Interesse! Solche gedrängte Handlung! Solche Einfalt in Gang und Sprache! – Mich dünkt ich höre schon Ekhof Alonzo. – Daß ich, durch Hülfe eines Mittlern Vorhangs die Akte zusammengerückt und aus fünf, 3. gemacht, auch ein paar Ausdrücke gelindert habe, werden Sie mir verzeihen. Und dann einen einzigen Einwurf. Pietro ist seinem Vater ungefähr in seinem zehnten, zwölften Jahr entrissen worden. Sollt' er sich so sehr verändert haben, daß Alonzo nicht die geringste Spur von Ähnlichkeit mehr fände – und wenn das wäre, auch der Vater? – Pietro hört sich von seinem Vater nennen und sein Herz sollte diese bekannte Stimme nicht wieder erkennen?

Meine theatralischen Sachen lohnen des Postgelds nicht, sonst schick ich sie Ihnen mit Vergnügen; aber sobald sich eine Gelegenheit zeigt, solls geschehen. Das Beste darunter ist noch nicht gedruckt; der Jahrmarkt, eine Operette und Mariane, ein bürgerliches Trauerspiel, nach der *Mélanie* des la Harpe, aber so umgearbeitet, daß ich es so gut mein nennen kann, als *Racine* seine aus dem Euripides gestohlnen Tragödien. Ich weiß selbst nicht, warum ich es noch nicht über mich gewinnen kann, nach eignem Plane zu arbeiten.

Ihre Anmerkungen wegen des von den beiden Freunden zu beobachtenden Spiels sind vortrefflich und ich werde sie gehörigen Orts mitteilen.

Empfehlen Sie mich den beiden Hhn. Salzmann u. H. Michaelis, wenn sie ihn sehen.

Mein Freund Sulzer ist auf einer Reise ins Hannöverische, um die Beschaffenheit der dortigen Viehseuche zu untersuchen.

Und meine Schwester in Lion – bald hätt ich Ihre ver[...]liche Nachfrage nicht beantwortet – befindet sich wo[...] wünscht aber sehnlich, künftiges Frühja[...] [...]land zurückzukommen. Es wäre freilich [...] ich ihr bis Straßburg entgegen reisen kön[...] Die Stollberge sind schon vor einigen Woch[...] gereist und haben sich nur zwei Tage a[...] Fahren Sie fort mein Freund und von der Red[...] meines Herzens überzeugt zu sein! Der Himmel laß es Ihnen sowohl gehen, als es Ihnen wünscht
                                                         Ihr G.

[Adresse:]
An Herrn Herrn Lenz in *Strasbourg* mit *4 Louis'dor*
abzugeben bei Jngfer Lutte in der Knoblochgasse

76. Boie an Lenz

Göttingen, den 10ten Januar 1776

Wie soll ich Ihnen meinen Dank sagen für Ihre vortreffliche Erzählung, mein liebster Lenz! vortrefflicher, als ich noch eine in unsrer Sprache kenne, und die, durch Ihre Freundschaft, in mein Museum! Ich habe das erste Stück noch nicht, und weiß nicht eigentlich, was darin steht. Da ich mehr Manuskript schikken mußte, als hineingeht, fürcht ich hat der Verleger aus eigner Bewegung was ausgelassen, was nicht ausgelassen werden sollte. Ich habe ihm heut Ihren Zerbin zugeschickt, und er kömmt ins zweite Stück. Aber, um des Himmels willen, Freund, lassen Sie sich nicht merken, was ich Ihnen schicke. Ich kann keinem andern das geben, oder ich bin verloren mit dem ganzen Unternehmen, von dem ich mir jetzt selbst schon was zu versprechen anfange. Dank für die schönen Aussichten, die auch Sie mir machen. Freilich kenn und schätz ich Herrn Blessig. Er hatte schon hier, so viel ich weiß, die Idee, von der Sie mir schreiben, und es soll mir sehr willkommen sein, wenn er die Ausführung ins Museum geben will. Grüßen Sie ihn. Ich freue mich, daß sie einander kennen. Ein herrlicher Einfall mit Ihrer Gesellschaft von Freunden der Literatur! Ich werde, wo ich hinkomme, auch eine zu veranlassen suchen, wenn ich gleich solche Aussichten nicht vor mir habe, wie Sie. Es ist fast entschieden, daß ich nach Hannover unter recht guten Bedingungen komme. Indes bleib ich noch diesen Monat hier. Sehr viel hab ich, bei meinem lezten Aufenthalt, mit Zimmermann von Ihnen gesprochen. Wo sehen wir uns einmal? Ich brenne vor Begierde, sie persönlich kennen zu lernen. Sagen Sie mir Ihre Aussichten. Werden Sie je eine Bedienung suchen. Und von welcher Art? Daß das, was Sie mir lezt schrieben, bei mir bleibt, versteht sich von selbst … Ist Pfeffel in Colmar auch unter ihnen? Schloßer hat mir neulich durch Prof. Meiners, mit dem er in Korrespondenz steht, etwas Neues versprechen lassen, welches ich mit Begierde erwarte. Nun Göthe sich mit W. verbunden, darf ich mir von ihm nichts versprechen. Voß schickt mir eben einen Almanach für Sie. Ob Sie damit zufrieden sein werden, daß er Sie unter dem Epigramm genannt, weiß ich nicht. Ich bin nicht schuld daran. Da es nicht mehr Postgeld macht, und ich das Geld desto bequemer beipakken kann, schließ ich das Paket an Pfeffel bei, und bitte, es gütigst zu besorgen. Sie werden sich über die Nachricht freuen, daß Gerstenberg endlich aus seinem literarischen Schlaf aufwacht, und daß wir diesen Sommer ein paar Bände Schriften, so viel ich weiß ungedruckte, von ihm zu erwarten haben. Es ist eine Oper darunter. Wissen Sie etwas von einem jungen Genie, das in Kostnitz aufgewacht sein soll, und von dem mir Zimmermann sehr viel erzählt hat? Von Klopstock bekommen wir Ostern eine deutsche Grammatik. Wie weit es mit dem zweiten Teil der G. R. ist, weiß ich nicht. Ein Versuch über die Biegsamkeit unsrer Sprache, den ich daraus gelesen, war herrlich. K. hatte darin Stellen aus den besten Griechen und Lateinern, jede in ihrem eignen Ton, übersetzt. Eine vollkommnere Übersezung ist vielleicht nicht, als die von dem berühmten Briefe des Brutus an den Oktavius. Wie gefallen Ihnen Vossens Idyllen? Er macht izt neue. Und Stolbergs Felsenstrom im Alm? sein Meisterstück nach meinem Gefühle! Wissen Sie, daß Claudius eine Bedienung im Darmstädtischen bekommt? Ich erwart ihn nächstens hier. Die Stolberge sind izt wieder auf ihrer Reise nach Dänemark. Die armen Kammerherrn in der Antichambre! Wenn das erste Stück des Museums in Ihre Hände kömmt, sagen Sie mir Ihre Gedanken. Anbei folgt der Schulmeister zurück. Ich hätte gern das Original als ein Andenken von Ihrer Hand behalten, und hab's abschreiben lassen. Wenn die Abschrift leserlich ist, schick ich Ihnen die. Leben Sie wohl, und bleiben Sie mir gut. Ohne Falsch, ohne alle Nebenabsicht der Ihrige

Boie.

Von den W. noch keine Nachricht. Wüßt ich, daß sie bald kämen, hätt ich das Paket bis dahin aufgehalten, um Postgeld zu ersparen. Wenn Sie doch solcher Erzählungen, wie Zerbin, noch mehr machten! Auch den Anschluß an Hn. Schneider bitte zu besorgen. Ich habe keine Dukaten, und hoffe, Sie werden auch die L. brauchen können. 4 *Louisd.* machen 7 Duk.

77. JOHANN GEORG SCHLOSSER AN LENZ

Auf dem Emmedinger Rathaus,
den 13 Jenner 1776 abends 7. Uhr

Ich schreibe Dir, lieber Lenz, diesmal in einer wunderlichen Verfassung Ich habe da ein anderthalb Hundert Burger um mich deren Wohlfahrt ich besorgen soll; und die doch selten selbst wissen was ihre Wohlfahrt ist – doch wer weiß es! wahrlich, lieber Freund, es ist sehr schwer, es ist fast unmöglich in der Welt Leute glücklich zu machen, die so in tausend und tausend Verhältnisse verwickelt sind, so in und außer sich immer zu kämpfen haben, daß sie alle 2 Schritte anstoßen. Auch ist wirklich das Gebäude von menschlicher Glückseligkeit so zusammen gesetzt daß an dieser dädalischen Maschine alle Augenblicke etwas fehlen muß.

Doch in der Tat, mein Lieber, wenn ich mir recht auf den Puls fühle, so ist der größte Defekt an Glückseligkeit meiner und ich glaube auch wohl aller Menschen negativ. Es ist nicht so viel Schmerz und Leiden, als vielmehr Öde an herzrührenden herzfühlenden Freuden, das uns drückt. Daher kommt das Gähnen – die größte Qual des Lebens, das Jagen nach falscher Glückseligkeit oder Freude, das Haschen nach Ehre, der Durst der Eitelkeit, das Kokettieren des Mädchens, des Dichters, des Autors, und die tausend Schmetterlinge nach denen wir immer greifen, und die uns nie gnügen, wenn wir sie haben

Und woher dünkt Dich kommt das? Meinst Du daß es an Armut der Welt, oder glaubst Du daß es an Schlaffheit der Nerve liegt? Sterben wir aus *Inedia* oder *ex Fame?*

Mich dünkt es fehlt mehr an uns als an der Welt. Die Freuden der Liebe, der Freundschaft, des echten Wohltuns, des Lebens mit Gott, die Freude des Künstlers an Ton, an Farbe, an Gestalt, sollte uns das nicht überzeugen daß die Welt reich genug ist und daß nur wir zu schwache Magen haben – Und ist's nicht bloß die Erziehung die uns diesen geschwächt hat?

Ich bin einmal in der Meinung daß kein Philister geboren wird. In allen sind einige Nerve vorzüglich gespannt, die durch die Erziehung so fest und sicher gestimmt werden können, daß die seelische Vibration nie fehlen kann, wir mögen uns in der Welt hinwenden wohin wir wollen –

Leb wohl! Der Augenblick den ich während des Schreibens des Actuarii erwischte, ist vorbei! – Ich küsse Dich herzlich! –

Du schreibst mir nichts von den Büchern die ich verlangte: *Herodot, Diod. Sic.* und Plutarch. Kannst Du sie nicht haben – Lindau ist ein Stockfisch. Ich habe ihm keinen Langhorn gegeben Er soll sich besser erklären. Adieu.

78. Lenz an Gotter

[Kehl,] d. 14ten Jenner [1776]

Ich danke Ihnen mit ganzem Herzen, Bester! für die freundschaftliche Mühwaltung die Sie sich haben geben wollen, meinen Seeräuber in die Hosen zu bringen. Ich habe die vier alte Louisd'or richtig erhalten, für die mein Dank zurückkommt. Lassen Sie mir meine Gefühlsart (so übersetz ich Delikatesse) das mehrere was Sie dafür von den Schauspielern erhalten können, mehr um Sie nicht zu verwöhnen, als um zu gewinnen, Ihnen mein bester Freund zu Ihrem selbstbeliebigen anderweitigen Gebrauch anzubieten. Ich bin zufrieden mit dem was man mir freiwillig gab.

Da Sie doch einmal so freundlich sind und sich mit dem Buben zu tun geben wollen, so bitte ich Hn. Seiler oder wem Sie ihn anvertrauen auch noch folgende kleine Einschiebsel in den Dialog zuzusenden, die das Ganze überschaulicher machen und vielleicht manche kleine Hindernisse an die sich die Täuschung stieß, wegräumen werden. Etwa in der ersten Szene ersten Akts, sobald Alonzo Marianen den Anschlag entdeckt hat, den er mit dem Sklaven hat (wie die Stelle heißt kann ich mir nicht mehr erinnern) könnte der antworten, eh er ihm noch den Glückwunsch tut

Mar. Wie aber wenn Sie alles dies nicht nötig hätten und Ihr Sohn etwa gar mit unter den Sklaven wäre, die der Ritter Ackton eingebracht hat

Alonzo Er würde mich sogleich aufgesucht haben

Mar. Er vermutet Sie aber noch in Barcellona

ALONZO Würd ihm denn da nicht mein alter Freund Ramiro Nachricht von mir gegeben haben? – Hören Sie, er ist Ihr Korrespondent, Sie könnten allenfalls doch, wenn Sie an ihn oder jemand anders in Barcellona schrieben, Nachfrage tun. Sie erwiesen mir einen Dienst dadurch. – Doch was wollen wir uns mit Schimären den Kopf zerbrechen. Ich weiß daß sein Herr ihn nicht von sich läßt, wie sollte er denn jemals in Spanierhände geraten? So aber bekomm ich ihn wieder und wenn er in Beelzebubs Klauen steckte.

Und weiter unten etwa in der zweiten Szene zweiten Akts, wo die Verwechslung der Kleider geschieht, als Osmann Pietro fragt: Und was soll aus dir werden? und dieser antwortet: Kümmerts mich doch nicht – könnte er frostig lachend hinzusetzen, »ich hab ja auch noch Verwandte in Spanien die ich aufsuchen kann wenns aufs höchste kommt«

Sie sehen daß dies die Folgen von Ihren Anmerkungen sind, für die ich Ihnen herzlichst danke. Man arbeitet bisweilen so flüchtig weg, ohne sich genug umzusehen nach Lesern und Zuschauern und nach ihren Ideefolgen. Doch fällt Ihre Beschuldigung Plautussen unendlich mehr zur Last als mir, der ich durch die Veränderung des Aufenthalts des alten Alonzo, durch die lange Zeit des Ausbleibens, durch die türkische Kleidung, am meisten aber durch den alle andere Erinnerungen verschlingenden Enthusiasmus der Freundschaft in der Seele Pietros (wohin auch die Aufschrift des Stücks weiset) allen Störungen der Illusion wie mich deucht itzt wohl hinlänglich ausgebeugt habe.

[Der folgende Absatz am Rande der 2. Seite:]
wenn es gedruckt wird bitt ich mir einige Exemplare für meine Freunde aus – ich wäre sehr begierig von einem nicht schonenden Freunde die Wirkung zu erfahren, die das Stück auf dem Theater tut. Es könnte vielleicht mir Gelegenheit geben Ihnen etwas anders zuzuschicken, das sonst kein Mensch auf der Welt würde zu sehen bekommen haben. ich bin entsetzlich fürs gespielt werden wenn es unbeschadet anderer Sachen sein kann.

Für die Nachrichten von Goethen, Wieland, danke ich zärtlichst. Die von Ihnen bitte aber sobald es sein kann mit Urkun-

den zu belegen, damit ich sie hier meinen Freunden mitteilen kann. Fahren Sie fort mir Ihren schätzbaren Briefwechsel zu gönnen, und von Zeit zu Zeit was von Ihrer Fräulein Schwester was [!] einzumischen die ich dem leichtsinnigen Gallien mißgönne. Ich lebe hier ziemlich wohl und ausgebreitet, nur muß ich alles was mich etwas preßt sehr sorgfältig verstecken. [Von hier ab am Rande:] Meine Situation ist eine der wunderbarsten die ich mir jemals hätte können träumen lassen. Soviel gesellschaftliche Freunde und keinen fürs Bedürfnis. Und beides nimmt nach dem Maß zu nach dem ich hier bekannter werde. – Es wird Ihnen nicht besser gehn nur daß die Stadt so groß nicht ist.
[Am Rande der 1. Seite:] Meine Adresse ist an Hn Lenz, abzugeben bei Hn. Miville Vater und Sohn in Kehl.

79. LENZ AN JOHANN KASPAR LAVATER
[Straßburg, Januar 1776]

Mein bester Lavater! Eben habe ich ein paar Seiten in Deiner Gastpredigt gelesen Auch ich hoffe ich baue auf dem Grunde in welchem Jesus Christus der Eckstein ist. Alle Verschiedenheiten aber wird und muß Gott einigen.

Ich habe Lindau an mein Herz gedrückt. Er ist viel besser zurückgekommen als er hinreiste und sein Herz fühlt sehr sehr dankbar gegen Dich. Könnt ich Dir nur mehrere zur Kur zusenden –

Hier hast Du eine Laienepistel von Schlossern, hast Du einen ruhigen Augenblick so lies sie und sag mir wie sie Dir gefallen hat. Ich muß sie wieder haben weil sie weiter geht.

Goethe hat mir ein Zettelgen aus Weimar geschrieben und ist sehr zufrieden mit Wielanden. Bindet mir auch ein, ich soll ihn ungeschoren lassen. – Er hat mich auf meinen Posten nicht hingestellt, und ich kann nicht wider meine *Consigne* handeln, was auch Freund und Feind dazu sagen mag. Soviel weiß ich aber daß Wiel. mein Freund werden wird wenn alles unter uns abgetan ist. Nur das letzte Wort darf ich ihn nicht behalten lassen, weil es nicht meine Sache ist die ich treibe. Sobald der Streit nur mich angeht, werd ich zu schweigen wissen. Das kannst Du allenfalls auch Wiel. selber sagen und ihm das Schwert gegen mich in die Hand weihen. Nur schone er was heilig ist unter **Göttern** und **Menschen**, ich will nicht geschonet sein.

Lavater! möchtest Du ein Bild in Deine Physiognomik, mit dem Du das Ideal weiblicher Vollkommenheit ausgedruckt bekommst. Von einem erhabenen Stande, durch persönliche Eigenschaften unendlich weit über denselben erhaben, die Gelassenheit, die Bescheidenheit, die Aquieszenz in alles was die ihr gewiß innig vertraute Gottheit über sie verhängt – mit allem Feuer des ungewöhnlichsten erhabensten Genies, den scharfen Blick durch das Innerste aller Sachen, das Eigentümliche, das unumstößlich Feste, das Weitumfassende aller ihrer Urteile, die Kenntnis der Welt die sich nicht allein auf die Denkungsart der Großen deren Herzen sie alle wie in Händen hat, sondern bis auf das Fassungs- und Empfindungsvermögen des Allergeringsten ausdehnt, so daß alle ihre Befehle und Aufträge an ihre Untergebenen aus den Wünschen derselben hervorgeholt scheinen, so daß sie eine Welt regieren könnte ohne daß sie es inne würde – alles dieses, alles alles – und mehr – willst Du sie – bete –

Durch verborgene Wirkungen höherer Mächte muß sie dazu gebracht werden – denn es ist nicht falsche Bescheidenheit – es ist das zärteste Gefühl weiblicher Schüchternheit, das sie so gänzlich abgeneigt macht, irgend einem Menschlichen Anhalten ihren Schattenriß mitzuteilen. Gott welche Seele malt sich in dem Profile – welch ein Meisterstück von edler Erziehung unter den Großen, mit alledem verbunden was ein unauslöschlicher Durst nach allem was vollkommen ist, was Kenntnis heißt und das Herz eröffnet, aus uns selber machen kann. Und denn alle die Hülfsmittel, die Konstellation aller äußern Umstände – auf dem Lande gepflanzt, erzogen, an einem Hofe zur Reife gebracht und jetzt in seiner ganzen Liebenswürdigkeit vollendet um Tausend elend und Einen zu einem Gott zu machen –

Verzeih mir Lavater! die romantische Sprache. Ists Idololatrie so kann sie mir Gott nicht zurechnen, es ist sein Geschöpf: sein Bild. In einem Jahr reis ich wohl nach Italien um alles das an den toten Werken der Kunst zu vergessen zu suchen. Noch ist mein Reisegefärt zu sehr an Straßbg. geheftet. [Am Rande links:] Vorher komm ich aber gewiß noch zu Dir und lasse mich heilen, weihen und stärken Ob zu Leben oder Tod ist hier nicht nötig zu fragen, Euripides sagt, vielleicht ist das Leben ein Tod und der Tod das Leben – Sei glücklich lieber Herzensforscher und antworte mir ob Du das Bild möchtest. Dein Glaube erzwingt Dirs gewiß. Immerweg und ewig Dein

Lenz.

[Adresse:]
Herrn Herrn Joh. Casp. Lavater Pfarrer am Waisenhause
Durch einen Freund   zu Zürich

80. JOHANN KASPAR LAVATER AN LENZ

d. 24. Jan: [17]76

Liebster Lenz, Dank für Deine Herzens Brief, Deine Herzenssachen. Nur dies: wie kann ich den Schatten verlangen? vielleicht, wenn Du mir die Person nennest – kann ich, darf ich an sie schreiben? Sag mir, was Du willst u: kannst. Dein Petrarch ist endlich fertig. Aber hinten am Bücher *Catalog*, ist zum toll lachen.

Friz Stollberg (Porträte von beiden bekommst Du durch Emmerich!) ist Kammerherr in Weimar. *Bravissimo*. Wann kommst Du? Du – u: Zimmermann. Schlossers Epistel herrlich, göttlich ... aber nicht ganz. Muß alles Ungöttliche weg. Solche Sachen halb, sind sehr schädlich. Soviel diesmal. *Adieü*. Paßavant ist wohl u: brav, und ich ein zertretner Wurm –

J. C. L.

81. Lenz an Heinrich Julius von Lindau

[Kehl, Januar 1776]

Daß ich Deinem Peter viel sagen könnte ist wahr. Daß ich von ganzem Herzen gern seinem Genie den ersten Stoß und die erste Richtung geben, ihn bei seinem Eintritt in das was man Welt nennt begleiten, die neuen Gegenstände die er sehen wird all in ihrem wahren Licht weisen und mit allen den Mut herunterspannenden Gefahren die auf ihn warten bekannt machen möchte, ist auch wahr, denn es wäre schade wenn ein Mensch wie der durch Gesichter die nicht denken wie er jemals heruntergespannt oder gleich im Anfange seiner Laufbahn für immer gelähmt würde.

Aber nun die Kosten lieber Lindau! die Kosten. Ihr seid nicht reich, ich bin ein Bettler. Apostolisch zu reisen leidet die Jahrszeit nicht. Ich muß hier hundert Bändergen zerhauen die ich nachher schwer wieder anknüpfen kann. Doch kann ich sie anknüpfen und an eine Entschädigung will ich nicht denken, nur freie Reisekosten hin und zurück, freier Aufenthalt in Weimar und Kassel sind Sachen die ich verlangen muß. Den Hof zu Weimar zu sehen, der jetzt ein Zusammenfluß der schönen Geister in Deutschland wie der Medicis ehemals in Florenz wird, wäre mir freilich mit eine große Belohnung für die Beschwerlichkeiten der Reise. Also rechnet nun nach dem Postkalender die Meilen, rechnet die Tage unsers Aufenthalts, rechnet die Rückreise, ein zwölf Louisdor werdt Ihr müssen in die Hand nehmen, von Emmedingen nichts zu sagen und dem Umweg auch darüber.

Ihr geht also sicher nach Amerika. Auch darüber hätt ich viel mit Euch zu reden. NB. das läßt sich nur reden. Wenn Ihr nach Amerika geht, müßt Ihr nicht umsonst dagewesen sein, so wenig als Euer Peter der Euch in allem unterstützen wird. Mein Rat soll Euch bis dahin begleiten

Kennt Ihr Gaudi Anweisung für Offiziers von der Infanterie Feldschanzen anzulegen p. Schafft Euch das an, es kann Euch brauchbar sein und ist nicht schwer. Hier ists nicht zu h[aben], sonst schickt ichs Euch.

Meldt mir wenigstens was aus Eurem Projekt und aus Eurem

Peter wird und wenn Ihr nach Weimar kommt, grüßt Goethen. Ists wahr daß er ganz dableibt? Sagt ihm ich könnte ihm noch nicht schreiben. Ihn mündlich zu sprechen wünschte sehr. Auch soll er Wieland grüßen von mir.

Lenz

Seinen Egmond habe noch nicht bekommen.
[Adresse:]
A Monsieur
Monsieur Henri Jules de Lindau, chez Monsieur Lagis
Inspecteur des èglises françoises de la Hesse
a/Cassel

82. Lenz an Wieland
[vermutlich Straßburg, Anfang 1776]

Fast sollte selbst das Äußerliche dieses Briefes Ihnen das Unterscheidende und wenn mein Blick nicht ganz trügt nicht eben Ihnen Unangenehme meines Charakters vor Ihre Augen bringen. Der innigsten Verehrung der Schönheit und ihrer Priester fähig zwingt mich eben diese Leidenschaft die ich für sie trage und die im eigentlichsten Verstande die Leidenschaft des Liebhabers heißen kann eine meinem Gesicht widersprechende Maske, die Maske des kalten Philosophen vielleicht wohl gar des unorganisierten vorzunehmen um den zufälligen Schaden der durch zu große Sonnenhitze entsteht unwirksam zu machen um Ihnen m H. meine mir heilige Pflanzen den Boden zu säubern und einem neben dem andern Platz zu machen. Sie kennen sich zu sehr und Ihr Publikum zu wenig als daß Sie dieses Geschäft selber übernehmen könnten wenn jemand dazu tüchtig sein konnte mußte ich es sein dessen eigene kauderwelsche Gestalt ihn von aller Parteilichkeit und Eigennutz freispricht. Glücklich möcht ich mein Vaterland gern sehen, glücklich durch Sie und Ihres gleichen – weh Ihnen wenn Sie das nicht auch wollen. Nur lassen Sie der Sie der Imagination alles absprechen sich nicht durch Ihre eigene zu schön gestimmte verleiten Gedichte die entzücken für Wahrheit zu halten, die nur wie sorgfältige Eltern mit Ernst und Strenge langsam und unmerklich beglücken kann und deren Dank nicht in dem Beifall ihrer Zeitgenossen sondern im Beifall ihres eignen Herzens liegt. Geben Sie uns den Dichter W. wieder den wir durch unglückliche äußere Verhältnisse vielleicht des Alters und einiger Ihrer Zeitgenossen verloren zu haben schienen und lassen Sie denen Philosophen die Sie zu schätzen und zu fühlen wissen Gerechtigkeit widerfahren, wenn sie gleich oft die Leute für die keine andere Kur da ist lehren müssen auf allen vieren zu gehen. Eben diese sind es die Ihnen Ihr Publikum machen und Sie sollten durch Ihre lucianische Gabe zu spotten nicht den Undank gegen sie soweit treiben daß er Ihnen am Ende selbst gefährlich wird. Einem Nervengebäu das nicht gespannt ist kann Cramer und Lolli Jahrhunderte lang vorgeigen und es ist eine Frage ob ein heutiger Orpheus sich nicht lieber Höllenhunde und Furien zu Zuhörern wünschen wollte. Sie also der Sie soviel kaltes Blut haben, sehen Sie also einmal Ihren eigenen Wert und Ihr eigenes Interesse mit kaltem Blut an, setzen Sie sich in unsern Gesichtspunkt und fragen Sie nun nicht als Künstler sondern als Kunstliebhaber Ihr eigen Herz ob Sie nötig haben zu Ihren aufgestellten Gemälden

ultro emptorem adducere Pl. Poen.

ob Sie bei diesem Betragen nicht Ihnen Schaden getan ob Sie denen nicht Verbindlichkeit haben die Sie dieser Mühe überheben und zugleich Ihre Zuschauer in den Gesichtspunkt stellen wo sie bloß mit der stärkeren Phantasei das schöne Ganze Ihrer Produktionen auffassen nicht aber zu ihrem eigenen und der Kunst und des Geschmacks Verderben an einzelnen Teilen derselben hängen bleiben die nur durch die üble Anwendung die man davon macht gefährlich werden

Ihr Freund und Diener

Daß das was ich Ihnen hier sage nicht bloße Prahlerei sond. schon vollführte Handlungen sind, werden Sie nun bald öffentlich erfahren. Und sollen es inskünftige noch besser erfahren wenn –

83. Friedrich Leopold Stolberg an Lenz

Kopenhagen 3. Febr. 1776

Ich wollte daß ein Brief Ihnen sagen könnte, mein Freund! wie sehr ich Sie liebe, u. so lebhaft es sagen könnte, als ich es empfinde. Zwar hab ich Sie nur kurze Zeit gesehen, aber gleich liebte ich Sie herzlich, fand Sie gleich so wie ich mit Ahndung gehofft hatte, Sie zu finden. Seitdem hab ich viel gesehn, viel genossen, viel empfunden. Aber all das hat dem Eindruck welchen Sie auf mich machten im geringsten nichts von seiner Stärke genommen, ich fühle noch eben so lebhaft daß Ihre herzliche Freundschaft meinem Herzen ein Bedürfnis ist. Könnt ich doch einen Nachmittag nun mit Ihnen zubringen, es liegt mir auf dem Herzen daß Sie vielleicht es nicht ganz sehen wie sehr ich Sie liebe. Das möchte ich Ihnen mündlich sagen. Auch möcht ich mit Ihnen schwatzen vom Gottes-Lande Schweiz und vom Gottes-Manne Lavater.

In Deutschland ist mir in Weimar vorzüglich wohl worden. Der Herzog ist ein herrlicher Junge, beide Herzoginnen, Mutter und Frau, sind zween Engel. Unser lieber Wolf lebt dort herrlich u. in Freuden, weil von allen geliebt, ist sogar ein Herzens-Freund von Wieland.

Ich hätte wohl die erste Umarmung sehen mögen, mir kamen sie zuweilen vor wie der Herkules in der Alceste und der Herkules in Wolfs Farce.

Ich muß Ihnen doch sagen daß Wieland weit besser ist als ich dachte, sein Herz ist würklich gut. Er würde ganz gut sein wenn man ohne Liebe für Religion u. Sitten es sein könnte. Ich habe viel öfter mit ihm sympathisieren können als ich geglaubt hatte, es ging so weit daß ich, welcher so viel Gefallen sonst hatte an allem Herzeleid so Sie u. Voß ihm antun, endlich Mitleiden mit ihm kriegte, und es mir schien Sie beide hätten ihm zu viel angetan.

Wolf geht viel weiter als ich, und ist sein wahrer Herzensfreund. Ob ich ihm gleich gut geworden bin so wollte ich doch daß er nicht in Weimar lebte. Ich komme dorthin als Kammerherr, zwar traurig meine Geschwister u. eine Hand voll Freunde zu verlassen, aber froh das knechtische Dänemark mit meinem lieben Vaterlande zu vertauschen. Unsern treuen Wolf hoffe ich oft zu sehen. Mit Klopstock haben wir selige Tage gelebt, über die Belte sind wir mit Eisbooten gegangen, man zieht das Boot nach sich, und springt hinein sobald das Eis bricht. Schwestern haben wir hier wie sie im Himmel nicht besser sein können. Mein Bruder liebt Sie zärtlich. Lieben Sie mich wie ich Sie liebe, und verzeihen Sie wenn ich zu viel fodre.

F. L. Stolberg

83a. LENZ AN BOIE
[Straßburg, den 19.–22. Januar 1776]

Hier haben Sie lieber Freund meine Aussöhnung mit Wielanden, die Sie sogleich Herrn Hellwing in Lemgo zuschicken werden, sie an die Wolken andrucken zu lassen. Sie ist zwar ein wenig normännisch, wird aber wie ich hoffe zu seiner wahren Beruhigung mehr beitragen, als tausend leere Lobeserhebungen.

Die beiden Sachen gehören ganz notwendig zusammen, eins steht und fällt mit dem andern und ich habe bloß darum damit bisher zurückgehalten um einige Nachrichten aus dem Publikum einzuziehen.

Hier ist auch etwas von Schlossern für Ihre Sammlung das Ihnen gewiß Vergnügen machen wird. Sie dürfen das Geld dafür mit dem für dem ersten Mskpt. sobald Sie es bequemlichst tun können, ihm unmittelbar nach Emmendingen zuschicken. Darüber aber ist er ein wenig empfindlich gewesen, daß Sie seinem ausdrücklichen Verbot zuwider, seine Namen bekannt gemacht und ihn so mit Wielanden über den Fuß spannen. Vor diesem können Sie ihn immer als Verfasser nennen.

Aus unserer Gesellschaft die täglich anwächst, kann ich Ihnen mit der Zeit einige sehr artige Sachen mitteilen. Verschiedene Professoren unserer Akademie haben sich zu uns getan von denen wir auch allerlei hoffen. Herr Blessing schreibt hier an einem Straßburger Wochenblatt, der Bürgerfreund, das aber ganz und gar lokal ist. Auch ich schreibe hinein. Aber wie Sie sich wohl vorstellen können, alles *ad captum* unserer

Leute. Indessen wollen wir hoffe ich andern Schriftstellern dadurch Feld bearbeiten. Leben Sie wohl u. antworten Ihren L.
[Links am Rande.] Das Soliloquium des Wetterhahn könnte füglich wegbleiben. Es ist zu schmutzig. Sorgen Sie doch dafür Bester! Wenigstens muß er in Kleidern am Tisch sitzen. es wäre mir aber sehr lieb wenns ganz wegbliebe.

Eben jetzt erhalte Nachrichten, daß Herr Leibarzt Zimmermann in Hannover bei jemand nachgefragt, ob die Wolken von mir sein. Sollte er sie gesehen haben?

Soeben läßt er mir durch seinen Sohn sagen, er habe ein Mskpt. von mir in Händen, das er in Leipzig bei Reichen werde drucken lassen. – Sollten das etwa gar die Wolken selber sein? – Es sei was es wolle so geben Sie mir Nachricht davon und wenn Sie etwa auf die Art aus Freundschaft für Hn. Wieland eine Schmähschrift hätten unterdrücken wollen, die ihm soviel Ehre macht und mit der ich ganz andere Zwecke zu erreichen hoffe, als die Schriftstellerreputation eines Mannes herunterzusetzen von dessen wahrem Wert kein Mensch in Europa eine so anschauende und richtige Erkenntnis haben kann als ich – – – so bedaure ich daß Sie meine wahren Absichten – meine Einsichten – und mein Herz – so mißverkennet haben – und bitte mir beides Pasquill – und Apologie – die wie gesagt beide notwendig waren, beide ohneinander nicht bestehen konnten ungesäumtest wieder zurück. So ist eines der edelsten Anschläge meines Lebens über den Haufen geworfen.

Bester Freund wenn meine Furcht ungegründet ist, so verzeihen Sie nochmals bitte ich, den Ausbrüchen meiner Leidenschaft. Mir ist an Endigung dieser Sache und an Aufklärung des Publikums über meine Gesinnungen und Handlungen gegen Wiel. alles alles gelegen. Um dieses Schrittes willen – tat ich all meine bisherigen Schritte – dieser Schritt entscheidet von allen meinen künftigen. Ich kenne mein Publikum, ich habe es vorbereitet – ich habe die ganze Wirkung berechnet die das tun kann – tun soll und muß – und wenn nun am Ende der Unternehmung – – – sich mir der Freund entgegen stellte und unter dem Schein mir zum Ziele zu helfen – – – ich kann den

Gedanken nicht aushalten – entreißen Sie mich dieser gewaltsamen Gemütsverfassung durch die schleunigste Antwort – und wenn ich recht geraten habe durch die geschwindeste Zurücksendung des unglücklichsten Manuskriptes das sodann freilich nicht in Freundeshände hätte fallen sollen.

Viel lieber hätte ichs Wiel. selber zugeschickt. Beruhigen Sie mich, ich beschwöre Sie,

[Am Rande links.] Von Blessing und andern nächstens.

Januar 76

Das Paket mit den 10 Dukaten habe erhalten und danke sehr für die schleunige und freundschaftliche Bezahlung. Aber wie gesagt ein Dolchstich von der Hand des Freundes wäre mir angenehmer als Hintertreibung guter und edler Absichten – unter dem Schein sie zu befördern.

Doch wenn ich mich geirret habe so verzeihen Sie! Oder sollte selbst im befürchteten Fall Herr Leibarzt Zimmermann auch meiner Meinung sein – – – O welche Freude für einen Jüngling, die Stimme eines solchen Mannes gewonnen zu haben. – Sonst mach ich diesen ganzen Lärm nicht eben um der Männer willen; die über Lärmen dieser Art gewöhnlich hinauszusein pflegen. Wenn sie aber Söhne haben – Söhne in meinen Jahren – und in meinem Fall – Söhne für die ich alles das tue – – –

und es ihm mit dem Druck in Leip. ein Ernst sein

d. 22sten

Wie gesagt, vor allen Dingen, wenn meine Furcht wahr ist, bitte mir die Apologie wieder. Sie ist meine einzige Schutzwehr, der einzige Schlüssel aller meiner Absichten, auf den ich alle meine Freunde die über diese Sache an mich geschrieben verwiesen. Bekomme ich sie nicht so bin ich in einer verzweiflungsvollen Lage – und das durch Freunde – denen ich mich ohne Zurückhaltung anvertraut – – –

Lenz

84. Lenz an Boie

[Straßburg, Anfang Februar 1776]

Bester Freund! Eben jetzt erfahre ich von Me. la Roche, was ich noch nie gewußt, daß sie einen Sohn bei Wiel. im Hause gehabt. Ein Donnerschlag hätte mir nicht empfindlicher kommen können als eine Nachricht, die so viel Beziehung auf meine Pasquinade hat, denn ich wollte eher alles in der Welt als diese Frau oder etwas das ihr angeht beleidigen oder kompromittieren. Können Sie es also auf irgend eine Art machen, daß die Wolken entweder gar nicht oder wenn dies unmöglich ist, statt der deutschen Namen die griechischen aus dem Aristophanes: Strepsiades und Phidippides (für Leopold Sauk *etc.*) gesetzt und die Verteidigung W. gegen die Wolken durchaus nicht an diese angehängt, sondern detachiert gedruckt werden als Palinodie nicht als prämeditierte versteckte Apologie derselben. Wie gesagt ich bin über die Nachricht außer mir, denn sie zertrümmert mein ganzes Projekt, das nichts weniger war als irgend eine Privatperson durch meine Possenreißereien zu beleidigen sondern nur W. aus seinen Schriften turlupinieren wollte.

L.

Wenn der Druck der Wolken ganz inhibiert werden kann, ich gebe was darum. Die Palinodie kann und muß deswegen doch in die Welt. Desto origineller ist sie. Man kann dazu setzen, der V. habe den Druck der W. verhindert und weil viele sie im Mskpt. gelesen, dies zu seiner Rechtfertigung geschrieben. Ich will nichts dafür.

[Boie: ›Empfangen. den 12 Febr. 1776.‹]

85. Lenz an Boie

[Straßburg, Anfang Februar 1776]

Eben jetzt mein lieber bester Freund, erfahre ich von verschiedenen hiesigen Freunden, daß Sie Stabsekretär in Hannover werden. Es tut mir wehe, daß meine Privat- oder Publik-Geschäfte vielmehr mir so den Kopf eingenommen, daß ich mich bei Ihnen desfalls nicht näher erkundigen konnte. Von ganzem

Herzen umarm ich Sie, wünsche Ihnen Glück, wünsche Ihnen zur Vollendung Ihres Glücks eine Gattin die Ihr ganzes Herz auf ewig in Besitz nimmt und es so in Enkeln bis auf folgende Jahrhunderte hinausdehnt. Mir wird dies Glück sobald nicht werden, denn zu jedem öffentlichen Amt bin ich durch meine Schwärmereien verdorben.

Lassen Sie sich dies Wort nicht schröcken. Ich kenne Herr Wielands Unterscheid besser vielleicht als er, will aber lieber Schwärmer für die Tugend als Enthusiast für das Schöne sein, solang das Schöne sich mit der Tugend nicht vertragen kann. Sind die ersten chymischen Operationen erst vorbei, so wollen wir auch schon sublimieren und ich hoffe mit ein wenig besserem Glück – aber das unter uns, es gibt Leute, wie Werther sagt, die das übel nehmen würden.

Lassen Sie, ich bitte Sie, wo möglich die Wolken nicht drukken, wenigstens verändern Sie die deutschen Namen dagegen soll und muß /:vergeben Sie dem Patrioten, Ihrem Freunde, den Ton:/ die Verteidigung Wiel. gedruckt werden, die seinen Hauptgesinnungen mehr schaden wird als alle Anschuldigungen. Ich kenne mein Publikum – und jetzt ist es Zeit. Wenn das Eisen ausgeglüht ist, fällt der Hammer zu spät.

Lassen Sie sich durch keinen menschlichen Rat davon abbringen, suchen Sie aber den Druck der Wolken zu hintertreiben /:sollt es auch auf meine Kosten geschehen:/ wenn Sie mich und mein Wohlsein lieb haben. Kann es aber nicht mehr sein, so ist's Schicksal und ich ergebe mich darin. Nur die deutschen Namen, die Namen! und daß die Verteidigung nicht angedruckt wird.

Gotter läßt ein Schauspiel von mir drucken: Die Algierer, eine Nachahmung der Captivei im Plautus. Lavater hat ein Gedicht von anderthalb Bogen von mir herausgegeben: Petrarch aus seinen Liedern gezogen. eine kleine Ergießung des Herzens die Ihnen Freude machen wird. Beide werden wohl in Leipzig zu haben sein.

Machen Sie mir doch die Freude und schicken mir einige Anzeigen von Ihrer Monatsschrift nach der mich hier so manche Leute gefragt haben an denen Ihnen gelegen ist. Ihre Litera-

rischen Neuigkeiten sind mir und meinen Freunden sehr willkommen. Unsere deutsche Gesellschaft breitet ihren Wipfel immer weiter aus, so daß ich unter ihrem Schatten von der Hitze des Tages oft herrlich abgekühlt werde. Einige Mitglieder derselben, unter andern eine sehr liebenswürdige Magistratsperson (Herr v. Türkheim) arbeiten an der Wochenschrift der Bürgerfreund – der ich an manchen Orten Deutschlands Nachahmer wünschte. Besonders in Ansehung des Lokalen. In der Schweiz kommen auch noch flüchtige Aufsätze von mir heraus, in denen ein Familiengemälde: die beiden Alten, ein Drama Ihre Augen füllen wird. Das Kostnitzergenie kenne ich nicht, in Colmar kenne ich einen jungen Franzosen, von dem ich etwas in Lausanne werde drucken lassen, das Ihnen die Beschaffenheit des Bodens im Elsaß zur Hervorbringung poetischer Köpfe näher bezeichnen wird. – Wissen Sie daß Stella von Goethen in Berlin gedruckt wird und er in Weimar bleibt? – Vielleicht komm ich auch bald in Ihre Gegenden. Lieben Sie immer
Ihren Freund Lenz.

[Am Rande der 3. Seite:]
Herrn Zimmermann wenn Sie ihn sehen, meine ganze Hochachtung. Ich wünschte mehr Zeit zu haben, ihn in seinem Sohn zu genießen.

[Am Rande der 1. Seite:]
Zu Ihrem Museum werde Ihnen mit Beiträgen die Ihnen lieb sein werden nicht entstehen. Ich bin sehr begierig aufs erste Stück. Sorgen Sie nicht, Sie sollen meine Freunde hier, die sich durch Sie produzieren, nicht mit Geld bezahlen.

[Adresse:] Herrn
Herrn Boje, Gelehrten
in Göttingen

[Boies Empfangs-Notiz: ›den 15ten Febr. 1776‹]

86. Heinrich Julius von Lindau an Lenz

Den 9ten Februar [1776]

Mein lezter Brief wird Dich verwundert haben. Ich habe die Antwort noch nicht haben können weil ich noch nicht in Cassel gewesen bin: ich irre noch immer auf dem Lande herum. O daß sie doch nicht abschlägich ist! Die Ursachen warum ich es wünsche habe ich besser gefühlt als ich sie Dir jezt sagen werde. Erstlich, wird der kleine Lindau Gelegenheit haben (so kömmt es mir vor) auf dieser Reise Bilder und Ideen zu sammlen die vielleicht nun nicht mehr könnten in seine Seele gebracht werden da wir Europa verlassen, und wahrscheinlich es nie wiedersehen; er kommt auch in eine ganz fremde Sphäre; wäre es ihm denn nicht gar gut wenn Du könntest bei ihm sein Sein Umgang mit Dir wär ihm vielleicht eine Vorrede zu einem Teil seines künftigen Lebens.

Zweitens könntest Du mir manchen guten Rat geben in Absicht auf die Art wie ich mit ihm umgehen soll.

Wenn Du aber gerne bis nach Weimar gegangen wärest, Lieber, so habe ich groß Recht gehabt Dich für Schlösser in der Luft zu warnen. Mit diesen armseligen 9 Carolinen (alles was ich missen kann) muß Peter bis nach Frankfurt kommen. Nimm Du davon soviel möglich, und geh so weit mit als Du hin und her mit dem Gelde auf der *Diligence* zureicht [!]. Könnte es doch bis Mannheim zum wenigsten sein und paßte es sich so, daß Ihr könntet die Oper sehen! Da ich auf der Reise schlafe so wie in meinem ganzen Leben, weiß ich gar nicht was es kostet.

Der kleine Lindau ist nicht Offizier geworden: weil er mir zu viel gekostet hätte: Ich nehme ihn bloß als Reisegefährte mit. Ich hoffe er wird acht oder vierzehn Tage nach diesen Brief in Strasburg eintreffen. Es hat große Eile, denn die Truppen marschieren vor Ende dieses Monats: und drei Wochen drauf embarquieren sie sich den Tag kann ich aber nicht bestimmen Peter wird mich wohl schwerlich in Cassel noch antreffen und wird mir müssen nachreisen. Er muß sich dort an Herr Lagis adressieren. Wenn Du zum Unglück nicht mit kannst so wird der Peter Geld genug übrig haben, so sei doch so gut und kaufe ihm einen kleinen Degen mit einer guten *Lame a dos* wenn Du eine kriegen kann [!], einen hübschen *Chapeau corse*, und hauptsächlich ein Paar Stiefeln, wenn es möglich ist. Schreibe mir ja bald.

In Frankfurt meldet Ihr Euch gleich bei dem Herrn Rat Göthe. Ist Peter allein so wird er wohl bei ihm logieren.

87. LENZ AN BOIE

[Straßburg, Mitte Februar 1776]

Ich muß Ihnen bekennen, daß ich sehr mit den Wolken gefehlt habe. Ich habe an hunderttausend Sachen nicht gedacht, die mir aus denselben auf ewig zur Last gelegt werden könnten und ich sehe jetzt nur zu sehr ein, wie gefährlich die Lesung eines Alten einem Jüngling werden kann der den Sturm der Leidenschaft im Busen hat. Seine Vernunft, die ihm alle Gegenstände beleuchtete, verdunkelt sich, er sieht sich und seinen Feind allein und die ganze Welt nimmt eine andere Gestalt vor ihm an.

Wenn Sie noch mein Freund sind Boje, wenn Sie noch Freund des Guten sind, das ich aus allen Kräften zu befördern wünsche, hindern Sie noch den Druck dieser Mißgeburt meiner Galle. Warum mußte ich doch in dem Augenblicke überm Aristophanes sitzen, als Wiel. mich beleidigte. Wenn sie gedruckt wird, wünschte ich nicht mehr zu leben. Nicht wegen der Gefahr der ich mich aussetze, sondern wegen des Guten, das ich sonst ausrichten könnte und das sie auf ewig verhindert.

Schreiben Sie mir auf das geschwindeste Bester, o nun mein entscheidender Freund – ob das hintertrieben werden kann. Ich will gern alle Kosten tragen. Und verzeihen Sie mir meine häufigen Briefe und wie ich Sie mit alle den Aufträgen mißhandele. Ich hoffe das einmal gut zu machen.

Und schicken Sie mir, ich bitte das Mskpt. der Wolken zu, damit es in keine andere Hände durch Zufall jemals geraten könne. Es verwölkt und umnebelt meine ganze Bestimmung, alle meine Entwürfe auf immer.

Nichts destoweniger können und sollen die Blätter gedruckt werden, die den Wolken als Anhang bestimmt waren: sie sind fürtrefflich und für unsere Zeiten, für Wieland, für die Kunstrichter und das Publikum notwendig. Mit denen biete ich allen Gefahren die meinem Namen daraus entstehen können fröhlich Trotz, von meinem eigenen Herzen gerechtfertigt. Wenn Sie doch Herrn Helwig bereden könnten die Wolken dagegen auszuwechseln und sie ungefähr mit folgendem Vorbericht drucken zu lassen:

Der Verfasser dieser kleinen Schrift hatte mir ein Manuskript zugesandt, dessen Druck er aus wichtigen Gründen zu hintertreiben für gut fand. Da dieses Mskpt. aber doch durch verschiedene Hände gegangen war, fürchtete er es könnte bei einigen seiner Leser nicht nur widrige Eindrücke gegen die darin vorkommenden Personen sondern auch wider den Verfasser selbst, der in dem Augenblick als er's schrieb seiner Einbildungskraft und seinen Leidenschaften Zügel anzulegen nicht im Stande war, zurückgelassen haben. Diese auszulöschen schrieb er folgende Verteidigung der in den Wolken vorgestellten Personen und seiner selbst, weil er einen Schritt den er in Aristophanischem Spleen zu weit getan auf keine andere Art gut zu machen wußte, um zugleich durch sein Exempel allen seinen jungen Landsleuten die in ähnliche Umstände kommen könnten, einen Wink der Warnung zu hinterlassen.

Ich bitte Sie um baldige Antwort Boje, weil eine mir sehr wichtige Reise davon abhängt. Unterdessen umarmet Sie aufs zärtlichste   Lenz.
[Adresse:]
Herrn Herrn Boje Gelehrten in Göttingen
[Empfangsnotiz Boies: ›den 20. Febr. 76‹]

88. HEINRICH JULIUS VON LINDAU AN LENZ
Cassel den 16ten Feb. [1776]

Es hat so keine große Eile mit Eurem Marsch; mein Lieber unsere Truppen marschieren nur den 15ten März zum frühesten. Mit Erstaunen habe ich gesehen daß Du die ganze Reise mit 12 *Louis'dor* bestreiten willst. Ich werde Dich also noch vielleicht können umarmen, wenn mir möglich ist noch 3 nach Frankfurt zu schicken Reiset von dort nicht nach Cassel sondern nach

Wommen das bei Eisenach liegt und wo ich zwei liebe Schwestern habe, von dort würdest Du auch können nach Weimar reisen. Du weißt doch daß Grewen in Hanau Hanöwrischer Fähndrich ist.

89. Lenz an Boie

Strasb. d. 19ten Febr. 1776

Hier haben Sie etwas lieber Freund das Sie unserm Hellwieg für die unterdrückten Wolken anbieten können, die er denke ich nicht sehr bedauern wird. Ich habe deswegen mit einem andern Buchhändler in Unterhandlungen gestanden der sich über 10 neue Louisd'or nicht mit mir einigen wollte, Herr Hellwieg aber, als Freund soll es für den Dukaten den Bogen haben. Ich habe nicht Zeit gehabt, es abschreiben zu lassen, die kleinen Änderungen aber die ich in dem Ausdruck hie und da gemacht sind deutlich genug als daß sie hoffentlich den Korrektor verwirren könnten. Für Druck und Papier lasse ich die Freundschaft sorgen. Ich wünscht es sobald als möglich gedruckt weil es schon in manchen Händen gewesen die sehr begierig auf die Bekanntmachung sind.

Schreiben auch Sie mir Ihre Sensation. Ich umarme Sie vom ganzen Herzen und ganzer Seele

Lenz.

Die Wolken bitte ich mir doch zurück. Vielleicht komm ich noch dieses Jahr in Ihre Gegenden. Mein Name wird nicht genannt.

90. Lenz an Sophie von La Roche

[Straßburg, Ende Februar 1776]

Daß mich Ihr gütiges, mehr als mütterlich herablassendes Zutrauen, gnädige Frau! bis zu Tränen gerührt hat, – warum muß ich es Ihnen so spät sagen? Anstatt meine fürwitzigen Erkundigungen mit dem Ernst der Weisheit abzuweisen, geben Sie ihnen mütterlich gütig nach, und beschämen auf die Art meine

Dreistigkeit bis zum Verstummen. Indessen war mir alles auf der Welt an diesen Nachrichten gelegen, und ich bedaure nichts weiter, als daß ich mit Einziehung derselben bisher so saumselig gewesen. Die geringste Kleinigkeit von Ihnen und Ihrer würdigen Familie Umständen, ist mir von jeher äußerst wichtig gewesen; nur waren die Nachrichten, die ich, als ein in diesen Gegenden völlig fremder, halber Lapländer, bisher davon hatte einsammeln können, alle so mangelhaft, so widersprechend, in einem so hohen Grade widersprechend gewesen, daß dieses Bedürfnis meines Herzens auf keine andre Art befriediget werden konnte, als von Ihnen selbst. Wollte Gott, ich hätte eher so glücklich sein können! Werden Sie es einem Kopf, der von hundert notwendigen, und zehntausend unwichtigen Dingen gezerrt wird, verzeihen, daß ich mit meinem Dank so spät komme? Und dennoch Keckheit genug habe, so viel es möglich, und so weit eine solche Bitte von mir, ohne unbescheiden zu werden, geschehen kann, Sie um nähere Aufhellungen einiger Stellen Ihres lezten Briefes anzuflehen? Wer war der Hohepriester, der bei dem Schicksal der liebenswürdigsten Person Ihres Geschlechts eine so unliebenswürdige Rolle spielte? Und war die Leidenschaft des andern edel, die, wie ich aus allem ahne, unglückliche Folgen hatte? Ich las alle diese Worte, wie die Passionsgeschichte unsers Heilandes.

Wie entzückt bin ich über die Familienportraite, die Sie mir aufgestellt haben. Noch oft spaziere ich in Gedanken in dieser Galerie herum, und freue mich über die mannigfaltigen, und doch einartigen Abdrücke des trefflichsten Vaters, (den ich zwar nur von der Seite seiner Erholungen und Vergnügungen, ich meine die Briefe über das Mönchswesen, kenne, dessen ganzen Wert ich aber, nach Maßgabe dieser, mit einem angenehmen Schaudern ahne,) und der fühlbarsten, weisesten und aller Verehrung würdigsten Mutter.

Könnte ich Ihnen doch alles sagen, was mir auf dem Herzen liegt. So viel müssen Sie wissen, daß Ihre Nachrichten mir in einem Augenblicke kamen, wo sie mich fast zu Boden schlugen. Ich wußte nie, daß Sie einen Sohn hatten, geschweige einen würdigen Sohn, der bei Wieland im Hause gewesen, und also auch ihm manches zu danken hat.

Mein Widerwillen gegen W., schrieb sich bloß aus einigen seiner Schriften her; seine Privatverhältnisse habe ich nie gewußt, mich freilich mit großen Unrecht zu wenig darum bekümmert. Erst jezt geht mir über viele Stellen in Ihrer unsterblichen Sternheim ein Licht auf, das mich in einen wunderbaren Zustand versetzt, den ich Ihnen lieber, vielleicht sehr dunkel und unvollkommen, zu ahnen überlassen, als beschreiben will. Auch wären vielleicht noch viel fatalere Sachen erfolgt, wenn ich nicht, (ich denke, aus Fügung der Providenz,) noch im kritischen Augenblicke, diese Winke erhalten, die mir nun, von Ihnen, um so viel heiliger sind. Nehmen Sie mehr als wörtlichen Dank, würdige Frau!

Ich hoffe, daß auch ich Wieland kennen lernen, und mit ihm, zwar zu seinem Vorteil, werde ausgesöhnt werden. Indessen hat doch alles das zu manchem gut sein müssen.

Gegenwärtig gehe ich mit einer kleinen Reise nach Deutschland um, die die nach Italien wohl noch vorher kreuzen, vielleicht ganz auf eine andre Zeit aussetzen könnte. Ich bin nicht so ganz Dichter allein, als Sie wohl glauben werden, und fühle es wenigstens sehr lebhaft, daß zum gut und artig sein, auch notwendig das Sein gehöre.

91. Lenz an Johann Georg Zimmermann
[Straßburg, Ende Februar 1776;
empfangen 6. März]

Es hat mich gefreuet und geschreckt, daß die Soldaten bereits gedruckt werden. Indessen da es so ist, so hat es wohl so sein müssen. Nur hab ich höchst wichtige Ursachen (nicht des Eigennutzes allein, sondern etwas mehrern [!]) meinen Namen nicht bekannt werden zu lassen. Wollten Sie also die einzige Gewogenheit für mich haben, Herrn Reich zu bitten, daß er, um alles desto besser zu maskieren, auf den Titel setze: eine Komödie von Steenkerk aus Amsterdam; der drolligte Name wird nichts zu sagen haben, er hebt alle meine Privatbesorgnisse allein. In der Folge wird es sich erweisen, warum diese Vorsicht nötig war, und jeder Menschenfreund wird mir recht geben. Auch bitte ich Herrn Reich meinen Namen nie zu nennen, denn Buchhändler schweigen nicht gerne, mag ihr persönlicher Charakter noch so edel sein. Wie können sie's auch wissen oder ahnden, was für Wunden sie oft dem Verfasser schlagen.

92. LENZ AN JOHANN GEORG ZIMMERMANN

[Straßburg, Ende Februar 1776;
empfangen 6. März]

Über die Soldaten habe ich auch nachgedacht. Wäre es möglich, Herrn Reich zu überreden, daß er das ganze Stück nicht eher als bis künftige Michaelismesse bekannt machte, so würde mir und ihm ein großer Gefallen geschehen. Ich habe etwas (nicht seit gestern) im Kopfe, das allem diesem ein größeres Gewicht und einen ganz andern Ausschlag geben soll. Zudem ist ein gewisser Privatumstand, den ich Ihnen nicht nennen kann, der diese Vorsichtigkeit mehr als notwendig macht. Wollen Sie die Gütigkeit haben und Herrn Reich nur sagen, Herr Steenkerk in Amsterdam bitte ihn angelegentlichst, er wollte zwar alles nur abdrucken lassen, aber wichtiger Ursachen halber nichts eher bekannt machen als auf die Michaelismesse.

93. JOHANN KASPAR LAVATER AN LENZ

den 28. Febr. [17]76

Liebster Lenz! Weiß gar nicht, was Dich ankommt, Lärm von mir zumachen. Bin so'n armer Tropf, als einer sein kann – Du kaum sein kannst.

Ich erwart also die *Silhouette*. Bitte Dich, nicht Kaufmanns Nachricht, d. i. von seiner Hand, an R. gesandt, sondern diese hier zu verbreiten. Die erstere zerreiße.

Diesen Brief, den Du, damit Du nicht nichts habest, lesen kannst, bitte Dich schleunigst, franco zuspedieren, und Dir das Port von Emmerich bezahlen zu lassen. Verzeihe.

Ich bin itzt ganz zerrissen. Also nichts von Deinen Tat-Entwürfen. Der erste Abend an meinem Arm – wollen wir Taten bestimmen.

L.

94. Lenz an Johann Kaspar Lavater

[Straßburg, Ende Februar 1776]

Weise diesen Brief nicht Bester, wie alle meine Briefe.

Lieber Lavater! mein Kopf ist eingenommen von tausend Dingen und ich kann Dir nichts weiter sagen, als ich liebe Dich, ich danke Dir. Hier ist der Brief von der C.Waldner* (ihr Onkel ist Graf, sie nur Baronesse.) kannst Du mirs verzeihen daß ich, der vielleicht bald von hier reist, ihn erbrochen und mit meinem Siegel wieder zugesiegelt. Ich weiß wie innig sie Dich hochschätzt und ich wollte doch gern den Ausdruck davon lesen. Du mußt wissen, daß sie alle ihre Briefe französisch schreibt und ihr daher ein deutscher Brief an Dich nicht wenig Müh gekostet. Doch auch hier wirst Du ihre ganze schöne Seele finden, die eben durch die für Dich so mühsam aufgesuchten Ausdrücke durchscheint, es ist die Sprache die nicht mit Worten redt Lavater, die Sprache die zwei befreundte Seelen stammeln die nicht von einer Nation sind. Ach wenn Du sie kenntest.

Ich gehe wohin mich Wink der Vorsicht ruft, mein Ziel kann ich Dir noch nicht bestimmen. Ich kenne es und der Tod soll mir Bruder sein, wenn er mich dahin führt. Grüß Kaysern, sag ihm, es ist mir unerträglich daß ich an ihn nicht schreiben kann, nicht kann, so wenig als an den redlichen Kaufmann. Ich habe keinen Augenblick zu feiren.

[Am Rande links:]

Doch beschwör ich den ersten bei Dir bei dem lebendigen Gott: und allem was ihm heilig ist, alles zu tun, was ich ihm gesagt habe. Stollberg schreibt mir aus Koppenhagen, schmachtet nach Nachrichten aus dem ›Gotteslande Schweiz und vom Gottesmann Lavater‹. Ganz Dein

Lenz

95. LENZ AN HERDER

[Straßburg, Anfang März 1776]

Gnade und Segen Gottes ruhen auf Dir Herder! eh ich ein Wort von Deiner Offenbarung sage zu der du allein den Schlüssel geben konntest muß ich ein paar Worte Geschäfte bei Dir ins reine bringen.

In den Soldaten muß der Name la Roche in die Gräfin von Rochau verwandelt werden ich wußte es nicht daß sie einen Sohn hatte, geschweige einen der bei Wieland im Hause war.

Daß Du doch immer so geistlich deutest und so einfach wer hat Lob genug dafür? Ich hatte mir viele noch viel zu sinnliche Deutungen gemacht die ich nun gern aufopfere.

Vor allen Dingen das Wort ›Der Geist der durch alle Gemeinen blickt und in dem Herzen aller Gläubigen ruft: das Sensorium Gottes in aller Welt: Echo des Himmels in menschlichen Seelen. Selig wem dies antwortende Ja, dieser Himmelsnachklang im tiefsten Grunde seiner Seele zur Zeit der Duldung wurde!‹ – Herr, es sind Worte des ewigen Lebens.

Am meisten freut mich die behutsame schöne Deutung des Endes der Dinge. Der heilige mystische Schleier – Gott segne Dich –

Jetzt bin ich fertig. Als ichs gesehen und gehöret fiel Ich nieder anzubeten.

Wie wunderbar einig in allem! Wie Du alle meine dunklen Ahndungen mit Licht triffst! Ach das Bild vom neuen Jerusalem und seiner Sonne und Mond – tausend tausend Dank.

Ich arbeite jetzt in mancherlei Strömen wider den Strom. Habe Licht und Hoffnung im Herzen, die durch Deine Offenbarung auf Ewigkeiten hinaus gemehrt worden. Ist Dir das nicht angenehm. Ein Schaf ist dem Hirten auch lieb wenn er gleich noch neunundneunzig in der Wüsten hat.

Doch hab ich einen großen alten Drachen in mir, mit dem ich noch viel zu ringen haben werde. Er soll immer hinunter. Ich hoffe ich glaube ich lebe. Komm bald Herr Jesu!

Aus Deiner Göttingerstelle nichts geworden? Schüttle den Staub über sie!!!

Ist denn die Regierung Gottes arm? Oder fehlts ihm an

Werkzeug und Mittel? Bedaur und belächle der ohnmächtigen
Torheit Rache!   Lenz

Grüße sie. – die einzige. Und küß Dein Söhnlein
  Verzeihung daß ichs solang behalten, es war mir zu lieb.
Wenn wirds gedruckt? Wenn darf es in die Welt?

96. Kayser an Lenz

Zürch 3 März [17]76

Ich habe Deine Manus. ewiglieber Freund durch Schlossern erhalten und was kann was darf ich sagen? wie will ich was sagen? Du mir die Sachen schenken mir das Glück das ich noch
vor einem Jahr kaum wähnen dürfte – das Glück Dein Freund
zu sein, vor der Welt mich nennen zu dürfen? – Herausgeber
Deiner Sachen – – Wahrlich wahrlich ich muß schweigen! Ich
kann nichts sagen – fühle mich! –
  Du weißt Teurer wie Du in meinem Herzen stehst, aber darf,
kann ich das wollen, daß Du mir die Sachen gibst? – –
  Die Wolken sind unterdrückt. Verlaß Dich auf mein Blut
wenn's nötig ist, ists Dein! Diese flüchtige Aufsätze hoff ich
noch auf Ostern herauszubringen. Doch allenfalls schreib mir,
wer Dir Anträge getan hat, wenn ja mein Buchhändler Mäuse
machen sollte.
  Schreib mir's gewiß. Papier, Druck etc. wird werden; wie Petrarch? Korrektur ich selbst!! Nur bitt ich Dich um alles berichtige mir folgendes:
  1) Im Matz Höcker von der Stelle: D' Bücher nu' und die
Gesellschaften heuer bis zu dieser: Sagt man sie sollen
schuld dran sein.
  2) Diese Stelle ebenda: Und die Moral Ästhetik u. Tatik. Ist Tatik recht? Ich versteh das Wort nicht.
  3) In den beiden Reden über die deutsche Sprache,
all die französischen Stellen sauber u. korrekt geschrieben.
  Du siehst selbst Schatz daß das nötig ist, wenn ich was Guts
liefern will. Tu's also!

Was anlangt den innern Wert der Stücke selbst, so schweig ich. Von Dir Dir! Dessen Wert ich kaum (wie Goethe auch nicht) kaum in den Augenblicken der trunkensten Phantasei aussprechen kann! – laß mich. Ich weiß was die Welt an Dir hat. Fluch ihr! weil sie fähig ist Dich zu verkennen. Lieber laß Dir genügen an uns Deinen Treuen! O unser hiesiger kleiner Hauf, der Gott in Menschengestalt unser Lavater – da bist Du oft mitten inne. Wir wissen was Du bist! Amen!

Das Drama ist ein Meisterstück. Aber die Musik war nicht dabei. Sende sie mir lieber – ob ich gleich nicht weiß ob sie mit darzu kann gedruckt werden. Die Verteidigung der Wolken wird hier unter uns zirkulieren. Schlosser schrieb drunter: *Helas tais toi Jean Jaq. ils ne t'entendront pas* – und das ist herrlich wahr! Darf ich mich unterstehen Dir aufzutragen eine Empfehlung vor meines Goethes herrliche Schwester zu bringen. O! O! Kl. dankt Dir 1000mal für ... Petrarch. Er hat an Petrarch diesen Winter sein ganzes Labsal gefunden ... die *Canzonette sorella* übersetzt die Du einmal sehen sollst. Steiner wird Dir Expl. zugeschickt haben. Er grüßt Dich und ist Dein wie ich! Kaufm. macht mir viel Freude denn er ist eine kostbare Seele. Lavater wird immer mehr mein! O was er von seinen Feinden gepeinigt wird! Gut u. wohl Dir daß Du's nicht so weißt. Du würdest Höllenangst für ihn leiden wie wir alle. Ich will was für ihn tun u. wär's mein Blut und Leben, das ich ihm willig darbringe, weil er ein Heiliger ist. Harre es wird werden!! Leb wohl ewiglieber Bruder.

K.

[Adresse:] Herrn Lenz
abzugeben bei *M.* Röderer an der neuen Kirch zu Strasburg

97. Lenz an Knebel

Straßburg, den 6. März [1776]

Hochwohlgeborner Herr, schätzbarster Freund und Gönner! Wie oft habe ich den Gedanken gefaßt und wieder fahren lassen, den Genuß der wenigen glücklichen Augenblicke, die Sie mir in Straßburg haben schenken wollen, wieder zu erneuern: aber verschiedene Rücksichten haben mich bisher zu schüchtern dazu gemacht. Unser Verhältnis ist nicht mehr dasselbe, dacht ich, es war vielleicht mehr die Neugier eines philosophischen Reisenden, der unterwegens nichts aus der Acht läßt, als wahre unbefriedigte Bedürfnis des Herzen und Geistes, was Ihre Aufmerksamkeit auf mich lenkte, und ich konnte Ihnen in meiner Situation wohl nicht anders vorkommen als ein Zeitungsblatt oder eine unbedeutende Broschüre, die man nicht gern zum zweitenmal liest. So resignierte ich mich endlich, in einem Herzen in Vergessenheit zu geraten, das ich in den wenigen Stunden unsers Umgangs von so viel liebenswürdigen Seiten kennen gelernt hatte und das ich nicht so leicht vergessen konnte. Hundert Arten peinvolle Zerrungen der tausend kleinen Fäden kamen dazu, die an dem Nervensystem eines Menschen angeknötet sein müssen, der nur durch und in andern Menschen existiert – der Ihrige war einmal abgerissen, und ich sahe kein Mittel, bei einem verzettelten Knäuel seiner wieder habhaft zu werden.

Vielleicht hat die Gegenwart meines Freundes Goethe durch die unerklärbare Assoziation der Ideen einige schwache, dunkle Erinnerungen von mir wieder bei Ihnen rege gemacht. Ich muß diese Gelegenheit haschen, sollte ich sie auch nicht zu halten im Stande sein. Wenigstens habe ich denn alles getan, was mein Herz von mir foderte. Sie haben in der Zeit viel neue Gegenstände aufgefaßt, die Ihrer Beobachtung und Bearbeitung würdiger waren, als alles, was Straßburg Ihnen (den Münsterturm ausgenommen) anbieten konnte. Eine Stadt, deren Bürger nur die Ausgelassenheit der Sitten denen Franzosen scheinen abgelernt zu haben und mit den wahren Vorzügen dieser Nation unbekannter als Deutschland und Moskau sind. Nur auf dem Lande hätten Sie (wenn die Absicht Ihrer Reise es erlaubt,) vielleicht Charakter und Sitten angetroffen, die Sie zum Neide gegen einen Boden verleitet hätten, der, wenn er nicht verdorben wird, in seinen physischen sowohl als moralischen Produkten einer der mildesten und reichhaltigsten unter der Sonne ist.
[Am Rande:]
Doch muß ich auch Straßburg Gerechtigkeit widerfahren lassen. Ich habe hier neulich eine Dame von Adel kennen lernen,

die nun freilich über alle mein Lob erhaben ist. Verzeihen Sie, daß ich alle Ränder vollschreibe; ich konnte es nicht über mein Herz bringen, diese große Ausnahme von der Regel nicht anzuzeigen.

Wenn Sr. Durchlaucht der Herzog sich noch des unbedeutendsten aller Eindrücke zurückerinnern können, den ein Mensch in einem damals gewiß seltsamen Aufzuge und noch seltsamern Lage auf Sie gemacht haben muß, der, wie Diogenes aus seinem Schneckenhause geschüttelt, in einer sehr unphilosophischen Verlegenheit dastand, als ihm die zuvorkommende Herablassung eines solchen Prinzen alle seine weitausgesponnenen Ideen von Verleugnung der Welt mit einemmal zerschnitt und ihn außer der Sonne noch etwas Besseres schätzen lehrte, so legen Sie mich Höchstdenenselben untertänigst zu Füßen. Wie nicht weniger Sr. Durchlaucht dem Prinzen und unbekannterweise den Durchlauchtigsten Herzoginnen. Ich bewundere einen Hof, der Deutschland das erste Muster von Beschützung der deutschen Musen aufstellt, das in der bekannten Wanderung der Wissenschaften gewiß Epoche machen wird. Ich wollte lieber sagen, wie sehr ich ihn dafür verehre, wenn es hier nicht ratsamer wäre, meine Empfindungen in mein Herz zu schließen, als damit Geräusch zu machen und den Argwohn eines Klienten zu erregen.

Haben Sie denn auch wohl so hübsche Mädchens in Sachsen, als unter unsern Flechten stecken? Ich weiß, daß Sie über die roten Backen hier manche boshafte Anmerkung machten. Sie haben aber diese Nymphen der Diana noch nicht sprechen, noch nicht die O und A trotz den Italienern schleppen hören, besonders wenn ihre Sittsamkeit, oder wie soll ich es nennen? durch artige Sachen, die man ihnen vorsagt, in Verlegenheit gesetzt wird. Da soll mir einer sagen, daß die deutsche Sprache keines Wohllauts fähig sei.

[Am Rande:]
Ich habe einen Petrarch geschrieben, für den mich die hiesigen Damen steinigen, weil sie das alles für geistliche Lieder halten. In Goethens Werther ist ihnen nur die Stelle verständlich, als er losdrückt und darnach im Blut gefunden und

hinterm Kirchhof begraben wird. Wenn er nur ehrlich begraben wäre, hätt alles nichts zu sagen.

98. Lenz an Johann Georg Zimmermann

[Straßburg, Anfang März 1776;
empfangen 14. März]

Ich habe vergessen, Sie neulich zu bitten, den barocken Titel Komödie, der in einigen individuellen Grillen seinen Grund hatte, vor den Soldaten wegstreichen zu lassen und statt dessen darauf zu setzen: Ein Schauspiel von Steenkerk aus Amsterdam. Es könnte außer der Seltsamkeit noch den Schaden haben, daß ein ganzer Stand, der mir ehrwürdig ist, dadurch ein gewisses Lächerliche, das nur den verdorbenen Sitten einiger Individuen desselben zugedacht war, auf sich bezöge.

99. Boie an Lenz

Hannover. den 8ten März. 1776

Empfangen Sie, liebster Lenz, meinen besten, warmen Dank für Ihr Schauspiel. Ich hab es mit Entzücken gelesen, und es hat mich gerührt und getroffen, wie irgend eines. Ich wollt es heute mit Zimmermann lesen, aber wir haben uns verfehlt, und aufhalten will ich's nicht, damit Helwing es ja früh genug erhalte. Sie sehen aus der Überschrift, daß ich hier bin. Ich habe meine Stelle angetreten, und befinde mich ganz wohl darin, wenn ich nur erst aus dem Wirbel von Zerstreuungen heraus wäre, worin ich jetzt schwebe. Wenn ich nur erst die nötige Routine in den mir ganz fremden militarischen Geschäften habe, werd ich auch Muße für mich zu leben und zu arbeiten finden. Zimmermanns Umgang, so wenig ich auch noch ihn genießen kann, ist mir große Wonne. Sie sind oft der Inhalt unsrer Gespräche gewesen. Er liebt Sie mit Wärme wie ich. Wären Sie doch bei uns! – – – Helwing hat mir endlich, zwar ziemlich verdrießlich und unzufrieden, aber doch geschrieben, daß er die W. unterdrücken will. Der erste Bogen der Verteidigung war angedruckt. Auch der muß umgedruckt werden. Er verlangt $29\frac{1}{2}$ Rtlr., so viel ihm

Druck und Papier gekostet, zur Entschädigung. Das soll sich aber schon geben. Wenn er die Verteidigung, für die ich, wie für die W. einen Duk. für den Bogen gefodert hatte, nun umsonst erhält, und für das Schauspiel nur 1 Duk. bezahlt, wird er sich schon zufrieden geben. Ich hab ihm geschrieben, der V. bekäme sonst vier. Ich habe die W. gedruckt, und würde sie Ihnen schikken, wenn ich nicht das Postgeld schonte. Die andern Exemplare sind versiegelt, und H. hat mir sein Wort gegeben, daß niemand sie gelesen hat, noch lesen soll. Auch mein heiliges Wort geb ich Ihnen hier. Doch dächt ich Z. dem Sie selbst davon geschrieben haben, könnte sie wohl lesen. Nach dem, was er mir gesagt, fürcht ich nur, daß sie durch die genommene Abschrift bekannt werden, und da wär's doppelt Übel. – Stella hab ich endlich. Welch ein Stück! Welch ein Zauberer dieser Göthe! Ich hab auch versucht, auch gedichtet – – seitdem ich Euch beide kenne, lese, fühle, ihn und Dich, Du, zweiter Zauberer! nichts mehr versucht!

Haben Sie denn nun unser Mus. gesehen? Ihr Zerbin ist nun ganz abgedruckt. Nochmals meinen besten, wärmsten Dank dafür! Hier hat er große Sensation gemacht, und allgemeinen Beifall gefunden. Wenn Sie noch die Deklamation des Schulmeister Hieronymus nicht angebracht haben, so lassen Sie sie mir für eins der folgenden Stücke. Ich hab ihm Unrecht getan. Schreiben Sie mir doch Ihre Meinung übers Mus. Haben Sie nun nicht bald wieder was dafür! Zimm. hat mich, wie er sagt, bei Schloß. gerechtfertigt. Sobald ich vom Verleger Geld habe, schreib ich ihm und danke selbst.

Gestern hat mich Lindau sehr unerwartet überrascht. Er geht, wie Sie vielleicht wissen, als hessischer Lieutenant, mit nach Amerika. Sonderbar und unbegreiflich! Von Herdern weiß ich lange nichts. Ob er nach Göttingen geht oder nach Weimar?

Ihr Brief findet mich hier, unter der Adresse an den Stabs Sekretair Boie. Ich umarme Sie mit vollem Herzen. Ewig der
Ihrige Boie

[Adresse:] Herrn
    Herrn Lenz, Gelehrten
        in Straßburg

100. Merck an Lenz

[Darmstadt,] d. 8ten Mart. 1776

Ich danke Ihnen lieber guter Mann für Ihren treugemeinten Brief herzlich. Wir wollen also mit einander beginnen, u. es soll uns beide nicht reuen. Lassen Sie sichs nicht leid sein, daß die Welt Ihren Namen weiß. Sie haben mehr Freunde als Sie glauben, u. wer Ihre Bücher goutiert, ist ein guter Mensch. Denn den flachen Köpfen u. Herzen sind sie so unausstehlich. Und der guten Menschen gibts doch viel, u. der unverdorbenen, besonders unter den Weiblein. Hätten Sie nicht geschrieben, so wüßte z. E. unser einer nicht zu seinem Troste, daß ein so guter Mensch mehr lebt, wie Sie, ob ich gleich glaube daß der Poeten mehr sind, die nicht schreiben, als die da schreiben, u. daß von jedes Menschen Empfindung so viel verraucht, bis 's aufs Papier kommt u. dabei wird, daß nichts übrig bleibt als *caput mortuum*. Selbst Goethe malt oft mit Wasserfarbe Geschichte der Menschheit, wenigstens an manchen Stellen, um sein Faszikel voll zu machen. Das weiß er auch selbst, und ich habs ihm auch gesagt. Mit ihm hab ich oft Ihre Liebes-Gedichte gelesen, u. gefunden was das ist, wahre Leidenschaft. Sie waren dem äußern Schnitt des toten Buchstabens nach Menantisch, Talandrisch u. Gottschedisch, dafür hätte sie gewiß Ramler gebrandmarkt. Aber innen wehte der große Wind heraus, der uns mitschaudern machte. – Von meinen Lumpreien hab ich jezt nichts zum Absenden, weil ich so schreibe daß 's kein Mensch lesen kann, u. zum Kopieren hab ich keine Zeit eben. Dafür schick ich Ihnen Herders Rhapsodie. Sie ist von dem großen Gebrauch sehr schadhaft geworden, bitte sie wohl in acht zu nehmen. Er hat sie gleich nach Empfang des Reimhards geschrieben. Ich hab den zweiten T. begonnen, von dem nächstens. Etwas Rhypographisches auch von oder nach Swift. Die Romanzen führt Goethe alle in einem Bande mit sich. Ich habe keine weiteren Abschriften, u. die ersten Aufsätze sind mir alle verloren gegangen. Ich hab ihm aber darum geschrieben. Von Herdern hab ich noch viele Gedichte, die ich Ihnen alle nach u. nach *sub Rosa* mitteilen kann. – Wann ich künftig was schnitzele sollen Sies sehen; ich denke es wird mir doch Aufmunterung u. Trost sein, wenns in Ihnen widerhallt. – Könnten Sie uns nicht einmal besuchen, besonders wenn Claudius hier wird sein? Bleiben Sie ja ich bitte Sie in Deutschland. Vor unser einem ist in Rußland kein Heil u. Segen. Wir haben keine Körper, um in jenem Lande zu genießen mit vielem Huren, Spielen, Fressen u. Saufen. Und unsere Seelen, so wie alle Arten überhaupt, die auf etwas mehr als dem Miste tierischer Bedürfnisse wühlen, kann man dort ganz entbehren. – Ich lebe hier, wenn Goethe in Weimar bleiben sollte, freilich auch auf einem verwünschten Sandfleck, wo nie was Gescheutes keimen kann u. wird. Aber die liebe Not ist das beste tägliche Brot. Die hat mir noch beständig mein Dach geflickt, u. wirds auch so fort flicken. Lebten wir im Überfluß, so würden wir *Gens aisés*, u. ennuyierten uns, hätten außer unsern eigen, noch standsmäßige *obstruction*. – Außerdem bin ich zu verschiedene Malen von Madame Fortuna tüchtig gewamset worden, wofür ihr aber mit Yorik herzlichen Dank sage. Ich gäbe meine jezige Existenz nicht um aller Welt Güter willen weg, u. wenn ich noch einmal in Mutter Leibe zurückgehen, u. die Reihe von mir selbst unabhängiger mich angehender Begebenheiten wählen sollte, so sollt's in Gottes Namen nicht anders sein, als es gewesen ist.

Von Goethen hab ich allerlei hübsche u. gute Sachen. Haben Sie das Stück von Wieland Goethe u. die jüngste Niobe Tochter? wo nicht will ichs schicken. Sie schreiben jetzt dort Farcen *(sub Rosa)* die sie *Matinées* nennen, haben Sie nichts davon? Eine schöne Zeichnung von Krause hab ich auch wo er sitzt, u. den Faust vorliest, der Herzog u. alle andere um ihn herum. Ich denke unter der Adresse *de Mlle König* u. der Frau Geh. Rätin Hesse könnten wir immer einander schreiben, ohne daß es Postgeld verursacht.

Leben Sie wohl u. gedenken Sie meiner oft z. E. wenn etwas von Ihnen nach Weimar geht, könnts nicht vorher ein bißchen hier anhalten? Ihre Posten hat mir Goethe nie wollen mitteilen.

So eben scheint die liebe Sonne u. ich denke es ist besser Gottes Angesicht schauen als schreiben.

Leben Sie wohl u. halten Sie Ihr Versprechen nächstens zu schreiben. Ihr ganz eigener Merck

101. Herder an Lenz

9. Mz. [1776]

Mit Schimpf u. Schande, lieber Lenz, schicke ich Euch – so spät – und doch nur einige Bogen Deiner Komödie – und noch ohne Geld. An demselben Tage, da sie mir kamen, kam Dein Brief, daß die la Roche v. Rochau werden sollte u. Du siehst selbst, Bruder, die Ändrung ist nicht möglich. Welcher Wahn oder Argwohn ists auch ändern zu wollen, aus einer so weit hergesuchten Ursach. Wie die la Roche erscheint, ists ja wie ein Engel u. was gehört der andre hieher –? Notfalls laß mich zeugen u. es bei ihr verantworten: das ganze Ding müßt umgedruckt werden u. welcher Kerl tut das? Dazu hab ichs (um nicht neu Gerede zu erwecken) durch einen andern (Zimmermann) besorget: daher die Trödelei, darüber ich mich genug geärgert habe. Der Kerl von Buchh. wollt's nicht vor der Messe erscheinen lassen u. dazu hatte er wohl Recht: im Grunde war mir das auch lieb, mit den letzten Bogen sollst Du gewiß das Geld haben, den Bogen 2 Duk. so hab ichs ihm gegeben. Ich ärgere mich, daß ich in der ersten Kommission so lässig bestehe, liegt aber nicht an mir. Dank für Deine Kantate u. für Dein Wort über meine Apokalypse. Jedes Wort von Dir ist mir wahrhaftig Laut des Geistes, Zittern des großen Sensoriums auf einer Seite. Auch Deine unorthodoxe Kantate hat uns entzückt. Mein Weib liebt dich 3fach als Bruder u. mein Kleiner grinst den Namen Lenz, wenn ich ihm Dein Schattenbild zeige, mit einem so feinen Ton aus, wie Du sein mußt.

Die Zurückziehung aus Gött. ist wahre Gotteserrettung. Den Tag, da die zweite Antwort aus London kam (mich ging die Sache von Anfang nicht an u. ich wünschte, daß sie zurückginge) kam mir Göthens Brief aus Weimar zur dortigen Gener.-Superint. Der Herzog hat feierlich bei mir angefragt, ich sage Ja u. nun stockts wieder – stockts! Gott wird mir helfen.

Und Du, was zitterst Du, wie ein Irrlicht zu erlöschen. In Dir ist wahrlich Funke Gottes, der nie verlöscht u. verlöschen muß. Glaube!

Ach u. schriebst Du mir doch manchmal ein Wort, was Du

machtest, würktest, dichtetest, sorgtest. Wie gern wollt ich Dir näher leben. Auch sehn wir uns einmal wahrlich!

Ehgestern ging ich an meine Urkunde in Druck u. Nebel; am Tage da Dein Brief kam. Er schoß einen Strahl hindurch! Gebe Gott daß ich tue, was ich tun soll.

Hast Du die Meinungen des Laien geschrieben? Ich bitte Dich um Deines Herzens willen, sag mirs.

Gott mit uns dort am Ufer des Rheins u. hier am Bach Krith, wo die Raben mich hacken statt mich zu ernähren. Schadt aber nichts und wird helfen. H.

102. Lenz an Herder

[Straßburg, März 1776]

Es freut mich daß gegenwärtiger Brief den mir Lavater offen für Dich zugeschickt hat, mir Gelegenheit gibt bester Herder! Dir in die Arme zu fallen. Zwar ein wenig zerrißner, als er zu sein behauptet, aber doch – meines Zweckes gewiß.

Ich danke Dir daß Du die ›Soldaten‹ zum Druck befördert hast, ich habe nun alle dem Übel, das daraus hätte entstehen können, vorgebeugt – ich danke Dir – und für den Weg den Du sie hast nehmen lassen. Reich wird sie hoffentlich vor Michaelis nicht bekannt machen und alsdenn wird das mit Fingern deutende Publikum auf nichts mehr zu deuten haben. Auch – wenn Gott mein Gebet aus der Tiefe erhört, von mir eins und anderes geschehen sein, das denen, die ich geißele, weist, wo ich mit ihnen hinaus will.

Ich habe eine Schrift über die Soldatenehen unter Händen, die ich einem Fürsten vorlesen möchte, und nach deren Vollendung und Durchtreibung ich – wahrscheinlichst wohl sterben werde. Gott laß mich mit Freudigkeit – Dein Wille –

Grüße und umarme Dein Weib. Gesegnete unter den Weibern. Lange mit Dir gesegnet. Ich hoffe Euch zu sehen, eh ich gehe. Lebt wohl!

Lenz

Weise niemand diesen Brief. Er ist für kein Auge das nicht

durchdringt. Selbst für Deines müssen itzt noch Dunkelheiten bleiben.

Wegen der ›Soldaten‹ sei ruhig! Ists wahr daß Du nach Weimar kommst so werde ich wieder einmal eine Freude haben. Eine.

103. Lenz an Boie

[Straßburg, Anfang März 1776]

Ich danke Ihnen lieber wahrer warmer Freund! für alle Ihre freundschaftlichen, soll ich lieber sagen, patriotischen Mühwaltungen. Alles ist gegangen wie ichs wünschte und das, weil das Geschäft Ihnen anvertraut war. Lassen Sie die abgedruckten Exemplare alle zu sich kommen und heben Sie sie sorgfältiger als Schießpulver auf –

[Am Rande:]
Kein Mensch darf sie zu Augen bekommen, oder unsre Freundschaft ist tot – bis ich Ihnen sage was damit anzufangen. Eins möcht ich doch zur Probe haben mehrere Verteidigungen aber halte ich mir ja aus. Der Verlust kränkt mich nicht, so beträchtlich er für einen Poeten ist. Und nun nehmen Sie nochmals meinen Dank und meinen Kuß und meine Umarmung für das Vollziehenhelfen einer Sache deren Folgen ich alle zu rechter Zeit zu benutzen wissen werde.

Jetzt will ich Ihnen gestehen, daß dem armen Hellwieg ohnehin bei den Wolken ein Nachdruck würde zuvorgeeilt sein, den ich mit allen Kräften die ich anwandte nicht würde haben verhindern können. Es hatte jemand durch die dritte Hand das Mskpt. bekommen eine Abschrift davon genommen und schrieb mir er würde es drucken lassen, ich möcht's erlauben oder nicht. Jetzt ist auch das durch eine Aufopferung verhindert –

[Boie: ›Empf. den 16ten März 1776‹]

104. Lenz an Johann Kaspar Lavater

[Straßburg, März 1776]

Dein Abraham hat mich unendlich erbaut. Freilich ist alles mehr religiös als poetisch. Das letzte Gebet Abrahams vor der Opferung hat mir die größte Sensation gemacht.

105. Lenz an Boie

[Kehl,] d. 11ten März [17]76

Wie wär es bester Freund! Wenn Sie die Freunde machen den Philosophen dem Herrn Leibarzt Zimmermann gäben (der mich schon darum angesprochen), daß er Sie bei Reichen in Leipzig noch auf die Ostermesse könnte drucken lassen. Von dem Honorario gäb er Ihnen soviel für Ihren Freund Herr Hellwieg ab, als ihm der Druck der Wolken gekostet, ›zugleich versprächen Sie ihm aufs heiligste ein ander Stück von mir das vielleicht gegen Michael fertig wird gewiß, kann ich sagen, da es nur noch an der letzten Hand fehlt die ich dran lege‹.

Es wäre mir aus Ursachen die auch Herr Leibarzt Zimmermann weiß lieber die Freunde diese Ostern in Leipzig erscheinen zu sehen überdem muß ich Ihnen aufrichtig gestehen daß ich gegenwärtig durch Schulden und andere wunderbare Verwickelungen mich in einer Geldnot befinde die üble Folgen auf mein ganzes künftiges Schicksal haben könnte. Umarmung.

Lenz

[Am Rande:]
Herr Reich würde vielleicht auch die Korrektur, Papier und Vignetten besser besorgen können und bei meinem ersten Wiedereintritt in das Publikum seit meinen verdrießlichen Autorhändeln muß mir daran gelegen sein. Wie befinden Sie sich in Ihrem neuen Zusammenhange. Die Nähe des Herrn Leibarzt Z. wird Ihnen sehr erquicklich sein. Machen Sie diesem verehrungswürdigen Mann meine wärmste Empfehlung. Auch Herrn Hellwieg empfehlen Sie mich.

[Auf der 2. und 3. Seite:]
Könnte ich auf das möglichst geschwindeste ein Exemplar der

Verteidigung W. sobald es schwarz auf weiß ist (oder vielmehr einige) bekommen, ich bin ihrer höchstbedürftig, besonders da ich Wielanden selber davon geschrieben und ihn von der Wahrheit meiner guten Gesinnungen gegen ihn überzeugen möchte.

Die Wolken sind doch schon so gut als vernichtet worden? Ich stütze mich auf Ihr Wort.

Wollten Sie allenfalls sich selber die Mühe nehmen Herrn Wieland ein paar Verteidigungen ohne Namen und Ort zuzuschicken, damit er sie desto eher bekommt und sein Mißtrauen gegen uns entwaffnet wird.

Womit habe ich es bei Ihnen verdient Sie so dreist mit meinen Kommissionen zu beschweren. Sie einen Mann im Amt, ein wirksames Glied des Staats mit den Kommissionen eines Ebenteurers. Doch hoffe ich wird es Sie am Ende nicht gereuen, sich mit mir abgegeben zu haben.

Ihr Museum dürfen Sie nur dem ersten besten Buchhändler herschicken, für den Abgang stehe ich Ihnen. Etwa Herrn Stein oder Herrn Bauer oder beiden, zugleich legen Sie noch einige Anzeigen für die auf dem Lande und in den andern Städten von Elsaß befindliche dabei, auch für Mümpelgard die Schweiz hinunter wo ich überall Zusammenhang habe.

Auch dafür werde ich Sie künftig schon mit mehrerem versorgen. Keine Erzählung wie Zerbin aber ein kleiner Roman in Briefen von mehreren Personen, der einen wunderbaren Pendant zum Werther geben dürfte. Doch ist alles dies nur noch Entwurf. Von Fremden aber hab ich manche interessante Aufsätze liegen. Melden Sie mir doch gütigst mehr literarische Neuigkeiten.

[Adresse:] Herrn
     Herrn Stabssekretär Boje in Hannover
abzugeben im Churhut bei der Post

106. Lenz an Heinrich Julius von Lindau

[Straßburg, Anfang März 1776]

Ja lieber Lindau es ist geschehen das Luftschloß ist gebaut und auf Deine Unkosten. Sag mir nur wem ich die 9 Luisdor wieder einhändigen soll die Du mir geliehen hast. Deinen Fräulein Schwestern oder Schlossern oder Lavatern daß sie sie zur Erziehung Deines Peters anwenden. Sobald ichs im Stande bin will ich auch weiter für ihn sorgen und in Deine Stelle treten. Was sollte er auch jetzt in Amerika: Wenn er reifer ist kann er Dir schon nachreisen. Überhpt. hast Du mit Dir genug zu tun u. so gern ich gewollt hätte, so war Deine Idee doch unmöglich auszuführen. Ich bekam das Geld erst den 15ten nach der Schweiz nach Zürch hätt es 8 Tage gehen müssen von da nach Marschlins, ehe Dein Bube in Straßbg. ankommen wäre warst Du über alle Berge geschweige denn ehe wir beide die Reise hinaufgemacht.

Zu dem hatte ich dringende Angelegenheiten die meine Gegenwart in Weimar notwendig machten u. die Du auch einmal erfahren und Dich drüber freuen sollst. Mach nur daß Du bald wieder nach Europa kommst. Sei brav aber nicht zu verwegen. Vor allen Dingen behalte kaltes Blut u. Augenmaß die Grenzen der Gefahr abzumessen und dann ihrer zu lachen. Gewöhne Deine Soldaten dem Musketenfeuer geschlossen und mit aufgepflanzten Bajonetten entgegenzugehen Ihr werdt die Feinde aus der Fassung bringen sie werden schießen aber nicht treffen. Kommt Ihr nah so schießt auch aber zielt nicht zu hoch, in einer Entfernung von 50 Schritt zielt nach dem Bein. Vor allen Dingen marschiert fest u. gerade daß die Linie nicht an zu schwanken fängt. Die kreuzenden Feuer sind die besten wenns doch geschossen sein soll. Im Marschieren schießt gar nicht. Könnt Ihr den Feind mit Bäumen die halb umgehauen halb noch an den Wurzeln hängen und mit Strömen die Ihr an einem Ort dämmen könnt, damit sie am andern austreten aufhalten so tut es. Kehrt Euch an die Kanonen nicht die mehr Lärmen machen als Schaden tun Verändert Eure Bewegungen und Eure Märsche beständig so verwirrt und dekontenanziert Ihr den Feind. Und seht Ihr die Kolonisten einmal so sagt ihnen daß sie Narren sind daß sie für eine Freiheit fechten die in der Natur der englischen Verfassung nicht liegt die nur ein eingeschlichener Mißbrauch ist. Das Unterhaus hat nie Stimme im Parlament gehabt als da die Könige Geld von ihnen brauchten und den Adel scheren wollten. Sie hatten nie ein anderes Recht als zu bitten Suppliken einzureichen und das behalten sie ja noch. Wenn der König sie nötig hat und sie ihm Geld stoßen wird er ihnen schon mehr bewilligen.

Unterdessen gehabt Euch wohl und Gottes Schutz walte über Euch. Er wird walten über Euch. Und hab ich Euch beleidigt verzeiht mir. Der Peter wär auch nur zur Last dort geworden und nach Europa sollt und müßt Ihr wieder zurückkehren mein lieber lieber Lindau.

mit innigster Wehmut
Lenz

Macht die Distanzen zwischen Euren Divisionen immer größer und größer, so sehen sie Euch immer für noch einmal soviel an. Ich schicke das Geld Deinen Fräulein Schwestern mögen sie damit disponieren oder Lavatern wie Dus befiehlst.

In der Magna charta von England steht kein Wort vom Unterhause. Nur durch das Geld das sie dem König Eduard stießen brachten sie es bei ihm dahin.

Auch werden es die Kolonisten nicht lange machen alles rüstet sich wider sie und das Geld wird ihnen in die Länge auch schon fehlen. Schreibt aus Amerika an mich wenn Ihr Euren Peter verlangt kann er künftiges Frühjahr ein wenig gescheuter mit den Schiffen zu Euch kommen.

Greven ist bei Euch, grüßt ihn feurig wenn er mich gleich nicht leiden kann.

107. Lenz an Merck

Den 14ten März [1776]

Ich bin in der größten Verbüsterung, herzlich geliebter, innig geschätzter Mann! – wegen einer Reise, zu der ich mich über Hals und Kopf anschicken muß und auf der ich auch Sie zu sprechen und zu umarmen hoffe.

Daß mir Ihr Brief Vergnügen und welches er mir gemacht, könnte ich Ihnen doch jetzt nicht gleich so sagen, wie ich es wünsche. Bei meiner Jugend, Schwachheit und Torheit führt mir der Himmel doch immer weise, reife und große Freunde zu, die mich wieder auf die Beine bringen.

Für all die Nachrichten, die den Grund meines Herzens interessieren, danke tausendfach. Wenn ich von heut über acht Tagen nicht bei Ihnen bin, so schicken Sie mir, ich bitte, nur unter Adresse der Jgfr. König die versprochenen Manuskripte, auch wenn es sein kann das Kupfer, es soll gleich wieder zurück.

Mir gehts wie Ihnen, ich bin arm wie eine Kirchenmaus; von verschiedenen Sachen, die teils unter der Presse, teils noch in Göthens Händen sind, hab ich gar keine Abschrift; die andern sind noch nicht gestaltete Embryonen, denen ich unterwegs Existenz geben will.

Meine Gemälde sind alle noch ohne Stil, sehr wild und nachlässig aufeinander gekleckt, haben bisher nur durch das Auge meiner Freunde gewonnen. Mir fehlt zum Dichter Muße und warme Luft und Glückseligkeit des Herzens, das bei mir tief auf den kalten Nesseln meines Schicksals halb im Schlamm versunken liegt und sich nur mit Verzweiflung emporarbeiten kann.

Alles das muß gut sein, weil es mir in jenem geheimen Rat oben so zugesprochen ward. Ich murre nicht, habe auch nicht Ursach, weil ich alles das mir selber zugezogen. Vielleicht schreibe ich in dem ersten Augenblick wahrer Erholung eine Catharina von Siena mit ganzem Herzen – die schon in meiner *pia mater* fertig, aber noch nicht geschrieben ist. –

Aber Sie, Sie und alles was wert ist, kann ich schätzen, kann ich mit ungeschwächten Nerven fühlen und das ist mein Vorzug, mein Glück und mein Hochmut.

Mündlich ein mehrers. Dank für Herders Knittelverse, ich

wünschte mehr in der Art von ihm zu lesen. Ihren fortgesetzten Reimhardt aber will und muß ich zu mir reißen, denn auf die Art Verse bin ich nun einmal bestürzt, da heurig die ganz ausgeglätteten neuitalienischen so Mode wurden, besonders im Merkur, die mir das Herzweh machten, eine Krankheit, die sonst nur Frauenzimmer haben, wenn ein unausgefülltes Leere in ihrer Brust ist. Sonst liebe Wieland von Herzen wegen seiner Jugendsünden und bitte mir sein Drama aus. Wohl ihm, wenn er mit Göthen zusammen schmilzt. –

Der Dichter, verliebt.
Ich dich besingen, Phillis? – Nein
Ich fühle dich zu sehr, um jetzt nicht stumm zu sein.

108. Lenz an Johann Georg Zimmermann

[Kehl,] d. 15ten März [1776]

Eine Reise deren Folgen für mein Vaterland wichtiger als für mich sein werden, zwingt mich bester der Menschen Sie zu beschwören daß Sie bei Herrn Reich alles anwenden mir das Geld das er für die Soldaten versprochen, sogleich durch Ihre gütige Vermittlung zu übermachen und zwar unter dem Couvert des Herrn Merk in Darmstadt mit dem ich deswegen schon die gehörige Abrede genommen. Sollte es auch unter der mir schmerzlichen Bedingung sein, daß er das Stück schon auf Ostern bekannt machen müßte.

Ich brauche Geld nötiger als das Leben und das zu einem entscheidenden Augenblick der hernach nicht wiederkommt. Könnt ich auch für die andere Piece etwas vorausbezahlt bekommen von der Ihnen Boje gesagt haben wird so geschäh mir auf ewig eine Wohltat. Ich bin auf der Hälfte des Weges der meine Laufbahn endet – und komme zu kurz. Helfen Sie!

Ihrem
aufs äußerste gebrachten
JMRLenz.

Richten Sie den Brief nur an Herrn Merk in Darmstadt.

[Am Rande:]
könnte es aufs späteste in 14 Tagen da sein. Verzeihen Sie das

erste und letztemal daß mich die Not zwingt in dem Grad unbescheiden zu sein. Wie werd ichs in meinem ganzen Leben gut machen?
[Adresse:] Herrn Herrn Leibarzt Zimmermann in Hannover.
[Notiz Zimmermanns: ›Empf. 23. März 1776.‹]

109. Herder an Lenz
[Bückeburg, März 1776]

Hier, mein lieber L. sind Deine Soldaten mit dem Refrain 15. Dukaten. Eben schreibt mir Zimmermann, Dein großer Freund, was Du mir eben in dem heutigen Briefe auch schreibst, daß Reich sie zur Michaelsmesse sparen soll. Er wirds tun, glaub ich, wenn er sich nur nicht vor Nachdruck fürchtet, der seinem Vordruck zuvor kommt: die Leute sind ja vor einander nicht sicher. Halt also Deine Ex. wenigstens ein. [Am Rande:] Die anderen Ex. mit der Fuhrpost.

Aber bist Du nicht zu sorgfältig und selbstquälend? Ziehst Spinnweb von Beziehungen im Kopfe herum, die niemand vielleicht als Du siehest u. wenn sie dann auch jemand sähe – Herostrat muß die Hand nicht zurückziehen, wenns nun brennen will. Und dann brennts ihm doch wohl zum Possen.

Sei mutig u. hülle Dich in Deinen abgeschabten Mantel: alles geht vorüber u. dem Mutigen mehr vorüber als dem Sorgsamen. Ich höre, daß die Wolken nicht gedruckt oder unterdrückt werden sollen; gut, aber ich wollt doch ein Ex. haben. – Sei frohen Herzens, wie es auch gehe; gnug, Du hast sie nicht heraus wollen u. Deine Pflicht ist erfüllet. Das übrige ist nun Schicksal.

Wie mich der stumme Wink Deines Briefes freut u. betrübet – was redst Du vom Verschwinden! Du mußt noch Morgenstern werden u. Gott loben. Deine Briefe sind mir, wie die Herzensbeichte eines Mädchens nach dem ersten Fehltritt, heilig! O daß ich näher an Dir sein könnte.

Mit Weimar stockts wieder (doch das unter uns) ich muß nach Ostern erst hin – denke! – Probpredigen. Nicht für den Herzog, versteht sich, sondern für die Stadtphilister und mich ahndets, ich komme nicht los. Da werd ich sie alle sehen.

Mein Paradies ist fertig – es geht zur Katastrophe – wollt es würd Ostern fertig, oder läge schon da! – Tausendmal wohl, lieber Junge, Gott mit Dir.

H.

Daß die Wolken Dein sind, weiß niemand: das Gerücht geht, es ist Goethe. Wir umarmen Dich beide. – Stella ist ein liebes Mädchen und Zug für Zug eine wahre Person. Das Stück hat Flügel der griechischen Aurora.

Mz.

110. Heinrich Julius von Lindau an Lenz

Gudensburg in Hessen den 16 März 1776

Ehe Du die Papiere liest muß ich Dir sagen daß ich noch lebe und vors erste auch noch mit dem Quartier in der Welt verliebt nehmen [!].

Nun kannst Du lesen.

Den Zweiten ging ich zu meinem Vormund, und nach Cassel wo Gaudot auf meine Bitte gekommen war, um meinen letzten Willen zu vollbringen, und mich alles in Ordnung zu bringen helfen. Hier ist etwas von einem Brief den ich an Grewen schreiben wollte – [...] *Two cruel Days yet I must live for my affairs sake. Still unsetteld undetermined. Whether that I live or that I die. I must make great sacrifices. And what party I chose I will not be determined by weekness but by Strenth of soul. Great God that art in heaven send thou me that strenth I want yet.*

The third
I have no strenth, whether to act, nor to omit the action Gaudot tells me I must expect the time, where I am far from my family. But no, this is the moment or not in a long while. Now I am to begin a new kind of life or a new kind of torture If I am obliged to try this yet, J shall be obliged to try all others till my death. But If I know myself enough for to be sure that I kan never get existentiam unoquoque momento debitam *it ist weekness and folly to wait for an other time [...] Now Death would be the seal of my existence, which else will never have a certain determination. Could all those ideas, be clear, active and*

lively in my soul at the last instant and till then, I would not be undecided. But this I pretend from my soul, before she can claim the right from my hand to be untied from her prison.

Gaudot machte mich immer mehr wankelmütig. Ich bekam Geschäfte denen ich der in Ungewißheit obliegen mußten. Ich reiste nach Zell. Der Engel, meine Schwester, die nur mich auf der Welt hat – neue Fesseln. Zimmermann den ich in Hannover gesprochen habe tadelt meinen Schluß von dem Vergangenen auf das Zukünftige. Er will ich soll hoffen, und behauptet es sei mir noch erlaubt zu leben, Summa, ich wandle noch unter die Lebendigen.

Du wirst nunmehr meinen Brief mit die 9 Carolinen bekommen haben und an *Me Gothe* in Frankfurt habe ich noch sechs geschickt. Von Peter höre ich aber noch nichts. Wollte Gott er käme nicht. Ich bin seiner nicht wert und eben deswegen wird er mir oft zu Last sein. Ich habe *Salis* gebeten selbst zu entscheiden was ihm am zuträglichsten ist. Nach der Entscheidung also kommt er mit oder nicht. Schreib mir nur frei was Du mir zu sagen hast. O daß Du doch Gaudot kenntest.

111. MERCK AN LENZ

Darmstadt d. 17ten Mart. 1776

Nur ein paar Worte Freude u. Danksagung trefflicher Mann über die gute Nachricht von Ihrer baldigen Ankunft. War das nicht ein herrlicher Einfall von Ihnen an mich zu schreiben, so daß wir einander nun als gute alte Bekannte umarmen können. Wo Sie hinreisen, möge Segen u. Glück Ihnen folgen, nur wünsche ich nicht daß Sie in die große Weltwirtschaft geworfen werden, wo alle Eigentümlichkeit des Menschen verloren geht. Selbst die Lage in Str., worüber Sie in anderem Betracht Ursache haben, mißvergnügt zu sein, machte Sie doch mit zum Dichter, der sich Drang fühlte Menschen zu bilden, u. mit Geistern, mit Unbekannten zu reden, weil alles um ihn her tot war.

Jezo hab ich keine Zeit was abzuschreiben, kaum noch so viel Ihnen zu sagen daß ich Sie mit der wärmsten Umarmung erwarte. Mein Haus ist der nächste Nachbar am PostHaus, also sehn Sie's ganz als das Ihrige, u. Gott gebe, auf etwas mehr, als kurze Zeit an. J. H. M.

112. Pfenninger an Lenz

Zürich 19 März 1776

Lenz! Dir gebührt von mir Lob u. Dank u. Preis, um all Deine schöne herrlichen Dinger, die mir von Dir zur Durchsicht kamen – Zu Herzen kamen – für die Dinge, die Du mir letzten Sommer schenktest, u. für den letzten Gruß durch Röd. – O Lenz! wie ich allen die fern sind abgestorben bin, – es schmerzt bisweilen nicht wenig. Doch könnt ich nur Dich nahen, Dich nächsten genießen, daß es heißen könnt genuß!! Liebster! Du sendest Kaisern bisweil ein Liedchen, worein unser einer schließen mögte, Du hättest viele, schwere, giftige Leiden; – Todeswunden – Ich leide oft mit Dir nach Maßgab meiner Kälte.

Laß uns auf das was kommen soll, das edle große Werk ›das in d. Leben Epoche machen soll‹ – nicht so lange warten, als unser Herr *Gott* auf den Messias. Und Du kommst gen Zürich! Das soll mir in meiner unseligen Abgeschiedenheit von Dir Trost sein; so ich nicht krank sein werde, u. das mich an Deinem Genusse stören sollte, wie a° 75 an Göthe p.

Veracht die 2 Worte nicht; sie sind im Bette geschrieben mit viel Liebe u. Anstreben Deiner – wovon Dinte nichts zeigt.

Pf.

[Adresse:]
Herrn Lenz. abzugeben bei Herrn Mag. Röderer
an d Neuen Kirche
      in Straßburg.

113. Johann Kaspar Lavater an Lenz

[Zürich], d. 22. Mz. [17]76

Lieber Lenz, alle Deine Briefe hab ich, verstehe sie und spotte Deiner nicht. – Ich habe ein Bild von der Waldnern, nicht zwei erhalten. Das von Baly – leicht und schlecht gemalt – übrigens noch so, daß ich all Dein Zittern und Sehnen verstehe und natürlich finde. Es ist unmöglich, daß ich Dir izt was drüber sage. Es ist Samstag, und ich kann nicht aufsehn. Das Engelsbild kam erst vorgestern. Hätt aber lieber eine bloße Silhouette gehabt. Das muß ein ganz ander Gesicht sein, in der Wahrheit. Das Bild ist, wie sehr mans kenntlich nennen mag, abscheulich verschwemmt; der große göttliche Umriß so zaghaft unbestimmt herabgepinselt, daß ich über den Maler recht unwillig wurde – unmöglich ist's, Lieber, daß ich Dir das Bild mit der ersten Landkutsche zurücksende. Ich habe nur eines. Dies laß ich sogleich, so gut, als möglich kopieren. Ich erhielts erst Mittwoch abends, Donnerstag ließ ichs anfangen. Soll ichs Dir senden das Original, als Dein oder mein Eigentum. Hats die W. mir oder Dir geschenkt? Tut nichts, es ist immer Dein. Nur daß ich, des Dankens wegen es wisse. Hierauf deutl. bestimmte Antwort.

Vorläufig werd ich ihr schreiben. – Ihr Brief ist entsetzl. kalt. recht so im Fürstenstil – das tut aber nichts. Ihr Gesicht ist tausendmal besser, als ihr Brief. Die Nase allein ist mehr wert. als tausend andre Gesichter, obwohl auch diese verzeichnet ist.

Kayser wünscht zu wissen, wo Du bist. Ich bin ruhig. Er nicht so. Kaufmann wird ein herrlicher Mensch werden.

Alles was ich izt schreiben kann. Lebe u: Liebe. Amen!

L.

[Adresse:] Herrn Lenz in Straßburg

114. BOIE AN LENZ

Hannover, den 22ten März. 1776

Ich freue mich nicht wenig, daß Sie mit der Art zufrieden sind, wie ich's gemacht habe. Auch Ihr Mspt. habe ich wieder, ich wills aber nicht so auf die Post geben, um Ihnen nicht unnötige Kosten zu machen; es liegt versiegelt da; so bald Sie mir schreiben, liegts im Feuer. Ich schicke Ihnen das Exemplar der Wolken, das ich habe, und die Verteidigung noch unkorrigiert, wie er sie mir geschickt. Auch die hat wieder umgedruckt werden müssen, wie Sie aus seinem letzten Briefe sehen werden, den ich der Seltenheit halber beilege, und mir wieder ausbitte, weil er bei den Akten bleiben muß. Sie sehen, daß er Göthen noch immer für den Verf. der W. hält. Vor der Messe muß ich ihm seinen Irrtum benehmen. Aber, wie kann ich, ohne Sie zu verraten? Daß H. Zimmermann den Abdruck der W. gesehen, werden Sie nun auch aus seinem Briefe wissen, und können nichts dawider haben, eben so wenig, als Sie's ihm verdenken werden, daß er mir die Soldaten gezeigt. Er sowohl, als ich, wollen, wenn sie erst ins Publikum kommen, gern den Holländer Steenkerk für den Verf. ausgeben. Aber wer wird's glauben? Lenz ist in jeder Szene kennbar. Das Stück hat mir sehr viele Freude gemacht. Es ist ganz Natur, Wärme und Leben von Anfang bis zu Ende, und – bis zu den Fingerspitzen hervor. Ein paar Szenen sind mir nur zu sehr Soldatennatur. Ich – Sie werden mich auslachen – meine nämlich, die Farben seien hie und da zu stark aufgetragen, und man könne nun keinem Mädchen das Stück vorlesen, oder sie's lesen lassen. – So weit hatt ich geschrieben, als ich Ihren Brief vom 11. März erhalte. Lieber Freund, was Sie verlangen, ist, wahrlich! nicht möglich. Hellw. hat vielleicht izt schon einen Teil des Mspts. abgedruckt. Wird er's wieder hergeben? Die abgedruckten Bogen in Makulatur werfen? Und bei Reichen erhalten Sie nicht mal Ihre Absicht, wie Ihnen schon unser Zimmermann wird geschrieben haben. Auch ökonomisch betrachtet ist es besser, daß H. das Stück behalte. Hören Sie. 30 Rtl. verlangt er für seinen Schaden, wenn die W. nicht ins Publikum sollen. 15 Duk., die Sie von R. bekommen, machen 40 Rtl. 10 Rtl. bekämen Sie also heraus. Hier bekommen Sie noch 1 Duk. für den Bogen, und ich hoffe, es sollen 7 bis 8 werden, da das Stück weitläuftiger u. besser gedruckt, als der hier übersandte Probeabdruck der W. Ich geriet nur an Helw., mit dem ich sonst wenig bekannt war, weil ich dachte, es wäre besser, daß die W. in einem Winkel gedruckt wurden. Eine Vignette hätt auch Reich zur Messe wohl nicht fertig geschafft, wenigstens keine gute ... Könnt ich Ihnen sonst nützlich sein zu Verbesserung Ihrer Lage, mein liebster Lenz! Der Himmel weiß, wie warm, wie ganz ich diesen Wunsch tue. Wo Sie mich brauchen können, sagen Sie mirs ohne Rückhalt, ohne Besorgnis, wie Sie in dem lezten Briefe äußern, mir beschwerlich zu fallen, und was ich kann, geschieht gewiß. – Sobald Abdrücke der Verteidigung fertig sind, schick ich sie Ihnen. Helw. schrieb ich, eben so geschwind zwei Exempl. an Wieland zu senden. Vielleicht kostet das, was ich izt schicke, Ihnen zu viel Postgeld für was es ist, aber Sie wollen, und ich gehorche.

Ich befinde mich in meiner neuen Lage ganz wohl, habe viele Bekannte, und schon einige Freunde, und hoffe, es soll mir immer besser werden. Zimmermann ist ein vortrefflicher Mann, mit dem ich immer mehr zusammenstimme, je länger ich ihn kenne. O wären Sie, wenigstens auf eine Zeit auch in unserm Zirkel! Es sollt Ihnen schon gefallen. Erst izt habe ich den Brief des Prinzen Tandi gelesen, und mit wieviel Vergnügen! Er wird so einzeln nicht genug bekannt. Warum war noch kein Museum, da er herauskam? An Ihren Freund Schloßer hab ich noch nicht schreiben können, weil Weygand mir noch kein Geld geschickt hat. Machen Sie doch bei dem würdigen Mann, daß er mir zuweilen noch was schickt. Ich, wenn ich ihm schreibe, kann nur danken; wie dürft ich mehr bitten? Aber, im Ernst, wenn Sie jezt ein Paket für mich zusammen hätten, täten Sie mir einen Gefallen, wenn Sie's bald schickten. An statistischen, historischen, philosophischen Aufsätzen fehlts nicht, aber für Unterhaltung hab ich noch wenig. Unsre Göttingischen Philosophen schreiben so wenig fürs allgemeine Publikum ... Von Bürgern indes sollen Sie bald was Prosaisches lesen, das Ihnen Freude machen wird. Sie wissen vielleicht noch nicht, daß man in Weimar für seinen Homer eine Subskription von 65 Louisd. zusammengebracht, die zahlbar ist, so bald er ankündigt, daß er vollenden will. Der Herzog steht oben an mit 20. Göthe ist sicher der Urheber davon. Daß Herder nun auch dahin geht, wissen Sie wohl schon. Mir geht viel dadurch weg, da er mir jezt so nahe war. Claudius erwart ich nun alle Tage auf seiner Durchreise nach Darmstadt. Haben Sie für Voßens Alm. nicht einige kleine Beiträge? Sie erweisen mir eine Freundschaft, wenn Sie ihm welche geben. Göthe las mir in Frankf. vor zwei Jahren Verse an Ihren Badewirt vor, die mir sehr gefielen, und die Sie mir schicken müssen, wenn Sie sie noch haben ... Bald hätt ich vergessen, Ihnen für Ihren Petrarch zu danken. Ich habe mich sehr daran ergözt, ob ich gleich das Ganze nicht fasse, vielleicht weil es zu unvollendet ist. Von Literatur weiß ich eben nicht viel Neues. Einer meiner Freunde läßt ein Trauerspiel Julius von Tarent [drucken], das noch einen Deutschen mehr ankündigt, der der Nation Ehre macht. Eben da ich weiter schreiben will, besucht mich H. Z. und zeigt mir Ihren Brief. Ich schicke diesen also auch nach Darmstadt, adressiert an H. Merk, dem Sie ja recht viel Gutes von mir sagen. Z. ist verhindert heut zu antworten, weil er eine Krankenreise tun muß. Er bittet mich, Ihnen mit dem wärmsten, freundschaftlichsten Gruße zu schreiben, daß er Geld u. 12 Ex. der Soldaten den 11ten März an Herdern geschickt, und ihm gestern gleich darum geschrieben, u. gebeten habe, beides an Merk zu adressieren. Ich bin unendlich begierig, wieder von Ihnen zu hören. Der Himmel leite Sie. Könnt ich nur was mehr als wünschen! – Ich lege 6 Duk. für den Philosophen bei, will mir sie von Helw. wiedergeben lassen, u. Ihnen das übrige nachschicken, wenn es mehr betragen sollte. Ich umarme Sie. Wunderlich Zeug hab ich da durcheinander geschrieben, und hatte noch mehr – aber ich reiße mich los. Ewig der Ihrige

B.

115. Luise König an Friederike Hesse, für Lenz

[Straßburg,] d. 25. März [1776]

Sagen Sie doch Lentz daß Frl. von Waldner eine Braut ist, mit einem Mann der nicht ganz ihrer wert ist, ohne die feinen Empfindungen die ihren Haupt Charakter bezeichnen und besser gemacht ein alltags Geschöpf glücklich zu machen wie sie, ihr Herz hat ihn auch nicht gewählt, Vernunft und starke Ursachen die sich nicht sagen lassen, haben die Sache entschieden ich hoffe aber doch sie soll glücklich sein wann sie will – dies ist das Geheimnis das Lentz so sehnlich zu wissen verlangte, nun hat er es – es ist H. v. Oberkirch der Älteste der sie heuratet, gleich nach Ostern wird sie ihr Glück entscheiden, o es werde vollkommen!! – ich kann Ihnen heute nichts nichts sagen, ich habe keinen Augenblick Zeit dazu, doch wollte ich Lentzen den Anteil belohnen den er an meiner Freundin Schicksal nimmt. Versichern Sie ihn meiner Freundschaft Sie wissen daß Sie sie auf ewig haben

Luise.

[Adresse:] *Madam Hess*

116. Lenz an Herder
Sub iuramento mysterii
Darmstadt [Ende März 1776]

Ich will Dir alles sagen, Herder! Das Mädchen das die Hauptfigur meiner ›Soldaten‹ ausmacht, lebt gegenwärtig in der süßen Erwartung ihren Bräutigam, das ein Offizier ist, getreu wiederkehren zu sehen. Ob der's tut oder sie betrügt, steht bei Gott. Betrügt er sie, so könnten die ›Soldaten‹ nicht bald genug bekannt gemacht werden um den Menschen zu zerscheitern oder zu seiner Pflicht vielleicht noch zurückzupeitschen. Betrügt er sie nicht, so könnte vielleicht das Stück ihr ganzes Glück und ihre Ehre verderben, obschon nichts als einige Farben des Details von ihr entlehnt sind und ich das Ganze zusammengelogen habe. – Das ist die Bewandtnis nun entscheide!

Wenigstens müßte in ein Zeitungsblatt gesetzt werden, das Stück wäre von einem gewissen Theobald Steenkerk aus Amsterdam geschrieben worden, damit wenigstens bei den Stadtwäschern die nichts weiter als Detail drin sehen vor zu großen Unverschämtheiten eine Sperrkegel gelegt würde. Meine Exemplare kommen nicht aus den Händen. Für die Bezahlung danke.

Ich bin auf dem Wege nach Weimar, wo ich auch Dich zu sehen hoffe. Armer Herder mit den verdrüßlichen Schritten die Du durch Kot machen mußt, da Du zum Fliegen Fittige und Bestimmung fühltest. Aber vergiß nicht Liebchen daß wir auch Tiere bleiben, und nur Klopstocks Engel und Miltons und Lavaters Engel auf den Sonnenstrahlen reiten. Ich bin stolz darauf, Mensch zu sein.

Ich hoffe heut beim Geheimerat Dein und Deines Weibes Angesicht zu schauen und viel Mehrers zu Eurem Bilde zu sagen. Liebe mir doch den Merck, bei dem ich dies schreibe.

Lenz

[Auf den Rändern:]
Probepredigen? Lustig genug, aber sieh das als eine Farce an, und denk an Coriolan im Kandidatenrock, Ulyß gar in Bettlerslumpen. Küß Deinen Sohn!!!

Die ›Wolken‹ dürfen nicht eher als nach meinem Tode ans Licht kommen. Es sind wahre Wolken voll Schnee und Hagel, die Gott wegwehte. Der Anhang wird Dir besser gefallen, und den sollt Du haben. Grüße Zimmermann.

Solltest Du ein Exemplar der ›Wolken‹ selber zu Handen bekommen, so halt es unter sieben Siegeln. Sie könnten mir alles verderben, was ich tun will, kann, werde. Deinem Weibe Heil!!!

Es ist mir Last der Verzweiflung, wenn man meine ›Wolken‹ Goethen auf den Rücken schieben wollte. Er weiß nicht einmal, daß ich die Idee gehabt, welche zu schreiben. Überhaupt stehe ich allein.

Auf das Paradies wär ich begierig. Könnt ichs nicht bekommen, Vater Herder? Nichts von Schicksal hier!

Die Meinungen – sind von mir.

117. LENZ AN GOETHE

[Darmstadt, Ende März 1776]

Als ich den Antikensaal in Mannheim sah Bruder Goethe so durchdrung durchbebte überfiel mich Dein Geist, der Geist alles Deines Tuns und aller Deiner Schöpfungen mit einem Entzücken dem sich nichts vergleichen läßt. Ich sah Dich an meiner Seite stehn ich sah wie sich Dein Blick an den Zähren letzte die ich vor Laokoon vergoß wie alle die himmlische Begeisterung dieser Gestalten denen ich – o wie gern die Ehre der Anbetung erwiesen hätte auch Dein Herz zu höherer Freundschaft für mich emporhub da ich ihrer nun würdiger war. Ach wer sollte den Gott in diesen Bildern nicht anbeten, wer sollte das Herz haben das Idololatrie zu nennen – Nur Du auf der Rechten und sie die Hoffnung meiner letzten Seligkeit an meinem Herzen fehlten mir noch um nun wirklich das erstemal die Freuden des ewigen Lebens zu fühlen

118. LENZ AN LUISE KÖNIG

[Darmstadt, Ende März 1776]

Und Sie Freundin von Fräulein Waldner und Vertraute ihrer Geheimnisse und können zugeben daß sie einen Mann heurate, der ihrer nicht wert ist, den ihr Herz nicht wählen kann. Sie die alle die fürchterlichen Folgen von dergleichen Verbindungen nicht allein durch Ihr eigenes Gefühl sondern durch soviel neue Erfahrungen einsehen – Sie können den Ausdruck brauchen, auf Ostern wird ihr Glück entschieden mir das offen zuschicken

Ich habe keinen Namen meine Verachtung und meine Wut auszudrücken. Sie mir das zuschicken – und lachend – um mir den Anteil zu belohnen den ich an Ihrer Freundin Schicksal genommen? Also beleidigte Sie das? Und Sie nennen sich Freundin? Und Ihre freundschaftlichen Ratschläge haben vermutlich den Entschluß des Fräuleins bestärken helfen.

Nun wohl! da die Sache nicht mehr zu hintertreiben ist so hinterlaß ich Ihnen dies Blättgen zur schuldigen Danksagung. Mein Schicksal ist auch entschieden.

Lenz

[Am Rande:]
Mein Anteil war kein andrer als den jede edle Seele an dem Schicksal eines Frauenzimmers wie das nehmen mußte. Ein Teufel müßte ich sein ruhig zuzusehen, daß sie unglücklich sein soll

119. LENZ AN HENRIETTE VON WALDNER

[Hinter Frankfurt, um den 1. April 1776]

Un inconnu Vous ecrit ceci, prenez cela plutot pour un avertissement du ciel. Je n'y peux pas avoir d'interêt, parceque je ne me nomme pas. Qu'allez Vous faire trop aimable et charmante Baronne! epouser un homme qui n'est pas à portée de Vous, qui n'est pas en état de Vous ap-

précier, sacrifier jeunesse beauté graces talens richesses tout tout a une ame qui peut etre ne sait estimer que le dernier et le plus vil de ces rares avantages. Dieu où en estes Vous, si spirituelle si penetrante que Vous etes de Vous laisser aller de la sorte a un sort aveugle, cruel et injuste a un sort qui tôt ou tard coutera la vie a vos veritables amis, parce qu'ils Vous voyent perdue sans ressource, oui perdue adorable que Vous etes d'etre tombée dans les mains d'un homme ordinaire et consequemment froid et inconsequent; Vous femme extraordinaire en tout point. Ecoutez moi ecoutez moi, ne vous abandonnez pas si legerement, attendez au moins, eprouvez le, qu'avez Vous a risquer. Voyez par mille experiences s'il peut un jour meriter Votre main. Pensez que c'est un pas pour la vie, un pas qu'on ne peut plus retracter. Croyez moi tout amour de la vertu commence de soi même; on ne peut plus se plaindre du sort, apres s'etre rendu malheureux soi même. A quel malheur quel crime plus grand que de Vous donner Vous meme a des intentions douteuses, frivoles au moins a un cœur qui ne sait pas mourir de joie d'avoir remporté un triomphe sans pareille, un cœur qui ne mette pas toute sa felicité a Vous adorer.

120. Lenz an Johann Kaspar Lavater

[Um den 1. April 1776]

Einige Stunden hinter Frankfurt nach Weimar Lavater! mitten auf meinem Wege bekomme ich den Todesstreich, die Nachricht daß Fräulein v. Waldner Braut, ist mit einem Menschen der sie nicht verdient, nicht zu schätzen weiß, ohne Nerven für schön und gut, bloß eigennützig vielleicht unter der Maske der Liebe. Mein Schicksal ist nun bestimmt, ich bin dem Tode geweihet, will aber rühmlich sterben daß weder meine Freunde noch der Himmel darüber erröten sollen. Aber sie – sie in den Armen eines andern und unglücklich – zu wissen das ist ein verdammender Gedanke. Strecke aus Deine Hand Knecht Gottes und rette nicht mich – sie – damit ich ruhig gehen kann.

Stelle ihr vor, ich flehe Dich, welch ein Schritt, welch ein Schritt es sei den sie tut – von welchen Folgen für ihre ganze Ruhe – für ihren Charakter – für den Reiz selber der ihre große Seele jetzo von den Sklavenseelen des Unglaubens auszeichnet – für alle ihre Vollkommenheiten die sie auf immer aufopfert – Gott und wem? Sie ist für die Welt verloren wenn sie keinen Mann hat der sie zu schätzen weiß, sie ist vielleicht auch für die Zukunft verloren, der Schritt ist entscheidend, Lavater rette wenn Schönheit mit allen Eigenschaften der Seele vergesellschaftet je Anspruch auf Mitleiden und Enthusiasmus machten. Mit welcher Wollust sterben wollte ich wenn ich wenigstens wüßte daß sie in dem Besitz eines Mannes wäre, der sein Glück zu fühlen zu schätzen, der sie durch seine innige Verehrung auf der Laufbahn zu erhalten wüßte, auf der unsichtbare Engel sie geleitet – die jetzt vergeblich um sie zittern, sie von einem Irrwege abzuleiten der ihnen eine Schwester entreißt. Ach Lavater! wenn Du je eine edle Tat getan hast, so ist es diese, ein Sterbender bittet Dich darum, ein Sterbender der Dir lieb war, dem Du Beurteilung und Vernunft zutraust, selbst wenn er dem unerträglichen Gewicht seiner Schmerzen erliegt. Tu was Du kannst, und Du hast alles getan – tust Dus nicht so wird Dichs reuen. – Ein Frauenzimmer von ihrem Stande, von ihrem Vermögen – von ihren in Strasburg ganz ganz verkannten höheren Vorzügen des Geistes kann und darf sich nicht übereilen, kann und **muß wählen** – Ach ich bin zu erschöpft von meiner Verzweiflung als daß ich mehr schreiben kann. Nur laß nicht **merken daß ich es Dir gemeldet habe.** Schreib ihr unmittelbar unter ihrer Adresse in Strasbg. Sie hat eine so weitläuftige Korrespondenz daß sie Deinen Brief ohne Gefahr erhalten kann. *(A Madame Madame de Waldner, Chanoinesse a Strasbourg)* Nur wenn Du merken lässest daß ich dahinterstecke, so bin ich verloren. Red ihr als Geistlicher – als ihr Freund ans Herz – weiter nichts als daß Du sie auf die Wichtigkeit des Schritts aufmerksam machst – auf die Gefahren denen sie sich aussetzt einen Mann zu nehmen den sie nicht lieben kann, der sie nicht liebt wie sie es verdient.

Ich habe Deinen Abraham an die Prinzessin Louise mitgenommen. Wie glücklich wäre meine Reise wenn ich nicht die Hölle im Herzen trüge. Mit welchem Gesicht werde ich bei Hofe erscheinen! Herder kommt auch dahin, wird dort die Probepredigt halten. Goethens Eltern grüßen Dich zärtlich auch

Merk. – Schick mir doch das Bild bald damit ich nicht untergehe. durch Röder [!] – lieber gerade. Lenz
[Am linken Rande:] ihr Bild oder ich sinke eh alles getan ist.

121. LENZ AN WEIDMANNS ERBEN UND REICH
Weimar [!] den 1. April 1776
Wollen Sie eine Schrift, die ich unter Händen habe ›Über die Soldatenehen‹ drucken? Ich verlange weiter nichts als 2 Dukaten den Bogen und saubern Druck und Papier, weil sie sich in Versailles und an andern Höfen produzieren soll. Die Sache hat Eile und ich sähe gern wenn sie sobald als möglich im Meßcatalogus angezeigt werden könnte. Wüßten Sie mir allenfalls einen guten Übersetzer ins Französische vorzuschlagen?
Lenz
Verfasser der Soldaten

122. LENZ AN BOIE
Weimar [!] d. 2ten April 1776
Wollten Sie mir doch lieber Freund! wo möglich das Geld für die Freunde machen p ungesäumtst nach Weimar zuschicken, wo ich mich einige Zeit aufhalten werde und folglich zusammenraffen muß was ich bekommen kann.

Sagen Sie mir doch auch wenn Sie es wissen bei welcher Division hessischer Truppen Lindau engagiert ist und wenn's sein kann den Namen des Regiments. Auch wohin man sich zu wenden hätte, wenn man ihm etwa einen Brief nach Amerika zuschicken wollte.

Ich habe unterwegs viele wackere Leute kennen gelernt. Von denen allen wir ins künftige mehr sprechen wollen. Meine Adresse ist an Goethen weil der Name hier bekannter ist.
Lenz

Nochmals daß doch die Wolken in keines Menschen Hände kommen mag darnach fragen wer da will. Sie sehen selbst die Notwendigkeit davon ein lieber Freund.

123. Simon an Lenz

Dessau, 4. April 1776

Mein Teurer, Lieber Lenz! Unser Philanthropin braucht itzt unumgänglich notwendig einen besondern Mann als teutschen Schriftsteller. Da wir Ihre Talente und Ihr Herz kennen, glauben wir nirgends besser, als an Sie uns wenden zu können. Helfen Sie mit ein Institut befördern, das das Wohl der Menschheit zum einzigen Gegenstand hat.

Die Bedingungen sind: Mit uns glücklich zu leben, Ihre Kräfte zum allgemeinen Wohl mit den unsrigen zu vereinigen, und alle Vorteile mit uns zu teilen, die wir genießen. Die Reiskosten sind frei, versuchen Sie ein bis zwei Jahre bei uns zu sein, sollten Sie alsdenn (wofür mir nicht bange ist) mit Ihrem Aufenthalt allhier nicht zufrieden sein, so sollen Sie kostfrei hingeliefert werden, wohin Sie wollen. Alle Bedingungen, die Sie noch machen wollen, – da Sie keine andere als billige machen können, sollen erfüllt werden.

Lassen Sie uns so bald als möglich wissen, ob und wann Sie kommen wollen. Werden Sie mit ein Vater des Philanthropins, lieben Sie dasselbe, und denjenigen, der im Namen desselben schreibt

Ihren Simon Professor am Philanthropin zu Dessau.

124. Lenz an seine Mutter

[Weimar] am Karfreitage [5. April] 1776

In diesem Augenblick meine teureste Mutter! da ich der Mutter meines Goethe schreibe, in seinen Armen in seinem Schoß, schreib ich auch Ihnen, sag Ihnen, daß ich jetzt in Weimar bin, wo Goethe mich heut dem Herzoge vorstellen wird.
Lassen Sie sichs nicht reuen daß ich immer noch so herumschweife. Gott führt jeden seinen Weg, es bleibt dabei daß ich Sie u. meinen lieben Vater überall im Herzen herumführe und Ihnen keine Schande machen will.

Sagen Sie unserm lieben Vater, er soll alle unsere Geschwister und Freunde an einem Sonntage zusammenbitten und meines Bruders Goethe Gesundheit trinken. Alsdenn seiner Mutter, seiner Schwester, seines Vaters und dann meine. Die Rangordnung hat ihre Ursachen.

Ich werde Papaen schreiben eh ich von hier wegreise, bitten Sie ihn daß er immer gleich zärtlich gleich gütig gegen mich bleibt. Küssen Sie alle meine Geschwister von mir. Und all unsere Freunde.

Jakob M. R. Lenz

Was macht Schwester Liesgen?
Abends. Ich bin 2 Stunden beim Herzoge gewesen und werde morgen mittag bei ihm essen. Sehr gnädig empfangen worden. – Was für große treffliche Leute kennen gelernt! All das dank ich Ihnen mein Vater! beten Sie ferner für mich.

125. Lenz an Heinrich Julius von Lindau
[Weimar, April 1776]

Wie Lindau Ihr wollt in den Lehrjahren Eures Lebens da Ihr auf alles das was groß und edel ist Ansprüche habt Euch hinlegen u. sterben? Warum nicht lieber ausschlafen? Pfui schämt Euch solchen Entschluß weise zu nennen. Wißt Ihr denn nicht daß die Natur alles langsam reift, daß alles seine Stufen und Grade hinaufgehen muß also auch Ihr. Die Schnecke kriecht und kommt endlich zum Ziel der Löwe läuft u. kommt nicht weiter und nur auf das Auge kommt es an, so scheint Euch der Löwe eine Schnecke. Wollt Ihr übereilen was seiner Natur nach nicht übereilt werden kann? Wollt Ihr im Alter von achtzehn Jahren ein Greis sein? Wollt Ihr Taten getan haben eh andere noch den Gedanken dazu fassen und wenn sie noch nicht getan sind verzweifeln? Verzweifelt daß die Erde 365 Tage braucht eh sie um die Sonne geht, verzweifelt an ihren Kräften. Eure Kräfte wirken unmerklich, aber Eure abgeschmackte Phantasie macht Euch weis daß Ihr keine habt weil Ihr kein Atlas seid.

Wollt Ihr Euch totschießen lassen oder juckt Euch die Haut so das Leben zu verlieren so geht nach Amerika und verliert es auf eine edle Art. Wollt Ihr alles verlieren so setzt das Leben doch wenigstens auf die Karte und versucht ob Ihr damit nicht alles gewinnen könnt. Verwünscht sei der Thomas wenn er Euch nichts anders lehren kann als deklamieren und Testamenter machen. Ihr Testamenter machen in einem Alter von 18, 19 Jahren? Die Idee ist so kindisch als wenn die Mädchen die mit Puppen spielen sich verheuraten. Wer hat Euch das Recht gegeben zu sterben da Ihr noch nicht gelebt habt. Wer das Recht Euer Vermögen zu testieren und wegzuwerfen, da Ihrs noch nicht selber gebraucht habt. Wer das Recht fremde Kinder anzunehmen da Ihr aus Euch selbst noch alles mögliche zu machen habt. Ich hasse die Leute die andere erziehen wollen, jeder hat mit sich selbst genug zu tun.

Das Schweben ist Mangel des Muts Euch zu etwas zu bestimmen, seid etwas oder seid nichts. Geht nach Amerika oder bleibt zu Hause und baut Euer Landgut bis Euch was Besseres einfällt. Mich deucht aber Euer Geist muß durchaus Beschäftigung haben, macht also meinthalben Projekte nur macht sie nicht so ungeheuer daß sie Traum bleiben müssen Ihr macht Euch und Eure Freunde lächerlich dadurch. Fangt an auszuführen und solltet Ihr auch zu Nicht gehen drüber, ein Tag gibt den andern.

Euch ermorden und wißt Ihr mein Freund daß jedermann drüber lacht und wenns geschieht noch ärger lachen wird. Euch ermorden aus langer Weile wie der Engländer der sich vor den Kopf schoß weil er nichts Neues in der Zeitung fand. So schlägt man Flöhe tot aber keine Menschen. So geht denn mit u. macht die Expedition u. bedenkt daß die Natur es ist die Kräfte gibt nicht wir selber, daß sie sie im Augenblick der höchsten Ohnmacht gibt wenn wir uns nur in die Notwendigkeit setzen welche zu haben u. dem Gott glauben der in ihr arbeitet. Ihr aber wollt Wasser auf den Berg leiten ohne zu pumpen und wenn es sich nicht von selber hinaufbegibt verzweifeln und sterben und Testamenter machen. Euer Peter ist ein Schurke wenn er Euch feig oder mißtrauisch gegen Euch selbst macht. Eure Imagination trägt das in den Jungen hinein was in Eurer Seele liegt, Ihr seid der Peter u. Eure momentane Existenz wird erst unterm Gewehr in Amerika angehn. – Laßt was für den Peter zurück zur Erziehung u. denkt weiter nicht an ihn: wenn es Euch wohl geht überm Jahr etwa oder in einigen Jahren könnt Ihr ihn ja nachkommen lassen. Setzt Eure Existenz nun einmal dran, im erheischenden Fall wird Euch der Verstand u. die Gegenwart des Geistes schon kommen, Euch herauszuhelfen das ist nun aber freilich das Kind das oft mit vieler Angst geboren wird.

Das ist mein Rat u. Goethens u. Wielands u. Salis u. aller Menschen Tiere Engel Götter u. Halbgötter. Sterbt aber sterbt als Mann. Lenz

126. Boie an Lenz

Hannover, den 11ten Apr. 1776

Sie sind also nicht nach Darmstadt gekomen, liebster Freund? Dahin haben sowohl H. Zimmermann als ich Briefe und Geld geschickt. Beides wird hoff ich nun in Ihren Händen sein. Sagen Sie mir doch bald, wie's Ihnen in Weimar geht, und ob Sie sich da fixieren. Herr Steenkerk gilt hier, durch seine Soldaten, allethalben für einen sehr glücklichen Nachahmer von Lenz. Wir haben jetzt die Schrödersche Gesellschaft von Hamburg hier, und ich habe schon einige herrliche Abende in der Komödie zugebracht. Warum haben Sie nicht ein ungedrucktes Stück in Schröders Hände zu spielen gesucht? Er spielt künftige Woche eins von Klingern, das ich sehr neugierig bin zu sehen. Ich wollte, Sie ließen sich einmal verführen, uns hier zu besuchen. Herr Zimmermann wenigstens und ich würden Sie mit offnen Armen empfangen, und ich könnte Ihnen bei mir ein recht artiges Gartenstübchen anbieten, das Ihnen schon gefallen sollte. Von Ihren beiden Sachen, die Helw. hat, hab ich noch keine Bogen. Das andre ist von unsrer Seite völlig unterdrückt. Mein Verleger Weygand schickte mir vor einigen Tagen Anekdoten zu Werthers Freuden von Göthens Hand geschrieben fürs Museum zu, die ich wieder zurückgeschickt, weil ich sie seinet- und meinetwegen nicht drucken lassen möchte. Auch weiß G. vielleicht nichts davon, daß ich sie gehabt. Sagen Sie's ihm, und bitten Sie ihn, sie wo möglich wegen hiesiger Freunde zu unterdrücken. Wider N. jetzt auch noch was zu sagen, da die Freuden längst vergessen sind, wäre ja zu spät. Grüßen Sie Göthen, und machen Sie, daß er mir ein paar Blättchen für Mus. gibt. Werden Sie ihm in W. auch nicht ganz ungetreu. Wenn Sie eine Woche später nach Darmstadt gekommen wären, hätten Sie Claudius da getroffen. Wir haben einen herrlichen Abend hier gelebt. Lindau ist Lieutenant im Wutgenauischen Regiment, das, so viel ich weiß, noch nicht in Marsch ist. Ein Brief, an seinen Vetter Lindau, *Lieutenant* in der Garde zu Kassel adressiert, kömmt gewiß in seine Hände. Künftig, wenn er in Amerika, können Si[...] durch mich so oft schreiben, als Sie wollen, ohne daß [...] Ihnen was kostet. Schreiben Sie mir doch ein bißchen v.. Ihrer Reise und Weimar, u. vergessen nicht ganz

Ihres ergebensten [...]

Schreiben Sie mir künftig lieber über Braunschweig.
[Adresse:] Herrn Herrn Lenz, Gelehrten
bei Dr. Göthen zu erfragen.

Weimar

127. LENZ AN LUISE KÖNIG

[Weimar, April 1776]

Wie steht es liebe Freundin? Wollen Sie mir denn kein einig Wort schreiben? Ich hätte Ihnen tagelang zu erzählen von alledem was ich gesehen und gehört und was seit der Zeit mit mir vorgegangen. Ich schweige aber auch wenn Sie mir schweigen. Ihre Bedenklichkeiten sind /:verzeihen Sie mir:/ fast ein wenig geziert. In Deutschland wenigstens denkt das Frauenzimmer in dem Stück freier glücklicher und erlauben Sie mir zu sagen vernünftiger. Werfen Sie also ich bitte einmal das Vorurteil des vorigen Jahrhunderts über den Zaun.

Mein Herz würde hier auf Rosen liegen, wenn ein Gedanke an Strasburg nicht feurige Kohlen draus machte. Melden Sie mir doch ich bitte, allenfalls durch Röderer einige Neuigkeiten von dort aus, ohne die ich vergehen muß, da ich hier den ganzen Tag im Strudel des Hofs wie im beständigen Taumel lebe.

Lenz

Ist Fräulein von Waldner noch in Strasburg? ist die Hochzeit schon vor sich gegangen? – Ich habe ihre Cousine hier neulich eine Oper spielen sehen, aber noch nie das Herz gehabt sie anzureden. Warum, ist mir selber unbegreiflich. Aber es ist mir unmöglich. Sonst kenn ich hier nun alle.

128. Lenz an Johann Kaspar Lavater

Weimar d. 14ten April [1776]

Bester Lavater! Dein Kupferstecher hat sich an Fräulein Waldner versündigt. Wenn hatte sie den Mund (den auch Baley schon gemißhandelt) Daß ich Dir ihren Mund malen könnte und all die Güte die in ihm wohnt. Das gezwungene Lächeln ist ganz und gar außer ihrem Charakter.

Eben so ist der Schatten der ihre Wange umschreibt ganz entstellend, auch B. hat ihn viel zu grob gemacht um den Zug von Menschenliebe auszudrücken der darauf wohnt. Das sagt auch der Herzog und Goethe.

Wär es denn nicht möglich das zu ändern zu bessern Lavater, ich will gern das Bild noch ein Jahr lang missen, so sauer mir's ankommt. Hab ich doch ihr Bild im Herzen. Aber wenn Du mich liebst schickst Du mirs sobald Du kannst.

Ich bin hier verschlungen vom angenehmen Strudel des Hofes, der mich fast nicht zu Gedanken kommen läßt, weil ich den ganzen Tag oben beim Herzog bin. Aber mein Herz bleibt immer dasselbe und kann seine Richtungen nicht ändern. Das sage auch Pfenningern den Wieland und Goethe sehr lieben und ich unendlich wert halte. Dein Abraham ist sehr gnädig aufgenommen worden. Herzog u. Herzogin sind wirklich Engel, mehr hindert mich die Fülle meiner Wertachtung zu sagen. Goethe ist wirklich Mignon hier und ich ganz glücklich und ganz unglücklich

Lenz.

[Am Rande:]
Deine Physiognomik habe ich mit einem der herrlichsten Geschöpfe auf Gottes Erdboden durchblättert, der Frau v. Stein Goethens großen Freundin. Aber auch nur durchblättert, drum kann ich Dir nichts drüber sagen. Wenn Du doch hier wärst!

Wolltest Du doch die einzige Gütigkeit haben und Käisern

bitten, daß er 2 Exemplare von den beiden Alten einpacke und nach Lausanne schicke unter der *Adresse: à Monsieur Monsieur Werthes Gouverneur du jeune Baron de Hompesch à Lausanne* abzugeben beim Herrn Professor Appeln, wo mir recht ist, ich habe seinen Namen vergessen, Röder könnt ihn allenfalls unter meinen Briefen auffinden. Vielleicht weißt Du die Namen einiger Professoren in Lausanne. K. könnte ihm schreiben, daß ich itzt in Weimar, ihn aber beordert ihm das zuzuschicken und dem jungen Hn. v. Hompesch das eine beigeschlossen, dessen Hn. Vater dem Minister in Mannheim ich gewiß die Aufwartung gemacht haben würde, wenn er nicht eben mit dem Hofe auf der Jagd gewesen als ich durchging.

Allenfalls kann er noch ein Exemplar für den Minister beischließen, das ich den jungen Herrn v. Hompesch ersuchte in meinem Namen seinem Herrn Vater zuzuschicken. Übrigens würde es mich sehr freuen von Werthes ein Briefchen hieher zu erhalten.

Meine Soldaten müßt' Ihr jetzt schon haben. Sie sind bei Weidmanns Erben gedruckt. Wo nicht so schick ich Euch bald einige Exemplare hinüber.

Grüß den guten Kaiser.

Sag Pfenniger! sein Zuruf soll nicht vergeblich gewesen sein. und wie denn ein Mann wie er krank sein könne.

Umarme Deine Frau und Deine Kleinen glücklicher Lavater. Wielands Familie habe noch nicht gesehen – sie sind alle krank. Herder kommt balde

Melde mir doch Bester! wenns möglich, was Lindaus Peter in Marschlins macht. Und was Herr v. Salis für ein Jahr zu seiner Erziehung braucht.

[Adresse:] Herrn
    Herrn Lavater, Pfarrer am Waisenhause
                                zu Zürch

April 1776

129. Johann Daniel Salzmann und Röderer an Lenz
Strasburg den 16te April 1776
[Auf der 1. Seite Salzmann:]
Mich freut's liebster Mann wenn es Ihnen wohl gehet. Ihr Briefchen habe erhalten und Ihre Aufträge sind besorgt bis auf Hn. Fibich den ich noch nicht gesehen habe. Herr Prof. Koch sagt mir Sie hätten ein Buch von der Bibliothek, ich dachte Sie hätten alle nach Hause geschickt: Er hat es aber doch nicht zurück begehrt. Ich denke Sie kommen bald wieder wann nicht allenfalls eine bessere *vocation* Sie uns weg kapert. Viele Empfehlungen an meinen Liebsten Goethe, H. v. Knebel, Graf Stollberg und unbekannter Weis an Hn. Hofrat Wieland. Hezler hat mir den ersten Bogen von meinen Abhandlungen zugeschickt Sie werden auf die Messe fertig. Lieben Sie mich   Saltzmann

[Auf der Rückseite Röderer:]
Laß mich mit ein paar Worten dies Blatt profanieren, meine Liebe zu Dir mag's wieder heiligen. Meine Seele frohlockt drob, daß Dirs wohl geht. Deine Grüße sind ausgericht. Alle grüßen Dich wieder und sind herzlich froh, daß sie drüber in die Höh springen möchten wann sie hören daß Du glücklich bist. *Mslle.* König. Lauthin. Fibich. Zimmermann. Mechel. *Spener. Sano.* Prinz grüßen Dich.

Hier ist ein Brief aus dem Philanthr. von *Simon* und *Schweigh.* es soll eine *Vocation* drinn sein für Herrn Lentz den man zum Schriftsteller fürs *Philanth.* wünscht. Schreibst Du ihnen Antwort, so gib ihnen meinen Gruß ich werd ihnen bald auch schreiben.

Wann ich die Woche das Pack aus Zürich nicht bekommen werde, so schick ich Dir Deine verlangten Strasb. Manuskripte und mach's mit den Briefen wie Du verlangst. Nicht mit meinem Namen aber desto mehr mit meinem Herzen ehre und liebe ich alle verdienstvollen Männer. Insonders sag Dir wieder mit der wärmsten und immerbleibenden Zärtlichkeit daß ich bin Dein   Röderer.

Hastu noch nicht 2 Briefe von mir kriegt, der eine auf Darmstadt an Hn. Merk, der andere nach *Weimar*, indem ich Dir sage daß Fräulein von *Waldner* mit Herrn von *Oberkirch* den 1sten *April* um 12 Uhr in der neuen Kirch *copulirt* worden sind.

130. LENZ AN MALER MÜLLER

W[eimar]. d. 16. April [1776]

Was werdt Ihr sagen bester Müller! und was wird Freund Rigol sagen, daß ich solang nichts von mir hören lassen. Aber ich bin so verschlungen in die wahren wesentlichen gewiß noch unvergleichbaren Annehmlichkeiten dieses Hofes, daß ich meinen Freunden nichts anders als aufs höchste Gedanken habe widmen können. Grüßt doch alle die trefflichen Seelen in Mannheim, Rigol oben an, all seine Freunde unsern wackern zur Nieden den ich in Fkfurt nicht habe besuchen können weil ich nicht aus Goethens Hause kommen bin. Schickt mir doch Euren Golo, ich hab ihn dem Herzog vorzulesen versprochen. Welch ein Herr ist das!!

ich komme den ganzen Tag nicht vom Herrn weg.   Lenz

[Am linken Rande:]
Wie stehts mit dem Nationaltheater? Das müßt Ihr nun dort vor der Hand allein treiben.

[Am rechten Rande:]
Mit Ekhof ist nichts, er befindet sich allzuwohl in Gotha. Von Wieland ein andermal.

[In der unteren rechten Ecke der 2. Seite:]
grüßt Herrn und Madame Schwan

Meine Soldaten werdt Ihr jetzt schon haben. Vielleicht seht Ihr das nächste Vierteljahr was im Merkur von mir wenn ich soviel Zeit habe.

131. MALER MÜLLER AN LENZ

Mannheim [April 1776]

Lieber Lenz daß Du mir noch nicht geschrieben – eine gewaltige Unart – so viele vortreffliche liebe Freunde fragen, wollen wissen was Lenz macht – Kann weiter nichts drauf antworten als – ich weiß nichts – Liederlicher Teufel entweder Du liegst an Zaubrer Göthes Busen sinnlos in süßen Phantaseien verwikkelt und verstrickt – denkst im Wiegen und Liegen und Vergnügen aller Welt Freunde zum Guckguck hin – oder eine listige Hexe mit schwarzen dämmernden Augen und einem erwärmenden seligen Madonnablick, da für sie Gott segnen wolle, hält meinen losen Flattrer irgendwo gefangen – aber närrisch daß ich eben Dir drum vorpredigen will – das arme Herz Bruder Lenz wie Kletten wirft sichs überall an – und ein Mädchengesicht – Gott sei bei uns bin auch seit Deiner Abreise wieder geschmolzen – ein Mädchen – o! ein Engel Lenz – ein Teufel von einem lieben Mädchen führt mich am Seile gefangen – schwärmen möcht ich gerne und arbeiten soll ich – o! Frühling und Liebe und Jugend! – ich kreuzig und segne mich über und über und lese meinen Morgen- und Abendsegen im Werther.

Apropo mit dem Nationaltheater wirds hier zu Stand kommen – habe einen Plan zur Anlegung einer Theaterschule machen müssen den ich Dir zuschicken will wenn Dus begehrst der Grund zu einem weitläuftigen prächtigen Schauspielhause wird in aller Hastigkeit gelegt diesen Sommer noch solls fertig sein und zukünftigen January schon drauf gespielt werden.

Sag kannstu mir nicht *Adresse* geben wo ich indessen einige gute brauchbare Acteurs und Actrißen anwerben könnte, je geschickter je besser für uns – zum Exempel für folgende Rollen

Mannspersonen	Frauenzimmer
Erster Liebhaber	Erste Liebhabrin
Bediente	Subrette
Vater	Mutter
Zweiter Liebhaber	
oncle	

Da ich den Auftrag vom Hofe habe, würd ich gleich mit ihnen unterhandeln können, könnte mich auch dabei um so viel sicherer einlassen, da immer Deine Auswahl hierin die beste sein wird – ein jeder der sich für hier anwerben läßt soll nicht allein seine Rechnung in Ansehung der Besoldung finden, sondern auch, darauf hab ich in meinem Plane hauptsächlich losgedrungen, erhält einen Rang, der ihm bei einer guten Lebensart erlaubt, die besten Gesellschaften zu besuchen.

Ich bitt Dich drum wenn Du kannst lieber sei nicht nachlässig – arbeite mit es geht ja für die gemeine Sache – Schreib mir gleich wenn Du mir einige Schauspieler ausfündig gemacht die sich für mich schicken, daß ich mit Dir gleich unterhandle, oder sag ihnen daß sie mir selbst schreiben – findet noch Auswahl statt lieber Lenz so schicke mir diejenige, die am wenigsten Manier angenommen wenn ihnen nur Feuer und natürliche Wärme vom Himmelspapa im Busen angezündet ist – An Eckhoff schreib ich so eben auch.

Den Antiken Saal hastu doch der Zeit nicht vergessen Lieber – Du bist zu ehrlich und ich traue Dir viel zu viel Gewissen zu, als daß Du nicht manches Stündchen meinem armen *Laocon* meiner lieben Niobe und meinem guten Gladiator widmen solltest – Sie sind mir gar zu lieb und ich könnte Dir drum feind werden wenn ich ja so was von Dir erführe – pfui das wär auch zu undankbar für einen Lenz der süßen Augenblicke so zu vergessen, eher solltestu einhundert von dem viel tausend Grüßen und Küssen an meine liebe Wieland und Göthe vergessen die ich Dir mitgegeben und beim Himmel das ist doch arg genug

Frid. Müller

132. LENZ AN BOIE

[Weimar, Mitte April 1776]

Vernichten Sie die ›Wolken‹, Boje und wenn Sie ein oder zwei Exemplare übrig behalten so lassen Sie sie keinem menschlichen Geschöpf zu Augen kommen weil sie mir zur Schande gereichen.

Ich bin hier unendlich wohl. Die vorzüglichste Gnade des Hofes und die Freundschaft so vieler herrlichen Geschöpfe Gottes beisammen machen mich in einem gewissen Grade selig den nur mein eigen Herz mir verderben kann.

Machen Sie doch daß ich die Freunde p. bald bekomme. Ich

hoffe Helwig wird daraus zuviel lösen als daß er es übers Herz bringen kann mir nur 6 Dukaten dafür gegeben zu haben

Lenz.

Grüßen Sie unsern fürtrefflichen Hn. Leibarzt Zimmermann und sagen ihm daß es mir wehe tut nicht gegenwärtig bei seinem Hn. Sohn in Strasb. sein und ihn seinen Brief vorlesen zu können. Es geht Goethen freilich sehr wohl hier wie auch mir jetzt. Sobald ich aus dem lieben Strudel der mich fast bis zur Betäubung umdreht zu mir selber kommen kann, schreibe ich ihm. Unterdessen dank ich für all seine gütigen Mühwaltungen innigst. Das mehrere behalt ich mir vor.

L.

Der Herzog und der ganze Hof lesen Ihr Museum mit vieler Liebe.

[Empfangsnotiz Boies: ›den 26. Apr. 76‹]

133. LENZ AN SIMON

[Weimar, April 1776]

[...] und gemeinschaftlich für ihr ganzes zukünftiges Leben zubereitet würden, so daß Gottes Namen dadurch verherrlicht und seine Liebe in aller Herzen gepflanzt würde – sehen Sie das schmeckt allen, Pietisten und Katholiken und Jansenisten und der Freigeist hat auch nichts dagegen einzuwenden. So machte es Zinzendorf und Sie müssen eine Kopfhängersprache reden und von Herzen oder ich prophezeie Ihrer Anstalt den Untergang. Wozu bekehren, wozu Erbauungen? Ist es nicht genug, nicht übererbaulich genug, daß alle bei einander wohnen und bei einander wohnen lernen wie in Gottes Welt. Gemeinschaftliche Geschäfte treiben, gemeinschaftliche Ergötzungen haben, laß sie doch meinthalben die Egyptische Katze anbeten. Ihre Tugend, Ihre Providenz richtet Sie zu Grunde Herr Professor, diese Namen sind *odiosa* obschon kein Mensch ist, der sie nicht im Herzen glaubt nur immer unter anderer Gestalt und anderen Benennungen. Also still davon. Und negotiieren Sie bei Pastor Götzen in Hamburg und bei allen Pietisten im Römischen und Russischen Reich, sie tun tausend mal mehr als die

Großen, sie reißen die Großen mit fort. Sagen Sie, Sie hätten mit Ihren Schriften (denn auch die sind den meisten verhaßt) sich nur bei den Freigeistern den Weg bahnen wollen, auch sie in Ihre Partei zu ziehen, damit wenigstens ihre Jugend nicht verloren ginge, daher bäten Sie, dies Geständnis nicht laut werden zu lassen und ihnen ingeheim mit ihrer Hülfe beizustehn und alsdann, Herr Professor, alsdann werden Sie Wunder sehen. Die Pietisten sind keine Spitzbuben, ich kenne sie besser. Sie tun alles, wenn man in ihre Ideen hineinzugehen weiß und sich nicht offenbar wider sie erklärt. Nur die widrigen Gesinnungen der Herren Denker, ihr Stolz, der Hohn, die Geringschätzung mit der sie ihnen begegnen, erbittern sie und wen sollten sie nicht? Ich habe einen Vater der Pietist ist, er ist der trefflichste Mann unter der Sonne. Schreiben Sie ihm, er wohnt zu Dörpt in Liefland, aber ich bitte, geben Sie ihm diesen Schlüssel zu Ihren Schriften und ganzem bisherigen Betragen und er, wie alle guten Pietisten, springen über die Mauer für Sie und Sie werden die Folgen sehen. Wenn die Leute irren, wenn ihr Kopf zu leicht und dafür ihr Herz desto voller, ihre Tätigkeit desto nachdrucksvoller und uneigennütziger ist, wollt Ihr Herren sie darum auslachen. Sollt Ihr nicht vielmehr diese höchst brauchbaren Leute suchen in Eure Partei zu ziehn. Und was ist denn Eure Tugend anders als die ihrige, nur daß Eure Vorstellungskraft anders ist? Laßt doch den Leuten ihre verschobene Einbildungskraft, wie dem Kinde seine Puppe, und beweist Eure richtigere dadurch, daß Ihr Euch in sie hineinzusetzen wißt, ohne sie verändern zu wollen. Eben die Ahndung, die die Leute haben, daß sie sich durch ihre vorsätzliche Unvernunft bei den Weltleuten verächtlich machen, welches sie als ein Leiden um Jesu willen ansehen, macht sie desto empfindlicher, desto argwöhnischer. Der geringste Ausdruck, der eine Bekehrungssucht verrät, beleidigt sie, weil sie sich nicht bekehren wollen, bekehren können, so wenig als Ihr. Redt ihre Sprache mit ihnen, wenn Ihr beweisen wollt, daß Ihr mehr Vernunft und ein größeres Herz habt. Nehmt sie in Euer Herz auf und tragt sie, wenn Ihr stärker sein wollt als sie, die Euch zu tragen meinen. Nennt's Buße und Glauben und Wiedergeburt, was Ihr itzt

Tugend und Providenz nennt, sind es denn nicht nur Namen und für dieselbe Sache. Wenn die Engländer den Franzosen den Krieg angekündigt hätten und ein französischer Kaufmann hätte einen großen Handel in England zu machen, wär er nicht ein Tor, wenn er nicht mit den Engländern in ihrer Sprache redte, wenn er auch nur durch einen französischen Laut verriete von welcher Nation er sei. Und bei Ihrer Art Unternehmungen müssen Ihnen nicht alle Menschen gleich sein. Ebenso müßten Sie es mit den Katholiken machen, ebenso mit den andern, wie die Apostel jedem in seiner Sprache. Und in ihren öffentlichen Konspekten von nun an versprechen alles was Tugend und Herz angeht (und was ist denn die Religion anders?) den Lehrern jeder Partei zu überlassen [...]

Lenz

134. Lenz an Friedrich Leopold Stolberg

[Weimar, April 1776]

a.

Brief über Wielanden und einige seiner Gedichte
Hauptsächlich über den neuen Amadis.

Endlich hab ich den Mann kennen lernen der allen jungen Leuten in seinen Schriften sowohl als in seinen Handlungen ein wahrer Probierstein der Gesundheit ihrer Einbildungskraft so wie der Stärke ihrer Urteilskraft sein kann. Jene kann unersetzlichen Schaden an den ersteren nehmen, wenn sie schwach, kränkelnd, oder noch nicht zu ihrer gehörigen Reife gekommen ist, so wie diese wenn sie sich zu frühzeitig vermißt mit ihm fertig zu werden, erbärmlich scheitern und die ganze traurige Schule der Selbsterkenntnis zurückzumachen gezwungen sein wird. Dagegen kann jene unendlich an den erstern gestärkt werden und gewinnen, wenn sie sich gewöhnt gefährliche und reizvolle Gegenstände die ihr in der Welt so oft vorkommen aus ihrem rechten Licht und nicht mit der unreifen Hitze und verstohlnen Kützel eines Knaben, sondern mit dem Ernst und der Kälte eines Kenners anzusehen, der nur denn warm wird wenn die Magie des allgewaltigen Spottes der aus der tiefsten Philosophie seine Bevollmächtigung und von dem schwelgerischsten Witz seinen Zauberstab erhielt, ihn mit zum sokratisch mitleidigen Lächeln über die Torheiten und Schwachheiten der Menschen dahinreißt. So wie auch die Urteilskraft an ihm und seinen Handlungen lernen soll sich nicht in ihren Schlüssen von Personen zu übereilen bevor sie uns in allen ihren Verhältnissen bekannt geworden sind. Wie oft verwandelt sich dann Nebel in Sonnenschein, Feindschaft in Übereinstimmung der Gesinnungen, Haß in Liebe?

Ich fange so ziemlich in dem Ton eines Schulmonarchen oder Professors der Moral an lieber Freund! aber ich finde ihn für notwendig Ihnen meine wahre Meinung von diesem trefflichen Mann ein für allemal aufzuklären und darzustellen.

b.

Ich freue mich bester Graf daß ich Ihnen aus We. schreiben kann.

Da unsere Generation dem großen Zeitpunkt näher rückt da Schwachheit selbst unverzeihbares Verbrechen wird, so hoffe ich seine komischen Gedichte werden immer mehr zu lachen machen und immer weniger schaden. Meine Grimassen gegen ihn verlang ich nicht zu entschuldigen. Wenn ich Vater wäre und einen Sohn hätte der an der Schwelle der Pubertät stünde würde ich in seinen Morgensegen eine Bitte um Reinheit und Festigkeit der Imagination setzen um ein mit Verstand und Entschluß bewaffnetes Auge und ein mit zuversichtlichen Hoffnungen gesichertes Herz, sich nicht nur an Statuen und Gemälden die einen momentanen Eindruck machen, sondern auch an Produkten des Geistes dieser Art üben zu dürfen. Und ich hoffe ich brächte es dahin es durch sein Exempel zu bewähren daß die höhere Physiologie die die Notwendigkeit der Stillung eines Triebes der wie alle menschlichen Triebe willkürlich ist, lächerlich macht allgemein zu machen wäre

c.

Brief von Lenzen an Grafen Friedrich Leopold von Stollberg.

Wundern Sie sich nicht, bester Graf! statt einer geschriebenen eine gedruckte Antwort von mir zu erhalten? Sie werden begierig sein zu wissen, wie Wieland mich empfangen hat, Wieland der einzige unter allen Menschen, den ich vorsätzlich und öffentlich beleidigt habe. Sehen Sie da, ob sein Benehmen gegen mich nicht des menschenfreundlichsten Philosophen würdig ist. Als ich ihn das erstemal sahe, machte die zutrauenvolle vergnügte Bewegung, mit der er mich grüßte, mich schon wirre; es war, als ob's ihm jemand gesagt hätte, ich sei um seinetwillen gekommen, obschon wir uns nur auf der Straße antrafen. Wir speisten den ersten Abend am dritten Ort zusammen, es fiel kein Wort von dem Vergangenen vor und unser Gespräch ward so herzlich und munter ja als es später gegen die Nacht kam so freundschaftlich als ob wir Jahre lang in dem besten Vernehmen bei einander gewohnet. Diese Amnestie hat er bei allen Gelegenheiten so unverbrüchlich beobachtet, daß er sogar bei Hofe, wo er am ersten Gelegenheit gehabt, mich durch feine Vorwürfe aus der Fassung zu bringen und wo ich die Dreistigkeit so weit trieb, ihm über einige Stellen seiner komischen Gedichte meine Bedenklichkeiten zu sagen er mich mit der größten Sanftmut und Ernst zurecht wies und mir über verschiedene Dinge Aufschlüsse gab die ich nebst dem was ich durch weiteres Nachdenken darüber herausgebracht Ihnen mitteilen will.

In der Tat bester Freund ist ein wesentlicher Unterschied unter einem schlüpfrigen und einem komischen Gedicht, wie Wielands Erzählungen und Ritterromane sind. In den ersten werden die Unordnungen der Gesellschaft ohne Zurückhaltung mit bacchantischer Frechheit gefeiert und ihnen daß ich so sagen mag Altäre gesetzt wie Voltaire u. Piron taten, in diesen werden die Schwachheiten und Torheiten der Menschen mit dem Licht der Wahrheit beleuchtet und (wie könnte ein Philosoph sie würdiger strafen) dem Gelächter weiserer Menschen Preis gegeben. Mich deucht, der Unterschied ist sehr kenntbar, und nur Leidenschaft konnte mich bisher blenden, ihn nicht zu sehen.

Man wirft ihm vor, daß seine komischen Erzählungen zu reizend, gewisse Szenen darin zu ausgemalt sind. Ein besonderer Vorwurf! Eben darin bestand sein größtes Verdienst, und der höchste Reiz seiner Gemälde ist der echteste Probierstein für die Tugend seiner Leser. Tugend ohne Widerstand ist keine, so wenig als einer sich rühmen darf, reiten zu können, wenn er nie auf etwas anderm, als auf einem Packpferde gekommen. Eine solche furchtsame träge ohnmächtige Tugend ist bei der ersten Versuchung geliefert. Will also einer an diesem Eckstein sich den Kopf zerschellen, anstatt sich an ihm aufzurichten, so tut er's auf seine Gefahr. Dasselbe würde ihm bei der ersten schönen Frau begegnet sein; darf er deswegen den Schöpfer lästern, der sie gemacht hat? Setzen wir diese nun auch in hundert noch reizendere Verhältnisse; der Reine dem alles rein ist, und der seinen Entschluß und seine Hoffnungen unwandelbar im Busen fühlt, wird, wenn wir sie zu Hunderten gruppierten, mit der Trunkenheit eines Kunstliebhabers wie unter griechischen Statuen vorbeigehn, ohne einen Augenblick zu vergessen, daß nur eine ihn glücklich machen kann. Überhaupt schweigt der tierische Trieb je höher wir die Reize auch der körperlichen Schönheit spannen, und verliert sich unvermerkt in die selige Unruhe und Wonne des Herzens, das alsdenn von neuen menschenwürdigern entzückendern Gefühlen schwillt wohin ihn Wieland an hundert Stellen seiner komischen Gedichte so geschickt hinaufzubegleiten wußte. Welche Wohltat er dem menschlichen Geschlechte dadurch erwiesen, wird ihm erst die Nachwelt danken: falls seine Gedichte etwa nicht unglücklicherweise anders gelesen werden sollten, als er sie gelesen haben will.

Sollten Sie nun vollends diesen Mann in seinen häuslichen Verhältnissen wie ich fast täglich zu sehen Gelegenheit haben, wie er ganz Zärtlichkeit gegen seine Gattin und Kinder ist, deren feurige Augen die beste Widerlegung aller derer sind, die jemals in seinen Gedichten schlüpfrige Stellen gefunden oder daraus nachteilige Schlüsse auf seine Sitten gemacht, sollten Sie sehen, wie aufmerksam und nachgebend er gegen jeden Schatten von Verdienst, wie bescheiden obwohl immer gerecht gegen sich selbst, wie entfernt von allen Anmaßungen und Foderungen an andere, wie beinahe zu nachlässig für seinen Ruhm und die Erhaltung desselben, wo ihn nicht die äußerste Not dazu

zwingt (daher auch alle die falschen Lichter kommen, unter denen er sich bisher immer entfernten Personen gewiesen) wie eifrig und emsig das Gute zu befördern wo und wie er kann: so würden Sie sich nicht wundern, daß ich, der weder von Schriftstellern noch vom Publikum etwas zu erwarten hat, einem ohne mich schon berühmten Manne den Hof mache, ich der mit eben der Sorglosigkeit in einem Haß und in meinen Unarten gegen ihn fortgefahren wäre wenn mein Herz mich nicht erinnert hätte. Ich wünschte sehr. noch so lange hier bleiben zu können, daß ich auch Sie, unter so viel trefflichen und von sovielen Seiten sich auszeichnenden Personen, als diese glückliche Gegend einschließt, sehen und umarmen könnte.
                                                                                 Lenz

135. Lenz an Gotter

[Weimar, Ende April 1776]

Sie sind über Vermuten geschwinde weggereist lieber Gotter! und ich habe sehr bedauert, daß wir einander so wenig haben genießen können.

Schicken Sie mir doch einmal einige von Ihren Sachen: Sie können sich drauf verlassen daß ich den behutsamsten und Ihnen gelegensten Gebrauch davon machen werde.

Wenn Sie einen Abdruck von den Algierern haben, bitt ich mir ihn doch auch aus. Das Stück war eigentlich für gegenwärtige Zeitläufte geschrieben und verliert wenn es liegen bleibt.

Meinen Empfehl der Demoiselle Schwester auch wenn Sie nach Lion schreiben den liebenswürdigen deutschen Damen in Frankreich.   Lenz

Sollten Sie ein Exemplar des *barbier de Seville* besitzen so bitt ich Sie doch sehr es mir gütigst auf 8 Tage zu leihen. Die Herzogin Mutter ist sehr verliebt drin und ich hab ihrs zu übersetzen versprochen damit wirs hier aufführen können.
[Adresse:] Herrn Herrn Gotter
                              Archivarius
                                        in Gotha

136. Herder an Lenz

[Bückeburg, Ende April 1776]

Hier, liebster Lenz, hast Du einige Flicke in den Merkur. Verrate mich nicht oder entschuldige mich wenigstens bei Wieland, daß ich an ihn nicht schreibe, u. wähle vorsichtig aus – eins oder keins. Ich will keinen neuen Hundelärm haben u. Euer Merkur soll ihn nicht durch mich haben. Also wählt vorsichtig – so immer ein Flick zum Einschieben – bald schick ich was anders.

Dein Brief lieber Lenz u. Dein *Epilogus galeatus* zur Urkunde hat mich u. Dich noch näher gebunden – Du bist der Erste Mensch, für den ich schreibe, und kannst Du herrlich durchblicken, entschuldigen, überblicken, raten. Schicke mir doch das Stück, oder mach aus, daß der Merk. von diesem Jahr an mich geschickt wird ich will auch unter den Abonnenten sein – und Du arbeite fleißig dazu, lieber Junge.

Mit dem Zögern in Weimar gehts doch entsetzlich. Ich sitz hier freilich nicht auf St. Lorenz Kohlen, u. doch unsanft, denn das Geträtsch ist überall hier herum und ich sitze. Trage Du doch bei, daß das Ding so oder so ausgeht, nur daß was getan wird. Soll ich predigen, wohlan –

Und nun noch eins, lieber Lenz. Da das Glück nicht wollte, daß ich Dich in Weimar vielleicht finde, so beschwör ich Dich, komm zu mir!!! wenn Du von dort zeuchst. Ich will Dir die Reis ersetzen. Ich wollt gern zu Dir halbenwegs kommen, aber dann sieht Dich nicht mein Weib, u. sie will Dich so gerne sehn u. was ist im Wirtshaus? Komm her, ich bitt u. flehe Dich, wenn Du nicht so lang in Weimar bleibst, bis wir erscheinen. Oder bleib immer da, da wir dann herrlich singen wollen Hallelujah. Nochmals gesagt, daß ich die Fabeln Dir vertraue. Leb wohl, lieber Lenz bester Junge. Grüß Göthen.

137. Johann Kaspar Lavater an Wieland, Goethe und Lenz
[Zürich,] den 27. Apr. [17]76
Promemoria an Wieland, Goethe, Lenz

Ich kehre mein Viertelstündchen, u. bis es heruntergesandet hat, schreib ich Euch, lieben Drei, was mir einfällt.

Wieland
Den herzigen Brief vom *15. Apr.* empfangen! Dank!

Freude – über die Wiedergenesung der Kranken! Werthes sagte mir, was Du in solchen Fällen leidest.

Ich bin Erstaunen gesund; aber mein stilles Weibchen hat viele, viele Leibesbeschwerden.

Goethe
Komm ich dann auch zu keiner Stunde, wo ich Dir wieder einmal mein gedrücktes Herz leeren kann! O Goethe – nur noch ein paar Stunden neben Dir aufm Obern Lindengraben – oder aufm Bett im Saale!

Lenz
Du hast nun die Briefe vom **nochlebenden** Lindau?

Sei ruhig des Bildes wegen. Werthes ist nicht mehr in Lausanne.

Wieland
Aus Mißverstand ist Pirkheimer auf ein klein Täfelchen radiert worden. Ich behalte das vor mich, und laß einen andern machen.

Goethe
In Baden und Weinlingen hab ich wieder einmal satt von Dir gesprochen. Goethe und Lavater sind der **Text des leztern Thema Publikums für die liebe Studiosi**.

Wieland
Ich bin, Gott weiß, äußerlich der glücklichste Mensch. Was meine Seele inwendig zerreißt – weiß nur Gott.

Lenz
Ich habe noch nichts von Deinen neuern Dingen gesehen. Ach! mein Lieber! wärst Du bei mir!

Goethe

In 8. Tagen hoff ich Schloßern zusehen; verspreche mir viel von ihm.

Goethe – Wieland u. Lenz

Wollt Euch gern meinen Abraham senden, wenn's nicht mehr kostete, als im Buchladen. Verzeiht.

Adieu – Ihr guten Lieben!

Laßt uns würken, weils Tag ist! Es kommt die Nacht, da niemand würken kann. Amen.

J. C. Lavat.

Der Wielandin Kuß für mein Weibchen hab ich noch in petto – wollen erst eine Menge andre einziehen. Hab aber schon ein Lächeln zum voraus durch die Ankündigung erholt.

Wieland

Kayser wünscht seine Poesieen in Merkur gedruckt.

Urteile

Briefwechsel dreier akademischer Freunde. (Ulm bei Wohler) – – – fließend; doch etwas matt fließend; Bisweilen süßlich, und etwas fade. Übrigens voll Gutherzigkeit und für Studenten eine treffliche Lektüre. Sehr selten Geniespuren, desto mehr nützliche Erinnerungen. Über die vielen Urteile über lebende Personen – urteilen wir nicht, nur kann hierüber allen Jünglingen in öffentlichen Schriften die überlegteste Behutsamkeit – nicht genug angeraten werden.

Ephemeriden der Menschheit oder Bibl. der Sittenlehre und Politik. Erstes Stück 76. Basel. Wirtschaft, Sitten, Freiheit – der Gegenstand dieser Monatschrift. – Dies Stück enthält viel Merkwürdiges. Das Beste – der Brief von Schloßer an Iselin über die Philanthropinen.

Auf den Mist mit, wenn's nicht gefällt.

138. Lenz an Boie

Weimar d. 30sten April [17]76

Haben Sie doch die Güte bester Freund bei Hn. Hellwieg zu kontremandieren, daß er keine Exemplare der Verteidigung Wielanden zuschicke. Sie würden ihn nur beunruhigen und ich habe den Mann zu lieb, ihm nicht alles zu ersparen was seine ruhige Dichterexistenz, die er gewiß verdient wenn sie ein Mensch auf der Welt verdienen kann, unterbrechen könnte. Ich wünschte allen meinen Freunden daß sie diesen Mann kennen lernten, wie ich ihn nun kenne und ihn liebten in dem Grade als ers wert ist, sie würden sich dabei sehr wohlbefinden.

Vom Museum sprechen wir nicht eher, als bis ich aus Ihrer Liebe und Güte die erbetene Liste von den Appointements eines Hannöverischen Infanterie- und Kavallerie-Regiments habe, woran mir alles gelegen ist. Ich befinde mich hier so wohl daß mir meine Existenz halb wie ein angenehmer Traum vorkommt. Nichtsdestoweniger werd ich einen Monaten aufs Land gehn um zu meinen Arbeiten wiederaufzuwachen. Ich umarme Sie nach viel Empfehlungen an Hn. Leibarzt Zimmermann als
Ihr aufrichtigster Freund Lenz.

139. Boie an Lenz

Den 30sten Apr. [17]76

Ich schick Ihnen hier die Abhandlung oder Verteidigung und die Komödie. Mit dem Druck der lezten zumal bin ich wenig zufrieden, aber, ich kann's weder ändern noch helfen. Die W. sind vernichtet. Ich selbst habe nicht 'mal einen Abdruck. Von diesen beiden hab ich H. Zimmermann, der sich Ihnen empfiehlt, ein Exemplar gegeben. Es sind nur $5\frac{1}{2}$ Bogen geworden, u. ich hab Ihnen 6 Dukaten geschickt. Ich hatte den Druck wie in der Stella bestellt, u. rechnete auf mehr als 6 Bogen. Nach der Messe kommt H. erst hier, u. gibt mir Geld. Ich will mein möglichstes tun, Ihnen mehr zu verschaffen. Aber ich verzweifle. Ich kenne die Buchhändler, u. zumal in diesem Falle, wo wir ihn doch menagieren müssen. Ich selbst hab über 1 Duk. Auslage. Wenn Sie mehr Exempl. haben wollen, schreiben Sie an H.

nach Leipzig. Von der Verteidigung ist nun kein Exemplar an W. gegangen.

Ich schicke Ihnen nächstens einen Freund von mir zu, von dem Sie hören können, was ich mache.

Die verlangten Nachrichten sollen Sie haben, aber heut nicht. Sie kosten mich Nachsuchungen, zu denen ich nicht Zeit habe. Ich bin gewärtig [!] von Schreibereien wegen der Musterungen wie erdrückt.

Daß das Museum in Weimar gelesen wird, freut mich. Wenn ich nur mit keinem Buchhändler zu tun hätte! Der meinige ist vollends ein Esel, der immer mitsprechen will. Ich hoffe immer mehr interessante Sachen zu liefern. Im Mai lesen Sie ja Lenardo und Blandine. Lic. Webers Beiträge sollten uns ganz willkommen sein, wenn ich an ihn zu kommen wüßte. Vergessen Sie Ihre Freunde nicht!

Wenn Sie Zeit haben, schreiben Sie mir weitläufiger, u. mehr von sich und Weimar.

Der Ihrige B.

140. LENZ AN WEIDMANNS ERBEN UND REICH
Weimar den 6ten Mai 1776
Ich sehe mich genötigt französisch zu schreiben werde also nicht allein längere Zeit sondern auch weniger Raum brauchen, da man französisch vieles kürzer sagen kann. Diese Umstände zusammen genommen nebst dem was ich bei meinem Aufenthalt allhier, der mir zur Muße notwendig ist, zusetze und durch meine Abwesenheit in Strasburg einbüße (wiewohl das letzte mir doch nicht bezahlt werden kann) möchten mich wohl nötigen den Preis für den Bogen höher zu setzen. Wir werden darüber schon zurecht kommen, wie ich hoffe. Der Titel wird *Sur les mariages des soldats*.

Empfehle mich Ihrer ferneren Freundschaft.

Lenz

[Adresse:] Herrn Herrn Weidmanns Erben und Reich
  berühmter Buchhandlung in Leipzig.

141. Lenz an Boie

Weimar d. 12ten Mai [1776]

Das letzte Wort das ich Ihnen sowohl als Ihrem Freund Hellwig dem ich dies zuzuschicken bitte über die Wolken schreibe, ist, daß Sie, wenn nicht wie ichs verlange und wie mirs ist versprochen worden, alle noch daseiende Exemplare verbrannt worden, niemand größeren Schaden tun als sich selber. Zu geschweigen daß bloß unter diesen Bedingungen Strephon der mir sonst unter 20 Louisd. nicht feil gewesen wäre Ihnen überlassen worden ist, so erkenne ich weder die Wolken noch die Verteidigung derselben für meine Arbeit und nur *mente captus* könnte sie Goethen zuschreiben der in seinen gegenwärtigen Verhältnissen sie verabscheuen würde wenn er sie sähe. Sie würden also nur dienen den Herausgeber völlig zu dekreditieren der alles auf seine Hörner nehmen müßte und zwischen mir und ihm eine ewige und unwiederherzustellende Entfernung zu veranlassen die mich nötigte mich öffentlich als seinen Feind zu erklären und alle meine Kräfte aufzubieten ihm in mehr als einer Rücksicht ein solches Verfahren reu zu machen. Welches mir nicht schwer fallen soll

Lenz.

Sie bekommen von nun an lieber Fr. eher keine Silbe von mir als bis ich über die Wolken und ihre Verteid. völlig beruhigt von Ihnen bin. Wo sie ein Mensch zu sehen kriegt, so weiß ich was ich tue.

142. Kayser an Lenz

[Zürich, Mai 1776]

An Lenz.

Du lieber Br. würdest mir höchlichst Unrecht tun, wenn Du mich zu einer Klasse von Menschen rechnen wolltest, die so immer in den Tag hineindenken und handlen ohne sich durch sichtbarliche Zeichen und Wunder eines anderen belehren zu lassen. d. i. Ich habe längst über gewisse Dinge ganz anders gedacht – und Dein Zettel aus Weimar trifft mich nicht, so lieb er mir übrigens aus Deinen freundlichen Händen und [als] Andenken ist.

Die Wolk. warten auf Gelegenheit um wie Du verlangst nach Strasburg zu gehen. Im übrigen l. Br. laß mich nicht lang schwatzen sondern traue mir! Sei ohne alle Sorgen wenn ich was sage so tu' ich's auch! Auch wäre es brav wenn Du schriebst wie Dir's sonst zu Sinn ist. Ob Du bleibst wo wir glauben – Und daß wir Dich also nicht nach Zürch bekommen, wo einige Deiner harrten, und Dich wahrlich mit Liebe hoch gehoben hätten. Auch gut so!

Schlosser war da und o Du warst auch mit dabei. Grüße Goethen.

Deine flüchtige Aufsätze sind längst verakkordiert und freilich weil der böse Feind überall sein Spiel hat, noch nicht angefangen zu drucken. Habe doch Geduld. Wenn's kommt ists auch noch Zeit. Man hat ja jezt erst einige Nouvellen von Dir wie ich höre aus Leipzig. Auf die Soldaten freu ich mich. Das ist ein trefflich Sujet für meine arme Seele. Hast Du meine Gefühle über Gluk gelesen? Gluk hat mich niedergedrückt und liegt schwer auf mir. Ich habe Hoffnung zu einigen ungedruckten Sachen von ihm aus Hermannsschlacht! Vielleicht komm ich ihm näher dem Herrlichen.

12 Exemplar – von den flüchtigen Aufs. an Dich! Wohin? – wenn sie fertig sind.

Fahre wohl. Einen andenkenden Blick zu weilen auf Deine Zürcher!

K.

143. BOIE AN LENZ

Hannover. den 19ten Mai. [17]76

Ich war im Begriff Ihnen zu schreiben, und Ihnen das zu schikken, worum Sie mich gebeten hatten, als ich Ihren Brief vom 12ten erhielt. Diesen Brief von Ihnen an mich! – wo mir was in meinem Leben unerwartet gewesen ist, so war's dieser Brief. Ich habe gewartet, bis ich kalt geworden bin, und will Ihnen nun auch von meiner Seite das lezte Wort in dieser Sache sagen, die mir wahrlich! von Anfang an keine Freude gemacht hat. Was hab ich davon gehabt? Mühe, Kosten, Verdruß, Plackerei! Und warum? Weil ich Sie schätzte, Sie liebte! Es war Übereilung von mir, von einer Seite nicht zu verzeihende Übereilung, daß ich mich mit den W. einließ. Hernach hab ich mir nichts mehr vorzuwerfen. Wenn Sie in irgend einem Vorfall Ihres Lebens einen treuern, wärmern, uneigennützigern Freund finden, so wünsch ich Ihnen Glück. Mich hat mein Herz wieder zu weit geführt. Ich wills künftig fester halten.

Mein Freund Helwing, wenn Sie wollen (aber nur durch Sie mein Freund! denn vorher kannt ich ihn nicht) ist ein ehrlicher Mann, und Sie haben von seiner Seite nichts zu befürchten, obgleich die gedruckten Exemplare der W. noch nicht in meinen Händen, und folglich noch nicht verbrannt sind. H. ist ein wohlhabender Mann, der um eines kleinen Vorteils willen, sein Wort nicht brechen wird, dabei bin ich ganz ruhig. Hier sind alle seine Briefe. Wenn ich vorausgesehen hätte, was nun geschieht, so hätt ich auch Abschriften von den meinigen genommen, und sie ohne ein Wort weiter beigelegt. Bei kältern Blute würden Sie sich allein daraus Ihres Verdachts geschämt haben. Ich hab Ihnen längst geschrieben, daß er G. für den V. hielt, aber Sie haben nie darauf geantwortet. Daß G. im Meßkatalogus als V. der Comedie genannt ist, hat mich wie Sie bestürzt und geärgert. Wenn ich nicht endlich Sie ihm genannt hätte, hätte H. ihn auch auf dem Titel als Verfasser genannt. – Ich hatte H. geschrieben, mir die Exemplare der W. vor der Messe hieher zu schicken. Er war abgereist, eh ichs wußte, und wir müssen nun warten bis er von der Messe zurück kommt. Da soll er sie mir gleich schicken, und sie sollen unter meinen und Z.s Augen verbrannt werden, ohne daß ein Exemplar übrig bleibe. Ich habe mich wohl gehütet, H. Ihren Brief zu schicken, da er noch das Schwert in Händen hat. Er möchte nicht so kalt sein können als ich. Daß ich nicht mehr von ihm habe bekommen können, ist mir leid genug. Aber kann ich die Buchhändler uneigennütziger machen? Ich habe versprochen, daß ich mehr zu erhalten suchen würde, wenn ich ihn hier sähe, und das Versprechen halt ich, wie das erste, daß ich nicht eher ruhen will, als bis die Exemplare verbrannt sind, die Sache mag eine Wendung nehmen, welche sie will. Sie können mich sogar angreifen, wenn Sie wollen, und deswegen soll doch keiner durch mich die W. zu sehen bekommen, wie sie keiner gesehn hat, als Z. der vorher davon wußte.

Ihre Drohungen will ich vergessen. Es schmerzt mich nur, daß Sie sie gegen mich brauchen konnten. Ich habe keinen literarischen Ruhm zu verlieren; also bin ich gleichgültig dabei. Das Bewußtsein als ein ehrlicher Mann gehandelt zu haben, können Sie nicht, kann mir keiner rauben.

Boie

144. Lenz an Gotter

Weimar d. 20sten Mai 1776

Wenn Sie lieber Freund! die Algierer noch nicht weggegeben haben, so wollt ich Ihnen unmaßgeblich raten sie Herrn Bode anzuvertrauen, der sie der Schröderschen Gesellschaft in Hamburg zu spielen gibt (die Ihnen gewiß reichlicher zahlen wird als keine andere) und sie sodann auch dort kann drucken lassen, woran mir am meisten gelegen da ich keine Abschrift davon habe und sie doch wieder einmal lesen möchte.

Meinen Empfehl der Demoiselle Schwester. Lenz

Ich hoffe daß Bodens Bekanntschaft Sie so freuen wird als sie uns Freude gemacht hat

[Adresse:] Herrn Herrn Archivarius Gotter

in Gotha

145. Röderer an Lenz

Strasb. den 23t. Mai 1776

Liebster Bruder. Was denkst Du über mein Zögern? Es konnte aber alles auch Deinetwegen nicht eher geschehen, und wann ich den Pack von Zürich abwarten wollte so könnt ich so wenig den hiesigen Pack abschicken und der erstere in dem unter andern auch die Siena eingepackt ist, würde auch noch hier sein vor ongefähr 4 Wochen tat ich ihn auf den Wagen. Hastu ihn dann noch nicht erhalten, schreib mirs doch. Den Pack von Zürich soll ich erhalten haben wie Du mir schreibst daß Dir Lavater gesagt hätte, und ich habe keinen Staub davon gesehen. Hat ihn etwa der unstete Kaufmann mit gekriegt der von Winterthur nach Strasburg abreiste und nach seiner Manier eher noch einmal nach Zürich zurück kommt. Sobald ich den Pack bekomme, soll ich ihn unerbrochen Dir zuschicken, unerbrochen? und soll doch 2 Exemplare an Mslle König und 1 an Mslle Schoell und so fort abgeben? ich muß Deinen letzten Willen gelten machen, und mich auf Deinen Glauben an meine religiöse Verschwiegenheit verlassen.

Teuerster Bruder ich schwöre Dir bei dem einzigen Gran von gutem Herzen den Du bei mir vermutest daß ich nicht spaße mit dem ersten April O Lenz wie kannstu das von mir glauben? Wahrlich wahrlich mit all Deiner großen Menschenkenntnis Du kennst mich kaum halb wann Du so was wähnen kannst, aber ach teure liebe Seele wer kann Dir auch das zumuten zu glauben, laß mich mit Dir weinen mit Dir – ach – verstummen. Kennstu beiliegende Silhouette wovon an Lavater auch eines abgeschickt wurde, ich hab den Schattenriß selbst genommen und ihn ins kleine gebracht, und mich aufs sorgfältigste dabei bemüht. – wie gesagt es war am ersten April in der neuen Kirche mittags um 12 Uhr.

Die gnädige Frau hat wirklich das bewußte Portrait selbst gemalt aber Sie sagt es sei nach Potsdam und nicht nach Weimar geschickt worden. Diese Woche wird sie nach Bußweiler abreisen mit dem gnädigen Herrn und von da auf ihre Güter und so den ganzen Sommer über nicht zu Strasburg sein.

Lenz Lenz von der Vocation ins Philanthropin sag ich kein Wort, aber warum nimmst Du die zu Weimar nicht an? Warum? gib Acht wo die Ursache her kommt und wo sie hin führt. Lenz mein teuerster, Liebster sei Lenz und vergib meiner Liebe zu Dir, ich sage kein Wort mehr hievon, bin kein Redner für Dich. – Freilich sollst Du wieder einmal herkommen und ohn den Gedanken wäre mir Deine Entfernung sehr hart, aber fixieren kannstu Dich hier wohl schwerlich

Viel politische Neuigkeiten kann ich Dir wirklich noch keine von hier melden. Von Krieg wird nicht gesprochen, der Hof ist noch immer zu viel mit sich selbst beschäftigt und scheint alle auswärtigen Angelegenheiten von sich ablehnen zu wollen. Mr. Turgot hat seine Dimission bekommen, vermutlich daß er sich durch verschiedene Edikte viel Hasser gemacht denen seine ökonomischen Projekte (die an den meisten Orten bis zur Ausführung reif waren) – für ihre besondere Ökonomie nicht anständig waren. Der König selbst soll, wie man mich zuverlässig versichert hat, sein letztes *Lit de justice* bereuen.

Beim Franzosen bin ich gewesen und hab die Interessen mit 24 Sous besorgt, so bald es sein kann will ich der Relation ein Ende machen, seh aber noch nicht wann.

Unsere Besatzung.

1 Regiment schwere Kavallerie von		350 Mann
1 – Dragoner –		350 Mann
1 Regiment Schweitzer-Salis –		1032 –
– Elsaß – –		1032 –
– Anhalt – –		1032 –
– Quercy – –		1000 –
– Lyonnais in der Zitadelle		1000 –

Das Artillerie-Corps nicht mitgerechnet 5796.

Zu Flies werd ich nächstens gehen. Worin besteht das Schletweinische Ursystem? ists theologisch? – hier wird nichts Neues von der Art eingeführt, den Theologen hier ist die Ruhe lieb und zu dem verstehn sie das alte System noch lange nicht genug, ich denke sie würdens alsdann noch eifriger beibehalten wann sies nach seiner ganzen Spinnigkeit kennten. – ist's politisch? bestehts in neuen Exerzitien? so kann ich Dir sagen daß die Sache nicht interessant sein kann, denn es wird bald wieder ein Ende haben, sobald eines erlernt ist kommt immer wieder ein neues auf. – ist's ökonomisch? bestehts in der Verteilung der Almenplätze und in der Bearbeitung derselben zum Ackerbau, so kann ich Dir sagen daß man hier fast alletage fortfährt dieselben zu versteigern. Unser Magistrat hatte bei jedem Viertel Frucht das in die Stadt kam ein gewisses Stück Geld abzufordern das jährlich ein Einkommen von 40–50000 Gulden ausmachte und da nun dies auf Königsbefehl wegfällt, so suchen sie sich durch Versteigerung der almen Plätze Ersatz. Wie sich alles das bei der Veränderung des Herrn Turgot entwickeln werde? – mag Zeit lehren.

Das Geld für die Brief Porto bei Schönfeld ist 6 l. Er grüßt Dich. Türkheim, Blessig grüßen Dich und von allen Orten her habe ich Grüße an Dich. Das Monument ist zum Teil schon angekommen, die Pyramide steht schon aufgerichtet in einer Mauer *à vue perdue* beides in schwarzem Marmor, die Statuen aber werden noch erwartet. Unsere Esel von Dumherrn machen immer Difficultäten, sonst wäre Pikal schon längst hier und eher werden die Statuen nicht kommen. Der Graf von Artois soll freilich auch herkommen aber bei gegenwärtiger Hofunruhe solls noch ungewiß sein.

Das 2te und 1te Stockwerk des Lauthischen Hauses hat Freunde wahre Freunde von Dir die Dich grüßen, im 2ten hören sie das Ablehnen Deiner Vokation zu W nicht gern, im ersten wissen sie nichts davon und sind ruhig. Sie grüßen Dich beide recht herzlich.

Laß Dich erbitten mir Verzeichnisse von Deinen und Herrn D. Göthens neuen Stücken zu schicken. Claudine? Von wo muß man's kommen lassen? Dein Engländer? Was ist das? wer verlegts? Ist Dr. Faust fertig gedruckt?

Wegen den Bauren auf dem Land muß ich erst noch nachfragen. Den Guibert hab ich empfangen, ich glaubte er sei im Getümmel von Schlachten herum getragen worden – doch habe ich ihn dermaßen zurecht legen und ausheilen lassen daß man ihm nicht einmal die Wunde ansah die er vom Leser bekam und der Hr. Pr. Koch machte gar ein freundliches Gesicht als er ihn sah und Deinen Brief bekam und läßt Dir ein höflich Kompliment sagen.

Die Veränderung die man mit den Regimentern vornehmen wird. Jedes wird aus zwei Bataillons bestehen. Das erste Bataillon kriegt 5 Compagnien. Jede zu 160 Mann gerechnet, davon eine Compagnie aus Grenadiers besteht, die 4 andern aus Gemeinen. Das zweite Bat. hat statt Grenad. eine Comp. Jäger.

Dann kommt noch eine *Compagnie auxiliaire* zu jedem Regiment, diese eilfte besteht aus *Recrues* die unter dem Kommando von 6 Offiziers exerziert werden und allemal die abgehenden Leute ersetzen. Aus Ursach dessen ist auch die Land-Milize abgeschafft worden. Jede Compagnie hat 2 Capitaine und 4 Offiziere. Auch wird der jährliche Sold der Offiziere vermehrt so daß statt 500 l. die ein gemeiner Offizier jährlich bekam er 700 bekömmt. Jedes Regiment wird also um 600 Mann ungefähr verstärkt, dann 160 Mann in der Comp. × 11 = 1760 Mann und itzt hat ein Regiment ongefähr 1000 bis 1200 Mann.

Ich bin beim H. v. Flies gewesen traf ihn nicht an, morgen. Hr v. Kleist sagt Dir ein Kompliment ich komm itzt täglich zu ihm. Zimmermann grüßt Dich, dankt Dir herzlich für den Brief, bittet um Frist zu antworten, hatte das Fieber und eine Recidive. liegt noch! und ich kann ihn kaum besuchen. – Alle Schweizer grüßen Dich auch. Hafner grüßt Dich auch, predigt itzt zuweilen, aber nur französisch, sehr fließend über Moralen *sur la charité, sur la médisance* Völlig im französischen Geist. Man hört ihm seine Lektür und die Wendung die *polie* die sie seinem Geist gab an. Was willstu für Akten?

Die Iris wie Du itzt wissen mußt hat Hr Spener zu Berlin in Verlag genommen und sein Commissionair in Strasburg ist Bauer & Treitel. Kann also nichts mit machen, nicht Dir zeigen daß Du nicht schreiben sollst ›was du draus hebst nimmst du zu erst für dich, denn etc‹ Lenz laß mich machen so lang ich machen kann.

Wohl bekomm Dir Dein Bucephalus! Bücher schick ich Dir keine, der Porto kommt Dich höher als sie wert sind. Shakespear und mein Homer sind hier geblieben, ich hab dem Hr. Schlosser geschrieben daß er sie haben kann, ich warte auf Antwort. Er ist aber zu Anfang des Monds nach Helvetien gereist. Die Frau Hofrätin ist allein, vielleicht komm ich hin ich werd ohn das in die Gegend kommen. Wenn's möglich ist so abonniere mich für den Merkur auf dies Jahr. Hier ist alles voll Sehnsucht.

Hastu Lenz die Verse gelesen die Lavater der Frau von Oberkirch auf ihre Kopulation geschickt hat ohne Unterschrift des

Namens, die sind herrlich ich will suchen eine Kopie davon zu kriegen. Sie sagte sie könnten nicht an sie adressiert sein.

Hastu mit dem Pack von hier nicht auch meine ersten demosthenischen Bögen erhalten, mache damit wie Du vor gut findest nur sage mir was draus wird, findets An- und Aufnahme im Merkur oder Museum so fahr ich fort. Mit der Zeit etwa eine Parallel zwischen Demosthenes und Isokrates, und von da eine Provinzialschrift für Prediger wo ich viel auf dem Herzen habe das alles kann aber nicht miteinander ziehen, man mögte das letzte sonst gar nicht fassen oder tragen können.

Liebster Bruder noch Nachrichten die ich Dir sagen will von der gnädigen Frau. Gleich nach der Hochzeit wurde sie auf ein paar Tage krank und bekam die Röteln. Sie gingen drauf mit dem Herrn (der stark in den 40 ist, nicht besonders kultiviert, ihren großen Wert kaum ahnden kann, keine Lektür goutiert, sehr eigennützig sein soll – wie er dann dies vom alten Herrn Vater geerbt hat – doch soll er ihr sehr attachiert sein und schon bei 7 Jahren wie man sagt immer Reflektion auf sie gemacht haben – sie ist von den reichsten adelichen Familien) nach ihren Gütern, von da kamen sie wieder in die Stadt, blieben einige Wochen bis diese hier, wo ich sie alle Sonntage in der Neuen Kirche sah und mich an ihrer Devotion erbaute. Vor ein paar Tagen empfing ich von Mslle König der ich gesagt hatte daß ich mit Silhouetten umgehen könnte ein Billett, wo sie mich ersucht Lavatern und Dir zu Gefallen das Profil von einer Freundin zu nehmen welche beider Verdienste sehr hoch schätzte, ich kam den Tag drauf auf bestimmte Zeit hin 's war Sonnabend nach der Auffahrtsfeier zwischen 9 u. 10 Uhr morgens. Sie führte mich zur gnädigen Frau die mich als Deinen Freund sehr gnädig aufnahm und in einem Zimmer wo man alle einbrechenden Schimmer des Tags verstecken konnte machte ich den Schattenriß. Der Herr war um die Zeit an dem Rathaus dann er soll nichts davon wissen.

Ich habe seit Deiner Abreise einige mal gepredigt und am letzten Himmelfahrtfest vor einer großen Versammlung, es ging mir Gott sei Dank allemal gut, ich hatte nie die geringste Schüchternheit, u. schämte mich daß mir jemals für der Sache bang war, auch ist mir mein Gedächtnis getreu und nirgends habe ich mehr Lebhaftigkeit und Entgegenwallung des Herzens als auf der Kanzel. Das letzte macht mich oft mit allem Vorsatz extemporieren und dann komm ich immer mit *présence d'esprit* wieder aufs Konzept zurück. Ich glaub itzt mehr als jemals daß die Kanzeln nicht umsonst gebaut wurden und sie wichtige Bestimmung für den sind der sie würdig betritt, ich hoffe mit der Zeit unter die gezählt zu werden. Lebe wohl lieber Bruder! Gott tröste Dich! sei mit ihm Lenz wie er gewiß mit Dir ist mein lieber leidender Heiliger. Vergib mir wann ich was sagte das in diesem Brief Dir widrigen Eindruck machen sollte entweder weils Mißverstand wäre oder ich Deine Delikatesse nicht genug geschont haben sollte, ich schrieb in großer Unordnung, wie ich eine Seite Deiner lieben Briefe nach der andern wie sie mir vorfielen beantwortete. Vergib das lange Zaudern und Zögern, wann ich Dich nicht kennte so würde ich glauben, daß deswegen ein fulminanter Brief auf dem Weg sei, aber liebe mich und glaube daß ich nicht sowohl Deine Freundschaft zu verdienen mit bestem Vermögen strebe als vielmehr meiner eigenen Liebe zu Dir Satisfaktion zu geben bemüht bin.

Dein alter Röderer

Den Pack den ich Dir senden werde wird erst über 8 Tage von hier abgehen können, es mag alsdann das Paket aus der Schweiz da sein oder nicht.

Meine Hochachtung an Herrn *Dr.* Göthe und wann Du mich nennen magst an Herrn Hofr. Wieland.
[Adresse:]
An Herrn Lentz bei Herrn *Doctor* Goethe
zu Weimar

146. RAMOND DE CARBONNIÈRES AN LENZ

Colmar le 25 may 1776

Monsieur et Cher ami. J'avais appris avec trop de peine, vôtre départ subit de Strasbourg, pour ne pas recevoir avec le plus grand intérês de vos nouvelles; mon ami m'en a donné de bien satisfaisantes. vous êtes réuni à votre illustre ami M. Goéthé, sous les yeux et la protection d'un prince qui sait estimer les talens, et qui serait un grand homme quand même il ne serait pas Prince. je compare l'idée que je me forme de sa cour, à celle de ma triste demeure. aux talens il faut un théatre et je suis dans un desèrt, au milieu de mes chers concytoyens.

Mon petit amour propre est trop flatté, mon cher ami, de la manière agréable dont vous vous souvenéz de moi, pour ne pas accéder tout de Suite à votre demande; je charge, mon ami, de vous addresser mon ouvrage; il est à vous à plusieurs égards, je vous dois des leçons, je vous en ai dû, avant même de vous connaitre personnellement; pardonnéz à l'ecolier l'hommage rendû au maître. Si j'etais plus libre et plus heureux, si je n'etais pas invinciblement assujétti, j'aurais peut être formé le projèt de vous le porter moi-même; je vous aurais prié de me présenter à M. Goéthé; on doit ambitionner la connaissance des genies que l'on admire, on gagne à leur commerce pour l'esprit. on y gagne encore plus du côté du cœur. j'ose vous prier de lui présenter mon hommage, et le tribùt de louanges que l'on doit à ses écrits; mais je crains bien qu'il ne dédaigne mon suffrage; qu'est ce en effet que ma voix, après la voix de toute l'allemagne et de tous les cœurs sensibles?

M. Spehner de Berlin se charge de l'impression de mon drâme; je me hazarde. vous avéz bien voulû m'encourager à cet éssay; je me suis détérminé sur vôtre avis seul; il vaut tous les autres ensemble.

depuis, j'ay entrepris un nouvel ouvrage; il sera d'haleîne. et je le croyais fait pour fixer un peu l'attention, au moins par son genre. mais mille obstacles me font à chaque instant intérrompre mon travail. Au milieu des orages de ma vie je n'ai que des eclairs d'espérance; bientôt viennent les peines d'esprit, les peines du cœur, la lassitude et le découragement, et adieu au monde imaginaire que l'on s'etait créé.

Vous êtes maintenant plus Tranquille, et plus heureux que moi. cultivéz les muses pour le charme des cœurs sensibles; ils vous doivent déjà beaucoup. Daignez vous souvenir quelquefois de moi. je n'oublierai jamais le peu d'Instans agréables que nous avons Passé ensemble; alors je ne croyais pas que ce seraient les derniers.

J'ay l'honneur d'être avec le plus sincère et inviolable attachement, Monsieur et cher ami

Votre très humble et très obeïssant serviteur.
Ramond

[Adresse:] *M. Lenz à Weimar*

147. LENZ AN JOHANN KASPAR LAVATER

[Weimar, Ende Mai 1776]

Wie es zugeht lieber Lavater! daß ich das bewußte Bild noch nicht erhalte, da Du es doch Rödern für mich zugeschickt haben willst, begreife ich nicht, macht mir aber viele Herzensqual. Das einzige worin ich auf der Welt (außer Eurer Freundschaft) einen Wert setze, das einzige das mich in einer selbstgewählten Einsamkeit von der ganzen Welt vergessen, erhalten sollte, zum Besten manches guten Menschen erhalten – soll ich denn durchaus auf äußerste gebracht sein. Ich verlange nichts, fodere nichts als einen Schatten – einen Schatten der mich allein an diese Welt binden kann die mich in allen meinen Verhältnissen peinigt. Ich will nicht müßig gehen in meiner Einöde, aber ich muß etwas haben das meine Kräfte aufrecht erhält, das mich dem großen Ziel entgegenspornt um des willen ich nur noch lebe. Ich weiß sehr wohl daß dies Schatten, daß es ein Traum, daß es Betrug ist, aber laß – wenn es nur seine Wirkung tut. Und wenn die vorher bestimmten Schläge durch die unsichtbaren Mächte die mich brauchen wollen, geschehen sind: was ist darnach an dem Instrument gelegen!

Wende um

Ich habe Deinen 2ten Teil Physiognomik nur flüchtig mit dem Herzog durchlaufen können, ihn bei manchen Stellen aufmerksam gemacht, ihm vorgelesen und mich gefreut. Sobald ich Ruhe finde geh ich es mit geweihter Seele durch, jetzt bin ich auch selbst dazu unfähig. Du bist der einzige dem ich diese Art meiner Existenz klagen kann, und nicht einmal darin finde ich Trost. Eine gänzliche Taubheit meiner Nerven, die nur wenn ich arbeite, mich alle Stacheln des Schmerzens fühlen lassen. Sage mir ein Wort insbesondere, das wird wohltun: aber um alles in der Welt schone mich nicht. Das macht bei mir alles nur schlimmer. Ich bin auf den Punkt verschwiegener unangenehmer Nachrichten scharfsichtiger als Du glaubst. Wahrheit ist immer der einzige Trost für mich gewesen.

Wie ich itzt so klein so schwach gegen ehemals mich fühle. Gib mir mehr wirkliche Schmerzen damit mich die imaginären nicht unterkriegen. O Schmerzen Schmerzen Mann Gottes, nicht Trost ist mein Bedürfnis. Diese Taubheit allein kann ich nicht ertragen.

Du bist in Carlsruhe gewesen, wie mir Herr von Edelsheim, Minister am dortigen Hofe, der die Trauerpost von der russischen Großfürstin Tode hieher brachte, erzählt hat. Wie hat dirs dort gefallen? Und solltest Du nicht den Weg über Strasb. genommen haben? Und solltest Du niemand dort gesehen und gesprochen haben?

Bode ist eben von hier abgereist der Übersetzer von Tristram Schandy. Goethens Erwin ist mit der Musik von der Herzogin Mutter letzt hier aufgeführt worden. Frage doch Kaysern ob er mich ganz vergessen hat? Hier warten soviele auf das Familiengemälde.

Wie wir mit Wiel. stehen, soll das Publikum nächstens öffentlich erfahren. Wie wärs, wenn er frömmer wäre als wir alle? Ein wunderbarer Mann, dessen Erkenntnis mir hier sehr wohltut. Im Muséum (doch sags ihm nicht) laß ich bald etwas über ihn einrücken. Ich bin ihm sehr gut und seiner Frau u. Kindern.

L:

[Adresse:] Herrn
     Herrn JC. Lavater
     Pfarrer am Waisenhause
          zu Zürich

148. LENZ AN BOIE

[Weimar, Ende Mai 1776]

Ihre Empfindlichkeit über meinen letzten Brief ist mir ein schätzbares Zeichen Ihrer Freundschaft, ich mußte aber Ihrem Freunde Hellwig dem er bestimmt war ernstlich weisen wie nahe mir die Sache lag.

Sie werden mir einen Gefallen tun, wenn Sie mir die noch hoffentlich nicht verkauften Exemplare der Verteidigung zuschicken, die Exemplare der Wolken aber in Zimmermanns Gegenwart verbrennen. Dafür verspreche ich Ihnen einige Beiträge in Ihr Museum unentgeldlich und habe auch Schlossern geschrieben Ihnen ein Drama von mir ›der Engelländer‹ das hier sehr goutiert worden, für 4 Louisd'or zu überlassen. Weniger fordern kann ich nicht, da ich in Hamburg für die Vorstellung allein 100 Taler erhalten und es mir sodann doch freistehen würde es einem Verleger zu verhandeln.

Ich verlange nichts weiter für den Strephon als den Pack /: nebst einer Zulage der erbetenen Nachrichten, um die ich nochmals sehr bitte :/ den Sie nur an Goethe adressieren, da ich bald von hier aufs Land gehe. Vergessen Sie alles Vergangne und bleiben mein Freund.

Lenz

Empfehlen Sie mich doch Zimmermann bestens und geben ihm unbeschwert doch gegenwärtiges Gedicht von Lindau, das ich aber sonst sehr geheim zu halten bitte. Wenn Z. ihm schreibt, so bitte ich doch unendlich, es ihm zu schicken, ich will es gern sobald ers verlangt mit der fahrenden Post mit einem halben Dutzend ersetzen.

Auch bitt ich Zimmermann sehr, im Fall die mir vom Buchhändler noch zukommenden Exemplare der Soldaten noch nicht nach Strasburg abgegangen eins davon einzupacken und unserm lieben Fritz Stollberg zuzuschicken mit der Nachricht daß ich hier und sehr wohl sei, aber sehnlich auf seine Ankunft warte.

[Am Rande:]
Sagen Sie Hellwigen doch, daß er ein sehr braver Mann ist. Nur soll er bedenken, daß auch er einen Mann wie Wieland zu menagieren habe, über den man nicht anders als deräsonieren kann, solang man ihn nicht gesehen.

149. Lenz an Johann Georg Zimmermann

[Weimar, Ende Mai 1776]

Hier mein trefflicher Freund und Gönner die gedruckte Kopei eines Gedichts das der von Seiten seines Herzens wahrhaftig liebenswürdige Lindau kurz vor seinem Abmarsch nach Amerika (der nun würklich erfolgt ist) gemacht hat. Er äußerte in seinem letzten Briefe den Wunsch oder vielmehr er beschwur uns, wenn wir mittelbar oder unmittelbar einigen Zusammenhang mit Amerika hätten, es dahin an den D. Franklin oder General Washington kommen zu lassen und ihnen zugleich einige Personalien von dem Verfasser zu melden. Wir wissen uns (Wieland, Goethe und ich) bei dieser Foderung an niemand zu wenden, als an Sie mein Teurester und da Sie die Sache der Freiheit auch unter allen Verhältnissen lieben, so glaube ich wenn Sie es füglich tun können, werden Sie auch diesen letzten Willen des trefflichsten aller Don Quichotte vollziehen helfen, da in der Tat wie ich glaube den Kolonieen eine Erscheinung dieser Art nicht anders als willkommen und aufmunternd sein kann. Und man überhaupt nicht weiß was ein ausgeworfener Samenstaub für gute Folgen haben kann.

Ich habe auf Ihren nur gar zu gegründeten Rat an Hellwieg durch unsern Freund Boje geschrieben (dem ich mich gütigst sehr zu empfehlen und ihm für die Mitteilung der Komödien und seines Freunds Matthei und der Herren von Holzschuh zu danken bitte) und mir die Bekanntmachung der Wolken sowohl als ihrer Verteidigung sehr ernsthaft verbeten, hoffe auch daß dieser gute Mann Hellwieg Wort zu halten nicht für eine Sache halten wird, der ein Mensch auf der Welt sich überheben könne, besonders, sobald er handelt und in Verhältnissen steht. Zudem habe in der Verteidigung Druckfehler gefunden die dem ganzen Dinge ein schiefes und häßliches Ansehen geben, ge - fühllos anstatt gefühlig, gewiß ich müßte selbst gefühllos sein, wenn ich die Bekanntmachung einer so nachteiligen Verteidigung W. ertragen könnte. Statt N ist I und andere dergleichen Späßgen die mir den ganzen Zweck der Schrift verderben, die überhaupt bei unsrer gegenwärtigen Lage wenig Wirkung tun wird.

Ich arbeite jetzt an einem Werk über die Soldatenehen das ich wohl französisch schreiben und die Reise werde nach Paris machen lassen. Ein Gegenstand den ich schon bei drei Jahren in meinem Kopf herumgewälzt. Bitte sehr unsern Freund Boje mir das Versprochene zukommen zu lassen. Er wird vielleicht von Schlossern etwas von mir in sein Museum erhalten, das hier am Hofe viel Sensation gemacht hat. Wieland Goethe und ich leben in einer seligen Gemeinschaft, erstere beide morgens in ihren Gärten, ich auf der Wiese wo die Soldaten exerzieren, nachmittags treffen wir uns oben beim Herzog, der mit einer auserlesenen Gesellschaft guter Leute an seinem Hofe die alle (so wie auch wir) eine besondere Art Kleidung tragen und er die Weltgeister nennt seine meisten und angenehmsten Abende zubringt. Goethe ist unser Hauptmann.

Ich werde wohl bald den gar zu reizenden Hof verlassen und in eine Einsiedelei hier herum gehen meine Arbeit zu Stande zu bringen, zu der ich hier nur Kräfte sammle. Sodann bin ich für die ganze Welt und für alle meine Freunde tot. Ich bitte sehr das keinen Unterschied in unserm künftigen Zusammenhange machen zu lassen. Sagen Sie mir doch, mein Gönner, ob man in Hannover französische Sachen darf drucken lassen. Reich will nicht dran wegen der Schwürigkeit des Umsatzes. Auch wollte Sie gehorsamst fragen, ob die versprochenen Exemplare der Soldaten wirklich an mich nach Strasb. abgegangen, ich könnte sie hier gar zu gut brauchen besonders da hier soviel ich weiß weder Buchladen noch Buchhandel ist und ich sie nicht einmal für Geld bekommen kann, meinen Freunden aber Exemplare abzubetteln mich schäme.

Auch Sie werden die traurige Nachricht von der russischen Großfürstin wohl gehört haben, die ein gewisser Herr v. Edelsheim Regierungsrat am Carlsruher Hofe, ein artiger Mann und der sich einen Freund von Klopstock sagte, hieher gebracht hat. Der Herzog, besonders aber die Herzogin sind in der lebhaftesten Betrübnis darüber.

Die Fremden gehen jetzt hier sehr häufig. Ich habe auch unter denen viele wunderbare Gelegenheiten gefunden, Personen die ich zu sehen aufgegeben hatte wiederzusehen. So den Geheimen Rat Vietinghof aus Liefland zum Exempel, der ins Bad und von da nach Frankreich England und Italien geht und durch den ich vielleicht meine Schrift in Paris überreichen lassen werde, wenn ich sie nur noch aufs höchste gegen den Oktober fertig gedruckt haben kann denn er bleibt nur die eine Hälfte des Winters dort, die andere Hälfte passiert er in Italien.

Herder und Stollberg sind noch nicht hier, der letzte kommt

erst auf den Herbst, warum der erste aber zögert begreife ich nicht. Ich wünsche ihn aus allen Kräften hieher, hoffe auch daß die letzten Steinchen des Anstoßes bald weggeräumt sein werden. Der Herzog ehrt ihn ungemein.
[Am Rande der 4. Seite:]
Im Merkur werden Sie künftig auch mich zuweilen sehen. Was ist doch die Frau v. Stein für ein Engel, deren Schatten Sie uns in Strasbg. wiesen.

150. Lenz an Charlotte von Stein
[Weimar, Mitte 1776]
Auszug einer Stelle aus einem Briefe des Herrn Klinger aus Gießen, eines gebornen Frankfurters an Lenzen.

Hier haben Sie meine Geschichte. Soviel ich von meinem Vater weiß, war er ein wunderbarer feuriger Mann, der nicht an seinem Platz war. Dabei von edlem Sinn. Gott weiß wie seine Seele die Richtung bekam. Ich verlor ihn in meinem achten Jahr da er an einem Fall starb, das so zu ging. Er *etc.*

Nach seinem Tode wird meine Mutter krank auf 18 Wochen für Kummer. Wir Kinder all, und fremde Leute nahmen das bisgen weg das noch übrig war. Meine Mutter von der Liebe zu uns gestärkt ermunterte sich. Arbeitet mit ihren Händen, ernährt drei unmündige Kinder, ohne zu vermeiden, nicht in Schulden zu kommen. Als ich heranwuchs bat und flehte ich mich in die Lateinische Schule zu halten. Das geschah, sie konnte mir nichts abschlagen. Noch erinnere mich daß sie mein erstes Schulgeld nicht bezahlen konnte und es borgen mußte. Das ging so fort. Sie erhielt mich bis ins 19 Jahr in allem, denn was ich mit Informieren und vom Chor bekam war sehr gering. Zwei Jahr erhielt ich mich und gab ihr was ich konnte. Nun wollte ich auf Akademieen gehn, hatte keine 100 fl. Ich ward mit Goethe bekannt. Das war die erste frohe Stunde meiner Jugend. Er bot mir seine Hülfe an. Ich sagte nicht alles und ging so, weil ich lieber sterben wollte als unverdient was annehmen. Die 100 fl. waren bald all. Der große Goethe drang in mich, machte mir Vorwürfe und nun leb ich schon ein ganzes Jahr von seiner Güte – o Lenz, bin ich Ihnen nicht verächtlich? Ich wäre tausendmal lieber gestorben, kann ich Ihnen sagen was michs kostete. Aber Goethe, oh wenn ich seiner wert würde, wenn ichs ihm erstatten könnte, um froh zu sterben. Ich bin nicht Herr über mich bis das geschehen ist. Und die Angst er möchte sich manchmal einfallen lassen, meine Liebe zu ihm rühre aus Intresse her. Liebster, bin ich nicht unglücklich? Und meine von Schulden u. Elend gedrückte Mutter, meine leidende Schwestern wovon die eine ein herrliches Geschöpf ist, die alle auf mich warten *etc.*

Lassen Sie Goethen nicht merken gnädige Frau! daß ich Ihnen das verraten habe.
L.
Ich danke Gott, daß Arundel lebt.

151. Röderer an Lenz

Strasb. den 4t Junius 1776

Liebster Lenz! Hier noch eine Silhouette die besser ausgefallen ist im kleinen, weiter weiß ich keine Nachricht, das Päckgen hab ich an Mslle König abgegeben aber noch ohne weitere Nachricht. Mslle Kg. grüßt Dich. Ich danke Dir für den Brief auf dem roten Papier, jeder Brief von Dir ist mir unendlich lieb, und wann er auf Kaiserspapier geschrieben wird kann ers nicht mehr sein aber ich küsse Dich doch daß mir damit Freude machen willst. Ich widerrufe die Nachricht von Mr. Turgot in sofern: Er hat zwar seine Dimission ist aber nicht in Ungnade, sondern hat nur des Lärms wegen seine Entlassung bekommen, übrigens aber wird der Ökonomieplan fortgeführt werden.

Vor ein paar [Tagen] war ich überm Rhein drüben und hörte Montag abends daß Hr. Hofrat zu Emmedingen zurück sei, ging Dienstag morgens sogleich nach dahin machte 7 Stund Wegs, machte Hrn. Hofrat um 7 Uhr abends meine schwache Aufwartung und ging nach ein viertelstündiger Visite wieder fort wo ich herkam über Rust zurück, erfuhr bei Hr. v. Stöcklin, daß sich die Schöllin (wovon das verlangte Päckgen hier mit eingelegt ist) bei ihm gerühmt hätten als ob Herzog von Weimar selbhändig an ihre Niece geschrieben hätte etc. ich widerrief und sagte wie's wahr ist daß Du wegen den Romanzen sie ersuchtest und sagtest es würde dem Herzog Vergnügen machen, dies zur Lehre Bruder die eiteln lieben Leute könnten mißbrauchen – etc.

Kaufmann ist von Emmedingen zurück zum 1ten Mal und ging zum 2ten Mal wieder hin. Er hat auch das Pack nicht gekriegt. Es war noch ein anderer Schweizer Theolog und Freund von Lav. und Pf. hier den ich sehr nah als einen braven Mann kennen lernte und liebe.

Wer ist Deine Feindin hier red, so kann ich mich hüten ich kenne niemand. Mein Glaube an Dich wird nicht fallen, wann er's sollte so werd ich Dich Bruder um Stärkung bitten.

Lebe wohl. Dein alter

Röderer

Mache mit meinem Demosthenes was Du willst, nur wollt ich ihn bei niemand eingebettelt haben, wann's nicht gern angenommen wird von Männern die's besser als ich verstehn so zerreiß es.

Zimmermann ist mit Häveli nach Zürich gangen. Kaufmann und Ehrmann werden Dich bald sehen. Lebe wohl.

152. Lenz an Kayser

Weimar d. 7 Jun. [1776]

Lieber Kaiser es freut mich um Deinetwillen daß Du mir meinen letzten Brief nicht übel genommen. Sei versichert daß ich Dich liebe und den Geist den ich aus den herabfallenden Blüten Deiner Kompositionen ahnde zu ehren weiß. Sage Lavatern ich lasse über Wiel. jetzt noch nichts drucken. Die Herzogin Mutter hat mir neulich eine Stelle aus seiner Physiognomik mit sehr vieler Empfindung vorgelesen und dabei den Wunsch geäußert ihn einmal persönlich kennen zu lernen. Grüße den teuren Pfenninger und alle Gotteskinder in Zürch, auch Deinen Freund Klinger

L.

153. Lenz an Herder

W[eimar] den 9. Junius 1776

Lieber Herder! ich habe von dem Präsidenten Lyncker gehört, daß die Vocation Dir schon zugeschickt worden und man Dich aufs späteste auf Johannis hier erwartete. Wird also hoff ich es mir noch gewährt werden Dich und Dein Weib und Deinen Sohn in Weimar zu sehen und bedarf es keiner Reise.

Ich habe Deiner Fabeln etliche Wielanden gegeben, etliche dem Herzog gewiesen, der mir sie aus der Hand riß und sie für sich insgeheim abschreiben ließ, zugleich mich bat das bei Dir zu entschuldigen und Dir zu versichern, daß sonst niemand sie zu sehen bekommen würde. – Deine Älteste Urkunde habe auch erhalten vermutlich von Dir und noch zu wenig darin gelesen um darüber was erträgliches widerhallen zu können – das übrige reden wir mündlich

Möge Glückseligkeit von oben herab Dich umatmen und Dich bald herüber zu uns wehen. Was soll ich Deiner Frau sagen, dem Engel der sich wohl nicht vermutet, wie sehr seine freundliche, lichthelle Vorstellung von mir hintergangen werden wird. Sei es. Vor einigen Monaten war ich freilich in glücklicherer Stimmung aber mein Herz bleibt dennoch dasselbe. Taub zwar itzt für die ganze Natur, ein hinschwindender Schatten, nicht einmal der Reminiszensen fähig. Komm bald.

Lenz

Tausend Dank!

Dürft ich doch fragen ob Zimmermann oder Merck die Exemplare von den Soldaten bekommen hat. Ich selbst habe keins, auch niemand schicken können und hier sind sie im Buchladen nicht. Nach Straßburg dürfen sie nicht gehen.

154. Lenz in ein Stammbuch

Weimar d. 11. Junius 1776

Jeder Stand, jedes Alter hat seine Sprache anders poltert der Greis, anders klagt der verliebte Jüngling. u. s. f.

Horaz in dem Brief an die Pisonen den ich zu studieren bitte.

Lenz

aus Strasburg

155. Boie an Lenz

Den 17. Jun. 1776

Ich schreibe, daß Sie mein Stillschweigen nicht andern Ursachen beimessen, lieber L. Die Krankheit und izt der Tod meines Chefs des alten Feldmarschalls, der mich hieher gezogen, und viel guten Willen u. Freundschaft für mich hatte, hat mich sehr zerrüttet und verwirrt mich noch. Ich habe sehr viel zu arbeiten, und kann nichts für mich tun, bis das Departement wieder einen Vorgesetzten hat. Gewinnen kann ich wenig dabei; verlieren viel [...]ten Sie doch Lindaus unbesonnenes Blatt nicht drucken lassen! Es kann ihm so leicht schaden, wenn's bekannt wird. H. hat mir noch nicht geantwortet, aber sein Sie ruhig. Sobald ich Antwort habe, schick ich sie Ihnen wenigstens gleich zu, wenn ich auch nicht dabei sollte schreiben können. Leben Sie wohl.

Boie

Ein Freund von mir Sprickmann aus Münster, wird durch Weimar reisen und Sie sehn. Nehmen Sie ihn auf als meinen Freund. Ihr Brief an Stolberg hat mich sehr gefreut.

Z. hat alle 12 Expl. der Soldaten gleich an Herder geschickt, u. keines mehr. Haben Sie sie von H. nicht bekommen? Sagen Sie mir, kömmt der vortreffliche Mann nach W. oder nicht?

[Adresse:] Herrn Lenz, Gelehrten
  Bei Herrn *D.* Göthe in Weimar

156. Lenz an Anna Maria oder Susanna Margareta Lauth

[Weimar, Ende Juni oder Juli 1776]

Wenn Sie beste Jungfer Laudt mir in Strasb. oder der Gegend herum doch einen französischen Bedienten zuzurekommandieren wüßten, würden Sie mich außerordentlich verbinden. Er darf kein Wort Teutsch können und wird bloß dazu angenommen mit den Kindern meines Bruders in Liefl. französisch zu schwatzen. Er bekommt seine Liverey, alle kleinen Kleidungsstücke, ganz freie Station und die freie Reise von Strasb. nach Lübek zu Lande und sodann zu Wasser nach Pernau. Er darf selbst fodern wieviel er bis Lübeck verlangt, muß aber freilich mir Sicherheit stellen daß er das Geld nicht sonst vertut. Zudem gibt ihm mein Bruder 20 bis 25 Rubel jährlich Gehalt, welches in Liefland, wo man fast gar kein Geld braucht, viel sagen will. Dagegen *engagirt* er sich 3 Jahr bei ihm zu bleiben, weil mein Bruder die Kosten nicht gern umsonst tragen will. Widrigenfalls ihm das Reisegeld am Gehalt abgezogen wird. Er hat dafür auf der Gotteswelt nichts zu tun als die Kinderchen ein bisgen zu frisieren mit ihnen zu schwatzen und bei Tisch aufzuwarten. Vielleicht wissen Sie oder Herr Salzm. oder einer von den andern Herrn bei Tisch einen solchen Menschen, besonders unter den abgedankten Soldaten oder sonst. Am besten ist wenn er kein Wort Teutsch kann. Sein Sie so gütig wenn sich ein solcher findt und melden mir ob er sich dazu versteht und was er noch sonst zu fodern haben könnte. Vielleicht werden der Herr Notär am ersten in dem Stück mir einen gütigen Bericht erteilen können, wofür meine Verbindlichkeit gegen ihn desto größer sein wird.

157. Lenz an Marchand

[Weimar, Juni 1776]

Hier schick ich Ihnen mein schätzbarer Freund ein Exemplar von meinen Soldaten zur schuldigen Danksagung für alle mir in Mannheim erzeigte Liebe. Es sollte mich freuen, wenn es von Ihrer Schauspielerbaumschule als Übungsstück deklamiert werden könnte.

Ich habe Eckhofen hier auf einem Konzert bei Hofe gesprochen und viel von Mannheim mit ihm ger[edet]. Er ist wohl zu alt und zu wohl in Gotha, als daß e[r ohne] außerordentlich vorteilhafte Bedingungen zu Ihne[n] [...] transloziert werden könnte. Er erbietet sich aber g[ern] wenn Sie ihm junge Mannheimer zuschicken wollen, sie auf alle mögliche Weise zuzustutzen und er ist in der Tat der Mann dazu. Wie sehr wünschte ich unserm Freunde Müller eine Unterredung mit ihm. Es freute mich wie ein Geschenk, daß er über unsere gewöhnlichen Schauspieler und ihre Gebärdungen mit mir auf ein Haar zusammentraf. Sagen Sie doch das wenn es sein kann einmal dem Graf Portia. Hier ist ein Liebhabertheater für Adel und Bürger, wo alle elende Schauspielerregeln verbannt sind. Überhaupt interessiert sich der Herzog und beide Herzoginnen ungemein für deutsche Literatur, mehr als ich sagen darf.

Daß es mir wohl geht brauch in Ihnen nicht zu sagen, sonst blieb ich nicht so lange. Grüßen Sie doch alle guten Freunde und behalten mich lieb.

Lenz

[Am Rande:]
Wieland ist ein herzguter Mann mit dem ich gleich zusammen geschmolzen bin. – – Auch sind sonst viel treffliche Menschen hier und die Liebhaberei allgemein weil der Hof das Exempel gibt. Grüßen Sie unsern lieben Müller doch.

158. KLINGER UND LENZ AN KAYSER
Mittwoch, Weimar. [26. Juni 1776]
[Klinger beginnt:]

Lieber Bruder! hier bin ich seit zwei Tagen unter den großen Himmels Göttern und kann Dir fast nichts reden, so reich, so arm, so voll, so leer bin ich an Worten – an Gefühl. Ich packte auf einmal zusammen und machte mich fort, und bin iezt hier gehalten. Was soll ich Dir sagen, von Goethe, von Wieland? Am Montag kam ich hier an – lag an Goethes Hals u. er umfaßte mich innig mit aller Liebe ›Närrischer Junge!‹ und kriegte Küsse von ihm. ›Toller Junge!‹ und immer mehr Liebe. Denn er wußte kein Wort von meinem Kommen, so kannst Du denken wie ich ihn überraschte. O was von Goethe ist zu sagen! ich wollte eher Sonn und Meer verschlingen! Gestern brachte ich den ganzen Tag mit Wielanden zu. Er ist der größte Mensch den ich nach Goethe gesehen habe, den Du nie imaginieren kannst als von Angesicht zu Angesicht. Größe, Liebe, Güte, Bescheidenheit – Steinige den Kerl der ihn verkennt wenn er ihn gesehen, an seiner Brust gelegen [!] hat, sein Geist umfaßte u. ihn begriff. Hier sind die Götter! Hier ist der Sitz des Großen! Goethe ist ... Legations-Rat mit 2000 ... Auch hab ich einen großen

Menschen am Präsidenten von Kalb gefunden – Lenz wohnt unter mir u. ist in ewiger Dämmerung. Der Herzog ist vortrefflich u. werd ihn bald sehen. Glaub von allem nichts was über das Leben hier geredet wird, es ist kein wahres Wort dran. Es geht alles den großen, simplen Gang u. Goethe ist so groß in seinem politschen Leben daß wirs nicht begreifen – u. Wieland! glaub nicht daß ich überspannt bin – ich häng an dem Menschen so stark daß ichs nie möglich hielt an einem Menschen so zu hängen, er will mich nicht mehr fortlassen. Weiß viel von Dir u. liebt Dich – Laß Dich von nichts drücken u. quälen – sie werden mich hier ruhig machen. Wo ich hin seh ist Heilbalsam für meinen Geist u. Herz – Adieu!

Kl.

[Lenz fährt fort:]
Entschuldige mich doch guter Kaiser bei unserm teuren Lavater, von dem ich durch Ehrmann viel Erfreuliches gehört, daß ich in einer Seelenlage bin, in der ich ihm lange nichts werde schreiben können, wo michs aber immer stärken und aufmuntern wird, von andern gute Nachrichten von seinem Befinden zu hören. Ich danke ihm tausendmal für alle Proben seiner Güte gegen mich, die sichtbaren und unsichtbaren, bitte nochmals **sobald es möglich sein wird** um das ihm bewußte Päckgen dessen Adresse er nur an Goethen macht (weil ich aufs Land gehe) und mir zur Stärkung ein paar Worte von sich und seinem Befinden beilegt. Gleicherweise empfiehl mich Pfenningern. Und behalt auch Du mich lieb

L.

159. RÖDERER AN LENZ

[Straßburg, Ende Juni 1776]

Noch ein Wörtlein, guter Liebster! Nach dem Empfang Deines Briefs, den ich heut über Tisch bekam. An Aktuarius hab ich den eingeschloßnen abgegeben, der Dich grüßt, Dir dankt und bittet Hrn. *Dr.* Goethe in seinem Namen zum Platz oder Ehrenstelle zu gratulieren, das mich dann auch im Herzen freut;

werde bald mein Bester sein Kollege oder des etwas. Ihr seid doch Zwilling. Aktuar fragt auch ob der Hr. Leg. Rat zu Weimar in der Qualität fixen Aufenthalt habe?

Man wollte hier von dortigen Mißhelligkeiten etc. das und jenes wissen, Gottlob, daß es entweder nie wahr war oder wenigstens nicht mehr wahr ist, auch sollte durchaus Herder nicht hinkommen, auch Gott lob daß es doch geschieht, ich will für ihre glückliche Niederkunft Sonntag bitten. Um den Mann mögt ich eine kleine Weile einmal herum zappeln. Kannstu mir der Urkunde 4t. Teil hermachen? Her mit! *portos* hin, *portos* her, ich erhäng mich nicht drum, nur unter Rausch Adresse zu Kehl; ich mag den andern Hrn. nicht gern Obligation haben, da ich sie nie sprechen kann. Her mit der Urkunde 4t. Teil, lieber Lenz! her mit! ich bitt Dich, ich flehe – u. Du kennst das infame Zögern unserer Buchhändler. –

Für Lindau will ich auch beten aber nicht für die Briten, ich kann nicht glauben, daß sie recht haben und einem andern das nehmen wollen worüber mir's so wohl ist daß ichs auch habe! – nun ich bin nicht *Politiker* aber Gott erhalte und segne Lindau und geb Sieg den Gerechten!

Mit der Iris will ich alles machen, brauchst zu Weimar das Billett vom Treitel nicht zu besorgen, aber ich konnt und wollt noch nicht zu ihm gehn, weil ich ihm sonst noch schuldig bin, mit nächstem aber.

Weder mein Vorname noch Nachnam soll vor die Rede, wann's sein muß Johan Gottfried, ich sehe aber nicht, ich bitt Dich mit Wahrheit nicht heuchlerisch sein wollender Bescheidenheit, ich kanns nicht ausstehen, laß mir's bleiben, aber daß Du das Ding ins Museum introduzieret ist mir sehr angenehm, u. dafür dank ich Dir herzlich – aus wichtigen Gründen laß meinen Namen weg, die ich Dir mit Feder und Papier nicht sagen kann etc.

Deine Briefe versiegle ich sobald ich verreisen werde, trau mir indessen oder glaube meiner Okkupation daß ich keine Zeile davon lesen werde.

Spener ist verreist, Sano wirds nächsten Sonntag. Hr. v. Kleist grüßt Dich wieder. Alle grüßen Dich wieder, auch die deutsche

Gesellschaft. Lobstein hab ich noch nicht gesehn, der arme Schelm muß von der Minna viel leiden.

Aktuar. sagt er hab 2 Exemplar zu Frankfurt gelassen daß Du und Goethe (ich kann so geschwinder schreiben den Namen flugs weg, ist er doch mehr wert als Titulatur) sie nach Weim. bekommen sollten. Der Akt. versteht nicht was das heißt: ›Grüßen Sie Jgfr. Lauth auf Wiedersehen‹, er meint Du kommst wieder.

Was soll ich Dir nun noch her waschen, weiß nichts von Neuigkeiten, denke! – Kaufmann ist hier, der ist ein trefflicher Mensch ist jetzt zu Emmedingen, schreibt mir daß Pfenninger dort ist, wann ich – ich muß die Woche noch 'nauf trotten. Sonnabend hier, Sonntag dort und Montag wieder hierher, das soll eine Erscheinung sein von – mir.

Dem Kaufmann hab ich ein paar Portraits zur Physiognomik, die er doppelt hatte aus seinem Portefeuille gemaust, hab auch Goethe bekommen weist den den ich wieder geben mußte für die zu Sesenheim, solltest sehn wie ich drüber stolziere und froh bin, er hängt in goldnem Rahm unter Luther.

Die O...ch lieber Bruder! ist wieder zurück, geht mit der Kg Donnerstag nach Quagenheim und nach Schweighausen ins Oberland, wo ihrs Vaters Güter sind, kommt dann den ganzen Sommer nicht mehr zurück. Sag mir doch ob Du sie nach meinem letztern ungeschnitzelten Profil erkannt und gleich gefunden hast, wo nicht, so bekomm ich wann's meine Finanzen gestatten einen Stuhl wie sie zu Zürich haben (den ich hier schon für jemand anders nach einem kleinen Muster machen ließ) und dann solls nicht fehlen, sie muß noch einmal sitzen. Jgfr. Kg tuts uns.

Bis kommende Michaelis reis ich nach Göttingen, wenigstens reis ich, das ist ausgemacht, seh Dich vielleicht – dann Liebster hastu (siehstu ich bitte Dich aufn Knieen) heitere Miene, bist alsdann Lenz und ein etablierter Mann und Adieu! glaubstu daß ich Dich liebe?

Dein
Röderer

Nun noch ein paar Blicke in den *Courrier du bas Rhin*, find ich was so kriegsts.

Paris 17 Juin. On travaille en France à 15 Vaisseaux de Lign. & 11 frégates. précaution pour la tournure que pourra prendre la guerre de l'Amérique. On va réfondre les ordonnances anciennes de la marine pour établir une nouvelle discipline.

Hast dann nichts so zu lesen? ists nötig daß ich so ausschreibe? *Courrier du b. Rh.* kommt mein ich zu Mainz heraus.

de Londres du 14 Juin. Du coté des Royalistes. 2 Vaisseaux de Ligne. 8 de 50 canons, 3 de 44. Fregates 7 de 32 can. 11 de 28. 4 de 24 can. 5 de 20. corvettes 3 de 18 can. 3 de 16. 4 de 12. 3 de 10. 2 de 8. Chaloupes armés 27. un brulot et une bombarde. total des batimens 82, Mâtelots 10 578. soldats de marine 2 112.

Etat des troupes nationales & Etrang.

Nat: 30 700.

Etrang: 12 000 de Hesse. 668 du Pr. hered. de Hesse. 4 300 Brunswich. 600 du Pr. Waldeck. tot. 17 568. tot. général = 48 268. Ajoute encore 9 Compagnies d'Artillerie à 75 homm. & 2000 homm. de marine. de sorte 51–52 000 homm. Masse enorme qui ne peut manquer d'écraser ou l'Amérique ou l'Angleterre; (ah qu'il me faut copier!) mais dont le contrecoup retombera toujours sur cette dernière.

Der Portug. Hof scheint von Engell. zum Zwist mit Spanien aufgehutscht zu werden damit dieses nicht so leicht die Kolonien begünstige bald bald muß es sich entscheiden u. Engelland kann doch Port. nicht unterstützen, und Spanien ist reich etc. u. hätte gern was ihm lieb ist Minorka Gibraltar etc.

Sonst fand ich nichts, Leb wohl Bruder, schick mir wann's sein kann die Urkunde, Du bist liebender als ich, aber Du kannst mich kaum lieben wie ich Dich; liebe mich nicht mein David mein Bruder Du heiliges Kind Gottes liebe mich nicht aber sei ruhig, fasse Dich, sei stark, laß Dich die Rechte Deines und meines Gottes leiten, halten, stärken, sei stark so, wann Du schwach bist

Dein
Röderer.

160. Lenz an Goethe

[Weimar, 27. Juni 1776]

Ich geh aufs Land, weil ich bei Euch nichts tun kann.

161. Lenz an Goethe und Seidel

[Bei der Abreise von Weimar nach Berka, 27. Juni 1776]

Sachen die hier bleiben

Regenschirm (Philipp in die Post)
Instruktion des Königs v. Preußen ⎫ schickst Du an Mühlgau
Ray de St. Genie ⎭
Theuerdank (Bertuchen)
Die Zigeuner (dem Herzog)
Herders Fabeln (Goethen zur Auswahl im Merkur)
Wielands Schriften an Wieland
Der Hut u. die Strumpfbänder (an Goethen)
Yärros Ufer (Goethen, dem Herzog vorzulesen)
Ramonds Drame und den *Soulier mordoré* (den Herzogin Mutter hat, der regierenden Herzogin zu bringen)

Sachen die ich mir ausbitte
Alle Bücher auf dem Stuhl

Polyb	*vies des peintres*	
Stuart	Büschings Geographie	
Comte de Saxe.	der Teil v. Frankreich	
Dictionnaire	Einige Karten	die mir
Girards Grammaire	Abt St. Pierre	Bertuch verschafft.
Hamilton		
Crebillon		

Guibert (wozu ich wenns sein kann, den 1sten Teil u. die Kupfer)
Instruktion der französischen Truppen
Chevalier d'Eon. Vor allen Dingen
Kriegsbaukunst
Homer
Das Pack mit meinen 2 Brieftaschen (unaufgemacht)
Das Päckgen Catharina v. Siena vor allen Dingen und unaufgemacht.

Julius Caesar
Siegellack. Schokolade. Feuerwerke. Soldatenpuppen für die Baurenkinder.
Wäsche (was die Wäscherin hat, 1 Hemd, 1 Schnupftuch, 1 P. seidne Strümpfe, einige Binden – was da ist, ein Hemd, 3 Binden, 1 Schnupftuch, 1 P. seidne Strümpfe, 1 Nachtmütze, 1 P. zwirn Strümpfe, 1 P. schwarzseidne).
Meinen Strasburger Frack mit Weste. Mein Nachtwämsgen u. Überrock Meinen Korsenhut Stiefel u. 2 Paar Schuh. Auch die neue Schuh die mir der Schuster bringen wird der bei Krausen wohnt.
Papier, auch Postpapier.

Einen Haarkamm hätte noch nötig und ein Schermesser, weil ich mich sonst vor mir selber fürchten muß.

Was ich da lasse
und nicht zu eröffnen bitte
Im Koffer

Briefe
Zwei Päcke Papier
1 livre d'amis
1 Samtrock West Hosen
1 Tuchrock West Hosen
1 Haarbeutel
1 P. weiß Englische Handschuh
1 Antolagenhemde
Schnallen
Sporen
Ein Pack Papier im Boden des Koffers der nicht e[...] wird
– Widderhörner

1 Degen
1 Klinge vom Herzog
1 silberne Uhr mit Berlock
1 Paar Überschuh (bei Kalb stehende)

[Das Folgende rings um die Adresse geschrieben:]
grüß Klinger vielmalen

Wenn ein Vorhängeschloß vor meinen Coffre hättest wegen der Papiere wäre mirs sehr lieb. Dies schließt nicht ich habe den Schlüssel verloren

Vor allen Dingen bitte Wieland die [...] sobald er sie missen [...]

Bitte mir alles aufs bäldeste zu schicken

Um die Wäsche bitte aufs eheste.

[Adresse:] Herrn
   Geh. Leg. Rat
    Goethe

162. Boie an Lenz

     Hannover. den 2ten Jul. [17]76

In der Zerstreuung, worin ich lezt schrieb, hatt ich vergessen, Ihnen, m. l. L. das Verlangte zu schicken, das längst fertig war, aber unter Papieren auf meinem Tische vergraben lag. Hier ist es, und zugleich den Brief von Helwing, den ich mit den vorigen mir zurück, oder zu vernichten bitte. Daß Sie sich merken lassen, von wem Sie die Designation haben, versteht sich von selbst. Ich weiß nicht, ob ich Ihnen für das übersandte Stück von Herrn Röderer gedankt habe, sonst tu ichs noch. Von Schloßern hab ich Briefe, aber kein Wort von Ihren Engländern. Ich schreibe dies wieder unter Arbeiten und in Erwartung der Englischen Post, die – aber da ist sie. Nun geschlossen! Leben Sie wohl, und behalten mich lieb

        Boie.

163. Lenz an Einsiedel

       [Juli 1776]

ich muß Euch zu Eurem Trost sagen, bester Einsiedel! daß Melanide eine Erzählung vom *Armand* ist, die auf sie vermutlich soviel Eindruck gemacht haben muß, daß sie sich den Charakter ganz zu eigen gemacht und folglich auch den ganzen Roman selbst hat spielen wollen. Adieu.

        L.

Welche Geduld das ganze Ding abzuschreiben und wie lebhaft muß es auf ihre Imagination gewirkt haben! ich glaubte anfangs sie hätte nur die Form nachahmen wollen

164. Lenz an Luise König
[Berka, in den ersten Tagen des Juli 1776]

Je ne sais que penser trop genereuse amie de la Silhouette que vous avez eu la grace de m'envoier par mon ami Roederer. Il serait trôp de presomption de ma part d'ajouter foi a ce beau conte de Fées qu'il m'a fait ladessus, cependant je n'ose m'avouer la verité et me priver du plus beau songe que j'eusse eu de ma vie.

Permettez que je m'en tienne entièrement a votre bonté et qu'en le prolongeant autant qu'il me sera possible j'en profite pour vous faire une infinité de remercimens accompagnés des plus vives instances, parceque cette illusion fait tant de bien a mon imagination qu'elle fait honneur a votre cœur, de ne pas m'en detromper. Cependant permettez de vous dire, que cette copie que j'ai reçue de ladite silhouette destinée a Mr. Lavater et apparemment tirée par vous même, n'a pas si reussié a Roederer, a qui je m'imagine vous avez donné la permission de lafaire chez vous, que peut être le modèle n'a pu manquer de reuissir a vous. Il en a manqué tout a fait ce beau contour qui reellement fait le desespoir de tous les peintres et graveurs, même du sieur Baley dont Lavater ne peut assèz blamer le trop peu de précision, ce qui fait que la veritable expression des traits les plus signifians ne se fasse que diviner, et soit laissée plutôt a la pensée qu'exposée aux yeux.

Daignez ma très respectable amie presenter les continuations ajointes du Mercure allemand a Madame de Oberkirch, c'est Monsieur Wieland, l'editeur et auteur du poëme Liebe um Liebe, *qui se recommande par lá a ses bonnes graces et tache de lui marquer le profond estime que tout ce qu'il a entendu dire d'elle, surtout de son ami Goethe, lui ont inspiré. Il seroit on ne peut plus satisfait de l'approbation d'une aussi parfaite connaisseuse, dont la nouvelle qu'assurèment il merite, feroit la plus douce recompense d'un des premiers hommes de notre siècle. Ayez la grace de m'en faire part et de m'honorer enfin de vos ordres, si quelque chose de brochures Allemandes qui n'auroient pas encore percés jusqu'à Strasbourg pouvoit meriter votre attention. Ce seroit là la première faveur d'un sort qui jusqu'ici n'acherché qu'à m'opprimer.*

Lenz

Faites a Madame de Oberkirch, si elle veut bien le permettre, et si heureusement pour moi elle se ressouvienne encore de mon nom, mes très humbles respects. Ce que je vous prie aussi de ne pas oublier chez Madame Votre mere et Mademoiselle votre soeur.

Encore unefois daignez me dire si quelque nouveau livre ou quelqu'autre nouveauté pouvait exciter la curiosité de Me: de Oberkirch. Pour des nouvelles de Mlle. sa Cousine je n'en saurois actuellement lui donner excepté qu'elle soit allée avec Me: la Duchesse regnante a Belvedere sa maison de campagne; le Duc est a Illmenau; ou j'espère bientôt le voir après avoir encore joui quelques semaines des douceurs de la solitude.

165. Lenz an Henriette von Oberkirch
[Berka, in den ersten Tagen des Juli 1776]

a.

Oserois je vous prier Madame! d'agréér ici la continuation du Mercure Allemand avec les assurances de son plus profond respect et parfait éstime de la part de Monsieur Wieland l'auteur.

Si c'est de Votre permission, dequoi j'ai lieu de fort douter, que j'ai reçu la copie de certaine silhouette, je ne demande pas pardon d'un silence qui seule pouvoit servir d'expression a une reconnoissance qui comme le sujet qui l'anime est au dessús de toute parole. Rien assurement me coute tant de peine qu'une lettre pour vous, quelqu'ingenú qu'il vous puisse paroitre un tel aveu, il n'est que trop reflechi, considerant le danger a qui je m'expose de peut ètre Vous offenser.

b.

Voila Madame! la suite du poëme de Mr. Wieland que je prens la liberté de Vous presenter moi même pour Vous epargner l'embarras de lui en dire quelque chose de joli par complaisance. Plut a dieu que Vous eussiez assez de confiance en moi de m'adresser ce que Vous pourriez encore trouver a dire sur la fin de ce poëme, je ne manquerais certainement pas d'en user avec la plus religieuse discretion.

Mon ami Goethe dans son nouvel emploi se trouve tellement surchargé d'occupations qu'il ne peut pas même profiter de la manière gracieuse dont Vous vous êtes ressouvenue de lui. Il vous en fait ses très humbles complimens en attendant qu'il soit d'humeur de Vous communiquer quelque nouvelle production de sa veine. J'ajoute la copie d'un portrait de l'aimable Turque dont le sort vous a tant interessé dans Stella. Elle est enterrée a Erfort a coté de son epoux le Baron de Gleichen et de sa femme.

Je ne manquerois pas d'ajoindre ici ce que de litterature Allemande me paroitroit digne de Vos attentions, mais malheureusement pour Messieurs les libraires de cette foire je n'en ai pu rien trouver. Aussi ce n'est que la lecture Angloise qui actuellement est en vogue a notre Cour. Reellement j'ai fait cette observation que cette langue donne beaucoup moins de peine aux dames a apprendre qu'on ne s'imagine, surtout a celles qui possedent l'Allemand et le Français dont elle est un composé.

Mons. Lavater m'a envoyé le premier essay de Votre Silhouette gravée dont je suis mieux satisfait que de celle que Mlle. Koenig a eu la bonté de m'envoyer. Cependant je vois qu'aucun artiste ne viendra pas a bout d'exprimer ces traits qui a la verité ne sont que pour la pensée.

166. GOETHE AN LENZ

[Juli 1776]

Hier ist der Guibert, die andern Bücher sind nicht zu haben.

Da ist ein Louisd'or.

Deine Zeichnungen sind brav, fahre nur fort wie Du kannst.

Leb wohl und arbeite Dich aus, wie Du kannst und magst.

G.

167. SCHENCK AN LENZ

[Juli 1776]

Herr von Einsiedel wird *Ihnen* morgen durch einem *Expressen* antworten. Ich habe dem Brief ohne jemands weiter Wissen selbsten eingehändiget.

Das Vertrauen dessen *Sie* mich zu würdigen belieben, zu verdienen, würde nichts vor mich zu kostbar sein. und welcher Mensch, besäße er gleich das härteste Herz, sollte nicht die größte Hochachtung und Liebe haben, nach dem *Ihnen* gesehen und gesprochen.

Beehren *Sie* mich ferner mit *Ihren* Vertrauen, Ich kenne jezo kein größer Vergnügen als Ihnen zu dienen –

Schenck

168. Lenz an Goethe

[Berka, Juli 1776]
Verbrenne das Billett.
Wolltest Du doch das dem Herrn weisen, Liebgen, wenn Du meinest daß es ihm Spaß machen kann.

Sag mir doch, ob es ein Utopisches Projekt wäre eine Handlung zwischen Frankreich und Weimar anzuspinnen. Wenn in W. eine Messe angelegt würde für französische Kaufleute, Manufakturieurs laß sein daß im Anfang die Balanz auf ihrer Seite wäre, es ließen sich mit der Zeit wohl einige hier nieder und die Gäste sollten auch willkommen sein. Ihr könntet ja um das zu erhalten, wenn sie erst im Train drin sind auf einmal die Einfuhr fremder Waren mit höheren Zöllen belegen. Ihr seid hier im Herzen von Deutschland und stoßt an viel Länder die noch ärmer an Industrie sind als Ihr. – Frankreich willig zu machen, wäre dann wieder eine Sache für sich. Es ist freilich keine Nation in der Welt schwerer und leichter zu behandeln. – Auch hättet Ihr Naturprodukte entgegen zu setzen, Bergwerk, Lein, Wolle u.s.w. Dies sind nur noch Träume Bruder.

Ob der Herzog deswegen Verträge mit den übrigen Sächsischen Höfen besonders mit Kursachsen tun dürfe, geht mich nichts an.

Das wird wenigstens keinem Vertrage zuwider sein daß er Manufakturisten ins Land zieht. Und von wem hat Deutschland die je erhalten als aus Fr. Auch können keine andere in ihren Preisen so mäßig sein, weil sie mit dem *compendio virium* nicht arbeiten.

169. Lenz an Wieland

[Berka, Juli 1776]

Es scheint, Lieber, Du weißt nicht oder willst nicht wissen, wer die Ursache des ganzen literarischen Lärmens gegen Dich war. Ich ließ Götter Helden und Wieland drucken, und ohne mich hätten sie das Tageslicht nimmer gesehen.

Ich hätte Dir's in Weimar gesagt; ich fürchtete aber, es würde zu viel auf einmal geben. Einmal aber muß es vom Herzen ab, und so leb wohl!

Lenz

170. Lenz an die Herzogin Anna Amalia

[Berka, Juli 1776]

Ich muß Ew. Durchlaucht in tiefster Untertänigkeit berichten, daß ich am Mittewoch morgen ein Pack mit Wäsche und den Tag darauf abends den Herrn Doktor Buchholz mit verschiedenen Arzeneimitteln richtig erhalten; da aber in unserm Dorf weder mit Gold bereiftes Papier noch ein Formular zu einem Danksagungsschreiben, noch auch ein Diktionär witziger und galanter Einfälle zu haben ist, so werden Sie gnädigste Herzogin! einem Kranken verzeihen, daß er diesesmal nicht dankbar sein kann. Der Überbringer Ihres huldreichen Geschenks hat, wie ich aus der Ankunft des Arztes geschlossen, vermutlich die Nachricht zurückgebracht, daß er mich zu Bette und weinend angetroffen, welches letztere er für eine Wirkung meiner Krankheit gehalten haben muß; da mir eine Mißdeutung von der Art noch öftere Besuche des Arztes zuziehen könnte, so habe ihr nur durch diese Zeilen zuvorkommen wollen.

171. Lenz an Goethe

[Berka, Sommer 1776]

Hier Bruder eins und das andere.

Es wäre mir doch lieb, wenn die Meinungen eines Laien im Merkur kürzlich rezensiert würden, ohne Ansehen der Person. Sag Wieland nicht von wem sie sind.

Sag mir doch ob Herder nicht bald kommt. Mein Herz ahndet ihm entgegen. Ich möcht ihn und sein Weib gern sehen – genießen kann ich itzt nichts mehr.

172. Lenz an Klinger

[Sommer oder Herbst 1776]

Ich hab Euch versprochen, es Euch sauer zu machen Klinger so Maler Müller und Wagner selbst, den ich recht sehr schätze. Nehmt Euch also in Acht vor mir, pariert ja wohl und wenn Ihr Blöße findet, so stoßt herein auf mich, wie Ihr wollt und wie Ihr könnt. Göthe hat ein Pasquill von mir, worin Euch allen die Köpfe gewaschen werden – bis Ihr gescheuter seid.

Lenz

173. Seidel an Lenz

[Weimar, Juli 1776]

Der Herr Geh. Leg. Rat läßt Sie vielmals grüßen und wünscht daß Ihnen ihre Rhabarbera wohl bekommen möge. auch schickt er Ihnen hier 2 versiegelte Bouteillen Wein, und Sie mögten nur fleißig zeichnen.

Die verlangte Bücher sind nicht in der Bibliothek. Kann man sie aber sonst auftreiben, so erhalten Sie sie nächstesmal.

Die Wäsche besorg ich, und auch die Laube auf kommenden Mittwoch.

Von Briefen ist nichts hier.

Ich habe nach Zitronen geschickt und denke sie wird mir bringen. – Hier sind drei. Es freut mich sie sind rechtschön. Der eingeschlagene Brief und das Paquet gehen nächsten Posttag nach Strasburg ab. Ich bin Ihr herzlicher Diener

Philip

mit 2 Bouteillen Wein und 3 Zitronen in Papier.

174. Lenz an Seidel

[Berka, Juli 1776]

Bitten Sie doch lieber Philipp daß H. Doktor in seinem Manuskript anstatt Henriette von Waldek schreibt H. von Warbek, Baron v. Warbek, und schreiben Sie es auch so ab. Es hat seine großen Ursachen.

175. Wilkau an Lenz

[Weimar, Sommer 1776]

Unter ausdrücklicher Bedingung daß Freund Lenz, bei ähnlichen Fällen wie der letzte war, seinen Weg allemal durch Weimar und zwar übern Markt nimmt, will ich die verlangten Geheimnisse verraten.

Das *Bataillon* so der Herzog von Weimar im letzten Krieg zur Reichs*armée* stellte hat aus 666 Mann Feuergewehr bestanden, welche in 3 *Compag:* eingeteilet waren. Reiterei gibt Weimar nicht wirklich, sondern es verträgt sich hierüber mit Gotha welches für sich und für Weimar 2 *Compag.* Dragoner stellt.

In Weimar stehen 4 *Compagn:*, und stehen davon 68 Mann tägl. auf der Wacht. Außer Eisenach ist in unsern sämtl. Landen keine Festung. Auf den Land stehen in Weimar Eisenach und Jena 3. *Bataill.* Landmiliz, jedes *Bataill.* zu 300 Mann.

Das Kriegs *Collegium* bestehet aus den Präsid: v. Kaufberg und den Kriegsrat von Volgstädt Zur Unterhaltung des sämtl. Weimarer Militär.s werden jährl. von den Landständen 64 000 rhl. verwilliget.

Der Obriste hat Monatl. Gehalt 110 rhl. d. Oberstl. *Lieutn.* 64 rh. d. *Capit.* 43 rhl. d. Lieutnt. 19 rhl. der Fähndr. 18 rhl.

Sollten Sie die neuen Verordnungen des Ministers St. Germain so die Französ: Truppen betreffen erhalten, so erbitte ich mir solche so wohl als die Designation von dem Gehalt der Hannöverischen Truppen.

Geben Sie bald Gelegenheit Ihnen mündl. zu sagen daß ich bin

Dero aufrichtiger Freund
Wilkau.

176. JOHANN KASPAR LAVATER AN LENZ

Hegi den 10 Julius 1776

Lieber Lenz, Hier wieder – hoff' ein beßres Stück – So gut es bei der äußerst flüchtigen unbestimmten Zeichnung möglich war. Es ist der erste Abdruck. Fehlt noch die letzte Revision. So ists immer eine der größesten Physiognomieen, die ich gesehen. Bessern Abdruck bald.

Noch ein Wort. Lieber Lenz – wieg Deine Schritte, und tu nie nichts ohn einen Freund. Laß Dein Freund Deine Vernunft sein. Sei zufrieden mit Deinem Herzen und Deinem Genius.

Adieu. Ich bin – vieles und keines, und alle Tage nur wenige Momente meiner selber. Kaufmann und Pfenninger sind izt bei Schloßern. –

Dein
Lavater

177. RÖDERER AN LENZ

[Straßburg, Juli 1776]

Ich beantworte Deinen Brief mit wenig Worten, viele würden Dir kaum den Dienst tun. Von Märlein und Spott weiß nur Dein Unglaube und Mißglaube. Vom Mitleid schweig ich. Ich habe den Fuß über des Engels Schwelle gesetzt, ist's Verstimmung gewesen in der ich zeichnete, so will ich sie büßen ob ich gleich ohne Schuld bin. Keinen Spaß hatten wir je mit Dir, wie kannst Du's wähnen da Du mir selbst das Mitleiden nicht ableugnest.

Tritt mit Füßen meine Moralen ich tu mir Gott weiß nichts zu Gut darauf, ich hab mir nie in Sinn kommen lassen Dich zu bekehren, und so oft ich so was sagte sah ichs als leere Worte für Dich an. Wann's Dir leid tun kann von Deinem Herzen mir jemals was gezeigt zu haben – was soll ich hier sagen Lenz! – Überhaupt mögt ich Deinen ganzen Brief lieber nicht beantworten. Aber ich darf Dich doch fragen: hab ich je in Dich gedrungen um ein Geheimnis? – Glaubst Du daß ich herum weise? – o Du! scheinst tausendmal mich zu mißkennen, und tausendmal wieder zu kennen, zu kennen daß ich Dich vertrage und darum glaubst Du ungestraft mein Herz zerreißen zu dürfen, zerreiße nur.

Die Silhouette ist mit Deines Engels Wissen an Dich kommen und so gut Deinetwegen gemacht worden als Lavaters halben. Lese dies beigefügte Billett v. Mslle K.

Nachricht von Deiner W: Sie ist noch immer zu Schweighusen bei ihrem Vater auf seinen Gütern. Der von O-ch hat sie besucht auf ein paar Tage, ist itzt wieder zurück, eine Stunde weit von da ist vor 14 Tagen in einem Dorf ein Brand gewesen der 60 Häuser und 52 volle Scheunen wegbrannte. Einige Personen Weiber und Kinder werden gemißt, eine Strecke vom Ort weg kam eine Bauersfrau auf der Straße nieder. Die W. ließ ein paar Viertel Frucht malen und das Brot unter die Verunglückten austeilen. Wie sie an Mslle K. schreibt, so kommt sie den Leuten dort immer dicker vor, sie freut sich da zu sein und erinnert sich in diesen Gegenden an ihre ersten Jahre.

Deinen Herder hab ich der Mamsell Kg überbracht samt dem Brief sie läßt Dich sehr grüßen. Sie sagte mir daß Du die folgenden Teile vom deutschen Merkur für die Frau v. O. geschickt habest und ich schließe die ersten hast Du für sie bestimmt und ich werd sie also hingeben.

Die Besatzung ist hier 11000 Mann stark. 350 ziehen täglich auf die Wache von der Infanterie 26 von der Reuterei und 24 Dragoner. In der Zitadell 36 Jedes Regiment gibt 80 Mann alle Tage. Alle 6 Tage kommts an einen.

Der Hr. v. Birch wird noch einige Ordonanzen erwarten und wann sie complet sind werd ich sie bekommen und mitnehmen.

Deinen 2ten Brief hab ich auch bekommen. brauch Dir also nicht zu antworten weg. Deinem Projekt mit Wieland. Ich danke Deiner schwärmenden Freundschaft. Aber sie scheint doch kaum so schwärmend zu sein daß Du mich für was mehr als ein Kind hältest. Wann ich Dir schreibe und nicht immer oder vielmehr nie mich geniere und gerade zu wie's mir vom Herz oder vom Eselskopf oder gar von der Hand kommt und Dir hernach mein Brief unverständlich oder nicht pünktlich genug oder weiß Gott wie vorkommt, was geht michs an. Ein andermal mehr. Halt mich vor was Du willst – ich bleibe

Dein Freund R.

[Adresse:] An Herrn Lenz abzugeben bei
Herrn Legationsrat Göthe
zu Weimar

178. LENZ AN JOHANN GEORG ZIMMERMANN

[Berka, Juli 1776]

Schon lange mein verehrungswürdiger Freund hätt ich Ihnen einige Zeilen zugeschickt wenn ich den Erinnerungen meines Herzens hätte folgen wollen; da meine Zeit aber mir nur zugemessen ist und ich in der Freundschaft die stillen und unbekanntbleibenden Gefühle den wortreichen oder auch nur denen die sich produzieren möchten vorziehe, so habe ich einen Mann wie Sie lieber der sich immer gleichbleibenden Überzeugung von unserer Hochachtung weil sie auf Wert gegründet ist und uns Wert gibt, lassen, als Ihnen durch unnütze Worte den Argwohn geben wollen, als könnt ich einen Augenblick Ihre gute Meinung von uns in Zweifel ziehen.

Darf ich Sie bitten sich gegenwärtiges Gedichts bei unserm Freunde Boje anzunehmen das hoffentlich die Ärgernisse die ich dem Publikum in Ansehung Wielands gegeben wieder gut machen und denen Beherzigungen selbst die mich gezwungen über die Schnur zu hauen und die ich in der Verteidigung dargelegt, mehr Gewicht geben wird. Sie als ein erfahrner Steuermann auf den Wogen desselben sowohl bei Sturm als Windstille, müssen mich aufs halbe Wort verstehen.

Ich finde einen unaussprechlichen Reiz an der Einsamkeit, sie allein befriedigt alle meine Bedürfnisse doch find ich itzt Ihre Philosophischen Beobachtungen darüber mehr als jemals bestätigt. Ich wünschte von Herzen es erschiene einmal von einer Feder wie die Ihrige eine Psychologische Diätetik für besondere Individiua [!] und besondere Fälle in die sie geraten können.

Unter diese mein Gönner! gehört auch unser kranker liebenswürdiger Lindau von dem ich Ihnen doch sagen muß, daß ich ihn nicht ganz zu übersehen mich getraue, bis er ausgewirkt hat. Wer kennt alle die Keime in menschlichen Seelen – und kurz haben Sie die Gütigkeit, gegenwärtiges Brieflein, das ich ihm zur Ermunterung von verschiedenen seiner Freunde habe zusammenschreiben lassen, worunter Personen von Gewicht sind Herrn Stabss. Boje der mir das freundschaftliche Anerbieten getan es zu besorgen, auf das angelegentlichste zu empfehlen.

Lenz

Ich hoffe zu Herrn Bojens Geschmack er werde der zwei Noten halben die das ganze Stück bei einer gewissen Gattung Leser an denen ihm bei seinem Museum doch am meisten gelegen sein muß, am meisten heben werden, keinen Anstand nehmen es einzurücken.

Die letzte scheint mir wegen einer gewissen Gattung neuer Schriftsteller die mit Wielands Manier wahre Abgeschmacktheiten sagen (so wie denn heut zu Tage jeder Mann von Wert seine Affen hat die sich dabei unvergleichlich befinden, derweil er die schwere Not kriegen möchte und das Publikum wie ein Betrunkener nicht weiß hinter wen es taumeln soll) mehr als zu nötig, doch kann es Herr B. darüber nach seinem Gutbefinden halten. Mich deucht er tut sich durch allzuviele Circumspektion Schaden, sobald es Sachen gilt, worauf was ankommt. Gerade da ist die größte Vorsicht oft die höchste Unvorsichtigkeit.

[Am Rande der 2. Seite:]
Doch bitte ich vor allen Dingen Freund B. wenn ers ins Museum rückt, den Korrektor anzuhalten daß ja kein Druckfehler unterschleiche. So bin ich neulich erschrocken über gewisse Sachen (besonders Verse) die in der Schweiz von mir herausgekommen sind, die ich kaum selbst verstund, geschweige wiedererkannte.

179. LENZ AN HENRIETTE VON OBERKIRCH

au jour de votre nom le 15 de Juillet 1776
Adieu belle Chanoinesse, car telle je Vous ai vúe la derniere fois, telle je
Vous reverrai un jour si non dans ce monde pourtant dans un autre.
Soyez toujours aussi parfaitement heureuse que Vous serez adorée de moi
et n'allez pas Vous imaginer qu'on peut etre malheureux avec des senti-
mens pareils pour Vous.

Lenz

[Am Rande:] *j'espere de revenir*

180. LENZ AN PFEFFEL

[Mitte Juli 1776]

Meine Abreise aus Straßburg war so unvermutet und meine Schicksale und Beschäftigungen kreuzten sich seitdem so wunderbar, daß ich von den wie Blitzen an mir vorüberfliegenden Augenblicken bisher noch keinen habe haschen können, Ihnen zu sagen wie unwandelbar meine Hochachtung für Sie sei und wie alle Entfernung den Zusammenhang mit Männern von Ihrer Art nur etwas weiter ausdehnen, nie aber zerreißen könne.

Um was Geschäft ist zuerst auf die Seite zu räumen, muß ich Sie bitten doch gelegentlich Herrn Neukirch zu sagen, er möchte die Rhapsodie, so er Ihnen vorgelesen, doch Herrn Schlosser zurückschicken, sie war für einen andern bestimmt. Ich hoffe aber mit diesem lieben Mann, wenn er Lust zu mir hat, in andere Unterhandlungen zu treten, die für uns beide wichtiger sein werden.

Itzt zu Ihnen und Ihrem Institut. Darf ich mir doch einige Nachrichten davon ausbitten? Sind auch französische junge Edelleute darin? Worin werden sie unterrichtet? Was andere zu vielen Lärmen machen, werter Freund, machen Sie zu wenig!

Wollten Sie mir auch sagen, und Herr Professor Lerse wird mir vielleicht darin mehr Licht geben können, was eigentlich aus der *Ecole militaire* in Paris geworden ist, wo jetzt *Ecoles militaires* angelegt worden, was aus dem *Hôtel des Invalides* geworden, wo die Invaliden jetzt verpflegt werden, was aus der Landmiliz geworden und wozu sie anjetzt gebraucht wird. Ich brauche alle diese Nachrichten notwendig. Verzeihen Sie meine Unbescheidenheit, ich weiß sonst nicht an wen ich mich wenden soll.

Herr Basedow hat mir die Ehre angetan, mir einen Ruf als Schriftsteller ans Philanthropin zuzuschicken; ich mußte wirklich lachen über diese neue Art zu komplimentieren. Indessen hoffe ich dennoch von dieser Anstalt in unseren Gegenden viel Gutes, wenn der Mann nur im Stande wäre sich die Grille der allgemeinen Religion aus dem Kopfe zu lassen, welches die meisten Eltern von ihm abschreckt. Es ist für ihn, sowie für unzählige Protestanten ein Unglück, daß jemals ein Luther gelebt hat. Nachdem er Berge ausgehoben, wollen sie mit eben dem Geräusch Strohhälmchen wegschaffen.

Meine Adresse ist in Weimar an Herrn Geheimen Legationsrat Goethe, oder lieber an Hofrat Wieland, weil erster itzt gleichfalls auf dem Lande ist. Ich schmecke die ganze Wollust der Einsamkeit auf den Kontrast des Hofes.

Sie werden mich durch eine umständliche Nachricht von Ihrer Anstalt unendlich verbinden. Herrn Professor Lerse bitte ich viel Schönes zu sagen.

Lenz

[Empfangsvermerk: ›31. Juli 1776 in Kolmar‹]

181. LENZ AN SIMON

[Berka, Juli 1776]

Ihr Brief hat mir viel Freude gemacht, lieber Freund! ich bin auf dem Lande und in mir selbst sehr glücklich, nach dem ich am Hofe fast verwittert war. Ihre Nachrichten sind mir sehr lieb und sehr leid, ich hoffe es soll bald besser tonen Wenn Sie doch die Schwärmer erst auf Ihrer Seite hätten und nicht die Tugendschwärmer die nur Lärm machen wollen, die andern, die Toren, die Unglücklichen mit ihrer kauderwelschen pietistischen Sprache, – die aber tun.

Ich bin von Herzen

Ihr Freund
Lenz.

[Am Rande:]
Kein Wort vom lieben Heiland in Basedows Nachrichten kein Wort wie es denen schmeckt, denen nun das ihr höchstes Gut ist und deren doch die größte Anzahl ist. Entweder ich schweige ganz von Religion oder ich richtete sie mehr für den Schwärmer als für den Freigeist ein.

182. KAYSER AN LENZ

Z.[ürich] 24 Julius [17]76

An Lenzen

Um der Götter willen Lieber laß uns doch nicht so verwirrt mit einander haushalten. Wo's nicht mit Zauber zugeht so mußt Du Briefe wissen die ich Dir nach Strasb. und Weimar wegen der flüchtigen Aufsätze schrieb, Deinen Konsens hatte ich, daß sie im Drucken wären wußtest in einigen Zettel [!] nach Weimar – Ein Exl. ist an Wieland für Dich abgegangen. Und jezt, bin ich schuld kann ichs ändern und ruckrufen wie Du willst daß sie nicht gedruckt wären? Ich gehe einfach, ich tat wie wir ausmachten, ich referierte Dir getreulich drüber – quäle mich nicht! quäle Dich nicht! Es ist so viel vorbei laß das mit drein gehen. Künftig geht vieles anders.

Eilf Exl. sind noch für Dich an Röderern abgegangen. –

Sollte Dirs nicht dort wohl werden können wo hin ich Flügel der Morgenröte haben mögte! in der Götterhaushaltung! Ich ahnde vielleicht mehr von Deinem Zustand Lieber als Du glaubst. Ich habe mich auch aus vielem herausgerissen und sitze jezt hier, und ich darbe zwar immer und immer und doch kanns einem gut dabei sein.

Pfenninger war in Emmendingen. Lavater treibt immer großen verworrenen Gang.

Ach es ist vielen Not.

Adieu.

Schreib mir doch plan und deutlich   Ade.

183. Lenz an Weidmanns Erben und Reich

d. 26. Julius [17]76
Vom Lande

Ich muß bitten lieber Freund! zu verhüten daß die Soldaten nicht etwa im Meßkatalogus unter meinem Namen angezeigt werden, da ich sonst nimmermehr mit Ihnen was zu teilen haben kann da sie ganz und gar wider meinen Willen gedruckt worden sind und es die allernachteiligsten Folgen von der Welt für mich haben kann. Eben dadurch auch für den Verleger, der den Verfasser so wenig geschont hat.

Lenz

Sie werden sich ohne Namen schon forthelfen. Mir gäben Sie einen wahren Beweis der Freundschaft wenn Sie es noch unangezeigt ließen, könnt es aber nicht anders sein, dazu setzten, von Steenkerk.
[Am Rande:]
Auch von dem andern Antrag bitte um Ihrer Freundschaft willen niemanden zu sagen. Die Sachen folgen so kurz aufeinander –
[Adresse:] Herrn
  Herrn Weidmanns Erben und Reich,
    berühmten Buchhandlung in Leipzig
[Empfangsnotiz Reichs: ›1776 d. 2. Aug. Lenz‹]

184. Lenz an Boie

[Berka, Anfang August 1776]

Lieber Freund Boie! Die Soldaten sind nicht von mir, ich bleibe dabei, mögen die Herren die so geschwind mit dem Druckenlassen fertig waren, auch den Namen auf sich nehmen. Der Verf. des Hofmeisters darf Sie nicht irre machen, es ist nichts leichter geschrieben als eine Komödie von der Art, aber nichts schwerer verantwortet. Auch dächt ich hätten wir itzt Produkte in der vorgeblichen Manier die Menge als daß dieses itzt ganz notwendig sollte und müßte auf den Verf. des Hofmeisters schließen machen. Kurz ich habe selbst bei dem der es zuerst Hn. Leibarzt zugeschickt, meinen Namen nur für einen andern hergegeben der verborgen bleiben mußte. Und den die Bekanntmachung dieser Rhapsodie über kurz oder lang zu Grunde richten wird, da all seine Verhältnisse drüber zum Teufel gehen. Es tut mir weh genug und ich habe mir alle Mühe gegeben vorzubiegen. Vielleicht hilft dies noch.

Verzeihen Sie mein langes Stillschweigen, ich habe viel sehr viel zu tun und mich deswegen von aller menschlichen Gesellschaft abgesondert. Schlosser wird Ihnen vielleicht den Engländer schicken; aber unter angehängter Bedingung nicht meinen Namen zu nennen, denn auch ich will und darf nicht überall genannt werden. Wenn das Ding ohne Namen nichts nutz ist, so werfen Sies ins Sekret.

Es ist eine große Sache Lieber! andere Leute nie als Individua sondern in und mit ihren Verbindungen zu behandeln. So wird einem oft ein Dolch ins Herz gedrückt und man weiß nicht über wen man sich beklagen soll. Ich rede hier nicht von mir; aber der Verf. der Soldaten der Soldaten – wenn er weniger jung, weniger Hoffnungen gebend, mir weniger anhänglich gewesen wäre, welches Sie auch aus dem Stil sehen können, würde ich kein Wort sagen. Hätt er doch nie meine Bekanntschaft gesucht und das unglückliche Talent noch ein wenig ruhen lassen.

L.

nur daß dieser Brief nicht auch gedruckt wird.

[Auf der 3. Seite am Rande:] Ich danke für die Liste: sie kam mir zwar ein wenig zu spät. Wissen Sie mir nicht zu sagen, wohin man Briefe an Hn. v. Lindau adressiert und wenn wieder ein Schiff abgeht auch ob stark geworben wird.

[Auf der 2. Seite am Rande:] Der Verf. der Soldaten heißt Steenkerk, [darüber geschrieben:] soll und muß so heißen, ich darf auch meinen Namen nicht länger hergeben da ich in zuviel Verdrüßlichkeiten dadurch geraten würde und man von mir auf ihn raten könnte, nur eine Szene ist von mir.

[Ebenda unten:] Tun Sie mir die Liebe und hindern die Publizität der Soldaten soviel an Ihnen ist, bitten auch Zimmer-

mann drum. Nur nicht viel davon geredt, ich bitte, noch weniger geschrieben.
[Auf der 1. Seite am Rande:] Verzeihen Sie meine Länge über einen so uninteressanten Punkt für Sie. Es liegt mir zu sehr am Herzen als daß ich nicht bitten und geilen sollte um Stillschweigen.
[Adresse:] Herrn
    Herrn Stabssekretär Boje in Hannover
    abzugeben im Churhut bei der Post
[Notiz Boies: ›Empf. d. 13ten Aug. 1776‹]

185. RÖDERER AN LENZ
Strasb. den 8. Aug. 1776

Auf Deinen letzten Brief lieber Bruder weiß ich Dir weiter nichts zu antworten. Nur daß ich ihn mit keinem Pack von Goethe wie Du sagtest erhalten habe. Vor oder nach dem Empfang dieses Briefs, den Du durch den nach Dessau reisenden Kaufmann erhältst, wirst Du auch 8 Exemplare von Deinen flüchtigen Aufsätzen erhalten. Die Mademoiselle *de Muralt* eine liebenswürdige Dame von Zürich brachte mir sie mit und ersuchte mich um ein Exemplar. 2 davon behalte ich zurück und frag Dich wo ich mit hin soll, mir und Wagnern der mein lieber Freund ist hat Kayser eines geschickt.

Auch fragt M. Leypold, der Deinen Brief erhalten hat, und Dich grüßt: ob Du Geißlers Geschichte von Teutschland in 2 Quartbänden mitgenommen oder hier wo andern geliehen hast?

Salzmann schreibt Dir, Deine übrigen Freunde grüßen Dich, die Sozietät und H. v. Kleist.

Vor 14 Tagen hab ich Pfenninger bei mir gehabt und bin mit ihm samt Blessig und Wagner nach Emmendingen wo wir Lavater antrafen u. 2 Tage sehr vergnügt bei einander blieben. Hr. Hofrat und seine Frau grüßen Dich herzlich, Du hättest wieder dabei sein sollen als sie uns alte Romanzen sang und besonders die aus dem Faust. Pf. konnts kaum tragen in Strasburg Dich nicht zu sehen.

Wann Du mir was zu schicken hast, so schicks bald, wenigstens doch ein Briefchen, dann ich geh nach 6 Wochen aufs allerspätste von hier nach Göttingen, und bald drauf ohne lang da zu weilen werd ich durch Leipzig nach Dessau gehn wanns meine Finanzen zulassen. Die Adresse ist (Du hattest es letzt vergessen) bei Rausch zu Kehl.

Lieb mich noch immer und sei glücklich

Dein Röderer

P. S. Die gnädige Frau ist zu Schweighusen im Obern Elsaß auf ihres Papas Landgütern, befindet sich wohl weiters weiß ich nichts.

[Adresse:] An Herrn Lenz
  beim Herrn Legationsrat Goethe zu Weimar

186. WIELAND AN LENZ

[Weimar,] 27. August [1776]

Lieber Schatz, was Du gern hättest kann ich Dir izt nicht schikken. Dafür schick ich Dir den *Etat de France* in 4. Oktavbänden, woraus Du viel detail lernen kannst. Hab Sorge zu den Büchern! Das *Siecle de Louis XIV.* verlang von der Herzogin-Mutter; sie wird Dirs gerne geben; oder von Kalb. *Cura ut valeas.* Hab uns lieb, und mach daß Du bald wieder hier existierst. Du kannst hier so gut einsam leben als in Berka, wenn Du nur ein für allemal ein wenig arrangiert bist – Wozu alles was Dich lieb hat, herzl. gern behülflich sein wird. Adieu.

Wieland

187. SEIDEL AN LENZ

[Weimar, 28. August 1776]

Heute ist dem Hrn. G. Leg. Rat sein 27ter Geburtstag.

Der alte Herr v. Kalb ist hier.

Anbei Papier und ein Paket von H. H. Rat Wieland und einen Billett von ihm nebst einem angekommenen Brief.

Ich rekommandiere mich.

188. Luise von Göchhausen an Lenz

[Weimar ce 29me d'Aou 1776]

Je Vous ai mille obligations du dessin parfaitment bienfait que Vous avez bien voullus joindre à la Lettre polie dont Vous m'avez honoré. Croyez moi, Monsieur, que j'y Suis très sensible et qu'il y a longtems que je n'ai vü une peinture tant analogue avec l'Ideal dont mon esprit s'occupe souvent d'un Lieux Sombre et doux où je passerai les moments les plus delicieux pour mon Cœur.

Madame la Duchesse Vous remercie de Votre souvenir, mais Elle ne comprend rien aux graces et bienfaits dont Vous parlé a son Sujet, elle m'a chargée de Vous faire ses Complimens.

Je serai toujours très charmée d'avoir de Vos nouvelles, particulierement quand Vous me direz que Votre santé, pour la quelle nous avons crainte, est parfaitement retablie.

Louise G.

189. Lenz an Charlotte von Stein

[Berka, Anfang September 1776]

Vous parlez de m'arracher de ma solitude – et m'alleguez pour cela d'aussi eloquentes raisons. Pensiez Vous bien Madame! lorsque Vous ecrites ces lignes, quels effets elles alloient faire sur moi. Sur moi qui ne savoit d'autres soulagemens a tous les maux qui m'oppriment que de pouvoir les cacher a l'univers. Pourquoi me contraindre de voir la lumiere afin d'y jouer un personnage odieux, même a l'egard des personnes auxquels mon cœur a pris autrefois le plus d'interêt. Il est impossible de Vous eclaircir tout le sanglant de ma situation, Vous en devinerez quelquechose par la contradiction de toutes mes actions, quoique mes sentimens tant pervers que Vous me supposiez ne peuvent jamais etre reduits a se contredire. Convenez qu'il n'y a rien de si cruel, que d'agir contre son cœur; cependant j'y suis contraint par les actions des personnes même qui se disoient autrefois mes amis et qui sous ce pretexte se croyoient tout permis contre moi. Trahissez moi si Vous y trouvez de quoi satisfaire a Votre amour pour la vertú et a Votre haine pour le vice, que je Vous annonce en ma personne, procurez Vous ce plaisir des grandes ames de pouvoir contribuer au triomphe de l'une sur l'autre surtout dans ces occasions aussi eclatantes ou le zêle d'avoir secourú l'un, et detruit l'autre

Vous servira de trophée chez tout le public et peut etre chez la posterité même. Je Vous en fournis des armes, je Vous ouvre mon cœur. Je me declare coupable de tous ces petits tours, de toutes ces ruses dont Vous me fites le dernier soir d'aussi vives reproches, je vous declarerai même que rien moins que de changer de conduite je la soutiendrai avec de la fermeté tant que les raisons qui m'y forcent ne voudront pas cesser. Vous deviez donc prendre garde a me fournir d'occasions de faire du mal sous les dehors de l'innocence et de la probité. Pourquoi, je vous en supplie, me produire a la cour? Pourquoi m'ouvrir des vúes aussi pleines de charmes lorsque j'etois resigné pour la campagne. Pourquoi en donner ombrage a des personnes qui jusqu'ici ont taché de m'en eloigner, afin d'etre a l'abri de mes petits tours et de mes ruses? Qui pour les prevenir, ou pour me corriger peut etre ont tout mis en usage de mepris, des petits tours de leur façon souvent plus fins ou du moins plus cachés encore, de la raillerie bien amiable et mieux encore placée et qui pour parler net, ont de très grand cœur abusé de ma complaisance de les egayer dans leur langueurs. J'ai joué au Colin Maillard avec eux et de trop grande amitié pour moi, ils ont oublié que je m'etois bandé les yeux moi même et tachent quoiqu'envain de me les fasciner encore. Il est bien naturel que rien ne peut flatter leur orgueil davantage lequel je me suis proposé de ne plus menager. Il est aisé a prevoir que ce changement de conduite ne leur conviendra guere, après leur avoir donné tant d'avantage par celle que j'affectois en arrivant. Cependant je ne peux rien moins que la continuer telle quoique leur amitié m'en veuille persuader et quelqu'honneur que j'y mette de plaire a une Cour qui fixe a present les yeux de toute l'Allemagne et même de nos voisins, j'ai assez d'ambition de n'en vouloir plus faire le plaisant. Voila les sentiments avec lesquelles je ne peux m'empecher d'y commencer ma nouvelle carrière.

190. LENZ AN GOETHE

[Kochberg, Mitte September 1776]

Ich bin zu glücklich Lieber als daß ich Deine Ordres Dir von mir nichts wissen zu lassen nicht brechen sollte; wollte Gott ich hätte Deine Art zu sehen und zu fühlen und Du zu Zeiten etwas von der meinigen, wir würden uns glaub ich beide besser dabei befinden.

Ich schreibe Dir dies vor Schlafengehen, weil ich in der Tat bei Tage keinen Augenblick so recht dazu finden kann. Dir alle die Feerei zu beschreiben in der ich itzt existiere, müßte ich mehr Poet sein als ich bin. Doch was soll ich Dir schreiben daß Du falls Schwedenborg kein Betrüger ist alles nicht schon vollkommen mußt geahndet gesehen und gehört haben. Wenigstens haben wirs an all den Gebräuchen und Zauberformeln nicht fehlen lassen mit denen man abwesende Geister in seinen Zirkel zu bannen pflegt; wenn Du nicht gehört hast, ists Deine Schuld.

Mit dem Englischen gehts vortrefflich. Die Frau von Stein findet meine Methode besser *als* die Deinige. Ich lasse sie nichts aufschreiben als die kleinen Bindewörter die oft wieder kommen; die andern soll sie *a force de lire* unvermerkt gewohnen, wie man seine Muttersprache lernt. Auch bin ich unerbittlich ihr kein Wort wiederzusagen was den Tag schon vorgekommen und was mich freut ist, daß sie es entweder ganz gewiß wiederfindt oder wenigstens auf keine falsche Bedeutung rät, sondern in dem Fall lieber sagt, daß sies nicht wisse, bis es ihr das drittemal doch wieder einfällt. – Nur find ich daß sich ein Frauenzimmer fürs Englische ganz verderben kann, wenn sie mit Ossianen anfängt. Es geht ihr sodenn mit der Sprache wie mir und Lindau mit dem menschlichen Leben.

Lieber Bruder, Du hast entweder selbst meine Brieftasche oder Philipp hat sie gefunden; schicke mir sie doch. Wenigstens Dein Gedicht, das ich hineingelegt hatte – alles, denn ich weiß selbst nicht mehr was drin ist. Schick doch auch sonst was mit für Frau v. Stein, etwa d. Jungs Autobiographie von der ich ihr erzählt habe. Ich komm in der Tat hieher wie ein Bettelmönch, bringe nichts mit als meine hohe Person mit einer großen Empfänglichkeit; habe aber doch sobald ich allein bin große Unbehäglichkeiten über den Spruch daß Geben seliger sei als Nehmen.

Dein Bote ging obschon er alle Kräfte anwandte die ihm Weib und Kinder übrig gelassen mit der Geschwindigkeit eines Mauleseltreibers; ich wäre eben so geschwind und ungefähr in eben der Gemütsfassung mit bloßen Knieen auf Erbsen nach K– gerutscht. Und doch war eben der Merkurius den andern Morgen als ich ihn wollte rufen lassen, Dir Frau v. Stein Brief und Zeichnungen zuzuschicken, (obschon ichs ihm abends vorher hatte notifizieren lassen) über alle Berge. Wofür Du ihn sermonieren kannst damit ers ein andermal in ähnlichen Fällen nicht wieder so macht.

[. . . .]

191. LENZ AN HEINRICH JAKOB LENZ UND DESSEN BRUDER
Weimar d. 20sten Sept. 1776

Meine teuersten Vaterbrüder! Seit vier Jahren, da ich Sie zum letztenmal sah, wälze ich mich nun schon in der Welt auf und nieder, bis mich die Vorsehung endlich nach Weimar geführt hat, welches ich wohl sobald nicht verlassen werde. Die Erinnerung von Ihnen hat mich überall hinbegleitet und ich werde nie aufhören zu fühlen daß ich für alle die Freundschaft und Güte die Sie mir in Cöslin und Colberg erwiesen, Ihr beständiger Schuldner bin. Der Himmel verwandle meine Wünsche für Sie und die Ihrigen in Segen und Glück, bis er mir Gelegenheit gibt, mehr als Wünsche zum Beweise meiner unveränderlichen Zärtlichkeit besonders für die letzteren sehen zu lassen. Unter diesen erinnere ich mich besonders meines kleinen Vettern in Colberg, des allerjüngsten, der mir soviel Freude durch seinen Anblick gegeben hat. Darf ich Sie zum Beweise daß Sie mich nicht ganz vergessen haben, bitten, mir doch alles was Sie von den Lebensumständen und Schicksalen Ihres seligen Großvaters und Eltervaters wissen unter der Adresse des Hr. geheimen Legationsrat Goethe in Weimar mitzuteilen. Ich erinnere mich von meinem Vater soviel gehört zu haben, daß der erstere im dreißigjährigen Kriege gedienet und der andere wo mir recht ist Stabsoffizier gewesen. Diese Nachrichten, wenn sie mir aufs eheste gegeben würden, könnten mir besonders jetzt ungemein vorteilhaft werden. Ich bin so frei besonders meinem jüngsten Hr. Onkel mit diesem Auftrage beschwerlich zu fallen, dessen Güte für mich schon bei so manchen Gelegenheiten mich ihm vorzüglich verbindlich macht. Sollten allenfalls die Vaterbrüder in Cöslin mehr Spezielles von Ihrem Großvater wissen so bitte doch, sich desfalls an sie zu wenden.

Die Ursache warum ich gerade diese Nachrichten mir ausbitte, würde Ihnen auseinanderzusetzen die Grenzen eines Briefes überschreiten. Sein Sie übrigens versichert daß es mir auch an diesem Hofe wohlgeht und daß ich wohin mich auch mein Schicksal verschlägt mich jederzeit mit der wärmsten Hochachtung Ergebenheit und Liebe nennen und zu beweisen suchen werde als Ihren

ganz ergebensten Neffen
Lenz.

[Am Rande der 1. Seite:]
Ich bin schon seit dem April in Weim. Bitte mir doch die Nachrichten sobald es möglich, gütigst zukommen zu lassen. Von meinem Großvater erwähnen Sie nicht, wenn ich bitten darf.
[Adresse:] Herrn Herrn Heinrich Jakob Lenz
    berühmten Handelsmann
        zu Colberg in Pommern

192. JOHANN DANIEL SALZMANN AN LENZ
[Straßburg], d. 21. 7br. [1776]

Mir ist sehr lieb bester Lenz, daß Sie mein Schuldner sind ich finde meine Rechnung dabei. Bleiben Sie es immer so lange Sie wollen, so bekomm ich doch noch bisweilen ein Vertröstungsbriefgen. Ich denke wann das nicht wäre Sie würden mich gar vergessen. Was machen Sie und was macht Göthe? Ihr Affengesichter! warum erfahr ich nichts was Ihr tut was Ihr schreibt was Ihr herausgebt? Die Soldaten hab ich gelesen und für Ihr Kind erkannt der gute Hauptmann B. ist auch drin, alles sehr gut. Claudine hab ich auch gedruckt gelesen. Aber die neue Arria und der Sechste Akt von Stella, sagen Sie mir doch ob die auch von Göthe sind, so will ichs zu seinen Sachen binden lassen. Ihr Auftrag wieviel Bürger und Handwerker in Strasburg sind ist ein bißgen schwer zu beantworten. Es sind 5300 Bürger ohne die Wittiben deren etwa 5 bis 600 sein können, aber die Anzahl der Handwerker ist sehr weitläufig ausfindig zu machen dann es sind auch viele Weiber und viele ohnverburgerte Inwohner die

Professionen treiben jedoch die leztern ohne Knecht oder Gesellen. Ich glaube Ihr Leute arbeitet an politischen Projekten um den Türken aus Europa zu vertreiben oder gar den Mogol vom Thron zu stoßen. Wir Strasburger lassens gern beim alten wie Sie wissen. Da ist man ruhiger dabei. Doch ist meine leztere ohngedruckte Abhandlung über allgemeine oder gesellschaftliche Glückseligkeit unvergleichlich geraten und wenn Ihr mir gut Wort gebt so schick ich's Euch Sie ist in der Gesellschaft gelesen und sehr approbiert worden. *Ramond* hat angefangen den Werther zu übersetzen – ich glaube er wirds besser machen als alle andere. Ich küsse Sie liebster Lenz. Küssen Sie Goethe für mich [...]

Salzmann Act.

Der junge Bernhard Vonh.i.. hat *banqueroute* gemacht und davon gelofen sagen S.. das Göthe.
[Adresse:] Herrn
    Herrn Lenz bei H. Legationsrat Göthe
        In *Weimar*

193. Schenck an Lenz

[Herbst 1776]

Von dreien Antwort.

Den an Philipen habe durch die Boten Frau überbringen lassen. welche auch Antwort von demselben bringen wird.

inliegend 1 gr. übrig gebliebenes Brief *Porto*.

Ich fahre fort zu dienen mit dem unendlichsten Vergnügen und verharre Zeitlebens mit der größten Hochachtung

Ihr gehors. Diener

Schenk.

194. SEIDEL AN LENZ

[Weimar,] d. 22. Septbr. [1776]

Hier Herr Lenz schicke Ihnen etwas Wäsche von *Schenck* wo ich iezo bin, Ich bin in einem grimmigen Zorn über die Wäschern die mich so herum zieht.

 1 Hemd.
 2 Halsbinden
 1 P. Strümpf
 1 Sacktuch
 1 P. Schuh.
 1 P. Schuhschnallen
 Ihre Paar Sporen.

und da schicken Sie doch mit dem nächsten dann *Hr. G. L. R.* seine Sporen wieder zurück.

195. LENZ AN SEINEN VATER

[Kochberg, September 1776]

Bester Vater! Es war die Mutter vom nunmehrigen geheimen Legationsrat Goethe, die ich in Frankfurt auf der Durchreise das erstenmal kennen gelernet, von der ich Mamaen das schrieb. Seine Schwester, eine gleichfalls sehr würdige Dame ist lange verheuratet mit einem Manne der ihrer wert ist.

Ich Ihrer spotten – das ist ein Gedanke, der mich töten würde, wenn ich nicht hoffen dürfte, daß er nur aus Ihrer Feder, nicht aus Ihrem Herzen gekommen ist. Ich sehe mein Vater! daß es ein Schicksal ist, das ich nicht ändern kann, wegen Entfernungen der Zeit und des Orts von Ihnen und allen den Meinigen mißverstanden zu werden. Wie heilig mir Ihre Briefe sind, mag Gott Ihnen durch einen andern Weg als durch meine Feder künftig bekannt machen, oder auch nur ahnden lassen. Fahren Sie fort mir diese höchsten Beweise Ihrer Güte noch zuzuschicken wenn Sie mich dessen wert glauben.

Goethe ehrt Sie wie ich. Die Welt ist groß mein Vater, die Wirkungskreise verschieden. Alle Menschen können nicht einerlei Meinungen oder vielleicht nur einerlei Art sie auszudrücken haben. So unvollkommen das was man in jedem Fach der menschlichen Erkenntnis modern nennt, sein mag, so ist es, wie Sie selbst mir nicht ganz absprechen werden, jungen Leuten doch notwendig, sich hinein zu schicken, wenn sie der Welt brauchbar werden wollen. Glücklich sind sie wenn sie Väter haben wie ich, deren Beispiel auch bei veränderten Umständen und Zeiten immer und ewig ihnen Muster bleiben muß. Das sage ich weder aus Heuchelei noch aus Schmeichelei, denn was für Vorteile könnte mir beides bringen, sondern aus Erkenntnis der Wahrheit, aus inniger Verehrung und Anbetung des Geists der in Ihnen webt und würket.

Die Briefe meiner Geschwister stärkten mich gleichfalls. Sagen Sie Fritzen ich werde Sorge für seinen Auftrag haben, fürchte aber, er werde ein wenig untulich sein, falls nicht etwa ein Landsmann nach Lief- oder Curland hineingeht, der einen Burschen mitnimmt. Mein Bruder Christian ist immer der einzige Mensch der mich noch am besten verstehen kann; sein Glück, seine Zufriedenheit sind die meinigen. Schwester Lottgen und Liesgen bitte ihre Munterkeit nicht zu verlieren, das Leben wird heutzutage immer bitterer – und immer süßer. Ein Augenblick – ersetzt Jahre voll Kummer – auch ein Augenblick wie der wenn ich Nachrichten von Ihnen erhalte. Schwester Norgen möchte ich sehen, Bruder Carl wird die Hoffnungen seines Vaters nicht so grausam hintergehen als ich. Dürft ich bitten alle ihre Schattenbilder zu nehmen, und sie mir verkleinert mit einem Instrument das man Storchenschnabel nennt, im Briefe zuzuschicken. Ich muß noch hinzusetzen, daß ich jetzt durch die Bekanntschaft Wielands eines der größesten Menschen unsers Jahrhunderts, dessen Wert aber freilich nur erst die Nachwelt ganz schätzen wird – und ich darf sagen durch sein Herz und seine Freundschaft eine der glücklichsten Aquisitionen meines Lebens gemacht.

Darf ich nochmals um Ihre Lebensgeschichte flehen. Nur auf einem Blättgen, wenns Ihre Zeit nicht erlauben will. Ich küsse Mama und Ihnen die Hand und alle Geschwister tausendmal Ihr gehorsamster Sohn

JMR Lenz.

[Am Rande der 4. Seite:] im Merkur werden Sie mich bisweilen auch finden.

[Am Rande der 3. Seite:] ich küsse Schwester Norchen und bitte sie das Glück ganz zu fühlen und zu schätzen, der letzte Trost ihrer Eltern zu sein.

[Am Rande der 2. Seite:] Bitten Sie doch Bruder Carl um die einzige Freundschaft mir in einer guten Stunde aus Ihrem und meiner Mutter Munde historische Nachrichten von meinen Großeltern [Anmerkung, auf derselben Seite oben:] NB. wollten Sie mich würdigen, etwas von Ihrer eigenen Lebensgeschichte dazuzutun, würd ichs mit dem höchsten Dank erkennen – sowohl von Ihrer als von mütterlicher Seite aufzuschreiben und zuzusenden, er wird unserm Herzog damit Freude machen. Die Gnade dieses Fürsten für mich ist Gottes Werk.

[Am Rande der 1. Seite:] Wie Goethe und die Seinigen sich zu allen Zeiten gegen mich bewiesen und wieviel ich ihnen schuldig bin, kann ich nie genug erkennen und rühmen.

196. HERDER AN LENZ
Dienstag. [Weimar, den 8. Oktober 1776]

Da bin ich hier u. freue mich Dich zu sehen. Sonntag über 8 Tage werde ich vermutlich, was Du zu wissen verlangst, zuerst predigen.

Den Engländer gab mir Boje: ›er könne es wegen des Endes nicht einrücken‹. Vorigen Sommer hatte sich in Bückeburg die Kehle jemand abgeschnitten, daß nur noch einige Fasern hingen: sie wurde zugenäht: er riß sie sich 2 mal auf: es wurde eine Maschine gemacht, daß er den Kopf nicht regen konnte, und in 4 Tagen war der Mensch besser. Er lebt noch u. befindet sich wohl u. freut sich, daß ihm das Kehlabschneiden nicht geglückt sei: so hätts Tot auch werden sollen. Aber er ist tot wie sein Name anzeigt.

Den Engel von dem Du schreibst u. um den Du lebst, habe ich nur eine Viertelstunde, zerstreut u. verwirrt, gesehen – Diana im Chor der Nymphen u. Dryaden.

Lebe wohl. Weib u. Kinder grüßen Dich. Mir ist wie allen Neuangekommenen, selbst im Elysium sein muß. Ich habe Kaufmann hier gefunden, der morgen reist u. Dich sehr grüßet.

H.

197. LENZ AN HERDER

[Kochberg, 9. oder 10. Oktober 1776]

Es ist eines der merkwürdigsten Jahrhunderte in welchem wir leben. Generalsuperintendent Herder in der tiefsinnigsten aller Theologischen Schriften seiner Zeit zitiert einen Komödianten. Was wird die Nachwelt von seiner Ältesten Urkunde – oder von meiner Komödie denken? So lieb es mir übrigens sein muß, daß die homogenen Teile zu ihrem Ursprunge sublimiert werden und dadurch die Streitschrift ihren wahren Stempel wiederbekommen hat.

Der Engländer ward in ganz andrer Stimmung und aus ganz anderer Rücksicht geschrieben. Und ist das lustigste Nachspiel das ich zu diesen willkürlichen Ausschweifungen der Phantasei hätte erfinden können Herrn Bojens marktschreierisches Benehmen, der Deine Ankunft abwartet um sich über das zu entschuldigen, worum ich ihn in zwei Briefen mit vielem Ungestüm und vieler Höflichkeit gebeten. Ich wußte daß es ihm Schlosser schicken würde und bat ihn demzufolge sehr dringend, es nicht einzurücken, versprach ihm auch sogar etwas anders in die Stelle – und das alles nicht wegen des Schlusses sondern wegen der Prinzessin von Carignan, welche Unschicklichkeit noch lebende fürstliche Personen aufs Theater zu bringen, Herr Boje einzusehen nicht im Stande war.

Unsere Herzogin hat mir befohlen, ihr ein Briefgen an Dich mitzugeben. Ich bitte dabei von der Fürstin zu abstrahieren und mit Deiner durchschauenden Phantasie aus diesem Zuge Dir das Gesicht der Frau abzubilden die das, als Fürstin, verlangen konnte.

Ich wünschte überhaupt Du suchtest die nähere Bekanntschaft dieser Dame, und ich habe das Herz ohne Augur oder Druide zu sein beiden Teilen sehr viel Genugtuung davon zu versprechen. Soviel Großes habe ich nicht leicht in einem Charakter vereinigt gefunden, der ganz und gar auf sich selber ruht. Doch ich sollte mich billig nie unterstehen etwas auf der Welt zu loben.

Le.

198. SCHENCK AN LENZ

[Weimar, Oktober 1776]

An keinem Orte keine Antwort.

Herr Cästner mündliche Antwort, viele *Compli.* nebst Versicherung der besten Besorgung.

Herr Herder hat um 12 noch nicht geschrieben will bis weitere Gelegenheit versparen.

Herrn Göthe habe eigenhändig Ihren Brief gegeben, auch ohne Antwort.

Philip habe auf 3 mal nicht angetroffen und Botenfrau, will – oder kann nicht länger warten.

innliegend etwas, u. da es ein Hofbedienter gebracht vermute daß solches von Herrn Göthe sei u. etwan bei Durchl. Herzog geschrieben ist.

Der Schneider ist nicht fertig. Philip hat es vielleicht vergessen.

Dürfte ich Ihnen ersuchen, alle Ihre Kommiss. ohne *Compliments* an mich zu schicken. Jeder Tag da ich die Botenfrau vermute ist vor mich ein Freudentag. Sein Sie des versichert. Leben Sie wohl.

Der Brief ist nach Göttingen *francirt* kostet aber nur 3 g. also 1 g. zurück.

Viele Kompl. von Herrn von Kalb

Schenck

199. RÖDERER AN LENZ

[Göttingen, Oktober 1776]

Liebster Bruder! So eben komm ich zu Göttingen an. Um Dir nicht länger das kleinere Briefgen vor zu enthalten das zu lang schon bei mir zögerte, schreib ich nur wenig. Laß mich bald doch wissen ob Du mich noch liebst, ich glaubs zwar aber hilf meinem Unglauben.

Dein
Röderer

bei Fr. Professor Hambergerin an der Allee zu Göttingen.
[Adresse:] An Herrn Lenz abzugeben bei
    Herrn Geheim. Legationsrat Goethe
zu Weimar

200. Lenz an Johann Daniel Salzmann

Kochberg, den 23sten Oktober 1776

Wollten Sie so freundschaftlich sein, lieber Aktuarius, Röderern, falls er noch in Straßburg ist, zu sagen, er möchte mir das Paket von Herrn von Kleist, nur mit der Post zuschicken, weil ich sehr ungeduldig darauf bin; die Briefe könnt er mir selbst mitbringen.

Ich bin in Kochberg bei der liebenswürdigsten und geistreichsten Dame, die ich kenne, mit der ich seit vier, fünf Wochen den englischen Shakspeare lese. Künftige Woche gehts leider schon wieder nach Weimar.

Der Herzog hat neulich hier einen sonderbaren Zufall gehabt: er fiel von einem Floß im Schloßgraben ins Wasser, ich sprang nach und hatte das Glück ihn, ohne Schaden, heraus zu ziehen. Herder ist mit ihm hier gewesen und find't allgemeinen Beifall. Wer sollte ihm auch den streitig machen können? Er und Wieland sind, wie der letzte es von jedem sein muß, Freunde und werden es noch immer mehr werden.

Göthe hab ich nun lang nicht gesehen; er ist so von Geschäften absorbiert in W., daß er den Herzog nicht einmal hat herbegleiten können.

Leben Sie wohl und grüßen alle guten Freunde, auch Jungfer Lauth.

Lenz

[Am Rande:]
Wäre es nicht möglich, daß ich, durch Ihre Vermittlung einige der neuesten Allemanden in Straßburg abgeschrieben herbekommen könnte. Was Sie dafür auslegen, will ich wieder erstatten. Die von Edelmann würde Ihnen hier ein ewiges Denkmal setzen.

[Mit Bleistift:]
Kennen Sie Kaufmann? Er ist, wie mir die Herzogin Mutter gesagt, durch Weimar gegangen und hat sehr gefallen. Auch ist er im Merkur.

Grüßen Sie die deutsche Gesellschaft und melden Sie mir recht viel Neues aus Straßburg und Paris. Ist eine gewisse Exzellenz von Vietinghof durch Straßburg gegangen? Er ist ein Vetter von General bei Baviere. – Vielleicht sehen Sie mich einmal in herzoglich sächsischer Uniform wieder. Doch das unter uns.

Melden Sie mir doch ob Herr Fries, mit dem ich nach Italien wollte, noch in Straßburg ist und grüßen ihn, wenn Sie ihn sehen.

Sollte Röderer etwa gar das benannte Paket von Herrn von Kleist noch nicht erhalten haben, so seien Sie doch so gütig und begrüßen ihn selbst darum. Er weiß schon wovon die Rede ist. Und versichern ihm von mir viele Empfehlungen.

201. WIELAND AN LENZ

[Weimar, Oktober 1776]

Lieber Engel, da hast Du die Offenbarung Seb. *Merciers* –

Deinem Vater – ach! lieber Lenz! Mein Gedächtnis! Meine ewigen Zerstreuungen! – Ich hab ihm nicht geschrieben – Es kam mir ganz aus dem Sinne – Schreib Du ihm etliche Zeilen und schick sie mir, mit seiner *addresse:* ich will ein Brieflein von meiner Hand dazulegen, und so wirds am besten sein.

Herder ist ein Mann Gottes!

Kaufmann ist ein edler, großer, guter Mensch. Er hat das Ding im Merkur das wir ihm zuschrieben, nicht gemacht, hat auch keinen Anteil dran.

Meine Frau, ich selbst und alle unsre Kinder bevollmächtigen Dich, Lieber, unsrer liebsten Frau von Stein das Schönste was Du sagen kannst, in unserm Namen zu sagen. Wir lieben sie allesamt von Grund der Seele – auch wenn sie uns keine Biskuits geschickt hätte. Doch ist natürlich, daß die Biskuits nichts dran verderben.

Dein Brief an Bode soll bestellt werden. Komm doch bald wieder, und bleibe bei uns! Denn es will Abend werden – laß uns des Lebens genießen so lang es uns gegönnt ist. Ade.

W.

Ich weiß nicht wieviel Merkure Dir fehlen – komm und hole sie selbst – und den Brief Deiner französischen Dame, die soviel Lärms um Nichts macht.

202. LENZ AN GOETHE [?]

[Berka, Herbst 1776]

Lieber Bruder! ich bin in grausamer Beklemmung. Es ist die Frage, ob ich ... lieben darf. Sie ist diesen Morgen so mächtig in meinem Herzen worden, daß sie mir das innere Leben meines Geistes anzugreifen drohte. Ich fragte mich ist es nicht Eitelkeit, Eigennutz oder noch was Schlimmeres, was in deinem Herzen dies unheilige Feuer angezündet hat – warum willst du der ganzen Welt u. allem was darin auf Liebe Anspruch macht Unrecht tun. Die inwendige moralische Schraubenbewegung ward aufs höchste getrieben – ich lag auf der Folter. Gott der Gedanke in dem ich allen Trost meines Lebens fand – dieser einzige Gedanke Sünde. Etwas für sie zu tun – Du weißt daß dies noch das einzige war das mich an dies Leben band. Denn für andre glaube ich auch nach dem Tode wirken zu können.

Ich bin wieder hergestellt. Die Ungewißheit konnte nicht dauern und Gott lob der unsre Seelen so eingerichtet hat. Einem Leiden von der Art wenn es anhielt wär auf der Welt nichts zu vergleichen und endliche Kräfte zu schwach dafür.

Ich bin nicht gehalten etwas zu lieben, das nicht einen mir fühlbaren Wert hat. Und das was ich bis auf den Grad meiner

Geliebten lieben darf muß einen Wert haben, der sich auf mich bezieht. Sonst müßt ich die ganze Welt heuraten.

Ich bin aber fest entschlossen meine heilige Grille sie mit keinem Geschöpf auszutauschen in den Sarg mitzunehmen – sag mir drüber was Du willst. Denn ihren Wert kann u. wird sie hoffe ich nicht verlieren u. wohl mir wenn sie mich nie liebt als nach Beziehung des Meinigen auf sie.

Was ihr Wert in Beziehung auf mich ist? – Alles. Ich behalte keinen Wert übrig wenn ich den ihrigen zu lieben aufhöre. Meine Existenz ist vergeblich. Ich handelte für sie – sie allein ist u. kann zuverlässige Richterin meiner Handlungen sein und wer mein Verhältnis zu ihr versteht. Ob sie es sein wird ist die Frage nicht.

203. Lenz an die Herzogin Anna Amalia

[Kochberg, 24. Oktober 1776]

Da meine Muse ein für allemal an Geburts- und Namenstägen hartnäckig stumm ist, so habe Ew. Durchlaucht Geburtsfest wenigstens durch Darstellung des Felsens, vor dem Sie bei Ihrem Aufenthalt in Kochberg selbst bewunderungsvoll gestanden, zu feiern versucht. Sollte diese Sysiphusarbeit auch nur so weit gelungen sein, daß sie Ew. Durchl. die Vorstellung des Felsens in der Natur, erleichtere, so wäre sie mir unendlich teuer, wenn ich auch nicht rechne, daß sie mich einige glückliche Tage im Anschauen der unerreichbaren Originalitäten der Natur hat zubringen lassen. Wenn ich diesen Namen von einem wahren Tempel brauchen darf, in dessen Schatten man ohne heiligen Schauer nicht stehen kann.

204. Lenz an Herder

[November 1776]

Verzeih mir lieber Herder, daß ich Deiner Frau eine Unschicklichkeit zumutete. Bei uns *magistris artium* sind Kopf und Hand nicht immer beisammen.

Es war mir wahre Belohnung daß der alte Vater Gevatter Bruder und Schwester Joseph Maria Herzens Wieland meinen Pietisten nicht unter die Bank geworfen. Denn er freute mich als ich ihn schrieb.

Darf ich zum voraus anfragen lieber Episkopus, ob Du einem *maitre de langues* ein paar englische Bücher leihen kannst, etwa auch eine Grammatik *etc.* Die Herzoginnen wollen den Winter Englisch lernen

Empfiehl mich Deiner Frau und Kleinen nebst Schwägerlein.

L.

[Adresse:] Herrn Herrn Generalsuperintendenten Herder
in dessen Behausung

205. LENZ AN HERDER

[November 1776]

Zwei Stücke Herr bitt ich von Dir
In dem Merkur ein Ehrendenkmal für Luthern.
Beantwortung folgender Preisfrage

›Wie weit der Zweifel gehen dürfe bei Untersuchung der Wahrheit und was eigentlich Moralische Gewißheit sei. Das heißt die Grenzen des Verstandes und des Herzens zu ziehen und zu bestimmen, welche von beiden in Kollisionen am meisten gehört werden müssen, das heißt ob eine Evidenz im Verstande durch das Gefühl allein hervorgebracht werden könne – müsse?‹ –

Der Preis wird das ganze Publikum sein.

Lenz

[Adresse:] An Herdern!

206. LENZ AN CHARLOTTE VON STEIN

Berka the third of 9br 1775 [!]

a. [Konzept]

you will perhaps wonder dearest lady at my depart from W without taking my leave from you and repeating my thanks with all the warmth an human heart can bestow of, you would have permitted me to enjoy some months near your presence a manner of living almost unknown before to me an for that reason printed into mine heart with everlasting characters. I dare not make any excuses for it, for to say it i fear i would find no words to that end or if i could find some prefer them with a manner not becoming your delicacy. you will not believe it an yet it is true therefore i undertake to write to you and in English flattering myself your application to that language with the help of all the witchcraft of your charming fancy will impart to my weak expressions all that can render them worthy to be read of you. If there be in words some pleasure as to vent the delights and the cares of the heart, i am certainly much to complain of, not having even the very consolation, if goods me are withdrawn to give words at my feelings, being overwhelmd from a sort of dullness attended by a whole oblivion of all the happiness i have been blessd of. Nothing will remain of it as how much is fit to make the present the more painful by the comparison [?] of the past

b. [Abgesandter Brief]

I beg a thousand times your pardon, dear Madam! for having leav'd Weym without taking leave from your grace and repeating you the thanks which i can never pay sufficients to all the obliging civilities shown to me at my stay at Kochberg and engrav'd into my heart with everlasting characters. 'Tis most true i could but once in my life be bless'd in such an enchanting manner, which if the charm of it had lasted some days longer, would have make forget me all my relations and put me in the most doubtless persuasion, that i was in another world. I feal'd all my faculties hightend by your presence and thought myself a superior being, as i was sure to prove so, near the influences of your genius in all that i did undertake of. Therefore do not wonder at the roughness and infirmity of the very expressions of my letter, having even forgot all my English, by being no more inspired from as gracious a Scolar, of whom the very presence and her application to that tongue did improve me of all that i could teach her and to speak truly, have been much more profitable to me than all my instructions could have proved to her. I intreat you to remember the passage in Master Goethe's Goetz from Berlichingen that there is something of divinity in the conversation of a Carrictura. I hope you will not need an explanation of this name nothing than your heart the bettest could make it, having so often put into shame Master Theobald's and Warburtons learning in the explanation of great Shakespeare.

I pray you to commend my respects to your most honorable husband and the whole family and flattering myself with some lines answer as you have given me the permission to do so, i am with the most sincere veneration

> *Madam*
> *your most humble and*
> *obedient servant*
> *Lenz.*

207. JOHANN KASPAR LAVATER AN LENZ

[13. November 1776]

Mein lieber Lenz, mit einem Schwall unzähliger Briefe flog ich vor ein paar Tagen auf Baden u: las auch alle Deine wied. durch. ach! wie wenig hab ich Dir geantwortet u. Zeit zu antworten ... Könntest Du nicht zu uns kommen? wenig könntest Du mich, wenig könnt ich Dich genießen. Doch mehr wie so. Vielleicht hättst Du Quartier bei Statth. Kaufm. in Winterthur. Vielleicht hättst Du Ruhe u: Genuß. viel kann ich Dir nicht versprechen. Ich versprech überall nichts mehr. Geld hab ich keins. Ich bin arm in einem schönen reichen Hause – wo Du etwa auch Tage u: Nächte ruhen u: mir helfen kannst. Du kämst über Emmendingen. Wir alle haben Augenblicke zu wägen – doch Freundesanblick trägt uns. Komm u. siehe. So antwort ich auf alle Deine Briefe. *Adieu.* Den 13. Nov. 76 am Krankenbette meines Weibchens.

L.

[Adresse:] an Lenzn

208. LENZ AN HENRIETTE VON OBERKIRCH

[Mitte November 1776]

Oserois je enfin Madame accompagner l'incluse du Sieur Wieland de quelques lignes seulement pour vous temoigner l'excès de joie et de satisfaction que j'ai du ressentir en Vous voyant assez de confiance en moi de me faire le porteur de la lettre que Vous aviez la bonté de lui envoyer. *Jamais je ne vis un homme étonné comme il le fut de ce que Vous aviez voulu faire tant de cas d'un rien comme il s'exprimoit et il vous prie d'agréer la continuation de ce petit poëme que votre approbation lui rend d'autant plus cher à lui même que reellement sa modestie l'a jusqu'ici empêché d'en sentir tout le prix. En vain j'ai l'assurer que j'étois en cela parfaitement de Votre avis et que je le prenois tout de bon pour son chef d'œuvre, il s'obstina toujours que ce n'etait qu'indulgence de votre part qui le Vous en fit juger si préférablement. Je pense que le meilleur moyen de le tirer de son aimable erreur sera de vouloir bien me permettre que je continuasse de Vous envoyer tous les suites du Mercure; et quoiqu'il m'ait defendu de Vous dire qu'ils viennent de lui afin que Vous ne les critiquiez plus trop favorablement, je ne saurois Vous le deguiser, mais je Vous supplie en meme tems au grace de vouloir bien m'instruire par complaisance avec le moins de circonspection possible et sans aucun égard pour lui vous fiant tout a ma discretion, de tout ce que peut-etre Vous pourriez trouver à désirer en quelques endroits de son poëme, je ne manquerai pas de lui donner la dessus des avis dont il profitera. Pardonnez madame cet enthousiasme pour mon ami et pour cet art où de jour en jour il fait de nouveaux progrès, quoique on auroit cru qu'il en avoit déjà atteint le plus haut degré de perfection. Plut à Dieu que dans le siècle, où nous sommes Vous ne voudriez pas être inexorable d'accorder à l'Enthousiaste le plus desinteressé et le plus ciconspect le bonheur de Vous admirer autant dans Vos lettres qu'il a fait jusqu'ici dans une Silhouette quoique mal copiée cependant suffisante a rapeller à son imagination les momens adorables où il a joui du bonheur de Vous voir et de Vous entendre. Mr. Lav. m'a depuis ce tems envoyé une autre de sa physiognomie, dont je ne suis pas non plus satisfait. Eh quel artiste pourroit rendre ces traits qui a la vérité ne sont que pour la pensée.*

J'ose esperer que Vous ne voudriez pas Vous facher de la délicatesse de mon ami W. que je viens de trahir en le decouvrant, ayez la grace de ne pas me rendre la pareille et d'agréer ce que je viens proposer de sa part desus [...]

209. WIELAND AN LENZ

[Weimar, 16. November 1776]

Wenn Ihr nichts Bessers habt, und einmal Euer üppiges Fleisch kreuzigen wollt, liebes Brüderlein, so kömmt heute auf den Mittag und eßt eine Suppe mit mir. Vielleicht kömmt Göthe auch.

210. LENZ AN WEIDMANNS ERBEN UND REICH

Weimar [Mitte November 1776]

Hier haben Sie ein neues Stück von mir.

Ich verlange fünf neue Louisd'or. Bitte um geschwinden aber korrekten Druck und gut Papier. Es wäre mir sehr dran gelegen wenn Sie mir die Zeit bestimmen könnten wenn ich das erste Explar erwarten darf.

Sollte Ihnen zu diesen Bedingungen das Stück zu teuer sein so bitte mir das Manuskript ohne es weiter sehen zu lassen baldigst zurück.

Ich bin mit vieler Achtung Dero

ergebenster

Lenz.

[Empfangsnotiz Reichs: ›1776 23 9bre Weimar Lenz‹.]

211. SEIDEL AN LENZ

[Weimar, zwischen 22. und 25. November 1776]

Hier schick ich Ihnen etwas Äpfel Herr Lenz aus unserm Garten. sie sind eben nicht gar gut, probieren sie sie. Auch ein Brief kommt anbei.

Am Donnerstag wurden Erw. u Elmire und die Geschwister aufgeführt, es wäre mir unendlich leid wenn Sies nicht sollten gewußt haben und ich also schuld dran wäre weil ichs Ihnen am Mittwoch nicht sagen ließ. Ich habe, Fabricens Rolle ausgenommen die sehr elend war, noch nichts so Liebes gesehen. Das Maidel ich hätte sie nun auffressen können. Sie war eben ganz Marianne und der Hr. Geh. Leg. Rat ganz Wilhelm. Ich kanns Ihnen nicht sagen was es auch vor einen Eindruck auf alle Leute machte. Leben Sie recht wohl. Hr. Lenz. Das andere besorge ich richtig.

212. Lenz an Anna Maria oder Susanna Margareta Lauth

Weimar d. 23ten Novbr. 1776

Verzeihen Sie meine werteste Mademoiselle! daß ich so lange angestanden Ihnen schriftlich zu sagen mit welchem Vergnügen ich mich auch hier bei Hofe noch der angenehmen Stunden erinnere, die ich in Ihrem Hause zugebracht. Die beständigen Zerstreuungen in denen ich bisher gelebt und die Ungewißheit, ob ich hier bleiben oder mich auf den Weg nach Strasb. zurückmachen würde, haben mich bisher abgehalten es zu tun. Da aber gegenwärtig sich meine Aussichten verändert haben und die Gnade des Fürsten und des ganzen Hofes, für die ich der Fürsehung Gottes Dank schuldig bin, mir allzuschmeichelhafte Fesseln anleget, so habe wenigstens schriftlich Ihnen für alle mir in Ihrem Hause erzeigte Freundschaft und Höflichkeit danken und Ihnen zugleich versichern wollen daß der kleine Rest den Ihnen noch für das letzte halbe oder ganze Jahr zu entrichten habe, sobald ich mit meiner Einrichtung ein wenig in Ordnung bin, ein sehr gut bei mir angelegtes Kapital sein soll. Haben Sie die Gefälligkeit für mich, mich Dero schätzbarsten Herrn Bruder und Demois. Schwester, sowie der ganzen Tischgesellschaft auf das verbindlichste zu empfehlen und sein versichert, daß ich jede Gelegenheit aufs begierigste ergreifen werde Ihnen mit der Tat zu beweisen mit wie vieler Hochachtung und Ergebenheit ich sei

Dero ganz verbundenster Diener
Lenz.

213. Lenz an Weidmanns Erben und Reich

Berka, d. 23sten 9br 1776

Ich habe mich vergriffen wertester Herr als ich unter andern Geschäften und Zerstreuungen unter meinen Papieren etwas für Sie suchte. Es war nicht der Engländer, eine unvollendete Skizze, sondern gegenwärtiges Manuskript das ich für Sie bestimmt hatte. Sollte es Ihnen zu dem Preise nicht gefallen, so lege hier noch ein anderes bei: sollten aber beide Ihnen kein

Äquivalent scheinen, so bitte es mir zu melden und der Zurücksendung Ihrer Remesse versichert zu sein. Vor der Hand bitte also noch mit dem Druck inne zu halten.

Ihr ergebenster
Lenz

[Adresse:] Herrn Reich

214. LENZ AN PFEFFEL

[Ende November 1776]

Ich habe Ihren Brief und Nachricht einer Dame vom Hofe gegeben, die ihn einer trefflichen Dame von ihrer Bekanntschaft, die eben mit ihrem Sohne zwischen Dessau und Salis unschlüssig war, zugeschickt hat. Verzeihen Sie, daß ich in diesem Stück Ihre freundschaftliche Ordre überschritten. Es war mein Herz, das mir dazu riet und dieses sündigt nie.

Ich bin der Jahreszeit ungeachtet noch immer auf dem Lande weil man mich in Weimar nicht brauchen kann. Neulich glaubte sich ein Franzose, der sich einen Zögling des großen Voltaire sagte, seiner Sache schon gewiß, als er mit einem großen Empfehlungsschreiben vom Prinzen*** aus Berlin, einem Verwandten unsers Hauses, worin derselbe den geheimen Legationsrat Goethe den deutschen Shakespeare und den deutschen Voltaire nannte und gegenwärtigen Fremden wegen seiner guten Sitten und Talente und Verse empfahl, sich meinem Freunde Goethe vorstellen ließ. Weil unsere Einrichtungen aber nicht für Fremde sind, mußte der Zögling des großen Voltaire mit Schimpf und Schande abziehn. Ich bitte diese Geschichte bekannt zu machen.

Meine wärmste Empfehlung Ihrem Freunde Lerse, dessen wir uns mit Goethe oft erinnert haben. Wie soll ich Ihnen meinen Dank ausdrücken für die gefällige Beantwortung meiner fürwitzigen Fragen? Ich weiß nicht, welchen Anteil ich an Frankreich nehme, dem ich doch keine Verbindlichkeiten habe.

Ich wollte Ihnen ein Exemplar der Beiden Alten und andrer kleiner Aufsätze beilegen, wenn es sich der Mühe verlohnte. Ich erwähne dessen nur, weil die Vorlesungen in unsrer

Deutschen Gesellschaft, die ich Ihnen im Manuskript zugeschickt, darin abgedruckt worden. Sie ist gegenwärtig mit einer ökonomischen Gesellschaft im Hause des Herrn von Türkheim verbunden, nicht vereinigt, worden. Eine ähnliche Gesellschaft unter Ihrer Aufsicht würde Colmar und Ihnen Ehre und die Hochachtung der Deutschen erwerben, bei denen der Nationalgeist rege wird.

Ihr aufrichtigster Freund und Verehrer
Lenz

[Empfangsnotiz Pfeffels: ›4. Xbr 76‹.]

215. Röderer an Lenz
Schriebs den 26. Nov. Göttingen. [17]76

Lieber Liebster mein Einziger! ich hab hier Deinen 2t Brief vor mir und Du sollst meine Antwort auf den ersten schon lang haben die ich durch Hr. Legations Rat an Dich adressiert habe. Hier unten Abschrift davon. Mich drückt nichts als was Dich drückt und daß ich nicht helfen kann. Gott spreche Segen über Dich! Der Instruktionen wegen will ich mit morgender Post nach Strasburg schreiben.

Ob ich Lessens Bekanntschaft gesucht habe? nicht gesucht und hab sie mehr als jede andre hier, ich suche hier keine kann aber durch Dr. Leß und wann Du Dich näher erklärst durch seine Frau die meine Landsmännin ist viel erfahren, aber ich sage nur was Du fragst. Durch sie komm ich in die besten Gesellschaften.

Ich weiß Bojes Adresse nicht, weiß ihm auch nichts weder von Dir noch mir zu schicken. Gib mir nähere Nachricht ob ich Deinen lieben Bruder vielleicht hier sehn werde. Ein trefflicher junger Mann Prof. Koppe der in Mitau stund u. dort eine Landsmännin von Dir eine sehr liebenswürdige Person geheiratet hat, liest hier über die Apostelgeschicht und Briefe. Er kennt Dich von Leipzig her da Du mit den Baronen warst, weiß aber durch mich nichts weiter von Dir. Soll ich ihn grüßen?

Bürgers Meisterübersetzung kenn ich aus dem Museum und werde sie so bald sie zu haben ist kaufen, hier lab ich mich an

der Odyssee u. lebe in der Urkunde die ich mitnahm und hier
erst recht lese, hätten wir sie ganz vor der Ausgabe der Meinungen gelesen! Mit Deiner Abendmahlschrift werd ich sobald
möglich viel sagen das ich auf der Leber habe nur wünscht ich
mir mehr Feuer, Aktivität, Energie.

Walch ist mir hier der größte Mann bei dem ich viel viel
lerne, der liebenswürdigste Menschenfreund voll Bonhomie mit
ewigem Sonnenschein im Herzen, unaussprechlich tätig, seine
Bemerkungen haben durchdringenden Scharfsinn.

[. . . .]

Wagner ist verheiratet daselbst u. Advokat, von Schlosser
sehr geliebt, war mit zu Emmendingen.

216. LENZ AN KALB

[Weimar, 29. November 1776]

Ich danke Ihnen mein verehrungswürdiger Freund und Gönner
für die unangenehme Bemühung die Sie meinethalben übernommen und versichere daß mir eine Ordre wie die auch wenn
ich sie verdient durch die Hand die sie mir überbrachte, versüßt worden wäre. Da ich aber nach meiner Überzeugung erst
gehört werden müßte, ehe man mich verdammte und meine
Ehre die mir lieber als tausend Leben ist, mich durch Annehmung dessen was Sie mir von unbekannter Hand hinzugelegt
eines mir unbewußten Verbrechens schuldig zu bekennen, nimmermehr erlauben wird, so verzeihen Sie daß ich diese beigefügte Gnade nicht annehmen sondern um Gerechtigkeit bitten
darf. Es ist nicht seit heute, daß [. . . . .
. . . .]

[Am Rande:]

Hier ein kleines Pasquill das ich Goethen zuzustellen bitte, mit
der Bitte, es von Anfang – bis zu Ende zu lesen.

217. Lenz an den Herzog Karl August
[Weimar, 29. November 1776]

Votre Altesse dans sa derniere a paru vouloir m'exiler de Weymar pour un plus long tems encore. J'ai obéi. Je la remercie de la lettre dont Elle a daignée m'adoucir cette peine. J'y vois des lueurs d'esperance qu'Elle ne quittera pas un projet dont l'execution fera le plus sensible charme de ma vie. Non obstant les doutes que Mr. de Einsiedel m'ait exités sur ce sujet; en regardant l'adorable [. . . . .]

218. Lenz an Herder
[Weimar, 29. oder 30. November 1776]

Es freut mich bester Herder! daß ich eine Gelegenheit finde Abschied von Dir zu nehmen. Freilich traurig genug, kaum gesehen und gesprochen, ausgestoßen aus dem Himmel als ein Landläufer, Rebell, Pasquillant. Und doch waren zwo Stellen in diesem Pasquill die Goethe sehr gefallen haben würden, darum schickt ichs Dir. Wie lange werdt Ihr noch an Form und Namen hängen

Ich gehe sobald man mich fort winkt, in den Tod aber nicht, sobald man mich herausdrücken will. Hätt ich nur Goethens Winke eher verstanden. Sag ihm das.

Wie soll ich Dir danken für Deine Vorsprache beim Herzog. Er wird mein Herr immer bleiben, wo ich auch sei, ohne Ordres und Ukasen. Wollte Gott ein Schatten von mir bliebe in seinem Gedächtnis, wie Er und sein ganzes leutseliges Wesen nimmer aus dem meinigen verschwinden wird. Ich weiß diese Versicherung ist ihm lieber als ein Danksagungsschreiben. Wolltest Du ihn mündlich bitten, mir huldreichst zu verzeihen, daß ich seine Bücher solange gehabt und gebraucht und daß ich die Dreistigkeit habe ihn untertänigst nur um einen Aufschub von einem Tage zu bitten – ich will gleich eine Supplique beilegen – um in dem einem aus dem Archiv die großen Züge seines eigenen Charakters in denen seines großen Ahnherrn Bernhard zu Ende studieren zu können.

Schick doch diesen Brief sogleich ihm hin, ich flehe, der vorige hat [das weitere alles an den Rand geschrieben] Effekt getan, wofür ich tausendmal danke. Er wird mir diese letzte Gnade nicht abschlagen, wenn ihm Goethe für die Reinheit meiner Absichten Bürge ist. Und der wird es sein, so sehr ich ihn beleidigt habe. Ich dachte nicht daß es so plötzlich aus sein sollte und hatte mir meine süßesten Arbeiten aufgespart. Diese Gelegenheit ist hernach auf immer für mich verloren. Nur ein einziger Tag –

Umarme und segne Deine Gattin; Seid unbegrenzt glücklich – vergeßt mich. Lebt wohl!

Von dem versiegelten Zettel an Goethen sag niemand. Nochmals – Lebt wohl! Könnt ich an Eurem Halse liegen.

Der redliche Kalb! wie trefflich u. edel!

219. Seidel an Lenz

[Weimar,] den 30ten Nov. 1776

Lieber Herr Lenz ich habe weiter nichts zu erinnern als den Degen. Besinnen Sie sich doch es wär doch dumm wenns damit gehen sollte wie mit denen Coloschen. Und dann hat letzhin der Hr. Geh. Leg. Rat nach der Laube gefragt ich weiß nicht warum, wollts Ihnen aber doch sagen.

Am vergangenen Donnerstag sind die Mitschuldigen gespielt worden. Die Rollen waren so ausgeteilt: Alzest. *Hr. G. L. R.* Söller. Bertuch Wirt Musäus. Sophie. Neuhaus. Keller. Kozebue. Es soll wieder außerordentlich schön gewesen sein.

geh. Diener
Seidel

220. Herder an Lenz

[Weimar, 30. November 1776]

Ich habe Dir nichts zu sagen, als daß Kaufmann vorigen Posttag an mich geschrieben, wie er sehr wünsche, Dich nach der Schweiz mitnehmen zu können. Nach Dessau aber sollt Du beileib nicht kommen, sondern irgendwo in der Nachbarschaft hier, (etwa in Erfurt) seine Ankunft erwarten. Er ist auf dem

Wege oder kommt bald. Hüt Dich aber, daß Du nicht nach Dessau gehst. Da (in Erfurt) sehe ich Dich vielleicht mit Kaufm. wieder. Sudle u. laure aber nicht, sondern geh. Jezt ist an Bernhard zu denken.

H.

221. LENZ AN JOHANN KASPAR LAVATER

[Auf der Reise, Dezember 1776]

Lavater! mein Herz zerspringt mir wenn ich mir einbilde, daß meine Weigerung zu Dir zu kommen, von Dir mißverstanden werden könnte. Wenn auch die heiligste Zerstreuung nicht immer Zerstreuung wäre, so bald man auf ein Ziel zugeht; so kannst Du Dir vorstellen wo mich mein Herz wohl zuerst hinführen würde, wenn es allein zu wählen hätte. Keine Alpen und kein Eis sollten mich schröcken an Deinen Busen zu fallen Gottesmann und ein Grönland zwischen uns würde aufhören kalt zu sein, sobald ichs zu Fuß in der Hoffnung durchliefe am Ende der Wallfahrt Dich zu finden. Ich wünschte Du schriebst keine Physiognomik, Du wärest ein unbekannter vergeßner vereinzelter Mann und ich dürfte mit einer ganzen Welt durch Wüsten zu Dir eilen und ausrufen Hier! –

So aber legt meine Einzelheit kein Gewicht in Deine Schale und unser stilles Vergnügen, so geschmückt es brautgleich mir entgegentritt ist noch zu rein für ein Auge das – Dich wie Du bist – jetzt nicht ertragen, jetzt entheiligen würde. Für ein Auge das Gegenstände sich ganz zugeeignet haben, die von Dir und Deinem Wirkungskreise so verschieden als der Himmel von der Erde sind. Lebe wohl und zürne nicht – und liebe mich dennoch – und laß Deinen Segen mich verfolgen. Aus dem nächsten Ort wo ich stehe schreib ich Dir und harre auf Deine Antwort Lavater! wie ein Liebhaber! nicht wie der herumirrende

Lenz.

222. Lenz an Haffner

E.[mmendingen] den 13ten [Dezember 1776]

Lieber Hafner! wenn Du oder Herr Otto unter Euren Papieren etwas habt, dessen Bekanntmachung Ihr wünschtet / vorausgesetzt daß es Eurem eigenen höchsten Ideal von dem entspricht, was über die Sache gesagt werden könne

so dürft Ihrs nur mit einem Briefe gerade an Wieland begleiten (Herrn Hofrat Wieland zu Weimar) er macht sich eine Freude daraus alles zu befördern was im Elsaß Aufmerksamkeit verdient. Euer Zutrauen zu ihm kann unbegrenzt sein, trauet dieses einem zu, der ihn gesehen, und nicht aus literarischpolitischen Absichten sein Freund worden ist.

Eine Kleinigkeit um die ich Euch aber bitten will insofern ich Euch nach unserer alten Freundschaft und als geborne Teutsche ansehe. Diese wäre, aus Gefälligkeit gegen Wieland den Namen unsers Vaterlandes künftig hin nicht mit einem weichen D. sondern mit einem harten T. zu schreiben. Ich habe seine Gründe drüber gehört und mich aus eigner Willkür entschlossen dem alten Schulmeister Gottsched zum Trotz und einem Mann wie Wieland zu Liebe mein Vaterland nicht mehr zu beschimpfen wenn ich es von Deut einem niedersächsischen Wort das ›eine Nichtswürdigkeit‹ bedeutet herleite, da unser Stifter Teut hieß und die älteste Schreibart diese kleine aber liebenswürdige Grille Wielands rechtfertigt.

Wenn jemand Recht hat, Brüder! wer wollte einen Augenblick anstehen ihm Recht zu geben.

Solltet Ihr sonst jemand wissen, der nicht aus Eigennutz, sondern aus inniger Liebe zur lautersten Ehre, aus Begierde den Edelsten unsers Vaterlandes auf eine edle Art bekannt zu werden, etwas das dem Elsaß Ehre machte, in den Merkur wollte rücken lassen, der es auf die geschwindeste und einzig mögliche Art an unsern Höfen und in unsern besten Gesellschaften bekannt macht, so werdt Ihr mir einen Gefallen tun, mir Nachrichten von ihm zu geben, damit ich meine Einladung an ihn selber wenden könne. Adressiert die Briefe nur: an Herrn Hofrat Schlosser, in Emmedingen, abzugeben an Herrn Lenz.

Wenn Du zu Herrn von Türkheim gehst so mach ihm von

mir viele der schönsten Empfehlungen, nicht bloß wie sie seine persönlichen Liebenswürdigkeiten, sondern hauptsächlich seine patriotische Wärme für seine Vaterstadt verdienen. Melde mir welch einen Gang der Bürgerfreund und die Teutsche und Französische Gesellschaft in seinem Hause nehmen. Herrn Blessig empfiehl mich gleichfalls und schreib mir von seinen Neuigkeiten. Ein Gleiches bitte den Herren Ramond u. Matthieu zu tun wovon ich dem erstern Glück wünschen lasse, falls er schon abgestiegen ist von seinem hölzernen Pferde. Vermutlich wirst Du bald hinauf steigen und dann einen glücklichen Ritt.

L.

Es steht bei Euch, Eure Namen zu Euren Ausarbeitungen herzugeben, oder vorher zu versuchen welch ein Glück sie bei Kennern machen. Der Himmel walte über Euch und regiere Euch.

Sehr gut wäre es wenn Ihr zu allem was Ihr einschicktet, hinzusetztet: aus dem Elsaß, es mögte mit Eurem Namen oder mit andern Buchstaben unterzeichnet sein. Ramond wird vermutlich schon vom Herrn Aktuarius erfahren haben, daß Ihre Durchl. die Herzogin Mutter sein Drama, nachdem sie mich darum gefragt, behalten haben.

Ganze *große* Dramen würde Wiel. schwerlich in den Merkur rücken können, wohl aber kleine. Überhaupt bitte ich, Euch kurz zu fassen.

[Adresse:] Herrn Herrn Hafner, Kandidaten der Theologie
    zu Strasburg, gegenüber der neuen Kirche

223. Johann Daniel Salzmann an Lenz
    Strasburg d. 20. Dezbr. 1776

Ihr Brief kam zu spät lieber guter Lenz um weder Röderer noch Hrn. v. Kleist anzutreffen, der erste ist längst zu Göttingen und der lezte in Paris nachdem sein Regiment von hier nach Bitsch verlegt worden.

Hier haben Sie zum Neujahrsgeschenk die neuesten Allemanden, welche Hr. Storck hat auftreiben können Von Edelmann habe ich durch Hafner der sich Ihnen empfiehlt nur die auf dem besondern Blatt bekommen. Ich wollte ich könnte selbst bei Ihnen sein und dies Geschenk Ihro Durchl. zum Zeichen meiner Hochachtung übergeben. Es ist mir aber doch lieb daß ich etwas zur Vermehrung Ihrer künftigen Karnevals-Lustbarkeit beitragen kann. Zu dem glücklichen Dienst den Sie dem guten Herzog geleistet haben gratuliere ich Ihnen und bin gewiß daß Sie von dem Hof nicht, wenigstens nicht mit leerer Hand wegkommen werden. Sie geben mir selbst einen Wink der mir ziemlich einleuchtet. Unter welcher Gestalt ich Sie aber wieder zu sehen kriege so wird Ihre Gegenwart meinem Herzen Balsam sein.

Jgfr. Lauth die sich Ihnen empfehlen bitten Sie, falls Ihre Rückkunft noch lange verschoben werden sollte, ihnen doch was Schriftliches zu schicken über das was Sie ihnen schuldig sind, es ist sagen sie für Leben und Tod.

Hrn. Kaufmann kenne ich nur aus Reputation. Hr. von Vietinghof ist schon lange hier durch und hat seinen Sohn mitgenommen – Hr. Flies ist, weilen sein Vater tod krank worden schon lange nach Haus gereist.

Die Gesellschaft bestehet noch auf gutem Fuß jetzo sind die Versammlungen bis in den Jenner eingestellt und werden alsdann bei Mag. Blessig welcher indessen Pädagog worden ist im Kloster fortgesetzt werden. Unsere Schweden Ütfal werden zu Ende des Jenners nach Paris gehen und Michaelis wird nächstens von da zurückkommen er ist von den dortigen Gelehrten insonderheit *D'alembert Diderot* und *Viloison* sehr wohl aufgenommen worden. Der gute *Rousseau* ist vor ein paar Tagen wie man sagt an seinem unglücklichen Fall gestorben.

Der Kaiser Joseph wird gegen den 20. Jenner hier erwartet.

Was macht mein Freund Göthe, sagen Sie ihm doch auch ein paar Wört'gen von mir. Er soll mich lieben oder hassen nur nicht vergessen.

Empfehlen Sie mich bei Gelegenheit Hrn. Herder und Hrn. von Knebel wann er noch da ist.

Kayser hat einige kleine *pieces* von Ihnen lieber Lenz drucken lassen die mir sehr gefallen nur die Nachricht von der *Societät* hätte können draus bleiben weil sie noch nicht Konsistenz genug hat um allgemein bekannt zu werden.

Hr. *Ramond* der hier Lizentiat wird und Hr. *Matthieu* empfehlen sich Ihnen. Die hiesige Philanthropische Gesellschaft hat einen neuen Plan gemacht zur bessern Einrichtung, noch bin ich nicht dabei, ich habe noch nicht einsehen können, daß im ganzen vieles dabei heraus kommen sollte. Aber wir wollen sehen. Adieu lieber Lenz! seien Sie mir gut wie ich es Goethe und Ihnen bin

Salzmann Akt.

224. Lenz an Herder

[Emmendingen, 24. Dezember 1776]

an Herdern

Lieber Herder! was kann, was darf ich Dir sagen. Es wäre betrübt für mich, wenn Du mein Stillschweigen nicht verstündest.

Ich habe Dich gesehen und gesprochen, habe an Deinem Halse gehangen und Dir Lebewohl gesagt. Was bedarfs des Schauspiels

Kaufmann ist noch nicht da, zweifle auch ob ich ihn sehen werde. Schick mir wo möglich noch einige Zeilen Stärkung derweil ich in Emmend. bin. Adieu! Grüß Weib und Kind! Adieu Herder! ich mache keine Entschuldigung.

In der Christnacht
bei Schlossern.

225. Lenz an Boie

[Nach dem 24. Januar 1777]

Ihr Stillschweigen lieber Freund! zu einer Zeit da ich eben im Begriff stehe abzureisen, setzt mich in keine geringe Verlegenheit. Herr Hofrat Schlosser ist eben mit der Herrschaft in Rastadt, ich bitte also Brief und Geld mit einem Umschlag an den Herrn Posthalter Sander in Emmendingen auf das s c h l e u n i g s t e zu adressieren, Sie können ihm dabei schreiben daß Sies darum täten, weil Sie wüßten daß H. Schlosser nicht zu Hause;

und ich werde schon Sorge tragen, daß niemand erfahren soll, wieviel es gewesen.

Haben Sie aber Anstand mit dem Manuskript, so schicken Sie mirs eben so schleunig wieder, es sind soviel Hände darnach schon ausgestreckt und verzeih Ihnen Gott Ihr Zögern.

Lenz

Oder Sie könnten auch Brief und Geld an Herrn Hofrat Pfeffel in Colmar adressieren, wo es gewiß niemand erführe und mir durch ein ander Briefgen Nachricht davon geben. Sie dürften ihm nur schreiben, Sie wären meines jetzigen Aufenthalts nicht gewiß, da ich wirklich neulich noch in Colmar – so wie in Strasburg und Fort Louis gewesen bin.

226. Kayser an Lenz

[20./23. Februar 1777]

Hab endlich wieder einmal eine Zeile von Dir gesehen und mich herzlich drüber gefreut. Und danke Dir für Deine Verse! sie haben mir wohl getan, wie es nun so ein eigen Ding ist um das Liebhaben der Werke gewisser Menschen. Siehst Du so wollt ich was geben einige von Deinen alten Komödien deren Existenz und Namen ich weiß gelesen zu haben und wünsche mich Dir näher auch um das noch zu erhalten. Keine Schmeichelei lieber Bruder, ich bin davon entfernt und ich sage Dir all Dein schriftstellerisch Treiben seit Menoza (die Freunde machen den Ph. ausgenommen) hat mir bis auf Dein leztes im Museo mißfallen, und ich sehe nur immer den Menoza u. Hofmeister in Dir und liebe keinen Einsiedler pp und werde keinen lieben. – Wohl! wohl! ich komme weit im Text den kein Brief faßt – genug davon. – Komponieren will ich Deine Sachen wenn ich mich angewht fühle. Jezt nicht, vielleicht lang nicht.

Ich weiß nicht was Du über Kleinjopp von mir forderst. Ich war ein einzig mal bei dem Menschen aber im Taumel und andern Gefühlen und würde auch nie ein Wort über solch einen Menschen wagen. Du bist bei Schlossern der bei ihm war und der Mann darzu ist Dir viel über ihn zu sagen. Es gibt so viel ich weiß keinen Menschen hier der was zu leisten im Stand wäre wenn Schlosser nichts kann. Ich will aber noch mit Lavatern drüber reden der heut nicht hier ist.

Adieu jezt. 20 Febr. nachts

Das ist traurig daß nichts von Gluck da sei. Kaufmann hat mir doch so was gesagt vom Singen der Mad. Schlosser daß ich vermutete sie hätte was das ich noch nicht hab. Wann Du leichtsinnig über meine Wünsche weggehst oder mir vorenthälst, tust Du übel an mir.

Den 23.

Lavater sagt es gäb keinen Menschen der über Kleinjopp schreiben könnte. Partout keinen. Du sollst kommen, 8 Tag ihn sehen und hören und alles was er sagte niederschreiben. So würd ers machen. Das einzige Mittel! und das glaub ich mit Lavatern. Auch sollst Du wissen daß der Bauer keine Zeile schreiben kann. Ich wünschte Dir und andern daß Ihr endlich einmal aufhörtet zu idealisieren und in keines Menschen Seele glaubtet in so Fällen wie bei Kleinjopp der nichts weniger ist als philosophischer Bauer und Sokrates. –

227. Ramond de Carbonnières an Lenz

Colmar le 5. avril 1777

J'ay appris à Strasbourg, Monsieur et cher ami, votre séjour à colmar, et j'ai bien regretté de n'y pouvoir pas être avec vous. il fallait des affaires aussi essentielles que celles qui m'y retenaient pour m'empêcher de vous y rejoindre. ce qui peut seul me consoler de ce contretems est l'espérance que vous avez donné à Mrs. Pfeffel et Lersé de vous y revoir. je vous engage pour ma part à ne point manquer à votre parole; et je desire bien, être au nombre des Raisons qui vous Engageront à la tenir.

Voicy, mon cher ami, mon pauvre drame, imprimé tant bien que mal; et accoutumé par les soufflets du correcteur aux soufflets des critiques. vôtre Nom est ce qu'il y a de mieux dans l'ouvrage, et vôtre approbation est son mérite. pour completter l'hommage, le faible hommage que ma dedicace rend à votre protection; je devais en exprimer la raison dans une Epître dédicatoire, mon ami mathieu n'a point Voulû le permettre; il m'a dit que je ne pourrais nommer vos ouvrages ou parler de vos Talens sans compromettre ou vos secrèts ou vôtre modestie ... et quand aux qualités de vôtre cœur, c'est dans le cœur de vos amis qu'elles sont et doivent être consacrées, plutôt que dans un vain écrit. daignéz être le protecteur de celuicy, comme vous avéz été son parrain; daignéz être le mécêne de faibles Talens qui ont besoin de grands talens pour en être dirigés; daignéz m'associer pour quelque chose a votre réputation.

Mon ami Mathieu, qui se glorifie d'être le vôtre me charge pour vous des plus Tendres assurances d'attachement. il se reproche de ne vous avoir pas écrit depuis longtems; mais l'incertitude de votre demeure et de la direction de votre course, l'en a Empêché. depuis vôtre départ de Weimar il vous attendait toujours à Strasbourg, où vous avéz passé sans voir aucuns de ceux qui vous sont si sincèrement attachés; il me charge de vous en faire mille Reproches.

Encore un mot. J'ai été bien flatté de l'approbation dont leurs altesses les duchesses de Weimar ont daigné honorer mon ouvrage, je vous dois ce triomphe, mon cher ami, et vous en dois des Remercimens; il ne me reste qu'à vous demander Conseil sur la maniere de faire passer à cette cour quelques Exemplaires que je dois en hommage. vous avèz eû la Bonté de dire à mon frêre que vôtre ami l'illustre M. Goethé se chargerait de les présenter. est il nécéssaire, est il à propos que j'écrive aux duchesses; ou seulement à Made. la douairiere, ou poin du tout? Je vous supplie de vouloir bien m'eclaircir là-dessus, vous me rendréz un Grand Service.

M. Schlosser vous remettra, Mon cher ami ce paquet cy. J'ai l'honneur de lui écrire et de lui offrir un éxemplaire de mon drame; je le prie en même tems de consentir à se dessaisir de vous pour quelques jours, et à vous envoyer à Vos amis de colmar, qui lui en auront la plus grande obligation.

J'attend, Mon cher ami, l'instruction que vous voudréz bien me donner, pour prendre la liberté d'écrire à M. Goethé et le prier d'accepter un témoignage de ma Vénération pour sa personne et ses ecrits.

J'ay l'honneur d'Être avec le plus sincêre et parfait attachement, Monsieur et cher ami, Votre très humble
et très obéissant serviteur
Ramond
avocat au Conseil.

[Adresse:] *Monsieur Lenz à Emmedingen*

228. Lenz an Boie

Emmedingen. d. 9ten April [1777]

Es wundert mich außerordentlich lieber Freund! daß ich noch nichts von Pfeffeln erhalte, der mir erst gestern schrieb. Sollten Sie das Geld etwa noch bei sich haben so schicken Sies jetzt nur gerad unter Schlossers Adresse her, der wieder da ist. Ich wollt es nach Colmar weil ich dahin zu gehen gedachte und von da weiter – So aber halten Sie mich allein zurück –

Die Zerstückelung des Landpredigers war mir nicht die angenehmste Neuigkeit. Auch heißt er nicht Wangen- sondern Mannheim, welcher Name hoffentlich nicht dort herum sich finden dürfte.

Herrn Zimmermann und Bürger meine Empfehlung. In Erwartung baldigster Nachricht bleibe

Ihr ergebenster

L.

Wie wär's wenn Sie ihn Mannhardt tauften, im Fall etwa der erste Name nicht durchginge?

Wangenheim ist ganz fatal.

Für Vossen habe an Kaisern (in Zürich) einige Sächelgen geschickt, der sie ihm mit der Musik geben wird

Leben Sie wohl!

Bitten Sie doch Ihren Freund Dohm die Politischen Pasquille aus einer Schrift zu lassen die in so mancherlei Hände kommen soll. Sie tun ihr mehr Schaden, als mans oft in seinem Kabinettgen glaubte – –

[Boie: ›Empfangen den 22sten Apr. 77.‹]

229. Lenz an Neukirch

[Schweiz, wohl erstes Halbjahr 1777]

Lieber Neukirch wenn Sie den Allessandro mit sich in Freyburg haben so schicken Sie mir ihn doch gleich zu. Das übrige werden wir mündlich sprechen.

Wer hat Ihnen denn gesagt daß Frate Pulito ein Kapuziner

ist. Es kann eben sowohl ein griechischer als katholischer Mönch, eben sowohl ein Exjesuit als sonst was sein, wie Sie aus meiner nächsten Veränderung sehen werden. Wie lange wird [...]

230. Lenz an Gertrud Sarasin

Zürich. d. 11ten Mai 1777

Hier sind Pfeffels Lieder wieder, meine würdigste Freundin! freilich muß ich mich schämen, daß ich so spät damit bin, Ihre Geduld und vielleicht Ihre Sanftmut selbst auf eine so unverschämte Probe gesetzt, doch wenn Sie alles wüßten was ich zur Entschuldigung sagen könnte und doch nicht sage, würden Sie mir das verstohlne Vergnügen etwas aus Ihrer Brieftasche bei mir zu tragen, vielleicht noch länger gegönnt haben.

Ganz gewiß werden Sie sich den ersten Akt der verabredeten Komödie hiebei vermuten so gewissenhaft ich aber daran gearbeitet so hab ich doch so wenige Augenblicke ganz zu mir selber kommen können, daß Ihr liebes Gedächtnis vor der Hand noch ein Weilgen Ruhe haben wird. Es kommt aber gewiß so wie alles was ich verspreche und ich hoffe etwas davon Herrn Sarasi (den ich schon unterwegens vermute) in Schinznach vorlesen zu können.

Um eines aber habe ich Sie noch zu bitten, ich habe unter den Gedichten das artigste vermißt, eine Epistel an Sie, in der unser hellsehende Blinde ein so getreues Porträt von Ihnen machte. Wollen Sie mich in die glücklichste Laune setzen unser angefangenes Stück, woran Ihnen doch vielleicht etwas gelegen sein wird, bald und zu Ihrer Genugtuung zu endigen, so lassen Sie mir dieses nebst ein paar Zeilen von Ihnen, aber wohl zu merken im Schweizer Teutsch, zu kommen, Sie können sichs nimmer vorstellen, wieviel Begeisterndes diese Sprache in Ihrem Munde für mich hat.

Sie dürften Ihren Brief nur an Herrn Sarasi adressieren, daß er mir ihn nach Zürich, oder wo ich von da hingehen werde wenn ich von Schinznach zurückkomme, schickte, er wird mir eppen eine außerordentliche Freude machen und die Rolle die ich für Sie ausarbeite nur desto besser ausfallen.

Empfehlen Sie mich allen Freunden Ihres Hauses die ich nicht in Schinznach zusprechen die Ehre haben sollte. Ihren kleinen Inokulierten druck ich manch herzliches Küßgen auf ihre Narben und höre Sie oft im Geist ihnen kleine Geschichtgen erzählen. So habe ich auch dem letzten Ball unsichtbar zugesehen, Sie haben recht viel getanzt.

>Da lenkten im reizenden Wirbel
>Die Grazien selbst Ihren Flug
>Und machten dem schnappenden Tänzer
>Entzückender Schmerzen genug.

Empfehlen Sie mich den Neuvermählten und Ihrem Hn. Schwager gleichfalls und bereiten sich nur auf eine recht beschwerliche Gedächtnisarbeit.

Lenz

231. LENZ AN BOIE

d. 26ten Mai 1777

Darf ich Sie um Ihrent- um meinetwillen bitten, das über die launigten Dichter noch nicht in Ihr Museum zu rücken. Unser Publikum hat noch keinen Sinn dazu und es könnte entsetzlich mißverstanden werden. Heben Sies auf bis Zeit und Gelegenheit Beobachtungen günstiger sind, die durchaus auf keinen einzelnen Fall dürfen gezogen werden und wo diesmal die Anwendung auf Wieland, auf dessen wenigste Sachen sie passen, unvermeidlich wäre.

Ich schwärme in der Schweiz herum, habe in Schinznach vier goldene Tage gelebt, in Zürich Basel und Schafhausen viel Liebe genossen. Sagen Sie Zimmermann, daß seiner als Grundleger der helvetischen Gesellschaft mit vieler Erbauung ist gedacht worden und daß er an Hn. Doktor Stuker, einem würdigen Menschen unter den Würdigen, einen warmen Freund hat. Daß der Landpr. bald auf einander folgt freut mich, überhaupt würden Sie wohltun, Ihre Sachen nicht mehr so zu zertrennen, worüber man mir hie und da und von sicherer Hand viel Beschwerden geäußert hat. Natürlich ists daß drei Viertel von dem Eindruck des Ganzen verloren gehen. Wär es möglich noch die zwo Hälften zu verbinden, würden Sie sehr wohltun denn wenn ich die Strahlen eines Brennspiegels auseinanderwerfe, kann kein Flämmlein erfolgen. Leben Sie indessen wohl und empfehlen mich Zimmermann und allen Edlen Ihrer Gegend.

Lenz

Wenn dies ins Museum kommt, darf ich Ihnen nie wieder etwas zuschicken.
[Adresse:] Herrn Herrn Stabssekretär Boje abzugeben im
Churhut bei der Post
in Hannover

232. Füssli an Lenz

[Zürich, 2. Juni 1777]

Mein Liebster Herr Lenz! Sollte allenfalls Herr Kaiser den nunmehr von Ihnen beschlossenen Tour nicht mitmachen, oder Sie beide Freunde noch einen dritten Gefährten mitnehmen wollen, so bietet sich Herr Orell an, von dem ich Ihnen schon ein Wort geredt, u: der vermutlich diesen Abend auf die gleiche Stunde, wo Sie, zu mir kommt. Wollten Sie hingegen den Tour lieber mit Herrn Kaiser allein machen, so bitt ich um ein paar Worte.

T. à V.
Füßli

233. Lenz an Jakob Sarasin

[Zürich, den 2. Juni 1777]

In höchster Eil Bester! Kann ich Ihnen abends um 12 Uhr vor einer Abreise die morgen um 4 schon vor sich gehen soll in die wilden Kantons – nur einige Szenen von unserm Stück schikken, aus denen Sie das Ganze unmöglich noch beurteilen können. Die Rollen die hier sind macht Herr Iselin Ihre Frau und wer die zweite Liebhaberrolle kriegt – die erste bekommen Sie und zwar erst im zweiten Akt, das Theater verwandelt sich dann in ein Zimmer.

Wie Ihr Brief mir wohlgetan mag Ihnen Herr Füeßli sagen. Ich wünschte Sie schickten mir oft eine so launichte Basler Chronik Besonders jetzt auf die Alpen.

Nach Bern komm ich sobald nicht. Wenn ich vom Gotthard wieder komme, welches in 14 Tagen aufs längste ist, sollen Sie mehr von unserem Spiel zu sehen bekommen. Unterdessen herzlich umarmt von

Ihrem Diener
Lenz.

Geben Sie die Rolle Ihrer Frau und sorgen Sie doch, daß sie allenmorgen etwas davon einnimmt, etwa wie Latwerge in Tee.

234. Lenz an Gertrud Sarasin

Zürich den 2ten Junius 1777

Hier teureste Freundin die ersten zwei Szenen des ersten Akts. Ich sollte mich zu Tode schämen daß ich auf Ihren küssenswerten Brief so eilfertig antworten muß und noch nicht mehr von unserm Stück mitsenden kann. Aber in der unglaublichen Zerstreuung in der ich bin, wundert es mich, daß ich noch das habe fertigen können. Glauben Sie aber nicht, daß das Stück so ernsthaft und traurig endigen wird, als es anfängt, denn sonst hätte ich alle Ursach zu glauben, daß es Ihnen Langeweile machen würde.

Wenn Sie den Schluß recht lustig haben wollen so schreiben Sie mir wieder ein Brieflein kurz oder lang wies Ihnen gelegen ist, doch so, daß ich ihn in die wilden Alpengebirge bekommen kann in die ich mich jetzt zu vertiefen gedenke.

Adressieren Sie ihn nur an Lavatern. Morgen früh reise ich ab. Als Ihr erster Brief an mich kam war ich in Schaffhausen. Herr Schlosser hat mir gar keine nähern Umstände von der Kindtaufe geschrieben und ich weiß nicht einmal daß ich Pate bin. So gehts mit den Männern, wenn Sie ihn sehen so schelten Sie ihn brav aus dafür.

Ich bitte doch recht sehr mirs zu schreiben wenn Ihnen eine

oder die andere Stelle in diesen ersten Szenen, weil die Fortsetzung fehlt, noch unverständlich ist. Ihr Mann kommt hier noch nicht vor, er macht den Wadrigan und es steht bei Ihnen wen Sie zum Belmont wählen wollen.

Schreiben Sie mir doch recht viel Neues von Ihnen von Ihren Angehörigen und Freunden von Ihrem Klavier und von Ihrer Geduld beim auswendig lernen. Der Himmel wirds Ihnen alles wiedervergelten, der ohnedem auf Ihrer Seite ist.

Ich also Ihr Vetter? Nun dabei soll's bleiben liebe Cousine, bis ich Basler Titsch von Ihnen gelernt habe und Sie in der Sprache besser titulieren kann.   Lenz

235. Johann Georg Schlosser an Johann Kaspar Lavater, Lenz und Pfenninger

Emmendingen, 9. Juni 1777

Lieber Lavater, lieber Lenz, lieber Pfenniger – unsre Hoffnung und Freude war umsonst. Mein armes Weib ist gestern gestorben! Ich kann Euch die Geschichte ihres Leidens nicht erzählen! Es tut mir zu weh! Auf ein andermal –

Schlosser

236. Lenz an Johann Kaspar Lavater

Ursener Tal an der Matte
d. 14ten Jun. [1777] Sonntags

Wolltest Du Bester! Gegenwärtiges doch *cito citissime* an Jakobi laufen lassen, Du kannst denken was mir dran gelegen sein muß da ich ihm vom Gotthard schreibe und dem Männlein doch gewiß keine Herzensergießung unter so bewandten Umständen zu machen haben.

Dir aber mündlich alles was wir gesehen und genossen – und gelitten. Petern fanden wir in Meiringen, als wir aber vom Grindelwald dahin zurückkamen, hörten wir er sei schon wieder fort. Morgen gehts durch Urnerloch nach Hause. Daß wir müde und matt über den beschneiten Grimsel u. Furka kommen sind kannst Du Dir vorstellen. Also entschuldige.

Herzlichen Kuß an Dich und all unsre Lieben. vom
Sünder L.
[Am linken Rande:]

Wir sehen beide aus wie die Gänse von hinten wenn sie gerupft sind und die letzten Härgens abgeschreit. Kaiser sind beide Augen verschwollen und ich kann auch nit viel sehen. So hat uns Schnee u Sonne zugericht.

237. Lenz an Füssli

[Zürich, etwa den 20. Juni 1777]
im Augenblick der Abreise

Eine unvermutete Nachricht die ich in Zürich vor mir gefunden, fodert meine schleunigste Abreise; verhindert mich, sogar Ihnen Schätzbarster Würdigster der Freunde mündlich für die uns mitgegebenen Zurechtweisungen und Hülfsmittel deren ganzen Wert wir erst an Stelle und Ort gelernet, Dank zu sagen.

Ihre geschriebene Geschichte habe ich meinem Reisemantel mitgenommen, um noch ein wenig daraus nachzuholen, ich schicke Sie Ihnen mit ehester fahrender Post nebst meinem Herzen wieder
Lenz.

238. Lenz an Johann Kaspar Lavater

[Emmendingen,] d. 24sten Juni [1777]

Ich bin hier angekommen Bester! Du kannst Dir vorstellen mit welchem Herzen, als ich überall mir entgegen schallen hörte, sie ist tot. Schlosser hat sich beruhigt, wie denn aller Verlust am Ende getragen werden muß – allein ich glaube nicht daß er ihn ausheilt. Mir füllt diese Lücke nichts – ein edles Wesen von der Art auf der Welt weniger kann sie einen[!] schon verleiden machen.

Hier hast Du einige meiner häuslichen Freuden, Balsamtropfen die Kaufmann in meine Wunde goß. Er ist mir und meinen Eltern ein Engel gewesen, ich kann Euch nicht alles sagen, worin. Sein Brief wird Dich lachen machen, schick mir ihn bald wieder und den von meinem Vater, der aufs Haar damit übereinstimmt. Verlier sie ja nicht, Du verlörst mir Unendlichkeiten.

Vielleicht sehen wir uns wieder, ein Freiherr v. Hohenthal hat mir eine zweite Reise durch die Schweiz angetragen, ich bin noch unschlüssig ob ich Schlossern verlassen darf. Indessen hab die Gutheit, den Thormann v. Christophle in Meiringen (von dem Dir Kaiser den Brief an mich wird gewiesen haben) von Peters Schicksal berichten zu lassen, etwa eine Abschrift vom Testament, damit die Gemeinde seinesfalls beruhigt werde.

Tausend Grüße dem liebenden Pfenninger und allen Edlen zu Zürich. Kaisern innigen Dank für seine Aufmerksamkeit. Die Post geht zu schnell als daß ich antworten könnte.

Dein
Lenz

P. Füeßli wird meine Frechheit entschuldigen, ich schick ihm sein köstliches Darlehn Sonntag mit der fahrenden

Schlosser grüßt, wird nächstens schreiben, itzt ists ihm unmöglich

Kaufmann schreibt Schl. daß er glücklich bei dem Vater seines Russen angekommen und von da nach Petersburg gehen werde.

Womit dank ich Dir Lieber und all den Deinen, für alle genossene Freundlichkeit Sollte Deine Gattin wieder da sein, so sag ihr mehr als ich sagen kann für die Duldung die sie mit meiner unbehelfsamen Existenz gehabt. Ich muß leider noch schweigen

239. LENZ AN JAKOB SARASIN

[Emmendingen, Ende Juni 1777]

Ihr letztes Schreiben fand ich bei meiner Zurückkunft vom Gotthard kaum bei Lavater, der verreist war, als ich den folgenden Morgen in der Frühe schon es befolgte. Immer glaubt ich, man hätte mich schröcken wollen, so wenig können wir uns überreden, daß das wahr sei was uns zu Boden schlagen soll.

Jetzt bin ich da und nichts weniger als gestimmet, an unserm Lustspiel /: denn der Ausgang sollte sehr drolligt werden :/ fortzuarbeiten. Bitten Sie also Mr. Sarasin und die andern Herren und Damen, sich deswegen nicht zu zerstreuen; denn was ich einmal anfange führ ich gern aus − nur jetzt noch einige Wochen Aufschub, eh ich wieder an so etwas denken darf.

Sein Sie ruhig, der Himmel wird Ihre dunklen Ahndungen übertreffen. Unsere Freundin war für die Welt zu reif − sie konnte hier keine Freude mehr haben, das einzige was uns alle tröstet, sie genießt jetzt des einzigen Glücks dessen sie noch fähig war. Ihr Geist war hier wie in einem fremden unbekannten Wohnort, in den er sich nicht zu fassen wußte. Alles drückte auf sie, diese heilige reine Seele mußte sich Luft machen − und in zwo ihrer Abdrücken blieb Trost für den Mann zurück. Indessen ist sein Schicksal schröcklich und er bedarf seines ganzen Muts es zu ertragen. Sie werden sein Stillschweigen entschuldigen.

Überbringer dieses Briefes ist der Baron Hohenthal, der ein alter Bekannter von Schlossern und nach der entsetzlichen Kunde auf einige Tage zu ihm gekommen ist. Er will die Schweiz sehen; ich hab ihm versprochen, einen Brief an Sie mitzugeben. Vielleicht komme ich gar selbst nach Basel und mach einen kleinen Weg mit ihm hinab nach Lausanne. Doch das sind noch Luftschlösser die ein Hauch einwirft. Und Schlossern darf ich sobald nicht verlassen.

Empfehlen Sie mich Ihrer Gemahlin und der von unserm allerseits verehrten und geliebten Pfeffel wenn sie noch bei Ihnen ist aufs beste. Von meiner Bergreise sag ich Ihnen mündlich was. Jetzt würde alles das sehr matt heraus kommen.

Lenz

240. Lenz an Füssli

Basel d. 4ten Julius [1777]

Ich kann nicht besser als von hier aus meine Entschuldigung machen, würdigster Freund! daß ich mich so spät von Ihrem unschätzbaren Manuskript trennen konnte, ich wußte es keinen bessern Händen anzuvertrauen, als denen Ihres Freundes Sarasin, aus einer Art von Dankbarkeit weil ich ihm Ihre Bekanntschaft schuldig bin. Er wird es wenn er sich von demselben Geist des Patriotismus der mich als einen Fremden daraus angesteckt hat (daß sobald ich in Ruhe bin, Tschudi mit seiner chronikalischen Umständlichkeit aus den Gesichtspunkten in die Sie einen stellen mein Spielzeug werden soll,) auf einer Kur die er trinkt ganz durchwärmt und gestärkt haben wird, Ihnen auch mit seinem Ihnen viel wichtigern Danke begleitet zusenden. Wenn ich nach Zürich komme, wär ich sehr begierig, etwas von der Fortsetzung, besonders von den Schweizerkriegen gegen Burgund Mailand u. in den neuern Zeiten von ihrem Verhalten bei den Kriegen Ludwigs des 14ten in Ihrer Manier zu lesen, die den *historiographes des princes et des cours* Zerknirschungen machen sollte. Die einheimischen Kriege der Kantone werden Sie schwerlich einem Fremden weisen; obschon ich von einheimischen Gärungen in Republiken die schlimme Meinung nicht habe, womit die meisten Philosophen den Geist der Ruhe der das Bewußtsein der Kräfte einschläfert empfehlen. Wenn sie nur zu ihrer Schlichtung keine fremden Mächte einmischen die die ʼειϱηυοποιοῖ so gerne machen, so empfindungsvoll für die ach! so traurigen, ach so wilden ungeregelten so ganz unmonarchischen Ausbrüche der ›Anarchie‹ ihrer Nachbarn sind; – so dünken mich Händel in Republiken und die darauf geschlossenen Verträge dem politischen Horizont so zuträglich als die Gewitter dem Physischen – doch ich bin nicht im Stande darüber eine befriedigende Meinung anzunehmen; bevor ich von einsichtsvolleren Republikanern darüber belehrt worden bin.

Meine itzige Schweizerreise geht (in Gesellschaft eines sächsischen Freiherrn v. Hohenthal) über Neuburg u. Yverdon nach Lausanne und Genf, von da ins Walliserland und zu den Eisgebirgen – sollten Sie etwa eine Marschroute für uns haben (wir denken auch nach Graubündten und von da nach Zürich zurückzukommen) so würden Sie sie nur gütigst Herrn Pfenninger abzugeben belieben, der sie mir schon nach Lausanne zukommen lassen wird. Bern, das Entlibuch, die freien Ämter, wollen wir auf unsre Rückreise von Zürich über Bern u. Basel versparen. Mit den wärmsten Empfehlungen in Ihre Güte u. Freundschaft beharre in und außer der Schweiz

>Dero

>>ergebenster

>>>Lenz.

[Adresse:] Herrn Herrn Füesli
>Professor der Geschichte
>>zu Zürich

241. LENZ AN FÜSSLI
Neuenburg d. 10ten Julius 1778 [1777!]

Noch einmal muß ich Ihnen mein teurester Freund und Gönner! mit einem Briefe und einigen Zumutungen beschwerlich fallen, zu denen mir nur Ihre mir bisher erzeigten Gütigkeiten Mut genug einflößen. Ich habe bei Hr. Hofrat Schlosser einen seiner alten Bekannten, einen Baron v. Hohenthal, Sohn des kursächsischen Ministers angetroffen, der sich längst vorgenommen eine Reise durch die ganze Schweiz zu machen und sich zu dem Ende schon mit den hinlänglichen Adressen versehen; dieser bewegte mich ihn auf derselbigen zu begleiten und die Hoffnung einige der interessantesten Aussichten die ich in meinem Leben gehabt wieder zu sehen, hauptsächlich aber meine würdigen Bekanntschaften in Zürich wieder zu erneuren und gründlicher zu benutzen, machten mich bald einwilligen. Wir machten den Anfang mit der französischen Schweiz und schon im Wagen zwischen Solothurn und Neuburg, noch mehr aber hier, wo der Rat einiger Bekannten des Barons dazugekommen ist, haben wir unsern Entschluß nicht sowohl geändert als erweitert, das heißt uns vorgenommen, wenn wir über Genf Lausanne Vivis durch das Walliser Tal nach dem Furka gekommen, von dort über den Gotthard und von da – in das glückliche geliebte Italien zu gehen, dort so geschwind als möglich und als es uns die Jahreszeit die wir zur Rückkehr abpassen müssen, erlauben wird, alles zu sehen was sehenswert ist und was wir erreichen können, das heißt zum allerwenigsten Mailand, Florenz, Rom –

wo möglich auch Neapel – und wenn uns Zeit übrig bleibt Venedig u. Genua – doch die letztern Örter stehen noch auf der *terra incognita* unserer Reisekarte, die drei erstern aber sehen wir **gewiß** und Neapel, wenn die Hitze uns nicht abhalten sollte, mit vieler Wahrscheinlichkeit. Der Baron hat schon Verfügungen in Ansehung seiner Geldremessen getroffen, das einzige was uns fehlte und womit er sich nicht versehen hat, sind anderweitige Empfehlungen an gute Häuser in diesen Hauptorten, weil wir schon auf dem kurzen Anfang dieser Reise erfahren gelernt, mit welchen unschätzbaren Vorzügen diese eine Reise auszeichnen, die nicht wie die meisten der Herrn Engländer und Franzosen ein bloßes Postlaufen und Begaffen, sondern eine Spekulation für unsere ganze Weltkenntnis und künftiges Leben sein soll. Hier also mein würdiger Freund ist es, wo wir Ihrer Hilfe bedürfen. Sie haben Italien gesehen und kennen darum mehr als die *Cicerone*: nach Mailand haben wir von hier Kaufmannsadressen, aber die Wege zu Bekanntschaften von Leuten die Ihnen ähnlich sind in Mailand Rom Neapel, sind uns noch nicht geöffnet, zu Leuten auf deren Kenntnisse wir bauen, deren Herz uns ihre Gefühle für das was wir aus der Entfernung oft nur unter Nebeln erkannten, mitzuteilen, Liebhaber der Menschheit genug ist. Wir möchten gern auf unsere Reise stolz, wieder zurück in Ihre Arme fliegen und Ihnen mitteilen, was Sie jetzt durch unsere Augen, zwar wie durch schlechte Ferngläser, zum andernmal sehen sollen. Wollen Sie meine Bitte erhören, so schicken Sie uns einige Briefe nach Rom, Neapel etc. ins Urserental an Herrn Amman Meyer, der mich nun kennt, mit einigen Zeilen, sie uns aufzubewahren bis wir selbst abholen. Hoffentlich hat er meinen Namen nicht vergessen, wenigstens wird sich seine Tochter die ich abgezeichnet meiner erinnern. Sollten einige andere Ihrer u. meiner würdigen Zürcher-Freunde in Italien Bekanntschaften haben, und wollten ihre Gütigkeiten gegen mich bis dahin ausdehnen, so würd ich bei meiner Wiederkunft, wo ich meinen Reisegefährten Ihnen bekannt zu machen hoffe, (er ist einer der gesetztesten jungen Edelleute die ich in meinem Leben gesehen, fast ein wenig zu ernst) Ihnen den empfindlichsten Dank dafür wissen. Wollten Sie so gütig sein und noch eine kleine Instruktion, derjenigen ähnlich die Sie uns in die Berge mitgaben, von allen Merkwürdigkeiten und der Ordnung in welcher wir sie sehen sollen nebst anderweiten Aufträgen an verdienstvollen Leuten dieser Orte beilegen, und uns arme kaum flügge Reisende auf diese Art auf Ihren Flügeln über alle diese Wunder und Geheimnisse unterrichtend forttragen, wie Sie es schon in den Eisgebirgen getan, so würde das Edle dieser Tat destomehr Genugtuung für Ihr Herz haben.

Empfehlen Sie mich Ihrer liebenswürdigen Schweizersängerin auf's schönste, im gleichen Dero Hr. Vater u. sämtlichen Angehörigen und erfreuen mit einer Antwort Ihren ganz ergebenen Wanderer

Lenz

[Am linken Rand:]
Unbeschwert bitte doch Einlage Hn. Sarasin in Basel zukommen zu lassen und wenn er antworten sollte (worauf aber doch über 2 Posttäge nicht zu warten bitte) seinen Brief gütigst dem Ihrigen an Landamman Meyer beizuschließen.

242. LENZ AN JAKOB UND GERTRUD SARASIN

Neuburg den 10. Julius 1777

Teurester Freund und Freundin, nur Augenblicke die mir noch dazu zugemessen sind; darf ich anwenden Ihnen zu sagen, daß wir nach Italien reisen, von da wir gegen den September erst über den Gotthard nach Zürich zurückzukommen denken. Was uns zu dem Entschluß bewogen wäre für diesen Brief und Zeit zu weitläufig, ich darf nichts weiter bitten, als daß Sie diese Reise noch in Ihrer Gegend wegen des Barons als ein Geheimnis halten, auch wegen meiner und verschiedener meiner Freunde, die sich denn immer allerlei Gedanken machen, wenn sie weit von den Sachen sind. Haben Sie einige Bekanntschaften in Italien, die uns, nicht wegen Geldes – denn damit ist der Baron versehen – sondern sonst wie ich versichert bin, außerordentlich zu Statten kommen werden, um das Land kennen zu lernen – und wollten Sie uns mit Ihrer Gütigkeit bis über die Alpen hinaus verfolgen – so sein Sie nur so freundschaftlich das was Sie an einen und andern Ihrer Freunde in Mailand, Rom, Florenz u. s. f. auch wohl Neapel zu bestellen haben, Herrn Füeßli in Zürich zuzuschicken, aber mit ehester Post – dem wir unsere Adresse am Fuß des Gotthards gegeben haben. Den feurigsten Dank in Herzen die schon längst Ihre sind, bringen wir Ihnen wieder, vielleicht, wollte Gott! in Zürich! Ach wenn sich Ihre Reise nach Baden bis dahin aufschieben, oder wenigstens Ihr Aufenthalt bis dahin verlängern könnten. Der Himmel füge es so bei dem wir uns auch Ihrer Fürbitte empfehlen, daß uns die Witterung in so verschiedenen Klimas als die Schweiz und Italien sind, günstig sein wolle. O die Freude des Wiedersehens, wenn diese nicht wären, niemand würde schwerer zum Reisen zu bringen sein, mit verzagterem Herzen dran gehen als ich – aber, ich sehe Sie wieder und in Zürich, mein Herz sagt mirs. Da wollen wir Ihnen recht erzählen, auch von Ihren alten Freunden und Bekannten in Italien.

Ihr Vorschlag einer Frauenzimmerschule hat mir zeither immer aufgelegen, je mehr ich ihm nachdenke, je schöner finde ich ihn, doch auch seine Ausführung desto schwerer. Vielleicht eröffne ich der Gesellschaft auch einmal schriftlich meine Gedanken darüber, wenn ich wiederkomme; mit der Bitte mich zu einem unwürdigen Mitglied anzunehmen.

Ihrer Frau Gemahlin küssen Sie in meinem Namen tausend tausendmal die Hände, so Ihren herzigen Kleinen. Empfehlen Sie mich doch auch Herrn Ratschreiber Iselin aufs schönste, auch Mecheln und andern Freunden. Unsere Komödie soll dessen ungeachtet gespielt werden. Mein Baron versichert Ihnen allen gleichfalls seine wärmste Hochachtung und Ergebenheit. Ihr Haus ist der Hauptgegenstand unserer meisten Unterhaltungen im Wagen gewesen. Nochmals tausend Grüße Ihrer lieben Frau – und der Himmel führe Sie nach Zürich in die Umarmungen

   Ihres
    mit Herz und Seele Ihnen zugewandten
      Lenz.

Sie können sich vorstellen wie viel Ursach wir haben unsere Reise zu beschleunigen. Wenn sonst noch ein Freund von Ihnen uns Bestellungen an gute Leute mitgeben wollte, würd er uns sehr verbinden. aber bald! –

[Adresse:] Herrn Herrn Gerichtsherr Sarasi
zu Basel
durch Einschlag mit Bitte gütigstbaldiger Beförderung

243. LENZ AN JOHANN KASPAR LAVATER
Bern d. 7 August 1777
εν πιστει

Lavater! ich bin hier in einem teuren Wirtshause und ohne Geld – und erwarte von Dir – daß Du mir gleich nach Ansicht dieses eine Louisd'or und einen Dukaten zuschickest Schiebst Dus einen Posttag auf, so gerat ich in Schulden und andern Händeln die noch schlimmer sind. Wie ich hie hergekommen, frag nicht, alles das läßt sich im Briefe nicht füglich sagen. – Ich hoffe Schlosser hat Dir für mich schon Geld von Weygandt zugeschickt; ists geschehn, so wieg ich Deinem Arm desto weniger, der mich in dem Fall in dem ich itzt bin, ganz allein stützen kann –

Ich werde nicht in Zürich bleiben können. Ausgenommen daß vor der Hand – meine Wirtschaftsumstände dort richten werde und mir deshalb ein acht Tage Aufenthalt in Deinem Hause ausbitten muß. Kanns aber nicht sein so sags nur ohne Rückhalt, denn Du bist ohnehin geplagt genug. Deine jetzige Hülfe aber muß ich haben, weil auf die Schleunigkeit derselben eine unendliche Menge Nebenumstände beruhet, die für mich eben sowohl von den besten als von den entsetzlichsten Folgen sein könnten

Lenz

[Am linken Rande:]
Ich habe mich hinter Sitten von Hohenthal getrennt, von dem ich kein Geld habe nehmen wollen.

Meine Adresse ist in der Krone zu Bern. Ich verlasse mich drauf, aufs späteste künftigen Donnerstag als den 14ten eine Antwort von Dir zu haben, wie mir Pestalotz der Jüngere, der diesen Brief mitnimmt, versichert hat. –

Gegenwärtigen Zettel laß doch Bester – Kaisern – aber nicht dem römischen – aufs geschwindeste zukommen. Vielleicht will er meine Adresse, die ich ihm zu geben vergessen, alsdenn bitte sie ihm zu sagen. *a rivederti.*

244. Lenz an Jakob Sarasin

Bern den 9ten August 1777

Da bin ich nun durch wunderbare Schicksale und Abenteuer, mit denen ich Sie und Ihre Frau Gemahlin mündlich zu unterhalten gedenke – von meinem Reisegefährten getrennt und habe vor der Hand statt Italiens noch nach Bern linksum gemacht, obschon ich bereits am Fuße des St. Plomb war; Hier leb ich immer noch als Ihr dreifacher Schuldner – auch in Ansehung der schätzbaren Bekannten die mir Ihr Brief an Herrn Wilhelmi verschafft, in einer Stadt wo mir die Merkwürdigkeiten allein zwei Tage genommen haben. Mein glücklicher Stern waltet immer fort über meiner Reise und zu dem hoffe ich, daß ich Sie und Ihre verehrungswürdige Hälfte noch in diesem Monat – vielleicht gar auf einem der reizendsten Berge in Zürichs Nachbarschaft, wohin ich künftige Woche abzureisen gedenke wiedertreffen werde.

Ich hoffe Herr Pfarrer Lavater wird Ihnen den erneuerten Wechsel, zu dem mich Ihr gütiges Anerbieten in Schintznach dreist genug gemacht hat, zugesendet haben. Verzeihen Sie, Werter! einem Reisenden und noch dazu einem reisenden Poeten in dem Morgen seiner Autorschaft daß er mit der Genauigkeit die er wünschte und Sie fordern können nicht Termin halten konnte, auch bitte ich, meiner nicht zu schonen, sondern mir bei Bezahlung Ihres allzugütigen Darlehens, Handlungsprozente vorzuschreiben. Auch will ichs Ihnen lieber vorausgestehen, daß ich fürchte, die Bezahlung werde sich gar noch einen Monat nach dem zuletzt angesetzten Termin, aber gewiß nicht länger verziehen können (auf welchen Fall den ich noch nicht bestimmt vorhersehe, ich aber den Wechsel wenn Sie es verlangen umschreiben will,) weil die Herren Buchhändler mit denen ich in Traktaten stehe weit von mir entfernt sind und die Remessen zuweilen nicht so prompt gehen als mans verlangt. Ich muß mich Ihrer Güte und Nachsicht in Ansehung alles dessen gänzlich überlassen, hoffe aber durch den Erfolg Ihnen zu beweisen, daß ein Dichter vielleicht mehr als jeder andere das Zutrauen seiner Freunde nicht zu mißbrauchen, sich verbunden fühlt.

Herr Wilhelmi hat mir die angenehme Neuigkeit gesagt daß Sie den Kaiser in Ihrem Kamin gehabt, ein solcher Schinken fällt einem nicht alle Tage auf den Herd und ich gratuliere Ihnen und Ihrer Frau Gemahlin zu einer Ehre, die der *grand Voltaire* mit großen Zurüstungen die er in Ferney gemacht, als ich in Genf war, und einem Kompliment das eines starken Geistes würdig war, sich nicht hat erwerben können. Vermutlich wird er sich darüber, wie an unserm Herrgott, der ihm auch viel Streiche wider seine Erwartungen gespielt haben mag, durch eine Plaisanterie zu rächen suchen.

Möge der Himmel alle mögliche Koketterien um Sie verschwenden, Sie und Ihre Likoris noch in diesem herrlichen Monat zu einer Spazierfahrt nach Zürich zu verführen. Oben auf dem Gipfel des Rigi werd ich Ihnen einige Anmerkungen die ich über Ihr, der wohltätigen Gesellschaft vorgetragnes allerphilanthropinisches Projekt zu Papier gebracht, vorlesen und wie mit doppelten Kräften so mit doppelter Achtung und Ergebenheit sein

Ihr zugewandtester
Lenz.

245. Lenz an Charlotte von Stein

[Schweiz, Spätsommer 1777]

Hier gnädige Frau eine kleine Scharteke in der ich mich an allen Ecken und Enden selbst abgemalt habe zufrieden wenn in unserm so Schmerz als Scherz leeren Jahrhundert wo ein jedes unter und außer der Last seiner Pflichten hinschleicht als ob eine Welt auf ihm allein läge, ich meinen Freunden wenigstens ein wenig das Zwerchfell zu erleichtern im Stande bin.

Ew. Gnaden gehorsamster Diener
Lenz

Meine zweite Reise in die Schweiz war an neuen Gegenständen und sonderbaren Schicksalen noch mannigfaltiger als die erste. Vielleicht unterhalt ich Ew. Gnaden ein andermal damit. Sagen Sie Goethen ich hab ihn zu grüßen von der Reuß und den Leuten die ihn drin haben baden sehen.

246. Lenz an Jakob und Gertrud Sarasin

[Zürich, August 1777]

Denken Sie sich lieben Freunde! einen Menschen der über Stock und Stein, über Berg und Tal durch dick und dünn nach Zürich kommt und überall hören muß

Wären Sie ein paar Tage eher gekommen, hätten Sie Herrn Sarasin und seine Frau hier angetroffen Ei doch! sag ich denn mit einem giftigen Lachen über mich selbst und mein Schicksal das mich auch keine Silbe von alledem wissen noch ahnden ließ, hätt ich sie wirklich angetroffen wenn ich eher gekommen wäre?

Sie sind recht vergnügt gewesen, sie sind bei mir gewesen sagte Herr Geßner, sie sind bei mir gewesen sagt Lavater und erzählt mir vieles zwischen den Kaiser und Ihnen sie sind hier recht lustig gewesen, sagt Herr Escher aus dem Vollenhofe – – – und ich.

Ja und ich – der sogern Ihren Cicerone zum Rigiberg hinauf gemacht, Ihnen von dort herab die Reiche der Welt und ihre Herrlichkeit – – – verachten gelehrt hätte gegen das was Sie da gesehen haben würden.

Kurz ich kann für Grimm kein Wort mehr schreiben Leben Sie wohl!

Lenz

Kehren Sie indessen doch um. Tausend Dank für Ihre beiden Briefe die mir als eine wahre Herzstärkung – jetzt erst von Schlosser zugekommen sind.

Wie Freundin fühlen Sie die Wunde
Die nicht dem Gatten bloß, auch mir das Schicksal schlug.
Mir der nur Zeuge war von mancher frohen Stunde
Von jedem Wort aus ihrem Munde
Das das Gepräg der innern Größe trug.
Ganz von der armen Welt vergessen
Wie oft hat sie beglückt durch sich
Auf seinem Schoß mit Siegerstolz gesessen
Ach und ihr Blick erwärmt auch mich.
Auch ich auch ich im seligsten Momente
Schlug eine zärtliche Tangente
Zur großen Harmonie in ihrem Herzen an
Mit ihrem Bruder, ihrem Mann.
Wie hob mich das Gefühl auf Engelschwingen
Zu edlern Neigungen empor.
Wie warnt es mich bei allzufeinen Schlingen
Daß ich nie meinen Wert verlor
Mein Schutzgeist ist dahin, die Gottheit die mich führte
Am Rande jeglicher Gefahr
Und wenn mein Herz erstorben war
Die Gottheit die es wieder rührte
Ihr zart Gefühl das jeden Mißlaut spürte
Litt auch kein Wort, auch keinen Blick
Der nicht der Wahrheit Stempel führte
Ach diese Streng' allein erhält das reinste Glück
Und ohne sie sind freundschaftliche Triebe
Ist selbst der höchste Rausch der Liebe
Nur Mummerei die uns entehrt
Nicht ihres schönen Namens wert.

Wie wenn ich itzt mein künftig Glück beschriebe?
Wie wenn mir das an Ihnen bliebe
Fürtreffliche! was ich an ihr verlor
Wenn mir die Selige in der Verklärten Chor
Sie selber dazu auserkor?
O womit dankt ich ihr und Ihnen
Womit, womit könnt ich dies Glück verdienen?

Der Freundschaft unverdächtig Glück
Die nur dem Wert den sie am andern kannte
Und seiner Dauer nur den liebevollen Blick
Und mit ihm Himmelsfreuden sandte.

Ich muß abbrechen weil die Post eilt. Mein Lustspiel wird eine Weile ruhen müssen, bis ich wieder lustiger bin, denn ach wir armen Phantasten können uns so wenig selber Gesetze vorschreiben als sie von andern annehmen. – Erhalten Sie nur, ich flehe, die Gesellschaft in guter Laune, bis mir auch da etwas zukommt.

Herr von Hohenthal wird, hoffentlich nicht versäumt haben, Ihnen seine Aufwartung zu machen. Er kränkelt zu viel, als daß er wagen dürfte in der Hitze nach Welschland zu gehen. Tausend Empfehlungen von Ihren hiesigen Freunden insonderheit Lavater; die ich Ihrer teuresten Familie gleichfalls von mir zu versichern bitte.

247. LENZ AN JAKOB SARASIN

Zürich. den 16ten Septbr. 1777

Ich sollte freilich Ihre Briefe noch unbeantwortet lassen und (wie es meine löbliche Gewohnheit sonst ist,) so lange unbeantwortet lassen, bis ich mich Ihnen und Ihrer Frau Gemahlin wieder mit Ehren weisen könnte, so aber möchten Sie denken, ich wäre schon auf meiner dritten Schweizerreise und da ich doch würklich noch in Zürich bin, kann ich mit meinem Gewissen nicht fertig werden, Ihnen den Dank den Ihnen unter einer Menge Zerstreuungen mein Herz für Ihre Briefe und die Bekanntschaft mit unsrer zweiten Aktrisse hatte, nicht weiß auf schwarz (oder schwarz auf weiß vielmehr) hinzusetzen. Ich habe zwar zwei schöne Stunden bei unserm Füeßli an ihrer Seite gesessen, da aber die Gesellschaft zu groß war, bei weitem nicht in die Beziehung mit ihr kommen können, in der billiger Weise der Lügner mit den Personen stehen sollte, die freundschaftlich genug sind seinen Lügen den Wert der Wahrheit zu geben. Auf den Winter hoffe ich diese Bekanntschaft besser anzubauen und wie glücklich würde ich mich schätzen, Ihnen, freilich nur mit dem Vorbehalt daß Sie selbst und Ihre Freunde dabei das Beste tun! ein paar düstere Abendstunden wegscherzen zu können. Wie beschämt ich bin Ihnen eine Mühe die für mich so vorteilhaft gewesen wäre, umsonst gemacht zu haben, mag Gott der DonQuixotischen Laune verzeihen in der Hohenthal und ich unsere Reise nach Italien entwarfen. Indessen bitte mir diesen Brief nebst dem Codizill, wenn ich dessen würdig, als ein Denkmal Ihrer Gesinnungen für mich aufzubewahren bis ich nach Basel komme.

Herr Usteri hat mir das Kompliment ausgerichtet und mich nicht wenig glücklich damit gemacht. Sagen Sie Ihrer Frau Gemahlin daß Mad. Im Thurm aus Schafhausen, ein Herz das Ihrer Freundschaft würdig ist, mit nicht weniger Stolz mir einen Brief von Frau Gerichtsherr Sarasi gewiesen, in welchem ich um meiner poetischen Eitelkeit die uns doch zur Begeisterung oft so not tut wie das Wasser einem Mühlrade, den höchsten Schwung zu geben, mit Triumph meinen Namen fand.

Eine liebe Patientin die mir noch jetzt so oft von den allzukurzen Augenblicken erzählt, wo sie die Bekanntschaft Ihrer Lykoris gemacht, hat ihre neue Freundin aus Schafhausen so sehr an ihr Krankenlager gefesselt daß sie in Zürich keinen Augenblick finden konnte nach Basel zu schreiben und sich dieses schmeichelhafte Vergnügen auf Schafhausen vorbehielt.

Übrigens ist die hohe See der politischen Angelegenheiten jetzt in Zürich ein wenig unruhig, der Tod des Statthalter Eschers und die Unzufriedenheit der Bürger mit der langen Verzögerung der Beratschlagungen des Magistrats mit ihnen über das Geschäft zu Solothurn, haben auf dem Rathause in den Tempeln und in der Stadt manche Bewegungen verursacht, die mir als einem auflauernden Zuschauer und vielleicht einstigen epischen Dichter über Schweiz und Schweizer Angelegenheiten, außerordentlich interessant waren.

Leben Sie glücklich und empfehlen mich Ihrer teuersten Frau Gemahlin als Ihren in höchster Eil ergebensten

Lenz.

Tausend Empfehlungen von Lavatern.

248. Lenz an Iselin

Zürich d. 28sten Septbr. 1777

Hochedelgeborner Herr Insonders hochzuehrender Herr Ratsschreiber Nur zu lange habe ichs anstehen lassen Ihnen mein verehrungswürdiger Freund und Gönner für alle Ihre mir in und außer Basel erzeigten Gütigkeiten schriftlich meinen verbindlichsten Dank abzustatten, da ich mir diese Genugtuung bei meiner Unschlüssigkeit in Zürich zu bleiben, immer persönlich vorbehielt. Die Personen an die Sie so gütig waren mir und Hrn. v. Hohenthal Adressen mitzugeben, der bei seiner Rückreise seine Aufwartung zu machen nicht ermangelt haben wird, verdienen in der Tat alle Aufmerksamkeit und Achtung der Reisenden, besonders Herr Tscharner in Rolle, von dem wir viele Gegenempfehlungen zu versichern haben. Herr Schmidt in Nion ist vollkommen so, wie Sie ihn beschrieben, doch hat sein lichtbraunes Auge bei all seiner Schüchternheit einen weiten Blick.

Mein gegenwärtiger Aufenthalt in Zürich wird mir täglich interessanter und ich werde mich genötigt sehen ihn zu verlängern, wenn ich alle die Vorteile daraus ziehen will, die er mir in mehr als einer Rücksicht anbietet. Die Nachbarschaft der kleinen Kantons macht ihn mir, solange die Witterung noch günstig, doppelt so wichtig und die persönlichen Bekanntschaften die sich hier wegen mehrerer Zerstreuungen langsamer machen, sind desto anziehender, je länger man sie kultiviert. Die Streitigkeiten unter den Gelehrten sind ein bloßer Nebel den unbehutsame Reisende durch Herausdämpfung ihrer Eigenliebe um sie herumgezogen und der verschwinden würde so bald jeder sein ganzes Verdienst kennte. Das meiste aber wie gesagt, in diesem Zauber- und Schwindeltrank ist von Fremden hineingemischt, denen ich bei Gelegenheit eine kleine Lektion zu geben hoffe, damit sie uns andern die weniger Extrapost reisen, das Spiel nicht verderben.

Herr Brydone soll, wie mir Herr Geßner sagte, in Lausanne an Briefen über die Schweiz schreiben, ohnerachtet er in Zürich nur einige Tage gewesen. Vielleicht wissen Sie mehr davon. Der Reichtum seines Witzes und Phantasie kann uns freilich für vieles Wahre entschädigen, das indessen doch auch seinen anderweitigen Wert behält.

Von den hiesigen Unruhen werden Sie anderweitige Nachrichten haben, die ein Fremder nie mit der Gründlichkeit geben kann. Soviel dünkt mich, daß ein Kopf doppelt so wichtig sein muß, der Plane in Republiken ausführen will und dieser Kopf dünkt mich ist an der Spitze der Züricherregierung, auf dessen persönliche Bekanntschaft die ich in dieser Woche noch machen soll, ich mich zum voraus wo nicht physiognomisch, doch Physiognomik ahndend freue.

Daß Herr Lavater in einem Almanach von Prof. Lichtenberg aus London angegriffen worden, wird Ihnen vielleicht baldigst bekannt werden. Desto besser fürs Publikum das mit seiner Gegenantwort hoffe ich zufrieden sein wird. – Er hat neulich ein treffliches Christusgemälde von West aus England zum Präsent erhalten, über die Worte: Wenn ihr nicht werdet wie die Kinder etc. Ich habe mich daran nicht satt sehen können, in den nächsten Band der Physiog. kommt ein Stich davon

Das wären unsre hiesigen Neuigkeiten, erlauben Sie mir daß ich mit einer Bitte beschließe. Hr. Geßner hat mir gesagt, es existierten noch eine ganze Sammlung von Briefen des sel. Kleist, die durch einen Kaufmann in Ihre Hände gekommen in Ihrer Verwahrung. Nicht um die Beziehungen die diese Briefe auf die Schweiz haben können, sondern nur um des Persönlichen willen, das von dem Charakter und Meinungen dieses mir aus hundert Ursachen doppelt wichtigen Dichters darinne durchscheinen muß, wünschte ich sie zu sehen und zu studieren. Ich wollte diese Neugier gern bis Basel zähmen, wenn nicht andere dringende Ursachen mir die Ansicht dieser Briefe in Zürich wünschbar machten. Ich verspräche Ihnen wenn Sie es verlangten die heiligste Verschwiegenheit und Geheimnis mit diesen Briefen an Eides statt. Er hat sich hier eine Zeitlang aufgehalten, wie er gesehen hat, wünschte ich zu sehen und das gleichfalls aus Ursachen die ich Ihnen nur erst in der Zukunft besser erklären kann.

Herr Gerichtsherr Sarasi wird die Gütigkeit haben diese Briefe wenn Sie sie mir auf einige Wochen anvertrauen wollten,

in Bürgschaft zu nehmen. Nach gehorsamsten Empfehlungen an die Frau Gemahlin und verehrungswürdiger Familie verharre
Dero ergebenster Diener Lenz.

249. Lenz an Jakob Sarasin
[Zürich, den 28. September 1777]

Ich säße jetzt schon zwischen den Bergen von Marschlins oder in einem Tobel von Appenzell, wenn mich nicht die bürgerlichen Unruhen in Zürich zurückhielten. In der Tat wird der politische Himmel hier alle Tage merkwürdiger für einen Beobachter der Menschheit und ich mußte mit Recht fürchten, dergleichen Gelegenheiten für einen dramatischen Spürhund in meinem Leben nicht wieder zu finden, wenn ich diese um des Hrn. von Salis willen, den ich hauptsächlich unserm Freunde Pfeffel zu gefallen besuchen wollte, fahren ließe. Meine Reise in die Trümmer des Philanthropins bleibt also vor der Hand noch aufgehoben.

Daß Sie von mir Schweizerneuigkeiten verlangen und Schweizerneuigkeiten die vielleicht von größerm Einfluß aufs Allgemeine sein werden, als hundert es zu glauben scheinen, hat meine Eigenliebe an dem empfindlichsten Fleckgen gekützelt. Nur Bester! glauben Sie nicht, daß ohngeachtet ich Freunde unter den Whigs und Tories habe (so nennt man hier die beiden Parteien) mir nicht noch unendlich vieles verborgen bleibe, weil man leider! welches ich sonst nur in den Monarchien zu finden glaubte, auch hier nicht gegen einander mit offenen Karten spielt – und dadurch unter uns, die Sachen nicht wenig verschlimmert werden. Es wird Ihnen nicht fremd sein, daß die Zünfte, nicht mit dem französischen Geschäft selbst, sondern nur mit der Art, mit der man darüber mit ihnen zu Rat gegangen, gleich anfangs ihre Unzufriedenheit bezeuget und da man auf ihr Ansuchen den Punkt in dem geschwornen Brief näher zu bestimmen, wenn und wie dergleichen Sachen vor dem Rat auf die Zunft gebracht werden sollten, mit Stillschweigen geantwortet erst in geringer Anzahl die sich aber bald bis auf 250 vermehrte ein Memorial aufgesetzt in welchem sie halb als getreue

Kinder halb als gebieterische Gesetzgeber die Bestimmung dieses Gesetzes verlangten. Diese 250 aber hatten wie die Thebaner die sich den 30 Tyrannen widersetzten, ihre geheimen Anhänger in der ganzen Stadt, so daß in kurzer Zeit ihre Anzahl auf 1000 und am Ende für die gemeine Masse der Bürgerschaft geschätzt wurde, unter denen nur noch sehr wenig Rechtgläubige übrig blieben. Hierauf erfolgte notwendiger Weise die Aufmerksamkeit des Magistrats, man fing mit der Geistlichkeit an, die aber von den Kanzeln wie es gemeiniglich geht nur das Feuer heftiger anblies, so daß man sie zwang, ihre Predigten herauszuliefern man fuhr fort sie in einem Bescheid zum Frieden zu ermahnen, den Weg des Memorials zu verrammeln und ihnen anzudeuten, sie möchten ihr Ansuchen durch Repräsentanten dem wortführenden Bürgermeister mündlich vortragen, dies geschah; dabei wurden die besondern Versammlungen der Mißvergnügten immer mehr, in denen ihr Mut und ihre Festigkeit in dem Grad zu nahmen, daß der Magistrat einen Ratstag hielt, der bis Nachmittage währte und worin eine Kommission aus dem Geheimen Rat, sechs großen und sechs kleinen Räten bestellt ward diese Händel zu schlichten. Diese Kommission in der eben soviel Bürgerfreunde, als *Esprit de corps* waren, teilt sich wieder und ward noch ein Ausschuß davon niedergesetzt, der dann endlich eine öffentliche gedruckte Erklärung an die Bürgerschaft beschloß, die vom großen Rat der abermals bis 3 Uhr nachmittags versammelt war, genehmigt wurde, in der den Bürgern die Ursache des Verzugs der Deliberation mit ihnen angedeutet, ihnen auf die Zukunft alle mögliche Versicherungen ihres unbeschadeten Einflusses auf dergleichen Deliberationen gegeben und sie mit den höflichsten Worten zufrieden gesprochen wurden. Wie es aber bei alle dergleichen Sachen geht, daß je weiter man kommt, je weiter man hinaus will und immer glaubt noch nichts erhalten zu haben, wenn man alles erhalten hat – weswegen ich einem klugen Obern geraten haben wollten [!], immer öffentlich weniger zu bewilligen als er wirklich zu bewilligen gesonnen ist – so geht es auch hier. Die Bürgerschaft ist ganz und gar mit dieser Erklärung nicht zufrieden und haben sich 14 Tage Bedenkzeit ausgebeten, vermutlich mehr um Anstalten zu Gegenvorstellungen zu machen als um sich zu bedenken, wozu man ihr 14 Jahre geben könnte – mittlerweile werden die einzelnen Stimmen der Opposition immer lauter, die Animositäten in Gesellschaften gegen Personen des Rats immer unverdaulicher und man spricht gar von ähnlichen Erscheinungen bei dem Landvolk den ganzen See entlang, welches denen die den Gang solcher Sachen einwenig kennen, bedenklicher vorkommt als dem größten Teil von denen selbst die am meisten auf ihrer Hut sein sollten. In 14 Tagen wird sich viel entwickeln wovor mir als einem Fremden banget, da zur Beendigung dieser Sache in den erhitzten Partien[!] auf beiden Seiten, die beide, g r o ß e Köpfe an der Spitze haben, noch keine Aussicht auch in der neblichtsten Entfernung sich weiset. Die Bürgerschaft scheint es, möchte bei nichts weniger aufhören wollen als bei einer Revolution, der Rat hingegen möchte gern Ausnahmen zur Regel machen und einen Schritt den er nur durch geheimnisreiche dunkle Ausdrücke von Notwendigkeit der Umstände und wichtigen Staatsursachen entschuldigt, oder vielmehr der Entschuldigung ein für allemal überheben will, zur Bestimmung und Erläuterung des im Gesetz strittigen Punkts einsetzen. Sie sehen wie Ewigkeitenweit beide Teile auseinander gehen, verhüte mir der Himmel der über das Schicksal des Schweizerlandes von jeher gewacht hat, die Mittlerschaft eines dritten. Ich würde Ihnen die gedruckte Deklaration des Rats an die Bürger zusenden, wenn es mir möglich gewesen wäre, eine davon einem Bürger abzuschwatzen. Wäre sie vorteilhafter, so hätte ich sie ohne Fehl erhalten, so aber da sie nach ihrem Ausdruck nur *lirum larum* enthält, ward mirs aus einem besondern *point d'honeur* rund abgeschlagen. Auch muß ich Sie um meiner Zürcherbeziehungen willen bitten, diesen Brief nicht bekannt zu machen, damit er nicht etwa gar in einem Journal mich und all meine Freunde rasend macht, wie es wohl neulich ein Brief aus Basel, der sich weiß der Himmel wie ins deutsche Museum verirrt hat, beinahe getan hat, dessen Verfasser auch was Gescheuters hätte tun können als den armen Lavater fast mit allen Zürchern zusammen zuhetzen und in einer Zeit, wo das nur noch zu der allgemeinen Gärung fehlte. Ich sehe mich gezwungen diesen Anonymus öffentlich auf die Finger zu klopfen, da ich sonst wahrlich kein Mittel weiß Lavater und mich, die beide mit am teutschen Museum gearbeitet, außer Verdacht zu setzen. Wenn Sie ihn kennen, so melden Sie mirs und warnen ihn doch ja gescheut zu sein und sich nicht merken zu lassen daß er Verf. zu einem Briefe sei der seiner Klugheit so wenig Ehre bringt, um nichts mehr zu sagen. –

Jetzt Teurester komm ich auf Ihre Frauenzimmerschule – der Himmel lasse Sie ganze glückliche Geschlechter aus dieser Pflanzung erleben und die schönsten Mädgen aus diesen müssen dereinst Ihr Grab mit Rosen bestreuen – nur Freund! bedenken Sie daß ein Projekt die allerwichtigste – oder die allernichtswürdigste Sache auf Erden ist, wenn es ausgeführt wird – oder stecken bleibt. Das war nun bei einem Sarasi freilich eine sehr überflüssige Erinnerung und muß mir verziehen werden, sowie meine ganze Existenz.

Ich Ihnen aber darüber eine Abhandlung schreiben Freund! wo denken Sie hin, ich, ein Mensch der weder Vater noch Mutter, Bruder noch Schwester – geistlicher Weise mehr hat, kein Weib noch Weibesart hat, u. s. f. auch niemals eins hoffen darf. Ich eine Abhandlung über die Frauenzimmerschule, gehts mir doch damit, wie den Gelehrten in Klims Unterwelt, die große Abhandlungen über den berühmten Kometen schrieben, den sie endlich in der Person des Herrn Klim selber vor sich sahen.

Mit alledem, weil auch aus dem Munde der Unmündigen die Wahrheit bisweilen an Tag kommt, will ich Ihnen nicht verhelen, daß selbst bei der Untersuchung der hiesigen Frauenzimmerschule und bei allen Frauenzimmerschulen in der Welt, mir für einen höchstwichtigen Punkt der Frauenzimmer nicht gesorgt zu sein scheinet, und dieser ist – ihr Physisches. Wie viel in dem Glück der Ehe, in der ihnen selbst so nötigen Gemütsheiterkeit und hauptsächlich in der Kinderzucht darauf ankommt, brauch ich Ihnen nicht zu sagen. Mich dünkt eine Frau bedarf in aller Absicht eines stärkern, zu mehr Leiden abgehärteten Körpers als ein Mann. – und nun nehmen Sie unsere meisten wohlerzogenen gelehrten, kranken Damen in Paris in Baumwolle eingewickelt und die kraftvolle Nachkommenschaft die von ihnen zu erwarten steht. Freund ich habe es erfahren was es heißt von seinen Eltern mit körperlichen Kräften ausgesteuert sein, oder sich in dem Stück über sie zu beklagen haben.

Die meisten Leibesbewegungen die sich unsere Damen und Mädchen erlauben sind, das Gehen. Da dieses aber eigentlich nur eine Bewegung der Füße ist, so ist sie im Grunde kein Tragen, tragen müssen Ihre Mädchen alle Tage eine Stunde, Winter und Sommer und die Schönheit ihrer Haut, ihrer Taille, ihrer Glieder wird sich bis auf die Enkel des 1000sten Gliedes fortpflanzen. Ich habe keine schlankeren, stärkeren, gesunderen und schönern Geschöpfe gesehen als die Milchmädchen um Straßburg und das weil diese Stellung ihren ganzen Körper so vollkommen harmonisch stimmte, daß jede von ihnen ein Modell hätte zu Akademien geben können.

Denken Sie was hilfts einer Frau wenn sie der Ausbund aller Eigenschaften eines Engels ist und ihr fehlt das was sie alleine zum Menschen macht. Und beurteilen Sie nur ja nicht die weibliche Gattung unsers Jahrhunderts nach einer gewissen Ausnahme, die, ihr Magen mag beschaffen sein wie er wolle, auch in dem Stück Ideal ist. Übrigens wünschte ich auch ebensowohl daß von der frühsten Jugend an die Kochkunst ein wenig eifriger mit ihnen getrieben würde. Nicht daß sie einmal selbst kochen lernen, sondern daß sie alles wissen was zu einer guten Suppe gehört. Die gehörige Temperatur der Gewürze, die Abänderung der Gerichte nach den Jahreszeiten, die Planmacherei zum wohlfeilsten Einkauf der dazu gehörigen Provisionen sind doch wirklich die Fundamente einer guten Haushaltung, allzuoft der Gesundheit der Eltern und Kinder, und des ganzen ehelichen Glückes. O wenn doch die mehrsten französischen Damen dafür weniger Griechisch und Briefstil wüßten, weniger neue Bücher gelesen, weniger Preise für die tiefsinnigen Akademisten in Paris ausgeteilt hätten!

Sollte ich zu irgend einer Kunst oder Wissenschaft bei Ihren Frauenzimmern raten, so wär es das Zeichnen. Bei Blumen fingen sie an und hörten bei Rissen aus der Baukunst auf; wohin ich auch die Gärten rechne. Da ist die eigentliche Sphäre des Geschmacks der Damen, aus der sie auf den unsrigen so allmächtig einwirken können, eingewirkt haben und einwirken werden. In der innern Einrichtung eines Hauses liegt die Seele alles unsers Glücks, der Keim aller unsrer Gefühle, Jugendeindrücke deren Gepräge uns bis ins späteste Alter bleibt. Ein unregelmäßiges Haus macht unregelmäßige Köpfe und Mangel des Geschmacks im Möblieren der Zimmer wirkt Zerstörungen in den Seelen der Kinder die oft durch Erfahrungen eines ganzen Lebens nicht wieder können zurecht geschraubt werden. Musik ist so unentbehrlich nicht, obschon ich wünschte daß diejenigen die Neigung dazu hätten, früh dazu angehalten würden. Alle aber müssen leidlich singen lernen.

Warum wollte man dem Frauenzimmer nicht auch lehren sich auf eine eigene, ihnen anständige Art zu putzen. Ich hoffe darüber an einem andern Orte was zu sagen, besonders was die Schweiz betrifft. Die Nachäffung der fremden Moden würden alsdann wegfallen und alle giftige Folgen derselben auf die Sitten den Leichtsinn und die Weichlichkeit. Dieser Putz aber müßte überdacht sein, auf Klima, Landesprodukte und besonders auf den Geschmack der jungen Schweizer Herren berechnet, denn ein Frauenzimmer das sich um Gottes willen putzt, ist ebenso ein unnatürliches Ding als eine die Arabisch spricht wie Madam Reiske. Mag es doch den lieben Kindern selbst aufgegeben werden über ihre Moden zu raffinieren, zu poetisieren wie sie wollen und alsdann passieren die Erfindungen die Zensur ihrer Lehrerin. Die Bekleidung der griechischen Statuen könnte bei einer gewissen Art von Kleidern, z.E. Nachtröcken, sehr gut zum Muster angenommen werden, das übrige überläßt man ihrem Genie. Darum wünsch ich auch sehr daß ein Frauenzimmerfreund eine auserlesene Sammlung guter Statuen in ihre Schule verehrte. – es sind hundert Ursachen mehr warum ich dieses wünschte – Die Imagination Ihrer Schönen verliert sich, vergißt sich auf den schönen Formen – und wohl Ihrem Vaterlande, wenn sie sich daran vergißt. Eine harmonische Gestalt kann aber so wenig eine schlechte Seele herbergen, als ein wohlgestimmtes Instrument das Geschnarr einer verstimmten Zither hervorbringen mag.

Tanz – und um Gottes willen lassen Sie keinen Prediger sich

in Ihre Anstalt mischen, es gibt wenig Lavaters – – auch der Tanz muß früh mit ihnen getrieben werden. Wär es auch nicht weiter als um die Begriffe von Takt und Ordnung in ihre Seele zu bringen, – in denen sich die Welt dreht. Was hilfts aber wenn du die ganze Welt gewönnest und littest Schaden an deiner Seele, hättest kein Zeitmaß und kein Verhältnis darin – – steht ja in der Bibel selber.

Rechnen lassen Sie sie doch ja nicht anders lernen als nach Aufgaben aus der Haushaltung. Sonst heißt das wirklich wieder sie Hebräisch lehren. Ich weiß Frauenzimmer, denen bloß wegen der abgeschmackten abstrakten Methode des Herrn Peschek, das Rechnen auf ihr Lebtage verleidet ist. Und wer kann es ihnen verdenken, sind sie doch dazu nicht geboren. Wenn man sagt, das schärft den Geist, so möcht ich die Ohren zuhalten und laufen soweit der Himmel blau ist. Daß man doch immer vergißt, daß ein Frauenzimmer das Pretension auf Verstand macht, das unliebenswürdigste und furchtbarste aller existierenden Dinge ist. Und wozu anders soll sie sich mit unwesentlichen Zahlen plagen, die sie um all ihre Reize und den Mann um sein ganzes Glück bringen. Selbst Addition, Subtraktion und die fünf Spezies darf sie nicht anders treiben als nach Aufgaben wie sie im gemeinen Leben vorkommen. Dazu find ich die kleinen Details unvergleichlich die Usteri in seiner Schule hat, von Stücken die in die Haushaltung gehören.

Naturhistorie, Kenntnis von Pflanzen und Tieren auch Mineralien ist ihnen wohl unentbehrlich, sowie die anatomische Kenntnis des Menschen, ohne der sie elende Kinder erziehen werden. Bedenken Sie wieviel in den ersten Jahren der Bildung von ihnen allein abhängt. Wieviel selbst in der Zeit von ihnen abhängt da das ganze Schicksal und das Leben des Kindes selbst als ein *Depositum* in ihrer Verwahrung liegt und wo über ihre Aufführung gegen dasselbe – auch durch Gedanken und Regungen der Seele die oft nur zu sehr auf ihren *Foetus* wirken, kein menschlicher Verstand entscheiden darf.

Alle übrige Wissenschaften können sie entbehren. Kleine Unwissenheiten in der Historie in der Geographie reizen oft mehr als die Schönflecken. Wenn sie nur das Allerserste davon wissen. Man muß ihren Männern auch was übrig lassen.

Aber so habe ich Sie ja fast zu Tode geplaudert aber Sie wollten es so haben. Ich darf nicht um Verzeihung bitten die Schuld ist Ihre. Behalten Sie mich lieb und empfehlen mich Iseli.

Lenz

Ich muß noch ein Blatt nehmen. Sehen Sie, welch eine Rute Sie sich auf den Rücken gebunden haben. Nehmen Sie diesen Brief *per dosin* ein – sonst ist er verloren. Schlosser wird Ihnen teurester Herr Gerichtsherr! nächstens etwas für mich schicken, an dessen schleunigen Empfang (obgleich es nur Papiere sind) mir außerordentlich viel liegen wird. Wollten Sie die Gütigkeit haben, es durch die erste Gelegenheit zu mir her zu spedieren, sollte er aber Ihnen meinen *Coffre* schicken, mir Nachricht davon zu geben, damit ich Sie bitten kann mir das was ich brauche, herauszunehmen; denn ich denke wirklich nicht den Winter hier zuzubringen, worüber ich mich in dem Briefe an Dero Frau Gemahlin näher erklären werde.

Noch eins. Ich höre von Herrn Ratsherrn Geßner, Herr Ratsschreiber Iselin habe noch eine Sammlung origineller Briefe des seligen von Kleist, Dichter des Frühlings liegen. Ich würde diesen vortrefflichen Mann, dem ich noch in Ansehung meiner Reise im *pays de Vaud* soviel Erkenntlichkeit schuldig bin, in einem Brief um die Mitteilung derselben ersuchen, wenn ich es nicht für besser hielte, ihm lieber gar nicht zu schreiben und die Schuld meiner Verbindlichkeiten gegen ihn bis zur höchsten Höhe aufsummen zu lassen, als in der Eile in der ich gegenwärtig bin meine Korrespondenz mit einem so würdigen Freunde mit einem Gesuch anzufangen, wiewohl er hoffentlich beiliegenden Brief, wenn Sie ihn ihm selbst einhändigen, besser aufnehmen wird. Vielleicht händigt er Ihnen die Briefe ein, um die ich ihn ersuche; wollten Sie alsdenn so gütig sein sie gleichfalls mir aufs geschwindeste zu übermachen, ich bringe sie aufs heiligste wieder ungekränkt nach Basel zurück und einen Dank der nicht endigt Ihnen und unserm Iselin zum Ersatze. Die Absicht wozu ich diese Briefe brauche können Sie sich beide nicht vorstellen, könnt ich Ihnen beiden auch nicht begreiflich machen, da ich sie mir selber nicht in Worte fassen kann, genug mir liegt unbegreiflich viel daran.

Meine beste Empfehlung wenn Sie ihm schreiben unserm Freunde Pfeffel und allen die sich in Basel meiner erinnern.

Heben Sie meinen Brief doch auf. Es könnte sein daß ich mir ihn in Basel wieder einmal von Ihnen ausbitten müßte, um verschiedene Erinnerungen hinzuzutun.

Herrn von Mechel gleichfalls meine besten Empfehlungen. Ich habe herzlich gelacht, über die Erzählung eines Herrn aus Solothurn, der sagte daß er beim Rheinfall einen doppelten Adler mit dem Kaiser gemacht. Diesen Kupferstich hätt ich sehen mögen und drunter schreiben: Das geht nur beim Rheinfall an.
[Am Rande der 12. Seite:]
Brauchen Sie was zu brauchen ist – wo nicht für Ihre Schule, so zu – anderem Gebrauch. Das Papier ist einmal besündigt.
[Am Rande der 1. Seite:]
Darf ich Sie um Verzeihung bitten, daß ich Sie mit einem Päckchen für Hrn. Schlosser beschwere. Vielleicht gibt es Gelegenheit, ein paar Zeilen von Ihrer Hand hinzuzufügen und in seiner gegenwärtigen Lage muß ich auf alle mögliche Gelegenheiten passen, ihn glücklich zu machen.

250. LENZ AN GERTRUD SARASIN

Zürich d. 28sten Sptbr. 1777

Ist es nicht eine Unglück teuerste Frau, daß ich Ihnen in einer Todesangst von Eile schreiben muß, da ich den bösen Füeßli nicht eher als eine kleine Weile vor Abgang der Post antreffen konnte. Die gegenwärtigen bürgerlichen Unruhen in denen er eine Hauptrolle spielt, da er mit in der besonderen Kommission gesessen, haben ihn, wie er sagt, ganz untüchtig gemacht an Sie zu schreiben, ich soll das gut machen, aber wie, da ich für eigene Sünden genug zu büßen habe. Künftige Woche setzt er sich hin, für Sie zu arbeiten und ich – stecke künftige Woche vielleicht in Appenzell. Wer wird mein Advokat sein, daß ich solange anstehe, Ihnen meine Schuld abzutragen. Niemand als Ihr

Herz das wenn es auch nicht sieht woran es liegt, doch glaubt daß es an zwingenden Hindernissen und weder an meiner Bereitwilligkeit noch an meinem Ernste gelegen. Ich bin ein Fremder, wie Schlosser sagt, unstet und flüchtig und habe soviele die mit mir unzufrieden sind. – Wenn Sie doch diesem guten Unglücklichen durch einen Gruß das Herz ein wenig erleichtern könnten. Er kommt aufs Frühjahr in die Schweiz.

Frau Lavatern hat eine schlimme Woche gehabt, sehr gerührt von Ihrer Teilnehmung grüßt Sie millionenmal.

Ich habe wahrlich keinen Augenblick länger, darf ich – doch alles das bleibt bis auf den nächsten Brief den ich Ihnen in einer glücklichern Lage meines Kopfes und Herzens schreiben werde. Hier ist Hn. von Hallers Silhouette statt der meinigen, die wie alle meine Schulden noch folgen soll.

Tausend Empfehlungen Ihren Kleinen und Herrn und Mme. Hagenbach.

Der Magen? Ei seit wenn. Im nächsten Briefe folgt ein Rezept dafür und eine Vorschrift die Linien Ihrer Hand zu studieren.

Lenz

251. Lenz an Boie

Zürich d. 29sten 7br. [1777]

Bester Freund! ich erwarte mit nächster Post auf Zürich unter Herr Lavaters Adresse das Blättgen ›Über die launigten Dichter‹ zurück, um Ihnen etwas Bessers dafür über denselben Anlaß in die Stelle zu schicken.

Sie haben durch das letztre Museum einige Dissonanzen angeschlagen die ich wohl durch einen öffentlichen Schritt werde aufzulösen gezwungen sein, weil ich sonst wenigstens solang ich in der Schweiz bin, Ihnen nichts mehr schicken dürfte. Lassen Sie also dadurch Ihr Zutrauen zu meinem Willen sowohl als Vermögen (welches in gewissen Fällen wenn man nicht abgewogen *quid humeri valeant* noch schlimmer ist.) nicht irre machen.

Viele Empfehlungen Hn. Zimmermann. Ich habe Tissot in Lausanne gesprochen der mir leider viel vergebliche Fragen seinethalben getan hat. Einen Landsmann von Ihnen sprach ich hier, der Ihnen auch manches von hier erzählen kann, worüber ich mich jetzt nicht auslassen darf.

Ihr Freund
Lenz

252. Lenz an Jakob Sarasin
[Zürich,] den 10. 8br. 1777

Ich befinde mich nicht wohl, lieber Freund! und will deswegen morgen eine kleine Reise zu Herrn von Salis tun. Füeßli war sehr gerührt über das Lob das Sie ihm beilegen. Herrn Ratsschreiber Iselin bitte doch gelegentlich zu sagen, die Briefe die Herr von Kleist empfangen haben könnte, würden mich eben so sehr interessieren, da überhaupt sein Leben selbst unter seinen Verwandten mit denen ich in Verbindung stehe viel zu wenig bekannt ist. Er wird mich dadurch ungemein verbinden. Was Küttner anbetrifft, so muß ihm die Bekanntmachung eines Briefes aus seinem Portefeuille eben so unangenehm sein, als mirs vorkommen würde, wenn man Partikularbriefe von mir ohne mein Wissen drucken ließe. Er wird am besten tun, wenn er ganz stille dazu schweigt, es ist des Lärmens ohnehin genug.

Hier folgen die verlangten Silhouetten mit den wärmsten Empfehlungen von dem mit Geschäften überladenen Lavater und seiner erst matt aufkriechenden Frau. Ihrer Frau Gemahlin aber in dem Zustande zu schreiben in dem ich bin, wage ich nicht. Dürft ich um Ihre beiden Silhouetten bitten, Lavater will sie mir nicht geben.

Wohl Ihnen daß Sie mit Ihrer neuen Anstalt nicht so poetisch anfangen, wie der arme Salis den ich itzt besuchen will und der letzt hier war. Pfeffeln einen Kuß für mich, Herr Peil hat mir mit seinen Erzählungen von Colmar viele Freude gemacht, besonders bei Geßnern wohin ich ihn führte und wo er recht in der Laune war.

Ist Schlosser bei Pfeffeln gewesen und in welcher Laune? – Sein Sie so gütig mich darüber zu berichten.

Hier in Ermangelung eines Liedgens an ›Ihr Weib und Schinznach‹ das ich schuldig bleibe bis Körper und Gemüt bei mir in bessern Umständen sind – – – – (den Vornamen der ersteren möcht ich mir doch ausbitten) ein Liedgen auf Schlossers jüngstes Kind.

Lassen Sie sichs wohl sein, der Himmel hat noch viel für Sie aufgehoben.

JMRLenz

Kaufmann muß allem Vermuten nach hieher unterwegs sein, es sind schon Briefe für ihn da. Er hat viel Ungemachs erlitten, Seesturm u. s. f.

Viel Empfehlungen Ihren kleinen Eidgenossen in Pumphosen. Auch deren Namen schreiben Sie mir doch ein mal auf. Ich bitte die Verse nicht weiter zu weisen.

253. Lenz an Jakob Sarasin

[Zürich, Anfang November 1777]

Hier lieber Sarasi sitz ich wieder an La-Vaters Tisch, darf mit seiner Feder an Sie schreiben, einen Gruß an Sie schicken, obschon er Ihren Brief nicht gelesen.

Ihre Anmerkung über meine Silhouette hat mich traurig gemacht. Freilich muß ich suchen mich noch besser kennen zu lernen.

Ich komme aus Marschlins wo ich nichts als Ruinen und so dann aus dem Valtelin, wo ich den Minister Salis fand. Von da über Bergen Gottes zurückeilte Bernina und Julier, in das Glarnerland, wo wieder, so wie überall, so viel Gutes und Böses durcheinander liegt. Immer Schauplatz, um Engel darauf handeln zu sehen und die handelnden Personen größten teils Teufel, auch oft in Lichtsgestalt.

Wollten Sie so gütig sein und den Coffre den Herr Schlosser mir geschickt hat, so gleich aufmachen und ein versiegeltes Buch an Herrn Lavater herausnehmen, das er außerordentlich nötig braucht. Sie sind so gütig es aufs schleunigste hierher zu übermachen mit reitender oder fahrender Post wie es am schnellsten geht. Ich habe keinen Augenblick weiter zu versäumen, die Post geht ab.

Lenz

Verzeihen Sie die Eilfertigkeit.
[Am Rande:]
Verse künftig und viel Empfehlungen auch Pfeffeln u. Lersen.

254. SALIS AN LENZ

Castion den 11 9bris 1777

Mein lieber Lentz Ihr wertes kleines Briefgen hat mich aus vieler Unruh herausgerissen dann Ihre Berg-Reise und das kalte Wetter und daß ich dazu geraten hat mir rechtschaffen bange gemacht Da Sie nun aber in Sicherheit außert unserem gesegneten Land wieder in der Christenheit sind so darf ich desto ehender frisch von der Leber weg mit Ihnen reden. Sie sind mir ein feiner Mann. Sie haben Aufträge, Sie haben Absichten bei Ihrer Reise, und Sie sagen mir kein Wort davon. Etwas habe ich geargwohnt deswegen geargwohnt weil Sie mir von Ihrem Besuch bei dem Hn. Bawier zu Chur nichts gesagt. geargwohnet weil mich die Verrätereien vieler Halbfreunde besonders Grewens schrecklicher Mißbrauch meines offen Herzens, gegen jedermann mißtrauisch gemacht. Ich war dennoch mehr als Zehen mal auf dem Sprung mein Herz in Ihren Busen ganz auszuschütten dann ich leide unausstehliche Höllenpein, Höllenpein, bei der mir von Gott (kann ich das ohne Lästerung denken) oder von Menschen auferlegten Notwendigkeit verschlossen sein zu müssen.

Genug – wir haben einander noch vieles zu gestehen und zu verzeihen. fangen Sie an mir zu sagen was Sie vor Absichten vor Aufträge bei Ihrer Reise gehabt haben mir zu erklären was die Vorwürfe bedeuten ich habe meine Unternehmung bis dahin ohne Gott ausführen wollen und dann will ich mich Ihnen ganz zeigen so wie mich Gott kennt und wie Sie mich am Tag des *Hn.* sehen werden. Bis wir so weit sind sende ich Ihnen keine Geschicht des Philanthropins, es würde ihr immer die unnachahmliche unauslöschliche Phisionomie der Wahrheit fehlen, dann wann ich Ihnen schon nichts gesagt habe das nicht wahr sei so hab ich Ihnen dennoch nicht alles was wahr ist gesagt. Ich umarme Sie mit wahrer Freundschaft.

Ihr
Salis

[Adresse:] An Herrn Herrn Lenz bei Herrn Lavater
in Zürich

255. Lenz an Jakob Sarasin

Schloß Hegi den 17ten 9br. 1777

Sie werden Ehrmanns Brief nun erhalten haben; wenn Sie mir den Coffre bald schicken kann ich das für Lavatern Bestimmte selbst herausnehmen. Der Brief aus Zürich sollte eigentlich nicht an Sie fortgehen, weil ich die Einwohner von Glarus zu schlimm abgemalt. Lavater der ihn nicht gelesen und wegen der Kommission die er mir gegeben pressiert war, riß ihn mir, weil die Post eben abging unter den Händen weg, machte ihn schnell zu und verschwand damit aus dem Zimmer; welches mir hernach aus vielen Ursachen sehr leid tat, hauptsächlich um seinet willen.

Das Geld hoff ich Ihnen in wenig Wochen zu schicken. Grüßen Sie Ihre Gemahlin und Kinder. Einlage bitte an Lersen zu besorgen.

Lenz

256. Lenz an Hirzel

Schloß Hegi den 26. 9br. 1777

Es würde meine innere Ruhe auf ewig stören, wenn ich, Verehrungswürdigster Herr Doktor! durch meine gutgemeinten Gespräche über religiöse Gefühle und dann über Ihren Freund Lavatern Anlaß zu einigem Verdacht gegeben haben könnte als ob auch nur ein einziges Wort das ich gesprochen, durch etwas anders als die damalige Lage meiner Seele die durch meine eben vollendete Bergreise gespannt war, könnte veranlaßt worden sein; auch bin ich überzeugt, daß Sie dieselbe in diesen Augenblicken so wenig verkannt haben, als Sie sie noch jetzt, wenn Sie sich alles das was damals vorgegangen, in einem ruhigen Augenblick vergegenwärtigen wollten, verkennen werden und können. Mein Aufenthalt in dem Hause des Herrn Pfarrer Lavaters sollte mich freilich in meinen Reden und Handlungen ein wenig fürsichtiger gemacht haben, wenn man bei einem dringendem Herzen nur fürsichtig bleiben könnte und ich durch fatale Schriftstellerverhältnisse hinaufgeschraubt, alle politischen *Reservationes mentales* für Kruditäten in meinem Gewissen zu halten, nicht berufen gewesen wäre. So wenig aber Herr Pfarrer Lavater von meinem Besuch bei Ihnen wußte, da ich eben von ihm auszuziehen willens war und schon die Nacht außer seinem Hause geschlafen; so wenig, wie ich's mit dem teuresten Eide bekräftigen kann, hat er an irgend einem Wort das ich bei Ihnen gesprochen Anteil gehabt, vielmehr bin ich versichert, daß er meine ganze Art zu sein, nach seinem Gesichtspunkt diesesmal äußerst tadelhaft gefunden haben würde. Da nun aber jeder für sich Rede stehen muß und ich übrigens im Schoß Ihrer Familie für allen Mißdeutungen meiner Absicht sicher zu sein glaubte; so habe ich diesesmal lieber eine scheinbare Unbescheidenheit wagen, als über gewisse Punkte Ihrer Art zu denken und zu fühlen unaufgeklärt und in meinem Urteil von Ihnen falsch bleiben wollen. Nahmen Sie einen Anstand an dieser Behandlungsart, so bitte ich Sie ganz und gar an mir zu ahnden, als aus dessen Charakter und Genie sie ganz allein geflossen, übrigens aber versichert zu sein, daß mich fremde Meinungen, wenn sie nicht schon vorher in diesen gelegen, niemals verändern können – Übrigens brauch ichs Ihnen, würdigster Herr Doktor! nicht zu versichern daß meine Absichten bei meiner Schweizerreise, da das Richteramt mein Beruf nicht ist niemanden zum Schaden gereichen können. Mit der ehrerbietigsten Empfehlung an Ihre Gemahlin und Familie nenne mich Dero gehorsamsten Diener

Lenz.

257. Lenz an Jakob Sarasin

Winterthur. den 12.ten Dzbr. 1777

Eine kleine Streiferei an den Bodensee herab, durch St. Gallen nach Appenzell von der ich eben wiederkehre hat die Nachricht von Empfang des durch Sie gütigst übermachten Coffres verzögert. Mich freut Ihre Entbindung mit der Frauenzimmerschule, die ich um sie ihrer Vollkommenheit näher zu sehen immer weiter von dem Plan der Zürichschen entfernt wünschte. Wir haben unter andern mit Hn. von Salis radotiert /: schon in Schinznach und itzt wieder im Valtelin:/ über eine moralische Kochkunst, den Bedürfnissen des Körpers und der Jahrszeit angemessen, wozu denn freilich einige Kenntnis des menschlichen Körpers und der Natur in Tier- und Pflanzenreich vorausgesetzt würde, die auch in hundert anderen Fällen, vorzüglich bei Erziehung der Kinder Dienste tun könnte. Allein ein Lehrer von dieser Art, *NB*. der sich den jungen Zöglinginnen verständlich machen könnte, wird sich auf der Baselschen Akademie wohl schwerlich finden. Und doch sind auch schon zur Selbsterhaltung die medizinischen Kenntnisse, wären sie gleich nicht weiter als aus dem Arzt, Tissot und Plattner* (ein Buch das ich nicht genug empfehlen kann) abgeschöpft, unentbehrlich. Diese werden gewiß in hundert Fällen bessere Dienste tun, als der Jgfr. Goswyl Kommentar über Gellerts Oden (die ich übrigens weder tadle noch überflüssig finde) denn wie oft Moral nur von Diät abhängt, ist noch bei weitem nicht genug eingesehen, geschweige ausgeübt worden.

Es ist ein Pasquill auf Lavatern und seine Freunde herausgekommen, in das ich nur flüchtige Blicke getan und zu meinem großen Leidwesen finde daß man sehr säuberlich mit mir umgegangen. Die Herren mit ihrer fingerlangen Vernunft wollen es dem lieben Gott durchaus nicht zugestehen, daß er über Bitten und *Verstehen* tun könne. Doch läuft unter dem *niedrigsten* Zeuge, manche nötige Wahrheit mit unter.

Empfehlen Sie mich der Frau Engelwirtin nebst den kleinen künftigen Bewohnern der Engelburg.

Herren Ratschreiber Iselin machen Sie doch gelegentlich auch von mir viel Empfehlungen und Glückwünsche zu der endlich beglückten Heurat seiner Dem. Tochter, die ich noch oft in Gedanken das Schweizerliedgen in Meienfels singen höre. Kaufmann und die Seinen empfehlen sich Ihnen allen. Die Einrichtung seiner künftigen ländlichen Haushaltung beschäftigt ihn – sonst führen wir alle ein sehr ruhiges und still fröhliches Leben in Hoffnung. Lavater wird Ihnen geschrieben haben; ich komme seit meiner letzten Glarnerreise fast nie wieder nach Zürich.

Lenz

258. LENZ AN FÜSSLI

[Schloß Hegi, Mitte Dezember 1777]
Wollten Sie, Würdiger Freund! die Gütigkeit für mich haben, mir, solange ich noch in diesen Gegenden zu bleiben gezwungen bin – wiewohl ohne irgend ein Versprechen von mir dagegen zu nehmen, als meinen herzlichsten Dank – einige Hefte Ihrer Schweizergeschichte die ich noch nicht gelesen, einzupakken und unter folgender Adresse Lenz, Schloß Hegi! durch den Winterthurerboten zuzuschicken, in 2–3 Tagen sollen Sie sie – hier wo ich keine andere als willkürliche Zerstreuungen habe, unfehlbar wiedererhalten. Etwa das vom Schwabenkriege.

Lenz

[Mit anderer Tinte hinzugefügt:]
  wenn Sie etwa kein Plagiat – – –

259. LENZ AN JOHANN KASPAR LAVATER

Waltersbach. d. 22sten Jenner [17]78
Gott mit Dir Teurer! und dem guten Kinde, das Dir diesen Brief gibt. Ich darf Dir nichts weiter über ihn sagen, da Du ihn selber siehst, nur hätt ich um Deines Grußes willen gewünscht, daß Deine Reise nach Strasburg Dich seitab ins Steintal geführt hätte. Sehr begierig wär ich, Dein Urteil über verschiedene der Silhouetten zu hören, die er Dir mitbringen wird, die aber wie alle Schattenrisse so unendlich verschieden von den Originalen sind. Wenn Dich Dein Genius hierher versetzen wollte, würdest

Du all das Fehlende oder Verkritzelte durch Deinen Blick ergänzen.

Warst Du es nicht Lieber! der mir erzählte, daß Apostel Johannes, in den Zwischenstunden da er das Evangelium schrieb, weiter nichts tat, als mit seinem Sperber zu spielen. Und dabei gesagt ein Bogen der immer gleich gespannt bleibt, verliert zuletzt seine Schnellkraft. Woher hattest Du die Anekdote, ich bitte Dich.
[Am linken Rande:]
Tausend Grüße Deinem edlen Weibe und Kleinen und viel Lebensgenuß und Abstraktion von dummen Zeuge das gar nicht die Ehre verdient, Dir einen sauren Augenblick zu machen.

Grüß auch die guten Allerlei von mir. Und schick mir ein paar Zeichen Deiner Liebe.

Lenz

260. LENZ IN RÖDERERS STAMMBUCH

Was uns die Vergangenheit wird in unvorgesehenen Augenblicken.

Vergiß nie mit diesen Worten

Deinen

Lenz.

aus Liefland

im Kloster d. 18ten Hornung [17]78.

261. JOHANN GEORG SCHLOSSER UND LENZ AN LENZ' VATER
Emmendingen in Breisgau bei Freiburg
d. 9 März 1778
[Schlosser:]
P. T. Ihnen unbekannt war ich lange Ihr Freund, durch Ihren Herrn Sohn. Drei Jahre sinds, daß ich diesen kenne, und, ob gleich wir nur selten beisammen sein konnten; so waren wir doch Freunde. Ich ehrte sein Herz u. seine Talente u. liebte ihn darum; aber ich übersahe ihm seine Fehler nie, am wenigsten den, daß er sich so weit von Ihnen entfernte. Er fühlte sein Herz

noch nicht rein u. kindl. genung, meinen Rat zu folgen. Vor einiger Zeit schlug ihn Gott mit einer harten Krankheit. Mit dieser kehrte sein Erinnern an Ihre väterl. Treue u. alle kindl. Gefühle zurück. Er war fest entschlossen, zurück zu kehren zu Ihnen, sich in Ihre Arme zu werfen u. durch die Tugenden u. den Wert seines männlichen Alters, Ihr Greisen-Alter glückl. zu machen. In diesem Vorsatz kam er zu mir. Ich bestärkte ihn darin u. seine Abreise war auf gestern festgesetzt. Gott ließ aber ihm u. uns allen zum Glück, am vorigen Dienstage seine Krankheit in ein hitziges Fieber ausbrechen, segnete jedoch dabei unsere geringe Sorgfalt, so, daß er auf dem besten Wege der Besserung ist. Nun bittet mich sein Herz, voll der wärmsten kindlichsten Liebe, Ihnen das zu schreiben. Er wünscht u. hofft, daß Sie an seinen Leiden herzliches Teil nehmen werden u. versichert Sie nicht allein seiner kindlichen Liebe u. der wahren Reue über seine Entfernung von Ihnen u. seine Fehler, sondern auch von dem festen Entschluß, so bald Gott ihm die Kräfte gibt, wieder in Ihre Arme zu kehren. Ich, der ich nur zu gut fühle, daß, wenn der Mensch auf Erden glückl. sein soll, es nur durch Liebe von, oder zu, seinen Kindern sein kann, ich freue mich, Ihnen dieses zu schreiben, u. bitte Sie inständig, mir bald einen Brief an Ihren mir immer lieben Sohn zu schicken. Sie können ihn am besten in seinen Leiden, die seine Seele selbst durchdringen, helfen u. aufrichten u. Gott wird Sie dafür mit dem Trost eines wohldurchlebten Alters u. der größten Freude an allen Ihren Kindern segnen. Trauen Sie meiner Versicherung die wahre Hochachtung, mit welcher ich mich nenne

Ew. Hochehrwürden ergebenster:

Schlosser

Markgräflich badischer Hofrat
u. Oberamtmann der Markgrafschaft Hochberg.

[Lenz:]

Vater! ich habe gesündigt im Himmel u. vor Dir u. bin fort nicht wert, daß ich Dein Kind heiße.

Jakob Lenz

[Schlosser:]
Sie sehen die Schwermut Ihres Sohnes. Ich bitte Sie, trösten Sie ihn bald. Wie ich höre, ist ein andrer Sohn von Ihnen in Leipzig, ich wollte, der käme u. holte ihn ab. Wo nicht, so werde ich die Anstalt so machen, daß er sicher nach Leipzig kommt, so bald er gesund ist. Hoffen Sie das Beste u. sein Sie Vater. Er ist äußerst bekümmert u. braucht Aufrichtung. Gott wird alles segnen. Schreiben Sie nur bald.

Schlosser

262. LENZ AN JAKOB SARASIN

Emmedingen, einige Tage vor Johanni, 1778

Lieber Herr Sarasi es freut mich daß ich Ihnen wieder schreiben kann, ich habe eine große Bitte an Sie die Sie mir nicht abschlagen werden, daß Sie so gütig sind und meinem bestem Freunde und Kameraden dem Herrn Conrad Süß doch einen Meister verschaffen, wenn er außer der Zeit nach Basel kommt, weil jetzt die Handwerksburschen stark gehen und ich den Herrn Hofrat bitten will, daß er seinem Vater zureden soll ihn noch länger als Johannis bei sich zu behalten, damit ich die Schusterei bei ihm fortlernen kann die ich angefangen habe und er ohnedem bei seinem Herrn Vater und mir viel versäumt. Es wird Ihnen das nicht schwer fallen, da er gewiß ein guter und fleißiger Arbeiter und sonst wohlerzogenes Kind ist und Sie werden mich dadurch aus vieler Not retten, die ich Ihnen nicht sagen kann. Auszugehen ist mir noch nicht gesund und was würd ich anfangen, wenn er auch fortginge da ich gewiß wieder in meine vorige Krankheit verfallen muß. Hier bin ich dem Herrn Hofrat gegen über und ist mir so wohl bis es besser mit mir wird. Wenn es nur einige Wochen nach Johanni sein könnte, melden Sie mir doch ob sich dort keine Meister finden die auf die Zeit einen Gesellen brauchten. Wenn Sie nur wollten probieren sich von ihm Schuhe machen zu lassen, ich bin versichert, daß er sie gut machen wird, besonders wenn er einige Zeit in Basel gewesen und weiß wie Sie sie gern tragen. Fleißig ist er gewiß, davon bin ich Zeuge und er arbeitet recht nett besonders wenn er sich an-

greift. Viel tausend Grüße an Ihre Frau Gemahlin und an den Herrn Hofmeister und an die Kleinen. Ich bin bis ans Ende
Ihr
gehorsamster Freund und Diener
Lenz.

Er soll jetzt das erste mal auf die Wanderschaft und ich bin jetzt bei seinen Eltern ein viertel Jahr lang wie das Kind im Hause gewesen. Er ist mein Schlafkamerad und wir sitzen den ganzen Tag zusammen. Tun Sie es doch bester Herr Sarasi, lieber Herr Sarasi es wird Sie nicht gereuen.

Ich könnte mich gewiß nicht wieder so an einen anderen gewöhnen, denn er ist mir wie ein Bruder.

263. LENZ AN JAKOB SARASIN

[Emmendingen, Juli 1778]

Lieber Herr Sarasin, ich habe ein großes Anliegen, ich weiß, daß Sie meine Bitte erhören werden. Es betrifft meinen Bruder Conrad, der für mich auf der Wanderschaft in der Fremde ist. Daß Sie ihm dazu verhelfen, daß er für Sie arbeiten kann. Er war schon fort als ich Ihr wertes Schreiben erhielt und seine Abreise war so plötzlich und unvermutet, daß ich ihm kein Briefgen an Sie mitgeben konnte. Seitdem hab ich immer auf Nachricht von ihm gewartet, bis er endlich schrieb, daß er in Basel keine Arbeit bekommen, sondern in Arlesheim, einem katholischen Ort anderthalb Stunden von Basel. Nun hab ich kein Anliegen auf der Welt das mich mehr bekümmert, als wenn ich nur so glücklich sein könnte zu hören, daß er bei Ihrem Schuhmacher wäre und Ihnen arbeiten täte, das würde mich in kurzer Zeit gesund machen. Erzeigen Sie mir diese Freundschaft und Güte, die Freude und der Trost den ich davon haben werde wird unaussprechlich sein, denn das Wasser allein hilft mir nicht, wenn meine Freunde nicht mit wollen dazu beitragen. Ich kann Ihnen das nicht so schreiben, warum ich so ernstlich darum bitte, er ist auf Mannsschuhe besprochen und ich hoffe, wenn er nur erst Ihre Gedanken weiß, wie Sie's gern tragen, Sie werden gewiß mit seiner Arbeit zufrieden sein, wenn auch das erste Paar nicht gleich geraten sollte. Herr Süß hat mir versprochen, so bald Sie ihn unterbringen, soll er seinem Meister in Arlesheim aufkündigen und ich bin versichert er wird es aus Liebe für mich tun und aus Liebe zu sich selber, welches einerlei ist, denn ich werde keine ruhige Stunde haben, wenn er an dem katholischen Ort bleibt und wenn er jetzt schon weiter wandern sollte in der großen Hitze, das würde mir auch keine Ruhe lassen.

Es freut mich recht sehr, daß Sie wieder einen Hofmeister haben und Ihre Frau Gemahlin sich gesegneten Leibes befindet, Gott wolle ihr eine glückliche Entbindung schenken, daß Ihre Freude vollkommen werde und Sie auf dieser Welt nichts mehr zu wünschen haben mögen. Dann werde ich auch gesund werden und wenn der Conrad für Sie arbeitet.

Weiter weiß ich nichts zu schreiben, als ich gehe alle Morgen mit meinem lieben Herrn Süß spazieren und bekomme auch alle Tage den Herrn Hofrat zu sehen. Nun fehlt mir nichts als daß alles so bleibt und Gott meine Wünsche erhört und Sie meine Bitte erfüllen, daß der arme Conrad wieder zu seinen Glaubensgenossen kommt. Und ich verharre unaufhörlich und zu allen Zeiten

      Ihr
           bereitwilligster Diener und gehorsamster Freund
           J. M. R. Lenz.

Ich trage Ihren Brief immer bei mir und überlese ihn oft er hat mir eine große Freude gemacht und daß Sie sich auch meines Conrads so annehmen.

[Adresse:] An Herrn
      Herrn Jakob Sarasin
           Gerichtsherrn in Basel

264. Lenz an Jakob Sarasin

[Emmendingen, Anfang August 1778]

Ich kann in der Eile Ihnen teurester Herr und Gönner nichts schreiben als hunderttausendfältigen Dank für die Freundschaft und Güte, die Sie für mich und meinen lieben Conrad haben, an dem ich mir die Freiheit nehme einige Zeilen mit beizulegen, und Ihnen zu melden, daß ich jetzt nach Wiswyl herausreisen soll, wo ich brav werde Bewegung machen können mit der Jagd und Feldarbeit. Ich bin so voller Freude über soviel glückliche Sachen, die alle nach meines Herzens Wunsch ausgeschlagen sind, daß ich für Freuden nichts rechts zu sagen weiß als Sie zu bitten, daß Sie doch so gütig sind und Ihr Versprechen erfüllen, dem ehrlichen Conrad Arbeit für *Sie* zu geben, weil es mir nicht genug ist wenn er bei Ihrem Meister Schuhmacher ist und er nicht auch für Sie arbeitet. Verzeihen Sie meine Dreistigkeit, ich bitte doch um Nachrichten von Ihnen und Ihrer Familie auch nach Wiswyl, zwar ist der Herr Hofrat jetzt auch nach Frankfurt verreist, der Conrad wird mir Ihr Briefgen schon durch seinen Vater zuschicken ich werde wohl einige Zeit da bleiben. Hunderttausend Grüße Ihrer Frau Gemahlin und sämtlichen Angehörigen, auch dem Herrn Professor Breitinger.

Ihr

gehorsamster Freund und Diener
Lenz

265. Lenz an Jakob Sarasin

[Emmendingen, Anfang August 1778]

Eben jetzt teurester Gönner erhalte ich noch den Brief von Conrad zu dem Ihrigen und muß hunderttausend Dank wiederholen, daß Sie so gütig sind und für uns beide soviel Sorge getragen und sich auch nach mir erkundigen wollen. Auch Herr Süß und seine Frau haben mir aufgetragen Ihnen doch recht viele Danksagungen zu machen für die Güte die Sie für ihren Sohn gehabt und daß Herr Hofrat nach Frankfurt verreist sei, sonst würden sie es auch durch ihn haben tun lassen. Gott wolle Ihnen alles das auf andere Art wieder vergelten, was Sie mir für

Freude gemacht haben, ich habe jetzt auf lange Zeit genug an
des Conrads Brief, den ich im Walde recht werde studieren können. Sagen Sie nur dem Conrad er soll Wort halten und seine
Eltern vor Augen haben, am meisten aber Sie seinen Wohltäter
und denn auch Hrn. Hofrat Schlosser und denn auch mich und
meinen Zustand die Zeit her, daß es ihm nicht auch so ergehe,
wenn er nicht folgt. Seien Sie hunderttausend mal gegrüßt alle
zusammen nochmals von

Ihrem gehorsamsten
Lenz.

266. Lenz an Jakob Sarasin

Wiswyl den 13ten August 1778

Es freut und beunruhigt mich teuerster Freund und Gönner!
daß eine Kommission mir abermals Gelegenheit verschafft mich
schriftlich mit Ihnen zu unterhalten; sie freut mich, weil ich
sonst noch nicht im Stande bin, meine Briefe meinem Freund
und Gönnern interessant zu machen, beunruhigt mich aber
doch durch die Furcht, Ihnen unbescheiden und beschwerlich
zu fallen. Sie betrifft 4 Bücher großes fein geschlagenes Gold
das zur Vergoldung eines Schildes in dem Hause da ich wohne
gebraucht wird; dieses Schild, das Sn. Durchlaucht der Herr
Markgraf als sie durch Wiswyl reisten, persönlich dem Besitzer
dieses Hauses, meinem nunmehrigen rechtschaffenen Kost-
herrn dem Herrn Förster Lydin bewilligt haben, als eine Gunst
für dero Aufenthalt in diesem Hause, war schon halb fertig ver-
guldet, als auf einmal die zwei Hn. Goldschläger in Strasburg
die das Gold dazu geliefert; weil sie zu einer Kirche die auf Mi-
chäel fertig werden soll, verdungen worden, keines mehr hieher
liefern konnten, Herr Lydin also, der auf baldige Vollendung
des Schildes eben so sehr pressiert da er den Maler dazu im
Hause hat, sich nach Basel wenden muß, wozu ich ihm meine
Intercession bei Ihnen oder Dero Herrn Bruder angeboten;
wollten Sie also die Gütigkeit haben 4 Bücher großes feinge-
schlagenes Gold auf die fahrende Post nach Emmendingen unter dem Couvert des Posthalters Sander dem es allenfalls

mit ein paar Worten zur baldigsten Beförderung nach Wiswyl empfohlen werden kann, wohin er täglich Gelegenheit hat nur unter folgender Adresse, ›an Hrn. Lenz, abzugeben bei dem Förster Lidynn, zu Wiswyl‹ zuzuschicken und den genauesten Preis hinzuzusetzen, das Geld soll auf das prompteste mit dem verbindlichsten Dank an Sie wieder nach Basel übermacht werden. Ich beschäftige mich hier unter Anleitung des Herren Lydin mit dem Ackerbau und der Jagd, die mir tausend Vergnügen anbietet und meinen Kopf von Tag zu Tag mehr aufheitert, da die körperliche Bewegung, die Entfernung von Büchern und der Umgang mit einem Manne der in der Einrichtung seines Hauswesens und Ausfüllung der ganzen Sphäre in die ihn die Vorsehung gesetzt hat, mir auf jedem Schritt eine neue Wahrheit aufschließt; mir die Entfernung von meinem teuren Wohltäter Schlosser, auf dessen baldige Wiederkunft ich dennoch zähle, ungemein versüßen. Da Wiswyl nur drei Stunden von Emmedingen ist, so hoffe ich wenn er von Frankfurt zurück gekommen ist, eine kleine Veranlassung mehr, zu seinem öftern Besuche hieher zu werden.

Wollten Sie so gütig sein mein Gönner! durch eine geneigte Sorge für meinen dreisten Auftrag, mir Gelegenheit zu geben, den braven und rechtschaffenen Mann bei dem ich wohne auch Ihnen zu verbinden, da auf diese Weise das begehrte Päckgen Gold schon künftigen Montag in Emmedingen sein könnte – – – so würde ich diese Gewogenheit mit zu dem großen Konto setzen, auf welches ich zeitlebens nur die Interessen zahlen kann durch die Versicherung der aufrichtigen und beständigen Ergebenheit mit der ich beharre

                      Ihr
                      gehorsamer Fr. u. Diener.
                      JMRLenz.

Dero Frau Gemahlin und wertesten Angehörigen, bitte mich bestens zu empfehlen, ingleichen den neuen Führer der letzteren.

Den Preis bitt doch ja hinzuzusetzen, da es nicht meine Sache ist – – – – – für die Güte der Ware brauche ich nicht zu sorgen.

267. Lenz an Jakob Sarasin

[Wiswyl, August/September 1778]

Nächstens bester Sarasin haben wir die Freude, Ihnen das Geld für's überschickte Gold selbst zu überbringen. Machen Sie nur daß mittlerweile alles gesund und vergnügt bei Ihnen bleibt und verzeihen Sie den langen Aufschub – – – der diesmal unvermeidlich – – – – mündlich mehr.

Ihr wärmster
JMRLenz

Sagen Sie niemand von unserm Projekt; das sich eher nicht ausführen lassen konnte. Tausend Empfehlungen an Ihr ganzes Haus. auch von meinem Förster den Sie noch mehr lieben werden, wenn Sie ihn sehen.

268. Lenz an Jakob Sarasin

Weisweil den 30ten September 1778

Nur die Erwartung der Ankunft unsers Herrn Hofrats, teurester Herr Gerichtsherr und die darauf eingelaufene Nachricht von seiner Unpäßlichkeit, hat unsere Reise nach Basel verzögert und kann der unverzeihlichen Inakkuratesse mit der mein voriger Brief an Sie abgelaufen zu einiger Entschuldigung dienen. Eben diese Ankunft die wir täglich erwarten wird unsere Reise aufs längste in zehn Tagen bestimmen, darf ich unterdessen im Namen meines Försters, wie Sie ihn zu nennen beliebten, Sie um noch eine gütige Auslage, bestehend in einem viertel Zentner mittleren Berner-Pulvers, das man hier und in Strasburg nirgend so gut haben kann, nebst dem genauesten Preise zu ersuchen, welches mit eben der Gelegenheit hieher spediert werden kann. Das Geld für beide Artikel werde die Ehre haben Ihnen mit verbindlichstem Dank (vielleicht in Gesellschaft des Herrn Hofrat Schlossers und seiner Gemahlin) mit meinem fürtrefflichen Förster selbst einzuhändigen.

Wie erwünscht die Zeitung von der glücklichen Niederkunft Ihrer verehrungswürdigen Gattin – und wie reizend Ihre Einladung in eine Bauernhütte am Maienfels einem Menschen unter meinen Umständen gewesen will ich Ihrer gütigen Freundschaft für mich lieber zu vermuten überlassen. Auch bitte ich mir noch manchen guten Rat persönlich aufzuheben, der mein künftiges Leben, wenn der Himmel mich dessen würdigt und seine Zufriedenheit dem Ihrigen ähnlich zu machen fähig wäre. Leben Sie glücklich bis dahin und empfehlen mich Ihrer unverbesserlichen Hälfte.

Dero gehorsamster
JMR Lenz

N. S. Darf ich Sie gehorsamst ersuchen, doch gelegentlich den Meister des guten Conrads, der mir geschrieben, ingeheim erinnern zu lassen, er möchte wo möglich ihn noch nach Weihnacht in Arbeit behalten.

269. Lenz an seine Stiefmutter

[Sommer 1779]

Meine teureste und Verehrungswürdigste Frau Mutter! Mit frohem Herzen, und mit innigem Dank gegen Gott gebe ich Ihnen zum ersten Mal diesen süßen Namen, den ich bis hierzu nie ohne Wehmut aussprechen konnte. Doch Gott hat unser Gebet erhöret, und uns in Ihnen wieder eine Mutter geschenkt, die schon lange gegen unsere ganze Familie mütterliche Beweise Ihrer Liebe und Zärtlichkeit gegeben hat. Wie glücklich schätzen wir unsern teuren Vater, in dem Herbst seines Lebens, eine so treue mit seinem Herzen, und häuslichen Umständen schon bekannte, und durch so viele Proben schon bewährte Gefährtin gefunden zu haben, die die trüben Tage seines Alters aufheitern, seine schwächliche Gesundheit pflegen, und die Lasten des Lebens so liebreich mit ihm gemeinschaftlich tragen wird. Wie zärtlich werden Ihnen Kinder und Enkel danken, denen Sie einen so geliebten, einen so vortrefflichen, so teuren Vater da durch noch manches Jahr erhalten, daß Sie Ihre Hand in die seinige legen, und er sein müdes silber weißes Haupt an Ihrer treuen Brust ausruhen kann.

Ja, teures Paar! das schon auf manchen Dornen Wegen
In dieser Pilger-Welt, mit Müh gewandelt hat
Genieße nun im Herbst den ganzen Ernte-Segen
Von jeder Prüfungs-Zeit, von jeder Tränen-Saat.

Zwar lacht nicht mehr der Herbst, so wie ein Frühlings-Morgen
Der alles übersonnt, und Feld, und Flur verjüngt
Nie schläft ein Silber-Haupt, so frei von allen Sorgen
Wie noch der Jüngling schläft, dem alles Freude bringt;

Dafür ist auch der Greis schon viele Schritte weiter,
Schon manchen Berg – den noch der Jüngling steigen muß. –
Auch ein November-Tag ist dankenswert, wenn heiter,
Der Sonne Strahl ihn grüßt. – Dank auch dem kurzen Gruß. –

So grüßet jetzt auch Euch nach manchen trüben Tagen
Ein sonnigt froher Tag, der Freude bringend lacht.
Und gleich der Nacht, entfliehn, vor ihm jetzt Schmerz
        und Klagen
Und Freuden werden Euch glückwünschend dargebracht. –

Dort rief einst Gott! – dein Knecht, o Sonne stehe stille,
Und auf dein Allmachts-Wort mußt sie nicht untergehn.
Sieh Kinder, Enkel, hier dir flehn: Ists Herr dein Wille,
So laß dem teuren Paar, der Freuden Sonne stille stehn. –

Sanft fließ er Ihnen fort, der Herbst des teuren Lebens
Das dir geheiligt war. – Der Rest sei Sonnen-Schein,
Und heiter jeder Tag, – uns Muster des Bestrebens
Auch einst in unserm Herbst so fromm und froh zu sein. –

270. LENZ AN HERDER
        Riga d. 2ten 8br 1779 a. St.
Teurester Bester! Verzeihen Sie die Form dieses Briefs, wie die Zumutung die er enthält und setzen beides auf die Rechnung des strengsten Vertrauens nicht in Ihre Freundschaft und Güte für mich, die, wie ich aus Proben ersehen unbeschränkt ist – sondern in Ihre Gerechtigkeit und Wahrheitsliebe. Ich bitte

diese Worte nicht nach dem Herkommen gedruckter Stutzernomenklatur – sondern diesmal nach der Bedeutung der Einsamkeit und ihres Entschlusses auf immer zu nehmen. Also fort für diesmal mit allen äußern Verhältnissen, die die schnelle Sprache dessen was eine besondere Lage der Umstände jetzt auf mich wirken muß, nur höchst unfruchtbar aufhalten würden.

Ich komme eben von einem Besuch in Gesellschaft meines lieben grauen Vaters und eines jüngeren Bruders, der Sie in Weimar gesehen, wo ich auf die sonderbarste Art von der Welt in die Enge gebracht bin. Die zärtesten Saiten meines Herzens und möcht ich sagen, einer gewissen Art von Ehre deren System ich eben nicht recht von mir geben kann, sind angeschlagen und – kurz ich bin diesmal in großer Verlegenheit – – die vielleicht durch diesen Brief noch vergrößert wird; aber genug, ich kann mir nicht helfen. Es ist lange vor meiner Ankunft in Riga von einer Besetzung des nur halb erledigten Rektorats der Domschule (von dem Hr. D. Schlegel sich den Theologischen Teil vorbehält) die Rede gewesen. Mir hatte man gleich bei meiner Ankunft ins Land verschiedene Vorschläge nach Petersburg gemacht, von denen mein Herz, weiß ich aus was für Besorgnissen, zurücksteuerte, doch ohne sie ganz aufzugeben. Ein Gönner meines Schwagers ein Edelmann der es auch ohne Geburt sein würde, den soll ich sagen sein Herz oder sein Geschmack der auf Ambassaden bis nach Spanien, wohl hat ausgebildet werden können, auch mir sehr anziehend machen – schon damals gemacht hatten, als er von seinen ersten Reisen als bloßer Kavalier durch Königsberg nach Hause zurückging; erscheint in unsers Freund Hartknochs Laden. Außer dem Anzüglichen seiner Person, hielt ichs in Ansehung meines Schwagers, der von dem Hause viel Güte genossen, für Pflicht, ihn – und zugleich dem Haupt dieser Stadt, seinem Schwiegervater die Aufwartung zu machen. Ich beredte, weil er von einem vorhabenden Besuch bei meinem Vater sprach, den Altgen mit dazu, ihm zuvorzukommen. Wir treffen ihn nicht zu Hause, wohl aber den Hn. Bürgermeister, einen der tätigsten und ausgezeichnetsten Patrioten der Stadt und – stellen Sie sich meine Verwirrung vor, als ganz unvorbereitet, ganz überraschend für mich und vermutlich für alle die gegenwärtig waren, mit der Naivität von der Sie sich bei meinem Vater nur eine dunkle Vorstellung – auch Sie! machen können, er förmlich bei der Schule für mich anspricht, und wenn ihnen ein Subjekt dazu fehlte, mich – unparteiisch – welch ein Ausdruck – unparteiisch dazu empfiehlt. Herr Burgermeisters S. Miene die sich dabei sichtbar veränderte, machte mir den Mann noch einmal so ehrwürdig, denn nun hatte ich wenigstens meiner eignen Verlegenheit etwas zuzugesellen. Noch mehr aber seine langsame und geflissentlich überlegte Antwort: es sei deswegen an auswärtige Gelehrte geschrieben worden, von denen zwei abgesagt, itzt steh man mit einem dritten in Traktaten habe aber auch zugleich an Sie – geschrieben und wolle in dem Stück ganz und gar auf Ihre Empfehlung fußen. Itzt hätte mir wohl werden sollen, und mir wards – aber nicht so ganz – ich gehe zu einem Freunde wo ich von andern in das Fach hin einschlagenden Dingen sehr beunruhigt, aber ohne daß sie mich selbst angingen, zu sprechen hatte, komme zurück und will sehen, was unsers Hartknochs sehr üble Brust heute macht und – find ihn an einer Post nach Leipzig die er expediert, und mir Papier und Feder hinlegt, wenn ich auch an jemand schreiben wollte. – An wen anders als an Sie – – mich zu empfehlen? nicht doch – Ihre Empfehlung zu erbitten, zu verbitten – auch nicht, kurz ich weiß selbst nicht was ich will, was ich soll – – aber an wen anders kann, darf ich das schreiben als an Sie – Freund Goethe – hat mich wohl vergessen – mag will wie ich sehe sich in keins meiner Angelegenheiten mehr mischen, wird vielleicht durch jede Art meiner Zuschriften selber soll ich sagen beleidigt? – – doch gewiß beunruhigt – und soll ich empfohlen sein – wär ichs am liebsten von Ihnen. Guter Gott, aber Sie kennen, wenn Sie mein Herz ja kennen, weder mein Geschick überhaupt noch zu einer solchen Stelle in sonderheit. Soviel sag ich Ihnen frei und wills drucken lassen, daß in meinem Vaterlande mir eine solche Stelle die wünschenswerteste wäre. Und wem sollte sie es nicht sein. Ich wollte solang wenigstens an mir pressen bis das was ich Gutes und Vorteilhaftes draußen eingesogen, ausgedrückt wäre, mögte man hernach mit dem löchrichten Herzen machen was man wollte.

Bei alledem aber habe ich die Theologie – nicht gründlich studiert, kann auch keine großen Theologen auf die große Bühne der Welt schicken. Dafür aber hab ich mich ein wenig in der Geschichte und Gesetzen meines Vaterlands umgesehen, die ich immer fleißiger mit Zuziehung der erfahrensten Männer zu studieren gedenke, will dabei gern in dem bißgen Griechisch und modernen Sprachen, was ich weiß, auch in der sogenannten schönen Kenntnis von Kunstwerken und Kunstsachen, auch wenn der Adel, der fast den zahlreichsten Teil unsers Landes ausmacht und um Unterricht verlegen ist, mit zu unsrer Bürgerschule gezogen werden soll, in besondern Stunden in dem historischen Teil der alten und neuen Taktik Fortifikation u. s. f. soweit Unterricht geben, daß er hernach praktischern Unterricht schneller nutzen kann, so auch in Staatsgeschichte und Staatswirtschaft welches mir ein Hauptbedürfnis meines Vaterlands scheint – auch lateinische Autoren lesen, und Redübungen mitbetreiben helfen, nach meinen Kräften –

Wissen Sie ein redlicheres, stärkeres und ausdaurenderes Subjekt für diese Anstalt deren Einrichtung so wie die Stärke und Umfang seiner Nerven, Kräfte und erworbenen Anlagen Sie kennen, so bezeuge ich hiemit vor Gott – den ich nicht leichtsinnig zum Zeugen nehmen mag – daß ich der Anstalt Glück wünschen und mit dem Schmerz hier nicht haben nützen zu können mich auch a[ussö]hnen lernen werde ohne einen Gedanken von [al]le den, Ihnen und Ihnen ähnlichen, mit voller warmer Hochachtung gewidmeten wegzugeben oder ärmer an [de]m Gefühl zu werden, mit dem ich auch schweigend mich jederzeit und überall nennen werde Ihren

gehorsamstergebensten
JMRLenz

Mein Vater ist – für mich – reich, so auch meine Geschwister. Daß also das nicht in Anschlag kommen darf.

271. Lenz an seinen Vater

Dorpat. d. 6ten Jenner 1780

Mein teuerster Herr Papa! Eben komme von Herr Grafen Manteuffel wo wir mit dem Dorpatschen Bruder und seinem Weibgen und Kindern zu Mittag gegessen. Die Post geht in einigen Sekunden und dieser Brief ist dringender als je einer war, um Ihnen zu berichten, daß, da ich itzt schon den halben Weg gemacht und noch die Versäumnis bei des Herrn Assessor Bergs Sohn nachzuholen sein wird, ich mit einer guten Gelegenheit gerade nach Petersburg zu gehen denke, um wenigstens die Lage der Sachen einmal in der Nähe zu übersehen. Darf ich Sie nun wohl teuerster Herr Papa! um aller Güte und Liebe willen die Sie noch für mich haben, bitten, daß Sie sogleich sich aufs Schloß verfügen und ein gutes Wort für mich bei Sr. Erl. dem Hn. General-Gouverneur einlegen, ihm meinen Entschluß melden, und wie unentbehrlich und für mein ganzes Glück entscheidend wohl jetzt ein paar Worte Empfehlung von seiner Hand mir in Petersburg an den Herrn geh. Rat Betzkoi sein werden, wo meine natürliche Schüchternheit, die Unbekanntschaft mit der Sprache, folglich auch mit den Sitten, mir tausend Hindernisse in den Weg legen, gesetzt auch daß ich von keinem Mitkompetenten, welche zu befürchten hätte. Se. Erl. wissen besser, als ich es nötig habe zu sagen, wieviel bei der Schätzung der Kenntnisse und Brauchbarkeit eines jungen Menschen auf den ersten Debüt ankommt und auf die Gelegenheit die man ihm macht, sie zu zeigen. Nicht die vollkommene Erfüllung dessen was man sich von ihm versprochen, sondern nur die Fähigkeit, sich diesem Ideal durch eigenen Fleiß künftig bis zur Vollkommenheit nähern zu können, ist das was man zu seiner höchsten Empfehlung sagen kann. Geschichte, und Philosophie die den Staatsmann; Mathematik und Bekanntschaft mit den Erfahrungen der alten und neuen großen Feldherrn, die sie in ihren Tagbüchern hinterlassen, die den künftigen Kriegshelden, bilden – hoffe ich im Stande zu sein, mit den dazu gehörigen alten und neuen Sprachen zu dozieren: vielleicht können Sr. Erlaucht schon aus der übersetzten Schrift beurteilen, mit welchem Glück in Ansehen Vortrages und Methode …

Eben kommen Freunde mich zu bewillkommnen. Verzeihen Sie teurester Vater daß ich bei der Eilfertigkeit der Post mit abbrechen muß, eh ich Ihnen noch gesagt, mit welchen tausend Segenswünschen und Grüßen Ihre sämtlichen lieben Kinder in Neu[Von hier an am Rande der vierten Seite]hausen und Dorpat Ihnen beiderseits die Hände küssen. Ich hoffe das nächstemal mehr und umständlicher zu schreiben, der Bruder hat Moritzens geschrieben, daß sie auch herüber kommen. Was für Grüße hätt ich Ihnen nicht noch von den Herrn Pastor Frank und Pastor Saß zu überschicken die mich wie Bruder Schmidt mit Freundschaft überhäuft haben. Auch Herr Graf Manteufel empfiehlt sich nebst seiner vortrefflichen Gemahlin.

[Auf einem zweiten Bogen:]
Wollten Sie die Gütigkeit haben, gegenwärtige Punkte zu Sr. Erl. mitzunehmen, um mit ihm darüber zu sprechen. Sollte er aber sie selbst zu sehen verlangen, bitte sie doch von Bruder Carl gütigst abschreiben zu lassen, weil ich dies hier nur in der Eil entworfen und es mir unmöglich ist, ins reine zu bringen, weil die Post abgeht.

Noch eins mein teurester Vater! Die Hauptsache zu meiner Reise ist Geld – ich habe mirs zum Gesetz gemacht, Ihnen damit nicht beschwerlich zu fallen; eins aber können Sie tun und um diese väterliche Barmherzigkeit muß ich Sie ansprechen; daß Sie so gütig sind und bei Hartknoch mit ein gut Wort für mich reden und für mich, wenn ers fordert kavieren. Ich hab ihm geschrieben, was ich brauche und wie bald ich ihm die Summe wiedergeben kann, ich mag nun in Petersburg bleiben oder zurückkommen, im ersten Fall wird es nicht schwer halten, ihn höchstens in 3, im letzten Fall, höchstens in 4 Monaten völlig zu befriedigen da ich monatlich auf 30 Tlr. Alb. stehe. Sobald ich Hartknochs Brief erhalte, schick ich ihm die Obligation; werde also demselben und ein paar Zeilen von Ihrer Hand mit der ungeduldigsten Erwartung entgegensehen, da ich ohne diese nicht aus dem Fleck kann – und nicht immer die Gelegenheit sich so findet, daß die mich zu sehen neugierigen Geschwister und Freunde mich von einem Ort zum andern schießen. Lassen Sie uns also bester Vater! die Sache sattsam und gründlich angreifen und nicht länger auf Luft und Schatten einer ungewissen Zukunft bauen, da das Gegenwärtige so nicht wiederkommt. Das Künftige was meinem Herzen näher läge, wird schon von se[l]bst kommen, wenn es kommen will und kommen kann, welches mein Herzens Bruder Pegau der so gern sich mit Träumen abspeist, die er freilich nach seinem Gefallen einrichtet, so schwer begreifen kann.

Hauptsächlich aber daß man eine Zeit lang gearbeitet und sich bei den Planen anderer Leute versucht haben muß, eh man selbst Plane machen kann. Verzeihen Sie meine Eile und Feder und erfreuen mich, wenn Ihnen mein Glück und Ihre Zufriedenheit lieb ist, baldmöglichst mit einigen gütigen Zeilen Ihrer Hand über diese wichtigen Punkte meiner Reise und meiner Bestimmung. Nach tausend Handküssen von uns sämtlichst an Ihnen und meine teureste Mutter

Ihr gehorsamster Sohn
JMR Lenz

[Am Rande der 2. Seite des ersten Bogens:]
Ich lege das vom Hn. Gen. Gouverneur verlangte Blatt bei, worüber mir mit umlaufender Post aus Ihrer Gütigkeit nur mit zwo Zeilen Antwort bitte, wenigstens sobald es sein kann, weil die Reise nun mehr als zu sehr pressiert. Ich werde noch acht Tage hier bleiben um die Briefe aus Riga zu erwarten. Teurster Papa! bedenken Sie gütigst, daß dieser Schritt für mein ganzes künftiges Leben entscheidet und alle übrige Aussichten schwankend und unsicher sind, auch immer bei dieser bestehen können.

[Am Rande der 6. Seite:]
Hartknoch gibt gewiß wenn Sie bürgen wo nicht alles wenigstens soviel er kann: 3/4: die Hälfte wenigstens ... Hier ist alles abgebrannt.

[Am Rande der 8. Seite:]
Tausend Grüße von Oldekops u. allen Freunden an Sie, Mama auch Bruder Carl ... Die gutkranke Schmidtin wird Ihnen mit der Post geschrieben haben.

272. Lenz an Behrens

Dörpat, den 18ten Jenner 1780

Kraft dieser meiner Obligation bescheinige ich Endesunterschriebener, daß ich von Herrn George Behrens in Riga die Summe von 100 Rbl. sage Ein hundert Rubel Silbermünze zum notwendigen Gebrauch als ein Darlehn empfangen und solche *a dato* innerhalb sechs Monaten, nebst den gehörigen Zinsen *a 6 pro Cento* dankbarlichst wiederzubezahlen mich anheischig mache

Jakob Michael Reinhold Lenz

der mathematischen und schönen Wissenschaften Beflissener.

gut für hundert Rubel

273. Lenz an seinen Bruder Friedrich David

Jamburg, d. 30sten Jenner [17]80

Lieber Bruder! Ganz wider Versprechen bekommst Du schon itzt einen Brief. Wie wir unsere Reise angefangen, wirst Du von unserm Verwandten Lieutenant Breyer erfahren haben. So gings auch weiter und wir sind wenigstens 25 mal umgeschlagen und würden's noch öfter sein, wenn nicht mein Reisegefährt wie ein Herkules gearbeitet den Schlitten zu halten. Er bietet mir auch sein Haus in Petersbg. an, bis ich ein Quartier ausgemacht, denn zu den großen Aubergen London Demut p will er mir durchaus nicht raten. Ich werde sehr wohl zur *Intrada* mit ihm beraten sein; nichts destoweniger schmerzt michs, daß ich Frau Obristin nicht gesprochen und sie gebeten, mir die Adresse des Herrn Rittmeister Uckrainer, oder ihm meine zu geben, auf den Fall daß ich Igelströhms nicht mehr vor mir finde. Ich denke er würde mir in Ansehung des Kadettenkorps und anderer Sachen die außer der Sphäre meines Condottieri liegen, vielen guten Rat haben geben können. Doch die Vorsicht wird alles selber lenken; erschöpft wie ich von der Reise bin, kann ich mein Vertrauen nur auf sie setzen. Kannst Du mir aber, wenn Herr Rittmeister U − − bald nachkäme, die Satisfaktion ihn in Petersburg zu sprechen noch verschaffen, so wirst Du mir eine Freundschaft erweisen. Tausend Empfehlungen an alle teuren Freunde und Gönner, Frau Obristin Oldekops und Danksagungen ohne Zahl an Dein kostbares Weibgen; bis auf die nächste Zuschrift die ich unter Adresse des Herrn Brauers zu erhalten hoffe – – vielleicht mit Herrn Rittmeister Ukrainer, den ich sehr zu sehen mich sehne wie bis ins Grab

Dein treuer Bruder

JMR Lenz

[Adresse:] Herrn Herrn Oberpastor Lenz
Assessor des Consistoriums und Inspekter der Schulen

zu Dörpat

274. Lenz an Peuker

St. Petersburg. d. 11 Febr. [17]80

Mein teurester Freund und Gönner Schon lange hätte Ihnen mit glühender Freundschaft für alle die Proben Ihrer unschätzbaren Güte für mich gedankt, wenn die gewöhnlichen Zerstreuungen von Petersburg und die noch hinzukommenden Sorgen meines Gesuchs mich nicht abgehalten. Gewiß, mein würdiger Gönner! es ist wahr was die Naturkündiger behaupten, daß sich in der ganzen Natur nur die ähnlichen Wesen vereinigen, und daß dieses Gesetz die Freundschaften ebensowohl schließt als die Verbindungen der Blutsfreundschaft. Ihre ganze Familie besteht aus Leuten wie Sie sind, das heißt Leuten, die die völligste Ehrerbietung unsers Herzens verdienen.

Ich bedaure daß ich Ihnen noch nichts Näheres von meiner Bestimmung schreiben kann, teils weil die Zeit zu kurz ist, teils weil ich noch weit vom Ziel bin. Indessen ist Hoffnung da, es zu erreichen, wenn die Vorsicht die alle Herzen lenken muß – und wird – zu meinen Wünschen und Bemühungen Ja spricht.

Sein Sie unterdessen so gütig und übersenden mir unter dem Couvert des Herrn Schwagers eine nunmehr ausführliche Note von dem was Ihnen schuldig bin. Herr Brauer wird Ihnen gemeldet haben, daß die Schleifen hier nicht für diesmal gebraucht werden konnten, so wenig als die Knöpfe, weil sie von anderer Couleur als die Weste waren. Doch könnt es vielleicht sein daß wenn Sie sie sonst nicht besser los werden, ich sie Ihnen künftig zu einem Wrak abnehmen kann. Wie besagt, die letzte Note von den Schnupftüchern, Hut u. s. f. nebst dem Zeuge zum Kleide und Futter habe noch zu erwarten.

Von meinen Umständen wird Ihnen der Herr Schwager nächstens und vielleicht gute Neuigkeiten schreiben. Ich höre der Herr Sohn sollen mit General Berg herüber kommen. Das wäre mir eine angenehme Neuigkeit die vielleicht selbst auf mich Einfluß haben könnte, wenn bis dahin nicht schon alles richtig ist. Empfehlen Sie mich Ihrer fürtrefflichen Gemahlin und samtlichen Angehörigen und behalten im freundschaftlichstgütigen Andenken

Ihren ganzergebensten Diener
J. M. R. Lenz

Herr Aelster Schow wird nun wohl returniert sein. Es war unvorsichtig vom Derptschen Magistrat mit dem Gouvernement zu hadern, da die Sache der Statthalterschaften noch seit Beginnung der Welt in Rußland auf keinem bessern Fuß gestanden. Sehr unvorsichtig!

Darf ich so frei sein ein kleines Briefgen bei zu schließen, das ich auf keine andre Art nach Derpt zu bringen weiß.

Der Frau Gemahlin bitte zu sagen, daß man sie stündlich auf den Sommer hier erwartet –

[Adresse:] A Monsieur
     Monsieur Peuker
[Translateur du College des Affaires Etrangers
– Maitre des Postes.
     Dorpat.]

275. Lenz an Friederike Brion

St. Petersbg. den 27. März 1780

Meine teureste Freundin Da Ihnen mein Abschieds- und Danksagungsschreiben, das ich nach der Genesung aus einer schweren Krankheit an Sie schickte, vermutlich aus dieser Ursache nicht zu Händen gekommen; so hoffe ich, diese Schuld aus der

Entfernung wo nicht abtragen zu können, doch wenigstens durch mein Stillschweigen nicht zu vermehren. Sie und Ihre fürtreffliche Familie waren es, die in einem fremden Lande, auf immer, wie es schien, getrennt von den Meinigen, an einem kleinen ungesunden Ort, ohne Umgang, ohne Verbindungen den trübsten Stunden meines Lebens diejenige Aufmunterung gaben, deren Eindrücke mich über das Grab hinaus begleiten werden. Sie waren es, die mein Herz zu jedem zärtlichen Verhältnis wiederstimmten, das ich in meinem Vaterlande abgerissen. Der geschmackvolle und lehrreiche Umgang mit Ihren würdigen Cousinen, Ihre gegenseitige Freundschaft, die glücklichen Wendungen, die Ihr eigentümlicher Geschmack, Ihr Witz und Ihre Empfindung jedem Zug in ihrem Charakter, so wie dem Charakter abwesender Freunde von denen wir uns oft unterhielten, zugeben mußte; mich anzuspornen wußte, ihnen nachzu eifern, um Ihres unbestechlichen Beifalls würdiger zu werden, waren damals die Muse meiner glücklichsten Stunden und sind nachher noch oft der Gegenstand meiner einsamen Unterhaltung gewesen.

Sie hatten die Züge einer meiner geliebtesten Schwestern und wenn die Verschwisterung der Seelen keine Schimäre ist; so erlauben Sie mir, Sie unter diesem Charakter noch abwesend zu verehren. Ja teure sanfte Seele, wenn ich Sie mir unter diesem Klima denken könnte, hier wo der Mangel der lieblichen Witterung und Früchte, fremde Sitten und eine fremde Sprache, Ihren Lebensgeistern vielleicht den glücklichen Umlauf wehren und Sie hindern würden, Sie selbst zu sein: so würd ich sie ganz in Ihnen wiederfinden. Wenigstens sagen Sie denen, die itzt ein näheres Recht auf Ihre Teilnehmung und Freundschaft haben, daß der Eindruck Ihres Charakters, das Nachahmungswürdige desselben, mir oft die schwürigsten Knoten des Lebens habe lösen können: ein Vorzug, den Sie mit noch einer Freundin aus jenen Gegenden, die itzt in erhabenere versetzt ist – teilen.

Meine Reise darf ich Ihnen nicht beschreiben: sie war, wie die Reise durch die Welt, langsam und beschwerlich, mit manchen angenehmen Ruhepunkten. Ich sah endlich die Turmspitzen von Riga und die Ufer meines Vaterlandes mit einer wunderbar vermischten Empfindung. Alles fremdete mich an – bis ich die Meinigen wieder gesehen, von denen ich dennoch einige bis jetzt noch nicht umarmt habe. So zerstreut sind sie und an so verschiedenen Enden des Landes haben sie sich niedergelassen. Gegenwärtig bin ich in einer der größten Städte, abermal wie ein Fremdling und es wird Zeit brauchen, ehe ich über Personen und Sachen gehörig urteilen kann. Ach wie viel ruhiger und schöner ist es in dem Gärtgen zu S– – als an den getümmelvollen Häfen. Genießen Sie dieses Glücks ohne erst durch den Kontrast versuchen zu wollen, ob es auch wirklich wahr sei, daß man es der sogenannten Großen Welt vorziehen könne. Unglücklich genug ist der, der durch seine Situation dazu gezwungen ist. Er hat sich aufgezehrt, eh er zu leben angefangen.

Ich werde schwerlich die glücklichen Ufer des Rheins wiedersehen; sie die so viel Wesen, als die großen Städte Schein haben – aber ich werde mich noch oft der Rheininseln erinnern, wo wir tanzten, des freundschaftlichen Lichtenau, wo die Freude wohnte, deren Maske hier niemand mehr betrügen kann, der Plätze alle, wo wir uns oft von ** besprachen, oder mit Ihren Cousinen ein gutes deutsches Lied sangen.

Lassen Sie mich hier abbrechen und nur noch fragen, was Ihr Herr Bruder macht – – was Ihre würdigen Schwestern machen. Die schalkhafte Selma und die altkluge Sophie – konnte es ein schöneres Konzert für Ihre weiche sanfte Seele geben, als der Rat, der Umgang die Laune solcher Schwestern. Wie? sie sollten sich verändert haben? Nimmermehr! so wenig als F. B. sich verändern kann – von den Veränderungen des Charakters zu verstehen, denn das andere, deucht mich, würde nur dann nicht zu verzeihen sein, wenn es eine Veränderung zum Schlimmen wäre.

Empfehlen Sie mich Ihren teuresten Eltern und sagen ihnen, daß seit meiner letzten Krankheit meine Munterkeit so ziemlich hin ist – welches Sie auch meinem Brief wohl anmerken werden – und ich jetzt in den Pfänderspielen zu S. eine sehr traurige Figur machen würde. Ich habe eine Mutter verloren – ich habe mehr verloren – – Gegenstände genug, die mir das Grab anfangen könnten lieb zu machen – wenn nicht noch Personen auf dieser Oberwelt wären, an deren Glück ich anwesend oder abwesend von Herzen teilnehmen könnte – es mich vielleicht anstecken würde mit Lebensfreude.

Und so leben Sie denn wohl teureste Freundin und findet sich eine Gelegenheit mit einem reisenden Freunde oder sonst – mir eine Nachricht von Ihnen – von Ihnen allen zukommen zu lassen – von Ihren Strasburgschen Freunden nicht zu vergessen – so werden Sie mich sehr glücklich dadurch machen.

Ich aber werde unter jeder Veränderung bleiben ein mit ganzer Seele teilnehmender Bruder

JMRLenz.

Dem verehrungswürdigen Herrn Onkel und Ihren sämtlichen fürtrefflichen Strasb. Cousinen bitte meine beste Empfehlung zu versichern. Wenn Ihr Herr Bruder an mich schreiben will, so lassen Sie ihn nur die Adresse an meinen Bruder machen: den Oberpastor Lenz in Dörpat p. Francfort, Memel *et* Riga, weil ich noch keine Bestimmung habe.

276. Lenz an Christian Brion

St. Petersb. d. 27sten März [1780]

Mein schätzbarster Freund! Ich weiß diesen Brief nicht besser an Ihre Demoiselle Schwester gelangen zu lassen, als durch Ihre Hand und bediene mich der Gelegenheit, so vielleicht die ersten und besten Nachrichten von Ihrem allerseitigen Wohlbefinden zu erhalten. Ich hatte vor meiner Abreise ein Abschieds- und Danksagungsschreiben an Ihre Mad. Schwester und zugleich an Ihr ganzes verehrungswürdiges Haus aufgesetzt, da ich aber eben aus einer schweren Leibes- und Gemütskrankheit, von der Sie vielleicht gehört haben, genesen war, so mußte ich aus den Folgen schließen, daß Sie dasselbe nicht erhalten. Das ist die Ursache, warum ich eine mir so angenehme Schuld itzt nachhole. Ich habe viel ausgestanden in der Krankheit und auf der Reise, mein Körper und meine Munterkeit haben dadurch gelitten, das einzige was mir geblieben ist die Erinnerung und das Gefühl für alle Freundschaft und Güte, die mir bei meiner Entfernung vom Vaterlande widerfahren. Ich wünschte nicht, daß

Sie in ähnliche Situationen gerieten; so sehr ich von Herzen wünschte, Ihnen worin dienen zu können. Ich erinnere mich von Ihrem Herrn Vater gehört zu haben, daß Sie eine der deutschen Universitäten besuchen wollten. Sagen Sie mir welche es sein wird; vielleicht hab ich dort einige Bekanntschaft. Sollte Sie aber einmal mehr als Neugier, sollten merkliche Aussichten Sie in unsere Gegenden herüberführen, so sein Sie versichert, daß ich alles anwenden werde, was in meinem Vörmögen[!] ist, Sie meiner unveränderlichen Hochachtung und Erkenntlichkeit für Ihre ganze würdige Familie zu überführen. Wahr ist es daß der Schwürigkeiten befördert zu werden, hier mehr sind als anderwärts, Schwürigkeiten die ich als Einheimischer bis zur Aufgebung aller Hoffnung erfahre und die einem Fremden doppelt auffallen müssen. Eine Menge Leute von Talenten, die von allen Orten her hier zusammenfließen und durch Connexionen und Cabale jedem Unerfahrnem den Weg verbauen, ein hartes Klima, eine höchst teure Lebensart, fremde Sprache und Sitten und eine Art von Zusammenverschwörung gegen den, der die beiden letztern nicht kennt – tausend Ungemächlichkeiten, die mich die eine Reise zu Land und Wasser von einigen 700 Stunden bald vergessen machten. Alsdann der Pöbel und das Gesinde in einer großen Stadt, der zu tausend Ausschweifungen vertritt, und der Arbeit ungewohnt, wegen Diebereien und oft den grausamsten Verbrechen, eine Art von Feind ist gegen den man beständig zu Felde liegt – kurz alles alles lieber Freund was sich besser denken als sagen läßt, machen die Versorgung hier unaussprechlich schwerer als anderwärts, so wie vielleicht kein Ort ist wo man so leicht und so glänzende Hoffnungen gibt, die das Unheil nur größer machen. Nein mein Freund! wahres Verdienst, Tugend und Wissenschaft müssen besondere Wege finden sich geltend zu machen an einem Ort, wo jeder durch die seltsamsten Schicksale hergeworfene und verschmitzt gewordene Fremde sich das Ansehen von Verdienst und Tugend zu geben weiß – kurzum, wo man Gott dankt, daß man Otem holt. – Es ist wahr daß die höchste Monarchin und verschiedene Große hier einen unbestechlichen Sinn für wahren Wert haben – aber der Weg zu ihnen wird einen bis von den geringsten Personen auf eine solche Art verrammelt, daß eine Lebenszeit daraufgeht, eh Glück oder Zufall ihn eröffnen. Dies muß ich Ihnen schreiben, weil eine gewisse Meinung die auswärts noch von vorigen Zeiten herrscht, als Verdienste seltner waren, einen Fremden leicht verführen kann, sich die Sachen bei weitem anders vorzustellen, als sie sind; eine Meinung, die tausend Unheil anrichten kann. Ich bin noch nicht befördert und weiß noch nicht ob Petersburg oder Schweden mir nur den notdürftigsten Unterhalt geben wird, den man oft mit den glänzendsten Namen bezeichnet

Empfehlen Sie mich Ihren *Mlls.* Cousinen und sagen Ihnen, daß ich keinen von Ihren und meinen Freunden in Curland gesprochen, da meine Reise zu Wasser ging. Von denen Herrn v. Kleist habe gehört, daß sie sich in Curland verheuratet: von Herrn v. Medem weiß ich nichts zu sagen. In Kurland wenn man Bekannte unter dem Adel hat, gibts noch eher Aussichten als hier, wo die ganze Welt möcht ich sagen sich zusammendrängt. Doch werden Sie selbst leicht erraten, warum ich meine Verbindungen dort mit Fleiß abgebrochen, da sie von keiner Dauer sein konnten. Für einen Fremden, besonders für einen Juristen könnten sie es eher sein, auch für Theologen, die die Landessprache lernen. – Haben Sie mir keine Nachricht von Herrn Ott zu geben? Der Minister bei dem er *engagirt* war ist jetzt in Moskau. Empfehlen Sie mich Dero sämtlichen Angehörigen und lieben unaufhörlich

Ihren ergebensten Freund
J M R. Lenz.

Dem Herrn Cousin, Herrn Amtmann Schöll meine verbindlichste Empfehlung

277. LENZ AN SEINEN BRUDER FRIEDRICH DAVID
St. Petersburg d. 28ten März 1780

Lieber Bruder! Dein anhaltendes Stillschweigen macht mich nur immer dreister und weil der der einen Finger hat, nach Petersbg. Methode die Hand nehmen muß, wenn er sich und andere nicht in Verlegenheit setzen will, so schicke Dir noch einen Beitrag zu meiner notwendigen auswärtigen Korrespondenz, welcher sie aber auch wohl auf immer beschließen wird. Wohin dieser Brief geht, wirst Du leicht erraten und was er mich gekostet, wird Dir Dein Herz sagen. Es hält schwer sich in abgerissene Verhältnisse hineinzusetzen, wenn einen die gegenwärtigen bis an die Seele einengen. Ich habe unrecht, daß ich diesen Brief notwendig nenne, denn wegen der Personen die er angeht, ist er nur billig und schön, auch wohl nicht unerwartet, da ich ein 4 Jahr kontinuierlich das Haus, an dem ich Dir die Adresse gebe, wie ein naturalisierter Strasburgischer Freund besucht und es von keinem Landsmann, der es gekannt, noch ohne diese Höflichkeit geblieben. Auch hab ich ihm die **Flüchtigen Aufsätze** in gewisse Art dediziert, die in der Schweiz herauskamen. Die Adresse des Briefes ist: *A Mons. Brion, Etudiant en Philosophie a Strasbourg*, zu erfragen und abzugeben in dem Hause des Herrn geh. Rat Schöll in der Schlossergasse. Das Porto wirst Du noch diesmal so gütig sein, auf Deine Hörner zu nehmen – und mir mit dem für den vorigen zu berechnen.

Gestern macht ich mit einem aus Kamtschatka hieher zurückgekommenen kommandierenden Major Böhm einen Besuch bei dem bekannten Herrn Prof. Pallas, der mich sehr glücklich gemacht hat. Ich hoffe noch besser und näher mit ihm bekannt zu werden, obschon seine Wohnung so entlegen ist. Das einzige was mich abhalten könnte, wäre die Furcht, mit zu einer Bereisung der dortigen Gegenden (so vorteilhaft auch sonst die Bedingungen sein mögen) angetreten zu werden. Es gibt gewisse Anträge die sich mit guter Art nicht ablehnen lassen – und das Beispiel fast sämtlicher hiesigen Professoren u. Adjunkten der Akademie, Güldenstedt, Georgi, Pallas u.s.w. – würde Aufmunterung oder Versuchung genug sein – Gott lenke meine Wege nach seinem Rat! Pallas versichert, daß es ihm unter den Ostiaken besser gefallen als in Petersburg. Doch sag hievon niemand – es ist [Fortsetzung steht am Rande der 2. Seite:] eine Grille, die von hundert Personen auf eine so schiefe Art ausgelegt werden könnte daß mir angst und bange werden würde. – Es ist indessen gut, alle Ressourcen von Petersburg zu kennen.

Lieber Bruder! wenn Du doch einen der Liphardschen Häuser sprichst, laß gelegentlich was durchschwitzen, von dem befremdlichen, mit Petersburg nicht allein, sondern mit allem was in der ganzen Welt Handlung heißen kann, so *barbaro modo* unkundigen Betragen des Bar. Gustav Schulz gegen unsern liebenswürdigen Brauer. Er schreibt ihm einen Brief, als ob er ihn an seinen Domestiken schriebe, den er in Petersburg zur Bestellung seiner Brandweinslieferungen besoldet. Nun kannst Du Dir vorstellen was das in einem der ersten Handlungshäuser in Petersb. für Eindruck macht. Er hat ihm die erste Brandweinslieferung, wie er mir aus seinem Buch gewiesen, mit 8 Rubeln eigenem Schaden besorgen helfen, seine Unruhe Mühe Sorgen und Bestellungen ungerechnet, da er bei seinen anderweitigen ausgedehnten Geschäften noch so manche Versäumnis obeneinhat. Er hat ihm den Inspektor den jener her geschickt ganz wider die Regeln des Kaufmanns, als Freund des Barons selbst mit den Connexionen bekannt gemacht, von deren Verhehlung er seinen Profit hätte machen können: nun glaubt dieser, die Sache allein eben so gut ausrichten zu können worin er sich aber sehr betrügen wird. Er hat ihm Gelder ausgezahlt, die dieser, immer unbescheidnmer gemacht, bis zu der Prätension ausdehnte, für ihn Geldremessen an entfernte Personen in Liefland zu machen, deren Aufenthalt er nicht einmal weiß, ja sich für sehr graviert hielt, daß es nicht so gleich und so prompt geschehen war als er an fremdes Geld kommandiert hatte. Er nennt die Fastagenbrake die hier notwendig ist, besonders da seine Fässer nicht nach dem Kronsmaß waren, die Reparatur seiner Pipen, die er doch selbst verlangt, das Bewachen seines Vermögens u. s. f. Schikanen und meint man hätte mit 1/3 von 88 Rblen* die er zu allem bewilligt, die Richter, unter denen Etatsräte sind u.s.f. die Pächter und alles bestechen können, sie ihm zu ersparen. Er glaubt daß der Transport in einem Ort wie Petersbg. so wie dort auf dem Lande umsonst geschehe, kurz daß hier jedermann sich zu seinen Diensten umsonst kommandieren läßt, wie seine Untertanen. Auch ist der Brief an Brauer völlig in dem Ton eines Souverains den dieser mit Stillschweigen und Mitleiden erwidert und abwartet, wie er sich bei dem Rat vermutlich eines unvernünftigen Untergebenen, der die Sache die er durch Brauers Hilfe ausgerichtet, nun eben so leicht und vermutlich mit Vorteil für sich auszurichten meint, in kurzem befinden wird. Ob er alsdenn statt der billigen Erkenntlichkeit für die Sicherheit seiner Entreprise und für seinen Gewinst den man ihm in Gold und Silber umgesetzt zuschickt, um den Insp. der sonst monatlang hätte laufen können, in einem halben Tage abzufertigen, kurz für Ansehen Kredit und Connexionen womit Brauer ihn unterstützt hat, noch über Schikanen und aus Versehen in die Rechnung eingeführte Posten schreien wird.

Ich bin weder Kaufmann noch Liefrungsverständiger, soviel aber sehe aus dem Briefe den mir Brauer vom Baron gewiesen, daß er Petersburg nicht kennt und wenn ers auch durch keinen Unglücksfall für den er sich gar nicht in Acht zu nehmen nötig zu haben glaubt zu seinem Schaden kennen lernt (da er meint, Geld zähle, bewache und transportiere sich selber) er wenigstens in kurzem einsehen wird daß der Staat den Handlungsstand so sehr zu schätzen weiß als den stolzen und dummen von entfernten Landsassen. Ich küsse Dein Weib und Kinder und bin nach 1000 Empfehlungen an alle Gönner und Freunde Frau Obr. Oldekop Peuker

Dein treuer Br.
JMRLenz.

Sei doch auch so gut wenn Du Papa schriebst, ihn zu bitten, gelegentlich was einfließen zu lassen, für all die Freundschaft und Güte die mir Brauers (u. Pflugs) hier zukommen lassen. Sie verdienen es doch wahrhaftig. Wäre es auch möglich daß Du an Hn. Major Igelstrohm, der Dich jedesmal grüßen läßt, für alles was er mir erzeigt hat, ein paar Worte auf der Post schriebst würd ich es als ein Zeichen Deines brüderlichen Herzens erkennen. Auch an Past. Wolf könnt eine Erinnerung in Deinem Briefe nicht schaden, der mich so oft invitiert und so oft Deiner gedacht hat, auch mich nach Dich fragt. Von Papa selbst könnt ein Brief der so eingerichtet wäre daß ich ihn allen Gönnern und Freunden vorlesen könnte mir sehr beförderlich werden. Bitt ihn doch daß er sich in demselben aber des Allzuängstlichtuns enthalte, weil es in aller Absicht mehr schadet als nutzt und auf seinen Charakter ein häßlich falsches Licht wirft. Mit Klagen ist hier gerade **alles zu verschlimmern** und niemals was auszurichten, welches ich wohl erfahren – besonders wenn man weiß, oder zu wissen glaubt, daß der Klagende keine Ursache dazu hat. Besonders da er noch keine Ausgaben hier für mich gehabt hat, und mit Gottes Hülfe (wozu er aber doch wenigstens soviel beitragen muß, daß er mich mit seinem Ansehen unterstützt und nicht tut, als ob ich ein **geborener Knecht** wäre) es doch in kurzem zur Entscheidung kommen muß. Auf die Art schadet er mir mehr, da jedermann aufmerksam werden würde, warum er mir unfreundlicher als andern Geschwistern begegnet.

Die Versäumnis dieser Stücke hat mir bisher schon viel geschadet. — viel bei allen – Ich werde ihm nächstens selbst drüber schreiben. Überhaupt macht es eine unfreundliche Miene, daß ich von meinem Vater hier keinen Brief vorweisen kann – weil in den seinigen von Versinken in Schulden, Gefängnis Verfaulen in der Polizei u. s. f. die Rede ist – Ausdrücke die hier häßlich könnten angesehen werden.

Schreib es Papa aber auf keine Art die ihn aufbringen oder auch nur verdrießlich machen könnte, wenn Du seine Ruhe und mein Leben lieb hast. Ich mag mich darüber selbst nicht beschweren, weil ich fürchte es mit zu viel Heftigkeit zu tun.

278. Lenz an seinen Bruder Friedrich David

[St. Petersburg, April 1780]

Hier ein paar Briefe lieber Bruder! die ich Dir offen zur schleunigsten Bestellung überschicke, damit Du ihren Inhalt mit erfahrest. Ich habe keinen Augenblick übrig, da ich nun erst die Ausarbeitung an gen. Purpur machen will und durch obige Anträge ohnehin noch gezerrt werde. Sollte ich hier bleiben müssen und sonst keine Retirade wissen, so werde ich noch einen kleinen Vorschuß bis zum Herbst etwa in Riga oder Derpt anzusprechen genötigt sein. Macht Igelström das mit dem Sachsischen Gesandten, so wär's was anders. Es muß aber geheim bleiben. Narischkin verspricht mir einen Charakter und wenn ich wiederkomme, einen Platz im Reichskollegio. – Aber es sind Versprechungen Was soll ich wählen. Rate mir und schreib mir bald.

Empfiehl mich allen guten Freunden, der teuresten Frau Obristin, Past Oldekops vorzüglich. Sag der ersten daß ich mit Hrn Pflug ihrer Frau Schwester die Aufwartung gemacht, aber Herrn Rittmeister Ukräiner noch nicht angetroffen. – Gott wenn ich nach Schweden reisen sollte – – noch weiter – Lebewohl Lieber und rate Deinem treuen und betrübten Bruder

JMRLenz

[Am Rande:]
Hunderttausend Grüße und Küsse Deinem lieben *Naikasaika* und sämtlichen Angehörigen.

[Adresse:] Herrn
    Herrn F. D. Lenz
    Oberpastor und Assessor des Consistoriums
        zu Dörpat

279. Lenz an seinen Bruder Friedrich David

[St. Petersburg, April 1780]

Lieber Bruder. Dein und aller Freunde Stillschweigen befremdet mich. Wirst Du auch böse werden, daß ich Dich mißbrauche, die Kouverts um meine Briefe zu machen. Aber ich erspare so zwei Dinge, die Zeit und die Postbeschwerde mit allzudicken Briefen. Für den Graf Sakken arbeite ich schon – und es ist mir nützlich, mich in Routine zu setzen – nur wohnt er weit und Akkord haben wir auch noch nicht getroffen.

Alles in der Nariskinschen Sache ist noch nicht vorbei, wenn man nur bei den entgegenstoßenden Winden weiter käme. Nächstens wird im Corps öffentliches Examen der letzten Klasse sein. Dazu werd ich nun wohl gern kommen. Das schlimmste ist, daß mirs als ein halber Vorwurf von *R.* gesagt wurde, er habe gehört, ich werde von N. befördert werden.

Der geringste Schritt den ich tue, macht einen oder den andern aufsetzig und einem muß doch der Vorzug gegeben werden. Die Aussichten aber sind bei beiden immer noch entfernt und müssen mit Geduld erreicht und ausgeharrt werden, wiewohl sie wirklich beim Corps näher sind. Es muß ein drittes hier den Ausschlag geben welches mein guter Genius wissen mag.

Dein

J. M. R Lenz

Tausend Empfehlungen allen Freunden Gönnern u. Geschwistern. An Hr. Past. Oldekop habe einen Antrag von der Ökonomischen Gesellschaft bei der Herr *Prof.* Güldenstedt präsidiert. Wenn er nicht etwa bis zur neuen Errichtung der Statthalterschaften warten will.

[Adresse:] *Monsieur Monsieur*

F. D. Lenz

Premier Pasteur et Assesseur au Consistoire de &

à Dorpat

279a. LENZ AN BOIE

Petersburg. d. 5ten April 1780

Schätzbarster Freund!

Neue Situationen, öffnen neue Aussichten und knüpfen die alten Verbindungen freundlich wieder an. Ich nahm Abschied von Ihnen, als ich der Trödelbude der Welt müde, mich der Natur in der stillsten Schweiz in den Schoß warf. Sie hat mich in mein Vaterland zu führen gewußt, wo mir jede ehmalige Verbindung neuen Wert erhält. Ich bin bisher von allen literarischen Neuigkeiten durch meine Schuld abgeschnitten gewesen. Sie werden mich verbinden, wenn ich deren einige und von Ihrer Hand erhalten kann, die für mich den Stempel der Zuverlässigkeit mehr als eine andere führt, da ich zu entfernt bin, als daß sich Leidenschaften zwischen uns einmengen könnten. Also werden Sie auch von mir welche erhalten, an denen Ihnen gelegen sein könnte. Doch bitt ich zum voraus, keinen andern Gebrauch davon zu machen, als sich mit meinen Verhältnissen wird vertragen können, worüber mir die Zuverlässigkeit und Unbestechlichkeit Ihres Charakters bekannt ist.

Was macht also zuförderst Vater Klopstock den ich durch ein Mißgeschick, wie soviele Edle auf meiner Reise habe verfehlen müssen. Und unser fürtreffliche Leibarzt Zimmermann von dessen Sohn ich noch aus Zürich gute Nachrichten mitgenommen. Es wäre unaussprechlich schade um eine der feinsten und schönsten Seelen unsers Jahrhunderts gewesen, vielleicht durch bloßen Kützel des feindseligen Witzes, der lang unter uns Ton gegeben, so ganz erdrückt zu werden. Ach wenn wird Thalia wieder lachen können, die nur das faule Fleisch wegätzt und der edlern Seele neue Lebenskräfte gibt. Sie die im Gefolge der Bachanten und Menaden das Angesicht verhüllen muß; wie jener Grieche bei der Aufopferung seiner Töchter. Von Ihrem Museum weiß ich fast nichts mehr so wenig als vom Merkur, da wir hier periodische Blätter mit näherer Beziehung auf Vaterland haben. Doch könnten sie sich vielleicht mit Ihnen zu ähnlichen Zwecken vereinigen, ohne einander im Debüt zu schaden, da die deutsche Literatur, wenn sie mehrere Angelegenheiten Rußlands aufnähme, hier vielen Eindruck macht. Vielleicht gibt es in unseren entferntesten Gegenden, echtere Deutsche als bei Ihnen. Verzeihen Sie mir diese Impertinenz, die wie alle Machtansprüche auch ihren Teil Wahrheit hat, da vielleicht unter keiner Regierung sich Expatriierte von allen Ständen und Fähigkeiten so genau an ein ander geschlossen und so freundliche Behandlung erfahren.

Ich muß schließen, weil mir kaum soviel Zeit übrig bleibt, Ihnen zu sagen, daß hier ein ehmaliger Eleve von Ihnen, Herr Legationsrat Claudes mir bekannt worden und ich mit ihm näher bekannt zu werden wünschte um Ihnen mit mehr Eindruck versichern zu können, daß ich nicht aufhören kann zu sein Ihr
verbundenster Fr. u. Diener
J. M. R. Lenz.

Wie befindet sich Herr Bürger – was machen Pfeffel und Schlosser, die zu weit von mir sind, um sie zu erreichen. Doch bitt ich dem letzten, Herrn Hofrat Schlosser zu schreiben, daß er sich eine unrichtige Vorstellung aus meiner eben so unrichtigen Nachricht von meiner gegenwärtigen Situation macht; über die ich ihm, sobald ich es bestimmter tun kann, schreiben werde. Doch könnte das Kadettenkorps in Berlin und Herrn Rammlers Situation in demselben ihm ein richtigeres *point de vue* abstecken helfen. Von Herrn Bause der Ihnen diesen Brief vielleicht selbst abgibt, vielleicht zuschickt, habe Ihnen noch nichts sagen können. Er geht nach Dessau, aus einem Zuge der Gemüter die mit gleichem Erfolg auf gleiche Zwecke arbeiten. Nur daß sein Standpunkt verschieden und ihrem Journal viele Mannichfaltigkeit und Nutzen mehr geben wird, in das er Beiträge von Petersbg. aus liefern will.

Er wird Ihnen meine Adresse sagen, doch besser wärs, Sie schickten ihm Ihren Brief zu.

280. Lenz an Friedrich Justin Bertuch
St Peterbg. d. 6ten April 1780

S. T. Hochgeschätzter Freund, Die Gelegenheit, die sich mir anbietet, Ihnen zu schreiben, ist mir zwiefach willkommen, teils um mich einer nur zu lang aufgeschobenen Pflicht zu entledigen, für die ich außer der Ihnen zur Gewohnheit gewordenen Güte und Teilnehmung gegen Fremde, keine Entschuldigung weiß; teils um einen Freund aus Petersburg, der sich selbst am besten empfehlen wird, zum Zeugen und Teilnehmer an meiner Erkenntlichkeit zu machen.

Herr Bause, Lehrer an der Petri-Schule möchte eine Reise nach Deutschland tun, um alle den Kakochymischen Spleen, der sich bei gleichförmigen Arbeiten, die in die Welt keinen Einfluß haben, anzusetzen pflegt abzulegen und mit erneuter Munterkeit und vermehrter Kraft seine Laufbahn wieder anzutreten. Der Hypochonder, der gewöhnliche Feind der Schullehrer, besonders, wo ausländische Verhältnisse sie drücken (ein Verdienst, daß die Philanthropine um unsere Schulen haben) wird, durch den Anblick des Vaterlandes vielleicht, durch die Unterhaltung mit würdigen und verdienstvollen Gelehrten und durch Verbindungen mit ihnen verschwinden. Alles Wissenswürdige und Schöne wird dazu beitragen, das ist es was ihn hauptsächlich nach Weimar – und auf meinen Rat an Sie führt. Sollten Sie noch einigen Zusammenhang mit Dessau haben, so werden Sie ihn und vielleicht mehrere Personen verbinden wenn Sie ihm ein Verhältnis mit den dasigen Lehrern befestigen helfen. Sie brauchen einen Mitarbeiter an ihr Erziehungsjournal, der gesammelte und bewährte Erfahrungen aus derselben Laufbahn, wiewohl von einem andern Klima her, zu der ihrigen gesellte. Ein Mann der in dieser Absicht zu ihnen reist gibt ihnen Ehre, indem er von ihnen Ehre annehmen will und mich dünkt, es wäre einmal Zeit, daß sich die Philanthropine, auch wegen ihres Kredits in Rußland – an die Schule anzuschließen anfingen. Herr Bause wird hier allgemein geschätzt – und einem Mann seines Schlages würde der Professor Titel bei ihnen, unter dem er an unsrer Schule fort arbeitete, statt aller Honorarien sein. Man trug mir einmal auf, Schriftsteller beim Philanthropin zu werden; ich kann mich nicht besser rächen als durch Empfehlung eines Tüchtigern.

Dem Triumvirat in W. darf ich nicht bitten, mich zu empfehlen. Sie haben zu viel zu tun, um an mich zu denken. Auch wär's ihnen zu verargen, wenn sie die Gunst des freundlichsten der Fürsten minder beschäftigte. Ihnen darum keinen Vorwurf gemacht, wenn Sie auch mir einige Ihrer Neuigkeiten mitteilen. Der den Vorzug hat von einer Nation zu sein, die vielleicht in der Krise der unverdorbensten Originalität steht. Eine Nation bei der Werther, der mißverstandne Werther in 24 Stunden vielleicht mehr Verwüstungen anrichtet, als an den geschwätzigen Ufern des Rheins u. der Donau in soviel Jahren wo aber auch die stummen Szenen Ihrer Elfride auf eine Art ausgeführt und sentiert werden, von der Sie vielleicht (so große Hochachtung ich für manche Individua Ihrer Gegend habe) sich bei dem Gros der dasigen Charaktere keine Vorstellung machen können. Mit dieser Achtung nenne mich, nach verbindlichstem Empfehl an Ihre lebende Elfride

Ihren ergebensten Fr. und Diener
JMR Lenz

[Am Rande der 4. Seite:]
Wenn Sie meinen Freund Hartknoch sehen, so grüßen Sie ihn von mir und sagen Sie ihm, daß wenn er erst Gesundheit aus Ihren Gegenden geholt, sich ihm die weißen Bären die er sich vielleicht in unsern Gegenden hinsetzt, noch wohl einmal auf

eine Art entzaubern könnten, die ihn überführte, daß wahre Schätzung des Verdienstes nur im Vaterlande (das nicht immer *native soil* zu sein braucht) möglich sei –

281. LENZ AN JOHANN KASPAR LAVATER

St. Petersbg d. 15 April 1780

Endlich Teurester Lavater! kann ich Ihnen aus Petersburg schreiben Ihnen der meinem Herzen so nah liegt, an dem Tage wo ich die heiligen Pfänder der höchsten Liebe genoß, ohne Zerstreuung schreiben. Ich weiß nicht, ob Sie meinen Brief als Couvert aus Riga erhalten ich habe den Mann itzt selbst kennen gelernt, dessen Brief er damals einschloß, es ist wie alle Schweizer, auch in den verschiedensten Klimas noch immer ein guter echter Schweizer, der Ihre Lieder gelesen. Er wird bald zurückkommen, wo sein Herz schon voranfliegt und ich hörte mit Vergnügen ihn seine Eleven ermahnen sich so aufzuführen, daß sie dessen wert sein, die Schweiz zu sehen. Prof. Güldenstedt führte mich zu ihm, der Ihr ungeheuchelter Freund ist – auch unsers Freundes Kaufmann sich oft noch mit vieler Wärme erinnert; mir die Plätzgen gewiesen, wo er spazieren zu gehen gewohnt war und durch ihn für Ihr ganzes Vaterland als mehr als Buchstaben- und Bücherfreund gestimmt scheint. Ich bin stolz auf diesen Landsmann in Petersburg. Seine Reisen bis an den Kaukasus haben ihn auf einer andern Abdachung der Erde (daß ich mich des gemeinen Ausdrucks bediene) Gott erkennen lehren. Er wohnt beim alten verehrungswerten Euler und dessen gelehrten – Sohn im Hause, von welchen Personen allen, wie auch besonders der Frau des letztern ich Ihnen die Silhouetten wünschte. Vielleicht schicke ich sie durch Füesli; vielleicht haben Sie sie auch schon.* Ein interessanter Mann ist mir auch einer der hiesigen Größern geworden, der Vizepräsident im hiesigen Reichsjustizkollegio.** Herr Kreidemann – dem ich mehr als einen Abend von Ihnen habe vorerzählen müssen, der mir auch ein Briefgen an Sie geben wollte, um keines Geschäfts willen, wie sich der ganz liebe Mann ausdrückte, sondern um Ihnen seine Hochachtung zu bezeugen. Das Briefgen konnt er nun wohl seiner überhäuften Geschäfte wegen (da wirklich die Last des ganzen Gerichts – das außer dem Senat für alle liefländische Sachen die letzte Instanz ist, fast auf ihn allein ruht, weil in Rußland gemeinhin die Collegia mit verdienten Militärpersonen besetzt werden, die von Recht keine Idéen haben.) nicht schreiben, aber die wärmste und herzlichste Empfehlung folgt von ihm mit. Er erkundigte sich nach Ihrer Physiogn. umständlich, auch nach der französischen Übersetzung von der hier alles voll ist. Bester Gönner von der letzten wußt ich ihm nichts zu sagen und Ihnen wahr zu gestehen, begreif ich sie kaum: Vielleicht hat der wackere Waffenträger Ehrmann Teil daran – er kann stolz darauf sein, denn in der Tat es ist das einzige Mittel, Ihre Idéen bei einem gewissen Teil von Vornehmem in Gang zu bringen, der oft zu ihrer Ausführung und Benutzung der wichtigste ist. Ich machte Kreidemann Hoffnung zu Ihrem Werk von den Phys. Linien und dem Gebrauch derselben, das Geschick unbekannter Personen zu ihrer künftigen Bestimmung zu erfahren. In Petersburg, fiel auch er bei, würde dieses hauptsächlich nötig sein – und ich denke, er selbst würde viel Gebrauch davon machen. Sein Gesicht ist sehr blaß – vom Arbeiten sichtbar angegriffen also nicht in der natürlichen Farbe – die Stirn aber ungemein hervorstechend über den Augknochen, das Auge erstaunend ausgearbeitet: der Mund fast ein wenig sokratisch ungestalt, wenn er lacht, aber doch nicht ohn Reiz. Güldenstedt hat ungemein viel Reinheit und Redlichkeit in seinem Gesicht – der Spiegel seines Betragens (ich wäre begierig, ob Sie sie der Beschreibung nach erkennten, ohne sie genannt zu lesen:) um zu sehen ob ich etwas physiogn. Sinn bei Ihnen gewonnen, womit ich mich wenigstens hier breit mache. Nun damit wir die Leiter heraufmachen – von unsern Großen kenn ich noch zu wenig vielleicht läßt sich künftig mehr sagen. Aber die Landesherrschaft – Freund und Vater! – soviel ich mich erinnere hat sie – hat sie keinen Platz in der Physiognomik, kann auch nach den Karikaturen von Kupferstich die von ihnen kursieren, keinen haben. Künftig mehr von diesem Punkt: er ist mir heilig – –

Ich erinnere mich ein und des andern Mündlichen – – und

daß Sie damals fehlten. Wie konnts auch anders, denn was ist aller Schatten, durch soviel Hindernisse zu Ihnen gelangend, gegen Wirklichkeit. Stärke z. B. mein Gönner! – wo Sie Hang zur Wollust fanden, der auch freilich wie beim Sokrates kann überwunden worden sein. Ich habe sie nur einmal nahegesehen (als sie die Deputierten der neuen Provinzen in Polen zur Audienz ließ – ein interessanter Anblick) – und ich sah die – – Gesetzgeberin – und die Gesetzgeberin eines halben Teils der Erde. Und worauf ich am kühnsten bin – die unmittelbare – das spricht aus ihrem Blicke. Sie ist alle Morgen vor 6 auf und arbeitet allein – und die Zeit ihrer Vergnügen ist – (ein beispielloses Muster –) ausgemessen. Auch reden alle ihre Entwürfe Plane und Ausführungen mit ihrem Gesicht überein – das wahrhaftig im strengsten Sinn des Worts – Kaiserlich ist – Ich schwärme nicht. Ihr Blick hat nicht das schröckende Feuer des alten Friedrichs aber doch genug um den zu Boden zu werfen, der's vergessen wollte daß sie einen halben Weltteil durchdringt. Im Nacken in der Haltung des Kopfs, in der Brust alles voll Kraft und fortwährender Anstrengung – – der Großherr ist der Pendant zu ihr. Soviel Ähnliches von Mutter auf Sohn hab ich selten gesehen nur ist Güte der Seelen am Munde, wenn er nicht angestrengt ist noch das Zeichen, das ihm die Sorgen der Haltung eines ganzen Reichs fehlen. Man sieht ihm am Gesicht an, daß er unermüdet arbeitet – auch soll er in allen Fächern der Wissenschaften seine Meister suchen. Sein Geschmack ist so rein und ohne Fehl und Eigensinn, daß ich von der Seite uns Glück wünschen wollte, wenn wir die Arrangements der Deutschen u Ausländer nur hier ganz so hätten, was Städte Bücherumsatz p. betrifft. Doch künftig hiervon ein Mehrers und Besseres; wie von unsern Großen überhaupt, von denen ich die wenigsten kenne. Der geheime Rat u. Ritter Betzky ist ein würdiger Greis, dem Heiterkeit und stille frohe Tätigkeit aus jeder Miene leuchtet. Er hat so ganz das Schweizerhafte – mehr aber doch aus den Bernergegenden her. So seine Tochter und sein Schwiegersohn, von denen ich Ihnen ein andermal schreibe: wenn meine Situation und deren Entscheidung mich näher mit ihnen bekannt gemacht, denn ich hoffe beim Kadettenkorps anzukommen. Den Sächsischen Minister besuche ich oft, dessen Gesicht viel richtigen Verstand u. ein offenes u. wohlwollendes Herz weist. Vielleicht auch von dem eine Silhouette. Einige der Günstlinge des Großfürsten schickte u charakterisierte ich Ihnen gern – vielleicht kann ichs künftig besser. Ob Kaufm. Urteile mit meinen übereinstimmten, wär ich begierig zu wissen. Besonders von den Großen Orlovs – – Gallizin Schwäger Or. Der Gouverneur von Liefland würde Ihren ganzen Beifall erhalten. Eine so gewölbte Stirn, soviel eherne Treue und ausharrende unzertrümmerliche Redlichkeit finden Sie nicht leicht in dem Gesicht – (auch in dem Charakter) eines andern Großen. Seine Gemahlin – und einige Große von Riga werden Sie auch freuen, worunter die Geh. Rätin Vitinghoff u die Vizegouverneurin Meyendorf Ihre Lieblinge werden würden. – Auch meine Familie hat Gesichter über die Ihr Urteil zu wissen begierig wäre. Mein Vater. Mein ältester Bruder, den Kaufm. nicht kennt u der doch von ihm gekannt zu werden verdient – Doch ich behalte keinen Platz zur Erkundigung nach dem Befinden Ihrer teuresten Gattin u. Familie und zu der hochachtungs- und dankvollsten Empfehlung.

[Am linken Rande:]

Der Fürst Kurackin das wahre Emblem des immer heitern Geistes – mehrere von denen ich künftig schreibe Die Post geht ab und ich weiß nicht, ob Ihnen daran gelegen ist durch eine andere Gelegenheit als die eines Reisenden wie die itzige, Nachricht zu erhalten von

Ihrem unverändert und Ihren Freunden ergebensten Diener
J M R Lenz.

Herrn D. Hirzel – allen Herrn Pfenninger – Herrn Schultheß und Gemahlin Herrn Füeßli und Breiting, Herrn Schick Herrn Bodmer, Herrn Landvogt Lavater.

282. Lenz an die Baronin Vietinghoff

[St. Petersburg, April 1780]

Hochwohlgeborne Freifrau Gnädige Frau! In wie vielen Rücksichten Ew. Exzellenz durch einen Schritt, der mir die zum Dank angesetzte Feder kraftlos aus der Hand stürzt, durch Hochdero großmütige Vermittlung bei meinem Gesuch in Petersburg, die Herzen einer ganzen Familie von den beängstendsten Sorgen entlastet, wird Ihnen Ihr eigenes Herz am besten zu ahnden geben. Es war diesmal nicht das Gesuch allein sondern noch viele andere Mißverständnisse und Besorgnisse, die sich dadurch wie durch Dazwischenkunft der Sonnenstrahlen bei trüben Wolken aufgeheitert. Dieser Schritt ist ganz der großen Seele würdig die das verworrenste Anliegen jedes Hülfsbedürftigen mit eben dem treffenden Blick durchschaut, mit eben der schnellen Großmut ihm zuvorzukommen eilt, mit der sie schon in wichtigern Fällen der Gottheit nachzuahmen gelernet. Genießen Ew. Exzellenz dieser Zufriedenheit die sich selbst allein belohnen kann und erlauben einem Beglückten, durch das Studium von Handlungen der Art sein eigenes Herz zu verbessern und der Ehrerbietung freien Lauf zu lassen, mit der er sich unter Ew. Exzellenz Klienten rechnet als

Hochwohlgeborne Freifrau
Gnädige Frau
Eurer Exzellenz
untertänigen und gehorsamsten Diener und Verehrer
J. M. R. Lenz.

283. Lenz an seinen Bruder Friedrich David

St. Petersburg d. Ap. [1780]

Ich schreibe Dir auf der Kopei des Briefes an Fr. v. Vietinghof und bin so besetzt, daß ich nichts hinzufügen kann, als Dich aufs höchste zu bitten, Einlage an Papa mit geflügeltester Eile zu besorgen, *Couvert etc.* drum zu machen. Der teure gute Altgen hat alles unrecht ausgelegt, wie ich befürchtete und seine Gesundheit leidet drunter, wenn er im Mißverstande länger bleibt. Dies kränkt mich doppelt, da seine und Eure Briefe mir bares Geld sind.

Nächstens mehr von Deinem treuesten

JMRLenz

grüße Behagel und bitt ihn mir zu schreiben – mir überhaupt wie all meine Freunde – aber – weder zuviel noch zu wenig zuzutrauen. Wir waren hier besorgt seines langen Ausbleibens wegen.

284. Lenz an Johann Kaspar Lavater

[St. Petersburg, Mai 1780]

Wertester Herr und Freund! Ich ergreife die in meinem letzten Briefe an Sie erwähnte Gelegenheit, Ihnen einige Silhouetten aus meinem Vaterlande und aus Petersburg zuzuschicken muß aber, um die aufrichtige Sprache des Freundes zu reden, der nicht schmeichelt, Sie um Ihrer eigenen Grundsätze willen bitten, mir zu erlauben, daß ich bei dem Egyptischen Gedräng Ihrer Verleger, welches bei ehernen Nerven auch auf Urteile und Idéen Einfluß haben muß, zu diesen Bildern, ohne zu sagen für welches sie gehören, welches ich Ihrem Kennerblick überlasse, einige charakteristische Züge hinzufügen kann, die den Perpendikul Ihrer einmal geschwungenen Empfindung, der bei allen Nerven wie Liebhaber und Kennernerven sind auf eine oder andere Seite überschlägt, womöglich ein klein wenig zu hemmen und in waagrechten Stand zu setzen suchen sollen. Dies mein werter Freund! hat Ihrer Physiognomik schon manchen unangenehmen Stoß gegeben und Sie – erlauben Sie mir die Freiheit, Sie bei Urteilen über entfernte Personen ungerecht gemacht. Wie? Sie geben Ihre Wissenschaft selbst für das Resultat der aus Menschengesichtern mit ihrem Charakter zusammengehaltenen Erfahrungen? Und nun wollen Sie es umkehren und aus einigen wenigen *datis* in Ihrem Vaterlande das ganze Erdenrund, so sehr verschieden an Klima, Regierungsform Denkart ein Land auch von dem Ihrigen sein kann – und seine Individuen dem Charakter nach beurteilen. Erlauben Sie mir, Sie nochmals zu bitten, Ihren Verlegern flehentlich die güldenste der Bullen entgegen zu rufen – – Richtet nicht, damit ihr nicht wieder –

Sie wissen welche tiefe Hochachtung ich als Mensch, Kunstkenner und ich möchte sagen als Christ selbst für die Physiognomik habe, wiewohl ich sehr sehr wünschte, daß Sie mehr an dem was Sie auf dem Titel versprechen als an den Geheimnissen der zukünftigen Welt hielten, zu der ja die itzige immer nur der Vorhang bleibt. Wer wollte denn nach dem Vorhang das Innere zu beurteilen, darüber abzusprechen kühn genug sein? Diese Bitte tue ich nicht ohne Ursache, da ich mich gezwungen sehen würde, im Fall Sie darin keine Änderung träfen, etwas über Ihr Urteil im 18ten und 21 Fragment öffentlich zu sagen, da die Mißverständnisse die es angerichtet (daß ich den gelindesten Ausdruck brauche) durch die Unvorsichtigkeit Ihrer Herrn Verleger öffentlich geworden sind. Lieber Lavater! nie, nie, daß ich Ihnen die Wahrheit sage, hätt ich geglaubt, daß Ihre mir sonst bekannte Mäßigung und Klugheit (in dem besten Verstande des Worts) vielleicht von jungen vielleicht auch von ältern radottierenden Freunden sich so aufs Eis würde führen lassen. Sie treten als Schriftsteller in einer neuen Wissenschaft auf – – und lassen sich auf einmal von Leuten die es nicht gut mit Ihnen meinen, eine Maske vorlegen, die so wenig zu Ihrem Gesichte paßt – Oder glaubten Sie Rußland – sei noch das Land das es vor funfzig Jahren war und man könne über Gegenstände die dasselbe angehn, mit mehr Nachlässigkeit – – Nachsicht gegen unzuverlässige Berichte schreiben? Wie würden Sies aufnehmen, wenn ich ohne jemals dort gewesen zu sein, eine Charakteristik der wichtigsten Schweizer aus dem Munde einiger Landsleute machte, die sich ein Vierteljahr dort aufgehalten – – eine Charakteristik, die nicht zu ihrem Vorteil gereichte? –

Freilich muß man Sie persönlich kennen, um davon so gelind zu urteilen als ich tue. – – Ich wünschte Ihrem Werk einige Brauchbarkeit für mein Vaterland mit zuhelfen zu können:

ich gestehe aber, daß ich meine Schultern nach dem *Exordio* des 18ten und 21 Fragments fast zu schwach dazu fühle. Über Gesichter zu urteilen deren Charakter man nicht kennt – – – lieber Lavater! die Nächsten um uns zu Führern anzunehmen, aus ihren Gesichtern über die entfernten – abzusprechen? Wie? und fühlen Sie – Sie es nicht an Ihrem Herzen, daß Sie so gegen die ersten parteiisch – gegen die andern ungerecht werden müssen.

Doch daß ich Ihnen jetzt nicht als Gelehrter, sondern als Freund spreche: Sie tun sich den meisten Schaden.

Und so – um wieder einzuhelfen, will ichs wagen, Ihnen zur Probe einige Charaktere aus meinem Vaterlande vorzulegen, die Sie selbst aus den Bildern aufsuchen werden. Glauben Sie aber nicht, daß ich alles sage, oder das meiste sage, ich zeichne nur einige Äußerungen die ich wahrgenommen – – das übrige mögen Ihnen die Grundsätze Ihrer Wissenschaft an die Hand geben.

Ein junger Mann mit erstaunender Biegsamkeit der Seele, höchst reizbaren Nerven fürs Vergnügen – hellen durchdringenden Verstand gerade soweit zu sehen, als seine Tätigkeit und Betriebsamkeit ihm Sphäre macht. Doch auch Vermögen aufzuopfern – und den höheren Genuß der Weisheit und des Himmels zu fühlen – wo die Erde für sein Herz zu wenig beut. Voll der schönsten und der Natur am ähnlichsten Ideale: die er in Wirklichkeit zu verwandeln Kraft hat. Voll Gelehrigkeit gegen andere, ein guter Vater, ein noch besserer Ehmann kurz ein guter Mann – – nicht aus Schwäche! Nur – zu schmeichelhaft gegen Leute von deren Wert er auch nicht überzeugt ist – aus Güte. Fähig Wahrheiten frei ins Gesicht zu sagen und mit einem Nachdruck, daß die Personen die sie getroffen verstummt sind. Ohne doch sich an ihm rächen zu können, weil er sie ihnen auf eine Art gesagt, daß sie sich im Unrecht fühlen mußten. Ein Freund und Verteidiger der Physiognomik, ohne Lavatern anders als aus einigen Predigten zu kennen. – Sein tätiger und sich mitteilender Geist, mehr zum Einwirken als Spekulieren aufgelegt, fürchtet ein wenig die anhaltende Einsamkeit – und doch hat er lange Zeit in derselben zubringen müssen, wo er sie sich durch Anlegung von Gärten und Lustplätzen in Wildnissen verschönert.

Eine Dame – von viel sehr abstechenden Schicksalen. Für die Schaubühne erzogen, ohne jemals auf derselben aufzutreten (dieses bitte ja nicht drucken zu lassen). Durch einen seltsamen Wechsel des Glücks in eine der besten Familien des Landes verheuratet. Den zärtlichsten den geliebtesten Gemahl verloren – und sich mit ihren Kindern, die alle ihre Denkart und Seele haben, ins Einsame gezogen, um der liebenswürdigsten Melancholie nachzuhängen. Voller Reizbarkeit für die Freude, voll des feinsten Geschmacks – eines Gefühls, das jedes Härgen von Unordnung im Charakter drückt – darum der Welt entzogen, weil ihre Seele sich nie ganz mit gewissen Widersprüchen in Charaktern aussöhnen kann – Fähig der edelsten, der unabsichtlichsten Freundschaft, bloß aus Geschmack und Wahl – – – und Überzeugung von Wert – den sie gern bereit ist über den ihrigen zu setzen – Fromm – im trefflichsten Verstande des Worts! – weil für sie hier unten wenig mehr zu wünschen ist – ich bin begierig ob Sie – das Bild zu diesem Charakter finden

Ein junger Mann, das Bild dauerhafter Anstrengung und Geistesstärke die sich bis ins Unmögliche verliert wenn sie weiß daß sie auf Grundsätzen ruht. Zu beugen ist sie nicht diese Stärke, wohl aber biegend um ihre vorige Richtung anzunehmen. Von diesem kann man im strengsten Verstande des Worts sagen, immer derselbe und das in einem Jünglingsalter. In dem Gesicht sehen Sie alle Geheimnisse feinerer – und doch frommer Erziehung denn freilich hat diese zu der Unbestechlichkeit seines Geschmacks in so weit das meiste beigetragen, als seine nachmaligen Reisen nur Fortsetzung derselben waren. Er hat die halbe Welt gesehen und mit der Ruhe mit der er – – itzt krank – nichts als Salomons Ausspruch vor sich sieht. Dabei für keinen Seelenreiz unempfindlich, am wenigsten für den der Ehre bei Edlen. Nicht geräuschvoll und weit bekannt – aber den Besten und Würdigsten bekannt zu sein wünscht er. Wird er wünschen, auch wenn seine Sphäre sich noch so sehr erweiterte, noch so sehr verengte, weil er gern aus Geschmack gut wäre.

Ich wäre begierig, ob Sie den Durchsetzer und Durchtreiber fremder aus Geschmack angenommener Plane bis in die Unmöglichkeit – oder mehr den Erfinder und Anleger eigener – – kurz ob Sie mehr den Feldherrn – oder mehr den Staatsmann in diesem Gesichte fänden. Begierig sag ich wäre ich, Ihr Urteil zu hören, was ein Geist der mit so merkwürdigen Idealen der Alten und Neuen Welt genährt ist (näher darf ich mich nicht bestimmen) auf der Bühne der Welt für eine Rolle mit Nutzen und Fortgang übernehmen wird.

Ein Freund der Physiognomik – ob selber Physiognomist zweifle ich.

Ein besonderer Mann voll Tiefsinn und Frömmigkeit. Alle feurige Gefühle schockieren ihn, ob er sie gleich mit dem Kopf sehr wohl faßt. Liebt sonst das Melancholische, hat auch selbst einen Ansatz. Ist von Herzen fromm und wohltätig. Ein Märtyrer an Duldsamkeit wenn er mit verschobnen Charakteren zu tun hat. Welches er an einer Frau bewies, die ihn itzt durch ihren Tod befreit hat und dem Trunk sehr ergeben war. Keine Ader Falschheit in dem Manne. Einer der ersten spekulativen Köpfe in Europa. Obwohl zu schüchtern und zu sehr lebender und tätiger Philosoph (denn er ist ein großer Landwirt obschon er in der Stadt in einem geistlichen Amt steht und treibt seinen Garten wie Lavater die Physiognomik) seine Spekulationen von denen er große Hefte liegen hat, bekannt zu machen. Drucken läßt der – schwerlich. Könnt er sie aber ins Kabinett tun, daß sie gleich zum Ziel eilten, das wäre seine Sache. Dabei keinen Ehrgeiz – nicht den mindesten, als den das zu sein was die in Griechenland mit Mantel und Bart waren. Keine Schönheit irgend eines Schriftstellers entgeht ihm – Goethe möchte der einzige sein, der hiervon eine Ausnahme machte. Doch erkennt er ihn mit dem Verstande. Verzeihen Sie daß ich so ausführlich über diesen Mann bin ich kenn ihn von Kindesbeinen an. Seine Seele hat viel Ähnliches mit Güldenstedt.

Seine Frau ist auch hier, ein Gesicht, in dem gewiß ihre ganze Seele ist. Seine zweite Frau nämlich. Da solln Sie raten.

Die drei Töchter der benannten Dame. Jede die Mutter auf eine andere Art. Ganz durch ihr Beispiel und Gesinnungen gebildet. Fürtreffliche Mädchen alle drei und auf die ich meines Vaterlandes wegen stolz bin. Bloß durch Natur gelehrt singen sie um einem das Herz zu zerschmelzen und größere Kenner als ich bestätigen dies. Da ist kein falscher Ton. Die mittelste doch sehr fein und fast unmerklich, zum Stolz auf ihre Geburt geneigt. Die jüngste möchte der Mutter am nächsten kommen. Die älteste in gewissen Stücken sie noch übertreffen an Größe der Seele, so weit sie bei einem Frauenzimmer in ihrem Verhältnis sich äußern kann. Wiewohl sie eine kleine Anlage zur Satire hat. Sie lieset am meisten. Fast ein wenig zu streng auf das was man die Ehre des Frauenzimmers nennt; doch darum nicht minder liebenswürdig. Die jüngste ist mir dennoch die werteste wegen einer Art von himmlischer Bescheidenheit.

Ein Mann – in der Tat ein Mann – und edel im strengsten Verstande des Worts. Aktiv und nur hitzig in seinen Geschäften sonst die Güte und Langmut selbst. Hilft und gleich auf der Stelle – O wie so mancher hülflose Fremde durch ihn gehalten erhalten bis er zu Brot kam. Hat gereist – nur um desto hülfreicher zu sein. Ist durch Feuer um all sein Vermögen gekommen und war doch einer der ersten, der sich wieder auf die Beine half. Ein allzu nachgebender Vater, welches seine schwache Seite ist, denn sonst wüßt ich keine. Ein heller Kopf dabei ohne ein Gelehrter zu sein und gründlichen Verstand, ohne viel zu lesen. Wird aber richtig urteilen über alles was er liest.

Seine Frau eine wackere Hausfrau. Treu – überhaupt redlich und standhaft in Gesinnungen. Einfach in Kleidung und Aufwand obschon in der Residenz erzogen. Voll Güte und Menschenliebe wie er. Nichts von den gelehrten Frauen und spricht gern von allen Menschen das Beste. Eine seltene Tugend bei den Frauenzimmer in Liefland, besonders in den Städten. Eine brave Frau.

Noch eine Frau. Feuer und Flamme im Hauswesen und Tätigkeit. Keinen Augenblick müßig noch ruhend. Lacht immer nur im Fluge aber lacht nie als wenns ihr ums Herz ist, nie aus Gefälligkeit. Kann gar nicht gefallen: und gefällt. Es ist ihr nicht möglich wenn sie wider einen Menschen was hat, es auf dem Herzen zu behalten. Sie sagts ihm, und wenn es der König wäre. Hinter dem Rücken aber nie. Dies macht das eigentliche Süße ihres Umgangs. Sie leidet außerordentlich viel dabei denn wenn es Freunde sind quält sie sich solang damit bis es heraus ist und ich glaube sie würde sterben, wenn sies zurück behielte. Sie ist streng gegen ihr Gesinde, aber ihre Mutter zugleich. Sie ist enthusiastisch für ihren Mann, so unzufrieden sie bisweilen sie mit ihm scheint wenn sie dabei ist. Auch kennt sie kein Mensch wie er: denn sobald er hitzig wird, ist sie ein Lamm. Ich habe nicht leicht ein so glückliches Paar gesehen. Ob Sie das Gesicht erraten! – Sie hatte eine Stiefmutter die beide in einander verliebt waren, wegen Ähnlichkeit des Charakters, zum Nachteil der natürlichen Schwestern.

Ihre Kinder. Der älteste lauter Witz und Gelehrigkeit. Biegsam allzubiegsam und voll Feuer. Viel vom kleinen Lavater; nicht völlig so enthusiastisch. Er wird sich nie unterdrücken lassen, wohin man ihn auch biegt, denn er ist lauter Elastizität. Der zweite sein Gegensatz. Leicht zu drücken, weil er niemand drückt. Nachdenkend wie ein alter Mann, schwerfällig und standhaft in Empfindungen. Wenn er fühlt – ist es nicht möglich einen Laut aus ihm zu bringen. Daher lieben ihn die Eltern nicht. Ein herausgestohlnes Ach eine versiegende Träne, die Stimme mit der er singt, die Gebärde verraten seine Seele nur dem scharfen Beobachter. Sie halten ihn alle für träge und er ist nichts weniger. Er überfühlt Eltern und Geschwister, wenn er sich gleich nie unterstehn wird sie zu übersehen. Ich war mit ihm in dem Galeerensklaven (dem rührenden Drama des Falbaire) er verlor sich so in das Stück daß er nichts erzählen konnte und darüber die bittersten Beschimpfungen standhaft ertrug. Nur ein zurückgehaltener Seufzer bei den wärmsten Stellen die der Bruder unrichtig erzählte, verrieten ihn mir. Ich wünscht es wäre mein Sohn. – Der dritte ist die Mischung der beiden ältesten doch ohne das Gefühl des zweiten und die Biegsamkeit des ältesten. Die Töchter sind ehrlich und böse wie die Mutter. Lächeln höchst selten und lachen gar nicht. Heiserkeit ist ihr Vergnügen.

Nun noch einmal bester Herr und Freund! auf Ihr achtzehntes Fragment. Wenn ich von Privatpersonen so ausführlich bin, was soll ich da sagen. Um Gottes willen, waren Fürsten der Probierstein Ihrer Physiognomik, einer so bestrittenen, so neuen Wissenschaft. Fürsten – deren Gesichter Vorstellungen ihres ganzen Reichs – und des Hofes mit sind. Fürsten die unglücklich genug sind daß sie ihr Gesicht – – nicht weisen dürfen. Wo war Ihre Klugheit lieber Mann! – wo war – verzeihen Sie mir den Ausdruck – Ihre Gewissenhaftigkeit. Fürsten – dieses Rätsel der Zeit über das nur das folgende Jahrhundert entscheidet. Wohin wagten Sie sich bei Ihrer Entfernung – bei Ihre Unwissenheit unsrer Verhältnisse. Ich kann Gott weiß ich kann Sie nicht verteidigen und kein kein Patriot. Entschuldigen – auch nicht. Ich weiß nicht womit! – Wer foderte Sie auf – Welche Klippe zwischen Schmeichelei und Unklugheit, beide gleich unwillkommen, bei einer Fürstin wie unsere. Die Majestäten, die Majestäten, bester Lavater! es steht was in der Bibel davon – und jeder unvorsichtige Ausdruck sollte er auch noch soviel Lob enthalten wollen, kann so leicht durch die kleinste Mißdeutung Lästerung werden. Wenn Sie wenn ich einsehen werden wie das Glück sovieler Millionen an der Verbindung dieser Nerven ruht. Sie können alles gut machen – nur nicht bekehren. Überlassen Sie das Bekehren einem andern, der in den Wolken des Himmels kommt. Mischen Sie sich nicht in Politik. Um Gottes willen wie kämen Sie und die Politik zusammen – – und das in der Physiognomik! Nur das möcht ich wissen, ob einer Ihrer auswärtigen Freunde Teil daran hat – ich könnte mit Wut auf ihn herfallen und wenn es der größeste aller deutschen Gelehrten wäre. Nicht aus Enthusiasmus sondern weil es ein Mißlaut ist und die Verstimmung ewig bleibt – wenn Sie nicht selbst abhelfen. Aber wie? – – Das weiß Gott, das weiß ich nicht. Und die Saite noch einmal berühren, wäre 1000mal gefährlicher. Haben Sie denn etwas von unserer Fürstin gelesen und ihren Charakter studiert? Haben Sie Rußlands Geschichte studiert? Oder urteilen Sie nur nach hören sagen. Doch Sie urteilten sagen Sie, über das Bild. Als Physiogn. über den Künstler. Und was sollen die Köpfe im 21sten Fragment neben dem Holzschnitt solcher Fürstin. Was soll die nebengestellte Königin – Ach Lavater Lavater! warum müssen Sie mirs nur schwer machen, Sie zu tragen. Ins Feuer möcht ich den ganzen Teil werfen. Kein Wort drin Ihrer würdig. Wenigstens um Ihrer selbst um alles willen was Ihnen heilig ist, lassen Sies aus der französischen Übersetzung weg. Ich würde dann müssen – müssen – mit allen Waffen die noch in meiner Gewalt sind – es ist Unsinn!

285. Lenz an seinen Bruder Friedrich David

Cronstadt. d. 20ten Mai 1780

Lieber Bruder! Du wirst mir verzeihen daß ich diese Antwort des Obristen Ribas an Dich, so wie die an Papa solang aufgehalten und noch mehr daß ich beide erbrochen habe. Es ist unmöglich Dir die gegenwärtige Lage meiner Umstände zu sagen, ich bitte Dich also Dein Urteil darüber zurückzuhalten. Ich wollte Dir den Brief gar nicht schicken, ich fürchtete aber Du würdest den Obristen einer Unhöflichkeit fähig halten, welches sein Fehler nun wohl gewiß nicht ist. Die Ursache des Briefes mochte wohl mit in der Offerte liegen, deren ich letzthin in einem Briefe an Dich gedacht, und um derentwillen ich jetzt hier bin. Soviel kann und darf ich Dir nur sagen, alles ist am Rande der letzten Gärung. Drei Aussichten unter denen ich nur eine wählen kann – u. bei welchen allen vorsichtig verfahren werden muß. Ich habe Deinen Brief an eine bewußte Dame der Frau Obristin K. gegeben und sie kann eine sehr wirksame Mittelsperson zu meinem Glück werden.

Alles geht und muß gehen und eine dieser Offerten der andern durchhelfen, wenn es mir nur an dem Notwendigsten nicht fehlt, am Gelde. Denn in welcher verzweifelten Situation mich dieser Mangel trifft, da er mich zwingt, eben da untätig zu sein, wo oft ein Schritt alles entschieden haben würde. Meine Freunde können mich länger nicht unterstützen, sie haben das letzte getan mich zu beschämen. Wär es möglich daß Du nur 25 Rubel Vorschuß noch mir – und zwar aufs baldigste auftreiben könntest. Stelle Dir vor, welch eine Qual mein ganzes verhunztes Leben mir bereiten würde, wenn alles sich vereinigte mir aus der Schmach eines verunglückten Gesuchs herauszuhelfen und ich bloß aus Ohnmacht oder Mißtrauen meiner Verwandten die wenigen Schritte die man mir übrig lassen mußte, nicht tun konnte. Du hast gut raten, wie Papa, von augenblicklichem Annehmen der ersten besten Information oder was anders, beste teureste, Ihr bedenkt nicht daß ich damit alles andere verderbe. Informiere wie ein Schulmeister und hoffe dann noch jemals wieder zu gefallen. Und ohne zu gefallen, ists doch unmöglich zu einem honetten Platz zu kommen, wo du auch mit einiger Ehre arbeiten kannst. Also glaub doch nicht, daß der Vorschuß vergebens ist, denn ich versichere Dich, daß das Gefallen von dem ich rede, nicht durch Müßiggang sondern durch Arbeit – erhalten wird – mit dem einzigen Unterschied, daß man dafür keine Bezahlung verlangen darf. Schreit nur nicht, Lieben! was denn da herauskommen soll wenn man nichts verdient etc. Es heißt hier mehr als jemals, wer seine Hand an den Pflug setzt und zurückzieht – entweder ich muß auf der Bahn fortfahren, oder ich hätte sie nie betreten sollen. Ich bitte Dich, schick diesen Brief Papa, mag auch da herauskommen, was wolle. Er wird wenigstens soviel Zutrauen zu mir haben, daß ich weder Verschwender noch Müßiggänger genug sei, auf dieser Laufbahn fortzugehen, wenn ich nicht wüßte, daß sie zum Ziel führen würde. Die Stetigkeit mit der ich auf dem Antrag im Landkorps beharrt bin, hat mir weder geschadet, noch wird sie mir in der Zukunft schaden, da wenigstens jetzt ganz Petersbg. überzeugt ist, daß das Fehlschlagen desselben mir bei dem Zusammenstoß von Umständen nicht zur Unehre gereicht. Mündlich könnt ich Dir 1000 Sachen mehr drüber sagen, wenigstens ich habe mich über den Obristen nicht zu beklagen, obschon er mich 100 Rbl. gekostet – vorjetzt nicht mehr, denn *littera scripta* – – – es gibt Körbe selbst, die uns mehr helfen als Bewilligungen – der einzige Fehler auf seiner Seite – (wenn es sein Fehler ist) wäre der, daß er mir sie nicht eher gegeben.

Gott warum machen doch 40 Meilen solchen Unterschied – Ich kann und darf jetzt nichts sagen, als schick mir itzt so schnell als möglich 25 Rb. und ich bin auf immer geholfen, und Du und Behrens in Riga bekommt Euer Geld vor dem Winter wieder. Kannst Du nicht, so kann Papa vielleicht; bitt ihn seinen Sohn aus dem Schiffbruch seiner Ehre und seines Glücks zu retten. Noch einmal, dies ist die letzte Foderung, die ich an Papa und Dich tue. Und meine Gründe dazu zu sagen ist – unmöglich. Ich denke Du wirst den Sinn dieser Worte leicht einsehen, sobald Du nur ein wenig die gegenwärtige Lage der öffentlichen und besondern Angelegenheiten eines jeden allhier – überdenkst und wie die erstern auf das Schicksal des allerletzten Bürgers mitwirken müssen. Gottlob daß alles itzo ruhig und glücklich ist – auch das ein Beweis der allenthalben hindringenden Weisheit unserer höchsten Gesetzgeberin – und daß ein jeder gleichsam wieder wie von ferne zu leben und zu wirken anfangen kann. Du wirst aus dem Datum sehen, wie lange des Obristen Briefe bei mir gelegen. Schreib mir Deine Meinung darüber nicht – und bitte Papa, daß er sie mir auch nicht schreibt.

Man kann und darf niemals von Handlungen oder Sachen urteilen, wenn man die kleinsten Ursachen derselben nicht weiß; und das Mutmaßen kann oft unwiederbringlich weiter fehl führen, als die vorsetzlichste Mißdeutung.

Soviel muß ich Dir sagen daß weder beim hiesigen Landkorps alles vorbei ist, da es sich noch immer an dem stößt daß man keine neue Stelle kreieren will, noch auch sonst es an Versorgungen fehlet. Das Seekorps in Cronstadt ist von nicht wenigerer Wichtigkeit als das Landkadetten Korps und meine Beförderung an demselben oder in einem andern Fach hängt lediglich von der Rückkunft der Monarchin ab. Du wirst aus beigelegtem Briefe an den Herrn Kammerherrn Igelstrohm mehr ersehen.

Hier folgt auch ein Briefgen an Moritzsche und Schmidsche den ich aufs schleunigste zu befördern und zu unterstützen bitte.

Dein Weibgen und Deine Kinder aufs zärtlichste umarmend als

Dein getreuer Bruder

J. M. R. Lenz

Mit nächster Post schreibe [ich] an Papa, vorher aber muß – aufs schleunigste *NB*. – Nachricht von Dir haben, ob der

Herr G. Gouverneur Braun mit der Monarchin gereist oder ob er in Riga, und sie vielleicht auf der Rückreise wieder wo sehen werde; imgleichen ob General Berg mit gewesen und ob Du ihm mein *Exposé* zugeschickt. [Am Rande hier eingefügt:] (Dies kann nicht schaden, Igelstrohm mag sein was er will. Es hätte mir schon viel genutzt.) Lieber Bruder, Eure Ängstlichkeit und Mißtrauen in mich schadet mir unaussprechlich, ich darf – gewisse Sachen nicht schreiben, die Euch über meine Handlungen mehr Licht geben würden: da ist Zutrauen notwendig. Und auch das, daß du nicht grad jeden fragst. Der Rat einer gewissen Person, die Du mir empfahlst hat mir geschadet. Antworte doch bald ich bitte Dich.
[Am Rande der ersten Seite:]
Noch einmal lieber Bruder, sage Igelstr. nichts von dem, was ich von Dir zu wissen begehre und glaube mir doch, daß ich nicht ganz mit der Stange im Nebel herumfahre. Es hat Ursachen die ich Dir nicht sagen kann schriftlich. Antworte mir aber ja aufs schleunigste, damit ich Papa schreiben kann und andern Personen, an die es schon lang nötig war.

286. Lenz an seinen Bruder Friedrich David

den 3ten Pfingsttg 1780
– – – Neulich habe ich Herrn Nicolay (ein edler, denkender, solider Mann, von reifem Witz und Beurteilungskraft und wie ich schließen kann aus den zwei Stunden ohne kleine Leidenschaften) gesprochen und alle Ursache von der Welt mit dieser neuen Bekanntschaft höchst zufrieden zu sein. Auch hat er mir einige Vorschläge gemacht – – –

287. Lenz an seinen Vater

Peterbg. d. 5ten Jul 1780
Teurester Vater! O warum muß die Post so verräterisch eilen, mir einen so kurzen Ausbruch der zärtlichsten Empfindungen verstatten. Sie werden aus der Beilage sehen, warum ich mit dieser Post schreiben muß! Kein Wort weiter. Ich hab es an einem

Ort gesagt, wo es der Welt bekannt werden soll, daß solch ein Vater und solch ein Freund die höchste Gabe der Vorsicht sein!

Teurester Vater! Sie werden mit der Vorletzten meine ungerechten Briefe erhalten haben. Sehen Sie aus dieser Beilage, was meine Ausdrücke so dringend und heftig machte.

Ich ließ mich kurz vor der Abreise bei Sr. Exl. dem Herrn Graf Browne, Sohn – melden. Er nahm meinen Besuch an, ich sollte den andern Tag um sieben Uhr morgens kommen. Unglücklicher weise arbeitete ich eben an dem Lyrischen Gedicht, womit ich nicht fertig zeitig genug werden konnte, also ihn schon nach Peterhof verreist fand. Ich kann es ihm also noch nachschicken und er könnte es noch bekommen, wenn Sie die Gütigkeit haben wollten, es Ihrer Erl. der teuren Gemahlin unsers hohen Gönners zu übergeben oder durch sie den Weg erführen, es dem Herrn Grafen, entweder selbst zu übergeben, oder zuzuschicken. Es wird gewiß gut aufgenommen werden, da der Kaiser den ich Gelegenheit gehabt zu sehen – ein Freund der deutschen Musen, besonders der Klopstokischen ist – und es gern sieht wenn sie sich an ihn wenden.

Die Veranlassung des Gedichts war eine Begebenheit in Peterhof die hier allgemeine Sensation gemacht. Der Großfürst spaziert mit dem Kaiser – er führt ihn in seinen Lustgarten, den die Großfürstin anlegen lassen. Der Kaiser sieht Mäurer, fragt, was da gebaut werde. Der Großfürst umarmt ihn, er solle den Grundstein legen. Es sei ein Tempel der Freundschaft, den er errichten wolle. Alle Umstehenden weinten – so wie der Kaiser und der unnachahmliche Großfürst von Rußland.

Der Titel ist aus der heidnischen Mythologie, am besten geschickt, die Geheimnisse der Höfe einzukleiden. Semele bedeuten die Zuschauer und Rußland überhaupt. Sie bat sich von Jupitern dem Vater der Götter die Gunst aus, ihn ohne Wolke zu sehen. Sie ward ihr gestattet, und sie ward von dem Feuer verzehrt, das ihn umgab. – – – Das übrige wird Ihnen Freund Hartknoch mit erraten helfen, da bei einem lyrischen Gedicht eine gewisse Dunkelheit unvermeidlich ist, denn sobald man Erläuterungen dazu setzt, ist es nicht lyrisch mehr. Unverständlich wird es den Personen, die es angeht nicht sein da es in der Sprache ihres Hofes und in Beziehung auf ihre Taten geschrieben ist.

Noch eins. Wenn Freund Hartknoch, an den ich mit dieser Post unmöglich Zeit behalte zu schreiben – es drucken wollte – nur für Freunde – so steht es bei ihm. Nur bäte ich, die Interpunktion richtig zu besorgen und meinen Namen vorn wegzulassen. – Der Kaiser Deutschlands verdient bei Catharinen zu glänzen. – Doch ist mir die Übergabe lieber als der Druck.

Nun zum Schluß eine Bitte, die mir innigst am Herzen liegt. Schon lange bester Vater wünscht ich bei der Entfernung von Ihnen, wenigstens einen Schatten von Ihnen zu haben. Es ist der Wunsch meines Herzens. Ihr Porträt ist überhaupt nicht getroffen und es liegt uns Kindern, es liegt mehrern Menschen daran, etwas Wahres von Ihnen zu haben. Tun Sie mir diese väterliche Güte und lassen mir von Bruder Carl Ihre, meiner teuresten Mama, auch seinen eigenen Schatten, den Jakob, oder ein guter Freund zeichnen kann zukommen. Auch Hartknoch bittich sehr um seinen Schatten –. – Tausend zärtlichste Grüße bitteihm zu sagen.

Ich küsse Ihnen und meiner teuresten Mama tausendmal die Hände und bin nach zärtlichstem Gruß an Bruder Carl

Ihr teuresten Herrn Vaters gehorsamster Sohn

JMR Lenz.

auch von Lottgen ein Schatten! –

288. LENZ AN JOHANN KASPAR LAVATER
[St. Petersburg, nach dem 5. Juli 1780]

Teurester Lavater! Mehr durch die zu voreilende Liebe meiner Gönner und Freunde auswärts, die mir allzuviel Gutes auf Hoffnung beilegte und dadurch tausenden ungerecht wird, gegen welche meine Verschuldung nur Gott kennt – als durch irgend auf der Welt etwas, leide ich. Ach Sie wissen nicht, Sie können es nicht wissen – – wie viel Edles im Stillen unbekannt und verborgen – und gekränkt durch verborgene Fehle der Jugend und Unbesonnenheit schmachtet. Da steh ich und meiner Freunde allzu vorteilhafte Meinung von mir will mir fast alle Gelegenheit aus den Händen reißen, die ersten Pflichten der Nächstenliebe zu beweisen. Sie wissen, Sie wissen es alle nicht, muß ich nochmals rufen und an meine Brust schlagen: Gott! Gott! lasse mir diese Gnade widerfahren – Nicht durch diesen Schlag sondern durch was anders und Höhers gerechtfertigt hoffe ich, Gott wird auch da wo ich nicht zu seufzen vermag mich mit unaussprechlichen Seufzern zu vertreten wissen und die Herzen meiner Freunde lenken aus allzu gütigem Vorurteil für mich meinen Bitten nicht taub zu sein. Ich werde Ihnen verständlicher werden wenn Sie eine neue *NB* von mir selbst, der Hand nach verbesserte Ausgabe von fünfen meiner Jugendarbeiten lesen werden: der Hofmeister. Menoza. Die Soldaten. Freunde machen den Philosophen und der Engländer. Wie nah grenzen doch oft Geschmack und Religion an einander, wie nah und innig sind sie mit einander verbunden, wie weisen die Fehler gegen den ersten so sicher auf Fehler gegen die letztere. Jugendliche Unbesonnenheit, Sorglosigkeit, Sturm, Nichtachten der Verhältnisse, die wir oft durch einen unvorsichtigen Ausdruck unherstellbar zerstören – wie weisen sie sich in dem selbst, was geschrieben war, daß es dauerhaft, daß es so ewig gefallen sollte, als unserm kleinen Dasein und Kräften jedem nach seinem Maß die Ewigkeit abgesteckt ist. Wie viel Edle, leiden unter den gehässigen Mißdeutungen die solche Flecken in unserm Werk veranlassen – und wie ist das alles die Folge der herumziehenden unsteten Lebensart, der der ruhig erwägende Blick auf alles Gute und Schöne um sich her, durch tausend unnötige Unruhe getrübt und umnebelt ist. Nehmen Sie diese Herzensergießung in Liebe auf und sein mir zu meinem Vorsatz auch nach Ihrem Wirkungskreise und Einsichten als Gottes- und Menschenfreund behülflich der ich nach tausend Empfehlungen an Ihre Gattin u Kinder beharre

Dero beständig ergebener Verehrer
Lenz.

[Am linken Rande:]
Die von mir erhaltenen Silhouetten, worunter ich durch einen jetzt erst abreisenden Petersb. Freund auch die meines Vaters – meiner 2ten Mutter – meines Schwagers u sehr lieben Schwe-

ster zähle, lassen Sie doch Ihrem Kennerblick empfohlen sein. Was ich von den ersten geschrieben bitte doch ja nicht als fremdes Zeugnis *verbotenus* abzudrucken, sondern zum Ihrigen zu machen

289. Lenz an Gadebusch

Aya, d. 26. 7br. 1780

Hoch Edelgeborner und Hochgelehrter, Insbesonders Hochzuverehrender Herr Justizbürgermeister. Ich nehme mir die Freiheit Ew. Hoch Edelgebornen schriftlich für die Mitteilung des beifolgenden Buches meinen verbindlichsten Dank abzustatten und zugleich gehorsamst zu bitten, aus Ihrer Güte mir die Titel von einigen Büchern Dero Bibliothek gehorsamst auszubitten. Das *Theatrum pretensionum* und die *Livonica*, wie auch, das Werk von Schlegeln und die Sachen von Janotzky.

Der schnelle Abgang der Post verhindert mich Ew. Hoch Edelgebornen die Ihnen schon von meinen frühesten Jahren her gewidmete Hochachtung auszudrücken, womit ich allen Mißverständnissen Trotz biete, die Nebenumstände in unserer sublunarischen Welt nur zu oft erregen und mit der, nach gehorsamstem Empfehl an Dero Frau Gemahlin beharre

Hoch Edelgeborner Hochgelehrter Herr
Insonders hochzuehrender Gönner
Dero
gehorsamstergebenster Diener
J. M. R. Lenz.

290. Lenz an Julie von Albedyll
[vermutlich September/Oktober 1780]

a.

Liebe Eina! mein Vater hätte keinen bessern Advokaten wählen können als Sie. Auch haben Sie Ihre Zeit sehr wohl abgepaßt und diese Feinheit die ich in Ihrem Charakter so wenig gewohnt war – doch ich irre mich vielleicht, gewiß. Mein Herz das Ihren Bruder überall ahndet, o wenn man jemand fürchtet, so sieht man ihn überall

b.

Liebe Eina! mein Vater hätte keinen bessern Advokaten wählen können. Auch haben Sie Ihre Zeit sehr wohl abgepaßt und diese Feinheit die ich sonst in Ihrem Charakter so wenig gewohnt war, hätte mich bald vollends auf die Gedanken gebracht – zu einer Zeit Eina! da ich die Trennung von Ihnen so lebhaft fühle, so wenig im Stande bin mich zu verteidigen. Oder glaubten Sie vielleicht die Wunde auf die man schlägt, blute weniger

291. LENZ AN SEINEN BRUDER FRIEDRICH DAVID

[Mitte 1779–Ende 1780]

Hier lieber Bruder sind die Verse wieder und tausend Dank für die Erinnerungen, die ich zwar nicht alle habe brauchen können, die aber bei so manchen Stellen dennoch die Feile mir geführt haben. Du tätest mir einen Gefallen, wenn Du so wie es ist, sie an Papa schicktest und ihn auch um sein Urteil fragtest.

Ich habe mir vorgenommen, es vor die Übersetzung von Domaschnews Rede zu setzen, schreib mir Deine Meinung darüber. Wenn Du es an Papa schickst, so laß es ja abschreiben. Gustelchen tut mir das wohl in einer Freistunde zu Gefallen. Wo nicht so schick mirs vorher selbst wieder

Dies Exemplar behalt ich für mich. Lies sie doch auch der Frau Obristin ja vor und schreib mir ihr Urteil darüber, so wie sie jetzt sind

[Am Rande:]

Wirst Du nicht die Geduld verlieren, heut nichts als Verse zu lesen. Sei versichert, daß meine Ader Dir wieder sehr lange Ruhe lassen wird.

292. Lenz an Gadebusch

Von Hause d. Novbr. 1780

HochEdelgeborner Herr Insonders hochzuverehrender Herr Justizbürgermeister! Da ich den Brief des Herrn Cabinetssekretair Nicolai gewisser Angelegenheiten wegen, Hn. Hartknoch zuschicken müssen: so nehme mir die Freiheit, Ew. HochEdelgeboren, das was dieselben angehet, Auszugsweise zuzuschicken.

Auszug aus dem Briefe des Hn. Nicolai.

›Ich danke Ihnen recht sehr für die Mitteilung des Briefes von H. Gadebusch. Etliche Nachrichten aus seinem Briefe werde ich mir ausschreiben. Sie ziehen mich aus einer Verlegenheit, in welche mich die Ungewißheit des Schicksales gewisser Bücher versetzte, die ich für *incomplet* hielt und deren Fortsetzung ich begehren wollte, da ich nun sehe, daß sie niemalen geendiget oder fortgesetzt worden sind. Um meine Bekanntschaft mit ihm zu eröffnen, so sagen Sie ihm, daß ich gleich jetzt an Verfertigung des *Catalogi* der Großfürstlichen (ehemals Korfischen) Bibliothek arbeite, daß ich, sobald er fertig sein wird, ihm diejenigen Artikel mitteilen werde, die für ihn *interessant* sein können. Ich denke, das wird insonderheit die Liefländische, Polnische, Schwedische und Russische Geschichte sein. Und wirklich haben wir in jedem Fache ziemlich viel und seltene Bücher. Insonderheit aber kann ihm vielleicht angenehm sein, wenn Sie ihm melden, daß wir auch einen artigen Vorrat von Manuskripten haben, von *Livonicis, Curlandicis, Polonicis, Russicis, Suecicis* [!] und daß ich mich von Herzen anerbiete, ihm nicht allein ein vollständiges Verzeichnis von den darin enthaltenen Stücken zuzusenden, sondern auch ihm auf Begehren diejenigen Stücke abschreiben zu lassen, die etwa seine Neugier erregen könnten Vermelden Sie ihm dabei meine Empfehlung und mein aufrichtiges Verlangen, mit ihm in nähere Bekanntschaft zu treten.

Meine Familien-Umstände, so wenig *interessant* sie auch für andere außer mir sein mögen, will ich Ihnen bei erster Muße kürzlich zusammenfassen und übersenden.‹

Sobald ich den Brief wiederbekomme, werde ihn Ew. HochEdelgeb. in der Handschrift weisen. Mich nach gehorsamer Empfehlung an Dero Frau Gemahlin nennend

HochEdelgeborner Herr
Hochzuehrender Herr Justiz-Bürgermeister
Ew. HochEdelgeb.
aufrichtig ergebensten Diener
JMR Lenz

293. Lenz an seinen Bruder Friedrich David

[Mitte November 1780]

Da bin ich nun auf dem Wege nach Ohlershoff ohne von einem einzigen Freunde Abschied genommen zu haben. So schön geht Ihr mit mir um. Doch Ihr wünscht Euch Glück, es ist ein Drama von Eurer Arbeit, eines von den starken Trauerspielen: und wenn das nur fertig wird und alles so ziemlich honett bei der Zubereitung kann gedreht werden, was kümmerts die Schriftsteller, was die Folgen wirklich sind. Die da ihrer Sache am sichersten sind, übernehmen die Forcerollen, die Freigeister u.s.f. unbekümmert ob bei dem was man so spielt nicht ein bißchen Wahrheit mit unterläuft.

Laß meine Bücher und Sachen entweder zu Dir oder zum Corrector tragen, bis die Fuhr nachkommt.

Hentschel wird sie Dir abfolgen lassen.

Der Graf Manteuffel ließ Dich grüßen bei dem wir gestern gespeist haben.

So tut Erxleben, der gute redliche Junge, der recht sehr gut eingerichtet – aber sehr allein ist. Er läßt Dich nochmals erinnern und bitten, ihm die versprochene Festgesellschaft mitzubringen.

Dein aufrichtig treuer Bruder
JMRLenz

[Am Rande:]

Grüß alle Freunde die sich meiner erinnern mögen und schick mir doch ja bald was von meinen Sachen, da ich weder Wäsche noch Bücher habe und gar nichts von meinen Arbeiten, die Eile verlangen. Liphard wird hoffentlich nicht *irresonabel* sein. Ich habe an den Sohn geschrieben.

294. Lenz an Gadebusch

Ohlershoff, d. 26. Nov. 1780

Hoch Edelgeborner Herr, Insonders hochzuverehrender Herr Justiz-Bürgermeister! Da ich auf einige Zeit meinen Aufenthalt beim Herrn Assessor von Engelhardt nehmen werde: so nehme mir die Freiheit, Ew. Hoch Edelgebornen um eines der größeren Werke aus Dero Bibliothek zum Durchblättern gehorsamst zu ersuchen, für dessen unschadhafter Zurücklieferung denen selben mein Bruder gut stehen wird. Sollten dieselben Ihren Schlegel, oder das Theater der Ansprüche p. füglich entbehren können, würden Sie die Schuld meiner sehr frühen Verbindlichkeiten gegen Sie vermehren.

In einem Briefe an den Herrn Kabinettssekretär N– kam ich auf die Derptsche Akademie, welche ich ihm als dem Zögling des großen Schöpflins des Stifters so mancher deutschen Akademieen ans Herz zu legen versuchte. In der Tat ist das Beispiel des russischen Adels beschämend für den unsrigen, der seinen Namen unsterblich machen und zugleich die Preise seiner Güter und der Landesprodukten erhöhen könnte. Man bedenke nur, was durch 500 Akademisten allein, die eine Menge feinerer Bedürfnisse aus dem väterlichen Hause mitbringen, für Geld in Umlauf kommen würde, wenn wir auch die ersparten Summen nicht rechnen, die der Edelmann itzt mit seinen unverassekurierten Söhnen aus dem Lande schickt, oder lieber ins Wasser wirft. Ich wagte es, Herrn N. zu behaupten, daß wir Jena Leipzig und einer Menge sonst unwichtiger Städte in Deutschland ihren Flor gegeben. Ich wagte es, ihm die Parallele von Strasburg zu Frankreich und Derpt zu Rußland zu ziehn, die in sofern ziemlich passend bleibt, da wir sonst keine, Frankreich aber noch viele andere blühende Akademieen hat. Und doch kommen aus Gascogne und Languedoc Franzosen dahin um Deutsch und Lateinisch zu lernen. Zugleich studieren dort Ungarn, Russen, Polen u.s.f. Unsere einheimischen neuveränderten Rechte, Ukasen u. s. f. erfodern gewiß eben sowohl ihre eigene Doktoren, als der Körper Justinians: gleiche Ansprüche macht die sehr versäumte Vaterländische Geschichte, die Pastoraltheologie und Homiletik, wie sie für unsere Bauren paßt, samt den Landessprachen, die unsere Prediger oft erst für die andere Welt vollkommen erlernen; imgleichen der einheimische Landbau, über den bisher immer der vorurteilvolle sklavische Bauer und ausländische Bücher die uns nichts fördern, die letzte Instanz bleiben. Was den Plan anbetrifft, so ist bei einer Sache die die Natur vorbereitet, kein weit aussehender Plan nötig, als den sie selbst mitten unter der Ausführung an die Hand gibt, wie sie es bei allen Dingen macht, die nicht in der Idee sterben sollen. Man vergißt, daß die großen Flüsse aus kleinen Quellen entstehen und wenn wir Müllers russische Geschichte lesen, kommt uns der ehemalige erste Fonds der Derptschen Akademie unglaublich vor. Ein einziges Kronsgut würde zur ersten Besoldung der nötigsten Professoren hinreichen und wenn wir die Mittelzahl von 500 Rbl., die jeder Student überhaupt in Derpt ließe annehmen (die in der Tat sehr geringe ist) sich bald bezahlt haben, wenn dies Geld auf einmal in die Zirkulation käme; kämen vornehme Russen dazu, die ohnehin von unsern Sitten mit Recht vorteilhafte Begriffe haben und an dem Umgang des umliegenden Adels bald Geschmack gewinnen würden, so würde Derpt in kurzem eine der mächtigsten Städte sein. Und wieviel würde die Population unter allen Ständen gewinnen, durch die größere Menge der Domestiken, Familienannäherungen, Bekanntschaften, Verbindungen mehrerer Städte mit dieser p.

Doch ich ermüde Sie mit einem Auszuge, der von lauter schon oft gesagten Dingen spricht.

Ew. Hoch Edelgebornen gehorsamster Diener
J. M. R. Lenz

Meinen Respekt an Dero Frau Gemahlin. Mein Bruder aus Pernau wird Denenselben bereits geschrieben haben. Wenn Ew. Hoch Edelgeb. eines oder das andere der Petersb. Manuskripte zu sehen wünschten, so bitte mir nur Nachricht davon zu geben.

295. Lenz an Gadebusch

Von Hause den 28ten 10ber 1780

HochEdelgeborner Herr Insonders hochzuverehrender Herr Justizbürgermeister. Die Abwesenheit des Hn. v. Liphardt hindert mich selbst zu kommen, welches mir auf den ersten freien Augenblick vorbehalte; da meine Eleven itzt ganz allein meiner Aufsicht überlassen sind.

Da ich eben an Hn. *Nicolai* schreibe, so nehme mir die Freiheit, wenn Ew. HochEdelgebornen an ihn schreiben wollten, Ihnen mein *Couvert* dazu anzubieten. Ich hoffe alsdenn nächstens, Ihnen von der Erfüllung seines Versprechens etwas überbringen zu können, da ihn Dero Liebhaberei für seltene Manuskripte bekannt ist.

Mit vollkommenster Ehrerbietung nenne mich, nach gehorsamer Empfehlung

Ew. HochEdelgebornen
Meines hochzuehrenden Herrn
ganz ergebenster Diener
J. M. R. Lenz

[Adresse:] Sr. HochEdelgebornen
dem Herrn Herrn K. F. Gadebusch
Hochachtbaren Justiz-Bürgermeister der Kaiserlichen Stadt
Derpt
in Dero Behausung

296. Lenz an Gadebusch

St. Petersbg, d. 25. März 1781

Wohlgeborner Herr, Insonders hochzuverehrender Herr Justiz-Bürgermeister. Da Se. Kaiserliche Hoheit balde nach Sarsko gehen, so hat mir Herr Kabinettssekretär Nicolai aufgetragen, Ew. Wohlgebornen zu berichten, daß wenn Dieselben eines oder das andere der liefländischen, kurländischen und polnischen Manuskripte auszugsweise oder in Abschrift zu sehen begehrten, Sie so gütig sein und mir in Zeiten hievon Nachricht geben wollten, weil die Bibliothek den Sommer über verschlossen bleibt.

In Erwartung also baldiger Nachricht von Ew. Wohlgebornen habe die Ehre nach gehorsamer Empfehlung an Dero Frau Gemahlin zu beharren

Wohlgeborener Herr,
Insonders hochzuehrender Herr Justizbürgermeister
Dero ergebenster Diener
J. M. R. Lenz.

Den Herrn General Bauer werden Dieselben nun bereits in Derpt gesehen haben.

297. Lenz an seinen Bruder Friedrich David

[St. Petersburg,] d. 10ten Apr. [17]81

Liebster Bruder Eben komme ich dazu, an Dich zu schreiben, mehr um Dich und meine Freunde über mein Schicksal zu orientieren, als um ausführliche Nachrichten zu geben, die Du jetzt nicht von mir erwarten wirst. Ich habe das Glück gehabt, durch die Gnade des Hofes und meines teuresten Großfürsten dem Hause des H. Vizepräsidenten v. Böhmer vorgestellt zu werden, mit welchem sich jetzt der Ambassador v. Portugal verbindet, welcher eine der Fräuleins heuratet. Auch bin ich einer englischen Dame von der Verwandtschaft des Hr. Kabinettssekr. vorgestellt worden, die eine Gesellschaftsdame des englischen Ministers ist. So fangen sich meine Bekanntschaften an ein wenig zu bilden, und auszubreiten, welches mir zu einer Zeit, da ich mir ein Publikum von verfeinertem Geschmack erwerben möchte, keine geringe Aufmunterung für mich ist.

Beruhige also meine Freunde über den Zwischenstillstand, den mein Schicksal schien genommen zu haben – weil man, um sich Bekanntschaft zu erwerben – bei der edlern Klasse von Menschen sich mehr leidend und ruhig, als unzeitig wirksam verhalten muß. Herr Baron v. Maltiz hat mich bei der Garde anzubringen versprochen, wo eine Kadettenschule – für meine Kenntnisse eben so viel Hebung verspricht, als der Dienst selbst für meine Gymnastik und die Gesundheit meines Körpers. Ich hoffe als endlich

mentem sanam in corpore sano
zu erhalten, welches Hr. Pastor Oldekopp zu sagen bitte. Dabei aber von Herzen wünschte – u. s. f. daß mir einmal ein einfältiger Dienst geleistet würde.

Dank also mit mir der Vorsicht für die Gnade der besten Fürstin, die wenn sie gleich so unendlich über mich erhaben ist sich in den Flüssen malt, die sie
mit Glanz erfüllt
Shsp.
und hilf mir beten, daß meine Führung derselben nicht ganz unwürdig sei. Übrigens wünsche Deinem und Hr. Past. Oldekopps Garten bei herannahenden Frühling noch mehr Reiz für Euren Geschmack als der Häuserbau geben konnte, wider den ich sonst nichts habe, als daß er ein wenig steinern ist – und diese Eigenschaften auch unserm Zutrauen mitteilt. Indessen ›ein jeder bei seinem Geschmack‹ wird wohl auch ein deutsches Sprichwort bleiben, und so bin ich aus Geschmack
Dein treuer Bruder
J. M. R. Lenz.

[Am Rande der 2. Seite:]
es ist einer der vorzüglichsten Menschen, der Gouver. Siewers. Er wohnte beim General B.

Ist es denn nicht möglich, daß ich durch den Derptschen Fuhrmann Remmert Samuel, der in 8 Tagen hieher kommt, meine Sachen und Bücher, die bei Engelhardt, oder jetzt vermutlich bei Bürgerm. Vitl oder Hr. Haase in Walk stehn, erhalte. Ich denke doch, daß ich sie brauche!

[Am Rande der 1. Seite:]
Die Bekanntschaft des Hr. Obristen v. Benkendorf in dem Hause S. Exzell. des General Bauer würde mich gereizt haben, Papa die Bitte zu tun, die Du mir einmal anrietest – wenn es nicht so schwer hielte, ihn um einen Brief zu bitten. Die würdige alte Dame *en question* ist dieses Frühjahr schwer krank gewesen. Danke Bruder Schmidt bald für den Gouv. von Novogorod …

298. Lenz an Brouwer und Peuker

St. Petersbourg den 28sten Mai 1781

Daß ich Endesunterschriebener von Herrn *Lawrens Brouwer* jun. auf Ordre des Hn. Postmeister Peucker die Summe von funfzig Rubeln bar empfangen, bescheinige hiemit.

Jakob Michael Reinhold Lenz

299. Lenz an seinen Vater

St. Petersbg. d. 2ten Jun 1781

Teurester Vater! Es ist hier eine Gesellschaft gelehrter Freunde und Kenner, die es unternommen hat ein Werk herauszugeben, das vielleicht das erste in Rußland und das erste in der Welt, für neuere Zeiten wenigstens könnte genannt werden. Dieses ist eine Sammlung von Lebensbeschreibungen merkwürdiger Männer für unser Vaterland, aber nicht von einer Feder auch nicht von denen berühmten Männern die schon tot sind sondern von lauter Lebenden. Eben darum weil die Verfasser unbekannt und geschützt sind dürfen sie frei, unparteiisch und unbestechlich – mit Eifer für die Wahrheit und das Vaterland – allein, von ihren Helden sprechen. In diese Sammlung teurester Vater bin ich mit um einige Beiträge gebeten worden. Von wem könnte ich sie wohl mit mehr Fug und ohne irgendeine Pflicht zu verletzen mit wärmerem Herzen liefern, als von meinem Vater. Sein Sie also so geneigt, solange wir noch das Glück haben Sie diesseits des Grabes zu sehen mich (und in mir unsere ganze Familie) in ganz freien offenen Stunden mit einem soviel möglich umständlichen Detail Ihrer merkwürdigsten Fata zu erfreuen die Sie von Ihrem Vaterlande an bis auf der Stufe des jetzigen, das Sie mir gegeben haben, an Ihnen sowohl als den nächsten Ihrigen erlebt haben. – Ich erwarte dieses als ein freiwilliges Geschenk Ihrer Vatergüte sobald es Ihnen möglich und werde eifersüchtig auf jedes nicht sehr wichtige Geschäft sein, das Sie an der Niederwerfung dieser Züge Ihrer Seele hindert. Auf den Stil bitte ganz und gar keine Sorge zu wenden – weil Sie doch wohl vermuten können, daß ich als Sohn jede Art Ihres Ausdrucks verstehe und mirs einzig um die Sachen zu tun ist.

Zugleich bitte Hartknoch gelegentlich etwas dieses Unternehmens aber *sub sigillo amicitiae et taciturnitatis* wissen zu lassen. Ich hoffe er kriegt den Verlag, wenn er ihm gelegen ist – wovon ich mir einen Wink ausbitte. Die ersten Namen die im ersten Bande vorkommen – doch ich werde ihm selbst darüber schreiben, wenn ich ihn willig merke, auch das Äußere dieses Werks so zu besorgen, daß es d i e s e n N a m e n entspricht.

Für die fünfzig *Rubel* statte tausend Danksagungen ab. Ich war in großer Not. Mehr vom Derptschen Bruder zu erfahren.

Ihr gehorsamster Sohn

J M R Lenz

[Am Rande der 4. Seite:]

Man rät mir hier von allen Seiten nach Moskau zu reisen, teils um die Sprache, teils um Herrschaften kennen zu lernen, besonders da Graf Panin jetzt dort ist, bei dem unser Vetter *Lenz* aus Cüstrin Leibarzt ist. Wie mach ich es dorthin zu kommen, da ich von den 50 Rbln alles für Schulden weggeben müssen. Die Reise kostet 25 Rbl. Dort finde ich schon Unterstützung am Grafen.

Wie befinden sich die Augen und die Zähne meiner teuresten Frau Mama! – – Auch ihr küsse gehorsamst die Hand.

[Am Rande der 3. Seite:]

Ich bin dem Grafen schon bekannt; darf aber gleich am Anfange nich *Gage* fodern. Bester Vater. Hartknoch wird Ihnen einen Brief von Wieland weisen, der Sie überführen wird, daß ich bald nicht mehr nötig haben werde, Ihnen beschwerlich zu fallen. Lassen Sie Ihre Arme nur jetzt noch nicht müde werden, mich zu unterstützen, da ich Unterstützung brauche. Ich könnte Ihnen mehr sagen, wenn ich nicht wüßte, daß *littera scripta manet*. Der gute Geist gebe es Ihnen zu ahnden. – Sagen Sie doch dem Derptschen Bruder er soll nicht so e i g e n s i n n i g (ungläubig) sein und mir einige seiner Predigten schicken, daß ich sie Weygand in Leipzig zusende. Ich tue diesem damit einen Gefallen.

300. Lenz an Gerhard Friedrich Müller

M[oskau] d. 30 8br. 1781

Hochwohlgeborner Herr Staatsrat Insbesonders hochzuverehrender Gönner und Wohltäter! Der von Ew. Hochwohlgebornen mir geschehene Vorschlag mich morgen beprüfen zu lassen, um eine Information in einem vornehmen russischen Hause zu übernehmen, verdient meinen ehrerbietigsten Dank, da Ew. Hochwohlgebornen micht mit Dero wirksamen Empfehlungen zu unterstützen versprechen.

Darf ich es aber wagen, Ew. Hochwohlgebornen vorher noch eine gehorsamste Bitte zu tun. Dieselben wissen, daß die eigentliche Absicht meiner Reise nach Moskau war, unter Dero Rat und Leitung die Geschichte des Vaterlandes wofür ich Rußland halte) studieren zu können. Ich halte sie für ein unentbehrliches Stück von Erziehung, finde mich also noch nicht tüchtig nach meiner besten Überzeugung mich in ein russisches Haus zu begeben, ehe ich wenigstens einige sichere Fortschritte in derselben gemacht, von denen ich hernach durch eigenes Studieren weiter kommen kann.

Sollte mein Aufenthalt in Dero Hause oder auch meine Führung in demselbigen Ew. Hochwohlgebornen oder Dero verehrungswirdigen Gemahlin einige Beschwerde verursachen oder zu andern Unannehmlichkeiten und Mißvergnügen Gelegenheit geben: so bitte mir's als ein Zeichen Dero Gewogenheit und Menschenliebe aus, mir dieses bekannt zu machen, da ich dann keinen Augenblick säumen will, Ihnen die Ursache Ihres Mißvergnügens aus dem Gesichte zu bringen.

Wollen Ew. Hochwohlgebornen aber noch ferner der Schuldherr meiner Erkenntlichkeit bleiben, für die ich freilich jetzt nur mit Worten Bürgschaft leisten kann, und mir wenigstens nur soviel Aufschub gönnen, daß ich nach Dero unschätzbaren Tabellen und andern gedruckten und ungedruckten Schriften die Russische Geschichte bis auf die neuern Zeiten mir einprägen kann, so werden Dieselben dadurch außer dem Dank meiner Eltern und aufrichtigen Freunde vielleicht auch noch den Beifall erhabener edelmütiger Gönner sich zu eigen machen und mich lebenslang bereit finden mich zu beweisen als Hochwohlgeborner Herr Staatsrat

                 Geneigter Gönner
                 Ew. Hochwohlgebornen
                 gehorsamster Diener
                       JMR Lenz.

Ich tue diese Bitte auch an Ew. Hochwohlgebornen Frau Gemahlin und schmeichle mir, daß Dero Herr Sohn mir seine Fürsprache bei Ihnen beiderseits gleichfalls gönnen werde; da ich bisher schon von so vielen Proben Dero allseitiger Güte beschämt worden bin. Sollte ich im Stande sein, Ew. Hochwohlgebornen oder Dero Herrn Sohn in der Zwischenzeit meines Aufenthaltes zu etwas brauchbar zu werden; so werden Ew. Hochwohlgebornen mich glücklich machen, wenn Sie mich davon benachrichtigen.

301. LENZ AN SEINEN VATER

                 Moskau den 18ten November 1785

Teuerster und Verehrungswürdigster Vater! Ihre geneigte Zuschrift habe schon durch verschiedene Gelegenheiten beantwortet, aber noch nicht die mindeste erfreuliche Nachricht von Ihrem uns allen so teuren Befinden weder durch meine lieben Geschwister noch durch sonst einen Freund erhalten können. Wie glücklich wäre ich, wenn der Herr Pastor Gerzinsky mein würdiger Seelsorger und Beichtvater, der mir diesen Einschlag in seinen Brief erlaubt, ein Bewegungsgrund mehr wäre, mich aus der quälenden Unruhe dieser Unwissenheit durch einige gütige Zeilen zu reißen. Sie haben die Güte gehabt, mich an den Herrn Past. Brunner und an dessen Verwandte und Freunde, die Herrn Mahler und Kaufmann zu adressieren, welche, da *Me Exter* ihre Behausung verändert, jetzt meine Nachbarn sind. Darf ich es aber wagen, teurester Vater! Da Sie die Güte gehabt, mir vierteljährig aus Ihrer Väterlichen Milde eine kleine Zulage von 25 Rubeln zu versprechen (welche ich schon einmal durch den H. Past. Brunner erhalten) Sie gehorsamst zu ersuchen, selbige diesesmal an meinen Beichtvater, den Herr Past Gerzinsky zu adressieren. Die Ursachen, so mich dazu nötigen, sind folgende. Erstlich hat dieser würdiger Mann,* sowohl als der Herr Past. Brunner, sich viele Mühe gegeben, meinem lieben Bruder in Derpt Subskribenten zu seinen geistlichen Reden zu verschaffen, unter welchen sich sogar verschiedene einsichtsvolle Personen von dem hiesigen russischen Adel befinden. Mit vieler Beschämung muß ich Ihnen hier den Namen eines Major von Tshagin nennen, welcher so wie verschiedene hiesige vornehme Russen sich mehrere Jahre in Deutschland aufgehalten und da er Sprache und Sitten genau kennt, mir vielen Eifer bezeugt hat, diese Reden zu lesen. Dieser würdige Gönner, der mich schon mehrere Jahre lang unverdienter Weise mit Rat und Tat unterstützt hat, steht durch seine Schwester in Verwandtschaft mit ihrer Erlaucht der Direktrice der Akademie der Wissenschaften. Der wenige Unterricht, den ich seinen Kindern gegeben, hat ihn zu meinem Freunde und Beschützer gemacht und ich weiß das viele Gute das dieser Menschenfreund mir, besonders als ich mit Sprache und Sitten allhier noch völlig unbekannt war, durch nichts als ein eifriges Gebet für sein Wohlsein zu erwidern; besonders da sein Beispiel mehrere edle Russen veranlaßt hat, sich meiner nicht bloß als eines Fremden, sondern mit patriotischer Wärme anzunehmen.**

Die zweite Ursache ist, daß Herr Rektor Lau (ein ehemaliger Universitätsfreund des Bruder in Derpt) bei der deutschen Schule, die unter der Aufsicht des Herrn Past. Gerzinsky steht, das fürtreffliche Elementarwerk des Herrn Basedow mit Kupfern besitzt, und mir dasselbige erst kürzlich, da wir das Glück hatten daß Sr. Durchl. der Graf v. Anhalt, der Mäzen aller Erziehungsanstalten in Rußland, hier durchgingen, nicht allein sehen lassen sondern auch sich willig findet, mir dasselbe um einen billigen Preis ganz abzustehen. Könnte ich, teurester Vater! Ihr gütiges Geschenk wohl besser anwenden, als durch den Ankauf eines Buchs, das mir gleichsam erst jetzt meine erste Moralische Existenz bei einer Erziehungsanstalt gibt, da es nicht bloß für Eléven, sondern hauptsächlich für diejenigen verfasset ist, die sich mit der Bildung derselben beschäftigen. Kann ich der rechtschaffenen Dame in deren Anstalt ich mich befinde, und die mir erst kürzlich von neuem versprochen für meine Equipage Sorge zu tragen, dieser Dame, deren Vorsorge für 90 Elèven und 19 Lehrer, ihr noch Zeit übrig läßt für mich so freundschaftlich zu sorgen als etwa meine Schwester Moritzin tun würde, meine Achtung und Erkenntlichkeit besser bezeugen, als wenn ich ihr dieses Buch anbiete und die Erklärung desselben bei einigen unserer jüngsten und liebenswürdigsten Pensionärs deren Eltern uns mit Gewogenheit überhäufen, selbst übernehme. Ich bin so glücklich gegenwärtig einige um mich zu haben, deren Eltern mit Personen, die die höchsten Würden in unserm Senat einnehmen in Verwandtschaft stehen welchen ich mich sonst auf keine Weise nützlich zu machen oder zu empfehlen weiß. Zugleich halte es für meine Pflicht, da ich nicht im Vermögen bin, *Me. Exter* Geschenke zu machen, ihr für alles Gute das sie mir seit vier fünf Jahren in Moskau erwiesen, wenigstens meine Bereitwilligkeit zu zeigen, auch mein Scherflein zu dem Allgemeinen Besten, für welches ihre Anstalt eingerichtet ist, auf eine oder die andere Art beizutragen. Wollte Gott, es könnte ein Senfkörnlein sein, unserm jungen Adel bei seinen anderweitigen liebenswürdigen Eigenschaften, ein wenig Liebe zum Detail alles dessen was zum Menschlichen Leben gehört einzuflößen und ihnen zu fühlen zu geben, daß der allergeringste Mensch, wenn wir seine Fähigkeiten recht zu lenken wissen, wenn wir wissen, wie wir ihn beschäftigen dürfen und sollen, uns unaussprechlich nützlich sein kann. Ich habe das unnennbare Vergnügen, diese Gesinnungen schon hier an einem jungen v. Wiäsemsky und andern vornehmen jungen Herrschaften von seinem Alter (worunter sich auch ein junger Fürst Gagarin befindet) zu entdecken: es fehlt nur noch an der Kenntnis der Mittel, sie dermaleinst, zur Hoffnung unsers gemeinschaftlichen Vaterlands, in Ausübung zu setzen.

Ist es wahr, teurester Vater! daß Sie die Güte für mich gehabt, durch Herrn Hartknoch von hier eine Russische Bibel nach Riga zu verschreiben. Ich hatte eine herzliche Freude darüber, weil ich überzeugt war, daß Sie in derselben Ihr Bild finden würden; so wie es so viele edle Russen, die auch an meinem Schicksal einen Menschenfreundlichen Anteil zu nehmen würdigen, darinne finden. Darf ich doch bitten Herrn Hartknoch gelegentlich gütigst zu fragen, ob er nicht einen Herrn von Töllner, preußischen Offizier, kennt, welcher mir von Ihnen und dem Bruder in Dörpt zu meinem Troste sehr vieles erzählt hat. Er rühmte mir ein gewisses Buch, dessen ich hier habhaft zu werden wünschte. Es heißt: Lebensläufe in auf und absteigender Linie, von einem deutschen Plutarch, der aller Aufmerksamkeit und Nacheiferung würdig ist. Ein solcher Maler der Seelen und Sitten wäre hier am rechten Ort, wo sich täglich in der Nähe und Ferne so vieler Stoff dazu anbietet. Ein Moralischer *Chevalier du Luc* würde den Reichtum der Charaktere allhier, mit dem Geschmack und der Kürze behandeln müssen, mit welcher jener den Reichtum der Schöpfung in den Schweizergebirgen behandelt hat.

Wollte Gott, teurester Vater! ich könnte Ihren Segen zu irgend einer Art von fixer Existenz in dieser Mütterlichen Stadt herüberholen! Die Würde welche Sie bekleiden, wird durch Ihre Person erst interessant und erregt die sympathetischen Empfindungen aller derer, so sich in ähnlichen Verhältnissen befinden. Sprechen Sie wenigstens schriftlich ein Wort des Trostes über mich, werden Sie zum andernmal ein schöpferischer Vater meiner Ruhe und meines Glücks, zu dem ich in der Güte so vieler um mich verdienter Edlen einige Anstalten zu entdecken hoffe. Ich habe das Glück gehabt, Sr. Exzellenz dem Herrn Curator Cheraskoff besonders empfohlen zu sein und beschäftige mich gegenwärtig mit einem Aufsatz über einige Schönheiten seiner Gedichte, insofern sie auf die Erziehung der russischen Jugend Einflüsse haben. Herr Hofrat Schade, der bei der Kaiserl. Kommission zur Untersuchung hiesiger Schulanstalten war, ein Mann von lebenslänglicher Erfahrung über diesen Gegenstand, hat mich dazu gütigst aufgemuntert. Vielleicht bin ich so glücklich, da die hiesige kais. Universität sich unsrer Anstalt mit besonderm Eifer annimmt, wenigstens dem Namen nach mit einige Ansprüche auf ein Art von Bürgerrecht bei derselben zu erhalten. Was meinen Mut und Zutrauen auf die allesbelebende Vorsicht unaussprechlich stärkt, ist der huldreiche Blick den der oberste Befehlshaber unserer Stadt auch auf unsere Anstalt zu werfen scheint. Soll ich Ihnen sagen, daß ich das Glück gehabt vor Sr. Durchl. dem Grafen Anhalt selbst vorgelassen zu werden und daß dieser herablassende menschenfreundliche Herr sich fast eine Viertelstunde mit mir zu unterhalten die Gnade für uns hatte? Welch ein Gemälde in einer solchen Galerie als sich mir hier von allen Seiten auftut um mein Auge – und vielleicht bald – auch meinen furchtsamen Pinsel zu üben!

Herr Major Hüne – und andere Freunde, denen mich der Bruder aus Derpt empfohlen, befinden sich gesund und munter. Darf ich bitten, meiner teuresten Frau Mutter und sämtlichen geliebtesten Geschwistern und Freunden tausend warme Grüße zum Neuen Jahr zu sagen, Zeit, Raum und Umstände erlauben mir diesesmal nicht ein mehreres. Ihrer geneigten Fürbitte bei dem höchsten Geber aller Weisheit und Gaben, den ich für die Erhaltung Ihrer uns allen so teuren Gesundheit, Ruhe und Zufriedenheit unablässig anflehe, empfehle auch in diesem Jahr meines teuresten und verehrungswürdigsten Vaters
gehorsamsten Sohn
Jakob Michael Reinhold Lenz.

[Adresse:] Sr. Magnifizen
Herr Herrn Christian David Lenz.
Generalsuperintendenten des Herzogtums Liefland, und geistlichem Präsidenten im Kaiserlichen Ober-Consistorium zu
Riga in Liefland
unter gütigem Einschluß

302. LENZ AN CLAUDES
[Moskau, zwischen 1784 und 1788]

Lieber Freund Claudes! So eben komme von einer langen Konferenz die mit Herrn Rosberg hatte, (welcher mir geraten allen Herren die zweideutige Titel haben die Ärgernus stiften könnten wie ihm zu begegnen und keinen Titel zu geben, bis weiter –) über die Eröffnung der Rosengesellschaft von der er für seine Person nichts wissen will doch von Breitkopf und den neuen Druckereien im Rathause mit dem Fürsten Tufukin sprechen wollte. Damit ein Haus und ein Herd voll werden. Von der Damenzeitung und ihren 3 Sekretären nebst dem damit verbundnen Logenhause des Herrn Laugier wollte er nicht eher wissen als bis *Virgines parturiunt.* Diese Anekdote die in unsern Zeiten nicht nach dem Buchstaben ohne sich und andre zu töten genommen werden kann, wird Ihnen aus der *biografie Augusts* nicht unbekannt sein, dessen Statuen alle umfielen. Wissen Sie nun also in der Geschwindigkeit kein Mittel aufzuschließen? Am besten ist Sie ziehen vor der Hand beide selbst dort ein, bis weiteres. Dero ergebenster

JMRLenz

Herr Roßberg verlangt von Ihnen den Plan eines Nationaltheaters welchen Sie dem Theaterkalender versprochen und ob er nach den Ideen des Herrn *Laugier* mit Logen über den Coulissen auszuführen ist. Sollten dieses nicht Climene und Angelika am besten ausmachen wenn Mlle*** die berühmte Geheimschreiberin der ausländischen Rosenlogen sie das erstemal wird besucht haben. So wird denn wohl mein Lieber aus 2 mal 2 endlich 4 und aus 2 mal 4 endlich 8 werden. Lassen Sie immer diesem seltsamen *Bureau* von *Damenzeitung* im eigentlichen Verstande Gerechtigkeit wiederfahren

[. . . .]

bitte mir auf diesem Papier die Zeichnung des neuzubauenden Hauses für die Schuldruckerei der Übersetzungen in allen Sprachen aber ohne alle Stunden und Minuten *regulus*

Und dann auf der andern Seite des Nationaltheaters für 2 junge Prinzen nach ihrem Geschmack einzurichten und ihren jungen Maler Bräutigamm fleißig daran arbeiten zu lassen, daß die Sekler und Zikler einmal beschämt werden.

Ist Ihr Freund Trittwitz schon bei Hofrat Schaden gewesen und hat sich von ihm die Manschurischen Alphabeten zeigen lassen die ihm die Fürstin Daschkoff durch einen ihrer Übersetzer zukommen ließ? Sein Freund der Direktor der Akademie

der Künste in Petersburg Herr v. Veltner würde ihm für einige seiner Stufen verbunden sein.
[. . . .]
Bei der Bibliothek wäre aber mehr auf Alte – mit und ohne sichtbaren Bart – als auf Kinder Rücksicht zu nehmen die immer beim Buch aller Bücher bleiben und langsam zu andrer Lektüre fortschreiten. Hier würde also der Übersetzungskommission freistehen in diesem Saal der Lektüre zur Lesung wirklich nützlicher großer Werke sich ein zu finden wenn und wo sie wollte.
[Am Rande der 1. Seite:] O wäre Engelhardt – O wäre Trubezkoi noch einmal zu vermählen Er würde wieder jung bei vier verbundnen Seelen.
[Auf der 2. Seite unten seitlich:]
an das *Damen Bureau* für 2 Bräute im – – – Garten, denen die übrigen schon nachfolgen werden.

303. JOHANN KASPAR LAVATER AN LENZ

Freitags nachts 12. Uhr
d 30. März, 1787

Lieber Lenz, Dank für Deinen Brief, ohne Datum, samt den Beilagen von Silhouetten, die mich, schrecklicher Zeitarmut wegen weniger interessieren. Deine Urteile als Charakter betrachtet, sind mir wichtiger. Denke nicht, daß ich Deiner vergessen. *Quem amavi, nunquam non amabo.*

Hättest Du mir doch auch mehr von Dir, Deiner Person u: Lage, Deinem Tun und Leiden, Deinem Lieben u: Hoffen, Deinem Leben und Glauben geschrieben.

Goethe ist itzt in Neapel oder Rom, und arbeitet an der neuen Ausgabe seiner Werke, die er um die Hälfte vermehren will. Wenn er bald herkömmt, will ich Deinen Auftrag mündlich ausrichten.

Etwas, was physiognomischen Linien ähnlich sieht, wird nun bald in Engeland von mir gedruckt.

Ich bin nun neben Pfenningern an der Peterskirche, welches ein traumähnliches Glück für mich ist. Mama ist gesund. Mein

Sohn studiert Medizin in Göttingen. Meine zwo Töchterleins machen mir täglich Freude.

Meinen Nathanael für Nathanaele wünsch ich von einigen Christen in Deiner Gesellschaft gelesen.

a Dieu Lieber! Lieber wenig, als die Antwort aufgeschoben. Küß Deiner Stiefmutter in meinem Namen die Hand. Wills Gott! Kann ich Dir auch einmal schreiben –
›Land! Land! Land!‹

Lavater

304. LENZ AN DINGELSTEDT

den 6 Jun. [17]87 Mosco
An Sr. HochEhrwürden
den Herrn Consistorialrat Dingelstedt

In dieser Dunkelheit der Trennungen von Freunden
In dieser Einsamkeit von edlerem Genuß
Umringt vielleicht, wie Du, von innern, äußern Feinden
Wie Du – um kurz zu sein – von Lebensüberdruß
Ach treuer Dingelstedt! was kann, um Dich zu trösten
Da wir am Grabe stehn, wo all Dein Glück itzt ruht
Was kann ich sagen? – – – Ist die Hoffnung der
    Erlösten
Nicht unser bestes Rittergut?
Sie liebte – Ach warum mit Bildern Dich bestürmen
Die Dir des Freundes Hand, mit Recht itzt hart
    – entzieht – –
Sie ist nicht mehr – – – Sie ist! sie wird Dich noch
    beschirmen
Wenn ratlos sich Dein Geist um nach dem Hafen sieht,
Und keinen finden kann, ich sage redlich, keinen
Als immer nur den alten einen.
Sie ist! Du zweifelst Freund! nein Edler!
    zweifle nicht!
Es leben wenig Freund' auf Erden
Und immer mehr wirds der Beschwerden

Der Mißverständnisse, des Mißtrauns und des Wahns
Des Widerspruchs verschiedner Plans.
Allein sie ist! und feiner, edler, fester
Lebt sie nun ganz für Dich, Du Bester!

Ist Ihnen nicht eine Umarbeitung von Bitaubes Geschichte Josephs bekannt, die in Deutschland herausgekommen sein soll? Verzeihen Sie daß ich Ihnen von dummen Zeuge spreche, weil ich in der Tat nichts Ernsthaftes zu sagen weiß. Ich habe die Nachricht von dem Hintritt Ihrer Gemahlin in der Zeitung gefunden, die ich sehr wenig lese und sehr selten ganz durchlese. Mein Herz schlug mir, daß ich Ihnen solange nicht geschrieben. Aber ach! dürfte ich in solchen Veranlassungen nie wieder die Feder an den in die Hand nehmen, der fähig war mir durch ein Wort der Kraft bei der Nachricht von dem Tode einer Mutter die ich wie mich selbst liebte, soviel Aufrichtung zu geben.

Ich erinnere mich wenig mehr von den liebenswürdigen Kleinen, denen ich jetzt ein Dingelstedt zu werden wünschte. Könnte ich Ihnen einmal alles das Gute vergelten, daß Sie mir in Riga erwiesen und setzte mich nicht ein bißgen ungerechter und unmarkvoller Fanatismus oder Gott weiß welcher Geist des Selbstbetruges in Lagen, die es mir fast unmöglich machen Freunden zu dienen, ja oft mich selbst aus der äußersten Verlegenheit zu retten. Die Freundschaft ist meinem Bedünken nach eine etwas standhafte Wertachtung des andern, die durch keine Umstände und Glücks- oder Unglückslüftgen (so ein wenig Staub aufwehen) verändert wird. Hier wird weder die Presse befragt, noch der Bücherkatologus nachgesehen, obgleich auch diese Dinge einige Teilnehmung verdienen, aber die, wie mich deucht, bei weitem nicht von der entsetzlichen Wichtigkeit ist.

Ich kenne das ganze Hebezeug und Wirkungsmaschine dieser gelehrten Vereinigungen und achte sie nachdem sie es verdienen – aber das Persönliche meines Freundes ist mir ein wenig schätzbarer, als der armselige Hausrat von Drehzeug den er in die Gruft mit nimmt. Wir haben die besten Uhren von den geschicktesten Meistern, wir haben Teppiche und Gott weiß was, aber darum ist nicht jeder Teppichmacher ein Apostel u. s. f. nicht jeder Versemacher ein König und Prophet.

Wie traurig wird Ihnen Ihr Haus itzt vorkommen, da die Seele in der Hausuhr fehlt – – – dann das bleiben die lieben Gattinnen doch immer, wenn ich gleich dies Glück noch nicht selbst bis auf den Grad erfahren. Die äußern Geschäfte, so unserm Geschlecht überlassen sind, drücken und quälen ohne einen innern Trost, ohne einen geheimen Freund, dem alles recht ist und der uns den Schweiß von der Stirne wischt. Und diesen Freund gönnt uns das Verderben der Welt – und Gott! oft unsrer nächsten Freunde nicht. Was ist zu tun? Über den Sternen wirds eine andere Philosophie geben.

Wir suchen, wir wählen, wir betrügen uns und andere, bis wir endlich finden. Es ist einer, der Erbarmen mit unsern Schwächen fühlt. Er prüft doch auch nicht über Vermögen und lenkt Herzen wie Wasserbäche.

Gibt es in Liefland Witwenanstalten für den Adel und die Priesterschaft? Es hat in Rußland ehemals geistliche Stiftungen gegeben, an welche Summen ausgezahlt und für diese Leibrenten entrichtet wurden. Sollten sich nicht in Liefland Fonds zu einer Handlungsgesellschaft errichten lassen, die denen Interessenten, besonders denen verheurateten, oder die zu heuraten willens wären, jährliche Dividenden austeilten.

Ich schmiere mehr um Sie zu zerstreuen, als Sie zu unterhalten. Das Elend ist allgemein, auch durch ganz Rußland, besonders für die so Vorurteile in dies Land mitgebracht, die in einem gewissen Alter nicht mehr zu heben sind. Das Reich ist groß und so erschöpft nicht, es werden sich Mittel finden lassen, einem jedem Fremden in demselbigen sein Vaterland wieder darzustellen.

Meine Schwester hatte mir oft von Permien geschrieben, allein ich begreife nicht, wie ich dahin kommen, noch was ich da machen soll.

Die Härte der Grundsätze ist überall gleich und man trifft freilich mit unter auch überall weichere und edler gestimmte Gemüter. Doch auch diese wünschten gern die ganze Welt nach sich umzustimmen diese Bekehrungskrankheit ist allgemein. Der Schöpfer liebt und will die Verschiedenheit bei aller Eintracht der Gesinnungen und wenn nun der ganze Leib Auge wäre, was würde der Fuß sagen? Warum richten und verdammen sich doch die Menschen untereinander ohne Ursache? – –

Ich bin fast ganz von Kleidern und Wäsche gekommen, durch diese scharfsinnige *Sucht nach* Ähnlichkeiten, die uns alle Individualität nimmt. Sollte denn Gott nicht helfen denen so Tag und Nacht zu ihm schreien über diese felsenfeste und unbewegliche Bekehrer zu *der* kleinen Schimäre mit der sie morgens früh aus dem Bette aufstehen.

Ich küsse Sie Ädler! mit dem innigsten Bedauren und bitte mir eine überlegte – aber niemals schwärmerische Teilnehmung in Liebe an meinem Schicksal aus, wenn Geschäfte Ihnen gleich nicht Zeit lassen zu schreiben an

Dero
auch abwesend gleich aufrichtigen und
ungekünstelten Verehrer
J. M. R. Lenz.

N. S. Ich weiß, daß Sie auch außer der Kirche und dem öffentlichen Gottesdienst Geistlicher sind und bitte daher, sich meinen Brief an meinen Vater von demselben vorlesen zu lassen und in Ihre Beratschlagung zu nehmen. Wir haben in dem hiesigen Senat ein Comptoir zur Untersuchung des Petersburgischen Justizkollegii und es läßt sich hoffen, daß bei der Kommission zur Errichtung neuer Städte geistliche und Weltleute Platz nehmen können. Ich will nicht sagen, Gott berate, Gott helfe Ihnen, ich will ihn lieber bitten, mich in den Stand zu setzen, auch entfernteren Freunden nützlich zu werden, die mich freilich wohl bisweilen verkennen mögen, weil ich wider die Täge so in der Russischen Kirche ursprünglich ausgesetzt waren, sich bei der Mahlzeit auch des Armen und Dürftigen zu erinnern, nicht mit dem schwärmerischen Eifer zu Felde zog. Übrigens ist wohl, bei der Einführung neuer Kalender – anjetzt alles so ziemlich gleich und die Herzenshärtigkeit das einzige allgemeine Übel das durch Geduld überwunden werden muß.

Die Rangtabellen Peter des Großen fangen an auch so ziemlich menschlicher *commentirt* zu werden als bisher und vielleicht stehen einmal Geistliche auf, die das Ehre von einander nehmen ein wenig besser auseinander setzen. – Gott schenke Ihnen und mir weniger schnarrende Lobeserheber und seltnere standhafte und aufrichtige Freunde! –

305. LENZ AN HARTKNOCH
In großer Zerstreuung
[Moskau] d   Septbr. 1787

Wertester Freund! Es haben mich einige Mitglieder der hiesigen freien Typografischen Gesellschaft bevollmächtigt, mit Ihnen über Teilnahme an derselben Briefe zu wechseln. Wahr ist es, daß wir hier deutsche Druckereien haben, allein die Lektüre ist noch nicht so sehr ausgebreitet, daß z. B. ein neuer Buchladen zu errichten wäre. Wer weiß, was geschieht, wenn die Sache in die Wege zu richten wäre, daß Kaufleute die nach Derpt zum Jahrmarkt reisen, dem Herrn Reimmann nachahmten und ihre Zeit so nähmen, daß sie von Riga nach Moskau und von hier nach Derpt gingen. Vielleicht wäre möglich zu machen daß der Jahrmarkt im Troitzkischen Kloster (denn in Moskau ist keiner) der am 15ten August anfängt, entweder verlegt, oder mit einem neuen vermehrt wird, der etwa sich an den im nahgelegenen Dorf Pawlow vom 26sten Oktober anschließen könnte, wovon in der neuherausgekommenen Beschreibung des Moskowschen Gouvernements, die hier zu 1 1/2 Rbl. verkauft wird, nachgelesen werden kann. Man ist hier eben bemüht, eine Lesegesellschaft einzurichten, der alsdenn ein Buchhändler der neue Sachen aus Deutschland mitbrächte, willkommen sein würde. Soweit darf ich in dieser Sache schreiben, da Herr von *Kutusoff*, dessen Silhouette ich nebst der vom Fürsten *Trubetzkoi* und seiner Gemahlin dem R. Allerlei beilege, gegenwärtig nicht in Moskau ist, auch Herr *Nowikoff* sich auf dem Lande befindet. Nicht diese wirklich große und edle Russen allein, sondern mehrere, unter denen sich Se. Exzell. der Kurator der hiesigen Universität selbst befindet, haben mich aufgemuntert, das Auserlesenste der neueren russischen Literatur unter dem Titel Russisches Allerlei auch den Ausländern mitzuteilen. Als der Graf Anhalt hier durchging, mußte demselben versprechen, einige Gesänge der Russiade oder Gedichts von Rußland in der Übersetzung mitzuteilen, welches Gedicht ich dereinst besonders abzudrucken und als denn dem Grafen der als [das?] Original nicht so leicht weglieset, zuzueignen gedenke. – Sollten sich in Liefland und vielleicht in Kurland oder auch Preußen Subskribenten nicht Pränumeranten zu dem Allerlei finden so würde mich es freuen, wenn Sie für Verlagskosten schadlosgehalten würden; sonst wird auch Rüdiger, der erst ganz kürzlich Blestschejewefs Beschreibung des Russischen Reichs von mir in der Übersetzung drukken lassen den Verlag gern übernehmen. Nach bester Empfehlung an die Frau Gemahlin

Dero aufrichtig ergebenster
JMR Lenz

306. Lenz an Brouwer

[Moskau, etwa 1788]

Милостивый государь мой и покровитель Николай Ивановичь!

Verzeihen Sie daß ich Ihnen diesen Namen gebe und Sie ihn noch dazu aus der Brieftasche des Grafen Anhalt bekommen

Sie erinnern sich noch meines kurzen Aufenthalts in Petersburg, meiner Unentschlossenheit, Unwissenheit, Trägheit, Schöngeisterei, Schwermut kurz aller der Fehler, welche gegenwärtig mit eben dem dringenden Eifer und Ernst ein für allemal der Vergessenheit zu übergeben bitte, als mir die Geduld, Dienstbegierde, Nachsicht, Ermunterungen so Sie mir in Ihrem Hause gaben, ewig unvergeßlich sein werden.

Unter einige der vorzüglichsten Proben Ihrer Freundschaft zähle die Bekanntschaft, so Sie mir auf dem Musikalischen Klub mit einem Herrn Ziero, Freund des Herrn Weitbrecht machten, durch welchen auch die Ehre hatte die Demoiselle Beausobre in dem Gräflich Tschernitscheffschen Hause aufzuwarten, deren Verwandter durch die fürtreffliche Schrift über das Finanzwesen, sich die Hochachtung der ganzen gelehrten Welt erworben. Ich hatte einen französischen Brief an diesen Herrn aufgesetzt, mit welchem ihm jetzt nicht beschwerlich fallen will, da ich weiß daß Sie auch französisch sprechen und ihm allenfalls die Stelle desselben so ich Ihnen hier in der Abschrift beilege, mündlich vorsagen oder auch vorlesen werden, falls Sie Gelegenheit haben, ihn zu besuchen oder auf dem Klub zu sehen. Ein gleiches wird mit Herrn Backmeister, der in dem Hause des *Etats*rat Schwebs wohnte geschehen können, da ich seine itzige *Charge* nicht gleich auswendig weiß und Fehler in dem Briefe gegen das *Etiquette* zu begehen fürchte.

Sie haben doch wohl Bekanntschaft mit dem Herrn Obristen Boc, welcher die Tochter eines Direktors des Baues der Isaacskirche geheuratet. Ich bin dieser ganzen Familie (denn wo ich nicht irre gibt es mehrere Brüder, von welchen einen jüngeren in Liefland auf dem Lande bei einer Dame kennen gelernt, deren Schwester itzt Generalin bei der Flotte in Petersburg ist und deren Gemahl, obgleich dem Namen nach wie es scheint von schwedischer Abkunft, dennoch in russischen Diensten, und wo ich nicht irre gegen die Schweden geblieben) noch von den Jahren her Erkenntlichkeit schuldig, da sie meine Studien auf der Universität mit einer Beihülfe unterstützten. Sie erinnern sich auch wohl noch, als Sie mich in Petersburg an den Hof nahmen daß ein Kammerherr Bok und der Major Berg, Sohn des Generallieutenants in Riga, eines vorzüglichen Gönners meines lieben Bruder und apostolischen Vikars in Derpt, eine Art von Bollwerk vor uns machten, daß wir weniger beobachtet wurden und durch die kleinen Öffnungen so sie uns doch bisweilen ließen, besser und ungehinderter sehen konnten. Der jüngere Herr von Boc war auch ein Freund des jungen Herrn von Behagels, Verwandten des schwedischen Ministers, den Sie in Petersburg gesehen haben. Ein Kammerherr Boc der in dem Demuthschen Gasthof abgetreten war, hat mir viel von seiner gefahrvollen Reise über Schweden erzählt – alles dieses werden Sie vielleicht schon vergessen haben – ich erinnere mich aber noch, daß ich sogar in Liefland mit Ruhm erzählen hörte, wie glücklich dieser Herr mit seinen Bauren war, für welche er einige geschickte Handwerker aus fremden Ländern mit gebracht und viele derselben, so er an seinen Adelhof nahm, eben so wohl zu guten Künsten als zu der deutschen Sprache anhalten lassen. Ein Beispiel das in Rußland Nachahmung verdiente.

Das Alpendihlsche Geschlecht ist eines der ältesten und angesehensten in Liefland und das kleine Rücklehn, welches die Monarchin der Witwe des verstorbenen Obristen als ein Witwengeschenk für sie und ihre Töchter zur *Arrende* gegeben, ward vormals von dem Assessor Hagmeister verwaltet.

Man hat in Derpt noch das alte Gemäur einer sogenannten Schwedischen Kirche, welches Herrn Bakmeister,* der mit allen Details von diesem Ort bekannt sein muß, dessen Universität er beschrieben, nicht unbekannt geblieben sein kann. Auch wird er wissen, daß Derpt zum Anseebunde gehörte (der in Novgorod zerstört ward) und eine Verbindung durch Pernau mit der Ostsee hatte, so wie durch den Peipus und den Fluß Narwa mit dem Finnischen Meerbusen, folglich die Möglichkeit einer Handelsschule in Derpt, die freilich den Beistand des umliegenden Adels, der den Jahrmarkt oder die Messe daselbst besucht, nötig hat, nicht so ganz völlig unter die eitlen Träume und Schimären verwiesen werden muß, zu mal da nach dem Plan der Monarchin mit der Moskauschen Handelsschule des verewigten geheimen Rats von Demidoff die jungen Studenten dieser Handlungsakademie nach vollendeten Studien Reisen erst innerhalb, dann außerhalb des Vaterlandes anstellen sollen, um den Handelszustand und die Produkte jedes Orts, den Charakter der besten Kaufleute u. s. f. kennen zu lernen und ihren künftigen Kredit ein wenig zu befestigen.

Sollten die Herrn Korrektoren und Verbesserer der Sitten und Denkart des Landes, besonders des Volks, in Lief Ingermannland und Finnland, die sonst unter dem altmodischen Titel von Hofmeistern ins Reich verschrieben worden, nicht Gelegenheit haben den Adel auch in Liefland zur Unterschrift einer Übersetzung der berühmten Bonnetschen Sammlungen der Naturgeschichte, des Pflanzen, Stein und Tierreichs in die russische Sprache, wahrscheinlich auch mit Beiträgen von einheimisch russischen Produkten aus den drei Reichen, zu welchen Künstler, Maler und Kupferstecher [...] in kontraktmäßigen Anspruch genommen und wohl bezahlt werden müssen, durch ein gutes Wort zu gelegener Zeit, willig zu machen? – Der Adel und die Damen unterschreiben doch so gern zu allerlei Kleinigkeiten und Possen in Prosa und Versen, die nur zur Belustigung in trüben Stunden und wider die Langeweile auf dem Lande auch zu einer künstlichen angenehmen Melancholei dienen, aber eigentlich den wahren Nutzen ihrer Haushaltungen, Kinderzucht, Bediente und Untertanen, ja sogar des Umsatzes ihrer Naturprodukte mit Ausländern, niemals befördern werden. Solche Bilder mit Farben würden allen möglichen Arten von *langues* und Zungen, sie mögen nun *oui*, oder *oc* aussprechen, willkommen und verständlich sein. Ich hoffe meinem lieben Bruder *Vicarius* und durch ihn und Herrn Pastor Oldekopp auch meinem teuren alten Vater gelegentlich davon zu schreiben, wenn der letztere schon sein kleines Bischofshof noch nicht einmal besucht hat, wo ich mich gern mit ihm zusammen fände, um auch ein paar neue Worte mündlich mit ihm wechseln zu können, über hundert Dinge, die hauptsächlich Schulen und Erziehungsanstalten betreffen, da Herr Pastor Gorzimsky und Lau das Vergnügen haben, zu hoffen, eine neue Handlungsschule in Moskau vor ihren Augen aufsteigen zu sehen, die mich sehr oft in stumme Bewunderung der Gnade der großen und unvergeßsamen eben sowohl als unvergeßlichen Landesmutter gegen das alte Lyzeum in Riga hinreißet, wo wie Ihnen bekannt sein wird, Herr Past. Dingelstädt und Moritz die Erziehung dirigieren.

Erinnern Sie sich noch eines Apfels in Matten vom Berge Kaukasus und Kaspischen Meer den mir der verstorbne Professor Güldenstedt schenkte und mit welchem ich Ihren oder Ihres lieben Herrn Schwager Pflugs Kindern ein Geschenk hätte machen sollen. Ich bracht ihn der Frau Generalin Kurganovsky, da ich weiß, daß ich ein schlechter Admiral bin und überhaupt so wenig Russisch in meiner Kindheit gelernt, daß ich von denen Geheimnissen, die in Rußland unter der Figur eines Apfels liegen sollen, ganz und gar nicht unterrichtet war auch nicht daran gedacht habe. Ich wollte und mußte nun galant sein und beging vielleicht einen groben Fehler. So ist es mir mit dem Tanzen und hundert andern Dingen dieser Art gegangen, so daß ich mehr als jemand Satiren verdient hätte. Möchten doch nur alle Satiren ohne Personalstachel und so meisterhaft geschrieben sein, als einige seitdem in Petersburg herausgekommen. Ich umarme Dero Herrn Schwägern Pflug und Kreidmann, wie auch sämtlichen Angehörigen unvergeßliche Achtung zu versichern von Ihrem unverändert

Ihnen persönlich verbundenen

J. R. M. Lenz.

[Am Rande der 4. Seite:]

Sollten Sie nicht einen Herrn v. Neumann leiblichen Schwager des Holländischen und Französischenglischen lieben Herrn Prediger Brunners, der in Kriegsdiensten war und in Peterburg Seedienste nehmen wollte, kennen gelernt haben? Herr Reimann, der Assistent des Herrn Hartknoch des Rigischen Bücher- und Verlagsrats (der die Weißischen Schriften so ungemessen verehrt) wird Sie vielleicht auch besucht haben. Wir hätten ihn gern hier zu einer Leih- und Lesebibliothek, die noch nicht *creirt* ist, mit angestellt.

[Am Rande der 2. Seite:]

Sollte Ihnen, teurester Freund! des Zusammenhanges wegen vieles in meinem Briefe noch sehr undeutlich scheinen so muß Ihnen nur grade heraus meinen Fehler gestehen, daß ich meine eigene Person aus dringenden Ursachen von allem was meine Freunde Bekannte und Verwandte in Liefland darinne angeht, sehr bestimmt und deutsch ausschließen muß, weil ich weiß, daß man nach gewissen Verabredungen von mir als einem Schwärmer urteilt, und nach denen Briefen so ich Ihnen aus Liefland geschrieben und schon oft widerrufen, halten mußte. Ich war damals wirklich nicht recht bei mir, wie ich schon oft erklärt habe, besonders denjenigen Herrn die besondere Geheimnisse der Freimäurerei in meinem Betragen suchten.

[Am Rande der 1. Seite:]
Eben entzückt mich eine neue Bekanntschaft, so ich von einem Reisenden der aus Peterb. angekommen, gemacht. Wollte Gott, ich hätte vier Pfenninge des Tages einzunehmen und könnte sie mit ihm teilen. Wäre doch die Moskwa der Rhein!
[. . . .]
[Adresse:] Sr. HochEdelgebornen Herrn *Brouwer*
    fürnehmen Handelsherrn in Peterb.

307. LENZ AN BROUWER [?]
[Moskau, nach dem 9. Juli 1788]

Mon bienfaiteur! Le voyage que Mons. Reimann a entrepris à mon insçu et sans me vouloir permettre de l'accompagner, me donne quelques faibles lüeurs d'éspérance; car à parler sincerement mon cœur se trouvoit bien abbatú. On pretend ici que S. A. J. Madame la Grande Duchesse doit se permettre fort rarement à rire; mais qu'à la pretension des Suedois, que toute l'armée devroit rendre ses armes, et que dans ce cas de Duc de Suderm. s'engagea à negocier la paix avec les Turcs, elle n'ait pû s'empecher d'éclater à rire. Ce trait m'a fourni le sujet d'un petit Drame, que j'ose presenter aux yeux du seul Censeur que je connoisse.. – – –

*Czarlot qui pleure et Czarlot qui rit, petit Drame
sur la guerre des Suedois*

Czarlot qui rit. On dit que toute notre armée a posé les armes.

Czarlot qui pleure. Oui Maman hiiiii.

Czarlot qui rit. Et les Suedois sont restés sous les armes

Czarlot qui pleure. Oui da Maman hiiiiii

Czarlot qui rit. Mais qu'en sera-t-il. Toute notre armée sera prisonniere: et mon Mari, bien loin de desarmer les Suedois leur fournira encore de nouvelles armes.

Czarlot qui pleure. Comme ça Maman, ce fera une jolie histoire hihiiii

Czarlot (éclatant) mais n'avez vous pas entendú que les armes des Suedois consistent dans des ciseaux et mesures, et qu'ils travaillent à pré-

sent tous comme des insensés à fournir des culottes à toute notre armée et à mon Mari même

Czarlot qui pleure. Que veut dire cela, hiiiiii – toute notre armée desarmée

Czarlot qui rit. Mais n'entends tu pas folle, qu'on ne peut pas venir à bout à leur faire des habits pendant qu'ils sont armés et combattent. S'il ne se trouve pas assez de ciseaux, on en fera venir de Toula

Czarlot qui pleure. Mais le Duc de Sudermannland veut nous prendre nos terres, ce n'est pas risible

Czarlot qui rit. Mais il nous donne des draps et du fer en enchange et prend service lui même dans notre armée n'est ce pas assez. C'est un prisonnier armé de cap en pieds.

Czarlot qui pleure. Hiiiiii.

Czarlot qui rit. Tu es bien folle, voudrois tu que cela nous eut couté du sang. Il en est assez de tes pleurs

Czarlot qui pleure. Mais nos terres, nos terres

Czarlot qui rit. Folle, elles restent à nous: nous les prêtons à un Ami qui en a trop peu et qui a une abondance d'habitans et d'artisans qui n'ont pas de pain Qu'ils viennent le chercher en Russie

Czarlot qui pleure. Mais comme ça nous serons Suedois au bout du compte

Czarlot qui rit. Folle les Suedois ne seront pas Russes et les Russes ne seront pas Suedois, mais ils vivront dorénavant en bons amis ensemble.

Messager (tout essoufflé) Oh malheur, sur malheur, les Suedois ont desarmé toute notre armée, et bien loin de se defendre, ils sont depouillés jusqu'à la chemise. Qu'on ordonne des prières publiques

Czarlot qui pleure tombe dans un fauteuil: C'en est donc fait

Czarlot qui rit. Mais ils viendront nous depouiller aussi.

Czarlot qui pleure. Je me meurs! –

A parler serieusement, j'avais plus de raison que tout autre à jouer le role de Czarlot qui pleure, qui ne m'a peut être pas mal rëussi, connoissant mes rélations dans toute leur valeur et poids. Cela me pesoit et j'avoue que si j'étois l'homme à inspirer mes sentimens à mes chers compatriotes du sexe masculin, je ne les ferois pas desarmer si vite. Ils ont des tailleurs tout comme Messieurs les Suedois qui du reste, trouveront du pain par tout l'Empire, sans trop nous incommoder. La lettre cyjointe en donnera peut être des éclaircissemens; elle étoit adressée au Comte d'Anhalt et si mon bienfaiteur peut la lui faire parvenir, ce sera un faible hommage que nos cœurs portent en secrèt au legitime heritier des droits du grand Pierre. Il auroit pú nous donner un Tubingue.

On m'a dit que Mons. Gadebusch, natif de l'isle de Rugen est decedé; je le regrette par rapport aux annales de Livonie, qu'il a eû la bonté de m'envoyer, quoique j'ai eû le malheur que Messieurs les Czarlots pleurants de Moscou m'aient derobé presque tous mes livres.

Cela ne m'empechera pas de chercher quelque lecture qui put me fournir matière à des compositions que je mettrai aux pieds de Leurs A. J. au premier vent heureux.

Lenz

308. LENZ AN SEINE BRÜDER UND FREUNDE

[Moskau, 1788]

Projet à mon frère ou à un de mes amis de St. Petersbourg s'ils vouloient s'interesser pour moi chez Son Excellence le Chancellier de Besborodko en suppliant la Cour d'une pension tout petite qu'elle pourroit être.

Un Auteur de quelques traductions, du Russe en Allemand se trouvant vers la septieme année à Moscou sans autre moyen de subsister que les secours d'un Père qui par rapport aux depenses que lui coutent les autres enfants, ne sauroit lui accorder qu'un secours de 100 Rbl. par an, supplie tres humblement Son Excellence de daigner lui accorder quelque assistance par grace particuliere, parce qu'il se voit dans le dernier embarras et ne sauroit vendre les traductions qu'il fait, les frais d'imprimerie à Moscou lui ôtant tout ce qu'il s'en pourroit promettre de la liberalité des Libraires qui pourroient se charger de l'impression de ses traductions. Il n'a pas voulú même entrer la voye de la souscription parce qu'il croit en compromettre l'orgueil noble et legitime des Auteurs des dites compositions, qui n'ont pas écrit pour s'en faire payer.

S'il lui est possible, de faire un voyage à St. Petersbourg ou en Livo-

nie, il pourroit peut être disposer Mons. Weitbrecht ou Mr. Hartknoch à imprimer quelques extraits des meilleurs auteurs Russes, historiens et philosophes, et qu'il pense dedier à Leurs Altesses les jeunes Grands Ducs. Il disposeroit peut être la Noblesse de Livonie à s'y souscrire – mais tout cela à présent lui est impossible, il doit donc prendre recours à quelque grace particulière de la Cour qui ne laissera succomber un jeune homme, qui depuis ce tems s'est soutenú de quelques instructions qu'il a donné dans une pension de jeunes Elèves nobles, et qui l'ont logé et nourri. Ce n'est que le logement et la nourriture qu'il demande et promet de contribüer de sa part son possible à mettre en vogue un nouvel institut de pension de petits Ecoliers de Noblesse avec leurs precepteurs qui peut être sera accompagnée, si la Cour daigne y consentir, d'une élite des écoles Normales, mêlés avec quelques écoliers de l'Ecole allemande du fauxbourg Allemand, sous l'inspection de Mons. Lehmann Maitre és arts, qui leur enseignera la fortification reguliere et irreguliere avec les termes techniques en Allemand Russe et François, la Mechanique etc. et par l'exemple de ces Eleves excitera le zéle des jeunes pensionnaires nobles à se faire enseigner la même chose par leurs gouverneurs. La maison du Prince et Chambellan Beloselsky seroit très favorable à l'execution de ce petit plan d'education et je sais deux ou trois parens nobles qui consentiroient de bon cœur à y faire loger et enseigner leurs enfants tous jeunes encore avec leurs gouverneurs.

Mons. Kitt venant de St. Petersbourg a proposé de faire un plan à une nouvelle Manufacture, qui pourroit se présenter à St. Petersbourg et être combinée à ce petit Essai de Theatre d'education à l'imitation de Mons. Odinot de Paris Ce projet ouvriroit peut être une nouvelle branche au Commerce Russe, et par cette raison n'ose pas être melé à cette supplique qui ne regarde que ma personne et comme je n'ai aucun fonds à presenter pour soutenir ses idées solides et qui ne laisseront pas de satisfaire la Cour même, je ne saurois l'assister que de mes conseils tout à fait désinteressés.

Dieses bitte gehorsamst einem recht guten Freunde in Petersburg zu zeigen oder einem meiner Brüder Carl oder Christian nach Riga zuzusenden, damit sie die Gütigkeit haben einen kleinen – NB. aber viel kürzeren Aufsatz darüber zu machen und solchen durch meinen edlen Freund Brauer wo möglich an Se. Exzellenz den Herrn Grafen Besborodko selbst gelangen zu lassen, in dessen Gunst wenigstens empfohlen zu sein wünschte.

309. Lenz an Friedrich von Anhalt

[Moskau, 1788]

Erlauchter Graf Gnädiger Herr! Ew. Hochgräflichen Erlaucht werden den schwachen Versuch einer Übersetzung eines der vorzüglichsten Geisteswerke in Rußland mit der Nachsicht aufzunehmen geruhen, die der Eifer, Ew. Hochgräflichen Erlaucht dieses Werk bekannt zu machen, allein sich versprechen kann. In der Tat hat Rußland so gut als andere Nationen Ursache auf Produkte dieser Art stolz zu sein und der physische Boden dieses Landes das Ew. Hochgräflichen Erlaucht mit einem so nachahmungswürdigen Eifer kennen zu lernen gesucht, würde nicht weniger undankbar sein, wenn die Kräfte des Staats nicht bisher durch notwendige Kriege auf den Grenzen wären angegriffen worden. Diese haben den Genius der Nation zu kriegerischen Unternehmungen umgestimmt, welchem ein geistlicher Friedensrat niemals unentbehrlicher sein dürfte, als in einer Epoche, da Catharina die Große auf ihren bereits erworbenen Lorbeern der Ruhe zu genießen wünscht.

Da ich neulich den hiesigen Erzbischöflichen Sitz zu sehen das Glück hatte, den der bekannte Sergius gistiftet, von welchem H. v. Cheraskoff im ersten Gesange ein so liebenswürdiges Bild entwirft: so gestehe, daß der Anblick der schlechten Wohnungen umher mich in Verwunderung setzte und mir von dem Charakter des Oberhirten, den Ihro K. Majest. dem hiesigen Gouvernement gegeben ein nicht weniger erhabenes Bild entwarf. Allein wenn die Füchse Gruben und die Vögel Nester haben, so konnte vielleicht eine zu schwärmerische Erklärung einer mißverstandenen Stelle h. Schrift die Baukunst mit unter die verbotenen Künste rechnen, so lang es Zimmerleute gibt, die das erhaltene Geld für ein schnell aufgesetztes Kartenhaus in den ersten drei Tagen vertrunken haben. Ich habe unter der russischen Geistlichkeit verschiedene mathematische Köpfe kennen gelernet, die auch im Malen nicht ungeschickt waren, aber den Riß ihrer eignen in den Boden sinkenden Häuser zu entwerfen nicht im Stande gewesen wären. Und selbst der Landmann in Ihrer K. Majest. angrenzenden Domänen scheint üble Wohnungen für ein Zeichen der Frömmigkeit zu halten.

Wenn gegenwärtiges Gedicht so glücklich ist, sich den Beifall Ew. Hochgräflichen Erlaucht zu erwerben, so würde mir die geneigte Erlaubnis ausbitten, Hochderoselben preiswürdigen Namen einer kleinen Sammlung ähnlicher russischer Originalwerke vorsetzen zu dürfen, die unter dem Titel: Russisches Allerlei herauskommen soll, um eine kleine Ephemerische Schrift vor den Anfällen solcher Kritiker zu sichern, die auf die Verbindungen eines Schriftstellers keine Rücksicht zu nehmen gewohnt sind.

Ew. Hochgräflichen Erlaucht ganz und gar unverdienten Gnade und Großmut empfiehlt sich mit derjenigen Ehrerbietung, die auf keinen Stand Rücksicht nimmt und dem Eigennutz der die Triebfeder der meisten Gunstbewerbungen ist, angewiesene Grenzen zu setzen weiß

Erlauchter Graf Gnädiger Herr Ew. Hochgräflichen Erl.
gehorsamster Diener

310. Lenz an Friedrich von Anhalt

[Moskau, etwa 1789]

Durchlauchtigster Fürst und Herr! Ew. Hochgräflichen Durchlaucht fürchte beschwerlich zu werden wenn statt der ferneren Übersetzung an welcher in der Stille arbeite, die aber wie die alten Chroniken der Israeliten, wegen unrechten Verstandes der wahren Absicht des Verfassers, der durch mehr als eine Sündflut vertilgte Geschlechter von Menschen besang, noch viel Aufhaltungen findet, Höchstdenenselben einige im Gouvernement überreichte Bittschriften anders als auszugsweise untertänigst mitteile.

Vielleicht übernimmt mein Freund, Höchstderoselben getreuer Diener und Bevollmächtigter eine Mühe, für welche meine Kräfte zur Entschädigung nicht hinreichen. Es war die

Rede von Errichtung neuer Bankcomptoire außer den 2 in den Hauptstädten und den bekannten sieben in Jaroslaff Smolensk Welikoustjoug Nischnowgrod Wischnuiwolotschok und Tobolsk, zu besserer Zirkulation der inneren Reichtümer und Handels. Die Baltischen Provinzen z. B. schütten ihre Produkte in den Seehäfen auf, wo sie verderben, sie holen mit schweren Kosten die ihnen nötigen ausländischen Waren von dort ab, da sie vieles auf der Verkettung von Flüssen, über Moskau als einem Wolok oder Depositohandelsort von den südlichen Provinzen viel wohlfeiler haben könnten, wohin sogar einige Manufakturmaterialien besonders zu Strümpfen leichten Zeugern (die sie doch von russischen Kaufleuten nehmen, aber durch einen gewaltigen Umweg wodurch sie ihren Vorteil und die Manufakturen ihre Prozente verlieren. Ich unterstand mich vorzuschlagen, daß anstatt des unfruchtbaren Ankaufs von Ländereien, die unwirtbar sind und wo der Reichtum nur in der Möglichkeit liegt, daher zum toten Kapital wird, sie ihre Produkte an einem von Ihro Kais. Majestät vorgeschlagenen Ort anführen und die Art des Handels damit der Krone überlassen möchten. Selbige würde eigene Comptoirs und Consuls für diese Zirkülationsbank einheimischer Ware bestellen, welche aus derselben gegen gehörige Bürgschaft der Staatsmagistrate der übermäßigen Anzahl auf fremden Namen handelnden Mestschanianen kleine Summen vorstrecken würde, die erforderlichen Handelsbedürfnisse auf den Flüssen herbeizuschaffen.

Doch ich hoffe diesen Aufsatz Ew. Hochgräflichen Erlaucht in deutscher französischer und russischer Sprache gedruckt zueignen zu können. Ein anderer Aufsatz betraf die nötigen Maurerarbeiten bei denen hiesigen Baukommissionen der hohen Krone und deren Repartition unter die hiesigen Mestschaninen deren Anzahl nicht allein in den Haupt- sondern auch in den kleinen Städten die der Kaufleute und des Adels so unendlich übersteigt, als nach des Baron Pöllnitz Briefe die der Bedienten in Paris und London die der Herrschaften. Ich tat aus Allerhöchst Kaiserlichen Ukasen, die Herr Tschulkoff in seiner fürtrefflichen Handelsgeschichte gesammlet, dar daß die vornehmsten Handelszweige Rußlands Pottasche und Teer (für die Marine) seit 1737 einen so merklichen Abfall erlitten, daß es bei der erstaunlichen Menge von Aufwand des Holzes nicht allein zu Branntwein sondern allen möglichen Sawoden, nicht allein zum Schiffbau auf Meeren und Flüssen, sondern auch zu unaufhörlicher Versplitterung und Vergeudung durch die überzähligen Zimmerleute, die ein Haus auf 2 Monate bauen, zu geschweigen daß alle kleine Städte und Dörfer keine andere Handwerker kennen als die durch Holz ihren Unterhalt gewinnen – unbegreiflich wäre daß Pottasche und Teer überhaupt noch fabriziert wird; wie denn wirklich, wo sonst 2495 Tonnen zu 30 Pud ausgeführt wurden, itzt 100 verkauft werden, welches im ganzen genommen erstaunende Summen macht.

Ich schlug vor, daß Innungen der Maurer, nach Art der Feuergesellschaften in London errichtet werden möchten, wo die Mestschanianen und die Kaufleute mit denen sie sich assoziieren oder auf ihren Namen handeln, eine Anzahl Ziegeln zu brennen und längst der Moskwa, Kliasma und andern kleinen Flüssen Ziegelhütten zu errichten, sich anheischig machten, wogegen die Krone anstatt ihnen als Tagelöhnern Arbeiten zu verdingen, ihnen eine Anzahl Ziegeln zu eignen kleinen Häusern versicherte. Da die Halljahre schon im Alten Testament vorkommen, so würde die allerhöchste kaiserliche Huld und Milde vielleicht schwerere Arbeiten als Einfassung der Kanäle, Verbesserung der Stadtwälle u.s.f. denen Gefangenen überlassen, welche mit denen Maurerinnungen nicht vermischt werden dürfen.

Alle diese Einrichtungen aber bedürfen der Unterstützung und des freiwilligen Beitritts des Adels, zu welchen es wagte Se. Erlaucht den G. Gouverneur und den Sohn des verewigten Oberkammerherrn Scheremetjeff aufzufodern. Die Einrichtung neuer Universitäten würde wahrscheinlich verschiedene versteckte Genies aus den Klöstern oder befestigten Pastoraten in den Sommergarten herbeiziehn, wenn Ihro Kaiserl. Majestät die Stadt Moskau ihrer untertänigsten Bitte gewährte, zur Errichtung einer vermittelnden Akademie der Sprachen fernerhin Allerhöchstderoselbe huldreichste Einwilligung und Vermittlung fortzusetzen. Peter der Große eröffnete die St. Petersburgische Akademie mit einem Anatomischen Theater in der Nachbarschaft des Sommergartens, ein Chemisches Theater aber würde in einem Staat wie Rußland mit einer Umwendung der Hand einer Selbsterhalterin so weit gestreckter Provinzen Millionen verschobene Haushaltungen und Küchen weit schneller in Ordnung bringen, als alle Reden die der bekannte Menenius Agrippa an das unruhige Volk über die Unentbehrlichkeit des Magens hielt. Dem Sommergarten fehlten einige optische Vergnügungen, zu welchen hier fleißige Künstler die Fülle sind welche Allerhöchst dieselben schon zu Ausmalung von Klöstern und Kirchen bestellt hatten, vielleicht würde ein Magazin des bisherigen Geschmacks der Malerei in Rußland in der Nähe, eine Menge Künstler mehr aufmuntern, uns mit der Zeit bei dem Mangel an Volkspromenaden Brücken oder Gärten nach Art der in Luzern zu liefern, wo ganze Lebensgeschichten von Heiligen vorkommen und Priester und Mönche zu *Ciceronen* und Auslegern für Fremde und der Landesgeschichte Unkundige dienen.

Die Hauptsache aber wäre ein neuer Abdruck sowohl in deutscher als russischer Sprache der bisherigen im Reich eingeführten ostrogoschkischen Bibeln, wo Lesearten, Druck, Phrasen in beiden zu verbessern oder wenigstens durch Erklärungen in besseres Licht für die Einfalt zusetzen wären, da mehr als eine tägliche Erfahrung uns von den traurigen Folgen dieser Mißdeutungen und Mißverständnisse überführt, besonders wenn es in die Prophetischen Bücher geht.

Die Bakonen in unsern Klöstern wissen dieses so gut als wir aber sie haben das Herz nicht hervorzutreten, und ziehn sich vor einer unbesonnenen Menge immer wieder hinter ihre Schanzkörbe und Bilder zurück, welches die ersten (aber nicht zulänglichen) Waffen, gegen die alte Emblematische Sprache waren, die aus Phrygien zu uns kam, und welches eigentlich die Ur- oder Grundsprache aller europäischen Staaten ist, die durch die Gallen (Priester der Cybele) und Feinde der Priester des Bacchus *Sobi Sobachi* am Schwarzen Meer und in Italien, wo sie *Sabini Latini*, *Antiates* hießen überall verbreitet wurde, welches selbst das Wort φαρμακεῦειν [?] Götzendienen und φαρμακὸν [?] ein Feigenblatt anzeigt, denn alle diese Emblemen sind so alt als der wahre Gottesdienst, es waren verschobne Nachbildungen der ersten Hieroglyphe der Sprache die damals noch nicht artikuliert wurde, von der verbotnen Frucht, daher auch im Neuen Testament der Erlöser den Feigenbaum verfluchte.

[Es folgt viel Etymologisches.]

[. . . .]

Es ist bekannt, daß unbekannte Wohltäter zu einem wohlfeilern Abdruck des Cansteinschen Bibelwerks 1200 # beitrugen, die vielen Staatsausgaben lassen dieses in Rußland nicht hoffen, aber wir haben eine unnütze Glocke, mit einer steinernen Einfassung aus welcher fast ohne alle Kosten eine [!] Schmelzofen zu machen und das in der Glockenspeise befindliche Metall, z.B. wenn es Zinn, durch einen Zusatz von Blei, Gold durch einige Flüsse u. s. w. aufzulösen wäre, wenn die Gnade unsrer huldreichsten Monarchin zu einer stehenden Presse denen beiden Brüdern Nowakow, die sich durch Beförderung sovieler Übersetzungen und Schriften um Rußland verdient gemacht diese Glocke zu bewilligen geruhte, um sich ein ewiges Denkmal in den Herzen aller ihrer Untertanen, besonders der Armen, in den Normal und Landschulen u. s. f. zu stiften. Die Hallischen Bibeln wurden ungefähr zu 45 *Cop.* das Alte und 12 *Cop.* das Neue Testament verkauft und eine große Menge weggeschenkt. Diese Operation, wie das ganze Bibelwerk könnte einige Assemblenen des edelsten Teils der *Nation* im Sommergarten veranlassen nach Art derer, die der berühmte *Marchese Beccaria* in *Mayland* stiftete, als er aus Rußland zurückkam, und von welcher, zu der Zeit als ich in der Nachbarschaft beim Minister Ulyß von Salis mich aufhielt, ein Wochenblatt unter dem Titel *il Caffé* herauskam, besonders staatswirtschaftlichen Inhaltes.

Es würden vielleicht für die jungen Großfürsten kleine Stufen in das Palais abgeliefert werden um in Treibscherben und dazu errichteten Probieröfen Versuche im kleinen zu machen, weil man Metall reduzieren soll, an welchem die hiesigen Adligen Elevs des fast eingegangenen Gardencorps teilnehmen würden.

Wenn die drei Buchhändler von Moskau die v. *Nowikoffs*, Rüdiger, Bibel, denen eine Ratsherrn würde gebührte, aufgemuntert würden, einige Bücher dazu zutun, wie auch Herr Hofrat Schade eine fürtreffliche Büchersammlung in der Nähe hat, ausgenommen der großen Archivbibliothek, würde diese Unterhaltung der Erziehung im ganzen Reich ein besser Ansehen geben und die 40 Professoren der Universität auch von vielem Schulstaube befreien u. s. f. in tiefster Untertänigkeit

J. M. R. Lenz

311. LENZ AN [?]

b. Moskwa [etwa 1788/89]

Mein edler alter bewährter anonymisch mir wie weit unschätzbarerer Freund!

[. . . .]
[Sehr viel Etymologisches, Religiöses, Pädagogisches.]
[. . . .]

Ein Lehrer der mit seinen Schülern in der Klasse auf und ab spazierte und ihnen Vorlesungen aus der Bibel in mehreren Sprachen hielte die er mit Hülfe der Altertümer erklärte und auf alle Stände und Beziehungen der itzigen Welt anwendte würde für wahnwitzig gehalten werden und fein nach dem tötenden Buchstaben ins Tollhaus gesperrt werden. Die Aufseherin würde kommen und sagen, der Mensch rast, gib mir Herodes sein Haupt auf der Schüssel.

[Verlangen nach ›einer Bibliothek bei diesen Erziehungen‹; Erwähnung der ›Lehrer bei Herrn von Nowicoff‹.] Es ist aber ein Unterschied unter Organisieren zum Selbstlernen, oder gleich zum Gelehrten machen, wie unvernünftige Eltern wähnen.

312. Lenz an Uthof

Moskau, im März 1789

Tugend ist kein leerer Name
Kein verträumtes Hirngespinst
In ihm liegt der versteckte Samen
Zu dem reichlichsten Gewinst.
Mit diesen Worten empfiehlt sich
Ihrem freundschaftlichen Andenken

J. M. R. Lenz

313. Lenz an seinen Bruder Johann Christian

Aus Moskwa den ?? [Mitte 1789]

Geliebter Bruder! Lebt unser Vater noch? Ist er noch gesund munter? Denkt er noch an den 10ten Julius und liest er bisweilen in den Büchern Mosis vom zehnten Tage des siebenten Monden?

Siehe lieber Bruder! den Menschen der unter allen die mißverstanden worden, am meisten mißverstanden wird und den die Hand Gottes noch erhält – ihm Freunde und Beschützer zuwendet und in keiner Not gänzlich untergehen ließ.

Ich höre vom jungen Herrn Reimmann daß Hartknochs Sohn den Handel seines Herrn Vaters fortsetzt. Wenn Du ihn siehst, erzeige mir die Liebe und frage ihn, was unsere Schweizerfreunde machen – und wofür sie mich etwa wohl itzt halten? Ist Herr Füeßli sein Reisegesellschafter, den ich in Petersburg kennen lernte auch wiedergekommen? Ach wie werden einem doch so flüchtige Augenblicke des Genusses als ich in der Schweiz beim Anschauen der Physischen und Moralischen bessere Natur hatte, oft wieder durch so viele Proben verbittert! Wie empfindlich ist es, von ausschweifender oder verschrobener Phantasei solcher Personen zu leiden, die sich selbst den Genuß einer Seele frei von unruhigen Leidenschaften die zum Schaden des Nächsten abzwecken, auf dieser Unterwelt niemals zu gönnen scheinen. Von Personen die durch ihre Talente desto mehr Schaden anrichten, je mehr sie sich stellen uns nicht zu verstehen, um durch üble Auslegungen von Worten und Handlungen außer allem Zusammenhang, unsägliche Schmerzen aufzulegen.

Man sprach einige Zeitlang von neuen Universitäten in der Gegend um Pleskau und hier gegen den Dnepr in Zernigow, wo ein Erzbischof und eine Druckerei ist, in welcher verschiedene Schriften der Geistlichen in russischer Sprache herauskommen.

Allein der Bibelabdruck, der in Ostropaschk wo Augspurgische Kolonisten sind herausgekommen ist sehr alt und den meisten unverständlich. Es möchten sich im hiesigen Gouvernement Maßregeln zu einem neuen finden, dem auch eine neue deutsche Übersetzung mit Auslassung vieler Zweideutigkeiten der alten Sprache, bei gefügt werden könnte, z. B. des öftern, er betete ihn an, wenn von Menschen gegen Menschen die Rede ist. Und Ebr. 7,10 die fürtrefflichste und heiligste Stelle der ganzen Bibel die ein wenig allzu unehrerbietig herauskommt. Zu geschweigen der poetischen Schönheiten in Psalmen und Propheten – wobei dennoch die alte Übersetzung soviel möglich beizubehalten wäre. Man hat hier einige lateinische; wie mich deucht von vielem Wert.

Lieber Bruder! kennst Du nicht in Liefland oder vielmehr Riga einen Druschinin für die russischen Angelegenheiten und sollte sich nicht daselbst eine Zirkulationsbank für den einheimischen Handel etwa gegen Polozk zu, eröffnen lassen, von welchem Projekt Dir vielleicht gar ein gedrucktes Blatt zuzusenden hoffe, an dem ich selbst gearbeitet, daß einsichtsvollere Patrioten dasselbe verbessern können. Wir haben sieben Zirkulationsbanken, außer den 2 in Moskau und Petersburg. 1. Jaroslaff 2. Smolensk 3. Wilikiustjoug 4. Astrachan 5. Nischnovgrod 6. Wischneiwolotschk 7. Tobolsk – zwischen welchen nach Ditheys Wechselrecht beständige Korrespondenz und Übermachung von Geldsummen ist, so daß, wer z. B. rohe Seide, Tee, Pelzwerk, Gewürz u. s. f. aufzukaufen an einem entfernten Ort begehrte, an dem nächsten das Geld dafür deponiert und die Ware durch Kaufleute auf den Jahrmärkten erhält. [Am Rande der Satz:] Umgekehrt kann ers mit Bestellungen z. B. aus Kleinrußland, Belgrood, Ord, durch rückreisende Kaufleute mit Waren aus den Seehäfen eben so machen. Die Hauptursache ist der schwürige Transport in und von den Seehäfen, die weit bequemere Eröffnung der sich überall berührenden Flüsse Rußlands und der die vielen vermittelnden kleinern Städte und Jahrmärkte und reisenden russischen Kaufleute wegen weit bequemere Wechsel von Ware gegen Ware durch an diesen Orten bestellte Commissionärs oder kleine Consuls. Die Ausländer selbst würden an einen solchen vermittelnden Ort z. B. einer Rigischen Zirkulationsbank, in deren Nachbarschaft die einheimischen Produkte aufgeschüttet würden, mit welchen die Krone große Geschäfte machte und das Geld in kleinen Summen gegen Sicherheit an russische Mäkler auslieh sehr viele Bestellungen machen und von denen südlichen Provinzen am Dnepr gegen Zernigoff zu, ihrerseits wieder erhalten.

Dieses geht hauptsächlich denjenigen Adel an, der eigene Manufakturen anlegt, von denen einige kenne, zu welchen er die ersten Materialien hier aus der nächsten Hand erhält.

Noch eine Freundschaft bitte mir zu erzeigen und mir zu berichten, welches itzt die weltlichen Mitglieder des Rigischen Oberkonstitorium sind und ob noch Mitglieder aus dem Hofgericht dazugezogen werden.

Ich habe weder von dem Bruder aus Derpt, noch dem lieben französischen Bruder Moritz – so wenig als von unserm jüngsten Bruder aus Reval die mindesten Nachrichten, seitdem Freund Hüne, der wo ich nicht irre Verwandte in Reval hat, aus unserer Stadt verschwunden ist. Wenn sie sich nur alle wohl befinden. wenn sie nur alle meine Torheiten vergessen können, über welche die ganze Korrespondenz unsers lieben teuern Vaters und Bruders durch Feuer verloren. O möchte doch in ganz Rußland alle alten Sauerteigserinnerungen ausgefegt und vergessen werden! – –

Ist nicht Herr Huthoff durch Riga gereist und hat etwa bei Dir eingesprochen? Er soll wie man mir gesagt, in Hannover sein und wollte Briefe und Aufträge von mir mitnehmen, welche Gelegenheit eben entwischte. Ich hätte gern die ersten fünf Gesänge der Russiade (des alten Israelitenkriegs gegen Götzendiener längst durch Sündfluten verwischter Generationen) ihm anvertraut, die vielleicht Herr Boje in das Museum gerückt haben würde, um doch das deutsche Publikum mit dem Genius der russischen Epopée auch bekannt zu machen. So aber flog er davon und ich kann nicht einmal zu meinem Manuskript kommen, denn es scheint es kann hier in Moskau schwerlich abgedruckt werden, ohngeachtet das russische Exemplar in jedermanns Händen ist, das für deutsche Leser einige Erklärung bedurfte. Da die Urrussen ehemals selbst eine Tatarische Völkerschaft waren, so wäre es Wahnsinn und Aberwitz, da die vornehmsten Geschlechter in Rußland aus diesem Stamme sind, ein Gedicht dieser Art mit unsinnigen witzelnden Anwendungen und Anspielungen zu lesen.

Man studiert überhaupt in Liefland zu wenig russische Geschichte. Es würde dieses hunderttausend Schwürigkeiten und Steine des Anstoßes haben, die durch verwirrenden und verfinsternden Wahn der Leidenschaften und des Mißverstandes gemacht werden. Auch kommen zu wenig russische Bücher ins Land, z. B. Lebensgeschichte alter russischen Geistlichen mit ihren Gesichtern und altfränkischer Kleidung, die in heutigen Zeiten nichts Anstößiges haben sollte. Erfährst Du lieber Bruder etwas vom verdienstvollen Herrn Topografen Hupel, so erkundige Dich doch nach seinem Aesthiisch Phrygischen Wörterbuch. Ich habe einen Aufsatz liegen über die alte Emblematische Sprache des alten Phrygischen Götzendienstes der durch ganz Europa verbreiteten Gallen oder Priester der Cybele, wie auch der Vreesen, Frisen, (Phrygier) in Holland, der Esthier (*Aestii* des Tacitus) und Litthuanier oder Lateiner die an der Küste wohnten, worin ich die Verwandtschaft alle [!] Sprachen in Rußland vermute und aus einigen Proben darzutun mich getraute.

[Etymologisches folgt.]

[. . . .]

Wir hoffen auf eine Akademie der Sprachen und auf eine allgemeine Bibelübersetzung mit stehenden Pressen, zu welchen hier eine alte Glocke gebraucht werden könnte. Diese wird die Überreste der alten Emblematischen Phrygischen und alle ihre schändlichen ehemaligen Mysterien bald ausfegen, wozu das Feigenblatt Anlaß gab das φαρμακον[?] hieß und im neuen Bunde verflucht ward.

Doch ich plaudere zu viel und vergesse Dich Deine liebe Gemahlin und alle die Deinigen und Unsrigen tausendmal in Gedanken zu segnen. Lieber Bruder! ich leide – und darf nicht heraussagen, von welcher Seite her. Auch im Äußerlichen drückt mich Mangel.

Lebe wohl. Dein Freund

JMRLenz

[Am Rande der 4. Seite:]
Was macht Herr Rektor Hehn unser ehmalige Freund und seine liebe Gemahlin? Was macht unser lieber Sczibalsky? Melde mir doch einige Neuigkeiten, Verheuratungen u. s. f. wenn es Personen sind die ich kenne. Ich erinnere mich noch immer der Messe in Derpt und der Bärenhetze, wo die jungen Herrn hernach riefen: Aber wo werden wir essen? – Singt man in Liefland noch *Kasike Kanike*. Siehst Du daß wir alle Tartarn sind? – Es gibt freilich auch was man gute Zauberei oder lieber Kenntnis der Natur nennt, aber

[Am Rande der 3. Seite:]
Wenn Herr von Karamsin durchgeht, so erzeige mir die Freundschaft, mein Trauter! ihm wo möglich den Aufenthalt recht angenehm zu machen. Er liebt die deutsche Sprache vorzüglich, spricht und schreibt sie wie ein geborner Deutscher und könnte mit Hülfe des Herrn Bakmeister in Peterburg, da er itzt viel Bekanntschaft mit ausländischen Gelehrten gemacht, manchen guten Rat in Ansehung benachbarter Universitäten geben. Was macht der unglücklich ausgelegte noch viel mehr als ich mißverstandne Goethe und seine Autorschaft? Hört man nichts von ihm?

314. Lenz an Burner

[Moskau, etwa 1789]

Überbringer dieses möchte gern Ihre Kirche besehen, auch wohl wenn Herr Bergwitz ihn seiner Schwester empfehlen will mit jungen Herrn in Dienste treten, ist aber seines Gewerks ein Schneider, wenn er schon auch frisiert und vielleicht auf Kundschaft spekuliert. Wenn Sie ihm erlauben wollen mit Ihrem надзиратель oder Aufseher der Knaben die Kirche (die aber keinen Lehrstuhl hat) zu besehen würde dieses als einen Beweis Ihrer noch nicht erloschnen Freundschaft für mich ansehen.

[. . . .]

Die Hauptsache wird wohl die Errichtung einer – Bibliothek in Troitz sein zu der Herr v. Nowakoff die deutschen und englischen Buchhändler vielleicht auch Privatgelehrte wie Herr Hofr. Schade zusammenstehen sollten.

Beilage ist etwas aus den Heften die zur Vorbereitung einer Poliglotte aus alten Völkergeschichten dient durch welche eine Sprache durchs ganze Reich, insofern diese aus den ersten Wurzeln so leicht gemacht wird, daß sie auch den Fremden durch Umgang und gegenseitigen Umgang erleichtert würde, wozu ein Klavier statt des *ABC* von 36 Konsonanten mit 5 Konsonanten jeder Sprache dient, die wie Klaviernoten anstatt der Halbtöne mit den Vokalen gespielt, das Wort darstellen – am Ende zu hoffen ist. Wie lernen Kinder ihre Muttersprache? Würden Kinder mehrern Sprachen vermischt, so lernen sie sie ohne zu wissen wie? Besonders wenn wir kleine Handpressen bekommen (aber ohne Druck) die das Auge an Unterscheidung der Buchstaben spielend gewöhnen.

Haben Sie von Ihrem Herrn Sohn aus Kinburn keine Nachricht? Sollten unsre Benennungen aus heidnischen Zeiten, die dem Volke soviel wunderliche Ideen in den Kopf bringen, nicht abzuändern sein? Es heißt ja: ärgert dich das Auge u. s. f. Ich unterschreibe mich gern Linz oder Lunz nur damit man bei meinem Namen nichts als meine Person denkt und auf keine albernen Nebenbegriffe kommt.

Verzeihen Sie mein kühnes Gewäsche, dem Verlangen Sie selbst einmal persönlich hier zu umarmen um dem neuen Bibelwerk beizustehen und eine Kanzel zu Katechisationen oder kurzen Volksreden unsern jungen Kandidaten nach Art der in Seikonospaß – einrichten zu helfen. Diese würden auch vielleicht wöchentlich – *dejour*weise bei der Frau E. wohnen und abgeholt werden können.

Ihr aufrichtig ergebenster
JMRlends

[Am Rande:]
Herr P. Bause möchte Vorlesungen über allgemeine Erziehung und deren Zwecke eröffnen, wozu ihm Frau E– immer einen Saal eröffnen könnte. Auch hier – doch wer wird hieher kommen und eigentlich ists für Eltern.

[Adresse:] Herrn Burner
bei den Bezkischen Anstalten zur Erziehung des Mittelstandes
zu treuen Händen

315. Lenz an Firnhaber

[Moskau, etwa 1790]

P. p. Wertgeschätzter lieber Kranker Hier ist das Gestrige ein wenig besser abgeschrieben, haben Sie die Güte es wo es sich tun läßt dem Inhalt nach auch Herrn Rüdiger mitzuteilen.

Dero
allezeit ergebenster
Diener JMRLenz

[Adresse:] Въ дворъ Никита Павлова
   Господину Фирнгаберу
   у Господина Бибера

316. Lenz an seinen Vater und seine Schwester
Dorothea Charlotte

[Moskau, etwa 1790]

Lieber Papa! Die unglückliche Leidenschaft welche sich meiner in Liefland bemächtiget und Ihre häufigen ernstlichväterlichen Briefe nach Petersburg und Moskau mir so oft vergeblich ausgeredet die mein Bruder und alle meine Verwandte so heftig be-

stritten und die ich deswegen auch aus meinem Herzen zu reißen versuchte hat sich desselben wieder bemächtiget. So spielt das Schicksal mit unserm Herzen und unsern Wünschen und der Rat meiner […] Freunde die sich mir unter der Gestalt meiner angebeteten Julie [. . . .]
[Es folgen zusammenhanglose Sätze.]

Zärtlichgeliebte Geschwister! vielgeliebte Schwester! Dein letzter Brief hat mich sehr gerührt, ich habe daraus ersehen, daß Du Dich vollkommen wohl befindest, Dein lieber Mann ist wieder gesund und munter, seine äußern Umstände haben sich verbessert, Eure Familie vermehrt, es fehlt Euch also nichts zur irdischen Glückseligkeit als ein wenig Langeweile oder wie Du mir mit Deiner so eignen Naivetät schreibst ein Virtuos den Du zum Narren brauchen könntest wenn Du schwermütig wirst […] Die Regel ist nicht ohne Ausnahme, aber das ist zuverlässig, je besser gesetzt je feiner gereimt gedacht geründet der Vers, je mehr die Seele in der rechten Harmonie, desto weniger liebte der der ihn machte. Die Liebe begnügt sich wenn sie in den Fall kommt mit ängstlichen einzelnen Lauten, und behält das Beste zurück. [. . . .]

317. Lenz an Brunner

[Moskau, etwa 1790]

Hier ist an den Herrn Pastor Brunner und allen die ihm und seiner für ihn erschaffenen Gehülfen [!] an Empfindung ähnlich sind die ungekünstelte Erzählung eines mir in Liefland aufgehefteten von mir gegebnen Versprechens an ein adliches Fräulein, das mir und diesem Fräulein selbst zum äußersten Nachteil nicht nur des Rufs sondern auch bei allen möglichen zu treffenden anderweitigen Verbindungen zur unvermeidlichen Hindernis gereichen mußte.

Dieses Fräulein war als ich Liefland verließ ungefähr 9 oder 10 Jahr alt, konnte also wenig sich meiner erinnern als ich nach mehr als 10jähriger Abwesenheit wiederkam oder lieber nur durch Derpt nach Petersburg reisete. Ich hörte bei meinen Eltern und Geschwistern mit denen sie erzogen worden, daß sie sehr gut sänge und da wir einen Besuch bei ihrer Mutter ablegten die Witwe eines Obristen der bei Hofe in keinem geringen Ansehen war ist und eine Schwester bei der Admiralität hat, die seit diesem Vorfall auf Assekuranz der Englischen Handlungskompagnie sich ein neues steinernes Haus auf Wassiliiostrow gekauft nachdem ihr Gemahl der sich in Cherson befindet zum General ist avanciert worden, hörte ich bemeldetes Fräulein singen und schickte darüber ein versifiziertes Monodrama aus Shakespear in eben der Gesangweise in das Lüneburgische Journal.

Nun fand ich daß das Lehngut dieser Dame nach der gnädigen Verordnung der Kaiserin für Staatsoffizierenwitwen durch die Gegenwart einer Russin, der Schnur oder Sohnsfrau dieser Dame ein wenig beschwert war, weil die Gebäude nicht aufs beste dort eingerichtet schienen. Dieses gab zu manchen unangenehmen Auftritten Gelegenheit weshalb ich mich in Petersburg bei der Schwester dieser Dame zum Vermittler machen wollte, in der Tat auch meine Absicht war, sie zu bereden, daß sie ihre Nichte nach Petersburg an den Hof nähme, besonders da sie ein neues Haus gekauft. [Am Rande steht:] Allein sie durfte nicht wohl nach Petersburg reisen, weil ihr bang war die Mutter werde das Gut verlieren, wenn die Töchter heurateten.

Dieses bestätigte sich noch mehr da mir mein Vater ausdrücklich nach St. Petersburg schrieb, diese junge Dame sei als Braut mit einem Offizier vom Cadetten corps namens Prattje versprochen, der vor mir in Derpt gewesen und den ich in dem Hause der Generalin *Kurgunoffsky* als einen vollkommen artigen jungen Offizier kennen lernte. Man hatte mir in meiner Eltern Hause gesagt, es fehlen ihm die gewöhnlichen Blumen und Schmeicheleien die eine Braut von ihrem Liebhaber erwartet, welches mich um so mehr veranlaßte die Verse drucken zu lassen um in gewisser Art sein Freiwerber zu werden.

[Der folgende Absatz am Rande:]
Nun war der Umstand der daß die Mutter fürchtete wenn die Tochter Hn. v. Prattje heuratete würde sie das Gut verlieren, das der Witwe nur geschenkt scheint in Rücksicht auf die Töchter, daß sie gut können verheuratet werden. Sie raste aber sage

ich und verstand den Ukase nicht. Das Gut ist ihre – solang sie lebte als Witwe des Obristen Albedill und wenn ihre Töchter nach Petersburg reisen zu ihrer Tante und sie bleibt mit der russischen Schwiegertochter allein, so bleibt ihr das Gut, die Töchter mögen heuraten; zumal da es im Cadettencorps ist, von wo Liefländer als Studenten auf die künftige Akademie zu Pleskau gehen. Also täte sie wohl eine oder zwei oder alle drei Töchter nach Petersb. zur Tante zu schicken und nicht kleingläubig zu sein.

Nachher reisete ein Vetter von mir mit Namen *Andree* – der beim Ingermannländischen Regiment ist in der Suite der Herzogin von Kurland nach Petersburg, als ich auf Bitte des Kammerjunker Liphart und der Obristin Albedilla die selbst nach Petersburg gekommen war ihre Schwester zu besuchen eine Reise zum Kammerjunker Liphardt auf sein Landgut *Aya* getan: diesem Vetter schrieb ich bei dem Hause der Generalin *Kurgunoffsky*, die bei der Flotte was vermag, nicht vorbeizugehen und sich auch meiner dort zu erinnern. Er schrieb mir einen Brief, den ich für einen Scherz halten mußte, worin allerlei ausschweifende Projekte für mich vorkamen, wenn ich etwa selbst die junge Dame zu heuraten gedächte. Ich lachte über sein Mißverständnis, denn vermutlich war er an den Ton des Umganges dieser Dame, die eine der geistreichsten und gewitzigsten Hofdamen daselbst ist und deren Haus eine hohe Schule sein sollte, nicht gewohnt und nahm das alles so vollkommen nach dem tötenden Buchstaben, wodurch er auch meine ganze Familie verwirrt hat. Es ist wahr daß die junge Dame, die wirklich Braut war, noch 2 Schwestern hatte, von deren Verbindungen übrigens ich keine Notiz nehmen konnte noch mochte, weil ich nicht ihr Vormund war.

Das ist der Verlauf der ganzen Sache, diesmal ganz einfältig und ohne Kunst – ja weil man mich durch Taubheit und Mißverstand zu allerlei wunderlichen Schritten zwingen wollte – als in der Gegenwart Gottes geschrieben. Ich habe übrigens die größeste Achtung sowohl für die Generalin *Kurgunoffsky* als ihre Frau Schwester, die eine vieljährige Freundin meines Vaters war und hoffentlich noch ist und bleiben wird. Auch habe nicht ermangelt mich bei Hofe selbst durch Kanäle beim Kabinett für sie zu verwenden, daß das ihr zugesprochene Lehngut bei etwa vorfallenden Verfalljahren ihr noch erhalten werden möchte, da es ehemals eines der Universität in Derpt zugehörigen Güter gewesen und in sofern die Anwendung dergleichen Stiftungen an die Witwe eines in vielen Schlachten verdienten Offiziers – dem göttlichen Willen gemäß ist.

Und hiermit ein für allemal genug von diesen der Ehre dieser Dame sonst nachteiligen Gerüchten da ich mit derselben ganz und gar nichts zu teilen habe:/:

[Am Rande:]
Wenn *Mr Pükter* oder *Mr d'Enbrad* Herrn Kapellmeister Siedler oder Gemahlin besuchen, bitte von mir viele Grüße zu sagen, der angenagelt ist durch einen kranken Zehen am Fuß, der garstig verschwollen ist wie ein elender Mensch, der nicht auftreten kann ohne zu schreien

Überbringer dieses ist ein Dorfbalbier der versetzlichen Juden.

318. Lenz an seinen Vater

[Moskau, etwa 1790]

Teurester mit unsterblichem Ruhm von oben geschmückter verehrungswerter Papa! Nicht Schmeichelei, die reinste Dankbarkeit beseelt meine Feder. Ich lebe – aber Ihnen die Wahrheit zu sagen, danke es nur dem Allgegenwärtigen, daß ich noch atme – Herr Reimmann kann Ihnen sagen daß ich – doch er wußte es nicht – in der seltsamsten Lage von der Welt war, als ich Ihren Brief mit dem neuen Beweis Ihres Andenkens erhielt.

Man verfolgt mich – und raten Sie wer? – Ich habe niemals die Freundschaft verletzt die ich meinen frühsten Gönnern schuldig war. Aber – teurester Vater! ich winde mich als ein Wurm im Staube und flehe um Erlösung von allen andern Anmutungen, die bei dem seltsamen Nationalcharakter hier – mir Gift werden.

Ich habe gefehlt, 1000mal gefehlt. Am meisten in Liefland – gegen Sie, gegen meinen ältesten Bruder der ungefähr mein

Herz kannte und viel in demselben voraus las. Ein hiesiger Freund hat alle meine Briefschaften wer weiß ob nicht aus einem unzeitigen Eifer verbrannt weil er merkte daß sie mich angriffen. Was ich davon bisweilen rette, ist mir Balsam in offne Seelenwunden – denn ich sehe nun erst spät hinterher, daß Sie mein Herz besser kannten als ich selber.

Nein, ich war nicht für Liefland gemacht und mein zärtlich geliebter Bruder Carl wird vielleicht eine neue Springfeder des Daseins erhalten, wenn er alle Ansprüche die Liefland auf mich machen konnte, durch sein Dasein vernichtet. Er weiß in welchem Zustande ich war als ich durch Liefland reisete.

Hier ist das Land der heftigen Äußerungen der Empfindungen und eines seltsamen Systems von Jurisprudenz das auf dieselben gebaut ist. Von der Seite also konnte man mir aus Liefland unaussprechlich schaden – und leider! es ist bisweilen hart genug geschehen. Denn man spricht mir meinen Taufschein ab.

Ich lebe noch, allein bitte meine teure Verwandte und ihre holländischen und englischen Korrespondenten zu bedenken daß ich ein Mensch war, der fehlen konnte und tausendmal gefehlt hat. Herr Bergmann, Herr Lavater, Herr Staatsrat Schwebs, Herr Kammerjunker Liphardt werden dies nimmer in Abrede sein. Ich wollt in Liefland bleiben. Nun hat Gott es anders gewollt. – Und soll ich darunter ewig leiden? Und glauben meine lieben Landsleute daß ich ihnen von hieraus niemals Dienste leisten kann oder sie Maßregeln nehmen müssen mich dazu zu zwingen, was ich von selbst tue. Ich kenne ungefähr den Zustand des dasigen auswärtigen und inländischen Handels. Ich weiß wie die hiesigen Bedürfnisse auf die dasigen passen – aber um deswillen der für alle Sünden genug getan – keine Auslegungen weiter. Mit einem Wort – ich kann aus Liefland nicht heuraten.

Helfen Sie mir beten, teurester Vater! und alle Schimären – weg und ins Fegfeuer beten, die das Verhältnis in welchem ich mit Ihnen meinen teuren Verwandten Freunden u.s.f. stehe, zerstören, trübe und zu einem wahren Sklaven Joch machen. Herr Oldekop, Herr Hehn, Moritz und wie alle die gelehrten Namen heißen, werden in meiner Achtung und Freundschaft dabei nichts verlieren, wenn auch kein einziges Konsistioriale bei uns unterläuft.

Helfen Sie mir beten um Befreiung nicht für mich allein sondern für Christen – wie Sie und völlig in der Stimmung als ich, die mit mir unaussprechlich leiden.

Herr Eisen hat seine getrockneten dicken Suppen für Gegenden wo wenig gekocht wird und Kräuter für die Küche nicht wachsen, nicht an den Mann bringen. Für einen solchen Schokoladenhandel weiß ich hier Absatz. Imgleichen für Liefländische Butter, Fische, Lächse, Butten, Austern Säfte mit Honig und Zucker gekocht u.s.f. Ihnen fehlen allerlei russische Manufakturen, an wohlfeilen *Cattunen* Indiennen, gedruckte Leinwand u.s.f. Damaste, Zeuger die man bis ans Schwarze und Kaspische Meer herab in allen Städten im Überfluß fabriziert; Kumatsch genannt. Sie haben einige feine Liqueurs, Bücher, Moden aus England Hamburg Frankreich – sollte eine Bank für Liefland in Moskau, um derentwillen in Petersb. Anregung getan, nicht zum Fasten, denn die Fasten sind aufgehoben – sondern eine Zirkulationsbank für Ware gegen Ware, in welcher von beiden Teilen Geld nieder legt [!] wird – eine Schimäre sein. Doch genug Dero gehorsam.

Jakob R. M. Lenz

Man versorgt Petersb. von der Schiffslände Gschat aus mit Waren aus Briänsk Moskau u.s.f. Dahin könnten eben sowohl auch aus Liefland über die Düna Dnepr ... Waren für Moskau gebracht werden.

Die neue Bibelübersetzung auch mit deutsch und liefländischer Version würde auf diese Bank gegründet werden und ein Gott und ein Hirte sein. – Aufgestanden aus den Armen des Todes.

319. LENZ AN SEINEN BRUDER JOHANN CHRISTIAN

Moskau, den 9ten Nov. 1791 [vielmehr 1790!]

Mein teurester Bruder! Ich schicke diesen Brief offen, weil ich nicht glaube Mißdeutungen zu besorgen zu haben. Er betrifft mit wenig Worten einen dem Ansehen nach armen und durch einen verstümmelten Körper doppelt unglücklichen Liefländer, der, in dem Hause beim *Compt.* der Assignationen unvermutet aus *Kadom* erschien und sagte er wollte nach *Riga* und zwar über *Smolensk Polotzk Witepck* und *Plescou* reisen, ich möchte ihm Briefe mitgeben. Dieses tat ich und schrieb (nachdem einige Anstöße von Unpäßlichkeit gehabt, die mich hindern selbst zu Euch zu kommen), sehr weitläuftig, weil alles doch in einem hingeht. Nun erfahre ich daß seine Reise teils durch eingefallenes Tauwetter, teils wegen Mißverständnis mit seinem angenommenen Fuhrmann einen Stillstand gewinnt und da er mir eine silberne Uhr zum Verkauf anbot, schließe, daß es ihm auch am Gelde fehlen muß. Seine Reise über *Plescou* war mir doppelt erwünscht, da ich dort an einem Herrn *Albert* oder *Albrecht* und an Baron *Dietz Commendanten*, dessen Du Dich aus den Kinderjahren – doch wohl vielleicht nicht mehr erinnerst – Bekannte habe und diese mit unserm Bruder in Dorpt und dem dasigen Adel verschiedene Geschäfte von Wichtigkeit in Richtigkeit bringen könnten, die sich anders nicht einfädeln lassen, als durch eine [!] *Internuncius*, wozu ich aus wesentlichen Hindernissen persönlich diesmal nicht dienen konnte.

Da mir also wirklich diese Reise gut und nützlich scheint, auch derselbe mehr Lust nach *Riga* wo er Verwandte hat als hier zu bleiben bezeuget, allein wahrscheinlich zu den Reisekosten Beihülfe braucht, so habe mich des *Couverts* unsers gemeinschaftlichen Freundes Reimmann bedienen wollen, Dich und unsere sämtlichen Geschwister aufs inständigste zu bitten, etwa auf Abschlag der gütigen Beihülfe, die mir durch Eure Güte und unsers lieben teuren Vaters zukommt, ihm, im Falle er in Umstände kommen sollte, seine Uhr zu versetzen, oder andere Schulden des Fortkommens halber zu machen, selbiges zu vergüten, weil der Allwissende schon die Umstände so zu lenken wissen wird daß mir und Euch kein empfindlicher Verlust daraus erwachsen kann. Der Fuhrmann hat 26 Rubel bis Riga bedungen und ist ein gewöhnlicher, der nach Riga zu gehen pflegt. Die besonderen Umstände des H. v. Schröders sind mir nicht bekannt, er hat mir zwar einige Namen aus Curland genannt, die ich in Straßburg kennen gelernt, als einen von *Bohlschwing* mit dem er weitläuftig verwandt zu sein aussagt.

Ich hoffe daß er, welcher in 7 Tagen in *Plescou* sein will und in 12 in Riga, wenn er auch Aufhaltungen findet, dennoch spätstens in 14 Tagen oder 3 Wochen bei Euch eintreffen und meine Briefe richtig abhändigen wird, woran mir mit alledem gelegen ist weil viele Dinge darin auch meine eigene Person betreffen. Er hat Verwandte in *Kokenhofen*, wo, wenn ich nicht irre ein Prediger ist, dessen sich Bruder *Carl* erinnern wird, der allerlei kleine Stückchen erzählte, als Papa der silberne Becher wegkam. Es war, wo ich nicht sehr irre damals ein Landtag oder Adelsversammlung in *Riga*, von der ich mit meinen hiesigen Zerstreuungen den eigentlichen Termin vergessen habe. Die Derptische Universität ist zu Wasser geworden, so sehr ich mich in St. Petersburg bei der Akademie bemüht, sie wieder in Andenken zu bringen, allein ich hoffe, der liefländische Adel wird nichts dabei verlieren, weder der Rigische noch des Dörptschen Kreises bei welchem unser lieber Bruder Friedrich soviel Influenza hat. Ist nicht eine Verordnung daß der Adel zu gewissen Zeiten sich in *Riga* aufhalten muß, besonders der in *Collegicis*. Und dehnt sie sich nicht etwa auch auf die Landgeistlichkeit aus, die Geschäfte in *Riga* haben. – Ich küsse Dich mein teurer Bruder und Deine liebe Gemahlin und Haushaltung zum neuen Jahr mit tausend warmen Bruderküssen und bin ewig

Dein getreuer obwohl oft kränklicher Bruder
Jakob Michael Reinhold Lenz.

[2. Seite:]
N. S. Es ist ein Schwager (Bruder der andern Frau) des Herrn Past. Brunner in St. Petersburg, der bei einem Feldregiment Offizier war und, wo ich nicht irre See Dienste bei den Landtruppen zur Bewehrung der Küste genommen: er heißt Neumann und hat viele Empfehlungen. Sollte derselbe dem Bruder *Carl* nicht zu Gesicht gekommen sein? oder den Kindern des Bruder Friedrich in Petersburg. Ich habe seine Adresse nicht aus der man mir ein Geheimnis macht, wenn er nach Liefland reiste, würde ihm gern einen Brief an den Herrn von Engelhardt in *Ohlershof* auf den Gütern des Grafen Romanzoff mitgegeben ha-

ben. Dieser Herr von *Engelhardt* ist dem Bruder Benjamin in Reval bekannt geworden, wo er Verwandte unter dem Adel hat. Ich habe noch einen Brief von ihm. Wie sehr wäre zu wünschen, daß eine hohe Schule im Lande in der Nähe entstünde, wo die jungen Liefländer ehe sie herausreisten und ihr Geld in der Fremde verschwendten, ein oder zwei Jahre das Vaterland seine Sprache und Gerechtsame kennen lernten. Es sind nur 20 die ins *Cadettencorps* aufgenommen werden. An Gelehrten auch im Lande, besonders auch in Moskau wo viele gelehrte Russen besonders der Medizin auch auf eigene und der Kaiserin Kosten fremde Länder besucht haben und alle Sprachen, die deutsche nicht ausgenommen sprechen, fehlt es nicht aber nur an Eltern und Kindern die ihre tausend und über tausendjährige Vorurteile überwinden.

Ich habe Pappa von dem neuen Projekt einer *Polyglotta* oder allgemeinen Bibelübersetzung in alle Sprachen mit stehenden Pressen zum Besten der Armen – geschrieben, welcher Vorschlag hier im Senat – durchgedrungen. Dieser Brief importiert mir also – im gleichen von einer französischen Zeitung die ich auszugeben gedenke, zur Erleichterung der allgemeinen Sprache für Rußland von der alle 44 nach Herrn Tschulkoff, als Dialekte anzusehen, welches dem schönen Geschlecht das schon Sprachen kennt, spielend zu beweisen mich getraue. Zugleich werden einige Fragmente der Geschichte, zu der ich gesammlete Materialien nicht bekannt machen darf, des allgemeinen Vaterlandes und Auszüge aus Herrn Tschulkoffs Handelsgeschichte und den neusten Handelsverordnungen, mehr dem Sinn der Gesetze nach als dem toten Buchstaben zum Besten der Landekonomie und des innern Handels auf Flüssen, diese Blätter vielleicht auch in Liefland begehren machen wo doch beinahe in jedem feineren Hause irgend eine Französin oder Hofmeister ist (der kein *Lauffer* war) und Französisch wenigstens gelesen wird. Sollte unsrer teurer Altgen bei *Consistorial*geschäften sich seines Sohnes nicht erbarmen und mein langes Geschmier etwa von Bruder *Carl* vorlesen lassen? Die Herren Erzieher des Menschengeschlechts und die theologischen Krittler und Zänker, welche aus Tag Nacht, aus Erdichtungen Wahrheit und aus Wahrheit Lüge machen möchten, nur um zu disputieren und Recht zu haben ohne zu wissen was sie eigentlich wollen, werden mir verzeihen, daß ich bei den unendlichen Schrauben der sogenannten Gewissens und Ehrgerichte, an meinen Vater selbst Zuflucht nehme und mir seinen väterlichen Segen ausbitten muß – welches zu einem neuen Jahr (mit der innigsten Reue über alle meine auch in Liefland begangenen Fehler, die ich aus dem was mir von seinen Briefen übrig geblieben, die vielleicht aus guter aber irrender Meinung ein Freund von mir ohne mein Wissen verbrannt hat, noch itzt ersehe) mir eine ganz neue und andere Existenz schaffen wird. Ich fürchte nur, daß die Briefe nicht eher in des Derptschen Bruders als in Eure Hände lieben Geschwister! geraten, deswegen ich eins und das andere davon hier einführe, das wichtigste aber diesem Briefe nicht anvertrauen kann, welches meine ganze irdische und zukünftige Existenz betrifft. Ich glaube bemerkt zu haben daß meine Rigischen Geschwister über diesen Punkt weit einsichtsvoller und menschenfreundlicher denken, als die andern deren Herz umzulenken ich dem lieben Gott allein überlassen muß, weil ich kein Herzenskündiger bin. Vielleicht hat eine *Lectüre* aus ganz verschobenen Gesichtspunkten und allzurasche Schlüsse die durch eine alte liefländische Dame die taub war und über Pleskau nach Derpt zurückkehrte, dazu beigetragen – worunter ich allein am meisten und unsäglich leiden mußte, da diese Schlüsse sehr tätig und wirksam würden. Mit einem Worte, ich konnte und durfte mich mit keiner Liefländerin verbinden.

[Am Rande:]
Der Buchhändler würde auch bei Pleskau gewinnen, so wie die Bankgeschäfte, da diese Stadt mit allen Städten an der Düna durch die Polota, Ewst u. s. f. und durch den Ilmensee mit dem Kanal und der Schifflände Gschat zusammenhängt, wo ein starker Handel von Moskau auch nach Liefland ist. *Amnestie* aller meiner alten Torheiten in Liefland und ein neues Jahr!

[Adresse:] Herrn Herrn *Johann Christian Lenz*
    Sekretär des K. Gouvernements und Rat
                      in *Riga*

320. LENZ AN SEINEN BRUDER JOHANN CHRISTIAN

[Moskau] d. 11ten Jun. 1791

Mein zärtlichgeliebtester Bruder! Wahrscheinlich wirst Du den Brief von Deinem Freunde (ja wie hieß er?) der mit dem General Beklenischeff nach Orloff und Kursk reisete, und meinen Einschluß bereits erhalten haben. Wie erfreute mich diese Begebenheit und wie überraschend war mir Dein Stillschweigen.

Allein mein Bruder! ich habe seit der Zeit von Herrn A– – worin noch keine Zeile oder Nachricht erhalten, weiß auch nicht, wie er sich in der neuen Station gefällt. Seine artige höfliche Freundschaftsbezeigungen ließen mich hoffen, er werde auch aus der Nachbarschaft Deinen Bruder nicht hintansetzen da er sich einen so warmen Freund von Dir sagte.

Sollte Dir in Riga, oder unserm teuren Greise nicht ein Offizier der französischen Truppen bekannt worden sein mit welchem ich durch Herrn Lavaters Vermittlung in Verbindung stand. Es schien, er suchte bei dem Hause des ehemaligen Feldmarschall Münnich, das in der Gegend von Derpt und Ringen wie Du weißt, vornehme Verwandte hat,* ein Attachement vielleicht bei den Truppen die zur Bewahrung des Kanals von Ladoga, im gleichen des zu Wischni Wolotschok, (wo die neuen Städte Kreszi u.s.f. errichtet sind) bestimmt sind und würde, da er von dem Hofe begünstigt, und in Frankreich **aus einer der besten Familien ist**, durch seine nahe Verwandtschaft mit dem hiesigen **Direktor der Bezkischen Erziehungsanstalten** (denn mit einem Wort, es ist sein **Bruder**) den Absichten der großen Monarchin zur Beförderung des innerlichen Handels und neuer Universitäten am zuverlässigsten entsprechen.

Ich hätte gern hierüber an den Bruder in Derpt darüber geschrieben, wenn nach dem Inhalt seines letzten Briefes zu urteilen, überhaupt es ratsam wäre, Feuer zu Pulver zu tun, so wenig scheint er mich – und ich ihn zu verstehen. Vielleicht wenn Personen aus den Gegenden wo ich gelebt und bekannt und unbekannt war, durch Ehre und Schande, gute und böse Gerüchte ging, öfterer mit ihm zusammen kämen, würde er, so wie vielleicht alle seine Freunde und Bekannten mich zu mißkennen aufhören. Was man schrieb und druckte war nicht immer das was an der Sache selbst war. Ich habe ihn nie zu lieben und zu schätzen aufgehört – allein es dünkte mich, Haussorgen machten ihn ein wenig zu mißmutig und heftig in allen seinen Briefen und andern Äußerungen gegen mich und wiesen ihm alles was ich tat aus einem falschen Lichte. Das hat so sein müssen – und nun genug davon. Wenn ich reich wäre, würde von Herzen gern seinen Kindern helfen, wenigstens worinne durch mein Vorwort bei solchen Personen dienen kann, die mehr als ich vermögen, werde niemals an meiner Brudertreue was ermangeln lassen.

[. . . .]

Habe die Gutheit mir nur recht umständlich zu melden, was unser lieber Vater macht, ob Mama noch munter ist, ob sie Freunde haben die sie besuchen ob Du oft bei ihnen bist, ob unsere Schwester Elisabeth nicht wieder an eine Heurat denkt und das dasige *Liceum* noch keinen neuen Regenten erhalten?

Ich bitte knieend alle lieben Geschwister, христа ради, mich mit allem was Schulen und Erziehung betrifft zu verschonen.

Da ich hoffentlich Deinen Freund in dessen Nachbarschaft ein besonders lieber Gönner von mir Güter hat, auch einmal sehen werde, so gestehe Dir gerne lieber Bruder daß mich gegenwärtig in einiger Verlegenheit befinde. Die letzthin aus Eurer Güte mir übermachten 25 Rbl. mußte zu einem Kleide verwenden und bin seit der Zeit nicht wenig an Leib und Seel angegriffen worden von allerlei wunderlichen Sorgen; so daß Dein Freund mich auch vielleicht ein wenig melancholisch Dir abgeschildert haben wird. Sollte der Überbringer eines langen weitläuftigen Briefes, aus *Kadom*, ein geborner Curländer der über Pleskau reisete, sich auch wohl bei Dir eingefunden haben? Er verreisete ohne daß ich ihm Reisegeld ausmitteln konnte, und es war ziemlich kalt, daß ich für ihn viel Unruhe gehabt. Allein ob derselbe in Liefland oder Pleskau geblieben, ist mir unbekannt. Ob er mit dem Bruder in Derpt gesprochen ist noch zweifelhafter. Und doch hätte es gewünscht weil ein hiesiger sehr artiger junger russischer Gelehrter der aber verheuratet ist und ein *Dictionnär* herausgibt, einige Offiziere hier beherbergte, die dahin gingen um die Aufsicht über ein *Gymnasium* zu übernehmen.

Man sagt die Monarchin werde dasselbe in eine hohe Schule verwandeln. – Sollte Papa von dem neuen Bibelwerk meine Ideen gut gefunden haben und sich Unterschriften auch in Liefland hoffen lassen? Doch ich breche hier ab um Dich und Deine würdige Gemahlin unbekannt aufs zärtlichste zu umarmen; noch immer verfolgt vom Asmodi der Göthen und allen seinen Freunden einen Junoneid scheint geschworen zu haben. Aber auch betrübt

Dein treuer Bruder

JMRLenz

[Am Rande:] In der Woche der hoffentlichen Eröffnung eines *depot de litterature*.

321. LENZ AN SCHOTTLÄNDER

[Moskau, 1791]

Tausend Dank für die Note meinem werten Herrn Schottländer, woraus wie aus kleinem vermoderten Samkörngen der so aus Nichts alles macht, viele Frucht schaffen kann [. . . . . .]

Sie gehen nie in die Bosen oder Börse oder Gostinnaja und wissen auch wohl nicht wie manchen dieser armen Leute zu Mut sein mag, die teure Zobel zu 100, 150 Rubel mit großen Reisekosten in Sibirien aufkaufen und nicht wissen wie ihrer los zu werden, denn sie stehen! arme Kaufleute! wie Pferde auf einem Fleck und warten daß man sie sucht. Durch *colporteurs* werden sie sie auch schwerlich in der Stadt los werden.

Ich habe die Akten eines seltsamen Prozesses unter der Feder in Absicht der liefländischen und Pleskauischen Universitäten die noch bloße Wesen der Einbildungskraft sind, unterdessen im Kabinett schon ihre Wirklichkeit haben, wenn von unsrer Seite nur ein wenig – ein klein wenig Hebammenkunst angewandt wird. [Am Rande:] Ich habe *Karamsin* im Enrikoffschen Hause davon benachrichtigt.

[Vorschläge für den Warenverkehr (Zobelpelze und auch Bücher) zwischen Moskau und Livland. Es soll ›Zutrauen zwischen

Deutschen und Russen‹ entstehen. Die Fürstin Daschkowa soll eine ›gelehrte Gesellschaft des Dörptschen Adels‹ stiften.]

[. . . .]

Nun ist es lustig mit meinem Prozeß mit den dasigen [livländischen] schönen Damen verheurateten und nicht verheurateten, die katholisch taten und nicht heuraten durften damit sie ihre geistlichen Stiften nicht verloren. Sie dürfen glücklich itzt von der Sandbank abstoßen und zu ihrer Tante der Generalin bei der Flotte nach *Petersb.* reisen um sich mit den Offizieren des Kadettenkorps zu verheuraten, weil zu vermuten steht, daß auch Liefländer aus dem Korps nach *Pleskau* reisen werden ihre Studien dort zu vollenden. So gibt Gott Sieg und heut ein Bruder Dero aufrichtiger Diener

J. M. R. Lenz.

322. LENZ AN BARON STIERNHIELM

Moskau den 14. Jenner 1792

Hochwohlgeborener Herr insonders hochzuverehrender Gönner Ich habe russische Zobelhändler aufgesucht, um sie aufzumuntern, eine Reise nach *Dörpt* zu übernehmen, da ich weiß, daß der zahlreiche dasige Adel in der H. 3. Königsmesse sich sonst mit Pelzwerk von Frankreich aus *Canada* versieht und ich nicht begreife, warum ein solcher Handel nicht mit Kaufleuten aus Moskau zu schließen wäre. Allein ich ward krank über diese Jagd und da mir das Ausgehen durch heftige Schmerzen gewehrt blieb, so glaubte wenigstens durch einige Zeilen der Erinnerung genug zu tun, welche von Ew. Hochwohlgeboren ersten Bekanntschaft auf der Schule in fremde Länder mitnahm und wo ich nicht irre auf einem Konzert im Löwensternschen Hause so überraschend angenehm in einem Jahrmarkt zu erneuren die Ehre hatte. Vielleicht reiset einer unsrer hiesigen holländischen Kaufleute hinüber und nimmt diese Ware mit sich; es war mir hauptsächlich daran gelegen, dem Liefländischen Adel welcher wie man mir gesagt, von der Akademie der Wissenschaften Winke erhalten, daß die Monarchie entweder in *Dörpt* oder in Pleskau, wo die Ewst und Welika sich mit der Toropa vereinigen eine hohe Schule errichten wolle, einheimischen Adel in den Landessprachen und Rechten unterrichten zu lassen, eh er die Fremde besucht, etwa zur Einweihung eines neuen Gebäudes, wie der Domontische Zauberpalast eines verwünschten Prinzen in Pleskau sein soll, Vorschub zu tun. Man sprach von einer Druckerei, die aus Oberpalen hieher versetzt werden sollte, und in der Tat wäre Herr Past. Hupel, der sich so verdient ums Vaterland gemacht, nach der Beschreibung Hrn. Bakmeister in Petersb. von der alten Akademie zu Derpt, der einzige Gelehrte der wert wäre, an der Stiftung einer Universität Teil zu nehmen, da es ihm, wenn er sich etwa im Sommer- oder Wintersemester dort aufhalten wollte, an einem Adjunkt in Oberpalen oder auch in Pleskau oder Derpt nicht fehlen sollte.

Es ist hier ein Fürst Gholizin der in Liefland Güter hat und von seiner Bekanntschaft weiß ich zwei liebenswürdige Gelehrte aus der Schweiz, die vielleicht gegen vorteilhafte Anträge aus Liefland nicht unempfindlich sein würden. Im Vorbeigehen ›*oserois je bien demander, mon cher Baron, sie [!] vous aviez quelques liaisons avec une certaine Dame Douairière, Soeur de la generale Kurgunoffsky de la flotte a St. Petersbourg. Sa soeur, comme elle ne doit pas ignorer, s'est donné une superbe maison et je crois que Me d'A** seroit très bien, de lui confier une ou deux de ses filles, dont on m'a dit, qu'une avoit un promis, Officier au corps des Cadets, et que j'ai eû l'honneur de voir chez Me de K**. Le scrupule comme si son fief de la couronne courroit risque en eloignant une de ses filles, cesserait bien vite parceque ces sortes de donations sont pour la vie de la Douairière. De plus, ce jeune officier dont depuis mon sejour ici je n'ai la moindre nouvelle, se trouvera probablement encore au corps, ou une 20taine de Livoniens sont élevés aux depens de l'Imperatrice. Ces Livoniens en sorsant du corps, pourroient continuer leur études à Plescou, et Mons. de Prattje se faire un merite distingué, de les accompagner.*‹

Verzeihen Ew. Hochwohlgeboren daß ich alle Mißverständnisse zwischen Rußland und Liefland auf die Rechnung alter Chronikenschreiber und Schulfüchse setze. Sie waren nicht viel besser als die Romanschreiber, die bei den häufigen Pressen in Deutschland sich wohl oft der seltsamen Anwendungen ihrer Rittergeschichten von der runden Tafel nicht versehen würden.

Die Schwürigkeiten der Sprache die durch Sitten, Gebräuche, Speisen sich gern möchten erraten lassen, wenn sie sich Fehler in der Aussprache zu begehen scheuen, machen das einzige Mißverständnis. Die russische Geistlichkeit in Petersburg versteht sich sehr wohl mit der deutschen und wenn Druckerein in beiden Sprachen oder die Übersetzung des nämlichen Buchs in beide – den Weg öffneten, so würde man bei dem Russen des nämlichen Nervensystems und Blutumlaufs, auch die nämlichen Gesinnungen antreffen.

Ich befinde mich ein wenig in einer kritischen Lage, welche meinen lieben Brüdern und Schwestern nicht unbekannt sein kann. Man hält mich hier überall für reich – da ich doch einen Vater habe, der bereits über dem Grabe schwebt, eine Witwe als Tochter mit ihren Kindern bei sich hat oder in Petersburg unterstützt und von den starken Familien meiner übrigen wohlversorgten Geschwister gleichfalls in Anspruch genommen wird.

– Es ist schwürig mit meinen Geschwistern Briefwechsel zu führen, denn da ein Prof. in Gießen mir die Ehre erwiesen mich mit dem Romanschreiber – der aber in andern Ämtern dabei steht – Hn. Göthe in eine Liste zu setzen, so suchen und finden sie in allen meinen Briefen nichts als unverständliche Worte Poesie und Roman. Der Himmel wolle ihnen das wohlbekommen lassen und den Buchhandel in Liefland vermehren, damit sie auch den berühmten Rousseau vom Fuß der Pedemontischen Gebirge zur Ehre unsrer Nation in unsrer Sprache lesen können. Meine ziemlich ernsthafte Krankheit setzt diesmal allen launigten nebenausschielenden Anspielungen Grenzen, unser Leben ist freilich auf diesem Erdball nur allzuoft wunderbarer, als es sich das Hirn der Dichter und Leser von Gedichten vorstellen mag. – – Ew. Hochwohlgeboren wollen mir meine Geschwätzigkeit als einem Kranken und zum Jahrmarkte verzeihen da man gern viel spricht und ich hoffe, daß auch mein Bruder und Geschwister das Glück haben werden, denenselben aufzuwarten. Man spricht von neuen Magazinen die einige reiche Entrepreneure von Metallgruben an verschiedenen Plätzen des Reichs errichten werden, welches da man in Liefland nur Brandwein nach Permien und Kasan schickt, leicht zu einem solidern Handel mit Brot und Gerstensaft Gelegenheit geben könnte, woran es in den Berggruben zu mangeln scheint. Der russische Tressenhandel würde z. B. nebst Kupfer zu Branntweinkesseln und Eisen zu andern Kesseln, gegen Lieferungen an Grütze, Malz u. s. f. über Pleskau, Toropez und Smolensk durch Agenten sehr wohlgeführt werden, und manche Weitläuftigkeiten ersparen. Ich will vom Leinwand und Strumpfhandel schweigen, der auch aus benachbarten Ländern geführt wird, und da fast halb Rußland barfuß geht, bei Vereinigung der Düna mit dem Dnepr und der Moskwa mit vielem Vorteil, nebst dasigen Lächsen und gesalzenem Fleisch gegen sibirische Fische geführt werden könnte, die man auf dem Wasser lebendig erhalten kann. Sollten die Engländer mehr Blei und Zinn einführen, daß mehr Küchengerät angeschafft werden könnte und sich etwa ihres Plüsch und Manchesterhandels wegen in Absicht der Geistlichen mit der Krone in Verhandlungen einlassen, so würde der innere Handel auf den liefländischen Märkten bald mehr Vergnügen machen, als selbst der entfernte. Ich breche ab um Ew. Hochwohlgeboren als ein Kranker die aufrichtige Achtung zu bezeugen, welche mir Ihr persönliches Bezeigen eingeflößt. Den Liphardtischen Häusern bezeige meine Ehrerbietung gleichfalls, und den jungen von Löwenstern bitte gelegentlich beizubringen, daß ihr ehemaliger Hofmeister im Hause des D. Büsching in Berlin schon vor mehreren Jahren den Schritt getan, die [!] wir alle einmal machen werden und welchem in diesen Tagen auch bisweilen nahe war.

Moskau, den 14. Januar 1792

Ew. Hochwohlgeboren gehorsamer Diener
JMR. Lenz

Herrn Postmeister Peuker wird dieser Brief wo möglich zur Bestellung ergebenst empfohlen.

[Adresse:] *à Monsieur*
    Monsieur le Baron de Stiernhielm
      possesseur des terres
          à Wasola

JAKOB MICHAEL REINHOLD LENZ

Ein Essay

›Wir werden geboren – unsere Eltern geben uns Brot und Kleid – unsere Lehrer drücken in unser Hirn Worte, Sprache, und Wissenschaften – irgendein artiges Mädchen drückt in unser Herz den Wunsch, es eigen zu besitzen, ... es entsteht eine Lücke in der Republik, wo wir hineinpassen – unsere Freunde, Verwandte, Gönner setzen an und stoßen uns glücklich hinein – wir drehen uns eine Zeitlang in diesem Platz herum, wie andere Räder, und stoßen und treiben – bis wir, wenns noch so ordentlich geht, abgestumpft sind und zuletzt wieder einem neuen Rade Platz machen müssen – das ist, meine Herren! ohne Ruhm zu melden unsere Biographie – und was bleibt nun der Mensch noch anders als eine vorzüglich-künstliche kleine Maschine, die in die große Maschine, die wir Welt, Weltbegebenheiten, Weltläufe nennen, besser oder schlimmer hineinpaßt ... heißt das gelebt? heißt das, seine Existenz gefühlt, seine selbständige Existenz ... es muß in was Besserm stecken, der Reiz des Lebens; denn ein Ball anderer zu sein, ist ein trauriger, niederdrückender Gedanke, eine ewige Sklaverei ... Was lernen wir hieraus? ... daß handeln, handeln die Seele der Welt sei ... das diese handelnde Kraft nicht eher ruhe, nicht eher ablasse zu wirken, zu regen, zu toben, als bis sie uns Freiheit um uns her verschafft, Platz zu handeln.‹

Jakob Lenz schreibt dies vor zweihundert Jahren. Er findet keinen Raum zu handeln. Das richtet ihn zugrunde. Klug und begabt, mit plebejischem Sinn, von sozialen Erfahrungen geformt, erlebt er die Widersprüche seiner Zeit in voller Schärfe. Quälend, niederdrückend, bestimmen sie sein Leben, sind Stoff seiner Dichtung. Unentrinnbar: denn er schreibt über nichts anderes als seine Gegenwart.

Nach Italien, Frankreich und England sehnt er sich, macht immer wieder Reisepläne; nie wird er diese Länder sehen. Deutschland durchwandert und durchfährt er zweimal, von Osten nach Westen, im Jahr 1771 dem französischen Straßburg entgegen. Jahre später von Süden nach Norden, von der Schweizer Grenze zum Meer. Dazwischen liegen seine glücklichsten und produktiven Jahre. Im Alter zwischen achtzehn und vierundzwanzig schafft er ein großes Werk.

Er nennt sich den ›stinkenden Atem des Volks‹ und wünscht, daß das ›ganze Volk‹ sein ›Publikum‹ sein möge, er sein Theater ›unter freiem Himmel vor der ganzen deutschen Nation aufschlagen‹ könne. Deutsch schreibt und denkt Jakob Lenz, russischer Untertan ist er, geboren im Baltikum unter dem ›braunen Himmel‹ Livlands.

Deutschland nimmt ihn nicht auf. Ein Theater für das Volk ist eine Illusion. Keines seiner Stücke sieht Lenz jemals auf der Bühne. Er wird nicht gebraucht. ›Das allergrößte Leiden ist Geringschätzung‹, sagt Lenz. Deutschland hat für den Berufslosen, den Poeten, keine Verwendung. Es gelingt ihm nicht, sich ein Amt nebenher zu verschaffen. Im Herzogtum Weimar versucht er es verzweifelt. Goethe, der Freund, Politiker schon, Geheimrat in Weimar, bricht mit Jakob Lenz, läßt ihn aus der Stadt ausweisen.

Lenz geht wieder ins Elsaß. Dann in die Schweiz. Amerika ist in seinem Kopf, am Unabhängigkeitskrieg will er teilnehmen. Seine Zukunft ist quälend ungewiß. Seine materielle Not ist groß. Da wird er krank, sehr krank. Die ersten Wahnsinnsanfälle, Selbstmordversuche, tiefe, andauernde Depressionen, Unfähigkeit zum Arbeiten. Nun bleibt ihm nur noch – die deutschen Freunde wollen ihn los sein – die Rückkehr in die Familie. Vom Süden nach Norden Deutschlands wandert er da, im Jahr 1779, mit der Vision seines Vaterlandes, das ihm Qual und Fremdheit werden wird. ›Nein, ich war nicht für Livland gemacht‹, sagt er dort. Ins Exil nach Rußland treibt ihn der Vater, der sein poetisches Schaffen verdammt, in ihm Krankheit sieht.

Zehn Jahre wird Jakob Lenz in Moskau, der alten russischen Metropole, leben. Vaterland nennt er Rußland fortan, dieser Fremde, mit einer verzweifelten, anhänglichen Liebe.

Mit einundvierzig Jahren stirbt Jakob Lenz in der Nacht vom 23. zum 24. Mai 1792 auf einer Straße in Moskau.

In Deutschland haben die Zeitungen schon in den achtziger Jahren mehrmals von seinem Tod gesprochen. Als Ludwig Tieck in den zwanziger Jahren des nächsten Jahrhunderts die erste Werkausgabe von Lenz vorbereitet, ist nichts über die elf Jahre in Rußland bekannt; 1780 sei Lenz dort gestorben, heißt es. Tieck hat große Mühe, die in Zeitschriften verstreut publizierte Prosa und Lyrik zusammenzutragen, die wenigen noch vorhandenen Erstausgaben der Dramen aufzufinden. Aus Livland erhält er einige Handschriften aus dem Nachlaß der Familie.

Jakob Lenz ist ein vergessener Dichter. Nur Dichter lesen ihn, wenige. Etwa zur gleichen Zeit, da der Romantiker Tieck sich um die Herausgabe der Werke bemüht, nimmt der junge Georg Büchner Lenzens ›Hofmeister‹ und seine ›Soldaten‹ zur Kenntnis und ist tief betroffen. Büchners ›Woyzeck‹ ist ohne Lenzens ›Soldaten‹ nicht denkbar. Als Büchner aus Deutschland fliehen muß, kommen ihm 1835 in Straßburg durch einen Freund nachgelassene Papiere des Pfarrers Oberlin über Lenzens erste Wahnsinnsanfälle in Waldersbach in die Hände. Er schreibt daraufhin die ›Lenz‹-Novelle.

Jakob Lenz hätte Georg Büchner als Freund haben müssen. Er ist der erste, der das Ungewöhnliche von Struktur, Gestus und Weltsicht seiner Dramen begreift.

›Und mögen auch Jahrhunderte über meinen armen Schädel verachtungsvoll fortschreiten ... es ist wahr und wird bleiben‹, hat Lenz an Johann Gottfried Herder geschrieben, als er ihm 1775 das fertige Manuskript seiner ›Soldaten‹ sandte. Als Anmaßung und Hochmut erscheinen diese Worte seinen Zeitgenossen. Lenz weiß, daß er in seiner Zeit einsam bleibt. Er schreibt über die Gegenwart mit ihren Widersprüchen. Nur über sie. Das Tor zur Utopie ist ihm verschlossen. Und doch ist er einer der wildesten Träumer. Wo er Gewalttätigkeit sieht – und sie begegnet ihm, der mit Soldaten zusammen lebt, überall –, träumt er Menschlichkeit, wo sexuelle Not: Liebe, die Einheit von Begierde und Zärtlichkeit.

Als ein solcher Träumer sieht er die Wirklichkeit. Natur des Menschen und Unnatur der Zustände sind ihm eine tiefe Kluft, die er zu überwinden sucht, selbst ratlos, verzweifelt. Er steht nicht über den Dingen, er weiß nichts besser, er ist vermengt in die Widersprüche, qualvoll ihnen ausgeliefert, schreit sie aus sich heraus, ohne Abstand, ohne Bemessenheit. Groteskes und Tragikomisches seiner Dichtung wie seines Lebens werden belächelt, noch einhundert, zweihundert Jahre später als Geste eines Schamlosen gedeutet. Die, über deren Natur er in seinen Dramen ›Der Hofmeister‹, ›Die Soldaten‹ spricht, hören seine Stimme nicht, sehen nicht, daß es ihr eigener Zustand ist, wollen nicht zum Zweifel an der heilen Welt ihrer Tugendhaftigkeit getrieben werden.

Lenz sieht keine Alternative, seine Dramen aber sind eine Alternative. Sie sind eine große Möglichkeit des Menschlichen, versteht der Zuschauer sich im Zerrspiegel der Tragikomik, in der bitteren Ironie eigener Kleinheit und bornierter Demut zu begreifen und in der Negation die Maßlosigkeit menschenwürdiger Ansprüche zu erahnen.

Lenz befreit den Zuschauer nicht, er wirft ihn gnadenlos auf sich selbst zurück. Keine erlösenden Tränen am Ende, kein ermunterndes Mitleid, keine große, edle Tat, an der man sich aufrichten kann. Goethe läßt seinen Werther sterben, befreit sich dadurch selbst und gibt dem Leser die Möglichkeit mitleidsvoller Identifizierung. Lessing läßt Odoardo Galotti seine Tochter töten. Emilia, nicht sicher, der Verführung des Prinzen widerstehen zu können, stimmt dem zu, bittet um den Tod. Verweigerung bis in die letzte Konsequenz, unter Aufgabe des eigenen Lebens. Ein großes Beispiel bürgerlichen Mutes, das den Zuschauer erheben soll. Nichts davon bei Lenz. Seine Dramenschlüsse sind hart, bitter, ironisch. Lenz läßt seine Gestalten wie Marionetten agieren, seine Spieler sind unsichtbar, Bewegungen und Handlungen aber werden unweigerlich von ihnen bestimmt. Alle Figuren belügen sich und werden belogen, schieben sich und werden geschoben – von unsichtbaren Mächten – einem Abgrund zu. Aber sie stürzen nicht hinein.

Die tragischen Entwicklungen werden von Lenz unerbittlich zerstört, die Trivialität des Lebens löst sie in komische Verzerrung auf. Lenz zeigt, wo das Verlangen des Individuums nach innerer persönlicher Erfahrung mit dem Druck der unpersönlich gewordenen Gesellschaft kollidiert.

Das in einer schlimmen Zeit ›teutscher Misere‹, einer Zeit, wo das Land in viele kleine Staaten und Zwergstaaten zerrissen und zerstückelt ist, der Adel mit Gewalt und Korruption regiert, der Menschenhandel, der Verkauf von Soldaten an der Tagesordnung ist und Hungersnöte als Folge von widersinnigen Kriegen Deutschland überziehen. Das in einer Zeit, wo es kaum eine öffentliche Meinung gibt.

Jakob Lenz ist achtzehn Jahre alt, als er den ›Hofmeister‹ konzipiert, zwanzig, als er ihn niederschreibt, vierundzwanzig, als die ›Soldaten‹ entstehen.

Da kommt einer aus dem letzten Winkel, klein, schmal, unscheinbar und schüchtern, mit einer ungewöhnlichen dramatischen Begabung und bringt ein völlig neues ästhetisches und politisches Denken in die Literatur. Er beurteilt die Gesellschaft nach dem Maßstab der persönlichen Existenz und der inneren Bedürfnisse und baut seinen Begriff von Dichtung, von Theater und ihrem Verhältnis zum Publikum darauf auf.

Lenz ist ein Einzelgänger. Er hat eine ganz eigene Stimme. Aber er ist auch Teil einer Bewegung junger Intellektueller. Eine Handvoll sind es, nicht mehr. Aus dem Kleinbürgertum kommen sie zumeist, sind Studenten, stellungslose Autoren oder mit ihrem demütigenden Broterwerb Unzufriedene. Sie lernen voneinander, tragen sich gegenseitig, ermutigen sich in der Radikalität ihrer Fragestellung durch ihre Gemeinsamkeit.

Zum ersten Mal seit Luthers Zeit kommt eine Generation junger Deutscher zu einer tiefen Deutung der Welt, die – auf lange Sicht – nicht nur die deutsche, sondern auch die europäische Kultur beeinflußt und uns heute noch angeht, untergründig beunruhigt als etwas historisch ›Unerledigtes‹, weil die Ideale dieser Generation, wie Muschg einmal formuliert hat, eine ›Wachstumsstelle einer menschenmöglichen Zukunft‹ sind.

Dem Kreis gehören an: Johann Gottfried Herder, Johann Wolfgang Goethe, Jakob Michael Reinhold Lenz, Heinrich Leopold Wagner, Johann Heinrich Jung, genannt Stilling, Friedrich Maximilian Klinger, Friedrich Müller, genannt Maler Müller, Johann Heinrich Merck und Goethes Schwager Johann Georg Schlosser. ›Sturm und Drang‹ oder ›Genie-Periode‹ nennt man in der Literaturgeschichte ihre Bewegung.

Straßburg, zu Frankreich gehörend, ist der Ausgangspunkt. Vom Frühjahr 1770 bis zum Herbst 1771 treffen sich hier junge Autoren. Goethe ist einundzwanzig, Herder, der philosophische Mentor der Bewegung, sechsundzwanzig Jahre alt. Jakob Lenz ist fast zwanzig, als er in Straßburg ankommt. Wagner ist dort geboren. Kurze Zeit nur treffen sie aufeinander. Herder zum Beispiel ist längst abgereist, als Lenz die Stadt betritt. Aber durch das Wechseln von Briefen, den Austausch von Manuskripten und Erstdrucken, durch gegenseitige Einladungen und Besuche, durch Publikation in Zeitschriften und Almanachen, die sich ihren Ideen öffnen, die ›Iris‹ zum Beispiel und der ›Göttinger Almanach‹, das ›Deutsche Museum‹ oder die ›Frankfurter Gelehrten Anzeigen‹, die sogar für ein Jahr ihr eigenes Forum der Öffentlichkeit, ihr Streitorgan werden, bleiben sie alle, Herder, Goethe und Lenz, Wagner und Klinger, Merck und Müller, unter- und miteinander in Verbindung, wachsen zusammen, streiten sich produktiv. ›Laßt uns, Freunde!‹ sagte Herder, ›uns zusammendrängen, und uns nach Herzenslust idealisieren: das jagt Funken durch Seel und Herz! Wir elektrisieren einander zur Würksamkeit, und in der Folge auch immer zum Glücke.‹

Zu hoch gegriffen war das zweifellos. Nur kurze Zeit ist der Kreis zusammen, dann fällt er auseinander, die Wege trennen sich. Die Motive dafür sind vielfältig und widersprüchlich, liegen aber letztlich in der ›teutschen Misere‹ begründet. Die Aussichtslosigkeit rascher gesellschaftlicher Änderungen und erzwungene Anpassung im eigenen Leben lassen die meisten individuelle Lösungen suchen.

Die Kollektivität zerbricht. Für Goethe wird sein Ruhm als Autor des Briefromans ›Die Leiden des jungen Werthers‹ zur Chance sozialen Aufstiegs. Von Herzog Karl August wird er an den Weimarer Hof gerufen und erhält ein politisches Wirkungsfeld. Ebenso Herder, den Goethe nach Weimar zieht. Der Preis für beide ist die Einordnung in die bornierte Hofgesellschaft und die beengenden Verhältnisse eines Kleinstaates. Wagner wird Advokat, Stilling wird Augenarzt, dann Professor und Geheimer Hofrat. Maler Müller wird kurfürstlicher Kabinettsmaler, finanziell unterstützt von Goethe und anderen, geht schließlich 1778 nach Rom. Später verdient er sich sein Geld als Fremdenführer und Antiquar. Merck ist und bleibt bis an sein freiwilliges Lebensende 1791 Kriegsrat am Darmstädter Hof, ewig unter der Enge dieses Hofes leidend. Schlosser nimmt, um Goethes Schwester zu ehelichen, das wohlbestallte Amt eines Landvogtes beim Markgrafen Friedrich von Baden an. Klinger bemüht sich, ständig in finanziellen Nöten, um Anstellungen, u. a. in Weimar und beim Militär. Zwei Jahre ist er Theaterdichter bei der Seylerschen Truppe, dann wandert er aus Deutschland aus und kommt am russischen Hof in Sankt Petersburg unter.

Das revolutionäre Ziel auf literarischem Gebiet, den ständischen Dichter durch den freien Autor abzulösen, kann nicht erreicht werden. Alle haben eine Lösung gefunden, sich in ein Amt, zum großen Teil in Abhängigkeit vom Adel, gepreßt.

Das geht nicht ohne Widersprüche, Depressionen, ja tiefe Lebenskrisen ab. Neue Positionen müssen gewonnen werden, wenn Weiterschreiben möglich sein soll. Die schmerzliche Erfahrung, ›die Kelter allein zu treten‹, wie Goethe sagt, bleibt nicht aus. Das führt auch zu Streitigkeiten unter den Freunden. Goethe bricht zuerst mit Wagner, dann in Weimar mit Klinger, schließlich mit ungeheurer menschlicher Härte mit Lenz. Der Rückzug auf sich selbst beginnt, auf das ›poetische Talent‹, wie Goethe sagt, das nach seiner Meinung die ›sicherste Base‹ sei. Andere reagieren mit Haß auf das Schreiben selbst, das imaginäre Daseinsmöglichkeiten bietet, die die harte Realität verweigert. Klinger verbrennt einen Teil seiner Manuskripte, will nichts mehr von Poeten wissen, ›ich hasse sie, ich verabscheue sie, ich verschreie sie ... wie nichtig all unser Treiben in den 4 Wänden, wie ganz Wahn‹. Und Merck schreibt: ›Der Teufel hole die ganze Poesie, die die Menschen von anderen abzieht und sie inwendig mit der Bettlltapezerei ihrer eigenen Würde und Hoheit ausmöbliert.‹

Jakob Michael Reinhold Lenz ist der einzige, der sich nicht um eine Anstellung bemüht, nicht einmal das Theologie- oder Jurastudium abschließt, wie ihm alle seine Freunde dringend raten. ›Studierst Theologie? predigest? bist ordiniert? Sag mir etwas hievon‹, fragt Pfeffel ihn, und als Christian Boie, der Herausgeber des ›Deutschen Museums‹, ihm mitteilt, daß er Stabssekretär in Hannover wird, antwortet Lenz: ›Mir wird dies Glück sobald nicht werden, denn zu jedem öffentlichen Amt bin ich durch meine Schwärmereien verdorben.‹ Pfarrer, Schulmeister, Staatsdiener oder Vorleser an einem Fürstenhof zu werden ist für ihn unmöglich. ›... o Gott, eh' so viel Gras über meine Seele wachsen soll, so wollt ich lieber, daß nie eine Pflugschar drüber gefahren wäre.‹ Sogar das Angebot einer Anstellung als Professor am Dessauer Philanthropin mit hohem Gehalt und freien Reisekosten lehnt er ab. ›Von der Vokation ins Philanthropin sag ich kein Wort‹, antwortet Lenzens Freund Röderer aus dem Elsaß auf dessen Mitteilung, ›aber warum nimmst Du die zu Weimar nicht an? Warum? gib Acht wo die Ursache her kommt und wo sie hin führt.‹ Das ist am 23. Mai 1776, und im nächsten Brief teilt Lenz Röderer Goethes Amtseinführung am Weimarer Hofe mit. ›... werde bald mein Bester sein Kollege oder des etwas‹, antwortet Röderer und fügt hinzu: ›... dann Liebster hastu (siehstu ich bitte Dich aufn Knieen) heitere Miene, bist alsdann Lenz und ein etablierter Mann ...‹ Aber gerade letzteres lehnt Lenz ab, er kann es nicht, er kann kein Amt annehmen. ›Die Ursachen – da müßt ich Ihnen Bogen voll schreiben‹, heißt es einmal in einem Brief an seinen Straßburger Mentor Salzmann. ›Ich fühle mich nicht dazu. Dies ist aber kein dunkles, sinnliches, sondern das Gefühl meines ganzen Wesens, das mir so gut als Überzeugung gilt.‹

Es ist jenes Gefühl des unbedingten und ausschließlichen

Schreibenmüssens. Jakob Lenz ist der einzige, der kompromißlos an der Utopie einer freien Schriftstellerexistenz festhält.

Als er dann Jahre später, krank schon, aus reiner finanzieller Not doch nach einer Anstellung sucht, ist die kurze Zeit seines Ruhmes in Deutschland schon längst vorbei und damit auch die einmalige Chance des sozialen Aufstiegs. Hinzu kommt, daß er bei seinen Bemühungen nicht nur von seiner Familie, Vater und Brüdern, alle hohe Beamte in einflußreichen Positionen, im Stich gelassen wird, sondern auch von seinen ehemaligen engen Dichterfreunden. Das muß eine unendlich bittere Erfahrung gewesen sein.

Klinger, der Lenz hoch verehrte, ihm, als er nach Frankfurt kam, in Werther-Kleidung entgegenritt (›War das nicht herrlich, so einem Jungen wie Lenz ist vor zu reiten?‹ schreibt Klingers Schwester), wird in den zehn Jahren, die sie gemeinsam in Rußland leben und in denen Klinger eine große Karriere am Zarenhof macht, sich nie um Lenz kümmern, ihm nie helfen wollen.

Und als Lenz sich zum Beispiel 1779 um eine Stelle an der Rigaer Domschule bewirbt, heißt es, ein Empfehlungsschreiben des einstigen dortigen Lehrers Herder, jetzt Superintendent in Weimar, sei ausschlaggebend. Lenz schreibt an Herder. Hartknoch, Herders Rigaer Verleger, ebenfalls. ›Ist's möglich, daß Du etwas für Lenz zum Besten tun kannst, so empfiehl ihn nachdrücklich.‹ Lenz sei, schreibt Hartknoch, ›für den erstrebten Posten vollständig geeignet‹. Herder antwortet mit einem kalten Nein an Hartknoch: ›Mit Lenzen ist nicht. Er taugt nicht zu der Stelle ...‹ Lenz erhält nicht einmal eine Antwort von Herder. Das ist die Haltung eines Dichterfreundes, der drei Jahre zuvor Lenz überschwenglich geschrieben hatte: ›... so beschwör ich Dich, komm zu mir!!! ... Komm her, ich bitt u. flehe Dich ... oder bleib immer da ... Du bist der Erste Mensch, für den ich schreibe.‹

Herders Motive für sein kaltes Nein? Rücksicht auf Goethe? Die Befürwortung Lenzens wäre ein Wagnis, würde Goethe befremden. Das ist sicher. Lenz ist seit dem Bruch mit Goethe in Weimar für viele tot, als Dichter und Mensch.

Ein Beispiel aus dem Jahr 1816, vierzig Jahre nach dem Zerwürfnis der beiden Freunde. Der Livländer Georg Friedrich Dumpf findet in Lenzens Nachlaß die Literatursatire ›Pandämonium Germanicum‹. Er bittet Hufeland um die Vermittlung eines Verlegers in Deutschland und Erkundigung bei Goethe, ob dieser für die ›Herausgabe der Materialien stimme‹. Hufeland schreibt daraufhin am 28. September 1816 nach Weimar an Bertuch: ›Die letztere Bitte mußt ich ihm natürlich abschlagen, da der so reizbare Goethe den Mangel an Delikatesse, den eine solche, einen ihm verhaßten Gegenstand betreffende Frage verraten würde, sehr übel aufnehmen könnte. Was aber den ersten Punkt betrifft, so schrieb ich ihm, daß ich mir die Freiheit nehmen würde, mich deshalb an Sie zu wenden.‹ Bertuch, der große Verleger, lehnt ab. Auch er möchte nicht mit Goethe in Konflikte kommen.

Zu Lenzens Lebzeiten aber hat man in Weimar nach der Ausweisung allenfalls Hohn oder Spott für ihn übrig. Als sich 1779 in Weimar das Gerücht verbreitet, Lenz habe in Livland eine ›Professur der Taktik, der Politik und der schönen Wissenschaften‹ erhalten, schreibt die Herzogin Anna Amalia: ›Daß Lenz Professor geworden, kommt mir sonderbar vor; die Universität, die ihn gewählt hat, muß toll und Lenz gescheut worden sein.‹ Jahre später, als Lenz nach Weimar an Wieland, Charlotte von Stein und Goethe Schreiben richtet, muß die Reaktion eisig gewesen sein. Die Briefantworten sind nicht erhalten. Nur aus Äußerungen untereinander können wir darauf schließen. Wieland schreibt an Merck am 2. März 1781, Lenz habe ›wieder ein Lebzeichen von sich gegeben. Aus seinem an mich gerichteten Zettelchen ist zu sehen, daß er zwar sich selbst wiedergefunden hat, aber freilich den Verstand, den er nie hatte, nicht wiederfinden konnte.‹ Goethe am 23. März des gleichen Jahres an Charlotte von Stein: ›Hier ist ein Brief an Lenzen; Du wirst daraus sehen, was und wie Du ihm zu schreiben hast.‹ Zwei Tage später: ›Ich danke für den Brief an Lenz.‹

Über zwanzig Jahre später, Lenz ist schon tot, wird Goethe dann in seiner Autobiographie ›Dichtung und Wahrheit‹ das Urteil über Lenz fällen, das lange Zeit unbesehen, ungeprüft tradiert wird. Goethes Autorität, durch dichterische Leistung und gesellschaftliches Wirken gewonnen, ist unangreifbar. Goethe gesteht Jakob Lenz ›Talent‹ zu, aber dieses ›kränkelte‹, sei ›krank‹, von ›Halbnarrheit‹, von ›gewissen, von jedermann anerkannten, bedauerten, ja geliebten Wahnsinn‹ ist die Rede, von ›albernsten und barockesten Fratzen‹, von Lenz als einem ›lebenslangen Schelm in der Einbildung‹, der sein ›Innerstes ... untergrabe‹. Lenz habe alle anderen in der ›Selbstquälerei‹ übertroffen, meint Goethe und stellt ihn als abschreckendes Beispiel für die ›Werther-Krankheit‹ hin, nennt ihn, ihn persönlich diffamierend, einen ›Intriganten ... ohne eigentliche Zwecke‹. Lenz kann sich nicht mehr gegen dieses Urteil wehren. Klinger dagegen wird von Goethe mehrmals diplomatisch gefragt, ob er sich ›wohl abgebildet fände‹. Der Sankt Petersburger und der Weimarer Hof unterhalten durch die geplante Heirat von Karl Augusts Sohn mit der russischen Prinzessin Anna Pawlowna äußerst wohlwollende Beziehungen. Goethe geht zwar, trotz Klingers mehrmaliger dringender Bitte, mit keinem Wort in den Briefen auf ihr Jugendzerwürfnis 1776 in Weimar ein, schließt aber sein Urteil über Jakob Lenz in ›Dichtung und Wahrheit‹ gerade in der Gegenüberstellung zu Klinger. ›Beide waren gleichzeitig, bestrebten sich in ihrer Jugend mit- und nebeneinander. Lenz jedoch, als ein vorübergehendes Meteor, zog nur augenblicklich über den Horizont der deutschen Literatur hin und verschwand plötzlich, ohne im Leben eine Spur zurückzulassen; Klinger hingegen, als einflußreicher Schriftsteller, als tätiger Geschäftsmann, erhält sich noch bis auf diese Zeit.‹

Es ist nicht nur eine diplomatische Geste, daß bei Klinger ›Schriftsteller‹ und ›Geschäftsmann‹ fast gleichrangig nebeneinanderstehen. Es ist Goethes Lebensüberzeugung, und es entspricht auch durchaus dem Urteil der Zeitgenossen, wenn kurz nach Lenzens Tod in einem Nachruf in der Jenaer ›Allgemeinen Literaturzeitung‹ zu lesen ist, Lenz sei ›von wenigen betrauert, von keinem vermißt‹ gestorben und er habe sein Leben ›in nutzloser Beschäftigung, ohne eigentliche Bestimmung‹ verbracht.

Poet sein galt nicht als Beruf. Goethe hat es treffend analysiert: ›Die deutschen Dichter‹, schreibt er, ›genossen in der bürgerlichen Welt nicht der mindesten Vorteile. Sie hatten weder Halt, Stand, noch Ansehen, als insofern sonst ein Verhältnis ihnen günstig war, und es kam daher bloß auf den Zufall an, ob das Talent zu Ehren oder Schanden geboren sein sollte. Ein armer Erdensohn von Geist und Fähigkeiten mußte sich kümmerlich ins Leben hineinschleppen und die Gabe, die er allenfalls von den Musen erhalten hatte, von dem augenblicklichen Bedürfnis gedrängt, vergeuden ... ein Poet ... erschien in der Welt auf die traurigste Weise subordiniert, als Spaßmacher und Schmarutzer, so daß er sowohl auf dem Theater als auf der Lebensbühne eine Figur vorstellte, der man nach Belieben mitspielen konnte. Gesellte sich hingegen die Muse zu Männern mit Ansehen, so erhielten diese dadurch einen Glanz, der auf die Geberin zurückfiel ... Besonders wurden auch solche Personen verehrt, die neben jenem angenehmen Talente sich noch als emsige Geschäftsmänner auszeichneten.‹

Das aber eben vermochte Lenz nicht, und ihn traf dafür nicht nur die Verachtung seiner eigenen borniertern Beamtenfamilie, sondern auch die seiner Zeitgenossen und die seiner Kollegen. Sein kompromißloses Festhalten an dem von allen Dichtern einst als Jugendtraum aufgestellten Postulat individueller Selbstverwirklichung warf man ihm als Lebensuntüchtigkeit vor. Er lehnte einen Beruf ab, vertraute seiner Berufung als Poet, mit allen finanziellen Nöten, Qualen und Zweifeln, mit allen Widersprüchen, die sich daraus bis ans Ende seines bitteren, letztlich tragisch scheiternden Lebens ergaben. Aber selbst in diesen Widersprüchen ist er sich bis an sein Lebensende treu.

Lenz bleibt immer in einer sozialen Randlage, ist ein Außenseiter, der sich in keinerlei vorhandene ständische oder andere Wertsysteme einordnet oder einordnen läßt.

Er hält beharrlich bis in die Moskauer Jahre an dem fest, was er einst im Frühjahr 1776 an seinen Freund Merck schreibt: ›Mir gehts wie Ihnen, ich bin arm wie eine Kirchenmaus ... Mir fehlt zum Dichter Muse und warme Luft und Glückseligkeit des Herzens, das bei mir tief auf den kalten Nesseln meines Schicksals halb im Schlamm versunken liegt und sich nur mit der Verzweiflung emporarbeiten kann.‹

Goethes hartes Urteil über Lenz aber entspringt nicht allein Verletzung und Eifersucht, ist auch nicht nur Kompensation eines Schuldgefühls dem frühen Freund gegenüber. Das ist es zweifellos auch. Goethe muß diese Schuld ein Leben lang mit sich herumgetragen und verdrängt haben, die Konsequenz, mit der er über diesen ›verhaßten Gegenstand‹ schweigt und anderen Schweigen gebietet, läßt es uns ahnen.

Es ist viel mehr. Ein ›vorübergehendes Meteor‹, das keine Spuren hinterläßt, nennt Goethe Lenz. Goethe hat die wirkliche Leistung seines Dichterfreundes nie verstanden, hat nie seine großen Stücke, den ›Hofmeister‹ und die ›Soldaten‹, verstanden.

Eine ›literarische Revolution‹ hätten die ›Stürmer und Dränger‹ gemacht und gewollt, wird Goethe später im 12. Buch von ›Dichtung und Wahrheit‹ sagen und seine eigene Beteiligung daran mit ›Götz‹ und ›Werther‹ hervorheben. Aber nicht als Anteil, als große Vorwegnahme, sieht es Goethe, sondern eher als Erledigung; der ›Werther‹ ist die literarische Erledigung dieser nach Goethe bei allen den Freunden damals vorhandenen, bei Lenz aber ins Extrem gesteigerten ›Selbstquälerei‹. Als eine Art überwundener Radikalität, als Jugendsünde wird die ›literarische Revolution‹ gewertet. Das ist 1813. Die wirkliche Revolution in Frankreich liegt dazwischen. Als 1819 in Lenzens Nachlaß der Livländer Seebeck Prometheuspapiere von Goethes Hand findet, schickt er sie nach Weimar. Goethe schreibt am 30. Dezember des gleichen Jahres nach Livland: ›Dank für den ,Prometheus'. Der ,Prometheus' nimmt sich wunderlich genug aus, ich getraue mich kaum ihn drucken zu lassen, so modern, sansculottisch sind seine Gesinnungen …‹

Es ist kein Zufall, daß es Georg Büchner ist, der als erster den großen sozialen und existentiellen Grundgestus von Lenzens Werk erkennt und dessen schon vergessene, historisch scheinbar besiegte Position freilegt, die Alternative zur Klassik nämlich, die Lenz, der Plebejer, der ›stinkende Atem des Volks‹, der radikalste Vertreter des Sturm und Drang, in der Tat mit seinem Schaffen und seinem Leben darstellt.

Aus Livland kam Lenz. ›Waräger‹, ›Wilder‹, ›Sohn des rauhen Nordens‹ nennt er sich, in einem lettischen Dorf verbrachte er die ersten neun Jahre seiner Kindheit, in Casvaine, deutsch Seßwegen. Der zweitgeborene Sohn ist Jakob, am 12. Januar 1751 zur Welt gekommen. Zwei Schwestern sind noch vor ihm, zwei Kinder werden noch folgen. In einem Pfarrhaus wächst er auf, unter dogmatisch strenger väterlicher Zucht. Das wird einen Vaterkomplex in ihm erzeugen, von dem er sich nur die kurze Zeit seiner schöpferischen Jahre befreien, nie aber ganz lösen kann; im Gegenteil, die Übermacht des Vaters wird ihn fast erdrücken.

Die Kindheit Lenzens ist arm an äußeren Ereignissen. Landschaft und Himmel um Casvaine, der lange nordische Winter, sechs Monate dauert er, Pfarrkirche, Pfarrhaus. Die lettischen Bauern, Leibeigene in ihrer unsäglichen Not. ›Ein Haufen Stroh, in den Kot getreten‹, wird Lenz später schreiben. Die Folgen des Nordischen Krieges prägen das Land, Hungersnöte und Pest. Um die Hälfte ist die Bevölkerung dezimiert, Schlösser, Dörfer und Städte sind zerstört, viele Felder und Wiesen liegen brach, es gibt kaum Handel. Das geistige Leben ist tot.

Die erschreckenden Bilder von Lenzens Kindheit müssen Armut und Not gewesen sein. Der Lette wird auf Stroh geboren, er schläft ohne Bettuch, und er stirbt auch so. Leibeigene werden auf dem in Casvaine stattfindenden Jahrmarkt feilgeboten; Strohkränze auf ihrem Kopf sind das Zeichen, daß sie von den Gutsbesitzern verkauft oder vertauscht werden – gegen Pferde, Hunde, Pfeifenköpfe, Jagdgerät oder ähnliches. ›Die Menschen sind hier nicht so teuer als ein Neger in den amerikanischen Kolonien‹, schreibt der Aufklärer August Wilhelm Hupel. ›Einen ledigen Kerl kauft man für 30–50, wenn er ein Handwerk versteht, Koch, Weber u. d. g. ist, auch wohl für 100 Rubel. Ebensoviel gibt man für ein ganzes Gesinde (die Eltern nebst ihren Kindern), für eine Magd selten mehr als 10 und für ein Kind etwa 4 Rubel.‹

Die Zarin Katharina, 1762 zur Macht gekommen und durch den Nordischen Krieg Herrscherin über die nun zu Rußland gehörende Provinz Livland, muß in einem Ukas von 1765 zugeben, daß sie ›wahrgenommen in wie großen Bedruck der Bauer in Liefland lebe‹, sie spricht von ›tyrannischer Härte‹ und ›ausschweifenden despotismo‹. Der Bauer werde entweder ›aufgerieben oder verjagt‹, die ›dritte Bedrückung‹ des Bauern sei ›der Exzess in der Bestrafung. Dieser ist so enorm, daß das Geschrei davon … bis an den Thron gedrungen‹.

Das Kind Jakob Lenz muß Zeuge solcher Exzesse gewesen sein, denn des Sonntags nach der Kirchenpredigt vor dem Gotteshaus geschehen sie. Der jeweilige Dorfpfarrer ist für den Vollzug der vom Landadel gerichtlich verhängten Strafen an den lettischen Bauern verantwortlich. ›Wenn der Gemeine aus der Kirche gehet, wird der Verbrecher an einen Pfahl unweit der Kirche gebunden, sein Leib von oben entblößt; der sogenannte Kirchenkerl oder Glockenläuter verrichtet die Exekution, indem er mit zwo frischen schmalen Ruten, die den Spießen oder Spitzruten ähnlich sind, dreimal den entblößten Rücken des Verurteilten schlägt, dann ein Paar frische ergreift.‹ ›Die kleinsten Vergehungen‹, heißt es dazu in dem Ukas der Zarin Katharina, ›werden mit 10 Paar Ruten geahndet, mit welchen nicht nach der gesetzlichen Vorschrift, mit jedem Paar dreimal, sondern so lange gehauen wird, als ein Stumpf der Ruten übrig ist, und bis Haut und Fleisch herunter fallen.‹

Gottgewollte Ordnung. Pastor Lenz, der Vater, hält die Strafen für gerecht. Das Kind wird dem folgen müssen. Übermächtig, mit unbarmherzig geißelnden Worten predigt der Vater von der Kanzel der Seßwegener Kirche. Die Letten werden des ›faulen und leeren Maulchristentums‹, der ›Gier, der überviehischen Trunkenheit und schändlichen Wollust‹ beschuldigt.

Von Sünden, Buße und Strafgericht Gottes, das über sie kommen wird, ist immer wieder die Rede.

Strafgericht Gottes. Jakob sitzt in einer der Holzbänke der Kirche. Über ihm – auf der Kanzel – die donnernde Stimme des Vaters. Die absolute Autorität. Wie ein Gott muß ihm der Vater scheinen. (›Mein Vater blickte wie ein liebender/gekränkter Gott mich drohend an‹, heißt es in einem späten Dramenfragment, und daß der Vater ihn ›von Kindheit auf‹ zu seinem Sklaven machte: ›Hätt' er's gewinkt, ich hätte Gott verleugnet.‹)

Jakob ist zum Glauben gezwungen. Er weiß nicht, daß das Christentum den Letten die heidnischen Götter raubt, die Volkstraditionen vernichtet. Er weiß nicht, daß der Vater das predigt, was den Gutsherren nützt: Gottesfurcht und Arbeitsamkeit.

Nur wenige erkennen die Verhältnisse in ihren wirklichen sozialen Spannungen, einer davon ist der Livländer Jannau, der zeitgleich schreibt, ›Herrschsucht‹ sei das ›Beginnen‹ der deutschen Prediger und ›Dummheit die Fessel, die den Letten und Esten in der Sklaverei erhielt. Kein Einziger bildete durch die Religion, die er zu predigen doch berufen war. Ein jeder suchte Land und Leute, ward groß durch seine Taten, und tötete die Freiheit der Unschuldigen, die er bekehren wollte.‹

Alles geschehe zum Wohl der Letten, so wird Pastor Lenz Jakob, seinem Sohn, es sagen.

In Deutsche und Undeutsche teilt sich die Welt für das Kind. Die einen, denen das Land eigentlich gehört, die Letten, haben zu dienen, die anderen, Herzugereisten, die Deutschen, der Adel, die Gutsbesitzer herrschen. Auch der Pastor, aus welcher sozialen Schicht er immer stammt, gehört zu den Herrschenden. Durch die Besoldung mit einem Pastorat – Leibeigene haben ihm Frondienste zu leisten und Abgaben zu entrichten – ist er dem mittleren Landadel etwa gleichgestellt. Alles auf dem Tisch im Hause der Familie Lenz kommt von den Undeutschen. Und die Letten sehen den deutschen Pfarrer, wie sie den Gutsbesitzer sehen, als gefürchteten Herrn, als Herrn über ihr Leben und ihren Tod. In diese Welt nationaler Spannungen und sozialer Gegensätze wächst Jakob Lenz hinein.

Für seinen Vater wird das Baltikum zum Land des Aufstiegs; bis zum ersten Mann der Kirche Livlands, zum Generalsuperintendenten von Riga wird er es bringen. Eine Gedenkmünze prägt man zu seinem fünfzigjährigen Dienstjubiläum, das mit großem Pomp begangen wird – in eben jenem Jahr, da sein Sohn Jakob einsam und verzweifelt in Moskau stirbt.

Der Aufstieg des Pastors Christian David Lenz ist die Geschichte seiner Anpassung. Er ist der Sohn eines armen Kupferschmiedes aus Köslin in Pommern. 1720 geboren, wird er fünfzehnjährig zum Theologiestudium nach Halle geschickt und schlägt sich ohne finanzielle Unterstützung der Eltern durch. In Deutschland sind die Pfarrstellen knapp. Also wandert er aus, geht nach Livland, wird dort zunächst Hofmeister, lernt Lettisch und Estnisch. Von Halle, der Hochburg des Pietismus, kommt Lenzens Vater, und als junger Mann sympathisiert er durchaus mit dessen radikalster Bewegung, dem Herrnhutertum. Gerade in Livland faßt sie Fuß, Zinzendorf selbst reist 1736 durch das Land, und in der Bewegung der mährischen Brüder sammelt sich der Widerstand. Radikale Führer treten offen gegen die Willkürherrschaft der Gutsbesitzer auf, auch deutsche Pastoren schließen sich an.

Zunächst auch Lenzens Vater. Aber nur für kurze Zeit. Als er merkt, daß dies sein Amt bedroht, läßt er sofort die sozialen Belange fallen, distanziert sich öffentlich und heftig von den Herrnhutern. Je orthodoxer er wird, desto größer sind seine Beförderungsaussichten. Und von dieser Starre und Orthodoxie hat er offenbar sehr viel: als Pfarrer und als Mensch, seiner Gemeinde wie seiner Familie gegenüber.

Ein Beispiel aus seinen Predigten. Als 1748 in dem benachbarten Wenden ein schreckliches Feuer die Stadt verheert, fährt er hin und spricht vor den Leidgeprüften. Statt sie zu trösten, beschuldigt er die Einwohner, durch ihren ›fleischlichen Lebenswandel ... Sodoms Schwefelbrand‹ heraufbeschworen zu haben. Die Stadt strengt daraufhin einen Prozeß gegen Pastor Lenz an, den sie auch gewinnt. Aber da ist Jakobs Vater noch ein kleiner Dorfpfarrer; später, als sein Fanatismus weitaus stärkere Formen annimmt, ist Widerspruch schwer möglich, – dann, als er der erste Mann der Kirche Livlands ist, völlig ausgeschlossen. Das ist der soziale und politische Hintergrund des lebenslangen und für Jakob Lenz so zerstörerischen Vater-Sohn-Konfliktes.

Von Lenzens Mutter wissen wir kaum etwas. Vielleicht ist sie sensibel gewesen, hat die väterliche Strenge gemildert, Musisches in Lenz geweckt und gefördert. Wir können es nur vermuten. Ein einziger Brief von ihr an den Sohn existiert; er ist voll mütterlicher Zärtlichkeit und berührender Menschlichkeit. Vierundzwanzig Jahre alt ist Lenz da und schon im Ausland: ›Mein allerliebster Jakob‹, schreibt die Mutter, ›wie vergeblig habe ich nun so viele Jahre auf Deine Zu hause Kunft gewartet, wie oft habe ich umsonst aus dem Fenster gesehn, wenn nur ein Fragtwagen ankam, ... allein vergebens. ... Wie lange wiltu so herum irren, und Dich in solche nichtswürdigen Dinge vertifen, ach nimm es doch zu Herzen was Dein Vater Dir schreibt, ... und denke nach, was wil aus Dir werden? ich billige alles was Papa geschrieben hat.‹ Wie sollte sie auch anders zu denken wagen unter der Herrschaft eines solchen Patriarchen. Aber es ist kein Vorwurf in ihrem Ton. ›Melde mir auch‹, fährt sie fort, ›ob Du jetzo ganz gesund bist mit Deinen Halse und Zähnen; ich bin Deinetwegen sehr besorgt gewesen.‹ Und am Schluß: ›Übrigens grüße und küsse ich Dich zärtly mein liebes Kind. Gott segne Dich und leite Dich auf seinen Wegen.‹

Die Mutter wird Jakob nicht wiedersehen. Ein Jahr vor seiner Rückkehr nach Livland stirbt sie.

Vierundzwanzig war Dorothea Neoknapp, als sie Jakobs Vater heiratete. Ihre Mutter war eine Adlige, Maria von Rhaden, die offenbar von ihrem Hofmeister, Neoknapp, verführt wurde. Ihr Vater, zeitlebens Pastor in Neuhaus im Wendenschen Gebiet, ist eine Generation vor Lenzens Vater nach Livland eingewandert.

Dem Kind wird sie die ersten Lieder gesungen, die Anfänge des Schreibens beigebracht haben. In der Studierstube seines Vaters im Casvainer Pastorat wird Jakob dann Unterricht erhalten, zusammen mit dem älteren Bruder vermutlich. Bibellesen. Griechisch. Latein. Dort in der väterlichen Stube wird er auch in die enge pietistische Atmosphäre der Hausandachten und Selbstbestimmungen, der Prüfungen und Tröstungen hineinwachsen.

Als Jakob neun Jahre alt ist, verändert sich sein Leben. Der Vater klettert die erste Stufe empor, er erhält eine Stadtpfarre in Südestland.

Am 25. Februar 1759 verläßt die Familie Lenz das Dorf.

Dorpat, auch Tartu oder russisch Jurgew genannt, wird fortan Lenzens Heimat. Bis zu seinem siebzehnten Lebensjahr wird er hier wohnen, die Schule besuchen, sich auf die Universität vorbereiten; mit fünfzehn seine ersten Verse in den ›Rigischen Anzeigen‹ drucken mit Begleitworten seines Mentors Oldekop, der wünscht, daß die ›dichterischen Gaben dieses hoffnungsvollen Jünglings‹ sich ›zu Ehren‹ des ›Vaterlandes entwickeln und erhöhen mögen‹.

Dorpat ist gezeichnet von den Narben des Krieges, durch ›springende Minen‹ ist es ›beinahe zum Steinhaufen gemacht worden‹. Jakob sieht die Trümmer. Die Stadttore sind zerstört und fast alle öffentlichen Gebäude. Von der Kirche Sankt Dionysi auf dem Tommemägi, dem Domberg, geben vierundzwanzig starke Pfeiler und ein Turmstumpf ein gespenstisches Ruinenbild. Auch die unter schwedischer Herrschaft von Gustav Adolf gegründete Universität ist vernichtet, wird, wie es sich Lenz lebenslang gewünscht hat, erst 1803 wieder eröffnet. Klinger wird der erste Kurator der Dorpater Universität sein.

Unweit des Domberges, zwischen der Johannis- und der Ritterstraße, ist Jakobs Zuhause. Ein kleines Gebäude nahe der Stadtpfarrkirche Sankt Johannis wird der Familie Lenz zugewiesen. In schlechtem Zustand, Haus und Nebengebäude baufällig, zugig, unwürdig eines Pastors, wie wir aus einem Beschwerdebrief von Lenzens Vater an die Stadtverwaltung wissen.

Jakob wird sicher erst für kurze Zeit mit den Schwestern in eine Elementar- oder Winkelschule geschickt worden sein, dann, mit zehn oder elf, kommt er in die Lateinschule, eine ›kombinierte Kron- und Stadtschule‹.

Die Verhältnisse in dieser Schule müssen katastrophal gewesen sein. Die Eltern hätten ›Furcht‹, schreibt Pastor Lenz anklagend an den Rektor, ›daß ihre Kinder entweder durch Schläge jämmerlich gemißhandelt, oder verflucht und durch die rauhen Bemerkungen ... ganz mutlos und blödsinnig gemacht werden‹. Und zu Jakob direkt: ›So würde z. E. mein Jakob durch Härte und Schärfe nur betäubet, und so konfuse gemacht werden, daß ihm hören und sehen vergehen, und dann nichts mit ihm auszurichten sein würde.‹

Der Vater nimmt Jakob und den Bruder aus der Schule, unterrichtet sie ein dreiviertel Jahr zu Hause. Aber seine Amtsgeschäfte lassen ihm nicht genug Zeit. Die Jungen müssen wieder in die öffentliche Anstalt.

Wie das Niveau der Schule gewesen sein muß, geht auch daraus hervor, daß in neun Jahren, zwischen 1749 und 1758, kein einziger Schüler von Dorpat aus auf eine Universität geschickt wird.

Pastor Lenz aber hat den Ehrgeiz. Der älteste Sohn ist schon in Königsberg, die anderen beiden sollen dorthin. Theologie bestimmt er für Jakob. Der Vater spart, bittet die Stadt um Gelder, um Unterstützung.

Hart, eng und dogmatisch wird seine Erziehung weiterhin sein. Wie seine Predigten. ›Laß den Herzen seinen Vortrag lauter Spieß und Nägel sein‹, erbittet Jakob für den Vater von Gott. Silvester 1763/64 trägt er dieses Gedicht im Kreis der Familie vor. Die Autorität des Vaters wächst. Er ist ein wichtiger Mann in Dorpat, predigt vor einer großen Gemeinde, übt Gerichtsbarkeit aus. Die Freunde des Vaters sind der Bürgermeister, der Syndikus, der Notar, der Polizeibürgermeister, die Ratsherren. Einer gemeinsamen Tafelrunde gehören sie an. Zugleich liegt der Vater im ständigen Krieg mit allen. Er fühlt sich immer zurückgesetzt, schlecht behandelt. Wütende Verteidigungs- und Anklageschriften von seiner Hand sind im Rigaer Archiv bewahrt. Lassen sich auch die Umstände im einzelnen nicht mehr klären, so wird doch deutlich, daß es sich nicht nur um Charakterfragen, sondern um eine im ganzen konservative religiöse und politische Haltung Pastor Lenzens gehandelt haben muß. Das bleibt nicht ohne Einfluß auf den Heranwachsenden.

Eine heimliche Emanzipation Jakobs vom Vater wird schon in den Dorpater Jahren vor sich gegangen sein. Das hängt nicht zuletzt damit zusammen, daß der Knabe Männer kennenlernt, weitaus weltoffener als sein Vater, die ihm Freunde werden. Konrad Gadebusch zum Beispiel, der die Wißbegier des Jungen und seine Sensibilität spürt. Gadebusch hat als Mitarbeiter von Nicolais in Berlin erscheinender ›Allgemeiner Deutscher Bibliothek« die neuesten Bücher, die Lenzens Vater nicht besitzt und an die der Junge niemals kommen könnte, denn es gibt weder eine Lesegesellschaft noch einen Buchladen in Dorpat.

Gadebusch muß dem in dieser öden Kleinstadt unter den kleinlichen Händeln eines kleinlich denkenden Vaters lebenden Jakob Lenz eine Ahnung davon gegeben haben, was in der geistigen Welt Europas vor sich geht. 1762 erscheint Rousseaus ›Emile‹ und sein ›Contrat social‹, 1764 Winckelmanns ›Geschichte der Kunst des Altertums‹, 1766 Lessings ›Laokoon‹, ein Jahr später ›Minna von Barnhelm‹ und die ›Hamburgische Dramaturgie‹, 1767 Sternes ›Tristram Shandy‹. Im benachbarten Riga veröffentlicht der junge Herder seine ersten Schriften. Lenz liest Klopstock, die ersten drei Gesänge des ›Messias‹, vielleicht sogar unter den Augen des Vaters. Ein frommes Erbauungsbuch sieht der Vater darin. Für den Sohn aber ist es Dichtung, Poesie. Er ist tief beeindruckt, ahmt Klopstock in seinen ersten eigenen Versen nach.

Auch August Wilhelm Hupel, wie Gadebusch ein livländischer Aufklärungsschriftsteller, wird für Jakob Lenz wichtig gewesen sein. Persönliche Beziehungen sind nicht belegt, obwohl Hupel in der Nähe von Dorpat lebte. Hupels Schriften haben einen starken sozialen Gestus, er befaßt sich mit der Lage der Ärmsten, der Soldaten vor allem. In der den Soldaten auferlegten sexuellen Enthaltsamkeit sieht er eine Versklavung. Als Lösung schlägt er Kastration vor, plädiert aber gleichzeitig für die Heirat.

Lenzens Dorpater Jahre sind wie die in Casvaine arm an äußeren Ereignissen. Tiefgreifend sind die wenigen aber.

Die Verheerungen der Stadt durch Feuer und Wasser. Die Überschwemmungen fast jedes Jahr im Frühjahr. Das Feuer 1763, ganze Stadtteile stehen in Flammen, Lenz sieht die schreienden, sich rettenden Menschen, danach fliegende Asche, Obdachlosigkeit, Not.

Im Sommer 1765, Lenz ist vierzehn Jahre alt, erwartet die Stadt Dorpat die russische Zarin. 1762 ist Katharina zur Macht gekommen, Hoffnungen knüpfen sich an den Beginn ihrer Laufbahn, zumal in den baltischen Provinzen, da sie Deutsche ist und die von Peter I. bei der Kapitulation von Riga und Reval zugesicherten Privilegien der Deutschen ausdrücklich bestätigt. Tatentschlossen ist ihre Politik in den ersten Jahren. Katharina gilt als ›Nordische Semiramis‹, als ›Philosophin auf dem Thron‹.

Ihr Besuch in Dorpat wird Jakob nachdrücklich prägen, sein ganzes Leben behält er den Glauben an sie, noch, als ihre Politik längst reaktionär geworden ist und sie die von ihr einst geförderte Intelligenz gnadenlos verfolgt. Vielleicht sind es auch die begeisterten Huldigungsoden auf Katharina, die der junge Herder in Riga veröffentlicht, die Jakob imponieren. Er ahmt sie nach. Auch er widmet seine ersten Verse der Zarin Katharina.

Jakob hat vielleicht neben dem Vater gestanden, als die Zarin mit ihrem Gefolge in die Stadt einzog, war mit ihm, als er zu einer ›Glückwünschungsrede‹ und zum Handkuß zu Katharina vorgelassen wurde.

Katharina besichtigte auch die Befestigungsanlagen der Stadt und ordnete ihre Erneuerung an. Jakob muß beim Bau der Wehranlagen zugesehen haben. Sein lebenslanges Interesse an der Lehre vom Festungsbau rührt daher. In Straßburg wird er junge Leute in Fortifikation unterrichten und später in Sankt Petersburg sein Wissen darüber als Chance einer Anstellung am Kadetten-Korps betrachten. Jakob wird auch die Leute gesehen haben, die zu dieser Arbeit herangezogen wurden, ganze Soldatenregimenter und Arbeiter, die wie Sträflinge in trostlosen hölzernen Verschlägen inmitten der Ruinen des alten Rathauses vegetieren.

Wie er auch von den Bauernunruhen in jenen Jahren auf dem Land gehört und mit eigenen Augen nationalen Haß und soziale Gegensätze, in Dorpat, der dreisprachigen Stadt, bewohnt von Deutschen, Russen und Letten, wahrgenommen haben muß.

1766, Jakob ist fünfzehn, wird auf dem Marktplatz in Dorpat ein Verbrecher öffentlich auf einem Holzpodest am Schandpfahl ausgestellt und vor aller Augen mit dem Eisen gebrandmarkt. Es ist ein deutscher Kammerdiener, den der Baron Igelströhm, aus dem Siebenjährigen Krieg kommend, nach Livland mitgebracht hat. Igelströhm hat diesen Diener wegen einer Kleinigkeit körperlich gezüchtigt. Daraufhin begehrt dieser gegen seinen Herrn auf. Verschickung nach Sibirien, lebenslänglich, lautet das Urteil. Hupel berichtet 1774 in einer Chronik davon und nennt es das Beispiel einer fortschrittlichen Gesetzgebung; in Livland ist gerade die Todesstrafe abgeschafft worden, sonst wäre der Mann sofort erhängt worden.

Der junge Lenz wird diesen Vorfall zum Gegenstand seines ersten Dramas ›Der verwundete Bräutigam‹ machen. Ein Rührstück nach dem Muster der Comédie larmoyante. Vieles nachgeahmt, konventionell. Eines aber ist unglaublich und läßt schlagartig erkennen, wo Lenz Augen und Ohren hatte und auf wessen Seite er stand: er verteidigt den ›Verbrecher‹, legt seine Motive dar. ›Meine Ehre soll er nicht angreifen ... und sollte ich selbst darüber unglücklich werden‹, läßt Lenz den Diener sagen und ihn im vollen Bewußtsein, sich als freier Mensch nicht erniedrigen zu lassen, die Tat ausführen.

Jakob Lenz hat sich also schon in Dorpat von den herrschenden Denkweisen entfernt. Auch sein dort begonnener Gedichtzyklus ›Die Landplagen‹ zeigt es. Krieg, Not, Zerstörung, Vergewaltigung, Gewalt, Mord an Kindern sind die Gegenstände. ›Furchtbar‹ nennt er den ›Stoff‹ seiner Dichtungen, ›traurig‹ seine ›Muse‹. Das Unglück seines Vaterlandes beschreibt der Sechzehnjährige aus eigener Erfahrung. Freilich noch religiös gefärbt, aber mit harten Worten, eindringlichen Bildern. Die Kritik des Provinzblattes wird schreiben, daß man den jungen Dichter wie die Heuschrecken zu den Landplagen zählen müßte.

Realismus ist nicht gefragt.

Lenz strebt aus der Enge der Kleinstadt und vom Vater weg. Im Sommer 1768 ist es endlich soweit. Er wird zum Studium nach Deutschland geschickt, auf die nächstgelegene, die Königsberger Universität. Mit seinem um ein Jahr jüngeren Bruder Johann Christian fährt Lenz von Dorpat nach Reval, von dort mit dem Schiff nach Königsberg. Königsberg gehört zu Preußen, dem Herrschaftsgebiet der Hohenzollern, und ist mit seinen 50000 Einwohnern gleich Leipzig, Frankfurt oder Hamburg eine große und lebhafte deutsche Stadt. Einen ›schicklichen

Platz zur Erweiterung der Menschen- als auch der Weltkenntnis‹ nennt sie Immanuel Kant, der hier doziert und zum Professor ernannt wird und dem Lenz aus diesem Anlaß eine Huldigungsode im Namen aller ›studierenden Cur- und Livländer‹ überreicht.

Jakob ist zunächst frei von väterlichen Vorschriften. In einem engen Haus in einer der alten Gassen Königsbergs wohnt er in einer Stube mit dem Bruder. Tisch, Bett, Stuhl, abgenutzt alles. Das Haus Tag und Nacht vom Lärm trinkender und Karten spielender Studenten erfüllt. Lenz hält sich von den Torheiten der großen Masse fern. Er konzentriert sich, findet das Eigentliche, schreibt Verse, übersetzt, fängt den ›Hofmeister‹ an. Als Außenseiter gilt er. Reichardt, ein Kommilitone, erinnert sich: ›Eine sehr vermischte Lektüre und eigne poetische Ausarbeitungen beschäftigten ihn ganz, so oft er in seiner kleinen Kammer allein sein konnte. Aber auch mitten im Lärm der Gelage blieb Lenz oft in seine poetischen Gedanken vertieft und gab durch seine Zerstreuung rüden Burschen zuweilen Veranlassung zu bösartigen Scherzen, die er mit bewundernswerter Geduld ertrug.‹

Lenz trägt sich zwar in die Herbst-Matrikel der Alma mater Albertus ein, aber er macht schon frühzeitig keinen Hehl daraus, daß ihn der Lehrbetrieb nicht interessiert, ›die Akademie wenig oder gar nichts wert sei‹, mit Ausnahme einiger Lehrer, fügt er hinzu, und bald hört er nur noch die Vorlesungen eines einzigen, die Immanuel Kants.

Kant liest über Moral und Metaphysik, über Naturwissenschaften und Anthropologie, über Rousseau. Er macht Mut zum eigenen Denken, schärft in Lenz, wie Jahre zuvor in Herder, den analytischen Geist.

Lenz schüttelt die Kleinheit seiner Erziehung, die pietistische Dumpfheit endgültig ab. Er fühlt sich so sehr zu Kant hingezogen, daß er mit ihm seine Zukunftspläne beraten haben muß.

Nach Deutschland, nach Westeuropa will er unbedingt. Eine Stelle in Danzig ist ihm vorerst recht.

Der Vater erfährt es und ist empört. ›Nachricht, so ich gehöret, daß Prof. Cant ihn nach Rehbinder in Danzig recommendieret. ... Vorläufige Bestrafung, daß er nicht mit mir solche Sachen kommuniziere, böses Gewissen: ... daß du nicht eben ... in deinem Vaterlande Gott und deinen Nächsten, ihnen zur Ehre und Freude nützl. sein willst – zeigt wenig Patriotismus an.‹

Der Vater befiehlt Jakob, das Theologiestudium bis Michaelis 1771 zu beendigen (länger reiche das Geld nicht) und dann ungesäumt zurückzukehren.

Die Vorstellung eines Hofmeisterdaseins und dann eines Pastorenamtes in Livland muß in Lenz Grauen erregt haben.

Er widersetzt sich dem Befehl des Vaters. Ein halbes Jahr vor dem festgesetzten Termin verläßt er Königsberg, in Richtung Westen. Zwei Kommilitonen, die Barone von Kleist, suchen einen Reisebegleiter. Das nimmt er als Vorwand.

Sein Weggang gleicht einer Flucht.

Er flieht, muß fliehen, sich vom Vater entfernen, sonst wäre er, ehe er beginnt, als Dichter verloren.

Zwei Jahre zuvor hat ein anderer ebenso fluchtartig Livland verlassen, der junge Johann Gottfried Herder. Er fürchtete, in Riga ›an einen toten Punkt geheftet zu sein‹, ein ›Tintenfaß gelehrter Schriftstellerei‹ zu werden. Er reiste nach England, den Niederlanden, nach Frankreich. Aufbruch, Tun, Handeln faszinieren die jungen Dichter. ›Würkungskraft‹, Literatur als ›Zunder zu großen Taten‹. ›... jedes Datum ist Handlung; alles übrige ist Schatten, ist Räsonnement‹, schrieb der vierundzwanzigjährige Herder.

Ähnlich muß es Lenz empfunden haben. Nach Frankreich, dem Lande Rousseaus, strebt er.

Quer durch das in unzählige Kleinstaaten zerrissene Deutschland geht die Fahrt. Stationen: Danzig, Köslin, Kolberg, wo Lenz die Verwandten des Vaters besucht – dann Berlin, Theaterbesuche, Vorsprache und verletzende Abweisung bei Ramler und Nicolai, dem Literaturpapst – dann Leipzig, Frankfurt am Main. Schließlich der Rhein, der Übergang bei Kehl.

Auf der anderen Seite Straßburg, zu Frankreich gehörig.

Straßburg, die Stadt mit dem betörenden Himmel, der südlichen Wärme, den Vögeln des Morgens, Straßburg – die Stadt des Militärs, des Festungsbaus und der Garnisonen – wird für Jakob Lenz zur glücklichsten Stadt seines Lebens.

Hier wird er frei, produktiv, schöpferisch. Schafft in den wenigen Jahren seines Hierseins – fünf sind es, vom Mai 1771 bis Mitte März 1776 – ein großes Werk: Tragikomödien, Komödien, Nachdichtungen, Übersetzungen, mehrere Dramenentwürfe und Fragment gebliebene Stücke, lyrische und erzählerische Prosa, Verse von großer Zartheit und Gefühlsintensität, ästhetische und gesellschaftspolitische Schriften.

Eine enorme, unglaubliche Leistung schon vom Umfang her, stellt man noch in Rechnung, daß er drei von den fünf Jahren Angestellter der Offiziere Kleist ist. Gesellschafter nennt er sich, ein besserer Bediensteter der Barone ist er, in die ›allergeringsten ihrer beider Geschäfte verwickelt‹, wie er selbst sagt; vom Essenholen bis zum Stiefelputzen vermutlich. Er darf sich nicht einmal auf kurze Zeit von ihnen entfernen, teilt die Behausungen, die Garnisonen in Straßburg und die Feldlager außerhalb der Stadt mit ihnen. Und stellt man noch in Rechnung, daß er in den zwei Jahren seiner freiberuflichen Existenz in Straßburg viel Zeit für Stundengeben verschwenden muß, um wenigstens das Geringste zu verdienen, und sich zudem fast ein Jahr in der Leitung einer Gesellschaft junger kulturpolitisch interessierter Leute aufreibt, die er nicht nur organisatorisch zusammenhält, sondern deren wöchentliche Veranstaltungen er in der Überzahl mit eigenen Vorträgen bestreitet.

Unter diesen Bedingungen – und überhaupt – eine bewundernswürdige Leistung. Lenz muß sich bis zum letzten verausgabt haben, muß Tag um Tag und in der Nacht gearbeitet haben. Er war völlig auf das eine konzentriert: ein Dichter zu werden.

1774 kommt er mit mehreren Werken zugleich an die Öffentlichkeit. Ostern 1774 erscheint in Leipzig in der Weygandschen Buchhandlung Lenzens Komödie ›Der Hofmeister oder Vorteile der Privaterziehung‹, auf Kosten der Buchhandlung gedruckt. Zu Michaelis, auch in Leipzig bei Weygand, seine Komödie ›Der neue Menoza oder Geschichte des Cumbanischen Prinzen Tandi‹. Ebenso seine dramatischen Vorträge unter dem Titel

›Anmerkungen übers Theater, nebst angehängten übersetzten Stück Shakespeares‹. In Frankfurt und Leipzig kommen im gleichen Jahr seine Bearbeitungen des Plautus heraus, übersetzt und modernisiert: ›Lustspiele nach dem Plautus fürs deutsche Theater‹. Die Straßburger Sozietät hat die Druckkosten dafür übernommen. ›Ich will Dir hier ein klein Verzeichnis meiner Schriften anhenken, damit Du sie Dir anschaffest und mich und meinen Lebenslauf daraus beurteilest‹, schreibt Lenz am 7. November 1774 an den Bruder Christian nach Livland.

Ein Jahr später, am Ende der fünf Straßburger Jahre, ist Lenz ein in Deutschland bekannter Mann.

Lavater, der zehn Jahre Ältere, schon Berühmte, sucht ihn in Straßburg auf, ist des Lobes voll, sagt, Lenz ›verspritze fast vor Genie‹. Mit Sophie La Roche hat Lenz einen intensiven Briefwechsel. Fritz Jacobi schreibt, Lenz habe einen ›herrlichen Geist in sich‹, Boie nennt ihn neben Goethe den ›zweiten Zauberer‹, Goethe meint, Lenz sei ein ›gefährlicher Feind für Wieland‹, er habe ›mehr Genie als Wieland, obwohl weniger Ton und Einfluß ...‹

Johann Gottfried Herder ist Lenzens Freund. ›Du bist der Erste Mensch, für den ich schreibe‹, sagt er ihm, und an Johann Georg Zimmermann schreibt er: ›Lassen Sie sich nicht gereuen, edler Mann, der Mühe für diesen goldenen Jungen, er hat große Gedanken, Zwecke, Talente, denen allen er unterliegt – – mich freuts, wenn ich an ihn denke!‹ Silhouetten werden getauscht, selbst Herders Kinder kennen Lenzens Schattenriß, können seinen Namen sprechen. Und Herders Frau Karoline schreibt: ›Unser Lenz ... hat uns seine ganze Seele gegeben – o welch ein Mann – welch eine Engelsseele.‹

Mit Johann Heinrich Merck wird Lenz bekannt, mit den Brüdern Stolberg. ›Mit Lenz möcht ich gar zu gerne leben; er ist ein herrlicher Jung und so gut‹, schreibt Fritz Stolberg. Für Gleichaltrige wird Lenz zum Vorbild. Wagner und Klinger nehmen den ›Hofmeister‹ als Muster für eigene Stücke, der Straßburger Dramatiker Ramond de Carbonnières bezeichnet sich als Schüler von Lenz.

Und die Freundschaft zu Goethe ist intensiv und fruchtbringend für beide. In Straßburg haben sie sich im Sommer 1771 kennengelernt, kurz nur, denn Goethe verläßt die Stadt nach bestandener Universitätsprüfung im August. Aber Briefe gehen hin und her, Manuskripte werden getauscht.

Lenz nennt Goethe seinen ›Bruder‹, sein ›zweites Du‹, reagiert begeistert auf dessen 1773 erscheinenden Briefroman ›Die Leiden des jungen Werthers‹ und auf den ›Götz von Berlichingen‹.

Goethe zeigt sich ebenso beeindruckt von Lenz. Boie berichtet, wie Goethe ihm begeistert Verse von Lenz vorträgt. Und Goethe schickt sie einer Freundin mit den Worten: ›Hier ... ein Zweig aus Lenzens goldenem Herzen.‹ Wenig später: ›Krieg ich Lenzens Liebesworte wieder?‹ An Jacobis Frau schreibt Goethe am 3. November 1773, Lenz sei ein ›trefflicher Junge‹, den ›ich liebe wie meine eigene Seele‹. Goethe gibt Lenz Ratschläge für die Plautus-Bearbeitungen, vermittelt ihm Verleger für die ersten Stücke.

Über die wichtigen persönlichen Kontakte hinaus erfährt Lenzens Werk eine Resonanz in der literarischen Öffentlichkeit. Christian Daniel Schubart und Matthias Claudius, Wieland und Nicolai äußern sich in Rezensionen; Hamann, Herder, Gottfried August Bürger und Lessing in Briefen. Begeisterte Zustimmung, aber auch Kritik, Ablehnung, äußerster Unmut.

Das ist normal, gut so. Schreibt Lenz doch gegen das Bestehende an.

Am 26. Juli 1775 eine Rezension zum ›Hofmeister‹ in den ›Frankfurter Gelehrten Anzeigen‹, von Klinger oder Wagner. Schubart nennt Lenz ein ›junges aufkeimendes Genie aus Kurland‹ und: ›Wer sollte sich nicht freuen, daß wir nun einen Mann mehr haben, den wir den Griechen und dem ganzen stolzen Ausland entgegen setzen können.‹ Hamann ist begeistert: ›Dünkt Ihnen nicht auch, daß die Stücke dieser Art tiefer als der ganze Berlin. Litterat. Geschmack reichen?‹ heißt es in einem Brief an Herder mit einem Seitenhieb auf Nicolai. Der natürlich tadelt in der ›Allgemeinen Deutschen Bibliothek‹ die ›Zerfahrenheit‹ der Lenzschen Dramen: ›Alles ist nur hingeworfen, alles bricht ab, ehe es vor dem Zuschauer rechte Wirkung tun kann.‹ Auch Wieland kritisiert die ›unnatürlich übereilte Entwicklung des Stückes‹ im ›Teutschen Merkur‹.

Die führenden literarischen Köpfe Deutschlands reagieren also auf das Werk des jungen Livländers. Schlagartig steht er im Mittelpunkt der Aufmerksamkeit.

Die Umstände, denen er das zu verdanken hat, sind allerdings merkwürdig, und sie müssen für Lenz eine große psychische Belastung gewesen sein. Da Lenz seine Werke anonym publiziert, glaubt man, Goethe sei der Verfasser.

›... daß sie unter keinem anderen Namen sich so würden produziert haben, daß bloß sein Name die Leser aufmerksam und begierig, die Kunstrichter bescheiden und ehrerbietig gegen diese armen Kinder meiner Laune gemacht ...‹, reflektiert Lenz und hat damit nicht unrecht.

›Goethens Hofmeister ist mir vorzüglich willkommen‹, steht in einem Blatt. Auch in Claudius' Rezension vom 15. Juni 1775 im ›Wandsbecker Boten‹ der Bezug auf Goethes ›Götz‹. Und Christian Daniel Schubart preist den ›Hofmeister‹ als ›die ganz eigentümliche Schöpfung unseres Shakespeare, des unsterblichen Dr. Goethe‹.

Als dann bekannt wird, nicht Goethe, sondern Lenz sei der Verfasser, wird das Urteil merkwürdig zurückhaltend, ja zum Teil kehrt es sich bewußt oder unbewußt gegen Lenz. Ein Beispiel dafür ist die Reaktion Gottfried August Bürgers, der am 10. Juli 1775 an Boie schreibt: ›Die Schauspiele [›Der Hofmeister‹ und ›Der neue Menoza‹] welche Sie neulich mir überschickt, habe ich mit aller Gewalt noch nicht auslesen können ... Liegt die Schuld an mir oder dem Verfasser? Liegt sie daran, daß er überhaupt ein Nachahmer oder ein schlechter Nachahmer ist? ... Wer soll es, aber wagen, /Vom göttlichen Goethe zu sagen, /In Dramen ihm gleich zu sein? /Er baut auf wächserne Flügel, /Ich geb ihm Brief und Siegel, /Er fällt ins Wasser hinein!‹

Lenz gilt als Nachahmer, wird abgestempelt. Die Aufmerksamkeit der literarischen Kreise Deutschlands richtet sich nur für kurze, sehr kurze Zeit auf Lenzens Schaffen und ist letztlich sehr fragwürdig, bleibt sie doch an Äußerlichem haften. Sie gründet sich zunächst auf die Annahme, Goethe sei der Autor, und als das ausgeschlossen wird, verharrt sie und geht schließlich in Ablehnung und Desinteresse über. Schon das dritte Lenzsche Drama, sein bestes Stück vielleicht überhaupt, ›Die Soldaten‹, bleibt unbeachtet, keine Rezension erscheint, einige wenige Äußerungen in Privatbriefen gibt es.

Auch gespielt werden die Dramen nicht, der Erfolg auf dem Theater bleibt aus.

Der Vorwurf des Plagiats, der Nachahmung Goethes muß Lenz um so tiefer treffen, da in keiner einzigen Kritik das Neuartige und Eigenständige seiner Dramen zur Sprache kommt.

›... es ist das verdammte Philistergeschmeiß mit ihrem Lob und Tadel das mich so klein macht‹, schreibt er und meint damit seine Eifersucht auf Goethe. ›Die höchst kindische Furcht man werde unsere Produktionen mit einander vermischen – dieser nagende Geier der mich nie verläßt – Elender sage ich zu mir selbst, ist Goethe so arm, die Fülle seines Genies so ausgetrocknet daß er sich mit Deinen Schätzen zu bereichern nötig hätte. Sieh seine Werke an – ein Blick in seinen Götz, ein Blick in seinen Werther macht mich über und über erröten ...‹ In tagebuchartigen Aufzeichnungen, gerichtet an Goethes Schwester Cornelia, schreibt er das; nicht für die Öffentlichkeit bestimmt. Goethe wird er das Manuskript später schenken, ein Zeugnis seiner unbedingten Geradheit. ›Ich beneide Deinen Bruder‹, heißt es da, ›über den Ruhm seiner Zeitverwandten. Ich halte es für ein großes Unrecht das ich leide wenn man ihm meine Werke zuschreibt ...‹

Dieses ›Leiden‹ wird für Lenz faßbar und gegenständlich im Mitansehen des literarischen und gesellschaftlichen Erfolges seines nur zwei Jahre älteren Freundes Goethe. Überall, wo dieser erscheint, feiert er Triumphe.

Daß aber die Ursachen seines ›Leidens‹ mit der Fixierung auf die Person Goethe weder auflösbar noch erklärbar sind, da sie viel tiefer liegen, wird Lenz kaum begreifen können. Er ahnt es nur dunkel. Er lebt selbstzerstörerisch: in einem ständigen Wechsel von quälenden Selbstzweifeln, von Todesgedanken (vom Turm des Straßburger Münsters und von den Mauern der Hochburg bei Emmendingen will er sich herabstürzen), von Labilität und Unterwürfigkeit. Dann wieder Begeisterung, Glaube an sein dichterisches Tun.

Gerade in der Zeit des äußersten Vorantreibens seiner dramatischen Konzeption, auf dem Höhepunkt seines Schaffens, im Sommer 1775, ist dieser Wechsel von Hochstimmung und Depression ganz stark.

In der Depression wird die Ahnung seiner Einsamkeit, seines Nichtverstandenwerdens, seines Scheiterns vorweggenommen. Lenz muß schon fühlen, daß ihm nicht nur die Resonanz auf dem deutschen Theater bei dem bürgerlichen Publikum versagt bleibt, sondern daß er auch unter den Dichterfreunden allein ist.

Was will Lenz, welche Konzeption von Drama und Theater entwickelt er für Deutschland?

War ›Der verwundete Bräutigam‹, das erste Stück des Fünfzehnjährigen, nach dem Muster der alles beherrschenden französischen Comédie larmoyante gebaut, ein Rührstück, bei dem nur die politische Haltung aufhorchen ließ, so ändert sich das jetzt.

In Straßburg durchwühlt Lenz das ganze Welttheater, um darin *seinen* Platz zu finden. Die leidenschaftlich emphatischen ›Anmerkungen übers Theater‹, eine der theoretischen Handschriften des Sturm und Drang, zeigen das.

Lenzens Polemik gegen das bestehende Drama ist angespannte Suche nach Eigenem. Die Aufklärung, Lessings Dramen – das sind Lichtblicke. Aber das Beherrschende ist noch immer das französische Theater. Nur wenn er sich vom Herrschenden löst, die toten Formen sprengt, wird er gestalten können, was ihn selbst quält, bedrängt. ›Handlungen und Schicksale sind erschöpft‹, sagt er, ›die konventionellen Charaktere, die konventionellen Psychologien, da stehen wir und müssen immer Kohl wärmen ... Wir aber hassen solche Handlungen, von denen wir die Ursache nicht einsehen ...‹ Lenz wehrt sich gegen die Idealisierung. ›Der Dichter solle Begebenheiten nicht vorstellen, wie sie geschehen sind, sondern geschehen sollten‹, sage Aristoteles. Er, Lenz, dagegen schätze den ›charakteristischen, selbst den Karikaturmaler zehnmal höher als den idealischen, hyperbolisch gesprochen, denn es gehört zehnmal mehr dazu, eine Figur mit eben der Genauigkeit und Wahrheit darzustellen, mit der das Genie sie erkennt, als zehn Jahre an einem Ideal der Schönheit zu zirkeln, das endlich doch nur in dem Hirn des Künstlers, der es hervorgebracht, ein solches ist‹.

Lenz will nicht ›Brustzuckerbäcker‹, ›Pillenversilberer‹ sein, er will gestalten, was er sieht, erfährt, leidet. Der ›wahre Dichter verbindet nicht in seiner Einbildungskraft, wie es ihm gefällt, was die Herren die schöne Natur zu nennen belieben ... Er nimmt Standpunkt und dann muß er so verbinden.‹

Er muß, die Gesetze zwingt ihm die Wirklichkeit mit ihren quälenden Widersprüchen auf. Die Erfahrungen seines bisherigen Lebens drängen sich zusammen, die Erniedrigung derer, die er im lettischen Dorf seiner Kindheit sah, in der Kleinstadt seiner Jugend; die eigene Erniedrigung in der Abhängigkeit von den Adligen, deren geistiger Horizont erschreckend primitiv ist und die doch auf Grund ihres Standes Unterwürfigkeit erwarten und die Macht haben, sie zu erzwingen, – die eigene Erniedrigung, in der Abhängigkeit von dem Vater, der Zukunft, der eigenen Natur gegenüber.

Lenz begehrt auf, schreibt das Drama ›Der Hofmeister oder Vorteile der Privaterziehung‹. Er schreibt es in Straßburg nieder, im Herbst und Winter 1771 wahrscheinlich, dann im Frühsommer 1772 auf einer Rheininsel, in der Militärfestung Fort Louis, unweit von Sesenheim, ab September, als das Regiment des einen Kleist verlegt wird, in Landau. Dort beendet er das Stück.

›Hier ist mein Trauerspiel‹, teilt Lenz Mitte Oktober 1772 Salzmann lakonisch mit und: ›Ich habe schon viel Papier verbrannt – ein guter Genius hat über dies Trauerspiel gewacht – und vielleicht hätten Sie nichts dabei verloren.‹

Salzmann wird es sofort an Goethe senden. Entstanden ist der ›Hofmeister‹ also vor dem ›Götz‹, erscheinen wird er später, erst im Jahr 1774.

Große Erregungen gehen vom Stoff des Dramas ›Der Hofmeister oder Vorteile der Privaterziehung‹ aus: es ist unmittelbare Gegenwart, die Lenz gestaltet, das Stück spielt 1768. Er selbst war für kurze Zeit Hofmeister in Königsberg. Das Studentenmilieu kennt er aus eigener Anschauung. Es ist die Welt, in der Jakob gelebt hat. Ihre grausige Zurschaustellung: so sind die Beziehungen der Menschen zueinander, und so werden sie bleiben, wenn man die Welt nicht verändert. Einander demütigend, abnorm einsam leben die Menschen, sich selbst verdammend in zerstörerischer Frustration und Täuschung. Wie sie sich auch immer biegen und krümmen und verstümmeln, ›das heißt nicht gelebt, seine Existenz gefühlt‹.

Lenz reißt die Widersprüche auf, bezieht alles ein: adlige Lebensanschauung mit ihrem totalen Wertverfall und bürgerlich-kleinliche Bescheidung mit ihrer Unfähigkeit zum Aufbruch.

Er schafft in seinem Drama ›Der Hofmeister oder Vorteile der Privaterziehung‹ eine Kunstwirklichkeit, in der die Gestalten auf beklemmende Weise Ausgelieferte sind, herrschen wollen und doch beherrscht werden; von ihrer Umwelt, von den Vorurteilen ihres Standes, den Abgründen in sich. Selbst ihr Gut-Sein-Wollen, die tief in ihnen vorhandene Sehnsucht nach Menschlichkeit kann sich nur verzerrt äußern. Jener junge Hofmeister Läuffer, klug und begabt, kastriert sich, glaubt damit seinen Frieden zu finden, zu überleben. Überschwenglich feiert der Schulmeister Wenzeslaus die Tat. Er ist der einzige im Stück, der selbstbewußt dem Adel entgegentritt, ihm die Tür weist. Aber welch groteske Bescheidung in seinen Lebensnormen! Nichts mehr wollen, als früh, mittags und abends mäßig essen und eine Pfeife rauchen und den Kindern beibringen, gerade zu schreiben, ›... aber nur grad geschrieben‹, sagt er, ›denn das alles hat seinen Einfluß in alles, auf die Sitten, die Wissenschaft, in alles‹. Und der Vater des jungen Hofmeisters, der Stadtprediger Läuffer, glaubt an nichts als den ewig gleichen Ablauf des Daseins. Der Lautenist Rehaar hofft, sich und seine Tochter durch Anbiedern durchzubringen. ›Ein Musikus muß keine Courage haben.‹ Die Studenten verstecken ihre Probleme hinter Verlogenheit und Großsprecherei. Die Adligen sind arrogant und dumm, für sie ist die Welt in Domestiken und Standespersonen geteilt, und für die Majorin gilt nur eines: ›daß man heutzutage auf nichts in der Welt so sehr sieht, als ob ein Mensch sich zu führen wisse‹. Ihr Mann, der Major, hingegen lebt in dem unbewußten, seine Vaterliebe entstellenden Zwang, sein Adelsprestige durch eine reiche Heirat der Tochter aufrechtzuerhalten.

Am Ende des Stückes zerstört Lenz die tragischen Entwicklungen. Mit bitterer Ironie stellt er eine Doppelhochzeit an den Schluß. Der Hofmeister heiratet ein Bauernmädchen, das von ihm geschwängerte Gustchen bekommt trotz ihres Fehltrittes ihren adligen Bräutigam. Die Welt ist wieder in der Ordnung. Tragödien sind nicht mehr möglich, die Trivialität des Lebens löst sie in Komödien auf. Folgerichtig läßt Lenz daher die ursprüngliche Genrebezeichnung ›Trauerspiel‹ fallen und nennt das Stück Komödie.

Auch in dem Drama ›Die Soldaten‹, an dem Lenz vom Herbst 1774 bis zum Sommer 1775 arbeitet und das er in Straßburg niederschreibt (dazwischen liegen die fünf Plautus-Bearbeitungen und die Komödie ›Der neue Menoza oder Geschichte des cumbanischen Prinzen Tandi‹), ist es so: die innersten Sehnsüchte der Menschen können sich nur auf ganz banale Weise artikulieren.

Sein ›halbes Dasein‹ habe das Stück mitgenommen. ›Das ist nach dem strengsten Verstand wahre Geschichte, in den innersten Tiefen meiner Seele aufempfunden und geweissagt.‹

›Ich deklamiere nicht, ich protokolliere nur das, was ich überall hörte und sah, als ich mich unter die Leute mischte.‹ Fast vier Jahre hat Lenz im Offiziers- und Soldatenmilieu gelebt; die Kündigung seines Anstellungsverhältnisses ist Voraussetzung, um das Stück zu schreiben, um Brutalität und Unmoral der Adligen bloßzustellen. Es ist in wirklichem Sinne ›Stoff‹ seines Lebens.

Lenz wird Zeuge der Verführung des Straßburger Bürgermädchens Cleophe Fibich durch einen der Barone Kleist, er formuliert und schreibt sogar das Heiratsversprechen, das Kleist dem Vater gibt, erlebt, wie es für den Adligen ein lächerliches Stück Papier ist, über das er sich hinwegsetzt.

Und nachdem Kleist Straßburg verlassen hat und das Mädchen auf seine Rückkehr wartet, verliebt sich Lenz selbst in Cleophe.

Schreibend versucht er sich Klarheit zu schaffen. Was treibt ihn, die anderen? Bewegen sich nicht alle wie unter Zwängen, die außer ihnen zu liegen scheinen, unergründbar sind? In dem Maße, wie er Cleophe in die Marie seines Dramas verwandelt, wie er das Leben der Offiziere von Kleist und ihrer Kameraden, das er jahrelang geteilt hat, von sich abrückt, löst er sich davon, bewältigt es – bis das ›Bild‹ in seiner ›Seele sitzt, durch und durch‹, mit ›allen seinen Verhältnissen, Licht, Schatten, Kolorit dazu‹.

Das Drama ›Die Soldaten‹ entsteht. In diesem Gegenwartsstück beobachtet Lenz die unartikulierte, halbverdrängte Erfahrung einfacher Menschen, legt die tieferen Grundlagen von Gefühlen frei, die selbst dem armseligsten Leben innewohnen.

In Marie, diesem Provinzmädchen, entdeckt Lenz einen versteckten Drang nach Selbstverwirklichung, eine innere Sehnsucht, stark genug, um sie zur Auflehnung gegen ihre gewohnte Umwelt zu führen. Was sie als Bürgermädchen erwartet, ist eine enge Welt, die ihren Wünschen entgegensteht, eine Art Tod bei lebendigem Leibe. Marie sucht eine Alternative, aber es gibt keine. So kann sich ihre Sehnsucht nur in selbstzerstörerischer Weise offenbaren. Sie verfällt dem Traum eines sozialen Aufstieges. Sieht Fülle und Kultiviertheit in jener Welt der Oberschicht, zu der sie nun Zutritt begehrt.

Die adligen Offiziere rechnen damit, richten ihre brutale, wohleinstudierte Prozedur der Verführung darauf ein. Marie wird ihr Opfer, wird gehetzt von einem zum anderen, hetzt sich selbst in ihrem Verlangen nach einer höheren sozialen Existenz – von Desportes zu Mary, zum jungen Grafen, zum Jäger von Desportes, der sie vergewaltigt, schließlich bis zur Prostitution.

Als sie der Vater, der an diesem Wahn vom Aufstieg schuldhaft teilhat, am Ende findet, klammern sich Marie und der alte Wesener wie erlöst aneinander, stumm und ergriffen. ›Beide wälzen sich halbtot auf der Erde. Eine Menge Leute versammeln sich um sie, und tragen sie fort.‹

Gleichzeitig mit Maries Schicksal entwickelt sich das ihres Bräutigams, des Tuchhändlers Stolzius. Entstammt ihrer beider Leiden der gleichen Situation, so leidet doch jeder für sich allein und isoliert, ihre Schicksale entwickeln sich völlig unabhängig voneinander. Stolzius liebt Marie stark und aufrichtig, aber ihr Verlust führt bei ihm nicht zu einer zweckdienlichen Aktion, sondern im Gegenteil zu einer Verwirrung, einer völligen Desorientierung. Stolzius gibt seinen Beruf auf, wird Bursche bei den Militärs. Aufgenommen in das Offizierskasino, wird er wie ein Opfertier von ihnen gehetzt und beteiligt sich irrsinnigerweise selbst aktiv und drängend an seiner eigenen Opferung, weil er sich an den Offizieren als Standespersonen orientiert. Das führt ihn zu dieser ratlosen Inaktivität. Erst ganz zuletzt überwindet er sie, als er wie in einem fiebrigen Anfall den Entschluß faßt, Maries Verführer Desportes und sich selbst zu töten.

Lenz läßt beide, Marie und Stolzius, in unaufgeklärte Widersprüche mit sich selbst eingeschlossen sein. Das gilt auch für die Offiziere. Ihr Sexualverhalten ist untrennbar mit dem militärischen Ehrenkodex verbunden und bezeichnet ihren Willen zur Klassendominanz, aber Lenz zeigt, daß dieses Verhalten nicht eine Frage der individuellen Moral oder des militärischen Lebens ist, sondern daß die Wurzeln dafür in den Widersprüchen liegen, die das gesamte Gebäude des gesellschaftlichen Daseins durchziehen.

Lenz legt die Struktur des Dramas darauf an. Die Gruppenszenen im Bereich des Militärs begleiten die dramatische Handlung, sind aber in auffallender Weise außerhalb der eigentlichen Handlung angesiedelt. Verhaltensmuster der Militärs, die bereits aufgedeckt sind, werden gleichsam noch einmal abgewandelt, variiert, in den entscheidenden Situationen von Maries und Stolzius' Schicksalen eingeblendet, kontrapunktisch eingesetzt.

Lenz will damit eine zu starke Einfühlung in seine Hauptfiguren verhindern, will von ihnen als Einzelpersonen ablenken.

Ein äußerst virtuoser Stückaufbau, eine völlig neuartige Dramaturgie dient dem. ›Die Soldaten‹ spielen an zehn verschiedenen Orten und zu verschiedenen, sich zum Teil überlagernden Zeiten; je weiter sich dem Schluß zu die Orte entfernen, desto kleiner werden die zeitlichen Abstände, bis sie im vierten und fünften Aufzug beinah simultan ablaufen, die Szenen atemlos aufeinander folgen, manchmal gleichsam nur aus einem Satz, einem Wort bestehend.

›Die Soldaten‹ sind ein realistisches Zeitstück, ein Klassendrama, in dem scharfe soziale Kritik geübt wird. Zugleich sind sie durch die schicksalhafte Konstellation der Klassen, Umstände und Charaktere ein großes existentielles Drama, das zu allen Zeiten geschehen könnte. Die Menschen sind einem Geschehen unterworfen, im Grunde unschuldig, sie können nicht entfliehen.

Lenz hält die Gegenwart in ihrer Erbärmlichkeit fest, er bannt sie in seiner Kunst mit einem Realismus, den das deutsche Theater noch nicht erlebt hat: plebejisch, scharf, hart, sozial genau. Da ist nichts nachgeahmt, abgeguckt, nachempfunden. Alles ist eigenständig, eine aufregende Einheit von Tragischem und Komischem. Lenz schreibt die ersten Tragikomödien, böse Stücke. Sie rühren an den Grund der Existenz, beunruhigen die Gefühle, ermöglichen dem Zuschauer keine Identifikation. Er wird auf sich selbst zurückgeworfen, was ist das in dir, wovon wirst du bestimmt, was treibt dich? Der Spiegel der deutschen Lebensläufe ist unerbittlich, ein Zerrbild, eine Fratze. Lenz spielt die Melodie mit ihren Mißtönen, ihrer Disharmonie. Das braucht einen äußerst aktiven Zuschauer, der dahinter die Sehnsucht nach Harmonie spürt, der sich durch das Dargestellte herausgefordert fühlt, die Umstände zu ändern, die Marionetten zu Spielern zu machen, aus Zerrbildern ›Charaktere‹ werden zu lassen, die ›unveränderlich die ganze große Maschine selbst drehen‹.

Das ist natürlich eine große Herausforderung an das Theater, die es in Deutschland – unter den erbärmlichen politischen und wirtschaftlichen Verhältnissen mit einem gerade erst erwachenden und zögernd zu Selbstbewußtsein kommenden bürgerlichen Publikum – nicht annehmen kann.

Aber Lenz geht ja noch weiter, er will nicht nur das Bürgertum, er will den ›gemeinen Mann‹ zum Zuschauer haben. In jenem Sommer, als er die ›Soldaten‹ in Straßburg beendet, hat er sich nicht nur – konsequenter als im ›Hofmeister‹ – zu einer völlig neuen radikal-realistischen Dramaturgie durchgearbeitet, sondern er entwickelt die Konzeption eines Theaters für das Volk. Da bezeichnet er sich als den ›stinkenden Atem des Volks‹ und schreibt: ›Ich webe und wühle unter den elenden Hunden, um was aus ihnen zu machen; ... Ich nahm mir vor hinabzugehen und ein Maler der menschlichen Gesellschaft zu werden, was kann ich dafür, wenn unten lauter solche Fratzengesichter anzutreffen sind.‹ Sein ›Publikum‹ solle ›das ganze Volk‹ sein, er wolle ›den Pöbel so wenig ausschließen‹ als Personen ›von Geschmack und Erziehung‹. Sein Konzept sei, ›die Stände darzustellen, wie sie sind, nicht, wie sie Personen aus einer höheren Sphäre sich vorstellen‹.

Von der Konzeption seines Volkstheaters her ist es nur zu verständlich, daß Lenz sich dem deftigen römischen Komödiendichter Plautus zuwendet, fünf seiner Stücke übersetzt, nachdichtet und auf Goethes Rat auch Namen, Schauplätze und Handlung in die deutsche Gegenwart verlegt. Und daß er von den Fastnachtsglossen in den Schaubuden, den Hanswurstiaden und dem Marionettentheater angezogen wird und diese volkstümliche Theatertradition in der Komödie ›Der neue Menoza oder Geschichte des Cumbanischen Prinzen Tandi‹ nutzt. Mit großer Lust provoziert Lenz im ›Neuen Menoza‹, greift die Aufklärungspartei und die Pietisten an; beide sind in seinen Augen unfähig, die Welt zu verändern. ›... was ihr Tugend nennt, ist Schminke, womit ihr Brutalität bestreicht‹, läßt Lenz den Prinzen Tandi ausrufen. ›In Eurem Morast ersticke ich, ... Das der aufgeklärte Weltteil! Allenthalben wo man hinriecht, Lässigkeit, faule ohnmächtige Begier, lallender Tod für Feuer und Leben, Geschwätz für Handlung –.‹

Die Komödie bekommt eine vernichtende Kritik. Wieland wirft Lenz in einer Rezension im ›Teutschen Merkur‹ Unnatürlichkeit und Romantik vor. ›Die Träume eines betrunkenen Wilden könnten nicht verrückter sein‹, heißt es in einem Privatbrief aus Straßburg, dessen Schreiber unbekannt ist; das Stück werde dort ›von männiglich in die unterste Hölle verdammt‹, teilt er mit. Auch gegen die Plautus-Komödien müssen in Straßburg die Stimmen so aggressiv geworden sein, daß man den Druck in der Stadt untersagt. Sie erscheinen dann in Frankfurt und Leipzig.

Lenz steht nach anfänglich überschwenglichem Lob des ›Hofmeisters‹ nun völlig unter dem Eindruck eines Mißerfolgs.

Auch mit den ›Soldaten‹ ist es so. Goethe zeigt er das Stück gar nicht, bittet Herder um Vermittlung des Druckes. Herder tut es, äußert sich auch zustimmend, gerade die ›politische Seite des Stückes‹, die für Lenz so wichtige, lobt er. Aber nicht in der Öffentlichkeit. Als das Drama dann erscheint, findet es keinerlei Resonanz. Schweigen herrscht. Und privat gibt es Vorwürfe. Boie, sein ihm wohlgesonnener dichterischer Freund, wendet ein, das Stück könne man ›keinem Mädchen vorlesen, oder sie's lesen lassen‹. Sophie La Roche wird etwas direkter, ›Schandtaten und Schweinereien‹ mache Lenz zum Gegenstand seiner Dramen.

Lenz erfährt keine Ermutigung, im Gegenteil. Ehe er sich voll entwickeln kann, wird er im Keim erstickt.

Und die Tatsache, daß Goethe als Verfasser seiner ersten Werke gilt, bekommt unter diesen Umständen eine besondere psychologische Komponente. Vor allem auch deshalb, weil Lenzens Glaube an eine völlige Übereinstimmung mit Goethe, die sich in seinen begeisterten Huldigungsschriften zum ›Götz‹ und ›Werther‹ ausdrückt, bei ihrer intensiven vieltägigen Begegnung im Sommer 1775 – der ersten wieder offenbar seit dem kurzen Kennenlernen 1771 – stark ins Wanken gerät, ja Widersprüche und Dissonanzen sich offenbaren.

Als Goethe am 20. Juli 1775 Straßburg verläßt, notiert Lenz: ›Heute saß ich da wo wir bei seinem Hiersein die Nacht geschlafen und überschaute den nun einsamen traurigen vom Mond beschienenen Plan. Ach ich muß von ihm, Länder zwischen uns setzen ... Goethe – muß unser Weg auseinander?‹

Die Erkenntnis, daß Goethes und seine Vorstellungen vom Drama, von Theaterwirksamkeit, daß Lebenspläne und Zukunftsvisionen sehr unterschiedlich sind, führt zwar zu einer Abgrenzung, zur Einsicht in die Notwendigkeit eines eigenen

Weges, den Lenz dann auch zu gehen versucht. Zugleich aber hört die Vergötterung Goethes nicht auf, im Gegenteil, sie steigert sich noch, und die daraus erwachsenden Widersprüche werden verinnerlicht und bei Lenz beinahe bis zum Exzeß getrieben, was eine Art Haßliebe zu dem Freund befördert haben muß. ›Den Ansatz aller niedrigen und häßlichen Eigenschaften der Seele fühle ich in mir. Was hindert's daß sie nicht in Handlungen ausbrechen, als daß mir die Hände gebunden sind‹, schreibt Lenz in bezug auf Goethe und: ›Das Schicksal stellt mich auf eine Nadelspitze, wo ich nur immer schwankend Dich sehen – Dir nichts erwidern kann.‹

Sehr genau trifft das Lenzens innere Befindlichkeit. Man muß es sich vorstellen: Seit jenem Sommer 1775 existiert nicht nur die Tatsache für Lenz, daß seine Stücke für die Goethes gehalten werden, Goethe entscheidet auch über das Erscheinen oder Nichterscheinen von Lenzens Werken.

Schon Jakobs wunderbare ›Werther-Briefe‹ läßt Goethe ungedruckt, das Manuskript ›Unsere Ehe‹, dem Freund geschenkt, geht verloren. Die Veröffentlichung der Literatursatire ›Pandämonium Germanicum‹ verbietet Goethe ihm, die Schrift ›Über die Soldatenehen‹ solle Lenz verbrennen, rät Goethe. Das eine Manuskript wird 1816 erstmals publiziert, das andere 1914 aufgefunden und veröffentlicht. Auch andere Manuskripte, Goethe geschenkt, nur einmal vorhanden, verschwinden in dessen Schubladen, Lenzens wichtigste Prosadichtungen ›Tagebuch‹, ›Moralische Bekehrungen eines Poeten‹, später in Weimar ›Der Waldbruder‹. Erst Friedrich Schiller bittet Goethe vorsichtig 1797 mit dem Hinweis, daß doch das ›unglückliche Leben des Verfassers ... allen Neid gelöscht‹ habe, um die Herausgabe einiger Manuskripte zur Veröffentlichung in seiner Zeitschrift ›Die Horen‹.

Welche Auswirkungen dieses Diktat seines Freundes auf Lenz 1779 gehabt haben muß, ist leicht vorstellbar. Zumal die soziale Lage beider Autoren so grundverschieden ist. Goethe hat keine finanziellen Sorgen, er ist der Sohn eines reichen Frankfurter Ratsherren und hat ein abgeschlossenes Jurastudium.

Lenz aber lebt in den ärmlichsten Verhältnissen, als Bedienter von Offizieren, unter dem ständigen Druck der Vorwürfe seines Vaters; ohne Geld, ohne Berufsabschluß, ohne Beziehungen. Seine Straßburger Wirtin Luise König wird richtig beobachtet haben, wenn sie über ihn schreibt: ›Den guten Menschen freut jede Achtung des Vernünftigen so inniglich u. er ist dabei so blöde, so bescheiden, mein Tage habe ich keinen Autor so gesehen.‹

Lenz hat kein Zutrauen zu sich. Das ›Pandämonium Germanicum‹ legt davon erschütternd Zeugnis ab. Lenz sieht Goethe innerhalb der deutschen Literatur als absoluten Herrscher. Als Herder Lenz nach seinem Wollen fragt und um eine Probe seiner Menschendarstellung bittet, bringt er sie. Herder darauf: ›Mensch, die sind viel zu groß für unsere Zeit.‹ Lenz, in einer schrecklichen Ahnung, die er schon im Zusammenhang mit den ›Soldaten‹ ausgesprochen hat, daß ›Jahrhunderte‹ über seinen ›armen Schädel verachtungsvoll fortschreiten werden‹, entgegnet darauf: ›So sind sie für die kommende.‹ Klopstock segnet Lenz, Goethe umarmt ihn, nennt ihn ›Bruder‹. Dann geben Klopstock, Herder und Lessing ihr Urteil über Lenz ab: ›Der brave Junge. Leistet er nichts, so hat er doch groß geahndet.‹ Lenz läßt Goethe darauf sagen: ›Ich will's leisten.‹ Es ist die Vision der Zukunft.

Nur für rauschhaft kurze Zeit kann sich Lenzens Hochstimmung halten, das Gefühl, daß sein Werk ›wahr‹ ist und ›bleiben werde‹ und er ein ›Publikum‹ finden werde. ›... trunken vom Gefühl unseres Daseins daß wir die ganze Welt mit einem Blick übersehen mit einem Blick überschreiten‹, schreibt er da. Zugleich quält ihn die Angst des Versagens. Von ›Sterben‹ ist die Rede, von ›Verlöschen seiner Seele‹. Er werde ›untergehen in Dampf und Rauch‹. In einer ›fürchterlichen grauen Einöde‹ sei er, ›heiße Sandwüsten‹ müsse er ›lange, lange‹ durchwandern. ›Ach so lange ausgeschlossen, unstet, einsam und unruhevoll, bis zu Boden gedrückt.‹

Die Nichtanerkennung durch Publikum und Kritik verunsichert ihn, führt zum Zweifel an seiner dramatischen Konzeption. ›Mein Hofmeister und Soldaten sind von Seiten der Kunst sehr fehlerhaft ... Meine anderen Stücke sind dramatische noch unbearbeitete Massen. Menoza hat nichts als dramatische Einkleidung‹, steht auf einem Zettel, der im Nachlaß gefunden wurde.

Was Lenz in diesem Jahr 1775 erlebt, durchleben die Dichterfreunde in anderer Weise. Und seine Unstimmigkeiten mit Goethe signalisieren im Grunde den Auseinanderfall des gesamten Kreises der Stürmer und Dränger und die Notwendigkeit der Neuorientierung. Der ganze Daseinsentwurf der jungen Leute wird in Frage gestellt. Ausnahmslos alle sind Mitte der siebziger Jahre von ernsthaften und tiefgehenden Lebens- und Schaffenskrisen bedrängt.

Auch für Jakob Lenz wird das Jahr 1775 zu einem Wendepunkt, freilich mit der ihm eigenen Konsequenz: ›… ich werde mich niemals ändern‹, sagt er. ›Modifizieren kann sich der nur, der nicht von Jugend auf, wie ich, mit dem Kopf gegen die Wand gerennt ist.‹

Aber er ›modifiziert‹ sich, sucht entschieden nach neuen Wegen. Und zwar in dreierlei Richtung.

Die Erkenntnis, daß mit Dichtung allein die Welt nicht zu verändern ist, läßt ihn seine Literaturkonzeption in gesellschaftspolitische Bereiche überführen. Dem Drama ›Die Soldaten‹ hängt er einen didaktischen Schluß an. Man könne ihn weglassen, schreibt er nun an Herder, denn er arbeitet die dort geäußerten Gedanken zu einer umfangreichen politischen Reformschrift über die soziale Lage der Soldaten aus. Diese Arbeit wird von zunehmender Wichtigkeit für ihn, und ihre Unterbringung an einem aufgeklärten Fürstenhof wird dann alle seine Entschlüsse bestimmen, vor allem den, nach Weimar aufzubrechen.

Zweitens wendet sich Lenz in Straßburg einer unmittelbar kulturpolitischen Tätigkeit zu. Er gründet die ›Deutsche Gesellschaft‹, vereint eine Gruppe junger Intellektueller – wöchentlich treffen sie sich, ein Forum der Öffentlichkeit schaffen sie sich mit der Zeitschrift ›Der Bürgerfreund‹.

Aber wie das erstere, die Reformvorschläge für das Soldatenwesen, an den unentwickelten Verhältnissen, an der ›teutschen

Misere‹ scheitern werden, so scheitert die ›Deutsche Gesellschaft‹ am Widerstand des Straßburger Magistrates. Es gibt zwar keinen Beleg dafür, daß Lenz in politische Schwierigkeiten geriet, die Zensur ihn bedrohte, da die Akten der Stadtarchive bei der Belagerung von 1871 zum großen Teil verbrannt sind. Aber wir entnehmen es einem zeitgenössischen Privatbrief. Türkheim, eines der Mitglieder der Gesellschaft, schreibt am 6. Januar 1776: ›... was nur auch mit den gemäßigsten Ausdrükken von Vaterland und Aufklärung redet, wird unterdrückt, ... So wissen Sie, ... daß eine unschuldige Wochenschrift ... alle möglichen Hindernisse erfährt. Meine Aufsätze, welche in der Bastille selbst hätten können gedruckt werden, sind fast alle in die Acht erklärt worden.‹ Noch hundert Jahre später heißt es in einer Kulturgeschichte der Stadt Straßburg, ein Mann namens Abbé Frick, der am 3. Oktober 1783 hingerichtet wurde, sei ›hauptsächlich durch den Einfluß der literarischen Erzeugnisse des Sturm und Drang zum Räuber und Mörder‹ geworden. Das läßt uns annähernd eine Vorstellung bekommen, wie der Leumund der jungen Leute in diesem Straßburg gewesen sein muß.

Der dritte und wichtigste Versuch, sich zu ›modifizieren‹, geschieht in Lenzens Dichtung. Die Lebenskrise wird zum Gegenstand; die künstlerische Reflexion ist verzweiflungsvolle Auswegsuche. Lenz spielt alle möglichen Alternativen durch: absolute Verweigerung – Anpassung – Exil – Wunschtraum. Die Struktur seiner Dramen verändert sich. Er stellt nicht mehr eine Welt aus sich heraus, sondern tastet die Welt nach Daseinsmöglichkeiten für sich ab, das Autobiographische wird stärker, die innere Ratlosigkeit thematisiert sich.

Zunächst im Drama. Kurz hintereinander entstehen ›Die Freunde machen den Philosophen‹ und ›Der Engländer‹. Das eine Stück schickt Lenz am 19. Februar 1776 an Boie, das andere beendet er noch vor Mitte März 1776.

›Ich bin allen alles geworden – und bin am Ende nichts‹, ist der erste Satz des Strephon in dem Drama ›Die Freunde machen den Philosophen‹. Reinhold Strephon ist ein gequälter Mensch, der niemals nein sagen kann, allen helfen will, allen freundlich gesonnen ist, nachgiebig, dienerisch, demütig ist und dadurch von allen schamlos ausgenutzt wird. Das Stück ist weitgehend offenbar ein Psychogramm Lenzens. ›... was er zu sein gezwungen ist, und was er ist‹, ist für ihn die Frage. Leben oder Gelebtwerden.

In etwa zeitgleich entstandenen Gedichten formuliert Lenz noch faszinierend und mit selbstbeschwörerischer Geste einen ungebrochenen Lebensanspruch:

> Doch eh mag ein System von Sonnen stille stehn
> Als dieser Götterhauch in unserer Brust vergehn.
> ...
> Wir sterben – pocht mit euren Fäusten,
> Ihr Freunde! auf die Brust und schreit: Wir sterben? Nie!
> Mit dieser Flamm' im Herzen, dieser Harmonie,
> ...
> Nein, leben, ewig leben wollen wir,
> Und müssen wir, der Welt zur Ehre,
> Bis Welt und Zeit und Atmosphäre
> An unseren Sohlen hängt, und glühende Begier
> Den ungebändigt stolzen Geist
> Von Welt zu Welt, von Sphär' zu Sphäre reißt,
> Ha, immer unersättlich – leben,
> Ja, leben wollen wir, und beben
> Soll unter unserem Tritt der Boden, der uns scheut,
> Die Luft sich auseinander pressen, Streit
> Die Elemente führen, die uns dämpfen,
> Uns Götter dämpfen wollen –

Im Drama aber kann er diese Illusion nicht aufrechterhalten. Er kann nur formulieren, was er nicht will. Das Gespenst des Vaterlandes taucht übermächtig auf: › ... das stille Land der Toten ist mir so fürchterlich und öde nicht als mein Vaterland‹, entgegnet Strephon seinem Vetter, der ihn nach Hause holen will. Vaterland, Väter – dies die Metapher für Anpassung, für Nicht-Leben, für Gelebtwerden. ›Weg mit den Vätern! Laßt mich allein!‹ schreit Robert Hot im ›Engländer‹, einer dicht gebauten ›dramatischen Phantasie‹. Hot verweigert sich seinem Vaterland, wo ihn Heirat, Stellung, materielle Sicherheit erwarten.

Das bürgerliche Leben ist für ihn abstoßend. Die Liebe ist die einzig ihm verbliebene Lebens- und Glücksmöglichkeit. Aber Hot, in einem frühen Entwurf ein einfacher Soldat, der desertiert, liebt eine Prinzessin, unerreichbar für ihn, Teil der Wirklichkeit, die sich verweigert. Hot begeht Selbstmord.

Auch in ›Die Freunde machen den Philosophen‹ liebt der Held eine Adlige. Lenz läßt hier das Glück des bürgerlichen Helden zustande kommen. Die Frau heiratet einen Adligen, dieser tritt, als er die Liebe des jungen Philosophen erkennt, großmütig alle Rechte an den ab, den der Geist adelt. Eine autobiographische Träumerei ist dieses Stück zweifellos. Da es keinen Ausweg aus den Widersprüchen gibt, werden sie utopisch übersprungen.

In Lenzens armseliger Straßburger Lage, die im Widerspruch zu seiner Leistung steht, spielt die traumhafte Vorstellung eine Rolle, von einer geistreichen adligen Dame anerkannt und geliebt zu werden. Diese Sehnsucht teilt er mit anderen jungen Intellektuellen, und es gibt in seinem Leben dafür auch biographische Zusammenhänge: er verliebt sich in Fräulein Henriette von Waldner, eine Straßburger Adlige.

Zugleich ahnt Lenz, daß solcher Art Stücke Kritik und Publikum weitaus mehr zusagen werden. Meint er vorher, daß es ihm wenig darauf ankomme, gespielt zu werden, so muß ihn die Aufführbarkeit seiner Stücke wohl nun doch beschäftigen. Und es wird ihm bestätigt. Sein Verleger schreibt: ›Empfangen Sie, liebster Lenz, meinen besten warmen Dank für Ihr Schauspiel: Die Freunde machen den Philosophen. Ich habe es mit Entzücken gelesen, und es hat mich gerührt und getroffen, wie irgend eines.‹ Auch anderen gefällt es, weil es regelmäßig gebaut ist, dem Zeitgeschmack entgegenkommt. Dem Schauspieler Schröder ist es das liebste Lenz-Stück, und er will es auf die Bühne bringen.

Auch wenn Lenz Prosa schreibt, denkt er nun an Publikation. Hat er seine ersten Erzählungen, das ›Tagebuch‹ und ›Moralische Bekehrungen eines Poeten‹, Goethe geschenkt – sie sind zweifellos von ihm beeinflußt, stehen in der ›Werther‹-Nachfolge –, so sind es doch, wenngleich nur als Fragmente überliefert, ganz eigene und eigenartige Prosadichtungen in ihrem stark lyrischen Gestus, ihrer Offenheit, der heiter-tragischen Melancholie und den fortwährenden Versuchen der Selbstironisierung.

Mit der Erzählung ›Zerbin oder die neuere Philosophie‹, Ende Dezember 1775 in Straßburg offenbar in einem Zuge niedergeschrieben, wendet sich Lenz einer stärker objektivierenden Prosa zu, ohne seine Eigenheiten aufzugeben. Diese entwickelt er dann weiter in dem in Weimar 1776 entstandenen Briefroman ›Der Waldbruder, ein Pendant zu Werthers Leiden‹, in der großen, im Schweizjahr niedergeschriebenen Erzählung ›Der Landprediger‹ und schließlich in dem in Livland veröffentlichten Prosafragment ›Etwas über Philotas Charakter‹. Lenz erweist sich als Prosaist von Rang.

In ›Zerbin oder die neuere Philosophie‹ wendet er sich dem damals von den Stürmern und Drängern in die Öffentlichkeit gebrachten Thema der Kindsmörderin zu. Er schildert, wie ein junger Philosoph unter dem Druck der herrschenden Moralnormen (Mädchen darf man sich nur nähern, wenn man ein Eheversprechen abgibt) schließlich eine Magd verführt, die dann ihrer beider Kind umbringt. Erst nach ihrer Hinrichtung bekennt er sich zu ihr und begeht Selbstmord. Alles ist aus der Sicht des jungen Philosophen erzählt, trotz der Härte der Geschichte mit einer Art untergründigem Humor, mit Distanz.

›Wenn Sie doch solcher Erzählungen, wie Zerbin, noch mehr machten!‹ schreibt Boie begeistert. Am 2. Januar 1776 hat er das Manuskript erhalten, schon im Februar- und Märzheft des ›Deutschen Museums‹ erscheint die Erzählung. Acht Dukaten erhält Lenz dafür.

Nur einen geringen Teil seiner Schulden kann er damit bezahlen. Seine finanzielle Lage in Straßburg spitzt sich zu. › ... ich sitze mitten in der Not‹ – das ist das Fazit seiner freiberuflichen Tätigkeit. Soviel er auch schreibt, soviel er Unterrichtsstunden gibt (›ich laufe wie ein Postpferd herum ... gebe von Morgen bis in die Nacht Information‹), er kann davon nicht existieren. Einen ›Bettler‹ nennt er sich und übertreibt damit nicht.

Die Suche nach einem Ausweg wird dringlich. Eine Reise machen? Mehrmals besteht der Plan. Mit den Kleists, dann mit einem Berliner namens Flies. In England und Italien sieht sich Lenz schon. Aber die Pläne zerschlagen sich.

Da bietet ihm sein Freund Lindau eine Reise ins Sächsische an. In Lenz muß sich sofort der Gedanke festgesetzt haben, diese Reise mit einem Besuch in Weimar zu verbinden. Und schließlich beherrscht der Gedanke ihn ganz. Weimar – ein aufgeklärter Fürstenhof. Hat nicht der junge Prinz Karl August, jetziger regierender Herzog in Weimar, zusammen mit Kammerherrn von Knebel ihn, Lenz, im Vorjahr in Straßburg in seinem bescheidenen Dichterquartier aufgesucht?

Plötzlich ist von ›dringender Angelegenheit‹ die Rede, ›die meine Gegenwart in Weimar notwendig‹ macht, von einer ›Reise deren Folgen für mein Vaterland wichtiger als für mich sein werden‹. Es ist der politische Reformplan über das Soldatenwesen, der Lenz in der letzten Straßburger Zeit fast ausschließlich beschäftigt, und er glaubt, Karl August sei der richtige Regent, dem er diese Reformgedanken vortragen könne, der sie aufgreifen werde.

Das ist der Hauptgrund seines Aufbruchs nach Weimar. Freilich, es ist auch Ausweg aus der Krise, der finanziellen und geistigen, ist Reiselust, Sehnsucht nach anderen Städten, anderen Menschen, ist ein Sich-Ausprobieren, ist Wagnis, Hoffnung. Aber wäre es das allein gewesen, hätte er auch eine andere Reise unternehmen können.

Lavater lädt Lenz nach Zürich ein: ›Ach! mein Lieber! wärst Du bei mir.‹ Christian Boie schreibt ihm am 8. März 1776: ›Wären Sie doch bei uns!‹ Johann Gottfried Herder an Lenz aus Bückeburg: ›... so beschwör ich Dich, komm zu mir!!! ... Ich will Dir die Reis' ersetzen. ... Komm her, ich bitt u. flehe Dich ...‹ Johann Heinrich Merck bietet Lenz sein Haus in Darmstadt an. ›... so viele vortreffliche liebe Freunde fragen, wollen wissen was Lenz macht –.‹

Lenz geht nach Weimar.

Der ›Hof zu Weimar ... jetzt ein Zusammenschluß der schönen Geister in Deutschland‹, schreibt er dem Kammerherrn von Knebel, an die Straßburger Bekanntschaft anknüpfend. Auch den Streit mit Wieland legt Lenz nun bei, verhindert die Auslieferung seiner Wieland-Satire ›Die Wolken‹, läßt alle Exemplare vernichten. Jetzt begreift er wohl Goethes taktische Erwägungen vom Vorjahr und dessen versöhnende Schreiben an den einst so heftig Verspotteten. In Weimar wird er Wieland, dem Literaturpapst, gegenübertreten.

Und Goethe ist seit einem halben Jahr dort, Fritz Stolberg will hingehen, Johann Gottfried Herder wird erwartet. Wie sollte da nicht in Lenz die Hoffnung entstehen, auch für ihn sei da ein Platz, auch er könne da gehört werden.

Seit Mitte Februar muß sein Entschluß wohl festgestanden haben. Er würde sofort aufbrechen. Aber das Reisegeld fehlt. ›Helfen Sie Ihrem aufs Äußerste gebrachten JMR Lenz‹, schreibt er am 15. März 1776 an Zimmermann, bittet ihn, beim Verleger Reich ›alles anzuwenden‹, daß dieser ›mir das Geld das er für die Soldaten versprochen, sogleich‹ schicken solle. ›… könnte es aufs späteste in 14 Tagen da sein? Verzeihen Sie das erste und letztemal daß mich die Not zwingt in dem *Grad unbescheiden* zu sein.‹

Die Reise beginnt. Lenz fährt den Rhein abwärts nach Mannheim; lernt dort Maler Müller kennen, besucht die berühmte Statuensammlung mit der Laokoongruppe. In Darmstadt macht er Bekanntschaft mit Johann Heinrich Merck. Dieser begleitet ihn dann nach Frankfurt. Maximilian Klinger kommt den beiden in Wertherkleidung entgegengeritten. In Frankfurt am Main findet Lenz gastfreundliche Aufnahme im Haus am Hirschgraben bei Goethes Eltern. Lenz wird Goethes Mutter fortan schreiben, sie ihm erwidern, noch über die Zeit des Bruches mit dem Sohn hinaus. Von der Stadt sieht Lenz nicht viel, ›… weil ich nicht aus Goethes Hause kommen bin‹. Über Fulda wird er gegangen sein, die Hohe Rhön rechts im Blick, dann Eisenach, die Hörselberge. Dann Gotha. Lenz besucht vielleicht Friedrich Wilhelm Gotter, den Theatermann, den Brieffreund. Am herzoglichen Liebhabertheater im Gothaer Schloß will Gotter Lenzens ›Algierer‹, die sechste Plautus-Bearbeitung, zur Aufführung bringen. Es kommt nicht dazu. Schließlich die letzte Poststation: Erfurt.

Am Abend des 2. April 1776 muß Lenz Weimar erreicht haben. Lenz in Weimar. Ein seltsames Kapitel. Voller Schweigen, Verdrehungen, Entstellungen. Geht man heute durch die Stadt Weimar, glaubt man, es habe ihn, Lenz, niemals gegeben. Keine Würdigung – nicht einmal Erinnerung.

Von April bis Dezember 1776, ein dreiviertel Jahr war Lenz doch in Weimar, im Thüringischen. In der Stadt, in die Goethe ein halbes Jahr vor ihm gekommen war. ›Herrn Lenz, Gelehrten, bei Dr. Göthen zu erfragen‹ lautet Jakobs Adresse in Weimar.

Goethe, der Freund, nimmt Lenz freundlich auf, hilft ihm, sorgt für ihn, führt ihn bei Hofe ein.

Aber: die Wege gehen auseinander. Literarisch, menschlich, politisch. Lenz wird unbequem, dieser Unbehauste.

›Was ist mit solchen Leuten anzufangen‹, meint Wieland und spielt damit keinesfalls nur ironisch auf unterschiedliche künstlerische Haltungen an. Er, der ein lebenslanges Jahresgehalt von der Herzogin Anna Amalia bekommt, zielt auf finanzielle Sicherheit und damit auf die soziale Herkunft Lenzens wie auf die Maximilian Klingers, der im gleichen Sommer nach Weimar kommt. ›Schade, daß Ihr mit diesem Körper nicht adelich geboren seid, Ihr hättet großes Fortun gemacht‹, sagt Wieland zu Klinger und will ihn zur Offizierslaufbahn überreden. Auch Lenz redet er zu, sich ›ein für allemal ein wenig‹ zu ›arrangieren‹. Ein bürgerlicher Beruf also ist notwendig.

Lenz will nicht, kann nicht. Wie er auch des ihm anfangs stark imponierenden Hoftreibens, des Festefeierns, der Ausgelassenheiten, besonders in dem offenen, sich per Du anredenden, in Wertherkleidung gehenden Kreise der ›Weltgeister‹ im Fürstenhaus um Herzog Karl August bald überdrüssig wird. Er will nicht den ›Narren‹ bei Hofe spielen, schreibt er an Charlotte von Stein. Lenz will handeln, wirken, seine Reformschrift über das Soldatenwesen unterbringen.

Aber er hat keinerlei Chance. Goethe ist der Glückliche, ihm hat sein literarischer Ruhm zum Aufstieg verholfen. Er ist

Günstling und Favorit des achtzehnjährigen Karl August, ihn nimmt dieser – gegen den massiven Widerstand der adligen Hofbeamten – als einzigen Bürgerlichen in seine Regierung, ernennt ihn zum Geheimen Legationsrat mit einem Gehalt von 1200 Talern, mit Sitz und Stimme im Geheimen Conseil, der obersten Landesbehörde. Am 25. Juni ist Goethes Amtseinführung.

Zwei Tage später, am 27. Juni 1776, verläßt Lenz Weimar, geht ins nahe gelegene Berka. Goethe hat ihm die Vorlage seiner Soldatenschrift verboten, ihm geraten, sie zu verbrennen; von ›tätigem Widerstand‹ seinerseits gegen Lenzens Militärprojekte spricht Goethe später. Lenzens Enttäuschung über den Weimarer Hof gipfelt in dem bitteren Satz, den er Goethe geschrieben haben soll: ›Ich geh aufs Land, weil ich bei Euch nichts tun kann.‹

Juli und August verbringt Lenz in Berka, findet wieder in seine dichterische Arbeit und macht nur ab und an einen Besuch in Weimar. Freunde, Wieland, Anna Amalia, Charlotte von Stein, wollen ihn zurückholen. Aber er will nicht. Da lädt ihn Charlotte auf ihr Landgut Kochberg ein, ausdrücklich und gegen Goethes Willen. Vom 12. September bis zum 31. Oktober weilt er dort auf Schloß Kochberg mit ihr, eine lange Zeit. Am letzten Oktobertag fahren sie gemeinsam zurück, schon am 1. November aber verläßt Lenz Weimar wieder, geht nach Berka. Bis zum 25. November bleibt er da. Dann kommt er in die Stadt zurück.

Am 26. November das Zerwürfnis mit Goethe. ›Lenzens Eselei‹ – das ist die einzige Überlieferung von Goethes Seite. Im Tagebuch steht es. Lenz hat ihn beleidigt, es ist ein Vorgang nur zwischen ihnen beiden.

Goethe veranlaßt daraufhin die Ausweisung des Freundes. Binnen weniger Tage muß Jakob Lenz Weimar und das Territorium des Fürstentums verlassen. Auf herzoglichen Befehl!

Er kann sich nicht verteidigen, Goethe spricht kein Wort mehr mit ihm. Der Einsatz anderer für Lenz – Einsiedels, Anna Amalias, Charlotte von Steins, Luise von Göchhausens, zaghaft wohl auch Herders – bewirkt nichts. Im Gegenteil! Goethe wirft seine Existenz in die Waagschale. ›Meine Existenz ist mir so lieb, wie jedem andern, ich werde aber just am wenigsten in Rücksicht auf sie irgend etwas in meinem Betragen ändern.‹

Lenz muß gehen, ›ausgestoßen als ein Landläufer, Rebell, Pasquillant …‹. ›Auf die sonderbarste Weise von der Welt‹ sei er in Weimar ›in die Enge gebracht worden‹, sagt er später und fragt Herder: ›Wie lange werdet ihr noch an Form und Namen hängen.‹

Lenz wird es niemals verwinden, niemals begreifen. Seine ersten Schwermutsanfälle, der Krankheitsausbruch ein Jahr darauf hängen nicht zuletzt damit zusammen.

Merkwürdig: Goethe tilgt alle Spuren, verhängt Schweigen über den Bruch in Weimar, vernichtet die Briefe Lenzens wie die seinen an Lenz (letztere hat dieser offenbar Charlotte mit der Bitte um Vermittlung gegeben).

In den Leerraum schießen Legenden, Halbwahrheiten, Anekdotisches, Klatsch.

Er habe sich bei Hofe unmöglich benommen, wird heute überall geschrieben. Halbzitiertes gilt dabei als Dokument.

Als der russische Dichter Karamsin, ein enger Moskauer Freund Lenzens, 1789 nach Weimar kommt, wird ihm eine Skandalgeschichte erzählt. In Wirklichkeit handelt es sich lediglich darum, daß Lenz als Bürgerlicher auf einem Maskenball für Adlige erschienen ist; ›… die betitelten Herren und Damen, die den weimarischen Hof ausmachten, meinten, daß dem naseweisen Lenz wenigstens der Kopf vor die Füße gelegt werden müsse‹. Goethe hat sich darüber sehr amüsiert, und er soll Lenz auf den Verstoß gegen die Hofetikette aufmerksam gemacht und dieser darauf erwidert haben: ›Mit all solchem höfischen Distriktionskram sollt ihr mich ein für allemal ungeschoren lassen …‹

Das wird die Wahrheit sein.

Wieland bewundert, daß Lenz sich solche Freiheiten nimmt, ›… aber das ficht ihn nichts an; er geht seinen Weg fort, und wischt sein Vidle ans Tor, wie die Schweizer sagen‹.

Goethe aber kann das nicht recht sein. Und nicht nur das, die Widersprüche und Konflikte liegen viel tiefer. Seine früheren

Freunde aus dem Sturm-und-Drang-Kreis werden in Weimar ein außerordentlicher Störfaktor für ihn. In ihnen lebt seine eigene Vergangenheit auf, von der er sich gerade gelöst hat. Das rigorose Abtrennen der Freunde ist Selbstbehauptung, Selbstschutz.

Zu Klinger sagt es Goethe gleich, daß er nicht in Weimar bleiben kann. ›Klinger ist mir ein Splitter im Fleisch ...‹ – ›Klinger kann nicht mit mir wandeln, er drückt mich, ich habs ihm gesagt, darüber er außer sich war und es nicht verstund und ichs nicht erklären konnte und mochte.‹ Bei Lenz ist Goethe zurückhaltender, die erste Unmutsäußerung über ihn ist im September, da kommt Eifersucht hinzu, Lenz ist in Kochberg bei Charlotte. ›Ich hab über die beiden Kerls nichts Treffendes zu sagen.‹ Klinger muß im September die Stadt verlassen. Lenz bleibt noch eine Frist. Der Vorwand, das auslösende Moment, findet sich noch nicht.

Aber untergründig arbeitet es schon.

Da ist Lenzens Soldatenschrift.

›Was ist unsere heutige Kenntnis der Finanzen‹, heißt es, ›wohin laufen unsere unendlichen Berechnungen? Den Bürger, den Landmann, der bis aufs Blut ausgedrückt ist, vollends abzuschälen zu sehen, ob ihm nicht noch eine Faser übrig gelassen worden, die er gleichfalls zum Besten des Staats hergeben könne.‹

›Wehe dem neuen Projektemacher der diese Erniedrigten noch tiefer erniedrigt, diese Zertretenen noch mehr zertritt, aller Fluch ihrer unterdrückten Seufzer (leider können die meisten nicht mehr seufzen) über ihn! Wenn der Bauer außer den Frondiensten, die er dem Edelmann, und denen, die er dem König tun muß, noch von dem wenigen Schweiß, den er für sich verwenden kann, alles bis auf die Hefen für außerordentliche Abgaben aufopfern muß – die Feder fällt mir aus den Händen für Entsetzen.‹

Lenz analysiert dann die Lage der Soldaten, fragt nach der Motivation der gekauften, gepreßten Söldnerheere. Seine Änderungsvorschläge zielen auf ein republikanisches Heer. ›Der Soldat muß für sich selber fechten, wenn er für den König ficht ...‹, meint Lenz und schreibt: ›Die Natur allein macht Helden ... Es müssen sinnliche, von allen Soldaten gleich anerkannte Vorteile sein ... oder – die Vormauer des Staates fällt.‹

Darin liegt ein Ansatz von großer historischer Bedeutung. Lenz nimmt vorweg, was sich geschichtlich bald zeigen wird. Zum ersten Mal 1792 im Konflikt zwischen Französischer Revolution und der konterrevolutionären preußisch-österreichischen Koalition, wo sich französische Freiwillige und preußisch Gedrillte gegenüberstehen, unter letzteren auch das Regiment Weimar mit Herzog Karl August und Goethe an seiner Seite. Schließlich in der Katastrophe von Jena und Auerstedt 1806, dem Debakel der preußischen Armee, da sich Lenzens Worte bewahrheiten, daß diese Armee von Marionetten ›ein kleiner Fehler in der Rechnung in Unordnung bringt‹. Manche Detailvorschläge Lenzens finden sich dann im Krümpersystem wieder, das 1808 als Heeresreform eingeführt wird.

Die Sprache von Lenzens Soldatenschrift ist rebellisch: hart, klar, fordernd. Es ist der Ton von Christian Friedrich Daniel Schubart in seiner Anklage über den Soldatenhandel deutscher Fürsten, es ist der Gestus von Georg Büchner, der seinen ›Hessischen Landboten‹ nicht mehr als Bittschrift an die Fürsten, sondern als Flugblatt an das Volk richten wird.

Lenz aber richtet sich an die Herrschenden. ›Ich schreibe dieses für die Könige ...‹, lautet sein erster Satz. Er entwickelt sein Konzept strikt aus *seinen* gesellschaftlichen Erfahrungen, aus den Gegebenheiten des Feudalsystems. ›Ach, daß ich diese Vorstellungen mit einem Gewicht in die Herzen der Fürsten hinabschicken könnte ... Euer ist der Vorteil, meine Fürsten! nicht unserer. ... Das will ich euch beweisen, daß die drückenden Abgaben eurer Untertanen durch dieses Mittel leichter und eure Kasse nicht ärmer wird.‹

Im jungen, aufgeklärten Herzog Karl August glaubt Lenz einen Interessenten für seine Pläne zu finden. Direkt an ihn wendet er sich, arbeitet, ›um nicht in die Luft zu bauen‹, mit exaktem Zahlenmaterial, u. a. über das Weimarer Militär. Karl August wird Lenzens weitgreifende Ideen nicht aufnehmen. Aber bevor eine ernsthafte Debatte überhaupt möglich ist, scheitert Lenz an Goethe. Wieland assistiert dabei. Eine ›Marotte‹ seien Lenzens Projekte, ›die Welt zu verbessern‹.

Noch viel später, im 14. Buch von ›Dichtung und Wahrheit‹, spricht Goethe über Lenzens militärpolitische Reformpläne wie über ein abwegiges Kuriosum. Er räumt zwar ein, Lenz habe die ›Gebrechen‹ des ›Waffenwesens‹ seinerzeit ›ziemlich gut gesehen‹, die von ihm vorgeschlagenen ›Heilmittel‹ seien dagegen ›lächerlich und unausführbar‹. Freilich, ein Teil von Lenzens Vorschlägen, vor allem die im sexuellen Bereich des Soldatenlebens, paralysieren, weil sie in sich widerspruchsvoll sind, die scharfe soziale und politische Diagnose. Aber damit ist der große Ansatz dieser Schrift nicht abgetan. Goethe standen zudem 1813, zur Zeit seines Urteils, die historischen Fakten von 1792 und 1806 zur Verfügung wie auch die eigenen langjährigen bitteren und enttäuschenden Erfahrungen als unermüdlich tätiger Politiker, u. a. auch als Verantwortlicher für das Militärwesen im Fürstentum Weimar. ›… wer sich mit der Administration abgibt, ohne regierender Herr zu sein, der muß entweder ein Philister oder ein Schelm oder ein Narr sein‹, wird er 1786 schreiben, seinen Rückzug aus der Politik damit ankündigend.

1776 aber sind seine Hoffnungen noch ungebrochen. Das Bündnis mit Herzog Karl August und sein gesunder Menschenverstand scheinen Goethe auszureichen, um die Welt ›vernünftiger‹ einzurichten. Er glaubt, den ersehnten Handlungsraum zu haben. ›Meine Lage ist vorteilhaft genug und die Herzogtümer Weimar und Eisenach immer ein Schauplatz, um zu versuchen, wie einem die Weltrolle zu Gesicht stünde‹, schreibt er 1776. Und er beginnt sein Amt mit dem Realitätssinn eines Hofbeamten in einem deutschen Zwergenstaat: wälzt Akten, setzt Schreiben im gewundenen Stil auf, fängt an, sich um das Ilmenauer Bergwerk zu kümmern, ist für die Feuerwehr verantwortlich. Warum dann die Abwehr von Lenzens Soldatenschrift, sind doch beide Gleichgesinnte, wollen doch beide auf die ›Regierungskunst‹ des Herzogs einwirken? Goethes Konzept ist gemäßigter, er kann neben sich keinen anderen mit eigenen Ideen gebrauchen. Seine feindselige Haltung zu Lenzens Reformpapier hat er selbst eindeutig belegt.

In der Dichtung aber lassen sich die Konflikte zwischen beiden Freunden nicht einfach mit Ge- oder Verboten abtun. Die Beziehungen der beiden sensibilisieren sich in dieser Hinsicht in den folgenden Monaten – Lenz ist schon in Berka – ungeheuer.

Zwar gibt es noch Zusammensein, Austausch, Gespräch. Von deren Vertraulichkeit und Intimität vermögen uns Lenzens Worte an Goethe eine Ahnung zu geben: ›… wollte Gott ich hätte Deine Art zu sehen und zu fühlen, und Du zu Zeiten etwas von der meinigen, wir würden uns glaub ich beide besser dabei befinden.‹

Lenz verwindet offenbar, daß in Weimar keiner sein Drama ›Die Soldaten‹ zur Kenntnis nimmt, daß man über ›Die Freunde machen den Philosophen‹ lacht (Klinger aus Weimar: ›Ich teile das Gelächter über Strephon.‹), er verwindet auch, daß man den ›Engländer‹ gar nicht druckt. Der Verleger lehnt den Schluß des Dramas ab, läßt das Stück einfach liegen, ein Jahr später bekommt es Herder in die Hände und schickt es Lenz zurück mit der seltsamen Bemerkung, daß in seinem Ort Bückeburg neulich ein junger Mann sich die Kehle durchgeschnitten habe und Gott sei Dank gerettet wurde, das hätte Lenz mit seinem Engländer auch tun sollen. Lenz entgegnet darauf: ›Der Engländer ward in ganz anderer Stimmung und aus ganz anderer Rücksicht geschrieben.‹

Lenz schreibt unbeirrt weiter. Sein Grundtenor bleibt gleich, vor allem in den dramatischen Fragmenten. Da knüpft er an den harten Realismus des ›Hofmeister‹ und der ›Soldaten‹ an, wenn er im ›Tugendhaften Taugenichts‹ den Helden auf offener Szene auf dem Schlachtfeld sterben läßt und anschließend ein Bauer als Leichenfledderer auftritt. Lenzens Stückfragment geht übrigens – wie dann Jahre später Friedrich Schillers großer Dramenerfolg ›Die Räuber‹ – auf das gleiche Angebot zurück: Christian Daniel Schubart hatte 1775 die deutschen Dramatiker aufgefordert, den Stoff der ›feindlichen Brüder‹ unter den gegenwärtigen Verhältnissen Deutschlands zu gestalten. Und es mutet wie eine Vorwegnahme der Schillerschen Kammerdienerszene an, wenn Lenz eine seiner Dramengestalten namens

Leypold sich weigern läßt, Schokolade zu trinken, da ›der Schweiß der Wilden‹ daran klebe. Leypold hat einen 1773 erschienenen Band mit Kupfern angesehen, der ihm die entsetzliche Ausbeutung der Neger auf der Insel Mauritius vor Augen führt. ›Wer bin ich, daß andere Leute um meinetwillen Blut schwitzen sollen‹, fragt er. Auch in ›Catharina von Siena‹, dem Drama mit dem religiös-verfremdenden Stoff, sind solche Töne der sozialen Anklage und Anteilnahme unüberhörbar. In Straßburg hat er damit begonnen, in Berka arbeitet er daran weiter. Zeit und Kraft reichen aber nicht aus, um es zu einem Ganzen zu formen, es bleiben Bruchstücke, Fragmente, immer erneute Ansätze, Textvarianten.

Auch die Arbeit an der Soldatenschrift wird fortgesetzt. Sehr intensiv sogar. Von Weimar, Straßburg und anderen Orten erhält er neue genauere Angaben über das Militär, macht Aufstellungen, Statistiken, Berechnungen.

Zugleich beginnt Lenz, tief betroffen durch die Erlebnisse am Weimarer Hof und mit Goethe, über die Künstlerproblematik zu reflektieren. ›Catharina von Siena‹ nennt er nun ein ›Künstlerdrama‹, das Motiv des Rückzugs aus der Welt taucht auf. Catharina sinnt über die Meinung ihrer Dienerin nach: ›Sie sagt' es wäre Stolz, die Welt nach sich / Und sich nicht nach der Welt bequemen wollen. Sie nannt' es Wahnsinn – ... Wahnsinn!‹

Unterschiedliche Lebenshaltungen zweier Künstler sind auch das Thema des Briefromans ›Der Waldbruder‹, im Juli in Berka begonnen, im November 1776 dort beendet. Unverhüllt gestaltet Lenz hier Goethes und sein Leben, ihre Berührungen, Gespräche, ihre gewechselten Briefe, ihren Streit, ihre Andersartigkeit. Zum Teil muß er Briefe wörtlich zitiert haben. Ist diese wunderbare, durch die verschiedenen Standpunkte stark objektivierende und doch sehr lyrische Erzählung auch nicht auf autobiographische Schlüsselprosa einzuengen, so ist darin doch Lenzens direkte Auseinandersetzung mit Goethe unverkennbar.

Verwirrt, abgestoßen, sucht Lenz nach einem moralischen Urteil für seine Haltung und für die Goethes. Obgleich er keinen Zweifel an der Narrheit und Unbrauchbarkeit der seinen läßt, wird sie moralisch weit höher gewertet als die fragwürdig vordergründige Brauchbarkeit des anderen, dessen Gesellschaftsfähigkeit seinem Anpassungsvermögen zu verdanken ist.

Zwei Helden stehen sich gegenüber, Herz und Rothe. Der eine hat sein Amt niedergelegt, ist aus der Stadt geflohen. Er liebt unglücklich. Von allen wird er verlacht. ›Absterben‹ für die Welt möchte er. Am Ende geht er als Soldat nach Amerika. Der andere, Rothe, weiß sich in alles zu fügen, hat Erfolg im Beruf und bei den Frauen. ›Ich lebe glücklich wie ein Poet‹, sagt er, ›das will bei mir mehr sagen als glücklich wie ein König ... Man nötigt mich überall hin und ich bin überall willkommen, weil ich mich überall hinzupassen und aus allen Vorteil zu ziehen weiß.‹ Rothe ist der ›einzige‹, der Herz ›versteht‹. Einen ›brauchbaren Menschen‹ will er aus ihm machen. ›Alle Deine Talente in eine Einsiedelei zu begraben. – Und was sollen diese Schwärmereien endlich für ein Ende nehmen?‹ ›Menschenliebiger Don Quichotte‹ und ›Narr‹ nennt Rothe Herz und gibt ihm unaufhörlich Ratschläge, wie er sich zu verhalten habe. Von ›Selbstliebe‹ ist da immer wieder die Rede, von notwendiger Anpassung; ›... mein Epikurismus führt doch wahrhaftig weiter, als Dein tolles Streben nach Luft- und Hirngespinsten‹.

Wir hören dahinter förmlich Goethe in seinem übermütig-optimistischen Ton des ersten Weimarer Jahres. Er sei ›rein glücklich‹, schreibt er in jenem Sommer 1776, ›... bin weder Geschäftsmann, noch Hofdame und komm in beiden fort‹. Wie mag das Lenz in seiner ausweglosen Einsamkeit verletzt haben.

Rothe verliert schließlich die Geduld mit Herz: ›Alle Deine Klagen und Leiden und Possen helfen Dir bei uns zu nichts ... verzeih mir's, was können wir anders tun – lachen darüber – ja lachen entweder Dich aus der Haut und der Welt hinaus – oder wieder in unsere bunten Kränzchen zurück.‹

Ende November 1776 zeigt Lenz Goethe das Manuskript des ›Waldbruders‹, schenkt es ihm.

Nichts kann mehr für Lenzens Gutgläubigkeit, seine Arglosigkeit, die völlige Abwesenheit jeglicher Berechnung und Taktik sprechen als dieses Geschenk.

Goethe aber muß sich vom ›Waldbruder‹ angegriffen gefühlt haben. Hatte er im Sommer leichthin davon gesprochen, daß er

Lenz das Dichten überlasse (Weisse am 11. Juni 1776: ›Vor kurzem sprach ich Goethen, der, wie er sagt, seine literarische Laufbahn Lenzen überlasse.‹), so ist es nun gerade Lenzens sensibles Künstlertum, von dem er sich verunsichert fühlt. Nicht im Sinne einer Konkurrenz, sondern weil in Lenz, dem begabten Dichter, etwas ist, was Goethe tief verborgen in sich selbst fühlt. Ein Jahr später wird Goethe seine eigene Heilung von ›Melancholie‹ und ›Wahnsinn‹, wie er sagt, durch ›Psychodramen‹ erwägen. Die Gefährdungen des Künstlers durch Depressionen, hypochondrische Zustände, Selbstzweifel und Selbstübersteigerungen kennt Goethe ebenso. In Jakob Lenz aber treten sie ihm ständig gegenüber. Und Lenz in seiner sozialen und seelischen Unbehaustheit, in seiner qualvollen Suche nach einer Alternative empfindet und reflektiert die Konflikte des Künstlertums natürlich weitaus stärker.

Goethe disqualifiziert das als krank. Lenz ist der erste kranke Künstler, der seinen Weg kreuzt. Goethe wehrt sich dagegen, wie er sich später gegen Kleist und Hölderlin wehren wird, sie als krank und pathologisch bezeichnet, wie er die Romantik abwehrt, wie er die Bilder von Goya und Hogarth verwirft: er mag die harten Dissonanzen nicht, sie entsprechen seinem Harmoniestreben nicht, er baut seinen Grundsatz immer weiter aus, jeder einzelne habe durch Bildung und Streben eine Chance zur Vervollkommnung in der Gesellschaft. Lenzens tragisches Scheitern aber, sein unglückliches Leben, wie später Selbstmord und Verfall in Wahnsinn bei Kleist und bei Hölderlin, signalisieren die brutale Realität: die bürgerliche Gesellschaft hindert das Individuum durchaus an seiner Entfaltung.

Goethe stößt Lenz von sich; aus Angst vor den eigenen Gefährdungen. Mit ungeheurer Energie wird er ›die Kelter allein … treten‹; dennoch werden die Gefährdungen ihn einholen: seine Flucht vom Weimarer Hofe nach Italien ein Jahrzehnt später und sein Künstlerdrama ›Torquato Tasso‹ legen davon Zeugnis ab.

Das gespannte Verhältnis der beiden Freunde wird 1776 durch einen weiteren Umstand zum Äußersten getrieben.

Seit Goethe in Weimar ist, seit Herbst 1775, wirbt er um Charlotte von Stein. Ihr Verhältnis ist wechselvoll und spannungsgeladen. ›Wenn das so fortgeht beste Frau werden wir wahrlich noch zu lebendigen Schatten‹, schreibt Goethe ihr am 1. September. Einige Tage später: ›Wir können einander nichts sein und sind einander zu viel.‹

Goethe will sie in Kochberg besuchen, aber sie verbietet es ihm. ›... ich werde nicht nach Kochberg kommen denn ich verstund Wort und Blick‹, erwidert Goethe.

In diese Situation hinein fällt Charlottes Bitte, daß Lenz nach Kochberg kommen solle. Und sie muß diesen Wunsch wiederholt geäußert haben.

Am 10. September schreibt Goethe der Freundin: ›Ich schick Ihnen Lenzen, endlich hab ich's über mich gewonnen. O Sie haben eine Art zu peinigen wie das Schicksal, man kann sich nicht darüber beklagen, so weh es tut. Er soll Sie sehn ... Er soll mit Ihnen sein – mit Ihnen gehen ... Sie lehren, für Sie zeichnen, Sie werden für ihn zeichnen, für ihn sein. Und ich – zwar von mir ist die Rede nicht, und warum sollte von mir die Rede sein –.‹

Unverkennbar: Goethe ist eifersüchtig, ist verletzt; schreibt noch unter den Brief: ›Ade. von mir hören Sie nun nichts weiter, ich verbitte mir auch alle Nachricht von Ihnen oder Lenz.‹

Vom 12. September bis zum 31. Oktober 1776 wird Lenz mit Charlotte von Stein in Kochberg weilen, anderthalb Monate. Vertraut muß ihr Verhältnis gewesen sein, sie öffnen sich einander, Lenz spricht mit ihr über seine Zukunftspläne. Besuche in Kochberg: die Herzogin Anna Amalia, Luise, Karl August. Das erste Zusammentreffen Lenzens mit Johann Gottfried Herder. Im Umgang mit Charlotte von Stein gewinnt Lenz offenbar seine Heiterkeit, die Galanterie der Straßburger Jahre wieder. Eine glückliche Zeit. Die Illusion der Geborgenheit.

Lenz verehrt Charlotte, umschwärmt sie, aber er weiß genau, Goethe ist es, dem sie angehört und angehören will. Lenzens Gedicht ›Abschied von Kochberg‹ gibt darüber eindeutig Auskunft:

> Auch ich sah ihren Pfad, auch mir
> War es vergönnt ein Röschen drauf zu streuen,
> Zur Priesterin des Gottes sie zu weihen
> Und hinzuknien vor ihm und ihr

heißt es da, und das Gedicht endigt mit den Zeilen:

> Ich aber werde dunkel sein
> Und gehe meinen Weg allein.

Lenz gibt sich keinen Hoffnungen hin, verhält sich aber äußerst undiplomatisch Goethe gegenüber. ›Ich bin zu glücklich Lieber als daß ich Deine Ordres Dir von mir nichts wissen zu lassen nicht brechen sollte‹, liest der Freund in Weimar, und in bezug auf seinen Englischunterricht erfährt er: ›Die Frau von Stein findet meine Methode besser als die Deinige.‹

Ist Lenz wirklich so naiv, so arglos? Offenbar ja. Denn einmal heißt es auch bei ihm, Goethe komme nicht nach Kochberg, ›er ist so von Geschäften absorbiert in W.‹. Goethe aber verzichtet bewußt. Charlottes Hinwendung zu Lenz, sein langer Aufenthalt in Kochberg müssen Goethe mißfallen.

Trifft Lenz auch keinerlei Schuld, so sieht Goethe ihn, wenn auch niemals als ernsthaften Konkurrenten – dazu ist er sich seiner Sache zu sicher –, doch bewußt oder unbewußt als Schuldigen.

Hinzu kommt der merkwürdige Umstand, daß Lenz nicht nur Charlotte von Stein, sondern auch Friederike Brion und Goethes Schwester Cornelia sehr nahe gestanden hat. Seine dichterischen Reflexionen über diese beiden Frauen schenkt Lenz Goethe – auch wieder arglos –, denn er rührt damit an wunde Stellen, an Dinge, die Goethe vergessen, verdrängen, nicht wahrhaben möchte.

Auch hier, in den Frauen, nicht nur in der Politik und in der Dichtung, tritt ihm in Lenz seine eigene Vergangenheit, die er von sich abgetrennt hat, immer wieder vor Augen. Lenz zwingt ihn, in diesen Spiegel zu sehen.

Goethes Verhältnis zu Charlotte und zu seiner Schwester Cornelia bildet den Hintergrund für das am 26. Oktober 1776 begonnene und in vier Tagen niedergeschriebene Drama ›Die Geschwister‹. Mitte November beginnen die Proben für eine

Aufführung im Weimarer Liebhabertheater. Ende November findet sie statt.

Ohne Lenz. Ihm hat man nichts davon gesagt. Goethes Diener entschuldigt sich nachträglich dafür.

Zitate aus Briefen Charlotte von Steins verwendet Goethe zu ihrer Betroffenheit und zur hämischen Klatschfreude der Weimarer Hofleute in seinem Drama ›Die Geschwister‹.

Kann nicht ein Wortwechsel darüber ein auslösendes Moment des Streites zwischen Lenz und Goethe gewesen sein? Oder – ein völlig anderer Gesichtspunkt – die Haltung beider zur jungen Herzogin Luise? Oder ein Wort Lenzens über *seine* Freundschaft zu Charlotte – nein, nicht einmal ein Wort; eine Andeutung, eine Geste, ein Lächeln könnte genügen. Die Beziehungen sind so sensibilisiert, der emotionale Bereich dem Mann Goethe vielleicht nur willkommen, eine Verletzung durch Lenz zu dramatisieren, zur Beleidigung zu stilisieren, um endlich den Vorwand für den Bruch zu haben.

Was dann geschieht, geht jedenfalls in rasendem Tempo, mit Kälte und erbarmungsloser Härte von Goethes Seite vonstatten.

Binnen weniger Tage muß Lenz die Stadt, das Territorium des Fürstentums verlassen; von ›exiler‹, von Verbannen ist die Rede. Fürsprecher Lenzens werden abgewiesen, Vermittler nicht gehört. Eine Abfindungssumme wird ihm geboten. Lenz weist das Geld zurück. Er will gehört werden. ›Da ich aber nach meiner Überzeugung erst gehört werden müßte, ehe man mich verdammte‹, schreibt er verzweifelt. Er kommt nicht zu Wort.

Am 1. Dezember 1776 geht Lenz aus der Stadt. Leer, bitter geht er. ›Das allerhöchste Leiden ist Geringschätzung‹, schreibt er einmal und: ›Ihn nicht auf das Fest greifen, sondern so ganz in der Stille und gleichsam daß kein Hund oder Hahn danach krähte von der Welt schaffen ... Ein Gott der auf der ganzen Erde Revolutionen zu machen die Kraft und den Beruf in sich spürte, so gleichsam wie ein aufschießendes Unkraut in der Geburt erstickt zu werden ...‹

Bei Goethes Schwester Cornelia und ihrem Mann Georg Schlosser in Emmendingen nahe Straßburg findet der Ausgewiesene für Wochen, ja Monate Zuflucht, Geborgenheit. Die Christnacht verbringt er dort, das Frühjahr 1777.

In kurzer Zeit schreibt er eine umfangreiche Erzählung nieder, den ›Landprediger‹; noch im gleichen Jahr erscheint sie in drei Teilen in Boies ›Deutschem Museum‹. Ein Landpfarrerdasein wird verherrlicht. Ernsthafter Versuch einer realen Perspektive? Zugeständnis an den Publikumsgeschmack? Beschwörungsformel sich selbst gegenüber? Wohl letztlich eine bitter-sarkastische Ausstellung bürgerlich-beschränkter Tüchtigkeit. Den Zustand der inneren Zufriedenheit erreichen die beiden Helden, Pfarrer Mannheim und seine Frau, erst, als sie den ›allertödlichsten Feind‹ in ihrem Leben, das Schreiben von Romanen und Gedichten, besiegt haben. Der Pfarrer verfaßt fortan nur Abhandlungen über Viehseuchen und Pferdekuren, seine Frau läßt das Verseschreiben, begnügt sich mit Liedchen von Hagedorn und Gleim. Auf ihr poetisches Treiben sehen die beiden wie auf ein Laster gleich dem Kaffeetrinken oder Pfeiferauchen zurück. Der Platz im bürgerlichen Leben ist gefunden.

Schreiben, ernsthaft Schreiben ist Existenzbedrohung, ist eine zerstörerische Kraft – das meint Lenz und stellt es bitter zur Schau.

Es ist sein eigenes Problem. Er wird keine Antwort finden.

Von Emmendingen aus unternimmt Lenz Reisen nach Straßburg, Kolmar, nach Basel, nach Zürich.

Die Schweiz wird ein Anziehungspunkt für ihn. Lavater nimmt ihn für ein Vierteljahr in seinem Züricher Haus auf. Neue Freunde lernt Lenz kennen, Sarasin, den Baseler Seidenfabrikanten und Mäzen, Füßli, den Historiker und Politiker, Iselin, den Popularphilosophen, Hirzel, den Arzt, der durch seine 1761 veröffentlichte physiokratische Schrift ›Die Wirtschaft des philosophischen Bauern‹ den Musterbauern Jakob Gujer aus Wertmatswil bei Uster, genannt Kleinjogg, berühmt macht, sein Hof wird Wallfahrtsort aller Schweizreisenden.

›Ich schwärme in der Schweiz herum‹, schreibt Lenz. Anfang Mai nimmt er an der Tagung der Helvetischen Gesellschaft in Bad Schinznach teil. Im Juni macht er eine vierzehntägige Fußwanderung durch die ›wilden Cantons‹, die Schweizer Berge, besteigt den Sankt Gotthard, den Grimsel, den Furka.

Dann geht er nach Emmendingen, will Schlosser beistehen. Etwas ist passiert, das ihn außerordentlich trifft: Goethes Schwester Cornelia ist am 8. Juni, sechsundzwanzigjährig, nach der Geburt ihres zweiten Kindes gestorben. ›Mir füllt diese Lücke nichts –‹, schreibt Lenz, ›ein edles Wesen von der Art auf der Welt weniger kann sie einen schon verleiden machen.‹

Schließlich treibt es ihn wieder in die Schweiz, Wanderungen in den Süden. Umkehr. Monate in Zürich, in denen er Zeuge politischer Kämpfe wird. ›Die Bürgerschaft scheint es möchte bei nichts weniger aufhören wollen als bei einer Revolution‹, notiert Lenz. Er will darüber schreiben.

Überhaupt: die verschiedensten Pläne beschäftigen Lenz in dem Schweizjahr. Ein Stück für Sarasins Liebhabertheater fängt er an, entwirft Gedanken für eine Töchterschule in Basel, ein großangelegter Reiseplan nach Italien entsteht. Mit den Schweizer Philanthropins setzt er sich auseinander, gedenkt wohl gar, an einer solchen Anstalt eine Stelle anzunehmen, fährt deswegen Ende Oktober nach Marschlins, aber die Schule ist Mitte 1777 eingegangen. Auch landwirtschaftliche Fragen faszinieren ihn. Er studiert, wie schon in Straßburg und Weimar, weiterhin die Physiokraten. Schrieb er schon in Thüringen, in Berka: ›… ich möchte die Stunde verwünschen, da ich nicht ein Bauer geboren bin‹, so idealisiert er auch in der Schweiz – wie alle seine Freunde – den Bauernstand, spielt vielleicht sogar mit dem Gedanken, Bauer zu werden. Wie es Heinrich von Kleist 1801 in der Schweiz auf einer kleinen Insel im Thuner See tun wird, wie es Gottfried August Bürger, Johann Heinrich Merck und Lenzens Schweizer Freund Christoph Kaufmann in der Tat versuchen – und daran scheitern. Es ist keine Alternative.

Wir wissen nicht im einzelnen, welche verzweifelten Anstrengungen Lenz macht, um seine Lebens- und Existenzkrise zu überwinden. Wir wissen nur, nichts gelingt ihm, nichts.

Am Ende des Schweizjahres steht er vor einem Abgrund. Bis an die äußerste Grenze der Angst muß er in dem Jahr physisch und psychisch getrieben worden sein. Er hat überall Schulden, bei Sarasin, bei Lavater, bei Füßli – hat sogar die Sachen, die er noch in Weimar besaß, seine ›Uhr, silberne Schnallen, Degen, Hirschfänger‹ versetzt. Völlig mittellos ist er. ›Ich bin ein Fremder … unstet und flüchtig und habe so viele die mit mir unzufrieden sind‹, schreibt er und klagt über seine ›unbehelfsame Existenz‹.

Heimlich, hinter seinem Rücken sammeln Freunde für ihn, Kaufmann und seine Braut organisieren es: ›Wer den edlen, guten Jüngling kennt und liebt, trägt gewiß gern etwas zu seiner Ruhe bei – so ist er noch immer gedrückt, daß in der Länge auch sein moralischer Charakter drunter litte – und Sie werden sehen, wie Ruhe und stille Befreiung von Sorgen herrliche Wirkungen in ihm hervorbringen‹, heißt es in einem Rundschreiben vom 29. November 1777.

Aber es ist schon zu spät. Lenz ahnt den Zusammenbruch, stemmt sich verzweifelt dagegen. Sein beklemmend klageloses Gedicht ›An den Geist‹ spricht davon:

> O Geist! der du in mir tobst
> Woher kamst du, daß du so eilst?
> O verzeuch noch himmlischer Gast
> Deine Hütte vermag's nicht
> All ihre Bande zittern
> Kann nicht weiter empor.
>
> Sei nur getrost, bald bist du frei
> Bald wird dir's gelungen sein, grausamer
> Teurer grausamer Gast!
> Bald hast du dein steinern nordisch
> Treues Haus übern Kopf dir zertrümmert
> Ach da stehst du wie Simson und wirfst
> Wirfst – strebst – wirfst's übern Haufen
> Weh uns allen, schone noch, schone
> Dieser treuen Hütte Trümmer
> Möchten dich sonst unter sich begraben.
>
> Sieh noch hält sie mit schmeichelnden Banden
> Dich zurück, verspricht dir reine

Tausend reine Lebensfreuden
Zur Belohnung für deine Müh'.
Schone noch Grausamer, Undankbarer
Kehre zurück, heft ihre Gelenke
Wieder mit zarter Selbstlieb' zusammen
Denn Gott selber baute sie dir,
Klein und gebrechlich wie sie da ist.

Wenn sie ausdauret dann breche sie
Erst wenn der Baum gesaftet, geblüht
Früchte mehrjährig getragen, verdorr' er,
Gehe sein Keim ins ewige Leben
Aber jetzt, heilige himmlische Flamme
Jetzt – Erbarmen! – verzehr ihn noch nicht.

Am Ende des Schweizjahres, im November in Winterthur, muß mit Lenz etwas passiert sein. Die Dokumente darüber fehlen. Pfeffel spricht von einem ›Unfall‹, und man ›sollte‹ Lenz ›nach Hause jagen oder ihm einen bleibenden Posten ausmachen‹. Sarasin meint, ›der Kavalier‹ solle ›einen Beruf wählen, dessen er warten‹ müsse. Lavater antwortet ihm darauf: ›Lenzen müssen wir nun Ruhe schaffen, es ist das einzige Mittel ihn zu retten, ihm alle Schulden abzunehmen und ihn zu kleiden.‹

Wie kann dieser Unbehauste, der grauenhaft genau weiß, wie gefährdet er ist, Ruhe finden! Bis zum Jahresende ist er noch in Winterthur bei Kaufmann.

Anfang Januar 1778 bricht dieser mit einigen Freunden, Lenz unter ihnen, auf, ›zu Fuß‹ geht es ›die Straße nach Emmendingen‹ hinunter. Rast bei Georg Schlosser. Dann trennen sie sich, Lenz geht allein weiter, das Steintal ist sein Ziel. Die Freunde haben ihn zu einem Besuch bei Pfarrer Oberlin in Waldersbach überredet.

Am 20. Januar kommt Lenz bei Oberlin an. Im Morgengrauen des 8. Februar wird er, bewacht von drei starken Männern, aus dem Pfarrhaus geschafft. Ein gefährlicher Mensch, ein Verrückter! Nach Straßburg bringt man ihn.

Übereinstimmend haben Mediziner Lenzens Krankheit als

Schizophrenie gedeutet. Weichbrodt stellte 1920 die Diagnose Katatonie, das ist eine Form der Schizophrenie, die früher auch ›Spannungsirresein‹ genannt wurde. In neuester Zeit, Ende der sechziger Jahre, sind zwei medizinische Dissertationen (von Herwig Böcker und Johanna Beuthner) zu ähnlichen, wenn auch differenzierteren Urteilen gelangt. Aber der alleinige psychiatrische Gesichtspunkt, der die Diagnose der Krankheit zwar aus Leben und Werk heraus interpretiert, aber dennoch letztlich die Krankheit als ein endogenes Phänomen betrachtet, ist müßig, werden nicht die tieferen Brüche und Widersprüche in Lenzens Leben und seiner Umwelt, seiner Zeit analysiert, wird nicht nach dem Normalen und Verrückten innerhalb der Lebensformen der damaligen Gesellschaft generell gefragt.

Die erste Woche in Waldersbach verläuft in völliger Harmonie. Oberlin ist erfreut über Lenzens Besuch. Lenz interessiert sich für alles, besichtigt die Schulen, verbringt die Zeit mit ›Zeichnen und Malen der Schweizergegenden, mit Durchblättern und Lesen der Bibel, mit Predigtschreiben‹. Am 25. Januar predigt er – wie damals in Sesenheim bei Pfarrer Brion und vielleicht in Kochberg in Thüringen – nun von der Kanzel der Waldersbacher Dorfkirche. Kaufmann und seine Braut sind dabei, wollen ihn mit nach Winterthur zurücknehmen, auf der Liste ihrer Hochzeitsgäste steht er. Aber Lenz hat sich bei der Herwanderung am Fuß verletzt, die Wunde muß erst heilen. Da geht Oberlin statt seiner mit. Er überträgt Lenz die Amtsgeschäfte. Einige Wochen will er wegbleiben.

Aber vorzeitig kehrt er zurück. Nämlich, als er von Schlosser und Pfeffel über Lenz aufgeklärt wird: dieser Dichter sei verrückt.

Die letzten fünf Tage nach Oberlins Wiederkehr sind schrecklich. Oberlin überfällt Lenz mit Vorwürfen; seine Krankheit sei ›Strafe Gottes‹, Folge seines ›Ungehorsams gegen seinen Vater‹, seiner ›herumschweifenden Lebensart‹, seiner unzweckmäßigen Beschäftigungen‹, das heißt seines Dichtens.

Die harten Vorwürfe Oberlins lassen Lenzens ständig bedrohten Daseinsentwurf völlig zusammenbrechen.

In diese fünf Tage fallen die ersten Ausbrüche von absoluter

Verzweiflung Lenzens, die sich zu Selbstmordversuchen, zu Wahnsinnsanfällen steigern.

Lenz hat wohl in Oberlin den eigenen Vater wiedererstehen sehen. Die Bedrohung muß grauenhaft gewesen sein. ›Das stille Land der Toten ist mir so fürchterlich und öde nicht, als mein Vaterland.‹

Oberlin redet nach bestem Gewissen, nach seinen religiösen Vorstellungen. Als Lenz weg ist, verfaßt er Wochen danach, in einer Art Verteidigungshaltung, einen fünfzehnseitigen Bericht, lange Passagen angeblich wörtliche Rede Lenzens, suggestiv wertend.

Georg Büchner, der fünfzig Jahre später in seiner großartigen ›Lenz‹-Novelle Oberlins Bericht zum Teil wörtlich verwendet, bezieht aber eine ganz andere Haltung. Er versteht Lenzens Einsamkeit als Folge des Wunsches, ohne verbildende Kompromisse leben zu wollen, begreift seine Unfähigkeit zur Anpassung, seine panische Flucht vor dem Wahnsinn und schließlich sein Eingeholtwerden als Leiden an der Welt. Der ›Riß‹, der durch die Welt geht, spaltet Lenz selber.

Lenzens Zeitgenossen sehen es ausnahmslos anders, sie suchen die Schuld bei Lenz allein. Leben wie alle, ein Amt annehmen, beständig werden – das ist die Alternative.

In Straßburg wird man es dem Dichter sagen, dann in Emmendingen, wohin man ihn Ende Februar 1778 bringt. ›Ich habe ihm heute eine Proposition getan, wodurch ich ihn gewiß kurieren würde‹, schreibt Schlosser, in dessen Haus Lenz lebt, am 2.März. ›Aber er ist wie ein Kind, keines Entschlusses fähig; ungläubig gegen Gott und Menschen.‹ Die ›Proposition‹ heißt: sofortige Rückkehr nach Livland. Schlosser setzt auch einen dementsprechenden Brief an den Vater auf, worin der Sohn für alles um Verzeihung bittet, und zwingt Lenz, darunter zu schreiben: ›Vater! ich habe gesündigt im Himmel u. vor Dir u. bin fort nicht wert, daß ich Dein Kind heiße.‹ Das ist das Äußerste.

Wiederum, wie bei Oberlin, Anfälle. Schlosser läßt ihn in Ketten ans Bett fesseln. Heilungsversuche. Klinger kommt, schert Lenz die Haare vom Kopf, zieht ihn nackend aus, wirft ihn (Anfang März!) in das Wasser des hinter dem Haus fließenden Baches. – Mitte März vorübergehende Besserung. Daraufhin erneutes In-ihn-Dringen: ›… nichts als seine Heimreise kann ihn wieder zurecht bringen‹, Schlosser am 28. März 1778. Danach nochmals Anfälle. Heftiger, länger andauernd. Wochen, Monate geht das so.

›Seine Krankheit‹, schreibt Pfeffel nach einem Besuch bei Lenz, ›äußert sich durch eine beständige Schreibsucht; er hat uns aber seine Papiere nicht gewiesen, ungeachtet ich zweimal Begierde danach äußerte … Sein Wärter sagte uns auch, er habe in der Nacht mit ihm ringen müssen, weil er nicht leiden wollte, daß man zur Beförderung seines Schlafes ihm sein Schreibzeug wegnehme.‹ Schreiben ist für Lenz vielleicht die einzig ihm verbliebene Möglichkeit gewesen, die innere Qual zu bezwingen, die würgenden Phantasmagorien loszuwerden. Und das nun gewaltsam unterbunden.

Verrückt geworden sei der Dichter Lenz, heißt es in Deutschland. Georg Christoph Lichtenberg verbreitet von Göttingen aus das Gerücht, Lenz säße ›jetzt zu Frankfurt im Tollhaus‹. So am 8. Oktober 1778 an einen Freund.

Lenz ist nicht im Irrenhaus. Schlosser hat zwar Anfang April 1778 mit dem Gedanken gespielt, am achten schreibt er nach Straßburg: ›Wir sind nun entschlossen, ihn ins Frankfurter Tollhaus zu bringen.‹ Aber er tut es nicht und rettet Lenz damit vielleicht das Leben. Fast ein ganzes Jahr noch kümmert sich Schlosser um Lenz, bringt ihn, von den bei Freunden gesammelten Geldern (Goethes Mutter beteiligt sich initiativreich daran), bei einem Schuhmacher in Emmendingen, dann bei einem Förster in Wiswyl und schließlich von Januar bis zum Sommer 1779 bei einem Arzt in Hertingen unter.

Aus dieser Zeit haben wir wenig Dokumente, die Monate in Hertingen liegen völlig im dunkeln. Kein einziger Brief von ihm, keiner an ihn existiert. Was er geschrieben, gedichtet hat in der Zeit seiner Krankheit, kennt niemand.

Im Sommer 1779 kommt Lenzens in Jena studierender jüngerer Bruder Karl nach Hertingen, um ihn – auf Drängen Schlossers – nach Livland zum Vater zurückzubringen. Das Reisegeld hat ihm Goethe in Weimar überreicht. Er habe sich auf der ›Promenade‹ im Stern in einem ›liebreichen Gedenken an Jakob Lenz‹ geäußert, schreibt der Bruder später, ›selbst seine Schwächen berührte er mit vieler Delikatesse. Seine nachmaligen Äußerungen erscheinen freilich nicht konsequent‹. Karl Lenz sucht auch Wieland auf, der ›beißende Urteile‹ über Jakob abgibt, und Herder sowie seine Frau, die an des Dichters Schicksal ›größte Teilnahme‹ bekunden.

In Hertingen findet Karl den Bruder ›in Apathie und Erstarrung‹, unfähig zu sprechen, in ›tiefster Melancholie immer geradeaus starrend‹.

Von der Schweizer Grenze wandern die Brüder im Hochsommer quer durch Deutschland der Ostsee entgegen. Die Reise tut Lenz gut. Seine Sprache kehrt wieder, er sucht Kontakt zu den einfachen Menschen. Sogar bei strömendem Regen wandern sie. ›Dies Leben ... schien sein wahres Element zu sein‹, erinnert sich der Bruder, keine ›Unpäßlichkeit‹ focht ihn an, ›vielmehr brachten alle Strapazen und Fatiguen den Kranken wieder auf die Beine‹. In Lübeck angekommen, nimmt Doktor Curtius die Brüder auf, verschafft ihnen die ›angenehmste Aufheiterung‹, und bewirkte solchergestalt ohne alle andere, als diese geistige Arznei, bei unserem in Gesellschaften noch immer schüchternen Jakob Lenz ein halbes Wunder, indem Letzterer ... von Tag zu Tag immer aufgeräumter und gesprächiger wurde‹.

In Travemünde besteigen die Brüder dann ein Schiff, das sie nach Riga bringen wird. ›Das große Schauspiel von Himmel und Wasser, von Auf- und Niedergang der Sonne‹, schreibt Karl, ›fesselten‹ Jakob Lenz ›die mehrste Zeit auf dem Verdeck‹.

Am 23. Juli 1779 läuft das Schiff in die Rigaer Bucht ein.

Livland – das Vaterland. ›Mein Glück in meinem Vaterlande ist verdorben, weil es bekannt ist, daß ich Komödien geschrieben‹, hatte Lenz schon in Straßburg notiert. Fürwahr, es ist so! Goethe mit seiner ›neuen freien Sprache‹ habe ihn ›verdorben‹, die ›Hedersche und Klopstocksche Sekte‹ ihm Sitten und Tugend genommen, ihn zu anstößigen Komödien verleitet‹, meinen Vater und Brüder. Hinzu kommt die überstandene Krankheit. Die Vorurteile gegen ihn sind mächtig. Das Kainsmal der doppelten Narrheit.

Zwei Jahre, vom Sommer 1779 bis zum Sommer 1781, wird Lenz durch Livland irren, nirgends Halt, nirgends Ruhe finden. Für einige Wochen Hauslehrer auf einem Gut bei Dorpat, ansonsten keine Stelle, keine feste Unterkunft. Ein ›Landläufer‹, ein Umhergetriebener.

Der Vater ist zu einem Zeitpunkt, da Katharinas Politik immer starrer und reaktionärer wird – der Pugatschow-Aufstand war im Jahr 1775 –, zum ersten Mann der Kirche Livlands avanciert, Superintendent in Riga, mit 2000 Albertstalern Gehalt im Jahr, einem Gut, einem geräumigen Wohnhaus hinter der Predigerkirche. Jakob Lenzens Brüder und die Männer der Schwestern haben alle gutdotierte Stellen, wohnen in geräumigen Pfarr- oder Amtswohnungen.

Wäre da nicht Platz für den sich in seine Bücher, seine Manuskripte vergrabenden Lenz? Jakobs körperlicher Zustand muß sich verschlimmern unter den äußeren Umständen, unter denen er jahrelang lebt. Dabei versucht er verzweifelt, sich ›anzupassen‹, sich in eine ›Lücke hineinstoßen‹, wie die andern Räder ... treiben zu lassen, eine ›vorzüglich künstliche kleine Maschine‹ zu werden, eine ›Biographie‹ also zu haben, gegen die aufzubegehren er einst angetreten war.

Vater und Brüder, überlegen durch ihre borniete Scheintüchtigkeit, wollen Jakob ihre Normen aufzwingen, bis er, ein ›furchtsam hingekrümmter Wurm‹, seine Nichtigkeit beteuert. All sein künstlerisches Werk sei ein Nichts. Vater und Brüder, nicht er, schreibt er demütig, werden Livlands Namen Ehre machen. Die Predigten des Bruders vermittelt Lenz an einen Leipziger Verleger. Das Leben des Vaters will er für eine Weltgeschichte bedeutender Männer beschreiben.

Aber auch literarisch versucht sich Lenz anzupassen. ›Ein Ball anderer zu sein, ... ist eine ewige Sklaverei‹, hatte er 1771 geschrieben. Jetzt erklärt er, ›der erste Grundsatz der Erziehung sei die Anerkennung einer Macht über uns‹. Er schreibt eine schwülstige Ode an Katharina und das Haus Romanow. Er publiziert 1782 in einer Mitauer Zeitschrift, deren ständiger Mitarbeiter er fast drei Jahre ist, zwei neue Stücke: ›Die Sizilianische Vesper. Ein historisches Gemälde‹ und ›Myrsa Polagi oder die Irrgärten‹, ein Lustspiel. Beide sind schwach. Ob Lenz überhaupt der Verfasser sei, darum wurde vor allem bei dem letzten Stück gestritten. Er ist es sicher, nur ist es ein kaum wiederzuerkennender, dem Publikumsgeschmack sich beugender Lenz.

Man treibt ihn soweit, daß er sogar Hand an sein Frühwerk legen will, eine ›verbesserte Ausgabe‹ von ›fünf‹ seiner ›Jugendstücke‹ plant.

Er wird es nicht tun, wird sein Werk nicht zerstören.

Im Gegenteil, er wagt sogar Widerspruch. Interessant ist unter diesem Aspekt das im Januar 1781 in Mitau publizierte Prosafragment ›Etwas über Philotas Charakter‹. Lenz erzählt die Geschichte eines schwermütigen jungen Mannes, der an dieser Schwermut, einer Geisteskrankheit, wie die Leute meinen, stirbt. Lenz widerlegt dieses oberflächliche Urteil. ›... – sollte die Begierde, die alles das hervorbringt was höhere Glückseligkeit des Lebens machen kann, verdienen, daß man sich mit bärtigen Zensoren herumstelle, und des wütenden Kreuzige; zum andernmal riefe? – ... Und würde – ohne diese Begierde – die Welt sich nicht bald in ein Pfärrich – oder lieber in einen Kohlgarten verwandelt haben – wo sich so fein gemächlich vegetieren läßt.‹

Die Verteidigung von Jakobs Leben und seiner Kunst spüren wir dahinter. Aber Vater und Brüder verstehen ihn nicht, wollen ihn nicht verstehen.

›... mehr als tödliche Wunden‹ habe das ›unbegreiflich traurige Schicksal dieses Lieblings‹ unter seinen Söhnen seinem ›Vaterherzen‹ geschlagen, schrieb Jakobs Vater, als dieser noch in der Schweiz weilte. Würde seine Krankheit nicht geheilt, sei es besser, er stürbe. Wie ›willig, obgleich unter tausend Vatertränen‹ wolle er ›diesen Isaak‹ Gott ›hinopfern‹.

Er opfert ihn in der Tat, da er ihm keine Unterstützung gibt. Nicht einmal ein Empfehlungsschreiben gibt er ihm mit nach Sankt Petersburg, wo Lenz während seiner Livlandzeit mehrere Male sich verzweifelt bemüht, am Hofe Katharinas eine Stellung zu erhalten. Vergebliche Bittgänge, endlose Demütigung. Er scheitert, weil er ohne Beziehungen, ohne Gönner ist. Wie wichtig die am Zarenhofe sind, macht der zeitgleiche Aufstieg zweier deutscher Dramatiker, der Maximilian Klingers und der August Kotzebues, deutlich. Sie beide haben Fürsprecher, Gewährsmänner in wichtigen Positionen bei Hofe.

Lenz aber geht leer aus. ›Man rät mir hier von allen Seiten nach Moskau‹ zu gehen, schreibt er im Juni 1781 an den Vater aus Sankt Petersburg.

Im Hochsommer des gleichen Jahres macht sich Lenz auf die Reise nach Moskau.

Dreißig Jahre alt ist Jakob Lenz, als er in Moskau ankommt. Mit einundvierzig wird er sterben. Elf Jahre lebt er in der Stadt, die längste Zeit, die er je in seinem Leben am gleichen Ort verbringt. Vaterland nennt er Rußland fortan, der Fremde, mit einer verzweifelten, anhänglichen Liebe. Rußland – das ist Moskau für ihn.

Seine Krankheit wird nicht geheilt. Die Bedingungen von Lenzens Leben sind nie so, daß dies geschehen könnte. Aber die Krankheit kommt offenbar für lange zum Stillstand, über Jahre wohl, vor allem in der ersten Moskauer Zeit. Dann erneute Ausbrüche. Wieder Besserung. Schließlich in den letzten drei Jahren, von 1789 bis 1792, ein ständiges Quälen. Ein Dokument vom 20. April 1789, Karamsin in einem Brief nach der Schweiz an Lavater: ›Lenz befindet sich nicht wohl. Er ist verwirrt. Sie würden ihn gewiß nicht erkannt haben, wenn Sie ihn jetzt sähen. Er wohnt in Moskau, ohne zu wissen, warum. Alles was er zuweilen schreibt, zeigt an, daß er jemals viel Genie gehabt hat, jetzt aber ...‹ Mitten im Satz bricht Karamsin ab.

Die Moskauer Jahre Lenzens sind überschattet von seiner Krankheit. Die verbreitete Auffassung aber, er habe diese elf Jahre in geistiger Umnachtung dahingedämmert, ist unhaltbar. Dagegen spricht eindeutig Lenzens vielseitige und unermüdliche Tätigkeit in Moskau als Lehrer, als Schriftsteller, als Übersetzer, als Reformer und Mitglied eines fortschrittlichen Vereins. Eine enorme Kraft muß dazu gehört haben, unter seinen Bedingungen das zu leisten.

Und Lenz bleibt – mit allen sich daraus ergebenden Widersprüchen – den Ideen, mit denen er angetreten war, bis ans Ende treu.

Dabei muß man sich vor Augen führen, daß seine schwierige soziale Lage lebenslang anhält. Ein Außenseiter bleibt er bis zuletzt. Und dazu kommen noch fremde Sprache, fremde Kultur und Sitte im selbstgewählten Exil. Niemals eine feste Bleibe. Wechselnde Wohnungen, von Freunden beschafft, im Hause des bekannten Historikers Gerhard Friedrich Müller die ersten drei Jahre, später in verschiedenen Häusern Nowikows, ein Jahr lang zusammen mit Karamsin und Petrow in jenem Haus unweit der Menschikow-Kirche, in der Mansarde oben die beiden, links im Eckzimmer darunter Lenz. Dann bei Engalytschew. Im Sommer meist wohl monatelanges Umherziehen in der Umgebung Moskaus, von einem Landhaus zum anderen. Ein ›Landläufer‹ eben. Ohne Geld, ohne festes Einkommen.

Einen Berufsabschluß wird er nie erlangen, er bleibt ein ewiger Student. Schon deshalb erhält er in Moskau keine Anstellung auf Dauer. Wie in Deutschland und in der Schweiz auch hier Befremden – selbst der Freunde darüber. Als Nichtstun wird das ausgelegt und auf seinen Namen ›Lenz‹ bezogen. Mit Linz oder Lunz unterschreibt der Unglückliche da manchmal, wie er selbst in einem Brief mitteilt. Лентяй ist das russische Wort für Faulpelz.

Als Lehrer arbeitet Lenz fast fünf Jahre in Moskau. Als Hauslehrer in reichen russischen Adelshäusern zunächst, vermittelt durch Müller. Wie demütigend muß für Lenz die Rückkehr zum Hofmeisterdasein gewesen sein. Und ein notdürftiger Unterhalt trotz allem nur. Nach dem Tode Müllers unterrichtet Lenz an öffentlichen Schulanstalten, wohl am Kaiserlichen Gymnasium und an der Zöglingsanstalt der Madame Exter. Ständig beschäftigen ihn Reformpläne für das Schulwesen, viele handschriftliche Notizen hat er dazu gemacht. Er will bessere Lehrbücher, weniger Despotismus den Schülern gegenüber und mehr Bildung für das Volk. ›Plan zu einer Subskription für die

Erziehung der Landleute in den Dörfern des Falkenwaldes und Troitzschen Klosters durch Lehrer aus Seminarien‹ heißt ein elfseitiger Entwurf Lenzens, von dem wir nur die Überschrift kennen. Da die Örtlichkeiten nahe Moskaus genau bekannt sind, mag es sein, daß Lenz den Plan mit anderen zusammen ausgeführt hat. Mag auch sein, er hat mit diesem wie mit anderen nur Entmutigungen erlebt.

Seine Hoffnungen jedenfalls auf ›irgendeine Art *fixer* Existenz in dieser Mütterlichen Stadt‹ – in einem Brief vom 19. November 1785 an den Vater ausgedrückt (›Vielleicht bin ich so glücklich, da die hiesige kais. Universität sich unserer Anstalt mit besonderem Eifer annimmt, wenigstens dem Namen nach nur einige Ansprüche auf eine Art von Bürgerrecht bei derselben zu erhalten.‹) – erfüllen sich nicht. Immer seltener ist dann von seiner Tätigkeit als Lehrer die Rede. Schließlich gar nicht mehr. Lenz wendet sich dem Übersetzen zu.

1787 erscheint seine Übertragung von Sergej Pleschtschejews ›Übersicht des Russischen Reiches nach seiner gegenwärtigen neueingerichteten Verfassung‹, verlegt bei dem Moskauer Universitätsbuchhändler Rüdiger. Dann beginnt Lenz die Übersetzung von Michael Tschulkows von 1781 bis 1788 in sieben Teilen und einundzwanzig Bänden erscheinender ›Historischer Beschreibung des russischen Handels‹. Er wird sie nicht zu Ende bringen. Und Geld ist auch damit kaum zu verdienen.

Mit dem Nationalcharakter, der Poesie und Geschichte der Russen beschäftigt sich Lenz in seiner Moskauer Zeit.

Er will zwischen der russischen und deutschen Literatur vermitteln, schreibt über Cheraskow, den Karamsin den ›besten russischen Dichter‹ nennt, übersetzt fünf Gesänge der ›Rossiade‹, schickt sie zur Veröffentlichung nach Deutschland. Sie gehen verloren. Dem Rigaer Verleger Hartknoch teilt Lenz 1787 mit, daß Cheraskow und andere ihn ermuntert haben, eine Anthologie neuer russischer Literatur für Deutschland herauszugeben. Diesen Plan verfolgt Lenz über längere Zeit. Noch 1791 wird in einem Brief Karamsins an Wieland davon die Rede sein; Lenz sei der richtige Mann dafür, meint Karamsin.

Auch Dramen gehen in Lenzens Kopf umher. Eines behandelt den schon immer in Rußland politisch brisanten, aber nach der Niederschlagung des Pugatschow-Aufstandes 1775 besonders gefährlichen Stoff des falschen Zaren. Ob das Stück verlorengegangen oder Fragment geblieben ist, bleibt ungeklärt. Eine einzige Szene ist überliefert.

Sicher gab es mehr, auch zu anderen Themen; Fragmentarisches, geschrieben, entworfen, teilweise ausgeführt. Verbrannt hat Lenz viele Papiere Ende der achtziger Jahre; verbrannt und vernichtet haben auch andere Handschriftliches von ihm.

In Deutschland wird Lenzens Drama ›Der Hofmeister oder Vorteile der Privaterziehung‹ zwischen 1780 und 1791 elfmal am Mannheimer Theater gespielt. Ansonsten ist es ruhig um ihn. Kein Verleger fordert ihm etwas ab, er ist vergessen.

In Rußland hat Lenz keine Chance, übersetzt und aufgeführt zu werden. Zwar kennt er wichtige Übersetzer, berät sie auch. Ein Interesse an der jungen deutschen Literatur in Rußland ist vorhanden: Goethes ›Werther‹ erscheint 1781 auf russisch, Wieland wird übersetzt, am Petersburger und Moskauer Theater spielt man zunehmend deutsche Stücke. Aber der Favorit heißt August Kotzebue. Die Welle des Sentimentalismus trägt ihn nach oben. Die Kassen der Theater füllen sich, die Tränen fließen. Kotzebues Eroberungsfeldzug auf dem russischen Theater ist nicht zuletzt das Werk von Lenzens engstem Moskauer Freund, dem jungen Dichter Karamsin. Vielleicht ist Lenz dabei, als am 23. April 1791 im Medoks-Theater Kotzebues ›Menschenhaß und Reue‹ Premiere hat. Das Haus ist brechend voll. In einer überschwenglichen Rezension schreibt Karamsin darüber: ›In den Logen und im Parterre sah ich die Tränen laufen: das schmeichelhafteste Lob, dessen sich der Verfasser des Dramas rühmen kann!‹ Wie mag Lenz zumute gewesen sein, als er das gesehen, gelesen hat.

Lenzens plebejische, gegen Einfühlung gerichtete Stücke, die vom Schicksal einfacher Soldaten, Bürgermädchen, von kleinen Hofmeistern und heruntergekommenen Adligen berichten – in tragikomischer, zerrissener Weltsicht –, bleiben Karamsin völlig fern. Er wird Goethe, Lessing, Klinger und selbst den Weimarer Verleger Bertuch mit dessen Trauerspiel ›Elfriede‹ bewundern. Vom *Dramatiker* Lenz kein einziges Wort. Das muß eine große Bitternis für Lenz gewesen sein.

Wie ihm auf der anderen Seite die Zuwendung des um fünfzehn Jahre jüngeren russischen Dichters gut getan hat, ja vielleicht die beglückendste Freundschaft seiner Moskauer Exiljahre überhaupt war. Über sieben Jahre währt die Freundschaft, eine Zeitlang sehen sie sich täglich, wohnen im gleichen Haus. Lenz hat Karamsins Persönlichkeit entscheidend geprägt und beeinflußt. Für ihn kehrt er noch einmal zu seinen Anfängen zurück: Natur, Genie, tragische Charaktere, – die kühnen Aufbruchsgedanken seiner ›Anmerkungen übers Theater‹ vermittelt er ihm, öffnet ihm die Augen für Shakespeare, bereitet ihn gedanklich auf die Westeuropareise vor.

Er, Lenz, wird Westeuropa nicht wiedersehen, so sehr er sich auch danach sehnt. Aus dem kalten Petersburg wird er ins Elsaß nach Sesenheim schreiben an die von ihm einst so geliebte Friederike Brion, wird den Tanz mit ihr auf den Rheininseln als die schönste Zeit seines Lebens bezeichnen. Und in Moskau schreibt er noch kurz vor seinem Tode in einem Brief: ›Ach wäre doch die Moskwa der Rhein.‹ Nicht einmal nach Livland wird er reisen können, obwohl er das immer möchte. Vater und Brüder verhindern es. Nicht nur seine Krankheit und sein Dichten sind der Grund. Hinzu kommt Lenzens politische Haltung. Seine Verteidigung Rußlands und seiner Kultur. Seine Zugehörigkeit zu dem Moskauer Aufklärer- und Freimaurerkreis um Nowikow, dem fortschrittlichsten in Rußland überhaupt. ›Geheimnisse der Freimäurerei‹ sehen Vater und Brüder in all seinem Tun und verurteilen es scharf.

Um Nowikow bildet sich in Moskau in Opposition zu Katharina und dem Petersburger Hof in den achtziger Jahren ein Zentrum progressiven Denkens und Handelns. Nowikow leitet eine vielseitig tätige Gruppe. 1779 pachtet er für zehn Jahre die Moskauer Universitätsdruckereien, stellt weitere Druckpressen in seinem Haus in der Lubjanka und in dem in der Nikolskaja auf, gründet die ›Typographische Gesellschaft‹. Eine rege Übersetzertätigkeit beginnt, auch Zeitungen und Zeitschriften werden herausgegeben. Und Arbeit auf sozialpolitischem Gebiet: Apotheken, Krankenhäuser, Schulen werden gebaut. Im Hungerjahr 1782 verteilen Nowikow und seine Freunde Getreide unter die Bevölkerung. In ihrer ›Gelehrten Gesellschaft der Freunde‹ finden Dispute statt, Vorträge werden gehalten. An dieser Tätigkeit nimmt Lenz über viele Jahre produktiv teil, hält selbst Vorträge, macht viele Vorschläge, ist mit den führenden Freimaurern, mit Nowikow, Kutusow, Trubetzkoi und anderen befreundet, wohnt, wie gesagt, über lange Zeit in Nowikows Haus.

Nach Westeuropa richtet sich ihrer aller Blick. Und als einer aus ihrem Kreis, der junge Karamsin, im Mai 1789 dorthin aufbricht, weiß er noch nicht, was ihn erwartet. Schon wenig später schreibt er an seinen und Lenzens Freund Pleschtschejew nach Moskau: ›Das ganze Elsaß ist unruhig. Ganze Dörfer bewaffnen sich, und die Bauern nähen die Nationalkokarde an ihre Mütze. Die Postmeister, die Postillione, die Weiber – alles spricht von der Revolution.‹

Die Französische Revolution. Im fernen Moskau fallen die Schatten der großen Revolution auch auf Jakob Lenzens letzte Lebensjahre, er bewegt sich darin in Wirrnis und Klarheit.

›Sansculottisch‹ seien ihre frühen Ideen als Stürmer und Dränger gewesen, meint Goethe, eine ›literarische Revolution‹ hätten sie heraufbeschworen. Wo sind die Freunde nun, als die wirkliche Revolution beginnt, Herder und Klinger, Schlosser, Merck, Goethe – und Schubart und Bürger, die die Jungen einst so begeistert begrüßten?

Schubart hat nach der Abbüßung seiner zehnjährigen Festungshaft nicht mehr lange zu leben, im Oktober 1791 stirbt er. Bürger stirbt drei Jahre später, verarmt und geächtet in seiner Vaterstadt Göttingen. Beide sind für die Revolution in Frankreich eingetreten. Auch Herder in Weimar tut das; schon in den achtziger Jahren hat er scharf und klar wie nie polemisiert, so daß Goethe viel Mühe hat, ihn zu bewegen, ›solche Formen und Hüllen zu wählen, welche die Veröffentlichung nicht von vornherein unmöglich machten‹. Maximilian Klinger lebt wie Lenz im russischen Exil. Obwohl er von Jahr zu Jahr Pläne macht, nach Deutschland zurückzukehren, bleibt er ein hoher Beamter am Zarenhof in Petersburg, lebt ständig in der Angst, als Jakobiner zu gelten und in Ungnade zu fallen. Johann Heinrich Merck ist einer der frühen Freunde Lenzens, der die Vorgänge mit eigenen Augen sieht. Anfang 1791 fährt er nach Paris. Der Maler David führt ihn in den Jakobinerklub ein. Merck wird Mitglied. Wieder nach Deutschland zurückgekehrt, hat er den Auftrag, für die Ideen der Jakobiner zu wirken. Er sieht sich in Darmstadt dazu außerstande. Als die Gesellschaft, in der er zu existieren gezwungen ist, zum Krieg gegen das revolutionäre Frankreich rüstet, setzt Merck am 27. Juni 1791 seinem Leben ein Ende. ›Grillenkrank‹ nennt ihn Goethe, auf des Freundes lebenslange Depressionen anspielend.

Goethe nimmt an der Seite Karl Augusts am Feldzug der reaktionären Mächte gegen das Land der Revolution teil, erlebt die Schlacht von Valmy; ›von hier und heute geht eine neue Epoche der Weltgeschichte aus‹, sagt er da. Wenig später gehört er zu den Besetzern des jakobinischen Mainz. Das kühne Experiment wird endgültig zerschlagen, die revolutionäre Stadt sinkt in Schutt und Asche. Georg Forster ist da schon in Paris, geht, wie er über einen anderen sagt, den ›Weg alles revolutionären Fleisches‹, 1793 stirbt er einsam in Paris. Die deutschen Freunde haben sich von ihm ausnahmslos losgesagt, auch Lenzens einstiger Freund Georg Schlosser, bei dem – wie bei so vielen – die anfängliche Begeisterung für die Französische Revolution in Resignation und Rückzug umschlägt.

Lenz lebt fernab von den Ereignissen, in Moskau, in Rußland. Er lese ›kaum Zeitung‹, und wenn, ›nie ganz‹, schreibt er. Aus der Zeitung, die voll von haßerfüllten Entstellungen aus der Feder französischer Emigranten ist, kann er sich sowieso kein Bild machen.

Seine russischen Freunde reagieren sensibel und produktiv auf die Vorgänge in Frankreich. Alexander Radistschew beendet sein Buch ›Reise von Petersburg nach Moskau‹, eine scharfsichtige, anklagende Analyse der russischen Leibeigenschaft. Er deutet die Zukunft als soziales Gericht, als einen alles verschlingenden neuen Pugatschow-Aufstand. Eine ›Sturm-Glocke der Revolution‹ nennt die Präsidentin der Russischen Akademie der Wissenschaften, die Fürstin Daschkowa, empört das Buch. Die Zarin Katharina sagt, die Schrift verbreite ›die französische Pest der Auflehnung gegen die Obrigkeit‹, Radistschew sei ein ›Staatsfeind‹, ›schlimmer als Pugatschow‹, und verurteilt den Schriftsteller für sein Buch zum Tode; wandelt das Urteil dann in lebenslange Verbannung um.

Kutusow ist Radistschews Buch gewidmet, dem engen Vertrauten des Moskauer Kreises um Nowikow. Die Moskauer deuten das brutale Vorgehen Katharinas als Vorboten eigener Verfolgung. Und mit Recht!

Das zweite Exempel, das die Zarin statuiert, ist gegen Nowikow und seinen gesamten Kreis gerichtet. Anfang 1792 wird Nowikow auf seinem Landgut Awdotschino gefangengenommen, seine Häuser in Moskau werden von der Geheimpolizei umstellt, alles wird durchsucht und beschlagnahmt. Nowikow wird in der Schlüsselburg eingekerkert und ohne Anklage und Gerichtsverfahren zu einer fünfzehnjährigen Festungshaft verurteilt. Eine radikale Polizeiaktion gegen alle Moskauer Freimaurer beginnt zugleich mit der Verhaftung Nowikows.

›Man verfolgt mich. … Ich winde mich als ein Wurm im Staube und flehe um Erlösung‹, schreibt Lenz 1790. Das ist die Grundstimmung seiner letzten Lebensjahre, die seine Sterbensjahre sind.

›Ich leide unausstehlich lieber Bruder! ich leide – und darf nicht heraussagen, von welcher Seite her.‹

Das Klima der Angst und Depression, gipfelnd im Urteil der Zarin gegen Radistschew und Nowikow, beherrscht alle seit Jahren. Ursachen für Ängste und Verfolgungsgedanken liegen in der Wirklichkeit selbst. Man braucht nicht krank zu sein, um neben sich Feinde zu wähnen.

Lenz aber ist krank, und in den letzten Jahren verschlimmert sich sein Zustand. 1791 ist von ›monatelang dauernder Krankheit‹ die Rede. ›Aufgestanden aus den Armen des Todes‹, heißt es 1790/91, von ›ziemlich ernsthafter Krankheit‹, von ›heftigen

Schmerzen‹ schreibt Jakob um die Jahreswende 1792, und im Januar dann, er sei dem ›Tode bisweilen nahe‹.

Den Briefen Lenzens nach muß die Krankheit in diesen letzten Jahren begleitet gewesen sein von Phasen geistiger Verwirrung, völliger Ablösung von der Wirklichkeit. Wahrscheinlich, wie vor zwölf Jahren am Beginn der Krankheit im Elsaß, und nun immer häufiger ist eine folternde Leere in ihm und eine unablässige Sucht, sie auszufüllen.

Lenzens Projektemacherei, die zuletzt manische Formen annimmt, steht unter diesem Zeichen. Die einzig ihm verbliebene Form einer Klammerung an die Welt ist es; eine Art trauriger Travestie seiner in Straßburg verkündeten Idee, ›daß handeln, handeln die Seele der Welt sei …‹.

Lenz entwirft Bittschriften, Briefe, macht unzählige Reformvorschläge. Die Absonderlichkeit liegt nicht in den Inhalten (alle Pläne haben einen ganz realen Hintergrund), sondern in dem immer grotesker werdenden Verhältnis zwischen Vorschlag und möglicher Verwirklichung.

So will Jakob zum Beispiel im Revolutionsjahr 1789 die 12000 Pud wiegende Kremlglocke einschmelzen. ›Wir haben eine unnütze Glocke‹, schreibt er dem Grafen Anhalt, dem Verantwortlichen für das gesamte Erziehungswesen Rußlands. Die ›Gnade‹ der ›huldreichen Monarchin‹ solle gestatten, das Metall dieser Glocke in eine ›stehende Presse‹ zu verwandeln für Nowikow. Das Symbol der Zarenmacht umgewandelt in Lettern, damit der von Katharina gehaßte Volksaufklärer seine Tätigkeit verdoppeln könne. Wir kennen die politischen Verhältnisse, in die hinein Lenzens Vorschlag trifft.

Noch als die ›Typographische Gesellschaft‹ längst verboten ist, als sogar infolge der revolutionären Ereignisse in Frankreich vielerorts in Rußland französische Hauslehrer durch deutsche ersetzt werden, als die Einfuhr sämtlicher französischer, ja aller westeuropäischer Literatur verboten ist, als zum Beispiel Bacmeister, ohne die wahren Gründe nennen zu dürfen, sein international angesehenes Unternehmen der ›Russischen Bibliothek‹ einstellen muß, weil jegliche Tätigkeit auf diesem Gebiet als staatsgefährdend angesehen wird, – will Lenz eine französische Zeitung gründen.

Er scheint von allem nichts zu wissen, ist ein Naiver, ein Narr, schreibt, was er denkt. Ist arglos, offen, geschwätzig zu jedermann, kennt weder Vorsicht noch das Maß an Zurückhaltung in diesen politisch brisanten Zeiten. Er kann damit seinen Freunden gefährlich werden.

Lenz gerät möglicherweise in eine doppelte Isolierung. Freunde ziehen sich unter Vorwänden zurück. Als Geringschätzung, als Hohn mag Lenz das empfinden, zumal er durch Krankheit und Lebenslage äußerst verletzbar und mißtrauisch gewesen sein muß. Jerczembski, ein Moskauer, schreibt 1792: ›Von allen verkannt, gegen Mangel und Dürftigkeit kämpfend, entfernt von allem, was ihm teuer war, verlor er doch nicht das Gefühl seines Wertes; sein Stolz wurde durch unzählige Demütigungen noch mehr gereizt und artete endlich in jenem Trotz aus, der gewöhnlich der Gefährte der edlen Armut ist. Er lebte von Almosen, aber er nahm nicht von jedem Wohltaten an und wurde beleidigt, wenn man ihm unaufgefordert Geld oder Unterstützung anbot, da doch seine Gestalt und sein ganzes Äußeres die dringlichste Aufforderung zur Wohltätigkeit waren.‹

Sollte Lenz noch bis zuletzt in Nowikows Haus an der Lubjanka gewohnt haben, so findet er am 22. April 1792 das Haus des Morgens von bewaffneten Soldaten umstellt und besetzt.

Von einem Tag auf den anderen ist er obdachlos.

Alle seine Freunde sind Freimaurer, die jetzt in Angst und Bedrängnis leben. Wer also wird ihn aufnehmen?

Lebt Lenz aber im Haus eines anderen, dann ganz sicher bei einem Freimaurer. Auch in dem Fall ist er gefährdet, sein Verwirrtsein kann andere gefährden.

Einige Wochen nach dem Beginn der Polizeiaktion gegen die Moskauer Freimaurer stirbt Jakob Michael Reinhold Lenz. Auf einer nächtlichen einsamen Straße oder Gasse Moskaus, wie überliefert ist, in der Nacht vom 23. zum 24. Mai 1792. Wo er beerdigt wird, ist unbekannt. Sein Werk ist in Deutschland bereits vergessen. ›Er starb von wenigen betrauert, von keinem vermißt‹, in ›nutzloser Geschäftigkeit‹ habe er dahingelebt, wird es in einem zeitgenössischen Nachruf in der ›Jenaischen Allgemeinen Literaturzeitung‹ heißen.

Lenz hat sein Schicksal vorausgeahnt, als er 1775 an Herder sein Drama ›Die Soldaten‹ schickte und schrieb: ›Es ist wahr und wird bleiben, mögen auch Jahrhunderte über meinen armen armen Schädel verachtungsvoll fortschreiten.‹

Schloß Kochberg, den 29. April 1985

Sigrid Damm

ANHANG

ZUR TEXTGESTALT DIESES BANDES

Der dritte Band enthält die Lyrik sowie Briefe von und an Lenz. Die Selbstzeugnisse des Dichters, zu denen in einem weiteren Sinne auch seine Gedichte gehören, möglichst authentisch darzubieten ist Anliegen der vorliegenden Ausgabe. Deshalb wurden bei jenen Texten, wo die Handschriften auffindbar waren, diese als Textgrundlage gewählt und getreu übernommen. Das trifft nur für ein Drittel der vorgelegten Gedichte zu; überwiegend liegen Erstdrucke oder kritische Neudrucke zugrunde, weil die Handschriften teils verschollen sind. Die Anmerkungen verzeichnen den mitunter schwierig zu überblickenden Gang der druckgeschichtlichen Überlieferung, indem Angaben zu Erst- und Zweitdrucken der jeweils zuerst genannten Textgrundlage folgen.
Eine umfassende Ausgabe der Briefe Lenzens erschien 1918. Seit dieser im Kurt Wolff Verlag, Leipzig veranstalteten zweibändigen Edition der ›Briefe von und an J. M. R. Lenz. Gesammelt und herausgegeben von Karl Freye und Wolfgang Stammler‹ hat es keine Briefedition des Dichters mehr gegeben. Den nahezu vergessenen Briefschreiber Lenz in seinen weitverzweigten Kontakten zu literarischen Zeitgenossen wiederzuentdecken ist Ziel der vorliegenden Ausgabe. Sie folgt dem von Freye und Stammler auf der Grundlage der Originalbriefe edierten Corpus, wobei sowohl erhalten gebliebene Handschriften als auch die Erstdrucke bzw. Teildrucke zum Vergleich herangezogen wurden. So konnten sämtliche in der Rigaer Fundamentala Biblioteka der Lativijas PSR Zinatnu Akademija und in der Biblioteka Jagiellońska in Kraków aufbewahrten Originale eingesehen werden. (Zur Überlieferungs- und Druckgeschichte einzelner Briefgruppen vgl. weiterhin das 1914 von Karl Freye und Wolfgang Stammler verfaßte Vorwort, a. a. O., Bd. 1, S. V–X.) Zusätzlich aufgenommen wurden die 1966 von Martin Stern veröffentlichten Briefe (vgl. Nr. 237, 240, 241, 258) sowie die 1941 und 1964 erstmals von W. Kurrelmeyer und Elisabeth Genton gedruckten (vgl. Nr. 83a, 279a).

Die ursprüngliche Form der Briefe hinsichtlich Orthographie und Interpunktion blieb weitestgehend erhalten. Vereinheitlicht wurden lediglich die Anredepronomina zu durchgängiger Großschreibung; die Datierung erscheint einheitlich rechts im Briefkopf. Lenzens Art, Postskripte anzufügen, wurde beibehalten. Ergänzende Angaben sind in eckige Klammern eingeschlossen. Wie in Freyes und Stammlers Ausgabe werden die verwirrten Briefe der Moskauer Jahre nicht in vollem Wortlaut wiedergegeben; ausgelassene größere Passagen sind durch eine punktierte Zeile gekennzeichnet, auf kleinere Textverluste hingegen verweisen drei Punkte in eckigen Klammern. Auch Textauslassungen und Ergänzungen bei der Lyrik, teils bedingt durch Beschädigungen der Originale, sind ihrem Umfang entsprechend markiert.

(Zu den übergreifenden Editionsprinzipien, wie Bearbeitung der Erstdrucke, Hervorhebungen, vgl. die Herausgebernotiz ›Zu dieser Ausgabe ...‹ im Anhang zu Bd. 1.)

Den dritten Band beschließt ein kommentiertes Personen- und Werkregister, das – in Anlage und Vollständigkeit von vorhergehenden Editionen der Lenzschen Werke und Briefe unterschieden – biographische wie werkgeschichtliche Daten bereithält.

Herausgeberin und Verlag danken den folgenden Institutionen für die freundliche Genehmigung zum Abdruck der Gedichte nach der Handschrift: der Biblioteka Jagiellońska in Kraków, dem Goethe- und Schillerarchiv Weimar, der Fundamentala Biblioteka in Riga, dem Sarasinschen Familienarchiv Basel, dem Staatsarchiv Weimar, der Staatsbibliothek Stiftung Preußischer Kulturbesitz in Berlin und der Zentralbibliothek Zürich.

Die Übersetzung der französischen und englischen Briefe bzw. Textstellen besorgte Frau Tilly Bergner. Für die Übersetzung lateinischer und griechischer Textstellen ist Herrn Jürgen Jahn zu danken.

ABKÜRZUNGEN

A. f. Lg.: Archiv für Literaturgeschichte, hg. von Richard Gosche, ab Bd. 3 von F. Schnorr von Carolsfeld, Bd. 1–15, Leipzig 1870–1887.

Aus Herders Nachlaß: Aus Herders Nachlaß. Ungedruckte Briefe von Herder und dessen Gattin, Goethe, Schiller, Klopstock, Lenz, Jean Paul, Claudius, Lavater, Jacobi und anderen bedeutenden Zeitgenossen, hg. von Heinrich Düntzer und Ferdinand Gottfried von Herder, 3 Bände, Frankfurt am Main 1856–1857.

Blei: J. M. R. Lenz. Gesammelte Schriften, hg. von Franz Blei, 5 Bände, München und Leipzig 1909–1913.

Buchner: Karl Buchner: Aus dem Verkehr einer deutschen Buchhandlung mit ihren Schriftstellern, Berlin 1873.

Dorer-Egloff: Edward Dorer-Egloff: J. M. R. Lenz und seine Schriften. Nachträge zu der Ausgabe von L. Tieck und ihren Ergänzungen, Baden 1857.

Dramat. Nachlaß: Dramatischer Nachlaß von J. M. R. Lenz. Zum ersten Male hg. und eingeleitet von Karl Weinhold, Frankfurt/Main 1884.

Dumpf, Pandaem. germ.: Pandaemonium germanicum. Eine Skizze von J. M. R. Lenz. Aus dem handschriftlichen Nachlasse des verstorbenen Dichters hg. [von Georg Friedrich Dumpf], Nürnberg 1819.

Düntzer, Frauenbilder: Heinrich Düntzer: Frauenbilder aus Goethes Jugendzeit, Stuttgart und Tübingen 1852.

Erich Schmidt, Lenziana: Erich Schmidt: Lenziana, in: Sitzungsberichte der Königlich Preußischen Akademie der Wissenschaften zu Berlin, Bd. XLI (1901), S. 979–1017.

Euphorion: Euphorion. Zeitschrift für Literaturgeschichte.

Falck, Friederike Brion: Paul Theodor Falck: Friederike Brion von Sesenheim (1752–1813). Eine chronologisch bearbeitete Biographie nach neuem Material aus dem Lenz-Nachlasse, Berlin 1884.

Freye/Stammler: Briefe von und an J. M. R. Lenz. Gesammelt und hg. von Karl Freye und Wolfgang Stammler, 2 Bände, Leipzig 1918.

Froitzheim, Lenz und Goethe: Johannes Froitzheim: Lenz und Goethe. Mit ungedruckten Briefen von Lenz, Herder, Lavater, Röderer, Luise König, Stuttgart 1891.

Froitzheim, Zu Straßburgs Sturm- und Drangperiode: Johannes Froitzheim: Zu Straßburgs Sturm- und Drangperiode 1770–1776. Urkundliche Forschungen, nebst einem ungedruckten Briefwechsel der Straßburgerin Luise König mit Karoline Herder aus dem Herder- und Röderer-Nachlaß, (Beiträge zur Landes- und Volkskunde von Elsaß-Lothringen, 7) Straßburg 1888.

Funck, Goethe und Lavater: Goethe und Lavater. Briefe und Tagebücher, hg. von Heinrich Funck, (Schriften der Goethe-Gesellschaft, 16) Weimar 1901.

Holtei, Dreihundert Briefe: Dreihundert Briefe aus zwei Jahrhunderten, hg. von Karl von Holtei, 2 Bände, Hannover 1872.

Lenz, Soldatenehen: J. M. R. Lenz: Über die Soldatenehen. Nach der Handschrift der Berliner Königlichen Bibliothek zum ersten Male hg. von Karl Freye, Leipzig 1914.

Lewy: Gesammelte Schriften von Jacob Mich. Reinhold Lenz. In vier Bänden, hg. von Ernst Lewy, Berlin 1909.

Rieger: Klinger in der Sturm- und Drangperiode, dargestellt von M. Rieger, Darmstadt 1880.

Rosanow: M. N. Rosanow: J. M. R. Lenz, der Dichter der Sturm- und Drangperiode. Sein Leben und seine Werke. Deutsch von C. von Gütschow, Leipzig 1909.

Sivers: Jegor von Sivers: J. M. R. Lenz. Vier Beiträge zu seiner Biographie und zur Literaturgeschichte, Riga 1879.

Stöber, Der Aktuar Salzmann: Der Aktuar Salzmann, Goethes Freund

und Tischgenosse in Straßburg. Eine Lebens-Skizze, nebst Briefen von Goethe, Lenz, L. Wagner, Michaelis, Hufeland u. a., zwei ungedruckten Briefen von Goethe an Ch. M. Engelhardt und einem Aufsatze über Werther und Lotte, aus Jeremias Meyers literarischem Nachlasse, hg. von August Stöber, Mülhausen 1855.

Stöber, Der Dichter Lenz: Der Dichter Lenz und Friedericke von Sesenheim. Aus Briefen und gleichzeitigen Quellen; nebst Gedichten und anderem von Lenz und Goethe, hg. von August Stöber, Basel 1842.

Stöber, Johann Gottfried Röderer: Johann Gottfried Röderer von Straßburg und seine Freunde. Biographische Mitteilungen nebst Briefen an ihn von Goethe, Kayser, Schlosser, Lavater, Pfenninger, Ewald, Haffner und Blessig, hg. von August Stöber, 2. Aufl., Colmar 1874.

Tieck: Gesammelte Schriften von J. M. R. Lenz, hg. von Ludwig Tieck, 3 Bände, Berlin 1828.

Titel und Haug: Jakob Michael Reinhold Lenz. Werke und Schriften, hg. von Britta Titel und Hellmut Haug, 2 Bände, Stuttgart 1966–1967.

Wagner I: Briefe an Johann Heinrich Merck von Goethe, Herder, Wieland und andern bedeutenden Zeitgenossen. Mit Mercks biographischer Skizze hg. von Karl Wagner, Darmstadt 1835.

Wagner II: Briefe an und von Johann Heinrich Merck. Eine selbständige Folge der im Jahre 1835 erschienenen Briefe an J. H. Merck. Aus den Handschriften hg. von Karl Wagner, Darmstadt 1838.

Waldmann: F. Waldmann: Lenz in Briefen, Zürich 1894.

Weinhold: Gedichte von J. M. R. Lenz. Mit Benutzung des Nachlasses Wendelins von Maltzahn, hg. von Karl Weinhold, Berlin 1891.

Weinhold, Boie: Karl Weinhold: Heinrich Christian Boie. Beitrag zur Geschichte der deutschen Literatur im achtzehnten Jahrhundert, Halle 1868.

Z. f. d. Phil.: Zeitschrift für deutsche Philologie.

Zoeppritz: Aus F. H. Jacobi's Nachlaß. Ungedruckte Briefe von und an Jacobi und andere. Nebst ungedruckten Gedichten von Goethe und Lenz, hg. von Rudolf Zoeppritz, 2 Bände, Leipzig 1869.

Basel: Sarasinsches Familienarchiv Basel.

Berlin: Lenzmanuskripte in der Staatsbibliothek Stiftung Preußischer Kulturbesitz, Handschriftenabteilung, Berlin.

Kraków: Nachlaß von Lenz aus dem Besitz der ehemaligen Preußischen Staatsbibliothek in Berlin, gegenwärtig in der Biblioteka Jagiellońska, Kraków.

Riga: Nachlaß von Lenz in der Handschriftenabteilung der Fundamentala Biblioteka der Lativijas PSR Zinatnu Akademija Riga.

Zürich: Lenz- und Lavaterhandschriften in der Handschriftenabteilung der Zentralbibliothek Zürich.

ANMERKUNGEN ZU DEN GEDICHTEN

NEUJAHRS WUNSCH
AN MEINE HOCHZUEHRENDE ELTERN

Nach der Handschrift in Riga. Erstdruck: Freye/Stammler I, S. 1 f.
Vermutlich zum Neujahr 1763, als Zwölfjähriger, schrieb Lenz dieses
Gedicht. Das Original ist eine äußerst sorgfältige kalligraphische Abschrift. Auf der ersten Seite der insgesamt zwei Foliobogen steht die
Überschrift, eingerahmt von einem selbstgefertigten Aquarell, das einen
von zwei Engeln gehaltenen Kranz darstellt.

    7 *laß ihn Elieser werden ...:* Vgl. Altes Testament, 1. Mose 24: Abraham schickt Elieser in sein Vaterland, seinem Sohn Isaak ein Weib zu nehmen; Elieser hält um Rebecca an und führt sie zu Isaak.

DER VERSÖHNUNGSTOD JESU CHRISTI

Nach dem Druck: Blei I, S. 425 ff.; dort nach dem Erstdruck: Gelehrte
Beyträge zu den Rigischen Anzeigen aufs Jahr 1766, VII. Stück, S. 50 ff.
Handschrift nicht nachweisbar.
Das Gedicht ist die Erstveröffentlichung des fünfzehnjährigen Lenz.
Der Dorpater Pastor und Freund der Familie Lenz, Theodor Oldekop,
gab es heraus und schrieb einführend dazu: ›An den Leser! Ich mache
mit vielem Vergnügen dieses Gedicht bekannt, welches von einem fünfzehnjährigen Jünglinge allhier verfertigt worden. Ein paar kleinere Gedichte von ihm entdeckten mir seinen dichterischen Geist. Ich vermutete, daß er in der höheren Dichtkunst einen Versuch mit glücklichem
Erfolge würde wagen können. Ich munterte ihn dazu auf, und hier ist
der Versuch, der seinem glücklichen Genie Ehre macht. Ich versichere,
daß dieses Gedicht seine eigene Arbeit sei, sowohl der Plan als die Ausführung. Nur in einigen Stellen habe ich kleine Änderungen zu machen
für nötig erachtet. Anweisungen in der Dichtkunst hat er weder gelesen
noch gehöret. Kenner werden bald bemerken, daß die Klopstocki-

sche Muse ihn begeistert habe. Es ist wahr, er hat mit Empfindung gelesen, aber nicht ausgeschrieben. Ein solches seltenes Genie verdient alle Aufmunterung. Ich hoffe die Leser werden mit mir wünschen, daß die dichterischen Gaben dieses hoffnungsvollen Jünglings, sich immer mehr zur Ehre unseres Vaterlandes entwickeln und erhöhen mögen. Dorpat, den 8ten des März-Monats im Jahr 1766. Theodor Oldekop‹ (Blei I, S. 531f.).

DAS VERTRAUEN AUF GOTT

Nach dem Druck: Lewy II, S. 3f.; dort nach dem Erstdruck: Heidelberger Taschenbuch, hg. von Alois Schreiber, Tübingen 1812, S. 219. Handschrift nicht nachweisbar.

Die Verfasserschaft Lenzens ist durch kein direktes Zeugnis belegt. Vermutlich ist es ein Jugendgedicht, das in den Jahren zwischen 1764 und 1767 in Dorpat entstanden ist.

FRAGMENT EINES GEDICHTS ÜBER DAS BEGRÄBNIS CHRISTI

Nach dem Druck: Tieck III, S. 56ff. Erstdruck im Anhang des Gedichtzyklus ›Die Landplagen‹, Königsberg 1769. Handschrift nicht nachweisbar.

Das Gedicht ist eines der Jugendgedichte Lenzens, vermutlich wie die beiden folgenden noch in der Dorpater Zeit, also etwa zwischen 1765 und 1768, entstanden.

SCHREIBEN TANKREDS AN REINALD

Nach dem Druck: Tieck III, S. 61ff.; erstmals im Anhang der ›Landplagen‹, Königsberg 1769 gedruckt. Handschrift nicht nachweisbar.

Wie das vorhergehende ein Jugendgedicht von Lenz, vermutlich zwischen 1765 und 1768 niedergeschrieben.

GEMÄLDE EINES ERSCHLAGENEN

Nach dem Druck: Tieck III, S. 65; dort nach dem Erstdruck im Anhang der ›Landplagen‹, Königsberg 1769. Handschrift nicht nachweisbar.

Wie die beiden vorangegangenen Jugendgedichte vermutlich zwischen 1765 und 1768 entstanden. Das Gedicht bezieht sich sicher auf ein reales Erlebnis, das Lenz vom Erzählen her kannte oder das er selbst hatte.

Die bei Tieck (a.a.O., S.66) folgende Nachbemerkung von Lenz bezieht sich auch auf die vorhergehenden beiden Gedichte und auf den in unserer Ausgabe anschließenden Zyklus ›Die Landplagen‹:
›Der Dichter dieser Versuche, der ein Liefländer ist, hält für nötig, denjenigen Kennern, die reife Kenntnisse mit einem wahren Eifer für die Ausbreitung des guten Geschmacks verbinden, (denn für die schreibt er nur) zu versichern, daß er nicht mit denselben geeilet. Er hat das größere Gedicht etlichemal ganz umgearbeitet, und würde der Verbesserungen nicht müde geworden sein, wenn ihn nicht die Stelle Quintilians, Lib. II Instit. Cap. IV. ad init. ‚Audeat etc.‘, die ihm von ungefähr in die Hände fiel, fürjetzt gegen seine eigene Kritik mißtrauisch gemacht. In Wahrheit sind bei poetischen Gemälden die ersten Zeichnungen oft die glücklichsten, und er besorgt vielleicht nicht ohne Grund, durch eine zu anhaltende Strenge gegen seine Arbeit manches Bild geschwächt zu haben, das sich seiner Einbildungskraft getreuer dargeboten, als alle Kunst zuwege bringen können. Er wird indessen nicht verabsäumen, einer zuverlässigeren Kritik als der seinigen folgsam zu sein, und wie er Mut genug gehabt hat, ganze Seiten, die ihm verdächtig waren, zu unterdrücken, so wird es ihm auch nicht schwer fallen, dem Beifall der Kenner etwas aufzuopfern. Übrigens wird er auch zufrieden sein, wenn man sein ganzes Gedicht für nichts als eine Rhapsodie halten, und dasselbe etwa mit den Empfindungen lesen wollte, mit denen man eine groteske hetrurische Figur betrachten würde.‹

DIE LANDPLAGEN

Nach dem Druck: Titel und Haug I, S. 13 ff.; dort nach dem Erstdruck: Die Landplagen, ein Gedicht in Sechs Büchern: nebst einem Anhang einiger Fragmente. Königsberg, bey J. D. Zeisens Wittwe u. J. H. Hartungs Erben. 1769 (Exemplar 9H 2231 der Universitätsbibliothek Prag); das Widmungsgedicht ›Ode an Ihro Majestät Catharina die Zweite, Kaiserin von Rußland‹ nach Tieck III, S. 3f. Handschrift nicht nachweisbar.
Der Gedichtzyklus ist die erste selbständige Buchpublikation des achtzehnjährigen Lenz. Das Gedicht entstand in seiner Dorpater Zeit, im Nachwort des Erstdruckes ist von ›etlichemal ganz umgearbeitet‹ die Rede. Eigene Kindheits- und Jugenderlebnisse sowie erzählte Erinnerungen an die jüngste Vergangenheit Livlands sind der Stoff der Dichtung: Hungersnöte, Pest und Seuchen waren die Folgen des Nordischen Krieges. Jährlich erlebte Lenz Überschwemmungen in Dorpat und als Zwölfjähriger eine ganze Teile der Stadt verheerende Feuersbrunst.

Dem 6. Buch liegen wohl Berichte über das Erdbeben 1755 in Lissabon zugrunde. Der predigende Moralismus und die Auffassung von den Landplagen als einem Strafgericht Gottes verweisen wie in den vorangegangenen Gedichten auf den starken Einfluß des Vaters. Zugleich sind die Schilderungen von einem ungewöhnlich harten Realismus. Literarische Einflüsse und Anregungen für Lenz kommen von Klopstocks ›Messias‹, den Gedichten Ewald von Kleists, von James Thomsons ›Jahreszeiten‹ und Edward Youngs ›Nachtgedanken‹.

Lenz dedizierte das Hexametergedicht der Zarin Katharina; von Königsberg aus sandte er über seinen Vater ein kostbar gebundenes Exemplar der ›Landplagen‹ nach Petersburg an die Zarin.

Der Landplagen erstes Buch
Der Krieg

34 *ehrlich gemacheten Totschlag:* In der Widmungsode an Katharina, die im Ergebnis des Nordischen Krieges Herrscherin über Livland als einer Provinz Rußlands war, heißt es: ›Denn Du hassest den Krieg, hassest den prächtgen Mord.‹

35 *blödes:* hier: schwach, furchtsam.

37 *des blauen Olympus:* Der Himmel, das Firmament ist gemeint.

39 *Abbadons Flügel:* in der Offenbarung Johannis 8,11: Abbadon, der ›Verderber‹, der Engel des Abgrunds; in Klopstocks ›Messias‹ auch Obaddon, der Todesengel.

41 *mäonische Held:* Gemeint ist Odysseus als Held des Mäoniden Homer.
Circens: Circe, der griechischen Sage nach die zauberkundige Tochter des Sonnengottes Helios, lebte auf der Insel Aiaia; verwandelte die Gefährten des Odysseus in Schweine, wurde aber von Odysseus gezwungen, den Zauber zu lösen.

43 *empfindliche:* hier: empfindsame.
Styx: in der griechischen Sage Fluß in der Unterwelt; bei ihm schwuren die Götter ihre Eide.
tunischen: tunesischen.

44 *Seraph:* hebr. Saraph, brennende Schlange; in Altisrael ursprünglich ein fliegender Wüstendämon; im römisch-katholischen Dogma Engel der höchsten Stufe von menschenähnlicher Gestalt mit sechs Flügeln.

Der Landplagen zweites Buch
Die Hungersnot

47 *Zephir:* leichter Wind.
pharaonische magre Kühe: Vgl. Altes Testament, 1. Mose 41, 1–4; Pharaos Traum von den sieben fetten und den sieben mageren Kühen.

Schorstein: Schornstein.
48 *keichend:* keuchend.
Philomele: In der griechischen Sage ist Philomela die Tochter des attischen Königs Pandion; bei der Verfolgung durch den Thrakerkönig Tereus, der sie entehrt hatte, wurde sie auf ihre Bitte hin von den Göttern in eine Schwalbe verwandelt.
50 *Abraham ... Isaak schlachtete:* Vgl. Altes Testament, 1. Mose 22.
Aurora: Göttin der Morgenröte.
51 *Jerusalem ...:* Anspielung auf die Belagerung Jerusalems durch Titus im Jahr 70.
Nebukadnezare: Vgl. Altes Testament, Daniel 5,1f.: ›König Belsazer machte ein herrlich Mahl seinen tausend Gewaltigen und Hauptleuten, und soff sich voll mit ihnen. Und da er trunken war, hieß er die goldenen und silbernen Gefäße herbringen, die sein Vater Nebuca-Nezar aus dem Tempel zu Jerusalem weggenommen hatte [...]‹
Jünglinge nagen ...: Lenz folgt hier in vielem den Darstellungen in Josephus' (um 37–um 100) ›Geschichte des jüdischen Krieges‹ (übersetzt von J. F. Cotta 1736). Dort heißt es auf S. 561: ›Die Not hob allen Unterschied der Speisen und allen Ekel auf, also, daß die Leute [...] auch zuletzt der Gürtel und Schuhe nicht verschonten, das Leder selbst von den Schilden abtrennten und zernagten.‹
Schlachtet ein wütendes Weib ...: ebenfalls der Schilderung des Josephus entnommen.
52 *ihr starkes Geschrei:* Vgl. Altes Testament, 2. Mose 3,9: ›Weil denn nun das Geschrei der Kinder Israel vor mich gekommen ist, und habe auch dazu gesehen ihre Angst, wie die Ägypter sie ängsten [...]‹
53 *einst die Hebräer ...:* Lenz lehnt sich an die Darstellung in der Bibel an; vgl. Altes Testament, 4. Mose 20,11: ›Und Mose hob seine Hand auf und schlug den Felsen mit dem Stabe zweimal; da ging viel Wasser heraus, daß die Gemeinde trank und ihr Vieh.‹
Funchals: Funchal, Distrikthauptstadt auf Madeira.
zahmlos: zügellos.

Der Landplagen drittes Buch
Die Pest
55 *Phöbus:* Apollon, griechischer Gott der Weissagung und Schönheit; Beiname auch Phoibos, der Strahlende, in dieser Bedeutung Gott des Lichtes, der Sonne.
59 *gemein:* Gemeingut.

Der Landplagen viertes Buch
Die Feuersnot

62 *rauchen:* hier für: rauhen.
66 *sinnlos:* in der Bedeutung ›ohne Sinne, ohne etwas wahrzunehmen‹.

der irdische Regen: das von den Menschen herbeigeschaffte Wasser zum Löschen.

ein Linsengericht hinopfert: Anspielung auf Esau, der sein Erstgeburtsrecht für ein Linsengericht hingab; vgl. Altes Testament, 1. Mose 25,33 f.

Der Landplagen fünftes Buch
Die Wassersnot

68 *mäandrischen Krümmen:* Bezug auf den kleinasiatischen Fluß Mäander (heute Menderes) mit seinem sehr geschlängelten Lauf.
69 *Böten:* Boote, landschaftlich im Plural auch Böte.
70 *schwimmenden Moses:* Moses wurde als Säugling auf dem Nil ausgesetzt; vgl. Altes Testament, 2. Mose 2,2 f.

Thirsis ... Selinde ...: Den Namen Selinde hat Lenz wohl aus Ewald von Kleists Verserzählung ›Die Freundschaft‹ übernommen.
71 *orpheischen:* nach dem sagenhaften griechischen Sänger Orpheus.
72 *Tartarus:* nach der griechischen Sage Abgrund bzw. Gefängnis unter dem Totenreich, dem Hades; Zeus hielt im Tartarus Missetäter und Gottesfrevler gefangen.

Chaos: in der griechischen Mythologie der leere Raum vor der Weltentstehung.

Der Landplagen sechstes Buch
Das Erdbeben

76 *Auf Arbelens Gefilden ...:* Bezug auf die Schlacht bei Gaugamela 331 v. u. Z., in der Alexander der Große über Dareios siegte.

Gott ... seine Rechte/Nicht verkürzt: Vgl. Altes Testament, 4. Mose 11,23: ›Der Herr aber sprach zu Mose: Ist denn die Hand des Herrn verkürzt? Aber du sollst jetzt sehen, ob meine Worte dir sollen etwas gelten, oder nicht.‹
80 *Gebula und Zama:* Die Namen hat Lenz wahrscheinlich aus Ewald von Kleists Gedicht ›Lied eines Lappländers‹ entlehnt.

Als Sr. Hochedelgebornen
DER HERR PROFESSOR KANT

Nach dem Druck: Lewy II, S. 8 f.; dort nach dem Erstdruck bei Daniel Christoph Kanter, Königlich Preuß. Hofbuchdrucker (Königsberg 1770). Handschrift in Riga.

Unter dem Titel steht: ›Im Namen der sämtlichen in Königsberg studierenden Cur- und Liefländer aufgesetzt von L.. aus Liefland.‹ Es folgen in zwei Spalten die Namen der Studenten, u.a. auch die der Barone von Kleist, der späteren Dienstherren Lenzens in Straßburg.

Am 21. August 1770 wurde Immanuel Kant nach fünfzehnjähriger Wartezeit, und ein Jahr nachdem ihm Professuren in Erlangen und Jena angeboten worden waren, von der Königsberger Universität zum Professor ernannt. Lenz besuchte sehr bald nach seiner Immatrikulation ausschließlich Kants Vorlesungen. Er hatte auch persönliche Kontakte zu Kant, er beriet sich mit ihm über seine Zukunftspläne, wie aus einer Briefnotiz des Vaters (um Ostern 1771) hervorgeht: ›Nachricht, so ich gehöret, daß Prof. Cant ihn nach Rehbinder in Danzig recommendiret‹ (Freye/Stammler I, S. 14).

83 *Filz:* umgangssprachlich für Geizhals.
84 *Jesmin:* Jasmin; Schreibweise nach der englischen Aussprache.

ACH MEINE FREUNDIN TOT?

Nach dem Erstdruck: Weinhold, S. 81 f.; dort nach einer Abschrift von fremder Hand aus dem Besitz Wendelins von Maltzahn an der Königlichen Bibliothek zu Berlin. Handschrift nicht nachweisbar.

Der Kopie, die sich jetzt in Kraków befindet, hat Lenz' Vater als Überschrift hinzugefügt: ›Jac. Mich. Reinhold Lenz Verse auf die Nachricht von dem Tode der seligen Fr. Pastorin Scibalski und der tödlichen Krankheit seiner Schwester. 1771.‹ Demnach müßte das Gedicht in Straßburg entstanden und als Beilage eines Briefes nach Livland gesandt worden sein.

> *Scibalski:* seit 1755 Pastor in Nüggen bei Dorpat, Freund von Lenz' Vater und von Pastor Oldekop, dem Förderer des jungen Lenz. Im Hause Scibalski und insbesondere bei dessen Frau, einer geborenen Rulkovius, war der junge Lenz gern gesehen.

85 *Damon:* poetischer Name für Pastor Scibalski.
86 *Schwester:* Es läßt sich nicht genau sagen, welche der drei Schwestern von Lenz gemeint ist. Die Erkrankung verlief jedoch nicht tödlich.

DIE AUFERSTEHUNG

Nach dem Druck: Titel und Haug I, S. 87; dort nach dem Erstdruck: Der Bürgerfreund, eine Straßburgische Wochenschrift, 1. Jahrgang, 1. Bd., 5. April 1776. Handschrift nicht nachweisbar.
Wahrscheinlich noch in der Dorpater Zeit zwischen 1764 und 1768 im ersten Entwurf entstanden; Anregungen kamen sicher von Ramlers Kantate ›Die Auferstehung und Himmelfahrt Jesu‹ und von der unter Bezug darauf verfaßten ›Pfingstkantate‹ Johann Gottfried Herders, der damals in der Nähe von Lenzens Heimatstadt, in Riga, lebte und in den dortigen Zeitschriften publizierte.

DIE DEMUT

Nach dem Druck: Titel und Haug I, S. 89 ff.; dort nach dem Erstdruck: Christliches Magazin, hg. von Joh. Konr. Pfenninger, IV., 1779, S. 165 ff. Handschrift nicht nachweisbar.
Das Gedicht ist in der Straßburger Zeit geschrieben; Lenz beschäftigte sich sowohl in seiner Predigt in der Sesenheimer Pfarrkirche als auch in dem Prosastück ›Moralische Bekehrung eines Poeten‹ mit dem Thema der Demut. Nach einer Notiz in Johann Kaspar Lavaters Emser Reisejournal (Euphorion NF 41, S. 500) gab ihm Lenz das Gedicht wohl bei dessen Straßburgbesuch im Juni 1774 mit. Pfeffel, der Lenz 1778 während seiner Krankheit in Emmendingen aufsuchte, druckte es.

AUSFLUSS DES HERZENS

Nach dem Druck: Goethe-Jahrbuch 34 (1913), S. 10 f.; dort nach einer zeitgenössischen Kopie. Erstdruck: Urania für Kopf und Herz, hg. von Ewald, 1793, S. 46 ff. Handschrift nicht nachweisbar.
Die Entstehungszeit und der biographische Bezug des Gedichtes sind ungewiß. Es befand sich in Lavaters Besitz, der es ein Jahr nach Lenzens Tod in Ewalds Monatsschrift mit einem Kommentar veröffentlichte, in dem es u. a. heißt: Lenzens ›Erguß kennt so wenig Silbenmaß, wie sein Herz Fesseln kennt; und doch ist diese Regellosigkeit der einzige Rhythmus, der sich zu einem solchen Erguß gebührt‹.

EDUARD ALLWILLS ERSTES GEISTLICHES LIED

Nach dem Druck: Titel und Haug I, S. 95 f.; dort nach der Handschrift in Berlin. Erstdruck: Tieck III, S. 256 f.
Die Überschrift des Gedichtes hieß ursprünglich ›Mein erstes geistli-

ches Lied‹. In dem von der Weimarer Herzogin Anna Amalia herausgegebenen ›Tiefurter Journal‹ XXXI, Nr. 3 ist eine etwas veränderte Fassung unter dem Titel ›Eduard Allwills einziges geistliches Lied/ beim Aufstehen, Schlafengehen und bei der Versuchung der Sirenen zu singen‹ wiedergegeben. Der Bezug auf Friedrich Heinrich Jacobis ab Juni 1775 in der Zeitschrift ›Iris‹, ab 1776 im ›Teutschen Merkur‹ erschienenen Briefroman ›Aus Eduard Allwills Papieren‹ ist rein äußerlich. Ein auf der Rückseite der Handschrift stehender Hinweis auf ›Die Algierer‹ deutet darauf hin, daß das Gedicht wohl im Sommer 1776 entstanden ist (vgl. Weinhold, S. 305).

BEBE, BEB' IHR AUF ZU FÜSSEN

Nach dem Erstdruck: Tieck III, S. 242 f. Handschrift nicht nachweisbar.
Das Gedicht ist vermutlich 1776 in Weimar entstanden (vgl. Weinhold, S. 300 f.) und könnte unter Bezug auf Vers 8 an eine von Lenz' Schwestern gerichtet gewesen sein. Denkbar wäre auch, daß es aus dem Drama ›Die Laube‹ stammt.

TÖTENDES LEBEN

Nach dem Druck: Blei I, S. 181. Erstdruck: Dramat. Nachlaß, S. 131. Handschrift nicht nachweisbar.
Es handelt sich um ein Lied Henriette von Waldecks in der 2. Szene des 1. Akts im ersten Entwurf zur zweiten Bearbeitung der ›Laube‹. Zu den entsprechenden Textvarianten vgl. Weinhold, S. 302 f.

WO BIST DU ITZT, MEIN UNVERGESSLICH MÄDCHEN

Nach dem Druck: Titel und Haug I, S. 108; dort nach dem Druck in der ersten Bearbeitung des ›Jungen Goethe‹, Leipzig 1875, mit den Korrekturen von Edward Schröder auf Grund einer Kollation mit der Kruseschen Abschrift des sogenannten ›Sesenheimer Liederbuches‹ (vgl. Edward Schröder: Die Sesenheimer Gedichte von Goethe und Lenz. Nachrichten von der Königl. Gesellschaft der Wissenschaften zu Göttingen 1905, S. 51–115). Erstdruck: ›Blätter für literarische Unterhaltung‹ vom 5. Januar 1837. Handschrift vernichtet.
Das Gedicht entstand im Sommer 1772, als Lenz mehrere Monate in der Militärfestung Fort Louis nahe Sesenheim lebte und die Pfarrfamilie Brion kennenlernte. Die Verse sind Friederike Brion gewidmet. Er

schrieb sie, als Friederike mit ihrer Mutter nach Saarbrücken reiste. Vgl. dazu Lenzens Brief an Salzmann vom 3. Juni 1772 (Nr. 7), in dem es heißt: ›Heute reiset Mad. Brion mit ihren beiden Töchtern nach Sarbrücken [...]‹ Nach der Rückkunft schenkte Lenz das Gedicht Friederike, sie verwahrte es zusammen mit Goethes Versen. Darüber schrieb sie ›Als ich in Saarbrücken‹ (vgl. Düntzer, Frauenbilder, S. 26). Diese Zeile wurde mehrmals als Überschrift gedruckt, und Goethe galt lange Zeit als Verfasser des Gedichtes.

ACH BIST DU FORT?

Nach dem Druck: Titel und Haug I, S. 108; zu deren Druckvorlage vgl. die Anm. zu dem vorhergehenden Gedicht. Erstdruck: Deutscher Musenalmanach für 1838. Handschrift vernichtet.

Das Gedicht entstand im Sommer 1772 in Fort Louis; der biographische Bezug ist das Verhältnis zu Friederike Brion.

97 *in die Stadt:* nach Straßburg; von Fort Louis aus hatte Lenz mit dem Baron von Kleist in Straßburg zu tun; vgl. dazu Lenz an Salzmann am 3. 6. 1772 (Brief 7): ›Ich komme in der Fronleichnamswoche zuverlässig nach Straßburg.‹

Puppen ... Närrinnen: In Friederike Brion entdeckte Lenz – wie ein Jahr zuvor Goethe – in Anlehnung an Rousseaus ›Nouvelle Héloïse‹ das Ideal der Natürlichkeit, der Ländlichkeit im Gegensatz zu dem herrschenden Modegeschmack.

DIE LIEBE AUF DEM LANDE

Nach dem Erstdruck: Musen-Almanach für das Jahr 1798, hg. von Schiller, S. 74 ff. Handschrift nicht nachweisbar.

Ein biographischer Bezug zu der von Goethe verlassenen Friederike Brion liegt vor. Lenz lernte sie im Sommer 1772 während seines Aufenthaltes in der Militärfestung Fort Louis kennen und weilte oft im Hause des Pfarrers Brion in Sesenheim. Die Entstehungszeit des Gedichtes ist ungewiß; es kann schon 1772, aber auch viel später, möglicherweise erst in Weimar, geschrieben worden sein. Lenz schenkte Goethe das Gedicht. Die Veröffentlichung unterblieb. Nach Lenzens Tod gab Goethe das Manuskript mit anderen Lenziana an Schiller.

Eine zweite, kürzere Fassung des Gedichtes wurde nach einer Abschrift von Falck in Schnorrs Archiv für Literaturgeschichte, VIII. Band, Leipzig 1879, S. 167 ff. gedruckt (vgl. auch Weinhold, S. 149 f.).

98 *schlecht:* hier im Sinne von schlicht.
    eräschert: bleich, in der Bedeutung von abgearbeitet.
 99 *Kalchas:* der griechischen Sage nach berühmter Seher; prophezeite die lange Dauer des Trojanischen Krieges und deutete die Ursache der Pest vor Troja; Priester bei der Opferung Iphigenies.

FREUNDIN AUS DER WOLKE

Nach dem Erstdruck: Iris IV, Juli 1775, S. 72. Handschrift nicht nachweisbar.
Die Entstehungszeit ist ungewiß. Das Rollengedicht kann sich auf Goethes Verhältnis zu Friederike Brion beziehen. Vgl. dazu auch das Gedicht ›Die Liebe auf dem Lande‹.

DIR, HIMMEL, WÄCHST ER KÜHN ENTGEGEN

Nach dem Erstdruck: Weinhold, S. 89. Handschrift nicht nachweisbar. Nach Weinhold standen die vier Verszeilen auf der letzten Seite der handschriftlichen Übersetzung von Plautus' Komödie ›Miles Gloriosus‹, die Lenz im August 1772 begann.

PIRAMUS UND THISBE

Nach dem Erstdruck: Stöber, Der Aktuar Salzmann, S. 67 ff. Die Handschrift ist 1870 größtenteils verbrannt, doch befinden sich einige Bruchstücke in Kraków.
Das Gedicht ist im Sommer 1772 in Landau entstanden. Lenz schickte diese Abwandlung der bänkelsängerischen Romanze des Rokoko als Briefbeilage (Nr. 17) Mitte September 1772 an Salzmann mit den Worten: ›Ich schick Ihnen zur Ausfüllung einer vegetierenden Stunde nach dem Essen, eine kleine Romanze, die ich in einer eben so leeren Stunde gemacht habe.‹

 101 *Piramus und Thisbe:* der Sage nach ein babylonisches Liebespaar, das durch die Feindschaft der Eltern zu geheimer nächtlicher Zusammenkunft getrieben wurde. Durch die karikierende Darstellung in Shakespeares ›Sommernachtstraum‹ wurde der Stoff berühmt.
 102 *Nini Grabe:* Nach griechischer Überlieferung war Ninus ein mächtiger König von Assyrien und der Erbauer von Ninive, der späteren Hauptstadt (705 v. u. Z.) des Neuassyrischen Reiches.

IN EINEM GÄRTCHEN AM CONTADE

Nach der Handschrift in Berlin. Erstdruck: Göttinger Musenalmanach für 1778, hg. von Voß, S. 122 f.
Das Gedicht entstand 1773/74 in Straßburg. Am 22.3.1776 schrieb Heinrich Christian Boie an Lenz (Brief 114): ›Göthe las mir in Frankf. vor zwei Jahren Verse an Ihren Badewirt vor, die mir sehr gefielen, und die Sie mir schicken müssen, wenn Sie sie noch haben [...]‹ Aus Boies Reisebriefen geht hervor, daß er am 15.10.1774 Goethe aufsuchte und von ihm u. a. Lenz' Gedicht hörte (vgl. Weinhold, Boie, S. 70).

104 *Contade:* Promenade an dem Fluß Aar bei Straßburg.
Wirte: jener von Boie erwähnte Badewirt; offensichtlich Besitzer eines Gartens, den er für ein Entgelt den Badegästen als Ruheplatz überließ.
Beatus ille: lat., glücklich jener [Mann]; aus Horaz, Epoden 2.
105 *Sol:* französische Silbermünze.
Aganippe: Nymphe; lebte an der den Musen geweihten Quelle am Helikon.

AN DAS HERZ

Nach der Handschrift in Berlin; unter Hinzuziehung des Erstdruckes: Göttinger Musenalmanach für das Jahr 1777, hg. von Voß, S. 28, und des Druckes: Titel und Haug I, S. 110.
Das Gedicht ist in verschiedenen Fassungen überliefert (vgl. Weinhold, S. 108 ff.); die hier vorliegende scheint die Endfassung zu sein. Der biographische Hintergrund ist wohl Lenz' Beziehung zu der Straßburger Goldschmiedemeisterstochter Cleophe Fibich.

106 *Quark:* Nach dem livländischen ›Idiotikon‹ bedeutet Quarg sowohl Kot als auch im übertragenen Sinne Nichtswürdigkeit.

AN –

Nach einer handschriftlichen Kopie im Goethe- und Schiller-Archiv Weimar. Erstdruck: Weinhold, S. 107 f. unter Bezug auf das Tiefurter Journal XXVI, Nr. 3.
Das Gedicht entstand wahrscheinlich 1773/74 in Straßburg und bezieht sich wohl auf Cleophe Fibich.

DIE ERSTE FRÜHLINGSPROMENADE

Nach dem Druck: Titel und Haug I, S. 112; dort nach dem Erstdruck: Taschenbuch für Dichter und Dichterfreunde, Bd. 6, Leipzig 1776, S. 114. Handschrift nicht nachweisbar.

Entstanden in den Straßburger Jahren, biographischer Bezug offenbar wie in den beiden vorhergehenden Gedichten auf Cleophe Fibich.
106 *zwittert:* zwitschert.
107 *Knaben/In Sturmhaub'* ...: Die Militärs sind gemeint, mit denen Lenz jahrelang in Straßburg zusammen lebte.

AUF EIN PAPILLOTE

Nach der Handschrift in Berlin. Erstdruck: Zoeppritz II, S. 310 f.
Das Gedicht entstand in den Straßburger Jahren zwischen 1773 und 1775 in der Zeit von Lenzens Freundschaft mit Cleophe Fibich. Die Begriffe ›Tugend‹ und ›Gewissen‹ nehmen Bezug darauf, daß Cleophe dem Baron Friedrich Georg von Kleist versprochen war, der dann sein notariell gegebenes Eheversprechen nicht hielt.
107 *Papillote:* frz., eingewickeltes Bonbon.
108 *denn:* dann; Dialekteigentümlichkeit von Lenz.

AN**

Nach dem Druck: Titel und Haug I, S. 115; dort nach dem Erstdruck: Heidelberger Taschenbuch, hg. von Alois Schreiber, Tübingen 1812, S. 209. Handschrift nicht nachweisbar.
Das Gedicht ist in den Straßburger Jahren entstanden und bezieht sich vermutlich – wie die vorhergehenden – auf Cleophe Fibich.
109 *Brände:* Brandreste gemeint.

IMPROMPTÜ AUF DEM PARTERRE

Nach der Handschrift in Berlin. Erstdruck: Tieck III, S. 247.
Das an eine unbekannte Frau gerichtete Gedicht ist vermutlich 1775 entstanden.

VON DIR ENTFERNT, DIR IMMER NAH

Nach dem Druck: Lewy II, S. 47 f.; dort nach dem Erstdruck: Göttinger Musenalmanach auf das Jahr 1776, hg. von Voß. Handschrift im Freien Deutschen Hochstift, Frankfurter Goethemuseum.
Das Gedicht entstand vermutlich 1774 in Straßburg und bezieht sich biographisch auf Cleophe Fibich. Mit dem ›Buben‹ ist der Baron Ernst Nikolaus von Kleist gemeint, bei dem Lenz zu der Zeit in Diensten stand. Vgl. dazu das zeitgleich entstandene Prosafragment ›Das Tagebuch‹.

GEDULD UND UNERSCHROCKNER MUT

Nach der Handschrift in Berlin. Erstdruck: Göttinger Musenalmanach auf das Jahr 1778, hg. von Voß, S. 46 ff. Dort unterzeichnet mit ›L.‹.

Das Gedicht entstand in Straßburg und gehört biographisch in den Zusammenhang mit den Ereignissen um Cleophe Fibich, wie auch die direkte Namensnennung Clephchen beweist.

ICH KOMME NICHT DIR VORZUKLAGEN

Nach dem Druck: Blei II, S. 180 f.; dort nach dem Erstdruck: ›Drei Gedichte von Jac. M. R. Lenz. Zu Weihnachten 1882 einbeschert von Karl Weinhold. Als Handschrift gedruckt.‹

Es handelt sich um ein Lied Constantin von Waldecks in der 1. Szene des 2. Aktes des Dramas ›Die Laube‹.

AUFOPFERN DICH

Nach dem Erstdruck: Tieck III, S. 241. Handschrift nicht nachweisbar.

Das Gedicht trägt nach Tieck das Datum 19. April 1774. Der biographische Bezug ist ungeklärt. Dem Datum nach handelt es sich um Cleophe Fibich; es kann aber auch eines der Auftragsgedichte sein, die Lenz für die Barone von Kleist zu verfassen hatte.

LIEBE! SOLLTE DEINE PEIN

Nach der Handschrift in Berlin. Erstdruck: Tieck III, S. 241. Eine zweite Handschrift befindet sich in Kraków.

Das Gedicht ist vermutlich 1774 entstanden und bezieht sich auf Lenz' Verhältnis zu Cleophe Fibich, das zwischen Freundschaft und Liebe schwankte. Mit ›Tyrann‹ kann nur sein Dienstherr, der Baron von Kleist, gemeint sein.

FÜHL ALLE LUST FÜHL ALLE PEIN

Nach der Handschrift in Kraków. Erstdruck: Erich Schmidt, Lenziana, S. 1005.

Die Verse finden sich in einem Brief (Nr. 31) Lenzens vom 7. 11. 1774 an den Bruder Johann Christian und waren für dessen Frau bestimmt: ›Laß Dir die drei Komödien zusammen binden, den Hofmeister, den Menoza und den Poeten und schenk sie Deiner lieben Frauen auf den Nachttisch als ob sie von mir kämen. Schreib ihr hinein von meinetwegen [...]‹ Der hier gedruckte Vierzeiler folgt an dieser Stelle.

GIBST MIR EIN, ICH SOLL DICH BITTEN

Nach der Abschrift von Lavaters Hand in der Züricher Zentralbibliothek, mitgeteilt in: Funk, Goethe und Lavater, S. 297. Handschrift nicht nachweisbar.
Das Gedicht befindet sich in Lavaters Emser Reisejournal unter dem Datum des 15.7.1774 mit den Worten: ›Herrlichs Briefchen von Lenze an Goethen‹. Das hier behandelte Thema der Freundschaft zu Goethe begegnet auch in der verschollenen Schrift ›Unsere Ehe‹ und in der Literatursatire ›Pandämonium Germanicum‹.

ÜBER DIE DEUTSCHE DICHTKUNST

Nach dem Druck: Titel und Haug I, S. 160 ff. Erstdruck: Tieck III, S. 254 ff. Handschrift-Fragment in Berlin.
Das Gedicht ist 1774 oder 1775 in Straßburg entstanden; von den inhaltlichen Bezügen und der resignierenden Selbsteinschätzung her ist es in die Nähe der Literatursatire ›Pandämonium Germanicum‹ zu stellen.
116 *Wenn ich dichte und – –:* Goethe ist zu ergänzen.
    dem braunen Himmel: Bezug auf Lenzens Geburtsland; auch an anderer Stelle ist vom ›braunen Himmel Livlands‹ die Rede.

HOCHZEITSCARMEN

Nach dem Erstdruck: Ungedrucktes aus dem Goethe-Kreise, hg. von Gustav Adolf Müller, München 1896; dort nach dem Faksimile des Originals. Handschrift nicht nachweisbar.
Das Gedicht ist wohl in den Straßburger Jahren entstanden und einem von Lenzens Freunden aus dem Kreis der ›Deutschen Gesellschaft‹ gewidmet.

NACHTSCHWÄRMEREI

Nach der Handschrift in Berlin. Erstdruck: Zoeppritz II, S. 314 ff.
Das Gedicht ist Goethe gewidmet, Lenz schickte es ihm in einem Brief (Nr. 32) aus Straßburg vom Februar 1775 mit den Worten: ›Hier mein

Bruder ein Brief den ich Dir schicken muß, warm wie er aus dem Herzen kommt.‹ Die Frauennamen Albertine und Doris sind nicht autobiographisch festzulegen. Persönliche Erfahrungen mit Friederike Brion und Cornelia Schlosser sowie erste Jugenderlebnisse in Livland und Lenzens Idealbild der Frau fließen in poetischer Überhöhung zusammen.

DER WASSERZOLL

Nach der Handschrift im Staatsarchiv Weimar. Erstdruck: Iris IV, 1775, S. 147; dort unterzeichnet mit ›L. an G.‹ (Lenz an Goethe).

122 *Wasserzoll:* Eine Fußnote von Lenz bemerkt dazu: ›eine Gegend bei St.‹ Der Wasserzoll war ein vielbesuchter Wirtshausgarten in der Ruprechtsau an der Ill bei Straßburg. Lenz verbrachte dort mit Goethe auf der Reise nach Emmendingen die Nacht vom 24. zum 25.5.1775.

WIE FREUNDLICH TRÄGST DU MICH

Nach der Handschrift in Kraków. Erstdruck: Tieck III, S. 247.
Das Gedicht entstand in der Straßburger Zeit, offenbar auf der Rückreise nach dem mehrtägigen Besuch von Lenz und Goethe Ende Mai/Anfang Juni 1775 in Emmendingen bei Cornelia und Georg Schlosser. Der erwähnte ›Dank‹ spielt auf Schlossers Verteidigung von Lenz' Drama ›Der neue Menoza‹ an. Schlosser führte sie öffentlich mit der Schrift ›Prinz Tandi an den Verfasser des neuen Menoza, Naumburg, im August 1775‹.

ICH SUCHE SIE UMSONST DIE HEILIGE STELLE

Nach der Handschrift in Berlin. Erstdruck: Tieck III, S. 253.
Die Entstehungszeit ist ungeklärt. Das Gedicht kann im Sommer 1775 in Emmendingen entstanden sein mit Bezug auf Cornelia Schlosser, es kann aber auch in Kochberg im September/Oktober 1776 geschrieben worden sein und sich auf Charlotte von Stein beziehen.

PETRARCH

Nach dem Erstdruck bei Heinrich Steiner und Comp. in Winterthur, 1776. Handschrift nicht nachweisbar.
Das Gedicht ist im Juni/Juli 1775 in Straßburg entstanden. Lenz hatte eine intensive Beziehung zu der Dichtung des großen italienischen Lyrikers Francesco Petrarca, besonders zu dessen Versen über die Liebe zu Laura und über die Trauer um die Geliebte. Der unmittelbare Anlaß zu

Lenzens ›Petrarch‹ ging von Goethes Schwester Cornelia Schlosser aus, die ihm bei seinem mehrtägigen Aufenthalt im Sommer 1775 in Emmendingen einen Band Petrarca zum Abschied schenkte. In der unerfüllten Liebe Petrarcas zu Laura sah Lenz wohl darüber hinaus ein Gleichnis für seine Neigung zu Cornelia Schlosser und zugleich die Möglichkeit, die durch sie ausgelösten Empfindungen zu gestalten. Lenz wollte das Gedicht vor einer Reise, die dann nicht zustande kam, Cornelia Schlosser überreichen. Im Juli 1775 sandte er einen Teil des Manuskriptes an Lavater: ›Ich habe ein Gedicht das mir am Herzen liegt, hier ist eine Probe davon. Ich möchte Deinem Buchhändler das Gedicht schenken, wenn er mir sauberen Druck, sauberes Papier und allenfalls ein paar gutgestochene Vignetten, die zum Text paßten und bei denen Du ihm mit Deinem Geschmack zu Rate gingest verspräche. Es wäre mir sehr viel dran gelegen das Gedicht noch vor meiner Abreise in fremde Länder fertig zu sehen, um es jemanden überreichen lassen zu können, der sehr viel Anteil daran nehmen wird‹ (vgl. Brief 45). Lavater vermittelte daraufhin den Druck bei Steiner in Winterthur und konnte am 24.1.1776 Lenz berichten, daß dessen ›Petrarch‹ ›endlich fertig‹ sei.

124 *Zoilus* (um 400–330 v. u. Z.): griechischer Rhetoriker; durch seine Kritik an Homer bekannt und danach als Homeromastix, d. i. Homergeißel, bezeichnet.
Colonna: Francesco Petrarca (1304–1374) trat 1330 in die Dienste des Kardinals Giovanni Colonna.
am Karfreitage: Am 6.4.1327 begegnete Petrarca seiner Laura zum ersten Male in der Kirche Santa Chiara.
126 *Phidias:* bedeutendster griechischer Bildhauer der 2. Hälfte des 5. Jh. v. u. Z.
Cypris: Beiname der Göttin der Liebe und der Schönheit Aphrodite.
129 *Ixion:* König der Lapithen, der nach der griechischen Sage den Vater seiner Braut ermordete, um keine Brautgeschenke geben zu müssen. Als er später Hera verführen wollte, wurde er von Zeus zur Strafe auf ein feuriges Flügelrad gebunden und durch die Lüfte gerollt.

[LENZ AN L. bei d. Lesung d. Physiognk.]

Nach der Handschrift in der Züricher Zentralbibliothek. Erstdruck: Dorer-Egloff, S. 198f.
Die Überschrift mit den für ihn typischen Abkürzungen ist von Lavaters Hand.

Das Gedicht bezieht sich auf Lavaters seit 1775 in drei Bänden erschienene ›Physiognomik‹. Lenz kannte bereits vor dem Erscheinen Teile der Arbeit und leistete, wie Goethe, Lavater Zuarbeiten dafür. Am 29.7.1775 (Brief 47) schrieb Lenz an Lavater: ›[...] Deine Physiognomik ist das Werk Deiner Werke und, der Zweck, auf den Du losgehst der, den nur die erhabenste Seele sich vorsetzen konnte.‹ Der zweite Teil der ›Physiognomik‹ war 1776 erschienen und mit einer Zueignungsschrift an die Herzogin Luise von Weimar versehen, weshalb Lavater am dortigen Hofe besondere Beachtung fand. Aus Lenz' Briefen geht hervor, daß er sich im Frühjahr und Sommer 1776 gemeinsam mit der Herzogin Anna Amalia, dem Herzog Karl August und Charlotte von Stein mit Lavaters Werk beschäftigte. In dieser Zeit ist wohl auch das vorliegende Gedicht entstanden. Später, im Sommer und Frühherbst 1777, als Lenz für ein Vierteljahr in Lavaters Züricher Haus lebte, verteidigte er ihn öffentlich gegen Lichtenbergs Angriffe im ›Nachruf zu der im Göttingischen Almanach Jahrs 1778 an das Publikum gehaltenen Rede über Physiognomik‹.

[AN DIE SONNE]

Nach der Handschrift in Kraków. Erstdruck: Baltische Monatsschrift IX, 1864, S. 521.

Das Gedicht ist in den Straßburger Jahren entstanden, vermutlich 1775. Es nimmt Bezug auf die südlich-warme Landschaft des Elsaß gegenüber der nördlich-kalten Livlands. Biographisch spielt Lenz auf die fortwährenden Befehle und Ermahnungen seines Vaters an, ins Baltikum zurückzukehren. Vgl. dazu auch das Drama ›Die Freunde machen den Philosophen‹: ›Das stille Land der Toten ist mir so fürchterlich und öde nicht als mein Vaterland.‹ Goethe vermerkte auf einer weiteren Handschrift des Gedichtes, die sich in seinem Besitz befand: ›Als der Dichter in sein nordisches Vaterland zurückzukehren sich weigerte.‹ Diese Handschrift wird im Weimarer Staatsarchiv aufbewahrt.

URANIA

Nach der Handschrift in Berlin. Erstdruck: Zoeppritz II, S. 309.

Das Gedicht ist im Sommer 1775 nach der Begegnung mit Goethes Schwester Cornelia Schlosser entstanden. Lenz verehrte sie sehr, wie auch aus der zeitgleich entstandenen Prosaschrift ›Moralische Bekehrung eines Poeten‹ hervorgeht, in der der Name Urania für Cornelia steht.

138 *Du kennst mich nicht:* in der Bedeutung von ›kennst mein Herz nicht‹.

DER VERLORNE AUGENBLICK
DIE VERLORNE SELIGKEIT

Nach der Handschrift in Berlin. Erstdruck: Tieck III, S. 249 f.
Von dem Gedicht in freien Rhythmen, das wohl in die Jahre 1775/76 zu setzen ist, liegen zwei Fassungen vor, die wir beide drucken. Die Verse haben einen biographischen Bezug auf Cornelia Schlosser und spiegeln den großen Eindruck, den diese Frau auf ihn machte. ›Moralische Retterin‹ nennt er sie in der ›Moralischen Bekehrung eines Poeten‹.

139 *Predigt über den Text: Die Mahlzeit ...:* Vgl. Neues Testament, Matthäus 22, 2–14; Anspielung auf das Gleichnis Jesu von der ›Königlichen Hochzeit‹; ein Gast, der kein ›hochzeitlich Kleid‹ trug, wurde in die Finsternis geworfen: ›Denn viele sind berufen, aber wenige sind auserwählet.‹

MATZ HÖCKER

Nach dem Erstdruck, in: Flüchtige Aufsätze von Lenz. Hg. von Kayser. Zürich 1776, S. 42 ff. Handschrift nicht nachweisbar.
Das Gedicht entstand in Straßburg im Sommer 1775. Im September schrieb Lenz an Sophie Laroche, daß er eine ›Schulmeisterchrie in Knittelversen‹ bearbeite (vgl. Brief 52). Anfang 1776 gab er die Verse mit anderen Manuskripten über Georg Schlosser an den Züricher Christoph Kayser zur Herausgabe in den ›Flüchtigen Aufsätzen‹. In einem Brief vom 3. März 1776 (Nr. 96) schrieb Kayser hinsichtlich der Korrektur u. a. des ›Matz Höcker‹ an Lenz: ›Nur bitt ich Dich um alles berichtige mir folgendes: 1) Im Matz Höcker von der Stelle: D' Bücher nu' und die Gesellschaften heuer bis zu dieser: Sagt man sie sollen Schuld dran sein.‹

143 *B... im St...l:* möglicherweise Bellefosse im Steintal/Elsaß.
Chrie: grch., Satz, Aufgabe, kurze Rede; vgl. Lenz im Brief 52 an Sophie Laroche.
Herr K...: Wahrscheinlich ist der unbedeutende Straßburger Maler und Schriftsteller Kamm gemeint. Vgl. dazu Lenzens Wieland-Satire ›Menalk und Mopsus‹, in der Kamm (= Menalk) als Gegner Wielands auftritt.

143 *Socrates .../Als er getanzt beim Kallias hat:* Bezug auf Xenophons ›Gastmahl‹, in dem Kallias als Freund des Sokrates erwähnt wird.

144 *Die Schleuder ...:* Gemeint ist ›Die Schleuder eines Hirtenknaben gegen den hohnsprechenden Philister den Verfasser des Sebaldus Nothanker‹ von Johann Heinrich Jung (1775), eine gegen Friedrich Nicolai gerichtete Schrift Jung-Stillings.

Ἐνπαροδω: grch., im Vorbeigehen.

145 *W-laus:* wahrscheinlich für Wandlaus, d. i. Wanze.

konditschoniert: mundartlich für ›konditionieren‹, dienen, in Diensten stehen.

Akturen: Akteure gemeint.

149 *Venus ... General Diomed ...:* Diomedes, König von Argos, verwundete der griechischen Sage nach im Trojanischen Krieg Ares und Aphrodite (Venus).

ging ... durch kein Nadelöhr: Bezug auf das Neue Testament, Matth. 19,24.

150 *Herr**:* offenbar Anspielung auf Christoph Martin Wieland.

Verfasser der Kreuzzüge: Gemeint ist Johann Georg Hamann (1730–1788) und seine Schrift ›Kreuzzüge des Philologen‹ (1762).

151 *Berlinisches Allegro:* ungeklärt.

MENALK UND MOPSUS

Nach dem Druck: Titel und Haug I, S. 177 ff.; dort nach dem Erstdruck Frankfurt und Leipzig 1775 mit Berichtigung der offenkundigen Druckfehler. Handschrift nicht nachzuweisen.

An des römischen Dichters Vergil ›Eklogen‹ (Hirtengesänge) erinnern Dialog, Namen und die Idee des Wettgesanges. Lenz verwendet auch zum Teil Originalzitate, wie Erich Schmidt nachwies (vgl. dazu Erich Schmidt: Satirisches aus der Geniezeit, in: Archiv für Literaturgeschichte, IX, 1880, S. 179 ff.). Die Parodie auf den Verfall des hohen Stils der Vergilschen Sänger steht in Zusammenhang mit den scharfen Angriffen Lenzens auf Wieland. Wieland ist Mopsus, Menalcus ist der unbedeutende Straßburger Maler und Dichter Kamm. Goethe schickte am 11.10.1775 ein Exemplar der Lenzschen Satire an die mit Wieland befreundete Sophie Laroche mit der Bemerkung: ›Hier Menalck und Mopsus!‹

152 Πολλοι ...: Das Motto stammt aus Homers ›Ilias‹, V. 383 f. und besagt, daß auch die Götter sich gegenseitig Schmerz bereiten.

Pygmalion Elise: Elise war offenbar (wie Ramler in seiner ›Pygmalion-Kantate‹, 1768, anmerkt) die früh verstorbene, geliebte Schwester Pygmalions, nach der er seine Statue schuf.

er ward blind: Bezug auf Kamm. In dem weiter unten in einer Fußnote von Lenz erwähnten ›Gallimatischen Allerley ...‹ von Kamm

heißt es: ›daß ich vormals schon eine Kunst getrieben, die mit der Dichtkunst in genauer Verbindung steht, ich meine die Malerei. Ein unglücklicher Zufall setzte mich außer Stand, diese mir immer angenehme Beschäftigung fortzusetzen.‹
Albertiner: von Albert abgeleitet, Lottes Bräutigam in Goethes ›Werther‹.
Milton: englischer Dichter (1608–1674); Lenz verfügt hier in Hinblick auf Homer über den Zeitbezug sehr frei.

153 *Culotte:* frz., Kniehose.
Agrippa: Agrippa von Nettesheim (1486–1535), deutscher Arzt und Philosoph, griff die mittelalterliche Theologie und die Sittenverderbnis von Adel und Klerus scharf an; das von Lenz in der Fußnote angegebene Buch ›De philosophia occulta‹ erschien 1533 unter dem Titel ›De occulta philosophia libri tres‹; die von Lenz erwähnte Stelle ist nicht nachzuweisen.
Rousseaus Quadrupes: Gemeint ist der Naturmensch Rousseaus, gegen den Voltaire und Piron heftig zu Felde zogen und den sie lächerlich machten; der Dramatiker Piron ließ z. B. in seiner Philosophenkomödie Rousseau auf allen vieren auf die Bühne kommen.
Trenscheen: von frz. tranchées, Falten, Runzeln.
Despréaux beschreibt …: Nicolas Boileau-Despréaux (1636–1711), französischer Schriftsteller. In seinem ›Poëme Héroï-comique‹ erscheint die Zwietracht dem auf einem üppigen Ruhebett Schlafenden in Gestalt eines alten häßlichen Kantors.
Anti-Seladon: Gestalt aus Wielands Verserzählung ›Der neue Amadis‹ (1771); Anspielung darauf auch im folgenden.
Dryaden: weibliche Naturgottheiten, in den Bäumen wohnend.

154 *Abt Mopsus:* Die kirchliche Bezeichnung will offenbar die zweideutige Art des von Lenz kritisierten frivolen Moralismus Wielands treffen.
Ich sing' den Wald …: Zitat aus Kamms ›Allerley‹.
Anruf kommt erst drüben: bezieht sich auf Seite 3 des Kammschen Druckes.
Ihr Grazien …: Die folgenden zehn Verszeilen sind wörtliches Zitat aus Wielands ›Neuem Amadis‹, Anfang des 7. Gesanges.

155 *Sokratische Grazien:* Bezug auf Wielands Fußnote: ›Ohnezweifel eine Anspielung auf die marmornen Bilder der Grazien, welche vor dem Eingang des Schlosses zu Athen stunden, und ein Jugendwerk des Sokrates waren … Diese Grazien waren bekleidet.‹

155 *Was mir zu Handen …:* Die folgenden vier Verszeilen stammen ebenfalls aus Kamms ›Allerley‹.

156 *Auf ein Vermählungsfest ...:* Bezug auf das Kammsche Gedicht, das eine Hochzeit im Hause seines Gönners verherrlicht.
Und endlich kommt ...: der Schluß des 10. Gesangs von Wielands ›Der neue Amadis‹.
Tristram Shandy: ›Leben und Meinungen des Herrn Tristram Shandy‹, Roman des englischen Schriftstellers Lawrence Sterne (1713–1768); 1774/75 in deutscher Übersetzung erschienen.

157 *meine Ode ...:* Kamm publizierte die Ode ›Der Tod‹ erst in der zweiten Auflage seines Gedichtes (1776); er nimmt in der Vorrede Bezug auf Lenz' Satire gegen Wieland und ihn: ›Ich war voller Verwunderung, als ich sehen mußte, daß man mich als ein so schwaches glimmendes Fünkgen des Parnaß mit einem unserer größten Lichter desselben auftreten machte und in einen Zweikampf verwickelte.‹

158 *Herrn Schmidt ...:* ironischer Bezug auf eine nichtssagende Publikation Christian Heinrich Schmids im ›Teutschen Merkur‹ 1774, IV, S. 197.

159 *Car'lin:* Karolin, ältere süddeutsche Goldmünze.
Was jedes hier verspürt ...: Die nächsten achtzehn Verszeilen sind Zitat aus Kamms Gedicht.
Vorrede zum Diogenes von Sinope: In der Vorrede von Wielands ›Sokrates mainomenos oder Die Dialogen des Diogenes von Sinope‹ (1770) findet sich kein Bezug zu dem Dargestellten, vielleicht ironische Irreführung.

ÜBER DIE STELLE EINER VORREDE

Nach der Wiedergabe einer zeitgenössischen Kopie, in: Goethe-Jahrbuch 34 (1913), S. 10. Handschrift verlorengegangen.
Das Gedicht entstand 1775 und gehört wie die vorhergehenden in den Zusammenhang mit Lenz' Polemiken gegen Wieland. Die Überschrift bezieht sich auf das 1738 in Paris erschienene Werk von Jean Astruc ›De Morbis Venereis Libri sex‹, und zwar auf eine am Schluß der Vorrede, S. XIV, stehende Passage.

161 *Sed vicit ...:* lat., Es siegte aber die Macht der lateinischen Sprache, und die Vernunft nahm alle Bedenklichkeit von seiten des Anstands auf sich.
Jean Astruc (1684–1766): Leibarzt Ludwigs XV., wurde durch sein oben erwähntes Werk über die Geschlechtskrankheiten auch außerhalb Frankreichs bekannt.

ELOGE DE FEU MONSIEUR **ND

Nach dem Druck: Titel und Haug I, S.186 ff.; dort nach der Wiedergabe des Originaldruckes (Hanau 1775) bei Weinhold, S.99ff., unter Hinzuziehung des Sivers'schen Druckes (J. M. R. Lenz, Riga 1879, S. 34 ff.). Handschrift verlorengegangen.

Der ironische Nachruf auf Wieland erschien – wie Lenzens gesamte Polemik gegen ihn – anonym. Für Lenz' Verfasserschaft zeugt, nachdem er sich in Weimar mit dem Betroffenen versöhnt hatte, Wielands Äußerung: ›Er gäbe itzt Blut aus seinem Herzen her, um alle die feinen Brochuren die *eloges de feu Mr. W.* die *Apologien des Hrn. W.* und wie sie weiter heißen, aus der Reihe der existirenden Dinge herauszukaufen‹ (Euphorion 7, S.708).

162 *Eloge de feu Monsieur ...:* frz., Lobrede des verstorbenen Monsieur **nd, sehr berühmter Schriftsteller in Poesie und in Prosa, dem schönen Geschlecht Deutschlands zugeneigt.
Der Wilde: Anspielung auf Lenz selbst, wiederholt nennt er sich einen ›Wilden‹, ›Sohn des rauhen Nordens‹ u.ä.
leimern': aus Lehm.
Herostrat: ruhmsüchtiger Grieche, der 356 v. u. Z. den Artemistempel in Ephesos anzündete, um durch diese Tat in die Geschichte einzugehen. Sprichwörtlich verwendet als ›herostratische Tat‹.

164 *Mendelssohn und Garve:* die Philosophen Moses Mendelssohn (1729–1786) und Christian Garve (1742–1798).

165 *Olinden:* Bezug auf die Partnerin von Wielands Amadis.
klassischen Autoren: Hier ist die erotisch-galante Literatur gemeint.
Schäsmin: Jasminblüte; beliebtes Requisit der Anakreontik. Die Schreibweise gibt den damals üblichen Gebrauch der englischen Aussprache wieder.
Nioben: Die Tochter des Tantalos, Niobe, hatte nach der griechischen Sage sieben Töchter und sieben Söhne, die alle von Apollon und Artemis getötet wurden, weil Niobe deren Mutter Leto verhöhnt hatte, da diese nur zwei Kinder gebar. Niobe wurde von Zeus versteinert, und Quell- und Regenwasser rinnen als ewige Tränen aus ihren Augen.

166 *Meduse:* Nach der griechischen Sage hatte das Haupt der Medusa die Kraft, den zu versteinern, der es anblickte.
Winkelmann will ...: Zeitgleich etwa beschäftigte sich Lenz mit Winckelmanns ›Geschichte der Kunst des Altertums‹ (1764); er be-

zieht sich hier wohl auf die Bemerkung Winckelmanns: ›die berühmte Medusa, welche dennoch kein Bild der höchsten Schönheit ist‹.

166 *Gaßner:* Exorzist, seit 1775 Hofkaplan in Regensburg, seine Kuren und Lehren waren stark umstritten.

Herrenhuts-Geschwister: Herrnhuter oder Brüdergemeine, pietistische Sekte, 1722 von Nikolaus Graf von Zinzendorf gegründet.

mit Kreuzluftvögelein / Ins blaue Cabinet: Das ›blaue Kabinett‹ ist bei den Herrnhutern der Ort der ersten ehelichen Vereinigung; in zeitgenössischen polemischen Schriften wird dies satirisch angegriffen und die Wortbildung ›Kreuzluftvögelein‹ als ein Beispiel erotisch-mystischer Wortbildungen angeführt (vgl. dazu Heinrich Joachim Bothes ›Zuverlässige Beschreibung des nunmehro ganz entdeckten Herrenhutischen Ehe-Geheimnisses‹, 2. Teil, Leipzig 1752).

Merkur: die von Wieland herausgegebene Zeitschrift ›Teutscher Merkur‹.

167 *lecke deine Reime:* in übertragenem Sinne für eine manirierte überzierliche Form.

AUF EINE QUELLE

Nach der Handschrift in Berlin. Erstdruck: Tieck III, S. 242.
Im Original steht über ›eine Quelle‹ als Variante ›ein Bassin‹.
Das Gedicht ist 1775 in Straßburg entstanden. Es nimmt Bezug auf die elsässische Adlige Henriette von Waldner, die Lenz zunächst durch Briefe kennenlernte, die diese seiner Wirtin Luise König schrieb, später begegnete er ihr auch persönlich. Er schwärmte heftig für sie. Das Thema der Liebe zwischen einer Adligen und einem durch seinen Geist geadelten Bürgerlichen, das Lenz sowohl in den Dramen ›Der Engländer‹ und ›Die Freunde machen den Philosophen‹ als auch im ›Waldbruder‹ gestaltete, wurde wesentlich durch Lenzens Verehrung für Fräulein von Waldner forciert.

168 *F. W.:* Fräulein von Waldner.

Liljen ... Lilien: Lenz verwendet offenbar bewußt zwei unterschiedliche Schreibweisen.

ICH WILL, ICH WILL DEN NAGENDEN BESCHWERDEN

Nach dem Erstdruck: Tieck III, S. 243. Handschrift nicht nachweisbar.
Das Gedicht ist wie das vorige 1775 in Straßburg entstanden und bezieht sich unmittelbar darauf.

WIE MACH' ICH ES?

Nach der Handschrift in Berlin. Erstdruck: Tieck III, S. 251.
Wahrscheinlich 1775 in Straßburg niedergeschrieben; wie die vorhergehenden Gedichte mit Bezug auf Henriette von Waldner.
169 *Zephir:* leichter Wind.
  Sylphe: nach der griechischen Sage ein Luftgeist.

AN IHREM BLICKE NUR ZU HANGEN

Nach dem Erstdruck: Tieck III, S. 243. Handschrift nicht nachweisbar.

AN W –

Nach der Handschrift in Berlin. Erstdruck: Tieck III, S. 244.
Das Gedicht ist wohl im Frühjahr 1776 entstanden, als Lenz von der Verbindung Henriette von Waldners mit Herrn von Oberkirch erfuhr.

AUS IHREN AUGEN LACHT DIE FREUDE

Nach dem Erstdruck: Tieck III, S. 241. Handschrift nicht nachweisbar.
Die Verse sind wohl in der Zeit von Lenz' schwärmerischer Liebe zu Henriette von Waldner niedergeschrieben.

DIE TODESWUNDE TIEF IN MEINER BRUST

Nach der Handschrift in Berlin. Erstdruck: Tieck III, S. 244.
Das Original ist mit dem Datum ›den 28. 10br. 1775‹ versehen. Demnach entstand das Gedicht zu Weihnachten 1775 und bezeugt den Übergang von der Verehrung Cornelia Schlossers (›Tugend‹) zur Liebe Henriette von Waldners. Lenz schickte die Verse an Kayser, von dem sie Pfenninger kennenlernte, der sich in seinem Brief vom 19. 3. 1776 darauf bezog (vgl. Brief Nr. 112).

DIE ERWACHENDE VERNUNFT

Nach dem Erstdruck: Tieck III, S. 246. Handschrift nicht nachweisbar.
Das Gedicht ist 1776 entstanden. Eine Variante desselben beschließt den
8. Brief des 1. Teils des ›Waldbruders‹, in der im V. 1 ›kümmernd Herz‹
steht; so auch bei Weinhold, S. 205 veröffentlicht.

SÜSSE SCHMERZEN MEINER SEELE

Nach dem Erstdruck: Tieck III, S. 246f. Handschrift nicht nachweisbar.
Vermutlich 1775 gedichtet, worauf ›mein Bruder‹ als Bezug auf Goethe
schließen läßt.

[YARROWS UFER. SCHOTTISCHE BALLADE]

Nach dem Erstdruck: Weinhold, S. 162f.; dort nach dem Original aus Jegor von Sivers' Nachlaß. Handschrift in Kraków. Bei der vorliegenden
Textfassung wurde die Handschrift zu Rate gezogen.
Die Ballade ist eine Nachdichtung aus dem Englischen und trägt im
Original keine Überschrift. Vermutlich handelt es sich um das im Protokoll der von Lenz geleiteten Deutschen Gesellschaft erwähnte Gedicht:
›Den 21ten Dezb. [1775] las Herr Lenz statt der Anrede die Übersetzung
einer Ballade aus Dodsleys Sammlung alt-englischer Gedichte‹ (Froitzheim, Zu Straßburgs Sturm- und Drangperiode, S. 50). Lenz übersetzte
von der Ballade ›The braes of Yarrow‹ des Schotten William Hamilton
die letzten sieben der insgesamt dreißig Strophen, wovon die ersten
sechs die Braut und die letzte der Bräutigam spricht. Als Lenz von Weimar nach Berka gereist war, teilte er in einem Brief (Nr. 161) an Philipp
Seidel mit: ›Yärros Ufer (Goethen, dem Herzog vorzulesen)‹. Hieraus
ergibt sich die von Weinhold ergänzte Überschrift der Ballade.

AUS EINEM NEUJAHRSWUNSCH AUS DEM STEGEREIF.
AUFS JAHR 1776

Nach dem Erstdruck, in: Flüchtige Aufsätze von Lenz, hg. von Kayser,
Zürich 1776, S. 80ff. Handschrift nicht nachweisbar.
Das Gedicht entstand um die Jahreswende 1775/76. Lenz trug es am
2.1.1776 in der Straßburger Deutschen Gesellschaft vor.

172 *wer den Bart in Munde nahm:* Anspielung vermutlich auf Aristoteles;
    vgl. ›Anmerkungen übers Theater‹, wo Lenz in bezug auf Aristote-

les schreibt: ›Obschon ich […] nicht nötig hätte mich auf eine Autorität zu berufen, so will ich doch nach der einmal eingeführten Weise mich auf die Worte eines großen Kunstrichters mit einem Bart lehnen […]‹

173 *falschen Sokrates:* kritischer Bezug auf Wieland; ›er soll uns nicht Philosoph und Lehrer des menschlichen Geschlechts sein wollen […]‹, schreibt Lenz in einem Brief (Nr. 48) an Sophie Laroche vom 31. 7. 1775.

176 ἱππόρωμον: grch., pferdekräftig, offenbar Wortneubildung von Lenz.

SCHAUERVOLLE UND SÜSS TÖNENDE ABSCHIEDSODE

Nach der Handschrift in Berlin. Erstdruck: Weinhold, S. 183 ff.
Das Gedicht ist Anfang März 1776 entstanden. Lenz las es zum Abschied von Straßburg am zehnten März in der Deutschen Gesellschaft vor. Daraus erklärt sich die Betonung der deutschen Nationalität.

176 *devtschen:* deutsch; offenbar bewußt altertümelnde Schreibweise.
Paulo maiora …: Vergil, Eklogen IV 1.
parenthyrsisch: im Sinne von trunken, dithyrambisch. Lenz gebraucht das Wort positiv, wie Herder in den ›Fragmenten‹, der dort von Pindars ›Parenthyrsus der Trunkenheit‹ spricht.

177 *hogarthischen Grimassen:* Bezug auf den englischen Maler und Kupferstecher William Hogarth (1697–1764) und seine sozialkritische Darstellungsweise.
Ich lobe mir …: Vgl. dazu den wenig später, Ende März 1776, in Darmstadt geschriebenen Brief Lenzens an Herder (Nr. 116), in dem es heißt: ›Aber vergiß nicht, Liebchen, daß wir auch Tiere bleiben, und nur Klopstocks Engel und Miltons und Lavaters Engel auf den Sonnenstrahlen reiten. Ich bin stolz darauf, Mensch zu sein.‹

178 *Fontaine:* Anspielung auf La Fontaines Verserzählung ›L'Abbesse‹, in dem eine Nonne den zutreffenden Namen *Agnese*, die Unschuldige, hat.

180 *Arlekin:* von ital. arlecchino, Harlekin.

181 *zehnten März:* der Michäustag; Lenz macht daraus mit der Anspielung auf Michael seinen Namenstag.
Donat: ›Ars grammatica‹ von Aelius Donatus, die im 18. Jahrhundert im Elementarunterricht verwendet wurde.

AUFSCHRIFT EINES PALASTES

Nach der Handschrift in Berlin. Erstdruck: Tieck III, S. 244 f.
Die Entstehungszeit des Gedichtes ist ungeklärt. Vermutlich gehört es in die Straßburger Zeit Ende 1775, in die Nähe des ›Neujahrs Wunsches‹ und der ›Abschiedsode‹. Darauf verweist auch Dumpfs Notiz auf dem Original: ›Vor 1776 geschrieben?‹ Weinhold dagegen setzt es in die ersten Jahre der Moskauer Zeit.

TROST

Nach der fragmentarischen Handschrift in Berlin mit den Ergänzungen von Weinhold, S. 181 f., der aus dem Nachlaß Wendelins von Maltzahn eine Lenzsche Reinschrift des jetzt verschollenen Originals besaß. Teildruck: Tieck III, S. 250.
Das Gedicht ist wahrscheinlich in der letzten Straßburger Zeit, Anfang 1776, entstanden; vom Grundgestus her weist es Ähnlichkeit mit dem ›Neujahrs Wunsch‹ und der ›Schauervollen und süß tönenden Abschiedsode‹ auf.
182 *Wohlstand:* hier: Wohlbefinden.

ARETIN AM PFAHL GEBUNDEN MIT ZERFLEISCHTEM RÜCKEN

Nach der Handschrift in Berlin, die beschädigt ist: Der Titel fehlt vollständig, die ersten fünf Zeilen sind durch Zerstörung am oberen Blattrand nur in Resten erhalten, ebenso die vorletzte Zeile, die am oberen Rand der Rückseite des Blattes steht. Ergänzungen nach dem Erstdruck: Tieck III, S. 259 f.
Die Entstehungszeit des Gedichtes ist ungewiß; wahrscheinlich gehört es in die Straßburger Zeit 1775/76, wie inhaltliche Parallelen zu den vorangegangenen Gedichten andeuten.
184 *Aretino:* Bezug auf den italienischen Renaissanceschriftsteller Pietro Aretino (1492–1556), der mit seinen erotischen Schilderungen für Lenz lebensnaher und naturverbundener ist als die in seinem Verstande philanthropischen Pedanten z. B. an Basedows Philanthropin in Dessau.

AN MEINEN VATER

Nach dem Erstdruck: Teutscher Merkur, Januar 1777, S. 19. Handschrift nicht nachweisbar.

Das Gedicht, offenbar kurz nach der Niederschrift veröffentlicht, ist eine Art Huldigungsode an den Vater, eine wohl taktische Besänftigung des väterlichen Zorns über die ausbleibende Rückkehr des Sohnes in das Vaterland.

185 *schweifende Wilde:* Mehrfach nennt sich Lenz einen ›Wilden‹, einen ›Sohn des rauhen Nordens‹, einen ›Waräger‹.

T-sts Hainen: Tarwasts Hainen gemeint; in Tarwast nahe Dorpat bekam Lenz' älterer Bruder Friedrich David 1768 eine Pfarrstelle; der siebzehnjährige Lenz weilte einige Zeit bei ihm, bevor er mit dem jüngeren Bruder Johann Christian zum Studium nach Königsberg aufbrach.

MIT SCHÖNEN STEINEN AUSGESCHMÜCKT

Nach der Handschrift in Berlin. Erstdruck: Tieck III, S. 248.
Wahrscheinlich Ende März 1776 auf dem Weg nach Thüringen oder im April in Weimar niedergeschrieben, und zwar auf die Nachricht hin, daß Henriette von Waldner den Baron von Oberkirch, einen der reichsten elsässischen Adligen, zu heiraten beabsichtige. In einem Brief (Nr. 120) von Lenz (um den 1.4.1776, ›Einige Stunden hinter Frankfurt nach Weimar‹) heißt es: ›Lavater! mitten auf meinem Wege bekomme ich den Todesstreich, die Nachricht daß Fräulein v. Waldner Braut, ist mit einem Menschen der sie nicht verdient, nicht zu schätzen weiß, ohne Nerven für schön und gut, bloß eigennützig vielleicht unter der Maske der Liebe.‹

PLACET

Nach der Handschrift im Goethe- und Schiller-Archiv Weimar. Erstdruck: Titel und Haug I, S. 105.
Das Gedicht ist mit Lenz unterzeichnet. Er sandte es kurz nach seiner Ankunft am 2.4.1776 in Weimar an den regierenden Herzog Karl August.

AUF EINEN EINSAMEN SPAZIERGANG

Nach der Handschrift im Goethe- und Schiller-Archiv Weimar. Erstdruck: Weinhold, S. 190.
Eine zweite Handschrift aus dem Besitz Wendelins von Maltzahn befindet sich in Berlin; darin fehlt in der Überschrift der Passus ›unter Bäumen‹, und der letzte Vers heißt: ›Und doch es niemand sagen kann.‹ Ferner weichen beide Handschriften in ihrer Zeichensetzung voneinander ab.

Das Gedicht ist Mitte Mai 1776 in Weimar entstanden. Wilhelmine von Hessen-Darmstadt (Natalia Alexejewna), die Schwester der Herzogin Luise von Sachsen-Weimar-Eisenach, war seit 1773 mit dem Großfürsten Paul von Rußland verheiratet. Am 16. 5. 1776 traf die Nachricht von ihrem Tode (26. April) in Weimar ein. In einem Brief (Nr. 149) an Johann Georg Zimmermann schrieb Lenz Ende Mai 1776: ›Auch Sie werden die traurige Nachricht von der russischen Großfürstin wohl gehört haben [...] Der Herzog, besonders aber die Herzogin sind in der lebhaftesten Betrübnis darüber.‹

AUF DIE MUSIK ZU ERWIN UND ELMIRE

Nach dem Erstdruck: Teutscher Merkur, Mai 1776, S. 197f. Handschrift nicht nachweisbar.

Die Verse sind Mitte Mai 1776 in Weimar entstanden und stellen eine Huldigung an die Herzogin Anna Amalia und deren kompositorische Fähigkeiten dar. Sie hatte die Musik für Goethes Singspiel ›Erwin und Elmire‹ geschrieben, dessen Uraufführung am Weimarer Liebhabertheater am 24. 5. 1776 stattfand.

ALS JÜNGST AMALIE ZU IHREM PRINZEN REISTE

Nach der Handschrift in Berlin. Erstdruck: Tieck III, S. 245f.

Das Gedicht ist höchstwahrscheinlich Ende Mai 1776 in Weimar entstanden und bezieht sich auf die Feierlichkeiten in Tiefurt am 20. 5. 1776, von denen Goethe in einem Brief an Auguste von Stolberg berichtete: ›Nach Tische ging alles nach Tiefurt wo der Prinz [d. i. Anna Amalias zweiter Sohn Friedrich Ferdinand Konstantin] sich hat ein Pachtgut artig zurecht machen lassen. Die Bauern empfingen ihn mit Musik, Böllern, ländlichen Ehrenpforten, Kränzlein, Kuchen, Tanz, Feuerwerkspuffen, Serenade und s. w.‹ (Goethes Werke, Weimarer Ausgabe, IV. Abt., Bd. 3, S. 68).

189 *Phaëton:* Sohn des Sonnengottes.
   Mäander: sehr gewunden verlaufender Fluß in Kleinasien, heute türk. Menderes heißend.
190 *Pulverwürste und Katzenköpfe:* Feuerwerkskörper.
   Consigne: frz., Weisung.
   Tibur: Stadt in Latium, heute Tivoli, seit dem 1.Jh. v.u.Z. Villenort vornehmer Römer; hier mit Bezug auf Anna Amalias Sommeraufenthalte in Ettersburg und Belvedere.

HERR SCHNUPPEN EIN SAUBÖSER GAST

Nach dem Erstdruck: Tieck III, S. 260. Handschrift nicht nachweisbar. Vermutlich ein im Frühsommer 1776 in Weimar entstandenes Gedicht. Es ist eine Anspielung auf den Kreis ausgelassener junger Leute, der sogenannten ›Weltgeister‹, die sich im Landschaftshaus um den achtzehnjährigen Herzog Karl August versammelten und zu denen u. a. Kalb, Einsiedel, Bertuch, Klinger, Lenz und Goethe gehörten. Ob es sich bei dem ›vergöttert Haupt‹, von einem hartnäckigen Schnupfen befallen, um Karl August oder Goethe handelte, muß offenbleiben.

190 *Hackbrett:* umgangssprachliche Bezeichnung für Cimbal, ein zitherähnliches Saiteninstrument, mit zwei Hämmerchen zu schlagen.

LIED ZUM TEUTSCHEN TANZ

Nach der Handschrift in Berlin. Erstdruck: Weinhold, S. 120f.
Wir drucken hier die Endfassung einer Lenzschen Überarbeitung; ein Arbeitsstadium ist in der Handschrift noch erkennbar, wonach der ursprüngliche Schluß ab V. 7 lautete:

> Was uns noch bindet
> Alles verschwindet
> Und wir sind Götter tun was uns gefällt.

Die Entstehungszeit des Gedichtes ist ungewiß; wahrscheinlich wurde es 1776 in Weimar vollendet, denn erst dort schrieb Lenz unter dem Einfluß Wielands ›teutsch‹ statt ›deutsch‹. Nach Weimar ließ sich Lenz auch von Salzmann aus Straßburg ›einige der neuesten Allemanden‹ schicken (vgl. Brief 200).

ACH DU UM DIE DIE BLUMEN SICH

Nach der Abschrift Röderers in Riga. Erstdruck: Weinhold, S. 160.
Das Gedicht bezieht sich auf Henriette von Waldner, wurde aber nicht mehr in Straßburg, sondern offenbar im Frühjahr 1776 in Weimar niedergeschrieben. Lenz schickte es von Weimar aus an Röderer nach Straßburg zur Übergabe an Frau von Oberkirch geb. von Waldner (vgl. Brief 145). Röderer sandte dann in einem Brief vom 1.7.1776 eine Abschrift des Gedichtes an Lenz zurück.

VON GRAM UND TAUMEL FORTGERISSEN

Nach dem Erstdruck: Tieck III, S. 251. Handschrift nicht nachweisbar.
Das Gedicht entstand Ende Mai 1776 in Weimar, der biographische Be-

zug entspricht dem des vorhergehenden Textes. Am 23. 5. 1776 schickte Röderer aus Straßburg eine Silhouette Henriette von Oberkirchs an Lenz mit den Worten: ›Kennstu beiliegende Silhouette wovon an Lavater auch eines abgeschickt wurde, ich hab den Schattenriß selbst genommen und ihn ins kleine gebracht, und mich aufs sorgfältigste dabei bemüht‹ (vgl. Brief 145).

VERZEIH DEN KRANZ, DEN EINES WILDEN HAND

Nach dem Erstdruck: Tieck III, S. 243. Handschrift nicht nachweisbar.

Die Verse entsprangen ebenfalls der Liebe zu Henriette von Oberkirch. Sie entstanden nach dem 27.6.1776 in Berka, wie sich aus der Anspielung auf die ›dunkeln Wälder‹ und aus den thematischen Bezügen zu dem dort niedergeschriebenen Prosafragment ›Der Waldbruder‹ ergibt.

DA STECK ICH ENDLICH NUN, HALB WELSCH ...

Nach der Handschrift in Berlin. Erstdruck: Blei V, S. 369.

Die Handschrift ist teilweise stark zerstört und überarbeitet. Nach dem Passus ›mit ungewaschnen Händen‹ wurde die ursprüngliche Halbzeile ›Da wo ichs gestern ließ‹ von Lenz gestrichen. Die von Titel und Haug, S. 106 des ersten Bandes, eingebrachten Ergänzungen stehen in eckigen Klammern. Die fehlenden Passagen – das beidseitig beschriebene Blatt des Originals ist unten und oben seitlich abgerissen – sind auspunktiert.

Das Gedicht, ein Fragment, schrieb Lenz in Berka, wohin er sich am 27. 6. 1776 aus Enttäuschung über das Leben am Weimarer Fürstenhof zurückgezogen hatte.

193 *halb welsch h[alb Waregar]:* Die Ergänzung bezieht sich auf die von Lenz mehrfach gebrauchte Anspielung auf seine nordische Herkunft; in der ›Epistel eines Einsiedlers an Wieland‹ bezeichnet er sich als ›waregischen Wilden‹ und im Brief 90 als ›halben Lappländer‹.

Du und Goethe: Offenbar ist mit dem ›Du‹ Wieland gemeint, mit dem Lenz seit seiner Ankunft in Weimar einen freundschaftlichen Kontakt hatte.

Patriarchen: vermutlich Bauern bzw. Wirtsleute, bei denen Lenz in Berka Unterkunft fand.

Ikar: Bezug auf Ikarus, der mit seinem Vater Daidalos mit selbstgebauten Flügeln, die aus wachsverbundenen Vogelfedern bestanden, aus der Gefangenschaft floh und dabei der Sonne zu nahe kam, so daß das Wachs schmolz und er abstürzte.

EPISTEL EINES EINSIEDLERS AN WIELAND

Nach dem Erstdruck: Deutsches Museum, Dezember 1776, S. 1099 ff. Handschrift nicht nachweisbar.
Das Gedicht entstand im Sommer 1776 in Berka (der Zweitdruck in Johann Georg Jacobis Zeitschrift ›Iris‹ VII, S. 524 ff. trägt den Untertitel ›Auf dem Lande unweit W.‹). Das Gedicht kennzeichnet – nach der persönlichen Bekanntschaft mit Wieland – den öffentlichen Widerruf aller Satiren und scharfen polemischen Angriffe Lenzens auf Wieland. In einem Brief (Nr. 178) vom Juli 1776 aus Berka an Zimmermann schrieb Lenz: ›Darf ich Sie bitten sich gegenwärtiges Gedichts bei unserm Freunde Boje anzunehmen das hoffentlich die Ärgernisse die ich dem Publikum in Ansehung Wielands gegeben wieder gut machen und denen Beherzigungen selbst die mich gezwungen über die Schnur zu hauen und die ich in der Verteidigung dargelegt, mehr Gewicht geben wird.‹

194 *aus meiner glücklichen Höhle:* Anspielung auf Lenzens Arbeitseinsamkeit und sein ›Einsiedler‹-Dasein im Thüringer Wald; vgl. dazu auch das Gedicht ›Da steck ich endlich nun, halb welsch h[alb Waregar]‹.

195 *Laß den Müßiggänger …:* Lenz lenkt jetzt die Stoßrichtung seiner ehemaligen Vorwürfe gegen Wieland auf die dessen Werk falsch deutenden Kritiker und Leser. In ähnlichem Sinn hatte er sich schon vor der Weimarer Versöhnung in einem Brief (Nr. 82) aus Straßburg (Januar 1776) geäußert, wo er Wieland aufforderte, seine ›Zuschauer in den Gesichtspunkt [zu] stellen wo sie bloß mit der stärkeren Phantasei das schöne Ganze Ihrer Produktionen auffassen, nicht aber zu ihrem eigenen und der Kunst und des Geschmacks Verderben an einzelnen Teilen derselben hängen bleiben die nur durch die üble Anwendung die man davon macht gefährlich werden‹.
Simri: Vgl. Altes Testament, 1. Könige 16,9 f.; der Heerführer Simri verschwor sich gegen den König Ela und erschlug ihn. Im Zweitdruck des Gedichtes in der ›Iris‹ heißt es dagegen ›Simei‹, dies ein Nachkomme Sauls, der König David verfluchte und mit Steinen bewarf; vgl. Altes Testament, 2. Samuel 16,5 ff.

810 ANMERKUNGEN

196 *Thalia:* grch. Thaleia, die Blühende; nach der griechischen Mythologie die Muse des Lustspiels.

197 *Thrazierinnen fühlbar zu singen ...:* Anspielung auf die thrakischen Mänaden, die den griechischen Sänger Orpheus in Stücke rissen.

Melpomenens Liebling: der griechischen Sage nach eine der neun Schutzgöttinnen der Künste und Wissenschaften; Melpomene war insbesondere die Schutzgöttin der Tragödie.

Waregischen Wilden: Anspielung auf Lenz selbst; vgl. dazu auch das Gedicht ›Da steck ich endlich nun, halb welsch h[alb Waregar]‹. Waräger ist der altrussische Name für Wikinger.

TANTALUS

Nach dem Erstdruck: Musen-Almanach für das Jahr 1798, hg. von Friedrich Schiller, S. 224 ff. Handschrift nicht nachweisbar.

Das Gedicht entstand in Berka im Sommer 1776. Goethe las die Verse höchstwahrscheinlich am 16.9.1776, wie aus einer Tagebuchaufzeichnung hervorgeht; am gleichen Tag schrieb er zudem an Johann Heinrich Merck, Lenz habe ›Sublimiora gefertigt. Kleine Schnitzel, die Du auch haben sollst‹ (Wagner I, S. 98).

Lenz überträgt die sprichwörtlichen Qualen des Tantalus (Zeus strafte ihn, weil er die Geheimnisse der Götter den Menschen verriet, mit ewigem Hunger und Durst) auf Ixion an der Tafel der Götter (Ixion wollte Hera bzw. bei Lenz Juno verführen, weshalb ihm Zeus eine nach ihrem Bild geformte Wolke als Falle stellte). Der Bezug auf den Weimarer Musenhof und Lenzens Rolle dort ist vorhanden (er wolle nicht mehr den ›Narren bei Hofe‹ spielen, heißt es in einem zeitgleichen Brief an Charlotte von Stein aus Berka), jede vordergründige biographische Einengung schlägt aber fehl. Das Gedicht weist Einflüsse von Wielands Verserzählungen und Goethes Singspieldichtung auf; gegen beides hatte sich Lenz vorher heftig zur Wehr gesetzt. Lenz läßt die ironischen Züge in tragikomische und tragische umschlagen, indem er Tantalus zum tragischen Typ des Liebhabers macht, der der höfischen Gesellschaft zur Belustigung dient.

198 *desennuyieren:* die Langeweile vertreiben.

199 *Cupido:* lat., Begehren; römischer Liebesgott.

eine Wolke staffieren: Bezug auf die Ixion-Sage; Hera wird Ixion von Zeus in Gestalt einer Wolke vorgeführt (bei Lenz Juno).

Feuerwürmchen: Glühwürmchen.

201 *Mnemosyne ... geweiht:* indem sie nach der griechischen Sage den von Zeus der Liebe zu Hera Verdächtigten in einen Schlaf ver-

senkte, der ihn vor dem Altern bewahren und ihm die Schönheit erhalten sollte.

Lethens kalte Fluten ...: in der griechischen Sage Fluß des Vergessens in der Unterwelt.

ACH SOLL SOVIELE TREFFLICHKEIT

Nach der Handschrift in Berlin. Erstdruck: Tieck III, S. 251.
Die Verse entstanden im September/Oktober 1776 auf Schloß Kochberg, dem Landgut Charlotte von Steins. Lenz lebte dort mehrere Wochen als ihr Gesellschafter. Das Gedicht bezieht sich auf eine in der Nähe des Dorfes Großkochberg gelegene Landschaft, Bruchau genannt, die Charlotte als ihre Begräbnisstätte ausgesucht hatte. Die Gedichtzeilen stehen unter einer Bleistiftzeichnung dieser Gegend. Auf der Rückseite einer weiteren Handschrift, die das Datum ›18. Oktober 1776‹ trägt und sich im Goethe- und Schiller-Archiv Weimar befindet, hat Lenz vermerkt: ›A place in Kochberg called the Bruchau the tomb of Lady St: from Lenz to his friend Goethe.‹

SO SOLL ICH DICH VERLASSEN, LIEBES ZIMMER

Nach der Handschrift in Berlin. Erstdruck: Tieck III, S. 252.
Dieses Gedicht, in früheren Ausgaben mehrfach unter dem Titel ›Abschied von Kochberg‹ gedruckt, entstand am 30. 10. 1776 in Großkochberg, am Tag vor Lenz' Abreise nach einem mehrwöchigen Aufenthalt auf dem Landgut Charlotte von Steins.

205 *mit Shakespeare:* Anspielung auf den Englischunterricht, den Lenz Charlotte in Kochberg erteilte; sie lasen zu diesem Zweck gemeinsam Werke von Shakespeare.

SHAKESPEARS GEIST

Nach dem der Handschrift folgenden Druck: Weinhold, S. 209 f. Erstdruck (ungenau): Tieck III, S. 262 f. Handschrift verschollen.
Im ›Deutschen Museum‹ (1776, Juniheft, S. 562 ff.) erschien von Georg Christoph Lichtenberg eine begeisterte Schilderung der Shakespeare-Interpretationen des berühmten englischen Schauspielers und Bühnendichters David Garrick (1717–1779). Möglicherweise wurde das Gedicht davon angeregt. Es könnte aber auch früher entstanden sein, denn alle Sturm-und-Drang-Dichter verehrten Shakespeare und seinen Interpreten David Garrick.

LEOPOLD WAGNER

Nach dem Druck: Titel und Haug I, S. 169 f. auf der Grundlage der Handschrift im Kestner-Museum Hannover. Erstdruck: Tieck III, S. 261 f.

Das Gedicht entstand vermutlich 1776 in Weimar. Es war Teil einer ironisch-satirischen Auseinandersetzung, die Lenz mit den Dichterfreunden begann. In einem Brief (Nr. 172) an Friedrich Maximilian Klinger vom Sommer oder Herbstanfang 1776 hieß es: ›Ich hab Euch versprochen, es Euch sauer zu machen Klinger so Maler Müller und Wagner selbst, den ich recht sehr schätze. Nehmt Euch also in Acht vor mir, pariert ja wohl und wenn Ihr Blöße findet, so stoßt herein auf mich, wie Ihr wollt und wie Ihr könnt. Göthe hat ein Pasquill von mir, worin Euch allen die Köpfe gewaschen werden – bis Ihr gescheuter seid.‹ Das Pasquill spielte dann bei dem Bruch zwischen Lenz und Goethe Ende 1776 eine Rolle. Die Schrift ist vernichtet; möglicherweise ist das satirische Gedicht auf Heinrich Leopold Wagner ein Teil daraus.

208 *Verfasser des Schauspiels von neun Monaten:* Diese Zeile wurde als Erläuterung später zwischen den Titel geschrieben und ist eine Anspielung auf Wagners Drama ›Die Kindermörderin‹, das im September 1776 erschien und in dessen Personenregister es heißt: ›[...] die Handlung währt neun Monat.‹
Potz Millius: spaßhaft latinisiertes ›Potz Tausend‹.
[speit.]: nach Tieck ergänzt, da die Handschrift an dieser Stelle beschädigt ist.

SO KURZ DAS LEBEN IST

Nach der Handschrift in Berlin. Erstdruck: Tieck III, S. 251.
Die Entstehungszeit und der biographische Bezug des Gedichtes sind ungeklärt. Möglicherweise entstand es Anfang 1777 nach der Ausweisung aus Weimar im Hause Cornelia und Georg Schlossers in Emmendingen.

DIE GESCHICHTE AUF DER AAR

Nach dem Druck: Titel und Haug I, S. 146 f.; dort nach dem Erstdruck: Göttinger Musen-Almanach auf das Jahr 1778, S. 62 ff., wobei die Strophentrennung einer zweiten Fassung im Alsatischen Taschenbuch für das Jahr 1807, S. 170 ff. entstammt. Handschrift nicht nachweisbar.
Das Gedicht entstand im Januar 1777 in Emmendingen. Lenz schrieb es

bei einem Besuch bei Pfeffel in Kolmar auf Grund einer dort gehörten wahren Begebenheit (vgl. Stöber, Der Dichter Lenz, S. 90f.).
210 *schlechten:* schlichten.

PYGMALION

Nach dem Erstdruck: Freye/Stammler II, S. 72. Handschrift verlorengegangen.
Lenz legte die wohl Anfang 1777 in Emmendingen entstandenen Verse einem Brief (Nr. 228) an Heinrich Christian Boie bei, den dieser am 22. April empfing.
212 *Pygmalion:* der griechischen Sage nach König von Kypros. Er verliebte sich in eine von ihm selbst geschaffene elfenbeinerne Mädchenstatue. Aphrodite ließ sie auf Pygmalions Bitten lebendig werden, und er nahm sie zur Frau (Ovid, Metamorphosen 10, 243 ff.).

[SCHINZNACHER IMPROMPTÜS]

Nach dem Erstdruck, in: Jupiter und Schinznach. Drama per Musica. Nebst einigen bey letzter Versammlung ob der Tafel recitirten Inpromptüs, o. O. 1777, S. 20 f. und 23.
Lenz nahm vom 12. bis 15.5.1777 an der Tagung der Helvetischen Gesellschaft in Bad Schinznach teil, so auch Lavater, Füßli, Hirzel und Sarasin. Zum Abschluß bedachten sich alle gegenseitig mit Scherzgedichten. Lavater forderte dazu auf, er schrieb: ›Ich suche Poeten für morgenden Spaß,/ Drum wandelt mein Auge von Nase zu Nas'/ Ich bin bey den liebsten der lieben u. denk/ Der liefert mir morgen ein Verslingsgeschenk.‹

212 *Calfater:* gemeint Kalfakter; eigentlich Einheizer; hier im übertragenen Sinne: Gehilfe, Diener.
a Later: für a Laterano.
Stater: griechische Goldmünze, die Petrus auf Anweisung Jesu im Fischmaul findet; vgl. dazu Neues Testament, Matthäus 17,27: ›[...] so gehe hin an das Meer, und wirf die Angel, und den ersten Fisch, der herauffährt, den nimm; und wenn du seinen Mund auftust, wirst du einen Stater finden.‹
Qui grecaijoit comme ...: frz., wie man in Paris sagt; grecaijoit: vermutlich grec (frz.) = griechisch als Verballhornung, etwa im Sinne von griechisiert.

I ist die Erwiderung auf folgenden Angriff Lavaters:
> Ein Männgen von hoher Intelligenz,
> Weiß nicht ob von reichlicher Subsistenz,
> Ein gutes Schoßkindlein der Providenz;
> Kein großer Freund zwar von Jurisprudenz,
> Dafür ein Poet von vieler Lizenz,
> Und himmelrein von Insolenz
> Kam ferne nicht her vom Städtlein Coblenz
> Mit seiner klein ewigen Existenz,
> Doch mehr bedeutend als Peter Squenz
> Wegen seines Ruhms und Korrespondenz
> Und seiner weitwirkenden Influenz:
> Er kam, sag ich, ohne Renitenz
> Nach einer varianten Resistenz,
> Es kam, sag ich, der kleine Terenz,
> Ohne Dichterrausch und Rausch mit Brenz,
> Auf die berühmte Schinznacherkonferenz,
> Und horchte mit vieler Deferenz
> Und mancher possierlicher Reverenz –
> Nun, man ließ den Knaben zur Audienz,
> Und sagte sich, 's wär doch n' Impertinenz
> Wenn man ihn hielt für 'ne Pestilenz:
> Das Männchen kam also ohn Hörner und Schwänz,
> Im tiefen Gefühl seiner Dependenz,
> Ohn alle Gefreundt und Ehrenattinenz,
> Und war da nicht völlig mit Indifferenz
> Als wär er nur ein Exkreszenz –
> Es macht ufn' Mittag Ihr Exzellenz
> Mit Versen und Reimen viel seltsame Tänz
> Ohne des Reims Inkonvenienz.
> Allein auf den Abend ward in seiner Präsenz
> Gar viel geredt von des Manns Impotenz.
> Er selber macht weits und breits und Alfänz:
> Allein mir ist's klar bis zur Evidenz
> Daß vom Schädel zun Füßen er ist ein Faulenz:
> In seiner Art Einer ohn alle Konkurrenz –
> Drum reißt ihm vom Schädel die dichterschen Kränz
> Und macht in die heutigen Gedichte viel Schränz:
> Tut dann des Sünderleins Magnifizenz
> Nicht auf der Stelle Pönitenz,
> So bleibts auf ewig bei der Sentenz:

'S ist alles verloren an Michael Lenz.
II stellt die Antwort auf Konrad Pfeffels Verse dar:
> Herr Lenz, der mächtige Versifex,
> Von einem Genius und einer Hex
> Zur Fastnachtszeit gezeuget ward,
> Und kriegte ganz des Vaters Art.
> Doch ritt' auch mit Mama der Held
> Auf Besen oft durch's Sternenfeld;
> Nahm, als wir ihn kaum bärtig sahn,
> Die Musen zu Maitressen an –
> Und zeugte mit diesen keuschen Huren
> Allerhand feine Karikaturen:
> Als den Hofmeister, die beiden Greisen,
> Den neuen Menoza, und wie sie sonst heißen.
> Doch glaubt mir als einem wahren Propheten,
> Lenz wird noch einer der größten Poeten
> Die unsern deutschen Helikon zieren.
> Und sollt' ich ja meine Wette verlieren,
> So ist es wahrlich bloß seine Schuld:
> Dann aber verlier' ich die Geduld,
> Und laß ihn, ohne fernerns Hofieren,
> Von Schärer Phoebus, wie Läuffern – kastrieren.

WILLKOMMEN KLEINE BÜRGERIN

Nach der Handschrift in Basel. Erstdruck: Alfred Nicolovius: J. G. Schlossers Leben und literarisches Wirken, Bonn 1844, S. 68.
Das Gedicht ist Cornelia und Georg Schlossers am 10.5.1777 geborener Tochter Elisabeth gewidmet. Lenz sandte es in einem Brief (Nr. 252) vom 10.10.1777 an Jakob Sarasin, den er mehrmals um die Weiterleitung seiner Post an Schlosser bat. Cornelia Schlosser war kurz nach der Geburt des Kindes, am 8.6.1777 gestorben, wovon Lenz tief betroffen war. Davon zeugen auch die Begleitzeilen im Brief an Sarasin: ›Hier in Ermangelung eines Liedgens an ‚Ihr Weib und Schinznach' das ich schuldig bleibe bis Körper und Gemüt bei mir in bessern Umständen sind [...] ein Liedgen auf Schlossers jüngstes Kind.‹

ACH, IHR WÜNSCHE JUNGER JAHRE

Nach dem Erstdruck: Tieck III, S. 243. Handschrift nicht nachweisbar.

Es handelt sich um die ersten fünf Verse eines Liedes aus dem Stück ›Die Laube‹, das bei Weinhold, Dramatischer Nachlaß, S. 127 gedruckt ist.

ERWACH ICH ZUM GEFÜHL

Nach dem Erstdruck: Tieck III, S. 257f. Handschrift nicht nachweisbar.

Die Entstehungszeit des Gedichtes ist ungeklärt. Gruppe sprach es Lenz ab und brachte es in Beziehung zu der Weimarer Hofdame von Waldner. (Vgl. Otto Friedrich Gruppe: Reinhold Lenz, Leben und Werke. Mit Ergänzungen der Tieckschen Ausgabe, Berlin 1861, S. 223f.) Weinhold und Blei druckten es unter dem Titel ›Lottes Klagen um Werthers Tod‹, wozu der Name Albert ihnen offenbar den Anlaß gab, und datierten es auf den Herbst 1774. Höchstwahrscheinlich bezieht sich das Gedicht aber auf Cornelia Schlossers Tod und ist im Hochsommer 1777 entstanden.

HYMNE

Nach dem Druck: Lewy II, S. 145 ff. Erstdruck: Christliches Magazin, hg. von Pfenninger, 1780, S. 234 ff. Unter der Überschrift steht – nach Blei – ›Von R. L.‹. Handschrift nicht nachweisbar.

Die Verfasserschaft Lenzens für dieses Gedicht ist nicht belegt; die Entstehungszeit des Gedichtes ist ungeklärt. Möglicherweise wurde es im Hochsommer 1777 in Emmendingen oder in der Schweiz nach dem Tode Cornelia Schlossers geschrieben.

DIE ERSCHAFFUNG DER WELT

Nach dem Druck: Lewy II, S. 151 ff. Tieck (vgl. Bd. III, S. 276 ff.) druckte dieses Gedicht erstmals, jedoch in Prosa, an zwei Stellen durch Verse unterbrochen. Es handelt sich offenbar um ein Entwurfsstadium. Ein direktes Zeugnis für Lenz' Verfasserschaft gibt es nicht. Lewy druckte es 1909 nach der Handschrift der Königlichen Bibliothek in Berlin, die nicht mehr nachweisbar ist. Eine Teil-Handschrift befindet sich in Kraków; die Verse sind äußerst flüchtig und kaum leserlich mit Blei geschrieben.

Das Gedicht ist wohl 1777 während Lenz' Aufenthalt in der Schweiz entstanden.
222 *Stoa:* Säulenhalle in Athen, in der der griechische Philosoph Zenon aus Kition lehrte. Seine um 310 v. u. Z. gegründete Philosophenschule wurde danach benannt.

ZUR HOCHZEIT ZWEIER TÄUBGEN

Nach der Handschrift in Berlin. Es existieren zwei handschriftliche Fassungen: ein Entwurf und auf dessen Rückseite eine Reinschrift mit drei Korrekturen. Unser Druck folgt der Reinschrift. Erstdruck: Tieck III, S. 240.
Die Verse entstanden, wie die Anspielung ›schweizerliches Herz‹ vermuten läßt, 1777/78 als Gelegenheitsgedicht auf eine Hochzeit in Lenzens umfangreichem Schweizer Bekanntenkreis. Höchstwahrscheinlich waren sie für Christoph Kaufmann und Elise Ziegler bestimmt, bei denen Lenz auf Schloß Hegi und in Winterthur Ende 1777 einige Zeit lebte und zu deren Hochzeit am 2.2.1778 er eingeladen war; wegen einer Verletzung seines Fußes auf der Wanderung nach dem Steintal und seiner dort ausbrechenden Krankheit konnte er aber nicht teilnehmen.

AN DEN GEIST

Nach der Wiedergabe einer zeitgenössischen Kopie, in: Goethe-Jahrbuch 34 (1913), S. 12. Überschrift und Strophentrennung nach dem Erstdruck: Urania für Kopf und Herz, hg. von Ewald, Hannover 1793, S. 49 f. Handschrift verschollen.
Die Entstehungszeit des Gedichtes ist umstritten. Das Fehlen jeglicher bitteren Selbstironie, wie sie noch in den thematisch verwandten Straßburger Gedichten über seine Schicksalsabhängigkeit (vgl. ›Neujahrs Wunsch‹ und ›Abschiedsode‹) vorhanden ist, verweist das Gedicht in eine spätere Zeit. Die Verse entstanden höchstwahrscheinlich am Ende des Schweizjahres 1777, kurz vor dem psychischen Zusammenbruch.
226 *Simson:* hebr. Schimschon, lat. Samson; im Alten Testament, Richter 16, Heldengestalt, die, mit sagenhafter Kraft begabt, die Philister besiegte, indem sie deren Haus, unter die Säulen greifend, mit dem eigenen Körper einstürzen ließ.

EMPFINDUNGEN EINES JUNGEN RUSSEN

Nach dem Erstdruck: Weinhold, S. 240 ff. Handschrift in Kraków.
Das Gedicht entstand nach Lenz' Rückkehr aus Deutschland ins Baltikum in den Jahren 1780/81, vermutlich während der Aufenthalte in Sankt Petersburg. Es ist eine überschwengliche Huldigungsode, die aus Lenz' Bemühungen um eine Anstellung am Hofe der russischen Zarin Katharina II. zu erklären ist.

227 *Angesicht zu sehn:* die Zarin Katharina II. (1729–1796) gemeint, die der dreizehnjährige Lenz bereits bei ihrem Besuch in der Stadt Dorpat gesehen hatte.
Friedriche: Anspielung auf den Preußenkönig Friedrich II. (1712–1786).
Titus: Flavius Vespasianus Titus (39–81), seit 79 römischer Kaiser; war seit 73 mit seinem Vater Zensor und regierte in gutem Einvernehmen mit dem Senat.

228 *Phaëton:* Lenker des Sonnenwagens, kam der Sonne zu nahe und entzündete so ein Feuer.
kabalierte: Ränke schmieden.
Pitt, William (1708–1778): englischer Staatsmann.
mit Petern: Zar Peter der Große (1672–1725). In seiner Regierungszeit nahm Rußland einen großen Aufschwung, Katharina sah sich als seine Nachfolgerin.

229 *junge Fürst:* Katharinas Sohn und Thronerbe Paul (1754–1801) gemeint, der nach ihrem Tode 1796 Zar wurde. Katharina lebte in einem ständigen Spannungs- und Eifersuchtsverhältnis zu ihrem Sohn; sie ließ ihn zeitlebens bewachen, weil sie Verschwörungen befürchtete. Lenz kam am Petersburger Hof mit dem Großfürsten Paul, der eine deutsche Frau hatte und der Kunst zugeneigt war, durch den Sekretär und Bibliothekar Ludwig Heinrich von Nicolay in Berührung. Er erhoffte sogar eine Zeitlang, die Stelle als Vorleser beim Thronfolger zu bekommen, die dann aber der deutsche Dichter Friedrich Maximilian Klinger erhielt.

230 *Fürstin:* Sophie Dorothea Auguste (1759–1828), Tochter des Herzogs Eugen von Württemberg, seit 1776 mit dem Thronfolger vermählt; nach ihrem Übertritt zur russisch-orthodoxen Kirche nannte sie sich Maria Feodorowna.

AUF DES GRAFEN PETER BORISSOWITSCH SCHEREMETJEFF VORGESCHLAGENE MONUMENT

Nach dem Erstdruck: Weinhold, S. 244 f. Handschrift in Kraków.
Die Überschrift ist flüchtig über die erste Strophe gesetzt und offenbar später ergänzt worden. Das Gedicht entstand während Lenz' mehrmaligen Aufenthalten in Sankt Petersburg in den Jahren 1780/81 und stellt eine Lobeshymne auf Katharina II. dar, die dann 1782 das Monument Peters des Großen von Falconet in Petersburg errichten ließ.

230 *Scheremetjeff:* Graf und Senator, Oberkammerherr in Moskau; Lenz war wahrscheinlich mit ihm persönlich bekannt. P. B. Scheremetjew war der Herausgeber des Briefwechsels seines Vaters Michael Borissowitsch mit Peter I.

231 *Gallizins, Rumanzoff, Panins:* hohe Beamte am Hofe Katharinas.
Hermen: Hermes, der Götterbote.

AUF DEN TOD S. ERL. DES OBERKAMMERHERRN SENATEUR UND GRAFEN BORIS PETROWITSCH SCHEREMETJEFF

Nach dem Erstdruck: Weinhold, S. 246 ff. Handschrift in Kraków.
Das Gedicht wurde in Moskau vor 1789 geschrieben. In einem Brief (Nr. 310) aus diesem Jahr an den Fürsten Anhalt erwähnte Lenz den ›verewigten Oberkammerherrn Scheremetjeff‹. Lenz kannte ihn und seinen Sohn wohl persönlich und stand mit beiden in Verbindung.

232 *Piasten:* älteste polnische Dynastie, deren Stammvater Piast (9. Jh.) sein soll.
Numa: Bezug auf Numa Pompilius (um 700 v. u. Z.), einen sagenhaften römischen König.

233 *Aristarchen:* vermutlich Anspielung auf Aristarch von Samothrake (217–145 v. u. Z.), bedeutender alexandrinischer Sprachgelehrter.

WAS IST SATIRE?

Nach der Handschrift in Berlin, die eine Variante zu dem bei Weinhold, S. 249 ff. gedruckten Text darstellt. Die vier Seiten des Originals weisen zahlreiche Korrekturen auf und sind am unteren Rand stark beschädigt. Wir haben die nicht lesbaren Passagen in eckigen Klammern ergänzt nach dem Erstdruck: Tieck III, S. 294 ff. Der Schluß des Gedichtes konnte nicht wiederhergestellt werden, da die letzten Verse bei Tieck vollständig fehlen. Eine weitere handschriftliche Fassung befindet sich in Kraków.

Das Gedicht entstand in den Moskauer Jahren zwischen 1781 und 1791; eine genaue Datierung ist nicht möglich. Die Verse tragen den Untertitel ›An Herrn Kaufmann, Gelehrten und Geistlichen zu Moskau‹. Johann Jakob Kaufmann lebte nachweislich in Moskau, und zwar in dem Freundeskreis Lenzens. Er ist in dem bis 1779 geführten Mitgliederverzeichnis der deutschen Freimaurerloge ›Zur Freundschaft‹ in Moskau aufgeführt (vgl. dazu Rosanow, S. 419).

237 *Copei:* Kopie.

Mäurer: Freimaurer gemeint; mit den Moskauer Freimaurern unter Leitung von Nowikow stand Lenz in enger Verbindung. Zugleich taten sich für Lenz außerordentliche Widersprüche zu seinen in der deutschen Sturm-und-Drang-Bewegung gewonnenen weltanschaulichen Positionen auf. Vgl. dazu auch die nachfolgenden Verse.

stilles Lied der Philomele: grch., die Gesangliebende. Philomela war der griechischen Sage nach die Tochter des attischen Königs Pandion; sie wurde von Tereus, dem Mann ihrer Schwester, entehrt und der Zunge beraubt.

Raphaele ...: Bezug auf den italienischen Maler und Baumeister Raffaello Santi, genannt Raffael (1483–1520).

238 *Kutschen Komplimenten:* zu verstehen als ›Komplimente, wie sie Kutscher machen‹.

erziehn.?: Lenz' Polemik in diesem Gedicht findet sich in anderer Weise in seinen vielen Vorschlägen wieder, die er zur Verbesserung der Erziehungsarbeit in den Moskauer Lehranstalten machte.

239 *Vater Kleist:* Anspielung auf den von Lenz seit seiner Jugend verehrten Dichter Ewald von Kleist (1715–1759), der als Offizier im Siebenjährigen Krieg seinen in der Schlacht bei Kunersdorf erlittenen Verwundungen erlag.

ANMERKUNGEN ZU DEN BRIEFEN

1. LENZ AN GADEBUSCH (2.1.1765)
Erstdruck: Rosanow, S. 514. Handschrift in Riga.
243 *Von Hause:* von Dorpat, heute Tartu.

2. LENZ AN SEINEN BRUDER FRIEDRICH DAVID (11.10.1767)
Erstdruck: Rosanow, S. 514f. Teildruck des Gedichtes: Weinhold, S. 16f. Handschrift in Riga.
243 *freudigsten Begebenheit:* Lenz' älterer Bruder Friedrich David verlobte sich im Herbst 1767 mit Christine Margarete Kellner, der Tochter des Superintendenten in Reval (heute Tallinn).
244 *Feuer der Vesta:* ewiges Feuer der altitalischen Göttin des Herdes.
Tarwasts frohe Flur: 1767 übernahm Lenz' Bruder Friedrich David nach Beendigung seines Theologiestudiums in Königsberg die Pfarrstelle im Dorf Tarwast.

3. LENZ AN SEINE ELTERN (9.11.1767)
Erstdruck: Rosanow, S. 515f. Handschrift in Riga.
246 *beschwerlichen Reise:* Lenz begleitete seinen Bruder in das etwa 64 km von Dorpat entfernte Tarwast und verbrachte sechs Wochen dort.
Witwe: offenbar die Frau des vorigen Pastors.
Menage: hier: Haushalt, Wirtschaft.
247 *das junge Paar:* Am 28. Oktober 1767 hatte Lenz' älteste Schwester Dorothea Charlotte den Lehrer Christoph Friedrich Moritz geheiratet.
Frau Obristin: Frau von Albedyll.
meine Kur: Vermutlich handelte es sich um eine Wurmkur gegen den im fischreichen Livland häufig auftretenden Fischbandwurm, keineswegs jedoch um den Beginn der späteren Krankheit, wie einige Biographen bzw. Mediziner zu wissen behaupten.
Motion: Bewegung.

4. LENZ AN SEINEN VATER (24. II. 1767)
Erstdruck: Rosanow, S. 516f. Handschrift in Riga.
247 *das Laxieren:* lat., abführen, Durchfall haben.
purgieren: lat., reinigen.
248 *Roquelor:* Überzieher aus Stoff.
Derpt: mundartl. für Dorpat.
Sack schwarzen Schmaßchen: fein gekräuseltes Lammfell (aus poln. smužyk).
Russischen Buden: Verkaufsstände der russischen Händler.
Etemin: Wollstoff.

5. LENZ AN SEINEN BRUDER FRIEDRICH DAVID (JAN./FEBR. 1768)
Erstdruck: Rosanow, S. 517f. Handschrift in Riga.
249 *Wie sind Sie angekommen?:* Nach der Hochzeit des Bruders, die am 24. Januar 1768 in Reval stattfand und an der Lenz teilnahm, reiste das Ehepaar nach Tarwast.
Schwedische Reichsräte: vermutl. spaßige Anspielung auf die Jungvermählten, die in einer bis 1743 zu Schweden gehörenden Stadt getraut worden waren.
Moritz, Lieschen, Christian: Schwager und Geschwister von Lenz.
Geist des Danielis: visionärer Geist des Helden in dem nach ihm benannten bibl. Buch.
Jahre des Nestors: sprichwörtl. für Altersweisheit.
251 *Frau Obristin:* Im Original steht zwischen Lenz' Zeilen von Frau Albedylls Hand geschrieben: ›Ihres Herrn Bruders seine Grüße an mich sind zu kalt, hier folgen die zärtlichsten die aufrichtigsten die feurigsten von mich und meiner Tochter, von meiner eigenen Hand. Albedyll.‹
Am Geburtstage: Es handelt sich um den Geburtstag von Lenz' Schwägerin, dessen genaues Datum nicht zu ermitteln war.
hochzeitlichen Gedichten: offenbar von Lenz verfaßt, nicht bekannt.
Onkel Kellner: Vater von Lenz' Schwägerin Christine Margarete aus Reval.

6. LENZ AN SEINEN VATER (14. 10. 1769)
Teildruck: Rigasche Zeitung 1878, Nr. 221, Beilage. Erstdruck: Freye/Stammler I, S. 12f. Handschrift in Riga.
251 *Christian:* Johann Christian Lenz war gemeinsam mit Jakob nach Königsberg gekommen und studierte dort Jura.
Supplemente: hier: Nachträge.

vorigen Briefe: Handschrift verlorengegangen.

jährlichen Fixi: Lenz erhielt von 1769–1772 ein Rats-Stipendium von der Stadt Dorpat. Zudem bekam er Zuschüsse von privaten Gönnern, z. B. von Boks und dem Baron Wolf, wie aus einem Briefentwurf des Vaters von Ostern 1771 (vgl. Freye/Stammler I, S. 13 ff.) hervorgeht. Außerdem zahlte ihm der Vater noch einen festen Geldbetrag.

252 *Praenumeration:* Vorauszahlung.

nach Petersb. bestimmt: die Widmungsexemplare seiner ›Landplagen‹ für die Kaiserin Katharina II.

Catalogus lectionum: lat., Vorlesungsverzeichnis.

Collegiis von theologicis: lat., Vorlesungen von Theologen.

Theticum: lat. Thetik; Zusammenfassung von dogmatischen Lehren.

Exegeticum: lat. Exegese, die Auslegung.

7. LENZ AN JOHANN DANIEL SALZMANN (3. 6. 1772)

Erstdruck: Stöber, Der Dichter Lenz, S. 45 ff. Die Handschriften der Briefe an Salzmann sind bei dem Brand der Straßburger Bibliothek während der Belagerung von 1870 vernichtet worden.

253 *Salzmann:* Mit dem literarisch und pädagogisch interessierten Straßburger, der nach beendetem Jurastudium als Vogteischreiber tätig war, verband Lenz eine enge Freundschaft. Salzmann förderte junge, begabte Leute (ein Jahr zuvor z. B. Goethe), er debattierte mit ihnen und ließ sie in einem Kreis von Gleichgesinnten Vorträge halten. War selbst publizistisch tätig.

Fort Louis: französische Militärfestung, nördlich von Straßburg auf einer Rheininsel gelegen. Von Ende Mai bis zum 31. August 1772 hielt sich das Regiment Anhalt, in dem der Baron Ernst Nikolaus von Kleist diente, dort zu Sommerübungen auf.

S. T.: lat., sine titulo, ohne Titel.

lakonischer als Sallustius: Vergleich mit der gedrängten, packenden Schreibweise des röm. Historikers.

guten Mädchen: Töchter von Johann Jakob Brion, Pastor der Pfarrgemeinde Sesenheim; Maria Salome, 21 Jahre, Friederike Elisabeth, 24, Jacobea Sophie, 16; die vierte, Katharina Magdalena, war verheiratet und bereits aus dem Hause.

Fronleichnamswoche: Fronleichnam war am 18. Juni, ungefähr vom 15. bis 25. Juni hielt sich Lenz in Straßburg auf.

Negropont: schwarzes Meer; von Lenz gebildetes lateinisch-griechisches Wort.

253 *Interfusa nitentes ...:* lat., aus Horaz' ›Oden und Epoden‹, I, 14, 19–20: ›Meide das zwischen den glänzenden Cycladen fließende Meer.‹ Cycladen: Inselgruppe im Ägäischen Meer.

254 *einen gewissen G.:* Anspielung auf Johann Wolfgang Goethe, der während seiner Straßburger Studienzeit bei einem Ausflug nach Sesenheim Friederike kennenlernte und ein dreiviertel Jahr lang bis zu seiner Abreise im August 1771 mit ihr eng befreundet war.

Ses.: Sesenheim, eigtl. Sessenheim (Sassen = Sachsenheim). Dorfgemeinde mit damals 1000 Einwohnern, zur Grundherrschaft des Kardinals und Prinzen Rohan-Soubis in Zabern gehörend, in der Nähe von Fort Louis gelegen.

Lichtenau: Ort im Badischen auf dem rechten Rheinufer.

255 *Tischgesellschaft:* Der Kreis um Salzmann traf sich auch im Kosthaus von Anna Maria und Susanna Margareta Lauth, Knoblochgasse 22. Lenz aß nur in Ausnahmefällen dort Mittag, da er kein Geld hatte und zudem durch seine Anstellung als Hofmeister zeitlich oft verhindert war.

8. LENZ AN JOHANN DANIEL SALZMANN (10.6.1772)
Erstdruck: Stöber, Der Dichter Lenz, S.48ff. Handschrift: Vgl. Anm. zu Brief 7.

255 *Wunde:* Anspielung auf seinen Liebeskummer um Friederike Brion.

veni, vidi, vici: lat., ich kam, ich sah, ich siegte.

256 *Vetter Orlando:* Gestalt aus Ariosts ›Orlando furioso‹.

Amtsschulz: Schübler, Freund der Familie Brion.

9. LENZ AN SEINEN VATER (15.6.1772)
Erstdruck: Erich Schmidt, Lenziana, S.1001f., basiert auf einer alten Abschrift aus der Familie Lenz, das Original ist verlorengegangen. Die Kopie befindet sich in Kraków.

257 *keiner meiner Briefe:* Weder die hier erwähnten Briefe Lenzens an den Vater noch die im folgenden angedeuteten des Vaters sind erhalten geblieben.

258 *Sukzeß:* Erfolg.

10. LENZ AN JOHANN DANIEL SALZMANN (28.6.1772)
Erstdruck: Stöber, Der Dichter Lenz, S.51f. Handschrift: Vgl. Anm. zu Brief 7.

259 *Mein Trauerspiel:* ›Der Hofmeister‹.

ein unreifes Manuskript: wahrscheinlich die Übersetzung von Popes ›Essay on criticism‹, die Lenz unter dem Einfluß Kants in Königsberg begonnen und in Berlin auf der Durchreise dem Verleger und Schriftsteller Friedrich Nicolai übergeben hatte.

dies andere Blatt: Es muß sich nach Stöber um einige kleine Blätter gehandelt haben, die philosophische und theologische Betrachtungen, vor allem über Leibniz, enthielten. Sie sind 1870 mit verbrannt.

11. Lenz an seinen Bruder Johann Christian (15.7.1772)
Erstdruck: Freye/Stammler I, S. 25 ff. Handschrift in Kraków.
260 *lamentablen:* jämmerlichen.
Frohlandt: wie auch die andern Genannten ehemalige Studienkollegen aus Königsberg.
Vorschlag mit der Kondition: Der Bruder hatte ihm wahrscheinlich eine Hofmeisterstelle in Livland angeboten.
Herr Etatsrat: der Vater der jungen Barone von Kleist, Christian Ewald von Kleist, Majoratsherr auf Kerklingen und Dobelsberg.
261 *ich dependiere:* ich bin abhängig.
Contretems: frz., Widerwärtigkeiten.

12. Lenz an Johann Daniel Salzmann (Anfang August 1772)
Erstdruck: Stöber, Der Dichter Lenz, S. 55 ff. Handschrift: Vgl. Anm. zu Brief 7.
262 *non omnia ...:* lat., nicht alle können wir alles.
Herr Rebhuhn: Gestalt des Lehrers Partridge aus Fieldings Roman ›Tom Jones‹.
aus der Gesellschaft: die Töchter Johann Jakob Brions und seine Frau.
Hobbes civem Malmesburgiensem: ›De cive‹, staatsrechtliches Buch des englischen, aus Malmesbury stammenden Philosophen Thomas Hobbes.
263 *vortrefflichen Fund von alten Liedern:* Offenbar handelt es sich um Volkslieder, die Lenz, angeregt durch Goethe, sammelte.
Gesellschaft: die 1767 gegründete ›Société de Philosophie et de Belles-Lettres‹, 1775 dann durch Lenz' Bemühungen in ›Deutsche Gesellschaft‹ umbenannt. Lenz trug dort schon im Winter 1771/72 Arbeitsthesen seiner ›Anmerkungen übers Theater‹ und erste Teile seiner Plautus-Übersetzungen vor.
historiam juris: lat., Geschichte des Rechts.
Klimm: ›Nicolai Klims unterirdische Reise‹, satirischer Roman von Ludvig Holberg.
aut ... aut: entweder ... oder.

13. LENZ AN JOHANN DANIEL SALZMANN (MITTE AUGUST 1772)
Erstdruck: Stöber, Der Dichter Lenz, S. 52 ff. Handschrift: Vgl. Anm. zu Brief 7.
Datierung: Aus dem Inhalt ergibt sich, daß der Brief nach dem vorigen geschrieben sein muß.

263 *eine Art von Lebewohl:* Das Regiment, in dem Ernst Nikolaus von Kleist diente, wurde nach Landau verlegt.

264 *Capo de Finisterre:* Vorgebirge auf der Pyrenäen-Halbinsel.

265 *Jungfer Lauthen:* Vgl. 10. Anm. zu Brief 7.
Alcibiades: grch., hier jugendlicher Freund des Sokrates als Gestalt in Platons ›Gastmahl‹.

14. LENZ AN JOHANN DANIEL SALZMANN (31. 8. 1772)
Erstdruck: Stöber, Der Dichter Lenz, S. 57 ff. Handschrift: Vgl. Anm. zu Brief 7.
Datierung: nach Freye/Stammler am Tag vor der Abreise, dem 1. September, geschrieben.

265 *Ritter Amadis:* Held des urspr. span., dann frz. Romans ›Amadis de Gaule‹; im Sinne von ritterlicher Mensch.
Banise: vielgelesener und vielfach nachgeahmter Unterhaltungsroman von Heinrich Anshelm von Ziegler und Kliphausen, ›Die asiatische Banise oder Das blutige doch mutige Pegu‹.

266 *karessiert:* liebkost, geschmeichelt.
Fatiguen: Anstrengungen.
Pfarrers von Wackefield: Titelfigur des sentimental-idyllischen Sittenromans ›Der Landpfarrer von Wakefield‹ von Oliver Goldsmith, 1761.
Impromptu: hier: Improvisation, aus dem Stegreif.
dura necessitas: lat., harte Notwendigkeit.
Tom Jones: Roman von Fielding.
Mamsell Schell: Schöll, Verwandte von Frau Brion aus ihrer Geburtsstadt Straßburg.

267 *Großfürst:* Paul von Rußland, der nachmalige Zar Paul I. Er heiratete Wilhelmine von Hessen-Darmstadt.
Envoyé: Gesandter.
der Friede: zwischen Rußland und der Türkei anläßlich der ersten Teilung Polens 1772.

15. LENZ AN SEINEN VATER (2. 9. UND 2. 10. 1772)
Teildruck: Erich Schmidt, Lenziana, S. 1002 f. Erstdruck: Freye/Stammler I, S. 33 ff. Handschrift verloren; basiert auf einer alten Familienab-

schrift mit der Überschrift von der Hand des Vaters: ›Copia eines Briefes von Jakob Mich. Reinh. Lenz an seinen Vater den Probst Lenz.‹ Kopie in Kraków.
268 *ein Dörfchen:* Sesenheim.
eine Predigt: Vgl. Brief 14.
269 *Major ex longinquo reverentia:* lat., Die Verehrung ist aus der Ferne größer.
Licentiats Salzmann: ein Vetter des Aktuarius Johann Daniel Salzmann.
270 *30:* offenbar verschrieben, soll sicher drei heißen.

16. LENZ AN JOHANN DANIEL SALZMANN (7.9.1772)
Erstdruck: Stöber, Der Dichter Lenz, S.60ff. Handschrift: Vgl. Anm. zu Brief 7.
271 *Priestern der Cybele:* überschwengliche Künder des Fruchtbarkeitskultes der grch.-röm. Göttermutter Kybele.
Farcen des Herrn Montval und Ribou: Montval, soll wohl Monval heißen, französischer Dramatiker (1745–1812), schrieb revolutionäre Tendenzstücke. Ribou, offensichtlich auch falsche Schreibweise, unbekannt.
Teintüre: Anflug, Anschein.
meinen kleinen Plautus: Lenz beschäftigte sich zu der Zeit mit der Übersetzung der Komödien des Plautus.
Herrn Senior: ältester Geistlicher des Ortes.
Namen des Kurfürsten: Karl Theodor, Kurfürst von der Pfalz, später auch von Bayern.
Charakter und die Adresse des Herrn Lamey: Andreas Lamey, Freund und Mitarbeiter von Johann Daniel Schöpflin, Professor an der Straßburger Universität, bekannt als Historiker und Staatsrechtler, Verfasser der ›Alsatia illustrata‹. Lamey leistete später beim Kurfürsten von der Pfalz Dienste und starb in Mannheim als Oberbibliothekar.

17. LENZ AN JOHANN DANIEL SALZMANN (MITTE SEPTEMBER 1772?)
Erstdruck: Stöber, Der Aktuar Salzmann, S. 64ff. Handschrift: Vgl. Anm. zu Brief 7.
272 *daß dieser Mann noch lebte:* Winckelmann wurde 1768 51jährig in Triest ermordet.
273 *gereutet:* hier: gerissen, verdrängt.
in putredinem: lat., in Fäulnis.
274 *kleine Romanze:* Lenz legte das Gedicht ›Piramus und Thisbe‹ bei.

18. LENZ AN JOHANN DANIEL SALZMANN (18. 9. 1772)
Erstdruck: Stöber, Der Dichter Lenz, S. 62 ff. Handschrift: Vgl. Anm. zu Brief 7.
275 *Daniel ... in den Löwengraben:* vgl. Altes Testament, 1. Makkabäer, 2, 60.
fait: frz., hier im Sinne von Gebrauch.
heiligen Laurentius: christlicher Märtyrer, der den Feuertod auf einem Rost erlitt.
276 *Präservativ:* lat., Schutzmittel.
Recidiv: lat., Rückfall (bei einer Krankheit). Salzmann war eben erst von einer Erkrankung genesen.

19. DER BRUDER JOHANN CHRISTIAN AN LENZ (24. 9. 1772)
Teildruck: Waldmann, S. 10 ff. Erstdruck: Freye/Stammler I, S. 47 ff. Handschrift in Riga.
278 *Condition:* hier: Stellung, Dienst.
Fiscalat: Strafklägeramt.
Stadts-Secretariat: Ab August 1772 arbeitete Johann Christian Lenz, der Jura studiert hatte, als Sekretär in Arensburg auf der Insel Ösel.
loco eines examinis: lat., anstatt eines Examens.
Bedienung: hier: Gehalt.
279 *Dies war der erste:* Lenz' Brief ist nicht erhalten.
Fantomes: frz., Hirngespinste, Trugbilder.

20. LENZ AN JOHANN DANIEL SALZMANN (OKTOBER 1772)
Erstdruck: Stöber, Der Aktuar Salzmann, S. 71 ff. Handschrift: Vgl. Anm. zu Brief 7.
280 *Leibnitz, da er ...:* G. W. Leibniz in seinem philos. Hauptwerk ›Theodizee‹.
Privation: Beschränkung, Beraubung.
282 *complementum moralitatis:* lat., Erfüllung der Sittlichkeit.
284 *voilà tout:* frz., das ist alles.
bon ça: frz., gut denn.

21. LENZ AN JOHANN DANIEL SALZMANN (OKTOBER 1772)
Erstdruck: Stöber, Der Dichter Lenz, S. 78 ff. Handschrift: Vgl. Anm. zu Brief 7.
284 *meine kleinen Systeme alle zu zerstören ...:* Bezieht sich auf Briefe bzw. Briefbeilagen, in denen Lenz religiöse und philosophische Fragen, letzte vor allem zu der Lehre von Leibniz, debattierte. Vgl. dazu

auch die Briefe 20 und 22. Die Zettel, die August Stöber a.a.O. erwähnt, sind niemals gedruckt worden und 1870 verbrannt.
285 *tant mieux:* frz., um so besser.
286 *in suspenso:* lat., unentschieden; hier im Sinne von ›ich habe mich noch nicht entschlossen‹.
entrechats: frz., Luftsprünge.

22. LENZ AN JOHANN DANIEL SALZMANN (OKTOBER 1772)
Erstdruck: Stöber, Der Dichter Lenz, S.70 ff. Handschrift: Vgl. Anm. zu Brief 7.
287 *mein Trauerspiel:* Gemeint ist die erste Fassung des Dramas ›Der Hofmeister‹, dessen Abschrift dann Salzmann wenig später erhielt.
288 *Konvenienz:* hier im Sinne von Übereinkunft.
seriosa in crastinum: lat., Ernsthaftes auf morgen. Mit diesen Worten legte der Oligarchenführer Archias in Theben einen Brief beim Mahle beiseite, der ihm die Verschwörung des Pelopidas meldete.

23. LENZ AN JOHANN DANIEL SALZMANN (OKTOBER 1772)
Erstdruck: Stöber, Der Dichter Lenz, S.66 ff. Handschrift: Vgl. Anm. zu Brief 7.
289 *Raritätenkasten:* hier im Sinne von Werk, wie es Lenz in bezug auf den ›Hofmeister‹ weiter unten gebrauchte. Beliebtes Wort der Stürmer und Dränger auch für das Treiben in der Welt und im Kopf des einzelnen.
Modephilosophen: Lenz meint wahrscheinich die ›Encyclopédie‹ von Diderot und d'Alembert, deren 28. und letzter Band damals gerade in Folioformat erschienen war.
stilles und friedelächelndes Zoar: Vgl. Altes Testament, 1. Mose 19, 22–26.
vim inertiae: von lat. vis inertiae, Kraft der Trägheit.
vim activam: von lat. vis activa, tätige Kraft.
positio: lat., Bejahung.
negatio: lat., Verneinung.
290 *mein Trauerspiel:* die Abschrift des schon im Brief 22 angekündigten Stückes ›Der Hofmeister‹.
communio bonorum: lat., Gemeinschaft der Guten.
291 *dem alten Junius Brutus:* sagenhafter Ahnherr der altröm. Familie der Junier, einer der ersten Konsuln der Republik.
Jakob am Fuß seiner Himmelsleiter: Vgl. Altes Testament, 1. Mose 28, 10–12.

24. LENZ AN JOHANN DANIEL SALZMANN (OKTOBER 1772)

Erstdruck: Stöber, Der Dichter Lenz, S. 72 ff. Handschrift: Vgl. Anm. zu Brief 7.

292 *Briefe Pauli:* die 13 Briefe des Apostels Paulus im Neuen Testament.

Friedericke aus Straßburg an mich geschrieben: Der Brief ist nicht erhalten. Sie war bei ihren Verwandten Schöll in Straßburg zu Besuch.

spartanischen Ephori: höchste Beamte in Sparta.

25. LENZ AN JOHANN DANIEL SALZMANN (OKTOBER 1772)

Erstdruck: Stöber, Der Dichter Lenz, S. 74 ff. Handschrift: Vgl. Anm. zu Brief 7.

26. LENZ AN SEINEN VATER (10. 12. 1772)

Erstdruck: Erich Schmidt, Lenziana, S. 1003 f. Handschrift verschollen; dem Druck liegt eine Kopie Georg Friedrich Dumpfs aus seiner unvollendeten biographischen Arbeit über Lenz zugrunde.

296 *Ausdruck ... an meinen Bruder:* Vgl. Brief 11.

Sie schreiben mir: Die Briefe des Vaters an Lenz sind nicht erhalten.

27. LENZ AN JOHANN KASPAR LAVATER (ENDE MÄRZ 1774)

Erstdruck: Baltische Monatsschrift 40 (1893), S. 425 f. Handschrift in Zürich.

297 *eine Schrift von Ihnen:* Vermutlich ist es eine der vielen, nur handschriftlich verbreiteten Arbeiten von Johann Kaspar Lavater.

zweiten Thessalonicher: Vgl. Neues Testament, 2. Epistel des Paulus an die Thessalonicher, Kap. 3, V. 7 ff.

2 Buch Mose: Vgl. Altes Testament, 2. Mose, 15, 26.

ιησους: grch., Jesus.

298 *Februar:* Februar-Heft der Zeitschrift ›Monatsgedanken‹. Lavater hatte sie am 26. März an Lenz, Fränkel und Röderer geschickt.

28. LENZ AN JOHANN KASPAR LAVATER (ANFANG JUNI 1774)

Erstdruck: Dorer-Egloff, S. 179. Handschrift in Zürich.

298 *Wir haben ...:* bezieht sich auf Lenz' Freund Johann Gottfried Röderer. Lavater hatte seinen Brief, wie auch die folgenden, an beide adressiert, beide antworten gemeinsam; dieser Brief enthält eine Nachschrift Röderers, die wir nicht drucken (vgl. Freye/Stammler I, S. 74).

beschleunigte Kunft: Lavater kündigte seinen Besuch in Straßburg schon für Mitte Juni an.

nach Hause zurückzugehen: Friedrich Georg von Kleist reiste nach Hause, angeblich um als Adliger von seinem Vater die nach seinem Landesgesetz notwendige Erlaubnis zur Heirat mit einer Bürgerlichen, der Straßburgerin Susanne Cleophe Fibich, zu erhalten.

Epoque: frz., Epoche.

Die Deutschen faßten ...: Zitat aus Tacitus, ›Germania‹.

Diligence: frz., Kutsche.

299 *Schwalbacher Bad:* Bad Langenschwalbach im Taunus.

verklärten Vater: Lavaters Vater war am 4. Mai 1774 gestorben; Lavater hatte Lenz offensichtlich eine Silhouette von ihm geschickt.

29. LENZ AN JOHANN KASPAR LAVATER (18.6.1774)
Erstdruck: Dorer-Egloff, S. 180f. Handschrift in Zürich.
Wiederum ein gemeinsamer Brief von Röderer und Lenz. Wir drucken nur die Nachschrift von Lenz (vollständig bei Freye/Stammler I, S. 75 ff.).
Lavater machte sich nicht einmal die Mühe, den Brief zu lesen; in sein Reisetagebuch notierte er am 26. Juni 1774: ›Ich erhielt Briefe von meiner Frau. Schultheß. Pfenninger. Sulzer. Röderer. Lenz. Konnte nur den von meiner Frau lesen.‹ (Funck, Goethe und Lavater, S. 288.)

300 *ein Franzos:* wahrscheinlich Lenzens Freund Ramond de Carbonnières.

Deine Schrift: ›Der ungerechte Landvogt oder Klage eines Patrioten‹, Zürich 1762.

30. PFENNINGER AN LENZ (31.8.1774)
Erstdruck: Stöber, Johann Gottfried Röderer, S. 161 ff.

300 *Deinen Brief vom 12. Aug.:* verlorengegangen wie alle Briefe von Lenz an Pfenninger und die anderen Züricher Freunde.

meinen Vorlesungen: ›Fünf Vorlesungen von der Liebe der Wahrheit. Von dem Einflusse des Herzens auf den Verstand. Von fehlerhafter und richtiger Methode, die Heilige Schrift zu studieren‹, Zürich 1774.

mundus vult decipi: lat., die Welt will betrogen werden.

301 ›*draußen sind die Hunde*‹: Vgl. Offenbarung Johannis 22, 15.

302 *Paß.:* wahrscheinlich Jakob Ludwig Passavant gemeint.

Clavigo: Goethes Drama, 1774 erschienen.

bon sens: frz., guten Sinnes; hier: gesunder Menschenverstand.

303 *ordiniert:* hier im Sinne von ein kirchliches Amt versehen.

31. LENZ AN SEINEN BRUDER JOHANN CHRISTIAN (7. II. 1774)

Erstdruck: Erich Schmidt, Lenziana, S. 1004 f. Handschrift in Kraków.

303 *Goethe**: Am Rand vermerkte Lenz: ›Verfasser des Goetz v. Berlichingen, Clavigo, Leiden des jungen Werthers und einiger Kleinigkeiten.‹

304 *der Tarwaster:* Lenz' älterer Bruder Friedrich David.

mit Ruten abpeitschen: bezieht sich auf die Vorwürfe in den Briefen des Vaters und Bruders an Lenz; die Briefe sind nicht erhalten.

305 *der Poet, Weg zum Ehemann:* Lenz meint hier offenbar sein Stück ›Die Freunde machen den Philosophen‹, es erschien erst 1776.

32. LENZ AN GOETHE (FEBRUAR 1775)

Erstdruck: Zoeppritz, Bd. 2, S. 314 ff. Handschrift in Berlin.

Zu diesem Brief gehört das Gedicht ›Nachtschwärmerei‹, das Lenz Goethe sandte (siehe S. 119). Auf der Rückseite stehen die Brief-Notizen.

306 *in unsern Briefen:* Die hier erwähnten Briefe Goethes an Lenz sowie die Lenz' an Goethe sind nicht erhalten.

von meinen Schmieralien: Brieflich verständigten sie sich – wie aus anderen Zeugnissen zu entnehmen ist – über ihre Arbeiten, Goethe gab Lenz z. B. Ratschläge zu den Plautus-Übersetzungen.

ut vates: lat., wie ein Seher, wie ein Prophet.

den Leuten Standpunkt ...: bezieht sich offensichtlich auf den Vortrag des zweiten Teils der ›Stimmen des Laien‹ in der Straßburger ›Sozietät‹.

Ossians Helden: Lenz' Übersetzung ›Ossian fürs Frauenzimmer‹ erschien ab Juni 1775 in Johann Georg Jacobis Zeitschrift ›Iris‹.

Liqueurs evaporirt: in Likör verdunstet.

33. LENZ AN JOHANN KASPAR LAVATER (8. 4. 1775)

Erstdruck: Dorer-Egloff, S. 185 ff. Handschrift in Zürich.

306 *in Kalender setzen:* Das erste der Epigramme erschien 1776 im Göttinger Musenalmanach.

der Verfasser: Nicht Friedrich Wilhelm Gotter, wie Lenz glaubt, sondern Christian Heinrich Schmid aus Gießen verfaßte die ›Kritischen Nachrichten‹, erschienen im ›Teutschen Merkur‹.

307 *Über die Dunkelheiten im Klopstock:* Gemeint ist dessen 1774 erschienene Prosaschrift ›Die deutsche Gelehrtenrepublik‹, die ihr Ziel, die bürgerliche Intelligenz zur Durchsetzung nationaler Forderungen zu einigen, in eigenwillig verschleierter, altertümlicher Form vortrug.

herzhafte Prügelsuppe: Lavater scheint sich gegen jene gewandt zu

haben, die sich negativ zu Klopstocks ›Gelehrtenrepublik‹ äußerten; im ›Merkur‹, wohin ihn Lenz lancieren will, ist kein solcher Artikel erschienen.
vehiculum: lat., Fahrzeug, Wagen; hier: Gleitmittel.
›*Prometheus Deukalion* …‹: Verfasser der Satire auf die Gegner des Romans ›Die Leiden des jungen Werthers‹ war nicht Goethe, sondern Heinrich Leopold Wagner.
Deraissonnements: Unvernünftigkeiten, Faseleien.
308 *Deines Mskpts. für Freunde:* Von Lavater erschien im März 1776 ›J. C. Lavater Schreiben an seine Freunde. Suche den Frieden und jag' ihm nach‹.
Zimmermann: Jakob von Zimmermann.
Herzog von Weimar: Karl August.
309 *Klopstock ist …:* Er hatte auf Einladung des Markgrafen Karl Friedrich von Baden ein halbes Jahr in Karlsruhe geweilt und kehrte nun nach Hamburg zurück.
Künstlerromanze von ihm: In Schlossers Nachlaß fand sich ein solches Gedicht von Goethe mit dem Titel ›Künstlers Morgenlied‹.
meine Kosakin: nicht aufzuklären.
Passavant: Vgl. 5. Anm. zu Brief 30.
Schweizerlieder: 1767 anonym erschienen unter dem Titel ›Schweizerlieder. Von einem Mitgliede der helvetischen Gesellschaft zu Schinznach‹ von Lavater, wurden mehrmals aufgelegt.
310 *Nathanael:* hebr., von Gott gegeben. Diesen Namen hatte Lavater Röderer zugelegt.

34. JOHANN KASPAR LAVATER AN LENZ (20. 4. 1775)
Erstdruck: Stöber, Johann Gottfried Röderer, S. 83 f.
310 *Meinungen eines Laien:* Es handelt sich um Lenz' Schrift ›Meinungen eines Laien den Geistlichen zugeeignet. Stimmen des Laien auf dem letzten theologischen Reichstage im Jahre 1773‹, die zur Ostermesse 1775 anonym in der Weygandschen Buchhandlung erschien. Lavater kannte den Verfasser nicht und sandte sein Schreiben an den Verleger, der es Lenz zukommen ließ.
Sendschreiben: Ein 1775 gegen Lavater gerichtetes Pamphlet von Johann Jakob Hottinger. Vgl. Allgemeine deutsche Bibliothek, Bd. 26, S. 596 ff.

35. LENZ AN JOHANN KASPAR LAVATER (ENDE APRIL 1775)
Erstdruck: Dorer-Egloff, S. 191 ff. Handschrift in Zürich.
311 *imperzeptiblen:* hier im Sinne von unbemerkbar.

36. LENZ AN SOPHIE VON LA ROCHE (1.5.1775)

Erstdruck: R. Hassenkamp, Euphorion 1896, S. 529f. Handschrift: Goethe- und Schiller-Archiv Weimar.

Lenz' Briefe an Sophie La Roche sind nicht alle überliefert, die erhaltenen teilweise nur bruchstückhaft. Lediglich von zwei Briefen, Nr. 36 und 74, existieren die Autographe. Die übrigen hier abgedruckten Briefe an Sophie La Roche (Nr. 39, 40, 43, 44, 48, 52 und 90) sind nur in einer ebenfalls in Weimar befindlichen, nach Jegor von Sivers' Angaben von Göckingk stammenden Abschrift erhalten. Die Antworten Sophie La Roches sind verlorengegangen.

313 *als an Goethe:* Goethe hatte ihm offenbar einen an ihn selbst gerichteten Brief übersandt, in dem sich Sophie La Roche positiv zu Lenz äußerte.

aus Ihrem Dintenfaß: wohl während Goethes Rheinreise im Sommer 1774.

Sternheim: Sophie La Roches ›Geschichte des Fräuleins von Sternheim‹, Leipzig 1771, 2 Bde., herausgegeben von Wieland. Das Buch hatte einen außergewöhnlichen Erfolg.

314 *Verfasser komischer Erzählungen:* Wielands ›Komische Erzählungen‹ erschienen 1762. Lenz nutzt – wie alle Stürmer und Dränger – jede Gelegenheit der Polemik gegen Wieland, hier wie in den folgenden Briefen an Sophie La Roche auch in Form unsachlicher persönlicher Angriffe, offenbar nicht wissend, daß Sophie La Roche und Wieland eng befreundet waren.

Brief in der Iris: In der von Johann Georg Jacobi herausgegebenen Zeitschrift ›Iris‹ wurden 1775/76 unter dem Titel ›Freundschaftliche Frauenzimmerbriefe‹ Teile eines Romans von Sophie La Roche vorabgedruckt, der als ›Rosaliens Briefe an ihre Freundin Mariane v. St.‹ 1779/81 in drei Bänden erschien.

37. LENZ AN JOHANN KASPAR LAVATER (ANFANG MAI 1775)

Erstdruck: Dorer-Egloff, S. 181f. Handschrift in Zürich.

315 *da Goethe gleichfalls ...:* Goethe nahm Lenz am 27. Mai 1775 nach Emmendingen mit, und sie blieben bis zum 5. Juni dort, Lenz wahrscheinlich einige Tage länger; schon davor, Ende April/Anfang Mai, hatte Lenz vermutlich Schlossers kennengelernt.

meine größten Leiden: wohl seine Verehrung und Schwärmerei für Goethes Schwester Cornelia, die seit 1773 mit Johann Georg Schlosser verheiratet war.

316 *Herzog von Weimar:* Am 23. Februar hatte Karl August auf dem

Weg nach Paris in Straßburg geweilt, nun, am 16. Mai, kommt er bei der Rückreise durch die Stadt.
in dessen Gefolge: Es handelt sich um Knebel.

38. LENZ AN GOTTER (10.5.1775)
Erstdruck: Blei V, S. 373 f. Handschrift in Kraków.
316 *Brief vom Jenner:* Dieser Brief ist, wie die meisten Briefe von Gotter an Lenz, nicht erhalten.
kritischen Nachrichten ...: die im ›Teutschen Merkur‹ veröffentlichte Arbeit ›Kritische Nachrichten vom Zustande des teutschen Parnasses‹ von Christian Heinrich Schmid.
317 *Reise nach Gotha war.*:* Im Original findet sich folgende Ergänzung von Lenzens Hand: ›Der Kurländer [vgl. 3. Anm. zu Brief 28] sitzt schon lang unter seinen Hausgöttern und ist auf dem Wege gestorben und wieder auferstanden. Ich war wirklich auf den Punkt ihn zu begleiten, aber all meine Anstalten wurden zu Wasser. Doch trag ich mich immer noch mit einer Ausschweifung nach Deutschland.‹
die pedites wie die equites: lat., die Fußsoldaten wie die Reiter oder Ritter.
Kritik meines Menoza: Im Novemberheft 1774 des ›Teutschen Merkur‹ kritisierte Wieland Lenz' Drama ›Der neue Menoza‹. Lenz verteidigte sich daraufhin 1775 in den Nummern 55 und 56 der ›Frankfurter Gelehrten Anzeigen‹ mit einer Selbstrezension.
›*Mischspiel‹:* Wieland hatte gesagt: ›In Ansehung der Ausführung sollte es lieber Mischspiel als Komödie heißen.‹
318 *Seilerschen Gesellschaft:* die Theatertruppe Abel Seylers.
exul: lat., svw. Exulant, Verbannter.

39. LENZ AN SOPHIE VON LA ROCHE (20.5.1775)
Erstdruck: Euphorion 1896, S. 530 f. Vgl. Anm. zu Brief 36.
318 *Mylord Allen:* Gestalt aus Sophie La Roches Erzählung ›Der Eigensinn der Liebe und Freundschaft‹, Zürich 1772.
319 *Metastasios Spinneweben:* Anspielung auf den italienischen Dichter Pietro Metastasio, der seit 1730 am Wiener Hof lebte. Er schrieb gefällige Texte zu mythologischen Melodramen.

40. LENZ AN SOPHIE VON LA ROCHE (JUNI 1775)
Erstdruck: Euphorion 1896, S. 535 f. Vgl. Anm. zu Brief 36.
320 *dummen Noten:* Wielands Anmerkungen zu Sophie La Roches ›Geschichte des Fräuleins von Sternheim‹.

321 *die Grazien dediziert:* Die Danae aus Wielands ›Grazien‹ (1770) war nicht Sophie La Roche, sondern die Gräfin Wartensleben.
Rosalia: Vgl. 4. Anm. zu Brief 36.

41. LENZ AN GOETHE (JUNI/JULI 1775)
Erstdruck: Goethes Werke (Weimarer Ausgabe), Abt. I, Bd. 38, S. 444.
Handschrift: Goethe- und Schiller-Archiv Weimar.
Das Briefchen steht auf der Innenseite eines Blattes, dessen Außenseite ein Personenverzeichnis von Goethes ›Hanswursts Hochzeit‹ enthält. Der Inhalt des Briefes bezieht sich offensichtlich auf Teile des ›Pandämonium Germanicum‹. Lenz schrieb diese Huldigung an seinen Freund Goethe in Form einer dramatisierten Literatursatire aller Wahrscheinlichkeit nach im Frühsommer 1775. Während ihres Zusammenseins in Emmendingen vom 27. Mai bis 5. Juni bzw. während Goethes Straßburger Aufenthalt auf der Rückreise aus der Schweiz Mitte Juli, der der Höhepunkt ihrer freundschaftlichen Beziehungen war, hat Lenz Goethe sicher Teile oder das Ganze gezeigt, auch eine zweite Fassung entworfen. Vermutlich auf Goethes Wunsch unterblieb damals die Veröffentlichung; beide Handschriften tragen Lenz' eigenhändigen Vermerk ›wird nicht gedruckt‹.

321 *vous pouvez ...:* frz., Sie können sich auf mein Ehrenwort verlassen, daß besagtes Blatt mit meinem guten Willen niemals veröffentlicht wird. Auch wurde es nur mit Rücksicht auf einen großen Teil Ihrer Leser geschrieben, deren Geschwätz im Hinblick auf Sie und Ihre Schriften niemals bis zu Ihnen gelangt. Ich hätte nie geglaubt, daß Dir das irgendwelchen Kummer bereiten könne, ich habe es nur mitgeteilt, um zu sondieren, wie Du diese Dinge aufnehmen würdest, um in Zukunft etwas Vernünftigeres darüber sagen zu können. Das sind meine Absichten. Ich habe alles aufgeboten, das zu unterdrücken, und kann Dir im voraus versichern, daß es niemals das Licht der Welt erblicken wird. Le.
[Am Rande:] Vielen Dank für die Mühe, die Sie sich mit den Lindaviana gegeben haben.
Lindaviana: bezieht sich auf ihren gemeinsamen Freund Heinrich Julius Lindau (gest. 1777) und dessen Angelegenheiten; vgl. dazu die folgenden Briefe.

42. LUISE KÖNIG UND LENZ AN KAROLINE HERDER (13. 7. 1775)
Erstdruck: Froitzheim, Zu Straßburgs Sturm- und Drangperiode, S. 82 f.
Handschrift verschollen.

322 *Buchsweiler:* Städtchen unweit von Straßburg in der Grafschaft Hanau-Lichtenberg; gehörte Ludwig IX. von Hessen-Darmstadt (1719–1790), dessen Gemahlin Henriette Karoline (1721–1774) dort gern residierte.
unsre Rehfeldin: Verwandte von Luise König, Marie Elisabeth, geb. Kern, Frau von Regierungsrat Rehfeld in Buchsweiler.
Hessin: Friederike von Hesse.
eine Lukretia: Ein solches Gedicht oder Stück von Lenz ist unbekannt.
Götte: Goethe.
323 *Agesilaus:* spartanischer König, großer Feldherr des Altertums.
Goethe ist bei mir: Im Juli 1775 weilte Goethe auf der Rückreise von der Schweiz wieder in Straßburg. Der Beleg Goethes für ihr Zusammentreffen auf dem Straßburger Münster: am Schluß seines Aufsatzes ›Dritte Wallfahrt nach Erwins Grabe im Juli 1775‹ schreibt er, daß er in seinen Gedanken durch Lenz' Erscheinen unterbrochen worden sei.

43. LENZ AN SOPHIE VON LA ROCHE (JULI 1775)
Erstdruck: Euphorion 1896, S. 539f. Vgl. Anm. zu Brief 36.
324 *fremde Sprachen …:* Sophie La Roches Romane erschienen z. T. zuerst in französisch, dagegen polemisiert Lenz.

44. LENZ AN SOPHIE VON LA ROCHE (JULI 1775)
Erstdruck: Euphorion 1896, S. 537ff. Vgl. Anm. zu Brief 36.
325 *Respectable pauvreté! …:* frz., ›Respektable Armut! Ich werde durch meine Erfahrung lernen, Ihre Herzen niemals durch beleidigende Ideen und Ausdrücke zu verletzen.‹ Das Zitat entstammt Sophie La Roches Erzählung ›Die Gouvernante‹, die Lenz zuerst in französischer Fassung las.
326 *Das hier beigelegte …:* Wahrscheinlich handelt es sich um das Stück ›Die Freunde machen den Philosophen‹.
Ihre Anmerkung über meine Stücke: Die Einwände Sophie La Roches zum ›Hofmeister‹, ›Menoza‹ oder zu den Plautus-Bearbeitungen kennen wir durch den Verlust der Briefe im einzelnen nicht; sicher handelte es sich aber um Vorwürfe gegen Lenz' realistische Konzeption, die die Widersprüche der Wirklichkeit hart darstellte. An Herder schrieb Lenz wenig später, am 28. August 1775, beim Wiederlesen seines ›Menoza‹: ›Denn ich war mutlos, daß ich ihn geschrieben, und er nicht erkannt worden war. Auch Fromme wenden ihr Antlitz von mir, dacht ich. Ich verabscheue die Szene nach

der Hochzeitsnacht. Wie konnt ich Schwein sie auch malen! Ich, der stinkende Atem des Volks [...]‹ (vgl. Brief 49).
327 *Psyche ... Danae:* Frauengestalten aus Wielands Roman ›Geschichte des Agathon‹.
Effronterie: Unverschämtheit.

45. LENZ AN JOHANN KASPAR LAVATER (JULI 1775)
Erstdruck: Dorer-Egloff, S. 198. Handschrift in Zürich.
328 *Buchhändler:* Heinrich Steiner in Winterthur, bei ihm erschien das Gedicht 1776.
Gedicht: Es handelt sich um ›Petrarch. Ein Gedicht aus seinen Liedern gezogen‹ (siehe S. 124). Entstanden ist es wahrscheinlich auf Anregung von Cornelia Schlosser, die Lenz in Emmendingen zum Abschied einen Band Petrarca schenkte. Ihr wollte er es auch widmen und gedruckt überreichen.
Abreise in fremde Länder ...: Im Sommer 1775 plante Lenz eine Reise als Begleiter eines jüdischen Bankierssohnes.

46. LENZ AN HERDER (23.7.1775)
Erstdruck: Aus Herders Nachlaß I, S. 225. Handschrift verschollen.
329 *Hierophant:* nach dem griechischen Kult der Lehrer der Mysterien.
das Stück: ›Die Soldaten‹. Herder bemühte sich durch die Vermittlung Zimmermanns um einen Verleger. Das Stück erschien im Herbst 1776 anonym bei Weidmanns Erben und Reich in Leipzig.

47. LENZ AN JOHANN KASPAR LAVATER (29.7.1775)
Erstdruck: Dorer-Egloff, S. 196. Handschrift in Zürich.
329 *Stollbergen:* Lenz hat Friedrich Leopold Graf zu Stolberg kennengelernt, als dieser auf seiner Reise nach der Schweiz gemeinsam mit Goethe 1775 nach Straßburg kam.
Alcäus: Alkaios, griechischer Hymnen- und Liederdichter aus Mytilene auf Lesbos.
so heft ich einige meiner Phys. Beobachtungen an: nicht mehr vorhanden.

48. LENZ AN SOPHIE VON LA ROCHE (31.7.1775)
Erstdruck: Euphorion 1896, S. 532f. Vgl. Anm. zu Brief 36.
330 *über Ihren 37sten Brief:* Vgl. 5. Anm. zu Brief 36; wahrscheinlich hat Lenz ›Rosaliens Briefe‹ handschriftlich erhalten, denn der

25.–27. Brief erschien erst im April und Juli 1776, der 37. dann im Oktober 1776 in der ›Iris‹.
Alphabeten …: Anzahl von 23 Druckbogen.
ich öffentlich sehr polternd mit ihm gebrochen: Gemeint sind die dialogische Satire ›Menalk und Mopsus‹ und der parodistische Zyklus des ›Eloge de feu Monsieur **nd‹, beide 1775 erschienen.

331 *feile ich nie:* Entgegen dieser Behauptung hat Lenz sehr wohl an seinen Stücken noch gefeilt, im Sinne einer poetischen Verdichtung und stilistischen Verbesserung, z. T. hat er auch umgearbeitet.
Göthe ist auch da …: Bei welchem Stück Goethe ihm von einer Veränderung abgeraten hat, wissen wir nicht genau, wahrscheinlich handelt es sich um den ›Hofmeister‹.
Ihre Gouvernante: deutsche Ausgabe der gleichnamigen französischsprachigen Erzählung, vgl. 1. Anm. zu Brief 44.
mit Göthen Göttertage genossen: Vgl. 6. Anm. zu Brief 42.

332 *nach Italien:* Vgl. 3. Anm. zu Brief 45.
nach Ihrer beider Briefen: Die andere ist wahrscheinlich Henriette von Waldner, deren Briefe Lenz durch Luise König kennenlernte und die er verehrte.

49. LENZ AN HERDER (28.8.1775)

Erstdruck: Aus Herders Nachlaß I, S. 225 ff. Handschrift in Weimar.

332 *›Wolken‹:* Satire von Lenz, gegen Wieland gerichtet. Lenz lehnte sich an Aristophanes' Komödie ›Die Wolken‹ an. Er ließ die Satire dann nicht drucken, nahm sie zurück, vernichtete sie und verfaßte eine Gegenschrift ›Verteidigung des Herrn W.** gegen die Wolken von dem Verfasser der Wolken‹. 1776 wurde sie gedruckt.

333 *Reise:* Vgl. seinen Brief an Herder vom 20. November 1775 (Nr. 64).
Sokrates: Wieland in den ›Wolken‹.
›Coriolan‹: Lenz hatte begonnen, das Shakespeare-Stück zu übersetzen. 1776 überreichte er dann dem Herzog von Weimar einen Teil der Übersetzung mit einer persönlichen Widmung.
eben die Szene …: 2. Akt, 3. Szene, darin auch das Wort Coriolans ›Worthy voices‹, engl., würdige Stimmen.
der Königin: Luise König, Lenz' Straßburger Wirtin. Sie führte einen regen Briefwechsel, u. a. mit Karoline Herder, geb. Flachsland, Henriette von Waldner und Cornelia Schlosser.

334 *ihre Briefe an ihre Freundin:* Gemeint sind die Briefe von Herders Frau Karoline an ihre Freundin Luise König. Lenz hat sich so dafür interessiert, daß er sie für sich abgeschrieben hat. Diese Ab-

schrift befand sich 1914 noch in der Königlichen Bibliothek in Berlin.

50. LENZ AN JOHANN KASPAR LAVATER (3. 9. 1775)
Erstdruck: Dorer-Egloff, S. 182 f. Handschrift in Zürich.

334 *Hier etwas ...:* die Satire ›Die Wolken‹, vgl. 1. Anm. zu Brief 49. Lenz schickte das Stück an Lavater, damit dieser – wie schon bei dem Petrarch-Gedicht – den Druck bei dem Buchhändler Steiner in Winterthur vermitteln sollte. Lavater lehnte – wie die folgenden Briefe zeigen – den Druck ab.

Riesen von dem Schauplatz lachte ...: Dies bezieht sich auf Wieland und das Folgende auf die gegen ihn in Opposition stehende junge Schriftstellergruppe.

51. LENZ AN JOHANN KASPAR LAVATER (SEPTEMBER 1775)
Erstdruck: Dorer-Egloff, S. 184 f. Handschrift in Zürich.

335 *Masuren gelesen:* ›Masuren oder der junge Werther. Ein Trauerspiel aus dem Illyrischen‹, 1775 in Frankfurt und Leipzig anonym veröffentlichtes satirisches Stück von August Siegfried von Goué auf den Wetzlarer Kreis um Goethe und auf ›Werthers Leiden‹.

Verfasser des Nothankers: Friedrich Nicolais Roman ›Das Leben und die Meinungen des Herrn Magisters Sebaldus Nothanker‹ (1773–1776).

336 παντα δε δυναμ ενα δια την πιστιν: grch., Alles ist mächtig durch das Vertrauen.

337 *Landvögte in ihrem Frevel:* Vgl. 2. Anm. zu Brief 29.

52. LENZ AN SOPHIE VON LA ROCHE (SEPTEMBER 1775)
Erstdruck: Euphorion 1896, S. 531 f. Vgl. Anm. zu Brief 36.
Auf der Weimarer Kopie steht folgende Notiz: ›Der Anfang dieses Briefes betrifft eine Erzählung der Frau von La Roche, ‚Der weibliche Werther', die Lenz handschriftlich erhalten hatte.‹

338 *in dem Hause des Grafen:* unbekannt.

care laccie, amate pene: ital., eigentl. cari lacci ...: teure Bande, geliebte Pein.

Briefen über das Mönchswesen: Georg Michael Frank von La Roche veröffentlichte 1771 ›Briefe über das Mönchswesen von einem katholischen Pfarrer an einen Freund‹.

Schulmeisterchrie: Gemeint ist das Gedicht ›Matz Höcker‹; vgl. S. 143.

Monatsschrift: Heinrich Christian Boie hatte Lenz zur Mitarbeit an der neuen Monatsschrift eingeladen, die ab Januar 1776 als ›Deutsches Museum‹ bei Weygand in Leipzig erschien. Herausgeber waren Boie und Dohm.

53. Die Mutter an Lenz (September 1775)
Erstdruck: Waldmann, S. 25 f. Handschrift in Riga.
339 *ganz abgebrannt:* Am 25. Juni 1775 wurde die Stadt Dorpat durch einen Brand verwüstet.
straffhalter: Wahrscheinlich sind die Gefängnisse gemeint.

54. Lenz an Herder (29. 9. 1775)
Erstdruck: Aus Herders Nachlaß I, S. 229. Handschrift im Goethe- und Schiller-Archiv Weimar.
339 *Recepisse:* Empfangsschein.
Pandaemonium: ›Pandämonium Germanicum‹, satirische Komödie; 1819 von Georg Friedrich Dumpf aus Lenz' Nachlaß herausgegeben.
340 *Hesse:* Andreas Peter von Hesse.

55. Lenz an Johann Kaspar Lavater (29. 9. 1775)
Erstdruck: Dorer-Egloff, S. 193. Handschrift in Zürich.
340 *7br:* von lat. septem, der siebente Monat des altrömischen Kalenders, entspricht September.
Briefchen von Herdern: unbekannt.
Nachrichten aus Liefland: wegen Subskribenten auf den 2. Teil der ›Physiognomik‹; vgl. Lenz' Brief an Lavater vom Juli 1775 (Nr. 45).

56. Lenz an Johann Kaspar Lavater (Ende September 1775)
Erstdruck: Dorer-Egloff, S. 189 ff. Handschrift in Zürich.
342 *Dein admonitorium:* lat., Warnung, Zurechtweisung. Vgl. Brief 33 und 4. Anm. dazu.

57. Lenz an Herder (30. 9. 1775)
Erstdruck: Aus Herders Nachlaß I, S. 230 f. Handschrift in Weimar.
342 *mein Namenstag:* Der Michaelistag ist eigentlich schon am 29. September.
Und auch Dich ehren …: Wahrscheinlich spielt Lenz auf Herders Berufung als Professor und Prediger an die Universität Göttingen an, die Herder dann ausschlug.
mein Bruder: Friedrich David Lenz, der ältere Bruder.

343 *meine ›Wolken‹:* Ob Lenz eine Abschrift oder einen Teil der Satire ›Die Wolken‹ an Herder schickte, ist unklar. An Schlosser schickte er ein Manuskript mit der Bemerkung: ›Lies es durch bester Schlosser! denn mach damit was Du willst, aber nie, nie müsse es bekannt werden.‹ (Freye/Stammler I, S. 134.) Schlosser schrieb daraufhin Lavater am 28. Oktober 1775: ›Ich danke Ihnen, daß Sie dem besten Lenz abgeraten haben seine Wolken drucken zu lassen. Sie waren zu bitter. Er schickte sie mir mit einem großen Riß zu um damit zu machen was ich wollte, ich denke ich kassiere sie ganz. Er hat Wieland da nicht angegriffen wo er am schädlichsten ist, weil ihn da – noch niemand angegriffen hat. Ich meine an der Geringschätzung edler Taten, und einfältiger Güte.‹ (Freye/Stammler I, S. 304.)

›Götter, Helden und Wieland‹: Satire von Goethe. Lenz hatte sie für ihn 1774 in Kehl in der Nähe von Straßburg, auf der deutschen Seite des Rheins, drucken lassen, nachdem er von Goethe das Manuskript bekommen hatte.

58. Lenz an Boie (2. 10. 1775)

Erstdruck: Weinhold, Boie, S. 192f., nach dem damals in Privatbesitz befindlichem Original. Handschrift verschollen.

343 *auf deutschem Grund:* Kehl lag auf der deutschen Seite des Rheins, Straßburg gegenüber.

Ihr Zutrauen: Boies Bitte um Lenzens Mitarbeit am ›Deutschen Museum‹.

turlupinieren: ärgern, foppen.

344 *periculum in mora:* lat., Gefahr im Verzug.

In Lemgo: Dort unterhielt Helwing die Meyersche Buchhandlung. Boie wandte sich dann wegen des Druckes der Satire ›Die Wolken‹ auch an ihn.

59. Johann Kaspar Lavater an Lenz (5. 10. 1775)

Teildruck: Sivers, S. 60f.; Waldmann, S. 31f. Erstdruck: Freye/Stammler I, S. 136f. Original verschollen. Abschrift in Zürich.

344 *seit den Wolken:* Lenz hatte ein Exemplar seiner Satire auf Wieland mit dem Titel ›Die Wolken‹ offenbar an Lavater geschickt, bzw. Lavater hatte es zur Einsicht von Kayser erhalten. Vgl. 1. Anm. zu Brief 49 und 4. Anm. zu Brief 57.

345 *Frfurt:* an Goethe nach Frankfurt am Main.

den Abraham: Goethe hatte das Manuskript von Lavaters religiösem Drama ›Abraham und Isaak‹.

Chiffern: konnten bisher nicht aufgelöst werden.

Zu den Briefen 843

60. Lenz an Pfeffel (13.10.1775)
Erstdruck: Jahrbuch für Geschichte Elsaß-Lothringens II, S. 22 ff. Handschrift verschollen.

346 *8ber:* von lat. octo, der achte Monat des altrömischen Kalenders, entspricht Oktober.
gütige Zuschrift: Brief von Pfeffel, nicht erhalten.
Gesellschaft schätzbarer Gelehrter: Seit Sommer 1775 bemühte sich Lenz um eine Aktivierung der Arbeit der ehemaligen, 1767 gegründeten ›Sozietät‹ (Société de Philosophie et de Belles-Lettres). Am 8. Oktober 1775 wurde die Gesellschaft unter dem Namen ›Gesellschaft der deutschen Sprache‹ ›neu eingerichtet‹.
Idiotikon: Mundartwörterbuch.
erste Schrift: ›Über die Bearbeitung der deutschen Sprache im Elsaß, Breisgau und den benachbarten Gegenden‹.
Salzmann: Vgl. 1. Anm. zu Brief 7.

347 *unser Archiv:* Die ›Gesellschaft der deutschen Sprache‹ führte Protokoll über ihre jeweiligen Sitzungen. Lenz war von Oktober 1775 bis März 1776 der Sekretär dieser Gesellschaft. Ein Heftchen in Quartformat mit 22 einzelnen Blättern ist überliefert, von Lenz eingerichtet und teilweise geführt; das Mitgliederverzeichnis und ein Protokoll über die jeweiligen Themen der Sitzungen befinden sich darin.

61. Lenz an Maler Müller (Oktober 1775)
Erstdruck: Freye/Stammler I, S. 139.
Die Datierung ergibt sich aus den von Lenz angeführten Werken Müllers: ›Der Satyr Mopsus‹ und ›Die Schafschur‹ erschienen zur Herbstmesse 1775.

347 *Maler Müller:* Friedrich Müller, lebte seit 1778 in Rom. Wurde als Dichter der Sturm-und-Drang-Zeit bekannter als durch seine Gemälde. ›Werke‹ (1811–1825), hg. von Tieck.

62. Lenz an Gotter (23.10.1775)
Erstdruck: Blei V, S. 375. Handschrift in Kraków.

347 *8br.:* Oktober (vgl. 1. Anm. zu Brief 60).
Informationen: Stunden; Lenz unterrichtete ankommende Liv- und Kurländer in Englisch und Französisch, ebenso in Festungsbaulehre.

348 *offenherziges Gemälde:* Gemeint ist das Eingeständnis seiner finanziellen Misere.
Herrn Seiler: Abel Seyler, Leiter einer Theatertruppe; spielte am

Gothaer Hoftheater, so zu seiner Wiedereröffnung am 8. November 1774 und im Sommer 1775, ebenfalls in Altenburg und Leipzig.

348 *Nachahmung der captivei:* Gemeint ist das Drama ›Die Algierer‹; Lenz schickte es nach Gotha, zu seinen Lebzeiten wurde es weder aufgeführt noch gedruckt.

63. KAYSER AN LENZ (13. II. 1775)

Erstdruck: Freye/Stammler I, S. 140f. Handschrift in Riga.

348 *9br:* von lat. novem, der neunte Monat des altrömischen Kalenders, entspricht November.

Millers: Zu Johann Martin Millers Roman ›Briefwechsel dreier akademischer Freunde‹ äußert sich Lavater, vgl. Brief 137.

Deine Wolken: Kayser bemühte sich um eine zweite Drucklegung der Satire in Ulm.

portiert: in der Schweiz im Sinne ›es zur Wahl vorzuschlagen‹.

64. LENZ AN SEINEN VATER (18. II. 1775)

Erstdruck: Freye/Stammler I, S. 141ff. Nach einer Kopie aus der Familie Lenz. Handschrift verschollen. Kopie in Kraków.

Antwort auf Briefe des Vaters, die nicht erhalten sind. Brief der Mutter vgl. Nr. 53.

350 *nicht abgebrannt:* bezieht sich auf den Brand in der Stadt Dorpat am 25. Juni 1775, vgl. Brief 53.

Socinianischer Christ: Anhänger des Lälius (1525–1562) und Faustus Socinus (1539–1604); wurden als Ketzer verfolgt, nannten sich selbst Unitarier, da sie die Dreieinigkeit leugneten.

Urkunde: Herders Schrift ›Älteste Urkunde des Menschengeschlechts‹.

nach Göttingen: Daraus wurde nichts.

Meinungen eines Laien: Lenz verbirgt, daß er selbst der Verfasser ist.

Patria ubi bene: Verkürzung von Lenz. Ubi bene, ibi patria: lat., Wo es mir gut geht, da ist mein Vaterland. Sprichwort aus der Antike, vgl. Aristophanes, Plutos Vers 511.

eine Reise: Aus der Reise wurde nichts, die Familie äußerte sich zu Lenz' Absicht befremdet. ›Daß er mit einem Juden reist, ist freilich etwas auffallend, aber er sieht dabei wohl bloß auf den reichen Mann‹, schrieb der Bruder Johann Christian Lenz am 29. Januar 1776 an den Vater.

351 *durch meine Intriguen:* hier im Sinne von Listen. Lenz spielt auf den von ihm mitentworfenen Ehekontrakt an, in Straßburg notariell be-

glaubigt am 27.10.1773, in dem sich der Baron Friedrich Georg von Kleist verpflichtete, ›Längstens bis nächstkommenden St. Johannis […] eine Reise nach Curland zu machen […] um bei seinen geliebten Eltern um deren Consens anzuhalten‹, d. h., die Einwilligung zur Ehe mit der Bürgertochter Cleophe Fibich zu erwirken. (Das Dokument findet sich im Kommentar zu dem Drama ›Die Soldaten‹ im Bd. 1 unserer Ausgabe.) Kleist kehrte nicht nach Straßburg zurück, er heiratete am 20.9.1776 in Livland eine Adlige.
es war Sturm: Gemeint sind Lenzens Anspielungen auf eine mögliche Verbindung mit Friederike Brion im Brief an den Vater vom 2.9.1772 (Nr. 15).
Moritz: Schwager von Lenz.
solitär: hier im Sinne von einzeln, keiner Gruppe angehörend.
Lieschen: Lenz' Schwester Elisabeth. Biographischer Hintergrund unaufgeklärt.
omineuse: frz., im Sinne von bedenklich, unheilverkündend.
Und daß ich für sie: Vielleicht hat der Abschreiber eine Zeile ausgelassen.
den Tarwaster …: Lenz' Bruder Friedrich David, der im Dorf Tarwast in Livland Pfarrer war.
Klopstocks Republik: das 1774 erschienene Werk ›Die deutsche Gelehrtenrepublik‹ (1. Band). Klopstock bediente sich darin einer altertümelnden verklausulierten Sprache.
Brief durch H. v. Medem: mit der Bitte an den Vater, Subskribenten für Lavaters ›Physiognomik‹ zu gewinnen.

352 *Iris:* Zeitschrift, herausgegeben von Johann Georg Jacobi (1740–1814). Seit Februar 1775 erschienen darin Sophie La Roches ›Freundschaftliche Frauenzimmerbriefe‹. Lenz' Übersetzung ›Ossian fürs Frauenzimmer‹ begann im Juni 1775 in der ›Iris‹ zu erscheinen.

65. LENZ AN HERDER (18.11.1775)
Erstdruck: Aus Herders Nachlaß I, S. 231. Handschrift in Weimar.

352 *Die ›Soldaten‹ können …:* Vorgänge und Personen waren in Lenz' Straßburger Bekanntenkreis angesiedelt. Lenz wollte vor allem Cleophe Fibich, das Urbild seiner Marie Wesener, vor Klatsch bewahren, denn er stellte die kommende Katastrophe (daß Kleist sie verlassen werde) schon als Realität dar. Vgl. auch im folgenden Brief 66 die Randbemerkung zur ersten Seite: ›Doch darf und kann vor einem Jahr […] an das Stück nicht gedruckt werden.‹

66. LENZ AN HERDER (20. II. 1775)

Erstdruck: Aus Herders Nachlaß I, S. 232ff. Handschrift im Goethe- und Schiller-Archiv Weimar.

353 *mein Stück:* ›Die Soldaten‹.

letzte Szene: Zur Entstehung und Veränderung vgl. den Kommentar zu dem Drama ›Die Soldaten‹ in Bd. 1 dieser Ausgabe.

confarreatae: lat. confarreatio, d.i. religiöse Eheschließung, feierlichste Form der patrizischen Ehe.

sors: lat., Schicksal.

Ordentliche Soldatenehen: Vgl. dazu Lenz' theoretische Schrift ›Über die Soldatenehen‹.

354 *Euren Silhouetten:* Lenz hatte sie durch seine Wirtin Luise König erhalten, die mit Karoline Herder bekannt war.

die Schlossern: Cornelia Schlosser.

ἕλκειν: grch., ziehen.

67. LENZ AN BOIE (NOVEMBER 1775)

Erstdruck: Freye/Stammler I, S. 147. Handschrift verschollen.

354 *mein armer Bube ... zugerichtet:* bezieht sich auf einen großen Riß des Manuskriptes. Lenz sendet wahrscheinlich jenes Manuskript der ›Wolken‹, das er vorher Schlosser geschickt hatte. Vgl. hierzu 4. Anm. zu Brief 57.

Was von Schlossern: polemische Arbeit gegen Wieland, wie aus Schlossers Brief vom 28. Oktober 1775 an Lavater hervorgeht: ›Ich habe Lenzen eine andere *piéce* von mir zugeschickt, gegen des Wielands Abderiten. […] Das ganze Schreiben ist ganz ohne Galle und ohne Satire. Lenz wird es Boje zu seinem neuen Journal schicken. Will ers nicht aus Furcht vor Wielanden so gebe ichs in Iselins Emphemeriden, und wills auch der nicht, so mag Lenz damit machen was er will.‹ (Freye/Stammler I, S. 307.)

355 *ein Mittel:* die Schrift ›Verteidigung des Herrn W.** gegen die Wolken‹.

68. LENZ AN GOTTER (ENDE NOVEMBER 1775)

Erstdruck: Dramat. Nachlaß, S. 25. Handschrift verschollen, früher in der Königlichen Bibliothek zu Berlin.

Lenz übersendet mit dem Brief das Manuskript der ›Algierer‹. Am 23. II. 1775 hatte er es in der Deutschen Gesellschaft vorgelesen; im Protokoll steht: ›Weil derjenige den die Ordnung traf nichts hatte bringen können, las Herr Lenz eine Nachahmung der Captivei des Plautus vor, die er aber weil sie schon verkauft war, für diesmal nicht bei der Gesell-

schaft lassen konnte.‹ (Froitzheim, Zu Straßburgs Sturm- und Drangperiode, S. 49.)
355 *den Herren:* Gemeint ist die Seylersche Truppe, die am Gothaer Hoftheater spielte.
Fährlichkeiten: hier im Sinne von Gefahren.
Paranäse: Paränese, d. h. Ermahnungsrede.

69. Lenz an Gotter (Dezember 1775)
Teildruck: Dramat. Nachlaß, S. 24. Erstdruck: Freye/Stammler I, S. 149.
Handschrift in Kraków.
356 *Captivei:* die ›Algierer‹.
Missive: lat., Sendschreiben, Botschaft.
mit der fahrenden: zu ergänzen ›Post‹.
Fräulein Schwester: Stiefschwester Gotters, in Lyon verheiratet; Gotter wollte sich mit ihr offenbar in Straßburg treffen.
in großer Gesellschaft vorgelesen: Vgl. Anm. zu Brief 68.

70. Lenz an Kayser (Dezember 1775)
Erstdruck: Grenzboten, 1870, 2. Hj., 2. Bd., S. 456 f. Handschrift verschollen, früher in der Königlichen Bibliothek zu Berlin.
357 *Freiheitshymne:* Friedrich Leopold Stolbergs ›Freiheitsgesang‹ war 1775 in Zürich für Freunde gedruckt und auch an Lenz gesandt worden; vgl. Brief 63.
von meiner Thespishand: Gemeint ist von meiner Hand als Theaterschriftsteller; nach Thespiskarren, d. h. Wanderbühne.
Geschimpf und Geschmäh: wenn die Satire ›Die Wolken‹ veröffentlicht wird.
Millern: Vgl. 3. Anm. zu Brief 63.
Schulmeisterchrie: das Gedicht ›Matz Höcker‹.
Petrarch: Gedicht, 1776 bei Heinrich Steiner und Comp. in Winterthur erschienen.
Lustspiel: die ›Algierer‹.

71. Lenz an Boie (Dezember 1775)
Erstdruck: Rosanow, S. 518. Handschrift verschollen, früher in der Königlichen Bibliothek zu Berlin.
358 *Erzählung in Marmontels Manier:* Es handelt sich um ›Zerbin oder die neuere Philosophie‹. Mit dem nächsten Brief erst sandte Lenz das Manuskript an Boie; es erschien im zweiten und dritten Stück des Deutschen Museums von 1776. Hier Bezug auf den französischen Schriftsteller Jean-François Marmontel (1723–1799).

72. LENZ AN BOIE (ENDE DEZEMBER 1775)

Erstdruck: Rosanow, S. 518 f. Handschrift verschollen, früher in der Königlichen Bibliothek zu Berlin.

358 *Knitteln:* Boie hatte das in den vorhergehenden Briefen erwähnte Schulmeistergedicht ›Matz Höcker‹ für das Deutsche Museum abgelehnt, er schickte das Manuskript am 10.1.1776 an Lenz zurück. Es erschien dann 1776 in den ›Flüchtigen Aufsätzen‹, herausgegeben von Kayser.

Hellwiegen: Helwing, der Verleger in Lemgo.

359 *meine Umstände:* Lenz' Geldnot, die ihn auch zu den Forderungen zwingt.

Blessig: Im Protokoll der Deutschen Gesellschaft steht: ›Den 30ten Nov. [1775] las Herr Magister Blessig üb. die Gesch. der philos. Kunstsprache bei den Griechen [...]‹ (Froitzheim, Zu Straßburgs Sturm- und Drangperiode, S. 49).

73. LENZ AN HERDER (DEZEMBER 1775)

Erstdruck: Aus Herders Nachlaß I, S. 234 f. Handschrift im Goethe- und Schiller-Archiv Weimar.

359 *Deine Ursachen ...:* Herders Schrift ›Ursachen des gesunknen Geschmacks bei den verschiedenen Völkern, da er geblühet‹, 1775 erschienen.

über die Geschichtsphilosophie: Herders Schrift ›Auch eine Philosophie der Menschheit‹, 1774 veröffentlicht.

360 *Hügel:* Herders Ruf nach Göttingen.

74. LENZ AN SOPHIE VON LA ROCHE (28.12.1775)

Teildruck: Euphorion 1896, S. 534 f. Erstdruck: Freye/Stammler I, S. 153 ff. Handschrift im Goethe- und Schiller-Archiv Weimar.

360 *10br:* von lat. decem, der zehnte Monat des altrömischen Kalenders, entspricht Dezember.

Ihrer Henriette: in Sophie La Roches ›Freundschaftlichen Frauenzimmerbriefen‹ die Episode der Henriette von Effen; sie steht am Ende des 18. Briefes, veröffentlicht im Juli 1775 in der Zeitschrift ›Iris‹.

der Person: Luise König.

Hn. von Bismark ...: Karl Alexander von Bismark, ›Gedächtnisschrift auf Christiane Charlotte Gottliebe von Bismark, geb. von Schönfeldt‹ (1774).

361 *il trouve bien ...:* frz., er findet alle seine Gedanken, seine Handlungen so gut – es scheint ... es scheint, daß man gewollt hätte, diese Frau gewesen zu sein und tot zu sein.

il est impossible ...: frz., es ist unmöglich wiederzugeben.
j'y ai pleuré ...: frz., ich habe darüber guten Herzens geweint.
Reise nach Italien: Vgl. vorangegangene Briefe.
erschröckliche Nebelwolken: Lenz denkt an die Veröffentlichung der Satire ›Die Wolken‹.
A Messieurs ...: frz., An die Herren Meville und Perrin, bekannte Kaufleute, zu übermitteln an Herrn Lenz in Kehl.
Kehl: war deutsches Territorium, weshalb der Briefverkehr von und nach dort wesentlich billiger als zwischen dem französischen Straßburg und Deutschland war. Lenz sandte auch öfters seine Post in Kehl ab.

75. GOTTER AN LENZ (2.1.1776)
Teildruck: Dramat. Nachlaß, S. 26. Erstdruck: Freye/Stammler I, S. 156 ff. Handschrift in Riga.
Das Manuskript ist am Schluß beschädigt.
362 *G.:* Gotha.
Händel: hier im Sinne von Handel.
theatralischer Nativitätstellung: hier: Vorhersagung.
363 *Jahrmarkt:* Komische Oper in 2 Akten, Musik von Benda, erschienen 1778 in ›Singspiele‹, Bd. 1.
Mariane: bürgerliches Trauerspiel, 1776 in Gotha veröffentlicht.
Jngfer Lutte: Jungfer Lauth.

76. BOIE AN LENZ (10.1.1776)
Teildruck: Waldmann, S. 36f. Erstdruck: Freye/Stammler I, S. 159ff. Handschrift in Riga.
364 *Almanach für Sie:* ein Exemplar des in Lauenburg verlegten Voßschen Almanachs auf 1776. Boie am 2. Juli 1775 an Voß: ›Ich habe Claudius heute allerlei für den Almanach geschickt. Von Lenz Epigramme, die sich schwerlich brauchen lassen, fast alle *contra* Wieland. Lenz empfiehlt sich Ihrer Freundschaft und schreibt, daß es ihm einerlei wäre ob sie gedruckt würden oder nicht. Ein Ex. des Alm. müssen Sie ihm in jedem Falle schicken.‹ (Z. f. d. Phil. I, S. 382.) Zwei Gedichte von Lenz wurden in dem Almanach gedruckt.
365 *Gerstenberg:* Die für 1776 angekündigten Schriften blieben aus.
G. R.: Klopstocks ›Gelehrtenrepublik‹, 1774 war der 1. Teil erschienen, ein 2. Teil folgte nicht.
K.: Klopstock.
Claudius: hier Anspielung auf seine kurzzeitige Berufung als Oberlandkommissär nach Darmstadt.

77. JOHANN GEORG SCHLOSSER AN LENZ (13. 1. 1776)

Erstdruck: Stöber, Johann Gottfried Röderer, S. 164 f.

366 *Rathaus:* Der Brief ist – wie schon bei Freye und Stammler I, S. 310 mitgeteilt – auf einen Aktenbogen geschrieben.
dädalischen Maschine: Labyrinth; eines der berühmtesten ist das von Kreta, der Sage nach bei Knossos von Daidalos erbaut.
Inedia: lat., Fasten, Hungern.
ex Fame: lat., aus Begierde.

367 *des Actuarii:* des Aktenschreibers.
Diod. Sic.: Diodorus Siculus, grch. Historiker aus der Zeit Cäsars.
Lindau, Heinrich Julius von: 1775 in der Schweiz lebend, Bekanntschaft mit Lavater; 1777 in hessischen Diensten in Nordamerika gefallen.
Langhorn: John Langhorne, englischer Dichter und Übersetzer der Biographien Plutarchs (1770).

78. LENZ AN GOTTER (14. 1. 1776)

Teildruck: Dramat. Nachlaß, S. 26 f. Erstdruck: Freye/Stammler I, S. 163 ff. Handschrift in Kraków.

367 *meinen Seeräuber:* das Stück ›Die Algierer‹.

369 *Gallien mißgönne:* Anspielung auf ihren Lebensort Lyon in Frankreich.

79. LENZ AN JOHANN KASPAR LAVATER (JANUAR 1776)

Erstdruck: Dorer-Egloff, S. 193 ff. Handschrift in Zürich.

369 *in Deiner Gastpredigt:* wahrscheinlich eine handschriftlich übersandte Predigt; Lavaters Sammlung ›Gastpredigten‹ erschien 1774.
Lindau: Vgl. 6. Anm. zu Brief 77; er war, aus der Schweiz kommend, in Straßburg gewesen.
Laienepistel von Schlossern: Sie war am 2. 1. 1776 von Lenz in der Straßburger Deutschen Gesellschaft verlesen worden, im Protokoll steht: ›eine von Herrn Schlosser eingesandte modernisierte Epistel Johannis […], die bes. die gewöhnliche Art in unsern Tagen die Religion vorzutragen rügte.‹ (Froitzheim, Zu Straßburgs Sturm- und Drangperiode, S. 50.)
Consigne: frz., Losung, erteilte Vorschrift.

370 *ein Bild in Deine Physiognomik:* das Bild Henriette von Waldners, das Lenz durch seine Wirtin Luise König kennengelernt hatte.
Aquieszenz: nach lat. acquiescentia, die Folgeleistung.

371 *Idololatrie:* Bilderdienst, Abgötterei.

80. Johann Kaspar Lavater an Lenz (24.1.1776)
Erstdruck: Waldmann, S. 38. Handschrift verschollen. Kopie des Originals in Zürich.

371 *Dein Petrarch:* Das Gedicht erschien zur Ostermesse 1776, mit 24 Seiten Anhang von Bücheranzeigen des Verlages Steiner.
Stollberg ... Kammerherr in Weimar: Klopstock hatte auf Gerüchte über das Treiben am Weimarer Hofe hin Goethe einen Brief mit Vorhaltungen geschrieben, der zum Bruch zwischen Goethe und Klopstock führte; Friedrich Leopold Stolberg stand unter Klopstocks Einfluß und trat daraufhin die Stelle in Weimar nicht an.

81. Lenz an Heinrich Julius von Lindau (Januar 1776)
Erstdruck: Blätter für literarische Unterhaltung 1898, Nr. 10, S. 145.

372 *Deinem Peter:* Lindau hatte in der Schweiz ein etwa zehnjähriges Findelkind angenommen, das er nach dem Fundorte Peter im Baumgarten nannte. Er wollte ihn auf seine Kosten erziehen lassen. Lenz sollte Peter zu Lindau nach Kassel bringen. Eigene Reisepläne wurden Lenz wichtiger, und da er offenbar keine Zeit versäumen wollte, reiste er allein. Nach Lindaus Tod kümmerte sich Goethe um den Knaben.
apostolisch zu reisen: zu Fuß.
nach Amerika: Am 31.1.1776 teilte Lindau Lavater seinen Entschluß mit, als Leutnant des Wuthgenauschen Regiments, das der Landgraf von Hessen-Kassel an die Engländer verkauft hatte, nach Amerika zu gehen, ›und zwar wider meine guten Freunde, die Kolonisten‹. Am 29.1.1776 verabschiedete er sich in Weimar von Goethe.

82. Lenz an Wieland (Anfang 1776)
Erstdruck: Sivers, S. 83 ff. Handschrift verschollen.
Laut Freye/Stammler I, S. 313 handelt es sich um den Entwurf eines Briefes, durch den Lenz mit Wieland anknüpfte. Abgesandter Brief und Wielands Antwort sind nicht erhalten. Er muß aber bald geschrieben haben, denn am 26.2.1776 teilte Pfenninger Herder mit: ›Vorgestern, Sonntags, vernahmen wir durch Lenz, daß ihm Wieland geschrieben habe, Sie seien Superintendent zu Weimar.‹ (Aus Herders Nachlaß II, S. 158.)

374 *Cramer und Lolli:* zwei berühmte Geiger; Wilhelm Cramer (1744–1799) und Antonio Lolli (1728–1794).
ultro emptorem adducere Pl. Poen.: lat., obendrein den Käufer zu verleiten. Zitat aus Plautus' Komödie ›Poenulus‹, I, 2.
öffentlich erfahren: Veröffentlichung der Satire ›Die Wolken‹.

83. FRIEDRICH LEOPOLD STOLBERG AN LENZ (3.2.1776)
Erstdruck: Dumpf, Pandaem. germ., S. 20 f. Handschrift in Riga.

375 *Unser lieber Wolf:* Johann Wolfgang Goethe.

Wolfs Farce: Goethes ›Götter, Helden und Wieland‹, von Lenz in Kehl am Rhein zum Druck befördert, eine Satire auf Wielands ›Alceste‹.

Ich komme ... als Kammerherr: Vgl. 2. Anm. zu Brief 80.

83a. LENZ AN BOIE (19.–22.1.1776)
Erstdruck: Jahrbuch der Deutschen Schillergesellschaft, 8. Jg. (1964), S. 6 ff. Handschrift im Wieland-Museum Biberach.

376 *Aussöhnung mit Wielanden:* offenbar das Manuskript der ›Verteidigung der Wolken‹, von dem Lenz bereits in einem Brief an Boie vom November 1775 andeutungsweise spricht.

normännisch: ein im Elsaß gebrauchter französischer Ausdruck, der beinhaltet, daß der Verfasser in seiner Apologie zögernd und unentschlossen bleibt.

unsere Gesellschaft: die von Lenz geleitete ›Deutsche Gesellschaft‹ in Straßburg.

Zimmermann ... Mskpt.: Zimmermann hatte das ihm von Herder übergebene Manuskript des Dramas ›Die Soldaten‹ in Händen, das er auch zum Druck beförderte.

ad captum: lat., nach dem Bildungsstand.

377 *Soliloquium:* lat., Selbstgespräch.

84. LENZ AN BOIE (ANFANG FEBRUAR 1776)
Erstdruck: Sivers, S. 78. Handschrift verschollen, früher in der Königlichen Bibliothek zu Berlin.

379 *Sohn bei Wiel.:* Sophie La Roche war Wielands Jugendfreundin und blieb ein Leben lang freundschaftlich mit ihm verbunden.

Pasquinade: Schmäh- oder Spottschrift.

detachiert: abgesondert, hier im Sinne von extra.

Palinodie: dichterischer Widerruf, Zurücknahme einer Behauptung; Lenz meint die Schrift ›Verteidigung des Herrn W.** gegen die Wolken‹, die dann auch 1776 gedruckt wurde.

prämedidierte: vorbedachte.

turlupinieren: jemanden aufziehen, foppen, hänseln.

inhibiert: verhindert, untersagt.

85. LENZ AN BOIE (ANFANG FEBRUAR 1776)
Teildruck: Sivers, S. 78 f.; Rosanow, S. 519. Erstdruck: Freye/Stammler I, S. 174 ff. Handschrift verschollen.

380 *Anzeigen von Ihrer Monatsschrift:* Die Zeitschrift ›Deutsches Museum‹, erschien ab Januar 1776.
381 *Wochenschrift der Bürgerfreund:* elsässische Wochenschrift, erschien 1775–1777, herausgegeben von Friedrich Rudolf Salzmann, Schönfeld, Türkheim, Dahler, Leypold, J. Oberlin, Wagner und Röderer. Da ein Teil der Heraugeber zugleich der Straßburger Deutschen Gesellschaft angehörte, versuchten sie den ›Bürgerfreund‹ zu ihrem Publikationsorgan zu machen, stießen dabei aber auf den Widerstand der Zensurbehörde. Am 6.1.1776 schrieb Türkheim an Iselin, der ›Bürgerfreund‹ erfahre ›alle möglichen Hindernisse […] was nur auch mit den gemäßigsten Ausdrücken von Vaterland und Aufklärung redet, wird unterdrückt […] Meine Aufsätze, welche in der Bastille selbst hätten können gedruckt werden, sind fast alle in die Acht erklärt worden.‹
flüchtige Aufsätze: erschienen unter diesem Titel 1776 in Zürich; Kayser war der Herausgeber.
Kostnitzergenie: Bezug auf Boies Frage in Brief 76.
in Colmar: Gemeint ist der Dramatiker Ramond de Carbonnières.

86. Heinrich Julius von Lindau an Lenz (9.2.1776)
Erstdruck: Freye/Stammler I, S.176ff. Handschrift in Riga.
382 *Antwort:* auf die Bitte, daß Lenz Lindaus Findelkind Peter nach Kassel bringen möchte; vgl. Brief 81 und Anm. dazu.
der kleine Lindau: das Findelkind Peter im Baumgarten.
Europa verlassen: Lindau hatte zunächst den Plan, das Kind mitzunehmen; er tat es dann nicht, sondern übergab es Goethe, der den Jungen nach Kochberg brachte, wo er mit den Dorfkindern aufwuchs und später in Ilmenau Jäger wurde.
Carolinen: Carolin oder Caroliner; schwedische Silbermünze, einem halben schwedischen Taler entsprechend, 1664 eingeführt.
Diligence: Postkutsche.
embarquieren: sich einschiffen.
Lame a dos: frz., Klinge mit Rückseite.
383 *Chapeau corse:* frz., Korsen-Hut.

87. Lenz an Boie (Mitte Februar 1776)
Erstdruck: Sivers, S.79f. Handschrift verschollen, früher in der Königlichen Bibliothek zu Berlin.
383 *als Anhang:* ›Verteidigung des Herrn W.** gegen die Wolken‹, vgl. 4. Anm. zu Brief 84.
384 *wichtige Reise:* die nach Weimar, wo Wieland seit 1772 lebte.

88. Heinrich Julius von Lindau an Lenz (16.2.1776)
Erstdruck: Freye/Stammler I, S. 180. Handschrift in Riga.
384 *noch 3:* drei Louisdor.

89. Lenz an Boie (19.2.1776)
Erstdruck: Sivers, S. 81. Handschrift verschollen, früher in der Königlichen Bibliothek zu Berlin.
385 *Hier haben sie etwas ... Hellwieg:* das Manuskript der Komödie ›Die Freunde machen den Philosophen‹; sie erschien noch im gleichen Jahr in Lemgo bei Helwing.

90. Lenz an Sophie von La Roche (Ende Februar 1776)
Erstdruck: Euphorion 1896, S. 536f. Handschrift: Vgl. Anm. zu Brief 36.
386 *Briefe über das Mönchswesen:* Vgl. 3. Anm. zu Brief 52.
387 *Sternheim:* Vgl. 3. Anm. zu Brief 36.
mit einer kleinen Reise ...: Andeutung seines Planes, nach Weimar zu reisen.

91. Lenz an Johann Georg Zimmermann (Ende Februar 1776)
Erstdruck: Buchner, S. 59f. Handschrift verschollen, bis Ende des 19. Jh. im Besitz der Weidmannschen Buchhandlung.
387 *eine Komödie von Steenkerk:* Diese Bitten und auch andere betreffs der ›Soldaten‹ kamen zu spät. Am 11. März 1776 sandte Zimmermann die gedruckten Exemplare der ›Soldaten‹ mitsamt dem Honorar an Herder.

92. Lenz an Johann Georg Zimmermann (Ende Februar 1776)
Erstdruck: Buchner, S. 60. Handschrift verschollen.
388 *Ich habe etwas ...:* die politische Schrift ›Über die Soldatenehen‹.

93. Johann Kaspar Lavater an Lenz (28.2.1776)
Erstdruck: Waldmann, S. 41. Handschrift verschollen. Kopie in Zürich.
388 *die Silhouette:* des Fräuleins von Waldner.
an R.: Röderer.

94. Lenz an Johann Kaspar Lavater (Ende Februar 1776)
Erstdruck: Dorer-Egloff, S. 197. Handschrift in Zürich.
389 *C. Waldner*:* Im Original hat Lenz angemerkt: ›Sie hat ein Canonikat von dem sie sich schreibt. Sei vorsichtig.‹ Henriette von Waldner-Freundstein war Kanonissin des protestantischen Kapitels von

Quedlinburg und trug den Titel Madame la comtesse Henriette de Waldner. Am 1.4.1776 heiratete sie Karl Siegfried von Oberkirch.

95. Lenz an Herder (Anfang März 1776)
Erstdruck: Aus Herders Nachlaß I, S.236f. Handschrift im Goethe- und Schiller-Archiv Weimar.

390 *von Deiner Offenbarung:* ›Johannes' Offenbarung, ein heiliges Gesicht‹ hatte Herder Lenz im Manuskript zugeschickt, der Druck erfolgte erst 1779.

96. Kayser an Lenz (3.3.1776)
Erstdruck: Rosanow, S.543f. Handschrift in Riga.

391 *Herausgeber:* der ›Flüchtigen Aufsätze‹ von Lenz, 1776 bei Füeßli in Zürich und Steiner in Winterthur erschienen.
Sachen gibst: Lenz schenkte ihm einige kleinere Arbeiten.
Mäuse machen sollte: Einwände haben.
392 *Drama:* ›Die beiden Alten‹.
Helas tais toi ...: frz., Ach schweig du Jean Jaq. [Rousseau] sie würden dich nicht hören.
Kl.: Friedrich Maximilian Klinger.
Canzonette sorella: Rieger (S.110) bemerkt hierzu: ›Wunderlich müssen die drei Canzonen, denen die Italiener unter der Bezeichnung *le tre sorelle* den Preis vor allen Gedichten Petrarcas reichen, sich in Klingers Übersetzung ausgenommen haben.‹

97. Lenz an Knebel (6.3.1776)
Erstdruck: Heinrich Düntzer: Zur deutschen Literatur und Geschichte. Ungedruckte Briefe aus Knebels Nachlaß, 2 Bände, Nürnberg 1858, Bd. 1, S.56ff. Handschrift verschollen.

392 *in Straßburg:* Knebel war im Gefolge Karl Augusts im Frühjahr 1775 durch Straßburg gereist, beide hatten Lenz einen kurzen Besuch abgestattet. Vgl. Brief 33 und 37.
393 *eine Dame von Adel:* Henriette von Waldner.

98. Lenz an Johann Georg Zimmermann (Anfang März 1776)
Erstdruck: Buchner, S.61. Handschrift verschollen.

99. Boie an Lenz (8.3.1776)
Teildruck: Waldmann, S. 42f. Erstdruck: Freye/Stammler I, S. 191f. Handschrift verschollen, früher in der Königlichen Bibliothek zu Berlin.

Antwort auf den Brief 89 und die Übersendung des Manuskriptes ›Die Freunde machen den Philosophen‹.
395 *die W.:* die Satire ›Die Wolken‹.
396 *Z.:* Johann Georg Zimmermann.
Mus.: die Zeitschrift ›Deutsches Museum‹.
Schulmeister Hieronymus: Boie erklärt sich bereit, das zunächst zurückgesandte Gedicht ›Matz Höcker‹ (vgl. Brief 76) nun doch in seiner Zeitschrift zu drucken.
Schloß.: Johann Georg Schlosser.

100. MERCK AN LENZ (8.3.1776)
Erstdruck: Rosanow, S. 541 ff. Handschrift in Riga.
397 *treugemeinten Brief:* nicht erhalten.
goutiert: Gefallen findet.
dabel: wahrscheinlich von dabble (engl.), d. i. stümpern.
caput mortuum: lat., wörtlich: Totenkopf; hier aus der Chemie entlehnt: trockener Rückstand.
Menantisch: Pseudonym für den Dichter Christian Friedrich Hunold, den Verfasser der ›Galanten, verliebten und satyrischen Gedichte‹ (1702).
Talandrisch: August Talander, Pseudonym für Bohse, den Romanschriftsteller, Schöpfer des galanten deutschen Romans.
Ramler: Karl Wilhelm Ramler galt als Autorität der poetischen Technik.
Herders Rhapsodie: die Knittelverse ›Nun denk er sich Einmal zu Hauf‹.
des Reimhards: Mercks Satire ›Rhapsodie von Johann Heinrich Reimhart, dem Jüngern‹ (1773).
Rhypographisches: Schmutziges schildernd.
sub Rosa: lat., unter der Rose, d. h. im Vertrauen.
398 *Gens aisés:* frz., wohlhabende Leute.
ennuyierten: langweilten.
obstruction: hier im Sinne von Behinderungen.
mit Yorik: Vgl. Shakespeares Hamlet, V, 1.
Stück von Wieland Goethe ...: erst 1889 im Goethe-Jahrbuch 9, S. 7 ff. veröffentlicht.
Zeichnung von Krause: Gemeint ist der Zeichner, Maler und Kupferstecher Georg Melchior Kraus.

101. HERDER AN LENZ (9.3.1776)
Erstdruck: Rosanow, S. 539. Handschrift in Riga.
399 *Deiner Komödie:* ›Die Soldaten‹.
  Dein Brief: Vgl. Nr. 95.
  Deine Kantate: ›Die Auferstehung‹, angelehnt an Herders ›Die Ausgießung des Geistes, eine Pfingstkantate‹.
  über meine Apokalypse: Vgl. Brief 95 und Anm. dazu.
  Göthens Brief aus Weimar: vom 12.12.1775; vgl. Aus Herders Nachlaß I, S. 54.
400 *an meine Urkunde:* zweiter Band des Werkes ›Älteste Urkunde des Menschengeschlechts‹, erschien 1776.
  Bach Krith: 1. Könige 17,2; der Prophet Elia wurde am Bach Krit von Raben, die ihm Speisen brachten, am Leben erhalten.

102. LENZ AN HERDER (MÄRZ 1776)
Erstdruck: Aus Herders Nachlaß I, S. 237 ff. Handschrift im Goethe- und Schiller-Archiv Weimar.
Der Brief muß sich mit dem Herders vom 9. März 1776 (Nr. 101) gekreuzt haben.
400 *Ich habe nun ...:* bezogen auf Lenz' Bitte, als Autor der ›Soldaten‹ Steenkerk aus Amsterdam anzugeben (vgl. Brief 91).

103. LENZ AN BOIE (ANFANG MÄRZ 1776)
Erstdruck: Sivers, S. 87 f. Handschrift verschollen, früher in der Königlichen Bibliothek zu Berlin.
401 *ein Nachdruck:* vermutlich der durch Kayser in Ulm besorgte Nachdruck der Satire ›Die Wolken‹, den dieser im Brief vom 3.3.1776 (vgl. Nr. 96) als ›unterdrückt‹ bezeichnet.

104. LENZ AN JOHANN KASPAR LAVATER (MÄRZ 1776)
Erstdruck: U. Hegner: Beiträge zur näheren Kenntnis Johann Kaspar Lavaters, Leipzig 1836, S. 236. Handschrift verschollen.
402 *Abraham:* Lavaters Drama ›Abraham und Isaak‹ (Winterthur 1776).

105. LENZ AN BOIE (11.3.1776)
Teildruck: Sivers, S. 88; Rosanow, S. 519 f. Erstdruck: Freye/Stammler I, S. 198 ff. Handschrift verschollen, früher in der Königlichen Bibliothek zu Berlin.
402 *Freunde machen den Philosophen:* Drama von Lenz.
403 *ein kleiner Roman in Briefen:* Gemeint ist ›Der Waldbruder‹, wurde

erst in Weimar niedergeschrieben, erschien nach Lenz' Tode 1797 in Schillers ›Horen‹.

106. LENZ AN HEINRICH JULIUS VON LINDAU (ANFANG MÄRZ 1776)
Erstdruck: Rosanow, S. 526. Handschrift in Riga.
Die Handschrift ist Konzept.
404 *Luftschloß:* Lenz hatte sich entschlossen, allein nach Weimar zu reisen; vgl. Brief 86: ›Dich für Schlösser in der Luft zu warnen‹.
dekontenanziert: aus der Fassung bringen.
405 *Suppliken:* Bittgesuche.

107. LENZ AN MERCK (14. 3. 1776)
Erstdruck: Wagner II, S. 51 ff. Handschrift verschollen.
406 *Verbüsterung:* Verworrenheit, Unklarheit.
Ihr Brief: Mercks Brief vom 8. März 1776, vgl. Nr. 100.
versprochenen Manuskripte: Vgl. ebenda.
eine Catharina von Siena: Erhalten sind zahlreiche Entwürfe dieses Dramas von Lenz.
pia mater: lat., weiche Hirnhaut.
Herders Knittelverse ... Reimhardt: Vgl. 8. und 9. Anm. zu Brief 100.

108. LENZ AN JOHANN GEORG ZIMMERMANN (15. 3. 1776)
Erstdruck: Aus Herders Nachlaß II, S. 364 f. Handschrift nicht auffindbar, befand sich früher im Besitz der Berliner Literaturarchiv-Gesellschaft.
407 *für die Soldaten:* Herder sandte das Geld, schon ehe ihn diese Bitte Lenz' erreichte, nach Straßburg; im Brief 116 bestätigt Lenz den Empfang.
Piece: Stück; gemeint ist das Drama ›Die Freunde machen den Philosophen‹, an Boie für Helwing in Lemgo gegeben, 1776 dort erschienen.

109. HERDER AN LENZ (MÄRZ 1776)
Erstdruck: Rosanow, S. 539 f. Handschrift in Riga.
408 *Eben schreibt mir Zimmermann:* am 11. 3. 1776: ›Hier die Soldaten und 15 Dukaten, die ich gestern von Leipzig erhalten habe, nachdem ich eben alles umständlich und dringend an Reich vorgestellt hatte, was Lenz in den beiliegenden Briefen verlangt.‹ (Aus Herders Nachlaß II, S. 362.)
Herostrat: Zerstörer aus Ruhmsucht, Brandstifter; nach Herostra-

tos, der 356 v. u. Z. den Tempel der Artemis in Ephesos in Brand steckte, um berühmt zu werden.
409 *Mein Paradies:* die Schrift ›Älteste Urkunde des Menschengeschlechts‹, 2. Band.
Stella: Goethes Drama, gerade erschienen.
griechische Aurora: Göttin der Morgenröte.

110. Heinrich Julius von Lindau an Lenz (16.3.1776)
Erstdruck: Freye/Stammler I, S. 206f. Handschrift in Riga.
Lenz bekam den Brief erst in Weimar und beantwortete ihn von dort (vgl. Brief 125). Lindau übersandte Lenz sein für den Adoptivsohn bestimmtes Testament, da er sich mit Selbstmordabsichten trug.
409 *Two cruel Days yet ...:* engl., Zwei grausame Tage noch muß ich um meiner eigenen Angelegenheiten willen leben. Noch ungeordnet unbestimmt. Weder ob ich lebe oder ob ich sterbe. Ich muß große Opfer bringen. Und was immer ich wähle, ich will mich nicht bestimmen lassen durch Schwäche, sondern durch Seelenstärke. Großer Gott, der du bist im Himmel, sende du mir diese Kraft, deren ich doch bedarf.
    Den Dritten
Ich habe keine Kraft, weder die zu handeln noch die, das Handeln zu unterlassen. Gaudot sagt mir, ich müsse die Zeit abwarten, wo ich fern von der Familie bin. Aber nein, dies ist der Moment, oder es gibt keinen für eine lange Zeit. Nun beginne ich eine neue Art von Leben oder eine neue Art von Qual, wenn ich gezwungen bin, dies noch zu versuchen, werde ich gezwungen sein, alle anderen bis zu meinem Tod zu versuchen. Wenn ich aber selbst genug von mir weiß, um sicher zu sein, daß ich niemals existentiam unoquoque momento debitam werde, so ist es Schwäche und Torheit, auf eine andere Zeit zu warten. [...] Jetzt würde der Tod die Lösung meiner Existenz sein, welche sonst niemals einen bestimmten Abschluß haben wird. Könnten all diese Gedanken im letzten Augenblick und bis dahin klar, aktiv und lebendig in meiner Seele sein, wäre ich nicht unentschlossen. Das aber fordere ich von meiner Seele, ehe sie von meiner Hand das Recht beanspruchen kann, aus ihrem Gefängnis entbunden zu werden.
existentiam unoquoque momento debitam: lat., die mir für jeden Augenblick geschuldete Daseinsberechtigung.
410 *Me Gothe in Frankfurt:* Frau Rat Goethe, Mutter des Dichters.

111. MERCK AN LENZ (17.3.1776)
Erstdruck: Rosanow, S. 543. Handschrift in Riga.

112. PFENNINGER AN LENZ (19.3.1776)
Erstdruck: Freye/Stammler I, S. 208 f. Handschrift in Riga.
411 *Todeswunden:* Anspielung auf Lenz' Gedicht ›Die Todeswunde tief in meiner Brust‹.
Leben Epoque: Lenz hatte sich mit ähnlichen Worten über sein Vorhaben einer politischen Schrift bezüglich der Zustände im Militär geäußert, die erst 1914 von Karl Freye unter dem Titel ›Über die Soldatenehen‹ herausgegeben wurde.
a° 75 an Göthe: als Goethe 1775 in Zürich zu Besuch weilte.

113. JOHANN KASPAR LAVATER AN LENZ (22.3.1776)
Erstdruck: Froitzheim, Lenz und Goethe, S.105 f. Handschrift in Riga.
411 *Das von Baly:* Balay, ein Straßburger Maler. Das Porträt befindet sich jetzt in Kolmar im Schongauer Museum, eine Reproduktion ist in Froitzheims ›Lenz und Goethe‹ enthalten.

114. BOIE AN LENZ (22.3.1776)
Teildruck: Waldmann, S. 45 f. Erstdruck: Freye/Stammler I, S. 210 ff. Handschrift in Riga.
Antwort auf die Briefe 103 und 105.
412 *Ihr Mspt.:* die fertig gedruckte Satire ›Die Wolken‹, die Boie vernichten soll.
414 *Brief des Prinzen Tandi:* Johann Georg Schlossers ›Prinz Tandi an den Verfasser des Neuen Menoza‹, eine Verteidigungsschrift zu Lenz' gleichnamigem Drama.
noch kein Museum: Die erste Nummer des ›Deutschen Museums‹ erschien erst 1776.
Verse an Ihren Badewirt: Gemeint ist das Gedicht ›In einem Gärtchen am Contade‹, es erschien in Voß' Almanach auf 1778.
415 *Julius von Tarent:* Stück von Johann Anton Leisewitz (1752–1806), das 1776 erschien.
H. Z.: Herr Zimmermann.
zeigt mir Ihren Brief: Lenz' Brief vom 15. März 1776, vgl. Nr. 108.
Geld u. 12 Ex. der Soldaten: Herder hatte Geld und ein Exemplar der ›Soldaten‹ bereits abgesandt, vgl. Nr. 109.
6 Duk. für den Philosophen: Das Geld erhielt Lenz in Darmstadt nicht mehr.

Zu den Briefen

115. LUISE KÖNIG AN FRIEDERIKE HESSE, FÜR LENZ (25. 3. 1776)
Erstdruck: Froitzheim, Lenz und Goethe, S. 106. Handschrift verschollen, früher in der Königlichen Bibliothek zu Berlin.
Die Adressatin ist die Schwester von Karoline Herder, verehelicht mit Geheimrat Hesse in Darmstadt. Lenz machte dort Station, wie Luise König wußte.
415 *Oberkirch:* Karl Siegfried von Oberkirch, ein elsässischer Adliger, heiratete am 1. April 1776 Henriette von Waldner.

116. LENZ AN HERDER (ENDE MÄRZ 1776)
Erstdruck: Aus Herders Nachlaß I, S. 239 ff. Handschrift im Goethe- und Schiller-Archiv Weimar.
416 *Sub iuramento mysterii:* lat., unter dem Eid des Geheimnisses.
   Mädchen: Cleophe Fibich, Tochter des Goldschmiedes und Ratsherrn Fibich in Straßburg.
   Offizier: der Baron Friedrich Georg von Kleist (1751–1800); vgl. hierzu 3. Anm. zu Brief 28.
417 *beim Geheimerat:* Andreas Peter von Hesse in Darmstadt.

117. LENZ AN GOETHE (ENDE MÄRZ 1776)
Erstdruck: Dumpf, Pandaem. germ., S. 20 f. Handschrift in Riga.

118. LENZ AN LUISE KÖNIG (ENDE MÄRZ 1776)
Erstdruck: Blei V, S. 376. Handschrift in Kraków.
Der Brief ist – wie schon bei Freye/Stammler I, S. 32 mitgeteilt – mit Bleistift geschrieben, als Antwort auf Nr. 115 gedacht, aber wohl nicht abgesandt.
Luise König, die selbst offensichtlich für Lenz Sympathie und Verehrung empfand, die von ihm aber nicht erwidert wurden, teilte Lenz die Fakten – wie aus dem Brief an Friederike Hesse vom 25. März 1776 hervorgeht – nicht ohne Schadenfreude mit. Lenz hat später im ›Waldbruder‹, ohne sich genau an biographische Details zu halten, die psychologischen Umstände dieser merkwürdigen Beziehungen charakterisiert.

119. LENZ AN HENRIETTE VON WALDNER (UM DEN 1. 4. 1776)
Erstdruck: Froitzheim, Lenz und Goethe, S. 106 f. Handschrift in Riga.
Wie auch bei Freye/Stammler I, S. 321 mitgeteilt wird, handelt es sich ebenfalls um ein Bleistiftkonzept. Es wurde wahrscheinlich nicht abgesandt.
418 *Un inconnu Vous ...:* frz., Ein Unbekannter schreibt Ihnen dies, nehmen Sie es lieber als eine Nachricht des Himmels. Ich kann

kein Interesse daran haben, denn ich nenne mich nicht. Was wollen Sie tun, allzu liebenswürdige und reizende Baronin! einen Mann heiraten, der weit unter Ihnen steht, der nicht imstande ist, Sie zu würdigen; Jugend, Schönheit, Anmut, Talente, Reichtümer, alles alles einer Seele opfern, die vielleicht nur den letzten und niedrigsten dieser seltenen Vorzüge zu schätzen weiß. Gott, wohin ist es mit Ihnen gekommen, daß Sie, so geistreich und scharfsinnig Sie sind, sich derart einem blinden Schicksal überlassen, einem grausamen und ungerechten Schicksal, das früher oder später Ihren wahren Freunden das Leben kosten wird, weil sie Sie mittellos sehen, ja verloren, so bewundernswürdig Sie sind, weil Sie in die Hände eines gewöhnlichen und infolgedessen kalten und inkonsequenten Mannes gefallen sind; Sie, eine in jedem Punkt außergewöhnliche Frau. Hören Sie mich, hören Sie mich an, ergeben Sie sich nicht so leichthin, warten Sie wenigstens, prüfen Sie ihn, was haben Sie zu riskieren. Überzeugen Sie sich durch tausend Beobachtungen, ob er eines Tages Ihre Hand verdienen kann. Bedenken Sie, es ist ein Schritt fürs Leben, ein Schritt, den man nicht rückgängig machen kann. Glauben Sie mir, jede Tugendliebe beginnt bei einem selbst; man kann sich nicht mehr über das Schicksal beklagen, nachdem man sich selber unglücklich gemacht hat. Welch Unglück, welch größeres Verbrechen, als daß Sie sich selbst Absichten überlassen, die zweifelhaft, zumindest leichtfertig sind gegenüber einem Herzen, das nicht vor Freude darüber zu sterben weiß, einen Triumph ohnegleichen davongetragen zu haben, einem Herzen, das nicht seine ganze Glückseligkeit darin sieht, Sie anzubeten.

120. LENZ AN JOHANN KASPAR LAVATER (UM DEN 1. 4. 1776)
Erstdruck: Dorer-Egloff, S. 160 ff. Handschrift in Zürich.

419 *mit einem Menschen:* Lenz meint die ihm durch Luise Königs Brief (Nr. 115) bekannt gewordene Verbindung mit dem Freiherrn von Oberkirch. Henriette von Waldner heiratete ihn am 1. 4. 1776 und führte mit ihm, wie ihre Memoiren ausweisen, eine glückliche und ruhige Ehe. Lenz wird in diesen Memoiren nicht einmal erwähnt, Goethe dagegen wiederholt; mit ihm stand sie auch – nach ihren Aussagen – im Briefwechsel. Lenz kannte Oberkirch nicht, und sein Urteil war sicher einseitig und tendenziös, wurde einerseits tatsächlich von seiner eigenen Verliebtheit diktiert, andererseits von dem ihn als Dichter stark beschäftigenden Problem der Standesehe und der freien Partnerwahl; vgl. dazu die Dramen ›Die Freunde machen den Philosophen‹ und ›Der Engländer‹, ebenso den klei-

nen Roman ›Der Waldbruder‹, damals noch Entwurf, erst in Weimar niedergeschrieben. Lavater entsprach Lenz' Bitte, Henriette von Waldner vor der Heirat zu warnen, nicht, da er die Realitäten der Standesehe Adliger zu genau kannte.

420 *Deinen Abraham:* ›Abraham und Isaak‹ (1776), religiöses Drama von Lavater.
Prinzessin Louise: Frau des Herzogs Karl August von Sachsen-Weimar.

121. Lenz an Weidmanns Erben und Reich (1.4.1776)
Erstdruck: Lenz, Soldatenehen, S. XIf. Handschrift: Vgl. Anm. zu Brief 91.
Lenz kam erst am 2. April in Weimar an. Beleg für das Ankunftsdatum im Rechnungsbuch der herzoglichen Schatulle im Staatsarchiv Weimar. Der Brief ist wahrscheinlich auf der Reise geschrieben und vordatiert, ebenso hat Lenz im voraus Weimar als neue Adresse angegeben.

122. Lenz an Boie (2.4.1776)
Erstdruck: Euphorion 19 (1912), S. 123.
421 *die Freunde machen:* das Drama ›Die Freunde machen den Philosophen‹, das Lenz durch Boies und Zimmermanns Vermittlung an den Verleger Helwing in Lemgo gegeben hatte.

123. Simon an Lenz (4.4.1776)
Erstdruck: Baltische Monatsschrift 1864, 9. Bd., S. 500. Handschrift in Riga.
Simon, seit kurzem an Basedows Dessauer Philanthropinum, schickte den Brief nach Straßburg; Lenz erhielt ihn dann von Salzmann und Röderer zusammen mit deren Brief vom 16. April 1776, vgl. Nr. 129.

124. Lenz an seine Mutter (5.4.1776)
Erstdruck: Erich Schmidt, Lenziana, S. 1005f., nach einer alten Kopie aus der Familie Lenz. Handschrift verloren. Kopie in Kraków.
422 *in Weimar:* Am Abend des 2. April traf Lenz in Weimar ein; Goethe kam zwei Tage später aus Leipzig zurück.

125. Lenz an Heinrich Julius von Lindau (April 1776)
Erstdruck: Rosanow, S. 527f. Handschrift in Riga.
Lenz' Antwort auf den Brief 110. Die Handschrift ist ein Konzept.
424 *Verwünscht sei der Thomas:* Lenz meint Peter im Baumgarten, wie auch weiter unten richtig steht.

126. BOIE AN LENZ (11.4.1776)

Teildruck: Waldmann, S. 49f. Erstdruck: Freye/Stammler I, S. 226f. Handschrift in Riga. Am Schluß hat die Handschrift eine Lücke.

425 *eins von Klingern:* das Drama ›Die Zwillinge‹.

Anekdoten zu Werthers Freuden: Goethes Entgegnung auf Nicolais Satire ›Freuden des jungen Werthers – Leiden und Freuden Werthers des Mannes‹; erst 1862 gedruckt als ›Anekdote zu den Freuden des jungen Werthers‹.

N.: Friedrich Nicolai.

127. LENZ AN LUISE KÖNIG (APRIL 1776)

Erstdruck: Blei V, S. 377. Handschrift verschollen, früher im Besitz der Königlichen Bibliothek zu Berlin.

Der Brief befand sich im Lenz-Nachlaß, ist also wahrscheinlich nie abgeschickt worden.

426 *ihre Cousine:* Adelheid von Waldner, Hofdame der Herzogin Luise.

128. LENZ AN JOHANN KASPAR LAVATER (14.4.1776)

Erstdruck: Dorer-Egloff, S. 199ff. Handschrift in Zürich.

427 *Dein Kupferstecher:* Vgl. das Bild Henriette von Waldners im 3. Versuch von Lavaters ›Physiognomischen Fragmenten‹, Leipzig und Winterthur 1777, Tafel XCIII.

Dein Abraham: Lavaters religiöses Drama ›Abraham und Isaak‹ erschien 1776 in Winterthur.

Deine Physiognomik: der zweite Teil, gerade erschienen.

428 *beiden Alten:* Drama von Lenz; eröffnete die Sammlung ›Flüchtige Aufsätze‹, erschienen 1776 bei Johann Caspar Füeßli in Zürich. Kayser war der Herausgeber.

K.: Kayser.

129. JOHANN DANIEL SALZMANN UND RÖDERER AN LENZ (16.4.1776)

Erstdruck: Freye/Stammler I, S. 230f. Handschrift verschollen. Kopie früher im Besitz der Königlichen Bibliothek zu Berlin.

429 *vocation:* Berufung.

von meinen Abhandlungen: durch Goethes Vermittlung 1776 in Frankfurt/M. gedruckt als ›Kurze Abhandlungen über einige wichtige Gegenstände aus der Religionslehre‹.

Brief aus dem Philanthr.: Vgl. Brief 123.

130. Lenz an Maler Müller (16.4.1776)
Erstdruck: Holtei, Dreihundert Briefe I, S. 132. Handschrift verschollen (1869 in Holteis Besitz).
430 *Freund Rigol:* Rigal, Hofkammerrat in Mannheim.
aus Goethens Hause: Die Eltern Goethes nahmen Lenz freundschaftlich auf, auch später schrieb Lenz noch an Goethes Mutter.
Euren Golo: Müllers Drama ›Golo und Genovefa‹, 1775 entstanden, erst 1781 gedruckt.
Das müßt ihr ...: Wahrscheinlich hatte Müller Lenz bei seinem kurzen Aufenthalt in Mannheim darum gebeten, als Dramaturg und Theaterdichter am Mannheimer Nationaltheater zu wirken.
Mit Ekhof ...: Lenz sollte offenbar versuchen, Ekhof, zu der Zeit schauspielerischer Direktor am Hoftheater in Gotha, für das Mannheimer Nationaltheater zu gewinnen. Bei einem Besuch Ekhofs in Weimar hat Lenz des längeren mit ihm gesprochen, hier anscheinend das Ergebnis des Gesprächs.

131. Maler Müller an Lenz (April 1776)
Erstdruck: Freye/Stammler I, S. 232 f. Handschrift nicht auffindbar, früher im Besitz Wendelins von Maltzahn.

132. Lenz an Boie (Mitte April 1776)
Teildruck: Sivers, S. 90. Erstdruck: Freye/Stammler I, S. 234. Handschrift verschollen, früher in der Königlichen Bibliothek zu Berlin.
432 *Freunde:* Gemeint ist wahrscheinlich Lenz' Drama ›Die Freunde machen den Philosophen‹.

133. Lenz an Simon (April 1776)
Erstdruck: Baltische Monatsschrift 1864, 9. Bd., S. 501 f. Handschrift verschollen.
Fragment, der ganze Brief umfaßte sechs Quartseiten. Antwort auf Brief 123. Fraglich ist, ob dieser Brief jemals abgeschickt wurde oder ob es sich um einen Entwurf handelt. Simon stammte aus Straßburg; mit dessen Anschauungen war Lenz offensichtlich daher vertraut.
433 *odiosa:* lat., verhaßte Dinge.

134. Lenz an Friedrich Leopold Stolberg (April 1776)
a) Erstdruck: Freye/Stammler I, S. 237. Handschrift in Riga.
b) Erstdruck: Freye/Stammler I, S. 238. Handschrift verlorengegangen, früher in der Berliner Königlichen Bibliothek.

c) Erstdruck: Dumpf, Pandaem. germ., S. 12 ff. Handschrift in Riga.
Es handelt sich um drei Entwürfe, die Lenz als öffentlichen Brief an
Friedrich Leopold Graf zu Stolberg drucken lassen wollte; gleichsam als
Antwort auf dessen Schilderung seiner ersten Begegnung mit Wieland
(vgl. Brief 83). Lenz ging es um eine öffentliche Revision seines Urteils
über Wieland.

135. LENZ AN GOTTER (ENDE APRIL 1776)
Erstdruck: Blei V, S. 376. Handschrift in Kraków.
439 *geschwinde weggereist:* Gotter befand sich um den 17. 4. 1776 mehrere
Tage in Weimar.
barbier de Seville: ›Le Barbier de Séville‹ (›Der Barbier von Sevilla‹,
1775) von Pierre-Augustin Caron de Beaumarchais.

136. HERDER AN LENZ (ENDE APRIL 1776)
Erstdruck: Rosanow, S. 540 f. Handschrift in Riga.
440 *einige Flicke in den Merkur:* ›Fabeln‹, einige davon im Maiheft 1776
des ›Teutschen Merkur‹ erschienen.
Dein Brief: nicht überliefert.
Dein Epilogus galeatus zur Urkunde: Die im ›Teutschen Merkur‹ 1776
erschienene Rezension zu Herders Schrift ›Älteste Urkunde des
Menschengeschlechts‹ stammt nicht von Lenz, wie Herder annimmt, sondern von Häfeli.
auf St. Lorenz Kohlen: Bezug auf dessen Märtyrertod auf dem
Feuerrost.

137. JOHANN KASPAR LAVATER AN WIELAND, GOETHE UND LENZ (27. 4. 1776)
Erstdruck: Funck, Lavater und Goethe, S. 66 ff. Handschrift verschollen.
Kopie in Zürich.
441 *Ich kehre …:* Anspielung auf seine Sanduhr, die Lavater jede Viertelstunde umwendete.
Pirkheimer: Bildnis des Humanisten Willibald Pirckheimer
(1470–1530), erschien im Juniheft 1776 des ›Teutschen Merkur‹, später in den ›Physiognomischen Fragmenten‹ (Bd. IV, S. 386).
442 *In 8. Tagen hoff ich Schloßern zusehen:* Johann Georg Schlosser kam
im Mai 1776 nach Zürich und besuchte mit Lavater die Helvetische
Gesellschaft in Schinznach.
Abraham: Gemeint ist Lavaters religiöses Drama ›Abraham und
Isaak‹, vgl. Brief 59.
Kayser wünscht: Im ›Teutschen Merkur‹ 1776, drittes Vierteljahr,
S. 200 ff. erschienen Kaysers Gedichte ›Die Zeiten der Liebe‹, ›An
Elise‹ und ›An ihr Bildnis‹.

Briefwechsel dreier akademischer Freunde: Roman von Johann Martin Miller.

Ephemeriden der Menschheit: Zeitschrift sozialpolitischen Inhalts, 1776 in Basel von Isaak Iselin gegründet.

138. LENZ AN BOIE (30. 4. 1776)
Teildruck: Sivers, S. 91. Erstdruck: Rosanow, S. 521. Handschrift verschollen, früher in der Königlichen Bibliothek zu Berlin.
443 *kontremandieren:* absagen.
   Museum: die von Boie herausgegebene Zeitschrift ›Deutsches Museum‹.
   Appointements: frz., Besoldungen. Lenz brauchte die Angaben für seine in Arbeit befindliche Schrift ›Über die Soldatenehen‹.

139. BOIE AN LENZ (30. 4. 1776)
Teildruck: Waldmann, S. 52. Erstdruck: Freye/Stammler I, S. 246f. Handschrift in Riga.
443 *hier die Abhandlung ...:* Am 24. April 1776 schrieb der Verleger Helwing aus Lemgo an Boie: ›Hochgeschätzester Freund Bei der Zerstreuung in der ich vor meiner Abreise bin, eine Bitte. Senden Sie selbst auf eine beliebige Art die Verteidigung an W. ab. Es ist mir nicht mehr möglich. Auch lege Ihnen die Komödie bei. Nach meiner Wiederkunft die schuldige Zahlung.‹ (Freye/Stammler I, S. 326.)
444 *die verlangten Nachrichten:* die auch im Brief 138 erwähnten, offenbar bereits früher in einem verlorenen Brief angeforderten Angaben über das Militärwesen.
   Lenardo und Blandine: Ballade von Gottfried August Bürger.

140. LENZ AN WEIDMANNS ERBEN UND REICH (6. 5. 1776)
Teildruck: Lenz, Soldatenehen, S. XII. Erstdruck: Freye/Stammler I, S. 247. Handschrift verschollen.
444 *Sur les mariages des soldats:* ›Über die Soldatenehen‹, erst 1914 von Karl Freye herausgegeben.

141. LENZ AN BOIE (12. 5. 1776)
Erstdruck: Sivers, S. 91f. Handschrift verschollen, früher in der Königlichen Bibliothek zu Berlin.
445 *Strephon:* Gemeint ist das Drama ›Die Freunde machen den Philosophen‹.
   mente captus: lat., des Verstandes beraubt, Verrückter.

142. KAYSER AN LENZ (MAI 1776)
Teildruck: Sivers, S. 90. Erstdruck: Freye/Stammler I, S. 249f. Handschrift in Riga.
445 *Dein Zettel aus Weimar:* verschollen, Bezug daher ungeklärt.
446 *Die Wolk.:* Gemeint ist die unterdrückte Satire ›Die Wolken‹.
Deine flüchtige Aufsätze: Kayser vermittelte den Druck der Lenzschen Arbeiten.
verakkordiert: in Übereinstimmung gebracht, geordnet.
meine Gefühle über Gluk: Kaysers Aufsatz ›Empfindungen eines Jüngers in der Kunst vor Ritter Glucks Bildnisse‹, erschienen im ›Teutschen Merkur‹ 1776, S. 233 ff.
aus Hermannsschlacht: Gluck hatte zu Klopstocks Bardit ›Die Hermannsschlacht‹ die Chöre komponiert.

143. BOIE AN LENZ (19.5.1776)
Erstdruck: Waldmann, S. 54f. Handschrift in Riga.
Antwort auf Lenz' vorwurfsvollen Brief vom 12. Mai 1776 (Nr. 141).
447 *W.:* die Satire ›Die Wolken‹.
G. für den V.: Goethe für den Verfasser.
Z.: Zimmermann.

144. LENZ AN GOTTER (20.5.1776)
Teildruck: Dramat. Nachlaß, S. 27. Erstdruck: Freye/Stammler I, S. 252. Handschrift in Kraków.
448 *Bode:* bekannt als Übersetzer von Lawrence Sternes Roman ›Leben und Meinungen des Herrn Tristram Shandy‹ (dt. 1774/75).

145. RÖDERER AN LENZ (23.5.1776)
Erstdruck: Froitzheim, Lenz und Goethe, S. 113ff. Handschrift in Riga.
448 *den Pack von Zürich:* Darin befanden sich die Exemplare der Sammlung ›Flüchtige Aufsätze‹.
die Siena: Lenzens begonnenes Trauerspiel ›Catharina von Siena‹.
449 *Mslle Schoell:* Tochter des Straßburger Syndikus Th. Friedrich Schöll, eines Bruders von Frau Brion aus Sesenheim.
Die gnädige Frau: Henriette von Oberkirch.
Bußweiler: Buchsweiler.
450 *Der König:* Ludwig XVI. (1754–1793), seit 1774 König von Frankreich.
Lit de justice: frz., eigtl. Bett der Gerechtigkeit; im damaligen Frankreich Gerichtstag in Gegenwart des Königs, Throngericht.

Flies: Sohn des Berliner Bankiers Moses Isaac; mit ihm wollte Lenz eine Reise in mehrere Länder unternehmen.

das Schletweinische Ursystem: nationalökonomisches System Johann August Schlettweins (1731–1802), in Lenz' Schrift ›Über die Soldatenehen‹ und seinen Notizen über die Landwirtschaft vielfach erwähnt.

451 *das Monument:* Marmordenkmal des Marschalls Moritz von Sachsen (1696–1750), das auf Befehl Ludwigs XV. von Pigalle in der Sankt-Thomaskirche in Straßburg errichtet wurde; die Einweihungsfeier fand am 20. 8. 1777 statt, bei der Blessig die Festrede hielt.

Pikal: Jean Baptiste Pigalle.

Graf von Artois: Karl Philipp von Bourbon (1757–1836), der jüngere Bruder Ludwigs XVI.

den Guibert: militärtheoretisches Buch von Guibert, ›Essai général de tactique‹; Lenz entlieh es sich von Goethe.

452 *Compagnie auxiliaire:* frz., Hilfstruppe.

Recrues: frz., Neugeworbene.

Recidive: Rückfall.

sur la charité, sur la médisance: frz., über die Nächstenliebe, über die üble Nachrede.

polie: frz., glatt, geglättet; zu verstehen als geschliffener Stil.

Iris: die Zeitschrift ›Iris‹, herausgegeben von Johann Georg Jacobi.

453 *demosthenischen Bögen:* Röderers Übersetzung der Reden Demosthenes', im ›Deutschen Museum‹ 1776 gedruckt (S. 1077 ff.).

gnädige Frau … mit dem Herrn: Frau und Herr von Oberkirch.

454 *présence d'esprit:* frz., Geistesgegenwart.

146. Ramond de Carbonnières an Lenz (25. 5. 1776)
Erstdruck: Blei V, S. 379. Handschrift in Kraków.

454 *Monsieur et Cher ami:* frz., Mein Herr und teurer Freund. Meine Betrübnis, mit der ich von Ihrer plötzlichen Abreise aus Straßburg erfuhr, war zu groß, als daß ich nicht mit dem größten Interesse Ihre Nachrichten empfangen hätte; mein Freund hat mir recht zufriedenstellende übermittelt. Sie sind mit Ihrem berühmten Freund Goethe vereinigt, unter den Augen und dem Schutz eines Fürsten, der die Talente zu schätzen weiß und der ein großer Mann wäre, auch wenn er kein Fürst wäre. Ich vergleiche die Vorstellung, die ich mir von seinem Hof mache, mit der meiner trübseligen Behausung. Talente brauchen ein Theater, und ich befinde mich in einer Einöde inmitten meiner teuren Mitbürger.

Meine kleine Eigenliebe fühlt sich, mein teurer Freund, viel zu geschmeichelt über die angenehme Art, in der Sie sich meiner erinnern, als daß ich nicht sofort Ihrer Bitte nachkäme; ich mache mich daran, mein Freund, Ihnen meine Arbeit zuzuschicken; sie gehört Ihnen in mehrfacher Hinsicht, ich schulde Ihnen Lektionen, schuldete sie Ihnen sogar, ehe ich Sie persönlich kennenlernte; vergeben Sie dem Schüler die Huldigung, die er seinem Lehrer entgegenbringt. Wäre ich freier und glücklicher, wäre ich nicht so unbezwinglich unterjocht, hätte ich vielleicht den Plan entwickelt, sie Ihnen selbst zu bringen; ich hätte Sie gebeten, mich Herrn Goethe vorzustellen; man muß danach streben, die Bekanntschaft von Genies zu machen, die man bewundert, man gewinnt durch den Umgang mit ihnen für den Geist, man gewinnt dabei noch mehr in bezug auf das Herz. Ich wage Sie zu bitten, ihm meine Huldigung auszudrücken und den Tribut an Lobeserhebungen, die man seinen Schriften schuldet; aber ich fürchte sehr, daß er meinen Beifall geringschätzt; was ist denn wirklich meine Stimme, nach der Stimme von ganz Deutschland und der aller empfindsamen Herzen?

Herr Spener aus Berlin übernimmt die Drucklegung meines Dramas; ich wage es. Sie waren so gütig, mich zu diesem Versuch zu ermutigen; ich habe mich allein auf Ihren Rat hin entschlossen; er wog alle andere auf.

Inzwischen habe ich eine neue Arbeit begonnen; sie wird schwierig sein; und ich hielt sie für geeignet, ein wenig Aufmerksamkeit zu erregen, wenigstens durch ihr Genre. Aber tausend Hindernisse lassen mich jeden Augenblick meine Arbeit unterbrechen. Inmitten der Stürme meines Lebens habe ich nur Hoffnungsblitze; bald kommen die Geistesleiden, die Leiden des Herzens, die Trägheit und die Entmutigung, und Adieu der Traumwelt, die man sich geschaffen hat.

Sie sind jetzt ruhiger und glücklicher als ich. Pflegen Sie die Musen zur Bezauberung der empfindsamen Herzen; sie schulden Ihnen schon so viel. Geruhen Sie sich manchmal meiner zu erinnern. Ich werde niemals die wenigen angenehmen Augenblicke vergessen, die wir zusammen verbrachten; damals glaubte ich nicht, daß es die letzten sein würden.

Ich habe die Ehre, mit der aufrichtigsten und unverbrüchlichen Anhänglichkeit zu sein, mein Herr und teurer Freund, Ihr ergebener und gehorsamster Diener. Ramond.

454 *meine Arbeit:* Es handelt sich wohl um das Lenz gewidmete Drama

›Les dernières Aventures du jeune d'Olban‹, das 1777 in Yverdon erschien.
eine neue Arbeit begonnen: vermutlich das historische Drama ›La Guerre d'Alsace‹, 1780 in Basel veröffentlicht.

147. LENZ AN JOHANN KASPAR LAVATER (ENDE MAI 1776)
Erstdruck: Dorer-Egloff, S. 201 f. Handschrift in Zürich.
456 *bewußte Bild:* Silhouette Henriette von Oberkirchs.
457 *russischen Großfürstin Tode:* Wilhelmine von Hessen-Darmstadt, die Schwester der Herzogin Luise von Sachsen-Weimar und Frau des russischen Großfürsten Paul, war am 26. April 1776 gestorben.
Goethens Erwin: Goethes Singspiel ›Erwin und Elmire‹. Lenz widmete Anna Amalia, die die Musik dazu komponiert hatte, das Gedicht ›Auf die Musik zu Erwin und Elmire, von Ihrer Durchlaucht der verwittibten Herzogin zu Weimar und Eisenach gesetzt‹.
Familiengemälde: Lenz' Stück ›Die beiden Alten‹ (1776).

148. LENZ AN BOIE (ENDE MAI 1776)
Erstdruck: Goethe-Jahrbuch 32 (1912), S. 22 f. Handschrift verschollen, früher im Besitz von Prof. Dr. Krüger in Gießen.
457 *Wolken:* Gemeint ist Lenz' gegen Wieland 1775 gerichtete, im Titel von Aristophanes entlehnte Satire ›Die Wolken‹, die der Autor dann selbst vernichtete.
458 *Strephon:* Gemeint ist das Drama ›Die Freunde machen den Philosophen‹.

149. LENZ AN JOHANN GEORG ZIMMERMANN (ENDE MAI 1776)
Erstdruck: Rosanow, S. 525. Handschrift in Riga.
Ein nicht abgesandter Brief ohne Nennung des Adressaten. An Zimmermann gerichtet, wie aus dem Inhalt, insbesondere aus der Anspielung auf Charlotte von Steins Schattenriß, hervorgeht.
460 *russische Großfürstin:* Natalie Alexejewna (Wilhelmine von Hessen-Darmstadt), die Schwester der Herzogin Luise und erste Frau des Großfürsten Paul von Rußland, starb am 26. April 1776. Der Weimarer Hof erhielt die Nachricht erst am 16. Mai. Lenz schrieb daraufhin das Gedicht ›Auf einen einsamen Spaziergang der Durchlauchtigsten Herzogin Luise unter Bäumen nach dem tödlichen Hintritt der Großfürstin von Rußland‹.

150. LENZ AN CHARLOTTE VON STEIN (MITTE 1776)

Erstdruck: Goethe-Jahrbuch 9 (1888), S. 10f. Handschrift im Goethe- und Schiller-Archiv Weimar.

Lenz hatte Klinger auf seiner Reise von Straßburg nach Weimar kennengelernt. Die Datierung des Briefes von Klinger an Lenz ist ungewiß. Möglicherweise stammt er aus der Zeit der ersten Begegnung Ende März 1776, kann aber auch erst nach der Ankunft Klingers in Weimar geschrieben worden sein. Das Original ist nicht auffindbar. – Lenz hatte den Briefauszug wohl Frau von Stein zur eigenen Fürsprache oder Weiterleitung an die Herzogin Anna Amalia zugespielt, um eine Anstellung Klingers in herzogliche Dienste zu befördern; es wurde auch von einer eventuellen militärischen Laufbahn in Amerika gesprochen. Ehe eine Entscheidung fiel, kam es aber zum Bruch Goethes mit Klinger. Goethe am 16.9.1776 an Merck: ›Klinger ist uns ein Splitter im Fleisch, seine harte Heterogeneität schwürt mit uns, und er wird sich herausschwüren.‹ (Wagner I, S. 98.) Klinger verließ am 29. September 1776 die Stadt, nach späteren Aussagen Bertuchs verabschiedet als ein ›tracassier‹, was auf eine still verfügte Anweisung des Herzogs schließen läßt, wie er sie später auch bei Lenz geben sollte.

461 *Informieren:* hier im Sinne von Unterrichten.

151. RÖDERER AN LENZ (4.6.1776)

Erstdruck: Froitzheim, Lenz und Goethe, S. 119f. Handschrift in Riga.

462 *Hofrat zu Emmedingen:* Johann Georg Schlosser.

Schöllin: Elisabeth Katharina Schöll, die Frau des Bruders von Frau Brion aus Sesenheim.

463 *ihre Niece:* Friederike Brion ist wahrscheinlich gemeint.

wegen den Romanzen sie ersuchtest: Lenz hatte sich offensichtlich an Friederike Brion gewandt, daß sie ihm Volkslieder aus dem Elsaß schicken solle, die er dem Herzog vorlesen wollte.

Lav. und Pf.: Lavater und Pfenninger.

152. LENZ AN KAYSER (7.6.1776)

Erstdruck: Grenzboten 1870, S. 437f. Handschrift in Berlin.

463 *nicht übel genommen:* Lenz hatte Klinger aus Weimar geschrieben, der Brief ist nicht mehr vorhanden.

Deinen Freund Klinger: Klinger hatte sein Drama ›Neuer Arria‹ (1776) Kayser gewidmet.

Zu den Briefen

153. Lenz an Herder (9.6.1776)
Erstdruck: Aus Herders Nachlaß I, S. 241 f. Handschrift im Goethe- und Schiller-Archiv Weimar.
464 *Vocation:* Berufung Herders als Hofprediger nach Weimar.
keiner Reise: bezieht sich auf Herders Einladung von Lenz nach Bückeburg im Brief von Ende April 1776 (Nr. 135).
Fabeln: Vgl. Brief 136 und die 1. Anm. dazu.

154. Lenz in ein Stammbuch (11.6.1776)
Erstdruck: Freye/Stammler I, S. 271. Handschrift verschollen, war im Besitz Holteis.

155. Boie an Lenz (17.6.1776)
Teildruck: Sivers, S. 94; Waldmann, S. 56. Erstdruck: Goethe-Jahrbuch 32 (1912), S. 25. Handschrift in Riga.
Auf der Rückseite des Briefes befinden sich Notizen von Lenz zu militärischen Angelegenheiten.
465 *Feldmarschalls:* Friedrich August von Spörken, bei dem Boie als Stabssekretär tätig war.
Lindaus unbesonnenes Blatt: Vgl. die Briefe 148 und 149.
H.: Helwing.
Sprickmann ... Sie sehn: Vgl. Anm. zu Brief 160.
Z.: Zimmermann.
H.: Herder.
W.: Weimar.

156. Lenz an Anna Maria oder Susanna Margareta Lauth (Ende Juni oder Juli 1776)
Erstdruck: Blei V, S. 378. Handschrift in Kraków.
465 *zuzurekommandieren:* hier im Sinne von beschaffen, vermitteln.
meines Bruders: Friedrich David Lenz.
466 *der Herr Notär:* der Notar Johann Daniel Lauth in Straßburg, Bruder der Besitzerinnen des Lauthschen Kosthauses.

157. Lenz an Marchand (Juni 1776)
Erstdruck: Freye/Stammler I, S. 273 f. Handschrift in Kraków.
Das Original war 1914 schon beschädigt, auf der Rückseite finden sich Notizen zum Soldatenwesen von Lenz.
Der Adressat ist wahrscheinlich Theobald Marchand, der Leiter der Schauspielertruppe, mit der Kurfürst Karl Theodor in Mannheim ein Nationaltheater errichten wollte. Lenz beabsichtigte, ihm sein Drama

›Die Soldaten‹ zu schicken, damit es gespielt werde, aber er besaß kein einziges Druckexemplar; der Brief wurde, vielleicht sogar einzig aus diesem Grunde, nicht abgesandt.

158. KLINGER UND LENZ AN KAYSER (26.6.1776)
Erstdruck: Rieger, S. 386 f.
467 *seit zwei Tagen:* Am Montag, den 24. Juni 1776, kam Klinger in Weimar an.
468 *Lenz wohnt unter mir:* Beide logierten im Gasthaus ›Zur Post‹ (später ›Zum Erbprinzen‹ umbenannt, bis in die sechziger Jahre dieses Jahrhunderts ›Parkhotel‹ am Markt).
weil ich aufs Land gehe: Lenz weilte vom 27. Juni bis 10. September 1776 in Berka und schrieb dort u. a. den Briefroman ›Der Waldbruder‹. Im September und Oktober erteilte er auf Schloß Kochberg Charlotte von Stein Englischunterricht und war dann die ersten drei Novemberwochen nochmals in Berka.

159. RÖDERER AN LENZ (ENDE JUNI 1776)
Erstdruck: Froitzheim, Lenz und Goethe, S. 121 ff. Handschrift in Riga.
468 *Aktuarius:* Salzmann.
zum Platz oder Ehrenstelle: Goethe war am 11. Juni 1776 von Herzog Karl August zum Geheimen Legationsrat mit Sitz und Stimme im Weimarischen Geheimenrats-Kollegium ernannt worden.
469 *Urkunde 4t. Teil:* Herders Schrift ›Älteste Urkunde des Menschengeschlechts‹, 1774 erschienen.
Iris: Vgl. 20. Anm. zu Brief 145.
die Rede: Lenz sandte die Demosthenes-Übersetzung an Boies ›Deutsches Museum‹, dort erschien sie unter Röderers vollem Namen.
470 *2 Exemplar:* wohl der ›Flüchtigen Aufsätze‹.
Die O…ch: Henriette von Oberkirch.
Kg: Luise König.
471 *Paris 17 Juin …:* frz., Paris, 17. Juni. Man arbeitet in Frankreich mit 15 Linienschiffen und 11 Fregatten. Vorsicht im Hinblick auf die Wendung, die der amerikanische Krieg nehmen kann. Man wird die alten Vorschriften der Marine umarbeiten, um eine neue Disziplin einzuführen.
de Londres du 14 Juin …: frz., aus London vom 14. Juni. Von seiten der Royalisten. 2 Linienschiffe. 8 zu 50 Kanonen, 3 zu 44. Fregatten 7 zu 32 Kan. 11 zu 28. 4 zu 24 Kan. 5 zu 20. Korvetten 3 zu

18 Kan. 3 zu 16. 4 zu 12. 3 zu 10. 2 zu 8. Bewaffnete Schaluppen 27. Ein Feuerschiff und eine Bombardiergaleote. Gesamtzahl der Schiffe 82, Matrosen 10578, Marinesoldaten 2112.
Stand der nationalen und der ausländischen Truppen.
Nat.: 30700.
Ausländ.: 12000 aus Hessen, 668 vom Erbprinzen von Hessen, 4300 Braunschweig. 600 vom Pr. Waldeck. Insgesamt 17568. Insges. allgemein = 48268. Füge noch hinzu 9 Kompanien Artillerie zu je 75 Mann und 2000 Mann Marine. Demnach 51–52000 Mann. Riesige Masse, die nicht verfehlen kann, Amerika oder England zu zermalmen; (ach, daß ich abschreiben muß!), deren Gegenschlag jedoch immer auf das letztere zurückfallen wird.

160. LENZ AN GOETHE (27.6.1776)
Erstdruck: Freye/Stammler II, S. 3. Handschrift verschollen.
Dem Erstdruck liegt keine Originalhandschrift, sondern eine Kopie oder möglicherweise nur ein Zweitzeugnis zugrunde. Am 18. Juli 1776 schrieb Anton Matthias Sprickmann an Boie: ›Lenz hab ich nicht gefunden; er hatte den nämlichen Morgen ein Billett an Göthe (wirkl. Geheimenrat) hinterlassen: ‚ich geh aufs Land, weil ich bei Euch nichts tun kann.' Und damit zum Tor hinaus, ohne zu sagen, wohin? oder auf wie lange.‹ (Freye/Stammler II, S. 257.)

161. LENZ AN GOETHE UND SEIDEL (27.6.1776)
Erstdruck: Freye/Stammler II, S. 3 ff. Handschrift in Kraków.
Goethe übergab den Zettel seinem Diener Philipp Seidel. Dieser sandte offenbar einen Teil der auf dem Zettel notierten Dinge an Lenz und legte den Zettel, mit Bleistiftstrichen und Kreuzen versehen, wieder bei. Angestrichen sind nach Freye/Stammler (II, S. 257) die Bücher: Polyb, Stuart, Comte de Saxe, Dictionnaire, Girards Grammaire, Instruktion der frz. Truppen, Chevalier d'Eon, Kriegsbaukunst, Homer, Cath. v. Siena, Julius Cäsar, vies des peintres; des weiteren auch ›Papier‹. Bei der Wäsche, die ›die Wäscherin hat‹, hat Seidel mit Bleistift angemerkt ›noch nicht da‹, zu den Stiefeln beim Schuster ›nicht fertig‹. Mit einem Kreuz sind versehen: Hamilton, Crebillon, Guibert. Seidel vervollständigte die Liste und notierte vor und nach ›vor mir selber fürchten muß‹ Dinge, die er offenbar für Lenz mit eingepackt hat: ›Siegellacke – Seife – 2 Schnupftücher v. mir – 1 Hemd m. Manschetten v. mir – 1 ohne M. v. Hrn. G. L. R. – 2 P. Unterstrümpfe v. mir – Schermesser v. mir – (weiße seidne Strümpf) – 3 Bindgen – (1 Hemd und 1 Schnupftuch) – 2 Schnupftücher von mir – Schermesser Puder Pomade – Fri-

sierkamm von mir – Federmesser und Rasierpulver von mir.‹ Hinter ›Vor allen Dingen‹ ist ausgestrichen: ›u. mit dem drin liegenden Papier‹.

472 *Catharina v. Siena:* Lenz meint den Entwurf seines gleichnamigen Dramas.

473 *für die Baurenkinder:* Auf einem Merkzettel aus dieser Zeit, der sich in Riga befindet, schrieb Lenz: ›Will versuchen ob ich einem Bauerbuben das Exerzieren spielend beibringen kann (es beim Hauptmann lernen).‹

livre d'amis: frz., Buch der Freunde, Stammbuch.

Antolagenhemde: von frz. entoilage, Spitzenhemd.

474 *bitte Wieland ...:* dies mit Bleistift, kaum lesbar.

Bei den angeführten Büchern, um die es auch in den folgenden Briefen wiederholt geht, handelt es sich vor allem um Werke der Militärwissenschaften und Militärgeschichte, die Lenz zu seiner Arbeit an der Abhandlung ›Über die Soldatenehre‹ benötigte.

Ray de St. Genie: ›L'art de la guerre pratique‹ (dt. ›Praktische Kriegskunst‹, Berlin und Leipzig 1760).

Ramonds Drame: Vgl. Brief 146 und Anm. dazu.

Polyb: Polybios (um 201 – um 120 v.u.Z.), griechischer Geschichtsschreiber, Feldherr und Staatsmann, dessen Genauigkeit der politischen und militärischen Kenntnisse für seine Zeit unübertroffen war. Lenz las sowohl Polybios selbst als auch Folards Buch ›Nouvelles découvertes sur la guerre dans une dissertation sur Polybe‹.

Stuart: John Stuart, ›Untersuchung der Grundsätze der Staatswirtschaft‹ (dt. 1769; auch von Goethe am 16. November 1777 im Brief an seine Mutter erwähnt).

Comte de Saxe: Marschall Moritz von Sachsen, ›Rêveries militaires‹ (1751, Militärische Träumereien).

vies de peintres: ›Künstler der Renaissance‹ (2 Bde., 1550) von dem Maler und Baumeister Giorgio Vasari (1511–1574).

Abt St. Pierre: Abbé de Saint Pierre (1658–1743), Autor der ›Annales politiques de Louis XIV‹ und des ›Projet des paix perpétuelle entre les potentats de l'Europe‹.

Hamilton: Antony Graf von Hamilton (1646–1720) schrieb die Lebensgeschichte seines Schwagers ›Mémoires du comte des Gramont‹ (1713, dt. 1853) und die Märchen ›Contes de féerie‹ (1715).

Crébillon: Wahrscheinlich handelt es sich um Claude Prosper Jolyot Crébillon (1707–1777), französischer Romanschriftsteller; seine ›Œuvres complètes‹ erschienen 1772–1779 in 7 Bänden.

Guibert: Guiberts ›Essai général de tactique‹. Mit diesem Werk hat sich Lenz besonders beschäftigt; Goethe schickte es ihm wenig später, vgl. Brief 166.
Chevalier d'Eon: französischer Geheimagent. Seine Werke erschienen 1775 in 13 Teilen in Amsterdam.

162. BOIE AN LENZ (2.7.1776)
Teildruck: Waldmann, S. 59. Erstdruck: Freye/Stammler II, S. 5f. Handschrift in Riga.
474 *das Verlangte:* Angaben über das Militär in Hannover, vgl. Brief 138.
übersandte Stück: Röderers Demosthenes-Übersetzung.

163. LENZ AN EINSIEDEL (JULI 1776)
Erstdruck: Freye/Stammler II, S. 6. Handschrift in Riga.
Nicht abgesandter Zettel; darunter die Notizen: ›Die Gleichen 2 mal abmalen eines für W‹ – ›Sonntag Wielandias *Jacobi* schicken Montag zum Amtsschreiber‹.
474 *Melanide:* Die Erzählung ist nicht nachweisbar.
Die Bezüge sind ungeklärt; handelt es sich um eine der Weimarer Hofdamen, Luise von Göchhausen eventuell?
Armand: vermutlich ein heute unbekannter französischer Schriftsteller.

164. LENZ AN LUISE KÖNIG (JULI 1776)
Teildruck: Froitzheim, Lenz und Goethe, S. 107f. Erstdruck: Freye/Stammler II, S. 6ff. Handschrift, ein Konzept, in Riga.
475 *Je ne sais …:* frz., Ich weiß nicht, großherzigste Freundin, was ich von der Silhouette halten soll, die Sie die Güte hatten, mir durch meinen Freund Röderer zu schicken. Es wäre zu viel Anmaßung meinerseits, dem schönen Feenmärchen zu glauben, das er mir darüber erzählt hat, indessen wage ich nicht, die Wahrheit zu gestehen und mich des schönsten Traumes zu berauben, den ich in meinem Leben gehabt habe.
Erlauben Sie, daß ich mich ganz und gar Ihrer Güte überlasse und daß ich sie mir, indem ich sie so lange verlängere, wie es mir möglich ist, zunutze mache, um Ihnen unzählige Male zu danken, womit ich die lebhaftesten Bitten verbinde, denn diese Illusion tut meiner Einbildungskraft so gut, wie es Ihrem Herzen Ehre macht, mich nicht aus meinem Irrtum zu reißen. Und doch gestatten Sie mir, Ihnen zu sagen, daß diese Kopie, die ich von besagter, für

Herrn Lavater bestimmter und augenscheinlich von Ihnen selbst abgezogener Silhouette bekommen habe, Röderer nicht so gelungen ist, dem Sie, glaube ich, die Erlaubnis gegeben haben, sie bei Ihnen zu machen, daß vielleicht Ihnen das Modell hätte gelingen müssen. Er hat völlig dessen schöne Kontur verfehlt, das eigentlich die Verzweiflung aller Maler und Stecher ausmacht, sogar des Sieur Baley, dessen zu geringe Genauigkeit Lavater nicht genug tadeln kann, die dazu führt, daß der wahre Ausdruck der wichtigsten Gesichtszüge sich nur erraten läßt und dem Denken mehr überlassen bleibt, als dem Auge vorgeführt wird.

Geruhen Sie, meine hochgeschätzte Freundin, die beigefügten Fortsetzungen des Teutschen Merkur an Frau von Oberkirch weiterzuleiten; es ist Herr Wieland, der Herausgeber und Verfasser des Poems ›Liebe um Liebe‹, der sich hierdurch ihrer Gunst empfiehlt und versucht, ihr die tiefe Achtung zu erkennen zu geben, die ihm alles, was er von ihr hat sagen hören, vor allem von ihrem Freund Goethe, eingeflößt hat. Er wäre aufs äußerste zufrieden mit dem Beifall einer so vollendeten Kennerin, deren Rückäußerung, die er sicher verdient, die süßeste Belohnung für einen der ersten Männer unseres Jahrhunderts ausmachen würde. Haben Sie die Güte, mich daran teilnehmen zu lassen und mich endlich mit Ihren Aufträgen zu beehren, ob irgend etwas von deutschen Broschüren, die noch nicht bis nach Straßburg durchgedrungen sind, Ihre Aufmerksamkeit verdienen könnte. Das wäre die erste Gunst eines Schicksals, das bisher nur gesucht hat, mich zu unterjochen.

Übermitteln Sie Frau von Oberkirch, wenn sie das gütigst gestattet und sich glücklicherweise noch meines Namens entsinnt, meine untertänigsten Grüße. Was ich Sie außerdem bitte, nicht bei Ihrer Frau Mutter und Ihrem Fräulein Schwester zu vergessen.

Nochmals, wollen Sie mir bitte sagen, ob irgendein neues Buch oder irgendeine andere Neuigkeit die Wißbegier Frau von Oberkirchs erregen könnte. Was Nachrichten von ihrem Fräulein Cousine betrifft, so könnte ich ihr zur Zeit keine geben, außer daß sie mit Madame der regierenden Herzogin nach dem Belvedere in ihr Landhaus gegangen ist; der Herzog ist in Ilmenau; wo ich ihn bald zu sehen hoffe, nachdem ich noch einige Wochen die Annehmlichkeiten der Einsamkeit genossen habe.

475 ›*Liebe um Liebe*‹: im Mai-Heft 1776 des ›Teutschen Merkur‹ erschienen.

Fräulein Cousine: Adelaide von Waldner, Hofdame der Herzogin Luise in Weimar, Cousine Henriette von Waldners in Straßburg.

165. Lenz an Henriette von Oberkirch (Juli 1776)
a) Erstdruck: Freye/Stammler II, S. 8. Handschrift verschollen, früher in der Königlichen Bibliothek zu Berlin.
b) Erstdruck: Froitzheim, Lenz und Goethe, S. 108f. Handschrift in Riga.
Wie der vorige Brief ein Konzept. Wenigstens einer der Briefe mit der Beilage wurde abgesandt; Röderer bestätigt, vgl. Brief 177, den Erhalt durch Frau von Oberkirch.
476 *Oserois je ...:* frz., Dürfte ich wagen, gnädige Frau, Sie zu bitten, hier die Fortsetzung des Teutschen Merkur mit dem Ausdruck des tiefsten Respektes und der vollkommenen Hochachtung von seiten des Herrn Wieland, des Autors, entgegenzunehmen.
Wenn es mit Ihrer Erlaubnis geschehen ist, was stark anzuzweifeln ich Veranlassung habe, daß ich die Kopie einer gewissen Silhouette empfangen habe, so bitte ich nicht um Verzeihung für mein Stillschweigen, das allein als Ausdruck einer Dankbarkeit dienen konnte, die, wie der Gegenstand, der sie anfeuert, über jedes Wort erhaben ist. Nichts kostet mich freilich mehr Mühe als ein Brief an Sie; so harmlos Ihnen ein solches Geständnis erscheinen mag, ist es doch nur zu gut überlegt angesichts der Gefahr, der ich mich aussetze, Sie vielleicht zu kränken.
Voila Madame! ...: frz., Hier, gnädige Frau! ist die Fortsetzung des Poems von Herrn Wieland, die Ihnen zu präsentieren ich mir selbst die Freiheit nehme, um Ihnen die Mühe zu ersparen, ihm aus Gefälligkeit etwas Angenehmes darüber zu sagen. Gefalle es Gott, daß Sie genug Vertrauen zu mir haben und mir mitteilen, was Sie noch über den Schluß dieses Poems zu sagen fänden, so würde ich sicherlich nicht verfehlen, mit der genauesten Diskretion Gebrauch davon zu machen.
Mein Freund Goethe findet sich in seinem neuen Amte so mit Geschäften überhäuft, daß er sich nicht einmal die anmutige Art zunutze machen kann, in der Sie sich seiner erinnern. Er macht Ihnen seine ergebensten Komplimente, indes er darauf wartet, in der rechten Stimmung zu sein, um Ihnen irgendein neues Erzeugnis seiner Ader zu übermitteln. Ich füge die Kopie eines Porträts der liebenswürdigen Türkin bei, deren Schicksal in der Stella Sie so sehr interessiert hat. Sie ist in Erfurt beerdigt neben ihrem Gatten, dem Baron von Gleichen, und seiner Frau.
Ich würde nicht verfehlen, hier beizufügen, was mir von deutscher Literatur Ihrer Aufmerksamkeit würdig erschiene, aber unglücklicherweise für die Herren Buchhändler dieser Messe habe ich nichts

finden können. Auch ist es nur die englische Lektüre, die gegenwärtig an unserem Hofe *en vogue* ist. Tatsächlich habe ich die Beobachtung gemacht, daß das Erlernen dieser Sprache den Damen viel weniger Mühe macht, als man sich vorstellt, vor allem denen, die das Deutsche und das Französische beherrschen, woraus sie eine Zusammensetzung ist.

Herr Lavater hat mir den ersten Versuch Ihrer gestochenen Silhouette geschickt, die mir viel besser gefällt als die, welche Fräulein König die Güte hatte mir zu schicken. Indessen sehe ich, daß kein Künstler an das Ziel gelangen wird, diese Züge wiederzugeben, die in Wirklichkeit nur durch das Denken zu erfassen sind.

476 *Sie sich seiner erinnern:* bezieht sich offenbar auf eine Äußerung Henriette von Waldners (Röderer, ihrer Cousine gegenüber?) über Goethe, den sie aus der Straßburger Zeit kannte, mit dem sie auch in Briefwechsel stand, vgl. Brief Röderers an Lenz vom Juli 1776 (Nr. 177).

Kopie eines Porträts: Bezug auf die Sage vom Grafen von Gleichen, der, in Palästina gefangen, eine junge Türkin mit nach Hause gebracht und sie mit Erlaubnis des Papstes neben seiner früheren Frau geehelicht habe. Grabmal des Grafen mit den beiden Frauen im Erfurter Dom. Lenz regte es zu dem Fragment gebliebenen Stück ›Die Türkensklavin‹ an. Ähnliche Grundkonstellation wie in Goethes ›Stella‹. Lenz hat das Porträt offenbar selbst gemalt. Auf einem nicht abgesandten Brief an Einsiedel notierte er: ›Die Gleichen 2 mal abmalen eines für W‹, vgl. Anm. zu Brief 163.

Herr Lavater ...: Bild der Henriette von Oberkirch, damals noch Fräulein von Waldner; von Balay gemalt, von Holzkalb in Kupfer gestochen und mit einem ›W‹ bezeichnet; 1777 in dem dritten Versuch der ›Physiognomischen Fragmente‹, auf Tafel XCIII, mit einer enthusiastischen Beschreibung Lavaters veröffentlicht.

166. GOETHE AN LENZ (Juli 1776)
Erstdruck: Chronik des Wiener Goethe-Vereins, 15. Februar 1887. Handschrift verschollen.

477 *der Guibert, die andern Bücher:* Vgl. Brief 161 und Anm. dazu.

167. SCHENK AN LENZ (Juli 1776)
Erstdruck: Freye/Stammler II, S. 10. Handschrift in Riga.
Bezüge ungeklärt, da Lenz' Brief an Einsiedel verlorengegangen ist. Zu einem an Einsiedel gerichteten Zettel, den Lenz nicht abschickte, vgl. Brief 163.

168. Lenz an Goethe (Juli 1776)
Erstdruck: Erich Schmidt, Lenziana, S. 1013f. Handschrift verlorengegangen. Kopie verschollen, früher in der Königlichen Bibliothek, Berlin.
478 *compendio virium:* lat., mit Kräfteersparnis.

169. Lenz an Wieland (Juli 1776)
Erstdruck: Morgenblatt 1855, S. 782. Handschrift verlorengegangen.
479 *Ich ließ ...:* Lenz hatte, offenbar mit Einwilligung Goethes, dessen Satire 1774 in Kehl am Rhein drucken lassen. Vgl. Brief 57 und 5. Anm. dazu.

170. Lenz an die Herzogin Anna Amalia (Juli 1776)
Erstdruck: Freye/Stammler II, S. 11f. Handschrift verschollen, früher in der Königlichen Bibliothek zu Berlin.
Ein Folioblatt, auf der Rückseite Auszüge aus militärwissenschaftlichen Büchern. Datierung ungewiß, zwischen Juli und November 1776, wahrscheinlich aber Ende Juli, Anfang August.

171. Lenz an Goethe (Sommer 1776)
Erstdruck: Erich Schmidt, Lenziana, S. 1013. Handschrift verschollen.
Vermutlich nicht abgesandt, das Blatt befand sich in Lenz' Nachlaß. Er benutzte es auch für Notizen zu dem Drama ›Catharina von Siena‹, zu militärischen Belangen und zu einer Zeichnung.
Dennoch erhielt Goethe verschiedene Manuskripte von Lenz *(eins und das andere)*, die dramatischen Szenen ›Henriette von Waldeck‹ oder ›Die Laube‹ in einer Singspielfassung wahrscheinlich schon Ende Juli/August, vgl. dazu Brief 174 an Goethes Diener Seidel mit der Bitte um Änderung der Namen und deren Berücksichtigung beim Abschreiben. Am 16. September 1776 schrieb dann Goethe an Merck: ›Er [Lenz] hat Sublimiora gefertigt. Kleine Schnitzel, die Du auch haben sollst.‹ (Wagner I, S. 98.)
479 *wäre mir doch lieb:* Eine Rezension der ›Meinungen ...‹ im ›Teutschen Merkur‹ gab es nicht.
480 *Herder:* Am 1. Oktober 1776 kam Herder mit seiner Familie nach Weimar.

172. Lenz an Klinger (Sommer 1776)
Erstdruck: Rieger, S. 260. Handschrift verschollen. Kopie früher in der Königlichen Bibliothek zu Berlin.
480 *ein Pasquill von mir:* verlorengegangen. Goethe, in dessen Händen es war, konnte keineswegs an einem öffentlichen Streit des ehemaligen Sturm-und-Drang-Kreises interessiert sein.

173. SEIDEL AN LENZ (JULI 1776)
Erstdruck: Freye/Stammler II, S. 12 f. Handschrift in Riga.
Auf der Rückseite des Briefes stehen vielerlei Notizen von Lenzens Hand, u. a.: ›Kinder sagt sie, seien der Weiber allerhöchstes Glück.‹ Und: ›Sobald ich nach Weimar komme mein Dien[st] für die Herzogin ausmachen sehr vorteilhaft für [Pandek?] und für sie.‹
480 *die Laube:* wahrscheinlich die Singspielfassung der ›Henriette von Waldeck‹; vgl. den folgenden Brief an Philipp Seidel.

174. LENZ AN SEIDEL (JULI 1776)
Erstdruck: Dramat. Nachlaß, S. 109. Handschrift in Riga.
481 *in seinem Manuskript:* Vgl. Anm. zu Brief 173.

175. WILKAU AN LENZ (Sommer 1776)
Erstdruck: Freye/Stammler II, S. 13 f. Handschrift verschollen, früher in der Königlichen Bibliothek zu Berlin.
481 *Wilkau:* Kammerherr und Major in Weimar; Lenz hatte ihn offenbar um diese Angaben für seine Schrift ›Über die Soldatenehen‹ gebeten.
im letzten Krieg: im Siebenjährigen Krieg 1756–1763.

176. JOHANN KASPAR LAVATER AN LENZ (10.7.1776)
Erstdruck: Froitzheim, Lenz und Goethe, S. 109. Handschrift in Riga.
482 *Hegi:* Schloß Hegi in der Schweiz.
erster Abdruck: des Bildes der Henriette von Oberkirch.

177. RÖDERER AN LENZ (JULI 1776)
Erstdruck: Froitzheim, Lenz und Goethe, S. 124 f. Handschrift in Riga.
482 *des Engels:* Henriette von Oberkirch.
483 *Mslle K.:* Fräulein König.
W.: Henriette von Waldner, verehelichte von Oberkirch.
O-ch: Herr von Oberkirch.

178. LENZ AN JOHANN GEORG ZIMMERMANN (JULI 1776)
Erstdruck: Rosanow, S. 525 f. Handschrift in Riga.
484 *gegenwärtiges Gedicht:* ›Epistel eines Einsiedlers an Wieland‹, im Dezemberheft 1776 im ›Deutschen Museum‹ erschienen.
Verteidigung: Gemeint ist die Schrift ›Verteidigung des Herrn W.** gegen die Wolken‹.
Ihre Philosophischen Beobachtungen: Von Zimmermann, dem Arzt

und philosophischen Schriftsteller, war 1756 in Zürich das Buch ›Über die Einsamkeit‹ erschienen, das sehr berühmt und in viele Sprachen übersetzt wurde.
485 *gegenwärtiges Brieflein:* Schreiben an Lindau, in Boies Zeitschrift nicht erschienen; beteiligt war wahrscheinlich auch Goethe.
Sachen ... die in der Schweiz ...: Das Gedicht ›Petrarch‹ ist wahrscheinlich gemeint; auch die ›Flüchtigen Aufsätze‹ erschienen in der Schweiz.

179. Lenz an Henriette von Oberkirch (15. 7. 1776)
Erstdruck: Freye/Stammler II, S. 20. Handschrift in Kraków.
Der Brief wurde wahrscheinlich nicht abgeschickt. Die Randnotiz ist mit Bleistift geschrieben. Auf der Rückseite steht mit Tinte von Lenz' Hand: ›Nimmermehr an sie zu schreiben wo möglich alle Gelegenheiten zu vermeiden sie zu sehen weil ich mir nicht trauen darf gelobe ich Gott.‹ (Freye/Stammler II, S. 260.)
486 *au jour de votre nom ...:* frz., An Ihrem Namenstag, dem 15. Juli 1776. Adieu, schöne Stiftsdame, denn so wie ich Sie das letzte Mal gesehen habe, werde ich Sie eines Tages wiedersehen, wenn nicht in dieser Welt, so doch in einer andern. Seien Sie immer ebenso glücklich, wie Sie von mir angebetet werden, und glauben Sie ja nicht, daß man unglücklich sein kann mit solchen Gefühlen für Sie. Lenz [Am Rande:] ich hoffe zurückzukehren.

180. Lenz an Pfeffel (Mitte Juli 1776)
Erstdruck: Jahrbuch für Geschichte Elsaß-Lothringens II, S. 24 f. Handschrift verschollen.
486 *Herrn Neukirch:* Buchhändler in Kolmar.
Rhapsodie: hier im Sinne von epischem Gedicht; welcher Text damit gemeint ist, läßt sich nicht ermitteln.
Ihrem Institut: Pfeffel errichtete 1773 in Kolmar mit Genehmigung des Königs von Frankreich unter dem Namen ›Kriegsschule‹ eine akademische Erziehungsanstalt für Protestanten.
Lerse: Freund Lenzens und Goethes aus Straßburg, seit 1774 als Lehrer und Inspektor an Pfeffels Schule.
Ecole militaire: frz., Militärschule.
487 *Herr Basedow ...:* Vgl. Brief 123.

181. Lenz an Simon (Juli 1776)
Erstdruck: Freye/Stammler II, S. 22. Handschrift in Kraków.
487 *tonen:* hier im Sinne von tönen, klingen.

182. KAYSER AN LENZ (24.7.1776)

Erstdruck: Freye/Stammler II, S. 23. Handschrift in Riga.

488 *... mit einander haushalten:* offenbar Antwort auf einen nicht erhaltenen vorwurfsvollen Brief Lenz' an Kayser.

183. LENZ AN WEIDMANNS ERBEN UND REICH (26.7.1776)

Teildruck: Lenz, Soldatenehen, S. XIV. Erstdruck: Freye/Stammler II, S. 23 f. Handschrift in Kraków.

Datum und Postskript hat Lenz – wie Freye und Stammler ebenso mitteilen – mit Bleistift hinzugefügt.

489 *andern Antrag:* Gemeint ist die Schrift ›Über die Soldatenehen‹, über deren Druck er mit dem Verleger in Verhandlung stand.

184. LENZ AN BOIE (ANFANG AUGUST 1776)

Erstdruck: Rosanow, S. 521 f. Handschrift verschollen.

489 *Hn. Leibarzt:* Zimmermann.

490 *die Liste:* als Beilage zum Brief vom 2.7.1776 (Nr. 162).

185. RÖDERER AN LENZ (8.8.1776)

Erstdruck: Froitzheim, Lenz und Goethe, S. 127 f. Handschrift in Riga.

491 *Geißlers Geschichte ...:* Wahrscheinlich ist die ›Geschichte der Artillerie‹ von Geißler gemeint.
Hr. Hofrat und seine Frau: Johann Georg und Cornelia Schlosser.
die aus dem Faust: Goethes ›Der König von Thule‹, Sommer 1774 entstanden.
Pf.: Pfenninger.

492 *gnädige Frau:* Henriette von Oberkirch.

186. WIELAND AN LENZ (27.8.1776)

Erstdruck: Rosanow, S. 541. Handschrift verschollen, früher in der Königlichen Bibliothek zu Berlin.

492 *Etat de France:* Anonyme Werke unter diesem Titel erschienen vom Ende des 16. bis zum 18. Jahrhundert in vielen Ausgaben.
Siecle de Louis XIV.: ›Das Zeitalter Ludwigs XIV.‹ von Voltaire, 1751 in Frankfurt erschienen.
Cura ut valeas: lat., Laß es Dir wohl gehen.

187. SEIDEL AN LENZ (28.8.1776)

Erstdruck: Freye/Stammler II, S. 28. Handschrift in Riga.

492 *Anbei ...:* Brief 186 und die dort erwähnten Bücher von Wieland.

Zu den Briefen

188. Luise von Göchhausen an Lenz (29.8.1776)
Teildruck: Chronik des Wiener Goethe-Vereins vom 15. Februar 1887.
Erstdruck: Freye/Stammler II, S. 28 f. Handschrift verschollen, früher im Besitz Wendelins von Maltzahn.
Freye und Stammler edierten noch ein Billett Luise von Göchhausens an Lenz, dessen Datierung ungewiß ist: ›Meinen besten Dank, und könnt Ihnen an meinen Beifall etwas liegen meinen ganzen Beifall. Ich war heut früh bei der Herzogin, sonst würden Sie es eher wieder erhalten haben.‹ (Freye/Stammler I, S. 248.)

493 *Weimar ce 29me d'Aou 1776 ...:* frz., Weimar, den 29. August 1776. Ich danke Ihnen tausendmal für die gelungene Zeichnung, die Sie so freundlich waren, dem höflichen Brief beizulegen, mit dem Sie mich beehrten. Seien Sie versichert, Monsieur, daß ich sehr empfänglich dafür bin und daß es lange her ist, daß ich ein Gemälde gesehen habe, das so sehr dem Ideal entspricht, mit dem sich mein Geist oft beschäftigt, dem Ideal eines halbdunklen, lieblichen Ortes, wo ich die für mein Herz köstlichsten Momente verbringen werde.
Die Frau Herzogin dankt Ihnen für Ihr Erinnerungszeichen, aber sie versteht nichts von den Gnaden und Wohltaten, von denen Sie im Hinblick auf ihre Person gesprochen haben, sie hat mich beauftragt, Ihnen ihre Grüße zu übermitteln.
Ich werde mich stets sehr freuen, Nachrichten von Ihnen zu erhalten, besonders wenn Sie mir sagen werden, daß Ihre Gesundheit, um die wir uns Sorgen machen, vollständig wiederhergestellt ist.
Luise G.

189. Lenz an Charlotte von Stein (Anfang September 1776)
Erstdruck: Erich Schmidt, Lenziana, S. 1015. Handschrift verschollen, früher in der Königlichen Bibliothek zu Berlin.

493 *Vous parlez ...:* frz., Sie sprechen davon, mich meiner Einsamkeit zu entreißen – und geben mir dafür ebenso beredte Gründe an. Haben Sie, Madame! als Sie diese Zeilen schrieben, auch wohl bedacht, welche Wirkungen sie auf mich haben würden? Auf mich, der ich gegen all die Übel, die mich bedrücken, keine anderen Erleichterungen kannte, als mich vor der Welt verstecken zu können? Warum mich zwingen, das Licht zu sehen, um darin eine widerwärtige Person zu spielen, sogar im Hinblick auf Personen, an denen mein Herz früher das größte Interesse nahm. Es ist unmöglich, Ihnen die ganze Bitterkeit meiner Lage zu erhellen, Sie werden etwas davon aus dem Widerspruch in allen meinen Handlungen

erahnen, obgleich meine, wie Sie vermuten, so verderbten Gefühle nicht immer darauf reduziert werden können, daß sie sich widersprechen. Räumen Sie ein, daß es nichts so Grausames gibt, als wenn man gegen sein Herz handeln muß; indessen bin ich dazu gezwungen durch die Handlungen von eben den Personen, die sich einstmals meine Freunde nannten und die unter diesem Vorwand glaubten, sich alles gegen mich erlauben zu dürfen. Verraten Sie mir, ob Sie etwas finden, was Ihre Liebe zur Tugend und Ihren Haß gegenüber dem Laster befriedigt, die ich Ihnen in meiner Person ankündige, verschaffen Sie mir dieses Vergnügen der großen Seelen, zum Triumph der einen über den anderen beitragen zu können, vor allem bei so auffallenden Gelegenheiten, wo der Eifer, dem einen geholfen, den anderen zerstört zu haben, Ihnen als Trophäe bei dem gesamten Publikum und vielleicht sogar bei der Nachwelt dienen wird. Ich liefere Ihnen Waffen dafür, ich öffne Ihnen mein Herz. Ich erkläre mich für schuldig an all den kleinen Streichen, all den Tricks, deretwegen Sie mir am letzten Abend so lebhafte Vorwürfe machten, ich werde Ihnen sogar nichts weniger erklären als den Wechsel meines Verhaltens, das ich mit Standhaftigkeit beibehalten werde, solange die Gründe, die mich dazu zwingen, nicht beseitigt sind. Sie sollten sich also davor hüten, mir Gelegenheiten zu liefern, unter dem äußeren Schein von Unschuld und Redlichkeit Unheil anzurichten. Warum, ich flehe Sie an, mich bei Hofe produzieren? Warum mir so reizvolle Augenblicke eröffnen, nachdem ich mich mit dem Landleben abgefunden habe. Warum den Argwohn von Personen erregen, die bisher versucht haben, mich von ihm fernzuhalten, damit sie vor meinen kleinen Streichen und Tricks sicher sind? Die, um ihnen zuvorzukommen oder um mich vielleicht zu strafen, alles an Geringschätzung aufgeboten haben, kleine Streiche nach ihrer Art, die oft noch raffinierter oder wenigstens versteckter sind, durchaus liebenswürdigen Spott, der noch besser eingesetzt wird, Personen, die, um es kurz zu sagen, großmütig meine Willfährigkeit, sie in ihrer Mattigkeit zu ermuntern, mißbraucht haben. Ich habe mit ihnen Blindekuh gespielt, und zu große Freundschaft zu mir, sie haben vergessen, daß ich mir die Augen selbst verbunden habe, und versuchen gleichwohl vergeblich, sie mir erneut zu verblenden. Es ist durchaus natürlich, daß nichts ihrem Stolz mehr schmeicheln kann, auf den keine Rücksicht mehr zu nehmen ich mir vorgenommen habe. Es ist leicht vorauszusehen, daß ihnen dieser Wechsel im Verhalten kaum zusagen wird, nachdem ihnen das Verhalten, das ich bei der

Ankunft an den Tag legte, so viel Vorteil verschafft hat. Indessen kann ich nichts weniger, als es so fortzusetzen, obgleich ihre Freundschaft mich überreden will, und trotz der Ehre, die ich darein setze, einem Hofe zu gefallen, der gegenwärtig die Augen von ganz Deutschland und sogar unserer Nachbarn auf sich zieht, habe ich Ehrgeiz genug, um nicht mehr den Narren machen zu wollen. Das sind die Gefühle, mit denen meine neue Laufbahn zu beginnen ich mich nicht enthalten kann.

190. LENZ AN GOETHE (MITTE SEPTEMBER 1776)
Erstdruck: Rosanow, S. 529f. Handschrift in Riga.
Am Schluß des Originals ist die letzte Seite abgerissen. Ein Satz und fragmentarische Worte in Englisch beenden den Brief (vgl. Freye/Stammler II, S. 32). Auf der 4. Seite gezeichnete Köpfe.

494 *Deine Ordres:* Goethe an Frau von Stein am 10. September 1776: ›Ich schick Ihnen Lenzen, endlich hab ich's über mich gewonnen [...] Ade. von mir hören Sie nun nichts weiter, ich verbitte mir auch alle Nachricht von Ihnen oder Lenz. Wenn was zu bestellen ist mag er's an Philip schreiben.‹ Vgl. auch Anm. zu Brief 216.

495 *Schwedenborg:* Anspielung auf den Mystiker Emanuel von Swedenborg.
a force de lire: frz., beim vielen Lesen.
Philipp: Philipp Seidel, Goethes Diener.
Jungs Autobiographie: ›Heinrich Stillings Jugend‹ (1777), von Goethe zum Druck vermittelt.
K-: Kochberg.

496 *notifizieren:* mitteilen.
sermonieren: von lat. sermo; svw. eine Rede, einen Vortrag halten; hier im Sinne von ›abkanzeln‹.

191. LENZ AN HEINRICH JAKOB LENZ UND DESSEN BRUDER (20.9.1776)
Erstdruck: Rosanow, S. 528f. Handschrift in Riga.
Obwohl Lenz sich zu der Zeit in Kochberg befand, datierte er den Brief aus Weimar, wahrscheinlich der besseren Verständlichkeit halber, da seinem Onkel Heinrich Jakob, wohnhaft in Kolberg, und dessen Bruder Kochberg unbekannt gewesen sein dürfte.

192. JOHANN DANIEL SALZMANN AN LENZ (21.9.1776)
Erstdruck: Erich Schmidt, Lenziana, S. 1007f. Handschrift verschollen, war bereits 1914 am Schluß beschädigt (Freye/Stammler II, S. 263).
497 *7br.:* September (vgl. 1. Anm. zu Brief 55).

497 *neue Arria:* Schauspiel von Klinger, 1776 erschienen.
Sechste Akt von Stella: Parodie auf den Schluß von Goethes ›Stella‹; natürlich nicht von Goethe, wird Pfranger zugeschrieben.
498 *Mogol:* Gemeint ist Mogul; die Mogul-Kaiser herrschten in Indien von 1526 bis 1858.
ohngedruckte Abhandlung: Salzmanns Aufsatz ›Von der Glückseligkeit in bürgerlichen Gesellschaften‹.

193. SCHENCK AN LENZ (HERBST 1776)
Erstdruck: Freye/Stammler II, S. 35. Handschrift in Riga.
498 *Philipen:* Goethes Diener Philipp Seidel.

194. SEIDEL AN LENZ (22. 9. 1776)
Erstdruck: Freye/Stammler II, S. 36. Handschrift in Riga.
Das Datum steht mit Bleistift unter den Worten ›seine Sporen‹, umgekehrt zum Brieftext.
499 *Hr. G. L. R.:* Herrn Geheimen Legations-Rat (Goethe).

195. LENZ AN SEINEN VATER (SEPTEMBER 1776)
Erstdruck: Rosanow, S. 522 f. Handschrift in Riga.
500 *Fritzen:* Lenz' Bruder Friedrich David.
Storchenschnabel: Instrument zum Übertragen eines Schattenrisses, einer Zeichnung oder Karte aus einem Verhältnis in ein anderes (meist kleineres), auch Pantograph genannt.
Aquisitionen: Erwerbung, Gewinn.

196. HERDER AN LENZ (8. 10. 1776)
Erstdruck: Rosanow, S. 541. Handschrift in Riga.
501 *Da bin ich:* Am 1. Oktober 1776 traf Herder in Weimar ein.
Sonntag über 8 Tage: Am 20. Oktober hielt Herder seine erste Predigt.
Engländer: Stück von Lenz, 1777 erschienen, endet mit dem Selbstmord des Helden. Herder brachte die handschriftliche Fassung wieder mit.
Tot: Herder meint sicher Hot, die Hauptgestalt in dem Drama ›Der Engländer‹.
Den Engel: höchstwahrscheinlich Charlotte von Stein gemeint.
502 *Kaufmann:* Vom 21. September bis 9. Oktober 1776 weilte Christoph Kaufmann in Weimar und wurde von Goethe und Wieland als Freund Lavaters empfangen. Kaufmann brachte für Lenz einen Brief Röderers aus Straßburg mit, vgl. Nr. 185.

197. LENZ AN HERDER (9. oder 10.10.1776)
Erstdruck: Erich Schmidt, Lenziana, S. 1016. Handschrift verschollen, früher in der Königlichen Bibliothek zu Berlin.
502 *zitiert einen Komödianten:* Herder zitiert in der Schrift ›Älteste Urkunde des Menschengeschlechts‹ aus Lenz' Komödie ›Der neue Menoza‹.
Engländer: Bezug auf den vorangegangenen Brief 196.
Prinzessin von Carignan: Lenz denkt wahrscheinlich an Carignan, ein Herzogtum in der Nähe von Sedan, 1752 vom Herzog von Penthièvre für seine Tochter, die Herzogin von Chartres, gekauft.
Herzogin: wahrscheinlich Luise von Sachsen-Weimar, die in Kochberg war.
Augur ... Druide: Augur, ein altrömischer Priester und Wahrsager; Druide, ein keltischer Priester.

198. SCHENCK AN LENZ (OKTOBER 1776)
Erstdruck: Freye/Stammler II, S. 40f. Handschrift in Riga.
503 *Cästner:* der Dichter Abraham Gotthelf Kästner.
Philip: Goethes Diener Philipp Seidel.

199. RÖDERER AN LENZ (OKTOBER 1776)
Erstdruck: Froitzheim, Lenz an Goethe, S. 128. Handschrift in Riga.
Röderer wurde am 14.10.1776 in Göttingen immatrikuliert.

200. LENZ AN JOHANN DANIEL SALZMANN (23.10.1776)
Erstdruck: Stöber, Der Dichter Lenz, S. 82ff. Handschrift: Vgl. Anm. zu Brief 7.
504 *geistreichsten Dame:* Charlotte von Stein.
W.: Weimar.
505 *die von Edelmann:* die Kompositionen Johann Friedrich Edelmanns.
Auch ist er im Merkur: Kaufmanns Autorschaft des im August- und Septemberheft 1776 des ›Teutschen Merkur‹ veröffentlichten schwärmerischen Aufsatzes widerruft Wieland dann, vgl. Brief 201.

201. WIELAND AN LENZ (OKTOBER 1776)
Erstdruck: Stöber, Johann Gottfried Röderer, S. 170f.
505 *die Offenbarung Seb. Merciers:* Louis-Sébastien Merciers 1771 in Paris erschienenes, streng verbotenes und in ganz Europa nachgedrucktes Buch ›L'an deux mille quatre cent quarante‹ (›Das Jahr 2440‹).

Mercier, der ›wahre Poet der Revolution‹ genannt, schrieb mit dieser Utopie eine scharfe Satire auf die Mißstände der Gesellschaft, wobei er auch die brennenden Tagesfragen der Pariser Bevölkerung nicht ausklammerte.

506 *den Brief Deiner französischen Dame:* Vgl. dazu Brief 177; es handelt sich wahrscheinlich um den Dank Henriette von Oberkirchs für die erhaltenen Hefte des ›Teutschen Merkur‹; vgl. ebenso Lenz' Antwortbrief 208.

202. LENZ AN GOETHE [?] (HERBST 1776)

Erstdruck: Froitzheim, Lenz und Goethe, S. 109 f. Handschrift verschollen, früher als Konzept im Besitz von Georg Friedrich Dumpf.
Adressierung und Datierung ungewiß. Freye und Stammler (I, S. 165 f. u. 311) stellten das Briefkonzept in die Straßburger Zeit (Januar 1776) und adressierten es an Röderer. Einen Bezug auf Henriette von Waldner, wie Dumpf, Froitzheim, Freye und Stammler übereinstimmend feststellten, gibt es gewiß; der Duktus aber verweist es stärker in die Zeit von Lenzens Berkaaufenthalt, in die Zeit der Niederschrift des Prosafragmentes ›Der Waldbruder‹ (Herbst 1776), worauf bereits Froitzheim (a. a. O.) hinwies.

506 *Ich bin wieder hergestellt:* Dieser Ausspruch deutet auf die Überwindung der depressiven Stimmungslage Lenz' vom Juli 1776 und die Stabilisierung seiner Gesundheit am Ende des Berkaaufenthaltes hin.

507 *Ich handelte für sie:* offenbar Bezug darauf, daß Lenz Henriette von Waldner von der Heirat mit Herrn von Oberkirch abgeraten hatte.

203. LENZ AN DIE HERZOGIN ANNA AMALIA (24.10.1776)

Erstdruck: Erich Schmidt, Lenziana, S. 1015 f. Handschrift verschollen; nach Freye/Stammler (II, S. 264) handelte es sich bei dem Konzept um einen Foliobogen, der später von Lenz für Notizen zu militärischen Angelegenheiten benutzt wurde.
Während Erich Schmidt (a. a. O.) als Adressaten den Herzog Karl August (Geburtstag 3. September) annahm, schließen wir uns der Meinung Freyes und Stammlers an, daß der Brief an die Herzogin Anna Amalia (Geburtstag 24. Oktober) gerichtet war, da Lenz um den 3. 9. 1776 noch nicht in Kochberg weilte.

204. LENZ AN HERDER (NOVEMBER 1776)
Erstdruck: Freye/Stammler II, S. 44. Handschrift im Goethe- und Schiller-Archiv Weimar.
507 *eine Unschicklichkeit:* ungeklärt.
magistris artium: lat., Meistern der Kunst.
508 *meinen Pietisten:* ungeklärt, welches seiner Werke Lenz hier meint, wahrscheinlich die in Straßburg entstandene Schrift ›Meinungen eines Laien‹ (1775) oder die ›Epistel eines Einsiedlers an Wieland‹ (Dezember-Heft 1776 des ›Deutschen Museums‹).
Episkopus: grch., Bischof.
maitre de langues: frz., Lehrmeister der Sprachen.

205. LENZ AN HERDER (NOVEMBER 1776)
Erstdruck: Aus Herders Nachlaß I, S. 243. Handschrift im Goethe- und Schiller-Archiv Weimar, versehen mit Goethes Siegel, dem Homerkopf.
508 *In dem Merkur ...:* Im Juli-Heft 1776 des ›Teutschen Merkur‹ (III, S. 34 ff.) war ein Aufsatz Herders über Hutten erschienen; das mag Lenz zu seiner Bitte veranlaßt haben. Das Fragment ›Luther, ein Lehrer der Deutschen Nation‹ schrieb Herder jedoch erst 1792.

206. LENZ AN CHARLOTTE VON STEIN (3.11.1776)
a) Erstdruck: Freye/Stammler II, S. 46 f. Handschrift verschollen, früher in der Königlichen Bibliothek zu Berlin.
b) Erstdruck: Deutsches Museum 1861, Nr. 49, S. 821 ff. aus dem Nachlaß Fritz von Steins (mit mehreren sprachlichen Ungenauigkeiten, vgl. Freye/Stammler II, S. 265). Handschrift verschollen.
Datierung: Berka, den 3. November 1775 [!] statt 1776.
508 *you will perhaps ...:* engl., Sie werden sich vielleicht wundern, teuerste Lady, daß ich aus W. abgereist bin, ohne mich von Ihnen verabschiedet und meinen Dank mit all der Wärme wiederholt zu haben, die ein menschliches Herz austeilen kann, Sie würden mir erlaubt haben, mich einige Monate in der Nähe Ihrer Gegenwart einer Art Leben zu erfreuen, das mir bisher fast unbekannt war und das sich mir daher mit unauslöschlichen Buchstaben in mein Herz geprägt hat. Ich wage nicht, mich deswegen zu entschuldigen, denn, um es zu gestehen, ich fürchte, ich würde nicht die passenden Worte finden oder, wenn ich welche fände, sie in einer Weise vorbringen, die Ihrem Zartgefühl gegenüber nicht schicklich wäre. Sie werden es nicht glauben, und doch ist es wahr, daher lasse ich mich darauf ein, Ihnen zu schreiben, und zwar in Englisch, wobei ich mir schmeichle, daß Ihre Bemühungen um diese Sprache mit Hilfe all

des Scharfsinns Ihrer bezaubernden Phantasie meinen schwachen Ausdrücken all das verleihen werden, was sie würdig machen kann, von Ihnen gelesen zu werden. Wenn Worte einiges Vergnügen vermitteln, insofern als sie die Entzückungen und Besorgnisse des Herzens äußern, so bin ich sicherlich sehr zu bedauern, da ich nicht einmal den rechten Trost habe, wenn mir das Lebewohl entzogen wird, um meine Gefühle in Worte zu fassen, weil ich überwältigt bin von einer Art Stumpfheit, gefolgt von einer vollständigen Vergeßlichkeit für all das Glück, mit dem ich gesegnet worden bin. Nichts davon wird bleiben als so viel, daß es die Gegenwart durch den Vergleich mit der Vergangenheit nur um so schmerzlicher zu machen sich eignet.

508 *I beg a thousand times ...:* engl., Ich bitte Sie tausendmal um Verzeihung, liebe Madam!, daß ich Weym verlassen habe, ohne mich von Euer Gnaden zu verabschieden und Ihnen den Dank für all die verpflichtenden Liebenswürdigkeiten, die mir bei meinem Aufenthalt in Kochberg erwiesen wurden und die sich mir mit unauslöschlichen Buchstaben ins Herz gegraben haben, zu wiederholen, einen Dank, den ich nie hinreichend abstatten kann. Es ist höchst wahr, ich konnte nur einmal in meinem Leben auf so entzückende Weise beglückt werden, die, hätte ihr Zauber ein paar Tage länger gedauert, mich all meine Verbindungen hätte vergessen lassen und in den zweifelsfreien Glauben versetzt, ich befände mich in einer anderen Welt. Ich fühlte all meine Fähigkeiten gesteigert durch Ihre Gegenwart und hielt mich selbst für ein höheres Wesen, so wie ich sicher war, dafür, nahe den Einflüssen Ihres Genius, in allem, was ich unternahm, den Nachweis zu erbringen. Wundern Sie sich daher nicht über die Ungeschliffenheit und Kraftlosigkeit der Ausdrücke meines Briefes, da ich mein ganzes Englisch vergessen habe, werde ich doch nicht mehr von einer so begeisterten Schülerin angefeuert, deren bloße Gegenwart und deren Bemühung um diese Sprache mich in allem verbesserte, was ich sie lehren konnte und was, um die Wahrheit zu sagen, gewinnbringender für mich war, als alle meine Belehrungen für sie sein konnten. Ich bitte Sie inständig, sich der Stelle in Meister Goethes Götz von Berlichingen zu erinnern, wonach etwas Göttliches in der Unterhaltung einer Carric Thura steckt. Ich hoffe, Sie werden keine Erklärung für diesen Namen brauchen; nichts als Ihr Herz, das unübertreffliche, konnte es bewirken, da es so oft die Belehrsamkeit von Meister Theobald und Warburton bei der Erklärung des großen Shakespeare beschämte.

Ich bitte Sie, Ihrem hochgeschätzten Gatten und der ganzen Familie meine Grüße zu übermitteln, und indem ich mir selbst mit einigen Antwortzeilen schmeichle, da Sie mir die Erlaubnis hierzu gaben, bin ich mit der aufrichtigsten Verehrung, Madam, Ihr ergebenster und gehorsamster Diener Lenz.
Carric Thura: Titel eines Ossian-Gesanges, nach dem Namen des Schlosses Cathullas, des Königs von Inistore.
Meister Theobald und Warburton: Lewis Theobald (1688–1744) und William Warburton (1698–1779), kritische Herausgeber der Werke Shakespeares.

207. Johann Kaspar Lavater an Lenz (13. 11. 1776)
Erstdruck: Freye/Stammler II, S. 48 f. Handschrift in Riga, auf einem gedruckten Formular vom 7. 11. 1776, in dem Lavater mitteilt, er könne Briefe nicht mehr beantworten und bitte, Zuschriften zu frankieren.
510 *bei Statth. Kaufm.:* Vater von Christoph Kaufmann, nahm Lenz später in seinem Haus in Winterthur einige Zeit auf.

208. Lenz an Henriette von Oberkirch (Mitte November 1776)
Erstdruck: Froitzheim, Lenz und Goethe, S. 110 f. Handschrift in Riga, ein vielfach unleserliches Konzept.
510 *Oserois je enfin…:* frz., Dürfte ich endlich wagen, Madame, die Beilage von Sieur Wieland mit nur einigen Zeilen zu begleiten, um Ihnen das Übermaß an Freude darüber zu bezeugen, daß ich die Empfindung habe, genug Vertrauen bei Ihnen zu genießen, um mich zum Übermittler des Briefes zu machen, den Sie die Güte hatten, mir zu schicken. Nie sah ich einen Mann so erstaunt wie ihn über das, was Sie so oft umsonst hatten tun wollen, wie er sich ausdrückte, und er bittet Sie, die Fortsetzung dieses kleinen Poems günstig aufzunehmen, das Ihre Billigung ihm selbst um so teurer macht, als tatsächlich seine Bescheidenheit ihn bisher daran gehindert hat, dessen ganzen Wert zu empfinden. Vergeblich habe ich ihm versichert, daß ich insoweit völlig Ihrer Meinung war und daß ich das Poem im Ernst für sein Meisterwerk hielte, er versteifte sich immer darauf, es sei nur Nachsicht von Ihrer Seite, die Sie so günstig darüber urteilen ließ. Ich denke, das beste Mittel, um ihn seinem liebenswürdigen Irrtum zu entziehen, wird sein, daß Sie mir gütigst gestatten, Ihnen weiterhin alle Fortsetzungen des Merkur zu schicken, und obgleich er mir verboten hat, Ihnen zu sagen, daß sie von ihm kommen, damit Sie sie nicht zu vorteilhaft einschätzen, vermag ich nicht, es Ihnen zu verhehlen, aber ich bitte Sie gleich-

zeitig inständig um die Gnade, mich aus Gefälligkeit, mit möglichst geringen Umständen, ohne Rücksicht auf ihn und ganz im Vertrauen auf meine Diskretion von allem benachrichtigen zu wollen, was Sie an irgendwelchen Stellen seines Poems noch zu wünschen finden könnten, ich würde nicht verfehlen, ihm dazu Ratschläge zu geben, die ihm zugute kommen werden. Verzeihen Sie, Madame, diese Begeisterung für meinen Freund und für diese Kunst, in der er von Tag zu Tag neue Fortschritte macht, obgleich man hätte meinen sollen, daß er darin schon den höchsten Grad von Vollkommenheit erreicht habe. Gebe Gott, daß Sie in dem Jahrhundert, in dem wir leben, nicht unerbittlich sein werden, dem uneigennützigsten und bedächtigsten Enthusiasten das Glück einzuräumen, Sie ebensosehr in Ihren Briefen zu bewundern, wie er es bisher in einer Silhouette getan hat, die zwar schlecht kopiert, aber doch hinreichend ist, um seine Einbildungskraft an die köstlichen Momente zu erinnern, in denen er des Glücks genossen, Sie zu sehen und zu hören. Mr. Lav. hat mir inzwischen eine andere seiner Physiognomik geschickt, mit der ich ebensowenig zufrieden bin. Ach, welch ein Künstler könnte diese Züge wiedergeben, die in Wahrheit nur durch das Denken zu erfassen sind.

Ich wage zu hoffen, daß Sie nicht ärgerlich sein möchten über das Zartgefühl meines Freundes W., den ich soeben verraten habe, indem ich ihn enthüllte, haben Sie die Güte, mir nicht Gleiches anzutun und billigen Sie, was ich soeben im Hinblick auf ihn vorgeschlagen [...]

510 *die Beilage von Sieur Wieland:* Vgl. Wielands Brief an Henriette von Oberkirch vom 12. November 1776, gedruckt in ihren ›Memoiren‹, 1. Bd., S. 82f. (Paris 1853).

209. WIELAND AN LENZ (16. II. 1776)
Erstdruck: Rosanow, S. 541 (dort fälschlich als Brief Herders gedruckt). Handschrift verschollen, früher in der Königlichen Bibliothek zu Berlin.
512 *Göthe:* aß laut Tagebuch am 16. November 1776 bei Wieland; hieraus die Datierung abgeleitet.

210. LENZ AN WEIDMANNS ERBEN UND REICH (MITTE NOVEMBER 1776)
Erstdruck: Holtei, Dreihundert Briefe I, S. 131 f.
512 *ein neues Stück:* ›Der Engländer‹. Lenz hatte das Drama, wie aus Brief 213 hervorgeht, versehentlich an den Leipziger Verleger ge-

ZU DEN BRIEFEN 895

schickt. Reich druckte dann doch das Stück, und es erschien 1777.
9bre: November (vgl. 1. Anm. zu Brief 63).

211. SEIDEL AN LENZ (22./25. 11. 1776)
Erstdruck: Erich Schmidt, Lenziana, S. 1016. Handschrift in Riga.
Zur Datierung: Am 21. November 1776 wurden in Weimar Goethes ›Geschwister‹ uraufgeführt, und am 26. beging Lenz seine unbekannte ›Eselei‹ (vgl. 1. Anm. zu Brief 216).
512 *Erw. u. Elmire:* ›Erwin und Elmire‹, Genrestück von Goethe.

212. LENZ AN ANNA MARIA ODER SUSANNA MARGARETA LAUTH (23. 11. 1776)
Erstdruck: Freye/Stammler II, S. 52. Handschrift in Kraków.
Wie der folgende wurde auch dieser Brief in Berka geschrieben und Weimar nur der besseren Verständlichkeit halber für die Adressatin angegeben.
513 *Herrn Bruder:* der Notar Johann Daniel Lauth.

213. LENZ AN WEIDMANNS ERBEN UND REICH (23. 11. 1776)
Erstdruck: Freye/Stammler II, S. 52 f.
513 *gegenwärtiges Manuskript:* höchstwahrscheinlich das Drama ›Henriette von Waldeck‹, auch ›Die Laube‹ genannt. Eventuell auch die Prosaschrift ›Der Waldbruder‹. Zur ›Laube‹ vgl. Philipp Seidel am 30. November an Lenz, Brief 219, und Goethes Brief an Reich vom 29. November 1776.
514 *Remesse:* alte Bezeichnung für Geld- oder Wechselsendung.

214. LENZ AN PFEFFEL (ENDE NOVEMBER 1776)
Erstdruck: Jahrbuch für Geschichte Elsaß-Lothringens 11, S. 25 f. Handschrift verschollen.
514 *Dame vom Hofe:* die Gräfin Wartensleben.
zwischen Dessau und Salis: Gemeint sind zwei philanthropische Lehranstalten; Basedows Philanthropin in Dessau und Karl Ulysses von Salis' in Marschlins (Schweiz) 1771 gegründetes Philanthropin, das Lenz Mitte 1777, kurz vor dessen Schließung, besuchte.
andrer kleiner Aufsätze: Lenz' 1776 erschienene ›Flüchtige Aufsätze‹.
515 *Xbr:* Dezember (vgl. 1. Anm. zu Brief 74).

215. RÖDERER AN LENZ (26. II. 1776)
Erstdruck: Froitzheim, Lenz und Goethe, S. 129 f. Handschrift in Riga.
515 *Hr. Legations Rat:* Goethe.
Hier unten Abschrift: Am Schluß des Schreibens steht die Kopie eines Anfang November geschriebenen Briefes, der nichts Wesentliches über die Beziehungen Lenz – Röderer enthält (vgl. Freye/Stammler II, S. 45 f.).
Deinen lieben Bruder: Karl Heinrich Gottlob, Student der Jurisprudenz, geleitete Lenz 1779 nach Livland.
mit den Baronen: Gemeint sind die Brüder von Kleist.
Bürgers Meisterübersetzung: Probe von Bürgers geplanter Odyssee-Übersetzung im 1. Heft des ›Deutschen Museums‹ 1776.

216. LENZ AN KALB (29. II. 1776)
Erstdruck: Aus Herders Nachlaß I, S. 243 f. Handschrift im Goethe- und Schiller-Archiv Weimar, das zweite Blatt ist abgerissen.
Adressat ist vermutlich Kalb, der sich beim Herzog für Lenz verwendet hatte (vgl. Brief 218).
516 *unangenehme Bemühung:* Am 26. November 1776 muß sich mit Lenz ein Vorfall ereignet haben, der von allen Beteiligten, von Goethe und der Hofgesellschaft mit Schweigen verhüllt wurde. Von einer ›Eselei‹ spricht Goethe in seinem Tagebuch vom 26. II. 1776. Mutmaßungen gehen dahin, daß es sich um eine Anspielung Lenzens auf Goethes Freundschaft zu Charlotte von Stein gehandelt haben muß. Die Situation zwischen beiden war zu dieser Zeit äußerst widerspruchsreich, wie Briefe und Tagebucheintragungen beweisen. – Eine andere Vermutung besagt, daß Lenz sich unpassend zu Goethes Verhältnis zu seiner Schwester Cornelia geäußert habe, und zwar im Zusammenhang mit der fünf Tage vorher in Weimar erfolgten Uraufführung von Goethes Stück ›Die Geschwister‹. – Hinter den (für uns immer im Bereich der Spekulation und Vermutung liegenden) Streitigkeiten im privaten Bereich, die den äußeren Anlaß zum offenen Bruch der Freunde gegeben haben mögen, standen zweifellos tiefgreifende Unterschiede in ästhetischen, literarischen und gesellschaftspolitischen Auffassungen, die nun beim Auseinanderfall des für kurze Zeit relativ einheitlichen Kreises um Goethe, Lenz, Herder, Klinger, Wagner, Merck, Müller, Kaufmann u. a. zutage traten.
von unbekannter Hand: offensichtlich eine Geldsumme vom Herzog oder der Herzogin-Mutter, die Lenz zurückgewiesen hatte.
kleines Pasquill: ungeklärt, Manuskript verschollen; eventuell han-

delt es sich um die im Brief 172 an Klinger angekündigte Abrechnung. Das Pasquill gelangte nicht in Goethes Hand, er lehnte die Annahme ab (vgl. 1. Anm. zu Brief 218). Keineswegs handelt es sich bei dem Pasquill – wie bisher angenommen wurde – um das Dramolet ›Tantalus‹. Goethe hatte es – wie aus seinem Tagebuch hervorgeht – schon am 15. September 1776 in den Händen gehabt.

217. LENZ AN DEN HERZOG KARL AUGUST (29. II. 1776)
Erstdruck: Erich Schmidt, Lenziana, S. 1017. Handschrift in Riga.
Das Schriftstück bricht am Ende unvermittelt ab; es handelt sich eventuell um einen Entwurf, der auch an die Herzogin Luise gerichtet sein könnte.

517 *Votre Altesse ...:* frz., Eure Hoheit wollten mich durch Ihr Letztes anscheinend auf noch lange Zeit aus Weimar verbannen. Ich habe gehorcht. Ich danke Ihr für den Brief, womit Sie mir diesen Kummer zu versüßen geruhten. Ich sehe Hoffnungsschimmer darin, daß Sie nicht einen Plan fallenlassen wird, dessen Ausführung den fühlbarsten Reiz meines Lebens ausmachen wird! ungeachtet der Zweifel, die Herr von Einsiedel im Hinblick auf diesen Gegenstand in mir erregt hat; in Anbetracht des liebenswürdigen ...

einen Plan ...: Daß es sich um das Projekt der Schrift ›Über die Soldatenehen‹ handelt, wie Freye und Stammler meinen, ist kaum anzunehmen, da Lenz dafür während seines Weimaraufenthaltes keine offenen Ohren fand; es wird sich vielmehr um die geplante Biographie des Heerführers Bernhard von Weimar handeln, mit der sich wohl Lenz auch die Gunst des Herzogs erhoffte (vgl. Brief 218). Lenz hatte in den Herzoglichen Archiven dazu Studien getrieben; Vorarbeiten und Notizen zu der Arbeit befinden sich in Kraków.

218. LENZ AN HERDER (29. oder 30. II. 1776)
Erstdruck: Aus Herders Nachlaß I, S. 244 f. Handschrift im Goethe- und Schiller-Archiv Weimar.

517 *darum schickt ichs Dir:* Wahrscheinlich wurde Herr von Kalb, der Goethe das Pasquill von Lenz übergeben sollte, zurückgewiesen. Goethe verweigerte die Annahme. Die Notiz im Tagebuch vom 29. II. 1776 deutet darauf hin: ›Dumme Briefe von L. Kalb abgeschickt.‹ Lenz hat das Pasquill dann wohl an Herder gesandt. Im Weimarer Goethe- und Schiller-Archiv befindet sich ein Umschlag aus grobem Papier, auf dem von Lenz' Hand geschrieben steht: ›Meinem ehrwürdigsten Freunde Herder dieses einzigexistirende

Manuskript zu seiner willkürlichen Disposition. Von einem armen Reisenden der sonst nichts zu geben hat.‹ Der Umschlag ist leer. Der Verbleib des Inhalts ist nicht aufzuklären. Möglicherweise ist er vernichtet worden, es kann sich aber auch um das in Goethes Nachlaß gefundene Manuskript des ›Pandämonium Germanicum‹ handeln, das vom Format und Umfang her im Kuvert gewesen sein könnte.

517 *für Deine Vorsprache:* Auch Herder hatte sich demnach beim Herzog für Lenz verwendet; erst wenige Wochen in Weimar und noch neu auf dem glatten Hofparkett, zudem Goethe, der ihn nach Weimar geholt hatte, verpflichtet, dürften seine Einflußmöglichkeiten nicht sehr groß gewesen sein.
seine Bücher ...: für Lenz' Arbeit an der Biographie Bernhards von Weimar; vgl. Anm. zu Brief 217.
Supplique: frz., Bittgesuch.

518 *versiegelten Zettel an Goethen:* Gemeint ist offensichtlich das Pasquill.
redliche Kalb: Auch er hatte beim Herzog vermitteln wollen, vgl. Brief 216.

219. SEIDEL AN LENZ (30. II. 1776)
Teildruck: Dramat. Nachlaß, S. 108 f. Erstdruck: Freye/Stammler II, S. 57 f. Handschrift in Riga.

518 *Coloschen:* wohl Schreibfehler für Galoschen.
nach der Laube: Vgl. 1. Anm. zu Brief 213.
die Mitschuldigen: satirisches Lustspiel von Goethe, 1767/69 entstanden, wiederholt überarbeitet, 1787 gedruckt.

220. HERDER AN LENZ (30. II. 1776)
Erstdruck: Froitzheim, Lenz und Goethe, S. 112. Handschrift in Riga.

518 *Kaufmann:* Von Weimar aus war Kaufmann am 9. Oktober 1776 an das Philanthropin in Dessau gegangen, jene Lehrstätte, die Lenz ein halbes Jahr vorher eine Berufung angeboten hatte.
Nach Dessau ... nicht kommen: möglicherweise, weil Basedow und Simon in Dessau über Lenz' Ablehnung verärgert waren; oder aber, damit sich Lenz und Kaufmann auf der Reise nicht verfehlten.

519 *Bernhard:* die von Lenz geplante Biographie über Bernhard von Weimar; vgl. Anm. zu Brief 217.

ZU DEN BRIEFEN

221. LENZ AN JOHANN KASPAR LAVATER (DEZEMBER 1776)
Erstdruck: Dorer-Egloff, S. 202 f. Handschrift in Zürich.
519 *zu Dir zu kommen:* Lavater hatte Lenz nach Zürich eingeladen, vgl. dazu Lavaters Brief an Lenz vom 13. November 1776 (Nr. 207).

222. LENZ AN HAFFNER (13.12.1776)
Erstdruck: Froitzheim, Zu Straßburgs Sturm- und Drangperiode, S. 53 f. Handschrift in Riga.
520 *Teut:* ein fabelhafter vergötterter Kriegsheld, angeblich der Stammvater der alten Deutschen.
Herrn von Türkheim: Nach Lenzens Weggang von Straßburg (am 1. März 1776 hatte er zum letzten Mal eine Sitzung der Deutschen Gesellschaft geleitet) wurde Türkheim die bestimmende Gestalt in der Gesellschaft. In seinem Haus in der Brandgasse trafen sich die Freunde.
521 *Bürgerfreund:* Vgl. 2. Anm. zu Brief 85.
Teutsche und Französische Gesellschaft: Am 9. Januar 1777 war offenbar die letzte Zusammenkunft des Kreises, sie fand im Kloster Sankt Wilhelm statt. Dann bricht das Protokoll ab.
sein Drama: Vgl. 2. Anm. zu Brief 146 und Brief 161.

223. JOHANN DANIEL SALZMANN AN LENZ (20.12.1776)
Erstdruck: Erich Schmidt, Lenziana, S. 1008. Handschrift verschollen, früher in der Königlichen Bibliothek zu Berlin.
Antwortschreiben auf Lenz' Brief vom 23.10.1776 (Nr. 200).
521 *Bitsch:* frz. Bitche, Stadt im Elsaß.
522 *der gute Rousseau:* falsche Nachricht mit Bezug auf seine Ausweisung aus der Schweiz; Rousseau starb erst am 2.7.1778.
Kaiser Joseph: Joseph II. von Habsburg.
pieces: Stücke; gemeint sind die ›Flüchtigen Aufsätze‹.

224. LENZ AN HERDER (24.12.1776)
Erstdruck: Aus Herders Nachlaß I, S. 246. Handschrift im Goethe- und Schiller-Archiv Weimar.

225. LENZ AN BOIE (NACH 24.1.1777)
Erstdruck: Freye/Stammler II, S. 66 f. Handschrift verschollen, früher in der Königlichen Bibliothek zu Berlin.
523 *Geld:* Honorar für die Erzählung ›Der Landprediger‹, die Boie veröffentlichte (›Deutsches Museum‹ 1777).
524 *neulich noch in Colmar:* Am 24.1.1777 schrieb Pfeffel an Jakob Sara-

sin: ›Lenz war acht Tage bei uns.‹ Hieraus ergibt sich die Datierung des Briefes.

226. KAYSER AN LENZ (20./23. 2. 1777)

Erstdruck: Freye/Stammler II, S. 65 f. Handschrift in Riga.

524 *Dein leztes im Museo:* Im Dezemberheft des ›Deutschen Museums‹, Jg. 1776, erschien Lenzens Gedicht ›Epistel eines Einsiedlers an Wieland‹.

Komponieren will ich ...: In Voß' ›Musenalmanach‹ wurden 1778 drei Gedichte von Lenz veröffentlicht, jedoch von Kayser nicht vertont.

Kleinjopp: sonst Kleinjogg oder Klijog genannt, d. h. Klein-Jakob. Gemeint ist Jakob Gujer, ein Schweizer Bauer, der durch Johann Caspar Hirzels Buch ›Die Wirtschaft eines philosophischen Bauers‹ (Zürich 1761, vermehrte Auflage 1774) berühmt wurde. Sein Musterhof in Wermatschweil bei Uster, später in der Nähe des Katzensees der Katzenrütihof, wurde von vielen Schweizreisenden besichtigt. Lenz, der im Bauerntum die Stütze des Staates sah und sich in der Zeit mit landwirtschaftlichen Studien, z. B. mit den ökonomischen Reformen des Physiokraten Turgot, befaßte, wollte – wie aus dem Folgenden hervorgeht – über Jakob Gujer schreiben.

227. RAMOND DE CARBONNIÈRES AN LENZ (5. 4. 1777)

Erstdruck: Blei V, S. 379 f. Handschrift in Kraków.

525 *Colmar le 5. avril ...:* frz., Colmar, den 5. April 1777. In Straßburg habe ich, Monsieur und teurer Freund, von Ihrem Aufenthalt in Colmar erfahren und sehr bedauert, dort nicht mit Ihnen zusammengekommen zu sein. Es bedurfte so unbedingt notwendiger Geschäfte wie derer, die mich davon zurückhielten, um mich daran zu hindern, Sie dort zu treffen. Was allein mich über dieses Mißgeschick trösten kann, ist die Hoffnung, die Sie den Herren Pfeffel und Lerse gegeben haben, Sie hier wiederzusehen. Ich verpflichte Sie für meinen Teil, Ihr Wort nicht zu brechen; und ich wünsche sehr, zu der Anzahl der Gründe zu gehören, die Sie verpflichten, es zu halten.

Hier, mein teurer Freund, ist mein armes Drama, recht und schlecht gedruckt; und gewöhnt durch die Ohrfeigen des Korrektors an die Ohrfeigen der Kritiker. Ihr Name ist das beste an der Arbeit, und Ihre Zustimmung ist ihr Verdienst. Um die Huldigung vollzumachen, die schwache Huldigung, die meine Widmung Ihrer

Protektion zurückerstattet, sollte ich deren Anlaß in einer dedikatorischen Epistel ausdrücken, doch mein Freund Mathieu wollte es durchaus nicht gestatten; er sagte mir, daß ich Ihre Arbeiten nicht nennen oder von Ihren Talenten sprechen könnte, ohne entweder Ihre Geheimnisse oder Ihre Bescheidenheit bloßzustellen ... und was die Qualitäten Ihres Herzens betrifft, so sind diese geweiht im Herzen Ihrer Freunde und müssen es sein, mehr als in einer eitlen Schrift. Geruhen Sie, deren Beschützer zu sein, wie Sie ihr Pate waren; geruhen Sie, der Mäzen schwacher Talente zu sein, die großer Talente bedürfen, um von ihnen angeleitet zu werden; geruhen Sie, mich um irgendeiner Sache willen an Ihrem Renommee teilnehmen zu lassen.

Mein Freund Mathieu, der sich rühmt, der Ihre zu sein, überträgt mir für Sie die herzlichste Versicherung der Anhänglichkeit. Er macht sich Vorwürfe, daß er Ihnen seit langem nicht geschrieben hat; aber die Ungewißheit über Ihren Aufenthalt und die Richtung Ihrer Reise haben ihn daran gehindert. Seit Ihrer Abreise aus Weimar erwartete er Sie immer in Straßburg, wo Sie durchgefahren sind, ohne irgend jemanden von denen zu sehen, die Ihnen so aufrichtig zugetan sind; er beauftragt mich, Ihnen deswegen tausend Vorwürfe zu machen.

Noch ein Wort. Ich war sehr geschmeichelt durch die Gutheißung, mit der Ihre Hoheiten die Herzoginnen von Weimar meine Arbeit zu ehren geruhten; diesen Triumph verdanke ich Ihnen, mein teurer Freund, und schulde Ihnen dafür meinen Dank; es bleibt mir nur noch, Sie um Rat zu fragen über die Art, diesem Hof einige Exemplare zukommen zu lassen, die ich als Huldigung schulde. Sie hatten die Güte, meinem Bruder zu sagen, daß Ihr Freund, Herr Goethe, es übernehmen würde, sie weiterzuleiten. Ist es notwendig, ist es angebracht, daß ich den Herzoginnen schreibe; oder nur an Madame die verwitwete Fürstin oder überhaupt nicht? Ich bitte Sie herzlich, mich hierüber aufklären zu wollen, Sie werden mir einen großen Dienst erweisen.

Herr Schlosser wird Ihnen, mein teurer Freund, dieses Päckchen hier übermitteln. Ich habe die Ehre, ihm zu schreiben und ihm ein Exemplar meines Dramas zu überreichen; ich bitte ihn gleichzeitig um sein Einverständnis, Sie für einige Tage abzutreten und zu Ihren Freunden nach Colmar zu schicken, die ihm dafür zu größtem Dank verpflichtet sein werden.

Mein teurer Freund, ich erwarte die Weisung, die Sie mir gütigst geben wollen, um mir die Freiheit zu nehmen, an Herrn Goethe zu schreiben und ihn zu bitten, einen Erweis meiner Verehrung für seine Person und seine Schriften anzunehmen.

Ich habe die Ehre, mit der aufrichtigsten und vollkommensten Anhänglichkeit, Monsieur und teurer Freund, zu sein Ihr ergebenster und gehorsamster Diener Ramond Advokat beim Rat.

525 *mein armes Drama:* Ramonds Drama ›Les dernières aventures du jeune d'Olban‹ (Yverdon 1777); die deutsche Übersetzung (›Die letzten Abenteuer des jungen Olban‹) wurde 1778 in der Zeitschrift ›Olla Potrida‹ (S. 10 ff.) veröffentlicht.
dedikatorische Epistel: Widmungsschreiben.

228. LENZ AN BOIE (9. 4. 1777)

Erstdruck: Freye/Stammler II, S. 71. Handschrift verschollen, früher in der Königlichen Bibliothek zu Berlin.
Lenz legte dem Brief das Gedicht ›Pygmalion‹ bei.

527 *Zerstückelung des Landpredigers:* Die Erzählung erschien in drei Teilen im 4., 5. und 6. Stück des Jahrganges 1777 des ›Deutschen Museums‹.
Für Vossen ...: Vgl. 2. Anm. zu Brief 226.

229. LENZ AN NEUKIRCH (ERSTES HALBJAHR 1777)

Erstdruck: Freye/Stammler II, S. 72. Handschrift verschollen, früher in der Königlichen Bibliothek zu Berlin.
Lenz hat das Blatt später zu Notizen über militärische Belange benutzt. Gerichtet war es an Johann Georg Neukirch, den Kolmarer Buchhändler, mit dem Lenz in ›Unterhandlungen‹ stand (vgl. dazu Brief 180 an Pfeffel). Neukirch gab die Wochenschrift ›Der patriotische Elsässer‹ heraus, die auch in Straßburg bei dem Buchhändler Johann Friedrich Stein erschien.

527 *Allessandro:* wahrscheinlich ein Drama bzw. Dramenentwurf von Lenz; auf einem Kuvert, das er in Emmendingen erhielt, hat Lenz notiert: ›keinen Buchstaben ändern im Allessandro erst ihn aber vorlesen – Morgen aufs eiligste Bojen das Paket schicken – an Schloss. assigniren. Neukirch das Paket über Basel und copiren [...]‹ Zeitgleich schrieb Lenzens Freund Füßli an den erst später veröffentlichten fingierten ›Briefen des Conte di Sant' Allessandro‹ (hg. von E. Ermatinger, Frauenfeld 1940), einem wichtigen Zeitdokument über das gesellschaftliche Leben in Zürich, zugleich Ausdruck von Füßlis vehementer, wenn auch verheimlichter Opposition gegen das Ancien régime. Möglicherweise kannte Lenz das, und es gibt Zusammenhänge.

230. LENZ AN GERTRUD SARASIN (11.5.1777)
Erstdruck: Dorer-Egloff, S. 207f. Handschrift in Basel.
528 *Pfeffels Lieder:* Lenz hatte diese offenbar von Frau Sarasin erhalten, als er vom 23. bis 28. April 1777 in Basel weilte und zum ersten Mal im Sarasinschen Haus empfangen wurde.
der verabredeten Komödie: Vgl. die Briefe 233 und 234 und die Anm. zum letzteren.
Sarasi: Schreibung nach der mundartlichen Aussprache.
Schinznach: In Bad Schinznach fand vom 12. bis 15. Mai 1777 die Zusammenkunft der ›Helvetischen Gesellschaft‹ statt, an der Lenz teilnahm.
Blinde: Pfeffel, er war 1757 erblindet.
529 *kleinen Inokulierten:* Bezug auf die Kinder Gertrud Sarasins, die mit menschlicher Pockenlymphe geimpft worden waren.
Neuvermählten: Zwei Verwandte von Jakob Sarasin, Töchter von Lukas Sarasin, heirateten am 2. Juni 1777.
Schwager: wahrscheinlich Isaak Hagenbach, der mit Jakob Sarasins Schwester Sara seit 1747 verehelicht war.

231. LENZ AN BOIE (26.5.1777)
Erstdruck: Rosanow, S. 522. Handschrift verschollen, früher in der Königlichen Bibliothek zu Berlin.
529 *über die launigten Dichter:* Boie druckte die Schrift damals nicht, sie erschien erst 1782 im dritten Stück des ›Deutschen Museums‹ unter dem Titel ›Abgerissene Beobachtungen über die launigen Dichter‹.
Landpr....: Vgl. 1. Anm. zu Brief 228.

232. FÜSSLI AN LENZ (2.6.1777)
Erstdruck: Freye/Stammler II, S. 78. Handschrift in Riga.
530 *T. à. V.:* tout à Vous, frz., ganz der Ihre.

233. LENZ AN JAKOB SARASIN (2.6.1777)
Erstdruck: Dorer-Egloff, S. 208f. Handschrift in Basel.
531 *Latwerge:* aus lat. electuarium, Fruchtmus; mit Zucker angerührte breiförmige Arznei.

234. LENZ AN GERTRUD SARASIN (2.6.1777)
Erstdruck: Dorer-Egloff, S. 209f. Handschrift in Basel.
Lenz fügte die ersten Szenen eines Stückes bei, das Fragment blieb (vgl. Bd. 1 dieser Ausgabe, ›[Ein Lustspiel in Alexandrinern]‹).

235. JOHANN GEORG SCHLOSSER AN JOHANN KASPAR LAVATER, LENZ UND PFENNINGER (9.6.1777)

Erstdruck: Im neuen Reich 1879, S. 285. Handschrift in Zürich.
Cornelia Schlosser starb am 8. Juni 1777, drei Wochen nach der Geburt des Kindes, als dessen Paten sie vermutlich Lenz bestimmt hatte. Lenz befand sich zu der Zeit auf einer Wanderung durch die Schweizer Berge. Als er bei seiner Rückkehr nach Zürich die Nachricht vorfand, eilte er sofort zu Schlosser nach Emmendingen.

236. LENZ AN JOHANN KASPAR LAVATER (14.6.1777)

Erstdruck: Dorer-Egloff, S. 203f. Handschrift in Zürich.
532 *cito citissime:* lat., äußerst schnell.
  Jakobi: Wahrscheinlich ist der Schriftsteller und Philosoph Friedrich Heinrich Jacobi gemeint.
  Petern: Peter im Baumgarten, das Findelkind von Lenz' Freund Lindau; vgl. 1. Anm. zu Brief 81.
533 *Sünder:* Anspielung auf ein in Bad Schinznach vorgetragenes Gedicht Lavaters über Lenz, in dem er ihn einen ›Sünder‹ nennt; vgl. dazu Anm. zu dem Gedicht ›Schinznacher Impromptüs‹.

237. LENZ AN FÜSSLI (ETWA 20.6.1777)

Erstdruck: Jahrbuch der Deutschen Schillergesellschaft, 10. Jg. 1966, S. 181. Handschrift in Zürich.
Die Originale der Briefe 237, 240, 241 und 258 wurden erst vor zwanzig Jahren von Martin Stern in der Zentralbibliothek von Zürich (Handschriften-Abteilung, Signatur Ms M 1 183) wieder aufgefunden und a. a. O. erstmals publiziert.
533 *unvermutete Nachricht:* der Tod Cornelia Schlossers.
  Ihre geschriebene Geschichte: Füßli war Historiker und arbeitete an einer Geschichte der Schweiz.

238. LENZ AN JOHANN KASPAR LAVATER (24.6.1777)

Erstdruck: Dorer-Egloff, S. 204 f. Handschrift in Zürich.
533 *häuslichen Freuden:* Kaufmann hatte auf der Reise nach Petersburg Lenz' Vater und Geschwister in Dorpat besucht und – wie aus dem Folgenden hervorgeht – Briefe von ihnen an Lenz mitgeschickt.
534 *Peters Schicksal:* Nach Lindaus Tod nahm sich Goethe des Findelkindes Peter im Baumgarten an. Er sorgte für seine Erziehung auf dem Gut Kochberg und verschaffte ihm später eine Anstellung als Jäger in Ilmenau.

239. LENZ AN JAKOB SARASIN (ENDE JUNI 1777)
Erstdruck: Dorer-Egloff, S. 216 f. Handschrift in Basel.
535 *an unserm Lustspiel:* das Fragment gebliebene ›[Lustspiel in Alexandrinern]‹.
Freundin: Cornelia Schlosser.

240. LENZ AN FÜSSLI (4.7.1777)
Erstdruck: Jahrbuch der Deutschen Schillergesellschaft, 10. Jg. 1966, S. 182 f. Handschrift in Zürich.
535 *Manuskript:* Füßlis Geschichtswerk über die Schweiz.
536 *Tschudi ... chronikalischen Umständlichkeit:* Bezug auf Ägidius Tschudis ›Chronicon helveticum‹ (1734–1736).
historiographes des princes et des cours: frz., Geschichtsschreiber der Fürsten und Höfe.
'ειρηνοποιοῖ: grch., Friedensstifter.

241. LENZ AN FÜSSLI (10.7.1777)
Erstdruck: Jahrbuch der Deutschen Schillergesellschaft, 10. Jg. 1966, S. 184 f. Handschrift in Zürich.
537 *Vivis:* Vevey am Genfer See.
538 *terra incognita:* lat., unbekanntes Land.
Geldremessen: Geld- oder Wechselsendungen.
Cicerone: ital., Fremdenführer.
zum andernmal sehen sollen: Füßli hatte 1763/64 eine Bildungsreise nach Italien unternommen und dort u. a. Winckelmann näher kennengelernt.

242. LENZ AN JAKOB UND GERTRUD SARASIN (10.7.1777)
Erstdruck: Dorer-Egloff, S. 217 f. Handschrift in Basel.
540 *der Gesellschaft:* ›Gesellschaft zur Beförderung des Guten und Gemeinnützigen‹, am 30. März 1777 in Basel von Isaak Iselin gegründet. Sarasin und Pfeffel gehörten ihr auch an. Lenz unterbreitete schriftlich Vorschläge für die Töchterschule (vgl. Brief 249), wurde aber nicht Mitglied der Gesellschaft.
Unsere Komödie: das Fragment gebliebene ›[Lustspiel in Alexandrinern]‹.
Sarasin sandte Lenz sofort zwei Empfehlungsbriefe und am 19./22. Juli eine Art Reiseanleitung ›Pro Memoria. Zu einer Reise nach Italien von Sarasin an Lenz‹ (vgl. Freye/Stammler II, S. 92–95).

243. LENZ AN JOHANN KASPAR LAVATER (7.8.1777)
Erstdruck: Dorer-Egloff, S. 205 f. Handschrift in Zürich.
541 *εν πιστει:* grch., in Treue.
  Geld von Weygandt: vermutlich das Honorar für den ›Landprediger‹.
  von Hohenthal getrennt: Die geplante Italienreise endete damit schon in der Schweiz; Motive und Umstände der Trennung sind ungeklärt. Hohenthal ›kränkelt zu viel‹, heißt es einmal bei Lenz (Brief 246), ein andermal (Nr. 247), der Reiseplan sei in einer ›Don Quixotischen Laune‹ entworfen.
542 *Pestalotz der Jüngere:* der Schweizer Pädagoge Johann Heinrich Pestalozzi, der auf seinem Gut Neuhof in der Zeit von 1774 bis 1780 eine Armenerziehungsanstalt, verbunden mit gewerblichen Arbeiten, betrieb.
  a rivederti: ital., Auf Wiedersehen. Falsche Schreibweise von Lenz.

244. LENZ AN JAKOB SARASIN (9.8.1777)
Erstdruck: Dorer-Egloff, S. 218 ff. Handschrift in Basel.
542 *St. Plomb:* Simplon.
  Traktaten: hier im Sinne von schriftlichem Vertrag über Honorarzahlung.
543 *Remessen:* Geldsendungen.
  Kaiser ... grand Voltaire ...: Wider Erwarten vermied es Kaiser Joseph II., bei seiner Rückkehr von Paris nach Wien 1777 Voltaire in Ferney aufzusuchen.
  Plaisanterie: frz., Scherz.
  Likoris: eigtl. Lykoris, literarischer Name von Sarasins Frau Gertrud; historisch handelt es sich um eine Schauspielerin, die die Geliebte von Mark Anton war.
  wohltätigen Gesellschaft: Vgl. 1. Anm. zu Brief 242.

245. LENZ AN CHARLOTTE VON STEIN (SPÄTSOMMER 1777)
Erstdruck: Erich Schmidt, Lenziana, S. 1017. Handschrift verschollen, früher als Konzept in der Königlichen Bibliothek zu Berlin.
543 *kleine Scharteke:* Gedicht oder kleine Arbeit, wahrscheinlich von Lenz selbst; Scharteke eigentlich ein wertloses Buch, ein Schmöker.
544 *Reuß:* Nebenfluß der Aare in der Schweiz.

246. LENZ AN JAKOB UND GERTRUD SARASIN (AUGUST 1777)
Erstdruck: Dorer-Egloff, S. 222 ff. Handschrift in Basel.
544 *hier angetroffen:* Jakob und Gertrud Sarasin weilten am 13. und 14. August in Zürich.
Cicerone: ital., Fremdenführer.
545 *fühlen Sie die Wunde:* Wie auch in den folgenden Passagen Bezug auf Cornelia Schlosser und deren frühen Tod.
546 *Mein Lustspiel:* Das in den vorangegangenen Briefen an das Ehepaar Sarasin mehrfach erwähnte, schließlich doch Fragment gebliebene ›[Lustspiel in Alexandrinern]‹ ist gemeint.

247. LENZ AN JAKOB SARASIN (16. 9. 1777)
Erstdruck: Dorer-Egloff, S. 220 ff. Handschrift in Basel.
546 *Aktrise:* nach frz. actrice, Schauspielerin in dem von Lenz begonnenen ›[Lustspiel in Alexandrinern]‹.
547 *Brief ... Codizill ... aufzubewahren:* Es handelt sich um den in Anm. zu Nr. 242 erwähnten Brief Sarasins vom 19./22. Juli 1777 mit dem Anhang ›Pro Memoria ...‹, den Lenz nicht erhalten hat und der heute in Basel aufbewahrt wird.
Sarasi: Vgl. 3. Anm. zu Brief 230.
Lykoris: Vgl. 6. Anm. zu Brief 244.
Tod des Statthalter Eschers: Heinrich Escher war am 4. September 1777 gestorben. Er hatte als Staatsmann großen Anteil an der kulturellen Entwicklung der Stadt Zürich genommen.

248. LENZ AN ISELIN (28. 9. 1777)
Erstdruck: Baltische Monatsschrift, 69. Band, S. 243 ff. Handschrift in Basel.
548 *Brydone:* Patrick Brydone, der englische Reiseschriftsteller, ist wohl gemeint.
549 *hiesigen Unruhen:* politische Parteikämpfe in Zürich im zweiten Halbjahr 1777, die nach Lenz' Meinung schon bürgerlich-revolutionäre Züge tragen.
dieser Kopf: Johann Heinrich Füßli.
von Prof. Lichtenberg ... angegriffen: Lenz verteidigt Lavater gegen Georg Christoph Lichtenberg in seinem Aufsatz ›Nachruf zu der im Göttingischen Almanach Jahrs 1778 an das Publikum gehaltenen Rede über Physiognomik‹ (›Teutscher Merkur‹, Novemberheft 1777).
Christusgemälde: von dem amerikanischen Maler Benjamin West (1738–1820), der als Begründer des modernen realistischen Histo-

rienbildes in den USA gilt; reproduziert in Lavaters ›Fragmenten‹, 4. Teil, nach S. 450.

549 *Wenn ihr nicht werdet wie die Kinder:* Vgl. Neues Testament, Matth. 18, 3.

Kleist: Der Dichter Ewald Christian von Kleist (1715–1759) ist gemeint, der sich 1752 einige Zeit als Werbeoffizier in der Schweiz aufhielt und Bekanntschaft mit Bodmer, Breitinger und Geßner schloß. Er erlag 1759 seinen im Siebenjährigen Krieg erlittenen Wunden.

249. LENZ AN JAKOB SARASIN (28. 9. 1777)

Erstdruck: Dorer-Egloff, S. 229–238. Handschrift in Basel.

550 *zwischen den Bergen von Marschlins:* Lenz wollte das Philanthropin in Marschlins in Graubünden besuchen, das Karl Ulysses von Salis dort 1771 gegründet hatte. Die Anstalt wurde Ende 1777 geschlossen.

551 *Esprit de corps:* frz., Zunft- oder Gesellschaftsgeist.
Deliberation: Beratschlagung, Überlegung.

552 *lirum larum:* hier im Sinne von Geschwätz, unnützen Reden.
point d'honeur: frz., eigtl. point d'honneur; Ehrenpunkt, Ehrgefühl.
ein Brief aus Basel: Im Julistück 1777 des von Boie herausgegebenen ›Deutschen Museums‹ erschien dieser mit ›B.‹ unterzeichnete Brief. Am 24. Oktober 1777 teilte Lavater Zimmermann mit: ›Lenz hat einen Brief an Boye geschrieben, ob abgeschickt, weiß ich nicht – der zeigt, wie unüberlegt Reisende handeln, wenn sie sofort alles, was sie aus einer Stadt en passant herausgucken – in die weite Welt ausposaunen.‹ In einem andern Brief (27. 9. 1777) schrieb Lavater an Zimmermann: ›Lenz immer noch bei mir – läßt an Boye, aus eigenem Trieb einen Brief drucken – des Herrn B. von Basel wegen.‹ Lenz' Brief ist bisher unbekannt; von Lavater jedoch erschien im ›Deutschen Museum‹ (Oktoberstück 1777) ein Aufsatz, gegen den erwähnten Brief von B. gerichtet.

553 *Frauenzimmerschule ...:* Vgl. 1. Anm. zu Brief 242.
Klim: Ludvig Holbergs (1684–1754) Roman ›Nicolai Klims unterirdische Reise‹ (1741).

554 *Ausnahme ... Ideal:* Anspielung auf Sarasins Ehefrau.
Provisionen: Mundvorrat, Versorgung mit Lebensmitteln.

555 *Madam Reiske:* Frau des Orientalisten J. J. Reiske.

556 *Was hilfts aber ...:* Vgl. Neues Testament, Matth. 16, 26.
Peschek: Christian Peschek, Verfasser von Rechenbüchern, z. B. ›ABC der Rechenkunst‹, Zittau 1710.

Pretension: Prätention, Anspruch.
Depositum: lat., hier: anvertrautes Gut.
557 *per dosin:* lat., eigtl. Brautschatz, Mitgift. Gemeint sind die erzieherischen Ratschläge für junge Mädchen.
Coffre: frz., Koffer.
pays de Vaud: frz., Waadtland.

250. LENZ AN GERTRUD SARASIN (28. 9. 1777)
Erstdruck: Dorer-Egloff, S. 224 f. Handschrift in Basel.
558 *bürgerlichen Unruhen:* Vgl. Brief 249.
251. LENZ AN BOIE (29. 9. 1777)
Erstdruck: Freye/Stammler II, S. 115 f. Handschrift verschollen, früher in der Königlichen Bibliothek zu Berlin.
559 *7br.:* September (vgl. 1. Anm. zu Brief 55).
Über die launigten Dichter: Vgl. Brief 231 und 1. Anm. dazu.
Dissonanzen: Vgl. 6. Anm. zu Brief 249.
quid humeri valeant: lat., was die Schultern vermögen.

252. LENZ AN JAKOB SARASIN (10. 10. 1777)
Erstdruck: Dorer-Egloff, S. 225 ff. Handschrift in Basel.
Dem Brief war das Gedicht ›Willkommen kleine Bürgerin‹ auf Schlossers jüngste Tochter beigelegt.
560 *8br.:* Oktober (vgl. 1. Anm. zu Brief 60).
zu Herrn von Salis: Vgl. 1. Anm. zu Brief 249.
Küttner: Der Schriftsteller Karl August Küttner (1749–1800) ist gemeint; Lenz hatte ihn offenbar in Basel kennengelernt, später in Bad Schinznach wiedergesehen. Küttner richtete überschwengliche Lobesbriefe an Lenz (vgl. Freye/Stammler II, S. 72 ff. und 77).
Portefeuille: frz., Brieftasche oder Schriftenmappe.
Partikularbriefe: hier im Sinne von einzelnen Briefen privaten Charakters.

253. LENZ AN JAKOB SARASIN (ANFANG NOVEMBER 1777)
Erstdruck: Dorer-Egloff, S. 227 f. Handschrift in Basel.
561 *Minister Salis:* Salis hatte das Amt eines ›Ministers der französischen Krone bei den drei Bünden‹.

254. SALIS AN LENZ (11. 11. 1777)
Erstdruck: Freye/Stammler II, S. 119 f. Handschrift in Riga.
562 *9bris:* November (vgl. 1. Anm. zu Brief 63).

255. Lenz an Jakob Sarasin (17. II. 1777)
Erstdruck: Dorer-Egloff, S. 228 f. Handschrift in Basel.
563 *Schloß Hegi:* Nach dem Schloßgut Hegi ging Lenz von Zürich aus mit Christoph Kaufmann; dort lebte der Obervogt Adrian Ziegler, Vater von Kaufmanns Braut Elise und Schwiegervater Pfenningers.
9br.: November (vgl. 1. Anm. zu Brief 63).

256. Lenz an Hirzel (26. II. 1777)
Erstdruck: Nord und Süd III (1904), S. 213. Handschrift in Zürich.
563 *9br.:* November (vgl. 1. Anm. zu Brief 63).
564 *Reservationes mentales:* lat., arglistige Gedankenvorbehalte.
Kruditäten: Unverdaulichkeiten, Roheiten.
Ursache und Hintergründe dieser Verstimmung sind ungeklärt. Am 24. November schrieb Pfeffel an Sarasin: ›Lenzens Unfall weiß ich seit Freitag von Mecheln. Gott wolle dem armen Menschen beistehen. Ich gestehe Dir, daß diese Begebenheit weder mich noch meinen Lerse sonderlich überraschte [...]‹ (Waldmann, S. 76).

257. Lenz an Jakob Sarasin (12. 12. 1777)
Erstdruck: Dorer-Egloff, S. 238 ff. Handschrift in Basel.
565 *Streiferei:* Vom 28. November bis etwa 11. Dezember unternahm Lenz eine längere Wanderung. Elisabeth Kaufmann schrieb am 29. November 1777 an Gaupp nach Schaffhausen: ›Lenz ist gestern nach St. Gallen [...]‹ (Waldmann, S. 77).
radotiert: geschwatzt.
Plattner*: Anmerkung von Lenz: ›Plattners Handbuch der Physiologie, teutsch, in einem sehr angenehmen Stil in Leipzig herausgekommen.‹ Gemeint ist Ernst Platner.
Gellerts Oden: ›Geistliche Oden und Lieder‹ (1757).
Pasquill auf Lavatern und seine Freunde: Wahrscheinlich handelt es sich um die Lichtenbergsche Satire ›Über Physiognomik wider die Physiognomen‹.
566 *Meienfels:* das Landgut Mayenfels, unweit von Basel zwischen Muttenz und Pratteln, einem Schwager Iselins gehörend.

258. Lenz an Füssli (Mitte Dezember 1777)
Erstdruck: Jahrbuch der Deutschen Schillergesellschaft, 10. Jg. 1966, S. 187. Handschrift in Zürich.

259. Lenz an Johann Kaspar Lavater (22.1.1778)
Erstdruck: Dorer-Egloff, S. 206 f. Handschrift in Zürich.
566 *Waltersbach:* Vom 20. Januar bis zum 8. Februar 1778 hielt sich Lenz im Vogesenhochtal im Dorfe Waldersbach bei Pfarrer Oberlin auf. Hier kam es – nach dem ersten Vorfall im Dezember 1777, über den es kein Zeugnis gibt – zum Krankheitsausbruch. Oberlin hat darüber einen Bericht verfaßt (vgl. Stöber, Der Dichter Lenz, S. 11 ff.), nach dem Georg Büchner (der ihn handschriftlich von seinem Freund August Stöber bekam) seine ›Lenz‹-Novelle schrieb.
guten Kinde ...: Wer der Überbringer des Briefes war, ist ungeklärt.
567 *die guten Allerleis:* Häfeli und Stolz sind gemeint, Schüler von Lavater; sie hatten 1777 ›Vermischte Betrachtungen auf alle Tage im Jahre‹ mit dem Untertitel ›Allerlei, gesammelt aus Reden und Handschriften großer und kleiner Männer‹ herausgegeben.

260. Lenz in Röderers Stammbuch (18.2.1778)
Erstdruck: Stöber, Johann Gottfried Röderer, S. 4.
567 *Hornung:* alte Bezeichnung für Februar.
Röderer hat darunter geschrieben: ›Ich habe Dich erst spät, und in harten Augenblicken verstanden.‹
Von Waldersbach aus wurde Lenz nach Straßburg transportiert und weilte dort einige Zeit, bis ihn Röderer nach Emmendingen brachte.

261. Johann Georg Schlosser und Lenz an Lenz' Vater (9.3.1778)
Erstdruck: Erich Schmidt, Lenziana, S. 1008 f. Der Druck erfolgte nach einer Kopie aus der Familie Lenz, am Anfang steht: ›Copia eines Briefes des Herrn Hofrath Schlossers aus Emmendingen an den Probst Lenz de dato d. 9 März N. St. 1778.‹ Kopie in Kraków.
567 *P. T.:* post Trinitatis, lat., nach dem Dreieinigkeitsfeste.
569 *andrer Sohn ... in Leipzig:* Lenz' Bruder Karl Heinrich Gottlob studierte von 1777 bis 1779 in Jena, nicht Leipzig, Rechtswissenschaft.

262. Lenz an Jakob Sarasin (kurz vor 24.6.1778)
Erstdruck: Berliner Archiv der Zeit und ihres Geschmackes, Februar 1796. Handschrift in Basel.
569 *vor Johanni:* Das Johannisfest wird seit dem 4. Jh. am 24. Juni begangen, dem Geburtstag Johannes des Täufers.
Conrad Süß: Sohn des Schuhmachermeisters Süß in Emmendin-

gen, bei dem Lenz untergebracht war, um das Schusterhandwerk als eine Art Arbeitstherapie zu betreiben.

263. Lenz an Jakob Sarasin (Juli 1778)
Erstdruck: Berliner Archiv der Zeit und ihres Geschmackes, Februar 1796. Handschrift in Basel.

264. Lenz an Jakob Sarasin (Anfang August 1778)
Erstdruck: Berliner Archiv der Zeit und ihres Geschmackes, Februar 1796. Handschrift in Basel.

572 *nach Wiswyl herausreisen:* Als Schlosser im August 1778 auf längere Zeit nach Frankfurt am Main reiste, um seine Hochzeit vorzubereiten, brachte er Lenz in der Nähe von Emmendingen in Wiswyl bei einem Förster namens Lüdin (Lydin) unter.

265. Lenz an Jakob Sarasin (Anfang August 1778)
Erstdruck: Berliner Archiv der Zeit und ihres Geschmackes, Februar 1796. Handschrift in Basel.

266. Lenz an Jakob Sarasin (13.8.1778)
Erstdruck: Dorer-Egloff, S. 244 ff. Handschrift in Basel.
573 *Kommission:* hier: Auftrag, Geschäftsbesorgung.
Herr Markgraf: Karl Friedrich von Baden.
Intercession: hier im Sinne von Vermittlung.

267. Lenz an Jakob Sarasin (30.9.1778)
Erstdruck: Dorer-Egloff, S. 246 (als Bestandteil von Nr. 266). Handschrift in Basel.

248. Lenz an Jakob Sarasin (30.9.1778)
Erstdruck: Dorer-Egloff, S. 246 f. Handschrift in Basel.
575 *seiner Gemahlin:* Schlosser heiratete am 24. September 1778 Johanna Fahlmer, Goethes einstige Freundin.

269. Lenz an seine Stiefmutter (Sommer 1779)
Teildruck: Weinhold, S. 102 f. Erstdruck: Freye/Stammler II, S. 135 f., nach einer Kopie aus der Familie Lenz, die in Kraków aufbewahrt wird.
Nach dem Tode von Lenz' Mutter im Juni 1778 heiratete der Vater nach Ablauf des Trauerjahres die Witwe Christiane Margarethe Rulkovius, geb. Eichler, eine langjährige Freundin des Hauses.

270. LENZ AN HERDER (2.10.1779 a. St.)
Erstdruck: Sitzungsberichte der Gesellschaft für Geschichte und Altertumskunde zu Riga, 1888. Handschrift verschollen, früher in der Königlichen Bibliothek zu Berlin.

577 *2ten 8br 1779 a. St.:* 2. Oktober 1779 alten Stils, d. h. Datierung nach dem Julianischen Kalender.
wie ich aus Proben ersehen: Anspielung auf Herders Verabschiedung Lenzens in Erfurt nach der Ausweisung aus Weimar.

578 *jüngeren Bruders:* Lenz' Bruder Karl Heinrich Gottlob war, bevor er Lenz nach Livland brachte, in Weimar gewesen, hatte Herder, Wieland und Goethe besucht und durch letzteren eine Reisegeldsumme von Herzog Karl August erhalten.
Ambassaden: Gesandtschaften.

579 *Burgermeister S.:* Schieck, Bürgermeister von Riga.
Traktaten: hier: in Verhandlungen.

580 *Fortifikation:* Lehre vom Festungsbau.
Herder lehnte eine Befürwortung Lenzens zu der Stelle ab, obwohl der Buchhändler Hartknoch aus Riga Herder ebenfalls um eine Empfehlung gebeten hatte. ›Ist's möglich, daß Du etwas für Lenzen zum Besten tun kannst, so empfiehl ihn nachdrücklich. [...] Mir tust Du damit einen desto größeren Gefallen, weil ich und meine Frau im Umgange des Mannes viel Vergnügen finden, und uns dereinst versprechen, an ihm einen redlichen Freund zu haben [...]‹ (vgl. Aus Herders Nachlaß I, S. 222f.). Herder ließ Lenz' Brief unbeantwortet. An Hartknoch schrieb er: ›Mit Lenzen ist nichts: er taugt nichts zur Stelle, so lieb ich ihn habe.‹ (Rosanow, S. 397.)
Welche Befugnisse der Generalsuperintendent Lenz tatsächlich besaß, wenn er seinen Sohn hätte unterbringen wollen, geht daraus hervor, daß er 1780 seinen Schwiegersohn Johann Christian Friedrich Moritz, der 1767 mit Lenz' Schwester Charlotte verheiratet, in das Amt als Rektor des Rigaer Lyzeums einführte; die Investitur-Rede hatte den Titel ›Die Weisheit und Vorsichtigkeit eines Schullehrers, in seinem Amte zwischen zwei verschiedenen Abwegen die richtige Mittelstraße zu halten‹ (Riga, 1780).

271. LENZ AN SEINEN VATER (6.1.1780)
Erstdruck: Rosanow, S. 530f. Handschrift in Riga.

581 *Dorpatschen Bruder:* Friedrich David Lenz, der ältere Bruder Jakobs, wurde nach dem Weggang des Vaters nach Riga Oberpastor in Dorpat.

581 *Schloß:* Residenz des Generalgouverneurs von Livland, Graf Browne.
Betzkoi: Iwan Iwanowitsch Betzkoi; vielfältige Tätigkeit im Erziehungswesen, u. a. Direktor der Petersburger Kadettenanstalt.
hoffe ich ... zu dozieren: Lenz hatte die Absicht, sich um eine Professur an der Petersburger Kadettenanstalt zu bewerben.
582 *kavieren:* bürgen.

272. LENZ AN BEHRENS (18.1.1780)
Erstdruck: Freye/Stammler II, S.143. Handschrift verschollen, früher in der Königlichen Bibliothek zu Berlin.
Lenz' Vater hat darunter geschrieben: ›d. 13. April 1781. habe ich diese 100 Rbl. schreibe hundert Rubel dem Herrn Berends bezahlt und ihm das Geld durch den jungen Ministerial Ehrenstreit zugesandt. C. D. Lenz Sen.‹ Daneben hat der Gläubiger notiert: ›Ich bin zufrieden mit den 100 Rubeln ohne Interessen G. Berens.‹

273. LENZ AN SEINEN BRUDER FRIEDRICH DAVID (30.1.1780)
Erstdruck: Freye/Stammler II, S.144.
584 *Jamburg:* Stadt im Gouvernement St. Petersburg, das heutige Kingissepp.
Aubergen: von frz. auberge, Herberge.
Intrada: von ital. intrata, Einleitung, Einführung.
Frau Obristin: Frau von Albedyll, eine nahe Bekannte der Familie Lenz; sie hielt sich jährlich längere Zeit in Petersburg auf.
Condottieri: ital., Parteigänger.

274. LENZ AN PEUKER (11.2.1780)
Erstdruck: Freye/Stammler II, S.145f. Handschrift in Kraków.
Von Anfang Februar bis Sommerende des Jahres 1780 hielt Lenz sich in Petersburg auf und suchte nach einer Stellung.
585 *Couleur:* frz., Farbe.
586 *returniert:* zurückgeschwenkt.

275. LENZ AN FRIEDERIKE BRION (27.3.1780)
Erstdruck: Falck, Friederike Brion, S. 73ff. Handschrift in Riga.
Die Adressatin erhielt den Brief nicht (vgl. 1. Anm. zu Brief 277).
586 *Abschieds- und Danksagungsschreiben:* vermutlich ein Brief, den Lenz in Waldersbach – wie Pfarrer Oberlin in seinem Bericht erwähnt (Stöber, Der Dichter Lenz, S.11ff.) – an Friederike Brion geschrieben hat.

587 *an einem kleinen ungesunden Ort:* die Militärfestung Fort Louis auf einer Rheininsel in der Nähe von Sesenheim.
mit Ihren würdigen Cousinen: den Schwestern Schöll in Straßburg.
Schimäre: Hirngespinst, phantastisches Ungeheuer (nach der Chimäre, einem Fabeltier der griechischen Sage).
Freundin: Cornelia Schlosser.
Ich sah endlich ...: Lenz kam am 23. Juli 1779 mit dem Schiff in Riga an.
588 *S – –:* Sesenheim.
von**: Goethe.
Ihr Herr Bruder: Christian Brion, jüngerer Bruder von Friederike.
Ihre würdigen Schwestern: Friederike hatte drei Schwestern, die älteste, Katharina Magdalena, geb. 1747, war bereits 1772 verstorben; Lenz bezieht sich auf die zweitälteste Maria Salomea, genannt Selma, 1749 geboren, und die jüngste Schwester Jakobea Sophie, geboren 1756.
F. B.: Friederike Brion.
eine Mutter verloren: Lenz' Mutter, die im Juli 1778 in Dorpat gestorben war.

276. LENZ AN CHRISTIAN BRION (27.3.1780)
Erstdruck: Freye/Stammler II, S. 149 ff. Handschrift vor 1914 im Besitz von K. Halm in München.
Der Brief gelangte nicht in die Hände Christian Brions (vgl. 1. Anm. zu Brief 277).
590 *Connexionen und Cabale:* einflußreiche Verbindungen und Ränke.
Monarchin: Katharina II. von Rußland.
591 *Mlls. Cousinen:* Vgl. 3. Anm. zu Brief 275.
von Herrn Ott: Die Familien Ott und Brion waren befreundet; Johann Michael Ott, Lenzens einstiger Freund in Straßburg, wurde 1782 Sekretär des Kolloquiums der auswärtigen Geschäfte in St. Petersburg.

277. LENZ AN SEINEN BRUDER FRIEDRICH DAVID (28.3.1780)
Teildruck: Rosanow, S. 532 f. Erstdruck: Freye/Stammler II, S. 152–156. Handschrift in Riga.
592 *einen Beitrag:* die Briefe 275 und 276 an Friederike bzw. Christian Brion. Lenz' Bruder beförderte sie nicht nach Frankreich weiter, sie wurden später im Nachlaß der Familie Lenz gefunden.
das Haus: Grundstück und Familie des Syndikus von Straßburg Th. Friedrich Schöll, eines Bruders Magdalena Brions.

592 *Etudiant en Philosophie:* frz., Student der Philosophie.
Pallas: Peter Simon Pallas, Geograph, unternahm weite Reisen durch Rußland.
Güldenstedt: Johann Anton Güldenstedt, Naturforscher, Professor in Petersburg, unternahm ebenfalls weite Reisen durch Rußland, besonders durch Sibirien. Lebte in Petersburg im Hause Eulers.
Ostiaken: oder Ostjaken, ein finnisch-ugrischer Volksstamm im Uralgebiet.
593 *barbaro modo:* lat., auf rohe Weise.
Connexionen: verschrieben statt Connexionen, Beziehungen, vorteilhafte Bekanntschaften.
Prätension: Anmaßung.
Geldremessen: Geld- oder Wechselsendungen.
Fastagenbrake: Fastage, für frz. fustage, bedeutet in der Kaufmannssprache die Einfassung von versendeten Waren, z. B. Fässer; Brake ist das Untersuchungsamt für auszuführende Waren.
Pipe: langes, schmales Faß, sechs bis sieben Eimer fassend.
mit $\frac{1}{3}$ von 88 Rblen*: Im Original von Lenz' Hand angemerkt: ›er weiß vermutlich nicht wieviel 1 Rbl. in Petersbg. macht. Er will nicht wissen, daß niemand hier einen Schritt umsonst tut und daß sein Schwiegervater d. H. Tulander Eimerweise bezahlt. – Da des Schwiegersohns Eimer größer, unbehandelsamer sind und beim Aufrollen jedes allein 8 Cop. beim Abrollen 7 gekostet; welches er auf soviel 1000 Eimer berechnen kann. Daß das Geld in der Festung in Kupfer ausgezahlt wird – soviel tausende – – daß das Zählen bewachen – – – doch wer kann da für Verdruß endigen. Mag er's anders probieren! und sichs stehlen lassen.‹
Etatsrat: Titel für höhere Staatsbeamte.
594 *Entreprise:* frz., Unternehmung.
Frau Obr.: die Obristin von Albedyll.
invitiert: eingeladen.

278. LENZ AN SEINEN BRUDER FRIEDRICH DAVID (APRIL 1780)
Erstdruck: Freye/Stammler II, S. 156f. Handschrift in Kraków.
595 *Retirade:* frz., Zufluchtsort.
Sachsische Gesandte: Graf von Osten-Sacken.

279. Lenz an seinen Bruder Friedrich David (April 1780)
Erstdruck: Freye/Stammler II, S. 157f. Handschrift nicht nachweisbar, früher im Besitz von Meyer-Cohn.
596 *Graf Sakken:* der im vorigen Brief erwähnte sächsische Gesandte, Graf von Osten-Sacken.
Akkord: Vereinbarung über die Lohnhöhe.
Corps: die Petersburger Kadettenanstalt.

279a. Lenz an Boie (5.4.1780)
Erstdruck: Modern Language Notes, Vol. LVI (June 1941), No. 6.
598 *Thalia:* grch., die Blühende; Muse des Lustspiels.
Ihrem Museum: die von Heinrich Christian Boie von 1776 bis 1791 herausgegebene Zeitschrift ›Deutsches Museum‹.
Merkur: die von Christoph Martin Wieland von 1773 bis 1810 herausgegebene Zeitschrift ›Teutscher Merkur‹ (ab 1790 als ›Neuer Teutscher Merkur‹).
Debüt: wahrscheinlich ›Debit‹ gemeint: Absatz, Vertrieb.
Claudes: offenbar ein Freimaurer; Lenz war auch in der späteren Moskauer Zeit mit ihm befreundet, vgl. Brief 302 und Anm. dazu.
unrichtigen Nachricht: Am 14.10.1779 teilte Schlosser Merck mit, Lenz sei in Livland ›Professor der Taktik, der Politik und der schönen Wissenschaften‹ geworden (Wagner II, S. 171). Das Gerücht muß sich rasch verbreitet haben, denn bereits am 4.11.1779 erwähnte die Herzogin Anna Amalia in einem Brief an Merck: ›[...] daß Lenz Professor geworden, kommt mir wunderbar vor; die Universität [...] muß toll, und Lenz gescheut geworden sein‹ (Wagner I, S. 190).
Rammlers Situation: Gemeint ist Karl Wilhelm Ramler, Professor an der Berliner Kadettenschule.
599 *point de vue:* frz., Gesichtspunkt.
Herrn Bause: Petersburger Bekannter von Lenz; Lehrer an der dortigen Petrischule. Zu seiner Deutschlandreise gab Lenz ihm ein Empfehlungsschreiben ans Dessauer Philanthropin mit; vgl. Brief an Bertuch vom 6.4.1780 (Nr. 280).

280. Lenz an Friedrich Justin Bertuch (6.4.1780)
Erstdruck: Allgemeine Zeitung 1882, Beilage Nr. 256. Handschrift im Goethe- und Schiller-Archiv Weimar.
599 *S. T.:* sine titulo, lat., ohne Titel.
Bause: Theodor Bause war 1773 nach Petersburg übergesiedelt und

lehrte an der Petrischule. Er ging nicht nach Deutschland zurück, sondern erhielt 1782 eine Professur an der Moskauer Universität, die er 29 Jahre lang innehatte. Bause gehörte zu den progressiven Kreisen um Nowikow und Karamsin.

599 *Kakochymischen Spleen:* grch./engl., Schwermut durch üble Beschaffenheit der Säfte.

600 *Man trug mir einmal auf ...:* Vgl. Brief 123.

Triumvirat in W.: Goethe, Wieland und Herder in Weimar.

Elfride: Trauerspiel von Bertuch, erschien 1773, hatte einen großen Erfolg und hielt sich über zwanzig Jahre auf deutschen und ausländischen Bühnen.

sentiert: hier im Sinne von empfunden.

lebende Elfride: Gemeint ist Bertuchs Frau Friederike Elisabeth Karoline.

601 *native soil:* engl., Heimat.

281. LENZ AN JOHANN KASPAR LAVATER (15.4.1780)

Erstdruck: Baltische Monatsschrift 40 (1893), S. 493 ff. Handschrift in Zürich.

601 *Pfänder der höchsten Liebe:* Anspielung auf das Abendmahl, das Lenz in der Karwoche empfangen hatte; in Rußland fiel Ostern 1780 nach dem Julianischen Kalender auf den 19. April.

Ihre Lieder: Lavaters ›Schweizerlieder‹, 1767 erschienen; patriotische Gesänge, die ihn überall bekannt machten.

Euler: Leonhard Euler, bedeutender Mathematiker, der sich besonders um die Infinitesimalrechnung verdient machte, schuf 1766 den ersten Schiffskalender; der gebürtige Schweizer lehrte von 1730 bis 1741 und seit 1766 in Petersburg; 1770 erblindet.

haben Sie sie auch schon*: Anmerkung von Lenz: ›Eben höre ich von ihnen selbst, daß Sie sie schon haben.‹

Reichsjustizkollegio**: Anmerkung von Lenz: ›Dem obersten Collegio nach dem Senat.‹

602 *nach der französischen Übersetzung:* Lenz spricht in Erwartung derselben; der erste Band der französischen Übersetzung von Lavaters Werk erschien 1782, der letzte 1803.

Landesherrschaft: Katharina II. Lavater hatte in den ›Physiognomischen Fragmenten‹ ein Bild Katharinas mit wenig schmeichelhaftem Text gebracht. Lenz verwahrt sich dagegen; vgl. auch Brief 284. In der französischen Übersetzung ist das Urteil dann geändert und gemildert.

603 *des alten Friedrichs:* Friedrich II. von Preußen.

Großherr: Katharinas Sohn, der spätere Zar Paul I.
604 *Sächsischen Minister:* der Gesandte Graf von Osten-Sacken.
von den Großen Orlovs: die Brüder Orlow; Adlige am Zarenhof.
Gallizin: Fürst Dmitrij Alexejewitsch Gallitzin, Gesandter am Zarenhof; seine Frau Adelheid Amalia lebte in Deutschland und war mit Hamann, Jacobi und den Brüdern Stolberg befreundet.
Gouverneur von Liefland: Graf Browne.

282. Lenz an die Baronin Vietinghoff (April 1780)
Erstdruck: Freye/Stammler II, S. 164 f. Handschrift in Riga. Es handelt sich um eine Abschrift von Lenz selbst, wie aus dem Brief 283 hervorgeht.
605 *großmütige Vermittlung:* Es handelt sich um den vergeblichen Versuch, Lenz einen Eintritt ins Petersburger Infanterie-Kadettenkorps zu ermöglichen.

283. Lenz an seinen Bruder Friedrich David (April 1780)
Erstdruck: Freye/Stammler II, S. 165. Handschrift in Riga.
Auf die Ränder des Briefes 282 geschrieben.

284. Lenz an Johann Kaspar Lavater (Mai 1780)
Erstdruck: Baltische Monatsschrift 40 (1893), S. 86 ff. Handschrift in Zürich.
606 *in meinem letzten Briefe:* vom 15. April 1780 (Nr. 281).
Egyptischen Gedräng Ihrer Verleger: Gemeint ist die ›Egyptienne‹, eine lateinische Druckschrift, bei der die Buchstaben ›gedrängt‹ stehen, was sich auf die Übersichtlichkeit des Satzbildes auswirkt.
Perpendikul: von frz. perpendicule; Senklot, auch Schwunggewicht.
aus ... datis: lat., aus gegebenen Tatsachen.
607 *Richtet nicht ...:* Vgl. Neues Testament, Matth. 7, 1.
was Sie auf dem Titel versprechen: ›Physiognomische Fragmente zur Beförderung der Menschenkenntnis und Menschenliebe‹.
radottierenden Freunden: faselnden, darauflosschwatzenden Freunden.
608 *Exordio:* lat., nach der Einleitung.
609 *Salomons Ausspruch:* Vgl. Altes Testament, Die Sprüche Salomos.
612 *vom kleinen Lavater:* Lavaters Sohn Heinrich, 1768 geboren.
in dem Galeerensklaven ...: ›L'honnête Criminel‹, deutsch ›Der ehrenwerte Verbrecher‹ (1767), Drama des Franzosen Charles-Georges

Fenouillot de Falbaire de Quingey, ging mit großem Beifall über die Bühnen in Frankreich und im Ausland.
613 *einer Fürstin wie unsere:* Katharina II.
es steht was in der Bibel ...: Vgl. Neues Testament, 2. Petri 2, 9ff.
die nebengestellte Königin: Christine von Schweden, die Tochter Gustav Adolfs.
614 *aus der französischen Übersetzung:* Vgl. 7. Anm. zu Brief 281.

285. LENZ AN SEINEN BRUDER FRIEDRICH DAVID (20. 5. 1780)
Erstdruck: Rosanow, S. 533 ff. Handschrift in Riga.
615 *Fehlschlagen desselben:* Später teilte Dumpf in einem Brief an Petersen vom 12.12.1815 mit: ›Durch Graf Brown hatte man ihm eine Anstellung bei dem Kadettencorps in St.-Petersburg zugedacht mit 1200 Rubel Gehalt, als aber dieser erneuerte Etat der Kaiserin vorgelegt wurde, genehmigte sie ihn nicht, der großen Kosten wegen‹ (zit. nach Rosanow, S. 506).
littera scripta – – –: ›manet‹ ist zu ergänzen; lat., der geschriebene Buchstabe bleibt, d. h. Geschriebenes macht verbindlicher als Gesprochenes.
616 *Moritzsche und Schmidsche:* Lenz' Schwestern Charlotte und Elisabeth, verheiratete Moritz bzw. Schmidt.
617 *Braun:* der livländische Generalgouverneur Browne.

286. LENZ AN SEINEN BRUDER FRIEDRICH DAVID (9. 6. 1780)
Erstdruck: Freye/Stammler II, S. 165. Handschrift verlorengegangen.
617 *3ten Pfingsttg:* Der dritte Pfingsttag fiel 1780 nach dem Julianischen Kalender auf den 9. Juni.
Herr Nicolay: Ludwig Heinrich von Nicolay (1737–1820), gebürtig aus Straßburg, Dichter, seit 1773 persönlicher Sekretär und Vorleser des Großfürsten Paul von Rußland. Nicolay schrieb am 3.11.1780 an den Verleger Friedrich Nicolai in Berlin: ›Unmittelbar aufeinander habe ich zwei unserer deutschen Herrn Autoren hier zu empfangen die Ehre gehabt, die aber nicht die besten Freunde zusammen zu sein scheinen. Der eine ist Herr Lenz aus Dorpat und der andere Herr Klinger aus Frankfurt. Sie werden sie wohl beide aus ihren Werken kennen. Ich hoffe Gelegenheit zu haben ihnen beiden einige Dienste erweisen zu können, und dann müssen sie mir Freunde werden, sie mögen wollen oder nicht. Jugend und Modeton scheint sie bisher beide ein wenig von der rechten Straße abgeleitet zu haben, aber im Grunde scheinen sie mir doch beide recht gute, redlich biedere Deutsche zu sein‹ (zit. nach Rosanow, S. 400).

ZU DEN BRIEFEN

287. LENZ AN SEINEN VATER (5.7.1780)
Erstdruck: Freye/Stammler II, S. 178 f. Handschrift in Kraków.
617 *Ich hab es an einem Ort gesagt:* Wahrscheinlich handelt es sich um ein literarisches Porträt des Vaters, das Lenz für eine ›Lebensgeschichte bedeutender Männer‹ verfassen wollte.
618 *kurz vor der Abreise:* des Grafen nach Petershof, vgl. dazu Brief 299.
Lyrischen Gedicht: nicht überliefert.
der Kaiser: Joseph II., der einen Besuch bei der Zarin Katharina machte.
Großfürst: Paul von Rußland.
Großfürstin: Maria Feodorowna, geb. Sophie Dorothea von Württemberg, seit 1776 mit dem Thronfolger verheiratet.
Semele: in der griechischen Mythologie Tochter des thebanischen Königs Kadmos, die von Zeus ihren Sohn Dionysos empfing.

288. LENZ AN JOHANN KASPAR LAVATER (NACH 5.7.1780)
Erstdruck: Baltische Monatsschrift 40 (1893), S. 485 f. Handschrift in Zürich.
620 *NB:* nota bene, lat., merk wohl.
verbesserte Ausgabe von fünfen meiner Jugendarbeiten: Lenz' Absicht einer überarbeiteten Ausgabe seiner Dramen geht auch aus einem Brief Wielands an Merck vom 2. März 1781 hervor (vgl. Wagner I, S. 286). Lenz hat diesen Plan der Neuausgabe seiner Werke nicht verwirklicht.
Schwagers u ... Schwester: das Ehepaar Moritz, wie aus Brief 287 hervorgeht.
621 *verbotenus:* lat., Wort für Wort.

289. LENZ AN GADEBUSCH (26.9.1780)
Erstdruck: Baltische Monatsschrift 47 (1899), S. 298. Handschrift in Riga.
Nachdem alle Versuche einer Anstellung in Petersburg gescheitert waren, verließ Lenz nach einem halben Jahr die Residenzstadt und nahm eine Hofmeisterstelle in Livland an. Offenbar hatten ihm Verwandte und Bekannte dazu geraten (vgl. auch Brief 285). Eine langjährige Freundin der Familie Lenz, Frau von Albedyll, schrieb am 13. September 1780 an Lenzens Vater: ›[...] wir haben alle Mühe angewandt, ihn aus Petersburg zu bringen.‹ (Rosanow, S. 506.)
621 *Aya:* Gut in der Nähe von Dorpat, Wohnsitz des Barons von Liphard, bei dem Lenz als Hofmeister arbeitete.

621 *7br.:* September (vgl. 1. Anm. zu Brief 55).
Theatrum pretensionum: lat., Theater der Ansprüche; hier ein Buchtitel gemeint.
Livonica: Wahrscheinlich sind Gadebuschs Arbeiten über livländische Geschichte gemeint.
das Werk von Schlegeln: dreibändiges Sammelwerk ›Vermischte Aufsätze und Urteile über gelehrte Werke‹ (1774–1779) von Gottlieb Schlegel, Rektor der Rigaer Domschule.
Janotzky: historische Schriften des polnischen Geschichtsschreibers Johann Daniel Andreas Janotzky (1720–1786).
sublunarischen: unter dem Monde befindlichen, irdischen.

290. LENZ AN JULIE VON ALBEDYLL (SEPTEMBER/OKTOBER 1780)
Erstdruck: Freye/Stammler II, S. 188. Handschrift in Kraków.
Wie auch bei Freye und Stammler mitgeteilt ist, stehen beide Entwürfe auf einem Blatt; ›a‹ ist durchgestrichen.
Die Adressatin ist Julie von Albedyll, die Tochter der Obristin, die Lenz seit ihrer Kindheit kannte und in die er sich in Aya unglücklich verliebte; dies ist offenbar auch das Motiv seiner plötzlichen Flucht von dort.

291. LENZ AN SEINEN BRUDER FRIEDRICH DAVID (MITTE 1779– ENDE 1780)
Erstdruck: Freye/Stammler II, S. 182. Handschrift verschollen, früher in der Königlichen Bibliothek zu Berlin.
Datierung ungewiß: zwischen Mitte 1779 und Ende 1780.
Laut Freye und Stammler befand sich das Original auf der 8. Seite des Gedichtmanuskriptes ›Empfindungen eines jungen Russen‹. Der Brief ist wahrscheinlich die Beilage zu dem übersandten Gedicht.

292. LENZ AN GADEBUSCH (NOVEMBER 1780)
Erstdruck: Freye/Stammler II, S. 183 f. Handschrift in Riga.
Der erste Brief, den der Privatsekretär des Großfürsten von Rußland Nicolay an Gadebusch schreibt, ist vom 25.1.1781 datiert. Nicolay erwähnt darin seine Bekanntschaft mit Lenz.

293. LENZ AN SEINEN BRUDER FRIEDRICH DAVID (MITTE NOVEMBER 1780)
Erstdruck: Freye/Stammler II, S. 184 f. Handschrift in Riga.
Von Liphards Landgut Aya begab sich Lenz fluchtartig über Ringen nach Ohlershof, wo er Ende November 1780 eintraf.
624 *So schön geht Ihr mit mir um:* Bezüge ungeklärt, wahrscheinlich aber Zusammenhang mit der unglücklichen Liebe zu Julie von Albedyll; vgl. auch Brief 317.

Graf Manteuffel: wohnte auf Schloß Ringen bei Dorpat, unweit des Pastorates Ringen.

625 *irresonabel:* falsche Schreibweise für frz. irraisonable, unvernünftig, unbillig.

294. LENZ AN GADEBUSCH (26. 11. 1780)
Erstdruck: Baltische Monatsschrift 47 (1899), S. 298 ff. Handschrift in Riga.

625 *Ohlershoff:* das Gut Ohlershof des Assessors von Engelhardt.
Schlegel ...: Vgl. Brief 289 sowie 3. und 5. Anm. dazu.
N–: Nicolay.
Zögling des großen Schöpflins: Nicolay war in Straßburg geboren und hatte dort an der Universität bei Johann Daniel Schöpflin studiert, der von 1752 bis 1761 die Chronik des Elsaß, die ›Alsatia illustrata‹, herausgegeben hatte.
unverassekurierten: vor Gefahr nicht gesicherten; abgeleitet von assekurieren, vor Gefahr versichern.

626 *Körper Justinians:* Gemeint ist der ›Codex Justinianus‹, eine Gesetzessammlung, die im Jahre 529 unter dem byzantinischen Kaiser Justinianus I. (482–565) erlassen und Jahrhunderte später in Deutschland als ›Römisches Recht‹ (Corpus iuris civilis) eingeführt wurde.
Homiletik: grch., Predigtlehre.
Müllers russische Geschichte: ›Nachrichten von den ehemaligen Universitäten zu Dorpat und Pernau‹, von Heinrich Ludwig Christian Bacmeister verfaßt und im 9. Band von Gerhard Friedrich Müllers ›Sammlung Russischer Geschichte‹ 1764 publiziert.
Mein Bruder aus Pernau: Johann Christian, war seit 1774 Notar in Pernau.

295. LENZ AN GADEBUSCH (28. 12. 1780)
Erstdruck: Freye/Stammler II, S. 187f. Handschrift in Riga.
627 *1ober:* Dezember (vgl. 1. Anm. zu Brief 74).

296. LENZ AN GADEBUSCH (25. 3. 1781)
Erstdruck: Baltische Monatsschrift 47 (1899), S. 301. Handschrift in Riga.
Im Frühjahr 1781, wahrscheinlich Mitte März, ging Lenz erneut in der Hoffnung nach Petersburg, dort eine Anstellung zu bekommen. Nicolay verhielt sich jetzt Lenz gegenüber wesentlich reservierter als im Vorjahr. Dem Vater Lenzens drückte er am 15. April 1781 in einem Brief sein Be-

dauern aus, daß dessen Sohn die Stellung als Hauslehrer bei Liphard verlassen habe und wieder nach St. Petersburg gekommen sei (vgl. Rosanow, S. 403); offener äußerte er sich in einem Brief vom 21. April 1781 an den Verleger Nicolai in Berlin: ›Klinger wird uns täglich lieber, und Lenz täglich gleichgültiger‹ (zit. nach M. Rieger: Klinger in seiner Reife, Darmstadt 1896, S. 3).

627 *Kaiserliche Hoheit:* Paul, Großfürst von Rußland.

Sarsko: die Sommerresidenz Zarskoje Selo bei St. Petersburg.

297. LENZ AN SEINEN BRUDER FRIEDRICH DAVID (10. 4. 1781)
Erstdruck: Rosanow, S. 535 f. Handschrift in Riga.

628 *Ambassador:* Gesandter.

Beruhige also meine Freunde über den Zwischenstillstand ...: Nach dem Scheitern seiner Anstellung beim Land- bzw. Seekadettencorps versuchte Lenz während seines zweiten Petersburger Aufenthaltes 1781, erneut eine Stellung zu bekommen. Auch mit dem Gedanken, in die Garde einzutreten, spielte Lenz, aber wie in Weimar ohne Erfolg. (Vgl. dazu Rosanow, S. 506 ff.).

629 *mentem sanam in corpore sano:* lat., einen gesunden Geist in einem gesunden Körper.

Shsp.: Shakespeare.

en question: frz., besagte, bewußte.

Bruder Schmidt: Theophilus Schmidt, der Mann von Lenz' Schwester Elisabeth.

Gouv. von Novogorod: wahrscheinlich ein übersandtes Buch.

298. LENZ AN BROUWER UND PEUKER (28. 5. 1781)
Erstdruck: Freye/Stammler II, S. 191, nach einer Kopie. Handschrift unauffindbar.

299. LENZ AN SEINEN VATER (2. 6. 1781)
Erstdruck: Freye/Stammler II, S. 191 ff. Handschrift in Kraków.

631 *sub sigillo amicitiae et taciturnitatis:* lat., unter dem Siegel der Freundschaft und Verschwiegenheit.

vom Derptschen Bruder: Friedrich David, Oberpastor in Dorpat.

Graf Panin: Die Grafen Nikita Iwanowitsch Panin (1718–1783) und sein Bruder Pjotr hatten beide einflußreiche Stellen bei Hofe inne; ersterer war Erzieher des Großfürsten Paul und von 1763 bis 1781 Leiter des Kollegiums für Auswärtige Angelegenheiten, sein Bruder ein hoher Militär. Beide Panins gehörten einer oppositionellen aristokratischen Gruppe an, die sich am Hofe gegen die Korrup-

tionswirtschaft Katharinas bildete. Lenz meint hier Nikita Iwanowitsch Panin, der, da die Spannungen mit der Zarin zu Beginn der achtziger Jahre einen Höhepunkt erreichten, nach Moskau ging.
Brief von Wieland: Der Brief Wielands an Lenz ist nicht erhalten, aber aus einem Schreiben Wielands an Merck vom 2. März 1781 (vgl. Wagner I, S. 286) geht hervor, daß er Lenz bei einer Ausgabe seiner Werke unterstützen wollte; vgl. dazu 2. Anm. zu Brief 288.
littera scripta manet: lat., der geschriebene Buchstabe bleibt, d. h., Geschriebenes macht verbindlicher als Gesprochenes.
Predigten schicken: Lenz vermittelte wohl in der Tat dann den Druck; 1786 erschienen in zwei Teilen in Leipzig ›Vaterländische Predigten über alle Sonn- und Festtagsevangelien durchs ganze Jahr. Seinem Vaterlande zum häuslichen Gottesdienste und Erbauung gewidmet von Friedrich David Lenz‹.

300. LENZ AN GERHARD FRIEDRICH MÜLLER (30. 10. 1781)
Erstdruck: A. f. Lg. 5 (1870), S. 601 f.
Im Spätsommer 1781 kam Lenz in Moskau an und fand im Herbst Unterkunft im Hause des bekannten und auch in Deutschland verlegten Historikers Gerhard Friedrich Müller, der seit 1725 in Rußland lebte. Dort wohnte Lenz wahrscheinlich bis zu Müllers Tode im Oktober 1783.
632 *8br.:* Oktober (vgl. 1. Anm. zu Brief 60).
gedruckten und ungedruckten Schriften: Müller veröffentlichte vor allem historische, geographische und ethnographische Arbeiten über Rußland. Außerdem besaß er eine umfangreiche Bibliothek sowie Handschriftensammlungen und leitete das Archiv des Ministeriums des Äußeren.
Dank meiner Eltern: Lenz' Vater stand mit Müller im Briefwechsel; 1782/83 bedankte er sich bei Müller, daß es ihm gelungen sei, seinen Sohn, ›diesen Verirrten einigermaßen wieder zurechtzubringen‹, daß er des ›höchst fatalen Müßiggangs sich entwöhnt‹ habe, und er hoffe, daß er nicht wieder ›auf die alten Sprünge‹ zurückkomme (A. f. Lg. 5, S. 603 ff.).

301. LENZ AN SEINEN VATER (18. 11. 1785)
Erstdruck: Rosanow, S. 536 ff. Handschrift in Riga.
633 *Me Exter:* Frau Exter, Schwägerin von Gerhard Friedrich Müller; bei ihr, die eine Zöglingsanstalt leitete, kam Lenz nach Müllers Tod einige Zeit unter und arbeitete auch dort als Erzieher.
634 *dieser würdige Mann*:* Pastor Gerzinsky; Anmerkung von Lenz:

›Der auf der Nachbarschaft des H. Brunners wohnt u. mit ihm ein Herz und eine Seele ist.‹

634 *meinem lieben Bruder in Derpt Subskribenten ...:* Subskribent, lat., eigtl. ein Unterschreiber, d.h., ein Werk wurde oftmals erst dann in Druck gegeben, wenn sich genügend potentielle Käufer in Listen eingetragen hatten. Vgl. zur Herausgabe der Predigten von Lenz' Bruder Friedrich David die 6. Anm. zu Brief 299.

Direktrice der Akademie: Die Fürstin Jekaterina Romanowa Daschkowa (1743–1810), eine enge Vertraute der Zarin, war von 1783 bis 1796 Präsidentin der 1783 gegründeten Russischen Akademie der Wissenschaften.

mit patriotischer Wärme anzunehmen**: Anmerkung von Lenz: ›Unter diesen muß ich besonders zwei junge Verwandte des Grafen von Foritsch zählen, welche, da sie schon einige Jahre vor mir in dieser Anstalt gebildet worden mit dem Sohn der Me. Exter eine edle Freundschaft errichtet und deren Onkel in eine der wichtigsten Angelegenheiten des Staats eine wichtige Rolle gespielt. Im gleichen einen teutschen Obristen, der von Petersburg hieher gekommen und seinen Reisegesellschafter bei uns eingeführt.‹

das fürtreffliche Elementarwerk ...: Basedow, der Begründer des Dessauer Philanthropins, veröffentlichte 1774 in vier Bänden das pädagogische Lehrbuch ›Das Elementarwerk, ein geordneter Vorrat aller nötigen Erkenntnis zum Unterricht der Jugend, vom Anfang bis ins akademische Alter, zur Belehrung der Eltern, Schullehrer und Hofmeister, zum Nutzen eines jeden Lehrers die Erkenntnis zu vervollkommnen. In Verbindung mit einer Sammlung von Kupferstichen und mit französischer und lateinischer Übersetzung dieses Werkes‹.

Graf Anhalt: Sohn des Erbprinzen Wilhelm Gustav von Anhalt; hatte im Bayrischen Krieg die sächsische Armee befehligt, trat 1784 in die Dienste Katharinas II. und wurde auf Reisen durch ganz Rußland geschickt, um das Heer zu inspizieren. Seit 1785 Generalgouverneur von Moskau und Generalinspektor der russischen Erziehungsanstalten.

635 *rechtschaffene Dame:* Frau Exter.

Equipage: hier im Sinne von Ausrüstung, Kleidung, Unterkunft.

636 *Lebensläufe ...:* Theodor Gottlieb von Hippels autobiographischer Roman ›Lebensläufe nach aufsteigender Linie‹, 1778–1781 erschienen.

Chevalier de Luc: französischer Naturforscher, lebte von 1727 bis 1817.

Cheraskoff: Michail Cheraskow, russischer Dichter. Lenz übersetzte einen Teil seiner ›Russiade‹ (1779).
Schade: Johann Matthias Schaden.

302. LENZ AN CLAUDES (ZWISCHEN 1784 UND 1788)
Erstdruck: Freye/Stammler II, S. 225 ff. Handschrift in Kraków.
Adressat und Datierung sind nicht näher zu bestimmen.
In Moskau hatte Lenz die ganzen Jahre über enge Verbindung zu den Freimaurern, die man auch Rosenkreuzer (wegen ihrer Bindung an die Berliner Freimaurer) oder Martinisten (nach dem Buch eines Jakob-Böhme-Anhängers, Saint Martin, das 1785 von ihnen in Moskau herausgegeben wurde) nannte. Die im Brief genannten Fakten sind nur im Zusammenhang mit handschriftlichem Material aus Lenzens Nachlaß zu erschließen. Lenz beschäftigte sich mit der Errichtung einer literarischen Gesellschaft in Moskau, Entwürfe dazu liegen in russischer und französischer Sprache vor. Zusammenkünfte dieser Gesellschaft muß es gegeben haben, der Kreis ist mit dem der Freimaurer identisch. Die im Brief genannten Personen haben diesem Kreis der Freimaurer angehört, Lenz erwähnt sie in Zusammenhang mit den dortigen Vorträgen (vgl. auch Rosanow, S. 417 ff.).

638 *Damenzeitung:* Alle Vortragsentwürfe Lenzens für die Moskauer literarische Gesellschaft sind an ein weibliches Publikum gerichtet; Frauen waren zwar bei den Freimaurern nicht zugelassen, trafen sich aber in Extra-Zirkeln, die Lenz offenbar betreute; daher vielleicht auch sein Plan einer solchen Zeitungsgründung.

Virgines parturiunt: lat., Redewendung: Wenn Jungfrauen in Kindesnöten sind.

regulus: hier im Sinne von regelmäßig.

Fürstin Daschkoff: Vgl. 4. Anm. zu Brief 301. Die Fürstin hatte starken Anteil an dem Großen Russischen Wörterbuch, das von 1789 bis 1794 in sechs Bänden erschien.

303. JOHANN KASPAR LAVATER AN LENZ (30. 3. 1787)
Erstdruck: Baltische Monatsschrift 40 (1893), S. 527 f. Handschrift nicht auffindbar. Kopie in Zürich.

639 *für Deinen Brief …:* bisher nicht aufgefunden.

Quem amavi, nunquam non amabo: lat., Den ich geliebt habe, werde ich stets lieben.

Goethe ist izt …: Goethe weilte vom 25. 2. – 22. 3. 1787 in Neapel, später ging er nach Rom.

639 *neue Ausgabe seiner Werke:* die bei Göschen in Leipzig von 1787 bis 1790 in acht Bänden erschienene Ausgabe.

in Engeland von mir gedruckt: die 1787 von Lavater herausgegebene Schrift ›Vermischte unphysiognomische Regeln zur Selbst- und Menschenkenntnis‹, sie wurde von Johann Heinrich Füßli, dem Maler und Freund Lavaters, der nun in England im Exil lebte, übersetzt und erschien dort 1788.

Ich bin nun neben Pfenningern ...: 1786 erhielt Lavater in Zürich die Pfarrstelle an der Peterskirche, dort wirkte Pfenninger als Diakon.

640 *Meinen Nathanael für Nathanaele:* Lavaters 1786 in Winterthur erschienene Schrift ›Nathanaél. Oder, die ebenso gewisse, als unerweisliche Göttlichkeit des Christentums. Für Nathanaéle, das ist, für Menschen mit geradem, gesundem, ruhigem, truglosem Wahrheitssinne‹.

304. LENZ AN DINGELSTEDT (6. 6. 1787)
Erstdruck: Rigasche Zeitung, 23. September/8. Oktober 1878, Beilage Nr. 221. Handschrift in Riga.
Kondolenzschreiben zum Tode von Frau Dingelstedt.

641 *Bitaubes Geschichte Josephs:* Gemeint ist das französische Epos ›Joseph en IX chants‹, 1767 erschienen, verfaßt von Paul Jeremias Bitaubé.

das Gute vergelten ...: Lenz und sein Bruder Karl wohnten 1779 einige Zeit im Rigaer Haus von Dingelstedt.

642 *Permien:* Gouvernement Perm, im Ural an der Grenze zu Asien, Bergwerksgegend. Ob seine Schwester ihm den Vorschlag gemacht hat, dorthin zu gehen, ist ungeklärt.

644 *Rangtabellen Peter des Großen:* 1722 führte Peter I. eine Tabelle der militärischen und zivilen Ränge ein, die festlegte, daß Bürgerliche, wenn sie eine vorgeschriebene Zeit hindurch eine Stellung einnahmen, den Adelsrang erwerben konnten. Der orthodoxe Adel bekämpfte das Gesetz.

305. LENZ AN HARTKNOCH (SEPTEMBER 1787)
Erstdruck: Euphorion 14, S. 614 f.

644 *Typografischen Gesellschaft:* die von Nikolai Iwanowitsch Nowikow (1744–1808) geleitete Vereinigung der Moskauer Aufklärer zur Übersetzung, Herausgabe und Verbreitung von Büchern und Zeitschriften. Entstanden aus der 1782 gegründeten ›Freundschaftlichen Gelehrten Gesellschaft‹ und im Jahre 1783, nachdem Nowi-

kow zu den auf zehn Jahre gepachteten Universitätsdruckereien weitere Druckereien geschaffen hatte, umbenannt in ›Typographische Compagnie‹.
Reimmann: Mitarbeiter des Buchhändlers Hartknoch in Riga.
Kutusoff: Aleksej Michailowitsch Kutusow (1749–1797), Freund von Radischtschew, hatte mit ihm in Leipzig studiert; ihm widmete Radischtschew seine ›Reise von Petersburg nach Moskau‹. Kutusow übertrug Klopstocks ›Messias‹ ins Russische, gehörte zum Kreis um Nowikow und zur ›Typographischen Compagnie‹.
vom Fürsten Trubetzkoi: Er und sein Bruder waren Mitglieder der ›Typographischen Compagnie‹ und zugleich Freimaurer wie fast alle im Kreis um Nowikow.
Se. Exzell. der Kurator: der Dichter Cheraskow.
645 *Russisches Allerlei:* Dieser Plan, eine für Deutsche bestimmte Anthologie russischer Dichtung zusammenzustellen und von Lenz ins Deutsche übertragen zu lassen, beschäftigte Lenzens Freunde Cheraskow und Karamsin längere Zeit, letzterer erwähnte ihn 1789 in einem Brief an Wieland und empfahl Lenz als Übersetzer. Inwieweit Lenz diesen Plan ausführte, ist nicht nachweisbar.
einige Gesänge der Russiade: Lenz hat sie tatsächlich ins Deutsche übertragen und einem Reisenden nach Deutschland mitgegeben; sie sind verlorengegangen. Vgl. auch 12. Anm. zu Brief 301.
Subskribenten nicht Pränumeranten: Subskribenten trugen sich nur in eine Liste ein, die Kaufabsicht damit bekundend, während die Pränumeranten im voraus zahlen mußten.
Blestschejewfs Beschreibung …: 1787 erschien in Moskau die ›Übersicht des Russischen Reiches nach einer gegenwärtigen neueingerichteten Verfassung neu aufgesetzt von Sergei Pleschtschejew. Aus dem Russischen übersetzt von J. M. R. Lenz‹.

306. Lenz an Brouwer (etwa 1788)
Teildruck: Baltische Monatsschrift 1864, S. 511f. Erstdruck: Freye/Stammler II, S. 208 ff. Handschrift in Riga.
645 Милостивый государь мой и покровитель Николай Иванович …: russ., Mein gnädigster Herr und Gönner Nikolai Iwanowitsch.
646 *Backmeister:* Hartwig Ludwig Christian Bacmeister (1730–1806), gebürtig aus Göttingen, hat von Petersburg aus entscheidenden Einfluß auf die Kenntnis der russischen Literatur und Wissenschaft in Deutschland ausgeübt, insbesondere durch sein über viele Jahre erschienenes elfbändiges Referatorgan ›Russische Bibliothek‹. Lenz'

Briefe an Bacmeister sind nicht erhalten; die Bekanntschaft beider ist belegt, Bacmeister schrieb über Lenz an Gadebusch. Wie aus dem Brief hervorgeht, war Lenz an einer Mitarbeit an der ›Russischen Bibliothek‹ interessiert.

646 *Charge:* frz., Dienstgrad. Bacmeister war von 1766 bis 1778 Inspektor des akademischen Gymnasiums in Petersburg; aus Protest gegen die Wirkungslosigkeit seiner Arbeit gab er den Posten auf und nahm eine Stelle als Schreiber an.

Obristen Boc: Von Bok hat Lenz tatsächlich in Königsberg eine Studienbeihilfe bekommmen, wie aus einem Briefkonzept des Vaters von Ostern 1771 hervorgeht: ›Jacob hat Boks u. der Baronne Wolf Stipendia weg‹ (Freye/Stammler I, S. 13 f.).

Major Berg: Sohn des ›Generallieutenants in Riga‹, General Berg, Freund der Familie Lenz; Lenz verwendet seinen Namen im ›Hofmeister‹.

vorzüglichen Gönners meines ... Bruder: General Berg nahm den fünfzehnjährigen Friedrich David Lenz mit nach Königsberg und brachte ihn am Collegium Fridricianum unter.

647 *Alpendihlsche Geschlecht:* Gemeint ist die mit der Lenzschen Familie befreundete Familie Albedyll. Frau von Albedyll weilte während Lenzens Petersburger Aufenthalt dort. Das genannte Witwengeschenk war ein kleines Gut in der Nähe von Dorpat. In eine der drei Töchter, in Julie von Albedyll, verliebte Lenz sich.

Arrende: russische Krongüter, die an verdiente Personen verpachtet wurden.

Herr Bakmeister*: Anmerkung von Lenz: ›Herrn Bakmeister, wie auch Herrn Arndt bitte zu fragen ob ihre Russischen Bibliotheken schon Übersetzer gefunden. Ist Herr Arndt verwandt mit dem V. der Liefländischen Chronik?‹

Herr Arndt: Johann Gottfried Arndt (1713–1767) veröffentlichte 1747 und 1753 in zwei Teilen eine ›Liefländische Chronik‹.

dessen Universität er beschrieben: Bezug auf Bacmeisters Publikation ›Nachricht von den ehemaligen Universitäten von Dorpat und Pernau‹ (1764).

Derpt zum Anseebunde gehörte: Bezug auf die historische Vergangenheit Dorpats, als die Stadt noch zu Schweden gehörte.

Bonnetsche Sammlungen: Charles de Bonnet (1720–1793), Schweizerischer Naturwissenschaftler.

648 *langues:* frz., Sprachen.

Bischofshof: ein dem jeweiligen livländischen Generalsuperintendenten gehörendes Pfarrgut.

Güldenstedt: starb am 23.3.1781 in Petersburg; den erwähnten Apfel hat Güldenstedt, gerade von einer Reise zurückgekehrt, Lenz offenbar in Petersburg geschenkt.

649 *die Weißischen Schriften:* Gemeint sind die Dichtungen Christian Felix Weißes (1726–1804).

307. LENZ AN BROUWER [?] (NACH 9.7.1788)
Erstdruck: Rosanow, russ. Ausgabe 1901, Anhang S. 55 ff. Handschriftliche Abschrift in Berlin.
Empfänger ungeklärt, eventuell Lawrence Brouwer.

650 *Mon bienfaiteur! ...:* frz., Mein Wohltäter! Die Reise, die Herr Reimann ohne mein Wissen und ohne mir erlauben zu wollen, ihn zu begleiten, unternommen hat, verschafft mir einige Lichtblicke von Hoffnung; denn, um aufrichtig zu sprechen, befand sich mein Herz recht verzagt. Man behauptet hier, daß S. A. J. Madame die Großherzogin sich sehr selten zu lachen erlauben soll; daß sie sich aber bei der Forderung der Schweden, die ganze Armee müsse ihre Waffen übergeben, in diesem Fall verpflichte sich der Herzog von Suderm., mit den Türken über den Frieden zu verhandeln, nicht habe enthalten können, laut herauszulachen. Diese Episode hat mir den Stoff für ein kleines Drama geliefert, das ich den Augen des einzigen Zensors, den ich kenne, zu unterbreiten wage. – – –

    Weinender Czarlot und Lachender Czarlot,
    kleines Drama über den Krieg der Schweden

Lachender Czarlot: Man sagt, daß unsere ganze Armee die Waffen gestreckt hat.
Weinender Czarlot: Ja Mama, hiiiii.
Lachender Czarlot: Und die Schweden sind alle unter den Waffen geblieben
Weinender Czarlot: Ja da Mama, hiiiiiii
Lachender Czarlot: Aber was wird sein? Unsere ganze Armee wird gefangen werden: und mein Gatte, weit entfernt davon, die Schweden zu entwaffnen, wird ihnen noch neue Waffen liefern.
Weinender Czarlot: So wird das, Mama, eine schöne Geschichte werden hihiiiii
Lachender Czarlot (ausbrechend): aber ihr habt nicht gehört, daß die Waffen der Schweden aus Scheren und Maßbändern bestehen und daß sie zur Zeit alle wie die Wahnsinnigen daran arbeiten, unsere ganze Armee und sogar meinen Gatten mit Hosen zu beliefern
Weinender Czarlot: Was soll das bedeuten, hiiiiii – unsere ganze Armee entwaffnet

Lachender Czarlot: Aber begreifst du Verrückte nicht, daß man es nicht schaffen kann, ihnen Kleider zu machen, während sie bewaffnet sind und kämpfen. Wenn nicht genug Scheren da sind, muß man welche aus Tula kommen lassen

Weinender Czarlot: Aber der Herzog von Sudermannland will uns unseren Grundbesitz wegnehmen, das ist nicht zum Lachen

Lachender Czarlot: Aber er gibt uns dafür Tuche und Stahl und nimmt selber Dienst in unserer Armee, ist das nicht genug? Er ist ein von Kopf bis Fuß bewaffneter Gefangener.

Weinender Czarlot: Hiiiiiii.

Lachender Czarlot: Du bist schön verrückt, möchtest du, daß uns das Blut gekostet hätte. Mit deinem Geheule langt's jetzt

Weinender Czarlot: Aber unser Grundbesitz, unser Grundbesitz

Lachender Czarlot: Du Verrückte, der bleibt uns: wir borgen ihn an einen Freund aus, der davon zu wenig hat, aber im Überfluß Einwohner und Handwerker, die kein Brot haben. Mögen sie es in Rußland suchen –

Weinender Czarlot: Aber da werden wir letzten Endes Schweden werden

Lachender Czarlot: Dummkopf, die Schweden werden keine Russen werden, und die Russen werden keine Schweden werden, aber sie werden fortan als gute Freunde zusammen leben.

Bote (ganz außer Atem): O Unglück über Unglück, die Schweden haben unsere ganze Armee entwaffnet, und weit davon entfernt, sich zu verteidigen, sind sie bis aufs Hemd ausgeplündert. Man ordne öffentliche Gebete an

Weinender Czarlot (läßt sich in einen Sessel fallen): Es ist also geschehen

Lachender Czarlot: Aber sie werden uns auch ausplündern kommen.

Weinender Czarlot: Ich vergehe! –

Im Ernst gesprochen, habe ich mehr Recht als jeder andere, die Rolle des weinenden Czarlot zu spielen, die mir vielleicht nicht schlecht gelungen ist, da ich meine Verhältnisse in ihrem ganzen Wert und Gewicht kenne. Das bedrückte mich, und ich gestehe, daß ich, wäre ich der Mann, meinen werten Landsleuten männlichen Geschlechts meine Gefühle einzuflößen, sie nicht so schnell entwaffnen ließe. Sie haben Schneider genau wie die Herren Schweden, die übrigens Brot genug für ganz Europa finden werden, ohne uns allzusehr zu belästigen. Das beiliegende Schreiben wird vielleicht Aufschlüsse geben: es muß an den Grafen von Anhalt adressiert werden, und wenn mein Wohltäter es ihm zukommen lassen kann, wird es eine geringe Huldigung sein, die unsere Herzen insgeheim dem legitimen Erben der Rechte des großen Peter entgegenbringen. Er hätte uns ein Tübingen geben können.

Man hat mir berichtet, daß der von der Insel Rügen gebürtige Herr Gadebusch gestorben ist; ich bedaure das im Hinblick auf die livländischen Annalen, die mir zu schicken er die Güte hatte, obgleich ich das Unglück hatte, daß die Weinenden Herren Czarlots aus Moskau mich fast aller meiner Bücher beraubt haben.

Das wird mich nicht hindern, irgendeine Lektüre zu suchen, die mir den Stoff zu den Werken liefern kann, die ich beim ersten glücklichen Wind Ihnen, A. J., zu Füßen legen werde. Lenz.

650 *Die Reise, die Herr Reimann:* Reimann war wahrscheinlich in Moskau, und Lenz hatte die Hoffnung, mit ihm nach Livland zu gehen; mehrmals in diesen Jahren ist von Lenz' Reiseplänen die Rede.
Madame die Großherzogin: die Großfürstin Maria Feodorowna, Ehefrau Pauls von Rußland.
Forderung der Schweden: Im Jahr 1788 kam es zum Krieg zwischen Rußland und Schweden. Schweden begann den Krieg mit dem Ziel, einige im Nordischen Krieg (1700–1721) verlorene Gebiete zurückzugewinnen. Das gelang nicht, und Katharina II. zwang die Schweden 1790 zu einem Friedensvertrag.
beiliegende Schreiben: wahrscheinlich Brief 309.
Tübingen: möglicherweise Anspielung auf die dortigen Lehranstalten.
Gadebusch: Friedrich Konrad Gadebusch, geboren 1719 in Altefähr auf der Insel Rügen, starb am 9. Juli 1788 (danach die Datierung des Briefes).
livländische Annalen: Gadebusch gehörte zu den wichtigsten Aufklärungsschriftstellern Livlands. Er war enger Mitarbeiter von Bacmeisters ›Russischer Bibliothek‹ und verfaßte selbst fünf Bände über livländische Geschichte.
A. J.: Hinweis auf den Empfänger, ungeklärt.

308. Lenz an seine Brüder und Freunde (1788)
Erstdruck: Freye/Stammler II, S. 216 ff. Handschrift in Kraków.
652 *Projet à mon frère …:* frz., Antrag an meinen Bruder oder einen meiner Freunde von St. Petersburg, sich freundlicherweise bei Seiner Exzellenz dem Kanzler Besborodko für mich einsetzen zu wollen mit der Bitte an den Hof um eine Pension, und sei sie noch so gering.

Ein Verfasser einiger Übersetzungen aus dem Russischen ins Deutsche, der sich im siebenten Jahr in Moskau aufhält ohne andere Existenzmittel als die Beihilfen eines Vaters, der wegen der Aufwendungen, die ihn die anderen Kinder kosten, ihm nur eine Beihilfe von 100 Rbl. jährlich gewähren kann, bittet Seine Exzellenz alleruntertänigst zu geruhen, ihm als besondere Gunst irgendeine Unterstützung zu gewähren, weil er sich in äußerster Bedrängnis befindet und die Übersetzungen, die er macht, nicht verkaufen kann, weil die Druckkosten in Moskau alles verschlingen, was er sich von der Großzügigkeit der Buchhandlungen versprechen könnte, die die Drucklegung seiner Übersetzungen übernehmen könnten. Er wollte auch nicht den Weg der Subskription gehen, weil er glaubt, dadurch den edlen und gerechtfertigten Stolz der Autoren besagter Werke zu kompromittieren, die nicht geschrieben haben, um sich bezahlen zu lassen.

Wenn es ihm möglich ist, eine Reise nach St. Petersburg oder nach Livland zu machen, könnte er vielleicht Herrn Weitbrecht oder Herrn Hartknoch dazu bestimmen, einige Auszüge aus den besten russischen Autoren, Historikern und Philosophen, zu drucken, die er Ihren Hoheiten den jungen Großherzögen zu widmen gedenkt. Vielleicht würde er den Adel Livlands bestimmen, darauf zu subskribieren – aber all das ist gegenwärtig unmöglich, er muß also zu irgendeiner besonderen Gunst des Hofes Zuflucht nehmen, der nicht einen jungen Menschen umkommen lassen wird, der sich inzwischen mit einigen Unterrichtsstunden über Wasser gehalten hat, die er in einer Pension jungen Adligen erteilte, die ihn untergebracht und verpflegt haben. Er verlangt nichts weiter als Unterkunft und Verpflegung und verspricht, zu seinem Teil dazu beizutragen, ein neues Pensionsinstitut für junge Schüler mit ihren Erziehern in Ruf zu bringen, ein Institut, dem vielleicht, wenn der Hof zuzustimmen geruht, eine Elite der Ecoles Normales [der allgemeinen Schulen] angegliedert werden kann, untermischt mit einigen Schülern der deutschen Schule der deutschen Vorstadt unter der Oberaufsicht von Herrn Lehmann, der sie den regulären und den irregulären Befestigungsbau samt den technischen Ausdrücken in Deutsch, Russisch und Französisch, der Mechanik etc. lehren und durch das Beispiel dieser Schüler den Eifer der jungen adligen Pensionäre anspornen wird, sich dasselbe von ihren Erziehern beibringen zu lassen. Das Haus des Fürsten und Kammerherrn Beloselsky wäre zur Ausführung dieses Erziehungsplanes sehr geeignet, und ich kenne zwei oder drei adlige Eltern, die gern bereit wären, ihre noch ganz jungen Kinder mit ihren Erziehern dort unterzubringen und unterrichten zu lassen.

Herr Kitt hat, als er aus St. Petersburg kam, vorgeschlagen, einen Plan für eine neue Manufaktur auszuarbeiten, die sich in St. Petersburg niederlassen könnte und mit diesem kleinen Versuch von Erziehungstheater in Nachahmung von Mons. Odinot aus Paris zu verbinden wäre. Dieser Plan würde vielleicht dem russischen Handel einen neuen Zweig eröffnen und erkühnt sich aus diesem Grunde nicht, mit dieser Bitte verknüpft zu werden, die nur meine Person betrifft, und da ich keinerlei gründliche Kenntnisse vorzuweisen habe, um diese gediegenen Ideen zu unterstützen, die nicht verfehlen würden, den Hof selbst zufriedenzustellen, könnte ich ihn nur durch meine völlig uneigennützigen Ratschläge unterstützen.

652 *Besborodko:* Alexander Andrejewitsch Besborodko leitete 1788 das Kollegium für Auswärtige Angelegenheiten; Kanzler wurde er erst 1797 unter Paul I.

Pension jungen Adligen: die im Brief 301 erwähnte Anstalt von Madame Exter, wo Lenz einige Zeit wohnte und unterrichtete. Auch hat er Privatstunden gegeben und an der Universität unterrichtet. Zu einer festen Anstellung kam es jedoch in all den Jahren nicht.

653 *NB.:* nota bene, lat., wohl zu merken.

309. LENZ AN FRIEDRICH VON ANHALT (1788)
Erstdruck: Freye/Stammler II, S. 219 f. Handschrift in Kraków.
Am Kopf des Briefes steht auch bei Freye und Stammler: ›Dieses bitte gehorsamst gleichfalls abzuschreiben oder abschreiben zu lassen.‹
Wahrscheinlich ist es das im Brief 307 erwähnte beiliegende Schreiben, das an den Grafen Anhalt adressiert werden sollte.

654 *Übersetzung eines der vorzüglichsten Geisteswerke:* Wahrscheinlich die ersten fünf Gesänge von Cheraskows Gedicht ›Russiade‹ (vgl. 12. Anm. zu Brief 301). Die Übersetzung war von der Wertschätzung des Lenzschen Freundeskreises für Cheraskow mitbestimmt; Karamsin nannte ihn den bedeutendsten russischen Dichter.

dieses Land ... kennen zu lernen gesucht: Bezug auf die Reise des Grafen in Heeresfragen durch ganz Rußland, vgl. dazu 7. Anm. zu Brief 301.

Sergius: Sergius IV., Papst von 1009 bis 1012.

im ersten Gesange: Gemeint ist Cheraskows ›Russiade‹.

mißverstandenen Stelle h. Schrift: Vgl. Neues Testament, Matth. 8,20.

654 *Baukunst mit unter die verbotenen Künste rechnen:* Lenz' Interesse an Baufragen hängt mit Nowikow zusammen, der dem Häuserbau große Aufmerksamkeit schenkte.

655 *Russisches Allerlei:* Vgl. 6. Anm. zu Brief 305.
Ephemerische Schrift: svw. Ephemeriden, Flugschrift, Tagblätter.

310. LENZ AN FRIEDRICH VON ANHALT (ETWA 1789)
Teildruck: Baltische Monatsschrift 1864, S. 514. Erstdruck: Freye/ Stammler II, S. 220 ff. Handschrift in Riga.
Der Brief wurde nicht vollständig gedruckt, speziell Etymologisches im letzten Drittel des Briefes wurde weggelassen.

655 *ferneren Übersetzung:* der ›Russiade‹ von Cheraskow.

656 *Wolok:* russ. волок, Landenge zur Schiffsschleppe zwischen zwei Fußläufen.
Mestschanianen: russ. мещанын, im alten Rußland Städtebürger, Kleinhändler oder Handwerker.
Repartition: Verteilung.
des Baron Pöllnitz Briefe: die 1727 veröffentlichten ›Lettres et Mémoires de Charles Louis, Baron de Pölnitz‹ von Carl Ludwig von Pölnitz (1692–1775); wurden mehrfach aufgelegt und auch ins Deutsche übersetzt.
Tschulkoff: Michael Tschulkow, Schriftsteller und Historiker. Seine ›Historische Beschreibung des russischen Handels‹, die in den Jahren 1781–1788 in 7 Teilen und 21 Bänden in Moskau erschien, begann Lenz zu übersetzen. Bruchstücke dieser Übersetzung befinden sich im Lenz-Nachlaß. Diese Übersetzung war wohl seine Hauptarbeit in den letzten Lebensjahren, wie aus einem Brief von Alexander Andrejewitsch Petrow, Lenz' jahrelangem Freund, an Karamsin hervorgeht.

657 *Sawoden:* Fabriken; von russ. завод.
Pud: Gewichtseinheit; 1 Pud entsprach im zaristischen Rußland 16,38 kg.
Halljahre: im Alten Testament Feier- oder Jubeljahre.

658 *Reden ... Menenius Agrippa:* Der römische Patrizier Menenius Agrippa bewog im Jahre 494 v. u. Z. die ausgewanderten Plebejer zur Rückkehr nach Rom durch die Parabel von den Gliedern des Leibes, die sich gegen den Magen als müßigen Fresser auflehnten.
Ciceronen: ital., Fremdenführer.
ostrogoschkischen Bibeln: Ostroger Bibeldrucke; Fürst Konstantin Ostrožkij unterstützte mit der Einrichtung einer Typographie die

Ostroger Bibeldrucke; 1587 wurde die erste Bibel in altslawischer Sprache gedruckt.
Bacchus Sobi Sobachi: dionysische Kultfigur wohl thrakischen Ursprungs.
Sabini Latini: die Sabiner in Italien, der Sage nach an der Gründung Roms beteiligt.
Antiates: die aus Antium Stammenden.

659 *φαρμακεύειν:* grch., bezaubern, vergiften.
φαρμακὸν: grch., Heilmittel, Gift.
Cansteinschen Bibelwerks: Karl Hildebrand Freiherr von Canstein (1667–1719), Stifter der nach ihm benannten Bibelanstalt in Halle, gehörte zum pietistischen Freundeskreis um August Hermann Francke, den Begründer des Halleschen Waisenhauses.
eine unnütze Glocke: Gemeint ist die noch heute im Moskauer Kreml befindliche Glocke Zar Kolokol, die, 196,56 t schwer, mit einem beim Absturz vom Gerüst 1737 ausgebrochenen Stück am Fuße des Glockenturmes Iwan Welikij steht.
denen beiden Brüdern Nowakow: Gemeint sind Nikolai Nowikow und sein Bruder Aleksej, der auch Mitglied der ›Typographischen Compagnie‹ war.
die Hallischen Bibeln: Vgl. oben die Anm. zu Cansteinsches Bibelwerk; die Bibelanstalt in Halle brachte Bibeln zu geringen Preisen heraus und war um breite Wirksamkeit bemüht; 1712 erste Ausgabe des Neuen Testamentes, 1713 vollständige Bibelausgabe für 9 Groschen, 1718 ›Harmonie der Evangelisten‹.
Assemblenen: Volksversammlungen.
von Salis: Vgl. 1. Anm. zu Brief 249.
Stufen: oder Stuffen, ein Stück Erz.

660 *Bibel:* Gemeint ist der Buchhändler Biber in Moskau.

311. LENZ AN [?] (ETWA 1788/89)
Erstdruck: Freye/Stammler II, S. 227. Handschrift in Kraków.
Es handelt sich um einen sehr langen Brief, der nur auszugsweise wiedergegeben wird, da die Notizen zu etymologischen, pädagogischen und religiösen Fragen keinen Sinnzusammenhang geben.
Adressat unbekannt, Datierung ungewiß.

660 *gib mir ... sein Haupt ...:* Gemeint ist Herodes Antipas (4 v. u. Z. bis 39), der Johannes den Täufer köpfen ließ.

312. LENZ AN UTHOF (MÄRZ 1789)
Erstdruck: Antiquariat Boerner in Leipzig, Lagerkatalog 2, 1905, S. 135.
Handschrift nicht auffindbar.
Es handelt sich um eine Eintragung in das Stammbuch des aus Hannover gebürtigen J. H. Uthof.

313. LENZ AN SEINEN BRUDER JOHANN CHRISTIAN (MITTE 1789)
Teildruck: Baltische Monatsschrift 1864, S. 515. Erstdruck: Freye/ Stammler II, S. 228 ff. Handschrift in Riga.
Der Brief ist nicht vollständig, zwei Zeilen Etymologisches (Wortbeispiele) wurden weggelassen.

661 *10ten Julius ...:* Bezug auf eine erhoffte Versöhnung mit dem Vater, vgl. 3. Mose 23: ›Und der Herr redete mit Mose und sprach: ‚Des zehnten Tages in diesem siebenten Monat ist der Versöhnetag. Der soll bei euch heilig heißen [...]‘‹
Hartknochs Sohn: Der Buchhändler Hartknoch war am 1. April 1789 gestorben, sein Sohn oder Adoptivsohn Johann Friedrich übernahm das Unternehmen.

662 *Bibelabdruck ...:* Vgl. 11. Anm. zu Brief 310.
Druschinin: Freund, Vertreter, Gefolgsmann; von russ. дружинник, Krieger im Gefolge altrussischer Fürsten.
Ditheys Wechselrecht: Bezug auf Philipp Heinrich Dilthey, Professor der Rechte in Moskau.

663 *durch Feuer verloren:* An anderer Stelle spricht Lenz davon, daß Freunde die Sachen verbrannt haben, weil sie spürten, wie Lenz die Briefe belasteten (vgl. Brief 317).
Herr Huthoff: Uthof gemeint, vgl. Brief 312.
Russiade: Vgl. 12. Anm. zu Brief 301.

664 *Herrn Topografen Hupel:* August Wilhelm Hupel, geboren in Buttelstedt bei Weimar, Studium in Jena und Weimar, kam als Pastor nach Livland; bedeutender livländischer Aufklärungsschriftsteller. Lenz kannte wohl schon als junger Mann Hupels Schriften, z. B. die 1771 in Riga erschienene: ›Vom Zweck der Ehen, ein Versuch, die Heirat von Castraten zu verteidigen‹. Hupel veröffentlichte auch ›Topografische Nachrichten‹, war Mitarbeiter von Bacmeisters ›Russischer Bibliothek‹ und beteiligte sich an Bacmeisters Sprachprobensammlungen und sprachvergleichenden Untersuchungen.

665 *Φαρμακον:* grch., wörtl. Gift, Zauberkraut; offenbar verschlüsselte Anspielung.
Rektor Hehn: Johann Martin Hehn, Rektor der lateinischen Schule

in Dorpat, ehemaliger Lehrer von Lenz. Hehn arbeitete an einer estnischen Grammatik sowie einem Wörterbuch und übersetzte das Alte Testament in die Dorpatsche Mundart.

liebe Gemahlin: Hehn hatte 1767 die Nichte und Pflegetochter von Gadebusch geheiratet, die Lenz, als Freund Gadebuschs, gut kannte.

Kasike Kanike: altes livländisches Hochzeitslied.

Wenn Herr von Karamsin durchgeht: Der Dichter Nikolai Michailowitsch Karamsin brach im Mai 1789 zu einer Reise nach Deutschland, Frankreich und der Schweiz auf. Er besuchte alle Orte, an denen Lenz weilte: Weimar, Straßburg, Zürich, Basel, und erinnerte sich in seinen später entstandenen ›Briefen eines russischen Reisenden‹ (1791/92, dt. 1802) an Lenz. Karamsin und Lenz waren in Moskau über sieben Jahre lang eng befreundet; Lenz wurde dem fünfzehn Jahre jüngeren Dichter ein Mentor.

314. LENZ AN BURNER (ETWA 1789)
Teildruck: Baltische Monatsschrift 1864, S. 514. Erstdruck: Freye/ Stammler II, S. 233 f. Handschrift in Riga.
Außer der deutschen hat der Brief eine russische Adresse, die Burners Vornamen enthält. Auf dem Brief oben rechts steht von Lenzens Hand: ›ein Kind brannte!!!! aber wie und wofür‹. Die als Auslassung gekennzeichneten Stellen enthalten Notizen, die keinen Sinnzusammenhang ergeben, u. a. zu den Troitzschen Klöstern, zum Kanalbau um Moskau und zu den Freimaurern um Nowikow.

666 *надзиратель:* russ., Aufseher.

Beilage: Material zu Sprachstudien, wie aus dem Konnex hervorgeht.

Poliglotte: Polyglotte, ein Werk mit demselben Text in verschiedenen Sprachen.

ärgert dich das Auge ...: Vgl. Neues Testament, Matth. 5,29.

667 *Seikonospaß:* Kloster in Moskau, in den Jahren 1682 bis 1814 mit einer slawisch-griechisch-lateinischen Akademie verbunden, die dann in das Troitzko-Sergejewsche Kloster übergeführt wurde.

dejourweise: tageweise.

Frau E.: Frau Exter.

Herr P. Bause: Vgl. 2. Anm. zu Brief 280. Auch Bause beschäftigte sich wie Lenz mit sprachhistorischen Forschungen, z. B. mit der Entstehung des slawisch-kyrillischen Alphabets.

315. LENZ AN FIRNHABER (ETWA 1790)
Erstdruck: Freye/Stammler II, S. 234. Handschrift verschollen, früher in der Königlichen Bibliothek zu Berlin.
Die russische Adresse lautet zu deutsch: An Herrn Firnhaber bei Herrn Biber auf der Besitzung Nikita Pawlows. Nach Freye und Stammler stand auf der letzten Seite des Foliobogens ein verworrenes Gedicht ›Auf das kleine Kraut Reinefahrt an die Rosengesellschaft‹, die Innenseiten enthielten Wörterbuchstudien.
667 *P. p.:* lat. per procuratorem, durch einen Bevollmächtigten.
   Rüdiger ... Biber: zwei Buchhändler in Moskau. Der Konnex läßt den Schluß zu, daß es sich bei Firnhaber um einen Mitarbeiter dieser beiden handelt.

316. LENZ AN SEINEN VATER UND SEINE SCHWESTER DOROTHEA CHARLOTTE (ETWA 1790)
Erstdruck: Freye/Stammler II, S. 235. Handschrift in Kraków.
Wie auch von Freye und Stammler beschrieben wurde, handelt es sich um einen äußerst schwer lesbaren, längeren, zum Teil fast verblichenen Brief, der nur auszugsweise wiedergegeben wird.
667 *unglückliche Leidenschaft:* zu Julie von Albedyll; vgl. Brief 290 und Anm. dazu.

317. LENZ AN BRUNNER (ETWA 1790)
Erstdruck: Freye/Stammler II, S. 235 ff. Handschrift nicht nachweisbar, früher in Riga.
Bei dem Brief handelt es sich nach Freye und Stammler um ein Konzept oder eine Abschrift. Am Rande stehen Notizen sozialen Inhalts über Kaufleute und Bemerkungen über das ›Schwarzische Seminar‹ in Moskau.
668 *Gehülfen:* Gemeint ist Gehilfin, Gattin.
   adliches Fräulein: Julie von Albedyll.
669 *Assekuranz:* Versicherung, Verbürgung.
   Lüneburgische Journal: nicht nachweisbar.
671 *Überbringer dieses ist ein Dorfbalbier:* offenbar der im Brief 314 erwähnte.

318. LENZ AN SEINEN VATER (ETWA 1790)
Teildruck: Baltische Monatsschrift 1864, S. 509 f. Erstdruck: Freye/Stammler II, S. 239 ff. Handschrift in Riga.
671 *Man verfolgt mich ...:* Diese Verfolgungsangst Lenzens in seinen letzten Moskauer Jahren hat einen realen politischen Hintergrund.

1790 wurde Radischtschew für sein Buch ›Die Reise von Petersburg nach Moskau‹ zum Tode verurteilt, Knajschin, ein Übersetzer, starb wenige Monate nach seiner Inhaftierung in der Schlüsselburg. Der Kreis der Moskauer Freimaurer und Aufklärer lebte in einem Klima von Druck, Bespitzelung und Verfolgung. Im April 1792, wenige Wochen vor Lenzens Tod, wurde auch Nowikow verhaftet und zu einer fünfzehnjährigen Festungshaft verurteilt.

672 *meine Briefschaften ... verbrannt:* Das Verbrennen der Briefschaften durch Freunde steht möglicherweise auch in einem Zusammenhang mit den politischen Vorgängen, denkt man etwa an Lenz' Vorschlag, die Zaren-Glocke in Schriftlettern für den von Katharina II. gehaßten Nowikow umzugießen. Lenz konnte wohl – in seiner Krankheit und zeitweiligen Verwirrung – den Freunden gefährlich werden; er kann auch – wie der Brief andeutet – dadurch in eine doppelte Isolierung geraten sein.

Bruder Carl: Bezug auf die Karriere des Bruders; 1783 trat er in den Staatsdienst und stieg von Stufe zu Stufe, 1793 hatte er schon als Kollegien-Assessor den Dienstadel erworben.

man spricht mir meinen Taufschein ab: In den letzten zwei Jahren muß Lenz wiederholt die Idee gefaßt haben, Julie von Albedyll zu heiraten; in dem Zusammenhang stehen offenbar seine Bemühungen um den Taufschein.

673 *kein einziges Konsistioriale:* verschrieben für Konsistoriale, hier: Kirchenrat(-Mitglied).

Herr Eisen: Johann Georg Eisen von Schwarzenberg war neben Gadebusch, Hupel und Jannau der wichtigste livländische Aufklärungsschriftsteller. Bis 1775 war Eisen Pastor bei Dorpat, danach Oberaufseher auf dem Gut des Grafen Tschernitschew bei Moskau. Er betrieb auch landwirtschaftliche Studien.

Indiennen: frz., indischer Baumwollstoff.

Kumatsch: russ. кумач, roter oder blauer Baumwollstoff.

Briänsk: Brjansk an der Desna, im Westen des europäischen Teils der RSFSR.

319. LENZ AN SEINEN BRUDER JOHANN CHRISTIAN (9. II. 1790)
Teildruck: Baltische Monatsschrift 1864, S. 515 f. Erstdruck: Freye/Stammler II, S. 241 ff. Handschrift in Riga.
Lenz hat den Brief auf den 9. November 1791 datiert, aus den Zusammenhängen in Verbindung mit Brief 320 ergibt sich jedoch das Jahr 1790.

674 *Compt. der Assignationen:* Schreibzimmer der Zahlungsanweisungen, svw. Bankhaus.
Internuncius: lat., Vermittler; eigtl. Zwischenbote, Unterbotschafter.

675 *Influenza:* Einfluß.
Collegicis: hier im Sinne von öffentlichen Ämtern.
Herr von Engelhardt: Vgl. Brief 294. Bei Engelhardt in Ohlershof hielt sich Lenz einige Zeit im Winter 1780/81 nach der Aufgabe seiner Hauslehrerstelle bei dem Baron Liphard auf.

676 *Bruder Benjamin:* dritter Bruder von Lenz, war sehr musikbegabt, mußte aber 1778 eine Kaufmannslehre in Reval aufnehmen. 1785 eröffnete er ein kleines Geschäft in Reval.
Pappa ... geschrieben: Vgl. Brief 318.
Herr Tschulkoff: Vgl. 6. Anm. zu Brief 310.
kein Lauffer: Bezug auf die Hauptfigur in Lenz' ›Hofmeister‹.

677 *meine ganze irdische und zukünftige Existenz betrifft:* Anspielung auf seine Heiratsabsichten.

320. LENZ AN SEINEN BRUDER JOHANN CHRISTIAN (11.6.1791)
Erstdruck: Freye/Stammler II, S. 246ff. Handschrift in Kraków.

678 *vornehme Verwandte hat,*:* Anmerkung von Lenz: ›Graf Solmes General Berg u. s. w. auch die Igelströhms.‹
Attachement: frz., Anhänglichkeit; hier: Anstellung.

679 *Schwester Elisabeth:* zweitälteste Schwester von Lenz; ihr Mann, Theophilus Schmidt, war 1781 gestorben.
хрисма ради: russ., um Christi Willen.
Überbringer ... eines Briefes: Bezug auf Brief 319, danach die dortige Datierung.

680 *Asmodi:* chaldäisch, böser Geist, kommt in jüdischen Sagen vor; scherzhaft für Zankteufel.
Junoneid: Vernichtungseid, wie ihn die Göttin Juno (d. i. grch. Hera) den Trojanern schwor.
depot de litterature: frz., Treffpunkt oder Niederlassung für Literatur.

321. LENZ AN SCHOTTLÄNDER (1791)
Teildruck: Baltische Monatsschrift 1864, S. 513f. Erstdruck: Freye/Stammler II, S. 248f. Handschrift in Riga.
Der Adressat ist nicht näher bekannt.

680 *Gostinnaja:* russ. гостиная, Gastzimmer, Schankstube.
colporteurs: frz., Kleinkrämer, Wanderbuchhändler, Hausierer.

681 *Tante der Generalin …:* Kurganowsky, die Schwester der Frau von Albedyll. Vgl. in diesem Zusammenhang Lenz' Beziehungen zu Julie von Albedyll, insbesondere Brief 317.

322. LENZ AN BARON STIERNHIELM (14.1.1792)
Teildruck: Baltische Monatsschrift 1864, S. 516ff. Erstdruck: Freye/Stammler II, S. 250ff. Handschrift in Riga.
Aus der Adresse geht hervor, daß es sich bei dem Baron von Stiernhielm um einen Grundbesitzer in Wassula in Livland handelt.
681 *H. 3. Königsmesse:* Heilige-Drei-Königsmesse.
682 *Druckerei, die aus Oberpalen …:* Druckorte in Rußland waren Petersburg, Moskau, Kiew, Riga, Reval und Oberpahlen in Estland.
Past. Hupel: Vgl. 9. Anm. zu Brief 313. Hupel war einige Zeit Prediger in Oberpahlen.
Beschreibung Hrn. Bakmeister: dessen Arbeit ›Nachrichten von den ehemaligen Universitäten von Dorpat und Pernau‹ (1764).
oserois je bien …: frz., würde ich mir gern, mein teurer Baron, die Frage erlauben, ob Sie irgendwelche Verbindungen mit einer gewissen Standesdame, der Schwester des Generals Kurgunoffsky von der Flotte in St. Petersburg, haben. Ihre Schwester hat sich, worüber sie nicht in Unkenntnis sein dürfte, ein wunderschönes Haus zugelegt, und ich glaube, Frau von A** wäre sehr gut beraten, wenn sie ihr eine oder zwei ihrer Töchter anvertrauen würde, von denen die eine, wie man mir gesagt hat, mit einem Offizier vom Kadettenkorps verlobt ist, den ich die Ehre hatte bei Frau von K** zu sehen. Die Bedenken, ihr Kronlehen könne gefährdet werden, wenn sie eine ihrer Töchter fortschickte, würden sehr schnell schwinden, weil diese Art von Schenkungen für die Lebenszeit der Standesdame gilt. Außerdem wird sich dieser junge Offizier, von dem ich seit meinem Aufenthalt hier nicht die geringste Nachricht habe, wahrscheinlich noch beim Korps befinden, wo etwa zwanzig Livländer auf Kosten der Kaiserin ausgebildet werden. Diese Livländer könnten, wenn sie aus dem Korps ausscheiden, ihre Studien in Pleskau fortsetzen, und Herr von Prattje wird es sich zum vorzüglichen Verdienst anrechnen, sie zu begleiten.
*Frau von A**:* Frau von Albedyll.
Offizier vom Kadettenkorps: der Verlobte Julie von Albedylls, Prattje. Vgl. Brief 317.
683 *Prof. in Gießen:* Christian Heinrich Schmid.
Entrepreneure: Unternehmer.

684 *im Hause des D. Büsching:* Büsching, mit Gerhard Friedrich Müller und Bacmeister bekannt, hatte bis 1765 in Petersburg gelebt und war dann wieder nach Deutschland gegangen; veröffentlichte von 1754 bis 1792 elf Bände Erdbeschreibungen und gab in Berlin die ›Wöchentlichen Nachrichten‹ heraus.

REGISTER

1. WERKE VON JAKOB MICHAEL REINHOLD LENZ
(1751–1792)

Wenn Entstehungszeit und Erstveröffentlichung chronologisch stark voneinander abweichen, sind in Klammern beide Jahreszahlen angegeben, sonst nur der Erstdruck bzw. bei nicht veröffentlichten Werken der Zusatz ›Ms.‹.

Abgerissene Beobachtungen über die launigen Dichter (1782)   529f., 559
Allessandro (Ms. 1777)   527f.
Anmerkungen übers Theater (1774)   305
Catharina von Siena (1775/76, 1884)   406, 448, 472
Coriolan (1774/75, 1909)   333
Czarlot qui pleure et Czarlot qui rit, petit Drame sur la guerre des Suedois (Ms. 1788)   650f.
Der Engländer (1777)   451, 457, 474, 490, 501f., 512f., 620
Der Hofmeister oder Vorteile der Privaterziehung (1774)   259, 287, 290f., 302, 305, 489, 524, 620
Der Landprediger (1777)   524, 527, 529
Der neue Menoza oder Geschichte des cumbanischen Prinzen Tandi (1774)   305, 309, 317, 326, 333, 502, 524, 620
Der Waldbruder, ein Pendant zu Werthers Leiden (1776, 1797)   403, 513f.
Die Algierer (Ms. 1775)   348, 355ff., 362f., 367f., 380, 439, 448
Die beiden Alten (1776)   381, 392, 428, 457, 514
Die Freunde machen den Philosophen (1776)   305, 326, 385, 395, 402, 407, 415, 421, 425, 432, 445, 458, 524, 620
Die Soldaten (1776)   325, 329, 331, 333, 338ff., 342, 351–354, 387f., 390, 395, 399ff., 407f., 413, 415f., 421, 425, 428, 430, 446, 458, 460, 464ff., 489f., 497, 620

Die Wolken (Ms. 1775) 332–337, 340f., 343ff., 348f., 354f., 365, 376–380, 383ff., 391, 395f., 401ff., 408f., 412f., 417, 421, 425, 432, 443, 445–448, 457, 459
Ein Lustspiel in Alexandrinern (1777, 1857) 528, 530ff., 535, 540, 546
Flüchtige Aufsätze (1776) 381, 391f., 446, 448, 470, 485, 488, 491, 514, 522, 592
Henriette von Waldeck oder Die Laube (1776, 1884) 480f., 513f., 518
Lukretia (Ms. 1775) 322
Lustpiele nach dem Plautus fürs deutsche Theater (1774) 263, 271, 276, 305, 348, 357
Meinungen eines Laien den Geistlichen zugeeignet. Stimmen des Laien auf dem letzten theologischen Reichstage im Jahr 1773 (1775) 305f., 310, 350, 400, 417, 479, 508, 516
Nachruf zu der im Göttingischen Almanach Jahrs 1778 an das Publikum gehaltenen Rede über Physiognomik (1777) 549
Ossian fürs Frauenzimmer (1775) 306, 328, 352
Pandämonium Germanicum (1775, 1819) 339
Über die Soldatenehen (1776, 1914) 388, 400, 421, 444, 459f., 489
Übersicht des Russischen Reiches nach seiner gegenwärtigen neueingerichteten Verfassung neu aufgesetzt von Sergei Pleschtschejew. Aus dem Russischen übersetzt von J. M. R. Lenz (1787) 645
Verteidigung des Herrn W.** gegen die Wolken von dem Verfasser der Wolken (1776) 355, 376–380, 383f., 392, 395f., 401, 403, 412, 414, 417, 425, 443ff., 457, 459, 483f.
Zerbin oder die neuere Philosophie (1776) 358f., 364f., 396, 403

GEDICHTE

Ach bist du fort? Aus welchen güldnen Träumen (1772, 1838) 96f.
Ach Du um die die Blumen sich (1776, 1891) 192
Ach, ihr Wünsche junger Jahre (1776, 1828) 213
Ach meine Freundin tot? (1771, 1891) 85f.
Ach soll soviele Trefflichkeit (1776, 1828) 205
Als jüngst Amalie zu ihrem Prinzen reiste (1776, 1828) 189f.
Als Sr. Hochedelgebornen der Herr Professor Kant den 21sten August 1770 für die Professor-Würde disputierte (1770) 83f.
An – (1773/74, 1891) 106
An ** (1773/75, 1812) 109
An das Herz (1777) 105f.
An den Geist (1777, 1793) 226f.
An die Sonne (1775, 1864) 137

An ihrem Blicke nur zu hangen (1775, 1828)   169
An meinen Vater. Von einem Reisenden (1777)   185
An W – (1776, 1828)   170
Aretin am Pfahl gebunden mit zerfleischtem Rücken (1775/76, 1828)   184
Auf den Tod S. Erl. des Oberkammerherrn Senateur und Grafen Boris Petrowitsch Scheremetjeff (1788, 1891)   231 ff.
Auf des Grafen Peter Borissowitsch Scheremetjeff vorgeschlagene Monument (1780/81, 1891)   230 f.
Auf die Musik zu Erwin und Elmire, von Ihrer Durchlaucht, der verwittibten Herzogin zu Weimar und Eisenach gesetzt (1776)   188 f.
Auf ein Papillote (1773/75, 1869)   107 ff.
Auf eine Quelle worin F. W. sich gewöhnlich baden soll (1775, 1828)   168
Auf einen einsamen Spaziergang der durchlauchtigsten Herzogin Louise unter Bäumen nach dem tödlichen Hintritt der Großfürstin von Rußland (1776, 1891)   187
Aufopfern dich, du himmlischer Gewinn (1774, 1828)   113
Aufschrift eines Palastes (1775, 1828)   181 f.
Aus einem Neujahrswunsch aus dem Stegereif. Aufs Jahr 1776 (1776)   172 ff.
Ausfluß des Herzens. Eine esoterische Ode (1793)   92 f.
Aus ihren Augen lacht die Freude (1775, 1828)   170
Bebe, beb' ihr auf zu Füßen (1776, 1828)   95
Da steck ich endlich nun, halb welsch h[alb Waregar] (1776, 1909)   193 f.
Das Vertrauen auf Gott (1764/67, 1812)   20 f.
Der verlorne Augenblick / Die verlorne Seligkeit (1775/76, 1828)   139 ff.
Der Versöhnungstod Jesu Christi (1766)   8 ff.
Der Wasserzoll. Denkmal der Freundschaft (1775)   122
Die Auferstehung. Eine Cantate (1776)   86 ff., 399
Die Demut (1779)   88 ff.
Die Erschaffung der Welt. Ein Traum in den Schweizergebirgen (1777, 1828)   217 ff.
Die erste Frühlingspromenade (1776)   106 f.
Die erwachende Vernunft (1776, 1828)   171
Die Geschichte auf der Aar (1778)   209 ff.
Die Landplagen (1769)   32 ff., 252
Die Liebe auf dem Lande (1772–1776, 1798)   97 ff.
Die Todeswunde tief in meiner Brust (1775, 1828)   170 f.
Dir, Himmel, wächst er kühn entgegen (1772, 1891)   101
Eduard Allwills erstes geistliches Lied (1776, 1828)   93 ff.

Eloge de feu Monsieur **nd (1775)   162 ff., 330
Empfindungen eines jungen Russen der in der Fremde erzogen seine allerhöchste Landesherrschaft wieder erblickte (1780/81, 1891)   227 ff., 622
Epistel eines Einsiedlers an Wieland (1776)   194 ff., 484 f., 508, 524
Erwach ich zum Gefühl, stößt die beklemmte Brust (1777, 1828)   214
Fragment eines Gedichts über das Begräbnis Christi (1769)   21 ff.
Freundin aus der Wolke (1775)   100
Fühl alle Lust fühl alle Pein (1774, 1901)   114, 305
Geduld und unerschrockner Mut (1778)   111 f.
Gemälde eines Erschlagenen (1769)   30 f.
Gibst mir ein, ich soll dich bitten (1774, 1901)   114 f.
Herr Schnuppen ein sauböser Gast (1776, 1828)   190 f.
Hochzeitscarmen für einen abtrünnigen Musensohn (1773/75, 1896)   117 ff.
Hymne (1780)   215 ff.
Ich komme nicht dir vorzuklagen (1776, 1882)   113
Ich suche sie umsonst die heilige Stelle (1775/76, 1828)   122 f.
Ich will, ich will den nagenden Beschwerden (1775, 1828)   169
Impromptü auf dem Parterre (1775, 1828)   109 f.
In einem Gärtchen am Contade (1778)   104 f., 414
Lenz an Lavater bei der Lesung der Physiognomik (1776, 1857)   137
Leopold Wagner / Verfasser des Schauspiels von neun Monaten / im Walfischbauch. Eine Matinee (1776, 1828)   208 f.
Liebe! sollte deine Pein (1774, 1828)   114
Lied zum teutschen Tanz (1776, 1891)   191
Matz Höcker (1776)   143 ff., 338, 354, 357 f., 365, 391, 396
Menalk und Mopsus. Eine Ekloge nach der fünften Ekloge Virgils (1775)   152 ff., 330
Mit schönen Steinen ausgeschmückt (1776, 1828)   186
Nachtschwärmerei (1775, 1869)   119 ff.
Neujahrs Wunsch an meine hochzuehrende Eltern (1763, 1918)   7 f.
Petrarch. Ein Gedicht aus seinen Liedern gezogen (1776)   124 ff., 328, 357, 371, 380, 391 f., 394, 415, 485
Piramus und Thisbe (1772, 1855)   101 ff., 274
Placet (1776, 1966)   187
Pygmalion (1777, 1918)   212
Schauervolle und süß tönende Abschiedsode bestehend aus einem Allegro, einer Andante und einem Presto von einem devtschen Dichter (1776, 1891)   176 ff.
Schinznacher Impromptüs (1777)   212

Schreiben Tankreds an Reinald, den Rittern, die ihn ins Lager vor Jerusalem herabholeten, mitgegeben (1769)   26 ff.
Shakespears Geist. Ein Monologe (1776, 1828)   206 f.
So kurz das Leben ist so sehr mein Herz erschrickt (1777, 1828)   209
So soll ich dich verlassen, liebes Zimmer (1776, 1828)   205 f.
Süße Schmerzen meiner Seele (1775, 1828)   171
Tantalus. Ein Dramolet, auf dem Olymp (1776, 1798)   198 ff.
Tötendes Leben (1776, 1884)   95
Trost (1776, 1891)   182 f.
Über die deutsche Dichtkunst (1774/75, 1828)   115 ff.
Über die Stelle einer Vorrede: Sed vicit latini sermonis virtus, ac dubitationem omnem sustulit honestatis ratio (1775, 1913)   161
Urania (1775, 1869)   138
Verzeih den Kranz, den eines Wilden Hand (1776, 1828)   193
Von dir entfernt, dir immer nah (1776)   110 f.
Von Gram und Taumel fortgerissen (1776, 1828)   192
Was ist Satire? An Herrn Kaufmann, Gelehrten und Geistlichen zu Moskau (nach 1781, 1828)   234 ff.
Wie freundlich trägst du mich auf deinem grünen Rücken (1775, 1828)   122
Wie mach' ich es? wo heb ich Berge aus (1775, 1828)   169
Willkommen, kleine Bürgerin (1777, 1844)   213, 561
Wo bist du itzt, mein unvergeßlich Mädchen (1772, 1837)   95 f.
Yarrows Ufer. Schottische Ballade (1775, 1891)   171 f., 472
Zur Hochzeit zweier Täubgen (1777/78, 1828)   225 f.

2. PERSONEN UND IHRE WERKE

Im Text nicht namentlich erwähnte Personen oder Werke sind im Register enthalten, wenn sie sicher identifiziert werden konnten, jedoch keine Gestalten aus der Mythologie und Dichtung. Zeitübliche Schreibweisen der Personennamen, soweit sie in unseren Texten vorkommen, stehen in Klammern. *Briefempfänger* und *-schreiber* mit * markiert.

AGRIPPA VON NETTESHEIM, Cornelius Heinrich (1486–1535), deutscher Arzt und Philosoph   153
  De occulta philosophia libri tres (1533)   153
ALBEDYLL, Frau Obristin von, Pächterin eines russischen Krongutes bei Dorpat, Freundin des Lenzschen Elternhauses   247 f., 251, 339, 584 f., 594, 596, 622, 647, 669 ff., 682

REGISTER

*ALBEDYLL, Julie von, Tochter der Obristin, mit Herrn von Prattje verlobt 339, 621f., 647, 667–670, 681f.

ALBERT oder ALBRECHT, in Pleskau 674

ALEMBERT, Jean Baptiste le Rond d' (1717-1783), französischer Philosoph und Mathematiker 522

ALEXANDER DER GROSSE (356–323 v. u. Z.), König von Makedonien seit 336, Eroberer Persiens, Ägyptens und von Teilen Indiens; Begründer der Epoche des Hellenismus 149, 174, 229, 266

ANDREE, russischer Offizier, Lenzens Vetter 670

*ANHALT, Friedrich Graf von, Sohn des Erbprinzen Wilhelm Gustav von Anhalt, General; seit 1784 in russischen Diensten, Generalgouverneur von Moskau und Generalinspektor der Erziehungsanstalten Rußlands 634, 637, 645, 652, 654–660

*ANNA AMALIA (1739–1807), Tochter Karls I. von Braunschweig, Mutter Karl Augusts von Sachsen-Weimar-Eisenach; Regentin von 1759 bis 1775 188ff., 375, 394, 439, 457, 463, 467, 472, 479, 492, 505, 507f., 521, 526

APPEL, Professor in Lausanne 428

ARETINO, Pietro (1492–1556), italienischer Dichter; in Rom und seit 1527 in Venedig lebend, bekannt durch seine erotischen Schilderungen und satirischen Schriften 184

ARIOSTO, Lodovico (1474–1533), italienischer Epen- und Komödiendichter 115

L'Orlando furioso (1516/1532; dt. Die Historia vom rasenden Roland, 1636) 256

ARISTARCH VON SAMOTHRAKE (217–145 v. u. Z.), alexandrinischer Gelehrter, Prinzenerzieher am Hof der Ptolemäer, Leiter der Bibliothek von Alexandria; bekannt für seine Homerausgaben und -erläuterungen 233

ARISTOPHANES (um 445–387 v. u. Z.), griechischer Komödiendichter 333, 343, 354, 379, 383

Wolken (423 v. u. Z.) 332, 343

ARMAND, französischer Schriftsteller 474

Melanide 474

ARTOIS, Charles-Philippe de Bourbon Comte d' (1757–1836), jüngster Bruder Ludwigs XVI.; als Karl X. von 1824 bis 1830 König von Frankreich 451

ASTRUC, Jean (1684–1766), französischer Mediziner, Leibarzt Ludwigs XV., Mitbegründer der Pentateuchkritik 161

AUGUSTINUS, Aurelius (354–430), Kirchenlehrer, seit 396 Bischof von Hippo Regius bei Karthago, römisch-katholischer Heiliger 158

BACMEISTER, Hartwig Ludwig Christian (1730–1806), aus Göttingen gebürtig, seit 1766 in Petersburg; Schriftsteller, Historiker   646f., 665, 682
  Nachricht von den ehemaligen Universitäten von Dorpat und Pernau (1764)   647, 682
BALAY (Baley, Baly), Straßburger Maler   411, 427, 475
BARANOW, livländische Familie   252
BASEDOW, Johann Bernhard (1724–1790), Pädagoge; gründete 1774 das Philanthropinum in Dessau   487f., 634
  Das Elementarwerk, ein geordneter Vorrat aller nötigen Erkenntnis zum Unterricht der Jugend, vom Anfang bis ins akademische Alter, zur Belehrung der Eltern, Schullehrer und Hofmeister, zum Nutzen eines jeden Lehrers die Erkenntnis zu vervollkommen. In Verbindung mit einer Sammlung von Kupferstichen und mit französischer und lateinischer Übersetzung dieses Werkes (4 Bde., 1774)   634f.
BAUER, Buchhändler in Straßburg   403, 452
BAUER, russischer General   628f.
BAUMANN, Student aus Livland   260
BAUSE, Theodor (1752–1812), Pädagoge; ab 1773 Lehrer an der Petersburger Petrischule, seit 1782 Professor an der Moskauer Universität   599f., 667
BAVIÈRE, General de   505
BAWIER, in Chur   562
BEAUMARCHAIS, Pierre-Augustin Caron de (1732–1799), französischer Schriftsteller und Dramatiker
  Le Barbier de Séville (Der Barbier von Sevilla, 1775)   439
BEAUSOBRE, Demoiselle, in Petersburg   645
BECCARIA-BONESANA, Cesare Marchese de (1738–1794), italienischer Rechtsgelehrter und -philosoph   659
  Il Caffè   659
BEHAGEL, in Dorpat   606, 646
*BEHRENS, George, Kaufmann in Riga   584, 615
BEKLENISCHEW, russischer General   678
BELOSELSKY, Fürst und Kammerherr in Moskau   653
BENCKENDORF, Oberst von   629
BERG, Assessor in Livland   581
BERG, General von Riga   586, 617, 646
BERG, Major in Petersburg, Sohn des Generals   646
BERGMANN, Gustav (1749–1814), Pfarrer in Livland   672
BERGWITZ, in Moskau   666
BERNHARD (1604–1639), Herzog von Sachsen-Weimar, Feldherr im Drei-

ßigjährigen Krieg; verbündete sich als einer der ersten protestantischen Fürsten Deutschlands mit Gustav Adolf von Schweden 517, 519

BERTUCH, Friederike Elisabeth Karoline, geb. Slevoigt (1750–1810), Ehefrau Friedrich Johann Justin Bertuchs 600

*BERTUCH, Friedrich Johann Justin (1747–1822), Jurist, Schriftsteller und Verleger; Geheimsekretär des Herzogs Karl August von Sachsen-Weimar-Eisenach 472, 518, 599 ff.

Elfride (1773) 600

BESBORODKO, Alexander Andrejewitsch Fürst (1747–1799), seit 1775 Sekretär und Vertrauter der Zarin Katharina II., ab 1784 Leiter des Kollegiums für Auswärtige Angelegenheiten, seit 1797 Kanzler des Russischen Reiches 652, 654

BETZKOI, Geheimer Rat, Direktor der Petersburger Kadettenanstalt 581, 603

BIBER, Buchhändler in Moskau 660, 667

BIRCH, Freiherr von, in Straßburg 483

BISMARK, Karl Alexander von 360

BITAUBÉ, Paul Jeremias, Mitglied der Königlich Preußischen Akademie der Wissenschaften zu Berlin 641

Joseph en IX chants (1767) 641

BLESSIG, Johann Lorenz (1747–1816), Magister am Straßburger Gymnasium, seit 1786 Professor der Philosophie an der dortigen Universität; gefeierter Kanzelredner, Mitglied der Deutschen Gesellschaft 359, 364, 376, 378, 451, 491, 521 f.

BLESTSCHEJEWEF siehe Pleschtschejew

BODE, Johann Joachim Christoph (1730–1793), Buchhändler, Schriftsteller und Übersetzer in Hamburg und Weimar 448, 457, 506

BODMER, Johann Jakob (1698–1783), Schweizer Schriftsteller und Kritiker, Gymnasialprofessor der helvetischen Geschichte in Zürich 604

BÖHM, Major in russischen Diensten 592

BÖHMER, Vizepräsident von, in Petersburg 628

BOHLSCHWING, aus Kurland in Straßburg 675

*BOIE (Boje, Boye), Heinrich Christian (1744–1806), Dichter, Herausgeber, Förderer poetischer Talente; Schwager von Johann Heinrich Voß; 1764 Jurastudium in Jena, ab 1769 in Göttingen Hofmeister, Mitbegründer des Göttinger Hains; 1776 Stabssekretär beim Hannoveraner Heer, ab 1781 Justizrat und Landvogt von Süderdithmarschen, seit 1790 Etatsrat; Herausgeber des ›Göttinger Musenalmanachs‹ (1771–1775), des ›Deutschen Museums‹ (1776–1788) und des ›Neuen Deutschen Museums‹ (1789–1791) 338, 343 f., 354 f., 358 f., 364 f.,

376–381, 383 ff., 395 f., 401 ff., 407, 412–415, 421, 425 f., 432 f., 443–448, 457 ff., 465, 474, 484 f., 489 ff., 501 f., 515, 523 f., 527, 529 f., 559 f., 597 ff., 664

Deutsches Museum (Hg. 1776–1788)   338, 357, 364 f., 380 f., 396, 403, 414, 425, 433, 443 f., 453, 457, 459, 469, 485, 515, 524, 527, 529 f., 552 f., 559, 598, 664

BOILEAU-DESPRÉAUX, Nicolas (1636–1711), französischer Schriftsteller, seit 1677 königlicher Historiograph   153

BOK, livländische Familie, die Lenzens Studium in Königsberg finanziell unterstützte   252, 646

BONNET, Charles de (1720–1793), schweizerischer Naturwissenschaftler; leitete alle Vorstellungen von den Sinnesempfindungen ab   647

BRANDT VON FETENHOF, livländische Familie   251

BRAUER, Kaufmann in Petersburg   585, 593 f., 654

BRAUN siehe Browne

BREITINGER, Johann Jakob (1701–1776), Schweizer Theologe, Ästhetiker und Kritiker, Gymnasialprofessor in Zürich; mit Johann Jakob Bodmer Herausgeber der ästhetisch-philosophischen Zeitschrift ›Discourse der Mahlern‹   572, 604

BREITKOPF, Bernhard Theodor (1749–1820), Musiker, Buchhändler und Buchdrucker in Petersburg; russischer Staatsrat   638

BREYER, russischer Leutnant; Verwandter der Lenzschen Familie   584

*BRION, Christian (1763–1817), Bruder Friederike Brions; Student der Theologie in Straßburg, 1786 Pfarradjunkt in Sesenheim, ab 1787 Pfarrer in Rothau, seit 1801 in Gries und 1808 in Niederbronn   588–592

*BRION, Friederike Elisabetha (1752–1813), Tochter des Pfarrers Johann Jakob Brion in Sesenheim; Freundin Goethes, von Lenz verehrt; blieb unverheiratet, führte ihrem Bruder Christian den Haushalt, lebte ab 1801 bei ihrer Schwester Salomea und starb zu Meißenheim   95–100, 253 f., 256, 259, 262, 266, 268, 292, 296, 351, 463, 470, 586–589

BRION, Jakobea Sophie (1756–1838), Schwester Friederike Brions; blieb unverheiratet, lebte ab 1788 bei ihrem Bruder Christian   253 f., 262, 268, 588

BRION, Johann Jakob (1717–1787), Vater Friederike Brions, Pfarrer in Sesenheim   254, 256, 266, 268, 588, 590

BRION, Magdalena Salomea, geb. Schöll (1724–1786), seit 1743 mit dem Pfarrer Johann Jakob Brion verheiratet; Mutter Friederike Brions   254, 262, 588

BRION, Maria Salomea (geb. 1749), Schwester Friederike Brions; seit 1782 mit dem Pfarrer Gottfried Marx in Diersburg verheiratet, ab 1805 in Meißenheim   253 f., 262, 268, 588

* BROUWER, Lawrence, Kaufmann in Petersburg   630, 645–652
BROWNE, Graf, Generalgouverneur in Livland   581ff., 604, 617f.
* BRUNNER, Salomon (gest. 1806), Pastor in Moskau   633f., 649, 668–671, 675
BRUTUS, Lucius Junius (6.Jh. v.u.Z.), Begründer der römischen Republik und 509 v.u.Z. deren erster Konsul   291, 299
BRYDONE, Patrick (um 1741–1818), englischer Schriftsteller   548
BUCHHOLZ, Wilhelm Heinrich Sebastian (1734–1798), Hofarzt und Hofapotheker in Weimar   479
BÜRGER, Gottfried August (1747–1794), Dichter; von 1772 bis 1784 Amtmann, seit 1789 Professor für Ästhetik in Göttingen   414, 515, 527, 598
  Ilias (1776)   414, 515
  Lenardo und Blandine (1776)   444
BÜSCHING, Anton Friedrich (1724–1793), Geograph; lebte bis 1765 in Petersburg, danach war er in Berlin tätig   472, 684
* BURNER, Karl Iwanowitsch, Pfarrer und Pädagoge an der Bezkischen Lehranstalt in Moskau   666f.

CÄSAR, Gajus Julius (100–44 v. u. Z.), römischer Staatsmann   255, 473
CÄSTNER siehe Kästner
CANSTEIN, Karl Hildebrand Freiherr von (1667–1719), Mitbegründer der Cansteinschen Bibelanstalt in Halle (1710)   659
CHERASKOW, Michail Matwejewitsch (1733–1807), russischer Dichter, Kurator an der Moskauer Universität   636, 644, 654
  Russiade (1779)   645, 654f., 663f.
CHRISTINE (1626–1689), Königin von Schweden 1632 bis 1654; Tochter Gustav Adolfs; trat 1655 zum Katholizismus über und lebte in Rom   613
CHRYSOSTOMUS, Johannes (um 344–407), Kirchenvater, von 398 bis 403 Patriarch von Konstantinopel, Heiliger der griechisch-orthodoxen und der römisch-katholischen Kirche   158
* CLAUDES, Legationsrat, Mitglied der Moskauer literarischen Gesellschaft   598, 637ff.
CLAUDIUS, Matthias (1740–1815), Dichter; von 1770 bis 1775 Herausgeber des ›Wandsbecker Boten‹   365, 398, 414, 426
CLOTH, livländische Familie   252
COLONNA, Giovanni, aus altem römischem Adelsgeschlecht stammend, Kardinal, seit 1330 Dienstherr Francesco Petrarcas   124
CRAMER, Wilhelm (1744–1799), Geigenvirtuose   374

CRÉBILLON, Claude-Prosper Jolyot de (1707–1777), französischer Romanschriftsteller 472

DANTE ALIGHIERI (1265–1321), italienischer Dichter 115
DASCHKOWA, Jekaterina Romanowa Fürstin, geb. Gräfin Woronzowa (1743–1810), Teilnehmer an der Verschwörung 1762 gegen Zar Peter III.; erste Präsidentin der Russischen Akademie der Wissenschaften von 1783 bis 1796, Vertraute Katharinas II. 634, 638, 681
DAVID (1011–972 v. u. Z.), König von Juda und Israel 8, 471
DEMIDOW, Geheimrat von, in Moskau 647
DEMOSTHENES (384–322 v. u. Z.), athenischer Redner und Staatsmann 453, 463
DESPRÉAUX siehe Boileau-Despréaux
DEUTSCHES MUSEUM siehe bei Boie, Heinrich Christian
DIDEROT, Denis (1713–1784), französischer Schriftsteller und Philosoph; mit d'Alembert Herausgeber der ›Encyclopédie ou Dictionnaire raisonné des sciences, des arts et des métiers‹ (1751–1772, 28 Bde.) 522
DIETZ, Baron von, Kommandant von Pleskau 674
DILTHEY, Philipp Heinrich (gest. 1781), Professor der Rechte in Moskau 662
*DINGELSTEDT, Christian Adolf Ludwig (1741–1791), Oberpastor in Riga, Konsistorialrat 640–644, 648
DIODORUS SICULUS (um 80 – um 29 v. u. Z.), griechischer Geschichtsschreiber 367
DIOGENES VON SINOPE (um 412 – um 323 v. u. Z.), griechischer Philosoph 394
DOHM, Christian Konrad Wilhelm von (1751–1820), Historiker, preußischer Diplomat, Schriftsteller; von 1776 bis 1778 Mitherausgeber der Zeitschrift ›Deutsches Museum‹ 527
DOMASCHNEW 622
DONATUS, Aelius (4. Jh.), Grammatiker und Rhetor, in Rom lehrend; seine Grammatik der lateinischen Sprache in zwei Teilen, der ›Donat‹, wurde im Mittelalter zur Grundlage des Lateinunterrichts 181

EDELMANN, Johann Friedrich (1749–1794), Komponist 505, 521
EDELSHEIM, Georg Ludwig Freiherr von (1740–1814), badischer Diplomat, Regierungsrat 457, 460
EDUARD III. (1312–1377), seit 1327 König von England; unter seiner Regierung nahm der politische Einfluß des Parlamentes zu 405

EHRMANN, Johann (1749–1827), Arzt und Satiriker   563, 602

EHRMANN, Johann (geb. 1751 in Straßburg), Freund Christoph Kaufmanns, Mitglied der Deutschen Gesellschaft; seit 1786 Vikar am Straßburger Gymnasium   463, 468

*EINSIEDEL, Friedrich Hildebrand von (1750–1828), Schriftsteller und Übersetzer, Freund Goethes; Kammerherr der Herzogin Anna Amalia in Weimar   474, 477, 517

EISEN VON SCHWARZENBERG, Johann Georg (1717–1779), Theologe, Landwirt und Schriftsteller; bis 1775 Pastor in Oberpahlen bei Dorpat, danach Gutsinspektor in der Nähe Moskaus   673

Die Kunst, alle Küchenkräuter und Wurzeln zu trocknen und in Kartuse zu verpacken, um dadurch ein neues Nahrungsmittel anzuzeigen (1772)   673

EKHOF (Eckhoff), Hans Konrad Dietrich (1720–1778), Schauspieler; seit 1774 Direktor des Hoftheaters in Gotha   362, 430, 432, 466

D'ENBRAD, in Moskau   671

ENGELHARDT, Assessor von, Besitzer des Gutes Ohlershof bei Dorpat   625, 629, 639, 675 f.

EON, Charles d', Chevalier de Beaumont (1728–1810), geheimer Korrespondent Ludwig XV.   472

EPHRAIM (Pseudonym Flies), Sohn des jüdischen Bankiers Moses Isaac in Berlin   333, 350, 354, 360 f., 371, 450, 452, 505, 522

ERXLEBEN, Heinrich Andreas (1748–1809), Student der Theologie in Leipzig, seit 1779 Pfarrer in Ringen bei Dorpat   624

ESCHER, Heinrich (1713–1777), Staatsmann in Zürich   544, 547

EULER, Leonhard (1707–1783), Schweizer Mathematiker und Astronom; seit 1730 Professor in Petersburg, ab 1741 in Berlin und seit 1766 erneut in Petersburg   601

EURIPIDES (484/483–406 v. u. Z.), griechischer Tragödiendichter   363, 371

EXTER, Madame, Schwägerin Gerhard Friedrich Müllers; Leiterin einer Moskauer Erziehungsanstalt, an der Lenz vorübergehend tätig war   633, 635, 667

FENOUILLOT DE FALBAIRE DE QUINGEY, Charles-Georges (1727–1800), französischer Dichter

L'honnête Criminel (1767, Der ehrenwerte Verbrecher)   612

FIBICH, Johann Philipp, Goldschmiedemeister und Ratsherr in Straßburg, Vater von Susanne Cleophe Fibich   429

FIBICH, Susanne Cleophe (1754–1820), Braut Friedrich Georg von Kleists, von Lenz verehrt   112, 416

FIELDING, Henry (1707–1754), englischer Dramatiker und Romanschriftsteller   256
  Tom Jones, the History of a Foundling (1749; dt. Historie des menschlichen Herzens, 1749/50)   262, 266, 292
*FIRNHABER, in Moskau   667
FLIES (Fries) *siehe* Ephraim
FRANK, Pastor in Dorpat   582
FRÄNKEL, Kaspar, Patenkind Johann Kaspar Lavaters, Student der Medizin in Straßburg; von 1783 bis 1795 Arzt in Moskau   340
FRANKLIN, Benjamin (1706–1790), nordamerikanischer Staatsmann, Naturwissenschaftler und Schriftsteller; von 1776 bis 1783 Gesandter der USA in Paris   459
FRIEDRICH II., der Große (1712–1786), König von Preußen seit 1740   227, 472, 603
FRIEDRICH FERDINAND KONSTANTIN (1758–1793), Prinz von Sachsen-Weimar-Eisenach, Bruder des Herzogs Karl August   189, 394
FROHLANDT, Student aus Livland   260, 262
*FÜSSLI (Füeßli), Johann Heinrich (1745–1832), Kunsthistoriker, seit 1775 Professor der Geschichte in Zürich   530 f., 533–540, 546, 558, 560, 566, 601, 604, 661

*GADEBUSCH, Friedrich Konrad (1719–1788), livländischer Historiker und Jurist, seit 1766 Syndikus, später Bürgermeister von Dorpat   243, 621, 623–628, 652
  Livländische Annalen   621, 652
GAGARIN, Fürst, in Moskau   635
GALLITZIN, Adelheid Amalia Fürstin, geb. Gräfin von Schmettau (1748–1806), Frau des Fürsten Dmitrij Alexejewitsch Gallitzin   604
GALLITZIN, Fürst Dmitrij Alexejewitsch (1736–1803), russischer Gesandter im Haag; später Privatgelehrter und Mitglied der Mineralogischen Gesellschaft in Jena   231, 604, 682
GARRICK, David (1717–1779), englischer Schauspieler, Theaterleiter und Bühnendichter; entdeckte Shakespeares Werke neu für die englische Aufklärung, bedeutendster realistischer Darsteller des 18. Jh.; von 1747 bis 1776 Direktor des Londoner Drury Lane Theatre   206
GARVE, Christian (1742–1798), Popularphilosoph in Breslau   164
GASSNER, Johann Joseph (1727–1779), Jesuitenpater, Exorzist; seit 1775 Hofkaplan in Regensburg   166
GAUDI, Friedrich Wilhelm von, Militärschriftsteller
  Versuch einer Anweisung für Officiers von der Infanterie, Feldschanzen anzulegen (1767)   372

GAUDOT, Jurist in Kassel   409f.

GEISSLER, Historiker   491

GELLERT, Christian Fürchtegott (1715–1769), Dichter; seit 1745 Professor der Poesie, Beredsamkeit und Moral in Leipzig   565
   Geistliche Oden und Lieder (1757)   565

GEORGI, Johann Gottlieb (1738–1802), russischer Naturforscher   592

GERHARDI, Jurist, Hofrat in Hessen-Darmstadt   317

GERSTENBERG, Heinrich Wilhelm von (1737–1823), Dichter, Kritiker, Jurist; 1775 dänischer Resident und Konsul in Lübeck, 1785 Justizdirektor des Königlichen Lottos in Altona; Freund Klopstocks, Vorläufer der Sturm-und-Drang-Dichtung   365

GERZINSKY (gest. 1801), Pastor in Moskau, Lenz' Beichtvater   633f., 648

GESSNER, Salomon (1730–1788), Schweizer Dichter, Maler und Radierer, Meister der idyllischen Schäferpoesie; Buchhändler, Mitglied des Großen Rates in Zürich   544, 548f., 557, 560

GHOLIZIN *siehe* Gallitzin, Dmitrij Alexejewitsch

GIRARD, Abbé (1677–1748), französischer Grammatiker   472

GLEICHEN, Graf von, Kreuzritter aus Thüringen, im Erfurter Dom beigesetzt   477

GLUCK, Christoph Willibald Ritter von (1714–1787), Komponist, Reformator der späten Barockoper; seit 1750 in Wien, von 1754 bis 1764 Kapellmeister der Hofoper   446, 525

*GÖCHHAUSEN, Luise von (1752–1807), Hofdame der Herzogin Anna Amalia in Weimar   493

GOETHES ELTERN   420, 430

GOETHE, Johann Kaspar (1710–1782), Jurist, Kaiserlicher Rat in Frankfurt a. M., Goethes Vater   383, 423

*GOETHE, Johann Wolfgang (1749–1832)   100, 114, 121, 152, 193, 197, 254, 300, 303, 306f., 309, 313, 315, 318f., 321ff., 330ff., 335f., 351f., 356, 362, 364, 368f., 373, 375f., 381, 392f., 396-399, 406f., 409, 411, 413f., 417, 421f., 425ff., 429-433, 440ff., 445ff., 451, 454f., 458-462, 465, 467-470, 472-475, 477-481, 484, 487, 491f., 494-499, 501, 503f., 506f., 509, 512, 514-518, 522f., 526, 544f., 579, 588, 600, 610, 639, 665, 680, 683
   Anekdoten zu den Freuden des jungen Werthers (1776/1862)   425
   Claudine von Villa Bella (1776)   451, 497
   Clavigo (1774)   302f.
   Die Geschwister (1776)   512
   Die Leiden des jungen Werthers (1774)   303, 307f., 318, 394, 403, 431, 498, 600
   Die Mitschuldigen (1767, 1787)   518

Egmont (1775/76) 373
Erwin und Elmire (1775) 188, 352, 457, 512
Götter, Helden und Wieland (1774) 343, 375, 479
Götz von Berlichingen (1773) 303, 306, 509
Schriften (1787–1790, 8 Bde.) 639
Stella (1776) 381, 396, 409, 443, 477, 497
Urfaust (1773, 1887) 398, 451, 491

GOETHE, Katharina Elisabeth, geb. Textor (1731–1808), Goethes Mutter 410, 422, 499

GOEZE (Götze), Johannes Melchior (1717–1786), lutherischer Theologe, seit 1755 Hauptpastor in Hamburg 433

GOLDSMITH, Oliver (um 1730–1774), englischer Romanschriftsteller
The Vicar of Wakefield (1766; dt. Der Landprediger von Wakefield, 1776) 266

GORZIMSKY *siehe* Gerzinsky

GOSWYL, Jungfer 565

*GOTTER, Friedrich Wilhelm (1746–1797), Sekretär der sachsen-gothaischen Gesandtschaft in Wetzlar, Dichter des Göttinger Hains, Tischgenosse Goethes; Archivar und Theaterschriftsteller in Gotha 306 f., 309, 316 ff., 342, 347 f., 355 ff., 362 f., 367 ff., 380, 439, 448
Jahrmarkt (1778) 363
Mariane (1776) 363

GOTTSCHED, Johann Christoph (1700–1766), Schriftsteller und Ästhetiker, seit 1730 Professor der Logik und Metaphysik in Leipzig 520

GOUÉ, August Siegfried von (1742–1789), braunschweigischer Legationssekretär in Wetzlar, Schriftsteller
Masuren oder der junge Werther. Ein Trauerspiel aus dem Illyrischen (1775) 335

GRASS, Majorin 251

GREWEN, Fähnrich in Hannover, Freund Heinrich Julius von Lindaus 385, 405, 409, 562

GROTHUSEN, Baron von 261

GÜLDENSTEDT, Johann Anton (1745–1781), Naturforscher, Professor in Petersburg 592, 597, 601 f., 610, 648

GUIBERT, Jacques Antoine Hippolyte (1743–1790), französischer Militärtheoretiker 451, 472, 477

GUJER, Jakob (gest. 1785), genannt Kleinjogg, der ›philosophische Bauer‹ in der Schweiz 524 f.

HAASE, in Walk/Livland 629

HÄFELI (Häveli), Johann Kaspar (1754–1811), Pfarrer in Zürich, ab 1784

Dessauischer Hofprediger, seit 1793 Pfarrer in Bremen und von 1805 bis zu seinem Tode Anhalt-Bernburgischer Konsistorialrat und Oberprediger 463, 567

*HAFFNER, Isaak (1751–1831), Freund Goethes und Lenzens, Mitglied der Deutschen Gesellschaft in Straßburg; 1780 Pädagoge am St.-Wilhelms-Stift, seit 1788 Professor der Theologie an der Straßburger Universität 273, 306, 452, 520 ff.

HAGENBACH, Isaak, seit 1747 mit Jakob Sarasins Schwester Sara in Basel verheiratet 529, 559

HAGMEISTER, Assessor in Livland, vormaliger Verwalter des von der Obristin Albedyll gepachteten russischen Krongutes bei Dorpat 647

HALLER, Albrecht von (1708–1777), Anatom, Physiologe und Botaniker, von 1738 bis 1753 Prof. der Medizin in Göttingen; Lyriker und Verfasser politischer Romane; Mitglied des Großen Rates in Bern 559

HAMANN, Johann Georg (1730–1788), Philosoph und Schriftsteller, der ›Magus des Nordens‹; 1767 in Königsberg Zoll- und Akzisebeamter, seit 1777 Packhofverwalter 150

Kreuzzüge des Philologen (1762) 150

HAMBERGER, Frau Professor, in Göttingen 504

HAMILTON, Anthony Graf von (1646–1720), aus altem schottischem Adelsgeschlecht, nach dem Sturz Jakobs II. im Exil in Frankreich lebend 472

*HARTKNOCH, Johann Friedrich (1740–1789), Buchhändler in Riga, Freund Herders 578 f., 582 f., 600, 618 f., 623, 631, 635 f., 644 f., 649, 653, 661

HEHN, Johann Martin (1743–1794), Pädagoge, Philologe; Rektor der lateinischen Schule in Dorpat 665, 672

HEINECCIUS, Johann Gottlieb (1681–1741), Jurist, Professor in Halle
Johann Gottlieb Heineccii Antiquitatum Romanarum jurisprudentiam illustrantium Syntagma (1726) 266

HELWING (Helwig, Hellwieg), Christian Friedrich (1725–1800), Verleger in Lemgo 358, 364, 376, 384 f., 395 f., 401 f., 413 ff., 425, 433, 443 ff., 447, 457 ff., 465, 474

HENISCH, Student aus Livland 261

HENTSCHEL, in Livland 624

HEPP, in Straßburg 273

*HERDER, Johann Gottfried (1744–1803), Geschichts- und Religionsphilosoph, Schriftsteller; von 1764 bis 1769 Lehrer an der Domschule in Riga; von 1771 bis 1776 Konsistorialrat, Hauptprediger und Superintendent in Bückeburg; seit 1776 Hofprediger, Generalsuperintendent und Oberkonsistorialrat in Weimar, seit 1801 Präsident des

Oberkonsistoriums   323, 329, 332–335, 338 ff., 342 f., 345, 350–354, 359 f., 390 f., 396 f., 399 ff., 406, 408 f., 414–417, 420, 428, 440, 460 f., 464 f., 469, 480, 483, 501–505, 507 f., 517 ff. 522 f., 577–580, 600

Älteste Urkunde des Menschengeschlechts (1774/76)   350, 400, 409, 417, 440, 464, 469, 471, 483, 502, 516

Auch eine Philosophie der Geschichte zur Bildung der Menschheit (1774)   359

Fabeln (1776)   440, 464, 472

Johannes' Offenbarung, ein heiliges Gesicht (1779)   390 f., 399

Ursachen des gesunknen Geschmacks bei den verschiednen Völkern, da er geblühet (1775)   359

*HERDER, Maria Karoline, geb. Flachsland (1750–1809), Ehefrau Johann Gottfried Herders   322 f., 333 f., 342, 352, 354, 359 f., 399 f., 417, 440, 464, 480, 502, 507 f., 518, 523

HERODES ANTIPAS (4 v. u. Z. – 39), Sohn Herodes' des Großen, Tetrach von Galiläa und Peräa; ließ Johannes den Täufer köpfen   660

HERODOT (um 484–425 v. u. Z.), altgriechischer Geschichtsschreiber   367

HEROSTRATOS, steckte 356 v. u. Z. den Tempel der Artemis in Ephesos aus Ruhmsucht in Brand   162, 408

HESSE, Andreas Peter von (1728–1803), Geheimrat, seit 1780 Minister in Hessen-Darmstadt, Schwager von Herders Frau   340, 417

*HESSE, Friederike von, geb. Flachsland (um 1745–1801), Schwester Karoline Herders, Ehefrau des Geheimrats Andreas Peter von Hesse   322 f., 398, 415 f.

HESSE, Student aus Livland   260

HETZLER, Johann Michael Friedrich, Verleger in Frankfurt am Main   429

HIPPEL, Theodor Gottlieb von (1741–1796), Jurist, Schriftsteller; seit 1780 Bürgermeister von Königsberg, seit 1786 Stadtpräsident und Geheimer Kriegsrat   636

Lebensläufe nach aufsteigender Linie (1778–1781, 4 Bde.)   636

HIPPRICH, Student aus Livland   260

*HIRZEL, Johann Kaspar (1725–1803), Arzt und Politiker in Zürich   563 f., 604

HOBBES, Thomas (1588–1679), englischer Staatsmann und Philosoph
De cive (1642; Vom Bürger)   262 f.

HÖNN, Feldwebel im Regiment Anhalt   270

HOGARTH, William (1697–1764), englischer Maler und Kupferstecher; schuf moralisierende und mit beißender Satire erfüllte Bilderfolgen   177

HOHENTHAL, Freiherr von, Johann Georg Schlossers Freund aus Sachsen, Lenzens Reisebegleiter in die Schweiz 534–542, 546ff.

HOLBERG, Ludvig (1684–1754), dänischer Dichter
  Nicolai Klims unterirdische Reise (1741) 263, 553

HOLZSCHUH, Freiherr von 459

HOMER (etwa 9./8. Jh. v. u. Z.), altgriechischer Dichter 115, 117, 149 f., 152, 165, 234, 276, 353, 452, 472
  Odyssee 516

HOMPESCH, Baron von, kurpfälzischer Minister 428

HOMPESCH, Sohn des Barons 428

HORAZ, Quintus Horatius Flaccus (65–8 v. u. Z.), römischer Dichter 115, 234, 236, 253, 464
  Ad Pisones (Ars poetica, 13 v. u. Z.) 464

HUBER, Michael (1727–1804), Prof. der schönen Künste in Freiburg 338

HÜNE, russischer Major in Moskau 637, 663

HUGENBERGER, Student aus Livland 260

HUPEL, August Wilhelm (1737–1804), studierte Theologie in Jena, später Pfarrer in Livland; Geograph, Schriftsteller 664, 682

HUTHOFF siehe Uthof

IGELSTROHM, Kammerherr von, Landrat in Kurland 616 f.

IGELSTROHM, Major von, in russischen Diensten 584, 594 f.

IM THURM siehe Thurm

INGJALD ILLRADI (Ingiald Illräd, Mitte des 7. Jh.), schwedischer König in Uppsala, wegen seiner grausamen Herrschaft ›der Übeltäter‹ genannt 231

IRIS siehe bei Jacobi, Johann Georg

*ISELIN, Isaak (1728–1782), schweizerischer Aufklärungsphilosoph und Pädagoge, Ratsschreiber in Basel 442, 530, 540, 548ff., 557, 560, 565
  Ephemeriden der Menschheit (Hg.) 442

ISOKRATES (436–338 v. u. Z.), athenischer Redner 453

JACOBI, Friedrich Heinrich (1743–1819), Schriftsteller und Philosoph; von 1807 bis 1813 Präsident der Akademie der Wissenschaften in München, Freund Goethes 532

JACOBI, Johann Georg (1740–1814), Dichter, Professor der schönen Wissenschaften in Freiburg/Breisgau
  Iris (Hg. 1774–1776) 314, 328, 352, 452, 469

JANOTZKY, Johann Daniel Andreas (1720–1786), polnischer Geschichtsschreiber 621

JESUS CHRISTUS 7–19, 21–26, 81, 86, 91 f., 282–286, 294 f., 297, 301 f., 325, 369, 488, 659

Johannes (um 1 – um 65), Apostel   12, 301, 567
Joseph II. von Habsburg (1741–1790), Sohn Maria Theresias; 1764 römischer König, 1765 Mitregent seiner Mutter, seit 1780 Kaiser des Heiligen Römischen Reiches Deutscher Nation   522, 543 f., 558, 618 f.
Jung, Johann Heinrich (1740–1817), genannt Jung-Stilling; Augenarzt, Schriftsteller, Tischgenosse Goethes in Straßburg   144, 495
  Die Schleuder eines Hirtenknaben gegen den hohnsprechenden Philister den Verfasser des Sebaldus Nothanker (1775)   144
  Heinrich Stillings Jugend, Jünglingsjahre, Wanderschaft (1777/78)   495
Junius Brutus *siehe* Brutus
Justinianus I. (482–565), seit 527 Kaiser des Byzantinischen Reiches; schuf ein einheitliches Rechtssystem   626
  Codex Justinianus (529, Corpus iuris civilis)   626

Kästner, Abraham Gotthelf (1719–1800), Naturwissenschaftler und Schriftsteller; ab 1739 in Leipzig und seit 1756 in Göttingen Professor der Mathematik und der Physik; verfaßte witzige Sinngedichte über literarische Tagesereignisse und übte Kritik an gesellschaftlichen Mißständen   503
*Kalb, Johann August Alexander von (1747–1814), Landkammerrat, von 1776 bis 1782 Kammerpräsident in Weimar   468, 473, 492, 503, 516, 518
Kalb, Vater des Vorigen   492
Kallias (5. Jh. v. u. Z.), Freund des Sokrates   143
Kamm, Straßburger Maler und Dichter in der zweiten Hälfte des 18. Jh.   143
  Galimathisches Allerlei oder Stadt-, Land- und Waldgedicht in neun Gesängen von einem Liebhaber der Dichtkunst zu seinem Zeitvertreib verfertiget (1774)   154, 156, 158 f.
Kant, Immanuel (1724–1804), Philosoph, seit 1770 Professor der Logik und der Metaphysik in Königsberg, 1786 und 1788 Rektor   83 f.
Karamsin, Nikolai Michailowitsch (1766–1826), russischer Schriftsteller und Historiker; machte sich um die Gestaltung einer rein russischen Schriftsprache verdient; Freund Lenzens in Moskau   665, 680
*Karl August (1757–1828), Sohn des Herzogs Ernst August Konstantin (1737–1758) und der Herzogin Anna Amalia, von Wieland erzogen; verheiratet mit Luise Auguste von Hessen-Darmstadt; 1775 Herzog und seit 1815 Großherzog von Sachsen-Weimar-Eisenach; berief 1774 Goethe nach Weimar, förderte die Wissenschaften und die Künste; kämpfte als preußischer General gegen Napoleon und nahm an den

Befreiungskriegen 1814/15 in russischen Diensten teil; gab seinem Land 1816 eine Verfassung 187, 308f., 316, 375, 394, 398f., 408, 414, 422f., 427, 430, 433, 455f., 460f., 463f., 467f., 472f., 476, 478, 501, 503f., 513, 517, 522, 600

KARL FRIEDRICH (1728–1811), 1746 Markgraf, seit 1803 Kurfürst und seit 1806 Großherzog von Baden; Anhänger der Aufklärung und des Merkantilismus 573

KARL THEODOR PHILIPP (1724–1799), 1741 Pfalzgraf zu Sulzbach, seit 1742 Kurfürst von der Pfalz und seit 1777 auch Kurfürst von Bayern 271

KATHARINA II. Alexejewna, geb. Prinzessin Sophie Auguste Friederike von Anhalt-Zerbst (1729–1796); mit dem russischen Großfürsten Peter Alexejewitsch 1745 verheiratet, nach dessen Ermordung 1762 zur Kaiserin von Rußland ausgerufen; führte wichtige Reformen in der Staatsverwaltung, der Rechtspflege, dem Schulwesen durch und förderte den Handel sowie die Landwirtschaft; ihre expansionistische Außenpolitik machte Rußland zur Großmacht 32f., 227–230, 590, 602f., 613, 616f., 619, 629, 647f., 654, 656f., 659, 669, 676, 678, 680, 682

KAUFBERG, Freiherr von, Präsident des Kriegskollegiums in Weimar 481

KAUFMANN, Christoph (1753–1795), Student in Straßburg, Apotheker und ›Wunderdoktor‹ in der Schweiz, Mitglied der Herrnhuter Brüdergemeine 388f., 392, 412, 449, 463, 470, 482, 491, 502, 505, 518f., 522f., 525, 533f., 561, 566, 601, 604

KAUFMANN, in Winterthur, Vater Christoph Kaufmanns 510

KAUFMANN, Johann Jakob, Geistlicher in Moskau 234, 633

*KAYSER, Philipp Christoph (1755–1823), Komponist und Dichter; Jugendfreund Friedrich Maximilian Klingers aus Frankfurt a. M., seit 1775 in Zürich lebend 312, 329, 336, 345, 348f., 357f., 389, 391f., 411f., 427f., 442, 445f., 457, 463, 467f., 488, 491, 522, 524f., 527, 530, 533f., 542

Empfindungen eines Jüngers in der Kunst vor Ritter Glucks Bildnisse (1776) 446

Gedichte (1776) 442

KELLNER, Christine Margarete, heiratete 1768 Lenzens Bruder Friedrich David 243f., 249ff., 278, 351, 581, 585, 594, 616

KELLNER, Superintendent in Reval, Vater von Christine Margarete Kellner 251

KITT, in Petersburg 653

KLEINJOGG oder KLEINJOPP *siehe* Gujer

KLEIST, Ernst Nikolaus von (1752–1787), Offizier im Regiment Anhalt in

Straßburg, Lenzens Zögling   261f., 267f., 279, 296, 298, 304, 452, 469, 491, 504f., 515, 521, 591

Kleist, Ewald Christian von (1715–1759), Dichter, preußischer Major   239, 549, 557, 560

Kleist, Friedrich Georg von (1751–1800), Offizier im Regiment Schomberg in Straßburg, Lenzens Zögling; verlobt mit Cleophe Fibich   254, 259, 261ff., 265, 273, 279, 292, 296, 298, 300, 304, 317, 351, 416, 515, 591

*Klinger, Friedrich Maximilian (1752–1831), Dichter, Jurist, Jugendfreund Goethes; seit 1780 Offizier in russischen Diensten, von 1803 bis 1816 Kurator der Universität Dorpat   349, 357, 392, 425, 461ff., 467f., 473, 480

   Die neue Arria (1776)   497

   Die Zwillinge (1776)   425

Klopstock, Friedrich Gottlieb (1724–1803), Dichter   307, 309, 335, 365, 376, 416, 460, 597, 618

   Die deutsche Gelehrtenrepublik (1774)   307, 352, 365

   Die Hermannsschlacht (1769)   446

*Knebel, Karl Ludwig von (1744–1834), seit 1774 Offizier in sachsen-weimarischen Diensten, Erzieher des Prinzen Konstantin; Schriftsteller in Ilmenau und Jena   308, 316, 392–395, 429, 522

Koch, Christoph Wilhelm (1737–1813), Professor der Jurisprudenz in Straßburg, Historiker und Staatswissenschaftler, Bibliothekar der Straßburger Stadtbibliothek   429, 451

*König, Luise (1742–1801), Lenzens Wirtin in Straßburg, Freundin Henriette von Waldners   322f., 333f., 339, 360, 398, 406, 415f., 418, 426, 429, 449, 453, 462, 470, 475ff., 483

Konstantin, Prinz siehe Friedrich Ferdinand Konstantin

Koppe, Johann Benjamin (1750–1791), Professor der Theologie in Göttingen   515

Kotzebue, August Friedrich Ferdinand (1761–1819), Advokat, Schriftsteller; seit 1781 in russischen Diensten, u. a. Sekretär des Generalgouverneurs von Petersburg, Präsident des Gouvernementsmagistrats von Estland, Generalkonsul in Königsberg, Staatsrat für auswärtige Angelegenheiten in Petersburg   518

Kraus, Georg Melchior (1737–1806), Zeichner, Maler und Kupferstecher; seit 1780 Direktor des Zeicheninstituts in Weimar   398, 473

Kreidemann, Vizepräsident am Obersten Gericht in Petersburg   601f., 649

Krüdner von Arrohoff, livländischer Gutsbesitzer   246

Kühn, Student aus Livland   260

KÜTTNER, Karl August (1749–1800), Schriftsteller 560
KURACKIN, A. B. Fürst von, Generalgouverneur von Kleinrußland 604
KURGANOVSKY (Kurgunoffsky), Frau General, in Petersburg; Schwester der Frau von Albedyll 596, 648, 669f., 681f.
KUTUSOW, Alexej Michailowitsch (1749–1797), Schriftsteller; Mitglied der ›Typographischen Gesellschaft‹ und der Freimaurerloge in Moskau 644

LA FONTAINE, Jean de (1621–1695), französischer Dichter 178
LAGIS, Geistlicher in Kassel 373, 382
LA HARPE, Jean François (1739–1803), französischer Kritiker und Dichter 363
    Mélanie 363
LAMEY, Andreas (1726–1802), Historiker; Mitarbeiter der Straßburger Universität, später Oberbibliothekar in Mannheim 271
LANGHAMMER, Student in Königsberg 252
LANGHORNE, John (1735–1779), englischer Dichter 367
LA ROCHE (Laroche), Georg Michael Frank von (1720–1788), Hofrat in Mainz, seit 1771 kurtrierischer Geheimer Rat, von 1775 bis 1780 Geheimer Staatsrat und Regierungskanzler in Koblenz; seit 1753 mit Sophie verheiratet 338, 386
    Briefe über das Mönchswesen von einem katholischen Pfarrer an einen Freund (1771) 338, 386
*LA ROCHE (Laroche), Sophie von, geb. Gutermann von Gutershofen (1731–1807), Schriftstellerin; befreundet mit Wieland, Großmutter von Clemens und Bettina Brentano 313ff., 318–321, 324–328, 330ff., 337f., 352, 360f., 379, 385ff., 390, 399
    Der Eigensinn der Liebe und Freundschaft. Eine englische Erzählung nebst einer kleinen deutschen Liebesgeschichte (1774) 318
    Die Gouvernante 325, 327f., 331
    Freundschaftliche Frauenzimmerbriefe (1775/76) 314f., 330, 352, 360
    Geschichte des Fräuleins von Sternheim (1771) 313, 320, 327, 338, 387
LAU, Rektor der Deutschen Schule in Moskau 634, 648
LAUGIER, Mitglied der Moskauer Freimaurerloge 638
LAURENTIUS, christlicher Märtyrer 90, 275, 440
*LAUTH, Anna Maria (1723–1783) und Susanna Margareta (1729–1785), Inhaberinnen eines Kosthauses in Straßburg 265, 267, 363, 429, 451, 465f., 470, 504, 513, 522
LAUTH, Johann Daniel (1732–1812), Notar in Straßburg, Bruder von Anna Maria und Susanna Margareta Lauth 466, 513
LAVATER (gest. 1774), Vater Johann Kaspar Lavaters 299

Personen und ihre Werke

LAVATER, Heinrich (geb. 1768), Sohn Johann Kaspar Lavaters   567, 612, 640
*LAVATER, Johann Kaspar (1741–1801), Schweizer Theologe und philosophischer Schriftsteller; ab 1769 Diakon und seit 1775 Pfarrer in Zürich; Anhänger der Lehren Bonnets und Rousseaus, Mitglied der Helvetischen Gesellschaft, Förderer des Sturm und Drang   137, 212, 297–300, 302, 306–313, 315f., 328ff., 334–337, 340ff., 344f., 349, 352, 356f., 369ff., 375, 380, 388f., 392, 400, 402, 404f., 411f., 416, 419ff., 427f., 441f., 449, 452f., 456f., 463, 468, 475, 477, 482f., 488, 491, 510f., 519, 525, 531–534, 541f., 544, 546f., 549, 552f., 556, 559ff., 563–567, 601–604, 606–614, 619ff., 639f., 672, 678
  Abraham und Isaak (1776)   345, 402, 420, 427, 442
  Der ungerechte Landvogt oder Klage eines Patrioten (1762)   300, 337
  Gastpredigten (1774)   369
  J. C. Lavater Schreiben an seine Freunde. Suche den Frieden und jag' ihm nach (1776)   308
  Nathanaél. Oder, die ebenso gewisse, als unerweisliche Göttlichkeit des Christentums. Für Nathanaéle, das ist, für Menschen mit geradem, gesundem, ruhigem, truglosem Wahrheitssinne (1786)   640
  Physiognomische Fragmente zur Beförderung der Menschenkenntnis und Menschenliebe (1775–1778, 4 Bde.)   137, 309, 312, 315, 328f., 340, 345, 352, 358, 370, 427, 456, 463, 470, 511, 519, 549, 602, 606ff., 612ff.
  Schweizerlieder. Von einem Mitgliede der helvetischen Gesellschaft zu Schinznach (1767)   310, 345, 601
  Vermischte unphysiognomische Regeln zur Selbst- und Menschenkenntnis (1787)   639
LEHMANN, Lehrer an der Deutschen Schule in Moskau   653
LEIBNIZ, Gottfried Wilhelm (1646–1716), Philosoph   280, 287f.
LEIPOLD (Leypold, Leibhold), Johann (1730–1792), Pädagoge, Philologe; ab 1761 Magister und seit 1777 Professor am Straßburger Gymnasium, Mitglied der Deutschen Gesellschaft   273, 491
LEISEWITZ, Johann Anton (1752–1806), Dichter, Mitglied des Göttinger Hains; Präsident des Obersanitätskollegiums in Braunschweig
  Julius von Tarent (1776)   415
LENZ, Anna Eleonore *siehe* Pegau
LENZ, Benjamin Gottfried (1761–1809), Lenzens Bruder, Kaufmann in Reval   676
*LENZ, Christian David (1720–1798), Lenzens Vater; Pfarrer in Dorpat, seit 1779 Generalsuperintendent des Herzogtums Livland   7, 185, 247ff., 251f., 257f., 262, 267–270, 277f., 292, 296f., 304, 338f., 349–352,

422 f., 434, 496, 499 ff., 505, 534, 567 ff., 576–583, 594 f., 604 ff., 614–622, 629 ff., 633–637, 643, 648, 652, 661, 663, 667–680, 683

*Lenz, Christiane Margarethe, verwitwete Rulkovius, geb. Eichler (1718–1796), zweite Ehefrau von Christian David Lenz   576 f., 583, 619 f., 631, 637, 640, 679

*Lenz, Dorothea (1721–1778), Lenzens Mutter   8, 248 f., 251 f., 257 f., 262, 270, 296, 338 f., 349, 352, 422 f., 499 ff., 588, 641

Lenz, Dorothea Charlotte *siehe* Moritz

Lenz, Elisabeth Christine *siehe* Schmidt

Lenz' Eltern   7, 246 f., 251, 258, 261, 333, 338, 350, 533, 632, 668 f.

*Lenz, Friedrich David (1745–1809), Theologe, Lenzens Bruder; Studium der Theologie in Königsberg, seit 1767 Pfarrer in Tarwast; seit 1768 verheiratet mit Christine Margarete Kellner, der Tochter des Superintendenten von Reval; seit 1779 Oberpastor in Dorpat, Inspektor der dortigen Schulen und Konsistorialassessor   243 f., 246–251, 253, 304, 342, 351, 465 f., 500, 581 f., 584 f., 589, 591–597, 604 ff., 614–617, 622, 624 f., 628 f., 631, 634, 636 f., 646, 648, 652, 663, 667, 671, 674 f., 677 ff.

Vaterländische Predigten über alle Sonn- und Festtagsevangelien durchs ganze Jahr. Seinem Vaterlande zum häuslichen Gottesdienste und Erbauung gewidmet von Friedrich David Lenz (1786)   631, 634

*Lenz, Heinrich Jakob, Kaufmann in Kolberg, Bruder von Christian David Lenz   496 f.

*Lenz, Johann Christian (1752–1831), Jurist, Lenzens Bruder; Studium in Königsberg, ab 1772 Stadtsekretär in Arensburg auf der Insel Ösel; seit 1774 Notar in Pernau/Livland, später Regierungsrat in Riga   251, 260 ff., 276–280, 296, 303 ff., 351, 500, 626, 653, 661–665, 673–680

Lenz, Karl Heinrich Gottlob (1757–1836), Studium in Jena, Jurist; Lenzens Bruder, der 1778 den kranken Dichter von Deutschland nach Livland zurückbegleitete   500 f., 515, 569, 578, 582 f., 619, 653, 663, 672, 675 f.

Lenz, Vetter aus Küstrin, Leibarzt bei Graf Nikita Iwanowitsch Panin   631

Lerse, Franz Christian (1749–1800), Student der Theologie in Straßburg, Goethes Jugendfreund; 1774 Inspektor der Militärschule in Kolmar, später Leiningener Hofrat   347, 486 f., 514, 525, 562 f.

Less, Gottfried (1736–1797), Professor der Theologie in Göttingen   515

Lichtenberg, Georg Christoph (1742–1799), Professor der Physik in Göttingen seit 1759; Philosoph und Satiriker   549

Über die Physiognomik wider die Physiognomen (1777/78)   549, 565

Lilienthal, Theodor Christoph (1717–1781), Professor der Theologie in Königsberg   252

*LINDAU, Heinrich Julius von (gest. 1777), aus Hannover, 1775 in der Schweiz lebend, als Offizier in Nordamerika gefallen   321, 367, 369, 372f., 382–385, 396, 404f., 409f., 421, 423–426, 428, 441, 458f., 465, 469, 485, 490, 495

LINDAU, Offizier der Garde in Kassel, Vetter Heinrich Julius von Lindaus   426

LIPHARD, Baron von, livländischer Kammerjunker, Besitzer des Gutes Aya; 1780 war Lenz als Hauslehrer bei ihm angestellt   593, 625, 627, 670, 672, 684

LOBSTEIN, Philipp Jakob (geb. 1751), Philologe; Lehrer am Straßburger Gymnasium, Mitglied der Deutschen Gesellschaft, seit 1775 in Gießen   470

LÖWENSTERN, in Dorpat   339, 681, 684

LOLLI, Antonio (1728–1794), italienischer Geigenvirtuose   374

LUC, J. Andreas Chevalier de (1727–1817), französischer Naturforscher   636

LUDWIG XIV. (1638–1715), seit 1643 König von Frankreich   536

LUDWIG XVI. (1754–1793), seit 1774 König von Frankreich   450

LÜDIN (Lydin), Förster in Wiswyl; Lenzens Betreuer während seiner Krankheit 1778   573ff.

LUISE AUGUSTE, geb. Prinzessin von Hessen-Darmstadt (1757–1830), seit 1775 mit Herzog Karl August von Sachsen-Weimar-Eisenach verheiratet   187, 375, 394, 420, 427, 460, 467, 472, 476, 493, 502, 508, 526

LUTHER, Martin (1483–1546), Reformator   470, 487, 508

LYDIN *siehe* Lüdin

LYNCKER, Johann Friedrich Karl Albert von, Kammerherr und Oberforstmeister in Weimar   464

MAHLER, in Moskau   633

MALTITZ, Baron von, in Petersburg   628

MANTEUFFEL, Graf von; aus altem pommerschem Adelsgeschlecht, seit 1759 reichsgräflich; Familiensitz Schloß Ringen bei Dorpat   581f., 624

*MARCHAND, Theobald (1741–1800), Schauspieler und Theaterdirektor in Mannheim   466f.

MARIA FEODOROWNA, geb. Prinzessin Sophie Dorothea von Württemberg (1759–1828), seit 1776 verheiratet mit dem Großfürsten und späteren Zaren Paul von Rußland   230, 618, 650

MARMONTEL, Jean-François (1723–1799), französischer Schriftsteller; Mitarbeiter der ›Encyclopédie‹, Anhänger der Aufklärung   358

MARSCHEWSKY, Student aus Livland   260

MATTHÄI (Mattei), Karl (1744–1830), Schriftsteller, Hauslehrer in Berlin 459
MATTHIEU, Johann Michel, Jurist; beendete 1775 sein Studium in Straßburg, Mitglied der Deutschen Gesellschaft; später Rat am Gerichtshof in Kolmar 521, 523, 525f.
MECHEL, Christian von (1737–1818), Kupferstecher und Kunsthändler in Basel 540, 558
MECKEL, Philipp Friedrich Theodor (1756–1803), Student der Medizin in Straßburg 308, 429
MEDEM, J. F. Graf von (gest. 1778), Kurländer, Bruder der Schriftstellerin Charlotte Elisabeth Constantia von der Recke (1756–1833) 352, 591
MEINERS, Christoph (1747–1810), Professor der Philosophie und Geschichte in Göttingen 364
MENDELSSOHN, Moses (1729–1786), Philosoph und Schriftsteller, Vertreter der sog. Popularphilosophie der Aufklärung; Kaufmann in Berlin 164
MENENIUS AGRIPPA (6./5. Jh. v. u. Z.), römischer Patrizier, 503 v. u. Z. Konsul 658
MERCIER, Louis-Sébastien (1740–1814), französischer Dramatiker und Journalist; Abgeordneter des Konvents während der Französischen Revolution 505
  Das Jahr 2440 (1771) 505
*MERCK, Johann Heinrich (1741–1791), Schriftsteller und Kritiker; Kriegszahlmeister in Darmstadt, seit 1774 Kriegsrat; Mitarbeiter der ›Frankfurter Gelehrten Anzeigen‹ und des ›Teutschen Merkurs‹ 397f., 406f., 410f., 415, 417, 421, 430, 464
  Paetus und Arria (1775) 397
  Rhapsodie von Johann Heinrich Reimhart, dem Jüngern (1773) 397, 407
METASTASIO (eigtl. Trapassi), Pietro Antonio Dominico Bonaventura (1698–1782), italienischer Dichter; seit 1730 am Wiener Hof 319
MEVILLE und PERRIN, Kaufleute in Kehl am Rhein 361, 369
MEYENDORF, Frau des Vizegouverneurs von Livland 604
MEYER, Landammann in der Schweiz 538f.
MEYER, Student aus Livland 260
MICHAELIS, Christian Friedrich (1754–1814), Student der Medizin in Straßburg und Paris, Mitglied der Deutschen Gesellschaft; später Professor der Medizin in Gießen 363, 522
MILLER, Johann Martin (1750–1814), Schriftsteller, Professor in Ulm 348f., 357, 442
  Briefwechsel dreier akademischer Freunde (1776) 442

MILLER, Student aus Livland 261
MILTON, John (1608–1674), englischer Dichter 115, 152, 416
MONTVAL (1745–1812), französischer Dramatiker 271
*MORITZ, Dorothea Charlotte (1747 – um 1815), Lenzens Schwester, seit 1767 Ehefrau von Johann Christian Friedrich Moritz 247, 249, 251, 351, 500, 582, 616, 619f., 635, 667f.
MORITZ, Graf von Sachsen (1696–1750), Sohn Augusts des Starken und der Aurora von Königsmarck; von 1726 bis 1729 Herzog von Kurland; 1744 Marschall und 1747 Generalfeldmarschall von Frankeich 472
MORITZ, Johann Christian Friedrich (1749–1795), mit Lenzens Schwester Dorothea Charlotte seit 1767 verheiratet; Pastor in Ringen, seit 1780 Rektor des Rigaer Lyzeums 247, 249, 251, 351, 582, 620, 648, 663, 668, 672
MÜHLBERGE, Geistlicher in Landau 269
MÜHLGAU, in Weimar 472
*MÜLLER, Friedrich (1749–1825), genannt Maler Müller, seit 1778 in Rom lebend; Erzähler, Lyriker und Dramatiker 347, 430ff., 466f., 480
  Der Satyr Mopsus (1775) 347
  Die Schafschur (1775) 347
  Golo und Genovefa (1781) 430
*MÜLLER, Gerhard Friedrich (1705–1783), Historiker; seit 1725 in russischen Diensten, Direktor des Archivs des Ministeriums für Äußere Angelegenheiten in Moskau, Staatsrat 626, 632f.
  Russische Geschichte (1764) 626
MÜNNICH, Burchard Christoph Graf von (1683–1767), seit 1721 in russischen Diensten, Feldmarschall; 1732 Präsident des Kriegskollegiums, 1740 Ministerpräsident; von 1741 bis 1762 nach Sibirien verbannt; zuletzt Generaldirektor der baltischen Häfen 678
MÜTHEL, Pastor in Dorpat 296f.
MURALT, Mademoiselle de, in Zürich 491
MUSÄUS, Johann Karl August (1735–1787), Theologe, Schriftsteller; seit 1769 Professor am Weimarer Gymnasium 518

NARISCHKIN, in Moskau 595f.
NATALIA ALEXEJEWNA *siehe* Wilhelmine von Hessen-Darmstadt
NEUHAUS, Schauspielerin in Weimar 518
*NEUKIRCH, Johann Georg, Buchhändler in Kolmar 486, 527f.
NEUMANN, Baron von, Offizier in russischen Diensten, Schwager von Brunner 649, 675
NICOLAI, Christoph Friedrich (1733–1811), Verlagsbuchhändler, Schriftsteller und Kritiker in Berlin; Mitherausgeber der ›Bibliothek der

schönen Wissenschaften und freien Künste‹ (1757/58) und der ›Briefe, die neueste Literatur betreffend‹ (1759–1764), Herausgeber der ›Allgemeinen deutschen Bibliothek‹ (1765–1792, 107 Bde.) 259, 335, 425

Das Leben und die Meinungen des Herrn Magisters Sebaldus Nothanker (1773–1776) 335

Freuden des jungen Werthers – Leiden und Freuden Werthers des Mannes. Voran und zuletzt ein Gespräch (1775) 425

NICOLAY, Ludwig Heinrich von (1737–1820), Bibliothekar und Schriftsteller in Petersburg, Privatsekretär des Großfürsten Paul von Rußland 617, 623, 625, 627 f.

NIEDEN, Herr zur, in Frankfurt a. M. 430

NINUS, sagenhafter König von Assyrien und Erbauer von Ninive 102 f.

NOWIKOW, Nikolai Iwanowitsch (1744–1818), russischer Schriftsteller, Redakteur und Verleger; Leiter der ›Typographischen Compagnie‹ und Mitglied der Freimaurerloge in Moskau; Begründer der russischen Journalistik mit den Zeitschriften ›Die Drohne‹ (1769/70) und ›Der Maler‹ (1772/73), Herausgeber der ›Altrussischen Bibliothek‹ (1773–1784, 10 Bde.) 644, 659 f., 666

NUMA POMPILIUS (um 700 v. u. Z.), sagenhafter römischer König 232

OBERKIRCH, Henriette von *siehe* Waldner-Freundstein

OBERKIRCH, Karl Siegfried Freiherr von, Gutsbesitzer im Elsaß; mit Henriette von Waldner-Freundstein seit 1776 verheiratet 415, 418 ff., 430, 449, 453, 483

ODINOT, Pädagoge in Paris 653

OLDEKOP, Theodor (1724–1806), Pastor der estnischen Gemeinde zu Dorpat seit 1752; Freund des Lenzschen Elternhauses, Förderer der ersten Schriften Lenzens 247 f., 270, 339, 583, 585, 594, 596 f., 629, 648, 672

ORELL, Freund Johann Heinrich Füßlis in Zürich 530

ORLOW, Alexej Gregorjewitsch Graf (1737–1808), russischer Admiral; Teilnehmer des Gardeaufstandes von 1762, erdrosselte Zar Peter III. 604

ORLOW, Fjodor Gregorjewitsch Fürst (1734–1783); einer der Hauptführer der Palastrevolution von 1762, die Zar Peter III. beseitigte; Günstling und Liebhaber Katharinas II. 604

OSSIAN (3. Jh.), keltischer Barde, Sohn des irischen Helden Fingal 115, 117, 306, 328, 495

OSTEN-SACKEN, Graf von, sächsischer Gesandter in Petersburg 595 f., 604

OTT, Johann Michael (geb. 1752), Studienfreund Lenzens in Straßburg,

PLUTARCH (um 46 – nach 119), griechischer Schriftsteller, Historiker und Philosoph   367, 636

PÖLNITZ, Carl Ludwig Freiherr von (1692–1775)
Lettres et Mémoires de Charles Louis, Baron de Pölnitz (1727)   656

POLIZIANO, Angelo (1454–1494), italienischer Humanist und Dichter   115

POLYBIOS (um 201 – um 120 v. u. Z.), griechischer Geschichtsschreiber, Feldherr und Staatsmann   472

POPE, Alexander (1688–1744), englischer Dichter und Essayist   115

PORZIA (Portia), Graf, in Mannheim   467

PRATTJE, Freiherr von, Offizier am Kadettenkorps in Petersburg; Verlobter Julie von Albedylls   669, 682

PRINZ, in Straßburg   429

PRIOR, Dichter   115

PÜKTER, in Moskau   671

PUFENDORF, Samuel Freiherr von (1632–1694), Jurist, Philosoph, Historiker; Professor in Heidelberg und Lund; Hofgeschichtsschreiber in Stockholm und Berlin   263

RACINE, Jean Baptiste (1639–1699), französischer Dramatiker   363

RAFFAEL, eigtl. Raffaello Santi (1483–1520), italienischer Maler und Baumeister; seit 1508 in Rom tätig, Leiter der antiken Ausgrabungen und des Baus der Peterskirche   237

RAMLER, Karl Wilhelm (1725–1798), Professor an der Berliner Kadettenschule, Dichter; von 1790 bis 1796 Leiter des Königlichen Nationaltheaters in Berlin   397, 598

*RAMOND DE CARBONNIÈRES, Louis (1755–1827), Freund Lenzens, Mitglied der Deutschen Gesellschaft in Straßburg; beendete dort 1777 sein Jurastudium; Dramatiker, Geologe und Botaniker; später in den Grafenstand erhoben, Staatsrat und Präfekt   300, 381, 450, 454 f., 472, 498, 521, 523, 525 f.
La Guerre d'Alsace (1780)   455
Les dernières Aventures du jeune d'Olban (1777)   455, 472, 521, 525 f.

RATHSEMHAUSEN, Regierungsrat und Präsident in Buchsweiler   322

RAUSCH, in Kehl am Rhein   469, 492

RAY DE ST. GENIES, Jacques Marie (1712–1777), französischer Militärschriftsteller   472

RECCARD, Gotthilf Christian (1735–1798), Professor der Theologie in Königsberg   252

REHFELD, Marie Elisabeth, geb. Kern, Frau von Regierungsrat Rehfeld in Buchsweiler   322

*REICH, Philipp Erasmus (1717–1787), Verleger, Teilhaber der Weidmannschen Buchhandlung in Leipzig; gründete 1765 den ersten Buchhändlerverein Deutschlands   377, 387f., 399f., 402, 407f., 413, 421, 428, 444, 460, 489, 512ff.

REICHENBERG, Prediger in Dorpat   251

REIMANN, Mitarbeiter der Rigaer Buchhandlung Hartknoch   644, 649f., 661, 671, 674

REISKE, Ernestine Christiane, geb. Müller (1735–1798), Witwe des Orientalisten J. J. Reiske   555

REMMERT, Samuel, Fuhrmann in Dorpat   629

RIBAS, Oberst beim Petersburger Kadettenkorps   596, 614ff.

RIGAL, Hofkammerrat in Mannheim   430

*RÖDERER, Johann Gottfried (1749–1815), Freund Lenzens, Mitglied der Deutschen Gesellschaft; Studium der Philosophie und Theologie in Straßburg und Göttingen; 1777 Lehrer am Straßburger Gymnasium, 1778 Prorektor und Bibliothekar in Detmold; seit 1783 Landpfarrer, Friedensrichter und Privatlehrer in Elsaß-Lothringen   298ff., 303, 310, 328, 349, 388, 392, 411, 421, 426, 428ff., 448–454, 456, 462f., 468–471, 474f., 482ff., 488, 491f., 503ff., 515f., 521, 567

Demosthenes-Übersetzung (1775/76)   453, 463, 469, 474

ROMANZOW, russischer Graf   675

ROSSBERG, Mitglied der Moskauer Freimaurerloge   637f.

ROUSSEAU, Jean-Jacques (1712–1778), französischer Schriftsteller, Philosoph und Pädagoge   153, 238, 321, 332, 522, 683

RÜDIGER, Christian, Verleger und Universitätsbuchhändler in Moskau   645, 660, 667

SAINT-GERMAIN, Comte de (1707–1778), Kriegsminister Frankreichs   481

SAINT-PIERRE, Abbé de (1658–1743), französischer utopischer Schriftsteller   472

SALIS-MARSCHLINS, Karl Ulysses von (1728–1800), Schweizer Pädagoge und Schriftsteller; Gründer des Philanthropins in Marschlins bei Chur (1771–1777); Minister der französischen Krone bei den drei Bünden   410, 425, 428, 550, 560–563, 565, 659

SALLUST, Gaius Sallustius Crispus (86 – um 35 v. u. Z.), römischer Geschichtsschreiber   253

SALOMO (Salomon, hebr. Schelomo; 993–925 v. u. Z.), König von Israel seit 963 v. u. Z., Sohn Davids   114, 609

SALZMANN, Friedrich Rudolf (1749–1821), Vetter von Johann Daniel Salzmann, Jurist in Straßburg, Mitglied der Deutschen Gesellschaft; später Geheimer Legationsrat, Besitzer der akademischen Buchhandlung und Herausgeber der Straßburger Zeitung 269, 363

*SALZMANN, Johann Daniel (1722–1812), Lizentiat der Rechte, Aktuar am Vormundschaftsgericht und Gründer der literarischen Sozietät in Straßburg 253–256, 258f., 262–267, 270–276, 280, 284–296, 346, 363, 429, 466, 468ff., 491, 497f., 504f., 521ff.

Kurze Abhandlungen über einige wichtige Gegenstände aus der Religionslehre (1776) 429

Von der Glückseligkeit in bürgerlichen Gesellschaften (1776) 498

SANDER, Posthalter in Emmendingen 523, 573

SANO, in Straßburg 429, 469

*SARASIN, Gertrud, geb. Battier (1752–1791), seit 1770 Ehefrau Jakob Sarasins 528–532, 535, 539f., 542–547, 554, 557–560, 565, 570ff., 574ff.

*SARASIN, Jakob (1742–1802), Kaufmann und Appellationsrichter in Basel, seit 1770 mit Gertrud Sarasin verheiratet 528, 530ff., 534ff., 539–547, 549–558, 560–563, 565f., 569–576

SASS, Pastor in Dorpat 582

SCHADEMANN, Bürgermeister von Landau 271

SCHADEN, Johann Matthias, seit 1756 in russischen Diensten, Professor an der Moskauer Universität, Hofrat 636, 638, 660, 666

*SCHENCK, Johann Friedrich Wilhelm, Jurist in Weimar, später Hofadvokat und Amtsaktuar 477f., 498f., 503

SCHEREMETJEW, Peter Borissowitsch Graf (gest. 1787), Senator und Oberkammerherr in Moskau 230–233, 657

SCHICK, in Zürich 604

SCHIECK, Bürgermeister von Riga 578f.

SCHLEGEL, Gottlieb (1739–1810), Pastor und Rektor an der Domschule zu Riga 578, 621

Vermischte Aufsätze und Urteile über gelehrte Werke (1774–1779, 3 Bde.) 621, 625

SCHLETTWEIN, Johann August (1731–1802), Professor der Ökonomie, Vertreter des Physiokratismus, Wirtschaftsberater des Markgrafen Karl Friedrich von Baden 450

SCHLOSSER, Cornelia (1750–1777), Schwester Goethes, seit 1773 Ehefrau Johann Georg Schlossers in Emmendingen 309, 315, 354, 392, 423, 452, 491, 499, 525, 532f., 535, 545, 587

*SCHLOSSER, Johann Georg (1739–1799), Jurist und Schriftsteller, Schwager Goethes; Hofrat, Oberamtmann der badischen Markgrafschaft Hochberg; seit 1798 Syndikus seiner Vaterstadt Frankfurt am Main 122, 346, 354f., 359, 364, 366f., 369, 371, 376, 391f., 396, 404, 414, 442, 446, 452, 457, 459, 462, 474, 482, 486, 490f., 499, 502, 516,

520, 523–527, 531–535, 537, 541, 544f., 557–561, 567ff., 571–575, 598
Epistel Johannis (1776) 369, 371
Prinz Tandi an den Verfasser des Neuen Menoza (1775) 414
SCHLOSSER, Johanna Katharina Sibylla, geb. Fahlmer (1744–1821), zweite Ehefrau Johann Georg Schlossers seit 1778 575
SCHMID, Christian Heinrich (1746–1800), Philosoph und Ästhetiker; seit 1771 Professor der Beredsamkeit und Dichtkunst in Gießen 158, 683
Kritische Nachrichten vom Zustande des teutschen Parnasses (1775) 158, 306, 316
SCHMIDT, Elisabeth Christine (1748–1800), Schwester Lenzens, Ehefrau von Theophilus Schmidt 251, 351, 423, 500, 582f., 616, 679, 683
SCHMIDT, in Nyon 548
SCHMIDT, Theophilus (gest. 1781), Pastor in Neuhausen; verheiratet mit Lenzens Schwester Elisabeth Christine 582, 629
SCHNEIDER, Johann Gottlob (1752–1822), Philologe 365
SCHÖLL, Amtmann in Straßburg; Neffe Magdalena Brions 591
SCHÖLL (Schell), Töchter des Straßburger Syndikus Th. Friedrich Schöll, eines Bruders Magdalena Brions 266, 449, 587ff., 591
SCHÖLL, Elisabeth Katharina, geb. Weyland (1744–1789), Ehefrau des Straßburger Syndikus Th. Friedrich Schöll 462
SCHÖLL, Th. Friedrich, Geheimrat, Syndikus von Straßburg; Onkel Friederike Brions 254, 589, 592
SCHÖNFELD, Johann Philipp, Komponist, Mitglied der Deutschen Gesellschaft in Straßburg, Vize-Kapellmeister an der dortigen Neuen Kirche 451
SCHÖPFLIN, Johann Daniel (1694–1771), Historiker und Staatswissenschaftler; Professor der Geschichte und Beredsamkeit in Straßburg 625
*SCHOTTLÄNDER, in Rußland 680f.
SCHOW, Vorsteher des Magistrats von Dorpat 586
SCHRÖDER, Baron von, aus Kurland 674f., 679
SCHRÖDER, Friedrich Ludwig (1744–1816), Schauspieler und Theaterdirektor in Hamburg 425, 448
SCHUCH, in Landau 271
SCHÜBLER, Amtsschulz in Lichtenau 256
SCHULMANN, livländische Familie 252
SCHULTHESS, David, Fabrikant in Zürich 604
SCHULZ, Gustav Baron von, livländischer Grundbesitzer 593f.
SCHWAN, Christian Friedrich (1733–1815), Schriftsteller, seit 1765 Verlagsbuchhändler in Mannheim 430
SCHWEBS, Staatsrat in Petersburg 646, 672

SCHWEDENBORG *siehe* Swedenborg

SCHWEIGHÄUSER, Johann Georg (1742–1830), Philologe; Professor am Dessauer Philanthropin, später am Buchsweiler Gymnasium   309, 429

SCZIBALSKI (1728–1797), Pastor in Nüggen bei Dorpat seit 1755, Freund von Lenzens Vater und Theodor Oldekop   85 f., 665

SCZIBALSKI, geb. Rulkovius (gest. 1771), Frau des Pastors   85 f.

SEGE, livländische Familie   251

*SEIDEL, Philipp Friedrich (1755–1820), Goethes Diener und Sekretär von 1775 bis 1785, danach Kammerkalkulator und seit 1789 Rentkommissar in Weimar   472, 480 f., 492, 495, 498 f., 503, 512, 518

SERGIUS IV., Papst von 1009 bis 1012   654

SEYLER, Abel (1730–1801), Schauspieler, Leiter einer Theatertruppe   318, 348, 356, 362, 367

SHAKESPEARE, William (1564–1616)   115, 117, 205 ff., 238, 452, 504, 510, 514, 629, 669

   Coriolanus (1607/08)   333

   Hamlet (1600)   206

SIEDLER, Kapellmeister in Moskau   671

SIEVERS, Freiherr von   261 f., 279

SIEWERS, Gouverneur   629

*SIMON, Pädagoge aus Straßburg, Professor am Dessauer Philanthropin, später in Paris   287, 422, 429, 433 ff., 487

SMOLJAN, Fräulein, Bekannte der Lenzschen Familie in Dorpat   251

SOKRATES (470–399 v. u. Z.), griechischer Philosoph   143, 525, 603

SOPHIE DOROTHEA VON WÜRTTEMBERG *siehe* Maria Feodorowna

SOPHOKLES (um 496–406 v. u. Z.), griechischer Dichter   115

SPALDING, Johann Joachim (1714–1804), Theologe und Moralphilosoph; seit 1764 Propst an der Nikolaikirche in Berlin   271

   Gedanken über den Wert der Gefühle im Christentum (1761)   271

SPENER, Christian Sigismund, Mitglied der Deutschen Gesellschaft in Straßburg   429, 469

SPENER, Johann Karl Philipp (1749–1827), Verleger in Berlin   452, 455

SPÖRKEN, Friedrich August von (gest. 1776), Feldmarschall und Befehlshaber des Hannoveraner Heeres; Vorgesetzter Heinrich Christian Boies bei seiner Tätigkeit als Stabssekretär   465

SPRICKMANN, Anton Matthias (1749–1833), Dichter; seit 1774 Regierungsrat in Münster, Professor der Geschichte   465

STEGEMANN, livländische Familie   252

*STEIN, Charlotte Albertine Ernestine von, geb. von Schardt (1742–1827), Freundin Goethes in Weimar   427, 461 f., 493 ff., 501, 504, 506, 508 ff., 543 f.

STEIN, Johann Friedrich, Buchhändler in Straßburg 403
STEINER, schweizerischer Verlagsbuchhändler in Winterthur 328, 335 f., 392
STERNE, Lawrence (1713–1768), englischer Schriftsteller
  Leben und Meinungen des Herrn Tristram Shandy (dt. 1774/75) 156, 457
* STIERNHIELM, Baron von, Gutsbesitzer in Wassula/Livland 681–684
STÖCKLIN, Freiherr von, in Straßburg 462
STOLBERG, Christian Graf zu (1748–1821), Bruder Friedrich Leopold Stolbergs, Dichter, Übersetzer; 1770 bis 1774 Jurastudium in Halle und Göttingen; 1777 bis 1800 Amtmann in Tremsbüttel/Holstein 349, 356, 363, 365, 376
* STOLBERG, Friedrich Leopold Graf zu (1750–1819), Bruder Christian Stolbergs, Dichter und Übersetzer; 1770 bis 1774 Jurastudium in Halle und Göttingen; 1777 bis 1800 Obermundschenk des Fürstbischofs von Lübeck und Herzogs von Oldenburg sowie Gesandter am dänischen Hofe 329, 345, 349, 356 f., 363, 365, 371, 375 f., 389, 429, 435–439, 458, 460, 465
  Freiheitsgesang (1775) 349, 357
STOLZ, Johann Jakob (1753–1821), Pfarrer in Zürich, ab 1781 in Offenbach und seit 1784 in Bremen 567
STORCK, in Straßburg 521
STUART, John, englischer Nationalökonom 472
STUKER, Doktor, Mitglied der Helvetischen Gesellschaft zu Schinznach 529
SÜSS, Conrad, Schuhmachergeselle aus Emmendingen, Sohn des Folgenden 569–573, 576
SÜSS, Schuhmachermeister in Emmendingen, bei dem Lenz während seiner Krankheit 1778 untergebracht war 569, 571 f.
SULZER, Johann Georg (1720–1779), Ästhetiker und Moralphilosoph, Professor an der Ritterakademie in Berlin 363
SWEDENBORG, Emanuel von (1688–1772), schwedischer Theosoph und Naturforscher; Begründer eines okkulten Mystizismus 495
SWIFT, Jonathan (1667–1745), englischer Schriftsteller und Theologe 397

TACITUS, Publius Cornelius (um 55 – um 120), römischer Staatsbeamter und Geschichtsschreiber 664
  Germania (98) 298
TERTULLIAN, Quintus Septimius Florens Tertullianus
  (um 160 – nach 220), erster lateinischer Kirchenschriftsteller 158

TEUT, sagenhafter Kriegsheld der Germanen 520
TEUTSCHER MERKUR *siehe* bei Wieland
THEOBALD, Lewis (1688–1744), englischer Philologe 510
THURM, Frau Im, aus Schaffhausen 547
TISSOT, Simon-André (1728–1797), Arzt in Lausanne 559, 565
TITUS, Flavius Vespasianus (39–81), römischer Heerführer, beendete im Jahre 70 den Jüdischen Krieg mit der Eroberung Jerusalems; seit 79 Kaiser des Römischen Reiches 227
TÖLLNER, Freiherr von, preußischer Offizier 636
TOLL VON WISSUS, livländische Familie 251
TRAJAN, Marcus Ulpius Traianus (53–117), Konsul und Statthalter in Obergermanien, seit 98 römischer Kaiser; unter seiner Herrschaft erreichte das Römische Reich seine größte territoriale Ausdehnung 231
TREITTEL, Buchhändler in Straßburg 452, 469
TRITTWITZ, Mitglied der Moskauer literarischen Gesellschaft 638
TRUBETZKOI, Fürst, führendes Mitglied der Moskauer Freimaurerloge 639, 644
TSCHAGIN, russischer Major, Verwandter der Fürstin Daschkowa in Moskau 634
TSCHARNER, Vincenz Bernhard von (1728–1778), Dichter 548
TSCHUDI, Ägidius (1505–1572), schweizerischer Geschichtsschreiber, Landammann des Schweizer Kantons Glarus 536
  Chronicon helveticum oder Gründliche Beschreibung der sowohl in dem Heiligen Römischen Reich als besonders in einer loblichen Eidgnoßschaft ... vorgeloffenen merkwürdigsten Begegnussen ... (1734–1736) 536
TSCHULKOW, Michael (1743–1792), russischer Schriftsteller und Historiker 656, 676
  Historische Beschreibung des russischen Handels (1781–1788, 21 Bde.) 656, 676
TÜRKHEIM, Johannes von (1749–1824), Jurist, Beamter des Straßburger Magistrats, Mitglied der Deutschen Gesellschaft; 1784 Ammeister von Straßburg, 1789 Deputierter der französischen Nationalversammlung; 1790 nach Baden emigriert und später in hessen-darmstädtischen Diensten 271, 381, 451, 515, 520 f.
TUFUKIN, russischer Fürst 638
TURGOT, Anne Robert Jacques (1727–1781), französischer Ökonom, Vertreter des Physiokratismus; Minister unter Ludwig XIV., 1776 gestürzt 450 f., 462
TURZELMANN, Ratsherr in Arensburg 278

UKRAINER, russischer Rittmeister 584f., 596
USTERI, Leonhard (1741–1789), schweizerischer Pädagoge, Direktor einer Mädchenschule in Zürich 547, 556
UTFAL, schwedische Studenten in Straßburg 522
*UTHOF, J. H., aus Hannover 661, 663f.

VASARI, Giorgio (1511–1574), italienischer Maler, Baumeister und Kunsthistoriograph
Vies des peintres (Künstler der Renaissance, 1550, 2 Bde.) 472
VELTEN (Veltner), Juri Matwejewitsch (1730–1801), russischer Architekt; Ausbildung in Stuttgart und Berlin; von 1789 bis 1794 Direktor der Akademie der Künste in Petersburg 639
VELTNER siehe Velten
VERGIL, Publius Vergilius Maro (70–19 v. u. Z.), römischer Dichter 152, 176
VIETINGHOF, Freiherr von, Geheimer Rat 460, 505, 522
VIETINGHOF, Sohn des Vorigen, Student in Straßburg 522
*VIETINGHOFF, Baronin von, in Petersburg 604f.
VILLOISON, Gaspard d'Anfosse de (1753–1805), franz. Philologe 522
VITL, Bürgermeister der Gemeinde Walk in Livland 629
VOLGSTEDT, Karl Albrecht von, Kriegsrat in Weimar 481
VOLTAIRE, eigtl. François-Marie Arouet (1694–1778), französischer Schriftsteller und Philosoph 437, 514, 543
Siècle de Louis XIV (Das Zeitalter Ludwigs XIV., 1751) 492
VOSS, Johann Heinrich (1751–1826), Dichter und Übersetzer; seit 1775 mit Heinrich Christian Boies Schwester Ernestine verheiratet; Herausgeber des ›Göttinger Musenalmanachs‹ von 1775 bis 1780; ab 1782 Rektor in Eutin, 1802 Professor in Jena, seit 1805 in Heidelberg 364f., 375, 414, 527
Idyllen (1785) 365

WAGNER, Heinrich Leopold (1747–1779), Dramatiker des Sturm und Drang, Mitglied der Deutschen Gesellschaft in Straßburg; Mitarbeit bei der Seylerschen Schauspieltruppe als Dramaturg und Dichter; seit 1774 Jurist in Frankfurt am Main 208f., 480, 491, 516
Prometheus, Deukalion und seine Rezensenten (1775) 307
Die Kindermörderin (1776) 208
WALCH, Christian Wilhelm Franz (1726–1784), Professor der Theologie in Göttingen 516
WALDNER, Adelheid (Adelaide) von, Hofdame in Weimar, Cousine Henriette von Waldner-Freundsteins 426f., 476

Waldner, Christian Friedrich Dagobert Graf von, Inhaber des schweizerischen Regiments von Waldner, Onkel Henriette von Waldner-Freundsteins 389

*Waldner-Freundstein, Henriette von (1754–1803), Kanonissin des Quedlinburger Stifts; Freundin Luise Königs in Straßburg, von Lenz verehrt; heiratete 1776 Karl Siegfried von Oberkirch 168, 170, 332, 360f., 370, 389, 393f., 411f., 415f., 418–421, 426f., 430, 449, 452f., 470, 475ff., 482f., 486, 492, 506f., 510f.

Waller, Dichter 115

Warburton, William (1698–1779), englischer Philologe 510

Washington, George (1732–1799), nordamerikanischer Staatsmann und Heerführer; seit 1775 Oberkommandierender der amerikanischen Streitkräfte, von 1789 bis 1797 erster Präsident der Vereinigten Staaten von Amerika 459

Weber, Samuel Reinhard (geb. 1747), Jurist in Straßburg 444

Weidmanns Erben siehe Reich

Weisse, Christian Felix (1726–1804), studierte in Leipzig Philologie und Theologie, Schriftsteller; seit 1761 Kreissteuereinnehmer in Leipzig; von 1775 bis 1782 Herausgeber der pädagogischen Zeitschrift ›Der Kinderfreund‹, Verfasser zahlreicher Lust-, Trauer- und Singspiele 649

Weitbrecht, Johann Jakob, Buchhändler in Petersburg 645, 653

Werthes, Friedrich August Clemens (1748–1817), Schriftsteller; Erzieher des Barons von Hompesch 428, 441

West, Benjamin (1738–1820), nordamerikanischer Maler 549

Weygand, Christian Friedrich (1743–1806), Verlagsbuchhändler in Leipzig 305, 414, 425, 541, 631

Wiäsemsky, in Moskau 635

*Wieland, Christoph Martin (1733–1813), Dichter, Übersetzer, Herausgeber; studierte Philosophie in Erfurt und Jura in Tübingen; 1752 bis 1759 Hauslehrer in Zürich und Bern, ab 1760 Senator und Kanzleiverwalter in Biberach, ab 1769 Professor der Philosophie in Erfurt; seit 1772 in Weimar als Prinzenerzieher und Schriftsteller; Herausgeber des ›Teutschen Merkurs‹ (1773–1789) und des ›Neuen Teutschen Merkurs‹ (1790–1810) 162f., 194, 197, 307, 314f., 317, 320f., 324, 326f., 330f., 340ff., 344f., 355, 362, 364, 368ff., 373–380, 383, 387, 390, 398, 403, 407, 414, 425, 427–430, 432, 435–444, 454, 457ff., 463f., 467f., 472, 474ff., 479, 483ff., 487f., 492, 500, 504ff., 508, 510ff., 520f., 529, 600, 631

Alceste (1773) 375

Der neue Amadis (1771) 154, 162, 435

Die Grazien (1770)   164, 321, 327
Gandalin oder Liebe um Liebe (1776)   475 ff., 510 f.
Geschichte des Agathon (1766/67)   327
Komische Erzählungen (1762)   158, 314, 437
Sokrates mainomenos oder Die Dialogen des Diogenes von Sinope (1770)   159
Teutscher Merkur (Hg. 1773–1789)   166, 307, 316, 407, 430, 440, 442, 452 f., 461, 472, 475 f., 479, 483, 501, 505 f., 508, 511, 520 f., 598

WILHELMI, Geschäftspartner Jakob Sarasins in Bern   542 f.
WILHELMINE VON HESSEN-DARMSTADT (1755–1776), Schwester der Herzogin Luise von Sachsen-Weimar-Eisenach; als Natalia Alexejewna seit 1773 Ehefrau des Großfürsten Paul von Rußland   187, 267, 457, 460
*WILKAU, Christian Wilhelm Gottlob von, Kammerherr und Major in Weimar   481
WINCKELMANN, Johann Joachim (1717–1768), Kunsthistoriker und Archäologe; seit 1755 in Italien lebend, ab 1763 Präsident der Altertümer in und um Rom sowie Scriptor der Vatikanischen Bibliothek   166, 272
   Geschichte der Kunst des Altertums (1764)   272
WOHLER, Verleger in Ulm   442
WOLF, Pastor in Petersburg   594

ZEUXIS (2. Hälfte des 5. Jh. v. u. Z.), griechischer Maler   189
ZIEGLER UND KLIPHAUSEN, Heinrich Anshelm von (1663–1696), Romanschriftsteller
   Die asiatische Banise oder Das blutige doch mutige Pegu (1689)   265
ZIERO, Freund Weitbrechts in Petersburg   645
ZIMMERMANN, Jakob von (geb. 1755), Medizinstudent in Straßburg, Sohn Johann Georg von Zimmermanns   308, 377, 381, 429, 433, 452, 463, 598
*ZIMMERMANN, Johann Georg Ritter von (1728–1795), Leibarzt und Hofrat in Hannover, philosophischer Schriftsteller   308, 364 f., 371, 377 f., 381, 387 f., 395 f., 399, 402, 407 f., 410, 413 ff., 417, 425, 433, 443, 447 f., 457–461, 464 f., 484 f., 489 f., 527, 529 f., 559, 597 f.
   Über die Einsamkeit (1756)   484
ZIMMERMANN, Student aus Livland   260
ZINZENDORF, Nikolaus Ludwig Graf von (1700–1760), Geistlicher, Pietist; bis 1728 sächsischer Hofrat; gründete 1722 auf seinem Gut Herrnhut in der Lausitz die Brüdergemeine, war seit 1737 deren Bischof   433
ZOILOS (um 400–330 v. u. Z.), griechischer Rhetoriker, genannt Homeromastix, die Homergeißel   124

ALPHABETISCHES VERZEICHNIS DER GEDICHTÜBERSCHRIFTEN UND GEDICHTANFÄNGE

Ach bist du fort? Aus welchen güldnen Träumen	96
Ach Du um die die Blumen sich	192
Ach eh ich dich mein höchstes Ziel	170
Ach, ihr Wünsche junger Jahre	213
Ach meine Freundin tot?	85
Ach rausche rausche heiliger Wasserfall	119
Ach soll soviele Trefflichkeit	205
Als Christus in die Hölle niederstieg	86
Als jüngst Amalie zu ihrem Prinzen reiste	189
Als Sr. Hochedelgebornen der Herr Professor Kant …	83
An –	106
An **	109
An das Herz	105
An den Geist	226
[An die Sonne]	137
An diesen Lippen, diesen Augen	212
An ihrem Blicke nur zu hangen	169
An meinen Vater	185
An W –	170
Aretin am Pfahl gebunden mit zerfleischtem Rücken	184
Auf den Tod S. Erl. des Oberkammerherrn Senator und Grafen Boris Petrowitsch Scheremetjeff	231
Auf des Grafen Peter Borissowitsch Scheremetjeff vorgeschlagene Monument	230
Auf die Musik zu Erwin und Elmire	188
Auf ein Papillote	107
Auf eine Quelle	168
Auf einen einsamen Spaziergang der durchlauchtigsten Herzogin Louise unter Bäumen	187
Auf einen Menschenrumpf den Kopf des Pferdes passen	234

Auf ihr Geister, zur Arbeit	217
Aufopfern dich, du himmlischer Gewinn	113
Aufschrift eines Palastes	181
Aus einem Neujahrswunsch aus dem Stegereif. Aufs Jahr 1776	172
Aus ihren Augen lacht die Freude	170
Ausfluß des Herzens	92
Bebe, beb' ihr auf zu Füßen	95
Blutige Locken fallen von eingesunkenen Wangen	30
Da steck ich endlich nun, halb welsch h[alb Waregar]	193
Dank Lavater Freude und Dank	137
Darf eine fremde Hand gedämpfte Saiten schlagen	187
Das Vertrauen auf Gott	20
Der Baum, der mir den Schatten zittert	106
Der junge Piramus in Babel	101
Der verlorne Augenblick / Die verlorne Seligkeit	139
Der Versöhnungstod Jesu Christi	8
Der Wasserzoll	122
Die Auferstehung	86
Die Demut	88
Die Du weis' und gerecht stets in demselben Glanz	32
Die Erschaffung der Welt	217
Die erste Frühlingspromenade	106
Die erwachende Vernunft	171
Die Geschichte auf der Aar	209
Die Landplagen	32
Die Liebe auf dem Lande	97
Die Todeswunde tief in meiner Brust	170
Die Welt war immer gern betrogen	172
Dies Erschröcken, dies Verlangen	109
Dir, Himmel, wächst er kühn entgegen	101
Du kennst mich nicht	138
Du nicht glücklich? stolzes Herz	171
Eduard Allwills erstes geistliches Lied	93
Ein Kranich lahm, zugleich Poet	187
Ein Maler ohne Falsch Menalk genannt	152
Ein Mädchen, wie die Lilien	161
Ein parenthyrsisch Lied möcht ich itzt singen	176
Ein wohlgenährter Kandidat	97

Gedichtüberschriften und Gedichtanfänge

Eine Chrie, von dem Verfasser selbst	143
Éloge de feu Monsieur **nd	162
Empfindungen eines jungen Russen	227
Epistel eines Einsiedlers an Wieland	194
Er tritt vom Schauplatz weg. Ihr Schmeichler!	231
Erlaube mir du freundlichster der Wirte	104
Erwach ich zum Gefühl, stößt die beklemmte Brust	214
Fragment eines Gedichts über das Begräbnis Christi	21
Freundin aus der Wolke	100
Fühl alle Lust fühl alle Pein	114
Geduld und unerschrockner Mut	111
Gemälde eines Erschlagenen	30
Gibst mir ein, ich soll dich bitten	114
Hasch ihn, Muse, den erhabnen Gedanken	115
Heilige Quelle	168
Herr Schnuppen ein sauböser Gast	190
Hochzeitscarmen	117
Hymne	215
Ich komme nicht dir vorzuklagen	113
Ich suche sie umsonst die heilige Stelle	122
Ich weiß nichts von Angst und Sorgen	20
Ich will, ich will den nagenden Beschwerden	169
Ich wuchs empor wie Weidenbäume	88
Ihr hochwohlweisen Herrn Philanthropins	184
Ihr stillen Zeugen meiner Mühe	181
Ihr stummen Bäume, meine Zeugen	122
Impromptü auf dem Parterre	109
In der Nacht im kalten Winter	109
In einem Gärtchen am Contade	104
In wärmern Gegenden näher der Sonne	185
Kleines Ding, um uns zu quälen	105
[Lenz an L. bei d. Lesung d. Physiognk.]	137
Leopold Wagner	208
Liebe! sollte deine Pein	114
Lied zum teutschen Tanz	191

Man wird hoffentlich nicht verlangen	124
Matz Höcker	143
Mein Bruder Douglaß laß ihn stolzieren stolzieren	171
Meinstu mit Zucker willst du meine Qual versüßen	107
Menalk und Mopsus	152
Mit echterm Ruhm, als unbesiegte Sieger	83
Mit schönen Steinen ausgeschmückt	186
Nachtschwärmerei	119
Neujahrs Wunsch an meine hochzuehrende Eltern	7
Nur der bleibende Himmel kennt	182
O Angst! tausendfach Leben	191
O du mit keinem Wort zu nennen	215
Oft fühl ichs um Mitternacht	92
O Geist Geist der du in mir tobst	226
Petrarch	124
Piramus und Thisbe	101
Placet	187
Potz Millius! was eine Hast und Tumult	208
Pygmalion	212
Schauervolle und süß tönende Abschiedsode	176
[Schinznacher Impromptüs]	212
Schreiben Tankreds an Reinald	26
Seele der Welt unermüdete Sonne	137
Shakespeares Geist	206
So dringt ein Sonnenstrahl durch Wald und Tal und Grüfte	230
So kurz das Leben ist so sehr mein Herz erschrickt	209
So soll ich dich verlassen, liebes Zimmer	205
So ward ich denn noch dazu aufgehoben	227
Süße Schmerzen meiner Seele	171
Tantalus	198
Tötendes Leben	95
Trost	182
Über die deutsche Dichtkunst	115
Über die Stelle einer Vorrede	161
Untergehend küßte die niedrige Sonne die Klippen	21

GEDICHTÜBERSCHRIFTEN UND GEDICHTANFÄNGE

Urania	138
Vater, uns hat deine Güte, noch bis hieher durchgebracht	7
Verzeih den Kranz, den eines Wilden Hand	193
Von dir entfernt, dir immer nah	110
Von Gram und Taumel fortgerissen	192
Von nun an die Sonne in Trauer	139
War das nicht eine herrliche Jagd	198
Was dich umgibt, belebst du	106
Was ist Satire?	234
Was machst du hier, lieb Mägdelein	209
Weine, kriegrischer Held! wofern deine männlichen Wangen	26
Welch ein Geräusch, das sich verbreitet	117
Wenn Dir, der Du mein Vaterland	194
Wenn Sterblichen vergönnet wäre	188
Wie die Lebensflamme brennt	93
Wie freundlich trägst du mich auf deinem grünen Rücken	122
Wie mach' ich es? wo heb ich Berge aus	169
Wie schwingt mein Herz für Freude sich	162
Wie? welche Menge? welche Stille?	206
Willkommen kleine Bürgerin	213
Wo bist du itzt, mein unvergeßlich Mädchen	95
Wo, du Reuter	100
Woher, Herr Seelen-Archiater	212
[Yarrows Ufer. Schottische Ballade]	171
Zeit, sei mir heilig, den Sohn im Leiden des Todes zu singen	8
Zur Hochzeit zweier Täubgen	225

Zu dieser Ausgabe

insel taschenbuch 3159: Jakob Michael Reinhold Lenz, Werke und Briefe in drei Bänden. Herausgegeben von Sigrid Damm. Der Text folgt den insel taschenbüchern 1441-1443: Jakob Michael Reinhold Lenz, Werke und Briefe in drei Bänden. Herausgegeben von Sigrid Damm. Insel Verlag Frankfurt am Main und Leipzig 1992. © 1987 Insel-Verlag Anton Kippenberg, Leipzig. Umschlagabbildung: G. F. Schmoll. Jakob Michael Reinhold Lenz, um 1775. Stiftung Weimarer Klassik und Kunstsammlungen

INHALT

GEDICHTE	5
Neujahrs Wunsch an meine hochzuehrende Eltern . .	7
Der Versöhnungstod Jesu Christi	8
Das Vertrauen auf Gott	20
Fragment eines Gedichts über das Begräbnis Christi . .	21
Schreiben Tankreds an Reinald	26
Gemälde eines Erschlagenen	30
Die Landplagen	32
Als Sr. Hochedelgebornen der Herr Professor Kant … .	83
Ach meine Freundin tot?	85
Die Auferstehung	86
Die Demut	88
Ausfluß des Herzens	92
Eduard Allwills erstes geistliches Lied	93
Bebe, beb' ihr auf zu Füßen	95
Tötendes Leben	95
Wo bist du itzt, mein unvergeßlich Mädchen . . .	95
Ach bist du fort? Aus welchen güldnen Träumen . . .	96
Die Liebe auf dem Lande	97
Freundin aus der Wolke	100
Dir, Himmel, wächst er kühn entgegen	101
Piramus und Thisbe	101
In einem Gärtchen am Contade	104
An das Herz	105
An -	106
Die erste Frühlingspromenade	106
Auf ein Papillote	107

An **	109
Impromptü auf dem Parterre	109
Von dir entfernt, dir immer nah	110
Geduld und unerschrockner Mut	111
Ich komme nicht dir vorzuklagen	113
Aufopfern dich, du himmlischer Gewinn	113
Liebe! sollte deine Pein	114
Fühl alle Lust fühl alle Pein	114
Gibst mir ein, ich soll dich bitten	114
Über die deutsche Dichtkunst	115
Hochzeitscarmen	117
Nachtschwärmerei	119
Der Wasserzoll	122
Wie freundlich trägst du mich auf deinem grünen Rücken	122
Ich suche sie umsonst die heilige Stelle	122
Petrarch	124
[Lenz an L. bei d. Lesung d. Physiognk.]	137
[An die Sonne]	137
Urania	138
Der verlorne Augenblick / Die verlorne Seligkeit	139
Matz Höcker	143
Menalk und Mopsus	152
Über die Stelle einer Vorrede	161
Éloge de feu Monsieur **nd	162
Auf eine Quelle	168
Ich will, ich will den nagenden Beschwerden	169
Wie mach' ich es? wo heb ich Berge aus	169
An ihrem Blicke nur zu hangen	169
An W-	170
Aus ihren Augen lacht die Freude	170
Die Todeswunde tief in meiner Brust	170
Die erwachende Vernunft	171
Süße Schmerzen meiner Seele	171
[Yarrows Ufer. Schottische Ballade]	171
Aus einem Neujahrswunsch aus dem Stegereif. Aufs Jahr 1776	172

Schauervolle und süß tönende Abschiedsode	176
Aufschrift eines Palastes	181
Trost	182
Aretin am Pfahl gebunden mit zerfleischtem Rücken . .	184
An meinen Vater	185
Mit schönen Steinen ausgeschmückt	186
Placet	187
Auf einen einsamen Spaziergang der durchlauchtigsten Herzogin Louise unter Bäumen	187
Auf die Musik zu Erwin und Elmire	188
Als jüngst Amalie zu ihrem Prinzen reiste	189
Herr Schnuppen ein sauböser Gast	190
Lied zum teutschen Tanz	191
Ach Du um die die Blumen sich	192
Von Gram und Taumel fortgerissen	192
Verzeih den Kranz, den eines Wilden Hand . . .	193
Da steck ich endlich nun, halb welsch h[alb Waregar] .	193
Epistel eines Einsiedlers an Wieland	194
Tantalus	198
Ach soll soviele Trefflichkeit	205
So soll ich dich verlassen, liebes Zimmer	205
Shakespears Geist	206
Leopold Wagner	208
So kurz das Leben ist so sehr mein Herz erschrickt . .	209
Die Geschichte auf der Aar	209
Pygmalion	212
[Schinznacher Impromptüs]	212
Willkommen kleine Bürgerin	213
Ach, ihr Wünsche junger Jahre	213
Erwach ich zum Gefühl, stößt die beklemmte Brust . .	214
Hymne	215
Die Erschaffung der Welt	217
Zur Hochzeit zweier Täubgen	225
An den Geist	226
Empfindungen eines jungen Russen	227
Auf des Grafen Peter Borissowitsch Scheremetjeff vorgeschlagene Monument	230

Auf den Tod S. Erl. des Oberkammerherrn Senateur und Grafen Boris Petrowitsch Scheremetjeff	231
Was ist Satire?	234
BRIEFE	241
JAKOB MICHAEL REINHOLD LENZ · Ein Essay	687
ANHANG	769
Zur Textgestalt dieses Bandes	771
Abkürzungen	773
Anmerkungen	777
Register: Lenz' Werke	945
Register: Personen und ihre Werke/Briefempfänger und -schreiber	949
Alphabetisches Verzeichnis der Gedichtüberschriften und Gedichtanfänge	985

Biographien · Leben und Werk
im insel taschenbuch
Eine Auswahl

Theodor W. Adorno. Kindheit in Amorbach. Bilder und Erinnerungen. Mit einer biographischen Recherche. Herausgegeben von Reinhard Pabst. it 2923. 227 Seiten

Alexander der Große. Die Biographie. Von Johann Gustav Droysen. Mit einem Nachwort von Angelos Chaniotis. it 3038. 739 Seiten

Lou Andreas-Salomé. Eine Biographie. Von Cordula Koepcke. it 905. 474 Seiten

Jane Austen. Leben und Werk in Texten und Bildern. Von Angelika Beck. it 1620. 212 Seiten

Johann Sebastian Bach. Eine Biographie. Von Charles Sanford Terry. Mit einem Nachwort von Klaus Peter Richter. it 2588. 304 Seiten

Bertolt Brecht. Sein Leben in Bildern und Texten. Mit einem Vorwort von Max Frisch. Herausgegeben von Werner Hecht. Gestaltet von Willy Fleckhaus. it 1122. 351 Seiten

Die Brentanos. Eine deutsche Familiengeschichte. Von Klaus Günzel. Mit zahlreichen Abbildungen. it 1929. 330 Seiten

Die Schwestern Brontë. Leben und Werk in Texten und Bildern. Herausgegeben von Elsemarie Maletzke und Christel Schütz. it 814. 230 Seiten

Caffarelli. Das Leben des Kastraten Gaetano Majorano, genannt Caffarelli. Von Hubert Ortkemper. Mit Abbildungen. it 2599. 261 Seiten

Im Dienst des Dalai Lama. Die Erinnerungen seines Leibarztes Tenzin Choedrak. Mit einem Vorwort des XIV. Dalai Lama. Übersetzt von Carola Feist und Mechthild Russell. it 1059. 368 Seiten

Dostojewski. Leben und Werk. Von Wolfgang Kasack. Mit Abbildungen. it 2267. 160 Seiten

Die großen Dresdner. Sechsundzwanzig Porträts. Herausgegeben von Katrin Nitzschke. it 3148. 350 Seiten

Elisabeth von Thüringen. Von Reinhold Schneider. Mit einem Geleitwort von Bernhard Vogel. Mit Bildern von Moritz von Schwind. it 2118. 136 Seiten

George Eliot. Eine Biographie. Von Elsemarie Maletzke. Mit zahlreichen Abbildungen. it 1973. 415 Seiten

Theodor Fontane. Leben und Werk in Texten und Bildern. Herausgegeben von Otto Drude. it 1660. 296 Seiten

Goethe. Der Dichter in seiner Zeit. Band I: 1749-1790. Von Nicholas Boyle. Übersetzt von Holger Fliessbach. it 3025. 905 Seiten

Goethe. Der Dichter in seiner Zeit. Band II: 1790-1803. Von Nicholas Boyle. Übersetzt von Holger Fliessbach. it 3050. 1115 Seiten

Christiane und Goethe. Eine Recherche. Von Sigrid Damm. Mit 10 Abbildungen. it 2800. 544 Seiten

Cornelia Goethe. Von Sigrid Damm. it 1452. 260 Seiten

Goethes Mutter. Eine Biographie von Dagmar von Gersdorff. it 2925. 464 Seiten

Ottilie von Goethe. Eine Biographie von Ruth Rahmeyer. it 2875. 404 Seiten

Werthers Lotte. Goethes Liebe für einen Sommer. Die Biographie der Charlotte Kestner. Von Ruth Rahmeyer. it 2272. 270 Seiten

Georg Friedrich Händel. Von Christopher Hogwood. Übersetzt von Bettina Obrecht. it 2655. 563 Seiten

Heinrich Heine. Leben und Werk in Daten und Bildern. Herausgegeben von Joseph A. Kruse. it 615. 363 Seiten

Heinrich Heine. Mein Leben. Autobiographische Texte. Herausgegeben von Joseph A. Kruse. it 3154. 200 Seiten

Hermann Hesse. Werk und Wirkungsgeschichte. Von Siegfried Unseld. Mit zahlreichen Abbildungen. it 1112. 414 Seiten

Hermann Hesse. Leben und Werk im Bild. Herausgegeben von Volker Michels. Mit dem ›kurzgefaßten Lebenslauf‹ von Hermann Hesse. it 36. 258 Seiten

Marie Hesse. Die Mutter von Hermann Hesse. Ein Lebensbild in Briefen und Tagebüchern. Von Adele Gundert. Mit einem Essay von Siegfried Greiner. Mit frühen Lithographien von Gunter Böhmer. it 261. 261 Seiten

Hölderlin. Chronik seines Lebens. Herausgegeben von Adolf Beck. Mit zahlreichen Abbildungen. it 2873. 270 Seiten

Friedrich Hölderlin. Eine Biographie. Von Pierre Bertaux. it 2652. 730 Seiten

Hölderlin und Diotima. Eine Biographie. Von Beatrix Langner. it 2716. 228 Seiten

E. T. A. Hoffmann oder Die Tiefe zwischen Stern und Erde. Von Eckart Kleßmann. Mit zahlreichen Abbildungen. it 1732. 592 Seiten

Peter Huchel. Leben und Werk in Text und Bildern. Herausgegeben von Peter Walther im Auftrag des Brandenburgischen Literaturbüros. it 1805. 336 Seiten

Erhart Kästner. Leben und Werk in Text und Bildern. Herausgegeben von Anita und Reingart Kästner. it 386. 213 Seiten

Marie Luise Kaschnitz. Eine Biographie. Von Dagmar von Gersdorff. Mit Abbildungen. it 1887. 364 Seiten

Katharina die Große. Memoiren. Übersetzt von Erich Boehme. Mit einer Einleitung und einem Nachwort von Hedwig Fleischhacker. it 1858. 467 Seiten

Harry Graf Kessler. Eine Biographie. Von Peter Grupp. it 2533. 430 Seiten

Königinnen auf Zeit. Katharina von Medici. Maria von Medici. Anna von Österreich. Von Anka Muhlstein. it 3132. 351 Seiten

Lawrence von Arabien. Leben und Werk. Von Werner Koch. Mit einem Bildteil und Lebensdaten von Michael Schroeder. it 1704. 190 Seiten

Vögel, die verkünden Land. Das Leben des Jakob Michael Reinhold Lenz. Von Sigrid Damm. it 1399. 425 Seiten

Das Ende König Ludwigs II. Von Philipp Fürst zu Eulenburg-Hertefeld. Herausgegeben von Klaus von See. it 2734. 192 Seiten

Thomas Mann in Davos. Eine Spurensuche. Von Reinhard Pabst. Mit zeitgenössischen Fotografien. it 3146. 220 Seiten

Thomas Mann in Venedig. Eine Spurensuche. Von Reinhard Pabst. Mit zeitgenössischen Fotografien. it 3097. 256 Seiten

Katherine Mansfield. Leben und Werk in Texten und Bildern. Von Ida Schöffling. Mit zahlreichen Fotografien. it 1687. 261 Seiten

Die Mendelssohns. Bilder einer deutschen Familie. Von Eckart Kleßmann. Mit zahlreichen Abbildungen. it 1523. 320 Seiten

Das Leben Michelangelos. Von Herman Grimm. it 1758. 865 Seiten

Claude Monet. Von Georges Clemenceau. Betrachtungen und Erinnerungen eines Freundes. Übersetzt von Hannah Szàsz. Mit farbigen Abbildungen und einem Nachwort von Gottfried Boehm. it 1152. 140 Seiten

Mozart. Von Wolfgang Hildesheimer. Mit einem Bildteil. it 3126. 430 Seiten

Mozart. Leben und Werk in Texten und Bildern. Von Gernot Gruber. it 1695. 286 Seiten

Gabriele Münter und Wassily Kandinsky. Biographie eines Paares. Von Gisela Kleine. Mit zahlreichen Abbildungen. it 1611. 814 Seiten

Franziska Nietzsche. Ein biographisches Porträt von Klaus Goch. Mit zahlreichen Abbildungen. it 1623. 392 Seiten

Friedrich Nietzsche. Leben · Schriften · Zeugnisse. Von Ralph-Rainer Wuthenow. Mit zahlreichen Abbildungen. it 2601. 175 Seiten

Nijinsky. Der Gott des Tanzes. Von Romola Nijinsky. Mit einem Vorwort von Paul Claudel. Übersetzt von Hans Bütow. Mit zahlreichen Fotografien. it 566. 404 Seiten

Novalis. Dokumente seines Lebens und Sterbens. Herausgegeben von Hermann Hesse und Karl Isenberg. it 178. 220 Seiten

Otto IV. Der wiederentdeckte Kaiser. Eine Biographie. Von Bernd Ulrich Hucker. Mit zahlreichen Abbildungen. it 2557. 676 Seiten

Edith Piaf. Ihr Leben in Texten und Bildern. Von Monique Lange. Übersetzt von Hugo Beyer. Mit einer Discographie. it 516. 230 Seiten

Lorenzo Da Ponte. Geschichte meines Lebens. Mit einem Nachwort von Jörg Krämer. it 3091. 540 Seiten

Marcel Proust. Leben und Werk in Texten und Bildern. Von Renate Wiggershaus. it 1348. 358 Seiten

Monsieur Proust. Erinnerungen seiner Haushälterin. Von Céleste Albaret. Aufgezeichnet von Georges Belmont. Übersetzt von Margret Carroux. Mit einem Bildteil.
it 3047. 547 Seiten

Puschkin. Ein Dichterleben. Von Rolf-Dietrich Keil.
it 2782. 468 Seiten

George Sand. Leben und Werk in Texten und Bildern. Herausgegeben von Gisela Schlientz. it 565. 407 Seiten

Mary Shelley. Eine Biographie. Von Muriel Spark. Übersetzt von Angelika Beck. it 1258. 363 Seiten

Schiller, Lotte und Line. Eine klassische Dreiecksgeschichte. Von Ursula Naumann. Mit zahlreichen Abbildungen.
it 3079. 200 Seiten

Schillers Sohn Ernst. Ein Psychogramm in Briefen. Herausgegeben und mit einem Nachwort versehen von Hilde Lermann. it 2788. 295 Seiten

Arthur Schopenhauer. Leben und Werk in Texten und Bildern. Von Angelika Hübscher. it 1059. 368 Seiten

Clara und Robert Schumann. Eine Biographie. Von Wolfgang Held. it 2715. 260 Seiten

Charlotte von Stein. Eine Biographie. Von Doris Maurer. Mit zahlreichen Abbildungen. it 2120. 304 Seiten

Peter Tschaikowsky. Eine Biographie. Von Edward Garden. Übersetzt von Konrad Küster. it 2232. 302 Seiten

Giuseppe Verdi. Eine Biographie. Von Christoph Schwandt. Mit zahlreichen Abbildungen. it 2696. 304 Seiten

Antonio Vivaldi. Eine Biographie. Von Michael Talbot. Übersetzt von Konrad Küster. it 2217. 378 Seiten

Voltaire. Leben und Werk in Texten und Bildern. Von Horst Günther. it 1652. 129 Seiten

Das Leben des Voltaire. Von Jean Orieux. Übersetzt von Julia Kirchner. it 1651. 1024 Seiten

Wilhelmine von Bayreuth. Eine preußische Königstochter. Neu herausgegeben von Ingeborg Weber-Kellermann. Mit Illustrationen und sieben Porträts. it 1280. 562 Seiten

Marianne von Willemer und Goethe. Geschichte einer Liebe. Von Dagmar von Gersdorff. Mit zahlreichen Abbildungen. it 3150. 302 Seiten

Stefan Zweig. Leben und Werk im Bild. Herausgegeben von Donald A. Prater und Volker Michels. it 532. 362 Seiten

Berühmte Liebespaare. Von Johann Wolfgang Goethe und Christiane Vulpius bis Simone Signoret und Yves Montand. Herausgegeben von Thomas Schröder. Farbig illustriert von Hans Hillmann. it 2532. 304 Seiten

Frauen am Klavier. Skizze einer Kulturgeschichte. Von Stefana Sabin. Mit zahlreichen Abbildungen. it 1988. 98 Seiten

Frauen im Rampenlicht. Lebensberichte berühmter Schauspielerinnen. Herausgegeben von Monica Steegmann und Ingrid Kaech. it 3048. 330 Seiten

Frauen mit Flügel. Lebensberichte berühmter Pianistinnen. Von Clara Schumann bis Clara Haskil. Herausgegeben von Monica Steegmann und Eva Rieger. it 1714. 402 Seiten

Fünf Dichter – ein Jahrhundert. Frank Schirrmacher über George, Hofmannsthal, Rilke, Trakl und Benn. it 2549. 190 Seiten

Göttliche Stimmen. Lebensberichte berühmter Sängerinnen. Von Elisabeth Mara bis Maria Callas. Herausgegeben von Eva Rieger und Monica Steegmann. it 2502. 339 Seiten

Die großen Komponistinnen. Von Hildegard von Bingen bis Germaine Tailleferre. Vorgestellt von Danielle Roster. Mit zahlreichen Abbildungen. it 2116. 435 Seiten

Luise F. Pusch (Hg.)
- Mütter berühmter Männer. Zwölf biographische Portraits. it 1356. 490 Seiten
- Schwestern berühmter Männer. Zwölf biographische Porträts. Redaktionelle Mitarbeit: Jutta Wasels. it 796. 561 Seiten
- Töchter berühmter Männer. Neun biographische Portraits. it 979. 468 Seiten